**합격** 바이블 ! **현행** 출제기준 완벽 반영

# 임상 **2급** **필기**
# 심리사

## 한방에 끝내기

**미디어정훈**
www.정훈에듀.com

임상심리사는 심리적 장애가 있는 사람을 대상으로 약물치료가 아닌 상담을 통해 증상을 치료하는 전문가입니다. 그리고 개인이나 집단이 경험하는 심리적 문제나 정신건강과 관련한 증상을 겪은 사람들이 사회에서 잘 생활할 수 있도록 재활 활동을 돕는 역할을 합니다. 조직에서 많은 시간을 보내는 재직자의 경우에도 심각한 스트레스에 노출되어 공황장애 등의 번-아웃 증세를 보이곤 합니다. 이 경우, 약물치료와 병행하여 원래 상태로 돌아갈 수 있도록 지원하는 상담 및 코칭이 반드시 필요합니다.

정신보건법의 제정 및 사회적 수요의 증가에 따라 임상심리사의 진출은 최근 뚜렷하게 증가하는 추세에 있습니다. 주요 취업처는 재활센터 및 사회복귀 시설, 사설 심리상담소, 교도소 및 소년원, 기타 청소년 보호 시설 등과 지방자치단체, 법무부, 문화관광부 산하의 각종 상담소 등 다양합니다. 4차 산업 시대에 들어가면서 사회의 비인간화는 점점 확대되고 독거세대의 증가나 사이버 범죄 등이 증가하면서 폭력성에 노출되는 개인의 비율은 날로 늘어가고 있습니다. 이로 인해 상담이나 심리치료에 대한 요구는 날이 갈수록 늘어갈 전망입니다. 산업인력공단에서 발표한 종목별 접수 상위 5~6위로 임상심리사가 되길 원한다는 조사가 있을 정도로 이 분야의 시장은 더 성장하고 고용 규모는 확대될 것입니다. 더불어 개별 심리상담 센터를 개업하게 되면 나이와 상관없이 일할 수 있다는 장점도 있습니다.

산업인력공단에서 실시하는 임상심리사 자격증은 2002년 신설된 국가기술자격 33개 종목 중 하나입니다. 응시 자격은 2급의 경우 심리 혹은 상담과 관련된 학과를 졸업하거나 1년 이상 실습 수련을 받은 자로서 2급 필기시험은 심리학개론, 이상심리학, 심리검사, 임상심리학, 심리상담의 다섯 과목을 치르고, 실기시험으로 임상실무를 보게 됩니다.

본서는 심리학을 전공한 분들이나 관련 전공자들이 임상심리사 자격증을 위해 준비할 때 한 권을 선택해서 볼 수 있게 구성하였습니다. 최근 시험은 더욱 자세하고 어렵게 나오는 경향이 있기 때문에 이 한권으로 종합적인 이론 공부와 기출문제, 예상문제 등을 한 번에 소화할 수 있도록 최선을 다했습니다. 이 책을 통해 단기간에 1차 필기시험에 합격했다면 2차 실기시험은 더욱 어렵기 때문에 반복적으로 정독하면서 준비해야 할 것 입니다.

수험서는 자신이 알고 있지만 각기 흩어져 있던 내용들을 정리하고 요약하는 것에 목적이 있습니다. 그러한 점에서 본서는 여러분의 시험에 큰 도움이 될 것입니다. 본서를 선택해 주신 모든 분들께 감사드리며, 반드시 합격의 영광을 얻으시길 기원합니다.

― 편저자일동

첫째, 현행 출제기준을 완벽히 반영하여 핵심 이론 위주로 구성하였습니다.

둘째, 2021년부터 2020년까지 출제된 최신기출문제를 각 과목별로 수록하였습니다.

셋째, 빈출되는 내용으로 재구성한 적중예상문제를 각 과목별로 수록하였습니다.

넷째, 더 자세한 내용이나 용어 설명을 TIP에 수록하여 수험생의 이해를 도왔습니다.

# 1. 자격시험안내

## (1) 응시자격

임상심리와 관련하여 1년 이상 실습수련을 받은 자 또는 2년 이상 실무에 종사한 자로서 대학졸업자 및 졸업예정자(임상심리학 전공) 등

## (2) 시험정보

[시행처 : 한국산업인력공단]

| 구 분 | 필기시험 | 실기시험 |
|---|---|---|
| 시험과목 | 심리학개론(20문제), 이상심리학(20문제), 심리검사(20문제), 임상심리학(20문제), 심리상담(20문제) | 임상 실무 (기초심리평가, 기초심리상담, 심리치료, 임상심리의 자문·교육·재활) |
| 검정방법 | 객관식 4지 택일형(100문제) | 필답형 (서술형, 단답형, 임상사례형, 20문제 내외) |
| 시험시간 | 2시간 30분 | 3시간 |
| 합격기준 | 매 과목 40점 이상, 전 과목 평균 60점 이상 | 60점 이상 |
| 시험수수료 | 19,400원 | 20,800원 |

# 2. 시험일정

| 구 분 | 필기시험 | | | 실기시험 | | |
|---|---|---|---|---|---|---|
| | 원서접수 | 시험일시 | 합격자 발표 | 원서접수 | 시험일시 | 합격자 발표 |
| 1회 | 1~2월 | 3월 | 필기 시험 이후 2주 이내 | 3~4월 | 4~5월 | 실기 시험 이후 약 1개월 후 |
| 3회 | 7~8월 | 8월 | | 9월 | 10월 | |

※ 2022년 시험 일정은 2021년 12월 이후 큐넷(www.q-net.or.kr)에서 최종공고사항을 확인하시기 바랍니다.

# 3. 수행직무 및 진출분야

## (1) 수행직무

국민의 심리적 건강과 적응을 위해 기초적인 심리평가, 심리검사, 심리 치료 및 상담, 심리재활 및 심리교육 등의 업무를 주로 수행하며, 임상심리사 1급의 업무를 보조한다.

## (2) 진출분야

임상심리사, 심리치료사로서 정신과 병원, 심리상담기관, 사회복귀시설 및 재활센터에서 주로 근무하며, 개인 혹은 여러 명이 모여 심리상담센터를 개업하거나 운영할 수 있다. 이외에도 사회복지기관, 학교, 병원의 재활의학과나 신경과, 심리건강 관련 연구소 등 다양한 사회기관에 진출할 수 있다.

## 4. 임상심리사 2급 검정현황

| 구 분 | 필기시험 | | | 실기시험 | | |
|---|---|---|---|---|---|---|
| | 응시인원(명) | 합격인원(명) | 합격률(%) | 응시인원(명) | 합격인원(명) | 합격률(%) |
| 2020 | 5,032 | 3,948 | 78.5% | 6,081 | 1,220 | 20.1% |
| 2019 | 6,016 | 3,947 | 65.6% | 5,858 | 1,375 | 23.5% |
| 2018 | 5,621 | 3,885 | 69.1% | 6,189 | 1,141 | 18.4% |
| 2017 | 5,294 | 4,360 | 82.4% | 6,196 | 1,063 | 17.2% |
| 2016 | 5,424 | 4,412 | 81.3% | 5,810 | 1,327 | 22.8% |
| 2015 | 4,442 | 3,100 | 69.8% | 5,330 | 826 | 15.5% |
| 2014 | 3,455 | 3,068 | 88.8% | 3,367 | 476 | 14.1% |
| 2013 | 2,405 | 2,070 | 86.1% | 2,136 | 770 | 36% |
| 2012 | 1,475 | 875 | 59.3% | 1,201 | 345 | 28.7% |
| 2011 | 1,092 | 802 | 73.4% | 1,037 | 177 | 17.1% |

시험에 관한 자세한 사항은 큐넷 홈페이지(www.q-net.or.kr)를 참조하시거나
큐넷 고객센터(1644-8000)에 문의하시기 바랍니다.

## 시험 유형 파악하기

시험에 합격하기 위해서는 우선 시험의 특성과 출제 기준을 잘 파악하고 있어야 한다. 임상심리사 2급 필기 시험의 합격 기준은 매 과목 40점 이상, 전 과목 평균 60점 이상이며, 40점 미만이면 과락 처리된다. 실기 합격 기준은 60점 이상이며 필기의 내용과 유기적으로 연결되어 있다. 따라서 우선적으로 자신의 실력을 점검하고 취약 과목이 무엇인지 파악한 뒤 이에 대한 대비책 마련이 필요하다.

## 좋은 기본서 선택하기

어떤 수험서를 기본서로 삼아 공부할지 결정하는 것은 시험 준비에 있어서 매우 중요한 과제 중 하나이다. 무엇보다 최근 시험 동향이 잘 반영되었는지, 최신 출제기준을 바탕으로 구성되었는지를 따져 수험서를 선택해야 한다. 본 수험서 시리즈는 최근 기출문제와 해설을 수록하고 2020년부터 변경된 출제기준을 적용하였으므로, 이를 기본서 삼아 시험에 대비하면 더욱 효과적일 것이다.

## 기본서를 꼼꼼하게 정독하기

기본서를 선택한 뒤에는 꼼꼼하게 여러 번 정독함으로써 중요한 이론뿐만 아니라 세부 이론까지도 효과적으로 이해해야 한다. 또한 최종 정리에서 활용할 수 있도록 중요 내용을 따로 압축하여 정리하는 것도 중요하다.

## 다양한 문제 풀어보기

다양한 문제를 풀어본 후, 틀렸거나 답을 찾는 데 어려움이 있었던 문제에 대하여 오답노트를 만든다. 한 번 틀렸던 문제는 다음에도 다시 틀릴 확률이 높으므로, 부족한 부분을 찾아 교정할 수 있도록 한다. 특히 답을 찾을 때 헷갈렸던 보기나 이론에 대해서는 다시 한 번 정리하여 확실히 알 수 있도록 한다.

## 교수님 강의 듣기

혼자서 이 모든 과정을 준비하기란 쉽지 않다. 아무리 열심히 반복 학습한다 하더라도 때로는 난항을 겪기 마련이다. 그럴 때는 임상심리사 시험의 전문가인 교수님들의 강의를 참고하는 것이 도움이 된다. 잘 이해되지 않았던 부분들에 대해 명쾌한 해답을 찾을 수 있을 것이다. 주위에 있는 선배들의 조언을 구하거나 합격 후기를 찾아보는 것도 하나의 방법이다.

# 차 례

**제1과목**
**심리학개론**

Chapter 01 심리학의 개요 및 생리심리학 ················································ 002
Chapter 02 발달심리학 ·············································································· 007
Chapter 03 성격심리학 ·············································································· 031
Chapter 04 학습심리학 ·············································································· 048
Chapter 05 인지심리학 ·············································································· 062
Chapter 06 심리학의 연구방법론 ······························································ 085
Chapter 07 사회심리학 ·············································································· 103

• 최신기출문제 ⋯ 118          • 적중예상문제 ⋯ 138

**제2과목**
**이상심리학**

Chapter 01 이상심리학의 기본개념 ··························································· 148
Chapter 02 이상행동의 유형 ····································································· 165

• 최신기출문제 ⋯ 298          • 적중예상문제 ⋯ 318

**제3과목**
**심리검사**

Chapter 01 심리검사의 기초 ····································································· 328
Chapter 02 측정과 척도 ············································································ 339
Chapter 03 신뢰도와 타당도 ····································································· 344
Chapter 04 객관적 검사와 투사적 검사 ··················································· 355
Chapter 05 지능과 지능검사 ····································································· 374
Chapter 06 미네소타 다면적 인성검사의 이해 ·········································· 393
Chapter 07 여러 심리검사 도구 ································································· 415

• 최신기출문제 ⋯ 429          • 적중예상문제 ⋯ 450

# 차 례

**제4과목**
**임상심리학**

Chapter 01 임상심리학의 기초 ···················································· 462
Chapter 02 임상적 평가 ······························································· 470
Chapter 03 임상적 개입과 기초이론 ·········································· 482
Chapter 04 심리치료 개관 ···························································· 488
Chapter 05 여러 분야와의 연결성 ·············································· 502
Chapter 06 전문적 임상심리학자의 역할 ·································· 523

• 최신기출문제 ··· 534                    • 적중예상문제 ··· 556

**제5과목**
**심리상담**

Chapter 01 상담의 기초 ······························································· 568
Chapter 02 심리상담의 주요 이론 ·············································· 579
Chapter 03 심리상담의 실제 ························································· 642
Chapter 04 다양한 상담유형 ························································· 668

• 최신기출문제 ··· 693                    • 적중예상문제 ··· 715

**부록**
**합격**
**마법노트**

제1과목 심리학개론 ····································································· 002
제2과목 이상심리학 ····································································· 015
제3과목 심리검사 ········································································· 028
제4과목 임상심리학 ····································································· 053
제5과목 심리상담 ········································································· 073

# 1 과목

# 심리학개론

01. 심리학의 개요 및 생리심리학

02. 발달심리학

03. 성격심리학

04. 학습심리학

05. 인지심리학

06. 심리학의 연구방법론

07. 사회심리학

## 출제경향

심리학개론은 크게 발달심리학, 성격심리학, 학습 및 인지심리학, 심리학의 연구방법론, 사회심리학으로 나누어 출제된다. 발달심리학은 발달의 개념 및 발달연구 접근방법과 인지, 사회, 정서발달에 대한 내용을 포함하고, 성격심리학은 성격의 정의 및 발달과 더불어 성격에 대한 이론에 중점을 둔다. 학습 및 인지심리학에서 학습심리학에 대한 내용은 조건형성, 유관학습, 사회인지학습에 대한 부분이며, 인지심리학은 뇌의 인지, 기억과정 망각에 대한 내용을 숙지하는 것이 필요하다. 심리학의 연구방법론은 연구의 측정, 자료수집방법, 표본조사, 연구 설계, 관찰, 실험에 대한 부분과 사회심리학에서의 인상 형성 및 귀인이론과 사회인지 태도 및 행동에 대한 부분이 중점적으로 출제된다.

# Chapter. 01

# 심리학의 개요 및 생리심리학

학습포인트
심리학에 대한 정의 및 다양한 관점을 파악하고, 심리학의 연구 방법을 알아본다.
또한 생리심리학적 입장에서 신경계와 뇌의 구성을 살펴보고 정보전달체계를 알아본다.

## 1 »» 심리학의 정의

1) 인간의 행동과 행동에 관련된 생리적, 심리적, 사회적 과정을 과학적으로 연구하는 경험과학의 한 분야이다.

2) 개인의 심리적 과정뿐 아니라 신체 기능을 제어하는 생리적 과정, 개인과 개인 간의 관계, 사회적 관계까지 심리학의 연구 대상이 된다.

3) 행동은 두뇌에서 이루어지는 내적인 행동과 신체 움직임으로 나타나는 외적 행동을 비롯하여 정상적 행동, 비정상적 행동도 모두 포함한다.

## 2 »» 심리학의 5대 관점

### 1) 생물학적 접근

(1) 인간의 뇌는 수많은 신경세포로 이루어져 있으며 아주 복잡한 신경 연결 구조를 갖고 있다.

(2) 인간의 행동과 심리적인 현상이 중추적 역할을 하는 뇌에 의해서 이루어진다는 접근 방식이다.

(3) 생물학적 입장에서 심리학을 연구하는 학자들은 새로운 자극이 주어졌을 때 뇌와 신경계통에서 일어나는 변화에 큰 관심을 갖는다.

(4) 실험을 통해 공포나 분노와 같은 정서는 뇌의 특정한 부위를 자극하면 일

**TIP**

생물학적 접근의 중심 개념은 인간 행동의 기초가 생물학적 기능에 있다는 점이다. 또한 인간 본성을 중립적이라고 보며, 환경보다는 인간을 강조한다.

어날 수 있다는 것이 입증되었다. 또한 뇌의 일정 부위를 자극하면 기쁨과 슬픔을 느끼게 할 수 있고 심지어 기억을 상실하게 할 수도 있다.

(5) 심리현상은 신경생리학적으로 설명할 수 있으나, 뇌의 구조가 워낙 복잡해서 아직 밝혀내지 못한 부분이 많다.

## 2) 인지적 접근

(1) 인간은 여러 가지 감각입력을 변형시켜 그것을 기호화하여 기억에 저장시켰다가 나중에 다시 사용할 수 있는 인지 기능을 갖고 있기 때문에 인간의 심리 현상을 이해하려면 인지 기능과 인지 과정을 분석해야 한다는 접근이다.

(2) 인지적 관점은 크게 스위스의 피아제(Jean Piaget, 1896~1980)에 의해 발전된 인지발달이론과 컴퓨터 과학의 영향을 받은 정보처리이론으로 나눌 수 있다.

(3) **인지발달이론** : 피아제가 어린이들의 인지적 발달에 대해 보여준 혁신적 연구는 발달심리학자와 교육심리학자들을 자극하여, 이에 관한 많은 연구가 이루어졌다. 피아제는 어린이가 성인의 축소판이 아니라 나름대로의 발달 과정을 가지며, 단계별로 발달의 과제를 완수해 가면서 지적인 성장을 한다는 것을 주장하였다.

(4) **정보처리이론** : 컴퓨터는 문제를 해결하기 위해서 정보를 처리한다. 즉, 컴퓨터에 정보가 입력되고 처리되면서 기억에 저장된다. 정보를 디스켓에 장기적으로 저장할 수도 있고, 처리하는 동안에 일시적으로 저장할 수도 있다. 컴퓨터에 비유한다면 인간의 기억에도 장기기억과 단기기억(작업 기억, Working memory)이 있다. 많은 인지심리학자는 인간이 수행하는 정보처리를 컴퓨터에 비유해서 이해하고자 한다. 즉, 정보입력, 저장, 인출, 문제해결을 위한 처리 그리고 문제해결로 이어지는 과정이 바로 정보처리 이론가들이 연구하는 인간의 정보처리 과정이다.

## 3) 행동적 접근

(1) 사람의 심리상태는 그 사람의 행동으로 나타난다는 접근이다.

(2) 사람의 객관적 행동을 설명함으로써 그 사람의 심리현상을 이해할 수 있다는 뜻이 된다.

(3) 인지적 접근과는 다르게 행동적 접근은 개인의 의식 및 자발적 선택에 대해서는 도외시한다.

**TIP**

• 인지적 접근의 중심 개념은 사고 과정 및 세상에 대한 이해이다. 또한 인간 본성을 중립적이라고 보며, 인간과 환경 모두를 강조한다.

• 행동적 접근의 중심 개념은 관찰 가능한 행동이다. 또한 인간 본성을 중립적이라고 보며, 인간보다는 환경을 강조한다.

**TIP**

사회학습 이론가

최근에는 서로 반대 경향으로 보이는 행동적 접근과 인지적 접근이 만나는 영역에서 활동하는 심리학자들도 있는데, 이들을 사회학습 이론가라고 한다. 사회학습 이론가들은 우리가 학습한 것을 실제로 행할 것인지 말 것인지 선택하는 데에는 우리의 기대와 가치가 중요한 역할을 한다고 본다.

## 4) 정신역동적 접근

(1) 정신역동은 1940년대와 1950년대에 심리치료에 많이 활용되었으며, 심리학 전반에 큰 영향을 미쳤다.

(2) 정신역동적 접근은 의식 속에 경험된 사실만 가지고는 인간의 심리적 현상을 이해하고 설명하는 데 부족하며, 오히려 의식되지 않는 무의식이 더 큰 도움이 되므로, 무의식 속에 있는 내용을 알아야 인간의 이해가 가능하다는 접근이다.

(3) 정신역동적 접근에서 볼 때, 비정상적 행동이나 문제행동은 갈등이 불만스럽게 해결되었거나 해결에 실패한 것이다.

## 5) 인본주의적 접근

(1) 인본주의 심리학은 형태주의 심리학 및 인지적 접근의 분위기를 강하게 풍기면서 보다 나중에 형성된 관점이다.

(2) 의식과 자기인식(Self-awareness)을 강조하므로 현상학적 관점이라 부르기도 한다.

(3) 인본주의적 접근에서는 개인의 경험을 가장 중요한 연구대상으로 본다. 즉, 인생행로에서 자기인식, 경험 및 선택을 통해 '우리 자신을 제작하게 된다.'는 관점이다.

(4) 인본주의 관점에 따르면 모든 행동은 어떻게 생각하고 행동할지를 선택하는 개인의 능력에 달려 있다고 본다. 이러한 선택은 각 개인이 세상을 어떻게 지각하는가에 달려 있다.

## 3 » 심리학의 여러 분야

### 1) 이론심리학(기초심리학)

이론심리학은 인간을 이해하고 설명할 수 있는 이론을 발견하고, 다양한 연구방법을 통해 인간의 심리와 행동을 예측하고 통제할 수 있는 기법을 개발한다.

(1) **생리심리학** : 인간의 심리와 행동의 생리적, 생물학적 기초를 다루는 심리학 분야이다. 주로 대뇌의 기능과 신경계통, 내분비선을 연구하며, 그것이 어떻게 인간의 심리와 행동에 영향을 미치는지를 연구한다.

(2) **지각심리학** : 인간이 세상을 보는 원리가 무엇이고 어떻게 세상에 대한 *지각이 이루어지는지를 연구하는 심리학 분야이다. 지각심리학은 감각과 지각이 어떻게 이루어지는지를 알아보기 위해 감각기관을 연구하고 지각과정을 연구한다.

(3) **인지심리학** : 인간이 세상에 관한 정보를 어떻게 받아들여서 처리하며 그 결과는 어떻게 나타나는지를 다루는 심리학 분야이다. 지각심리학이 세상을 보는 원리가 무엇인지를 다루는 학문이라면, 인지심리학은 지각심리학의 범위를 넘어 인간의 세상에 대한 자극과 정보를 처리하는 전체적인 과정을 정보 처리적 관점으로 다룬다. 즉, 사고, 언어, 기억, 문제해결, 추론, 앎, 판단 및 의사결정과 같은 고급정신과정을 연구한다.

(4) **발달심리학** : 인간이 수정되면서부터 사망에 이르기까지의 과정을 다루는 전 생애적 접근방법을 통해 인간의 발달과 변화를 설명하고 기술하는 데 중점을 두고 연구하는 심리학이다.

(5) **성격심리학** : 인간의 성격이 어떻게 이루어지고, 어떤 성격이 존재하며, 사람마다 성격은 얼마나 다른지와 같은 개인차를 연구한다.

(6) **사회심리학** : 인간은 사회적 동물이라는 전제하에 인간의 심리와 행동이 사회적 환경의 영향 속에서 어떻게 형성되어 발달하고 변화하는지를 연구하는 심리학이다.

(7) **학습심리학** : 인간이 세상에 대한 지식을 어떻게 획득하고 학습해 나가는지를 알아보는 심리학이다.

## 2) 응용심리학

응용심리학은 기초심리학에서 이룩한 이론과 연구 결과들을 바탕으로 그 이론과 연구 결과들이 어떻게 도움이 될 수 있는지를 현장 중심으로 연구하고 그 결과를 인간에게 적용해 인간심리와 행동을 통제하려는 데 초점을 두고 있다.

(1) **임상심리학** : 임상심리학은 인간이 왜 부적응적 심리상태를 보이고, 왜 부적응적으로 행동하는지에 대해 심리적 원인을 규명하며, 이를 직접 활용해서 진단과 치료를 하고자 한다.

(2) **상담심리학** : 상담심리학은 임상심리학이 정신질환이나 심한 행동 장애를 진단하고 치료하는 데에 초점을 맞추는데 비해 비교적 가벼운 성격장애나 인간관계에서 비롯되는 일반적인 부적응 문제, 진로, 이성문제, 성문제, 고충처리 등을 다룬다.

**TIP**

지각
지각은 감각기관의 자극으로 생겨나는 외적 사물의 전체상에 대한 의식을 말한다.

(3) **응용 사회심리학** : 응용 사회심리학은 사회심리학에서 이루어진 집단과 사회 속의 행동변화와 행동변인들, 사회적 영향, 태도 형성 및 변화, 사회적 동기 및 사회지각, 공격성, 집단역학 등의 연구결과들을 통해 인간의 사회적 행동과 사회적 현상을 규명하고, 인간 행동과 사회 현상을 통제하기 위해 이를 직접 활용한다.

(4) **산업 및 조직심리학** : 산업 및 조직심리학은 심리학적 지식을 산업 및 조직 현장에 적용해 조직의 효율성을 제고하고, 생산성을 높이기 위한 심리학 분야이다.

(5) **광고심리학** : 광고심리학은 현대 산업사회의 꽃이라고 할 수 있는 광고를 심리학적 원리를 통해 이해하고 접근함으로써 광고의 효율성과 광고의 질적 향상을 도모하고자 하는 심리학 분야이다. 광고심리학은 소비자들의 주목을 더 많이 끌고, 흥미를 느끼게 하고, 상품 구매 동기를 유발해서 직접 상품을 구매하도록 할 것인지에 관심을 갖는다.

(6) **교육심리학** : 교육심리학은 교육현장에서 이루어지는 학습과 교수법, 학습 동기, 학습 효율성, 교육평가 등에 심리학적 지식을 활용하는 심리학 분야이다.

Chapter. 02

# 발달심리학

**학습포인트**
발달심리학적 관점에서 인간의 전 생애의 신체발달, 인지발달, 성격발달, 도덕적 발달에 대해 살펴본다.

## 1 》》 발달심리학 개념

### 1) 발달의 개념

(1) 발달은 인간의 생명이 시작되는 수정의 순간에서부터 죽음에 이르기까지의 전 생애 동안에 이루어지는 모든 변화의 양상과 과정을 의미한다.

(2) 발달적 변화의 과정에는 신체, 운동기능, 지능, 사고, 언어, 성격, 사회성, 정서, 도덕성 등 인간의 모든 특성이 포함된다.

(3) 발달과 밀접한 개념으로 성장과 성숙이 있다.

① 성장은 주로 신체적 특성의 긍정적인 변화를 뜻하는 개념으로, 성장과 발달은 서로 교환해서 사용할 수 있는 개념이다.

② 성숙은 유전인자가 발달과정을 방향 짓는 기제를 뜻한다. 개념상으로 성숙은 환경의 영향과는 무관한 유전적 특성에 의해 이루어지는 발달적 변화에 국한한다.

③ 성장과 성숙을 절충하는 입장인 상호작용설에서는 유전(성숙)과 환경(성장) 간의 상호작용에 의해 발달이 이루어진다고 본다.

(4) 일반적인 발달 원리

① 발달에는 순서가 있으며 이 순서는 일정하다.

② 발달은 연속적인 과정이지만 발달의 속도는 항상 일정하지 않다.

③ 발달은 성숙과 학습에 의존한다.

④ 발달에는 개인차가 있다.

⑤ 발달의 각 측면은 서로 밀접한 상호 연관성이 있다.

**TIP**

발달심리학의 발생과 가장 관련 있는 사람은 다윈이다. 다윈의 진화론, 즉 생물은 창조되는 것이 아니라 변화하고 진화하는 것이라는 주장은 발달 연구에 커다란 추진력과 가능성을 부여하였다.

(5) 발달심리학의 성격

① 인간의 전 생애에 걸친 모든 발달적 변화의 양상과 과정을 연구하는 학문이다.

② 과거에는 발달심리학은 주로 아동기와 청년기를 대상으로 하였으나, 근래에는 성인기와 노년기를 포함한다. 이와 같이 전 생애의 발달적 관점을 강조하여 흔히 생애발달 심리학이라 지칭한다.

③ 생애발달 심리학의 중요성은 모든 연령과 시기의 인간 발달이 상호 밀접하게 관련되어 있다는 데에 있다.

## 2) 발달심리학의 역사

발달심리학은 아동 연구에서 그 뿌리를 찾을 수 있다. 오랫동안 사람들은 심리적인 측면에서 아동이 성인과 아무런 차이가 없는 성인의 축소판이라고 믿어왔다.

(1) 존 로크(John Loke)

① 아동의 특성에 체계적인 관심을 기울인 최초의 학자이다.

② 아동은 태어날 때 선천적으로 결정된 어떠한 특성도 소유하지 않는다는 백지설을 주장했다.

③ 아동은 그들이 속한 환경 내에서 경험의 내용에 따라 서로 다른 사고와 감정을 가진 성인으로 성장해가게 된다는 환경 결정론적 발달관을 제시하였다.

(2) 루소(Rousseau)

① 아동은 태어날 때 각기 독특한 발달적 잠재력을 갖고 있다고 주장하였다.

② 개개 아동이 갖는 독특한 내재적인 성장력은 각 발달단계에서 환경이나 교육에 의해 의도적이고 계획적으로 통제되거나 억압받지 않을 때 자연스러운 최상의 발달을 기대할 수 있다.

③ 루소의 관점은 페스탈로치(Pestalozzi), 프뢰벨(Froebel), 장 피아제(Jean Piaget)에 의해 계승되고 있다.

(3) 스탠리 홀(G. Stanley Hall)

① 최초로 발달심리학 분야를 확립한 학자이다.

② 「아동의 마음의 내용」이라는 연구 논문을 출간하여 최초로 객관적이고 기술적인 발달연구를 시작하였다.

③ 청년발달에 있어서 생물학적 요인을 강조해 '질풍노도의 시기'라는 이름을 지었다.

(4) 아놀드 게젤(Arnold Gesell) : 아동 연구에 발생학적 모델을 적용시킴으로 써 아동심리학의 확립에 크게 기여하였다.

## 3) 발달심리학의 연구영역

(1) 현상기술연구

① 연령이 변화함에 따라 여러 영역의 심리적 특성이 변화해가는 양상을 있는 그대로 기술한다.

> 예 아동이 최초로 어휘를 사용하게 되는 나이는 몇 살이며, 3세 아동이 사용할 수 있는 어휘는 몇 개가 되는가?

② 현상기술 연구 자료들은 여러 심리적 특성들이 정상적으로 발달하는가 의 여부를 확인할 수 있는 규준을 제공한다.

> 예 3세 아동이 사용하는 평균 어휘 수에 관한 자료는 언어발달상 3세 아동의 규준이 된다. 일반적으로 규준은 연령집단을 잘 대표해 줄 수 있는 표집에서 얻은 평균치를 통해 알 수 있다.

(2) 발달기제연구 : 발달기제에 관한 연구는 무엇이, 왜, 어떻게, 발달적 변화 를 일으키는가에 대한 답을 얻고자 하는 연구이다.

> 예 2~4세 사이에 급격한 언어발달이 일어나는 이유는 생득적 이론, 학습이론, 인지 발달이론 등 여러 이론적 관점에서 각각 달리 설명되고 있다.

## 4) 발달심리학의 연구법

(1) 횡단적 설계

① 연령이 서로 다른 집단을 동시에 연구한다.

② 연구자가 짧은 시간에 서로 다른 연령의 아이들로부터 자료를 수집한다.

③ 그 결과를 연령 간 비교하여 발달적 변화과정을 추론한다.

> 예 아동의 자아존중감 발달을 연구하기 위해 3・6・9・12세 집단의 아동을 각각 50명씩 표집하여, 이들을 대상으로 동일한 검사를 시행하고, 면접에 의한 자기 보고 자료를 수집해 이를 분석하여 각 연령집단 간 자아존중감의 정도 차이에 의한 자아존중감의 발달과정을 유추한다.

(2) 종단적 설계

① 일정한 기간 동안 같은 피험자들을 반복적으로 관찰한다.

② 각 개인의 다양한 특성에 대한 연속적인 변화 측정이 가능하다.

---

**TIP**

발달심리학 연구

발달심리학 연구는 크게 발달이 이루어지는 양상을 기술하는 현상기술 연구와 연령에 따라 발달적 변화가 일어나는 원인과 과정을 추론하고 이론화하는 발달기제 연구로 구분한다. 발달 현상을 기술하는 또 하나의 방법은 심리적 특성별로 발달영역을 나누어 진술하는 것이다. 대표적인 발달 영역으로는 신체, 운동기능 발달, 지각발달, 인지발달, 언어발달, 기억발달, 성격발달, 사회성 발달, 정서발달, 도덕성 발달 등이 있다.

**기출 DATA**

발달심리학의 연구법 2017-3회

③ 경비와 시간이 많이 들고, 연구 대상 측면에서 선택적 탈락 등의 제약이 있으며, 연구자가 교체될 가능성도 커서 관찰의 일관성이 보장되지 않을 수 있다.

> 예 3~12세 사이 아동의 자아존중감 발달을 연구하기 위해 3세 아동을 표집하여 이 아동들이 6·9·12세가 되었을 때 각 연령단계에서의 자아존중감을 진단한다.

(3) 횡단적－종단적 설계(계열적 설계)

① 상이한 연령의 피험자를 선별하여 이들 집단 각각을 얼마 동안의 기간에 걸쳐서 연구하는 것으로 횡단적 연구와 종단적 연구의 장점들을 혼합한 연구방법이다.

② 비용과 기간이 훨씬 더 든다는 단점이 있다.

> 예 3·6·9세의 세 집단을 표집하여 연구하고, 3년 후에 이들 세 집단을 추적하여 진단한다.

(4) 발생과정 분석설계

① 종단적 설계를 수정하여 극히 적은 수의 아동의 특정 행동이 형성되고 변화해 가는 과정을 면밀하게 추적하여 분석한다.

② 인지발달 분야에서 주로 사용되고 있으나, 발달의 전 영역에 확대 사용해 볼 가치가 있는 방법이다.

## 2 ≫ 인간의 발달

### 1) 신체적 발달

(1) **제1차 성장 급등기** : 만 1세가 되면 체중은 출생 시의 약 3배가 불어나고, 2세가 되면 신장이 성장 신장의 약 절반가량으로 성장한다.

(2) **제2차 성장 급등기** : 사춘기에 이르면 다시 성장률이 급격히 증가한다. 평균적으로 남자는 18세, 여자는 16세경까지 증가하여 최대 발육량이 출현하고, 여자가 남자보다 2년 정도 성장이 빠르다. 체중 증가의 가속은 신장과 비슷하여 남자가 여자보다 약간 늦다.

## 2) 인지적 발달

(1) 피아제(Piaget)의 인지발달

① 피아제는 생물체가 주어진 환경에 적응하기 위해 자신의 신체구조를 바꾸어가듯이 인간도 주어진 환경 내의 상황을 이해하고 이에 적응하기 위해 자신의 내재적인 정신구조를 바꾸어간다고 생각하였다.

② 인지구조 : 특정한 환경에 적응할 수 있는 능력으로 동화와 조절과정을 반복하면서 차츰 복잡하고 정교화된다.

  ㉠ 동화 : 자신이 가진 기존의 구조에 새로운 정보를 받아들이는 것이다.

  ㉡ 조절 : 외계의 새로운 정보에 맞추어 자신의 구조를 바꾸어가는 것이다.

(2) 인지발달단계

① 감각운동기

  ㉠ 연령은 0~2세이다.

  ㉡ 이 시기의 영아는 감각과 운동에 의해 환경을 이해한다는 특징을 가진다.

  ㉢ 도식형성(Schema) : 손에 닿는 물체를 손으로 잡아서 입으로 가져가 빠는 반사기능과 손으로 잡는 반사기능을 통합하는 등의 도식(Schema)을 점진적으로 형성한다.

  ㉣ 대상영속성 : 물체가 시야에서 사라지더라도 그 물체가 계속해서 존재한다는 사실을 획득한다. 전조작기로 이행하는 필수적 능력으로, 머릿속으로 그 대상에 대한 표상, 심상을 그릴 수 있게 된다.

② 전조작기

  ㉠ 연령은 2~6세이다.

  ㉡ 표상 형성(주로 영상적 표상, 개념적 규정은 안 된다.)이 되며, 이를 통해 문제해결이 가능하다.

  ㉢ 자기중심성 : 자신의 위치에서만 사물을 이해할 뿐 타인의 위치에서 보이는 사물의 모습을 추론하지 못하는 사고의 한계를 보인다.

  ㉣ 보존개념이 아직 발달하지 못해서 외형이 변하면 내용도 함께 변한다고 믿는다.

③ 구체적 조작기

  ㉠ 연령은 6~12세이다.

  ㉡ 가역성의 개념이 형성되어, 어떤 상태의 변화과정을 역으로 밟아가면 다시 원상태로 돌아갈 수 있다는 것을 안다.

기출 DATA
피아제의 인지발달 2018-3회
피아제의 인지구조 2018-3회, 2017-3회

TIP
피아제의 평형화
기본적으로 동화와 조절 두 기능의 통합과정으로 개인이 스스로 자신의 인지구조를 형성하고 재구성하는 인지발달의 핵심기능이다. 동화와 조절에 의해 평형화가 이루어지는 과정은 전 연령에서 일어난다.

기출 DATA
감각운동기 2019-1회

기출 DATA
대상영속성 2020-3회

기출 DATA
구체적 조작기 2018-1회

기출 DATA
보존 개념 획득 2020-3회

TIP
피아제는 출생에서 성인기까지 4단계로 사고발달이 이루어진다고 보았다. 피아제에 따르면 어떤 사람도 이전 단계를 거치지 않고는 다음 단계로 나아가지 못하며 사람에 따라 단계의 순서가 변하지 않는다.

TIP
비고츠키의 인지발달이론
• 모든 아동은 사회관계 속에서 인지발달이 이루어진다고 보았으며, 사회·문화적 영향력을 중요시 하였다.
• 인간 마음의 변화를 생득적-경험적이라는 두 대립된 시각으로 보는데 기여하였다.
• 비고츠키는 발달수준을 실제적 발달수준과 잠재적 발달수준으로 구분하였다.
– 실제적 발달수준 : 아동이 주위의 도움없이 스스로 문제를 해결할 수 있는 수준이다.
– 잠재적 발달수준 : 도움을 받아서 문제를 해결할 수 있는 더 높은 수준이다.
▶ 2020-1회

TIP
에릭슨의 발달이란 개인의 심리적 발달(성격과 가치관)과 개인이 만든 사회적 관계가 병행하여 성장해나가는 이중적 과정을 말한다. 그는 개인과 사회의 역할을 동등하게 중요시하였다.

ⓒ 탈중심화 : 전조작기의 자기중심성에서 벗어나 어떤 상황의 한 면에만 집중하지 않고 여러 측면을 한꺼번에 고려한다.
ⓔ 보존개념 획득 : 물체의 모양이 바뀌어도 물리적 특성은 동일하다는 사실을 인식한다.
ⓜ 분류조작, 서열조작, 공간적 추론이 가능해져 논리적 사고로 문제 해결이 가능하다.
④ 형식적 조작기
ㄱ 연령은 12세~성인이다.
ㄴ 가설 연역적 사고가 가능하다. 먼저 가능한 상태에 대한 이론을 설정하고, 가능한 것으로부터 경험적으로 실재하는 것으로 사고가 진전된다.
ㄷ 조합적 사고가 가능하다. 문제 해결을 위해 사전에 계획을 세우고 체계적으로 해결책을 시험하며 시행착오에 의해 문제를 해결한다.
ㄹ 전조작기와 전혀 다른 자기 중심성 사고가 형성된다.
ⓐ 상상적 청중 : 자신이 타인의 관심과 집중의 대상이 되고 있다고 착각한다.
ⓑ 개인적 우화 : 자신의 생각과 감정 등은 너무 독특한 것이어서 타인이 알 수 없을 것으로 생각하고 타인이 경험하는 죽음, 위기, 위험이 나에게 일어나지 않으며, 일어나도 피해를 당하지 않을 것으로 생각한다.

## 3) 사회적 발달

(1) 에릭슨의 심리사회적 기본개념
① 인간은 일방적으로 쾌락원리에 지배되는 것이 아니라 자신의 욕구를 충족시켜주거나 억압하는 사회적 요인들과 내재적 욕구 간의 갈등을 조정하고 통제하는 자아의 힘을 가지고 있다고 보았다.
② 프로이트가 본능적인 성적 욕구의 기능과 역할을 중시한 반면, 에릭슨은 사회적 요인을 조정하는 자아의 역할을 보다 강조하였다.

(2) 에릭슨의 심리사회적 발달이론
① 신뢰감 대 불신감이 형성되는 단계(0~1세)
ㄱ 이 시기는 프로이트의 구강기에 해당하며, 출생 후 한 살 때까지의 시기로서, 성취해야 할 긍정적인 과업은 기본적인 신뢰감이다.

ⓛ 신뢰감은 자신과 타인과 세상에 대한 신뢰감으로서 신뢰감의 형성
은 어머니의 양육의 질에 달려 있다.

ⓒ 어머니가 아이를 친밀하게 대하고 지속적이고 일관성 있게 대한다
면 아이들은 신뢰감을 형성해 간다. 그러나 만일 부모가 부모역할
에 대한 자신감이 부족해서 아이를 대하는 방식에 혼란을 일으키
거나 일관성 없는 양육을 하게 되면 아이들은 불신감을 형성하게
된다.

② 자율성 대 수치심이 형성되는 단계(1~3세)

ⓐ 이 시기는 프로이트의 항문기에 해당하는 시기로서, 성취해야 할
긍정적인 과업은 자율성이다.

ⓛ 독립적으로 환경을 탐색하고 상호작용하기 시작한다. 혼자서 옷
을 입고, 음식을 먹고, "내가 할 거야.", "나 혼자서 할 수 있어."
와 같은 말을 하면서 외부환경을 선택하고 조작하려는 욕구가 강
하게 나타난다.

ⓒ 부모가 아이들을 한 인간으로 존중해 주고, 아이들이 자신의 삶에
영향을 미치는 활동들을 자유롭게 조절하고 통제할 수 있도록 허
용해 줄 때 자율성이 발달된다.

ⓔ 부모가 아이 스스로 할 수 없는 일을 아이가 하도록 기대하고 강
요한다면 아이는 자신의 무능함에 대해 수치심을 느끼게 된다.

③ 주도성 대 죄책감이 형성되는 단계(4~5세)

ⓐ 이 시기는 프로이트의 남근기에 해당하는 시기로, 성취해야 할 긍
정적인 과업은 주도성이다.

ⓛ 주도성이란 아동이 자신과 자기세계를 구성하는 것에 대해 책임의
식을 갖는 것을 말한다.

ⓒ 부모가 자녀의 호기심을 인식하고, 자녀의 환상적 행동을 우스꽝
스럽게 여기거나 금지하지 않아야 주도성이 더욱 발달된다.

ⓔ 아이 스스로 어떤 일을 완수할 수 있도록 하는 기회를 주지 않거
나 이성 부모와 애정을 주고받고자 하는 욕구에 대해서 과도하게
벌을 줄 경우에 아이는 죄의식에 사로잡히게 된다.

④ 근면성 대 열등감이 형성되는 단계(6~11세)

ⓐ 이 시기는 프로이트의 잠재기에 해당하는 시기로서, 성취해야 할 긍
정적인 과업은 근면성이다. 이 시기의 아이들은 성취동기가 강하다.

ⓛ 부모는 아이들이 열심히 하고자 하는 일을 격려하고 칭찬해 줌으
로써 아이의 근면성을 더욱 발달시킬 수 있다.

ⓒ 아이들을 열등감에 빠뜨리는 가장 커다란 적은 비교이다. 공부나 생활적인 면에서 스스로 자기 친구나 가족 구성원과 비교하여 부족함을 느낄 때 열등감에 사로잡힐 수 있으며, 부모나 선생님들로부터 자신을 다른 사람과 비교하는 말을 자주 듣게 되어도 열등감에 사로잡힐 수 있다.

⑤ 정체성 대 정체성 혼미를 형성하는 단계(12~18세)

　ⓐ 이 시기에 성취해야 할 긍정적인 과업은 자아정체감이다.

　ⓑ 자아정체성은 혼돈의 청소년 시기에 다른 사람과의 상호작용을 통해 '나는 이런 사람이야'라고 생각하는 것을 확인받고, 실제로 자신의 모습이 현실적으로 그러할 때 획득하게 된다. 이때 적절한 성적 정체감의 발달과 직업에 대한 탐색 및 선택은 개인의 정체감 발달에 필수적이다.

　ⓒ 정체감 형성에 실패하게 되면 '정체감의 위기' 즉, 정체성 혼미에 빠지게 된다. 나는 누구이며, 무엇을 하고 살아야 할 것인지, 어떤 역할을 수행해야 하는지 알지 못하고 방황의 수렁에 빠져서 무력감, 혼란감, 허무감을 경험한다.

⑥ 친밀감 대 고립감이 형성되는 단계(성인 초기)

　ⓐ 이 시기는 공식적인 성인 생활이 시작되는 시기로서, 성취해야 할 긍정적인 과업은 친밀감이다.

　ⓑ 타인과 정말로 친밀한 관계를 획득하려면 자신이 누구이며 무엇인가에 대한 확고한 느낌 즉, 자아정체감이 발달되어 있어야 한다.

　ⓒ 자아정체감의 발달이 제대로 이루어지지 않아 친밀한 관계 형성에 실패하게 되면 공허감이나 소외감을 느끼기 쉽다.

⑦ 생산성 대 침체성(성인 중기, 중년기)

　ⓐ 이 시기는 인생의 중반기에 해당하는 시기로서, 성취해야 할 긍정적인 과업은 생산성이다.

　ⓑ 생산성은 무엇인가를 만들어내는 것을 의미한다. 자신이 수행하고 있는 일에서 어떤 종류의 업적을 이루어내는 것도 생산성에 해당한다.

　ⓒ 만일 생산성의 과업을 성취하지 못하게 되면 개인적 이득이나 만족만을 추구하는 자기도취의 상태에 빠져 자신을 제외한 누구에게도 관심을 주지 않게 된다. 그 결과, 인간관계는 황폐화되고 자신의 활동은 침체되어 우리가 잘 아는 '중년의 위기' 즉, 인생무상과 절망의 느낌을 갖게 된다.

⑧ 통합성 대 절망감(노년기)

　㉠ 이 시기는 인간이 지금까지의 자신의 노력과 성취에 대해서 반성하는 시기로서, 성취해야 할 긍정적인 과업은 자아통합이다.

　㉡ 자아통합은 자신이 지금까지 살아 온 자기 인생을 돌이켜 보고 "이만하면 만족한다.", "나는 후회 없이 살아온 것 같다. 이제 죽어도 여한이 없다."라고 확신할 때 생긴다.

　㉢ 만일 이러한 확신이 결여되어 있다면 죽음에 대한 두려움, 자기 인생을 되돌릴 수 없는 것에 대한 후회, 희망했던 것에 대한 끊임없는 미련이 생기고 절망에 빠진다.

| 인생의 단계 | | 심리사회적 위기 | 정신적 열매 | 중요한 관계 대상 |
|---|---|---|---|---|
| 영아기 | 0~1세 | 신뢰/불신 | 희망 | 엄마 |
| 유아기 | 1~3세 | 자율/수치심 | 의지력 | 양부모 모두 |
| 학령전기 | 4~5세 | 주도성/죄의식 | 목적의식 | 가족 |
| 잠복기 | 6~11세 | 근면성/열등감 | 경쟁력 | 이웃과 학교 |
| 사춘기 | 12~18세 | 정체성/역할혼동 | 헌신 | 친구 그룹 |
| 청년기 | 19~35세 | 친밀감/고립 | 사랑 | 배우자/친구들 |
| 중년기 | 36~65세 | 생산성/정체됨 | 돌봄 | 일과 가정 |
| 노년기 | 65세 이상 | 자아통정/절망 | 지혜 | 절대자, 인류 |

## 4) 정서적 발달

### (1) 애착의 의미

① 한 개인이 자신과 가장 가까운 사람에 대해서 느끼는 강한 감정적 유대관계를 뜻한다.

② 출생 후 1년 이내에 영아와 어머니 또는 자신을 돌봐주는 사람 간에 이루어지는 애착형성의 결과가 후에 발생하는 정서적 안정성과 대인관계의 중요한 기초가 된다.

### (2) 애착형성의 과정

① 1단계(출생~2주) : 영아가 다른 대상에 비해 사람을 비롯한 사회적 대상을 선호하면서 특정 대상을 구별하지 않고 모든 대상에게 애착을 보이는 단계이다.

② 2단계(2주~6 · 8개월) : 영아가 어머니와 타인을 구분하면서 시작되며 본격적인 애착이 형성되는 6~8개월까지 지속된다. 애착대상과 떨어지는 데 대한 저항은 보이지 않는다.

③ 3단계 : 영아는 특정 대상에 강한 집착을 보이며 애착대상과 떨어질 때에는 *격리불안을 나타낸다. 애착대상 외의 다른 사람에 대한 *낯가림도 이 기간에 나타난다.

(3) 애착유형

① 안정애착 : 낯선 상황에서 이따금 어머니에게 가까이 가서 몸을 대보거나, 어머니가 없는 동안 불안해 하다가 어머니가 떠났다가 들어오면 열렬하게 반긴다.

② 불안정 회피애착 : 어머니가 떠나도 별 동요를 보이지 않으며, 어머니가 들어와도 다가가려 하지 않고 무시한다. 이 유형은 어머니가 아기의 요구에 무감각하며, 아기와 신체적인 접촉이 적고, 화가 나 있거나 초조하며, 거부하듯이 아기를 다룬다.

③ 불안정 양가애착 : 어머니의 접촉시도에 저항하는 경향이 높다. 어머니가 있어도 잘 울고 보채지만 어머니가 떠나면 극심한 불안을 보인다. 어머니가 돌아오면 화를 내지만, 불안정 회피유형과 달리 어머니 곁에 머물러 있으려고 한다.

④ 불안정 혼란애착 : 애착이 불안정하면서 회피와 저항의 어느 쪽도 속하기 어려운 상태로 회피와 저항이 복합된 반응을 보인다. 이런 반응은 어머니와의 접촉에 대한 욕구가 강하나 어머니로부터 무시당하거나 구박받은 데에서 오는 공포가 공존하기 때문인 것으로 해석된다.

(4) 해리 할로(Harry Harlow)의 원숭이 인형 실험

① 실험은 인간과 유전자가 95% 일치한다고 알려진 붉은털 원숭이를 대상으로 행해진다.

② 태어난 지 얼마 되지 않은 새끼 붉은털 원숭이를 어미에게서 떼어내 실험실에 넣었다.

③ 새끼 원숭이는 처음에는 어미를 찾아 미친 듯 울부짖지만 얼마 되지 않아 현실을 받아들인다.

④ 방에는 딱딱한 철사로 만들어진 원숭이 인형과 보드라운 천으로 만들어진 원숭이 인형이 있다. 철사 원숭이 인형에는 젖병이 달려 있어 새끼 원숭이가 배고프면 젖을 빨아먹을 수 있다.

⑤ 새끼 원숭이는 천 원숭이에게 애착을 보였으며, 철사 원숭이에게서만 젖을 얻을 수 있음에도 불구하고, 젖만 얻어먹고 다시 천 원숭이에게 갔다.

⑥ 심지어 전기충격을 비롯한 가벼운 고통을 주어도 새끼 원숭이는 어지간 해서는 천 원숭이에게서 떨어지려 하지 않았다.

## 5) 도덕성 발달

(1) **기본개념** : 도덕성 발달은 정서적, 행동적, 인지적 요소의 상호작용에 의해 이루어지며, 초기에는 외부적 통제에 복종하다가 도덕성이 성숙해질수록 점차 내부적 기준에 근거한 판단을 하게 된다.

(2) **도덕성에 대한 접근**

① 정서적 접근 − 프로이트

　　㉠ 도덕성은 남근기에 오이디푸스 콤플렉스와 관련하여 발달하는데, 이성부모를 독차지하고자 하는 욕망이 동성부모에 의해 좌절되면 서 '극도의 불안'을 경험한다.

　　㉡ 동성 부모로부터 벌을 피하고 부모의 애정을 계속해서 받기 위해 욕망을 제어하는 초자아가 발달한다.

　　㉢ 죄책감과 벌에 대한 두려움으로 동성 부모에 대한 동일시를 통해 부모의 도덕성을 내면화하면서 도덕성을 발달시킨다.

② 행동적 접근 : 도덕성을 고유한 발달과정으로 보지 않고 다른 사회적 행 동과 동일한 과정을 통해 형성된다고 본다. 즉, 도덕적인 행동을 보이 는 성인을 관찰, 모방하는 관찰학습의 과정을 통해 도덕적 행동을 학습 하게 된다.

③ 인지적 접근 − 피아제, 콜버그 등

　　㉠ 피아제의 도덕성 발달

　　　　ⓐ 제1단계 심리운동적 기준 − 반복의 단계(~2・3세) : 자신만의 기 준들에 기초하여 혼자서 따로 놀며, 아무런 기준도 없고 규칙 자 체를 깨닫지 못한다.

　　　　ⓑ 제2단계 타율성과 도덕 현실주의 − 타인의 기준에 적합(3~7세) : 어린이들의 놀이에서 초보적인 규칙들을 이해하기 시작하여 부모 나 교사 등 성인들이 바람직하다고 조언하는 행위 규범들에 자신 을 맞추려고 노력한다.

　　　　ⓒ 제3단계 자율성과 도덕적 상대주의(8~11세) : 인간관계가 종적 관계(부모 − 자식)에서 횡적 관계(친구 관계)로 이동하며, 일정한 규칙들에 따라 상호 경쟁을 시도하고 동료들 간의 협동적 놀이 단계에 이른다.

**TIP**
해리 할로의 원숭이 인형 실험

**TIP**
프로이트는 도덕성 발달을 초자아의 형성과정으로 설명한다. 초자아는 아동이 스스로 도달하고자 하는 가 치체계인 자아상과 옳고 그름을 판 단하는 양심으로 구성된다.

ⓓ 제4단계 자율성과 도덕적 상대주의에 관한 형식적 추리(11세 이후~) : 행동 판단의 결과에 치중하지 않고 그 이면의 동기를 생각하며, 보편적이고 추상적인 근본 원칙을 정하여 놓고 그 원칙들로부터 개개의 구체적인 규칙들을 유도하는 단계이다.

ⓒ 콜버그의 도덕성 발달

**기출 DATA**
콜버그의 도덕성 발달 2017-1회

**TIP**
콜버그의 도덕성 발달
삐아제의 인지적 도덕성 발달 이론을 좀 더 세분화하여 3개 수준으로 6단계의 이론을 발전시킨 것이다. 이는 10~16세 사이의 소년 72명을 대상으로 하인츠 갈등을 비롯하여 이와 유사한 9개의 도덕적 갈등 상황을 제시한 후, 소년들의 도덕적 판단과 그 이유에 대한 설명을 듣고, 기록 및 분석한 내용을 바탕으로 설정한 이론이다.

| 전인습 | |
|---|---|
| • 1단계 : 처벌과 고통 지향 | • 처벌을 피하거나 힘있는 사람에게 무조건 복종하는 것이 도덕적이라고 판단 |
| • 2단계 : 개인적 쾌락주의 | • 자신과 타인의 욕구 충족이 도덕적이라고 판단 |
| 인습 | |
| • 3단계 : 착한 소녀·소년 지향 | • 다른 사람을 돕고 다른 사람의 인정을 받는 것이 도덕적이라고 판단 |
| • 4단계 : 법과 질서 지향 | • 법과 질서의 일치 여부를 기준으로 도덕적 판단 |
| 후인습 | |
| • 5단계 : 사회적 계약 지향 | • 개인 권리를 존중하고 사회 전체가 인정하는 기준 행동을 도덕적이라고 판단 |
| • 6단계 : 보편적 원리 지향 | • 정의를 성취하고 추상적·보편적 원리 지향 |

# 3 » 전 생애 인간발달과정

## 1) 영아기(0~24개월)

### (1) 신체 및 운동 기능의 발달

① 영아기 신체기능과 운동기능은 두 가지 원리에 따라 순서대로 일어난다.
㉠ 머리 쪽에서 아래쪽으로 발달하는 원리
㉡ 몸의 중심부에서 말초부로 발달하는 원리

② 신장과 체중의 발달
㉠ 출생 시 : 신생아 남아 51.4㎝, 여아는 50.5㎝, 체중은 남아 3.40㎏, 여아 3.24㎏
㉡ 출생 후 2년 동안 : 3개월 동안 체중 2배, 1세 때 3배, 2세 때는 4배가 된다.
㉢ 2세부터는 신체적 성장은 비교적 느리면서 꾸준한 발달 곡선을 보인다.

③ 뇌 : 출생 시 영아의 뇌는 성인의 25%이며, 1년 사이에 성인 뇌의 66%, 2세에 75%, 5세 말쯤에는 90%에 달한다. 출생에서 2세까지를 뇌의 급진적 성장 시기라 부르는 이유가 여기에 있다.

④ 반사 및 운동 기능의 발달

   ㉠ 신생아의 정상적 판단척도 : 애프가(Apgar) 척도*, 브라젤튼 신생아 행동평정척도(NBAS ; Brazelton Neonatal Behavioral Assessment Scale)

   ㉡ 영아의 반사기능

      ⓐ 생존반사 : 생존에 필요, 호흡반사, 동공반사, 빨기 반사, 삼키기 반사 등

      ⓑ 원시반사 : 종 특유의 반사 기능, 바빈스키 반사*, 잡기반사, 모로 반사*

   ㉢ 운동기능의 발달

      ⓐ 이행운동 : 일정한 계열적 순서를 따라 발달한다.
         예 턱을 들고, 가슴을 들고, 앉고, 기고, 서고, 걷는 것 등

      ⓑ 협응기능 : 많은 운동기능은 시각, 청각 등의 감각기능과 운동 기능 간의 협응을 요하는 것이다. 유아기 동안에 협응 기능은 급격하게 발달한다.

**(2) 인지발달**

① 감각운동기

   ㉠ 이 시기의 영아는 감각과 운동에 의해 환경을 이해한다는 특징을 가진다.

   ㉡ 도식형성(Schema) : 손에 닿는 물체를 손으로 잡아서 입으로 가져가 빠는 반사기능과 손으로 잡는 반사기능을 통합하는 등의 도식(Schema)을 점진적으로 형성한다.

   ㉢ 대상영속성 : 물체가 시야에서 사라지더라도 그 물체가 계속해서 존재한다는 사실을 획득한다.

② 감각운동기 하위 단계

   ㉠ 1단계 반사기능단계(출생~1개월) : 출생 직후부터 영아는 입에 닿는 무엇이든 빨고, 손에 닿는 것은 잡으며 소리가 나는 쪽으로 고개를 돌리는 등 일련의 반사기능을 반복적으로 연습한다. 즉, 자신이 지닌 반사기능에 환경 내의 여러 자극들을 동화한다.

   ㉡ 2단계 일차순환반응기(1~4개월) : 반사기능이 감각운동적 도식으로 발달한다. 개개인의 도식은 보다 정교화되고, 개인의 독립적인

**TIP**

애프가(Apgar) 척도
심장 박동, 호흡, 근육긴장, 반사의 민감성 그리고 피부색의 다섯 가지 범주로 구성되어 있으며, 출생 1분 및 5분 후에 실시한다.

**TIP**

• 바빈스키 반사 : 발바닥의 바깥쪽을 비비면 엄지발가락은 위로 치켜지고 다른 발가락은 부채꼴로 벌어지는 반사 현상. 프랑스의 의사 바빈스키(Babinski, J)가 발견하였다 하여 이러한 명칭이 붙여졌다.

• 모로 반사 : 아기가 누워 있는 상태에서 바람, 소음, 위치 변경 등이 일어날 때 아기가 팔과 발을 벌리고 손가락을 밖으로 펼쳤다가 무엇을 껴안듯이 다시 몸 쪽으로 팔과 다리를 움츠리는 것을 말한다.

• 근원 반사(젖 찾기 반사) : 신생아가 뺨이나 입 주위에 자극물로 자극을 주면 입과 고개를 돌리는 반사를 말한다.

• 빨기 반사 : 입에 닿는 것은 무엇이든지 빨려고 하는 모습을 말한다.

• 파악 반사 : 손바닥에 장난감이나 손가락을 쥐어주면 꽉 쥐는 반사를 말한다.

도식들이 통합되어 보다 큰 단위의 도식을 이루게 된다.

ⓒ 3단계 이차순환반응기(4~8개월) : 환경 내에 있는 사물이나 사태에 관심을 가지고 이를 탐색하는 행동을 보인다. 손을 흔들다 우연히 공중에 매달린 딸랑이를 건드리면 환경 내의 변화가 흥미로워 이를 계속한다. 이처럼 환경과의 관계 속에서 단순행동을 반복하는 단계를 이차순환반응이라 한다.

ⓔ 4단계 이차도식협응기(8~12개월) : 먼저 자신이 원하는 목표를 지각하고, 다음에 그것을 어떻게 성취할까를 찾게 되는 의도적인 행동을 보이게 된다. 딸랑이를 잡으려는데 중간에 베개가 있으면, 목표에 도달하기 위해 먼저 베개를 치우고 딸랑이를 잡는다. 이처럼 두 개의 도식을 연결한다는 점에서 이차도식협응기라 한다. 이는 의도적인 문제해결 행동이며 실질적인 지적행동이다.

ⓜ 5단계 삼차순환반응기(12~18개월) : 수단과 결과 간의 관계를 탐색한다. 예를 들어 우연히 비누를 떨어뜨리면 떨어지는 속성에 흥미를 갖고 다른 높이나 각도, 또는 빵이나 장난감과 같은 다른 문건들을 떨어뜨려 그 떨어지는 형상의 차이를 살펴본다. 이처럼 새로운 실험을 통해 사물을 탐색하고, 속성을 파악하여 새로운 도식을 형성한다.

ⓗ 6단계 내적 표상 단계(18개월~2세) : 전조작기로 이행하는 중요한 질적 변화를 겪는데, 이 단계가 되면 눈앞에 사물이나 사태를 내재적으로 표상하는 심상을 형성할 수 있다. 표상이 형성되면 지연 모방이 가능하며, 눈앞에 없는 대상에 대한 사고가 가능하게 된다.

## 2) 유아기(2~6세)

### (1) 신체 및 운동 능력 발달

① 걷기, 뛰기, 멈추고 도약하기 등을 통해 균형 잡기와 방향 잡기 및 운동 능력이 발달한다.

② 대소변의 통제가 일어나서 스스로 처리할 수 있는 능력이 발달한다.

### (2) 인지 발달 : 기호적 기능

① 가상 놀이 : 가상 놀이란 가상적인 사물이나 상황을 실제 사물이나 상황으로 상징화하는 놀이이다. 유아의 진화된 인지적 활동이며 상상력, 창의성을 기르고 사회성과 사회 인지적 능력의 발달을 촉진한다.

**TIP**
• 반사기능 : 빨기, 잡기 등 생득적 반사의 연습
• 일차순환반응 : 반사기능으로부터 적응적 도식의 발달
• 이차순환반응 : 흥미로운 사태를 재현하는 절차 발달
• 이차도식협응 : 수단과 목표를 결합하는 의도적 행동 표출
• 삼차순환반응 : 탐색과 시행착오를 통해 새로운 수단-목표 결합
• 내적표상 : 표상 및 상징 기능 출현

② 자기 중심성 : 타인의 생각, 감정, 지각, 관점 등을 자신과 동일한 것으로 가정하는 전조작기 사고의 특징이다. 자신의 위치에서만 사물을 이해할 뿐 타인의 위치에서 보이는 사물의 모습을 추론하지 못하는 자기 중심적 시각조망을 가지고 있다.

③ 직관적 사고 : 대상이나 사태가 갖는 단 한 가지의 가장 현저한 지각적 속성에 의해 그 대상이나 사태의 성격을 판단하는 유아기의 중심화된 사고양식이다. 직관적 사고에 지배되는 것은 가역성이라는 논리적 조작을 획득하지 못했기 때문이다.

④ 개념발달 특성
   ㉠ 분류 개념 : 유사성에 따라 분류하여 이들의 공통적 범주를 찾아낸다.
   ㉡ 서열 개념 : 특정 속성에 따라 순서를 짓는다.
   ㉢ 공간 개념 : 위, 아래, 오른쪽, 왼쪽, 먼 곳, 가까운 곳 등 대상의 위치, 방향, 거리 등을 정확하게 이해한다.
   ㉣ 인과 개념 : 어떤 현상의 원인과 결과 간의 관계를 추론하는 능력이다.

## 3) 아동기(7~12세)

(1) 신체발달

① 골격계 : 뇌, 척수, 내장기관 등과 같은 신체 내부기관을 보호하고 근육계와 더불어 신체의 전반적인 물리적 지지를 담당하고 있다. 뼈 조직은 부드럽고 유연하며 상처나 충격에 대한 회복 속도가 빠르다.

② 신경계 : 대뇌는 정보기능을 통제하며, 소뇌는 자세를 통제하고 몸의 균형을 유지한다. 모든 운동에 관련된 신호가 대뇌의 중추신경을 거쳐 척추에 전달되며, 신체 각 부위에 전달되어 동작을 일으킨다. 뇌는 12세경에는 95% 정도로 성장한다.

③ 근육계 : 연령이 증가함에 따라 길이와 폭이 증가하며 발달은 몸통에서 먼 부위보다 가까운 부위에서 더 왕성하게 이루어진다.

④ 운동기능 : 운동기능의 발달속도가 빠르므로 달리기, 뛰기, 던지기 등의 운동기능을 습득하기에 가장 적당한 시기이다.

(2) 인지발달 : 구체적 조작기

① 보존개념 : 구체적 조작기 아동은 길이, 무게, 부피 등 여러 형태의 보존개념을 획득하게 된다. 피아제(Piaget)에 의하면 길이, 크기, 양, 수의 보존은 6~7세, 무게는 8~9세, 넓이와 부피의 보존개념은 11~12세경에 획득된다.

**TIP**

자기중심성으로 인해 의미전달이 어려운 유아기 특유의 대화 형태를 집단적 독백이라고 부르는데, 이는 듣는 사람이 자신이 하는 말을 이해할 수 있는가의 여부를 고려하지 않은 채 자신의 생각만을 전달하는 의사소통 양상이다.

**TIP**

보존개념 실험
피아제의 가장 유명한 보존 실험은 동일한 크기의 컵에 든 물을 서로 모양이 다른 컵에 옮겨 담았을 때, 그 양이 변화하지 않는다는 것이다. 보존 개념이 없는 아동은 높이가 더 높은 컵에 있는 물이 더 많다고 생각하게 된다.

② 분류조작 : 아동은 여러 사물이나 현상들을 그 속성에 따라 다양하게 분류하고 통합하여 유목의 위계적 망을 형성해가는 구체적 사고를 숙달시킨다.

③ 서열조작 : 사물을 길이나 크기 등의 기준에 따라 순서 짓는 서열조작능력을 갖추고 있다. 막대기 색깔을 달리하는 등 지각적으로 혼란을 일으키는 요인이 첨가되면 서열조작에 실패하는 유아기의 한계를 극복하고 비교적 안정된 서열조작을 보이게 된다.

(3) 자아 존중감 발달

① 성장함에 따라 아동은 자신의 신체적 및 심리적 특성들을 인지하는 데에서 한 걸음 더 나아가 자아평가를 하기 시작한다.

② 자신이 기대하는 기준에 비추어 자아평가 결과가 긍정적일 때는 적절한 자아존중감과 긍정적인 자아개념을 갖게 되고, 그렇지 못할 때는 부정적인 자아개념을 갖게 되며 심하면 무력감에 빠져들게 된다. 자아존중감을 형성하는 요인으로는 부모, 사회적 비교, 인지적 및 사회적 능력이 있다.

(4) 또래관계 발달

① 아동기의 시작은 공적 기관인 학교 입학으로 시작한다. 본격적인 사회생활이 시작되는 시기로서 또래관계의 발달은 아동기를 대표하는 발달영역이다.

② 또래집단은 초반에는 단순히 놀이친구의 집합을 의미하지만 점차 상호작용하고 소속감을 분명히 하며, 구조 혹은 위계적 조직을 발달시키는 연합체를 의미하게 된다.

③ 아동의 사회화가 촉진되고, 또래와의 접촉을 통해 보다 더 성숙한 행동을 배우며, 세련되고 협동적인 상호작용을 하게 된다.

④ 초기 아동은 부모의 승인이나 인정을 중요시하는 반면, 이 시기를 지나면 또래집단에 동조하는 행동을 한다.

⑤ 동조경향은 11~13세에 절정을 이루며 남아보다 여아가 동조적이고 불안수준이 높으며 더 나아가 자아개념에까지 영향을 미치게 된다.

⑥ 단짝친구를 사귀는 기회가 주어지며, 이는 독특한 정서경험으로 성인기 이후 이성 관계, 부부 관계, 대인 관계의 기초를 이룬다고 할 수 있다.

## 4) 청소년기

### (1) 신체발달

① 신장 : 평균적으로 남자는 18세, 여자는 16세경까지 증가하며 최대 발육량이 출현하는 시기는 여자가 남자보다 2년 정도 빠르다.

② 체중 : 체중 증가의 가속은 신장과 비슷하며, 남자가 여자보다 약간 늦다.

③ 1차 성징 : 생식기에 직접 일어나는 변화이다.
   ㉠ 남성의 생식선인 고환은 청소년기 말기에야 완전히 성숙된 정자와 남성 호르몬을 분비한다.
   ㉡ 여성은 월경을 하게 되며 배란이 일어난다.

④ 2차 성징 : 성적으로 성숙해짐에 따라 나타나는 부수적인 변화들이다.
   ㉠ 남성호르몬의 작용으로 변성기가 오며 음모가 짙어지고 겨드랑이, 코밑, 팔, 다리에 털이 생기며, 가슴이 넓어지고 여드름이 생긴다. 또한 수면 중에 몽정을 겪기도 한다.
   ㉡ 여성은 유방이 발달하고 골반이 넓어지며 음부와 겨드랑이에 털이 난다.

⑤ 청소년기는 신체적 변화에 따른 '질풍노도의 시기'라는 견해가 지배적이다.

⑥ 또한 '성적 실업자의 시기'로 성적인 조건은 완전히 성숙되었지만 성행위를 포함하는 제반 성생활에 대한 제재와 간섭을 받는 시기이다.

⑦ 사춘기 신체적 성숙의 영향
   ㉠ 조기성숙 남아는 안정감과 자신감이 있으며, 리더의 지위를 차지하는 데 반해 늦게 성숙하는 남아는 불안하고 안정감이 없으며 사회적으로 부적절감과 열등감이 높은 것으로 밝혀졌다.
   ㉡ 남성과는 반대로 조기성숙하는 여성은 문제행동 경향이 보다 높으며, 이성 관계에 빨리 몰입하여 부정적 영향을 끼친다고 하였다.

### (2) 인지발달

① 청소년들은 여러 현상에 대해 가설을 설정할 수 있으므로 가능성에 대해 생각할 수 있다.

② 여러 명제 간의 논리적 추론을 다루는 명제적 사고가 가능하다. 'A인 동시에 B', 'A이지만 B는 아니다.', 'A도 아니고 B도 아니다.'와 같은 명제를 바탕으로 가설을 설정하고 논리적으로 추론하는 능력이 있다.

③ 가설-연역적 사고의 발달은 추상적이며 융통성 있는 사고를 가능하게 한다.

➡ 남성은 에스트로겐의 분비로 인해 제2차 성징이 나타난다.

**정답** : ×

**해설** : 남성은 테스토스테론이, 여성은 에스트로겐이 주로 분비된다.

(3) 청년기의 사회인지 발달

① 청소년의 자아중심성 : 청소년은 자신의 생각과 관념 속에 사로잡히게 되어 자신이 중요하고 특별한 존재라는 청년기 특유의 독특성에 빠져들게 되며, 자신이 우주의 중심이 된다고 믿을 만큼 강한 자의식을 보이는데, 이를 청년기 자아중심성이라 한다. 11세경에 시작하여 15~16세에 정점을 이루다가 다양한 대인관계의 경험을 통해 자신과 타인에 대한 객관적인 이해가 이루어지면서 서서히 사라지게 된다.

② 엘킨드(Elkind)는 청년기 자아중심성의 특성을 개인적 우화와 상징적 청중으로 나누어 설명하였다.

(4) 자아존중감 발달

① 자기평가는 청소년들이 중요성을 부여하는 자기에 대한 타인들의 평가에 영향을 크게 받는다.

② 청소년기에 가장 큰 영향을 주는 타인은 또래집단이나 학우이며 중요성을 부여하는 영역은 외모나 신체적 매력이다.

(5) 청소년기 자아발달이론 – 블로스(Blos)의 적응체계이론

① 청소년기의 발달을 이차 개체화 과정으로 설명하였다. 이차 개체화란 청년의 자아가 부모로부터 이탈해가는 과정을 뜻한다. 이는 부모에 대한 오이디푸스적인 집착으로부터 벗어나는 것을 의미하므로, 개인의 성적 정체성 확립에 도움이 된다고 하였다.

② 청년기 자아발달과정을 여섯 개의 하위단계로 구분하였다.

㉠ 잠재기 : 리비도의 충동이 약화되는 반면 자아가 강력하게 발달되는 시기이다.

㉡ 청소년 전기 : 급격히 증가된 성적 욕구와 공격적 욕구가 산만하고 방향성 없이 표출된다.

㉢ 청소년 초기 : 성적 욕구를 표출할 구체적 대상을 찾는 목표지향적 행동(친구, 운동 등)을 한다.

㉣ 청소년 중기 : 심리적인 구조화 단계로 성적 혼돈과 갈등이 발생해 불안과 우울이 지속되지만, 이를 통합하려는 자아의 기능도 크게 강화된다.

㉤ 청년 후기 : 성적 혼돈과 갈등을 극복하려는 노력으로 자아가 안정되고 통합된다.

㉥ 청년 말기 : 성인기로 이행하는 과도기로 성숙한 대처능력과 적응체계를 가지게 된다.

(6) 정체성 위기 이론

① 에릭슨(Erikson)의 정체성 위기는 "나는 누구인가?"라는 의문으로부터 출발하여 답을 추구하는 과정에서 긍정적인 자기평가와 부정적인 자기 평가 간의 양극적인 갈등과 이를 극복해가는 과정이 곧 정체성 위기이 다. 청년들은 때로 자신에 대해 절망하고 방황과 동요를 경험하면서 자 신의 한계를 인정하고 수용함으로써 객관적인 정체감을 확립하게 된다.

② 마르시아(Marcia)의 정체성 지위 이론

| 구분 | 관여* | 위기* |
|------|------|------|
| 정체성 혼미 | 아니오 | 아니오 |
| 정체성 유실 | 예 | 아니오 |
| 정체성 유예 | 아니오 | 예 |
| 정체성 성취 | 예 | 예 |

TIP
• 관여 : 자신에게 주어진 역할과 과업에 신념을 가지고 몰입하는 상태를 의미
• 위기 : 자신의 현재 상태와 역할에 의문을 제기하고 대안적 가능성을 탐색하는 과정

㉠ 정체성 혼미 : 삶의 목표와 가치를 탐색하려는 시도도 하지 않고 관여도 하지 않는다.

㉡ 정체성 유실 : 충분한 자아정체성 탐색 없이 지나치게 빨리 정체성 결정을 내린 상태이다.

㉢ 정체성 유예 : 대안들을 탐색하나 여전히 불확실한 상태에 머물러 구체적 과업에 대해 관여하지 않는다.

㉣ 정체성 성취 : 삶의 목표, 가치 등 위기를 경험하고 탐색하여 확고 한 개인정체성을 가진다.

## 5) 성인 전기

(1) 신체발달

청・장년기의 신체 상태는 인간생애에 있어서 절정기라고 할 수 있다. 인간 의 신체발달은 청・장년기인 성인 전기에 절정에 달한 후 점차 감퇴한다.

① 근력 : 25세~30세 사이에 절정기를 맞지만 30세 이후 10%씩 감퇴가 시작된다.

② 생식능력 : 10대 말과 20대 초 여성의 가임능력과 남성의 생식능력이 절정에 이르고, 성행위가 가장 활발하게 이루어지는 시기이다.

③ 외모에 대한 관심 : 그 어느 때보다 높다고 할 수 있다. 특히, 여성은 외 모에 많은 가치를 둔다.

**TIP**

성인기 발달을 설명하는 몇 가지 관점
• 획득과 상실 : 아동, 청소년기에는 심리적 특성이 형성 및 획득되고, 성인기에는 획득된 특성이 유지된다고 생각하기 쉬우나, 실제로 성인기 발달은 획득과 상실을 동시에 내포하는 과정이다.

예 노년기에는 신체적 노쇠라는 상실과 삶의 지혜라는 인지적 기능의 획득이 함께 나타난다.
• 다차원성과 다방향성 : 발달에 있어서 다차원성과 다방향성이란 여러 특성의 발달이 각기 상이한 과정과 방향성을 갖는다는 의미이다.
• 개인 내적 변화 : 성인기 발달에서는 어떤 특성이 연령에 따라 변화되어가는 양상, 또는 과정을 밝히는 개인 내적 변화에 관심을 갖는다.


**TIP**

쉐이(Schaie)의 인지발달 5단계
획득단계(청소년기) → 성취단계(성인전기) → 책임단계(성인중기) → 실행단계(성인중기 일부) → 재통합단계(노년기)

(2) 인지발달

① 피아제의 형식적 사고 이후 멈춘 것이 아니라 성인기 이후 계속적, 인지적으로 발달한다고 보고 성인기 인지발달에 대한 연구가 진행되고 있다.

② 알린(Arlin)의 문제 발견적 사고 : 성인기의 사고수준은 청년기 사고수준과 다르며 피아제의 형식적 조작기 다음에 문제 발견의 단계라는 제5단계가 있다고 주장하였다. 특징은 창의적 사고, 확산적 사고, 새로운 문제 해결방법의 발견이다.

③ 리겔(Riegel)의 변증법적 사고 : 성인기 사고의 특징은 '형식적' 사고가 아닌 '성숙한' 사고라고 주장한다. '성숙한 사고'란 어떤 사실이 진실일 수도 있고 진실이 아닐 수도 있음을 받아들이는 것이다. 다섯 번째 인지발달 단계를 변증법적 사고의 단계라 하였으며, 변증법적 사고를 하는 사람들은 비일관성과 모순을 잘 감지하고 정(正)과 반(反)으로부터 합(合)을 이끌어 낸다.

④ 쉐이(Schaie)의 성인기 인지발달 단계* : 성인기에 피아제의 형식적 조작기를 넘어서지는 않지만, 지식의 습득단계에서 아는 지식을 실생활(직업발달이나 가족발달 등)에 적용하는 단계로 전환된다고 보았다.

(3) 성격 발달 – 레빈슨(Levinson) : 청·장년기 인생구조에 의하면 꿈을 갖고 평생의 과업을 찾으며, 일생 동안 지속할 애정관계를 이루고 스승을 구하는 시기이다.

(4) 도덕성 발달

① 경험을 쌓아감에 따라 사회에서 자기의 입장이나 위치를 이해하게 된다.

② 이 시기의 도덕의식은 어디까지나 자율적이라는 것이 특징이며 극히 일부 사람들은 콜버그의 도덕성 발달에서 가장 높은 단계(보편적 윤리원칙)의 도덕성을 추구하기도 한다.

(5) 사회성 발달

① 이 시기는 울타리를 넘어 '사회' 속으로 들어가 활발하게 활동하는 시기이다.

② 직업생활, 부부관계, 자녀출산과 양육, 친구관계의 생활영역이 이루어진다.

③ 직장동료, 친척, 친구 등의 생활영역에서 어느 영역에 더 비중을 두는가에 따라 생활시간이 달라진다.

④ 부부 간 상호작용의 질을 결정하는 요인은 사회 · 경제적 지위와 결혼생활 기간, 남편 심리, 사회적 성숙도, 부부간의 의사소통 유형이다. 그중 남편의 심리, 사회적 성숙도가 만족도의 질을 높인다.

## 6) 성인 중기

### (1) 신체

① 여성의 폐경을 발생시키는 2~5년까지의 다양한 생리변화의 기간을 갱년기라 하며 40대 후반~50대 초반에 나타난다.

② 남성의 갱년기에는 남성 호르몬인 테스토스테론의 분비가 감소하고 정자의 수와 활동성이 감소하며, 심리적인 의욕 감퇴, 불안, 초조 등의 갱년기 장애를 경험한다.

### (2) 인지발달

① 종래의 지능은 20대 중반에 절정에 이르다가 30대 이후부터 서서히 감소되는 것으로 알려져 왔고, 특히 성인 중기의 지능 감퇴는 생물학적인 노화과정의 일부로 당연시되었다.

② 근래에는 성인 중기 지적 능력의 감퇴를 필연적, 보편적으로 생각하지 않는다는 근거에 대한 연구가 진행되면서 지능연구의 접근 방법에 대한 변화가 나타나고, 지능의 유형을 구분하여 설명하고 있다.

### (3) 전문성의 획득

① 중년기에 속하는 사람들은 같은 직종에 상당 기간 종사해왔으므로 전문가로서 그 직종에 대한 전문능력을 획득하게 된다.

② 한 직종에 오랫동안 종사하면서 특정 분야에 대한 잘 구조화된 지식들이 체계적으로 저장되고, 융통성 있고 창의적으로 사용능력을 적용하기 때문이다.

### (4) 지혜의 발달 : 지혜란 인생의 중요하면서도 불확실한 사태에 대해 좋은 판단을 내릴 수 있는 능력을 뜻하는데, 실증적으로 연구하기 어려워 학자들이 연구를 기피해왔다. 그러나 최근에는 성인기 지적 능력의 중요한 측면으로서 학자들의 관심이 기울여지고 있다.

### (5) 중년의 위기

① 중년기 위기에 대한 반응은 넓은 개인차를 보이며 남성은 40대 초기에 일어날 확률이 높고, 여성의 경우는 40대 후반이나 50대 후반까지 연장되기도 한다.

**TIP**

- 성인 전기의 성취단계 : 성취단계에서는 주로 직업선택과 가정의 설계 등 전 생애에서 중요한 의미를 갖는 실제적 문제를 해결하고자 지적기능을 사용한다.
- 성인 중기의 책임단계 : 배우자, 자녀, 동료, 지역사회에 대해 많은 책임을 갖고 과업에 관여하며 중요한 의사결정을 해야 한다. 쉐이는 중년기 지적기능의 특징을 강조하며 이 시기를 실행단계라 지칭하기도 한다.

② 남성이 경험하는 가장 큰 위기의식과 갈등은 조기 퇴직, 실직 문제와 이에 따른 가정생활의 불안정이다.

③ 빈둥지 현상 : 자녀가 독립해서 떠남으로써 부부만 남게 되는 현상으로 자식이 떠나버린 공허감으로 인해 정서적 빈곤과 우울증을 수반한다.

(6) 사회성 발달

① 중년기의 부부관계 : 중년기에는 결혼만족도에서 남편과 아내가 차이를 보이는데, 여성의 경우 자녀가 독립하고 난 후 만족도가 증가한다. 중년기 부부갈등의 원인은 대화단절에서 찾을 수 있다.

② 자녀와의 관계 : 자녀들이 성장함에 따라 자녀교육에 따르는 부담은 감소하는 반면 자녀의 취업이나 결혼에 대한 부담이 증가하며, 빈둥지 현상을 경험하기도 한다.

③ 노부모와의 관계 : 부모세대는 신체적인 노화나 질병 등의 어려움을 겪고 경제적·심리적으로 의존하는 시기이므로 부양자로서의 역할이 강조된다.

## 7) 노년기

(1) 노화

① 정상적 노화(1차적 노화) : 순수하게 연령의 증가로 진행되는 노화를 말한다.

② 병리적 노화(2차적 노화) : 의학적 원인이나 병적 증상으로 심리·사회적인 노화과정 등을 포함한다. 활동 제한과 치매, 우울 등 정신 증상을 동반하기도 한다.

(2) 신체적 변화 : 피부 탄력이 감소하고 깊은 주름이 생기고 처지며, 모발이 가늘어지고 색이 엷어져 윤기를 잃는다. 노년기에 이르면 신장이 점차 줄어들고 골다공증이 유발된다. 또한 시·청각 기능이 저하된다.

(3) 인지발달

① 혼(Horn)은 성인들의 지능의 핵심은 유동성 지능이라고 보았으며 노년기에는 쇠퇴한다고 보았다.

② 쉐이와 볼츠(Scahie & Baltes)는 노년기에 유동성 지능은 쇠퇴하고 결정성 지능은 그대로 유지되거나 심지어 증가한다고 보았으며, 지혜와 같은 능력의 출현이 그 증거라고 하였다.

**실력 TEST**

➡ 에릭슨은 성인 중기는 (  ) 대 (  )의 위기를 경험하는 시기라고 하였다.

**정답** : 생산성, 침체감

③ 지혜 : 나이가 들수록 점점 지혜로워진다고 인식하고 있는데 지혜는 통찰, 상대적 사고, 반영적 사고와 관련이 있으며 노인에게 생길 수 있는 특별한 능력이다.

(4) 성격발달 – 성공적인 노화의 성격유형

① 노인들이 노화에 적응하는 방식은 그들의 성격과 일생 동안 상황에 적응해왔던 방법에 의해 좌우된다.

② 뉴거턴, 해비거스트, 토빈(1968)은 노인을 대상으로 한 연구에서 성격유형과 역할 활동이 생활 만족도에 중요한 요인이 된다고 보았으며, 다음과 같은 성격유형을 확인하였다.

[노인의 성격유형]

| 성격유형 | | 특성 | 역할 활동 | 생활 만족도 |
|---|---|---|---|---|
| 통합형 | 재구성형 | 은퇴한 후에도 자신의 시간과 생활양식을 재구성하여 모든 분야의 활동에 적극적이고 일상생활에 잘 적응하는 노인 | 높음 | 높음 |
| | 집중형 | 활동적이고 생활에 잘 적응하지만 여러 분야에 관심을 분산시키지 않고 한두 가지 역할에 선택적으로 몰두하여 거기서 만족을 얻는 노인 | 중간 | 높음 |
| | 이탈형 | 신체도 건강하고 생활적응 수준도 높지만 자기충족의 생활로 물러나 조용히 지내는 노인 | 낮음 | 높음 |
| 무장 방어형 | 유지형 | 가능한 한 오랫동안 중년기의 생활 양식을 유지하는데, 활동을 중지하면 빨리 늙을까봐 두려워하며 활동에 얽매이는 노인 | 높음 or 중간 | 높음 or 중간 |
| | 위축형 | 노화로부터 자기 자신을 방어하려고 열심히 노력하며, 다른 사람과의 별다른 사회적 접촉 없이 폐쇄적으로 살아가는 노인 | 낮음 or 중간 | 높음 or 중간 |
| 수동적 의존형 | 원조 요청형 | 한두 사람의 가족이나 친지에게 의존할 수 있는 중간 정도의 생활 만족도를 유지하는 노인 | 높음 or 중간 | 높음 or 중간 |
| | 냉담형 | 일생 동안 수동적인 것으로 보이며 거의 활동을 하지 않아 무기력하고 무감각한 노인 | 낮음 | 중간 or 낮음 |
| 해체형 | | 자신의 감정을 통제하지 못하고 사고과정의 퇴보가 있는 등 심리적 기능에 문제가 있는 노인 | 낮음 | 중간 or 낮음 |

**노화의 원인**

• 사용으로 인한 마모 이론 : 장기간 사용함으로써 기능이 약화되고 구조가 와해된다고 본다.

• 유전적 계획 이론 : 노화는 세포의 생존과 죽음에 의해 일어난다.

• 면역이론 : 면역체계에 변화가 와서 감염 등 외부에서 오는 바람직하지 않은 요인에 의해 인체 손상으로 노화가 일어난다.

• 노화시계 이론 : 호르몬이 노화에 미치는 영향을 강조하는데 호르몬 분비체계 중 죽음 호르몬이 있다고 가정한다.

• 유전적 변이 이론 : 노화를 DNA의 손상수선체계의 쇠퇴에 기인한다고 본다.

**TIP**

죽음의 과정
수백 명의 죽어가는 환자를 대상으로 죽음의 의식에 대한 조사를 실시하여 죽음을 '부정-분노-타협-우울-수용'의 단계로 나누었다.

(5) 은퇴

① 직업세계로부터의 노년기에 대처해야 하는 하나의 발달과업이다.

② 은퇴는 단순히 직업의 상실이라는 차원을 넘어 새로운 신체적, 심리적 적응을 필요로 하는 일대 사건이며 직업으로부터의 이탈은 개인의 정체감 및 역할 상실을 가져온다.

# Chapter. 03 성격심리학

**학습포인트**

인간의 다양한 성격에 대해 살펴본다.
성격의 정의 및 특성, 이론과 성격유형을 파악하기 위한 심리도구를 알아본다.

## 1 》》 성격의 정의

1) 성격은 태어날 때부터 유전적으로 가지고 있을 뿐 아니라, 성장과 함께 학습하면서 생기게 된 것으로, 개인이 가지고 있는 긍정특성, 부정특성 모두 한 개인을 다른 사람과 구별하게 해준다.

2) 성격은 환경에 대한 개인의 독특한 적응을 결정하는 개인 내의 정신적, 신체적 체계들의 역동적 조직이다.

3) 성격이란, 개인이 환경에 따라 반응하는 특징적인 양식이다.

4) 성격은 일관성이 있으며, 안정적인 사고, 감정 및 행동방식의 총체이다.

## 2 》》 성격의 특성

1) 여러 성격 연구자들이 성격을 정의하는 데 있어 공통적으로 강조하는 성격의 특성은 행동 독특성, 안정성 및 일관성이다.

2) 성격의 특성 세 가지

(1) **행동 독특성** : 성격은 한 개인이 다른 사람과는 구별되는 점을 일컫는 말이다.

**TIP**

성격과 대비되는 개념으로는 기질과 품성이 있다. 기질은 유전적 소인에 의해 태어날 때부터 가지게 되는 개인 고유의 특성이다. 감정적이고 충동적인 기질, 활달하고 사교적인 기질, 주도적이고 적극적인 기질 등이 있다. 품성이란 사회적으로 바람직하게 여기는 특성을 말한다.

**기출 DATA**

성격의 특성
2020-1회, 2016-3회

(2) 안정성과 일관성

① 성격은 시간과 공간의 변화에 따라 매 순간 바뀌는 것이 아니고, 어느 정도 안정적으로 일관되게 나타나야 한다.

② 성격이란 시간과 공간의 변화에도 불구하고 어느 정도 안정적이고 일관되게 나타나야 하는 특성 때문에 우리가 타인의 성격을 파악하기 위해서는 어느 정도의 시간이 요구된다.

③ 그러나 성격이 안정성과 일관성이 있어야 한다는 말의 의미가 결코 성격이 변화되지 않는다는 것을 의미하는 것은 아니다.

④ 우리는 의식적으로 때로는 무의식적으로 성격의 변화를 시도하기도 하며, 이러한 변화가 결코 쉽게 이루어지지는 않지만 한번 변화된 성격은 일정 기간 동안 안정적으로, 그리고 일관되게 우리의 행동에 영향을 미치게 된다.

(3) 건강한 성격의 특성

① 자신과 타인의 강점과 약점을 객관적으로 인식하고 이를 관대하게 수용한다.

② 실현 불가능한 것이 아닌 현실적인 지각에 기초한 목표와 동기를 가지고 있다.

③ 모든 감정에 개방적이며 나아가 이 감정들을 적절히 표현할 줄 안다.

④ 민주시민의 자질로서 용기, 자아 존중감, 책임감, 협동감을 가지고 있다.

(4) 정신건강과 관련된 성격 특성

① 감각추구 성향 : 높은 자극 수준에 대한 강한 욕구(Zuckerman, 1991)를 가지고 있으며, 개인차가 있다. 유전적 요인의 영향을 받는다는 보고가 있다.

② A형/B형/C형 성격

㉠ A형 : 항상 시간에 쫓기는 기분을 느끼며 쉽게 긴장하고, 타인에 대해 적개심에 가까운 경쟁의식을 보이고 강한 성취동기를 가진다. 이기적이고 자기중심적이며 타인에게 인정받으려 한다.

㉡ B형 : A형과 반대성향으로 좌절을 쉽게 하지 않고 느긋하며 온화한 표정을 지녔다. 침착하고 조용하고 사려가 깊다.

㉢ C형 : 부정적 정서표현을 하며, 자기주장을 자제하는 암 유발성 성격이다.

# 3 》》 성격이론의 특성이론

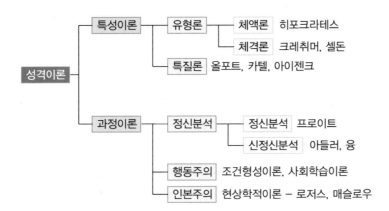

## 1) 유형이론(Typology)

(1) **히포크라테스(Hippocrates)의 체액론** : 최초의 유형론으로 사람의 체액을 혈액, 점액, 흑담즙, 황담즙으로 구분하고, 그 중 어느 체액이 신체 내에서 우세한가에 따라 성격이 결정된다고 주장하였다.

(2) **크레취머(Kretschemer)의 체격론**

① 체형에 따라 사람을 쇠약형, 비만형, 근육형, 이상발육형의 네 범주로 나누고 각 체형에 따라 성격이 결정된다고 보았다.

② 쇠약형은 내향적이고 정신분열 기질을 나타내며, 비만형은 정서불안정성과 관련되며 조울장애를 보이는 경향이 높고, 근육형은 정신분열증 및 조울증을 나타낼 경향이 높다고 주장하였다. 이 세 범주에 부합하지 않는 신체유형을 이상발육형이라 하였다. 하지만 크레취머의 체격론은 타당성이 낮아 실제적용은 계속되지 않았다.

(3) **셀돈(Sheldon)** : 크레취머(Kretschemer)의 연구를 더욱 발전시켜 내배엽형, 중배엽형, 외배엽형의 세 가지 차원에서 개인의 점수를 평정하여 유형화시킬 수 있다고 주장하였다.

① 내배엽형 : 내장구조가 고도로 발달된 사람들로 사교적이고 애정적이며 온유하고 차분한 기질을 가진다.

② 중배엽형 : 근육이 우세한 사람들로 활동적, 자기 주장적, 정력적인 기질을 가진다.

**TIP**

체액론
갈렉은 히포크라테스의 체액이론에 근거하여 네 가지 종류의 체액에 각각 다혈질, 우울 기질, 답즙질, 점액질이 있다고 주장하였다.
• 혈액 : 활달한 기질, 적극적이고 쾌활함
• 점액 : 내담한 기질, 차갑고 굼뜸
• 흑담즙 : 우울한 기질, 슬프고 생각에 잘 잠김
• 황담즙 : 답즙 기질, 흥분을 잘하고 성급함

③ 외배엽형 : 억제적이고 지적인 사람들로 내향적이고 초조해하며 자의식적 기질을 가진다.

## 2) 특질이론(Trait theory)

기출 DATA
특질이론 2019-3회

(1) 특질이론은 어느 두 사람도 완전히 동일한 성격을 가질 수 없다는 가정에 기초한다.

(2) 특질이론가들은 한 개인이 타인과 지속적으로 어떻게 서로 다른지가 성격의 본질이라고 주장한다.

(3) 성격의 연구는 안정된 성격 특질들을 알아내는 것이며, 성격이론은 이러한 특질(Trait)들을 체계적으로 분류하는 것이라고 주장한다.

(4) 대표적인 특질 이론가

올포트(Allport), 카텔(Cattell), 아이젠크(Eysenk) 등이 있다.

TIP
올포트의 성격이론 핵심은 특질이다.
• 특질은 실제적이다.
• 특질은 행동을 결정하거나 혹은 행동의 원인이 된다.
• 특질은 경험적으로 증명될 수 있다.
• 특질은 서로 관련되고 중복될 수 있다.
• 특질은 상황에 따라 변화한다.

① 올포트(Allport) : 올포트는 처음에 개인특질과 공통특질을 제안하였다. 개인특질은 개인에게 독특한 것이며, 그의 성격을 나타낸다. 공통특질은 어떤 문화에 속해 있는 많은 사람이 공유하는 것이다. 이는 사회적 규범과 가치가 변화함으로써 변할 수 있다. 나중에 혼란을 피하기 위해 공통특질은 그냥 특질로, 개인특질은 '개인적 성향'으로 다시 명명하였다. 개인적 성향은 주특질, 중심특질, 이차적 특질로 구분하였다.

㉠ 주특질(Cardinal trait) : 영향력이 매우 커서 한 개인의 행동 전반에 영향을 미치고, 특정인의 생애를 구성하는 특성들이다.

㉡ 중심 특질(Central trait) : 주특질보다 행동에 미치는 영향력은 적지만 비교적 보편적이고 일관된 영향을 끼치는 것으로 우리가 한 개인을 기술할 때 사용하는 특성들이 바로 중심특질에 해당한다.

㉢ 이차적 특질(Secondary) : 중심특질보다 덜 보편적이고 덜 일관적인 영향을 미치는 특성이다.

기출 DATA
커텔의 특질의 종류 2018-1회

② 카텔(Cattell)의 특질의 종류 : 특질은 지속적인 반응경향성이며 카텔의 성격구조의 기본 단위를 형성한다. 카텔은 특질을 행동의 객관적 관찰에서 추론되는 가설적 혹은 상상적 구성개념으로 본다. 따라서 특질은 성격의 기본적 요소이며 행동을 예언하는 데 매우 중요하다. 특질을 분류하는 세 가지 방식에 대해 카텔이 제안한 특질의 종류는 다음과 같다.

TIP
카텔은 성격을 '개인이 어떤 환경에 주어졌을 때 그가 무엇을 할 것인가를 말해 주는 것'이라고 정의하였다.

㉠ 공통 특질 대 독특한 특질

ⓐ 공통 특질(Common trait) : 모든 사람이 어느 정도 소유한 특질이다.

ⓑ 독특한 특질(Unique trait) : 인간의 개인차를 반영하는 것으로 개인 혹은 소수의 사람들이 갖는 특질이다.

ⓛ 능력특질 대 기질특질 대 역동적 특질

　ⓐ 능력특질 : 개인이 얼마나 효과적으로 어떤 목표를 수행할 것인 가를 결정한다.

　ⓑ 기질특질 : 개인의 행동에 대한 일반적 스타일과 정서적 상태를 의미한다.

　ⓒ 역동적 특질 : 행동의 추진력인 개인의 동기, 흥미, 야망을 의미한다.

ⓒ 표면특질 대 원천특질(특질의 안정성과 영속성에 따른 분류)

　ⓐ 표면특질(Surface trait) : 몇 가지의 원천특질 혹은 행동요소로 구성된 성격특성이다. 표정이나 동작 등을 통해서 외부로부터 관찰할 수 있는 특질로 여러 가지 변인들로 구성되기 때문에 안정적이거나 지속적이지 못하다.

　ⓑ 원천특질(Source trait) : 안정적이며 영속적인 단일 성격 요인이다. 각자의 원천특질은 단일요인으로서 행동을 야기한다. 원천특질은 요인분석으로부터 도출된 개별요인으로 표면특질을 설명하기 위해 조합된다.

③ 아이젠크(Eysenk) : 아이젠크는 소수의 성격차원만이 존재하며, 개인은 이러한 차원들에서 정도의 차이에 의해 독특한 특질을 소유하게 된다고 주장하면서 요인분석을 통하여 세 가지 성격 차원들을 발견하였는데, 이는 외향성-내향성 차원, 안정성-신경증 차원, 충동통제-정신증 차원이다.

㉠ 외향성-내향성 : 뇌의 각성 수준과 관련되어 있는데, 외향성인 사람들은 충동적이고 혈기왕성하고 사교적인 특성들이 나타나는 반면, 내향성인 사람들은 수줍어하고 관심이 한정되어 있으며 내성적이고 과묵한 성격 특성들을 보인다.

㉡ 안정성-신경증 : 정서적인 안정성과 관련이 있는 차원으로 신경증적인 경향성이 높을수록 정서적으로 불안정하고 예민하여 사소한 일에도 지나치게 근심을 하는 경향이 있다.

㉢ 충동통제-정신증 : 정신 병질자가 될 정도를 반영하는 차원으로 정신병적 경향성이 높을수록 타인을 배려하지 않고 이기적으로 행동하며, 공격적이고, 냉정하고, 충동적으로 행동하고 자제할 줄 모르는 행동 경향성을 보인다.

**TIP**

카텔은 올포트와 오드본의 형용사 목록을 이용하여 적절한 소수의 기본적 특성을 찾으려 하였다. 그 결과로 16개의 요인을 밝혀내었는데, 이 요인들을 근원 특성이라고 보았다. 카텔은 1949년 이를 바탕으로 하여 16PF검사(성격요인검사)를 개발하였다.

**TIP**

아이젠크는 히포크라테스의 네 가지 체액론을 바탕으로 특질군으로 형성된 내향성과 외향성을 발견하여 세 가지 요인(정신병적 성향, 외향성, 신경증적 성향)으로 성격을 나누어 이해하고자 하였다. 사람의 성격은 거의 유전에 의해 결정된다는 것이 그의 발달론이다.

**TIP**

자극추구 성향이 높을수록 노아에피네프린(NE)이라는 신경전달물질을 통제하는 체계에서의 흥분수준이 낮다는 주장이 있다.　▶2020-3회

**TIP**

• 성적 본능(리비도) : 삶의 본능
이다.
• 공격적 본능(타나토스) : 죽음의 본
능이다.

**TIP**

정신분석학자 Kübler-Ross가 주
장한 죽음의 5단계
부정→분노→타협→우울→수용
▶ 2020-1회

**기출 DATA**
무의식적 존재 2018-3회

# 4 》성격이론의 과정이론

## 1) 정신역동 상담

### (1) 개요

① 정신역동 상담은 지그문트 프로이트(Sigmund Freud)에 의해 시작되
었다.

② 표면적 문제보다는 문제를 만들어낸 원인에 관심(근원적, 심층적)을 두
고 그 원인을 찾아서 제거하는 데 초점을 두었다.

③ 초기 아동기인 0세부터 6세까지 어떤 경험을 하느냐에 따라 성격이 달
라진다는 이론을 주장하면서 아동기 경험이 중시되었다.

### (2) 인간관

① 생물학적 존재 : 인간의 행동과 사고, 감정은 생물학적 본능에 지배를
받으며, 본능은 행동을 추진하고 방향 짓는 동기로 크게 *성적 본능과
*공격적 본능의 역할을 강조하였다.

② 결정론적 존재 : 인간의 행동은 비합리적인 힘, 무의식적 동기, 그리고
생후 6년 동안 주요한 심리성적 사상에 의해 전개된 본능적 충동에 의
해 결정된다고 본다.

③ 갈등론적 존재 : 인간의 세 자아[원초아(Id), 자아(Ego), 초자아(Super-
ego)]가 갈등하는 존재로 보았다.

④ 무의식적 존재 : 사람들이 겪는 심리적 문제는 무의식이 작용한 결과로
무의식의 저장고에 있어야 할 고통스런 기억들이 방어력이 약해진 틈을
타 의식 상태로 올라오려는 과정에서 심리적 증상이 형성된다.

### (3) 주요 개념

① 의식 구조

㉠ 의식 : 빙산의 일각, 개인이 각성하고 있는 순간의 기억, 경험 등이
해당된다.

㉡ 전의식 : 보통 의식되고 있지 않지만 주의를 기울이면 의식될 수
있는 정신세계이다.

㉢ 무의식 : 인간 정신의 심층에 잠재한 것으로 가장 큰 비중을 차지하
고 있고 강력하며 정신세계의 가장 깊고 중요한 역할을 감당한다.
이 무의식은 개인의 행동을 지배하고 행동방향을 결정한다.

② 성격 구조
- ㉠ 원초아(Id) : 쾌락의 원칙을 가지고 있으며 먹고 마시고 잠자는 등의 본능이다.
  - ❖ 쾌락의 원리 : 본능적 욕구들을 지체 없이 즉각적이고 직접적으로 충족시키고자 한다.
- ㉡ 자아(Ego) : 현실적이고 합리적으로 원초아와 초자아를 조절하는 기능을 하며, 성격의 집행자이다.
  - ❖ 현실의 원리 : 현실에 맞는 합리적인 방식으로 욕구충족을 하거나 지연하거나 다른 것으로 대체한다.
- ㉢ 초자아(Superego) : 이상적, 도덕적, 규범적이며 부모의 영향으로 받은 가치관이 작용한다.
  - ❖ 양심의 원리 : 옳고 그름에 대한 사회적 기준을 통합하며 이상을 추구한다.

③ 성격발달(심리성적 발달단계)
- ㉠ 구강기(출생~18개월) : 성적 에너지가 구강 주위에 집중하는 시기로 빨거나 마시거나 핥으며 쾌감을 경험한다.
- ㉡ 항문기(18개월~3세) : 성적 욕구가 항문에 집중하는 시기로 배변 훈련이 중요하다. 부모의 규칙 학습, 도덕적 규범을 습득한다.
- ㉢ 남근기(3세~6세) : 성적 관심이 성기 주위로 집중하면서 이성의 부모에 대한 연애적 감정과 행동을 보이고 동성의 부모에 대해서는 적대적 감정이 일어나는 시기이다. 건강하게 동성에 대한 부모를 동일시하지 못하고 이성 부모를 동일시하게 되면 남아는 오이디푸스 콤플렉스, 여아는 엘렉트라 콤플렉스가 된다. 이 시기에 초자아가 형성된다.
- ㉣ 잠복기(7세~12세) : 학교에 가면서 성적 관심은 학교, 놀이친구, 운동 등 새로운 활동에 대한 관심으로 바뀐다.
- ㉤ 성기기(13세 이후) : 잠재되었던 리비도가 활성화되면서 이성에 대한 관심이 증가되고 노쇠할 때까지 계속된다.

④ 자아방어기제 : 원초아(Id)와 자아(Ego), 초자아(Superego)가 지속적으로 갈등이 일어나면 심적인 불안이 생기게 된다. 이때 자아는 이 불안으로부터 자신을 보호하고 마음의 평정을 회복하기 위해 무의식적으로 불안을 방어하는 기제를 만들어내는데, 이를 자아방어기제라 한다.

기출 DATA
성격 구조★
2020-1회, 2019-3회,
2019-1회, 2017-3회

TIP
프로이트는 성격이 만 5세에 결정된다는 결정론적 입장을 취하고 있어서 초기경험을 중요시한다.

기출 DATA
남근기
2019-3회, 2019-1회,
2017-1회, 2016-1회

TIP
프로이트는 성적에너지인 리비도가 집중적으로 표출되고 만족을 얻는 신체 부위의 변화에 따라 심리성적 발달단계를 구분하였고, 리비도가 심하게 억압되거나 좌절되면 그 신체 부위의 욕구에 고착된다고 보았다. 또한 특정 단계에 고착된 아동은 나이드는 것과 관계없이 그 단계에 충족되지 못한 욕구에 계속 집착한다고 보았다.
📖 구순기 고착은 음식, 음주, 흡연에 집착하게 되고, 항문기에 고착되면 항문기 폭발적 성격이거나 항문기 강박적 성격이 된다.

기출 DATA
자아방어기제★
2020-3회, 2019-3회,
2018-3회, 2018-1회,
2017-3회

기출 DATA
승화 2020-3회, 2014
주지화 2020-3회

실력
TEST

➡ 방어기제 중에서 어떤 사람이 자신이 우상으로 여기는 사람의 행동, 태도, 속성을 닮아가는 것을 (　　)라고 한다.

**정답** : 동일시

➡ 사실은 자신 안에 있지만 마치 타인에게 있다고 보는 방어기제를 (　　)라고 한다.

**정답** : 투사

기출 DATA
불안 2019-1회

기출 DATA
에릭슨의 심리사회적 성격발달★
2018-3회, 2016-3회, 2016-1회

| 억압 | 의식에서 용납하기 힘든 생각, 욕망, 충동들을 무의식으로 눌러 넣어 버리는 것 |
|---|---|
| 부정 | 고통을 주는 사실을 부인하는 것 |
| 투사 | 자신의 심리적 속성이 타인에게 있다고 보는 것 |
| 치환 | 전혀 다른 대상에게 자신의 욕구를 발산하는 것 |
| 반동형성 | 겉으로 나타나는 태도나 언행이 마음속의 욕구와 반대되는 것 |
| 퇴행 | 마음의 상태가 낮은 발달 단계로 후퇴하는 것 |
| 합리화 | 잘못된 견해나 행동이 그럴 듯한 이유로 정당하게 되는 것 |
| 해리 | 마음을 불편하게 하는 성격의 일부가 그 사람의 의식적 지배로부터 벗어나 다른 독립된 성격인 것처럼 행동하는 것 |
| 유머 | 자신이나 타인에게 불쾌한 감정을 느끼지 않게 하면서 자신의 느낌을 즐겁게 공개적으로 표현하는 것 |
| 승화 | 참기 어려운 충동에너지를 사회적으로 용납되는 형태로 돌려쓰는 것 |
| 억제 | 의식적, 반의식적으로 특정한 사실을 잊으려고 노력하는 것 |
| 수동적 공격적 행동 | 다른 사람에 대한 공격성이 수동적이며, 간접적으로 표현되는 것 |
| 신체화 | 무의식의 갈등이나 욕망이 의식으로 올라오지 않고 신체증상으로 표현되는 것 |
| 주지화 | 고통스럽고 불편한 감정을 최소화하기 위해 단어, 정의, 이론적 개념 등을 사용하는 것 |

⑤ 불안 : 원초아(Id), 자아(Ego), 초자아(Superego) 간의 갈등이 야기되면 불안이 발생한다. 불안은 현실적 불안, 신경증적 불안, 도덕적 불안으로 구분한다.
  ㉠ 현실불안 : 실제적이고 현실적인 불안을 말한다.
    예 눈이 내린 가파른 내리막길에서 넘어질 것 같은 불안감
  ㉡ 신경증적 불안 : 자아와 원초아의 갈등으로 자아가 본능적 충동을 통제하지 못해 불상사가 생길 것 같은 위협에서 오는 불안이다.
  ㉢ 도덕적 불안 : 원초아와 초자아 간의 갈등에서 비롯된 불안이다.

## 2) 에릭슨의 심리사회적 성격발달

### (1) 인간관
① 인간은 합리적인 존재이자 창조적인 존재이다.
② 인간의 행동이 자아에 의해 동기화된다고 보았다.
③ 인간의 행동이 개인의 심리적 요인과 사회문화적 영향 간의 상호작용에 의해 형성된다고 본다.

④ 정신분석과 달리 인간에 대해 정상적인 측면에서 접근하였다.

⑤ 인간의 전 생애에 걸친 발달과 변화를 강조하였다.

(2) **점성적 원칙(Epigenetic principle)** : 심리사회적 발달 단계의 순서는 고정 불변한 것으로서, 각각의 단계는 그 순서에 따라 점진적으로 전개되어간다. 모든 단계가 순서대로 진행되고, 각 단계에서 주어지는 심리사회적 위기를 개인이 적절하게 해결할 때 가장 완전하게 기능하는 성격이 형성된다고 보았다.

(3) **심리사회적 위기와 갈등에 대한 적절한 해결의 의미** : 각각의 심리사회적 위기는 긍정적 요소와 부정적 요소를 모두 포함한다. 만약 위기와 갈등이 처음부터 만족스럽게 해결되면, 긍정적 요소(예 신뢰감, 자율성)는 점차 성장 · 발달하는 자아 속에 스며들어 보다 건전한 발달이 보장된다.

(4) **심리사회적 성격발달**

① 신뢰 대 불신감(0~1세) : 유아기의 주요과업은 적당한 비율로 신뢰와 불신감을 획득하는 것이다. 신뢰감이 불신감보다 많아야 위기에 잘 대처할 수 있다.

② 자율성 대 수치와 회의(1~3세) : 신경과 근육의 발달로 유아는 이 시기가 되면 혼자서 걸을 수 있고, 의사를 말로 표현할 수 있게 되며 배변훈련을 받을 수 있는 자율적 능력이 생긴다. 유아는 자기주장을 하기 시작하는데 부모는 배변훈련을 포함한 여러 가지 습관훈련을 하기 시작하므로 부모와 유아 사이에 충돌이 일어난다.

③ 주도성 대 죄의식(4~5세) : 이 시기의 주요 과업은 아동들이 크고 힘세고 아름다워 보이는 부모처럼 되고 싶어하며 그런 부모와 동일시하는 것이다.

④ 근면성 대 열등감(6~11세) : 아동은 지식 획득과 일이 있는 더 넓은 세계로 들어가기를 원한다. 학교에 입학해서 그 사회가 요구하는 기술과 지식을 배워야 한다. 성공적인 경험은 아동에게 능력과 숙달감, 근면감을 느끼게 해준다. 한편 실패는 열등감과 자기는 아무 곳에도 쓸모가 없다는 느낌을 갖게 한다.

⑤ 정체감 대 역할혼란(12~18세) : 자기 자신이 되느냐 되지 못하느냐의 문제가 기본 과제이다. 청소년들은 친구들, 클럽활동과 종교, 정치 운동 등을 통해서 진실한 자신을 추구한다. 청소년들은 상점에서 다양한 옷을 입어보면서 자신에게 맞는 옷을 찾듯이, 새로운 역할을 시험해 보면서 그 사회의 가치에 따른 정체감을 형성해 간다.

---

**TIP**

**자극추구 동기**
외부 자극이 행동을 직접적으로 유발하는 역할을 할 수 있다.

• 다양하고 복잡한 경험과 감각을 추구하고자 하는 동기, 노르에피네프린이 방출되면 기분이 좋게 느껴지기 때문에 각성을 추구한다는 이론

• 인간이나 동물이 어떤 목적을 향하여 특정한 행동을 유도하도록 하는 상태

• 유기체는 안정된 내적 환경을 유지시키려는 항상성 원리에 의해 움직이게 되는데, 이 항상성이 깨지면 유기체는 내적 상태를 원래대로 되돌려 놓기 위해 자극되며 이를 추동이라고 한다.

• 추동은 요구에 따른 심리적 결과로서 유기체로 하여금 강한 목표 지향적 활동을 이끌게 한다.

• 인간과 동물은 추동을 감소시키는 것과 정반대로 오히려 자극이나 긴장을 찾기 위해 동기화되기도 한다.

• 자극추구 동기는 생명 유지와는 관계가 없지만 생득적인 동기이다.

• 각성 수준이 중간 정도일 때가 최적 상태이며 사람들은 이 상태를 유지하기 위해 동기화되는데, 이를 최적 각성 수준이라 한다.

• 자극추구 동기와 청소년 비행은 어느 정도 관련되어 있어 두 변인 간 연구가 다수 진행 중이다.

▶ 2016-3회

⑥ 친밀감 대 고립(성인 초기) : 어느 정도 정체감이 앞 단계에서 형성되면 타인과의 심리적인 친밀감 형성이 가능해진다. 자기의 정체를 잃지 않고 다른 사람이나 이성과 융화될 수 있다. 이성과 친밀한 관계를 형성하더라도 동성 친구와의 우정을 유지할 수 있다.

⑦ 생산성 대 침체(자기몰입, 장년기~중년기) : 생산성이란 자녀 양육이나 창조적인 활동 혹은 생산적인 활동을 통해서 다음 세대를 키우고 교육하는 데 관심을 두는 것을 말한다. 미래에 대한 신념, 자기 종족에 대한 믿음, 다른 사람들을 돌볼 능력 등이 이 단계 발달의 필요조건이다.

⑧ 통합(통정) 대 절망(노년기) : 통합이란 인생의 한계를 받아들이는 것이며, 자기 자신이 역사의 한 부분임을 받아들이고, 노년에는 지혜를 가지고 있다는 자부심과 함께 지금까지의 7단계를 모두 통합하는 것이다. 이것이 실패하면 절망에 이른다.

## 3) 아들러의 열등감과 보상

**기출 DATA**
아들러의 열등감과 보상
2018-3회, 2016-1회

(1) 열등감과 보상

① 열등감이 인생 전반에 걸쳐서 커다란 영향을 미치고 있음을 통찰하고 열등감과 인간병리 현상의 관계를 밝혔다.

② 열등감이 중요한 것이 아니라 이 열등감을 인간이 어떻게 받아들이고 대응해 나가느냐가 더 중요하다.

③ 열등감은 연약한 인간에게 자연이 준 축복으로, 열등상황을 극복하여 '우월의 상황'으로 갈 때 열등감은 인간이 지닌 잠재능력을 발달시키는 자극제 역할을 한다.

④ 열등감을 극복하여 우월해지고 상승하고자 하는 목표를 달성하려고 노력할 때 보상은 인간의 열등감을 조정하는 효과가 있다.

(2) 우월성 추구

① 인간의 궁극적인 목적은 우월해지는 것이다.

② 우월의 추구는 인간이 문제에 직면하였을 때 부족한 것은 보충하고 낮은 것은 높이며, 미완성의 것은 완성하고 무능한 것은 유능하게 만드는 경향이다.

③ 열등한 상태에서 열등감 때문에 권력을 추구하게 되고 열등감에 대한 보상으로 우월감을 얻으려 한다.

**TIP**

**열등감의 세 가지 원천**
• 기관열등감 : 개인의 신체와 관련되어 있으며, 자신의 신체에 대하여 어떻게 생각하는가와 관련되어 있다.
• 과잉보호 : 부모의 자녀교육 방식과 관련되어 있는데, 부모가 자녀를 얼마나 독립적으로 키우느냐 의존적으로 키우느냐에 따라 달라진다. 과잉보호를 받은 자녀는 인생의 어려운 고비에 부딪쳤을 때 스스로 해결할 능력이 없다고 생각하며 깊은 열등감에 빠지게 된다.
• 양육태만 : 부모가 자녀에게 최소한의 도리를 하지 않는 것과 관련되어 있는데, 양육태만된 아동들은 근본적으로 자신이 필요하지 않다고 느껴서 열등감을 극복하기보다 문제를 회피하거나 도피한다.

**(3) 생활양식**

① 어릴 때부터 자신의 열등감을 극복하고 우월을 이루는 과정에서 스스로 만들어 낸 자신만의 독특한 생활로 보통 4~5세에 형성된 후 거의 변하지 않는다.

② 생활양식의 유형은 사회적 관심과 활동성 수준에 의해 구분된다.

  ㉠ 지배형 : 사회적 자각이나 관심이 부족한 반면 활동성은 높은 편이다. 타인을 배려하지 않고 부주의하고 공격적이다.

  ㉡ 기생형/획득형 : 자신의 욕구를 다른 사람에게 의존하여 기생의 관계를 유지한다.

  ㉢ 도피형/회피형 : 사회적 관심과 활동성이 전부 떨어지는 유형으로 문제를 회피하고 모든 실패와 두려움에서 벗어나려 한다.

  ㉣ 유용형 : 사회적 관심과 활동성이 모두 높은 유형으로 삶을 적극적으로 대처한다.

| 구분 | 지배형 | 기생형/획득형 | 도피형/회피형 | 유용형 |
|---|---|---|---|---|
| 사회적 관심 | 적음 | 적음 | 적음 | 높음 |
| 활동성 수준 | 높음 | 보통 | 적음 | 높음 |

**(4) 가족구조와 출생순위**

① 출생순위는 한 사람의 생활양식이나 성격형성 과정에 매우 중요한 요인이며, 열등감 형성과 극복 기제를 만드는 데에도 매우 중요한 변인이다.

| 첫째 | • 책임감이 있고 규칙적이며, 사회적으로 적절한 방법으로 행동하고 즐긴다.<br>• 동생이 태어나면 누리던 사랑을 훔쳐갔다고 생각하여 맏이에게 '폐위 당한 왕'이란 별명을 붙인다. |
|---|---|
| 둘째 | • 맏이의 심리적 위치와 경쟁해야 한다.<br>• 아동은 맏이를 따라잡기 위해 경주하듯 하며 경쟁심이 강하고 야망을 가진 성격이 된다.<br>• 동생이 태어나면 중간이 되면서 자신이 특별한 위치를 가지지 않는다는 사실을 느끼고 낙담하며 인생이 불공평하다고 느낄 수도 있다.<br>• 그러나 중간 아이는 갈등이 있는 가족 상황을 결합시키는 조정자나 평화의 사도가 될 수도 있다. |
| 막내 | • 다른 형제들로부터 사랑과 관심을 받으며 자기의 매력을 잘 표현하는 법을 알고 있다.<br>• 가족 안에서 가장 어리고 약한 자의 열등감을 가지고 있어서 버릇이 없거나 의존적인 막내로서의 역할을 벗어나는 데 어려움을 느낄 수 있다. |
| 독자 | • 자기중심성이 현저하게 나타나며 경쟁과 압박을 덜 받지만 협동을 배우지 못하는 결함을 가지고 있다.<br>• 중심이 되고자 하며 자신의 위치에 도전을 받으면 불공평하다고 느낀다. |

② 아들러의 출생순위는 심리적 출생 순위이며 성격 발달에 영향을 미친다.

**TIP**

아들러는 성격형성의 중요한 영향을 주는 요소로 첫째, 열등감을 극복해 온 방식, 둘째, 부모의 양육태도, 셋째, 출생순위, 넷째, 사회적 위치를 들었다. 사회적 위치에는 여성의 사회적 지위 및 성 역할, 강한 남자 증후군 등으로 표현되는 개인적인 특성이 포함된다.

## 4) 융(Jung)의 분석심리학

(1) **성격의 기본요소** : 자아, 개인 무의식, 집단 무의식

① 자아 : 의식, 사고, 감정, 감각, 직관 기능의 적용을 통해 발달한다.

② 개인 무의식 : 프로이트의 무의식과 유사하며, 억압, 억제, 망각, 무시된 경험과 같이 의식되기엔 약한 경험들로 구성되었다고 본다.

③ 집단 무의식 : 조상 대대로 물려받은 인류 전체의 원시적 이미지로 구성된 잠재적인 기억의 저장소를 일컫는 용어로, 수많은 원형들로 이루어져 있다.

(2) **성격의 발달**

① 아동기－청년 및 성년초기－성숙기－노년기의 발달 단계별로 성취해야 할 과업이 있으며 과업마다 특정의 요구, 가치가 있다.

② 아동기(출생~사춘기) : 아동기가 성격형성에 특히 중요하다고 믿지는 않았다. 왜냐하면 이 시기에는 아직 자아가 형성되지 않았기 때문이다. 아동은 독특한 자기의식이 아직 이루어지지 않았고 그 부모의 성격을 반영한 것에 불과하다고 보았다.

③ 청년 및 성년초기(사춘기~40세 전) : 이 때 성격은 일정한 형태와 내용이 발달하기 시작한다. 청년기로부터 성인 초기 단계에서 직면하게 되는 과제는 직업에 대한 준비를 하고 가정을 이루는 것이다. 이 기간은 보통 외향적이며 자신의 인생 위치를 확고하게 다지는 시기이다.

④ 중년기(40세 이후) : 생애의 발달과정에서 성격 발달의 정점이며 정서적 위기를 수반하는 발달적 위기 과정을 겪는다. 가정과 사회에서 중요한 위치를 가지며, 경제적으로 안정되기도 혹은 절망과 비참함을 경험할 수도 있는 시기이다. 발달과업은 개성화 과정－중년기의 위기를 맞으며 물질적 측면과 영적 측면의 통합을 위한 노력으로 인해 성격의 통합이 이루어지는 과정이다.

⑤ 노년기(중년기 이후) : 명상과 삶의 회고를 많이 하고 특히 내면적 이미지가 많은 비중을 차지하며, 죽음 앞에서 생의 본질을 이해하려는 시기로 인간다움의 이미지를 지니게 된다. 발달과업은 내적 세계에 초점을 맞추고 영적인 것에 관심을 기울여 집단적 무의식으로 다시 개입될 준비를 하는 것이다.

## 5) 호나이(Horney)의 이론

(1) **신경증적 경향성** : 신경증 욕구에 따라 강박적으로 나타나는 태도와 행동
  ① 순응적 성격－타인을 향해 움직이기 : 타인을 향하고자 하는 욕구를 반영하는 태도를 보이고 애정과 인정에 대한 강하고 지속적인 욕구를 지닌다. 타인의 관심과 애정을 유발하는 방식을 알고 행동한다.
  ② 공격형 성격－타인에 반해 움직이기 : 타인에 반하는 행동을 하며 이들에게 있어 타인은 모두 적대적이고 오로지 적자생존의 원칙만 있다. 타인을 고려하지 않고 거칠고 지배적인 방식으로 행동한다.
  ③ 고립형 성격－타인으로부터 멀어지기 : 타인으로부터 멀어지려는 행동을 보이며 정서적인 거리를 유지하려고 하고 타인과의 사랑, 증오, 협동심도 없으며 타인과 어떤 식으로든 연관되지 않으려고 한다.

(2) **아동의 성격** : 아동기는 안전 욕구에 의해 지배되기 때문에 자녀의 안전을 해치는 부모의 행동은 아동에게 적개심을 야기한다. 그러나 아동은 적개심을 부모에게 표현하지 못하고 억압할 필요를 느낀다. 호나이는 아동이 부모에 대한 적개심을 억압하는 네 가지 이유로 무기력, 두려움, 사랑, 죄의식을 제안하였다.
  ① 무기력 : "당신이 필요하기 때문에 나의 적대감을 억압할 수밖에 없어요."
  ② 두려움 : "당신이 두렵게 하기 때문에 나의 적대감을 억압할 수밖에 없어요."
  ③ 사랑 : "당신의 사랑을 잃어버릴까봐 적대감을 억압할 수밖에 없어요."
  ④ 죄의식 : "당신에 대한 죄의식 때문에 적대감을 억압할 수밖에 없어요."

## 6) 인본주의적 접근

(1) **로저스의 인간중심이론**
  ① 인간의 본질은 합목적적, 전진적, 건설적, 현실적이고, 신뢰할 만한 것이며 긍정을 강하게 지향하는 경향이 있다.
  ② 인간행동의 이해는 인간의 내적 준거 체계를 관찰하고 성격을 '현재－미래'의 틀 속에서 이해한다.
  ③ 자기(Self)는 개인의 현상적 혹은 지각적 장이 분화된 부분이고, '나'에 대한 의식적 지각과 가치를 포함하며, 개인이 자신에 대해 인지하는 특성들의 집합이다.

**기출 DATA** 호나이 2018-3회, 2016-1회

**TIP** 호나이의 신경증적 욕구
• 순응적 성격의 욕구 : 애정과 인정 욕구, 지배적 파트너 욕구
• 공격적 성격의 욕구 : 힘의 욕구, 착취욕구, 특권욕구, 존경욕구, 성취 혹은 야망욕구
• 고립형 성격의 욕구 : 자아충족 욕구, 완전욕구, 생의 편협한 제한욕구

**기출 DATA** 아동의 성격 2018-1회

**기출 DATA** 로저스의 인간중심이론 2019-1회

④ 이상적인 인간상은 충분히 기능하는 사람이다.

⑤ 무조건적인 수용과 심층적 공감을 해주고 솔직함을 가진 상담자 역할을 기대한다.

기출 DATA
성격의 구성요소 2019-1회
인본주의 성격이론 2020-1회

(2) 성격의 구성요소

성격을 유기체, 자기, 현상학적 장과 같은 요소로 설명한다.

① 유기체

　㉠ 인간을 유기체로 언급하며, 유기체로서 세계에 반응한다.

　㉡ 어떤 자극이 있을 때 그 자극에 대하여 우리의 전 존재가 반응하고 이러한 경험을 유기체적 경험이라 한다.

　㉢ 생애 초기에 세계를 유기체적으로 있는 그대로 경험하고 어떻게 느끼느냐에 따라 상황을 평가하고 반응한다.

　㉣ 인간은 성장하면서 점차 자기가 발달한다.

TIP
로저스는 자기구조와 주관적 경험 사이의 일치가 매우 중요하다고 보았다. 양자가 일치될 경우에는 적응적이고 건강한 성격을 갖게 되는 반면, 양자 간의 불일치가 심하면 부적응적이고 병적인 성격을 갖게 된다고 하였다.

② 자기

　㉠ 사람들이 자신에 대해 갖고 있는 조직적이고 지속적인 인식으로 성격구조의 중심이다.

　㉡ 인간이 자라면서 유기체적으로 반응하는 것을 타인이 수용해주고 인정하면 건강한 자기가 발달한다.

　㉢ 건강한 자기가 발달한 사람은 개방적이고 자신의 감정을 수용하며 현재의 삶에 충실하다.

③ 현상학적 장

기출 DATA
현상학적 성격이론 2020-3회

TIP
현상학적 성격이론은 지금-여기에 더 초점을 두고 있으며, 개인의 주관적 경험이 행동을 결정하며 받아들이는 개인의 지각을 이해해야 한다고 본다.

　㉠ 현상학적 장은 개인이 주관적으로 지각한 세계를 의미하며 동일한 현상이라도 개인에 따라 다르게 지각하기 때문에 개인적 현실, 즉 현상학적 장만이 존재한다고 본다.

　㉡ 개인은 객관적 현상이 아닌 현상학적 장에 입각하므로 동일한 사건을 경험하더라도 각자 다르게 행동할 수 있다.

　㉢ 이 속성 때문에 개인은 서로 다른 독특한 특성을 보인다.

기출 DATA
매슬로우의 욕구 위계 이론
2019-3회

(3) 매슬로우의 욕구 위계 이론 : 기본적으로 하위 계층인 생리적 욕구, 안전의 욕구, 애정 및 소속의 욕구, 자존의 욕구를 낮은 수준인 결핍욕구라 하고, 상위계층인 인지적, 심리적, 자아실현의 욕구를 높은 수준의 욕구인 성장 욕구라고 한다. 낮은 수준의 욕구가 충족되어야 높은 수준의 욕구로 갈 수 있다.

[매슬로우의 욕구 위계(7단계)]

## 7) 프랭클의 실존주의

기출 DATA
프랭클의 실존주의 2018-1회

(1) 의미치료(Logotherapy)로 실존의 의미와 의미를 찾고자 하는 인간의 욕구를 다룬다.

(2) 인간의 본성은 의미의 자유, 의미에의 의지, 삶의 의미로 구성되어 있다.

(3) 삶의 의미가 결여되어 있는 상태가 신경증이며 무의미, 무의도, 무목적, 공허감의 특징(실존적 진공상태)을 가지고 있다고 본다.

(4) 실존적 진공상태는 자연적 욕구와 본능을 잃고, 20세기 후반 인간의 행동을 규정해줄 습관적인 풍속, 전통, 가치를 거의 갖지 못했기 때문이다.

(5) 삶의 의미는 창조적 가치, 경험적 가치, 그리고 태도적 가치의 형성을 통해 찾을 수 있다.

## 5 » 성격의 5요인 이론의 구성요소

기출 DATA
성격 5요인★
2020-1회, 2019-1회,
2018-3회, 2017-3회

1) **경험에 대한 개방성(Openness to experience)** : 상상력, 호기심, 모험심, 예술적 감각 등으로 보수주의에 반대하는 성향이다. 개인의 심리 및 경험의 다양성과 관련된 것으로, 지능, 상상력, 고정관념의 타파, 심미적인 것에 대한 관심, 다양성에 대한 욕구, 품위 등과 관련된 특질을 포함한다.

2) **성실성(Conscientiousness)** : 목표를 성취하기 위해 성실하게 노력하는 성향이다. 과제 및 목적 지향성을 촉진하는 속성과 관련된 것으로, 심사숙고, 규

준이나 규칙의 준수, 계획 세우기, 조직화, 과제의 준비 등과 같은 특질을 포함한다. 성실성이 높은 경우 전두엽의 면적이 크다.

3) **외향성(Extraversion)** : 다른 사람과의 사교, 자극과 활력을 추구하는 성향이다. 사회와 현실 세계에 대해 의욕적으로 접근하는 속성과 관련된 것으로, 사회성, 활동성, 적극성과 같은 특질을 포함한다.

4) **친화성(Agreeableness)** : 타인에게 반항적이지 않은 협조적인 태도를 보이는 성향이다. 사회적 적응성과 타인에 대한 공동체적 속성을 나타내는 것으로, 이타심, 애정, 신뢰, 배려, 겸손 등과 같은 특질을 포함한다.

5) **신경성(Neuroticism)** : 분노, 우울함, 불안감과 같은 불쾌한 정서를 쉽게 느끼는 성향이다. 걱정, 부정적 감정 등과 같은 바람직하지 못한 행동과 관계된 것으로, 걱정, 두려움, 슬픔, 긴장 등과 같은 특질을 포함한다.

## 6 ≫ 성격유형을 파악하기 위한 심리도구

1) **일반 성격검사(자기보고식)** : NEO-PI, 16 PFQ, CPI, EPQ, MBTI, 이고그램(Egogram)

2) **단일특성검사(인지, 행동패턴, 동기, 정서)** : WAIS(성인용 지능검사), WISC(아동용 지능검사), ASQ(귀인), LOT(낙관주의), POMS(기분상태), SSS(자극추구), MCSD(사회적 인정 욕구), BSRI(성 역할), SES, SEI(자존감)

3) **임상검사** : MMPI, MCMI, SCL-90, BDI

4) **투사검사** : 연상(단어연상, 초기기억, 로샤), 구성(TAT, HTP, MPST), 완성(문장완성검사)

| | 16PF다요인 인성검사 | 타당도 척도와 무작위 반응 요인으로 검사의 성실성을 알 수 있고, 피검자의 성격을 정확하고 객관적으로 보여준다. |
|---|---|---|
| 일반 성격검사 (자기 보고식) | CPI (캘리포니아 성격검사) | 전 세계에서 가장 많이 사용되는 검사로서 조직 및 직무특성, 인재상, 역량뿐만 아니라 피검자의 응답왜곡 가능성 등 다양한 측면을 고려하여 인적특성에 대한 포괄적이고 세부적인 측정이 가능한 검사이다. |
| | EPQ (아이젠크 성격검사) | Eysenck 부부가 공동 제작한 것으로 정신병적 경향성, 외향–내향성, 정서성 또는 신경증적 경향성, 허위성 또는 욕망성을 포함한 성격 차원적 요인의 특징을 측정하는 검사이다. |
| | MBTI | 개인이 쉽게 응답할 수 있도록 자기 보고 문항을 인식하고 판단하여, 선호하는 경향들이 행동에 어떤 영향을 미치는가를 파악하는 검사이다. |
| | 이고그램 (Egogram) | 복잡한 사람의 성격을 5가지 영역으로 구분하여 표준화한 검사로서 5가지 영역이 어떤 에너지와 강도를 지니고 있는지를 그래프로 표시하여 파악한다. |
| 단일 특성검사 (인지, 행동패턴, 동기, 정서) | WAIS (웩슬러 성인지능검사) | 16~69세 성인을 대상으로 지능 지수를 측정하여 피검자의 인지적 강점과 약점을 살펴볼 수 있는 검사이다. |
| | WISC (웩슬러 아동지능검사) | 만 6~16세 아동 및 청소년을 대상으로 지능 지수를 측정하여 인지적 강점과 약점을 살펴볼 수 있는 검사이다. |
| | POMS (기분상태검사) | 인간의 기분 또는 정서의 상태를 측정하기 위하여 개발되었으며, 일시적이고 변하기 쉬운 정서 상태를 간편하게 규명할 수 있고 긴장, 우울, 분노, 활력, 피로, 혼란의 6가지 세부항목으로 나누어진다. |
| | SSS (자극추구검사) | 성인을 대상으로 어떤 감각을 추구하는 성향인지 알아볼 수 있도록 자신을 잘 반영하는 문장을 선택하는 검사이다. |
| | MCSD (사회적인정욕구) | 사회적 바람직성 성향과 사회적 인정욕구를 알아보기 위한 검사로서 총 33문항으로 구성되어 있다. |
| 임상검사 | MMPI | 정신장애의 진단을 돕기 위해 제작되었으며, 일반인과 정신장애 환자를 대상으로 일련의 문항들에 응답하게 한 후 두 집단을 구별하는 문항을 선별하여 구성된 검사이다. |
| | STAI | 불안검사의 일종으로 지금 순간의 불안, 일반적 불안으로 나뉘어 구성되었으며 성인과 아동을 대상으로 한다. |
| | BDI | 13~80세를 대상으로 우울증 확인, 강도 평가, 불안과 구별로 나누어져 있다. |
| 투사검사 | 단어연상검사 | 단어 100개의 자극어를 선택한 후, 자극단어를 불러주고 각각의 단어를 듣고 가장 먼저 연상되는 단어를 대답하게 하여 반응시간과 단어를 기록하는 검사이다. |
| | SCT (문장완성검사) | 완성되지 않은 문장으로 피검자가 떠오르는 생각을 통하여 자유롭게 완성하게 하여 의식적 수준을 측정하는 검사이다. |
| | 로샤검사 | 10장의 잉크 반점 카드를 통하여 애매하고 비구조화된 자극에 대한 반응을 알아보는 검사이며, 개인의 동기, 욕구, 관계양식 등이 반영된다. |
| | TAT (주제통각검사) | 피검자의 핵심추동, 정서, 콤플렉스 등 의식 선상에서는 인정하기 어려운 마음속 깊은 억제된 성향을 노출시켜 개인의 인지유형, 가족역동, 정서반응성 등을 알 수 있다. |

## 1 》 학습심리학의 정의

### 1) 학습의 정의

(1) 지식이나 기술의 획득을 의미한다.

(2) 경험을 통하여 일어나는 지식과 행동의 영속적인 변화이다.

(3) 일반적인 지식 습득뿐만 아니라 혼자 양치를 하거나 신발 끈을 매는 등의 다양한 행동을 포함한다.

(4) 학습에 의한 변화는 여러 상황이나 시각적으로 일관성이 있어야 한다.

### 2) 학습의 목적

(1) 유전과 환경의 상호작용을 이해하기 위함이다.

(2) 실제 교육에 응용하기 위함이다.

(3) 비상식적인 행동이나 비정상적인 행동에 대해 알고, 이를 바탕으로 치료에 활용하기 위함이다.

### 3) 학습의 조건

(1) 동기 : 학습을 하고자 하는 욕구이다.

(2) 지각 : 학습적 자극을 수용하는 것이다.

(3) 반응 : 수용한 자극에 대해 행동으로 나타내는 것이다.

(4) 보상 또는 강화

## 4) 학습의 범위

(1) **광의의 학습** : 개인의 지식이나 행동에 경험으로 인한 변화가 지속적일 때를 의미한다.

(2) **협의의 학습**

① 정해진 학습 목표를 달성시키기 위하여 취하는 활동으로서 학습의 주체, 상황, 행동의 변화 등에 있어 일정한 제한이 있다.

② 학습의 주체는 학습자로 한정된다.

③ 학습의 상황은 의도적인 것에 국한된다.

④ 행동의 변화는 바람직한 행동의 변화를 의미한다.

## 5) 학습이론의 개념

(1) 학습이론의 관점은 인간의 발달에 환경이 어떠한 경험을 제공하느냐에 의해 달라진다.

(2) 주어진 환경에 적절히 대처해나가는 개인의 능동적이며 주관적인 노력과 그 결과로 이루어지는 변화는 이 관점에서는 무시된다.

(3) 발달은 특정 자극에 대해 새로운 반응을 획득함으로써 학습경험이 서서히 누적되어 이루어지는 일련의 점진적이며 연속적인 변화과정이다.

(4) 학습이론적 관점은 단편적인 행동이 획득되는 기제를 설명하는 데는 도움이 될지 모르지만, 자연적인 일상의 삶의 과정에 능동적으로 적응해 가는 개개인의 발달을 총체적으로 이해하는 데는 한계가 있다.

# 2 》》 고전적 조건화

## 1) 고전적 조건형성 이론

(1) 고전적 조건형성 이론의 개요

① 조건반응설은 러시아의 생리학자 파블로프가 개를 대상으로 소화에 관한 연구를 하는 중에 우연히 발견하게 된 이론이다.

② 조건반응 이론의 요지는 처음에는 중립적이던 자극이 무조건 자극과 결

합되어 나중에는 무조건 자극의 제시 없이 조건 자극만으로도 반응을 일으키게 된다는 것이다.

**(2) 파블로프(Pavlov)의 발견**

① 고전적 조건화를 위해서는 반사 반응을 유출시키는 반응이 필요하다.
  ㉠ 무조건 자극(UCS ; Unconditioned Stimulus) : 고기
  ㉡ 무조건 반응(UCR ; Unconditioned Response) : 타액 분비
  ㉢ 무조건 반응과 중립 자극(NS ; Neutral Stimulus)을 연합하는 과정
  ㉣ 조건 자극(CS ; Conditioned Stimulus) : 종소리
  ㉤ 조건 반응(CR ; Conditioned Response) : 타액 분비

② 종소리(NS)와 고기(UCS)가 연합하여 종소리는 조건 자극(CS)이 되고 타액 분비는 조건 반응(CR)이 된다.

**(3) 자극-반응**

① 무조건 자극 : 반사 반응을 유발시키는 자극이다.

② 무조건 반응 : 무조건 자극에 의해 자동적으로 유발되는 반응이다.

③ 중성 자극 : 중성 자극의 연합과정을 반복적으로 거치게 되면, 무조건 자극이 없어도 반응을 유발시킨다.

④ 조건 자극 : 무조건 자극과 중성 자극이 합쳐지며, 새로운 반응을 유발시키는 자극이다.

⑤ 조건 반응 : 조건 자극에 의해 새롭게 형성된 반응이다.

**(4) 조건형성 4가지 방법**

| 구분 | 선행자극 | 선행철회 | 특징 |
|---|---|---|---|
| 동시조건형성 | 조건자극, 무조건자극이 동시에 주어진다. | 조건자극, 무조건자극이 동시에 철회된다. | 비효율적 |
| 지연조건형성 | 조건자극을 무조건자극에 약간 앞서 준다. | 조건자극, 무조건자극이 동시에 철회된다. | 가장 효과적이고 조건자극의 지속시간에 따라서 단기 지연조건형성과 장기 지연조건형성으로 나뉜다. |
| 흔적조건형성 | 조건자극이 먼저 주어지고 난 후 무조건자극이 주어진다. | 조건자극이 철회된 후 무조건자극이 철회된다. | |
| 역행조건형성 | 무조건자극이 주어진 다음 조건자극이 주어진다. | 무조건자극이 철회되면서 조건자극이 나중에 철회된다. | 가장 비효율적이며 거의 쓰이지 않는다. |

## 2) 고전적 조건화와 관련된 현상

### (1) 습득

① 새로운 조건 반응이 형성 또는 확립되는 과정

② 조건 반응이 습득되는 정도는 조건 자극과 무조건 자극의 시간 간격인 자극의 근접성에 따라 다르다.

　㉠ 동시조건화 : 조건 자극과 무조건 자극을 동시에 제시하였다가 동시에 제거하는 것이다.

　㉡ 지연조건화 : 조건 자극을 먼저 제시하고 무조건 자극을 제시한 후, 조건 자극과 무조건 자극을 동시에 제거하는 것이다.

　㉢ 흔적조건화 : 조건 자극을 먼저 제시하고 일정 간격 뒤에 제거한 후, 무조건 자극을 제시하고 일정 간격 뒤에 제거한다.

　㉣ 역행조건화 : 무조건 자극을 먼저 제시하고 일정 간격 뒤에 제거한 후, 조건 자극을 제시하고 일정 간격 뒤에 제거한다.

③ 두 자극 사이의 제시 간격이 짧을수록 조건 반응은 더 잘 습득된다.

### (2) 소거

① 무조건 자극 없이 조건 자극만을 계속적으로 제시하면 이미 습득되었던 조건 반응의 강도가 점차 약화되고 결국에는 완전히 사라지는 것을 의미한다.

② 조건 자극과 무조건 자극 간의 연합을 제거시키면 과거에 습득되었던 조건 반응이 약화되므로 일종의 학습에 속한다.

### (3) 자발적 회복

① 소거되어 능력을 상실한 것처럼 보이는 반응이 어느 정도 시간이 지나면 다시 나타나는 현상이다.

② 조건 반응은 무조건 자극이 조건 자극과 연결되지 않는 상황이라고 하더라도 '자발적으로 회복'된다. 다시 말해 소거 후 지연이 있고 조건 자극이 유기체에게 제시된다면, 이는 조건 반응을 유발한다.

### (4) 자극 일반화

① 특정 자극에 대해서 반응하는 것을 학습한 유기체가 원래의 자극과 유사한 자극에서도 비슷한 반응을 보이는 것을 의미한다.

② 원래의 자극과 자극 일반화를 일으키는 자극 간의 유사성에 따라 그 정도가 다르다.

기출 DATA
고전적 조건화와 관련된 현상
2017-3회

기출 DATA
습득 2018-3회

기출 DATA
자발적 회복 2017-1회

기출 DATA
자극일반화
2020-3회, 2016-3회

TIP
자극일반화의 예 : 벌에 쏘이고 나서 곤충에 대한 두려움이 생김

(5) 습관화 : 반복적으로 자극을 제시하면서 그 자극에 주의를 기울이거나 반응하는 것을 멈추게 되는 과정이다. 즉, 반복적인 자극으로 인해 친숙해짐으로써 반응을 중단하는 것이다.

(6) 변별

① 유사한 두 자극의 차이를 식별하여 각각의 자극에 대해 서로 다르게 반응하는 현상이다.

② 어떤 제한된 범위 내에서의 자극 혹은 연합 시에 사용되었던 자극에만 반응하는 경향성을 의미한다.

③ 하나는 오랜 기간의 훈련을 통해 가능하고, 다른 하나는 차별적인 강화를 제공함으로써 가능하다.

### 3) 생활 속의 고전적 조건화

(1) 공포와 불안

① 공포 : 객관적으로는 위험하지 않은 대상이나 상황에 대해서 강한 공포를 느끼는 것을 의미한다.

② 공포와 불안의 예

㉠ 덩치가 크고 사납게 생긴 개를 보고 놀란 경험이 있는 어린이가 일반적인 개를 보고도 공포를 느끼는 것이 이에 해당한다.

㉡ 엘리베이터에 갇힌 경험이 있는 사람이 다른 시간, 상황에서도 엘리베이터 타기를 두려워하는 것이 이에 해당한다.

(2) 생리적 반응 : 고전적 조건화는 정서반응과 같은 행동뿐 아니라 생리적 과정에도 영향을 미친다.

## 3 》》 조작적 조건화

### 1) 조작적 조건형성 이론

(1) 조작적 조건형성 이론의 개요

① 반응에 따른 강화에 의해 행동에 변화가 일어나는 것을 의미한다.

② 학습자의 반응이 결과를 얻기 위한 도구 또는 수단의 의미로 '도구적 조건화'라고도 한다.

(2) 에드워드 손다이크(Edward Thorndike)

① 문제 상자 안의 고양이가 지렛대를 밟고 밖으로 나올 때까지 소요된 반응 잠재기를 측정한다.

② 반복할수록 고양이가 밖으로 나오는 반응 잠재기가 짧아진다(음식 : 강화물).

③ 강화(Reinforcement) : 강화가 있기 직전에 하였던 반응이 미래에 또 나타날 가능성을 증가시키는 것을 의미한다.

④ 시행착오설 : 문제 해결 장면에 효과적인 반응을 적중시킬 때까지 여러 가지 반응을 시도해 본다는 것이다.

⑤ 연합 학습 : 시행착오를 통해 실패하는 무효동작이 점차 배제되고 유효동작이 완성되는 것은 이 사이에 기계적 연합이 성립되었기 때문이다.

⑥ 효과의 법칙 : 학습의 과정과 결과가 만족스런 상태가 되면 결합이 강화되어 학습이 견고하게 된다는 것이다. 즉, 긍정적인 결과가 뒤따르는 반응들을 통해서 행동이 증가하는 학습 법칙이다. 연습이나 사용 횟수가 많을수록 증가한다.

(3) 스키너(Skinner)의 심리 실험 : 반응 만들기

① 행동 조형 : 조형(Shaping)이란 연속적 접근법을 사용하여 연구자가 원하는 새로운 반응을 만들어내는 절차이다(쥐의 지렛대 누르기 행동에 대한 조형).

② 행동 연쇄화(Chaining)

㉠ 지렛대를 누르는 것과 같은 간단한 반응은 조형에 의해 확립되지만 보다 복잡한 행동을 만들어내기 위해서는 연쇄화가 필요하다.

㉡ 연쇄화에서 한 반응의 결과로 그 다음 반응을 수행할 기회를 부여하는 것은 보상으로 작용하여 각 단계의 반응을 강화시킨다.

③ 스키너는 인간의 모든 행동은 반응적 행동과 조작적 행동 두 가지 범주로 나눌 수 있다고 보았다.

④ 스키너의 '쥐 실험'을 예로 들 수 있다.

㉠ 먹이 공급 장치가 달린 작은 상자 속에 쥐가 누를 수 있는 지렛대를 부착한다.

㉡ 쥐가 지렛대를 누르면 자동으로 먹이가 공급되도록 한다.

㉢ 쥐가 먹이를 받기 위하여 지렛대를 누르는 행동조형을 형성한다.

**기출 DATA**
에드워드 손다이크
2020-3회, 2019-3회

**TIP**
손다이크의 문제상자
손다이크는 고양이가 문제상자에서 탈출하는 것을 관찰하였다. 처음에는 감금에서 벗어나려고 몸부림쳤으나, 일단 어떤 '충동적' 행동을 하여 문을 열면, '다른 성공적이지 못한 충동은 모두 퇴출되고, 성공을 야기한 그 특정 행동을 통해서만 쾌감을 얻는다.'
손다이크는 행동과 그 결과 사이의 이러한 관계를 '효과의 법칙'이라고 불렀다.

**기출 DATA**
행동 조형 2017-3회, 2016-1회

**TIP**
스키너의 조작상자
상자 속의 쥐가 정해진 행동을 한 다음 레버를 누르면 먹이가 제공된다. 예를 들어, 상자 속을 한 바퀴 돌고 레버를 눌러야만 먹이가 제공되면, 쥐는 이 행동을 재빨리 학습한다.

※ 출처 : 심리학과 삶 18판, 시그마 프레스

기출 DATA
강화와 처벌 2016-3회

TIP
스캘럽
강화 후 반응률이 급격히 떨어져서 대부분의 기간 동안 천천히 반응하다 간격 기간이 다 되어 강화가 가까워지면 반응률이 급격히 높아지는 현상이다.  ▶ 2016-3회

기출 DATA
부적 강화 2017-3회

TIP
• 정적 강화 : 바람직한 행동 빈도를 높이기 위해 강화물을 준다.
㉺ 청소(바람직한 행동)를 열심히 하면 아이스크림(강화물)을 준다.
• 부적 강화 : 바람직한 행동 빈도를 높이기 위해 혐오스러운 일을 제거해 준다.
㉺ 숙제를 하면(바람직한 행동 빈도) 화장실 청소를 하지 않게 해준다.

## 2) 강화와 처벌

### (1) 강화

① 보상을 제시하여 특정 행동에 대한 반응을 증가시키는 것을 의미한다.

② 특정 행동의 결과로서 반복적으로 행동하고 유지하도록 했다면 그 결과가 강화된다.

③ 강화물은 반응을 증가시키는 사물이나 행위로 미래에 그 행동을 다시 할 가능성을 높이는 역할을 한다.

④ 강화는 정적강화와 부적강화로 구분된다.

   ㉠ 정적 강화*

      ⓐ 선호하는 결과를 제시하여 행동 재현을 가져오게 하는 것을 의미한다.

      ⓑ 아이가 방청소를 하면 사탕을 준다.

      ⓒ 쥐가 지렛대를 누르면 음식이 나온다.

      ⓓ 철수가 감기약을 잘 먹으면 아이스크림을 준다.

   ㉡ 부적 강화*

      ⓐ 혐오스러운 결과를 제거하여 바람직한 행동 재현을 가져오는 것을 의미한다.

      ⓑ 반에 지각자가 없으면 당일 숙제를 면제해준다.

      ⓒ 안전벨트를 매면 안전벨트 부저의 시끄러운 소리가 멈춘다.

### (2) 강화의 원칙

① 바람직한 행동변화를 일으킬 수 있을 만큼의 강화를 부여한다.

② 일관성 있게 강화를 부여한다.

③ 사람마다 강화자극이 미치는 영향이 다르므로 적절한 강화를 선택한다.

④ 바람직한 행동 목표와 연관되어야 한다.

⑤ 강화계획은 체계적이어야 한다.

### (3) 처벌

① 어떤 행동을 했을 때 혐오스러운 결과를 주거나 정적 강화물을 제거함으로써 특정 행동의 빈도를 줄이는 것을 의미한다.

② 행동수정의 방법에 포함된다.

③ 처벌은 정적처벌과 부적처벌로 구분된다.

　　⊙ 정적 처벌* : 특정 행동 뒤에 부정적이거나 혐오스러운 자극을 제시하여 행동의 빈도를 감소시키는 것을 의미한다.

　　　　🔲 성진이는 동생과 싸울 때마다 손바닥을 맞기로 하였다.

　　⊙ 부적 처벌* : 특정 행동 뒤에 선호하는 자극을 제거하여 행동의 빈도를 감소시키는 것을 의미한다.

　　　　🔲 성진이가 동생과 싸울 때마다 간식을 주지 않았다.

### (4) 처벌의 원칙

① 바람직하지 않은 행동을 감소시킬 수 있을 만큼 최소화한다.

② 반응과 처벌 간의 지연 간격이 짧아야 한다.

③ 처벌과 강화는 상호의존적이어야 한다.

④ 처벌은 확실한 규칙에 근거해서 주어야 한다.

⑤ 일관성 있게 처벌을 제시한다.

⑥ 처벌은 처음부터 강하고 분명하고 짧고 간결해야 한다.

⑦ 반복적인 처벌에도 행동의 변화가 없다면 다른 방법을 강구한다.

## 3) 강화물의 유형

### (1) 일차적 강화물

① 다른 강화물과 연합하지 않은 보상 그 자체를 의미한다.

② 학습하지 않고도 강화의 효과를 가진다.

③ 사람들이 귀중하다고 여기는 대상과 활동이 포함된다.

④ 음식물, 장난감, 성행위 등이 속한다.

### (2) 이차적 강화물

① 다른 강화물과 함께 연합되어 기능하는 것을 의미한다.

② 일차적 강화물에 직접적 또는 간접적으로 의존한다.

③ 학습해야 하고, 가치를 가진다.

④ 점수, 칭찬, 토큰 등이 속한다.

---

**TIP**

• 정적 처벌 : 바람직하지 않은 행동 빈도를 낮추기 위해 혐오스러운 일을 준다.

　🔲 성진이는 동생과 싸울 때마다(바람직하지 않은 행동 빈도), 손바닥을 맞기로(혐오스런 일 추가) 하였다.

• 부적 처벌 : 바람직하지 않은 행동 빈도를 낮추기 위해 선호자극을 제거해 준다.

　🔲 성진이가 동생과 싸울 때마다(바람직하지 않은 행동 빈도) 간식(선호자극)을 주지 않았다.

**기출 DATA**

처벌의 원칙
2019-1회, 2018-3회

**TIP**

도피와 회피

• 도피 : 도피는 어떤 행동을 했을 때 혐오적인 자극이 제거된다면 그 행동이 증가하는 현상이다.

　🔲 진통제를 먹고 두통이 멎었다면 이 행동은 두통의 고통으로부터 도피하는 것이다.

• 회피 : 어떤 행동을 했을 때 불쾌한 자극이 발생하는 것을 방지하는 행동을 회피라고 한다.

　🔲 소득세를 내면 그렇지 않을 때의 불쾌한 결과를 회피할 수 있다.

　　▶ 2019-1회, 2016-3회

**기출 DATA**

일차적 · 이차적 강화물
2020-3회

**기출 DATA**

강화 계획★
2020-1회, 2019-3회,
2019-1회, 2018-1회,
2016-1회

**TIP**

어떤 행동에 계속적으로 부분강화
(간헐적 강화)의 반응이 오면 이를
얻기 위해 지속적으로 행동을 하려
고 하고, 지속적인 행동은 소거하기
가 매우 어렵다.

4) **강화계획** : 조작적 행동이 습득되고 유지될 수 있도록 강화물을 제시하는 빈도와 간격의 조건을 나타내는 규칙이다.

| 고정간격<br>강화계획 | • 시간 간격이 일정한 강화계획을 의미한다.<br>• 지속성이 거의 없으며, 시간 간격이 길수록 반응빈도는 낮아진다.<br>예 월급, 정기적 시험, 한 시간에 한 번씩 간식을 주는 것 등이 속한다. |
|---|---|
| 변동간격<br>강화계획 | • 시간 간격이 일정하지 않은 강화계획을 의미한다.<br>• 강화 시행의 간격이 다르며, 평균적으로 확인할 수 있는 시간 간격이 지난 후 강화한다.<br>예 계획하지 않았던 깜짝 시험을 보는 것, 마트에서 운영시간 중 깜짝 세일을 하는 것 |
| 고정비율<br>강화계획 | • 어떤 특정한 행동이 일정한 수만큼 일어났을 때 강화를 주는 것을 의미한다.<br>• 빠른 반응률을 보이지만 지속성이 낮다.<br>예 책 100권을 읽을 때마다 50만 원의 용돈을 준다. |
| 변동비율<br>강화계획 | • 강화를 받는 데 필요한 반응의 수가 어떤 정해진 평균치 범위 안에서 무작위로 변하는 것을 의미한다.<br>• 반응률이 높게 유지되고, 지속성도 높다.<br>• 소거에 대한 저항이 매우 크다.<br>예 카지노의 슬롯머신, 로또 등이 이에 속한다. |

5) **프리맥의 원리**

(1) 프리맥은 선호하여 빈도가 높은 행동은 낮은 빈도의 행동에 대해 효과적인 강화인자가 될 수 있다고 하였다.

(2) 어떠한 자극 또는 사건에 대한 효과 있는 강화의 여부를 판단하기 위해서는 개인에 따른 행동의 위계를 설정할 필요가 있다.

(3) 프리맥의 원리가 효과적으로 나타나기 위해서는 낮은 빈도의 행동이 먼저 행해져야 한다.

예 아이에게 숙제(낮은 빈도의 행동)를 먼저 하면, 게임(높은 빈도의 행동)을 할 수 있게 해준다고 한다.

6) **미신적 행동**

(1) 조작적 조건형성과 관련된 것으로, 우연히 특정 행동과 결과가 조건화되는 것을 의미한다.

(2) 보상과 아무 관련이 없는 어떤 행동이 우연히 보상에 선행하여 행동을 지속적으로 나타나게 한다.

(3) 미신적 행동은 우연히 조건화된 행위에 의해 보상이 주어졌다고 믿음으로써 나타난다.

(4) 머리를 감지 않은 날 우연히 시험 결과가 좋게 나오자, 이후 시험 날마다 머리를 감지 않는 행동이 이에 속한다.

## 4 » 사회 및 인지학습

### 1) 사회적 인지학습

(1) 사회적 인지이론은 반두라에 의해 발달된 것으로 반두라의 사회적 인지이론은 행동주의적 학습이론의 확장이라고 할 수 있다.

(2) 사회적 인지이론은 긍정적 · 부정적 강화, 소거, 일반화, 고전적 및 조작적 조건형성을 포함한 자극－반응 심리학의 원리를 통합한 것이다.

(3) 인간행동을 설명하는 데 선행되는 조건형성에 인지적 중재를 포함시켜 체계적이고 통합적인 개념 모델을 제안하였다.

(4) 인지적 중재는 인간의 사고과정에서 나타나는 실재적 상황과 행동의 상징적 표상을 의미한다.

(5) 사회적 인지이론에서 중요한 학습은 모방학습, 대리학습, 관찰학습 등이 있다.

### 2) 모델링과 모방학습

(1) 새로운 상황에서 다른 사람들이 하는 행동을 학습하여, 관찰 대상인 사람은 모델의 역할을 하고 관찰자는 그의 행동을 따라하는 것을 의미한다.

(2) 모델링 행동은 행동의 결과에 따라 관찰자에게 영향을 미친다(긍정적이거나 부정적 영향).

(3) 모델링은 관찰자와 모델이 유사하거나, 관찰자보다 지위나 신분이 높을 때 더 많이 모방하는 경향이 있다.

(4) **공격 행동의 모델링**
① 두 집단의 어린이들에게 주인공이 인형을 공격하는 영상을 보여 주고, 다른 한 집단의 어린이들에게는 인형을 공격하지 않는 영상을 보여 주었다.

② 그 후 인형이 있는 방에서 어린이들을 놀게 한 결과, 공격적인 영상을 본 아이들만이 인형을 공격하는 모습을 보였다.

③ 이처럼 다른 사람의 모습을 보고 따라하는 것을 모방학습이라 한다.

3) 대리학습 : 다른 사람들의 행동을 관찰하고 그들이 경험한 결과를 간접적으로 학습하는 것으로 대리강화, 대리처벌을 의미한다.

### 4) 관찰학습

(1) 인간이 단순한 환경적 자극에 대한 반응을 통하여 행동을 학습하는 것이 아닌 타인들의 행동을 관찰함으로써 학습한다는 것을 의미한다.

(2) 관찰학습의 과정

① 주의집중과정

   ㉠ 모델링을 할 대상이나 행동에 대해 관심을 가지고, 명확하게 지각하기 위해 노력하는 과정이다.

   ㉡ 무엇을 선택적으로 관찰할 것인지 결정하는 단계이다.

② 보존과정(보유·기억·파지 과정)

   ㉠ 모델링한 대상이나 행동을 상징적인 형태로 기억하는 과정이다.

   ㉡ 어떤 행동을 관찰하면 이를 어떤 형태로든 기억 속에 통합시키는 과정이 일어나는데, 반두라는 언어적 표상상태(Verbal code)와 심상형태(Imaginal code)로 저장된다고 보았다.

   ㉢ 즉, 모델링한 대상이나 행동을 기억할 때 일련의 언어적 지시와 행동의 심상 두 가지 모두를 기억하는 것이다.

③ 운동재생과정(행동재현 과정) : 모델링한 언어와 심상의 기호화된 표상을 외형적인 행동으로 전환하는 과정이다.

④ 동기화 과정(자기강화 과정)

   ㉠ 모델링한 것을 적절히 수행하도록 동기유발을 시켜 행동을 통제하는 과정이다.

   ㉡ 행동을 학습한 후 그 행동을 수행할 여부를 결정하는 데 중요한 역할을 하는 것이 바로 강화이다.

## 5) 통찰학습

(1) 적절한 환경에서 통찰, 즉 갑자기 형성된 해결책을 통해 문제 해결이 가능한 것을 의미한다.

(2) 볼프강 쾰러의 침팬지 실험

① 볼 수는 있어도 손은 닿지 않는 곳에 과일을 올려놓고 침팬지에게 노출시킨다.

② 침팬지가 손을 내밀어 과일을 잡으려 하였을 때, 오히려 과일은 더 멀리 밀려 나갔다.

③ 침팬지는 주변을 둘러보고 과일을 끌어들이는 데에 사용할 막대기를 발견하였다.

④ 쾰러는 침팬지의 문제 해결에 놀라고, 더 나아가 막대를 연결해야 하는 과제 역시 해결한 것에 매우 놀랐다.

⑤ 침팬지의 문제 해결 행동이 손다이크가 제시한 시행착오 학습과는 다른 과정, 즉 통찰의 예라고 볼 수 있다.

## 6) 내적인 행동변화를 촉진시키는 방법

(1) 인지적 모델링

① 상담자가 과제를 수행하면서 자기 스스로에게 말하고 있는 것을 사람들에게 직접 보여주는 절차이다.

② 대학생들의 시험불안을 감소시키기 위해 인지적 모델링을 사용한 사라손(Sarason)은 이 절차를 모델이 하고 있는 외현적 반응에 이르는 과정을 관찰자들에게 뚜렷하게 보여주려는 노력이라고 하였다.

(2) 사고정지

① 내담자가 부정적인 인지를 억압하거나 제거함으로써 비생산적이고 자기 패배적인 사고와 심상을 통제하도록 도와주기 위해 사용된다.

② 특히, 돌이킬 수 없는 사건에 대한 생각에 빠져 있는 내담자 혹은 반복적이고 비생산적이며 부정적인 사고, 반복적으로 불안을 유발하는 사고와 자기 패배적인 심상에 빠져 있는 내담자 등에게 적용할 수 있다.

**실력 TEST**

➡ 철이는 누나가 얼음판에 미끄러져 다리에 멍이 드는 사건을 목격했다. 이 일이 있은 후부터 철이는 얼음판 위를 걸을 때마다 조심조심 걸었다. 이는 철이가 통찰학습을 한 것이다.

**정답** : ×

**해설** : 통찰학습이 아니라 관찰학습을 한 것이다.

(3) 인지적 재구조화

① 내담자 자신의 인지를 확인하고 평가하는 과정으로 어떤 사고에 의해 일어나는 행동의 부정적 영향을 이해하는 과정이다.

② 이러한 인지를 좀 더 현실적이고 적절한 사고로 대치하는 것을 학습하는 과정이다.

(4) 스트레스 접종

① 예상되는 신체적, 정신적인 긴장을 완화시켜 내담자가 충분히 자신의 문제를 다룰 수 있도록 준비시키는 데 사용되는 기법이다.

② 이 기법은 현재의 문제와 미래의 문제, 둘 다 적용될 수 있는 대처기술을 가르치도록 고안되었다.

(5) 정서적 상상 : 내담자에게 실제 장면이나 행동에 대한 정서적인 느낌이나 감정을 마음속으로나마 생생하게 상상해 보도록 하는 방법으로 체계적 둔감법에서 유추된 것이다. 이 기법은 공포를 제거하는 데 효과적인 것으로 입증되었다.

## 7) 외적인 행동변화를 촉진시키는 방법

(1) 토큰강화

① 행동주의 기법 중에 광범위하게 사용되고 있는 토큰강화는 스키너의 강화 원리를 포함하여 조작적 조건형성의 원리를 적용시킨 것이다.

② 이는 직접적으로 강화인자를 쓰는 대신 의도하는 행동변화가 일어난 후에 내담자가 원하는 다양한 물건과 교환할 수 있는 토큰을 보상으로 제공하는 것이다.

(2) 모델링 : 내담자에게 가능한 행동 대안들을 시범적으로 보여주는 것으로 상담자 개인이나 집단상황에서 혹은 동료들이나 중요한 타인들에 의해 영화, 비디오 혹은 녹음된 테이프 등을 통해 수행될 수 있다.

(3) 주장훈련

① 불안을 역제지하는 방법으로 특히 대인관계에서 오는 불안을 제지하는 데 효과가 있다.

② 주장훈련의 목표는 내담자로 하여금 광범위한 대인관계 상황을 효과적으로 다루기 위해 필요한 기술과 태도를 갖추게 하는 데 있다.

(4) 자기관리 프로그램

① 내담자 스스로가 자기관리와 자기지시적인 삶을 영위하여 상담자에게 의존하지 않도록 하기 위해 상담자가 내담자와 지식을 공유하는 기법이다.

② 즉, 상담자는 일차적으로 내담자에게 자신의 삶을 효율적으로 영위해 나가는 데 필요한 기술을 가르쳐 주어야 한다.

(5) 행동계약

① 두 사람 혹은 그 이상의 사람들이 정해진 기간 내에 각자가 해야 할 행동을 분명하게 정해 놓은 후 그 내용을 지키기로 서로 계약하는 것이다.

② 계약내용이 어느 한 편에 의해 불이행될 때는 공정성이 없기 때문에 다시 의논해서 새로운 계약을 설정한다.

(6) 행동시연 : 행동시연은 원래 행동적 심리극이라고 불렸으며, 구체적인 어떤 장면에서 자신이 하고 싶은 그대로 행동할 수 없어 이상행동을 보이는 내담자에게 도움이 된다.

(7) 혐오치료 : 특수한 행동에 대한 불안을 제거하는 데 널리 사용되어 온 혐오치료는 바람직하지 않는 행동이 제거될 때까지 증상적인 행동과 고통스러운 자극을 연관시키는 것을 말한다. 이러한 혐오자극의 대표적인 것은 전기쇼크 혹은 구토를 일으키는 약물에 의한 벌이다.

(8) 바이오피드백 : 바이오피드백 훈련은 자기 내부의 생리적 활동에 대한 계속적인 정보를 내담자에게 제공해 주는 동시에 그러한 생리적 활동에 대한 자기 관리적 통제를 가능하게 해주는 것으로 현재 널리 보급되고 있다.

Chapter. 05
# 인지심리학

인간의 인지적인 측면에서 기억, 지각, 언어와 사고에 대해서 살펴보고, 정서이론을 다룬다.

## 1 » 신경계의 정보전달 및 구성

### 1) 뉴런 : 신경계의 기본 단위

(1) 뉴런(Neuron)은 신경계에 위치하여 정보 처리 과제를 수행하기 위해 서로 의사소통을 하는 세포이다.

(2) 뉴런의 구성요소

| 신경세포체 | 핵과 세포질이 모여 있는 뉴런의 본체로, 생명 활동이 일어난다. |
|---|---|
| 가지돌기(수상돌기) | 다른 뉴런이나 감각 기관으로부터 자극을 받아들인다. |
| 축삭돌기 | 다른 뉴런이나 반응기관으로 자극을 전달한다. |

❖ 자극 전달 경로 : 가지돌기(수상돌기) → 신경세포체 → 축삭돌기

TIP
뉴런은 여러가지 유형이 있지만, 뉴런의 기본구조는 모두 동일하며 세포체와 세포체에서 뻗어나온 섬유들로 구성되어 있다.

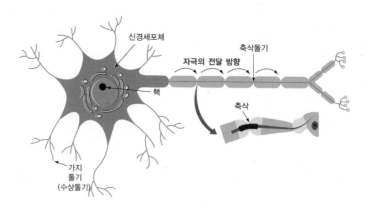

[뉴런의 구조]

① 신경세포체[Cell body, 소마(Soma)]

　㉠ 뉴런의 가장 큰 요소로 정보처리 과제를 통합하고 세포가 살아 있게 하는 기능을 하며, 이곳에서 단백질 합성, 에너지 생산과 신진대사가 일어난다.

　㉡ 세포체는 핵(Nucleus)을 가지고 있는데, 여기에는 DNA, 혹은 염색체가 위치하며, 분자들을 세포 안과 밖으로 이동하게 하는 투과성 세포막으로 둘러싸여 있다.

② 가지돌기(수상돌기) : 다른 뉴런으로부터 정보를 수용하여 이를 세포체에 전달하는 역할을 한다.

③ 축삭돌기(Axon)

　㉠ 정보를 다른 뉴런, 근육 혹은 내분비선으로 전달하는 역할을 하며, 각 뉴런은 하나의 축색을 가지고 있다.

　㉡ 축색은 수초로 덮여 있다.

④ 수초는 교세포(Glia cell, 신경계에서 관찰되는 지지 세포)로 만들어졌으며, 일부 교세포들은 수초를 형성하여 축색으로 하여금 더 효율적으로 정보를 전달하도록 돕는 기능을 한다. 실제 다발성 경화증(Multiple sclerosis)과 같은 탈수초화 질환에서는 수초가 상실되어 이로 인해 정보 전달이 느려지고, 그 결과 사지의 감각 상실, 부분적 시력 상실 등을 초래한다.

⑤ 시냅스(Synapse)는 한 뉴런의 축색과 다른 뉴런의 가지돌기(수상돌기) 혹은 세포체 사이의 접합 부위이다.

**TIP**

개개의 뉴런은 물리적으로 서로 분리되어 있으며, 이들 간의 정보 전달은 시냅스를 통해 이루어진다.

### (3) 뉴런의 종류

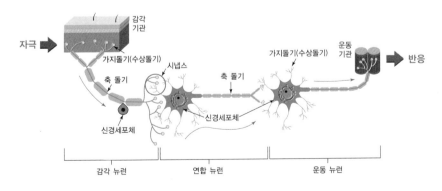

[뉴런의 종류]

① 감각 뉴런(Sensory neurons) : 외부 세계로부터 정보를 수용하고 이 정보를 척수를 통하여 뇌로 전달한다. 감각 뉴런들은 자신들의 수상돌

기 끝에 특별한 구조를 가지고 있으며, 이를 통하여 빛, 소리, 접촉, 맛, 냄새에 관한 신호를 수용한다.

② 운동 뉴런(Motor neurons) : 신호를 척수로부터 근육으로 전달하여 운동이 일어나게 하며, 긴 축색을 가지고 있어 신체 말단의 근육까지 연결된다.

③ 연합뉴런(Interneurons) : 감각 뉴런, 운동 뉴런 혹은 다른 연합 뉴런들을 서로 연결하는 기능을 한다.

(4) 신경신호의 본질

① 신경신호의 본질은 전기적 현상이다.

② 안정전위 : 축색의 내부가 바깥쪽에 비해 약 −70mv의 전합 차이를 보이게 된다. 이러한 전위차를 안정막전위 또는 안정전위라 한다. 즉, 안정전위란 아무런 자극도 가하지 않은 상태에서 축색의 내부와 바깥쪽 간에 존재하는 전위차를 말한다.

③ 축색의 한쪽 끝에서 안정전위를 측정하면서 다른 한쪽 끝의 축색 내부에 또 하나의 전극을 삽입하고 전기자극 장치를 통해 전류를 흘려보내면 막전위가 변화하게 된다.

④ 이때 막전위의 변화 방향은 축색 내부에 가해진 전류의 특성에 따라 달라진다. 축색 내부에 양(+) 전하를 가하면 음수 값인 안정전위는 그 크기가 감소하는데, 이를 감분극이라 한다.

⑤ 반대로 음(−) 전하를 가해주면 축색 내부는 더 큰 음수 값의 막전위를 가지게 되는데, 이를 과분극이라 한다.

⑥ 감분극과 과분극의 정도는 축색 내부에 가해진 자극의 크기에 비례하며, 시간이 지남에 따라 막전위는 점차 원래의 안정전위로 돌아온다. 그러나 감분극 자극을 어느 정도 이상 증가시키면 막전위는 갑자기 역전되어 축색의 내부가 바깥에 비해 양전기를 띠게 된다.

(5) 안정전위와 활동전위

기출 DATA
안정전위 2020-1회, 2019-3회

① 안정전위(휴식기) : 뉴런 안쪽은 (−), 바깥쪽은 (+)이며 칼륨이 안에 많고, 나트륨은 바깥쪽에 많이 있다. 또한 칼륨 이온과 염소 이온이 세포 안팎에서 불균등하게 분포하는 것 역시 안정 전위 형성에 기여한다.

② 자극이 오면 뉴런의 발화기(활동전위)가 되면서 안쪽은 (−)에서 (+)로 변하고 바깥은 (+)에서 (−)로 변하며 안쪽에 나트륨이 바깥에 칼륨이 많아진다. 활동 전위는 막전위가 약 −50mv에 도달했을 때 짧은 시간 동안 축색 세포막의 극성이 완전히 뒤바뀌는 현상이다.

③ 활동 전위로 인해 막전위가 뒤바뀐 즉시 다시 원래 상태로 돌아와 안정 전위 상태가 되려고 한다.

## 2) 신경계의 구성

(1) 인간의 신경계는 약 1000억 개 이상의 뉴런으로 구성되어 있다고 추정된다.

(2) 하나의 뉴런은 적게는 수십 개 많게는 수천 개의 다른 뉴런과 연결되어 있다.

| 자극전달 경로 | 자극 | 감각기관 | 감각신경 | 연합신경 (뇌, 척수) | 운동신경 | 운동기관 | 반응 |
|---|---|---|---|---|---|---|---|
| 예 | 굴러오는 축구공 | 눈으로 공을 본다. | 시각신경이 자극을 전달한다. | 대뇌에서 공을 차도록 명령한다. | 다리 근육에 명령을 전달한다. | 다리의 근육 | 축구공을 찬다. |

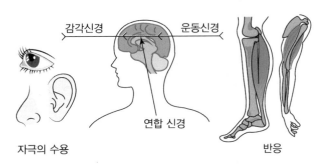

[자극의 전달 경로]

(3) 뇌와 척수를 '중추신경계'라 하고, 신체의 각 부분을 중추신경계와 연결해 주는 뉴런들을 '말초신경계'라 한다.

(4) 중추신경계(CNS ; Central nervous system)는 뇌와 척수로 구성되어 있다.

　① 뇌는 척수와 뇌신경을 통해 환경자극을 받아들이며, 이러한 감각정보가 뇌의 여러 영역에서 처리를 거친 다음 감각이나 감정을 느끼게 된다. 외부 세계로부터 감각 정보를 수용, 처리, 통합하고 골격과 근육에 명령을 보내 행동이 일어나게 한다.

　② 척수(Spinal cord)의 일차적인 기능은 체감각 정보를 뇌에 전달해 주고, 뇌의 명령을 받아 분비선이나 근육에 운동신경을 보내는 것이다.

(5) 말초신경계 : 말초신경계는 체성신경계(Somatic nervous system)와 자율신경계(Autonomic nervous system)로 나뉜다.

① 체성신경계는 중추신경계 내외로 정보를 전달하는 일련의 신경들로, 인간은 이 신경계에 대한 의식적 통제를 가지며, 이를 지각, 사고와 협응행동에 사용한다. 체성신경계는 외부 세계의 경험과 중추신경계의 내적세계를 연결하는 일종의 '정보 고속도로'와 같다.

예 손을 뻗어 커피 잔을 집을 경우 체성신경계의 조화된 활동이 요구된다.

② 자율신경계는 혈관, 신체 기관과 내분비선을 통제하는 불수의적이고 자동적인 명령을 전달하는 일련의 신경계로 통제 없이 스스로 작용하며 신체를 통제한다. 자율신경계는 두 가지 하위 체제, 교감신경계와 부교감신경계로 구분한다.

　　㉠ 교감신경계(Sympathetic nervous system) : 우리가 유해자극이나 스트레스를 받을 때 우리의 신체를 방어해주는 역할을 담당한다. 또한 심장박동을 빠르게 하고, 소화 작용을 늦추고, 땀을 분비하는 등의 기능을 한다.

　　㉡ 부교감신경계(Parasympathetic nervous system) : 신체가 평상시의 안정 상태로 되돌아오는 것을 돕는다.

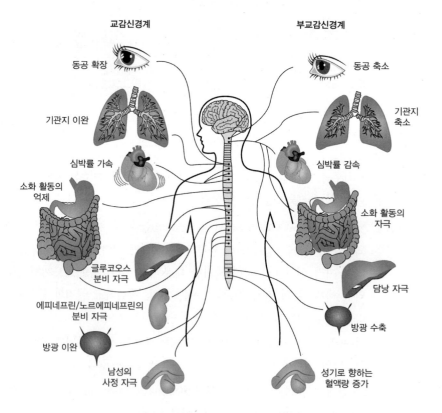

[교감신경과 부교감신경의 역할]

# 2 >> 뇌와 행동

## 1) 뇌의 주요 구분

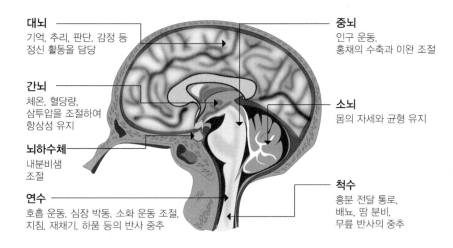

**대뇌**
기억, 추리, 판단, 감정 등
정신 활동을 담당

**간뇌**
체온, 혈당량,
삼투압을 조절하여
항상성 유지

**뇌하수체**
내분비샘
조절

**연수**
호흡 운동, 심장 박동, 소화 운동 조절,
지침, 재채기, 하품 등의 반사 중추

**중뇌**
인구 운동,
홍채의 수축과 이완 조절

**소뇌**
몸의 자세와 균형 유지

**척수**
흥분 전달 통로,
배뇨, 땀 분비,
무릎 반사의 중추

## 2) 뇌의 명칭

### (1) 대뇌

① 뇌의 대부분을 차지하는 중추신경계의 중추로 운동, 감각, 언어, 기억 및 고등 정신을 수행하는 기관이다.

② 대뇌피질 : 피질은 뇌의 가장 상위 수준의 구조로 가장 복잡한 지각, 정서, 운동과 사고에 관여한다. 대뇌피질의 각 반구는 네 영역 혹은 엽(Lobes)으로 구분한다.

 ㉠ 전두엽 : 전두엽은 가장 큰 대뇌엽으로 변연계와 밀접하게 연결되어 있다. 전두엽은 어떤 상황이 위험한지 아닌지의 여부를 결정하는 데 중요한 역할을 하며, 운동, 추상적 사고, 계획, 기억과 판단 등에 관여한다.

 ㉡ 후두엽 : 뇌 뒤쪽에 있으며, 이 후두엽에는 시각 중추가 있어서 시각피질이라고도 부른다.

 ㉢ 측두엽 : 청각 피질이라고 부르는 우표 크기만한 청각 조절 중추가 있으며, 다른 부위에서는 인지 기능과 기억 기능을 조절한다.

---

**TIP**

시상하부
• 온도를 조절하고 항상성을 유지하는 기능을 한다.
• 앞시상하부는 체온을 조절하고 유지하는 것을 돕기에 앞시상하부가 파괴되면 고열이 발생한다.
• 뒤시상하부는 열을 발생시키고 보존하는 것을 돕고, 뒤시상하부가 파괴되면 체온조절 장애가 발생한다.
     ▶ 2019–1회

**TIP**

신경계(Nervous system)의 구분

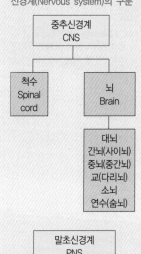

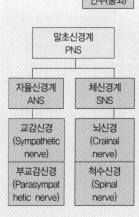

ⓔ 두정엽 : 외부로부터 오는 정보를 조합하는 곳으로, 문자를 단어로 조합하여 의미가 있는 것으로 만들며, 촉각에 관한 정보를 처리하는 기능을 한다.

(2) 소뇌

① 뇌의 한 부분으로 대뇌 아래, 중뇌 뒤쪽에 위치하는 작은 뇌. 주로 운동 기능과 평형감각을 조절한다.

② 일반적으로 대뇌에 비해 그 크기가 작아서, 사람의 경우 대뇌의 약 1/8 정도 크기이며, 간뇌 뒤쪽에 위치하고 있다.

(3) 간뇌

① 대뇌와 소뇌 사이에서 내장과 혈관의 활동을 조절하는 기관으로 많은 핵으로 구성되어 있으며, 대뇌 바로 아래에 있다.

② 시상과 시상하부로 구성되어 있다. 시상은 모든 감각기로부터 대뇌 피질로 가는 흥분을 중계하고, 시상하부는 체온 조절, 혈당량 조절, 삼투압 조절의 중추이며 식욕 · 생식 · 수면에 대한 본능적 욕구의 중추이기도 하다.

(4) 중뇌 : 뇌간에 속하는 것으로 뇌간에서는 가장 윗부분이 되며 간뇌 바로 아래에 있어서, 눈의 움직임과 청각에 관여하고 소뇌와 함께 평형을 유지하는 데에도 참여한다.

(5) 연수 : 뇌간에서 가장 작은 부위로 숨뇌라고도 한다. 자발적으로 호흡을 하는 것과 심장을 뛰게 하는 것, 혈압과 맥압혈류 등의 생체 활동을 일정하게 유지시켜 주는 반사 기능의 중추 역할이다.

## 3) 뇌의 좌반구, 우반구

(1) **좌반구** : 신체의 우측을 조정하고, 언어, 수리, 논리적인 사고 등과 관련이 있다.

(2) **우반구** : 신체의 좌측을 조정하고, 비언어적, 공간적 정보 분석과 예술 및 음악의 이해, 창의력 발휘, 직관적인 사고 등과 관련이 있다.

**TIP**

척추동물의 뇌는 크게 대뇌, 소뇌, 뇌간 세 가지로 나눌 수 있으며, 뇌간은 중뇌와 연수로 나눌 수 있다.

# 3 »» 기억

## 1) 기억의 정의

(1) 기존의 정보나 지식을 문제해결에 응용할 수 있도록 구조화하거나 재구성하는 적극적 정신 과정이다.

(2) 이처럼 새로운 지식, 기술을 터득하고, 기억 속에 저장하고 필요할 때마다 그것을 인출, 활용, 변형하는 과정을 의미한다.

(3) 인지심리학자가 정의한 기억은 "과거 경험으로부터 얻은 정보와 지식을 유지하고 현재에 되살려 주어진 과제에 맞춰 사용할 수 있도록 하는 수단"이다.

(4) 기억요소는 색인, 또는 연합이 많을수록 쉽게 기억된다.

## 2) 기억의 유형

(1) 외현기억과 암묵기억

① 외현기억

ⓐ 자신이 기억하고 있다는 것을 자각할 수 있는 기억이며, 의도적으로 저장한 기억을 의미한다.

ⓑ 의식적인 기억이므로 회상검사나 재인검사를 통하여 직접 측정이 가능하다.

ⓒ 기억한 정보의 내용이 의미적이며, 서술기억과 연관되어 있다.

ⓓ 연령, 알콜, 약물, 기억상실 등의 영향을 많이 받는다.

② 암묵기억

ⓐ 무의식적이고 간접적으로 접근 가능한 기억이며, 우연적이고 비의도적인 기억을 의미한다.

ⓑ 무의식적인 기억이므로 간접적인 방법으로 측정이 가능하다.

ⓒ 지각적이며, 절차 기억과 연관되어 있다.

ⓓ 연령, 약물, 간섭조작 등의 영향을 받지 않는다.

(2) 일화기억과 의미기억

① 일화기억

ⓐ 특정시간이나 장소에서 있었던 사실과 관련된 정보에 대한 기억을 의미한다.

기출 DATA
기억의 유형 2018-1회

기출 DATA
외현기억 2019-3회

TIP
장기기억도 몇 개의 하위 단위로 이루어진다고 본다.
• 외현기억과 암묵기억
• 서술기억과 절차기억
• 의미기억과 일화기억
• 연합주의적 모델 : 기억을 일련의 연결된 정보 덩이의 표상체계로 간주, 조직화, 군집화의 개념적 위계, 의미망

기출 DATA
일화기억과 의미기억 2017-1회

ⓛ 개인적인 사실, 즉 개인이 무엇을 보고, 듣고, 행동했는지에 대한 자서전적 성격이 강하다.

② 의미기억

　ⓖ 문제해결방법, 사고 기술, 개념 등의 일반적인 지식을 포함한 기억을 의미한다.

　ⓛ 정보를 학습한 시간과는 무관한 일반적인 사실들을 의미한다.

　ⓒ 의미 기억은 대부분 과잉 학습된 경우가 많고 색인 또는 연합을 가지고 있어서 간섭이 적으므로 쉽게 기억된다.

기출 DATA
기억유형 2020-3회

(3) 서술기억과 절차기억

① 서술기억

　ⓖ 사실적 정보에 대한 기억이며, 의도적 접근이 가능하고 내용에 대해 말할 수 있다.

　ⓛ 단어, 정의, 날짜, 개념 및 사상 등에 대한 기억이 포함된다.

　ⓒ 상대적으로 복잡한 정신과정을 수행하는 고등동물에게서 많이 찾을 수 있다.

② 절차기억

　ⓖ 행위나 기술, 조작에 대한 기억이며, 언어적으로 표현하기보다는 신체적으로 수행하는 것을 의미한다.

TIP
중다기억모델
기억은 세 곳의 저장고로 구성되어 있다. 감각기억은 수많은 정보를 받아들일 수 있으나 그 중 일부만이 선택될 수 있다. 단기기억은 용량이 제한되지만, 시연될 수 있고 지속기간이 짧은 것이 특징이다. 장기기억은 정보를 무제한으로 저장할 수 있다.

　ⓛ 자전거 타기와 같이 의식적인 인식 없이도 지각-운동을 수행할 수 있는 것이다.

　ⓒ 신발 끈 매기, 타이핑, 테니스 등의 실행방법에 대한 기억이 포함된다.

(4) 섬광기억과 구성기억

① 섬광기억 : 매우 놀랍고 중요한 사건으로 정서적 각성을 일으키는 사건에 대한 기억은 매우 상세한 내용까지도 오랫동안 생생하다.

② 구성기억 : 어떤 일에 대한 보다 더 완전하고 자세한 이해를 위해 기존의 기억 속에 저장되어 있던 일반 지식을 이용하는 것이다.

## 3) 전통적 기억모형

기출 DATA
전통적 기억모형 2016-1회

(1) 1960년대 후반 애트킨슨(Atkinson)과 쉬프린(Shiffrin)의 3단계 기억모형

① 감각기억 : 어떤 자극이 제시되었다가 제거된 다음 감각적인 자극들이 순간적으로 남아있는 것을 의미한다.

② 단기기억 : 현재 의식하고 있는 정보를 의미하며 시연, 부호화, 결정, 인출전략의 4가지 통제 과정이 있다.

③ 장기기억 : 장기기억은 정보를 오랫동안 유지하고, 무한정 저장이 가능하다.

④ 계열위치효과 모형과 단기기억 용량 7±2 청크도 이 모형과 잘 부합된다.

### (2) 조지 스펄링

① 기억하는 과제에서 전체보고와 부분보고를 나누었다.

② 전체보고는 짧은 순간 제시된 여러 개의 항목을 전부 회상하는 것이며, 부분보고는 항목을 제시한 직후 단서를 제시하고, 그 단서가 지정하는 특정항목만 부분적으로 회상하는 것이다.

③ 부분 보고 시, 제시한 기억 항목의 숫자에 관계없이 기억과제의 회상률이 높다.

## 4) 대안적 기억모형

### (1) 크레이크와 로크하트의 처리수준 모형

① 기억이 단계별로 분리되어 있다기보다 부호화와 인출 단계에서 정보를 얼마나 심도 있게 처리하는지에 따라 결정된다고 제안하였다.

② 크레이크의 툴빙 실험

㉠ 실험 참가자들에게 단어 목록을 보여주기에 앞서 그 단어와 관련 있는 질문을 하였다.

㉡ 제시된 질문은 뒤이어 제시되는 단어들의 의미와 관련되었는데 단어들의 처리수준을 좀 더 깊이 있게 하기 위한 방법이었다.

㉢ 제시된 질문들의 처리수준을 낮은 수준부터 높은 수준까지 물리적, 청각적, 의미적 수준으로 변화시켰으며, 그 질문에 의해 활성화된 처리수준이 깊을수록 단어의 회상, 재인률이 높아졌다.

㉣ 의미적 수준처럼 연관성 높고, 처리수준이 깊으면 기억정보는 장기간 저장될 수 있다.

㉤ 하지만 처리수준이 낮은 것으로 분류되는 방법을 사용했음에도 기억효율이 좋은 경우가 보고되면서 모형의 타당성에 흠결이 생기고 현재 처리 수준이 아닌 처리와 관련된 감각 양식을 강조하는 모형으로 퇴색되었다.

### (2) 배들리의 작업 기억모형

① 기억 정보의 흐름을 제어하는 중앙 집행기를 포함시켜 저장소의 정보를 능동적으로 활성화하고 유지하는 과정을 중요하게 부각시켰다.

② 그의 작업기억모형에 따르면, 기억이란 감각기관을 통해 유입된 정보, 또는 장기 기억에 저장된 정보가 활성화되고 유지되는 과정이다.

③ 여기서 단기기억은 기억 저장소의 기능뿐 아니라 중앙 집행기가 정보를 일시적으로 조작하는 과정을 모두 총괄하는 개념이다.

④ 기억과정에서 능동적 정보처리의 중요성을 강조한 모형이며, 다른 여러 기억 모형으로 설명할 수 없는 많은 기억현상을 설명해주어 가장 합리적인 모형으로 평가되었다.

## 5) 기억의 주요 과정 3단계

**기출 DATA**
기억의 주요 과정 3단계 2017−3회

### (1) 제1단계 : 습득 또는 약호화

① 자극에 주의를 기울여 그 자극을 기억 속에 집어넣는 과정이며, 부호화라고도 한다.

② 키보드를 통해 자료를 입력하는 것과 같은 의미이다.

### (2) 제2단계 : 보유 또는 저장

① 정보가 저장되는 단계로서 일정기간 동안 유지하는 것이다.

② 자동적인 과정은 아니며 습득한 정보를 저장하기 위해 의식적 노력을 한다.

③ 단기기억으로 저장된 정보 중 일부는 장기기억 저장고에 보관되어 일정기간 유지된다. → 습득, 저장의 실패는 정보를 영구적으로 망각시킨다.

### (3) 제3단계 : 인출

① 정보를 사용하기 위해 저장된 것을 끄집어내는 과정이다.

② 의식적 노력 없이 자동적으로 이루어지기도 하고 능동적인 노력을 해야 하는 경우도 있으며, 모든 일을 기억해내지는 못한다.

③ 보관된 장기기억이 단기기억으로 옮겨져 문제해결에 사용된다.

④ 인출 실패는 망각이 잠정적이지만 단서가 제공된다면 후에 그 정보를 생각해낼 수 있다.

## 6) 기억의 단계

### (1) 감각기억

① 시각, 청각, 후각, 미각, 촉각 등 다양한 감각에 대한 기억이 지각된 최초의 순간을 기억하는 것이다.

**TIP**
심적 회전
• 쉐퍼드와 메츨러(Shepard & Metzler, 1971)는 심적 회전은 아날로그 표상(이미지)의 심적 조작의 한 형태로 내적 이미지를 평면적, 또는 입체적으로 회전시키는 것이다.
• 훈련방법 : 이미지를 마음으로 회전시켜 2개의 이미지가 '같은 모양'인지 비교한다.
▶ 2016−1회

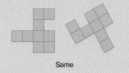

Same

② 감각기억은 수 밀리초에서 수초까지만 기억을 유지하며, 이러한 기억의 저장은 대개 아주 제한된 용량과 기간만 유지된다.

③ 어떤 자극이 제시되었다가 제거된 다음 신경적 활동이 잠시 동안 지속되는 것에 의해 이루어진다.

④ 감각등록기라는 일종의 대기실에 정보가 들어오게 되면 매우 짧은 시간 머무르다가 없어지거나 다음 단계로 처리된다(매우 정확하고 짧은 시간 동안 저장).

⑤ 총 두 단계를 거치는데 잠시 동안 어떤 감각이 머무는 것과 방금 맞추었던 것들을 생생하게 다시 회상하는 과정을 포함한다.

⑥ 감각기억에 대한 정보는 대부분 시각과 청각으로 시각적인 감각기억은 영상기억, 청각적인 감각기억은 잔향기억이라고 한다.

⑦ 잔향기억은 영상기억보다 정보가 더 오래 지속되며, 어떤 소리가 중단된 다음 4~5초가 지난 후에야 완전히 사라진다고 한다.

(2) 단기기억(작업기억)

기출 DATA
단기기억(작업기억) 2018-3회

① 현재 의식하고 있는 정보를 의미하며, 자료가 분석되고 의미가 있는 정보이다.

② 정보를 능동적으로 저장하기 위해 의식적으로 정보를 암송하는 장소이고 정보의 저장과 인출이 용이하도록 새로운 정보를 부호화한다.

③ 능동적으로 정보를 처리하는 작업 중의 기억으로, 정보를 20~30초 동안 유지할 수 있으나 저장용량이 비교적 제한되어 있다.

④ 단기기억의 정보는 시연(Rehearsal)하면 그 이상 유지될 수 있다.

⑤ 개인의 기억 용량 차이나 자료의 성질에 따라 차이가 있지만 대부분 7±2 정도의 저장 용량을 가진다.

⑥ 단기기억고가 꽉 차 있는 상태에서 새로운 정보가 들어오면 처리 중이던 정보는 새로운 정보로 치환된다.

⑦ 단기기억은 군집화(Chunking) 전략을 사용하면 더 많은 정보를 기억하고, 용량도 증가시킬 수 있다.

⑧ 최근에는 단기기억의 활용적 측면을 강조하여 작업기억(Working Memory)이란 명칭을 흔히 사용하고 있다.

(3) 장기기억

TIP
• 장기기억(LTM)
• 단기기억(STM)

① 장기기억에 저장된 정보를 지식이라고 하며, 이 중 서술적 지식은 현재의 정보를 응집력 있게 기억 구조에 통합시키는 가설적 인지구조로서 도식과 연관된다.

**TIP**

기억을 증진시키기 위한 전략
• 충분한 시연 : 시연은 정보가 장기 기억으로 전이되는 것을 도와주기 때문에 계속적으로 시연하면 자료에 대한 이해도 증가된다. 과잉학습도 중요한데, 과잉학습이란 자료를 완전히 숙달한 후 계속해서 그 자료를 시연하는 것이다.
• 분산학습 : 연구 결과, 집중학습보다 분산학습이 효과적이다.
🖉 시험을 위해 한 번에 9시간보다 3일 동안 3시간씩 공부를 하는 것이 효과적이다.
• 간섭의 최소화 : 간섭은 망각의 중요한 원인이다.
• 깊은 처리 : 단순히 자료를 반복하는 것보다 깊게 처리하는 것이 기억에 도움이 된다. 읽었던 것을 기억하려면 그 자료의 의미를 충분히 파악해야 도움이 된다.
• 언어적 약호화 : 추상적 자료를 보다 의미있는 자료로 전환하는 기억술
• 정보의 조직화

**기출 DATA**

기억의 단계 2020-1회

② 장기기억은 매우 지속적이며, 용량의 제한이 없어서 거대한 도서관에 비유한다.

③ 주로 의미로 약호화하여, 현재 사용하지 않더라도 필요한 때에 저장된 정보를 사용할 수 있다.

④ 장기기억은 다양한 방법으로 정보를 수집하고 분류하며, 그로 인해 한 기억요소가 색인 또는 연합을 많이 가질수록 쉽게 기억된다.

⑤ 중요한 사건들이 자세하고 생생하게 되살아나는 섬광기억과 최면을 통한 기억은 장기기억이 영구적이라는 사실의 증거가 된다.

⑥ 장기기억의 내용
  ㉠ 서술적 지식
    ⓐ 사실적 정보에 대한 지식으로서 내용지식을 의미한다.
    ⓑ 습득한 사실이나 개념, 규칙 등이 장기기억에 포함되며, 기억 속에 명제로서 표상된다.
  ㉡ 절차적 지식
    ⓐ 문제를 해결할 때 활용되는 지식으로서 과정지식을 의미한다.
    ⓑ 언어적으로 표현할 수 없으며, 행위의 유용성을 기준으로 행위를 처방하는 양상을 보인다.
  ㉢ 조건적 지식
    ⓐ 서술적 지식과 절차적 지식을 사용할 시기와 이유를 아는 것에 대한 지식을 의미한다.
    ⓑ 서술적 지식과 조건적 지식을 활용하기 위한 조건에 대한 정보로 이루어져 있다.
  ㉣ 명시적 기억 : 장기기억에 저장되어 있으며, 의식적으로 생각할 수 있는 기억이다.
  ㉤ 암묵적 기억 : 행동이나 사고에 영향을 미치기는 하지만 우리가 그것을 기억한다는 사실을 의식하지는 않는 기억이다.

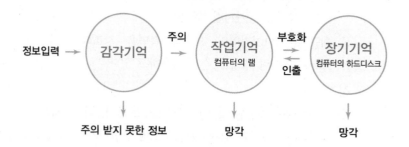

(4) 단기기억과 장기기억의 비교

| 구분 | 입력 | 용량 | 지속성 | 내용 | 인출 |
|------|------|------|--------|------|------|
| 단기기억 | 매우 빠름 | 제한적 | 매우 짧음<br>(10~20초 정도) | • 단어<br>• 심상<br>• 아이디어<br>• 문장 | 즉각적 |
| 장기기억 | 비교적 느림 | 무한정 | 영구적 | • 명제망<br>• 도식<br>• 산출<br>• 일화 | 표상과<br>조직에 따라<br>다름 |

## 7) 청킹(청크)

(1) 단기기억에서 매우 중요한 역할을 하는 인지과정이다.

(2) 기억대상인 정보를 서로 의미있게 연결하거나, 분리되어 있는 항목을 보다 큰 묶음으로 조합함으로써 기억의 효율성을 증진시키는 방법이다.

(3) 01002423059를 짧은 순간 내에 정확히 기억하기는 어렵지만, 010-0242-3059로 나누어 기억한다면 보다 쉽게 기억할 수 있다.

(4) 기억이론에서 의미를 가진 덩어리라는 뜻으로 7±2이다.

## 8) 설단현상

(1) 글자 그대로의 의미로 혀끝에 걸려있는 것처럼 말하는 것으로 인출 실패를 의미한다.

(2) 특정 정보를 알고 있다고 생각하지만 이를 즉시 인출할 수 없는 차단상태로서, 기억에 저장된 정보의 일시적인 인출불능에서 비롯된 것이다.

(3) 주로 사람이나 장소의 이름과 같은 고유명사를 인출하지 못하는 것으로 나타나는데, 고유명사는 개념 및 지식의 연결고리가 상대적으로 약하기 때문이다.

## 9) 인출

(1) **부호화 명세성** : 부호화, 저장, 인출을 하는 데 있어서 수많은 요인들이 영향을 미친다. 예를 들어, 정서, 기분, 의식상태 등 인지적 맥락이 큰 영향을 미친다. 이를 바탕으로 정보를 부호화한 맥락과 인출해내는 맥락이 동

기출 DATA
청킹(청크)★
2020-3회, 2018-3회,
2018-1회, 2017-3회

TIP
청킹(청크)은 정보의 유의미한 단위를 의미한다. 예를 들어, 1-9-8-4의 수열은 4개의 숫자로 구성되어 있지만, 이 숫자를 연도로 혹은 책제목 '1984'로 보게 된다면 오직 1개의 청킹(청크)만이 존재한다.

기출 DATA
설단현상 2019-3회, 2017-3회

기출 DATA
인출★ 2019-3회,
2019-1회, 2018-3회

일하거나 유사한 상태에서 그 정보를 보다 용이하게 인출한다. 또한 부호화한 방식과 인출하는 방식 전략이 유사할수록 인출정도가 높다.

(2) **인출단서효과** : 저장된 정보를 인출해야 하는 시점에 그 정보와 함께 저장된 정보 혹은 목표 정보와 가까이 연합되어 있는 정보를 말하는데, 이 정보가 인출할 시점에 단서로 제공되면 인출이 잘 일어나며, 정보와 특정 환경 사이의 연합이 있을 때 인출이 더 잘 일어난다.

(3) **맥락효과** : 맥락은 학습 대상이 되는 항목 외에 약호화될 수 있는 모든 정보를 의미하며, 맥락 단서는 정보 인출을 촉진하는 요인이 된다. 학습을 했던 장소에서 학습한 내용을 더 잘 회상하는 현상을 맥락효과라 한다.

(4) **도식효과** : 단어의 순서만 바꾸어 말해도 뜻이 달라진다는 것을 보여준다.
> **예** 어린아이에게 "사탕 1개와 껌 1개, 초콜릿 3개 줄게."라고 말하면 "적어."라고 대답하는데, "그럼 초콜릿 3개, 사탕 1개, 껌 1개 줄게."라고 하면 "응, 많아."라고 대답하는 현상

## 10) 망각

(1) 망각의 의미

① 망각에 대한 가장 보편적인 설명은 부호화의 실패(Failure to encode), 검색 실패(Failure to retrieve), 개입(Interference)이다.

② 부호화의 실패는 출력 중에 찾은 정보가 처음부터 학습되지 않았음을 알 수 있게 한다.

③ 검색 실패는 이미 학습된 정보에 근접하지 못하는 것을 말한다.
  ㉠ 습득한 기억이 시간이 경과되거나 사용하지 않음으로써 약화되고 소멸되어 다시 재생되지 않는 현상을 의미한다.
  ㉡ 기억흔적이 현재의 학습경험과 연결되지 못한 상태로 볼 수 있으며, 그로 인해 장기기억 속의 학습내용이 의식화되지 못한 것으로 판단할 수 있다.

④ 개입은 다른 사건이나 정보가 효율적인 출력을 방해하는 현상이다.

⑤ 망각은 단기기억과 장기기억 모두에서 나타날 수 있는데, 단기기억에서의 망각은 *대치나 *쇠퇴에 의해 발생하고, 장기기억에서의 망각은 인출 실패로 소멸이나 간섭, 저장된 정보의 상실에 의해 발생한다.

**TIP**
기분효과
후회를 두려워하고 만족감을 추구하려는 심리 때문에 잘못된 선택을 하는 것이다.

**기출 DATA**
망각의 의미
2019-1회, 2017-1회

**TIP**
· 대치 : 의식 수준에 있는 정보가 다른 정보로 바뀌는 것
· 쇠퇴 : 새로운 정보에 주의를 돌리면 이전 정보는 약해지는 것

(2) 망각 원인

① 소멸이론

    ㉠ 기억은 비영구적이기 때문에 필연적으로 망각이 일어나는 것이다.

    ㉡ 시간 경과에 따라 기억 흔적이 쇠퇴하므로 오랜 기간 사용하지 않는 경우 소멸할 수밖에 없다.

    ㉢ 기억 흔적의 신경 세포들은 활용되지 않을 경우 생리적 기제에 따라 쇠퇴한다.

② 간섭이론

    ㉠ 망각이 정보들 간의 간섭에 의해 일어난다고 보는 이론이다.

    ㉡ 어떤 정보를 회상하려 할 때, 다른 정보의 유입으로 정보들 간의 경합이 발생하며 그로 인해 회상이 방해를 받는다고 본다.

    ㉢ 순행간섭 : 이전에 학습한 정보가 새로운 정보의 저장을 방해하는 것이다.

    ㉣ 역행간섭 : 새로운 정보가 이전에 학습한 정보의 저장을 방해하는 것이다.

③ 단서이론

    ㉠ 인출 실패로 인하여 망각이 일어나는 것이다.

    ㉡ 기억에 저장된 정보에 접근하는 적절한 인출단서가 부족한 경우, 망각으로 이어진다.

    ㉢ 약호화 당시 처리 유형과 인출 당시 처리 유형이 불일치할 때, 기억실패가 발생한다.

④ 응고이론

    ㉠ 특정 정보에 대한 기억이 오래 지속되기 위해서는 그 정보를 습득한 뒤, 일정량의 시간적 경과가 필요한데, 이는 파지기간 중의 휴식 및 활동의 효과를 의미하는 것이다.

    ㉡ 생리적 관점에서 신경계는 외적 자극 직후 이를 기억으로 응고하기 위해 전기적 반량활동을 수행하며, 이러한 과정이 충분한 시간 동안 지속되어 응고를 위한 화학적 상태가 구축된다.

(3) 망각곡선

① 에빙하우스(Ebbinghaus)는 기억과 망각에 대한 연구를 통하여 시간이 지남에 따라 기억이 남아있는 감소의 정도를 도표에 나타내었다.

② 망각곡선은 지식을 습득한 직후 상당한 기억을 유지하려는 시도가 없을 때 시간이 지남에 따라 정보가 손실되는 정도를 보여준다.

---

기출 DATA
간섭이론 2017-3회

TIP
협력억제
기억연구에서 집단이 회상한 수가 집단구성원 각각 회상한 수의 합보다 적은 것을 말한다.
이는 여러 명이 있어서 자신에 대한 책임감을 덜 느끼는 책임감 분산으로(방관자효과) 일어나는 현상이다.

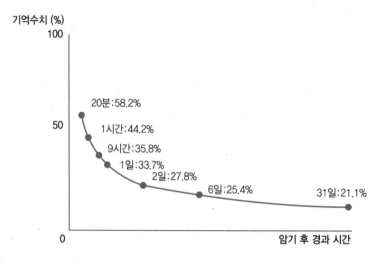

[망각곡선]

**(4) 계열위치 곡선**

① 목록 내 기억항목의 위치에 따라, 즉 원래 제시한 순서에 따라 각 단어의 회상률을 나타낸 도표를 의미한다.

② 10개 단어를 외우면 처음 2개 단어 정도는 초두효과에 영향을 받아 기억이 잘 나고, 뒤에 2개 단어는 최신효과를 받아 기억이 잘 난다.

③ 그래서 가운데 6개 단어는 초두효과와 최신효과를 받은 단어에 비해 정답률이 떨어지게 된다.

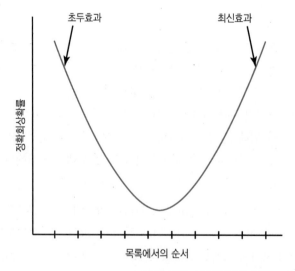

※ 인지심리학-신경회로망적 접근, 교육과학사, 1994.

[계열위치 곡선]

# 4 » 지각

**TIP**

우리는 순간순간 지각을 하며, 하나를 지각할 때마다 이전의 지각은 사라진다. 선택적 주의는 우리가 경험할 수 있는 모든 것 중에서 한순간 의식할 수 있는 것은 매우 제한되어 있다는 것을 의미한다.
**예** 글을 읽는 동안 주변의 새 소리를 의식하지 못한다. 의식적으로 새 소리에 주의를 기울여야 그제야 의식할 수 있다.

## 1) 선택적 주의

(1) 인간이 경험할 수 있는 모든 것 중 한순간에 의식할 수 있는 것은 매우 제한적이라는 것을 의미한다.

(2) 선택적 주의의 극적인 예로 칵테일 파티 효과를 들 수 있다. 칵테일 파티에서 수많은 사람들이 이야기하지만, 자신의 대화 상대의 목소리를 선별하여 들을 수 있다는 것이다.

## 2) 지각적 착각

(1) 외부의 자극을 잘못 해석하거나 판단하는 현상으로 항등성처럼 후천적인 경험 때문에 경험하는 지각과정이다.

(2) 지각적 착각이 일어나는 이유는 주변의 맥락 때문이다. 다음에 나오는 뮐러-라이어(Müller-Lyer)의 착시를 보자. 가운데 직선의 길이만 보면 둘은 동일하다. 하지만 직선의 양쪽 끝에 위치한 부등호는 아래쪽 직선을 더 길어 보이게 한다.

[뮐러-라이어(Müller-Lyer)의 착시]

## 3) 지각적 조직화

대상에 대한 내적 표상이 형성되며, 조직화하여 게슈탈트(Gestalt)를 구성한다. 게슈탈트는 독일어로 형태나 전체를 의미하며, 단순히 감각이 모인 것 이상의 어떤 것이다.

**TIP**

형태 재인
대상을 인식하는 과정을 형태 재인
이라 한다. 지각 과정의 하위 분야로
사람의 얼굴, 글자, 말의 내용을 인식
하는 것과 같이 대상의 정체를 지각
하는 과정이다. 형태 재인은 지각된
내용, 즉 지각된 표상에 의미를 부여
하는 과정이다.    ▶ 2016-1회

**TIP**

전경-배경 반전도형
전경-배경이 연속적으로 반전된다.

**(1) 형태 지각**

① 전경과 배경 : 지각에서의 첫 번째 과제는 배경(Ground)이라는 주변으로부터 전경(Figure)이라는 대상을 분리하는 것이다.

② 지각집단화

㉠ 근접성 : 서로 가까이 있는 것을 함께 집단화하는 것이다. 아래의 그림처럼 6개의 선을 두 줄씩 3개로 본다.

㉡ 유사성 : 자극 정보를 유사한 것끼리 묶어 집단화하는 것이다. 여러 모양의 수평선으로 보는 것이 아니라 같은 도형의 수직선을 본다.

㉢ 연속성 : 불연속적인 것보다는 연속된 패턴을 지각하는 것이다. 여러 개의 개별적인 반원들로 이루어진 것이 아닌 곡선과 직선으로 본다.

㉣ 폐쇄성 : 공백이나 결손이 있는 부분은 이를 보완하여 완결된 형태로 지각하는 것이다. 자연스럽게 공백이 연결된 형태의 삼각형으로 본다.

㉤ 연결성(공동운명체의 원리) : 동일한 것이 연결되어 있으면 점과 선으로 그 영역을 하나의 단위로 지각한다.

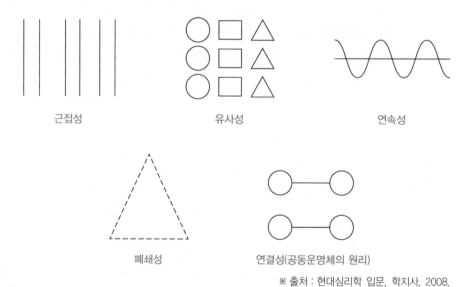

근접성            유사성            연속성

폐쇄성            연결성(공동운명체의 원리)

※ 출처 : 현대심리학 입문, 학지사, 2008.

[형태 지각]

(2) 깊이 지각

① 양안단서

　㉠ 인간의 눈은 약 6cm 떨어져 있기 때문에 두 눈에 맺히는 영상은 약간 다르다. 이와 같이 두 영상의 차이인 양안부등은 대상의 상대적인 거리를 판단하는 데 중요한 단서가 된다.

　㉡ 뇌는 시선수렴의 각도를 파악함으로써 가까이 있는 사물을 응시하는지 멀리 떨어진 사물을 응시하는지를 계산할 수 있다.

② 단안단서

　㉠ 상대적 크기 : 두 물체의 크기가 비슷하다고 가정할 때 망막에 맺혀진 영상의 크기가 작을수록 멀리 있는 것으로 판단한다.

　㉡ 중첩 : 한 물체가 다른 물체의 일부를 가리고 있는 경우, 가려진 것이 더 멀리 있는 것으로 판단한다.

　㉢ 상대적 명확성 : 윤곽이 뚜렷한 물체보다 윤곽이 흐린 것이 더 멀리 있는 것으로 지각된다.

　㉣ 결의 밀도 변화 : 간격이 넓고 구별되는 결의 밀도가 점차 좁고 구별하기 어려워지는 경우, 거리가 멀어지는 것으로 지각된다.

　㉤ 상대적 높이 : 두 대상이 지평선 아래에 있을 때 시야에서 위쪽에 있는 대상을 더 멀리 있는 것으로 지각한다.

　㉥ 상대적 운동 : 이동할 때 고정된 물체도 상대적인 움직임이 있는 것으로 지각된다.

　　예 기차를 타고 있는 경우, 가까이 있는 나무들이 뒤로 움직이는 것처럼 보인다.

　㉦ 선형조망 : 기차 선로와 같은 평행한 선들은 거리가 멀어질수록 한 점으로 수렴된다. 선들이 가깝게 모일수록 거리는 더 먼 것으로 지각된다.

(3) 운동 지각

① 스트로보스코픽 운동-파이 현상 : 영화를 볼 때처럼 약간 다른 영상을 연속적으로 보여 주면 대뇌는 그것을 움직임으로 지각한다. 영상의 영화필름이 운동지각을 일으키는 것이다.

② 운동 파라랙스 : 관찰자 자신이 움직이면서 정지해 있는 물체들을 볼 때 나타나는 현상이다.

TIP

**시각절벽**

Gibson과 Walk가 만든 장치로 생후 6개월 이후 영아의 깊이지각 실험에 사용된다. 이 장치는 깊은 부분과 얕은 부분을 만들어 놓고 그 위에 투명 유리판을 깔아 놓은 것이다. 얕은 부분은 유리판 바로 아래 체크 무늬판이 깔려 있고, 깊은 부분은 유리판에서 1피트 이상의 아래에 체크 무늬판이 놓여 있다. 유리판 한 가운데에는 깊은 부분과 얕은 부분을 분리하는 단을 장치해 놓았다. 아기가 유리판 위에서 볼 때 시각적으로 깊게 보여 낭떠러지가 있는 것 같은 착각을 주게 되어 있다. 생후 6개월 영아들은 대부분 시각절벽 앞에서 멈추고는 더 앞으로 가길 주저하고 울었다. 즉, 영아가 기어 다니기 시작하는 생후 6개월 이후에 온전한 깊이지각이 가능하다는 것을 알 수 있다.

▶ 2016-1회

## 4) 자극의 해석

(1) **지각순응** : 좌우가 바뀐 안경을 착용했을 때, 처음에는 길을 걷거나 음식을 먹기 어렵고 불편해도 약 8일 정도가 지나면 넘어지지 않고 걷거나 물체를 잡을 수도 있다. 인간의 지각은 달라진 상황에 쉽게 적응하는 능력을 가지고 있다.

(2) **지각적 갖춤새** : 먼저 제시된 물체가 지각적 갖춤새를 형성하도록 영향을 주는 것을 의미한다. 다음의 왼쪽 그림을 먼저 보면 악기를 연주하는 사람으로 보일 것이고, 오른쪽 그림을 먼저 보면 여인의 얼굴이 먼저 보일 것이다.

[지각적 갖춤새를 보여주는 그림 예]

## 5 ≫ 언어와 사고

### 1) 단어 우월성 효과

(1) 하나의 낱자가 단독으로 제시되었을 때보다 단어 속에서 제시되었을 때, 더 잘 재인하는 효과이다.

(2) 각 낱자가 재인된 후에 각 낱자들이 모여 하나의 단어로 재인되는 상향적 처리와 단어에 대한 정보가 각 낱자의 재인에 영향을 미치는 하향적 처리 모두 중요하다.

## 2) 의미 점화 효과

(1) 단어는 단독으로 제시되는 경우보다 문장이나 글 속에 제시되는 경우에 어휘 처리에 더 영향을 미친다.

(2) 일례로, 사과를 본 다음의 과일에 대한 반응시간과 인형을 본 다음의 과일에 대한 반응시간이 다른 것을 의미한다.

(3) 단어 제시 맥락이 어휘 처리에 영향을 미친다는 것과 어휘 정보가 기억에 의미적으로 표상되어 있다는 것을 알 수 있다.

## 3) 대표성 발견법

(1) 어떤 사건이나 대상이 일어나거나 특정 범주에 속할 확률을 추정했을 때, 실제 확률을 계산하는 것이 아니라 그 사건이나 대상이 얼마나 대표적인지를 가지고 확률을 추정하는 방법이다.

(2) 일례로, 도박사의 오류(Gamblers Fallacy)가 있다. 앞서 판돈을 계속 잃은 사람이 지금까지 계속 잃었으니, 다음 판에는 자신이 돈을 딸 것이라고 생각하는 것이다.

## 4) 가용성 발견법

(1) 대부분의 사람들은 어떤 사례들이 얼마나 쉽게 많이 머릿속에 떠오르는지에 의해 확률을 예측한다. 즉, 자신의 신념과 판단의 정확성을 실제보다 과잉 추정하는 것이다.

(2) 사람들은 매체를 통해 살인사건에 관한 기사를 많이 접하여, 실제 살인사건으로 죽는 사람보다 심장마비로 죽는 사람이 더 많음에도 불구하고 그 반대라고 생각하는 것이다.

(3) 이처럼 두 사건이 함께 일어날 확률이 하나의 사건이 일어날 확률보다 낮음에도 불구하고 단일 사건의 확률보다 두 사건이 결합된 경우의 확률을 더 높게 추측하는 결합의 오류가 이와 비슷한 것이다.

(4) 일례로, 영어에서 첫째 글자가 r인 단어와 세 번째 단어가 r인 단어 중 어느 것이 더 많은지 추정할 때 첫째 단어가 r인 경우가 많다고 하였으나, 실제는 후자가 3배 정도 많다. 이는 '얼마나 가용한가'에 의해 사람들이 확률을 추정하기 때문이다.

**TIP**

인과성 발견법
상황 속에서 사건들 사이에 존재하는 관련성의 강도에 근거해 확률을 추정하는 것이다.
▶ 2020-3회

**기출 DATA**

대표성 발견법
2018-1회, 2016-1회

**TIP**

사고-판단과 결정
성공적인 판단과 결정을 하는데 범하게 되는 오류이다.
• 도박사의 오류
• 가용성의 오류
• 과신오류 : 자신이 믿는 방향으로 판단을 결정하는 오류

**기출 DATA**

가용성 발견법
2018-1회, 2016-1회

**TIP**

스트룹 효과
무의식적으로 단어의 의미를 자동적으로 처리하는 것을 말한다.
예 캠릿브지 대학의 연결구과에 따르면, 한 단어안에서 글자가 어떤 순서로 배되열어 있는가 하것은 중요하지 않고, 첫째 번과 마지막 글자가 올바른 위치에 있것는이 중요다고 한다.
→ 이 경우, 많은 단어가 틀렸음에도 의미를 파악할 수 있다.
▶ 2018-3회

기출 DATA
정서이론 2016-3회

## 6 >>> 정서 이론

**1) 정서의 개념** : 정서는 특정한 내적/외적 변인에 대해 경험적, 생리적, 행동적으로 반응하려는 유전적으로 결정되거나 습득된 동기적 경향이다.

### 2) 정서 이론

(1) **3차원 이론** : 분트(Wundt)는 정서를 쾌-불쾌(Pleasant-Unpleasant), 긴장-이완(Tension-Relaxation), 흥분-우울(Excitement-Depression)의 세 가지 차원에서 설명하는 3차원 이론을 제시하였다.

(2) **제임스-랑케(James-Lange) 이론** : 제임스는 행동이 정서 경험보다 우선되는데 어떤 사건에 의해 정서가 유발되고, 그 정서에 따라 행동한다는 상식적인 생각을 뒤집어서, 정서는 어떤 사건에 대한 반응으로 발생되는 신체적인 변화에 대한 지각이라고 제안하였다.

(3) **캐논-바드(Cannon-Bard) 이론** : 이 이론에 정면으로 도전한 사람은 캐논(Cannon)과 바드(Bard)였는데 캐논-바드 이론에 따르면 정서적 자극은 먼저 시상부에 전달되고 이 신경자극은 신피질과 자율신경계와 내장기에 동시에 전달되어 정서경험과 신체 변화가 동시에 일어난다는 것이다.

(4) **인지평가 이론의 스탠리 샤흐터(Stanley Schachter)** : 스탠리 샤흐터에 의하면 정서적 경험은 생리적 각성과 인지적 평가(Cognitive appraisal)의 합작 효과로 나타난다. 정서경험이 일어나기 위해서는 이 두 가지가 반드시 있어야 한다.

### 3) 정서의 표현

(1) **언어행동** : 우리는 자신의 감정 상태를 말로 표현한다. 다양한 정서적 상태를 표상하는 단어들이 있으며, 적절한 단어를 선택해서 자신의 상태를 보고할 수 있다.

(2) **비언어적 행동** : 언어 이외의 모든 우리의 행동은 정서를 표현하는 방법이 될 수 있다. 얼굴 표정이나 몸동작을 통해 정서 상대나 김징을 표현할 수 있다.

# Chapter. 06

# 심리학의 연구방법론

**학습포인트**

상담학을 연구하기 위한 방법을 이해하도록
상담연구 설계 및 질적 연구방법, 양적 연구방법에 대해 살펴본다.

## 1 》》상담연구 설계

### 1) 연구 설계의 본질

#### (1) 연구 설계의 정의

① 연구 설계 체제는 과학적 연구의 모든 과정과 결과에 대한 객관성, 경험성, 정밀성, 재생 가능성 차원의 연구 결론이 과학적 방법을 통해 얻은 과학적 지식을 담아내는 그릇이어야 한다.

② 연구 설계에서는 연구를 통해 도출하고자 하는 것이 무엇인지 명확히 구체화해야 하며, 연구자가 알아내고자 하는 대상을 되도록 명확하게 규정해야 한다.

③ 연구에 가장 적합한 방법이 무엇인지 결정해야 한다.

④ 연구 설계는 연구대상의 명확한 규명과 가장 적합한 연구방법의 결정 등을 감안하여 무엇을 연구하고 조사해야 할지에 대한 물음과, 구체적인 자료 수집과 결과의 분석 등에 관한 과학적 해답을 정의하는 과정이다.

### 2) 연구 설계의 주요 개념

#### (1) 연구 목적

① 주어진 연구 문제에 대한 타당하고 객관적인 해답을 경제적이고 효율적으로 얻기 위해 불필요한 변량을 통제하는 것이다.

② 연구의 목적은 탐색, 기술, 설명, 예측 및 통제이다.

㉠ 탐색 : 자신의 관심사 또는 연구 대상을 잘 이해하기 위해서 탐구 목적으로 진행되는 연구이다.

ⓛ 기술 : 주어진 대상이나 현상의 특성 등을 범주화하여 구체적으로 묘사하거나 계량적인 정보를 그대로 서술하고 통계분석 결과를 기술하는 것을 목적으로 하는 연구이다.

ⓒ 설명 : 현상에 대한 원인규명, 즉 '왜 그러한가?'하는 의문에 답을 찾는 것이며 일반적으로 원인과 결과 간의 관계를 규명하여 이유를 밝히는 설명의 목적으로 진행되는 인과적 연구라고 한다.

ⓔ 예측 : 미래의 변화나 새롭게 발생될 현상에 관심을 두고 이론적 기반과 통계적 기법을 활용하여 예측하는 것을 목적으로 하는 연구이다.

ⓜ 통제 : 어떤 사실이나 현상에서 가치판단의 문제가 발생될 때 그것을 임의로 조작하거나 좀 더 긍정적인 방법으로 변화되도록 하는 것을 목적으로 하는 연구이다.

**(2) 용어설명**

① 변수의 종류

| 독립변수 | 실험의 결과에 영향을 줄 수 있는 모든 변인 |
|---|---|
| 종속변수 | 독립변인 변화에 따라 영향을 받게 되는 변인 |
| 조작변수 | 내가 실험을 위해 의도적으로 다르게 하여 결괏값을 비교하고자 할 때 실험의 목적이 되는 변인 |
| 통제변수 | 내가 실험을 위해 의도적으로 조작하는 조작변인을 제외한 모든 변인 |
| 혼재변수 (가위변수) | 연구자가 보려고 하는 독립변인 이외에 다른 독립변인 |
| 매개변수 | 독립변수와 종속변수를 연결해 주는 변인 |
| 관찰변수 | 주어진 구성개념의 표상된 행동들 중 몇 개를 표집하여 구성한 측정도구에 의해 측정된 변인 |
| 무선변수 | 실험자에 의해 통제되지 않고 우연적으로 실험 결과에 영향을 주는 환경요인 |
| 요구특성변수 | 피험자가 연구자의 목적에 따라 판단을 형성하는 변인 |

② 집단

| 실험집단 | 처치가 들어가는 집단 |
|---|---|
| 통제집단 | 처치가 들어가지 않는 집단 |
| 비교집단 | 실험집단과 비교하는 집단 |

(3) 분석단위

① 연구 설계는 연구하고자 하는 대상 또는 분석 단위를 규정하는데 이 때 분석 단위란 연구하고자 하는 특성을 가진 자료들을 분석하는 단위로 개인, 집단 등이 해당한다.

② 개인분석 단위일 때 기술적 연구는 모집단의 특성을 서술하는 것이 연구 목적이 되고, 설명적 연구는 모집단 내 발생하는 역동을 발견하는 것이 연구의 목적이 된다.

③ 집단분석단위 : 실험집단, 비교집단, 통제집단이 있다.

(4) 연구 설계의 요건

① 연구문제가 무엇이고, 가설이 무엇이며, 종속변인과 독립변인이 무엇인 가를 정확히 분석해서 이에 적합한 연구설계 방안을 선정하거나 새로 고안해야 한다.

② 독립변인의 변량을 극소화하고 *무선화 원칙을 지켜야 한다.

③ 연구 결과의 일반화 가능성이 높아야 한다.

④ 어떠한 통계적 분석 방법을 쓸지, 분석 방법의 적용이 가능한지 고려해 야 한다.

## 2 》》 질적 연구방법

### 1) 질적 연구의 특성과 개념

(1) 상담연구 방법론의 중요한 변화 중 하나는 질적 연구에 대한 관심이다. 질 적 연구가 주목받는 이유는 우리가 접하는 현상을 기존 이론으로 설명하는 데 한계에 부딪히는 경우가 많기 때문이다.

(2) 상담에서 질적 연구는 자연스러운 상황, 현장, 자료수집의 도구로서의 연 구자, 과정으로서의 결과물, 귀납적 분석방법, 참여자들의 관점과 의미를 중요시하는 연구라고 할 수 있다.

① 자연스러운 상황 : 실제적인 상황에서 살아온 사람들의 경험이 연구의 대상이 된다.

② 참여자 관점 : 질적 연구는 특정한 사회적 상황에서 개인이 자신의 행동 을 근거로 삼는 관점을 포착하고자 노력한다.

**TIP**

실험상황을 통해 두 가지 형태변인 간의 인과관계를 밝히기를 원한다. 독립변인은 연구자가 조작하는 변인 으로 인과관계의 원인으로 작용하 며, 인과관계의 효과부분은 종속변 인으로 연구자가 측정하고자 하는 변인이다.

**TIP**

무선화 원칙
무선화는 무작위로 관찰되는 대상들 을 실험집단과 통제집단으로 나눔으 로써, 즉 모든 대상에게 두 집단 각각 에 같은 확률을 부여하는 것이다.

**TIP**

질적 연구는 매우 다양한 접근을 생성 해 나가는데, 그 중 다섯 가지 접근은 근거이론 연구, 현상학적 연구, 사례 연구, 문화기술지 연구, 합의적 · 질 적 연구법이다.

③ 자료수집 도구로서의 연구자 : 질적 연구자는 주요 자료를 연구자 스스로, 직접적으로 수집한다.

④ 의미의 핵심 : 모든 질적 연구는 사회적 삶 속에 참여하기 위해 개인이 구성하는 의미의 이해에 관한 것이다.

⑤ 전체성과 복합성 : 사회적 상황을 유일무이하고 역동적이며 복잡하다는 가정에서 출발한다.

⑥ 주관성 : 질적 연구자는 자신만의 주관성을 반성적으로 적용하는 데 집중한다.

⑦ 드러나는 설계 : 질적 연구가 수행되면서 연구가 변화되는 특성이다.

⑧ 귀납적 자료 분석 : 조각들을 모으고 검토하면서 그림의 형태를 찾는 방식이다.

⑨ 반영성 : 현상을 연구하는 행위는 그 현상의 규정에 영향을 미친다는 것이다.

(3) 질적 연구는 연구주제에 대한 해석적, 자연주의적 접근을 수반하며, 초점에 있어서 복합적 방법을 사용한다.

## 2) 질적 연구방법 근거이론의 이해

(1) 근거이론의 기본 가정은 인간에게는 다양한 사회심리적 문제 또는 경험이 있으며 자신이나 타인과의 상호작용을 통해 자신이 대상물에 부여한 의미에 따라 행동한다는 것이다.

(2) 근거이론이란 현상에 속한 자료를 체계적으로 수집하고 분석하면서 발견되고, 발전하며, 잠정적으로 증명되는 이론이다.

(3) 목적은 어떤 특정한 상황과 관련된 현상을 추상적이고 분석적 도식으로 이론을 형성하거나 발견하는 데 있다.

(4) 근거이론에서는 연구자의 이론적 민감성이 매우 중요한데 이론적 민감성이란 연구자가 현상을 전체적으로 볼 수 있게 하고, 비교분석을 가능하게 하며, 추가자료 수집 영역이나 방법을 제시하는 데 중요한 역할을 하는 것이다.

**TIP**

양적연구는 실증주의적 인식론에 바탕을 둔 반면, 질적 연구는 현상학적 인식론에 바탕을 두었다.

# 3 >> 양적 연구방법

## 1) 과학에서 '양'의 개념

(1) 양적 연구는 '질적 연구'의 상대적 개념으로, 이해하기보다 측정을 토대로 데이터를 마련하고 그 데이터를 통계적 방법으로 분석하는 연구이다.

(2) 양적 속성을 발견하고 이를 다시 수로 표현하는 즉, 측정을 기반으로 하는 연구방법은 과학의 발전에 큰 공헌을 하였다고 평가할 수 있다. 측정에는 *신뢰도와 *타당도라는 개념이 있다.

(3) 신뢰도가 낮으면 측정할 때마다 측정치가 달라지기 때문에 연구결과를 믿을 수 없게 되고, 타당도가 낮으면 그 속성을 제대로 측정했는지 아니면 다른 속성을 측정했는지 의심을 받기 때문에 연구결과를 믿을 수 없는 것이다.

## 2) 표본추출

(1) 표본 추출이란 전체로서의 모집단으로부터 부분으로서의 표본을 선택하는 행위 또는 활동이다.

(2) 표본추출의 목적은 획득한 표본이 모집단의 특성을 잘 추론하는 것이며 비용과 시간을 절약하면서 대표성을 가지도록 하는 것이다.

(3) 표집방법은 크게 확률표집과 비확률표집으로 나눈다.

① 확률표집
  ㉠ 단순무선표집 : 모집단 구성원들에게 일련번호를 부여하고, 무선적으로 필요한 만큼 표집한다.
  ㉡ 체계적 표집(계통표집) : 모집단에 있는 요소를 일렬로 세워 놓은 상태에서 연구자가 순서의 일정 간격을 두고 표집대상을 선택하는 방법이다.
  ㉢ 층화표집(유층표집) : 모집단을 동질적인 몇 개의 집단으로 나눈 후 계층별로 단순무작위 또는 체계적인 표집을 하는 방법이다(집단 내 동질적, 집단 간 이질적).
  ㉣ 집략표집(군집표집) : 모집단 목록에서 구성요소를 여러 가지 이질적인 구성요소를 포함하는 여러 개의 집략 또는 집단으로 구분한 후

**TIP**

신뢰도와 타당도
• 신뢰도 : 동일한 대상에 대하여 같거나 유사한 측정도구를 사용하여 반복 측정할 경우 동일하거나 비슷한 결과를 얻을 수 있는 정도이다.
• 타당도 : 측정하고자 하는 개념이나 속성을 얼마나 정확히 측정하고 있는가의 정도를 나타낸다.
▶ 2016-3회

**TIP**

근거이론의 연구과정은 '자료수집-표본-지속적 비교방법-분석과정(개방코딩, 축코딩, 선택코딩)-이론형성'이다.

**기출 DATA**

확률표집 2019-1회, 2018-1회

집략을 표집단위로 하여 무작위로 몇 개의 집략을 표본으로 추출하고 표본으로 추출된 집략에 대해 그 구성요소를 전수 조사하는 방법이다(집단 내 이질적, 집단 간 동질적).

② 비확률표집

㉠ 할당표집 : 모집단의 특성을 나타내는 하위집단별로 표본수를 할당한 다음 표본을 추출하는 방법이다. 대표성이 비교적 높은 편이다.

㉡ 유의표집(목적표집, 판단표집) : 연구에 적합하다고 판단된 대상을 선정하여 표집한다.

㉢ 우연적 표집(편의표집, 임의표집) : 편리성에 기준을 두고 임의로 표본을 선정하는 방법이다. 비용과 시간이 절약된다.

㉣ 눈덩이 표집 : 최초의 작은 표본에서 소개받아 계속적으로 표본을 확대해 나가는 방법이다.

## 3) 측정

(1) 측정이란 '양적 속성'을 파악하여 그것을 수로 표현하는 기술이다. 측정할 요인에서 양적 속성이 무엇인지 알아낸 다음에는 실제로 그 속성에 수를 부여하는 방안을 고안해내는 과정을 밟는다.

(2) 추상적, 이론적 세계를 경험적 세계와 연결시키는 수단이다.

(3) 측정의 수준 : 모든 측정치는 수로 표시된다.

① 명명척도* : 가장 낮은 수준의 측정으로 그 특징에 대해 명목상의 이름을 부여하는 것이다.

② 서열척도* : 상대적 크기를 서열화하는 것으로 상대적인 서열상의 관계를 나타낸다.

③ 등간척도* : 측정치가 등간성을 가지면 1과 2의 차이, 2와 3의 차이, 3과 4의 차이 등이 모두 같은 1의 양을 차이로 가진다.

④ 비율척도* : 절대 '0'점을 가지고 있으며 비례수준의 측정까지 가능하다. 명칭을 부여하고 서열을 정하며, 가감과 같은 수학적 조작까지 가능한 고차원적 측정이다.

## 4) 측정의 타당도 · 신뢰도

(1) **신뢰도** : 안정성, 일관성, 정확성을 추구한다.

① 재검사 신뢰도 : 일정 시간 간격을 두고 동일한 검사를 2번 실시하여 상관계수를 본다.

② 동형검사 : A, B 동형검사를 제작하여 검사 점수 간 상관계수를 본다. 검사지가 유사성이 높아야 한다.

③ 반분검사 : 한 검사를 반으로 쪼개 별개의 두 검사로 여기고 상관계수를 본다.

④ 평정자간 검사 : 같은 도구, 거의 같은 시간, 같은 대상자에게 서로 다른 조사원이 검사한다.

⑤ 내적합치도 : 1에 가까운 경우 신뢰도가 높다고 주장하며, 내적합치도가 높아야 '신뢰성 있는 도구'라고 할 수 있다.

(2) **타당도** : 평가도구가 '측정하려고 의도하는 것'을 충실히 측정하였는가를 본다.

① 내용 타당도(논리적 타당도) : 목표로 삼고 있는 내용을 얼마나 잘 담았나를 그 분야 전문가에게 확인하는 방법이다.

② 안면 타당도 : 내용타당도와 유사하나 전문가가 아닌 일반인이 확인하는 방법이다.

③ 준거 타당도 : 다른 검사와의 관계를 이용한 방법이다.

　㉠ 공인 타당도 : 기존에 타당도가 증명된 척도와 타당화 연구척도 간의 상관관계를 측정한다.

　㉡ 예언 타당도 : 현재 측정 근거로 미래의 어떤 것을 정확하게 예측하는가이다.

④ 구인 타당도 : 매우 이론적인 개념으로 과학적 이론에 비추어 어느 정도 의미 있느냐로 자주 사용되는 방법은 요인분석 방법(탐색적 요인분석, 확인적 요인분석)이다.

　㉠ 이해 타당도 : 이론을 바탕으로 만든 구인이 실제 검사에서 나타나는 정도이다(요인분석).

　㉡ 수렴 타당도 : 동일 구인을 다른 방법으로 검사하여 상관관계가 높으면 수렴 타당도가 높다고 본다.

　㉢ 판별 타당도 : 다른 구인을 검사한 두 가지 결과 간 상관관계가 낮으면 판별 타당도가 높다.

**기출 DATA**
측정의 타당도 · 신뢰도 2018-1회

**기출 DATA**
타당도 2017-3회

**TIP**
공인타당도
타당화 연구를 하는 척도 A가 있는데 척도 A와 유사한 속성을 재는 다른 척도 갑이 기존에 존재하고 있어서 척도 A와 척도 갑 간에는 '상당 수준의' 상관관계가 있음을 제시함으로써 새 척도 A가 측정하고자 하는 속성을 어느 정도 타당하게 측정하였음을 보여줄 수 있다.

기출 DATA
내적 타당도와 외적 타당도
2018-1회

TIP
같이 쓰이는 용어
• 공인타당도(공유타당도)
• 예측타당도(예언타당도)
• 구인타당도(구성개념 타당도)

TIP
연구설계의 타당도란 연구자가 주어
진 연구 설계를 통해 해당 가설이나
연구문제를 얼마나 정확하게 설명할
수 있는가 하는 개념이다.

TIP
• 호손 효과 : 대상자가 실험집단에
  속함을 알고 더 나은 수행을 보이
  려고 하는 것
• 존헨리 효과 : 대상자가 통제집단
  에 속해 있으나 실험집단보다 더
  잘하려고 노력하는 것

(3) 내적 타당도와 외적 타당도

① 내적 타당도
   ㉠ 외부의 압력에 영향을 받지 않고 내적인 상황만을 고려하여 판단한다.
   ㉡ 내적 타당도 저해 요인(7개) : 역사적 요인, 성숙요인, 조사요인(반복된 시험), 측정수단 요인(측정수단이 바뀜), 통계적 회귀요인, 실험집단과 통제집단의 상이성, 피험자 상실

② 외적 타당도 : 표본의 연구결과를 다른 시간, 장소 등 얼마나 일반화할 수 있는지에 대한 정도이다.
   ㉠ 외적 타당도는 모집단 타당도, 생태학적 타당도로 나뉜다.
   ㉡ 모집단 타당도 : 표본의 연구결과가 모집단의 특성을 충분히 반영했는지에 대한 정도이다.
   ㉢ 생태학적 타당도 : 다른 사회·문화적 환경에 얼마나 일반화가 가능한지에 대한 정도이다.
   ㉣ 외적 타당도 위협요소
      ⓐ 연구표본의 대표성 문제 : 표본을 늘리거나 표집방법으로 해결한다.
      ⓑ 일반적 환경과 동떨어진 실험상황의 결과
      ⓒ 상호작용의 문제 : 내적 타당도의 위협요인이 두 개 이상 상호작용할 경우
      ⓓ 간섭 효과 : 중다처치에 의해 효과가 향상되는 경우 일반화가 어렵다.
      ⓔ 바닥 효과 : 심리적 효과 측정이 피험자 반응의 차이를 변별하지 못할 정도로 점수가 미미
      ⓕ 반응성의 문제
         • 연구자 효과 : 연구자의 기대가 그 행동을 유발시키는 것
         • 대상자 효과 : 호손 효과*, 존헨리 효과*

(4) 신뢰도와 타당도의 관계

① 타당도가 높으면 신뢰도가 높으나, 신뢰도가 높다고 타당도가 반드시 높은 것은 아니다. 하지만 신뢰도가 낮으면 타당도가 낮다.

② 신뢰도에 영향을 미치는 요인(7개) : 개인차와 문항 수, 문항반응 수, 난이도, 검사 시간, 검사 시행 후 경과 시간, 응답자 속성의 변화, 검사 후 재검사까지의 절차

③ 신뢰도를 높이는 방법

　　㉠ 측정항목을 증가시키고 유사하거나 동일한 질문을 2회 이상 시행한다.

　　㉡ 면접자들의 일관성 있는 답변을 유도한다.

　　㉢ 측정도구의 모호성을 제거해야 한다.

　　㉣ 신뢰성이 인정된 기존의 측정 도구를 사용하고 변별도가 높은 문항을 많이 쓴다.

　　㉤ 문항의 난이도를 적절하게 구성한다.

　　㉥ 검사내용의 범위를 좁게 구성한다.

　　㉦ 충분한 검사 시간이 주어져야 한다.

　　㉧ 문항이 동질적이어야 한다.

# 4 » 상담학 연구를 위한 통계와 자료 분석

## 1) 통계 및 자료 분석의 방법

### (1) 통계 방법

① 기술형 : 어떤 사상이나 현상이 어떻게 드러나는가를 묻는 문제 → 설문조사, 관찰, 면담, 축어록 분석 → 통계방법 : 기술통계, 회귀분석, 요인분석, 군집분석

② 차이형 : 피험자 혹은 피험자 간에 어떤 차이가 있는지에 대한 질문 → t 분석, 변량분석

③ 관계형 : 둘 혹은 셋 이상 구인들 사이에 관계가 있는지를 알아보려는 연구 → 상관관계, 회귀분석

### (2) 통계적 결론 타당도의 위협요소

① 낮은 통계적 검증력 : 대안가설이 참인데 영가설을 기각하지 못한 경우

② 통계적 가정의 위반 : 표집분포의 정상성, 피험자 무선적 선발과정, 집단 간 변량의 동질성

③ 투망질식 검증 : 측정 도구의 모든 하위요인에 여러 번 통계를 검증하여 유의한 결과만 뽑는 경우

④ 신뢰도가 낮은 측정 : 측정 신뢰도가 너무 낮은 경우

⑤ 반응의 무작위적 다양성 : 설문지를 아무렇게나 작성하는 것

TIP

타당도를 높이는 방법

• 내적타당도는 표본의 동질성 향상
　－ 무선배치 방법
　－ 가외변인의 위협을 제거, 변인들 사이의 인과관계를 분명히 할 수 있게 됨

• 외적타당도는 표본의 대표성 향상
　－ 무선 표집과 체계적 표집
　－ 여러 확률적 표집 방법을 활용해 전집의 대표성 보장

TIP

"통계적으로 유의미하다."의 뜻
실험결과가 우연이 아닌 실험 처치에 의해 나왔다.　　▶ 2020-3회

기출 DATA
통계적 검증력을 높이는 방법
2019-3회

⑥ 피험자의 무작위적 이질성 : 구성원 간 지적능력의 차이가 심할 경우

(3) 통계적 검증력을 높이는 방법

① 표집을 늘린다.

② 실험절차 혹은 측정의 신뢰도를 높여 오차를 줄인다.

③ 양방검증보다 일반검증을 한다.

④ 1종 오류의 한계 알파 값을 높인다.

기출 DATA
집중경향과 변산도 2019-3회

## 2) 집중경향과 변산도

기출 DATA
집중경향치★ 2018-1회,
2017-1회, 2016-3회

(1) 집중경향치

① 집중경향(Central tendency)은 전반적 수준을 나타내는 지수로서 '대푯값'이라고도 한다.

② 집중경향으로는 산술평균, 중앙값, 최빈값 등이 있다.

　㉠ 산술평균 : 전체 합산 점수를 사례 수로 나눈 수이며, 자료 중 가장 극단적인 값의 영향을 받는다.

　㉡ 중앙값 : 서열상 가운데에 위치한 피험자의 점수이다.

　　예 10, 13, 15, 17, 19에서 중앙값은 15

　㉢ 최빈값 : 빈도가 가장 높은 점수이다.

　　예 1, 2, 2, 2, 2, 3, 3, 4, 4, 5에서 최빈값은 2

기출 DATA
최빈값 2020-1회

③ 정상분포(대칭적 분포)일 때는 평균, 중앙치, 최빈치가 다 같은 값이다. 하지만 정적편포일 때는 최빈치가 중앙치보다 낮고 중앙치는 평균보다 낮다. 부적편포일 때는 반대이다.

　㉠ 정상분포 : 최빈치 = 중앙치 = 평균

　㉡ 정적편포 : 최빈치 〈 중앙치 〈 평균

　㉢ 부적편포 : 최빈치 〉 중앙치 〉 평균

(2) 상관 : 상관은 쉽게 설명하자면 두 변인 간에 관련성이 있는지 파악하기 위한 것이다.

① 연속변수인 두 변수가 필요하다.

② 상관은 두 변수가 함께 변한다.

기출 DATA
정적상관, 부적상관 2019-3회

　㉠ 정적상관 : 좌하단에서 우상단으로 가면서 흩어진 정도가 매우 작은 산포도이다.

　㉡ 부적상관 : 좌상단에서 우하단으로 가면서 흩어진 정도가 매우 작은 산포도이다.

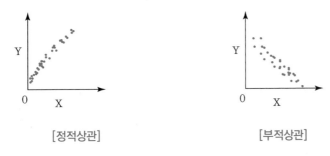

[정적상관]　　　　　　[부적상관]

③ 상관은 인과관계를 나타내지 않는다(A, B 간에 누가 영향을 주는지는 모름).

④ 상관관계는 상호관계로 해석해야 한다.

(3) 변산도

① 변산도(Variability)는 점수가 흩어진 정도로서 산포도(분산도)라고도 한다.

② 변산도 지수 : 범위, 분산, 사분위수범위, 사분편차, 평균편차, 표준편차, 변동계수 등이다.

   ㉠ 범위(Range) : 점수분포에서 최고점수와 최저점수까지의 거리를 말한다. 범위를 R이라고 할 때, 'R = 최고점수 − 최저점수 + 1'의 공식을 나타낸다.

   ㉡ 분산(변량) : 편차 제곱의 평균, 분산의 제곱근을 '표준편차'라고 한다. 한 변수의 분포에 있는 모든 변수값을 통해 흩어진 정도를 추정하는 것으로 편차를 제곱하여 총합한 다음 이것을 전체 사례수로 나눈 값에 해당하며 표본분산과 모분산으로 구분한다.

   ㉢ 표준편차 : 점수집합 내에서 점수들 간의 상이한 정도를 나타내는 것으로 변수값이 평균값에서 어느 정도 떨어져 있는지를 알 수 있도록 한다. 모집단 범위와 변산도를 가장 잘 설명하는 측정도구로, 표준편차가 클수록 평균값에서 이탈한 것이고, 작을수록 평균값에 근접한 것이다.

$$s = \pm \sqrt{\frac{\sum (x - \overline{x})^2}{n-1}} = \pm \sqrt{\frac{\sum \nu^2}{n-1}}$$

   ㉣ 사분편차 또는 사분위편차 : 사분위수 범위는 극단적인 점수의 영향을 크게 받는 범위의 단점을 보완하기 위한 변산도 지수로서 상

기출 DATA

변산도, 변산도 지수
2018-3회, 2017-1회

TIP

표준편차가 변산도로 가장 많이 활용되는 특징
• 첫째, 특정 수를 더하거나 빼더라도 표준편차는 변하지 않으며 특정 수 a를 곱하면 표준편차는 |a|배 커진다.
• 둘째, 표준편차는 극단적인 점수의 영향을 통제하지 못한다.
• 셋째, 평균을 기준으로 한 편차제곱의 평균은 다른 어떤 기준의 편차 제곱 평균보다 작다.

위와 하위 25%를 절삭하고 나머지 피험자를 대상으로 범위를 구한 것이다. 사분편차는 사분위수 범위를 2로 나눈 값이다.

ⓛ 변동계수 : 만약 두 자료의 평균이 서로 다른 경우 표준편차를 동시에 비교하여 변산도를 측정하는 것은 적절하지 못하다. 변동계수는 각 자료의 평균과 표준편차를 동시에 고려하여 보다 유효하게 변산도를 측정하는 것으로서, 특히 소득격차나 소득분배 등과 관련된 측정에 널리 사용된다.

### 3) 정규분포

#### (1) 정규분포의 특징

기출 DATA
정규분포의 특징 2017-3회

① 평균 μ를 중심으로 하여 좌우대칭으로 평균, 중위수, 최빈수가 모두 같은 종 모양으로 분포한다.

② 정상분포의 양 끝 쪽은 점차 X축에 접근한다.

③ 정규곡선 아래의 전체면적은 1, 평균을 중심으로 양쪽이 각각 1/2의 면적을 차지한다.

#### (2) 표준정규분포

기출 DATA
표준정규분포 2018-3회

$$z \text{ 점수} = (\text{원점수} - \text{평균})/\text{표준편차}$$

TIP
T 점수 = (Z 점수 × 10) + 50

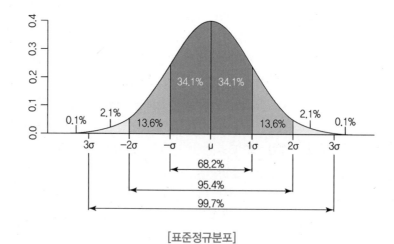

[표준정규분포]

## 4) 집단비교를 위한 주요통계 방법

### (1) 상관분석

① '상관(Correlation)이 있다'는 것은 한 변수로 나머지 변수를 예측할 수 있는 경우를 의미한다.

② 상관계수로 가장 많이 활용되는 것은 피어슨 적률상관계수이다.

③ 피어슨 적률 상관계수는 '변수 X와 Z의 점수/변수 Y의 Z점수 곱의 평균'으로 정의한다.

④ 공분산(공변량)은 '변수 X의 편차 점수와 변수 Y의 편차 점수 곱의 평균'이다.

⑤ 피어슨 적률상관계수는 척도의 영향을 받지 않지만, 공분산은 척도의 영향을 받는다.

⑥ 정준상관분석 : 양적인 종속변인과 독립변인이 다수일 때 변인들 간의 상호관계를 살피기 위한 통계기법이다.

⑦ 중다상관분석 : 상관분석은 두 변인들 간의 선형성의 강도에 대해 통계적으로 분석하는 기법으로 3개 이상의 변수들 간의 관계에 대한 강도를 측정하는 상관분석이다.

### (2) t 검정

① 두 집단의 평균이 통계적으로 유의미한 차이가 있는지를 검정하는 데 t 검정을 이용한다.

② 비교할 두 집단이 독립적(무선배치설계)인지 종속적(반복측정설계)인지에 따라서 t 검정은 '독립표본 t 검정'과 '대응표본 t 검정'으로 나눌 수 있다.

③ 독립표본 t 검정 : 두 전집에서 독립적으로 추출된 표본에서의 특정 변수의 평균이 집단 간에 통계적으로 유의미한 차이가 있는지 검정하는 분석 방법이다.

④ 대응표본 t 검정 : 두 전집에서 종속적으로 추출된 표본에서의 특정변수의 평균이 집단 간에 차이가 있는지를 검증하는 방법이다.

### (3) F검증(분산분석, 변량분석)

① 세 집단 이상(평균 3~5개)의 평균이 통계적으로 유의미한 차이가 있는지를 검정하는 통계기법이다.

② 분산분석에서는 독립변수가 범주형 변수이고 종속변수는 양적 변수이다.

③ 독립변수와 종속변수가 각각 1개일 때를 '일원분산분석', 독립변수가

---

**TIP**

- 회귀분석 : 한 변수 이상(독립변수)이 나머지 한 변수(종속변수)를 선형적인 관계로 얼마나 설명하거나 예측할 수 있는지 분석해주는 통계적 분석방법이다. 독립변수가 한 개일 때는 '단순회귀분석', 두 개 이상일 때는 '중다회귀분석'이라 한다.
- 공분산분석 : 종속변수에 대한 가외변수의 영향을 통계적으로 통제한 후, 집단 간 차이를 검정하는 통계적 분석 방법이다.
- 요인분석 : 측정변수 혹은 잠재변수를 추론하는 과정이다.

**TIP**

t분포

모집단의 표준편차를 추정할 때 사용하는 분포는 표준정규분포, 카이검정, F 검정 등이다. t분포는 정규분포의 평균을 측정할 때 사용되는 분포로, 표준정규분포와 유사하지만 표본이 적을 때(자유도가 30 이하) 사용한다. 이 자유도가 커질수록 표준정규분포에 가까워진다. 그래서 나머지 검정들을 대표본 검정이라고 한다면 t분포는 소표본 검정이라고 알려져 있다.

자유도는 n−1이기 때문에 자유도가 적을 때 사용되는 t분포가 나머지 세 가지 분포에 비해 적은 수의 추정자료에 근거한다고 볼 수 있다

▶ 2020-1회

2개이고 종속변수가 1개일 때는 '이원분산분석', 독립변수가 2개 이상
이면서 종속변수가 1개일 때를 '다원분산분석', 다원분산분석을 위한 실
험설계를 '요인설계', 종속변수가 2개 이상인 분산분석을 '다변량 분산
분석'이라 한다.

④ 비교집단이 독립적(무선배체설계)인지 종속적(반복측정설계)인지에 따
라 무선배치분산분석과 반복측정분산분석으로 나뉜다.

**(4) 카이제곱 검증($\chi^2$ 검정)**

기출 DATA
카이제곱 검증 2016-1회

① 카이제곱 검증($\chi^2$ 검정)은 두 범주형 변수가 서로 관계가 있는지, 독립
인지를 판단하는 통계적 검증방법이다. 종속변수가 질적변수 또는 범주
변수인 경우 사용한다.

② 한 변수의 속성이 다른 변수의 속성에 대해 독립적인지, 두 개의 독립적
인 표본이 몇 개의 같은 범주로 분류되어 있는 경우 각 표본에서 어느
특정 범주에 속할 비율이 동일한지를 검증하는 방법이다.

## 5 》 심리학의 연구방법

### 1) 심리학 연구의 과학적 방법

심리학은 일종의 경험과학이므로 많은 이론이 성립하기 위해서는 반드시 증거
가 있어야 한다. 과학적 증거는 과학적 방법에 의해 얻어지며, 과학적 방법은
다음의 네 단계를 거친다.

**(1) 연구문제의 설정**

**(2) 가설 개발** : 가설은 연구를 통해서 검증될, 어떠한 특정 진술이다.

**(3) 가설 검증** : 심리학자들은 잘 준비된 관찰방법을 사용해서 경험 자료를 수집
하고, 그 자료를 가지고 가설을 검증한다.

**(4) 가설에 대한 결론** : 가설 검증을 통해 발견된 결과에 따라 자신의 가설에
대한 결론을 내린다. 발견된 결과가 가설을 지지하지 못하면 연구자는 가
설이 도출된 이론을 수정하거나 새로운 가설을 세운다.

## 2) 연구방법

### (1) 표본조사

① 표본조사(Survey)는 사람들이 행동, 태도, 신념, 의견 및 의도를 기술하도록 설문지 또는 특별한 면접을 통해 표본 집단에 대하여 연구하는 방법이다.

② 연구자가 모집단의 모든 성원을 조사할 수 없을 때 사용하는 것으로, 그 결과를 전체 집단에 일반화하고자 하는 것이 목적이라 모집단의 부분집합이며, 무선표집을 사용한다.

③ 표본조사를 하려면 연구자들은 신중하게 설문에 응답해 줄 사람을 선정해야 한다.

④ 표본조사는 적은 비용으로 많은 사람에 대해 연구할 수 있는 방법이다.

⑤ 표본추출에서 표본의 크기가 클수록 표집오차도 줄어든다.

⑥ 설문조사에서 5다선지를 사용하는 척도를 리커트척도라고 한다.

### (2) 심리검사

① 심리검사는 인간의 심리적 특성을 객관적이고 체계적인 과학적 방법에 의하여 양적으로 측정하고자 하는 심리학 연구방법 중 하나이다.

② 어떤 심리 특성을 측정할 것인가에 따라 여러 가지 심리검사가 제작될 수 있으며 측정된 심리적 특성에 따라 개인차에 대한 정보를 양적으로 비교 해석할 수 있도록 해 준다.

③ 심리검사는 능력검사와 성격검사로 나뉘는데 능력검사는 지능검사, 적성검사 등이 포함되고, 성격검사는 태도검사나 흥미검사 등을 포함한다.

④ 검사 방법에 따라 혼자 검사를 받는 개인검사와 여러 명이 동시에 받는 집단검사가 있을 수 있다.

⑤ 검사문항의 자료에 따라 종이와 연필로 검사를 받는 지필검사와 어떤 도구나 소품을 조작함으로써 검사를 받는 도구검사(수행검사)로 나눌 수도 있다.

⑥ 심리검사를 통해 정신건강에 대한 자료, 학생의 학습·진로지도에 대한 자료, 기업의 인사·선발·배치에 대한 자료 등을 얻을 수 있다.

### (3) 사례연구

① 사례연구는 특정의 개인, 집단 또는 상황에서 발생한 현상에 대해 실시하는 집중적·심층적 연구방법이다. 현상이 아주 복잡하거나 비교적 희귀한 경우에는 사례연구가 유용하다.

---

**기출 DATA**

설문조사
2020-3회, 2020-1회

**TIP**

킨제이(Kinsey) 보고서
• 킨제이는 인간의 성생활에 대한 연구자료가 부족하다는 것을 알고, 처음에는 미전역 교도소에 복역중인 사람들 중에서 18,000여 명을 인터뷰한 자료로 1948년에 《인간 남성의 성적 행위》를, 1953년에는 《인간 여성의 성적 행위》를 출판하였다.
• 그 후 일반인으로 구성된 모집단 10만 명 가량을 대상으로 설문조사를 통해 지속적으로 개정된 보고서를 작성하였다.
• "인간의 성"을 내용으로 하는 〈동성애〉, 〈혼외정사〉 등 충격적인 부분이어서 미국 사회를 깜짝 놀라게 하였다.
• 그러나 후대에 대상 선정 자체가 무작위가 아닌 결론을 도출하기 위해 의도된 대상으로 선정된 의혹으로 신빙성이 낮아졌다.
▶2020-3회, 2015-1회

**TIP**

심리검사
심리검사는 현재의 내적인 심리적 속성이나 특성을 진단하는 기능을 가지고 있으며, 이런 진단을 통해 향후 행동을 예측할 수 있다.

② 사례연구(Case study)가 제공하는 심층조사 결과가 표본조사에서 제공되는 포괄적인 내용보다 더 도움이 될 수 있다.

③ 사례연구는 임상심리학에서 특히 오래된 전통으로, 프로이트가 정신분석을 개발한 것은 신경증 환자들에 대한 사례연구를 기초로 한 것이다.

④ 사례연구에는 중요한 한계가 있다. 사례들은 반드시 전체 집단을 대표하는 표본이 아니다. 즉, 하나의 사례에서 행동의 이유가 된 것이 다른 사례에서도 적용될 수 있는 것이 아니다.

⑤ 그러나 표본조사와 같이 사례연구도 역시 심리학 연구에 중요한 방법이다. 사례는 특정한 사람에 대한 재미있고 가치 있는 정보원(Source)이되며, 새로운 처치, 훈련 프로그램 또는 기타의 응용을 위한 검증의 장(場)이 된다.

## (4) 자연적 관찰

**기출 DATA**
자연적 관찰 2017-3회

① 심리현상이 발생하는 자연스러운 환경에서 그 현상을 관찰하면서 연구하는 방법이다.

② 동물행동학의 창시자 중 한 사람인 로렌츠(Konrad Lorenz)는 유전된, 그러나 환경에 의해서 도출되는 동물행동의 본질을 발견하였다. 가장 재미있는 연구 중 하나는 새끼 거위들이 어미를 따르는 행동에 대한 연구이다. 로렌츠는 어미의 몸놀림과 울음소리를 흉내 내면 새끼 거위에게는 똑같이 '나를 따르라.'는 신호로 인식될 것으로 생각하고, 갓 태어난 새끼 거위 앞에 어미가 없을 때 웅크리고 앉아서 어미거위의 소리를 내었다. 얼마 안 있어 새끼 거위는 로렌츠가 가는 곳은 어디든지 따라다니게 되었다. 이는 로렌츠의 자연적 관찰이 가져온 성공적 연구이다.

③ 사람들을 자연스러운 상황에서 신중하게 관찰함으로써, 심리학자들은 성격 차이와 사회적 상호작용의 지속적인 유형을 나타내는 행동을 밝혀낼 수 있다.

④ 관찰법은 실험 상황을 윤리적으로 통제할 수 없을 때 사용한다.
예 임신 중 영양부족이 IQ에 미치는 영향 등

⑤ 관찰법은 관찰자의 편견이나 희망이 반영되어 관찰자 편향이 일어날 수 있다.

⑥ 행동관찰법의 방법

**기출 DATA**
행동관찰법의 방법 2019-3회

㉠ 자연관찰법 : 일상생활이나 특정 장소에서 자연적으로 발생하는 행동 자체를 관찰하고 기록하는 방법이다. 어떠한 조작이나 자극을 주지 않고, 통제하지 않기 때문에 비통제 관찰이라고도 한다.

ⓛ 실험적 관찰법 : 실험적 관찰법은 관찰대상과 장소와 방법을 한정하고, 행동을 인위적으로 일으키거나 조직적으로 변화시켜서 관찰한다. 인위적으로 통제하기 때문에 통제 관찰이라고도 한다.

ⓒ 우연적 관찰법 : 우연적 관찰법은 우연히 나타난 두드러진 행동을 기록하고 관찰하는 방법이다. 이것은 일정 기간 동안 관찰대상의 행동에서 특별하다고 생각되는 행동을 선별하여 기록하기 때문에 일화기록법이라고도 한다.

ⓔ 참여관찰 : 직접 집단에 참여하여 그 집단구성원과 같이 생활하면서 관찰하는 것이다.

(5) 실험법

① 대부분의 심리학 연구에서 인과관계에 관한 질문에 응답하기 위해 가장 선호되는 연구방법으로, 심리학이 과학적 학문으로 발전하는 데 큰 기여를 했다.

② 실험법은 가외변인을 통제한 상태에서 독립변인을 의도적으로 조작함으로써 나타나는 종속변인의 변화를 관찰하는 방법이다.

③ 실험(Experiments)에서 참여자(또는 피험자)들은 처치(Treatment)를 받고, 그 처치가 과연 행동의 변화를 일으키는지 조심스럽게 관찰된다.

④ 처치 외에 다른 변인들은 일정하게 고정시키는 통제를 한다. 즉, 가외변인은 통제한다.

⑤ 실험에서 사용되는 몇 가지 용어는 다음과 같다.

❖ 가설 : 우리는 알코올이 어떤 사건의 결과에 대한 두려움을 감소시키므로 공격성을 유발한다고 생각할 수 있다. 그러면 특정량의 알코올을 마실 경우 공격성이 증가될 것이라는 가설을 만든다.

㉠ 독립변수(Independent variable) : 알코올이 공격성을 유발하는지 아닌지를 알아보기 위한 실험에서 피험자는 일정량의 알코올을 제공받을 것이고, 그 효과가 측정될 것이다. 여기서 알코올이 독립변수가 된다. 독립변수는 실험자에 의해서 조작되고, 그 효과가 어떤지 알 수 있게 된다. 알코올이라는 독립변수는 여러 수준에서 실시될 수 있는데, 예를 들어 '전혀 없음, 아주 조금, 많이, 만취할 정도' 등으로 조작될 수 있다.

㉡ 종속변수(Dependent variable) : 실험에서 측정된 결과는 종속변수라고 한다. 종속변수의 존재는 독립변수에 따른다. 앞서 말한 알코올이 공격성에 영향을 미치는지 알아보기 위한 실험에서, 공격적 행동은 종속변수가 된다.

기출 DATA
실험법 2017-3회, 2017-1회

TIP
실험연구방법은 '진실험'과 '준실험'으로 나눌 수 있다. 두 실험 모두 처치 이전에 실험집단과 통제집단이 동질집단이라는 가정에서 출발하며, 준실험은 현장조건으로 인해 무선적으로 피험자를 배치하지 못하는 경우에 실행한다.

기출 DATA
독립변수, 종속변수 2019-1회

ⓒ 실험집단(Experimental group) : 실험집단에서의 피험자들은 어
떠한 처치를 받는다. 예를 들면 알코올이 공격성에 미치는 효과에
관한 실험에서 실험집단은 알코올을 제공받을 것이다.

ⓔ 통제집단(Control group) : 통제집단에서의 피험자들은 아무런 처
치를 받지 않는다. 각 집단은 처치를 제외한 모든 여타의 조건에
있어서 처음부터 끝까지 동일하도록 해야 하는데, 그렇게 해야만
두 집단 간 종속변수 측정치의 차이가 단지 처치 때문이라고 할
수가 있다.

(6) 연구방법론을 크게 구분하면 양적 방법과 질적 방법으로 나뉘며, 표본조사
와 실험을 대표적인 양적 방법으로, 사례연구와 자연적 관찰을 질적 방법
으로 볼 수 있다.

# Chapter. 07

# 사회심리학

## 1 » 사회심리학의 정의

1) 사회적·문화적 장면에서 인간의 행동과 심리과정을 과학적으로 연구하는 학문이다.

2) 사회적 상황 요인이 개인의 행동·사고·느낌에 어떤 영향을 미치고, 타인과의 상호작용은 어떻게 이루어지는지를 심리적 측면에서 연구하는 학문이다.

## 2 » 사회심리학 요인

1) 사회적 상황 요인

(1) 개인이 처한 상황에서 발생하는 개인 및 대인적 요인을 연구한다.
(2) 공동체 간의 상호작용에서의 행위, 타인과의 교류양상에 대해 알아본다.

2) 환경적 요인

(1) **물리적 환경** : 날씨, 기온, 시간대, 주거환경 등이 포함된다.
　예 비오는 날에는 우울하고, 무기력해진다.
(2) **심리적 환경**
　① 국가의 문화, 지역 간의 차이 등이 포함된다.
　② 과거에 비해 이혼에 대한 인식이 달라져 이혼율이 증가하고 있다.

---

**TIP**
사회심리학은 '사회 속의 인간'을 다루는 학문으로 사회현상을 기술하고 설명하는 기초과학적 측면과 다양한 사회문제의 해결에 초점을 두는 응용과학적 측면이 모두 강조되고 있다. 어떤 경우든 두 사람 이상이 개입되어 있는 상황을 사회적 상황이라고 하는데, 사회심리학은 사회적 상황에서의 개인적 사고, 감정 및 행동을 연구하는 과학이다.

3) 생물학적 요인 : 유전적 원인과 진화의 영향에 대해 연구한다.

## 3 » 사회적 지각

### 1) 인상형성

(1) 인상형성의 과정
  ① 인상정보의 추론
    ㉠ 인상정보의 추론과정은 개인이 가지고 있는 도식(Schema)에 크게 의존한다.
    ㉡ 도식(Schema)이란 어떤 개념이나 대상에 대해 조직화되고 구조화된 신념을 의미한다.
    ㉢ 인상형성에 가장 큰 영향을 미치는 도식으로 고정관념과 내현성격이론을 들 수 있다.
    ㉣ 고정관념은 어떤 집단이나 사회적 범주 구성원의 전형적인 특성에 대한 신념을 의미한다.
    ㉤ 고정관념을 갖게 되면 사회적 범주의 구성원들이 그 특징을 공유한다는 과잉 일반화를 하게 된다.
    ㉥ 사람들은 대부분 자신의 고정관념과 일치하는 정보만을 선택하고, 잘 변하지 않는다.
    ㉦ 부정적인 고정관념은 편견으로 발전하여 지역감정이나 인종차별 같은 결과를 가져올 수도 있다.
    ㉧ 내현성격이론은 성격 특성에 대한 개인의 신념으로 타인의 성격을 판단하는 틀로 사용된다.
    ㉨ 개인이 가진 신념에 따라 사교적인 성격을 가진 사람은 재미있고 부드러울 것 같다는 추론 등이 포함된다.
  ② 인상정보의 통합
    ㉠ 도식에 의해 추론되었거나 직접 확인된 인상정보는 개인의 주관적 판단에 의해 중요하거나 중요하지 않은 정보로 구분되며, 중요하다고 판단된 정보는 통합과정을 거쳐 좋거나 좋지 않은 인상으로 마무리된다.

ⓒ 인상정보 통합방식에 대해 앤더슨(Anderson)은 평균모형과 이후 수정모형인 가중평균모형을 제시하였다.

ⓒ 평균모형 : 인상정보의 좋고 싫음의 정도를 평균한 값을 전반적 인상으로 여기며, 긍정적 인상(잘생김, 깔끔함)에는 점수를 더하고, 부정적 인상(지저분함, 허영심이 많음)에는 점수를 빼는 방식으로 긍정적 또는 부정적 인상을 나타낸다.

ⓔ 가중평균모형 : 인상정보의 좋고 싫음의 정도를 평균으로 하되, 중요하다고 판단되는 정보에 가중치를 부여하고 인상을 형성하는 것이다.

(2) 내현성격이론

① 한두 가지 단서를 통하여 마치 그런 성격을 가진 것처럼 추론하는 일반적인 경향성을 의미한다.

② 성격 특성에 대한 개인의 신념으로 타인의 성격을 판단하는 틀로 사용된다.

③ 개인의 신념은 개인의 대인경험은 물론, 관상학, 민간속설, 독서 등을 통해 형성되기도 한다.

④ 내현은 이렇듯 다른 사람에 대한 성격판단이 대부분 의식하지 않은 상태로 나타나는 것을 의미한다.

(3) 도식적 정보처리

① 인지적 구두쇠 : 개인이 사회적 정보를 처리할 때 최소의 노력을 하려는 경향을 의미한다. 정보처리의 신속성은 긍정적이지만 정확성은 떨어지는 결과를 가져올 수도 있다.

② 도식적 정보처리의 장점

ⓐ 회상이 용이하다.

ⓑ 정보처리에 소요되는 시간을 단축시킨다.

ⓒ 누락된 정보를 채워준다.

ⓔ 일어날 일을 예측하고 대비할 수 있다.

③ 도식적 정보처리의 단점

ⓐ 지나친 단순화가 이루어질 수 있다.

ⓑ 도식에 부합되는 정보만을 선택적으로 수용할 가능성이 있다.

ⓒ 잘 맞지 않는 상황에도 무리하게 도식을 적용한다.

기출 DATA
내현성격이론 2018-1회

TIP
내현적 성격 이론의 예
어떤 사람과 대화를 나누어 보고 그가 유머러스하다는 사실을 알았다면 내현적 성격 이론에 따라서 그가 사교적이고 낙천적이며 부드러운 사람일 것이라는 추측이 가능하다.

(4) 자성예언

① 타인에 대해 어떤 기대나 신념을 가질 때, 타인으로 하여금 자신의 기대와 일치하는 방향으로 행동하도록 유도하여, 자신의 기대를 확증하려는 경향을 의미한다.

② 자신의 평소 신념에 따라 타인의 행동을 분석하는 것 역시 포함된다.

③ 상대방에게 호의적인 인상을 형성하고, 관심과 칭찬을 보이면 상대방의 행동 역시 긍정적인 방향으로 변화할 수 있음을 의미한다.

(5) 인상형성의 주요 효과

기출 DATA
인상형성의 주요 효과
2018-1회, 2016-3회

① 초두 효과 : 먼저 제시된 정보가 나중에 제시된 정보보다 인상형성에 더 큰 영향을 미치는 것을 의미한다.

예 첫인상을 중요시 여기는 것

② 최신 효과 : 마지막에 제시된 정보가 처음에 제시된 정보보다 인상형성에 더 큰 영향을 미치는 것을 의미한다.

예 첫인상도 중요하지만 마지막에 남긴 인상 또한 중요시하는 것

③ 맥락 효과(점화효과) : 먼저 제시된 정보가 나중에 제시된 정보에 대한 처리지침을 만들어 전반적인 맥락을 제공하는 것을 의미한다.

예 잘생긴 사람이 공부까지 잘 하니 완벽하구나!

④ 후광 효과 : 타인을 지각할 때 내적으로 일관되게 평가하는 경향을 의미한다. 어떤 사람에 대한 긍정적인 부분을 가지고 그 사람의 전체를 높이 평가하는 것을 일컫는다.

⑤ 악마 효과 : 어떤 사람에 대한 부정적인 부분을 가지고 그 사람의 전체적인 면을 낮게 평가하는 것을 의미한다.

예 지저분한 옷차림을 보고 하는 행동 역시 안 좋을 것으로 평가하는 것

⑥ 방사 효과 : 매력이 있는 사람과 함께 하면 자신의 외적인 모습이나 지위도 높아 보이는 것을 의미한다.

예 잘생긴 사람들 속에 못생긴 사람을 보고 그 사람에게 다른 특별함이 있으리라 생각하는 것

⑦ 대비 효과 : 매력 있는 사람들과 함께 하면 자신이 비교되어 평가절하된다고 생각하는 것을 의미한다.

예 자신보다 예쁜 사람은 소개팅 자리에 데려가지 않는다.

⑧ 빈발 효과 : 반복해서 제시되는 정보가 먼저 제시된 정보에 영향을 미치는 것을 의미한다.

예 첫인상이 좋지 않았지만, 반복적으로 좋은 모습을 보이면 긍정적인 인상으로 변한다.

⑨ 낙인 효과 : 어떤 사람이 가지고 있는 낙인에 대해 편견과 선입견을 가지게 되는 것을 의미한다.

> **데** 정신 병력이 있는 사람에 대해 좋지 않은 시선으로 바라보는 것

⑩ 부적 효과 : 제시되는 정보 중 긍정적인 부분보다 부정적인 부분이 더 많은 영향을 미치는 것을 의미한다.

> **데** 어떤 사람이 착하고 친절하지만 책임감이 없다는 이야기를 들었을 때, 책임감이 없다는 부정적인 내용이 더 기억에 남는 것

⑪ 현저성 효과 : 어떤 한 가지 정보가 큰 의미로 남아 인상형성에 영향을 미치는 것을 의미한다.

> **데** 어떤 여성이 키가 작고 못생긴 남성의 목소리가 좋아서 호감을 느끼는 것

⑫ 중요성 절감 효과 : 나중에 들어오는 정보의 중요성이 처음 들어오는 정보에 비해 가볍게 취급되는 것이다.

⑬ 주의감소 효과 : 첫인상이 강력하게 발휘하기 때문에 후기 정보에 주의를 기울이는 정도가 줄어드는 것이다.

## 2) 귀인이론

### (1) 귀인이론의 의미

① 어떤 사건의 결과에 대한 자신의 행동 원인을 귀속시키는 경향에 대한 이론이다.

② 결과의 성공이나 실패의 원인이 자신의 노력이나 능력 등의 내적 원인이라 생각하는 경우와 우연한 결과, 운 등의 외적 원인이라 생각하는 경우의 후속행동에는 차이가 있다.

③ 귀인이론은 원인, 지각에 대한 이해에 초점을 두어 미래 행동의 지침 또는 부정적인 상황의 영향에 대해 설명할 수 있다.

### (2) 귀인의 방향

① 내부귀인

㉠ 결과의 원인이나 책임을 자신의 노력, 성격, 능력, 동기, 태도로 돌린다.

㉡ 성공은 자부심과 자아 존중감을 향상시키지만, 실패는 수치감의 증폭으로 이어진다.

㉢ 타인의 행동이 바람직하지 않거나 자발적으로 선택한 것이면 주로 내부귀인이 된다.

② 외부귀인

ⓐ 결과의 원인이나 책임을 환경, 운, 과제의 난이도로 돌린다.

ⓑ 성공은 외부의 힘에 감사함을, 실패는 분노감을 불러온다.

(3) 켈리(Kelley)의 공변 원리

기출 DATA
켈리의 공변 원리 2017-3회

한 사람의 행동을 여러 번 관찰한 후 귀인하는 경우 일관성, 독특성, 동의성 3가지 정보의 수준을 함께 고려하여 귀인하게 된다는 것이 공변 원리이다.

① 일관성

ⓐ 행위자의 행동이 다른 상황이나 맥락에서도 나타나는가를 의미한다.

ⓑ 시간이나 상황에 관계없이 원인자극과 그에 대한 반응이 항상 일정하게 되면, 해당 원인에 의해 결과가 나타나는 것으로 볼 수 있다.

② 독특성

ⓐ 행위자의 행동이 특정 대상에게만 나타나는가를 의미한다.

ⓑ 원인의 독특성이 높은 경우 그 결과를 특정원인에 의한 것으로 추론한다.

③ 동의성

ⓐ 다른 사람도 그 상황에서 동일하게 행동하는가를 의미한다.

ⓑ 특정원인과 결과에 대한 인과관계를 다른 사람도 인정한다면, 둘의 관계는 매우 밀접하다고 볼 수 있다.

**TIP**

공변원리
어떤 원인이 존재할 때만 어떤 효과가 나타나므로 원인과 효과가 공변하면 그 효과가 원인에 귀인하게 된다는 것이다. 구체적으로 사람들은 일관성, 독특성, 동의성의 세 가지 정보를 검토하여 내부 또는 외부귀인에 이르게 된다.
• 세 가지 물음에 모두 긍정적 대답 : 외부귀인
• 일관성 물음에 긍정이고 나머지 두 물음은 부정 : 내부귀인
• 독특성 물음에 긍정이고 나머지 두 물음은 부정 : 외부귀인

(4) 귀인편파

기출 DATA
귀인편파 2018-3회,
2017-1회, 2016-1회

① 기본적 귀인오류

ⓐ 타인의 행동을 보고 상황의 영향은 과소평가하고, 개인의 특성적인 영향은 과대평가하는 경향을 의미한다.

ⓑ 비가 와서 차가 밀려 지각한 회사원 A씨에 대해 비가 내린 날씨보다는 그가 늦잠을 자다 늦었다고 생각하는 경우가 이에 해당한다.

② 자기고양편파(자기봉사적 편향, 이기적 편향)

ⓐ 자신의 행동을 설명할 때 호의적으로 지각하고 드러내려는 경향을 의미한다.

예 어떤 개인이 단체의 성공은 자신으로 인한 것으로 여기는 반면, 실패의 경우는 다른 구성원 탓으로 돌리는 경향

ⓑ 대표적으로 방어적 귀인을 들어 자신의 성공은 내부귀인, 실패는 외부귀인 하려는 경향을 일컫는다.

ⓒ 자신의 의견이나 바람직하지 않은 행동에 대한 보편성을 과대평가하는 거짓합치성 효과와 반대로, 자신의 능력이나 바람직한 행동에 대한 보편성을 과소평가하는 거짓특이성 효과가 포함된다.

ⓔ 대부분의 사람들은 자신의 장점은 희귀하고 단점은 일반적이라고 생각한다.

③ 행위자-관찰자 편향
　㉠ 자신의 행동에 대해서는 외부요인으로, 타인의 행동에 대해서는 내부요인하려는 경향을 의미한다.
　㉡ 자신이 시험을 못 본 것은 과제의 난이도와 당일의 컨디션 문제 때문이라고 생각한다.
　㉢ 친구가 운 좋게 시험을 잘 본 것은 원래 머리가 좋은 친구이기 때문이라고 생각한다.

④ 공정한 세상 가설 : 사람들이 '세상은 공정하다'고 보기를 원하는 심리로 '만약 복권에 당첨되었으면 아마 공부를 열심히 했을 거야'라면서 행운을 합리화하려는 경향을 보이는 경우에 해당한다. 불공정한 상황에 대해 상처받지 않기 위해 스스로 합리적 가설을 만들어 내는 자연스러운 모습을 보여준다.

(5) 대응추리이론
① 존스와 데이비스(Jones & Davis)는 귀인의 궁극적인 목표는 타인의 행동을 통해 그의 개인적, 심리적 속성을 추론하는 것이라고 하였다.
② 어떤 행동이 그 행위자의 본래적인 성향을 나타내는 것이라고 지각할 경우, 그 행동의 원인을 행위자의 성격 탓으로 내부 귀인시키는 데에 더욱 힘을 실어준다.
③ 이 이론의 기준으로는 선택과 결과, 공통성의 여부, 사회적 바람직성 등이 있다.

(6) 귀인의 원인에 대한 차원
① 원인의 소재
　㉠ 결과의 성공이나 실패에 대한 원인 및 책임을 내부요인에 두어야 하는지 외부요인에 두어야 하는지에 대한 것이다.
　㉡ 결과의 원인이나 책임을 자신의 노력, 성격, 능력, 동기, 태도 등의 내부요인으로 돌릴 경우, 성공은 자부심과 자아 존중감을 향상시키지만, 실패는 수치감의 증폭으로 이어진다.
　㉢ 결과의 원인이나 책임을 환경, 운, 과제의 난이도 등의 외부요인으로 돌릴 경우, 성공은 외부의 힘에 감사함을 느끼게 하지만, 실패는 분노감을 불러온다.

기출 DATA
대응추리이론
2017-1회, 2016-3회

② 안정성

   ⊙ 결과의 원인이 시간의 경과나 특정 상황에 따라 변하는가의 여부에 따라 안정과 불안정으로 나뉜다.

   ⊙ 노력은 자신의 의지에 따라 변하므로 불안정적 요인이지만, 과제의 난이도는 비교적 고정적이므로 안정적 요소에 포함된다.

   ⓒ 자신의 성공이나 실패와 같은 결과를 안정적 요인에 귀인하는 경우, 미래에도 유사한 결과를 가져올 수 있다.

   ② 그에 반해, 불안정적 요인에 귀인하는 경우, 그 결과를 예측하기는 어렵다.

③ 통제가능성

   ⊙ 해당원인이 개인의 의지에 의해 통제 가능하냐의 여부에 따라 통제 가능과 통제 불가능으로 나뉜다.

   ⊙ 결과의 성공을 통제 가능한 요인에 귀인하는 경우, 미래에 유사한 결과를 가져오며 자부심이 상승한다.

   ⓒ 그에 반해, 통제 불가능한 요인에 귀인하는 경우, 자신의 운에 의지하며 앞으로도 그와 같은 행운이 계속되길 바랄 수밖에 없다.

④ 귀인과 각 차원의 관계

| 귀인 요소 | 원인 소재 | 안정성 여부 | 통제가능성 여부 |
| --- | --- | --- | --- |
| 노력 | 내적 | 불안정적 | 통제 가능 |
| 능력 | 내적 | 안정적 | 통제 불가능 |
| 과제 난이도 | 외적 | 안정적 | 통제 불가능 |
| 운 | 외적 | 불안정적 | 통제 불가능 |

(7) 귀인에 영향을 미치는 요인

① 개인적 성향 : 동기 및 성취욕구가 높은 경우 내적으로 귀인하는 반면, 낮은 경우 외적으로 귀인하는 경향이 있다.

② 성별의 차이 : 남성의 경우 성공을 자신의 능력으로 귀인하는 반면, 여성의 경우 실패를 자신의 능력으로 귀인하는 경향이 있다.

③ 연령의 차이 : 연령이 높은 경우 자신의 능력을 낮게 여기는 반면, 연령이 낮은 경우 자신의 능력을 높게 여기는 경향이 있다.

④ 과거 경험 : 과거에 실패한 경험이 많은 경우, 스스로의 능력을 낮게 여겨 능력부족에 따른 내적요인으로 귀인하는 반면, 성공하더라도 운이나 과제의 난이도 등의 외적요인으로 귀인하는 경향이 있다.

⑤ 일관성 : 결과가 과거와 유사하다면 안정적 요인에 귀인하는 반면, 과거와 다른 결과의 경우 불안정적 요인에 귀인한다.

⑥ 타인과의 비교 정도 : 행위자 대부분의 결과가 좋았다면 난이도 등의 외적 요인에 귀인하는 반면, 한 행위자의 좋은 결과는 그의 노력과 능력으로 내적 요인에 귀인한다.

⑦ 기타 : 사회적 · 문화적 요인, 환경적 특성, 행동의 독특성 등이 귀인에 영향을 미친다.

# 4 » 사회적 관계

## 1) 친밀한 관계

대인 매력의 주요 영향요인은 다음과 같다.

(1) **근접성** : 지리학적 거주지 및 공간적 접근성, 즉 서로의 거리가 가까운 것을 의미한다. 실제 가까운 곳에 살거나, 같은 동아리에 소속되어 있는 등 근접할수록 서로에게 관심을 가질 확률이 크다.

(2) **유사성(걸맞추기 원리, Matching Principle)** : 상호 간 유사한 정도를 의미한다. 사람들은 태도와 가치관이 유사한 사람들을 더 좋아한다. 또한 성격, 취미, 관심사 등이 유사할수록 관계가 오래 지속될 확률이 크다.

(3) **상보성** : 자신과 대조적이며 자신이 갖고 있지 못한 특성을 지닌 사람에게 호감을 느끼기도 하는데, 이를 상보성 가설이라고 한다.

(4) **친숙성** : 접촉의 빈도수를 의미한다. 매일 같은 버스를 타는 사람들은 반복적 노출에 따른 단순노출효과를 경험하여 서로에게 호감을 가질 확률이 크다. 만나면 즐거운 사람, 즉 나를 즐겁게 해주고 만남이 행복한 사람을 더 자주 만나게 될 확률이 크다.

(5) **신체적 매력** : 첫 만남에서 외적인 매력을 중요시 여기는 것을 의미한다. 매력적이고 깔끔한 인상의 사람이 타인에게 호의적인 인상을 줄 확률이 크다.

(6) **상대의 호의** : 자신을 알아주고, 칭찬해주는 사람에게 더 호감이 간다. 호의에 보답해야 한다는 의미로 보상성과 같게 해석하는 경우도 있다.

**기출 DATA**
대인 매력의 주요 영향요인
2019-3회

**TIP**
유사성
유유상종이라고 하듯 사람들은 태도, 가치관, 기호, 성격 등이 자신과 비슷한 사람을 좋아한다. 유사성－매력효과는 외모－매력효과보다 더 우세하다. 데이트와 결혼에 있어서 외모나 기타 특성이 자신과 엇비슷한 상태를 선택하는 경향을 걸(겉)맞추기 현상이라고 한다.

## 2) 편견

### (1) 편견의 발생 원인

① 사회적 학습

　㉠ 편견은 당시의 사회상을 반영하는 사회적 규범처럼 어릴 때부터 학습하게 된다.

　㉡ 대부분 부모, 주위 환경, 또래집단, 대중매체 등으로부터 편견을 습득하게 된다.

　㉢ 그러므로 부모의 양육 태도나 가치관, 대중매체의 묘사가 중요하다.

② 현실적 집단갈등 : 한정된 자원을 놓고 두 집단이 경쟁할 때, 서로에 대한 적대감으로 상대를 부정적으로 판단하게 된다.

③ 사회적 불평등

　㉠ 불평등한 분배는 만족스러운 쪽과 불만족스러운 쪽 양쪽에게 편견을 갖게 한다.

　㉡ 불만족스러운 개인이나 집단은 상대적 박탈감을 가지고 만족스러운 개인이나 집단에게 분노와 편견을 갖게 된다.

　㉢ 만족스러운 개인이나 집단은 불평등이나 차별을 합리화하기 위해 불만족스러운 개인이나 집단에 대해 편견을 조장한다.

④ 범주화

　㉠ 대인지각 과정에서 자연 발생하는 인지적 편파들이 고정관념과 편견을 초래한다.

　㉡ 대부분 사람들은 타인에 대해 범주화하여 지각하는 경향이 강하다(남자·여자, 젊은 사람·늙은 사람). 이런 사고 과정은 범주화된 개인이나 집단을 편견적으로 처리하여 오류를 범할 가능성이 높다.

　㉢ 내집단(Ingroup)과 외집단(Outgroup)으로 범주화할 때, 내집단은 호의적이고 편애하는 현상이 발생할 수도 있으며, 외집단 구성원들에게는 편견을 갖고 차별 대우를 하도록 만든다.

### (2) 편견 해소방안

① 지속적이고 친밀한 접촉이 이루어져야 한다.

② 공동목표를 달성하거나 공동의 위협에 대처하며, 협동적으로 상호 의존한다.

③ 양 개인이나 집단이 동등한 지위를 가지고 접촉한다.

④ 사회적으로 편견 탈피나 평등을 지지하는 분위기를 가진다.

# 5 » 태도와 행동

TIP

태도는 어떤 사람이나 대상에 대한 신념, 감정 및 행동 의도를 총칭하는 개념으로, 태도에 주목하는 이유는 어떤 사람의 태도를 알면 그의 행동을 예측할 수 있기 때문이다.

## 1) 태도의 3요소

(1) **인지적 요소** : 개인이 태도 대상에 대해 가지고 있는 신념, 사고, 기대 등의 집합으로써, 상대적으로 복잡한 양상을 보인다.

　예 '술은 몸에 해롭다.', '술은 분위기를 전환시킨다.'

(2) **정서적 요소 또는 감정적 요소** : 개인이 태도 대상에 대해 가지고 있는 호의적 또는 비호의적 감정을 나타내는 차원으로서, 가장 단순한 양상을 보인다.

　예 '술을 선호한다.', '술을 선호하지 않는다.'

(3) **행동적 요소** : 개인이 태도 대상에 대해 가지고 있는 행동 의도를 의미한다.

　예 '술을 마실 것이다.', '술을 끊을 것이다.'

## 2) 태도와 행동의 관계

기출 DATA
태도와 행동의 관계 2019-3회

(1) **태도를 통한 행동의 예측**

① 태도가 강하고 명료할수록 태도와 일치하는 행동을 보일 가능성이 높다.

② 태도는 시간에 따라 변하기 때문에 태도와 행동이 동시에 측정될 때, 일관성이 확보된다.

③ 행동과 구체적으로 관련된 태도의 일관성이 더 높다.

④ 하나의 행동은 여러 태도와 관련되어 있는데, 행동을 보일 당시 가장 특출한 태도에 따라 행동이 결정된다.

⑤ 태도와 행동에 미치는 상황적 압력이 적을수록 일관성은 증가한다.

(2) **행동을 통한 태도의 예측**

기출 DATA
행동을 통한 태도의 예측★
2019-1회, 2018-3회,
2016-3회

① 태도가 행동을 결정하는 경우보다 행동이 태도를 결정하는 경우가 더 일반적이다.

② 사람들은 태도와 행동이 불일치할 때, 인지부조화 현상을 경험한다. 인지부조화란, 심리적 일관성을 추구하는 경향이 있는 사람들이 태도와 행동이 불일치할 때, 불편감이 생겨 조화로운 상태를 회복하려는 동기가 유발되는 것을 의미한다.

**TIP**
레온 페스팅거의 인지부조화 실험
페스팅거는 학생들에게 과제를 1시간 동안 하게 하고, 이 실험이 재미있다는 소문을 내게 했다. 그는 이 요청을 하면서 A집단에는 20달러를, B집단에는 1달러를 주었다. 그런데 두 집단을 비교했을 때 흥미롭게도 1달러를 받은 B집단이 20달러를 받은 A집단보다 더 이 실험이 재미있고 유익하다고 평가했다. 이를 인지부조화 현상이라고 한다. B집단은 자신들이 돈도 적게 받았는데 이 지루한 실험에 1시간 동안이나 참가했다는 불편한 생각 혹은 감정(부조화)을 해소하기 위해 왜곡된 "합리화" 반응을 하게 된 것이다. 반면 20달러를 받은 집단은 지루하긴 했으나 20달러를 받았기 때문에 불만이 없었다.
▶ 2020-3회, 2019-1회

**기출 DATA**
동조 2020-1회, 2017-3회

**TIP**
전망이론은 사람들의 효용수준이 이익보다 손실에 더 민감하며 특히 이익구간에서는 안전한 선택을, 손실구간에서는 위험한 선택을 선호하게 된다고 한다.
예 이익구간에서 빨간버튼을 누르면 50% 확률로 2억 원을 획득하고, 초록버튼을 누르면 100% 확률로 1억 원을 획득할 경우 사람들은 안전한 선택인 초록버튼을 누른다. 손실구간에서는 빨간버튼을 누르면 50% 확률로 0원을 손해보고 또 50% 확률로 1억 원을 손해보며, 초록버튼을 누르면 100% 확률로 5천만 원을 손해볼 경우 사람들은 손실위험을 감수하고 빨간버튼을 누른다.
▶ 2020-3회

**TIP**
몰개인화된 상황에서 항상 불법적이고 폭력적인 결과만 초래되는 것은 아니다. 집단구성원의 행동은 집단규범의 영향을 크게 받기 때문에 집단규범이 친사회적이라면 몰개인화된 집단도 친사회적 행동을 보이게 된다.
예 붉은 악마들이 거리에서 모두 쓰레기를 줍는 것

③ 자기지각 이론 : 벰(Bem)은 인지부조화 이론에 다른 해석을 제안하였다. 그에 의하면 사람들은 흔히 여러 대상이나 쟁점들에 대해서 명확한 태도를 지니지 않은 채 모호한 상태인 경우가 많다. 그는 이런 경우 자신의 행동과 그 행동이 일어난 상황에서 추론하여 자신의 태도를 결정한다고 주장하였다.

④ 행동은 대개 취소하거나 변경하는 것이 불가능하여 대부분의 사람들은 태도를 행동과 일관되도록 변화시킴으로써 부조화 현상을 감소시킨다.

⑤ 사람들은 자신의 행동을 합리화하려는 경향이 있음을 강조하고, 부조화의 감소 과정은 곧 행동의 합리화 과정과 일치한다고 보았다.

### 3) 동조

(1) 개인이 자신의 행동을 집단의 행동기준과 일치되도록 조정하는 것을 의미한다.

(2) 결정을 내리기가 모호한 상황에서 타인의 행위를 판단기준으로 삼아서 그대로 따르는 현상이다.

(3) 애쉬(Asch, 1955)는 4명의 실험 협조자와 1명의 순수피험자에게 동일한 크기의 막대를 찾으라고 지시하였다. 실험 협조자들이 모두 A라고 틀리게 대답하자 피험자들 중 35%가 틀린 답에 동조하였다. 실험이 끝난 후 피험자들에게 사적인 판단을 요구하였더니, 모두 정답이 B라고 대답하였다. 이와 같이 사람들은 공개적으로 반응하게 될 때, 자신의 생각과 일치하지 않더라도 다수에 동조하는 경향이 있다.

(4) 개인과 타인 간의 유대가 강할수록 동조할 확률이 높아지며, 집단에 매력을 느낄수록 동조경향이 높다.

(5) 동조의 원인

① 타인의 행동이 현실 판단에 유용한 정보가 되기 때문이다.

② 타인으로부터 인정받거나 배척당하지 않으려고 타인의 입장에 동조한다.

### 4) 몰개인화 또는 몰개성화

(1) 집단 내에서 구성원이 개인적 정체감과 책임감을 상실하여 집단행위에 민감해지는 현상을 의미한다.

(2) 몰개인화의 결정적 영향을 미치는 요인은 익명성이다. 개인적 식별이 어려울수록 책임감을 덜 느껴 당시 상황의 순간적 단서에 의해 좌우된다.

(3) 익명성이 크고 구성원이 흥분된 상황에서 법과 도덕을 무시한 채 충동적이고 감정적인 행동을 분출할 가능성이 커진다.

## 5) 사회적 촉진

(1) 혼자일 때보다 타인이 존재할 때 개인의 수행 능력이 더 좋아지는 현상을 의미한다.

(2) 타인의 존재가 일종의 자극제로 작용하여 행동 동기를 강화시킨다.

(3) 과제가 대체로 쉽거나 잘 학습된 경우 타인의 존재가 수행 능력을 촉진시키는 반면, 과제가 어렵거나 복잡할 경우 타인의 존재가 수행 능력을 저하시킨다.

## 6) 사회적 태만

(1) 혼자 일할 때보다 집단으로 일할 때 노력을 절감해서 개인적 수행 능력이 저하되는 현상을 의미한다.

(2) 사회적 태만으로 무임승차 효과(Free Rider Effect)와 봉 효과를 설명할 수 있다.

① 무임승차 효과는 타인의 수고에 기대어 자신의 노력을 감소하는 것을 의미한다.

② 봉 효과는 타인이 수고를 들이지 않는 것을 보고 자신도 의도적으로 노력을 하지 않는 것을 의미한다.

## 7) 집단사고

(1) 집단의 의사결정 과정에 존재하는 동조압력으로 인해 충분한 논의가 이루어지지 못한 상태에서 합의에 도달하는 현상이다.

(2) 집단사고의 원인

① 집단구성원의 높은 응집성

② 외부로부터 단절된 집단

③ 집단 내 대안을 심사숙고하는 절차가 미비할 때

④ 리더가 지시적이고, 판단에 대한 과도한 확신을 가질 때

⑤ 더 좋은 방안을 찾을 가망이 없어 스트레스가 높을 때

⑥ 판단에 대한 과도한 확신

**기출 DATA**
몰개인화 2019-1회

**기출 DATA**
사회적 촉진
2019-3회, 2018-1회

**TIP**
사회적 억제
타인의 존재로 인해 개인의 과제 수행에 어려움을 겪는 현상

**기출 DATA**
사회적 태만 2018-1회

**기출 DATA**
집단사고의 원인
2017-3회, 2016-3회

**TIP**
집단극화
집단 전체의 의사결정이 개인적 의사결정의 평균보다 더 극단적으로 되는 현상을 일컫는다.

**(3) 집단사고의 예방**

① 리더는 구성원들에게 모든 제안에 대한 반론과 의문을 제기하도록 권장
해야 한다.

② 리더 자신의 견해를 표명하는 것을 삼가야 한다.

③ 다른 구성원들의 의견에 비판하는 역할이 필요하다.

④ 종종 전문가들을 초청하여 집단토의에 참여시킨다.

⑤ 여러 하위집단을 나누어 독립적으로 토의한 후 함께 차이를 조정하도록
한다.

**8) 군중행동** : 공통된 자극에 대하여 군중이 반응하는 집단적 행동으로 일시적이
고 우연적이며 비조직적이고 감정적인 것이 특징이다.

**9) 도움행동**

**(1) 도움행동의 정의** : 자발적이고 대가를 바라지 않은 상태에서 발현된 행동
으로, 그 결과가 실제 대상 인물에게 도움을 주는 것이다.

**(2) 도움행동의 원인**

① 유전적·진화적 견해 : 이타적인 행동이 없었다면 인간의 생존이 어려
웠기 때문에 그 행동을 유지한다는 의미이다.

② 사회적 진화 : 친사회적 행동으로 인해 이타적인 행동을 하게 된다는 의
미이다.

**(3) 도움행동의 과정**

① 무슨 일이 일어나고 있는지에 대하여 판단한다.

② 도움이 필요한 상황이라고 지각되면 도움행동을 해야 할 개인적 책임이
있는지에 대하여 판단한다.

③ 도움행동을 하였을 때, 일어날 수 있는 부담과 이익에 대해 고려한다.

④ 도움행동을 하기로 결정했다면 어떤 형태의 방법으로 행동을 할 것인지
에 대해 판단한다.

**(4) 도움행동에 영향을 미치는 요인**

① 상황적 요인 : 날씨, 시간, 장소, 타인의 존재 등

② 도움행동을 하는 행위자 요인 : 행위자의 기분, 성격 등

③ 도움행동을 받는 사람의 요인 : 매력 등

## 10) 반사회적 행동

(1) 반사회적 행동의 정의 : 사회적으로 허락되지 않는 타인을 해칠 목적으로 취하는 모든 행동을 의미한다.

(2) 반사회적 행동의 원인

① 본능 : 인간은 폭력 충동을 본능적으로 가지고 태어나며, 공격은 본능이고 생물체에 내재되어 있기 때문에 어떤 형태로든 공격충동이 나타날 수 있다.

② 욕구 좌절 : 자신이 성취하고자 하는 목표가 좌절되거나 그 목표에 도달하는 길이 차단되었을 때, 폭력충동이 형성된다.

③ 상황적 짜증 : 목표 달성이 좌절된 경우, 상황적으로 짜증나는 일이 생기면 폭력 충동이 형성된다.

(3) 반사회적 행동의 감소방안

① 정화 : 폭력 충동을 사회가 용납하는 방식에 한하여, 외부적으로 발산함으로써 해소해버린다.

② 처벌의 상황 : 폭력 행동을 하면 그에 대한 처벌이 주어질 것이라는 상황을 알려준다.

③ 학습된 억제 : 사회 구성원 각자가 자신의 폭력 행동을 스스로 통제할 수 있도록 학습하고, 심리학 및 교육자들에게 궁극적인 해결책을 전수받는다.

## 01

**성격의 결정요인에 관한 설명으로 틀린 것은?**

① 유전적 영향에 대한 증거는 쌍생아 연구에 근거하고 있다.

② 초기 성격 이론가들은 환경적 요인을 강조하여 체형과 기질을 토대로 성격을 분류하였다.

③ 환경적 요인이 성격에 영향을 주는 방식은 학습 이론의 맥락에서 이해할 수 있다.

④ 성격은 유전적 요인과 환경적 요인의 상호작용에 의하여 결정된다.

**해설**
- 초기 성격 이론가들은 환경적인 요인보다는 유전적 요인을 강조하였다.
- 체형을 토대로 성격이 결정된다고 보는 경우
  - 크레취머는 체형에 따라 쇠약형, 비만형, 근육형, 이상발육형으로 나누고 체형에 따라 성격이 결정된다고 보았으며, 셸돈은 크레취머 연구를 발전시켜 내배엽형, 중배엽형, 외배엽형으로 유형화시킬 수 있다고 주장하였다.
- 기질을 토대로 성격이 결정된다고 보는 경우
  - 기질은 성격의 타고난 특성과 측면들로 타고난 성질이라는 점과 오래간다는 측면에서 특질과 유사하다.
  - 성격 연구는 안정된 성격 특질들을 알아내는 것이며, 성격 이론은 특질들을 체계적으로 분류하는 것이라고 보았다. 대표적인 특질 이론가는 올포트, 카텔, 아이젠크가 있다.

## 02

**조사연구에서 참가자의 인지기능을 측정하기 위해 그가 가입한 정당을 묻는 것은 어떤 점에서 가장 문제가 되는가?**

① 안면 타당도          ② 외적 타당도

③ 공인 타당도          ④ 예언 타당도

**해설** 타당도란 '측정하려고 의도하는 것'을 충실히 측정하였는가를 보는 것이다. 조사연구에서는 참가자들의 인지기능을 측정하고자 가입정당을 묻는 것이다.
참가자들의 인지기능을 측정하기 위한 내용이 잘 구성되어 있는지를 비전문가에게 확인하는 방법은 문제가 될 수 있다.
① 안면 타당도 : 목표로 삼고 있는 내용이 얼마나 잘 담겼나를 일반인이 확인하는 방법
② 외적 타당도 : 표본의 연구결과를 다른 시간, 장소 등 얼마나 일반화할 수 있는지에 대한 정도
③ 공인 타당도 : 기존에 타당도가 증명된 척도와 타당화 연구 척도 간의 상관관계를 측정
④ 예언 타당도 : 현재 측정 근거로 미래의 어떤 것을 정확하게 예측하는가를 측정

## 03

**표본의 크기에 관한 설명으로 틀린 것은?**

① 모집단이 동질적일수록 표본 크기는 작아도 된다.

② 동일한 조건에서 표본의 크기가 클수록 통계적 검증력은 증가한다.

③ 사례 수가 작으면 표준오차가 커지므로 작은 크기의 효과를 탐지할 수 있다.

④ 측정도구의 신뢰도가 낮을 경우 대규모 표본을 이용하는 것이 효과적이다.

**해설** 표본이란 모집단 전체로 조사하기 어렵기 때문에 모집단에서 일부를 추출한 조사 대상을 일컫는 것으로 표본의 크기가 크면 클수록 오차가 적어지고, 표본이 작아지면 오차가 커질 수밖에 없다. 오차가 커지면 알아내고자 하는 것에 대한 작은 차이의 효과까지 탐지하기는 어렵다.

## 04

**다음과 같은 연구의 종류는?**

A는 '정장 복장' 스타일과 '캐주얼 복장' 스타일 중 어떤 옷이 면접에서 더 좋은 점수를 얻게 하는지 살펴보고자 한다. A는 대학생 100명을 모집하고, 이들을 컴퓨터를 이용해 '정장 복장' 조건에 50명, '캐주얼 복장' 조건에 50명을 무선으로 배정한 후, 실제 취업면접처럼 면접자를 섭외하고 한 면접에 3명의 면접자를 배정하여 면접을 진행하였다. 이후 각 학생들이 면접자들에게 얻은 점수의 평균을 조사하였다.

① 사례연구          ② 상관연구

③ 실험연구          ④ 혼합연구

**정답**    01 ②    02 ①    03 ③    04 ③

**해설** ③ 실험연구 : 실험연구는 가외변인을 통제한 상태에서 독립변인을 의도적으로 조작함으로써 나타나는 종속변인의 변화를 관찰하는 방법이다. 모든 상황을 통제하고 독립변인(정장 복장, 캐주얼 복장)을 의도적으로 조작하여 종속변인(점수)의 변화를 관찰한다.
① 사례연구 : 특정의 개인, 집단 또는 상황에서 발생한 현상에 대해 실시하는 집중적, 심층적 연구방법이다. 현상이 아주 복잡하거나 비교적 희귀한 경우 사례연구가 유용하다. 사례연구의 한계는 사례가 반드시 전체 집단을 대표하는 표본이 아니고, 사례에서 행동의 이유가 된 것이 다른 사례에서도 적용될 수 있는 것은 아니란 점이다. 사례는 특정한 사람에 대한 재미있고 가치 있는 정보원이 된다.
② 상관연구 : 연구자가 주어진 현상을 조작하거나 통제하지 않고 자연조건 그대로인 상태에서 변인 간의 관계를 연구하는 것이다.

## 05

**현상학적 이론에 대한 설명으로 틀린 것은?**

① 인간을 성취를 추구하는 존재로 파악한다.
② 인간을 자신의 환경에 굴복하지 않고 오히려 환경을 통제하고 조정할 수 있는 적극적인 힘을 갖고 있는 존재로 파악한다.
③ 현재 개인이 경험하고, 느끼고, 행동하는 것이 중요하며, 개인의 진정한 모습을 이해하는 것도 이를 통해 가능하다고 본다.
④ 인간은 타고난 욕구에 끌려 다니는 존재로 간주한다.

**해설** 로저스의 현상학적 이론은 지금 − 여기에 더 초점을 두며, 개인의 주관적 경험이 행동을 결정하여 받아들이는 개인의 지각을 이해해야 한다고 본다.
인간에 대해서도 잠재력을 가지고 있으며 긍정적이고 적극적인 힘을 가진 존재로 보았다. 타고난 욕구에 끌려 다니는 존재로 간주하지 않았다.

## 06

**발달의 일반적 특징으로 틀린 것은?**

① 발달은 이전 경험의 누적에 따른 산물이다.
② 한 개인의 발달은 역사·문화적 맥락의 영향을 받는다.

③ 발달의 각 영역은 상호의존적이기보다는 서로 배타적이다.
④ 대부분의 발달적 변화는 성숙과 학습의 산물이다.

**해설** 일반적으로 발달은 일정한 순서가 있으며 연속적인 과정이지만 속도가 항상 일정하지는 않다.
발달은 성숙과 학습에 의존하며 개인차가 발생하고, 발달의 각 측면은 서로 밀접한 상호 연관성이 있다.

## 07

**기질과 애착에 관한 설명으로 틀린 것은?**

① 불안정 − 회피애착 아동은 주양육자에게 과도한 집착을 보인다.
② 내적작동모델은 아동의 대인관계에 대한 지표 역할을 한다.
③ 기질은 행동 또는 반응의 개인차를 설명해주는 생물학적 기초를 가지고 있다.
④ 주양육자가 아동의 기질을 고려하여 적절하게 양육한다면 아동의 까다로운 기질이 반드시 불안정 애착으로 이어지는 것은 아니다.

**해설** • 불안정 − 회피애착 : 주양육자가 떠나도 별 동요를 보이지 않으며, 주양육자가 돌아와도 다가가려 하지 않고 무시하는 양상을 보인다.
• 내적작동모델 : 만 3 − 5세 즈음 형성하는 한 가지의 심리적 틀이다. 자신과 타인에 대해 영아가 형성한 정신적 표상은 애착인물과의 상호작용을 통해 형성된 것으로 반영된다. 즉, 아이 − 부모 간에 형성된 애착형성관계 틀을 기반으로 사회 속에서 타인들을 대하게 된다는 이론이다.

## 08

2016-3

**훈련받은 행동이 빨리 습득되고 높은 비율로 오래 유지되는 강화계획은?**

① 고정비율계획   ② 고정간격계획
③ 변화비율계획   ④ 변화간격계획

**정답**  05 ④   06 ③   07 ①   08 ③

**해설**

| | |
|---|---|
| 고정간격<br>강화계획 | ① 시간 간격이 일정한 강화계획을 의미한다.<br>② 지속성이 거의 없으며, 시간 간격이 길수록 반응빈도는 낮아진다.<br>③ 월급, 정기적 시험, 한 시간에 한 번씩 간식을 주는 것 등에 속한다. |
| 변화간격<br>강화계획 | ① 시간 간격이 일정하지 않은 강화계획을 의미한다.<br>② 강화 시행의 간격이 다르며, 평균적으로 확인할 수 있는 시간 간격이 지난 후 강화한다.<br>③ 한 시간에 3차례의 강화를 제시할 경우, 20분/40분/60분으로 나누어 강화를 제시한다. |
| 고정비율<br>강화계획 | ① 어떤 특정한 행동이 일정한 수만큼 일어났을 때 강화를 주는 것을 의미한다.<br>② 빠른 반응률을 보이지만 지속성이 낮다.<br>③ 책 100권을 읽을 때마다 50만 원의 용돈을 준다. |
| 변화비율<br>강화계획 | ① 강화를 받는 데 필요한 반응의 수가 어떤 정해진 평균치 범위 안에서 무작위로 변하는 것을 의미한다.<br>② 반응률이 높게 유지되고, 지속성도 높다.<br>③ 카지노의 슬롯머신, 로또 등이 속한다.<br>④ 소거에 대한 저항이 매우 크다. |

## 09

**단기기억의 특징이 아닌 것은?**

① 용량이 제한되어 있다.

② 절차기억이 저장되어 있다.

③ 정보를 유지하는 시간이 제한되어 있다.

④ 망각의 일차적 원인은 간섭이다.

**해설**
• 단기기억의 특징 : 정보를 20~30초 동안 유지하고 저장 용량이 비교적 제한되어 있으며, 개인의 기억 용량 차이나 자료의 성질에 따라 차이가 있지만 대부분 7±2정도의 저장 용량을 가진다.
• 절차기억이란 행위나 기술, 조작에 대한 기억이며, 언어적으로 표현하기보다는 신체적으로 수행하는 것을 의미한다. 예로 자전거 타기, 신발 끈 매기, 테니스 등의 실행방법이 있으며, 한 번 기억하면 장기기억에 저장되어 있다.

## 10

**다음 중 온도나 지능검사의 점수를 측정할 때 사용되는 척도는?**

① 명목척도

② 서열척도

③ 등간척도

④ 비율척도

**해설**
③ 등간척도 : 측정치가 등간성을 가지면 1과 2의 차이, 2와 3의 차이, 3과 4의 차이 등이 모두 같은 1의 양을 차이로 가진다. (지능, 온도 등)
① 명명척도 : 가장 낮은 수준의 측정으로 그 특징에 대해 명목상의 이름을 부여하는 것이다. (성별, 출생지 등)
② 서열척도 : 상대적 크기를 서열화하는 것으로 상대적인 서열상의 관계를 나타낸다. (석차, 등급 등)
④ 비율척도 : 절대 '0'점을 가지고 있으며 비례수준의 측정까지 가능하다. 명칭을 부여하고 서열을 정하고, 가감과 같은 수학적 조작까지 가능한 고차원적 측정이다. (길이, 무게 등)

## 11

**비행기 여행에 두려움을 가지고 있는 환자의 경우, 정신분석적 입장에서 볼 때 이 두려움의 주된 원인으로 가정할 수 있는 것은?**

① 두려운 느낌을 갖게 만드는 무의식적 갈등의 전이

② 어린 시절 사랑하는 부모에게 닥친 비행기 사고의 경험

③ 비행기의 추락 등 비행기 관련 요소들의 통제 불가능성

④ 자율신경계 등 생리적 활동의 이상

**해설** 정신분석에서 사람들이 겪는 심리적 문제의 주된 원인은 무의식이 작용한 결과로 무의식의 저장고에 있어야 할 고통스러운 기억들이 방어력이 약해진 틈을 타 의식 상태로 올라오려는 과정에서 심리적 증상이 형성된다.

## 12

**대뇌의 우반구가 손상되었을 때 주로 영향을 받게 될 능력은?**

① 통장 잔고 점검

② 말하기

③ 얼굴 재인

④ 논리적 문제해결

**해설**
• 좌반구 : 신체의 우측을 조정하고 언어, 수리, 논리적인 사고 등과 관련이 있다.
• 우반구 : 신체의 좌측을 조정하고 비언어적, 공간적, 징보 분석과 예술 및 음악의 이해, 창의력 발휘, 직관적인 사고 등과 관련이 있다.

**정답**  09 ②  10 ③  11 ①  12 ③

## 13

귀인이론에 관한 설명으로 틀린 것은?

① 성공 상황에서 노력 요인으로 귀인할 경우 학습 행동을 동기화 할 수 있다.

② 귀인 성향은 과거 성공, 실패 상황에서의 반복적인 원인 탐색 경험에 의해 형성된다.

③ 귀인의 결과에 따라 자부심, 죄책감, 수치심 등의 정서가 유발되기도 한다.

④ 능력 귀인은 내적, 안정적, 통제 가능한 귀인 유형으로 분류된다.

 • 능력귀인은 내적, 안정적, 통제불가능 귀인유형으로 분류된다.
• 귀인과 각 차원의 관계

| 귀인 요소 | 원인 소재 | 안정성 여부 | 통제 가능성 여부 |
|---|---|---|---|
| 노력 | 내적 | 불안정적 | 통제 가능 |
| 능력 | 내적 | 안정적 | 통제 불가능 |
| 과제 난이도 | 외적 | 안정적 | 통제 불가능 |
| 운 | 외적 | 불안정적 | 통제 불가능 |

## 14

고전적 조건형성에 대한 설명으로 맞는 것은?

① 중립자극은 무조건 자극 직후에 제시되어야 한다.

② 행동변화의 효과를 거두기 위해서는 적절한 반응의 수나 비율에 따라 강화가 이루어져야 한다.

③ 적절한 행동은 즉시 강화하고, 부적절한 행동은 무시함으로써 새로운 행동을 가르칠 수 있다.

④ 대부분의 정서적인 반응들은 고전적 조건형성을 통해 학습될 수 있다.

**해설** • 조건형성을 위해 중립자극을 무조건 자극 직후에 제시하지 않아도 되며, 무조건 자극 전에 동시에 또는 후에 제시할 수도 있다.
• 보상을 제시하여 특정 행동에 대한 반응을 증가시키는 강화는 조건적 조건화이다.
• 고전적 조건화로 정서반응을 학습할 수 있다. 일례로 엘리베이터에 갇힌 경험이 있는 사람은 다른 시간, 상황에서도 엘리베이터를 타기를 두려워하는 것이 이에 속한다.

## 15

인상형성에 관한 설명으로 틀린 것은?

① 인상형성 시 정보처리를 할 때 최소의 노력으로 빨리 처리하려고 하기 때문에 많은 오류나 편향을 나타내는데, 이러한 현상에서 인간을 '인지적 구두쇠'라고 보는 입장도 있다.

② 내현성격이론은 사람들이 인상형성을 할 때 타인과 관련된 다양한 정보를 통합적이고 객관적으로 평가하는 것을 말한다.

③ Anderson은 인상형성과 관련하여 가중평균모형을 주장했다.

④ 인상형성 시 긍정적인 정보보다 부정적인 정보가 더 큰 영향을 미치는데, 이를 부정성효과라고 한다.

**해설** • 내현성격이론 : 한두 가지 단서를 통하여 마치 그런 성격을 가진 것처럼 추론하는 일반적인 경향성을 의미한다.
• 인지적 구두쇠 : 개인이 사회적 정보를 처리할 때 최소의 노력을 하려는 경향을 의미한다. 정보처리의 신속성은 긍정적이지만 정확성은 떨어지는 결과를 가져올 수도 있다.

## 16

정신분석의 방어기제 중 투사에 해당하는 것은?

① 아주 위협적이고 고통스러운 충동이나 기억을 의식에서 추방시키는 것

② 반대되는 동기를 강하게 표현함으로써 자신의 동기를 숨기는 것

③ 자신이 가진 바람직하지 않은 자질들을 과장하여 다른 사람에게 부여하는 것

④ 불쾌한 현실이 있음을 부정하는 것

 • 투사 : 자신의 심리적 속성이 타인에게 있다고 보는 것으로, 자신이 가진 바람직하지 않은 자질들을 과장하여 다른 사람에게 부여하는 것이다.
• 억압 : 아주 위협적이고 고통스러운 충동이나 기억을 의식에서 추방시키는 것이다.
• 반동형성 : 반대되는 동기를 강하게 표현함으로써 자신의 동기를 숨기는 것이다.
• 부정(부인) : 불쾌한 현실이 있음을 부정하는 것이다.

**정답** 13 ④ 14 ④ 15 ② 16 ③

## 17

2015-3

Freud가 설명한 인간의 3가지 성격 요소 중 현실 원리를 따르는 것은?

① 원초아      ② 자아

③ 초자아      ④ 무의식

**해설** ② 자아(ego) : 현실적이며 합리적으로 원초아와 슈퍼에고를 조절하는 기능을 하며, 성격의 집행자이다.
- 현실의 원리 – 현실에 맞는 합리적인 방식으로 욕구 충족을 하거나 지연하거나 다른 것으로 대체한다.
① 원초아(id) : 쾌락의 원칙을 가지고 있으며 먹고 마시고 잠자는 등의 본능이다.
- 쾌락의 원리 – 본능적 욕구들을 지체 없이 즉각적·직접적으로 충족시키려 한다.
③ 초자아(Superego) : 이상적, 도덕적, 규범적이며 부모의 영향으로 받은 가치관이 작용한다.
- 양심의 원리 – 옳고 그른가에 대한 사회적 기준을 통합하며 이상을 추구한다.
④ 무의식 : 인간 정신의 심층에 잠재하고 제일 큰 비중을 차지하고 있으며 가장 강력하다. 정신세계의 가장 깊고 중요한 역할을 감당한다. 이 무의식은 개인의 행동을 지배하고 행동방향을 결정한다.

## 18

2019-1

성격심리학의 주요한 모델인 성격 5요인에 대한 설명으로 옳은 것은?

① 5요인에 대한 개인차에서 유전적 요인은 찾아볼 수 없다.

② 성실성 점수가 높은 사람의 경우 행동을 계획하고 통제하는 것을 돕는 전두엽의 면적이 더 큰 경향이 있다.

③ 뇌의 연결성은 5요인의 특질에 영향을 미치지 않는다.

④ 정서적 불안정성인 신경증은 일생동안 계속해서 증가하고 성실성, 우호성, 개방성과 외향성은 감소한다.

**해설** **성격의 5요인**
㉠ 경험에 대한 개방성(Openness to experience) : 상상력, 호기심, 모험심, 예술적 감각 등으로 보수주의에 반대하는 성향, 개인의 심리 및 경험의 다양성과 관련된 것

㉡ 성실성(Conscientiousness) : 목표를 성취하기 위해 성실하게 노력하는 성향, 과제 및 목적 지향성을 촉진하는 속성과 관련된 것으로 성실성이 높은 경우 전두엽의 면적이 큼

㉢ 외향성(Extraversion) : 다른 사람과의 사교, 자극과 활력을 추구하는 성향, 사회와 현실 세계에 대해 의욕적으로 접근하는 속성과 관련된 것

㉣ 친화성(Agreeableness) : 타인에게 반항적이지 않은 협조적인 태도를 보이는 성향, 사회적 적응성과 타인에 대한 공동체적 속성을 나타내는 것

㉤ 신경성(Neuroticism) : 분노, 우울함, 불안감과 같은 불쾌한 정서를 쉽게 느끼는 성향, 걱정, 부정적 감정 등과 같은 바람직하지 못한 행동과 관계된 것

## 19

자신과 타인의 휴대폰 소리를 구별하거나 식용버섯과 독버섯을 구별하는 것은?

① 변별      ② 일반화

③ 행동조형      ④ 차별화

**해설**
- 변별 : 유사한 두 자극의 차이를 식별하여 각각의 자극에 대해 서로 다르게 반응하는 현상
- 일반화 : 특정 자극에 대해서 반응하는 것을 학습한 유기체가 원래의 자극과 유사한 자극에서도 비슷한 반응을 보이는 것
- 행동조형 : 연속적 접근법을 사용하여 연구자가 원하는 새로운 반응을 만들어내는 절차

## 20

2018-3

기억의 인출과정에 대한 설명으로 틀린 것은?

① 인출이 이후의 기억을 증가시킬 수 있다.

② 장기기억에서 한 항목을 인출한 것이 이후에 관련된 항목의 회상을 방해할 수 있다.

③ 인출행위가 경험에서 기억하는 것을 변화시킬 수 있다.

④ 기분과 내적상태는 인출단서가 될 수 없다.

**해설** 인출단서효과 : 저장된 정보를 인출해야 하는 시점에 그 정보와 함께 저장된 정보(기분, 내적상태 등) 혹은 목표 정보와 가까이 연합되어 있는 정보를 말하는데, 이 정보가 인출할 시점에 단서로 제공되면 인출이 잘 일어나며, 정보와 특정 환경 사이의 연합이 있을 때 인출이 더 잘 일어난다.

**정답**   **17** ②   **18** ②   **19** ①   **20** ④

## 01

고전적 조건형성에서 조건자극과 무조건자극을 배열할 때 조건형성 효과가 가장 오래 지속되는 배열은?

① 후진배열　　　　② 흔적배열
③ 지연배열　　　　④ 동시적 배열

> **해설** 지연배열(지연조건형성) : 조건자극을 무조건자극에 약간 앞서 주며, 조건자극, 무조건자극을 동시에 철회하는 것으로 가장 효과적이다. 조건자극의 지속시간에 따라서 단기 지연조건형성과 장기 지연조건형성으로 나뉜다.
> ① 후진배열(역행조건형성) : 무조건자극이 주어진 다음 조건자극이 주어지는 것으로 가장 비효율적인 방법이며, 거의 쓰이지 않는다.
> ② 흔적배열(흔적조건형성) : 조건자극이 먼저 주어지고 난 후 무조건자극이 주어지며, 조건자극이 철회된 후 무조건자극이 철회된다.
> ④ 동시적 배열(동시조건형성) : 조건자극, 무조건자극이 동시에 주어지고 동시에 철회되므로, 구별하기 어려워 비효율적이다.

## 02

2015-1

조건형성의 원리와 그에 해당하는 예를 잘못 연결시킨 것은?

① 조작적 조건형성의 응용 – 행동수정
② 소거에 대한 저항 – 부분 강화 효과
③ 강화보다 처벌 강조 – 행동 조성
④ 고전적 조건형성의 응용 – 유명연예인 광고모델

> **해설** 행동조성은 차별강화와 점진적 접근으로 이루어져 있다. 차별강화는 어떤 반응에는 강화를 주고 어떤 반응에는 강화를 주지 않는다는 것을 의미하고, 점진적 접근이란 목표행동에 근접하는 행동에만 강화를 준다는 것을 의미한다. 이러한 까닭에 행동조성을 점진적 접근의 원리라고 부르기도 한다. 따라서 행동조성을 위해서는 강화가 강조된다고 할 수 있다.

## 03

성격의 5요인 이론 중 다른 사람들의 복지에 대해 관심을 가지며, 사람들을 신뢰하고, 다른 사람에 대해 편견을 덜 갖는 경향을 나타내는 것은?

① 개방성(Openness)
② 외향성(Extraversion)
③ 우호성(Agreeableness)
④ 성실성(Conscientiousness)

> **해설** 우호성(친화성)(Agreeableness) : 타인에게 반항적이지 않은 협조적인 태도를 보이는 성향이다. 사회적 적응성과 타인에 대한 공동체적 속성을 나타내는 것으로, 이타심, 애정, 신뢰, 배려, 겸손 등과 같은 특질을 포함한다.
> ① 개방성(Openness) : 상상력, 호기심, 모험심, 예술적 감각 등으로 보수주의에 반대하는 성향이다.
> ② 외향성(Extraversion) : 다른 사람과의 사교, 자극과 활력을 추구하는 성향이다.
> ④ 성실성(Conscientiousness) : 목표를 성취하기 위해 성실하게 노력하는 성향이다.

## 04

2017-1

다음은 무엇에 관한 설명인가?

> 방어기제 중 우리가 가진 바람직하지 않은 자질들을 과장하여 다른 사람들에게 부여함으로써 우리의 결함을 인정하지 않도록 막아주는 것

① 부인　　　　② 투사
③ 전위　　　　④ 주지화

> **해설** 투사는 자신의 심리적 속성 중에서 바람직하지 않은 것들에 대해 자신에게는 있지 않고 이 속성이 마치 타인에게 있다고 보는 것이다.
> ① 부인 : 고통을 주는 사실을 부정하는 것을 말한다.
> ③ 전위 : 내적인 충동이나 욕망을 관련된 대상이 아닌 다른 대상에게 분출하는 것을 말한다. '종로에서 뺨 맞고 한강에서 눈 흘긴다.'는 속담은 바로 이 전위를 잘 설명하는 예시이다.
> ④ 주지화 : 고통스럽고 불편한 감정을 최소화하기 위해 단어, 정의, 이론적 개념 등을 사용하는 것을 말한다.

**정답** 　01 ③　02 ③　03 ③　04 ②

## 05

다음 설명에 해당하는 것은?

> • 아동들의 자기개념이 왜 우선적으로 남자-여자 구분에 근거하는지를 설명하고자 한다.
> • 아동에게 성이라는 렌즈를 통해 세상을 보도록 가르치는 문화의 역할을 중요시한다.

① 사회학습 이론     ② 인지발달 이론
③ 성 도식 이론     ④ 정신분석학 이론

**해설** 성 도식 이론은 세상을 구조화하는 인지적 메커니즘인 도식의 중요성을 강조하며 성에 대한 우리의 생각을 구조화하는 성 도식에 의해 형성된다고 주장한다. 성 도식 이론은 자연적인 인지발달 과정에 따라 성에 대한 개념이 형성되는 인지이론과는 견해가 다르고, 성 도식은 매우 뿌리깊게 내재화되어 있기 때문에 우리 스스로는 그것의 영향력을 깨닫기 어렵다고 본다.

## 06

심리검사의 오차유형 중 측정 결과에 변화를 주는 것은?

① 해석적 오차     ② 항상적 오차
③ 외인적 오차     ④ 검사자 오차

**해설** 심리검사를 할 때에는 오차가 존재하는데 해석상 발생할 수 있는 오차나 항상 일어나는 항상성 오차, 검사자가 원인이 되는 검사자 오차 등은 결과에 큰 영향을 주지는 않는다. 하지만 신뢰도나 타당도, 모집단 동질성, 변인 같은 내인적, 외인적 오차는 심리검사 결과에 큰 영향을 준다.
• 해석적 오차 : 측정결과를 설명하는 것으로 인해 생긴 오차이다.
• 항상성 오차 : 실험, 측정, 검사 따위의 시기나 횟수에 관계없이 일정하게 작용하는 오차이다.
• 검사자 오차 : 심리검사를 측정할 때 검사자에 의해 생기는 오차이다.

## 07

프로이트(S. Freud)의 성격 구조에 관한 설명으로 옳은 것은?

① 자아는 현실원리를 따르며 개인이 현실에 적응하도록 돕는다.
② 자아는 일차적 사고과정을 따른다.
③ 자아는 자아이상과 양심으로 구성되어 있다.
④ 초자아는 성적욕구와 관련된 것으로 쾌락의 원리를 따른다.

**해설** 프로이트는 성격구조를 원초아(id), 자아(ego), 초자아(superego)로 나누었다.
• 원초아(Id) : 쾌락의 원리를 지니고 있으며 먹고 마시고 잠자는 등의 본능을 말한다.
• 자아(Ego) : 현실적 원리를 지니고 있다. 현실적·합리적으로 원초아와 초자아를 조절하는 기능을 하며, 성격의 집행자이다.
• 초자아(Superego) : 양심의 원리를 지니고 있다. 이상적·도덕적·규범적이며 부모의 영향으로부터 받은 가치관이 작용한다.

## 08

검사에 포함된 각 질문 또는 문항들이 동일한 것을 측정하는 정도를 나타내는 것은?

① 내적일치도     ② 경험타당도
③ 구성타당도     ④ 준거타당도

**해설** 내적 일치도는 한 검사에 있는 문항 하나 하나를 각각 독립된 별개의 검사로 간주하여 그들 사이의 합치성, 동질성, 일치성을 종합하여 신뢰도를 추정하는 방법이다.
1에 가까운 경우 신뢰도가 높다고 주장하며, 내적 일치도가 높아야 '신뢰성 있는 도구'라고 할 수 있다.

**정답**   05 ③   06 ③   07 ①   08 ①

## 09

성격과 환경 간의 상호작용 중 개인의 성격은 타인으로부터 독특한 반응을 이끌어낸다는 것은?

① 유도적 상호작용
② 반응적 상호작용
③ 주도적 상호작용
④ 조건적 상호작용

**해설** 개인의 성격이 타인의 독특한 반응을 유도하기 위하여 성격과 환경 간의 상호작용을 시도하기 때문에 유도적 상호작용이라 할 수 있다.

## 10

켈리(Kelly)의 개인적 구성개념이론에 관한 설명으로 옳지 않은 것은?

① 성격 연구의 목적은 개인이 자신과 자신의 사회적 세상을 해석하는 데 사용하는 차원을 찾는 것이어야 한다.
② 개개인을 직관적 과학자로 보아야 한다.
③ 특질검사는 개인의 구성개념을 측정하기에 가장 적합하다.
④ 구성개념의 대조 쌍은 논리적으로 반대일 필요가 없다.

**해설** 켈리(George Kelly)의 성격이론은 개인이 자신의 삶을 해석하는 방법에 맞추어져 있다. 즉, 개인 구성개념은 개인이 인생의 사건을 해석하거나 설명하기 위해서 고안된 지적 가설이다. 켈리의 인간에 대한 연구는 모든 인간이 과학자라는 가정, 즉 과학자로서 인간(man-the-scientist) 관점에 근거하였다.
켈리는 치료자가 내담자의 개인적 구성개념 체계를 이해하는 것을 돕기 위하여 '역할구성개념 목록 검사(Role Construct Repertory Test ; Rep Test)'를 개발하였으며, 역할 시연 기법을 사람들이 새로운 조망을 얻도록 돕기 위하여, 그리고 보다 편리한 생활방식을 생성하기 위하여 고안된 치료 절차로 사용하였으며, 이를 '고정역할치료(fixed role therapy)'라고 불렀다.

## 11

 2020-1 2016-1

성격의 정의에 관한 설명으로 틀린 것은?

① 성격에는 개인이 가지고 있는 고유하고 독특한 성질이 포함된다.
② 개인의 독특성은 시간이 지나도 비교적 안정적으로 변함없이 일관성을 지닌다.
③ 성격은 다른 사람이나 환경과 상호작용하는 관계에서 행동양식을 통해 드러난다.
④ 성격은 타고난 것으로 개인이 속한 가정과 사회적 환경에 영향을 받지 않는다.

**해설** 여러 성격 연구자들이 성격을 정의하는 데 있어 공통적으로 강조하는 성격의 특성은 독특성, 안정성 및 일관성이다. 성격은 태어날 때부터 유전적으로 가지고 있을 뿐 아니라, 성장과 함께 학습하면서 생기게 된 것으로 개인이 속한 가정과 사회적 환경에 영향을 받는다.

## 12

2018-3

단기기억의 특성이 아닌 것은?

① 정보의 용량이 매우 제한적이다.
② 작업기억(working memory)이라 불린다.
③ 현재 의식하고 있는 정보를 의미한다.
④ 거대한 도서관에 비유할 수 있다.

**해설** 용량의 제한이 없고 매우 지속적이어서 거대한 도서관에 비유할 수 있는 기억은 장기기억이다.
\* 단기기억은 현재 인식하고 있는 정보를 의미하여, 정보를 20~30초 동안 유지할 수 있으나 저장용량이 비교적 제한되어 있다. 개인의 기억 용량 차이나 자료의 성질에 따라 차이가 있지만 대부분 7±2 정도의 저장 용량을 가진다. 최근에는 단기기억의 활용적 측면을 강조하여 작업기억(Working Memory)이란 명칭을 흔히 사용하고 있다.

**정답** **09** ① **10** ③ **11** ④ **12** ④

## 13

사람들이 자기 자신의 행동을 설명할 때 현저한 상황적 원인들은 지나치게 강조하고 사적인 원인들은 미흡하게 강조하는 것은?

① 사회억제 효과
② 과잉정당화 효과
③ 인지부조화 현상
④ 책임감 분산 효과

**해설** 과잉정당화 효과는 외부에서 귀인되는 많은 요인들로 인하여 내적 요인의 효과가 감소하는 것을 말한다.

> **과잉정당화의 효과 실험**
> 1970년대에 미국 심리학자들은 3~5세나 초등학교 아이들을 상대로 여러 가지 실험을 했다. 한 실험에서는 아이들에게 그림을 그리거나 수학 문제를 풀게 하면서 아주 잘했다는 의미로 리본 등과 같은 보상을 주는 경우와 그렇지 않은 경우를 비교했다. 그랬더니 놀랍게도 보상을 받은 아이들은 처음엔 재미있게 하던 일에 급격히 흥미를 잃는 일이 벌어졌다.
> 이 실험은 내적 동기로 인해서 하던 일에 보상이 주어질 경우 내적 동기가 약화되면서 흥미를 잃게 됨을 증명한다. 자기 행동의 원인을 보상으로 정당화시키는 것인데, 이를 그 정당화가 지나치다는 의미에서 '과잉정당화 효과(overjustification effect)'라고 한다.

## 14

연구방법의 주요 개념에 관한 설명으로 옳지 않은 것은?

① 측정 : 한 변인의 여러 값들에 숫자를 할당하는 체계
② 실험 : 원인과 결과에 대한 가설을 정밀하게 검사하는 것
③ 실험집단 : 가설의 원인이 제공되지 않는 집단
④ 독립변인 : 실험자에 의해 정밀하게 통제되는 가설의 원인으로서 참가자의 과제와 무관한 변인

**해설** 집단으로는 실험집단, 통제집단, 비교집단이 있는데, 실험집단은 가설의 원인(처치)이 제공되는 집단이며, 가설의 원인(처치)이 제공되지 않는 집단은 통제집단이다. 비교집단은 실험집단과 비교하는 집단이다.

## 15

사랑의 삼각형 이론에서 사랑의 3가지 요소에 포함되지 않는 것은?

① 관심(Attention)
② 친밀감(Intimacy)
③ 열정(Passion)
④ 투신(Commitment)

**해설** **사랑의 삼각형 이론(Triangular theory of love)**
심리학자 로버트 스턴버그(Robert Sternberg)가 개발한 사랑에 관련된 이론으로 사랑은 친밀감, 열정, 헌신(투신)이라는 요소로 구성된다고 주장한다.
- 친밀감(Intimacy) : 따뜻한 측면으로 상대와 가깝고 편한 느낌으로 서로를 잘 이해함
- 열정(Passion) : 사랑의 동기적 측면을 구성하며 강렬한 욕망을 동반함
- 투신(헌신)(Commitment) : 상대방을 사랑하겠다는 결정과 행동을 의미하여 상대에 대한 책임의식을 나타냄

## 16

2019-3  2018-1

사람들은 혼자 있을 때보다 자신과 같은 일을 수행하고 있는 다른 사람들이 있을 때 수행이 향상된다는 것을 지칭하는 것은?

① 동조효과
② 방관자효과
③ 사회촉진
④ 사회태만

**해설** 사회적 촉진은 혼자일 때보다 타인이 존재할 때 개인의 수행 능력이 더 좋아지는 현상으로 타인의 존재가 일종의 자극제로 작용하여 행동 동기를 강화시킨다는 것이다.
① 동조효과 : 개인이 자신의 행동을 집단의 행동기준과 일치되도록 조정하는 것
② 방관자효과 : 주위에 사람들이 많을수록 어려움에 처한 사람을 돕지 않게 되는 현상
④ 사회태만 : 혼자 일할 때보다 집단으로 일할 때 노력을 절감해서 개인적 수행능력이 저하되는 현상

**정답**  13 ②  14 ③  15 ①  16 ③

## 17

다음의 설명에 해당하는 것은?

> 척도상의 대표적 수치를 의미하며 평균, 중앙치,
> 최빈치가 그 예이다.

① 빈도분포값　　② 추리통계값
③ 집중경향값　　④ 변산측정값

**해설** 집중경향(Central tendency)은 전반적 수준을 나타내는
지수로서 '대푯값'이라고도 하며, 집중경향으로는 산술평
균, 중앙값, 최빈값 등이 있다.
① 빈도분포 : 변동량에 대해서 그 변동량이 발생하는 빈
　도를 변동의 레벨이 낮은 쪽에서 높은 쪽으로 레벨별로
　차례로 표현하는 것
② 추리통계 : 주어진 표본집단을 통하여 전체 집단의 모
　수치를 추정하는 통계적 방법
④ 변산도는 점수가 흩어진 정도로 변산도 지수는 범위,
　분산, 사분위수범위, 사분편차, 평균편차, 표준편차 변
　동계수 등이 있다.

## 18

기억에 정보를 저장하기 위해서 환경의 물리적 정보
의 속성을 기억에 저장할 수 있는 속성으로 변화시
키는 과정은?

① 주의과정　　② 각성과정
③ 부호화과정　　④ 인출과정

**해설** 자극에 주의를 기울여 그 자극을 기억 속에 집어넣을 수
있도록 부호화하여 저장한다.
**기억의 주요 과정 3단계**
• 1단계 – 습득 또는 부호화 : 주의과정을 기울여 입력하여
　저장할 수 있도록 부호화한다.
• 2단계 – 저장 : 습득한 정보를 저장하기 위해 의식적 노
　력을 하며 단기기억으로 저장된 정보 중 일부는 장기기
　억 저장고에 보관되어 유지된다.
• 3단계 – 인출 : 정보를 사용하기 위해 저장된 것을 끄집
　어 내는 과정이다.

## 19

통계분석에 관한 설명으로 옳지 않은 것은?

① 2개의 모평균 간에 차이가 있는지를 검정하기 위
　해서 중다회귀분석(multiple regression anal-
　ysis)을 이용한다.
② 3개 또는 그 이상의 평균치 사이에 차이가 있는
　지를 검정하기 위해서 분산분석을 사용한다.
③ 빈도 차이의 유의성을 검증하기 위해서 $x^2$검정을
　사용한다.
④ 피어슨 상관계수 r은 근본적으로 관련성을 보여
　주는 지표이지 어떠한 인과적 요인을 밝혀주지는
　않는다.

**해설** 2개의 모평균 간에 차이가 있는지를 검정하기 위해 사용되
는 것은 t검정이다.
t검정은 독립된 두 집단 간 표본평균의 차이를 검정하거나
단일 집단내 종속관계에 있는 두 변수의 평균값의 차이를
검정하는 방법이다.
중다회귀분석은 다수의 독립변수, 1개의 종속변수로 알지
못하는 사회현상을 설명할 때 사용한다.

## 20

소거(extinction)가 영구적인 망각이 아니라는 증거
가 될 수 있는 것은?

① 변별　　② 조형
③ 자극 일반화　　④ 자발적 회복

**해설** 소거가 되어 능력을 상실한 것처럼 보이는 반응이 어느 정
도 시간이 지나면 다시 나타나는 현상을 자발적 회복이라
한다. 이는 소거가 영구적 망각이 아니라는 증거이다.
① 변별 : 유사한 두 자극의 차이를 식별하여 각각의 자극
　에 대해 서로 다르게 반응하는 현상
② 조형 : 연속적 접근법을 사용하여 연구자가 원하는 새
　로운 반응을 만들어 내는 절차
③ 자극 일반화 : 특정 자극에 대해서 반응하는 것을 학습
　한 유기체가 원래의 자극과 유사한 자극에서도 비슷한
　반응을 보이는 것

## 01

2018-3  2013

**인지부조화 이론의 예로 옳지 않은 것은?**

① 지루한 일을 하고 1000원 받은 사람이 20000원 받은 사람에 비해 그 일이 재미있다고 생각한다.

② 열렬히 사랑했으나 애인과 헤어진 남자가 떠나간 애인이 못생기고 성격도 나쁘다고 생각한다.

③ 빵을 10개나 먹은 사람이 빵을 다 먹고 난 후, 자신이 배가 고팠음을 인식한다.

④ 반미적인 태도를 지닌 사람이 친미적인 발언을 한 후 친미적 태도로 변화되었다.

**해설** 사람들은 태도와 행동이 불일치 할 때, 인지부조화 현상을 경험한다.

> **레온 페스팅거(Leon Festinger)의 인지부조화 실험**
>
> 페스팅거는 학생들에게 과제를 1시간 동안 하게 하고, 이 실험이 재미있다는 소문을 내게 했다. 그는 A집단에는 이 요청을 하면서 20달러를, B집단에는 1달러를 주었다. 그런데 두 집단을 비교했을 때 흥미롭게도 1달러를 받은 B집단이 20달러를 받은 A집단보다 더 이 실험을 재미있고 유익하다고 평가했다. 이를 인지부조화 현상이라고 한다.
>
> 위와 같은 결과가 나온 이유는, B집단이 자신들은 돈도 적게 받았는데 이 지루한 실험에 1시간 동안 참가했다는 불편한 생각 혹은 감정(부조화)을 해소하기 위해 왜곡된 "합리화" 반응을 하였기 때문이었다. 한편 20달러를 받은 집단은 지루했지만 20달러를 받아서 불만이 없었던 것이다.
>
> 이렇듯 인지부조화란, 심리적 일관성을 추구하는 경향이 있는 사람들이 태도와 행동이 불일치 할 때, 불편감이 생겨 조화로운 상태를 회복하려는 동기가 유발되는 것을 의미한다.

③의 문항은 인지부조화가 아니라 자신이 빵을 먹은 이유에 대해서 자각을 한 것이다.

## 02

**마음에 용납할 수 없는 충동들에 의해 야기되는 불안을 감소시키기 위해 사용하는 방법은?**

① 흥분성 조건형성　　② 자기규제

③ 방어기제　　④ 억세성 조건형성

**해설** 세 자아 간에 지속적으로 갈등이 일어나면 심적인 불안이 생기게 된다. 이때 자아는 이 불안으로부터 자신을 보호하고 마음의 평정을 회복하기 위해 무의식적으로 불안을 방어하여 감소시키는 기제를 만들어내는데 이를 자아방어기제라 한다.

## 03

2017-3  2013

**단기기억의 기억용량을 나타내는 것은?**

① 3±2개　　② 5±2개

③ 7±2개　　④ 9±2개

**해설** 단기기억의 기억용량은 7±2이다.

기억대상인 정보를 서로 의미 있게 연결하거나, 분리되어 있는 항목을 보다 큰 묶음으로 조합함으로써 기억의 효율성을 증진시키기 위한 것으로, 01002423059를 짧은 순간 내에 정확히 기억하기는 어렵지만, 010-0242-3059로 나누어 기억한다면 보다 쉽게 기억할 수 있다.

01002423059는 11개 덩어리지만 010-0242-3059는 세 덩어리로 본다.

기억이론에서 의미를 가진 덩어리(청킹)라는 뜻으로 단기기억 용량은 7덩어리를 기준으로 한두 개 많거나 한두 개 적게 기억한다는 것이다.

## 04

2015-1

**심리학의 연구방법 중 인간의 성행동을 연구한 킨제이(Kinsey)와 그의 동료들이 남성의 성행동과 여성의 성행동을 연구하기 위해 주로 사용한 것은?**

① 실험　　② 검사

③ 설문조사　　④ 관찰

**해설** 킨제이(1894-7956)는 미국 인디애나 대학교 동물학과 교수로 성에 관한 자료가 부족하다는 사실에 연구를 결심하여 거의 전 연령층을 대상으로 다양한 내용으로 연구를 시도하였다. 여러 가지 가능한 성 행동 관점에서 35여 개의 문항을 만들어 조사하여, 1948년 「남성 성 행동」, 1953년 「여성 성 행동」 보고서를 출간하였다.

**정답** ┃ 01 ③　02 ③　03 ③　04 ③

## 05

표본조사에 대한 설명으로 옳지 않은 것은?

① 연구자가 모집단의 모든 성원을 조사할 수 없을 때 표본을 추출한다.
② 모집단의 특성을 일반화하기 위해서는 표본은 모집단의 부분집합이어야 한다.
③ 표본의 특성을 모집단에 일반화하기 위해서 무선표집을 사용한다.
④ 표본추출에서 표본의 크기가 작을수록 표집오차도 줄어든다.

**해설** 표본조사(survey)는 사람들이 행동, 태도, 신념, 의견 및 의도를 기술하도록 설문지 또는 특별한 면접을 통해 표본집단에 대하여 연구하는 방법으로 표본의 크기가 클수록 표집오차는 줄어든다.

## 06

Piaget의 인지발달 단계 중 보존개념이 획득되는 시기는?

① 감각운동기　　　② 전조작기
③ 구체적 조작기　　④ 형식적 조작기

**해설** 구체적 조작기가 되어야 보존개념이 획득되어 물체의 모양이 바뀌어도 물리적 특성은 동일하다는 사실을 인식한다. 구체적 조작기에는 가역성의 개념이 형성되고 탈중심화되며 분류조작, 서열조작, 공간적 추론이 가능해져 논리적 사고로 문제해결이 가능하다.

## 07

생후 22주 된 아동들은 사물이나 대상이 눈앞에 보이지 않더라도 계속 존재한다는 것을 안다. 이를 나타내는 것은?

① 대상영속성　　　② 지각적 항상성
③ 보존　　　　　　④ 정향반사

**해설** 피아제의 인지발달에서 0~2세의 감각운동기에 물체가 시야에서 사라지더라도 그 물체가 계속해서 존재한다는 사실을 획득하는 대상영속성이 가능하다. 전조작기로 이행하는 필수적 능력으로 머릿속으로 그 대상에 대한 표상, 심상을 그릴 수 있다는 것이다.

## 08

다음 중 '고통스러운 상황을 추상적이고 지적인 용어로 대처함으로써 그 상황으로부터 멀어지려고 하는 것'과 관련된 방어기제는?

① 합리화
② 주지화
③ 반동형성
④ 투사

**해설** 고통스럽고 불편한 감정을 회피하기 위하여 지적이고 추상적인 단어나 정의, 이론적 개념 등을 사용하는 방어기제를 주지화라 한다.
① 합리화 : 잘못된 견해나 행동이 그럴 듯한 이유로 정당하게 되는 것
③ 반동형성 : 겉으로 나타나는 태도나 언행이 마음속의 욕구와 반대되는 것
④ 투사 : 자신의 심리적 속성이 타인에게 있다고 보는 것

## 09

새로운 자극이 원래 CS와 유사할수록, 조건반응을 촉발할 가능성이 크다는 학습의 원리는?

① 일반화
② 변별
③ 획득
④ 소거

**해설** 일반화(자극일반화)는 특정 자극에 대해서 반응하는 것을 학습한 유기체가 원래의 자극과 유사한 자극에서도 비슷한 반응을 보이는 것을 의미한다.
② 변별 : 유사한 두 자극의 차이를 식별하여 각각의 자극에 대해 서로 다르게 반응하는 현상
③ 획득(습득) : 새로운 조건반응이 형성 또는 확립되는 과정
④ 소거 : 조건 반응의 강도가 점차 약화되고 결국에는 완전히 사라지는 것

**정답** 05 ④　06 ③　07 ①　08 ②　09 ①

## 10

**고전적 조건형성에 대한 설명으로 옳지 않은 것은?**

① 조건자극과 무조건 자극이 빈번하게 짝지어지면 조건형성이 더 잘 일어난다.

② 무조건 자극이 조건자극에 선행하는 경우에 조건 형성이 더 잘 일어난다.

③ 조건형성이 소거된 후 일정시간이 지난 후 조건 자극이 주어지면 여전히 조건 반응이 발생하기도 한다.

④ 학습과정에서 제시되지 않았던 자극이라도 조건 자극과 유사하면 조건반응을 유발시킬 수 있다.

> **해설** 고전적 조건형성을 위해서는 시간의 원리가 중요한데 조건 자극은 무조건자극보다 바로 전에 제시되어야 조건형성이 더 잘 이루어진다. 무조건자극이 선행된 이후에 조건자극 이 제시되면 조건형성이 어려워진다.
> ③은 자발적 회복에 대한 설명이며, ④는 일반화(자극일반화)에 대한 설명이다.

## 11

**강화에 관한 설명으로 옳지 않은 것은?**

① 계속적 강화보다는 부분 강화가 소거를 더욱 지연시킨다.

② 고정비율 계획보다는 변화비율 계획이 소거를 더욱 지연시킨다.

③ 강화가 지연됨에 따라 그 효과가 감소한다.

④ 어떤 행동에 대해 돈을 주거나 칭찬을 해주는 것은 일차 강화물이다.

> **해설** 일차강화물은 기본적인 생리적 요구를 충족하는 자극으로 물, 음식, 성행위 등이며, 이차 강화물은 학습해야 하고 가치를 가져야 하는 것으로 점수, 칭찬, 토큰 등이다.

## 12

2015-3

**현상학적 성격이론에 관한 설명으로 옳지 않은 것은?**

① 사건 자체가 아니라 그 사건에 대한 개인의 주관적 경험이 행동을 결정한다.

② 세계관에 대한 개인의 행동을 예측하고 이해하기 위해서는 개인의 지각을 이해해야 한다.

③ 어린 시절의 동기를 분석하기보다는 앞으로 무엇이 발생할 것인가에 초점을 둔다.

④ 선택의 자유를 강조하는 인본주의적 입장과 자기 실현을 강조하는 자기이론적 입장을 포함한다.

> **해설** 로저스의 현상학적 성격이론에 대한 설명으로, '현상학적' 이란 주관적으로 지각한 세계를 의미하며 동일한 현상이라 도 개인에 따라 다르게 지각하므로 개인의 주관적 경험이 중요하고, 이에 따라 행동이 결정된다는 것이다. 이 속성 때문에 개인은 서로 다른 독특한 특성을 보인다.
> 로저스는 인본주의적이며 자기실현을 강조하고, 개인의 주관적 경험과 '지금-여기에'를 강조한다.

## 13

2017-1  2013  2011

**자극추구 성향에 관한 설명으로 옳은 것은?**

① Eysenck는 자극추구 성향에 관한 척도를 제작했다.

② 자극추구 성향이 높을수록 노아에피네프린(NE) 이라는 신경전달물질을 통제하는 체계에서의 흥분수준이 낮다는 주장이 있다.

③ 성격특성이 일부 신체적으로 유전된다는 주장을 반박하는 근거로 제시된다.

④ 내향성과 외향성을 구분하는 생리적 기준으로 사용된다.

> **해설** 노아에피네프린(NE)은 스트레스 상황에 처한 경우 분비되는 뇌의 신경전달물질로서 자극추구 성향이 높을수록 NE를 통제하는 체계에서 낮은 흥분 수준을 나타낸다.
> • 자극추구 성향척도(SSS ; Sensation Seeking Scale)를 제작한 사람은 주커만이며, 주커만은 자극추구 성향으로 인한 행동적 기질이 유전과 관련있다고 하였다.
> • 아이젱크(Eysenck)는 요인분석이라는 통계적 방법을 활용하여 내향성-외향성, 신경증적 경향성, 정신병적 경향성의 3가지 기본적인 성격차원을 발견하였다.

**정답**  10 ②  11 ④  12 ③  13 ②

## 14

전망이론(prospect theory)에 관한 설명으로 옳은 것은?

① 범주의 모든 구성원이 공유하고 있지는 않지만 범주 구성원을 특정짓는 속성이 있다.

② 사람들은 잠재적인 손실을 평가할 때 위험을 감수하는 선택을 하고, 잠재적인 이익을 평가할 때는 위험을 피하는 선택을 한다.

③ 우리는 새로운 사례와 범주의 다른 사례에 대한 기억을 비교함으로써 범주 판단을 한다.

④ 우리는 어떤 것이 일어날 가능성이 얼마인지를 결정하고, 그 결과의 가치를 판단한 후, 이 둘을 곱하여 결정을 내린다.

**해설** 전망이론은 사람들의 효용수준이 이익보다 손실에 더 민감하며 특히 이익구간에서는 안전한 선택을, 손실구간에서는 위험한 선택을 선호하게 된다고 한다.
  이익구간에서 빨간버튼을 누르면 50% 확률로 2억 원을 획득하고, 초록버튼을 누르면 100% 확률로 1억 원을 획득할 경우 사람들은 안전한 선택인 초록버튼을 누른다.
  손실구간에서 빨간버튼을 누르면 50% 확률로 0원을 손해보고 또 50% 확률로 1억 원을 손해보며, 초록버튼을 누르면 100% 확률로 5천만 원을 손해볼 경우 사람들은 손실위험을 감수하고 빨간버튼을 누른다.

## 15

2015-1

"통계적으로 유의미하다"라는 말의 뜻을 나타내는 것은?

① 실험 결과가 우연이 아닌 실험 처치에 의해서 나왔다.

② 실험 결과를 통계적 방법을 통해 분석할 수 있다.

③ 실험 결과가 통계적 분석 방법을 써서 나온 것이다.

④ 실험 결과가 통계적 혹은 확률적 현상이다.

**해설** "통계적으로 유의미하다"라는 뜻은 실험결과를 통계적으로 분석하였을 때 처치에 대한 효과성이 입증되었다는 것으로, 실험결과가 우연이 아닌 실험처치에 의한 것이기에 의미가 있다는 것이다.

## 16

쏜다이크(Thorndike)가 제시한 효과의 법칙(law of effect)과 관련이 없는 것은?

① 고전적 조건 형성     ② 도구적 조건 형성
③ 시행착오 학습       ④ 문제상자(puzzle box)

**해설** 고전적 조건 형성은 파블로프와 관련된다.

## 17

2014

방어기제 중 성적인 충동이나 공격성을 사회적으로 용인된 바람직한 방향으로 변화시켜 표현하는 것은?

① 합리화          ② 주지화
③ 승화            ④ 전위

**해설** 원초적이며 용납될 수 없는 충동을 억제하는 데 사용되던 에너지가 사회적으로 용납될 수 있는 방향으로 방출되며, 이러한 과정에서 욕구는 억제되지 않고 방출되고 충족되지만 욕구의 대상과 목적은 사회적으로 바람직한 방향으로 바뀌게 된다.

## 18

기억유형 중 정서적으로 충만한 중요한 사건을 학습하였던 상황에 대한 명료하면서도 비교적 영속적인 것은?

① 암묵기억         ② 섬광기억
③ 구성기억         ④ 외현기억

**해설** 매우 놀랍고 중요한 사건으로 정서적 각성을 일으키는 사건에 대한 기억은 매우 상세한 내용까지도 오랫동안 생생한데 바로 이러한 기억을 섬광기억이라 한다.
  • 암묵기억 : 무의식적이고 간접적으로 접근 가능한 기억이며, 우연적이고 비의도적인 기억
  • 구성기억 : 어떤 일에 대한 보다 더 완전하고 자세한 이해를 위해 기존의 기억 속에 저장되어 있던 일반 지식을 이용하는 것
  • 외현기억 : 자신이 기억하고 있다는 것을 자각할 수 있는 기억이며, 의도적으로 저장한 기억

**정답**  14 ②   15 ①   16 ①   17 ③   18 ②

## 19

2015-1  2012

**척도와 그 예가 올바르게 짝지어진 것은?**

① 명명척도 : 운동선수 등번호

② 서열척도 : 온도계로 측정한 온도

③ 등간척도 : 성적에서의 학급석차

④ 비율척도 : 지능검사로 측정한 지능지수

**해설** 온도-등간척도, 학급석차-서열척도, 지능지수-등간척도
- 명명척도 : 가장 낮은 수준의 측정으로 그 특징에 대해 명목상의 이름을 부여하는 것이다.
- 서열척도 : 상대적 크기를 서열화하는 것으로 상대적인 서열상의 관계를 나타낸다.
- 등간척도 : 측정치가 등간성을 가지면 1과 2의 차이, 2와 3의 차이, 3과 4의 차이 등이 모두 같은 1의 양을 차이로 가진다.
- 비율척도 : 절대 '0'점을 가지고 있으며 비례수준의 측정까지 가능하다. 명칭을 부여하고 서열을 정하며, 가감과 같은 수학적 조작까지 가능한 고차원적 측정이다.

## 20

**다음 사항을 나타내는 발견법(heuristic)은?**

> 사람들은 한 상황의 확률을 그 상황에 들어 있는 사건들 사이에 존재하는 관련성의 강도에 근거하여 추정한다.

① 대표성 발견법        ② 인과성 발견법

③ 확률 추정의 발견법    ④ 가용성 발견법

**해설** 인과성 발견법은 상황 속에서 사건들 사이에 존재하는 관련성의 강도에 근거해 확률을 추정하는 것이다.
- 대표성 발견법 : 어떤 사건이나 대상이 일어나거나 특정 범주에 속할 확률을 추정했을 때 실제 확률을 계산하는 것이 아니라 그 사건이나 대상이 얼마나 대표적인지를 가지고 확률을 추정하는 방법이다.
- 가용성 발견법 : 대부분의 사람들은 어떤 사례들이 얼마나 쉽게 많이 머릿속에 떠오르는지에 의해 확률을 예측한다. 사람들은 매체를 통해 살인사건에 관한 기사를 많이 접하여, 실제 살인사건으로 죽는 사람보다 심장마비로 죽는 사람이 더 많음에도 불구하고 그 반대라고 생각하는 것이다.

**정답** 19 ①  20 ②

## 01

기억의 왜곡을 줄이는 데 효과적인 방법으로 가장 거리가 먼 것은?

① 반복해서 학습하기
② 연합을 통한 인출단서의 확대
③ 기억술 사용
④ 간섭의 최대화

**해설** 간섭은 기억에서 경쟁적인 연상들이 상호 갈등을 일으켜 기억하는 데 방해를 주므로 간섭을 최소화하는 것이 기억의 왜곡을 줄이는 효과적인 방법이다.
• 역행간섭은 최근에 학습한 정보가 이전에 학습한 정보를 간섭하는 것이다.
• 순행간섭은 먼저 학습한 정보가 나중에 학습한 것을 간섭하는 것이다.

## 02

설문조사에서 문항에 대한 응답을 「매우 찬성」에서 「매우 반대」까지 5개의 답지로 응답하게 만든 척도는?

① 리커트(Likert) 척도
② 써스톤(Thusrstone) 척도
③ 거트만(Guttman) 척도
④ 어의변별(semantic differential) 척도

**해설** 리커트 척도는 양극 척도 방법이며, 그 문장에 대한 긍정적 반응과 부정적 반응을 측정하는 것으로 응답범주에 명확한 서열성이 있어야 하고 설문지에서 문항들이 갖는 상대적인 강도를 결정한다. 5단계 척도를 가장 많이 사용한다.
② 써스톤척도 : 가중치가 부여된 일련의 문항을 나열하고 응답자가 각 문항에 찬성/반대를 표시하여 찬성하는 모든 문항의 가중치를 합해서 평균을 낸 척도이다.
③ 거트만척도 : 어떤 사상에 대한 태도를 질문을 통해 측정하는 것으로 특정항목에 동의할 경우 다른 항목에도 동의할 것을 함의한다.
④ 어의변별척도 : 의미분화척도, 의미변별척도라고도 하며, 개념의 의미를 다차원에서 측정하여 태도의 변화를 좀 더 정확하게 파악하기 위한 것이다.

## 03

2017-1

최빈값에 관한 설명으로 옳지 않은 것은?

① 주어진 자료 중에서 가장 많이 나타나는 측정값이다.
② 최빈값은 대표성을 갖고 있다.
③ 자료 중 가장 극단적인 값의 영향을 받는다.
④ 중심경향성 기술값 중의 하나이다.

**해설** • 집중경향(central tendency)은 전반적 수준을 나타내는 지수로서 '대푯값'이라고도 하며, 집중경향으로는 산술평균, 중앙값, 최빈값 등이 있다.
• 최빈값은 빈도가 가장 높은 점수로 예를 들어 1, 2, 2, 2, 2, 3, 3, 4, 4, 5에서 최빈값은 2이다.
• 자료 중 가장 극단적인 값의 영향을 받는 것은 산술평균이다.

## 04

2015-1

기온에 따라 학습 능률이 어떻게 달라지는가를 알아보기 위해 기온을 13℃, 18℃, 23℃인 세 조건으로 만들고 학습능률은 단어의 기억력 점수로 측정하였다. 이 때 독립변수는 무엇인가?

① 기온
② 기억력 점수
③ 학습능률
④ 예언

**해설** • 독립변수는 실험에 영향을 줄 수 있는 변인이다. 학습능률인 단어 기억력 점수에 영향을 미치는 것은 온도의 차이다.
• 종속변수는 독립변인 변화에 따라 영향을 받게 되는 변인으로 학습능률인 단어의 기억력 점수이다.

**정답** 01 ④  02 ①  03 ③  04 ①

## 05

### 인간의 동조행동에 대한 설명으로 틀린 것은?

① 집단이 전문가로 이루어져 있을수록 동조행동은 커진다.
② 대체로 집단의 크기가 커질수록 동조행동은 줄어든다.
③ 집단의 의견이나 행동의 만장일치가 깨지면 동조행동은 거의 나타나지 않는다.
④ 비동조에의 동조(conformity to nonconformity)는 행위자의 과거행동에 일관되게 행동하려는 경향이다.

**해설** 동조행동이란 개인이 자신의 행동을 집단의 행동기준과 일치되도록 조정하는 것을 의미한다. 전문가로 이루어지고, 집단의 크기가 클수록, 유대가 강할수록, 집단에 매력을 느낄수록 동조행동이 커진다.

## 06

### Kübler–Ross가 주장한 죽음의 단계에 대한 순서로 옳은 것은?

① 부정 → 분노 → 타협 → 우울 → 수용
② 분노 → 우울 → 부정 → 타협 → 수용
③ 우울 → 부정 → 분노 → 타협 → 수용
④ 타협 → 부정 → 분노 → 우울 → 수용

**해설** **죽음의 5단계**
Elisabeth Kübler–Ross는 죽음의 단계를 1단계(부정), 2단계(분노), 3단계(타협), 4단계(우울), 5단계(수용)의 총5단계로 정의하였다.
• 1단계 – 부정 : 자신이 죽음에 이르게 된다는 사실에 충격을 받고 믿지 못하는 상태이다.
• 2단계 – 분노 : 왜 하필 자신이 죽게 되는지 신이나 혹은 의사에게 분노를 표출한다.
• 3단계 – 타협 : 신이나 의사와 타협하려 하는 단계로 신에게 많은 돈을 기부할테니 죽음을 피하게 해 달라거나 혹은 의사에게 가격에 상관없이 좋은 치료제를 이용해서 자신을 치료해 달라는 부탁을 하기도 한다.
• 4단계 – 우울 : 희망을 잃어버리고 우울감에 빠지는 상태로 조용히 무력감에 빠지기도 한다.
• 5단계 – 수용 : 죽음을 받아들이는 단계이다. 긴 여행을 떠나기 전 가족이나 주변 사람들에게 잘못했던 일을 사과하거나 혹은 평온한 마무리를 조용히 기다리기도 한다.

## 07

### 다음은 무엇에 관한 설명인가?

가장 널리 사용되고 있는 성격검사로서 성격 특성과 심리적인 문제를 측정하는 데 사용되는 임상적 질문지

① 주제통각검사
② Rorschach 검사
③ 다면적 인성검사
④ 문장완성검사

**해설** 다면적 인성검사는 임상 장면에서 진단평가의 목적에서 확장되어 개인의 성격 특성 및 일상에서의 적응 수준을 평가하는 객관적 검사로 사용된다.
주제통각검사, Rorschach 검사, 문장완성검사는 질문 형식의 객관화 검사가 아닌 투사검사 종류이다.

## 08

2017-1

### 인본주의 성격이론에 대한 설명으로 옳은 것은?

① 무의식적 욕구나 동기를 강조한다.
② 대표적인 학자는 Bandura와 Watson이다.
③ 외부 환경자극에 의해 행동이 결정된다고 본다.
④ 개인의 성장 방향과 선택의 자유에 중점을 둔다.

**해설** • 인본주의 성격이론 : 인간의 본질은 합목적적, 전진적, 건설적, 현실적이고 신뢰할만한 것이라는 긍정적인 측면에서 바라보며, 개인의 성장과 선택의 자유를 중요시한다.
• 정신역동이론 : 무의식적 욕구나 동기를 강조한다.
• 행동주의이론 : 반두라, 왓슨은 행동주의 학자이며, 외부 환경자극에 의해 행동이 결정된다고 본다.

## 09

2018-3 2017-3

### 성격의 5요인 모델에 속하지 않는 것은?

① 개방성
② 성실성
③ 외향성
④ 창의성

**정답** 05 ② 06 ① 07 ③ 08 ④ 09 ④

**해설** 성격의 5요인 모델

- 개방성(Openness to experience) : 개인의 심리 및 경험의 다양성과 관련된 것으로, 지능, 상상력, 호기심, 모험심, 예술적 감각 등에 대한 특성
- 성실성(Conscientiousness) : 목표를 성취하기 위해 성실하게 노력하는 성향
- 외향성(Extraversion) : 다른 사람과의 사교, 자극과 활력을 추구하는 성향, 사회와 현실 세계에 대해 의욕적으로 접근하는 속성
- 친화성(Agreeableness) : 타인에게 반항적이지 않은 협조적인 태도를 보이는 성향, 사회적 적응성과 타인에 대한 공동체적 속성을 나타내는 것으로, 이타심, 애정, 신뢰, 배려, 겸손 등과 같은 특질을 포함
- 신경성(Neuroticism) : 분노, 우울함, 불안감과 같은 불쾌한 정서를 쉽게 느끼는 성향

## 10

2016-3

**성격의 일반적인 특성과 가장 거리가 먼 것은?**

① 독특성　　　② 안정성
③ 일관성　　　④ 적응성

**해설** 여러 성격 연구자들이 성격을 정의하는 데 있어 공통적으로 강조하는 성격의 특성은 행동 독특성, 안정성 및 일관성이다.

## 11

**프로이트(Freud)의 성격체계에서 자아(ego)의 역할이 아닌 것은?**

① 중재 역할
② 현실 원칙
③ 충동 지연
④ 도덕적 가치

**해설** 자아(ego)는 현실적이고 합리적으로 원초아와 초자아를 조절하는 기능을 하며, 성격의 집행자이다. 현실의 원리에 따라 현실에 맞는 합리적인 방식으로 욕구 충족을 하거나 지연하거나 다른 것으로 대체하는 역할을 한다.
④ 도덕적 가치에 대한 부분은 초자아가 하는 역할이다.

## 12

**다음 중 모집단의 표준편차를 적은 수의 표본자료에서 추정할 경우 사용하는 분포로 가장 적합한 것은?**

① 정규분포
② t 분포
③ $\chi^2$ 분포
④ F 분포

**해설** 모집단의 표준편차를 추정할 때 사용하는 분포는 표준정규분포, 카이 검정, F 검정 등이다. t분포는 정규분포의 평균을 측정할 때 사용되는 분포로, 표준정규분포와 유사하지만 표본이 적을 때(자유도가 30 이하) 사용한다. 이 자유도가 커질수록 표준정규분포에 가까워진다. 그래서 나머지 검정들을 대표본 검정이라고 한다면 t분포는 소표본 검정이라고 알려져 있다.
자유도는 n-1이기 때문에 자유도가 적을 때 사용되는 t분포가 나머지 세 가지 분포에 비해 적은 수의 추정자료에 근거한다고 볼 수 있다.

## 13

**효과적인 설득을 위해 고려해야 할 사항이 아닌 것은?**

① 설득자가 설득 행위가 일어난 상황에 주의를 기울일 필요가 있다.
② 설득자는 피설득자의 특질과 상태를 고려할 필요가 있다.
③ 메시지의 강도가 중요하다.
④ 설득자의 자아존중감이 무엇보다 중요하다.

**해설** 상대방을 효과적으로 설득하기 위해서는 어떤 기법을 활용하느냐보다는 설득 대상자를 관찰하고 이해하는 것과, 설득 시 상황에 대한 주의를 기울이며 상황에 맞는 메시지를 적절한 강도로 전달하는 것이 중요하다.

**정답** 　10 ④　　11 ④　　12 ②　　13 ④

www.정훈에듀.com **135**

## 14

강화계획 중 유기체는 여전히 특정한 수의 반응을 행한 후에 강화를 받지만 그 숫자가 예측할 수 없게 변하는 것은?

① 고정비율 강화계획　② 변동비율 강화계획
③ 고정간격 강화계획　④ 변동간격 강화계획

**해설**

| | |
|---|---|
| 고정간격 강화계획 | • 시간 간격이 일정한 강화계획을 의미한다.<br>• 지속성이 거의 없으며, 시간 간격이 길수록 반응빈도는 낮아진다.<br>• 월급, 정기적 시험 등 |
| 변동간격 강화계획 | • 시간 간격이 일정하지 않은 강화계획을 의미한다.<br>• 강화 시행의 간격이 다르며, 평균적으로 확인할 수 있는 시간 간격이 지난 후 강화한다. |
| 고정비율 강화계획 | • 어떤 특정한 행동이 일정한 수만큼 일어났을 때 강화를 주는 것을 의미한다.<br>• 책 100권을 읽을 때마다 50만 원의 용돈을 준다. |
| 변동비율 강화계획 | • 강화를 받는 데 필요한 반응의 수가 어떤 정해진 평균치 범위 안에서 무작위로 변하는 것을 의미한다.<br>• 반응률이 높게 유지되고, 지속성도 높으며 소거에 대한 저항도 높다.<br>• 카지노의 슬롯머신, 로또 등이 이에 속한다. |

## 15

뉴런의 전기화학적 활동에 관한 설명으로 옳지 않은 것은?

① 뉴런은 자연적으로 전하를 띠는데, 이를 활동전위라고 한다.
② 안정전위는 뉴런의 세포막 안과 밖 사이의 전하 차이를 의미한다.
③ 활동전위는 축색의 세포막 채널에 변화가 있을 경우 발생한다.
④ 활동전위는 전치 쇼크가 일정 수준 즉, 역치에 도달할 때에만 발생한다.

**해설** 축색의 내부가 바깥쪽에 비해 약 −70mv의 전합 차이를 보이게 된다. 이러한 전위차를 안정막전위 또는 안정전위라 한다. 즉, 안정전위란 아무런 자극도 가하지 않은 상태에서 축색의 내부와 바깥쪽 간에 존재하는 전위차를 말한다.

## 16

Piaget가 발달심리학에 끼친 영향과 가장 거리가 먼 것은?

① 환경 속의 자극을 적극적으로 구축하는 가설 − 생성적인 개체로 아동을 보게 하였다.
② 인간 마음의 변화를 생득적 − 경험적이라는 두 대립된 시각으로 보는 데 큰 기여를 했다.
③ 발달심리학에서 추구하는 학습이론이 구조와 규칙에 대한 심리학이 되는 데 그 기반을 제공했다.
④ 발달심리학이 인간의 복잡한 지적능력의 변화를 탐색하는 분야가 되는 데 기여했다.

**해설** 인지심리학자인 삐아제는 인간과 환경 간의 상호작용을 연구하면서 인간의 인지와 사고과정에 연구 초점을 두었다. 비고츠키의 언어의 생득성보다는 인지 기능의 선천적 능력을 인정했다.

## 17

로저스(Rogers)의 '자기 개념'에 관한 설명으로 옳지 않은 것은?

① 사람의 세상에 대한 지각에 영향을 준다.
② 상징화되지 못한 감정들로 구성되어 있다.
③ 자기에는 지각된 자기 외에 되고 싶어 하는 자기도 포함된다.
④ 지각된 경험에 의해 형성된다.

**해설** 로저스의 자기개념은 사람들이 자기에 대해 갖고 있는 조직적이고 지속적인 인식으로 지각된 경험에 의해 형성된다. 즉, 거부당하는 부정적인 경험은 부정적인 자기개념을 형성하고 긍정적인 경험은 긍정적인 자기개념을 형성한다. 사람들은 자기개념을 통해 세상을 지각하는 데 영향을 받는다.

**정답**　14 ②　15 ①　16 ②　17 ②

## 18

장기기억의 특성에 관한 설명 중 옳지 않은 것은?

① 장기기억에서 주의를 기울인 정보는 다음 기억인 작업기억으로 전이된다.

② 장기기억의 정보는 일반적으로 의미에 따라서 부호화된다.

③ 장기기억에서의 망각은 인출 실패에 따른 것이다.

④ 장기기억의 몇몇 망각은 저장된 정보의 상실에 의해 일어난다.

**해설** 장기기억은 주로 의미로 약호화하여, 현재 사용하지 않더라도 필요한 때에 저장된 정보를 사용할 수 있으나, 인출 실패나 정보 상실로 망각된다.
① 감각기억에서 주의를 기울인 정보가 단기기억(작업기억)으로 전이된다.

## 19

연합학습 이론에 대한 설명으로 틀린 것은?

① 고전적 조건형성 이론 : 능동적 차원의 행동변화

② 조작적 조건형성 이론 : 결과에 따른 행동변화

③ 고전적 조건형성 이론 : 무조건 자극과 조건자극의 짝짓기 빈도, 시간적 근접성, 수반성 등이 중요

④ 조작적 조건형성 이론 : 강화계획을 통해 행동출현 빈도의 조절 가능

**해설** • 고전적 조건형성은 중립적이던 자극이 무조건자극과 연합되어 나중에는 무조건자극의 제시 없이 조건자극만으로도 반응을 일으키게 되는 것으로 근접성, 일관성, 강도 등의 조건이 동반되며 인간의 행동을 수동적 차원으로 본다.
• 조작적 조건형성은 결과에 따라 행동이 변화될 수 있으며, 강화계획을 세워서 행동출현 빈도를 조절할 수 있다고 본다.

## 20

음식, 물과 같이 하나 이상의 보상과 연합되어 중립 자극 자체가 강화적 속성을 띠게 되는 현상은?

① 소거(extinction)

② 자발적 회복(spontaneous recovery)

③ 자극 일반화(stimulus generalization)

④ 일반적 강화인(generalized reinforcer)

**해설** 강화인은 강화 효과를 지니게 되는 것으로 고전적 조건형성이 된 후에는 중립자극도 조건자극이 되어 강화인이 된다.
① 소거는 무조건 자극 없이 조건자극만을 계속적으로 제시하면 이미 습득되었던 조건반응의 강도가 점차 약화되고 결국에는 완전히 사라지는 것을 의미한다.
② 자발적 회복은 소거되어 능력을 상실한 것처럼 보이는 반응이 어느 정도 시간이 지나면 다시 나타나는 현상이다.
③ 자극일반화는 특정 자극에 대해서 반응하는 것을 학습한 유기체가 원래의 자극과 유사한 자극에서도 비슷한 반응을 보이는 것을 의미한다.

**정답** 18 ① 19 ① 20 ④

## 01

심리학의 관점으로 연결이 옳지 않은 것은?

① 생물학적 접근 : 뇌와 신경계통에서 일어나는 변화에 큰 관심을 갖는다.

② 인지적 접근 : 인지적 관점을 크게 스위스의 피아제에 의해 발전된 인지발달이론과 컴퓨터 과학의 영향을 받은 정보처리이론으로 나눌 수 있다.

③ 행동적 접근 : 비정상적 행동이나 문제행동은 갈등이 불만스럽게 해결되었거나 해결에 실패한 것이다.

④ 정신역동적 접근 : 무의식 속에 있는 내용을 알아야 인간의 이해가 가능하다는 입장이다.

## 02

이론 심리학에 해당되지 않는 것은?

① 지각심리학　　　　② 생리심리학
③ 학습심리학　　　　④ 임상심리학

## 03

행동관찰법 방법이 아닌 것은?

① 필연적 관찰법　　　② 우연적 관찰법
③ 자연적 관찰법　　　④ 실험적 관찰법

## 04

뉴런의 구성요소가 아닌 것은?

① 신경 세포체　　　　② 시냅스
③ 축삭 돌기　　　　　④ 가지 돌기

## 05

뇌의 분류명과 설명의 연결이 옳지 않은 것은?

① 후두엽 : 시각 정보를 처리하는 곳으로 방금 본 것이 무엇인지를 이해하게 된다.

② 측두엽 : 촉각에 관한 정보를 처리하는 기능을 한다.

③ 전두엽 : 운동, 추상적 사고, 계획, 기억과 판단 등에 관여하는 전문화된 영역들을 가지고 있다.

④ 후뇌 : 척수와 연결되어 있으며, 척수로 들어가는 정보와 척수를 빠져나오는 정보를 통합하는 뇌의 한 영역이다.

## 06

뇌의 좌반구가 잘못 되었을 때 일어나는 일은 무엇인가?

① 음악을 듣고 이해하는 것이 되지 않는다.
② 창의력이 잘 발휘되지 않는다.
③ 수리나 사고가 잘 되지 않는다.
④ 공간적 정보 분석이 잘 되지 않는다.

## 07

일반적인 발달원리로 옳지 않은 것은?

① 발달은 연속적인 과정이나 발달의 속도는 항상 일정하다.

② 발달에는 순서가 있으며 이 순서는 일정하다.

③ 발달은 성숙과 학습에 의존한다.

④ 발달에는 개인차가 있다.

## 08

스탠리 홀(G. Stanley Hall)이 주장한 것과 거리가 먼 것은?

① 최초로 발달심리학 분야를 확립한 학자이다.
② 「아동의 마음의 내용」이라는 연구논문을 출간하여 최초로 객관적이고 기술적인 발달연구를 시작하였다.
③ 청년발달에 있어서 생물학적 요인을 강조하고 '질풍노도의 시기'라 이름 지었다.
④ 아동은 태어날 때 선천적으로 결정된 어떠한 특성도 소유하지 않는다는 백지설을 주장했다.

## 09

피아제의 인지발달단계 이론으로 맞지 않는 것은?

① 감각운동기 : 대상영속성이 가능하다.
② 전조작기 : 보존개념을 획득하여 물체의 모양이 바뀌어도 물리적 특성은 동일하다는 사실을 인식한다.
③ 구체적 조작기 : 분류조작, 서열조작, 공간적 추론이 가능해져 논리적 사고로 문제해결을 할 수 있다.
④ 형식적 조작기 : 전조작기와 전혀 다른 자기중심성 사고가 형성된다.

## 10

애착유형으로 옳지 않은 것은?

① 안정애착은 어머니가 없는 동안 불안해하다가 어머니가 떠났다가 들어오면 반기는 것이다.
② 불안정 회피애착의 경우 어머니가 아기와 신체적인 접촉이 적고, 화가 나 있거나 초조하며, 거부하듯이 아기를 다룬다.
③ 불안정 양가애착의 경우 어머니가 떠나도 별 동요를 보이지 않으며, 어머니가 돌아와도 다가가려 하지 않고 무시한다.
④ 불안정 혼란애착은 애착이 불안정하면서 회피와 저항의 어느 쪽도 속하기 어려운 상태로 회피와 저항이 복합된 반응을 보인다.

## 11

청소년기 자아중심성의 특징으로 '개인적 우화'와 '상상적 청중'에 대해서 이야기한 학자는?

① 피아제(Piaget)　　　② 마르샤(Marcia)
③ 에릭슨(Erickson)　　④ 엘킨드(Elkind)

## 12

정체성 지위이론으로 옳지 않은 것은?

① 정체성 혼미 : 삶의 목표와 가치를 탐색하려는 시도도 하지 않고 관여도 하지 않는다.
② 정체성 유실 : 충분한 자아정체성 탐색을 하였으나 정체성 결정은 내리지 않은 상태이다.
③ 정체성 유예 : 대안들을 탐색하나 여전히 불확실한 상태에 머물러 구체적 과업에 대해 관여하지 않는다.
④ 정체성 성취 : 삶의 목표, 가치 등 위기를 경험하고 탐색하여 확고한 개인 정체성을 가진다.

## 13

개인이 사회적 정보를 처리할 때 최소의 노력을 하려는 경향을 의미하며, 정보처리의 신속성은 긍정적이지만 정확성은 떨어지는 결과를 가져올 수도 있는 것을 무엇이라 하는가?

① 인지적 구두쇠　　　② 자성예언
③ 빈발 효과　　　　　④ 현저성 효과

## 14

켈리(Kelley)의 공변 원리가 아닌 것은?

① 일관성　　　　　　② 동의성
③ 창의성　　　　　　④ 독특성

## 15

**행동을 통한 태도의 예측 설명으로 옳지 않은 것은?**

① 태도가 행동을 결정하는 경우보다 행동이 태도를 결정하는 경우가 더 일반적이다.

② 사람들은 태도와 행동이 불일치할 때, 인지부조화 현상을 경험한다.

③ 태도와 행동에 미치는 상황적 압력이 많을수록 일관성은 증가한다.

④ 사람들은 태도를 행동과 일관되도록 변화시킴으로써 부조화 현상을 감소시킨다.

## 16

**사회적 촉진에 대한 설명으로 거리가 먼 것은?**

① 혼자일 때보다 타인이 존재할 때 개인의 수행 능력이 더 좋아지는 현상을 의미한다.

② 무임승차 효과와 봉 효과를 설명할 수 있다.

③ 타인의 존재가 일종의 자극제로 작용하여 행동 동기를 강화시킨다.

④ 과제가 어렵거나 복잡할 경우 타인의 존재가 수행 능력을 저하시킨다.

## 17

**반사회적 행동의 감소 방안과 가장 거리가 먼 것은?**

① 반사회적 행동이 일어날 때마다 카운트를 한다.

② 폭력충동을 사회가 용납하는 방식에 한하여, 외부적으로 발산함으로써 해소해 버린다.

③ 폭력행동을 하면 그에 대한 처벌이 주어질 것이라는 상황을 알려준다.

④ 사회구성원 각자가 자신의 폭력행동을 스스로 통제할 수 있도록 학습한다.

## 18

**다음 설명에서 옳지 않은 것은?**

① 신뢰도가 낮으면 측정할 때마다 측정치가 달라지기 때문에 연구결과를 믿을 수 없게 된다.

② 타당도가 낮으면 그 속성을 제대로 측정했는지 의심을 받기 때문에 연구결과를 믿을 수 없게 된다.

③ 데이터를 통계적 방법으로 분석하는 연구를 '양적 연구'라고 한다.

④ '질적 연구'는 연구방법이 과학의 발전에 이르는데 큰 공헌을 하였다

## 19

**표집방법이 다른 하나는 무엇인가?**

① 단순무선표집      ② 계통표집

③ 유의표집          ④ 유층표집

## 20

**측정척도가 바르게 연결되지 않은 것은?**

① 명명척도 : 출생지역      ② 서열척도 : 지능점수

③ 등간척도 : 온도          ④ 비율척도 : 길이

## 21

**신뢰도에 대한 설명으로 옳지 않은 것은?**

① 재검사 신뢰도 : 일정 시간의 간격을 두고 동일한 검사를 2번 실시하여 상관계수를 본다.

② 내적 합치도 : 1에 가까운 경우 신뢰도가 높다고 주장하며, 내적 합치도가 높아야 신뢰성 있는 도구라고 할 수 있다.

③ 평정자간 검사 : 같은 도구, 거의 같은 시간, 같은 대상자에게 서로 다른 조사원이 검사한다.

④ 동형검사 : 한 검사를 반으로 쪼개 별개의 두 검사로 여기고 상관계수를 본다.

## 22

타당도에 대한 설명으로 옳지 않은 것은?

① 내용타당도 : 목표로 삼고 있는 내용을 얼마나 잘 담았나를 그 분야 전문가에게 확인한다.
② 안면타당도 : 기존에 타당도가 증명된 척도와 타당화 연구척도의 상관관계를 측정한다.
③ 예언타당도 : 현재 측정 근거로 미래의 어떤 것을 정확하게 예측하는가이다.
④ 수렴타당도 : 동일 구인을 다른 방법으로 검사하여 상관관계가 높으면 수렴타당도가 높다고 본다.

## 23

대상자가 통제집단에 속해 있으나 실험집단보다 더 잘하기 위해 노력하는 것을 무엇이라 하는가?

① 바닥 효과
② 존헨리 효과
③ 호손 효과
④ 스트룹 효과

## 24

통계적 결론 타당도 위협요소가 아닌 것은?

① 양방검증보다 일반검증 실시
② 투망질식 검증
③ 신뢰도가 낮은 측정
④ 낮은 통계적 검증력

## 25

자신의 심리적 속성이 타인에게 있다고 보는 방어기제는 무엇인가?

① 억제
② 주지화
③ 투사
④ 치환

## 26

자아와 이드의 갈등으로 자아가 본능적 충동을 통제하지 못해 불상사가 생길 것 같은 위협에서 오는 불안을 무엇이라 하는가?

① 도덕적 불안
② 만성 불안
③ 현실 불안
④ 신경증적 불안

## 27

호나이의 신경증 욕구에 따라 강박적으로 나타나는 태도와 행동의 성격유형이 아닌 것은?

① 순응적 성격
② 안정성 성격
③ 공격형 성격
④ 고립형 성격

## 28

성격의 5요인 이론의 구성 요소가 아닌 것은?

① 경험에 대한 개방성
② 외향성
③ 공격성
④ 신경성

## 29

소거되어 능력을 상실한 것처럼 보이는 반응이 어느 정도 시간이 지나면 다시 나타나는 현상은 무엇인가?

① 자발적 회복
② 자극일반화
③ 습득
④ 변별

## 30

성진이는 동생과 싸울 때마다 손바닥을 맞기로 하여 싸우는 행동 빈도를 낮추기로 하였다. 이와 같은 방법에 해당하는 것은?

① 부적 강화　　　　② 정적 강화
③ 부적 처벌　　　　④ 정적 처벌

## 31

가장 소거하기가 어려운 강화 계획은?

① 변동비율 강화계획
② 고정비율 강화계획
③ 변동간격 강화계획
④ 고정간격 강화계획

## 32

머리를 감지 않은 날 우연히 시험 결과가 좋게 나오자, 이후 시험 때마다 머리를 감지 않았다. 이러한 행동에 해당하는 것은?

① 조작 행동　　　　② 관찰 행동
③ 미신적 행동　　　④ 변별

## 33

관찰학습의 과정으로 옳은 것은?

① 동기화－주의－보존－운동
② 주의－보존－운동－동기화
③ 보존－운동－주의－동기화
④ 주의－보존－동기화－운동

## 34

단기기억용량의 크기로 옳은 것은?

① 5±2　　　　② 6±2
③ 7±2　　　　④ 8±2

## 35

설단현상과 가장 관계가 많은 것은?

① 인출　　　　② 청킹
③ 저장　　　　④ 유지

## 36

망각의 원인이 아닌 것은?

① 소멸 이론　　　② 간섭 이론
③ 맥락 효과　　　④ 인출 실패

## 37

대인매력의 주요 원인이 아닌 것은?

① 창의성　　　　② 상보성
③ 근접성　　　　④ 유사성

## 38

성취행동의 귀인 유형 중 내부적이며 불안정한 것은?

① 능력　　　　② 운
③ 과제 난이도　　④ 노력

**39**

태도의 3가지 주요 구성요소에 해당하지 않는 것은?

① 정서적 요소
② 인지적 요소
③ 귀인적 요소
④ 행동적 요소

**40**

과자의 양이 적다고 우는 아이에게 과자의 모양을 다르게 해서 주었더니 많다고 좋아하였다. 이 아이는 피아제의 이론으로 보았을 때 어떤 문제를 가지고 있는가?

① 대상영속성의 문제
② 보존개념의 문제
③ 자기중심성의 문제
④ 서열의 문제

| 01 | 02 | 03 | 04 | 05 | 06 | 07 | 08 | 09 | 10 |
|----|----|----|----|----|----|----|----|----|----|
| ③ | ④ | ① | ② | ② | ③ | ① | ④ | ② | ③ |
| 11 | 12 | 13 | 14 | 15 | 16 | 17 | 18 | 19 | 20 |
| ④ | ② | ① | ③ | ③ | ② | ① | ④ | ④ | ② |
| 21 | 22 | 23 | 24 | 25 | 26 | 27 | 28 | 29 | 30 |
| ④ | ② | ② | ① | ③ | ④ | ② | ③ | ① | ④ |
| 31 | 32 | 33 | 34 | 35 | 36 | 37 | 38 | 39 | 40 |
| ① | ③ | ② | ③ | ① | ③ | ① | ④ | ③ | ② |

## 01　　　　　　　　　　　　정답 ③

③ 비정상적 행동이나 문제행동은 갈등이 불만스럽게 해결되었거나 해결에 실패한 것이라고 접근하는 것은 정신역동적 접근이다. 행동적 접근은 사람의 객관적 행동을 설명함으로써 그 사람의 심리현상을 이해할 수 있다는 관점이다.

## 02　　　　　　　　　　　　정답 ④

이론심리학(기초 심리학)은 인간을 이해하고 설명할 수 있는 이론을 발견하고, 다양한 연구방법을 통해 인간의 심리와 행동을 예측하고 통제할 수 있는 기법을 개발하는 것이다. 한편, 응용심리학은 이론심리학에서 이룩한 이론과 연구 결과들을 바탕으로 그 이론과 연구 결과들이 어떻게 도움이 될 수 있는지를 현장중심으로 연구하고 그 결과를 바탕으로 직접 인간에게 적용해 인간심리와 행동을 통제하려는 데 초점을 두고 있다. 임상심리학은 응용심리학이다.

## 03　　　　　　　　　　　　정답 ①

행동관찰법 방법에는 자연관찰법, 실험적 관찰법, 우연적 관찰법, 참여관찰법이 있다.

## 04　　　　　　　　　　　　정답 ②

뉴런의 구성요소는 신경 세포체, 축삭 돌기, 가지 돌기이다.

| 신경 세포체 | 핵과 세포질이 모여 있는 뉴런의 본체로 생명 활동이 일어난다. |
|----|----|
| 가지 돌기 | 다른 뉴런이나 감각 기관으로부터 자극을 받아들인다. |
| 축삭 돌기 | 다른 뉴런이나 반응 기관으로 자극을 전달한다. |

❖ 시냅스는 한 뉴런의 축색과 다른 뉴런의 수상돌기 혹은 세포체 사이의 접합 부위이나.

## 05　　　　　　　　　　　　정답 ②

② 측두엽은 청각과 언어에 관여하며, 두정엽이 촉각에 관한 정보를 처리하는 기능을 한다.

## 06　　　　　　　　　　　　정답 ③

• 좌반구 : 신체의 우측을 조정하고, 언어, 수리, 논리적인 사고 등과 관련이 있다.
• 우반구 : 신체의 좌측을 조정하고, 비언어적, 공간적 정보 분석과 예술 및 음악의 이해, 창의력 발휘, 직관적인 사고 등과 관련이 있다.

## 07　　　　　　　　　　　　정답 ①

① 발달은 연속적인 과정이나 발달의 속도는 항상 일정하지 않으며 개인에 따라 차이를 보인다. 하지만 순서는 일정하다.

## 08　　　　　　　　　　　　정답 ④

④ 아동은 태어날 때 선천적으로 결정된 어떠한 특성도 소유하지 않는다는 백지설을 주장한 학자는 존 로커(John Loke)이다.

## 09　　　　　　　　　　　　정답 ②

② 보존개념을 획득하여 물체의 모양이 바뀌어도 물리적 특성은 동일하다는 사실을 인식하는 단계는 구체적 조작기이다.

## 10　　　　　　　　　　　　정답 ③

③ 어머니가 떠나도 별 동요를 보이지 않으며, 어머니가 돌아와도 다가가려 하지 않고 무시하는 것은 불안정 회피애착에서 보이는 반응이며, 불안정 양가애착은 어머니의 접촉시도에 저항하는 경향이 높다. 어머니가 있어도 잘 울고 보채지만 어머니가 떠나면 극심한 불안을 보이며, 어머니가 돌아오면 화를 내지만, 불안정 회피유형과 달리 어머니 곁에 머물러 있으려고 한다.

## 11　　　　　　　　　　　　정답 ④

엘킨드(Elkind)는 청년기 자아중심성이 나타나는 특성을 두 가지로 나누어 설명하였다.
• 개인적 우화 : 자신은 특별하고 독특한 존재이므로 자신의 감정이나 경험세계는 다른 사람과 근본적으로 다르다고 믿는다.
• 상상적 청중 : 언제나 누군가 자기를 지켜보고 있다고 생각하고 그것을 의식하여 행동하며 상상적 청중을 즐겁게 하기 위해 힘을 들인다.

**12**         **정답 ②**

② 정체성 유실은 충분한 자아정체성의 탐색 없이 지나치게 빨리 정체성 결정을 내린 상태이다.

**13**         **정답 ①**

① 정보처리를 최소의 노력으로 하는 경향을 인지적 구두쇠라 한다.
② 자성 예언 : 타인에 대해 어떤 기대나 신념을 가질 때, 타인으로 하여금 자신의 기대와 일치하는 방향으로 행동하도록 유도하여, 자신의 기대를 확증하려는 경향을 의미한다.
③ 빈발 효과 : 반복해서 제시되는 정보가 먼저 제시된 정보에 영향을 미치는 것을 의미한다.
④ 현저성 효과 : 어떤 한 가지 정보가 큰 의미로 남아 인상형성에 영향을 미치는 것을 의미한다.

**14**         **정답 ③**

한 사람의 행동을 여러 번 관찰한 후 귀인하는 경우 일관성, 독특성, 동의성 3가지 정보의 수준을 함께 고려하여 귀인하게 된다는 것이 공변 원리이다.

**15**         **정답 ③**

③ 태도와 행동에 미치는 상황적 압력이 적을수록 일관성은 증가하고, 압력이 증가되면 불일치성이 증가한다.

**16**         **정답 ②**

② 무임승차 효과와 봉 효과를 설명하는 것은 사회적 태만이다.
  • 무임승차 효과는 타인의 수고에 기대어 자신의 노력을 감소하는 것을 의미한다.
  • 봉 효과는 타인이 수고를 들이지 않는 것을 보고 자신도 의도적으로 노력을 하지 않는 것을 의미한다.

**17**         **정답 ①**

① 단순 카운트를 할 뿐만 아니라 그 후에 어떤 조처가 있을 것인지까지 알려주어야 한다.

**18**         **정답 ④**

④ 양적 속성을 발견하고 이를 다시 수로 표현하는, 즉 측정을 기반으로 하는 연구방법은 과학의 발전에 큰 공헌을 하였다고 평가할 수 있다. 따라서 과학적 발전에 공헌을 한 연구는 질적 연구가 아니라 양적 연구라고 할 수 있다.

**19**         **정답 ③**

• 확률표집 : 단순무선표집, 체계적 표집(계통표집), 층화표집(유층표집), 집락표집(군집표집)
• 비확률표집 : 할당표집, 유의표집, 우연적 표집, 눈덩이 표집

**20**         **정답 ②**

② 지능점수는 등간척도이다.
  • 명목척도 : 성별, 출생지 등
  • 서열척도 : 석차, 계급 등
  • 등간척도 : 지능점수, 온도 등
  • 비율척도 : 길이, 무게 등

**21**         **정답 ④**

④ 한 검사를 반으로 쪼개 별개의 두 검사로 여기고 상관계수를 보는 검사는 반분검사이며, 동형검사는 A, B 동형검사를 제작하여 검사 점수 간 상관계수를 본다.

**22**         **정답 ②**

② 안면타당도는 내용타당도와 유사하나 전문가가 아닌 일반인이 확인하는 방법이다. 기존에 타당도가 증명된 척도와 타당화 연구척도의 상관관계를 측정하는 것은 공인타당도이다.

**23**         **정답 ②**

② 대상자가 통제집단에 속해 있으나 실험집단보다 더 잘하기 위해 노력하는 것을 존헨리 효과라고 한다.
① 바닥 효과 : 심리적 효과측정이 피험자 반응의 차이를 변별하지 못할 정도로 점수가 미미한 것을 말한다.
③ 호손 효과 : 대상자가 실험집단에 속함을 알고 더 나은 수행을 보이려고 하는 것이다.
④ 스트룹 효과 : 무의식적으로 단어의 의미를 자동적으로 처리하는 것을 말한다.

**24**         **정답 ①**

① 양방검증과 일반검증을 실시하면 통계적 검증력을 높일 수 있다.

**통계적 결론 타당도의 위협요소**
• 낮은 통계적 검증력 : 대안 가설이 참인데 영가설을 기각하지 못한 경우
• 통계적 가정의 위반 : 표집분포의 정상성, 피험자 무선적 선발과정, 집단 간 변량의 동질성
• 투망질식 검증 : 측정도구의 모든 하위요인에 여러 번 통계 검증하여 유의한 결과만 뽑는 경우
• 신뢰도가 낮은 측정 : 측정 신뢰도가 너무 낮은 경우
• 반응의 무작위적 다양성 : 설문지를 아무렇게나 작성하는 것
• 피험자의 무작위적 이질성 : 구성원 간 지적능력의 차이가 심할 경우

## 25 정답 ③

① 억제 : 의식적, 반의식적으로 특정한 사실을 잊으려고 노력하는 것
② 주지화 : 고통스럽고 불편한 감정을 단어, 정의, 이론적 개념 등을 사용함으로써 회피하는 것
④ 치환 : 전혀 다른 대상에게 자신의 욕구를 발산하는 것

## 26 정답 ④

① 도덕적 불안은 원초아와 초자아 간의 갈등에서 비롯된 불안이다.
③ 현실적 불안은 실제적이고 현실적인 불안을 말한다.

## 27 정답 ②

호나이는 신경증적 성격을 다음과 같이 나누었다.
• 순응적 성격 : 타인을 향해 움직이기
• 공격형 성격 : 타인에 반해 움직이기
• 고립형 성격 : 타인으로부터 멀어지기

## 28 정답 ③

성격의 5요인 : 신경성, 외향성, 개방성, 우호성, 성실성

## 29 정답 ①

② 자극 일반화 : 특정 자극에 대해서 반응하는 것을 학습한 유기체가 원래의 자극과 유사한 자극에서도 비슷한 반응을 보이는 것을 의미한다.
④ 변별 : 유사한 두 자극의 차이를 식별하여 각각의 자극에 대해서 서로 다르게 반응하는 현상이다.

## 30 정답 ④

④ 바람직하지 않은 행동빈도를 낮추기 위해 혐오스런 일을 주는 것을 정적 처벌이라 한다.

## 31 정답 ①

① 변동비율 강화계획은 반응률이 높게 유지되고 지속성도 높으나 소거에 대한 저항이 매우 크다.

## 32 정답 ③

③ 미신적 행동은 우연히 조건화된 행위에 의해 보상이 주어졌다고 믿음으로써 나타난다. 보상과 아무 관련이 없는 어떤 행동이 우연히 보상에 선행하여 행동을 지속적으로 나타나게 한다.

## 33 정답 ②

**관찰학습의 순서**
1. 주의 : 무엇을 선택적으로 관찰할 것인지 결정하는 단계
2. 보존 : 기억 속에 통합시키며, 언어적 표상상태(Verbal code)와 심상형태(Imaginal code)로 저장하는 단계
3. 운동 : 모델링한 언어와 심상의 기호화된 표상을 외형적인 행동으로 전환하는 단계
4. 동기화 : 모델링한 것을 적절히 수행하도록 동기유발을 시켜 행동을 통제하는 단계

## 34 정답 ③

③ 단기기억에서 중요한 역할을 하는 인지과정으로 01002423059를 짧은 순간 내에 정확히 기억하기는 어렵지만, 010−0242−3059로 나누어 기억한다면 보다 쉽게 기억할 수 있다는 것으로, 기억이론에서 의미를 가진 덩어리는 7±2이다.

## 35 정답 ①

설단현상은 특정정보를 알고 있다고 생각하지만 이를 즉시 인출할 수 없는 차단상태로서, 기억에 저장된 정보의 일시적인 인출 불능상태이다.

## 36 정답 ③

③ 학습을 했던 장소에서 학습한 내용을 더 잘 회상하는 현상을 맥락 효과라 한다.

## 37 정답 ①

대인매력의 주요 요인으로는, 근접성, 유사성, 상보성, 친숙성, 신체적 매력 등이 있다.

## 38 정답 ④

| 귀인 요소 | 원인 소재 | 안정성 여부 | 통제가능성 여부 |
|---|---|---|---|
| 노력 | 내적 | 불안정적 | 통제 가능 |
| 능력 | 내적 | 안정적 | 통제 불가능 |
| 과제 난이도 | 외적 | 안정적 | 통제 불가능 |
| 운 | 외적 | 불안정적 | 통제 불가능 |

## 39 정답 ③

태도의 3가지 구성요소 : 인지적 요소, 감정적 요소, 행동적 요소

## 40 정답 ②

② 보존개념 획득은 물체의 모양이 바뀌어도 물리적 특성은 동일하다는 사실을 인식하는 것이다.

# 2 <sup>과목</sup> 이상심리학

01. 이상심리학의 기본개념

02. 이상행동의 유형

## 출제경향

이상심리학은 이상심리학의 기본개념인 이상심리학의 정의 및 역사와 이론에 대한 부분과 더불어 이상행동 19가지 유형과 임상특징을 중심으로 출제된다. 이상행동의 19가지 유형은 신경발달장애, 조현병 스펙트럼 및 기타 정신병적 장애, 양극성 및 관련장애, 우울장애, 불안장애, 강박 및 관련장애, 외상 및 스트레스 관련장애, 해리장애, 신체증상 및 관련장애, 급식 및 섭식장애, 배설장애, 수면-각성장애, 성기능 부전, 성별불쾌감, 파괴적 충동조절 및 품행장애, 물질관련 및 중독장애, 신경인지장애, 성격장애, 변태성욕장애이다.

# Chapter. 01

# 이상심리학의 기본개념

**학습포인트**

이상심리에 대한 역사 및 이상심리를 바라보는 관점을 살펴보고,
DSM-5의 특징과 DSM-5를 기준으로 한 분류와 진단을 살펴본다.

## 1 》》 이상심리 개관

### 1) 이상심리 개요

**(1) 이상심리학(Abnormal psychology)의 의미**

① 이상행동과 심리장애를 과학적으로 연구하는 심리학의 한 분야이다.

② 인간이 나타내는 다양한 이상행동과 심리장애로 인해 드러나는 현상을 기술하고 분류하며, 그 원인을 규명하여 설명하고, 치료 방법 및 예방 방안을 연구하는 학문이다.

**(2) 이상심리학의 역사**

**기출 DATA**
이상심리학의 역사
2020-1회, 2019-3회

① 원시시대 : 정신장애를 초자연적 현상으로 이해하여, 고대인들은 정신 장애를 귀신에 씌었거나 신의 저주를 받은 것으로 보았다. 또는 별자리 나 월식의 영향 때문에 정신장애가 생긴다고 보기도 하였고, 때로는 다른 사람의 저주를 받아서 정신장애가 생긴다고 생각하였다.

② 그리스-로마시대

  ㉠ 히포크라테스(Hippocrates) : 정신질환을 조증, 우울증, 광증으로 분류하고 기타 간질, 히스테리, 산후정신병, 급성 뇌 증후군에 대한 기술을 남겼다. 인간 성향을 결정하는 요소로 피, 흑담즙, 황 담즙, 타액의 4체액설을 주장하였다.

  ㉡ 헤로필로스(Herophilus) : 4체액설을 부인하고 정신장애가 뇌의 결 함에 의한다고 하였다.

③ 중세시대 : 이상심리학의 암흑시대였으며 정신병자의 수난시대였다. 정 신병자는 종교재판의 대상이 되었으며 마귀를 쫓기 위한 다양한 형태의 고문을 당하거나 심지어 화형을 당하기도 하였다.

④ 르네상스와 자연과학의 발달

　㉠ 점차 과학적이고 인문주의적인 사조와 자연과학적 견해가 퍼지기 시작하고 정신장애가 심리적 원인으로 생길 수 있다는 정신기능의 견해가 나타났다.

　㉡ 컬런(Cullen)은 1800년 신경증이란 용어를 처음 사용하였고, 라일(Reil)은 1803년 정신의학이란 말을 사용하면서 정신치료의 효과를 주장하였다.

⑤ 인도주의적 처우 : 18세기 이르러 인간을 돌본다는 인도주의적 처우가 시작되었다.

⑥ 현대 심리학의 발전

　㉠ 19세기 후반에 프로이트가 정신장애가 심리적 원인에 의해서 발생할 수 있다고 정신분석학을 주장하면서 본격화되기 시작하였다.

　㉡ 크레펠린(Kraepelin)은 1898년 정신병을 증상과 증상복합체로 분류하고 질병의 경과와 그 결과에 근거를 두었다.

⑦ 다양한 심리검사의 개발

　㉠ 1905년 비네가 시몽과 함께 '비네-시몽검사'를 개발하여 최초로 정신연력 개념을 도입하였고, 1911년은 성인까지 문제를 포함하여 '비네-시몽척도'로 명명하였다.

　㉡ 1917년 성인용 집단지능검사로 '군대 알파검사'와 외국인 문맹자를 위한 '군대 베타검사'가 개발되었다.

　㉢ 1921년 스위스 의사인 로샤가 잉크얼룩 10장의 카드로 *로샤 카드 검사를 개발하였다.

　㉣ 1939년 개인별로 진행하는 성인 웩슬러 지능척도가 개발되었다.

　㉤ 1943년 미네소타 다면적 인성검사가 개발되었다.

## 2) 이상심리학 주요이론모형

### (1) 정신역동 모형

① 기본적 개요

　㉠ 이상행동은 초기 아동기의 무의식적 갈등의 결과로 나타나는 현상으로 본다.

　㉡ 심리적 결정론으로서 인간의 모든 행동은 우연히 일어나지 않고 원인이 있다.

기출 DATA
이상심리 발견 2020-3회

TIP
로샤 카드 검사
10장의 잉크반점을 해석하는 방식으로 그 안에 투사되는 사람의 심리를 검사하는 투사검사이다.

기출 DATA
이상심리학 주요이론모형
2017-1회

기출 DATA
정신역동 모형 2016-3회

ⓒ 성적 욕구는 인간의 가장 기본적인 욕구이며 무의식의 주요한 내용을 구성한다.

ⓓ 어린 시절이 중요하기 때문에 개인을 이해하기 위해서는 어린 시절 과거의 기억과 경험을 탐색한다.

ⓔ 프로이트는 정신장애 중에서 *전환장애에 대한 관심이 높았고, 전환장애에 대한 이해를 바탕으로 인간 정신세계의 구조와 원리를 파악해나가기 시작하였다.

② 성격

ⓐ 원초아(Id), 자아(Ego), 초자아(Superego)의 성격의 삼원구조이론을 제시한다.

ⓑ 원초아는 쾌락원리, 자아는 현실원리, 초자아는 도덕원리를 따른다.

ⓒ 성격은 심리성적으로 발달하며 구강기, 항문기, 남근기, 잠복기, 성기기를 거친다.

ⓓ 발달과정에서 결핍이나 과잉충족은 성격형성에 영향을 준다.

③ 불안

ⓐ 원초아(Id), 자아(Ego), 초자아(Superego) 간의 갈등이 야기되면 불안이 발생한다.

ⓑ 현실불안은 실제적이고 현실적이다.
예 눈이 내린 내리막길에서 넘어질 것 같은 불안감

ⓒ 신경증적 불안 : 자아(Ego)와 원초아(Id)의 갈등으로 자아가 본능적 충동을 통제하지 못해 불상사가 생길 것 같은 위협에서 오는 불안이다.

ⓓ 도덕적 불안 : 원초아(Id)와 초자아(Superego) 간의 갈등에서 비롯된 불안이다.

④ 치료 목표

ⓐ 무의식*에 있는 억압된 내용을 의식화하여 진정한 욕구와 동기가 무엇인지 이해하게 하며 갈등에 대한 현실적 해결을 가능하게 한다.

ⓑ 성격의 자아를 강화시킨다.

ⓒ 방어양식을 개조하거나 크게 수정한다.

⑤ 치료 방법 : 자유연상, 꿈 분석, 해석, 저항, 전이 등이 있다.

## (2) 행동주의 모형

① 기본적 개요

 ㉠ 이상행동은 어린 시절의 부적절한 학습과 강화 때문이며, 타인과의 관계 맺는 것을 배우지 못했거나, 비효과적이고 부적응적인 습관을 지닌 결과라고 본다.

 ㉡ 관찰 및 측정 가능한 행동만을 치료 대상으로 본다.

 ㉢ 행동주의 관련이론으로 파블로프의 고전적 조건형성, 스키너의 조작적 조건형성, 반두라의 사회학습이론이 있다.

② 관련 이론

 ㉠ 고전적 조건형성(파블로프) : 무조건 자극과 조건 자극을 짝지어 반복적으로 제시하면 조건 자극만으로도 조건 반응이 유발될 수 있다는 연합의 법칙이 적용된다.

 ㉡ 조작적 조건형성(스키너) : 행동은 행동한 후의 어떤 결과가 오는가에 따라 그 행동을 할 수도 하지 않을 수도 있다는 효과의 법칙이 적용된다.

 ㉢ 사회학습이론(반두라)*

  ⓐ 다른 사람들의 행동을 관찰하고 모방하면서 학습이 일어난다.

  ⓑ 다른 사람의 행동을 그대로 따라 하는 '모방학습', 다른 사람들의 행동이 어떤 결과를 가져오는지 관찰함으로써 초래될 결과를 예상하는 '대리학습', 다른 사람들의 행동을 관찰해 두었다가 유사한 상황에서 학습한 행동을 표현하는 '관찰학습'이 있다.

  ⓒ 관찰학습은 '주의관찰과정', '보존과정', '운동재생과정', '동기화과정'으로 나뉜다.

③ 치료 방법

 ㉠ 소거는 부적응적 행동이 반복되어 나타나도록 하는 강화 요인을 없애는 것이다.

 ㉡ 처벌은 부적응적 행동을 할 때 불쾌한 자극을 줌으로써 그 행동을 억제시키는 방법으로 혐오치료가 있다.

 ㉢ 체계적 둔감법

  ⓐ 울페(Wolpe)에 의해 개발된 기법으로 조건화된 반응을 해제시키고 새로운 조건형성(역조건화)이 이루어지도록 한다.

  ⓑ 불안 위계를 통해 점진적 이완과 불안을 반복적으로 짝을 지어 불안 증상을 없애는 방법으로 특히 공포증 치료에 많이 사용한다.

기출 DATA
행동주의 모형 2016-3회

TIP
사회적 학습 이론가들은 행동의 환경적 또는 상황적 결정요인이 중요함을 강조한다. 개인이 환경에 대응하면서 배운 행동패턴에 초점을 두고 타인이 제공하는 보수와 처벌이 행동에 중요한 영향을 준다고 본다.

기출 DATA
인지주의 모형 2018-1회

TIP
소크라테스식 대화법
소크라테스식 대화법은 산파법으로
도 불리며, 비판적 사고의 과정을 이
끌어주는 방법의 하나이다. 문답법
의 주요소로는 비판적 질문과 적극
적 경청이 있다.

기출 DATA
심리도식 치료 2019-1회

기출 DATA
변증법적 행동치료
2019-3회, 2019-1회

(3) 인지주의 모형

① 기본적 개요

㉠ 정신장애는 인지적 기능이 한 쪽으로 치우쳐 있거나 결손과 밀접하게 연관되어 있으며 또 이러한 인지적 요인에 의해 유발될 수 있는 부적응적인 인지적 특성을 지니고 있다.

㉡ 심리장애를 지닌 사람들은 왜곡된 인지내용으로 구성된 인지구조 또는 인지 도식(Schema)을 지니고 있는데 이를 역기능적 신념이라고 한다.

② 치료 방법

㉠ 인지적 재구성은 부적응적 인지를 적응적 인지로 대체하는 방법이다.

㉡ 대처기술 치료는 다양한 스트레스 상황에 대처할 수 있도록 다양한 인지 행동적 기술을 습득하도록 한다.

㉢ 문제 해결치료는 치료자와 함께 해결방안을 모색하고 각 장단점을 평가하는 방법이다.

㉣ 개입 방안으로는 협력적 경험주의, *소크라테스식 대화법, ABC 사고기록지, 대처카드, 인지적 시연법 등이 있다.

③ 심리도식 치료 : 심리도식치료(Schema Therapy)는 미국의 임상심리학자 제프리 영(Jeffrey E. Young)이 개발한 통합적인 심리치료이다. 그는 성격장애를 효과적으로 치료하는 방법을 제시하기 위해서 인지행동치료, 대상관계치료, 게슈탈트치료 및 정신분석치료의 핵심요소를 통합하였으며, 다양한 심리장애의 밑바닥에 깔려있는 만성적인 성격문제를 이해하는 개념 틀로 18가지 유형의 초기 부적응 도식(Early maladaptive schema)을 소개하였다.

④ 변증법적 행동치료(DBT)

㉠ 1991년 워싱턴 대학교의 마샤 리네한(Marsha Linehan)이 변증법적 행동치료(Diaectical behavior therapy)를 발표하였다.

㉡ 인지행동치료 기법 중 하나로 행동을 수정하는 데 집중하기 보다는 부정적 감정을 회피하거나 통제하는 대신 자신의 감정을 바라보고 수용할 수 있도록 돕는 치료법이다. 우울, 불안과 같은 감정이나 자살 및 자해 충동을 느끼거나 경계선 성격장애를 가진 사람에 대한 치료법으로, 매우 효과적인 것으로 알려져 있다.

⑤ 마음 챙김(MBCT)

　ⓗ 마음챙김(Mindfulness)에 기초한 인지치료(MBCT)는 우울증의 재발을 방지하기 위해 최근에 개발된 치료법이다.

　ⓛ 기존의 인지치료는 우울증 환자들의 사고와 역기능적 태도를 바꿔주는 것이 핵심이었으나, 마음 챙김에서는 평상시 감지하지 못하던 심신의 느낌에 주목하고 집중하여 자신의 상태를 알아채고, 상태를 있는 그대로 받아들일 것을 강조한다.

**기출 DATA**
마음 챙김 2019-1회

**(4) 인간중심 모형**

① 기본적 개요

　ⓗ 이상행동은 개인이 공포와 위협으로 살아온 삶들 때문에 눈앞에 놓여 있는 선택들이 현명한지 자기 파괴적인지 모르는 상태에서 하는 행동이다.

　ⓛ 현상학적 장을 중요시하며 모든 인간은 자유의지와 자기실현 욕구를 지니고 있다고 본다.

② 치료자의 역할 : 치료자는 내담자의 감정을 인지하여 명료화하고 내담자가 자신이 왜곡된 경험, 느낌, 자아개념, 타인에 대한 지각, 주변 환경에 대한 지각 등을 발견하고 변화시키도록 한다.

③ 치료 방법 : 그 사람 속에 이미 존재하는 잠재 능력을 발휘하여 자아개념과 자기가 경험한 것과의 차이를 인정하며 이 두 사이의 간격을 좁혀서 최상의 심리적 정서 적응을 이루도록 하는 것이다.

**(5) 생물학적 모형**

① 유전적 요인

　ⓗ 유전적 이상이 뇌의 구조적 결함이나 신경생화학적 이상을 초래하여 정신장애를 유발할 수 있다고 보는 것이다.

　ⓛ 어떤 정신장애가 얼마나 유전적 영향을 받았는지 밝히기 위해 가계연구, 쌍둥이 연구, 입양아 연구가 이루어지고 있다.

② 뇌의 구조적 손상

　ⓗ 이상행동은 뇌의 구조적 이상에 의해 나타날 수 있다.

　ⓛ 생물학적 입장에서는 정신장애를 지닌 환자들이 뇌의 어떤 구조나 기능에 손상을 나타내고 있는지에 대해서 깊은 관심을 보인다.

　ⓒ 전산화된 단층 촬영술(CT), 자기공명 영상술(MRI), 양전자방출 단층 촬영술(PET) 등과 같은 다양한 뇌영상술(Brain imaging)을 통해 정신장애 환자가 나타내는 뇌의 구조적, 기능적 특성을 연구한다.

㉣ 뇌의 손상과 관련된 다양한 심리적 기능을 측정하는 신경심리검사 (Neuropsychological test)를 통해서 손상된 뇌의 영역과 손상정도를 평가하는 방법도 사용한다.

③ 뇌의 생화학적 이상 : 정신장애와 관련된 주요한 *신경전달물질은 도파민, 세로토닌, 노아에피네프린 등이 있으며, 이 밖에도 GABA, 글루타메이트(Glutamate), 아세틸콜린(Acetylcholine)과 같은 다양한 신경전달물질이 정신장애와 관련되어 있는 것으로 알려지고 있다.

| | |
|---|---|
| 도파민<br>(Dopamin) | • 정서적 각성, 주의 집중, 쾌감각, 수의적 운동과 같은 심리적 기능에 영향을 미치며, 특히 정신분열증과 관련된 신경전달물질로 알려져 있다.<br>• 파킨슨 병(Parkinson's disease) : 도파민 결핍으로 생기는 신체적 질병<br>• 조현병 : 도파민 활동이 과다할 때 발생한다. |
| 세로토닌<br>(Serotonin) | 기분조절, 수면, 음식섭취, 공격성, 통증에 영향을 주는 신경전달물질로서 신경계통의 여러 부위에서 억제적 기능을 하며, 우울증과 밀접히 관련된 것으로 알려져 있다. |
| 노아에피네피린<br>(Norepinephrine) | 정서적 각성, 공포, 불안과 관련된 신경전달물질로서 우울증에도 영향을 미치는 것으로 알려져 있다. |

④ 치료 방법 : 약물치료, 전기충격치료, 뇌절제술 등이 있다.

**(6) 통합적 이론**

① 취약성-스트레스 모델(Vulnerability-stress model)

㉠ 이상행동이 생물학적, 심리적, 사회적 측면의 다양한 요인에 의해서 유발된다고 본다.

㉡ 정신장애는 취약성을 지닌 사람에게 어떤 스트레스가 주어졌을 때 발생하며, 취약성과 스트레스 중 어떤 한 요인만으로는 정신장애가 발생하지 않는다.

㉢ 취약성(Vulnerability or Diathesis)은 특정한 장애에 걸리기 쉬운 개인적 특성을 말한다.

예 유전적 이상, 뇌 신경 이상, 개인의 성격특성, 어린 시절 부모의 학대 등

㉣ 심리사회적 스트레스(Psychosocial stress)는 환경 속에서 느끼는 부정적인 생활사건으로 사건에 대처하기 위한 심리적인 부담을 말한다.

예 직업의 변화 등

㉤ 인간의 행동이 개인 내적 심리사회적 여건과 환경의 관계를 설명하고 있으며, 정신장애의 발생에 영향을 미치는 개인적 요인과 환경적 요인을 통합할 수 있는 이론적 토대를 제공하고 있다.

② 생물심리사회적 모델(Biopsychosocial model)*

    ㉠ 이상행동과 정신장애에 영향을 미치는 생물학적, 심리적, 사회적 요인을 종합적으로 고려하고 있으며, 생물학적, 심리적, 사회적 요인이 상호작용한다는 가정에 기초한다.

    ㉡ 기본적으로 체계이론에 근거한다.

    ㉢ 체계이론(Systems theory)이란 다양한 체계들 간의 상호작용을 강조하는 개념이며 세상을 이해하는 데 필요한 폭넓은 시각을 제공한다.

        ⓐ 전체론 : 전체는 그것을 구성하는 부분의 합 이상이다. 인간은 신경체계, 신체기관, 순환계 등의 합 그 이상이라는 이해에 근거한다.

        ⓑ 동일결과성의 원리(Principle of Equifinality) : 다양한 원인에 의해 동일한 정신장애가 유발될 수 있다.

        ⓒ 다중결과성의 원리(Principle of Multifinality) : 동일한 원인으로 다양한 결과를 유발할 수 있다.

        ⓓ 상호적 인과론(Reciprocal causality) : 인간 정신세계의 현실은 직선적 인과론보다는 상호적 인과론에 의해서 더 잘 설명된다.

        ⓔ 항상성 유지(Homeostasis) : 유기체가 항상 일정한 상태를 유지하려는 성향을 의미한다.

(7) 사회문화적 이론

① 인간은 사회적 존재이며 이상행동은 사회문화적 요인에 의해 유발된다는 이론이다.

② 정신장애의 원인에 대한 학설

| 사회적 유발성 | 낮은 사회계층에 속한 사람은 타인으로부터 부당한 대우, 낮은 교육 수준, 낮은 취업기회 및 취업 조건 등으로 많은 스트레스와 좌절 경험을 통해 조현병으로 발전할 수 있다. |
|---|---|
| 사회적 선택설 | 중상류층 사람도 정신장애를 겪으면 사회적응력이 감소하여 결국 사회 하류 계층으로 옮겨가게 된다. |
| 사회적 낙인설 | 정신 장애에 대한 사회적 낙인은 정신 장애를 지닌 사람들의 재활을 어렵게 하고 심리적으로 악화시키는 결과를 초래한다. |

③ 사회문화적 치료로 커플치료, 집단치료, 가족치료 등을 진행할 수 있다.

**TIP**

생물심리사회적 모델
내적 원인은 소인이라고도 하는데 유전적인 성향, 체질, 나이, 성 등이며, 외적 유발인자는 기질적 원인, 심리적 원인, 사회적 원인들이 있다. 정신질환은 여러 소인과 유발인자의 원인이 겹쳐 나타난다. 그러므로 신체질환에 비해 원인과 결과를 규명하기 어렵다. 따라서 치료도 생물심리사회모델에 따라 각 개인에 맞춰져야 한다고 본다.

**기출 DATA**
사회문화적 이론 2019-3회

**TIP**

사회문화적 이론
사회문화적 이론은 개인과 가족을 넘어서 개인이 살고 있는 사회, 문화적 환경에 초점을 두는 것이다. 사회 환경은 그 사회에서 생활하는 과정에서의 고유한 심리장애를 유발한다.

**실력 TEST**

➡ 중상류층 사람도 정신장애를 겪으면 사회 적응력이 감소하여 결국 사회 하류 계층으로 옮겨 가게 된다는 이론은 사회적 유발성이다.

정답 : ×
해설 : 사회적 선택설에 대한 설명이다.

**기출 DATA**
정신장애에 대한 최근 동향
2017-1회

**기출 DATA**
이상행동 판별기준 2018-3회

**TIP**
정상의 정의
• 정상적인 사람은 자기 주위에 무엇이 일어나고 있는가에 대한 해석이 비교적 현실적이다.
• 정상적인 사람은 자신의 동기와 감정에 대해 어느 정도 인식하고 있다.
• 정상적인 사람은 필요하다면 자신의 행동을 적절히 통제할 수 있다.
• 정상적인 사람은 자기 자신의 가치에 대해 인정하고 주위 사람들에게 받아들여지고 있다고 느낀다.
• 정상적인 사람은 다른 사람과 친밀한 관계를 맺으며 생활하고 있다.
• 정상적인 사람은 자신의 능력을 생산적인 활동에 적절히 이용할 수 있다.

(8) 정신장애에 대한 최근 동향

① 탈시설화 증가 : 정신장애 개입 시 과거에는 입원 시설을 통해 관리하던 부분이 최근에는 탈시설화되면서 다양한 주거프로그램을 제공하여 지역사회에서 관리하는 방향으로 바뀌어간다.

② 항정신성 약물이 나날이 발전하고 있으며 약물치료가 보편화되어 가고 있다.

③ 다양한 심리치료 서비스가 제공되고, 이에 대한 이용이 증가하고 있다.

④ 정신장애 치료적 접근뿐 아니라 더 적극적으로 예방적 접근을 강조한다.

## 3) 이상행동 판별기준

(1) 적응적 기능의 저하 및 손상

① 개인의 인지적, 정서적, 행동적, 신체 생리적 기능이 저하되거나 손상되어 원활한 적응에 지장을 초래할 때, 부적응적인 이상행동으로 간주할 수 있다.

② 문제점

  ㉠ 적응과 부적응의 경계가 모호하다.

  ㉡ 적응과 부적응을 누가 무엇에 근거하여 평가하느냐에 따라 기준이 다르다.

  ㉢ 개인의 부적응이 어떤 심리적 기능 손상에 의해 초래되었는지를 판단하기가 어렵다.

(2) 주관적 불편감과 개인적 고통

① 스스로 매우 심한 고통과 불편감을 느끼게 하는 행동을 이상행동이라고 본다.

② 주관적 고통은 부적응 상태에 의해 유발될 수도 있고, 주관적 고통으로 부적응 상태가 유발될 수도 있다.

③ 문제점

  ㉠ 심리적인 고통을 경험한다고 해서 비정상적이라고 할 수는 없다.

  ㉡ 어느 정도의 주관적 고통과 불편감이 비정상적이라고 판단내리기가 어렵다.

  ㉢ 매우 부적응적인 행동을 하지만 개인적인 고통과 불편감을 느끼지 않는 경우들이 있다.

### (3) 문화적 규범의 일탈

① 문화적 규범에 어긋나거나 일탈된 행동을 나타낼 때 이상행동으로 본다.

② 문제점

㉠ 문화적 상대성으로 어느 문화에서는 정상적 행동이 다른 문화에서는 부적응일 수 있다.

㉡ 문화적 규범 자체가 바람직하지 못할 경우에도 이를 적용해야 하느냐 하는 점이 있다.

### (4) 통계적 규준의 일탈

① 통계적 속성에 따라 평균으로부터 멀리 일탈된 특성을 나타낼 경우 '비정상적'이라고 본다.

② 문제점

㉠ 평균으로부터 일탈된 행동 중에는 바람직한 방향으로 일탈한 경우가 있다.

　　예 IQ 150은 평균에서 많이 이탈되었지만 이상으로 볼 수 없다.

㉡ 인간의 심리적 특성을 측정하여 그 평균과 표준편차를 확인하는 것이 어렵다.

㉢ 흔히 평균으로부터 두 배의 표준편차만큼 일탈된 경우를 이상행동과 정상 행동의 경계선으로 삼고 있지만 이러한 통계적 기준은 전문가들이 세운 편의적 경계일 뿐 이론적이거나 경험적인 타당한 근거에 기초한 것은 아니다.

## 2 》 이상행동의 분류와 진단

### 1) DSM(정신장애 진단 및 통계편람)

#### (1) 특징

① 미국정신의학회(APA)에서 1952년 DSM-Ⅰ이 처음 출간 된 이후 지속적인 연구를 통해 2013년 DSM-5를 출간하였다.

② 정신장애의 원인보다 질환의 증상과 증후들에 초점을 두었다.

③ 정신질환자들의 분류체계와 진단을 효율적으로 적용하기 위해 마련하였다.

④ 정신의학적 진단의 신뢰성과 타당성을 확보하기 위해 마련하였다.

---

**TIP**

이상행동 또는 정신장애와 연관된 용어들

• 이상행동(Anormal behavior) : 외현적으로 관찰되거나 측정될 수 있는 행동으로서 판별기준에 의해 '비정상적'이라고 평가될 수 있는 행동

• 부적응 행동(Mdaptive behavior) : 적응을 개인과 환경의 원활한 상호작용이라고 보는 관점에서 특히 환경적 요구에 적절히 대응하지 못하여 여러 가지 문제를 일으키는 개인의 행동

• 역학 : 얼마나 많은 사람들이 특정한 정신장애로 고통 받고 있으며 특히 어떤 특성을 지닌 사람들에게 이러한 정신장애가 흔히 나타나는지 분포 양상에 대한 연구

• 위험요인(Risk factor) : 이상행동이나 정신장애의 발생 가능성을 증가시키는 어떤 조건이나 환경으로 모든 맥락에 걸쳐 있는 복합요소들은 누적되어 영향을 미친다.
예 성별, 기질, 부모불화, 부모의 사망, 이별, 긍정적 학교생활 경험 부족 등

• 보호요인 : 건강한 발달을 조장하거나 유지하는 요소이다.

• 증상 : 내면화된 심리적, 신체적 장애 또는 심리사회적인 문제가 생길 가능성이 있는 지표로서 개인이 호소하는 질병의 표현

• 장애 : 신체기관이 본래의 제 기능을 발휘하지 못하거나 정신능력에 어떤 결함이 있는 상태

• 유병률(Prevalence) : 전체 인구 중 특정한 정신장애를 지니고 있는 사람들의 비율
　－ 시점 유병률(Point prevalence) : 현재 시점에서 특정한 정신장애를 지니고 있는 사람들의 비율
　－ 기간 유병률(Period prevalence) : 일정한 기간 동안에 특정한 정신장애를 경험한 사람들의 비율
　－ 평생 유병률(Lifetime prevalence) : 평생 동안 특정한 정신장애를 한 번 이상 경험한 사람들의 비율
　　　▶ 2018-1회

⑤ 정신장애를 20개의 주요 범주로 나누고, 그 하위범주를 여러 개로 세분화하였다.

| 범주 | 하위 장애 | 범주 | 하위 장애 |
|---|---|---|---|
| 신경발달장애 | • 지적장애<br>• 의사소통장애<br>  – 언어장애<br>  – 발화음장애<br>  – 유창성장애<br>  – 사회적 의사소통장애<br>• 자폐 스펙트럼장애<br>• 주의력 결핍/과잉행동장애<br>• 특정 학습장애<br>• 운동장애<br>  – 틱장애<br>  – 발달적 협응장애<br>  – 상동증적(정형적) 운동장애 | 정신분열 스펙트럼 및 기타 정신증적 장애 | • 조현병(정신분열증)<br>• 조현정동장애(분열정동장애)<br>• 조현양상장애<br>  (정신분열형장애)<br>• 단기 정신병적 장애<br>• 망상장애<br>• 조현형 성격장애<br>  (분열형 성격장애)<br>• 긴장형<br>  (약화된 정신증 증후군) |
| 우울장애 | • 주요 우울장애<br>• 지속성 우울장애<br>• 월경전기 불쾌장애<br>• 파괴적 기분조절부전장애 | 양극성 및 관련 장애 | • 제1형 양극성장애<br>• 제2형 양극성장애<br>• 순환감정장애 |
| 불안장애 | • 범불안장애<br>• 특정공포증<br>• 광장공포증<br>• 사회불안장애<br>• 공황장애<br>• 분리불안장애<br>• 선택적 무언증 | 강박 및 관련 장애 | • 강박장애<br>• 신체변형장애<br>• 저장장애<br>• 모발뽑기장애<br>• 피부벗기기장애 |
| 외상 및 스트레스 사건– 관련 장애 | • 외상 후 스트레스장애<br>• 급성 스트레스장애<br>• 반응성 애착장애<br>• 적응장애<br>• 탈억제 사회유대감장애 | 해리장애 | • 해리성 정체감장애<br>• 해리성 기억상실증<br>• 이인증/비현실감장애 |

| 범주 | 하위 장애 | | | 범주 | 하위 장애 |
|---|---|---|---|---|---|
| 수면-각성 장애 | • 불면장애<br>• 과다수면장애<br>• 기면증(수면발작증)<br>• 호흡관련 수면장애<br>• 일주기 리듬 수면-각성장애<br>• 수면이상증<br>　- 비REM 수면-각성장애<br>　- 악몽장애<br>　- REM 수면 행동장애<br>• 초조성 다리 증후군 | | | 급식 및 섭식장애 | • 신경성 식욕부진증<br>• 신경성 폭식증<br>• 폭식장애<br>• 이식증<br>• 반추장애<br>• 회피적/제한적 음식섭취 장애 |
| 배설장애 | • 유뇨증<br>• 유분증 | | | 신체증상 및 관련장애 | • 신체증상장애<br>• 질병불안장애<br>• 전환장애<br>• 허위성장애 |
| 파괴적, 충동통제 및 품행장애 | • 적대적 반항장애<br>• 품행장애<br>• 간헐적 폭발성장애<br>• 반사회성 성격장애<br>• 방화증<br>• 도벽증 | | | 신경인지 장애 | • 주요 신경인지장애<br>• 경도 신경인지장애<br>• 섬망 |
| 물질 관련 및 중독장애 | 물질 관련 및 중독 장애 | 물질 사용장애 | | 기타 정신장애 | • 다른 의학적 상태에 기인한 달리 명시된 정신장애<br>• 다른 의학적 상태에 기인한 명시되지 않은 정신장애<br>• 달리 명시된 정신장애<br>• 명시되지 않은 정신장애 |
| | | 물질 유도성 장애 | 물질 중독 | | |
| | | | 물질 금단 | | |
| | | | 물질/약물 유도성 정신장애 | | |
| | 비물질 관련 장애 | 도박장애 | | | |

| 범주 | 하위 장애 | | 범주 | 하위 장애 | | |
|---|---|---|---|---|---|---|
| 성관련 장애 | 성기능 장애 | • 남성 성욕감퇴 장애<br>• 발기장애<br>• 조루증<br>• 지루증<br>• 여성 성적 관심/흥분장애<br>• 여성 절정감장애<br>• 생식기−골반 통증/삽입장애 | 성격장애 | A군 성격 장애 | • 편집성 성격장애<br>• 조현성(분열성) 성격장애<br>• 조현형(분열형) 성격장애 | |
| | 성도착 장애 | • 관음장애<br>• 노출장애<br>• 접촉마찰장애<br>• 성적 피학, 가학 장애<br>• 아동성애장애<br>• 성애물장애<br>• 의상전환장애 | | B군 성격 장애 | • 반사회성 성격장애<br>• 연극성 성격장애<br>• 경계성 성격장애<br>• 자기애성 성격장애 | |
| | 성 불편증 | • 아동의 성별불쾌감(성불편증)<br>• 청소년 및 성인 성별불쾌감 | | C군 성격 장애 | • 회피성 성격장애<br>• 의존성 성격장애<br>• 강박성 성격장애 | |
| 신설된 장애 | | | 제외된 장애 | | | |
| • 강박장애 : 피부벗기기장애, 저장장애<br>• 우울장애 : 월경전 불쾌감장애, 파괴적 기분조절곤란장애<br>• 신경발달장애 : 자폐스펙트럼장애, 사회적 의사소통장애<br>• 급식 및 섭식장애 : 폭식장애, 파괴적/제한적 음식섭취장애<br>• 수면−각성장애 : REM수면행동장애, 초조성다리증후군<br>＊성불편감, ＊도박장애 등 | | | • 아스퍼거 증후군<br>• 소아기 붕괴성장애(CDD)<br>• 정신분열증 하위유형<br>• 성정체성장애<br>• 사별배척 | | | |

(2) DSM-5 체계의 특징

① 진단체계를 폐지 : DSM−Ⅳ에서 쓰던 다축체계를 객관성과 타당성이 부족하다는 비판에 따라 폐지하였다.

② 범주적 분류와 더불어 차원적 분류를 도입하였다.

㉠ 범주적 분류는 이상행동이 정상 행동과는 질적으로 구분 된다고 보는 것으로 흑백논리적인 분류 특성을 지니고 있다.

TIP

DSM-5

DSM-5는 ICD-11(세계보건기구(WHO)에서 발간하는 세계질병분류와 조화를 이루도록 개정되었으며, 20개의 주요한 범주로 나뉘고 그 하위범주로 350여 개 이상의 장애를 포함하고 있다.

ⓒ 일차적으로 범주적 분류에 기초하나 한계를 보완하기 위해 차원적 분류방식을 도입하였다.

ⓒ 차원적 분류는 정상 행동과 이상행동이 부적응 정도의 차이가 있을 뿐 질적으로 다르지 않다는 가정에 근거한다.

③ 숫자를 로마자에서 아라비아 숫자로 변경 : DSM-Ⅳ까지 쓰던 로마자 표기를 DSM-5에서는 아라비아 숫자로 바꾸었다.

④ 세부기준 적용 확대 : DSM-Ⅳ에서는 심각도 세부기준이 정신지체, 품행장애, 조증삽화, 주요우울삽화에만 적용되었는데 DSM-5에서는 정신분열증, 불안장애, 강박장애, 외상 후 스트레스장애, 해리장애, 성격장애, 성도착장애를 제외한 대부분의 장애에 핵심증상의 심각도에 대한 세부기준이 적용되었다.

⑤ 인권에 대한 존중

㉠ 가치의 다양성을 배려하고 문화적 차이를 고려하였다.

㉡ 진단명이 내담자 존중 진단명으로 바뀐다.

　　예 말더듬-유창성 장애, 정신지체-지적장애 등

⑥ 달리 분류되지 않는 범주(NOS) 대신 달리 명시된(Other specified) 또는 명시되지 않은(Unspecified) 정신장애 중에 선택하도록 하였다

(3) DSM-Ⅳ와 DSM-5의 주요 비교

① 삭제된 진단명 : 아스퍼거 증후군, 소아기 붕괴성 장애(CDD), 전반적 발달장애(PDD), 성정체성 장애, 정신분열증 하위유형, 주요 우울증 삽화의 사별배척 항목

② 신설된 진단명 : 자폐스펙트럼 장애, 피부 벗기기 장애, 저장장애, 월경 전 불쾌감 장애, 파괴적 기분조절곤란 장애, 폭식장애, 도박장애, 초조성 다리증후군, 사회적 의사소통 장애, 성불편감 등

③ '불안장애'의 하위유형인 '강박장애'와 '외상 후 스트레스 장애'가 각각 '강박 및 관련 장애'와 '외상 및 스트레스 사건 관련 장애'로 독립된 장애범주로 분류되었다.

④ '기분장애'의 하위유형이었던 '우울장애'와 '양극성 장애'가 각각 독립된 장애범주로 구분되었다.

⑤ '강박 및 관련 장애'에 '저장장애'와 '피부 벗기기 장애'가 하위 진단으로 추가되었다.

⑥ '우울장애'에 '파괴성 기분조절 부전장애', '월경 전 불쾌장애'가 추가되었다.

기출 DATA
DSM-Ⅳ와 DSM-5의 주요 비교
2018-1회

⑦ '배설 장애'가 독립된 장애범주로 분류되었다.

⑧ 과거의 아동기자폐 '아스퍼거장애'와 '아동기 붕괴성장애'가 '자폐 스펙트럼장애'로 통합되면서 '신경발달장애'로 분류되었다.

⑨ '주의력 결핍 과잉행동장애'가 '신경 발달장애' 하위유형으로 분류되었다. 증상의 발현시기도 7세 이전에서 12세 이전으로 조정되었다.

⑩ '폭식장애'는 '급식 및 섭식장애'의 하위유형으로 정식 진단명이 부여되었다.

⑪ '정신분열증'의 하위유형인 망상형, 해체형, 긴장형, 감별 불능형, 잔류형의 분류가 폐지되었다.

⑫ '물질 관련 장애'는 '물질관련 및 중독 장애'로 확장되고 '물질 관련장애'와 '비물질 관련장애'로 나뉘어 심각도를 경도, 중도, 고도 3등급으로 구분하였다.

⑬ 병적 도박이 '도박장애'로 명칭 변경되어 '비물질 관련장애'로 분류되었다.

⑭ 치매가 심각도에 따라 '주요 신경인지장애' 및 '경도 신경인지장애'로 분류되었다.

## 2) 이상행동 분류와 진단

### (1) 개요

① 현재 가장 널리 사용되는 정신장애의 분류체계는 DSM-5(미국정신의학회)와 국제적으로 통용되는 '국제질병분류' 제10개정판(ICD-10)(WHO, 1992)이다.

② 진단은 사회적이고 문화적인 부분을 고려해야 한다.

### (2) 분류의 장점과 단점

| | |
|---|---|
| 장점 | • 연구자들이 일관성 있게 공통적으로 사용할 수 있는 용어를 제공<br>• 연구자나 임상가에게 효과적인 정보를 제공<br>• 과학적 연구와 이론개발을 위한 기초를 제공<br>• 환자들 간의 유사성과 차이점을 인식하는 데에 도움을 줌<br>• 장애의 진행과정을 예측할 수 있게 함 |
| 단점 | • 환자의 개인적 정보가 유실되고 환자에 대한 고정관념 형성<br>• 환자에 대한 낙인이 될 수 있으므로 신중해야 함<br>• 진단은 환자의 예후나 치료효과에 대한 선입견을 줄 수 있음 |

(3) 범주적 분류와 차원적 분류

① 이상행동과 정상행동의 구분을 양적인 문제로 보는지 질적인 문제로 보는지에 따라 '범주적 분류'와 '차원적 분류'로 나눌 수 있다.

② 범주적 분류(Catehorical classification)는 질적인 구분으로 이상행동은 독특한 원인에 의한 것이기 때문에 정상행동과는 명료한 차이가 있으며 흑백 논리적이다.

③ 차원적 분류(Dimensional classification)는 양적 구분으로 정상과 이상행동의 구분이 부적응에 따른 정도의 차이이지 질적 차이는 없다고 본다.

(4) 분류체계의 신뢰도와 타당도

① 신뢰도(Reliability) : 한 분류체계를 적용하여 환자들의 증상이나 장애를 평가했을 때 동일한 결과가 도출되는 정도이다.

② 타당도(Validity) : 분류체계가 증상이나 원인 등에 있어서 정말 서로 다른 장애들을 제대로 분류하고 있는가에 대한 평가이다.

③ 분류체계는 신뢰도와 타당도에 근거하여 평정한다.

## 3) 이상행동 평가

(1) 면접법

① 구조화된 면접법

㉠ 면접자의 주관성을 배제하기 위해서 질문의 구체적인 내용과 순서를 비롯하여 응답에 대한 채점방식 등이 정해져 있는 면접방법이다.

㉡ 초보자가 실시하기 용이하다.

② 비구조화된 면접법

㉠ 면담의 내용과 순서를 정하지 않고, 면담 시 상황과 내담자의 반응에 따라 유연성 있게 진행하여 정보를 수집하는 면접방법이다.

㉡ 신뢰도는 낮으나 훈련된 평정자가 실시하면 타당도가 높다.

(2) 행동관찰법

① 자연관찰법 : 일상생활이나 특정 장소에서 자연발생하는 행동 자체를 관찰하고 기록하는 방법이다. 어떠한 조작이나 자극을 주지 않고, 통제하지 않기 때문에 비통제 관찰이라고도 한다.

② 실험적 관찰법 : 관찰대상과 장소와 방법을 한정하고, 행동을 인위적으로 일으키거나 조직적으로 변화시켜서 관찰한다. 인위적으로 통제하기 때문에 통제 관찰이라고도 한다.

실력 TEST

☞ 면접자의 주관성을 배제하기 위하여 질문의 구체적인 내용과 순서를 비롯하여 응답에 대한 채점방식이 정해져 있는 면접법을 ( ) 면접법이라고 한다.

정답 : 구조화된

③ 우연적 관찰법 : 우연히 나타난 두드러진 행동을 기록하고 관찰하는 방법이다. 이것은 일정 기간 동안 관찰대상의 행동에서 특별하다고 생각되는 행동을 선별하여 기록하기 때문에 일화기록법이라고도 한다.

④ 참여관찰법 : 관찰자가 직접 집단에 참여하여 그 집단구성원과 같이 생활하면서 관찰하는 방법이다.

⑤ 자기관찰법 : 환자가 자신의 행동을 체계적으로 관찰하는 방법이다.

⑥ 행동분석법 : 어떠한 문제행동이 나타나는 전후 상황을 구체적으로 평가하는 방법이다.

(3) 심리검사법

① 개인의 심리적 특성을 가장 객관적으로 측정할 수 있는 방법이다.

② 객관적 성격검사는 검사과제가 구조화되어 있으며 객관적이고 명확하여 모든 사람들이 동일한 방법으로 해석할 수 있는 검사이다.
　　예 MMPI, MBTI, 지능검사 등

③ 투사적 성격검사는 비구조화 검사로 다양한 반응을 이끌어 낼 수 있는 검사이며 채점자와 해석자가 전문성을 가지고 있어야 한다.
　　예 로샤, 문장완성검사, 그림검사, 주제통각검사 등

④ 신경심리검사는 다양한 심리적 기능을 측정하여 뇌의 손상 유무, 손상의 정도와 부위를 평가하는 검사이다.

(4) **심리 생리적 측정법** : 심리 생리적 반응을 측정하는 도구를 통해 심리적 상태나 특성을 평가하는 방법으로 *뇌파검사, 다원 측정 장치 등이 있다.

(5) **뇌 영상술** : 뇌 영상술은 전자기술의 발달로 인해 뇌의 손상을 직접적으로 평가할 수 있는 방법으로 단층 촬영술(CT), 자기공명 영상술(MRI) 등이 있다.

(6) **정신상태 검사(MSE)**

① 신경학적 검진에서 가장 복합적인 것이 정신 상태검사이다.

② 정신 상태란 한 사람의 정서반응, 인지 능력 및 성과, 성격을 총괄하는 것으로 개인의 능력과 환경과의 상호작용 능력을 확인하는 과정이다.

③ 검사의 요소로는 전반적인 외모와 행동, 기분 상태, 지각의 상태, 사고의 상태 및 사고 내용, 의식 및 인지기능이 있다.

**TIP**

뇌파검사

뇌파검사는 두피에 전극을 부착하고 뇌의 미세한 전기활동을 증폭하여 기록하는 검사로 시간이나 상황마다 변하는 뇌 기능의 변화를 볼 수 있는 검사이다.

# Chapter. 02

# 이상행동의 유형

## 1 》》 신경발달장애

[신경발달장애의 하위유형]

| 하위장애 | | 핵심증상 |
|---|---|---|
| 지적장애 | | 지적능력이 현저하게 낮아서 학습 및 사회적 적응에 어려움을 나타낸다. |
| 의사소통장애 | 언어장애 | 언어의 발달과 사용에 지속적인 곤란을 나타낸다. |
| | 발화음장애 | 발음의 어려움으로 인해 언어적 의사소통의 곤란을 보인다. |
| | 아동기-발생 유창성장애 | 말더듬기로 인해 유창한 언어적 표현의 곤란을 보인다. |
| | 사회적 의사소통장애 | 언어적, 비언어적 의사소통 기술을 사회적 상황에서 적절하게 사용하지 못한다. |
| 자폐 스펙트럼장애 | | 사회적 상호작용과 의사소통의 심각한 곤란, 제한된 관심과 흥미 및 상동적 행동의 반복을 보인다. |
| 주의력 결핍/과잉행동장애 | | 주의 집중의 곤란, 산만하고 부주의한 행동, 충동적인 과잉행동을 보인다. |
| 특정 학습장애 | | 읽기, 쓰기, 수리적 계산을 학습하는 것에 어려움을 보인다. |
| 운동장애 | 틱장애 | 신체 일부를 갑작스럽게 움직이거나 소리를 내는 부적응적 행동의 반복을 나타낸다(뚜렛 장애, 지속성운동 또는 음성 틱 장애, 일시성 틱 장애). |
| | 발달성 협응장애 | 운동발달이 늦고 동작이 현저히 미숙하다. |
| | 상동증적(정형적) 동작장애 | 특정한 패턴의 행동을 아무런 목적 없이 반복한다. |

❖ 신경발달장애는 중추신경계, 즉 뇌의 발달지연 또는 뇌 손상과 관련된 것으로 알려진 정신장애이다.

**기출 DATA**

신경발달장애의 하위유형
2019-3회, 2019-1회

**TIP**

신경발달장애
신경발달장애는 심리사회적 문제보다는 뇌의 발달장애로 인해 생의 초기부터 나타나는 아동기 및 청소년기의 정신장애를 포함하고 있다.

## 1) 지적장애

### (1) 임상적 특징

① 지능이 비정상적으로 낮아서 학습 및 사회적 적응에 어려움을 나타내는 경우이나, 심각한 두부외상으로 인해 이전 습득한 인지적 기술을 소실할 경우도 지적장애아 신경인지장애로 진단할 수 있다.

② 표준화된 지능검사에서 IQ 70 미만의 지능지수를 보인다.

③ 개념적, 사회적, 실제적 영역에서 지적기능과 적응기능에서의 결손을 보인다.

  ㉠ 지적기능 : 추리, 문제해결, 계획, 추상적 사고, 판단, 학교에서 학습 및 경험을 통한 학습 능력을 말한다.

  ㉡ 적응기능 : 가정, 학교, 직장, 지역사회와 같은 다양한 환경에서의 의사소통, 사회적 참여, 독립적인 생활과 같은 일상생활을 영위할 수 있는 능력을 말한다.

④ 지적장애의 심각도

  ㉠ 경도(IQ 50~55에서 70 미만으로 지적장애의 85%)

    ⓐ 개념적 영역 : 학령기 아동 및 성인에서는 학업기술을 배우는 데 어려움이 있으며, 연령에 적합한 기능을 하기 위해 하나 이상의 영역에서 도움이 필요

    ⓑ 사회적 영역 : 또래에 비해 사회적 상호작용이 미숙하고 사회적 위험에 대해 제한적인 이해

    ⓒ 실행적 영역 : 성인기에는 개념적 기술이 강조되지 않는 일자리에 종종 취업이 가능

  ㉡ 중등도(IQ 35~40에서 50~55으로 지적장애의 10%)

    ⓐ 개념적 영역 : 개념적 기술이 연령 수준에 비해 심하게 뒤쳐지며 학령기 내내 읽기, 쓰기, 산술의 이해가 느리고 제한적

    ⓑ 사회적 영역 : 사회적 의사소통이 연령 수준에 비해 매우 늦고 사용 언어도 단순, 성인기에 이성관계가 가능하고 직장에 다닐 수 있으나 사회적 신호(몸짓, 표정, 상징적 표현), 사회적 판단에 있어 도움이 필요

    ⓒ 실용적 영역 : 기본적 행동(식사, 옷입기, 배설)이 가능하고 집안일에 참여 가능, 단순한 일의 직장은 고용가능하나 복잡한 일 처리는 상당한 도움이 필요

[기출 DATA]

지적장애의 심각도★
2020-3회, 2020-1회
2019-1회

**실력 TEST**

➡ 지적장애는 심각도에 따라 3가지로 분류한다.

**정답** : ✕

**해설** : 지적장애는 심각도에 따라 경도, 중증도, 고도, 최고도 4가지로 분류한다.

ⓒ 고도(IQ 20~25에서 35~40으로 지적장애의 3~4%)

　　ⓐ 개념적 영역 : 문자, 숫자, 돈, 수량, 시간에 관한 개념을 거의 이해하지 못하며 인생 전반에 걸쳐 지원이 필요한 수준

　　ⓑ 사회적 영역 : 사용하는 언어는 한 단어나 구절. 문법적인 면도 상당히 제한적, 언어와 의사소통은 일상생활 속 현 시점에만 초점을 둔 상태

　　ⓒ 실용적 영역 : 기본적 행동(식사, 옷입기, 배설)을 포함한 모든 활동에서 도움 필요, 모든 분야에서 기술 습득은 장기적인 도움이 필요

ⓔ 최고도(IQ 20~25 이하로 지적장애의 1~2%)

　　ⓐ 개념적 영역 : 개념적 기술은 상징적인 것보단 물질적인 것과 관련, 연결 및 분류 등 특정 시공간적 기술을 훈육할 수 있지만 운동 및 감각 손상으로 제한적

　　ⓑ 사회적 영역 : 상징적 의사소통(언어능력, 몸짓)을 이해하는 데 상당히 제한적. 감각과 신체 손상으로 사회적 활동 제한적

　　ⓒ 실용적 영역 : 신체적 돌봄, 건강, 안전, 여가 활동의 모든 면에서 지원 필요, 감각과 신체 손상으로 대부분 활동에 지장이 있고, 신체 손상이 없다면 지속적인 도움 속에서 아주 단순한 직업에 참여 가능

(2) DSM-5 진단기준

기출 DATA
DSM-5 진단기준 2016-3회

지적장애(지적발달장애)는 발달기에 발병하며, 개념·사회·실행 영역에서 지적 및 적응적 기능에 결함이 있는 상태를 말한다. 다음 3가지 기준을 충족시켜야 한다.

① 개념적 : 추리, 문제해결, 계획, 추상적 사고, 판단, 학업, 경험 학습 등과 같은 지적기능의 결함이 있는데, 이는 임상적 평가와 개별 표준화 지능검사 모두에서 확인되어야 한다.

② 사회적 : 개인 독립성 및 사회적 책임에 대한 발달적·문화적 기준을 충족시키지 못하는 적응 기능에서의 결함이 있다. 지속적인 지원이 없다면, 적응결함은 가정, 학교, 일터, 지역사회 등의 여러 환경에서 의사소통, 사회참여, 독립생활과 같은 일상생활 활동 중 1가지 이상 제한을 가져온다.

③ 실행적 : 지적 및 적응 결함이 발달기에 발병한다. 심각도에 따라 가벼운(경도), 보통의(중등도), 심한(고도), 아주 심한(최고도) 정도로 구분한다.

(3) 원인

① 유전자 이상(약 5%), 임신 및 태내환경의 이상, 임신 및 출산과정의 이상, 열악한 환경요인 등이 있다.

② '다운 증후군(Down' syndrome)'은 유전자 이상으로 염색체 이상에 의해 유발되는 대표적인 지적장애이다(21번 염색체가 3개).

③ '페닐 케톤뇨증(Phenylketonuria)'은 신진대사 이상에 의한 지적장애로 필수 아미노산 중 페닐알라닌이 체내에 분해되지 못해 축적됨으로 비정상적인 두뇌발달을 초래하는 대표적인 지적장애이다.

(4) 치료

① 일상생활에 필요한 다양한 적응 기술을 학습시키고, 적응기술이 유지되도록 한다.

② 지적장애에 대한 최선의 치료는 예방이다.

## 2) 의사소통장애

(1) 일반적 지능 수준인데도 의사소통에 사용하는 언어의 사용에 결함이 있는 경우를 말한다.

(2) 언어장애

① 임상적 특징

㉠ 언어를 이해하거나 표현하는 데 현저한 어려움을 나타낸다.

㉡ 감각기능 결함과 같은 신체적 원인이 언어발달을 지체시킬 수 있으며 언어발달이 이루어지는 유아기에 적절한 언어적 환경과 자극이 주어지지 못한 경우에 발생한다.

㉢ 어순, 시제, 어휘 부족, 문장구조 부족, 대화능력 문제를 위한 여러 가지 언어이해나 표현능력이 손상되어 있다.

㉣ 4세 이전에는 언어장애와 정상적 언어 발달의 표현을 구분하는 것이 어렵다.

② DSM-5 진단기준

㉠ 다음 증상을 포함하여 이해나 생성의 결함에 기인하여 여러 양상에 따른 언어 습득과 사용에서 지속적인 문제를 보인다.

ⓐ 한정된 단어지식과 이의 사용

ⓑ 제한된 문장 구조

ⓒ 손상된 화법

     ⓛ 언어능력이 나이에 비해 현저하게 저하되어 효과적인 의사소통, 사회적 참여, 학업적 성취, 직업적 수행에서 기능적 저하를 초래한다.

     ⓒ 언어장애 증상들이 초기 발달기에 나타난다.

     ⓔ 언어장애 증상이 청각이나 다른 감각 손상, 운동 기능 장애 혹은 다른 의학적 · 신경학적 상태에 기인하지 않고, 지적장애나 광범위성 발달지연으로 설명되지 않는다.

  ③ 치료

     ⑤ 이비인후과 등 신체적 문제가 없는지 검진한다.

     ⓛ 부모−자녀관계를 탐색하고 정서적 어려움이 없는지 확인하여 해결하도록 한다.

**(3) 발화음장애**

  ① 임상적 특징

     ⑤ 발음의 어려움으로 인해 의사소통에 지장을 초래하는 경우를 말한다.

     ⓛ 혀 짧은 소리, 현저하게 부정확한 발음을 사용하고 단어의 마지막은 발음하지 못하거나 생략하는 문제를 보인다.

     ⓒ 청각장애, 발성기관 결함, 인지장애와 같은 문제에 의해 유발되며, 정서적 불안이나 긴장 등 심리적인 부분에 의해서 기인할 수 있다.

  ② DSM−5 진단기준

     ⑤ 말의 명료성을 저해하거나 언어적 의사소통을 방해한다.

     ⓛ 발음의 문제로 인하여 학업적 · 직업적 성취나 사회적 의사소통에 현저한 어려움을 겪게 된다.

     ⓒ 발화음장애가 초기 발달기에 나타난다.

     ⓔ 뇌성마비, 구개파열*, 청각상실, 외상성 뇌손상, 기타 의학적 · 신경학적 상태 등과 같은 획득된 상태에 기인하지 않아야 한다.

  ③ 치료*

     ⑤ 음성학적 문제를 유발하는 신체적, 심리적 문제를 해결한다.

     ⓛ 언어치료사의 도움을 받아 정확한 발음교정을 한다.

**(4) 아동기 발병 유창성장애(말더듬)**

  ① 임상적 특징

     ⑤ 말을 시작할 때 첫 음절을 반복하여 사용하거나 특정음을 길게 하는 등 의사소통 중 말을 더듬는 증상을 보인다.

     ⓛ 다른 사람들의 말더듬는 것을 흉내 내거나, 정서적 불안이나 흥분 상태에 이르거나, 심리적 압박 등으로 인해 유발될 수 있다.

---

**TIP**

**구개파열**
구개파열은 선천적으로 입천정이 뚫려 있어 코와 입이 통하는 것을 말한다. 코나 잇몸까지 갈라져 있는 경우도 있는데 이를 입천장 갈림증이라고도 한다.

**TIP**

**발화음장애의 치료**
- 음성학적 문제를 유발하는 신체적 또는 심리적 문제 해결
- 올바른 발성습관을 교육하는 것으로 언어치료사에 의해 정확한 발음을 가르치고 올바른 발성을 위한 호흡조절능력을 키워주며 정확한 발음을 일상적 대화에서 사용할 수 있도록 지도

**TIP**

유창성장애 : 말더듬, 말빠름증을 말한다.

© 아동들은 놀림의 대상이 될 수 있으며 이로 인해 사회적 위축이 되고, 말하는 상황을 회피하는 현상이 초래될 경향이 있다.

② DSM-5 진단기준

㉠ 말을 만드는 정상적인 유창성과 말 속도 장애로서, 개인의 연령과 언어기술에 부적절하며 오랜 시간동안 지속된다.

㉡ 다음과 같은 증상이 자주 뚜렷하게 발생한다.

ⓐ 소리와 음절 반복

ⓑ 자음과 모음을 길게 소리내기

ⓒ 분절된 단어(한 단어 내에서 소리가 멈춤)

ⓓ 청각적 혹은 무성 방해

ⓔ 단어 대치

ⓕ 과도하게 힘주어 단어 말하기

ⓖ 단음절 단어 반복

㉢ 말더듬기로 인해 사회적 관계에서 좌절감과 불안감을 경험하게 되고 낮은 자존감과 사회적 위축을 초래한다.

㉣ 증상들이 초기 발달기에 나타난다.

㉤ 장애가 말-운동 결함, 신경학적 손상을 수반한 유창성 장애나 다른 의학적 상태에 기인하지 않으며 또 다른 정신장애로 설명되지 않는다.

③ 치료 : 사회적 상황에 과도한 긴장이나 불안을 완화시킬 수 있도록 한다.

(5) 사회적 의사소통장애

① 임상적 특징

㉠ 언어적, 비언어적 의사소통에 있어서 사회적인 사용을 이해하거나 따르는 데 어려움을 느낀다.

㉡ 사회 맥락에 맞는 소통이 어렵고, 언어의 함축적 의미, 이중적 의미를 이해하기 어렵다.

㉢ 사회관계 발전뿐 아니라 학업 직업적 수행 기능에도 제한을 초래한다.

㉣ DSM-5에서 새로운 진단범주로 사용되었다.

② DSM-5 진단기준

㉠ 다음 네 가지 기능 모두에서 어려움을 나타내어 사회적 적응에 현저한 지장이 초래되는 경우 사회적 의사소통장애로 진단된다.

ⓐ 인사하기나 정보교환과 같은 사회적 목적을 위해서 맥락에 적절하게 의사소통하는 능력

ⓑ 맥락이나 듣는 사람의 필요에 맞추어 의사소통을 적절하게 변화시키는 능력

실력 TEST

➡ 언어적·비언어적 의사소통에 있어 사회적인 사용을 이해하거나 따르는 데 어려움을 느끼는 장애는 무엇인가?

정답 : 사회적 의사소통장애

ⓒ 대화와 이야기하기에서 규칙을 따르는 능력

ⓓ 명시적으로 표현되지 않은 것이나 언어의 함축적이거나 이중적 의미를 이해하는 능력

ⓛ 개별적으로나 복합적으로 결함이 효과적인 의사소통, 사회적 참여, 사회적 관계, 학업적 성취 또는 직업적 수행의 기능적 제한을 야기한다.

ⓒ 증상의 발병은 초기 발달 시기에 나타난다.

ⓔ 다른 의학적 또는 신경학적 상태나 부족한 단어 구조 영역과 문법 능력에 기인한 것이 아니며, 자폐스펙트럼 장애, 지적장애, 전반적 발달지연 또는 다른 정신질환으로 더 잘 설명되지 않는다.

## 3) 자폐스펙트럼장애

### (1) 임상적 특징

① 지체된 언어발달이며 주로 사회적 관심의 부재나 특이한 사회적 상호작용 (예 상대를 보지 않고 손으로 끌기 등)을 한다.

② 제한적이고 반복적 패턴의 행동이나 관심, 활동이 나타난다.

③ 이런 증상은 초기 아동기부터 나타나며 일상의 기능을 제한시키거나 혹은 손상시킨다.

④ 자폐스펙트럼장애가 있는 사람들 중 상당수가 지적손상이나 언어손상을 갖고 있으며, 사회적 상호작용을 위해 비언어적 행동을 시도하지 않는다. 언어기술과 지적수준이 예후와 가장 밀접한 부분이다.

⑤ 유병률은 아동, 성인 포함 전체 인구의 1% 정도이고, 문화에 상관없이 일정한 빈도를 나타내며, 남자아동이 여자아동에 비해 3~4배 정도 더 흔하다. 여자아동은 상당히 심각한 자폐스펙트럼장애와 더불어 심한 지적장애를 나타내는 경향이 있다.

⑥ DSM-Ⅳ에서는 '광범위한 발달장애'에 포함되었던 것이 '자폐스펙트럼장애'로 이름이 바뀌고 '아동기 붕괴성장애', '아스퍼거장애'가 통합되었다.

⑦ 레트장애*는 고유한 유전적 원인이 밝혀져서 자폐스펙트럼장애에서 제외되었다.

### (2) DSM-5 진단기준

① 다양한 맥락에 걸쳐 사회적 의사소통과 상호작용에 지속적인 결함이 나타난다. 이러한 결함은 현재 또는 과거에 다음과 같은 방식으로 나타난다.

---

**기출 DATA**
자폐스펙트럼장애★
2020-3회, 2020-1회,
2017-1회

**TIP**
자폐스펙트럼장애의 2가지 핵심증상
• 사회적 상호작용의 결함으로서 대인관계에 필요한 눈 마주치기, 표정, 몸짓 등이 매우 부적절하여 부모나 친구와 친밀한 관계를 형성하지 못한다.
• 제한된 반복적 행동패턴으로서 특정한 패턴의 기이한 행동을 똑같이 반복하며 특정한 대상이나 일에 비정상적으로 고집스럽게 집착하는 행동을 보인다.

**TIP**
레트장애
성 염색체상의 유전병으로 여자아이에게만 생기며, 자폐증과 체중감소, 연령 증가에 따른 머리의 성장 저하 등의 증상이 드러난다.

○ 사회적－정서적 상호작용의 결함을 나타낸다. 타인에게 비정상적인 방식으로 사회적 접근을 시도하고, 정상적으로 상호작용하며 대화하지 못하고, 타인의 관심사나 감정을 공유하지 못하며, 심한 경우 사회적 상호 작용을 시작하지 못하거나 그에 반응하지 못한다.

○ 사회적 상호작용을 위해 사용되는 비언어적 의사소통 행동에 결함을 나타낸다. 언어적·비언어적 의사소통을 통합된 형태로 사용하지 못하고, 눈 맞춤과 몸동작에서 비정상적인 모습을 보이며, 심한 경우 표정이나 비언어적 의사소통을 전혀 사용하지 못한다.

○ 대인관계를 발전시키고 유지하며 이해하는 데 결함을 나타낸다. 다양한 사회적 맥락에 맞게 행동을 조율하지 못하고, 타인과 상상적 놀이를 함께하거나 친구를 사귀는 데 어려움을 나타내며, 심한 경우 또래친구에 대해서 전혀 관심을 나타내지 않는다.

② 행동, 흥미 또는 활동에 있어 제한적이고 반복적인 패턴이 다음 네 가지 중 2개 이상의 증상으로 나타난다.

○ 정형화된 혹은 반복적인 운동 동작, 물체 사용이나 언어 사용

○ 동일한 것에 대한 고집, 일상적인 것에 대한 완고한 집착 또는 언어적·비언어적 행동의 의식화된 패턴을 나타낸다.

○ 매우 제한적이고 고정된 흥미를 지니는데 그 강도나 초점이 비정상적이다.

○ 감각적 자극에 대한 과도한 혹은 과소한 반응성을 나타내거나 환경의 감각적 측면에 대해서 비정상적인 관심을 나타낸다.

③ 증상들은 어린 아동기에 나타난다.

④ 증상들로 인해 사회적, 직업적 또는 다른 중요한 기능 영역에 심각한 손상을 초래한다.

⑤ 이러한 장해는 지적 장애나 전반적 발달 지연에 의해 더 잘 설명되지 않는다.

(3) 원인

① 유전적 요인

○ 대부분 유전적 요인으로 본다. 자폐아동의 형제 중 자폐증이 발생할 수 있는 확률은 일반인구의 50배 내지 200배 높다는 보고가 있다.

○ 유전자의 다양한 기제와 관련되어 상호작용으로 발생한다는 견해이다.

② 생물학적 요인 : 세로토닌의 이상이 일관되게 보고되고 있다.

③ 환경적 요인 : 높아진 부모의 나이, 태아의 *발프로에이트 노출과 같은 위험요인들이 원인이 될 수 있다.

TIP

발프로에이트

주로 뇌전증과 양극성 장애를 치료하고 편두통을 예방하기 위해 사용되는 약물이다.

### (4) 치료

① 원칙적으로 치료가 어렵다고 보며, 통합적 치료를 실행한다. 통합적 치료란 약물치료, 행동치료, 놀이치료, 언어훈련 등이다.

② 치료교육은 초기부터 지속적으로 개입하고 제공하는 것이 효과적이다.

## 4) 주의력 결핍 및 과잉행동장애(ADHD)

### (1) 임상적 특징

① 동등한 발달 수준에 있는 아동들보다 더 빈번이 지속적인 주의력 결핍, 과잉행동, 충동성의 양상을 6개월 이상 지속적으로 보이는 상태를 말한다.

② 장애를 일으키는 과잉행동, 충동, 부주의 증상이 12세 이전에 있었다(DSM–Ⅳ에서는 7세 이전이었음).

③ 주의력 결핍은 학업적, 직업적, 사회적 상황에서 드러난다. 세부적인 면에 주의를 기울이지 못하고 학업이나 다른 과업의 부주의한 실수를 범한다. 활동을 체계화하는 데 어려움을 지니고 있고, 혼란스럽고 부주의하고 분실이 많으며 일상적인 활동을 자주 잊어버린다.

④ 과잉 행동은 가만히 앉아 있지 못하고 부적절한 상황에서 지나치게 뛰어다니거나 조용하지 못하고 끊임없는 활동을 함으로써 드러난다. 청소년이나 성인의 과잉 행동 증상은 안절부절못하고 조용히 앉아서 하는 활동에 참여하지 못하는 양상을 보인다.

⑤ 충동성은 성급함, 반응을 연기하는 어려움, 질문이 끝나기 전에 대답하기, 자신의 차례를 기다리지 못하기 등으로 사회적, 학업적 장면에서 장애를 초래할 정도로 다른 사람의 활동을 방해하거나 간섭하는 양상으로 나타난다.

⑥ 아동은 지능에 비해 학업성취가 낮고 또래와의 관계 맺기가 어려워 거부당하거나 소외된다. 이로 인해 부정적 자아개념 및 정서적 불안감이 형성되어 적대적 반항장애 또는 품행장애로 발전될 가능성이 높다.

⑦ '복합형', '주의력결핍 우세형', '과잉행동–충동 우세형'으로 나뉜다.

⑧ 여성보다 남성에게 더 흔하게 나타난다.

### (2) DSM–5 진단기준

① 부주의와 과잉행동–충동성 중 한 가지 이상의 증상이 발달수준에 맞지 않게 6개월 이상 나타나서 사회적·학업적·직업적 활동에 직접적으로 부정적인 영향을 미칠 경우 진단된다.

**기출 DATA**
ADHD 2019–1회

**TIP**

ADHD
ADHD는 가정, 학교에서 지속적인 문제를 발생하므로 이로 인해 부모나 교사로부터 꾸중과 처벌을 받기 쉽다. 따라서 부정적 자아개념을 형성하고 정서적으로 불안정하며 공격적이고 반항적인 행동을 나타내는 경향이 있는데, ADHD를 지닌 아동이 청소년기까지 지속되는 경우 40~50%가 나중에 품행장애 진단을 받는다. 이러한 품행장애를 나타내는 청소년의 약 50%는 성인이 되어 반사회적 성격장애를 나타낸다는 보고가 있다.

㉠ 부주의는 다음과 같은 증상으로 나타난다.
　ⓐ 세부적인 면에 대해 면밀한 주의를 기울이지 못하거나, 학업, 작업 또는 다른 활동에서 부주의한 실수를 저지른다.
　ⓑ 일을 하거나 놀이를 할 때 지속적으로 주의를 집중할 수 없다.
　ⓒ 다른 사람이 직접 말을 할 때 경청하지 않는 것으로 보인다.
　ⓓ 지시를 완수하지 못하고, 학업, 잡일, 작업장에서의 임무를 수행하지 못한다.
　ⓔ 과업과 활동을 체계화하지 못한다.
　ⓕ 지속적인 정신적 노력을 요구하는 과업에 참여하기를 피하고, 싫어하고, 저항한다.
　ⓖ 활동하거나 숙제하는 데 필요한 물건들을 잃어버린다.
　ⓗ 외부의 자극에 의해 쉽게 산만해진다.
　ⓘ 일상적인 활동을 잊어버린다.
㉡ 과잉행동－충동성은 다음과 같은 증상으로 나타난다.
　ⓐ 손발을 가만히 두지 못하거나 의자에 앉아서도 몸을 움직이려 한다.
　ⓑ 앉아 있도록 요구되는 교실이나 다른 상황에서 자리를 떠난다.
　ⓒ 부적절한 상황에서 지나치게 뛰어다니거나 기어오른다.
　ⓓ 조용히 여가 활동에 참여하거나 놀지 못한다.
　ⓔ 끊임없이 활동하거나 마치 무언가에 쫓기는 것처럼 행동한다.
　ⓕ 지나치게 수다스럽게 말을 한다.
　ⓖ 질문이 채 끝나기 전에 성급하게 대답한다.
　ⓗ 차례를 기다리지 못한다.
　ⓘ 다른 사람의 활동을 방해하고 간섭한다.
② 장애를 일으키는 부주의 또는 과잉행동－충동이 12세 이전에 있었다.
③ 증상으로 인해 장애가 2가지 또는 그 이상의 장면에서 존재한다.
④ 사회적·학업적·직업적 기능에 임상적으로 심각한 장애가 초래된다.
⑤ 증상이 광범위성 발달장애, 조현병 또는 기타 정신증적 장애의 경과 중에만 발생하는 것이 아니며, 다른 정신 장애에 의해 잘 설명되지 않는다.

(3) 원인
① 유전적 요인, 생물학적 요인과 심리사회적 요인이 복합적으로 작용하여 유발되는 것으로 보고 있다.
② 유전적 요인으로 생물학적 1촌 관계에 있을 때 유전성이 높아진다.
③ 신경생물학적 요인으로 *전두엽 영역의 대사 저하와 도파민 시스템과 관련 있다고 본다.

TIP

전두엽
대뇌의 앞쪽에 있는 부분으로 기억력, 사고력 등을 주관한다.

④ 심리사회적 요인으로 아동 학대와 방임, 가정의 경제적 곤란, 가족 간의 갈등, 별거 등의 가정 문제가 있을 수 있다.

⑤ 환경적 위험요인은 임신 중 산모의 흡연, 음주, 납 성분 노출, 심한 저체중, 출산 등이다.

### (4) 치료

① 약물치료가 가장 보편적이다.

② 중재 프로그램으로 *유관성 관리 프로그램이 있는데 이론적 근거는 사회학습이론, 조작적 조건화, 인지−행동적 접근이다.

③ 가족 구성원이 부적응적인 가족 체계 및 상호 작용 과정 등을 인식하고 개선하게 도와줄 수 있는 구조화된 가족치료, 사회적 기술 훈련 등이 적용된다.

## 5) 특정 학습장애

### (1) 임상적 특징

① 특정 학습장애(Specific Learning Disorder)는 정상적인 지능을 갖고 있고 정서적인 문제가 없음에도 불구하고, 나이와 지능에 비해 실제적인 학습기능이 낮아서 현저한 학습부진을 보이는 경우이다.

② 학습장애는 결함이 나타나는 특정한 학습기능에 따라 읽기장애, 산술장애, 쓰기장애로 구분된다.

③ 행동문제, 낮은 자존감, 사회기술의 결함이 학습장애와 연관될 수 있다.

④ 학습장애 유병률은 학령기 아동의 경우 5~15%이고, 성인의 경우 4%이다.

### (2) DSM−5 진단기준

다음 중 한 가지 이상의 증상이 6개월 이상 나타날 경우 특정학습장애로 진단한다.

① 부정확하거나 느리고 부자연스러운 단어 읽기

② 읽은 것의 의미를 이해하는 것의 어려움
　예 글을 정확하게 읽지만 내용의 순서, 관계, 추론적 의미, 또는 더 깊은 의미를 이해하지 못함

③ 맞춤법의 미숙함
　예 자음이나 모음을 생략하거나 잘못 사용함

④ 글로 표현하는 것의 미숙함
　예 문장 내에서 문법적 또는 맞춤법의 실수를 자주 범함

**TIP**
ADHD 치료
ADHD 치료는 약물치료만으로 만족스러운 효과를 기대할 수 없다. 약물치료와 더불어 행동치료와 부모교육에 의해 현저하게 호전될 수 있다. 행동치료는 아동의 바람직한 행동을 증가시키고, 문제행동을 없애거나 줄이기 위해 보상과 처벌을 체계적으로 사용하는 것이다.

**TIP**
유관성 관리 프로그램
바람직한 행동은 보상을 통해 독려하고 반대의 경우에는 계획적으로 무시하는 방법으로 행동을 수정하고 유지하는데 효과적인 방법이다.

**기출 DATA**
특정 학습장애 2018−3회

**TIP**
학습장애의 유형
• 읽기 곤란형 : 단독으로 나타나거나 또는 다른 학습장애와 동반하여 나타나는 비율이 전체 학습장애의 80%로 가장 많으며, 남자 아동에게서 3~4배 정도 더 흔하게 나타난다.
• 쓰기 곤란형 : 다른 학습장애를 동반하지 않는 경우가 거의 없으며, 독립적 유병률은 알려진바 없다.
• 산술 곤란형 : 단독으로 발생하는 비율이 전체 학습장애의 20% 정도이다.

⑤ 수 감각, 수에 관한 사실, 산술적 계산을 숙달하는 데의 어려움

> **예** 수와 양을 이해시키는 데의 어려움. 산술 계산 중간에 길을 잃어버림

⑥ 수학적 추론에서의 어려움

> **예** 양적인 문제를 해결하기 위해 수학적 개념, 사실 또는 절차를 응용하는 데에서의 심한 어려움

### (3) 원인

① 생물학적 원인들이 관여되어 있고 상당 부분 유전된다는 근거들이 보고된다.

② 쌍둥이 연구(Herman, 1959) : 일란성 쌍둥이의 경우 읽기장애의 일치율이 100%, 이란성 쌍둥이의 경우 약 30%만 일치한다.

③ 뇌손상과 관련된 주장으로 출생 전후 외상이나 생화학적 또는 영양학적 요인에 의한 뇌 손상이 인지 처리 과정의 결함을 초래하여 학습장애를 유발할 수 있다는 것이다. 미세한 뇌 손상이 후에 특정한 학습기능에 어려움을 유발할 수 있다. 특히 뇌의 좌−우반구의 불균형이 학습장애를 유발한다고 본다.

④ 감각적 또는 인지적 결함과 깊은 관련성이 있다는 것으로 대부분 학습장애 아동은 읽기에 문제를 보이는데 이는 다른 아동에 비해 소리를 정확하게 구분하는 청각적 변별력이 떨어지기 때문이다.

⑤ 후천적인 환경적 요인으로 부모의 불화, 아동학대는 아동의 불안을 증대시켜 학습기능을 저하시킬 수 있다.

### (4) 치료

① 읽기, 쓰기, 산술 과제를 해결하는 구체적인 학습 기술을 체계적으로 가르친다.

② 자존감과 자신감을 키워 주는 것으로 학습장애 아동의 수동성과 무기력감을 극복하고 동기를 유발시키도록 심리적 지지가 필요하다.

③ 가정과 학교에서 효과적으로 공부하고 자신의 생활을 관리할 수 있도록 지도하는 것이 중요하다.

## 6) 운동장애

### (1) 틱장애

① 임상적 특징

ⓧ 얼굴 근육이나 신체 일부를 갑작스럽게 움직이거나 갑자기 이상한 소리를 내는 이상 행동을 반복적으로 하는 경우를 말한다.

ⓛ 틱은 갑작스럽고 재빨리 일어나는 목적이 없는 행동이 동일하게 반복되는 현상으로 운동 틱과 음성 틱으로 구분된다.

ⓒ 운동 틱은 머리, 어깨, 입, 손, 부위를 갑자기 움직이는 특이한 동작이 반복되는 것으로 *단순 운동 틱과 *복합 운동 틱으로 구분된다.

ⓔ 음성 틱은 갑자기 소리를 내는 행동으로써 헛기침, 킁킁 거리기, 킥킥 거리기, 엉뚱한 단어 구절 반복하기 등이 있다.

ⓜ 모든 형태의 틱은 스트레스를 받는 동안 악화되었다가 편안한 상태가 되면 감소된다.

ⓗ 틱장애를 뚜렛장애, 지속성 운동 및 음성 틱장애, 일시적 틱장애로 구분한다.

　ⓐ 뚜렛장애* : 다양한 운동 틱과 한 개 이상의 음성 틱이 1년 이상 지속적으로 나타나는 경우

　ⓑ 지속성 운동 또는 음성 틱장애 : 운동 틱 또는 음성 틱 중 한 가지의 틱이 1년 이상 지속적으로 나타나는 경우

　ⓒ 일시적 틱장애 : 운동 틱 또는 음성 틱 중 한 가지의 틱이 나타나지만 1년 이상 지속적으로 나타나지 않는 경우

② DSM-5 진단기준

ⓧ 뚜렛장애 DSM-5 진단기준

　ⓐ 18세 이전에 발병하며, 여아보다 남아에게서 더 많이 나타난다.

　ⓑ 틱장애 중 가장 심각한 유형으로서, 여러 '운동성 틱'과 한 가지 이상 '음성 틱'이 일정 기간 나타난다. 두 가지 틱이 반드시 동시에 나타날 필요는 없다.

　ⓒ 틱은 1년 이상의 기간 동안 거의 매일 또는 간헐적으로 하루에 몇 차례씩(대개 발작적) 일어난다.

　ⓓ 장애는 물질의 생리적 효과나 다른 의학적 상태로 인한 것이 아니다.

ⓛ 지속성 운동 또는 음성 틱장애 DSM-5 진단기준

　ⓐ 한 가지 또는 여러 가지 운동성 틱이 나타나거나 음성 틱이 나타나는 경우이다. 운동성 틱과 음성 틱이 모두 나타나지는 않는다.

ⓑ 틱 증상은 1년 이상의 기간 동안 거의 매일 또는 간헐적으로 하루에 몇 차례 일어난다.

ⓒ 18세 이전에 발병한다.

ⓓ 장애는 물질의 생리적 효과나 다른 의학적 상태로 인한 것이 아니고, 뚜렛장애의 진단기준에 맞지 않아야 한다.

ⓒ 일시적 틱장애 DSM-5 진단기준

ⓐ 한 가지 또는 다수의 운동 틱 또는 음성 틱이 존재한다.

ⓑ 틱은 처음 틱이 나타난 시점으로부터 1년 미만으로 나타난다.

ⓒ 18세 이전에 발병한다.

ⓓ 장애는 물질의 생리적 효과나 다른 의학적 상태로 인한 것이 아니고, 뚜렛장애나 지속성 운동 또는 음성 틱장애의 진단기준에 맞지 않아야 한다.

③ 원인

㉠ 유전적 요인이 크다고 알려져 있다.

㉡ 틱장애는 신체적 원인, 심리적 원인, 복합적 원인에 의해 유발된다고 본다.

㉢ 가벼운 틱장애는 자연히 사라지는 경우가 많아 무시하는 것이 좋으나 틱이 심해져서 아동의 정서문제를 야기하면 전문가의 평가와 치료를 받아야 한다.

④ 치료

㉠ 뚜렛장애의 가장 효과적인 방법은 약물치료이다.

㉡ 만성 틱도 심각성과 빈도에 따라 약물치료 및 행동치료와 심리치료를 받도록 한다.

㉢ 주변 환경에서 주어지는 긴장이나 불안감을 제거해주고, 지지적 심리치료나 가족 치료를 한다.

(2) 발달적 협응장애

① 임상적 특징

㉠ 앉기나 기어 다니기, 걷기, 뛰기 등의 운동 발달이 늦고, 동작이 서툴러 물건을 자주 떨어뜨리고 운동을 잘 하지 못하는 경우를 뜻한다.

㉡ 나이나 지능 수준에 비해 움직임과 운동 능력이 현저하게 미숙한 경우로 움직임에 관여하는 근육 운동에 조정 능력의 결함을 나타내는 것으로 운동기능장애라고도 한다.

㉢ 경과는 다양하며 청소년기와 성인기까지 지속되는 경우도 있다.

② DSM-5 진단기준

　　㉠ 협응 운동의 습득과 수행이 개인의 연령과 기술습득 및 사용 기회에 기대되는 수준보다 현저하게 낮다. 장애는 운동 기술 수행의 지연과 부정확성, 서툰 동작으로도 나타난다.

　　㉡ 진단기준 ㉠의 운동 기술 결함이 생활 연령에 걸맞은 일상생활에 지속적인 방해가 되며 학업이나 직업 활동, 여가 놀이에 현저한 영향을 미친다.

　　㉢ 증상은 초기 발달 시기에 시작된다.

　　㉣ 운동 기술의 결함이 지적장애나 시각 손상으로 더 잘 설명되지 않으며, 운동에 영향을 미치는 신경학적 상태에 기인한 것이 아니다.

(3) 상동증적(정형적) 운동장애

① 임상적 특징

　　㉠ 특정한 행동의 패턴을 아무런 목적 없이 반복적으로 지속하여 정상적인 적응의 문제를 야기하는 경우를 말한다.

　　㉡ 심한 신체적 손상을 초래하며 의학적 치료를 받아야 하는 경우가 있어서 보호 장비를 찾기도 한다.

　　㉢ 틱 행동은 비의도적이고 급작스러운 방식으로 나타나는 반면 상동증적 운동장애는 다분히 의도적이고 율동적이며 자해적인 측면이 있다.

　　㉣ 운동행동이 사회적 또는 학업적 활동을 방해한다.

　　㉤ 증상의 심각도가 경도이며 감각자극이나 주의 전환에 의해 증상이 쉽게 억제된다.

② DSM-5 진단기준

　　㉠ 억제할 수 없는 것처럼 보이고 목적 없는 것 같은 행동을 계속 반복한다.

　　㉡ 반복적인 행동이 사회적, 학업적 또 다른 활동을 방해하고, 자해의 원인이 되기도 한다.

　　㉢ 초기 발달시기에 발병한다.

　　㉣ 반복적 행동은 물질의 생리적 효과나 신경학적 상태로 인한 것이 아니며, 다른 신경발달장애나 정신질환으로 더 잘 설명되지 않는다.

**TIP**

상동증적 운동장애

상동증적 운동장애는 손을 흔들기, 몸을 좌우로 흔들기, 머리를 벽에 부딪치기, 손가락 깨물기, 피부 물어뜯기, 몸에 구멍 뚫기 등이 있으며, 때로는 심한 신체적 손상을 초래하여 의학적 치료를 받아야 하는 경우가 흔하다.

## 2 » 조현병 스펙트럼 및 기타 정신병적 장애

[정신분열 스펙트럼 장애 하위유형]

| 하위 장애 | 핵심증상 |
|---|---|
| 조현병(정신분열증) | 망상, 환각, 혼란스러운 언어, 부적절한 행동, 둔마된 감정 및 사회적 고립이 6개월 이상 지속되는 경우 |
| 조현정동장애(분열정동장애) | 조현병 증상과 조증 또는 우울증 증상이 함께 나타나는 경우 |
| 조현양상장애(정신분열형장애) | 조현병 증상이 4주 이상 6개월 이내로 나타나는 경우 |
| 단기 정신병적 장애 | 조현병 증상이 4주 이내로 짧게 나타나는 경우 |
| 망상장애 | 한 가지 이상의 망상을 1개월 이상 나타내는 경우 |
| 조현형 성격장애 (분열형 성격장애) | 대인관계의 기피, 인지적 왜곡, 기이한 행동 등의 증상이 성격의 일부처럼 지속적으로 나타나는 경우 |
| 약화된 정신증 증후군(긴장증) | 조현병 증상이 매우 경미한 형태로 짧게 나타나는 경우 |

**기출 DATA**
정신분열 스펙트럼 장애 하위유형
2018-3회

### 1) 조현병(정신분열증)

**(1) 임상적 특징**

① 조현병(정신분열증)은 망상, 환각 혼란스러운 언어를 특징적으로 나타내는 매우 심각한 정신장애이다.

② 조현병(정신분열증)의 가장 대표적인 증상은 망상이다. 망상은 자신과 세상에 대한 잘못된 강한 믿음이다.

❖ 망상* : 피해망상, 과대망상, 관계망상, 애정망상, 신체망상 등으로 구분된다.

③ 다른 핵심증상은 환각으로서 현저하게 왜곡된 비현실적 지각으로 외부 자극이 없음에도 불구하고 어떤 소리나 형상을 왜곡되게 지각하는 것이다.

❖ 환각* : 환청, 환시, 환후, 환촉, 환미로 구분되며, 가장 흔한 환각 경험은 환청이다.

④ 와해된 언어와 사고를 보이며 정서장애를 보인다.

㉠ 와해된 언어 : 무논리증이나 무언어증으로 말을 할 때 제한된 단어만 사용하고 말하는 방식의 자발성이 부족하다.

㉡ 사고장애 : 사고비약, 강박사고, *지리멸렬 등과 같은 사고를 한다.

㉢ 정서장애 : 정서적 *둔마로 정서표현이 거의 없거나 드물며, 흥미

**기출 DATA**
조현병의 임상적 특징 2016-3회

**TIP**
망상의 구분
• 피해망상 : 흔히 정보기관, 권력기관, 단체 또는 특정한 개인이 자신을 감시하거나 미행하며 피해를 주고 있다는 믿음
• 과대망상 : 자신이 매우 중요한 능력과 임무를 지닌 특별한 인물이라는 망상
• 관계망상 : 일상적인 일들이 자신과 관련되어 있다는 믿음
• 애정망상 : 유명한 사람과 사랑하는 관계라는 망상
• 신체망상 : 자신의 몸에 매우 심각한 질병이나 증상이 있다는 믿음

**TIP**
환각
환각이란 실재하는 자극이 없음에도 무언가를 지각하는 현상이다.

와 욕구가 결핍된 무의욕증을 보인다.

⑤ 혼란스러운 긴장성 행동을 자주 보이는데 이러한 긴장성 운동행동은 마치 근육이 굳은 것처럼 어떤 특정한 자세를 유지하는 경우로 간혹 공격적인 행동이나 자살시도를 감행한다.

⑥ 음성 증상을 보이는데 이러한 음성 증상은 눈에 띄지 않고 양성 증상보다 치료 예후가 좋지 않으며 치료도 한계가 있다.

| 양성증상 | 음성증상 |
|---|---|
| • 적응적 기능의 과잉이나 왜곡<br>• 과도한 도파민 등 신경전달물질의 이상<br>• 스트레스 시 급격히 발생<br>• 약물 치료로 호전되며 인지적 손상 적음<br>• 망상, 환각, 환청, 와해된 언어 등 | • 정상적, 적응적 기능의 결여<br>• 유전적 소인이나 뇌세포 상실<br>• 스트레스 사건과 연관이 거의 없음<br>• 약물치료로 쉽게 호전되지 않고 인지적 손상이 크다.<br>• 무언증, 무쾌감증, 무의욕증, 사고차단, 사회적 위축 등 |

(2) DSM-5 진단기준

① 다음의 증상 가운데 2개 이상(㉠, ㉡, ㉢ 중 하나는 반드시 포함)이 있고, 그 각각이 1개월의 기간(또는 성공적으로 치료되었을 경우 그 이하) 중 의미 있는 기간 동안 존재한다.
  ㉠ 망상
  ㉡ 환각
  ㉢ 와해된 언어
  ㉣ 전반적으로 혼란스러운 혹은 긴장성 행동
  ㉤ 음성증상(감정적 둔마, 무언증 혹은 무의욕증)

② 장애가 발생한 이후로 상당 기간 동안, 일, 대인관계, 자기 돌봄 등과 같은 영역 가운데 하나 또는 그 이상에서의 기능 수준이 발병 이전에 성취한 수준보다 현저히 낮다.

③ 장애의 증상이 적어도 6개월 이상 지속되어야 한다. 6개월의 기간은 망상, 환각, 와해된 언어, 전반적으로 혼란스러운 혹은 긴장성 행동, 음성증상을 충족시키는 증상(활성기 증상)이 존재하는, 적어도 1개월의 기간을 포함하고 있어야 하며, 또한 전구기 또는 관해기의 증상이 나타나는 기간을 포함한다. 이러한 *전구기나 *관해기 동안, 장애의 증상은 단지 음성증상만으로 나타나거나 기준 ①에 열거된 증상이 2개 이상의 증상으로 약화된 형태로 나타날 수 있다.

④ 조현정동장애와 정신병적 특성을 나타내는 우울 또는 양극성 장애의 가능성이 배제되어야 한다. 이는 주요 우울삽화나 조증삽화가 활성기 증

TIP
• 지리멸렬 : 갈갈이 흩어지고 찢기어 갈피를 잡을 수 없게 되는 것
• 둔마 : 정신이 굳어서 흐려짐

기출 DATA
조현병의 음성증상과 양성증상★
2019-3회, 2017-3회, 2016-3회

기출 DATA
조현병의 DSM-5 진단기준
2019-1회

TIP
• 전구기 : 질환의 증상이 분명하게 출현함에 앞서, 불특정의 증상을 나타내는 기간으로, 그 증상의 지속은 기초 질환에 따라서 다르다.
• 관해기 : 증상이 가라앉는 시기다.

상과 함께 동시에 나타난 적이 없고, 기분삽화가 활성기 증상과 함께 나타난다 해도 그것은 활성기와 잔류기의 전체 기간 중 짧은 기간 동안에만 존재하기 때문이다.

⑤ 장애는 물질이나 다른 신체적 질병의 생리적 효과에 의한 것이 아니다.

⑥ 아동기에 시작하는 자폐 스펙트럼장애나 의사소통장애를 지닌 과거병력이 있을 경우, 조현병의 진단에 필요한 다른 증상에 더해서 현저한 망상이나 환각이 1개월 이상 나타날 경우에만 조현병을 추가적으로 진단한다.

(3) 원인

① 유전적 요인

㉠ 조현병은 유전적 요인의 영향력이 매우 크다.

㉡ 조현병 환자의 부모나 형제자매는 일반인의 10배, 조현병 환자의 자녀는 15배까지 조현병에 걸리는 비율이 높고, 부모 모두가 조현병 환자일 경우에는 자녀의 36% 정도가 조현병을 나타내며, 쌍둥이의 공병률은 57% 정도로 일란성 쌍생아가 이란성 쌍생아보다 더 취약하다.

② 생물학적 요인 – 도파민 가설 : 신경전달물질 중에서 조현병과 관련된 것으로 가장 주목을 받고 있는 것은 도파민이다. 도파민 외에 세로토닌이 주목을 받고 있는데, 이 두 가지 신경전달물질의 수준이 높으면 조현병의 증상이 나타난다는 세로토닌 – 도파민 가설이 제기되고 있다.

③ 가족관계 및 사회 환경적 요인

㉠ 부모의 양육태도, 가족 간 의사소통, 부모와 자녀의 의사소통방식, 부모의 부부관계 등이 조현병의 발병과 경과에 중요한 영향을 미친다고 본다.

㉡ 이중구속이론 : 조현병 환자의 부모는 상반된 의사전달, 감정과 내용이 불일치하는 이중적 의미의 의사소통을 하는 경향이 있다.

㉢ 표현된 정서 : 가족 간 갈등이 많고 분노를 과하게 표현하며 간섭이 심한 정서적 표현을 한다.

㉣ 유병률은 인종과 민족에 따라 다르게 나타난다.

④ 심리적 요인

㉠ 정신분석적 입장 : 통합된 자아가 발달하기 이전 단계, 즉 오이디푸스 단계 이전의 심리적 갈등과 결손에 의해 생겨나는 장애로 보았다. 자아경계(Ego boundary)의 붕괴에 기인한 것으로 간주한다.

기출 DATA

조현병의 원인★
2020-3회, 2020-1회,
2019-1회, 2018-3회,
2017-3회, 2016-1회

TIP

조현병이 뇌의 구조적 이상과 관련된다는 주장도 제기되고 있다. 정상인보다 뇌실의 크기가 크고 뇌 피질의 양이 적으며 전두엽, 변연계, 기저신경절, 시상, 뇌간, 소간에서 이상을 나타낸다는 연구결과도 보고되고 있다.

ⓛ 인지적 입장 : 조현병 환자들이 나타내는 주의장애에 초점을 두고 있다. 조현병은 기본적으로 사고장애이며 사고장애는 주의 기능의 손상에 기인한다고 주장한다.

⑤ 취약성-스트레스 모델

　ⓛ 유전적 취약성을 지닌 사람이 과중한 환경적인 스트레스가 주어지면 조현증이 발병한다고 본다.

　ⓛ 약물치료뿐만 아니라 심리사회적 개입을 통해 임상적 경과에 영향을 미치는 환경적 스트레스를 감소시키고, 스트레스에 대한 대처 능력을 향상시키는 것이 중요하다.

**(4) 치료**

① 약물치료를 받는 것이 바람직하다.

② 조현병 환자에게 행동치료 기법인 체계적 둔감법을 통해 불안을 효과적으로 다룬다.

③ 사회적 기술훈련을 통해 다양한 사회적 상황에 대처하는 기술을 가르치고, 이러한 상황에서 발생하는 불안을 극복하도록 도움으로써 타인과의 상호작용을 증진시킨다.

④ 인지 치료적 기법인 자기지시 훈련을 시행한다.

⑤ 집단치료를 통해 동료로부터 지지를 받는 동시에 사회적 상호작용의 기술을 익힌다.

⑥ 가족치료의 초점은 표현된 정서를 감소시키고 환자의 가정생활을 안정시키는 데 있다. 가족들의 조현병과 의사소통방식을 교육하고, 부정적인 감정 표현을 감소하도록 한다.

**(5) 슈나이더(Schneider)의 조현병의 일급 증상**

① 사고 반향 : 자신의 생각이 목소리로 들리는 환청

② 사고 전파 : 자신의 생각이 널리 전파되어 다른 사람들이 다 알고 있다는 망상

③ 사고 투입/사고 축출 : 다른 사람이나 외부의 힘이 자신의 생각을 빼앗아 가거나(사고 축출) 반대로 자기 생각이 아닌 것을 자신에게 집어넣는다는 망상(사고 투입)

④ 대화/논쟁 환청 : 자신에 대해 서로 대화를 나누거나 논쟁을 벌이는 환청

⑤ 논평하는 형태의 환청 : 자신에 대해 지속적으로 욕하고 비웃는 소리

⑥ 신체 피동 체험 : 외부의 힘(예 x-ray, 최면)에 의해 신체적으로 영향을 받는다는 망상

**TIP**

**Bleuler의 조현병의 4A 증상**
- 연상의 장애 : 사고 형태 및 조직화의 장애, 와해된 언어 등
- 정서의 장애(감정의 둔마) : 부적절한 정서, 둔마된 감정, 무감동, 무의욕증 등
- 양가성 감정 : 감정, 의지, 사고의 양가성, 혼란스러운 행동 등(양가성이란 두 가지의 상호 대립되거나 상호 모순되는 감정이 공존하는 상태이다.)
- 자폐성 : 현실에서 철수, 자폐적 고립, 비현실적 공상 등
　　　　　▶ 2016-1회

**기출 DATA**

슈나이더의 조현병의 일급 증상
2016-1회

⑦ 조종 망상 : 외부로부터 자신의 의지, 감정, 충동에 영향을 받거나 강요 당한다는 모든 망상

⑧ 망상적 지각 : 정상적으로 지각한 것을 지극히 개인적인 의미를 부여해 해석하는 망상

(6) 조현병의 좋은 예후 요인

기출 DATA
조현병의 좋은 예후 요인
2019-3회

① 늦은 발병 : 늦은 나이에 생긴 경우(일반적으로 정신분열병은 남자는 20대 초반, 여자는 30대 초반에 잘 생김)

② 뚜렷한 유발 요인이 있는 경우

③ 급성 발병(갑작스런 발병)

④ 병전 사회적, 직업적 활동을 잘 하였던 경우

⑤ 기분 장애 증상이 있는 경우(특히 우울증)

⑥ 결혼한 경우

⑦ 양성 증상 위주의 증상일 경우(양성 증상 : 환청, 망상, 기이 행동, 부적 절한 언어 사용)

⑧ 지지 체계가 잘 되어 있는 경우(환자를 잘 도와줄 수 있는 가족, 사회 내의 환경)

⑨ 높은 지능일 때

## 2) 조현정동장애(분열정동장애)

### (1) 임상적 특징

① 조현병의 증상과 동시에 기분 삽화(주요 우울 또는 조증 삽화)가 일정 한 기간 동안 지속적으로 나타나는 경우로 조현병과 함께 증상의 심각 도와 부적응 정도가 가장 심한 장애에 속한다.

② 환청과 피해망상이 2개월 정도 나타나다가 주요 우울증의 증상이 나타 나고 이후에는 조현병 증상과 주요 우울증의 증상이 공존한다.

③ 분열정동장애는 발병 시기가 빠르고, 갑작스러운 환경적 스트레스에 의 해 급성적으로 시작된다. 심한 정서적 혼란을 나타내고, 병전 적응상태 가 양호하며, 조현병의 가족력이 없는 대신 기분장애의 가족력이 있고 조현병에 비해 예후가 좋다는 것이 특징이다.

④ 분열성, 분열형, 경계선, 편집성 성격장애가 조현정동장애에 선행한다 는 임상보고가 있다.

TIP

분열정동장애
분열정동장애는 동반하는 기분 삽화에 따라 우울형과 양극형으로 구분된다. 양극형은 초기 성인기에 흔히 나타나는 반면 우울형은 후기 성인기에 흔하게 나타난다. 평생 유병률은 1% 이하로 정신분열증보다 드문 것으로 알려져 있으며, 여자에게 더 흔하게 발생한다.

(2) DSM-5 진단기준

① 조현병 DSM-5 진단기준과 동시에 주요우울 또는 조증 삽화가 있다.

② 유병 기간 동안 주요우울 또는 조증 삽화 없이 존재하는 2주 이상의 망상이나 환각이 있다.

③ 주요우울 또는 조증 삽화의 기준에 맞는 증상이 병의 활성기 및 잔류기 전체 지속 기간 동안 대부분 존재한다.

④ 장애가 물질의 효과나 다른 의학적 상태로 인한 것이 아니다.

## 3) 조현양상장애(정신분열형장애)

(1) 임상적 특징

① 조현병과 동일한 임상적 증상을 나타내지만 장애의 지속기간이 1개월 이상 6개월 이하인 경우를 말한다.

② 조현병의 증상이 나타나서 6개월 이전 회복된 경우로 정서적 스트레스가 선행하고 급작스런 발병을 나타낸다. 병전 적응 상태가 비교적 양호하고, 완전한 회복을 보이는 특징이 있다.

(2) DSM-5 진단기준

① 다음 증상 중 2가지 이상이 1개월 기간 동안 상당 부분의 시간에 존재하고, ㉠, ㉡, ㉢ 중에서 최소한 하나의 증상이 있어야 한다.

㉠ 망상

㉡ 환각

㉢ 와해된 언어

㉣ 심하게 혼란스러운 행동이나 긴장성 행동

㉤ 음성증상(감정적 둔마, 무언증 혹은 무의욕증)

② 장애의 삽화가 1개월 이상 6개월 이내로 지속된다. 회복까지 기다릴 수 없어 진단이 내려져야 할 경우에는 '잠정적'을 붙여 조건부 진단이 되어야 한다.

③ 조현정동장애와 정신병적 양상을 동반한 우울 또는 양극성 장애는 배제된다(주요우울 또는 조증 삽화가 활성기 증상과 동시에 일어나지 않고, 기분삽화가 활성기 증상 동안 일어난다고 해도 병의 전체 지속 기간의 일부에만 존재하기 때문에 배제한다).

④ 장애가 물질의 생리적 효과나 다른 의학적 성태로 인한 것이 아니다.

기출 DATA
조현양상장애 2018-1회

**TIP**

정신분열형장애
랑펠트(G. Langfeldt)는 조현병과 유사한 증상을 나타내지만 조현병과는 다른 특성을 지니는 환자 집단을 기술하기 위해 조현양상장애라는 용어를 처음 사용하였다. 이 장애는 대부분 정서적 스트레스가 선행하고 급성적 발병을 나타내며 병적 적응상태가 양호하고 완전회복에 있어서 조현병과 구별되는 장애라고 하였다.

## 4) 단기 정신병적 장애

### (1) 임상적 특징

① 단기 정신병적 장애는 조현병의 주요 증상(망상, 환각, 혼란스러운 언어, 전반적으로 혼란스럽거나 긴장증적 행동) 중 한 가지 이상이 하루 이상 1개월 이내로 짧게 나타나며 병전 상태로 완전히 회복되는 경우이다.

② 단기 정신병적 장애 상태에 있는 사람은 전형적으로 격렬한 감정적인 동요나 혼란을 경험한다.

### (2) DSM-5 진단기준

① 다음 증상 중 1가지 이상 존재하고, 이들 중 최소한 하나는 ㉠, ㉡, ㉢ 증상이어야 한다.

   ㉠ 망상

   ㉡ 환각

   ㉢ 와해된 언어

   ㉣ 심하게 혼란스러운 행동이나 긴장성 행동

② 장애 삽화 기간은 최소 1일 이상 1개월 이하이며, 삽화 이후 병전 기능 수준으로 완전히 회복된다.

③ 장애가 정신병적 양상을 동반한 주요우울장애나 양극성 장애, 혹은 조현병이나 긴장증 같은 다른 정신병적 장애로 더 잘 설명되지 않으며, 물질이나 일반적인 의학적 상태의 직접적인 생리적 효과로 인한 것이 아니다.

## 5) 망상장애

### (1) 임상적 특징

① 망상장애는 한 가지 이상의 망상을 최소한 1개월 이상 지속적으로 나타내지만 조현병의 진단 기준에는 해당되지 않는 경우를 말한다.

② 망상장애를 나타내는 사람들은 망상과 관련된 생활영역 외에는 기능적인 손상이 없으며 뚜렷하게 이상하거나 기괴한 행동을 나타내지 않는다.

③ 망상장애는 다른 정신장애에 비해 치료가 어려우며, 망상은 환자의 현실적 생활과 밀접하게 연결되어 있기 때문에 지속되는 경향이 강하다.

④ 망상의 유형 : 가장 높은 유병률을 보이는 것은 피해형이다.

| 애정형 | 어떤 사람, 특히 신분이 높은 사람이 자신과 사랑에 빠졌다고 믿는 망상 |
|---|---|
| 과대형 | 자신이 위대한 재능이나 통찰력을 지녔거나 중요한 발견을 했다는 과대 망상 |
| 질투형 | 배우자나 연인이 부정을 저질렀다는 망상 |
| 피해형 | 자신 또는 자신과 가까운 사람이 피해를 받고 있다는 망상으로 자신이 모함을 당해 감시나 미행을 당하고 있거나 음식에 독이 들어 있다고 생각하는 망상 |
| *신체형 | 자신에게 어떤 신체적 결함이 있거나 자신이 질병에 걸렸다는 망상 |
| 혼합형 | 어느 한 가지 양상이 두드러지지 않는다. |

(2) DSM-5 진단기준

① 기이하지 않은, 즉 실생활에서 충분히 일어날 수 있는 1가지 이상의 망상이 1개월 이상 지속되어야 한다.

② 조현병의 DSM-5 진단기준 ①에 부합되지 않는다.

③ 망상이나 그것의 결과 외에는 그 사람의 기능이 심하게 망가지지 않고, 행동도 두드러지게 이상하거나 기이하지 않다.

④ 기분장애의 삽화가 망상과 같이 있었다면, 그 기간이 망상이 있는 기간보다 상대적으로 짧다.

⑤ 약물이나 남용하는 물질 또한 정신적인 내과적 질병에 의한 직접적인 생리적 과정의 결과로 인한 것이 아니다.

### 6) 조현형 성격장애(분열형 성격장애)

(1) **임상적 특징** : 조현형 성격장애는 친밀한 인간관계를 불편해하고, 인지적 또는 지각적 왜곡과 더불어 기괴한 행동을 나타내는 성격장애이다.

(2) DSM-5 진단기준

① 친분관계를 급작스럽게 불편해하고, 능력의 감퇴 및 인지·지각의 왜곡, 행동의 기괴성으로 구별되는 사회적 관계의 결함이 광범위하게 드러나며 다음 중 5가지 이상의 증상이 나타난다.

㉠ 관계 사고(우연한 사고, 사건이 자신과 특별한 관계가 있다고 해석)

㉡ 소문화권 기준에 맞지 않는 마술적 사고(미신, *천리안, *텔레파시, 기이한 공상)

㉢ 신체적 착각을 포함한 이상한 지각 경험

㉣ 괴이한 사고와 언어

**TIP**

신체형 망상
신체형 망상 중 가장 흔한 경우는 자신의 피부나 입, 직장 또는 질에서 악취가 난다는 확신의 증상을 나타내며, 그 외에도 피부나 피부 밑에 벌레가 있다는 믿음, 내장에 기생충이 있다는 믿음 등이 있다.

**TIP**

• 천리안 : 세상사를 꿰뚫어 보거나 먼 곳에서 일어나는 일을 직감적으로 감지하는 능력

• 텔레파시 : 통상의 감각적 의사전달 통로를 이용하지 않고 한 사람(전달자 또는 행위자)의 생각이 다른 사람(받는 사람 또는 지각자)에게 직접 전이되는 현상

ⓜ 편집증적인 생각 또는 의심

ⓗ 부적절하고 제한된 정동

ⓢ 기묘한 또는 괴팍한 행동이나 외모(이상한 동작, 혼잣말)

ⓞ 가족을 제외하면 가까운 친구나 친한 사람이 없음

ⓩ 부적절하거나 위축된 정서(냉담, 동떨어진 정서)

② 성인기 초기에 시작되며 여러 상황에서 나타난다.

7) **약화된 정신증후군(긴장증)** : 정신증과 유사한 증상을 나타내지만 증상의 심각도가 덜하고 지속기간이 짧은 경우를 말한다.

## 3 》 양극성 및 관련 장애

[양극성 관련 장애 스펙트럼 장애 하위 유형]

| 하위장애 | 핵심 증상 |
|---|---|
| 제1형 양극성장애 | 과도하게 들뜬 고양된 기분이 나타나며 자존감이 팽창되어 말과 활동이 많아지고 주의가 산만해져서 일상적인 생활이 불가능한 조증 삽화가 나타남 |
| 제2형 양극성장애 | 조증 삽화보다 부적응 정도가 경미한 경조증 삽화가 나타남 |
| 순환감정장애 | 조증 상태와 우울증 상태가 경미한 형태로 2년 이상 지속적으로 나타남 |

### 1) 제1형 · 제2형 양극성장애

**(1) 임상적 특징**

① 제1형 양극성장애

㉠ 우울한 기분상태와 고양된 기분상태가 교차되어 나타나는 경우를 뜻한다.

㉡ 기분이 몹시 고양된 조증 상태에서 평소보다 훨씬 말이 많아지고 빨라지며 행동이 부산해지고 자신감에 넘쳐 여러 가지 일을 벌이는 경향이 있다. 때로는 자신에 대한 과대 망상적 사고를 나타내며 잠도 잘 자지 않고 활동적으로 일하지만 실제로 이루어지는 일은 없으며 결과적으로 현실적응에 심한 부적응적 결과를 나타내게 된다.

기출 DATA
제1형 · 제2형 양극성장애의 임상적 특징 2018-1회, 2016-3회

ⓒ 사고의 비약*은 조증인 상태에서의 특징적인 사고 진행 장애로서 사고 연상이 비정상적으로 빨리 진행되어 생각의 흐름이 주제에서 벗어나고 마지막에는 생각의 목적지에 도달하지 못하는 상태를 말한다.

ⓔ 이러한 조증 상태가 나타나거나 우울장애 상태와 번갈아 나타나는 경우를 양극성장애라고 하며 조울증이라고 불리기도 한다.

② 제2형 양극성장애

ⓐ 제2형 양극성장애는 제1형 양극성장애와 매우 유사하지만 조증*삽화의 증상이 상대적으로 미약한 경조증 삽화를 보인다는 점에서 구분된다.

ⓑ 1회 이상의 주요우울 삽화와 1회 이상의 경조증 삽화가 혼재되어 나타난다.

ⓒ 주요우울삽화가 최소 2주 이상 지속되어야 하며, 경조증 삽화는 최소 4일간 지속된다.

ⓓ 갑작스러운 기분의 심한 변화로 인해 사회적, 직업적 저하가 올 수 있다.

(2) DSM-5 진단기준

① 제1형 양극성장애

ⓐ DSM-5 조증삽화 진단기준을 적어도 1회 부합한다.

ⓑ 조증삽화는 적어도 1주일 이상 지속되는데, 경조증 삽화나 주요우울삽화에 선행하거나 뒤따른다.

② 제2형 양극성장애

ⓐ 조증 삽화보다 정도가 약한 '경조증 삽화' 진단기준에 적어도 1회 부합하고, 주요우울삽화의 진단기준에 부합한다(단, 조증 삽화는 1회도 없어야 한다).

ⓑ 조증 삽화가 나타나는 경우 제1형 양극성장애로 변경된다.

[조증 삽화(Manic Episode)]

A. 비정상적으로 들뜨거나, 의기양양하거나, 과민한 기분, 그리고 활동과 에너지의 증가가 적어도 1주일간(만약 입원이 필요한 정도라면 기간과 상관없이) 거의 매일, 하루 중 대부분 지속되는 분명한 기간이 있다.

B. 기분 장애 및 증가된 에너지와 활동을 보이는 기간 중 다음 증상 가운데 3가지(또는 그 이상)를 보이며(기분이 단지 과민하기만 하다면 4가지) 평소 모습에 비해 변화가 뚜렷하고 심각한 정도로 나타난다.

1. 자존감의 증가 또는 과대감

2. 수면에 대한 욕구 감소(예 단 3시간의 수면으로도 충분하다고 느낌)
3. 평소보다 말이 많아지거나 끊기 어려울 정도로 계속 말을 함
4. 사고의 비약 또는 사고가 질주하듯 빠른 속도로 꼬리를 무는 듯한 주관적인 경험
5. 주관적으로 보고하거나 객관적으로 관찰되는 주의산만(예 중요하지 않거나 관계없는 외적 자극에 너무 쉽게 주의가 분산됨)
6. 목표 지향적 활동의 증가(직장이나 학교에서의 사회적 활동 또는 성적 활동) 또는 정신운동 초조(예 목적이나 목표 없이 부산하게 움직임)
7. 고통스러운 결과를 초래할 가능성이 높은 활동에의 지나친 몰두
   (예 과도한 쇼핑 등 과소비, 무분별한 성행위, 어리석은 사업 투자 등)
C. 기분 장애가 사회적, 직업적 기능의 현저한 손상을 초래할 정도로 충분히 심각하거나 자해나 타해를 예방하기 위해 입원이 필요하거나, 또는 정신병적 양상이 동반된다.
D. 삽화가 물질(예 남용약물, 치료약물, 기타 치료)의 생리적 효과나 다른 의학적 상태로 인한 것이 아니다.
※ 주의 : 우울증 치료(예 약물치료, 전기경련 요법) 중 나타난 조증삽화라 할지라도 그 치료의 직접적인 생리적 효과가 나타날 수 있는 기간 이후까지 명백한 조증 증상이 지속된다면, 제1형 양극성으로 진단할 수 있다.

[경조증 삽화(hypomanic episode)]

A. 비정상적으로 들뜨거나, 의기양양하거나, 과민한 기분, 그리고 활동과 에너지의 증가가 적어도 4일 연속으로 거의 매일, 하루 중 대부분 지속되는 분명한 기간이 있다.
B. (조증과 동일)
C. 삽화는 증상이 없을 때의 개인의 특성과는 명백히 다른 기능의 변화를 동반한다.
D. 기분의 장애와 기능의 변화가 객관적으로 관찰될 수 있다.
E. 삽화가 사회적, 직업적 기능의 현저한 손상을 일으키거나 입원이 필요할 정도로 심각하지는 않다. 만약 정신병적 양상이 있다면, 이는 정의상 조증 삽화이다.
F. 삽화가 물질(예 남용약물, 치료약물, 기타치료)의 생리적 효과나 다른 의학적 상태로 인한 것이 아니다.
※ 주의 : 우울증 치료(예 약물치료, 전기경련 요법) 중 나타난 경조증 삽화라 할지라도 치료의 직접적인 생리적 효과가 나타날 수 있는 기간 이후까지 경조증 증상이 지속된다면 이는 경조증 삽화로 진단할 수 있는 근거가 된다. 하지만 진단 시 주의가 필요하고, 한 두 가지 증상(증가된 과민성, 불안 또는 항우울제 사용 이후의 초조)만으로 경조증 삽화를 진단하지는 못하며, 이는 양극성 경향에 대해서도 마찬가지이다.

## 2) 순환감정장애

### (1) 임상적 특징

① 순환감정장애는 우울증 또는 조증 삽화에 해당되지 않는 경미한 우울 증상과 *경조증 증상이 번갈아가며 2년 이상(아동과 청소년의 경우는 1년 이상) 중 적어도 반 이상의 기간에 나타나야 한다.

② 아울러 조증 삽화, 경조증 삽화, 주요 우울 삽화를 한 번도 경험한 적이 없어야 한다.

③ 주기적인 우울 및 경조증 증상으로 인해서 현저한 고통을 겪거나 일상 생활의 기능에 상당한 지장이 초래되어야 한다.

④ 남녀의 유병률이 비슷하며 주요발병 시기는 청소년기와 성인기 초기이다.

⑤ 물질관련장애 또는 수면장애가 동반될 수 있다.

### (2) DSM-5 진단기준

① 적어도 2년 동안(아동 · 청소년은 1년) 다수의 경조증 기간과 우울증 기간이 있다.

② 2년 이상(아동 · 청소년은 1년) 경조증 기간과 우울증 기간이 절반 이상 차지하고, 증상이 없는 기간이 2개월 이상 지속되지 않는다.

③ 주요우울삽화, 조증삽화, 경조증삽화가 존재하지 않는다.

④ 진단기준 ①의 증상이 조현병 스펙트럼 및 기타 정신병적 장애로 더 잘 설명되지 않는다.

⑤ 증상이 물질의 생리적 효과나 다른 의학적 상태로 인한 것이 아니다.

⑥ 증상이 사회적 · 직업적 또는 다른 중요한 기능 영역에서 임상적으로 유의미한 고통이나 손상을 초래한다.

⑦ 불안증을 동반할 수 있다.

## 3) 원인

### (1) 생물학적 요인

① 양극성장애는 유전을 비롯한 생물학적 요인에 의해서 많은 영향을 받는 장애로 알려져 있으며, 양극성장애로 진단되는 사람들은 가족 중에 주요 우울장애를 지녔던 사람이 있을 경우가 많다.

② 일란성 쌍생아의 경우 단극성 우울장애는 일치도가 40%인 데 비해, 양극성장애는 일치도가 70%였다.

**TIP**

경조증
비정상적으로 고양된 기분이 지속되나, 조증보다는 그 정도가 약한 상태를 가리키는 말이다.

**TIP**

카메론(Cameron)은 조증을 개인이 직면하기에 너무 고통스러운 현실을 부정한 결과 나타나는 정신 병리적 현상으로 보았다. 조증을 나타내는 사람은 주로 부정이라는 방어기제를 광범위하게 사용하고, 과대망상을 통해 너무나 고통스러운 현실을 부정하며, 그것과 반대되는 가상적 현실을 재구성한다고 주장하였다.

**기출 DATA**
순환감정 장애의 생물학적 요인
2019-1회

③ 노르에피네프린(Norepinephrine), 세로토닌(Serotonin), 도파민(Dopamin) 등의 신경전달물질의 이상이 제기되고 있다.

(2) 정신분석적 요인 : 무의식적 상실이나 자존감의 손상에 대한 보상 반응으로 본다. 우울증의 핵심갈등은 동일하지만 에너지가 외부로 방출된 것으로 무의식적 대상의 상실에 대한 분노가 외부로 방출된 것으로 본다.

(3) 인지적 입장 : 현실에 대한 해석의 인지적 왜곡으로 본다.

## 4) 치료

(1) 약물치료 : 리튬을 사용한다.

(2) 심리치료 : 인지행동치료와 대인관계 및 사회적 리듬치료가 효과적인 것으로 알려져 있다.

(3) 제1형 양극성장애 환자의 경우, 인지행동치료와 약물치료를 병행한 집단이 약물치료만 받은 집단보다 재발방지 효과가 현저하게 우수한 것으로 나타났다.

# 4 ≫ 우울장애

TIP

우울장애
우울장애는 슬픔, 공허감, 짜증스러운 기분과 그에 수반되는 신체적·인지적 증상으로 인해 개인의 기능이 현저하게 저하되는 부적응 증상을 의미한다.

[우울장애 하위유형]

| 하위장애 | 핵심증상 |
| --- | --- |
| 주요우울장애 | 지속적인 우울한 기분 및 의욕과 즐거움의 감퇴를 비롯하여 주의집중력과 판단력 저하, 체중과 수면패턴의 변화, 무가치감, 죄책감, 죽음이나 자살에 대한 사고의 증가 |
| 지속성 우울장애 | 2년 이상 장기간 나타나는 경미한 우울증상 |
| 월경전기 불쾌장애 | 여성의 경우 월경 전에 나타나는 우울 증상 |
| 파괴적 기분조절부전장애 | 불쾌한 기분을 조절하지 못하는 분노 폭발의 반복 |

## 1) 주요 우울장애

(1) 임상적 특징
① 주요우울장애는 우울장애 중에서 가장 심한 증세를 나타내는 하위 장애이다.

② DSM-5의 진단기준 아홉 가지의 증상 중 5개 이상의 증상이 거의 매일 연속적으로 2주 이상 나타나야 한다.

③ 우울증상으로 인하여 임상적으로 심각한 고통이나 사회적, 직업적, 기타 중요한 기능영역의 손상이 초래되어야 한다.

④ 우울증상이 물질(예 남용하는 물질이나 치료약물 등)이나 일반적 의학적 상태(예 갑상선 기능 저하증 등)의 직접적인 생리적 효과에 의한 것이 아니어야 한다.

⑤ 우울증상은 양극성 장애의 삽화로 나타나는 것이 아닐 뿐만 아니라 다른 정신장애에 의해서 더 잘 설명되는 것이 아니어야 한다.

⑥ 평생 유병률이 여자는 10~25%이며 남자는 5~12%로 보고되고 있다. 남자보다 여자에게 더 흔하며, 발병연령은 20~25세이다.

⑦ 우울장애는 자살의 위험도가 높으나 예후는 매우 양호하며 재발위험이 높다.

⑧ 주요우울장애는 문화권에 따라 다소 차이를 보이고 있다.

⑨ 우울의 기준으로는 정신병적 우울과 신경증적 우울, 내인성 우울과 반응성 우울, 지체성 우울과 초조성 우울로 양분된 차원이 있다.

**기출 DATA**
우울의 기준 2016-3회
주요우울 증상 2020-1회

| 정신병적 우울과 신경증적 우울 | 우울상태가 정신병적 양상을 동반하느냐 또는 신경증적 수준이냐에 따른 구분이다. |
|---|---|
| 내인성 우울과 반응성 우울 | • 발병요인과 관련하여 우울에 빠질 만한 충분히 납득할 수 있는 외적 요인이 있는가에 따른 구분이다.<br>• 내인성 우울은 환경과 무관하므로 생물학적 요인으로 약물치료가 우선이지만 반응성 우울은 심리치료가 주가 된다. |
| 지체성 우울과 초조성 우울 | 표면에 나타나는 정신운동 양상이 지체가 심한가, 또는 초조 흥분이 두드러지는가이다. 대체로 지체성 우울을 보이나 갱년기 발생우울이나 아동기 우울은 초조성 우울이 나타난다. |

(2) DSM-5 진단기준

① 아홉 가지의 증상 중 5개 이상의 증상이 거의 매일 연속적으로 2주 이상 나타나야 한다. 이 증상 가운데 적어도 하나는 (1) 우울기분이거나 (2) 흥미나 즐거움의 상실이어야 한다.

　㉠ 하루의 대부분, 그리고 거의 매일 지속되는 우울한 기분이 주관적 보고나 객관적 관찰을 통해 나타난다.

　㉡ 거의 모든 일상 활동에 대한 흥미나 즐거움의 상실이 하루의 대부분 또는 거의 매일같이 뚜렷하게 저하되어 있다.

**기출 DATA**
우울장애의 진단기준
2020-3회, 2016-3회

**TIP**

우울 상태의 초기에는 모든 체험과 생활에서 정서적 공감능력이 없어지고 현실감이 떨어지는 이인증이 뚜렷하게 나타나며, 예전과 달리 목석이 된 것 같은 느낌을 갖는다. 이런 기분의 저조는 아침에 더욱 심하고 저녁이면 가벼워지는 특징을 보인다.

ⓒ 체중 조절을 하고 있지 않은 상태에서 현저한 체중 감소나 체중 증가가 나타난다. 또는 현저한 식욕 감소나 증가가 거의 매일 나타난다.

ⓓ 거의 매일 불면이나 과다수면이 나타난다.

ⓔ 거의 매일 정신운동성 초조나 지체를 나타낸다. 즉, 안절부절못하거나 축 처져 있는 느낌을 주관적으로 경험할 뿐만 아니라 다른 사람에 의해서도 관찰된다.

ⓕ 거의 매일 피로감이나 활력 상실이 나타난다.

ⓖ 거의 매일 무가치감이나 과도하고 부적절한 죄책감을 느낀다.

ⓗ 거의 매일 사고력, 집중력의 감소, 또는 우유부단함이 주관적 호소나 관찰에서 나타난다.

ⓘ 죽음에 대한 반복적인 생각이나 특정한 계획 없이 반복적으로 자살에 대한 생각이나 자살 기도를 하거나 자살하기 위한 구체적 계획을 세운다.

② 증상이 사회적, 직업적 기타 중요한 기능영역에서 임상적으로 심각한 고통이나 장해를 일으킨다.

③ 증상이 물질이나 일반적인 의학적 상태의 직접적인 생리적 효과로 인한 것이 아니다.

④ 주요우울증 삽화가 조현정동장애, 조현병, 조현분열형장애, 망상장애 또는 달리 분류되지 않는 정신분열 스펙트럼 장애나 다른 정신증적 장애들로 잘 설명되지 않는다.

⑤ 조증 삽화 또는 경조증 삽화가 없어야 한다.

(3) 원인

① 유전적 요인

ⓐ 쌍생아법으로 조사한 우울장애의 유전적 경향은 매우 높은 것으로 보인다.

ⓑ 한 연구에 의하면 일란성 쌍생아의 일치율은 68%, 이란성 쌍생아의 일치율은 23%이다.

② 생물학적 요인

ⓐ 신경전달물질(노르에피네프린의 부족), 뇌구조의 기능, 내분비 계통의 이상이 우울장애와 관련이 있다고 본다.

ⓑ 세로토닌이 부족하면 우울증이 발생할 수 있고, 카테콜라민 결핍이 우울장애와 관련이 있다는 가설이 있다.

ⓒ 뇌의 시상하부의 기능장애로 우울장애가 유발된다고 한다.

기출 DATA

우울장애의 원인
2019-3회, 2017-3회
우울진단 기준 2020-3회

TIP

학습된 무기력이론
우울장애를 설명하는 주요한 이론 중 하나가 '학습된 무기력이론'이다. 학습된 무기력이론은 개를 대상으로 조건형성 실험을 하는 과정에서 발견되었다. 우연히 회피학습장면에서 어떤 반응을 해도 전기충격을 피할 수 없었던 개가 무력감을 학습하게 되어, 전기충격을 피할 수 있는 새로운 상황에서도 무기력하게 행동하며 전기충격을 받는다는 것이 학습된 무기력이론의 주요 내용이다.

③ 정신분석적 요인

    ㉠ 프로이트는 우울장애를 분노가 무의식적으로 자기에게 향해진 현상이라고 본다. 분노가 내향화되면 자기비난, 자기책망, 죄책감을 느끼게 되어 자기 가치감의 손상과 더불어 자아기능이 약화되고 그 결과 우울장애가 나타나게 된다.

    ㉡ 손상된 자기 존중감을 우울장애의 가장 중요한 특징으로 본다.

    ㉢ 인생 초년기에 가장 중요한 어머니나 아버지를 실제로 또는 상상 속에서 상실하여 무력감을 느꼈던 외상 경험이 우울장애를 유발하는 근본적 원인이라고 본다.

④ 행동주의적 요인

    ㉠ 우울장애가 사회 환경으로부터 긍정적 강화가 약화되어 나타난 현상이라고 본다.

    ㉡ 개인이 스스로 통제할 수 없는 스트레스 상황이 반복될 때 무기력감이 학습되고, 결국 통제 가능한 스트레스 상황에서도 적절한 수행을 어렵게 하여 우울 증상으로 이어진다고 본다.

    ㉢ 귀인이론* : 우울한 사람들은 실패경험에 대해 내부적, 안정적, 전반적 귀인을 한다.

| 내부적/외부적 요인 | • 실패 원인을 자신의 능력 또는 노력의 부족, 성격의 결함 등 내부적인 요인으로 귀인하는 경우 우울증이 증폭된다.<br>• 실패 원인을 과제 난이도, 운 같은 외부적 요인으로 귀인하는 경우 우울감은 상대적으로 낮은 수준을 보인다. |
|---|---|
| 안정적/불안정적 요인 | • 실패 원인을 자신의 능력 부족, 성격상 결함 등 안정적 요인으로 귀인하는 경우 우울감은 만성화, 장기화된다.<br>• 실패 원인을 노력 부족 등 불안정 요인으로 귀인하는 경우 우울감은 상대적으로 단기화된다. |
| 전반적/특수적 요인 | • 실패 원인을 자신의 전반적인 능력 부족이나 성격 전체의 문제 등으로 귀인하는 경우 우울증이 일반화된다.<br>• 실패 원인을 자신의 특수 능력 부족, 성격상 일부의 문제로 귀인하는 경우 우울증이 특수화된다. |

⑤ 인지적 요인

    ㉠ 우울한 사람들이 현실을 부정적으로 왜곡하는 근본적인 이유는 부정적으로 편향된 인식의 틀을 가지고 있기 때문이다.

    ㉡ 우울한 사람들이 지니는 인지도식의 내용은 역기능적 신념의 형태로 되어 있다.

    ㉢ 우울한 사람들은 어떤 사건에 대하여 습관처럼 부정적인 생각이 자동적으로 떠오른다.

---

**TIP**

**카테콜아민 가설**

카테콜아민 가설은 우울증은 뇌의 기능적 아드레날린 수용기편에 NE(노르에피네프린)를 주축으로 한 카테콜아민이 결핍되어서 일어난다는 것이다. 내인성 우울증으로 사망한 사람의 뇌에 카테콜아민 특히 NE의 함량이 감소되어 있음이 밝혀졌고, 더 주목이 되는 것은 이들 카테콜아민을 산화시켜 비활성화하는 MAO의 활동성이 우울증에서 증가한다는 사실이다. 결국 우울증은 MAO의 활동성 증가로 카테콜아민의 양이 감소된 결과 생기는 것이라고 본다.

▶ 2020-3회

**기출 DATA**

우울장애의 행동주의적 요인★
2018-3회, 2017-1회,
2016-1회

**TIP**

**귀인이론**

사람들이 자신 또는 타인의 행동의 원인을 설명하는 방식에 대한 이론이다.

**TIP**

**우울장애의 귀인이론**

우울장애의 귀인이론은 학습된 무기력이 지니고 있는 문제점을 해결하기 위해 에이브럼슨과 그의 동료들이 사회심리학의 귀인이론을 적용하여 발전시킨 이론이다.

• 내부적/외부적 귀인 : 자존감 손상과 우울장애의 발생에 영향을 미침
• 안정적/불안정적 귀인 : 우울장애의 만성화 정도와 관련이 있음
• 전반적/특수적 귀인 : 우울장애의 일반화 정도를 결정함

② 아론 벡의 인지 삼제

| 나 자신 | 나 자신에 대한 비관적인 생각 |
|---|---|
| 나의 미래 | 앞날에 대한 염세주의적 생각 |
| 나의 주변세계 | 주변 환경에 대한 비관적인 생각 |

◎ 우울증과 관련된 인지적 오류

ⓐ 흑백 논리적 사고 : 세상을 흑백논리로 해석하고 평가한다.

ⓑ 과잉 일반화 : 한두 번 사건의 근거에 일반적 결론을 내린다.

ⓒ 선택적 추상화 : 여러 가지 상황 중 일부만을 뽑아 상황 전체를 판단한다.

ⓓ 의미확대 또는 의미 축소 : 어떤 사건이나 사건의 의미와 중요성을 실제보다 지나치게 확대하거나 축소한다.

ⓔ 파국 : 부정적인 부분만 보고 최악의 상태를 생각한다.

ⓕ 개인화 : 자신과 무관한 사건을 자신과 관련된 것으로 잘못 해석한다.

ⓖ 잘못된 명명 : 사람들의 특성이나 행위를 기술할 때 부적절한 명칭을 사용한다.

ⓗ 독심술 : 근거 없이 다른 사람 마음을 맘대로 추측하고 단정한다.

⑥ 생활사건 요인

㉠ 주요 생활사건 : 커다란 좌절감을 안겨주는 충격적인 사건을 뜻한다.

㉡ 작은 생활사건 : 작은 부정적 사건들이 누적되어 생겨날 수 있다.

⑦ 사회적 지지요인 : 삶을 집중시켜주는 심리적 지지와 물질적 지원 부족, 친밀감 부족, 인정과 애정의 결핍, 소속감 부재, 정보 제공 부재 등과 같은 안정감과 자존감을 유지시켜 주는 자원의 부족으로 우울증이 생겨날 수 있다.

**(4) 치료**

① 인지치료

㉠ 우울증에 가장 많이 활용되고 있다.

㉡ 내담자의 사고 내용을 탐색하여 인지적 왜곡을 찾아 교정함으로써 현실적으로 긍정적인 신념과 사고를 지닐 수 있도록 한다.

㉢ 문제해결 훈련, 자기주장 훈련, 사회기술 훈련, 의사소통 훈련, ABC 기법 등

② 정신분석치료 : 내담자의 무의식적 갈등을 파악하여 직면시키고 해석하여 중요한 타인에 대한 억압된 분노감정을 자각하도록 한다.

③ 약물치료 실시 : 삼환계 항우울증, MAO 억제제, 세로토닌 재흡수 억제제를 사용한다.

④ 주요우울장애의 생물학적 개입 : 경두개 자기자극법, 뇌심부자극 등을 사용한다.

## 2) 지속성 우울장애

### (1) 임상적 특징

① 지속성 우울장애는 우울증상이 2년 이상 지속적으로 나타나는 경우를 말하며, 지속성 우울장애의 핵심증상은 우울감이다.

② DSM-Ⅳ의 '만성 주요 우울장애'와 '기분부전 장애'를 합하여 DSM-5에서 새롭게 제시된 진단명이다.

### (2) DSM-5 진단기준

① 우울 증상이 최소 2년간 하루 대부분 지속되며, 증상이 없는 날보다 있는 날이 더 많다.

② 우울장애는 다음 중 2가지 증상 이상이 나타난다.
  ㉠ 식욕부진 또는 과식
  ㉡ 불면 또는 과다수면
  ㉢ 기력저하 또는 피로감
  ㉣ 자존감 저하
  ㉤ 집중력 감소 또는 우유부단
  ㉥ 절망감

③ 장애를 겪는 2년(아동·청소년은 1년) 동안 증상 지속 기간이 최소 2개월이며, 진단기준 ①과 ②의 증상이 존재하지 않는 경우가 없다.

④ 주요 우울장애의 진단기준을 만족하는 증상이 2년 동안 지속적으로 나타날 수 있다.

⑤ 조증삽화나 경조증삽화가 없어야 하고, 순환성 장애의 진단기준에 부합하지 않는다.

⑥ 증상이 물질이나 일반적인 의학상태의 직접적인 생리적 효과로 인한 것이 아니고, 사회적·직업적 기타 중요한 기능 영역에서 임상적으로 심각한 고통이나 손상을 초래한다.

**기출 DATA**
지속성 우울장애 2018-1회

**TIP**
지속적 우울장애의 원인은 체계적인 연구가 이루지지는 않았으나 그 기저에는 유전적인 요인이 작용하는 것으로 추정된다. 지속성 우울장애의 기저에 기질적인 취약성이 존재한다는 점에서는 연구자들 간의 합의가 이루어졌다. 신경증 성향 또는 부정 정서성이 지속적 우울장애의 기질적 취약성 요인으로 알려져 있다.

## 3) 월경전기 불쾌장애

### (1) 임상적 특징

① 월경전기 불쾌장애는 여성의 경우 월경이 시작되기 전 주에 정서적 불안정성이나 분노감, 일상 활동에 대한 흥미 감소, 무기력감과 집중곤란 등의 불쾌한 증상이 주기적으로 나타나는 경우를 말하며, 월경 시작 1주일 전에 나타나 월경 시작 시 혹은 직후 사라진다.

② 월경전기 불쾌장애는 주요 우울장애, 양극성장애 및 불안장애와 공병률이 높은 것으로 알려져 있다.

③ 원인은 아직 밝혀지지 않았으나 월경 주기마다 난소에서 분비되는 호르몬(에스트로겐과 프로게스테론)과 뇌에서 나오는 신경전달 물질의 상호작용에 의한 것으로 여겨지고 있다.

④ 폐경까지 지속된다.

⑤ DSM-5에 새롭게 추가되었으며 진단을 위해 연속되는 2개월 이상의 일일 증상기록이 필요하다.

### (2) DSM-5 진단기준

① 대부분 월경 주기마다 월경이 시작되기 1주 전에 다음 중 5가지 증상 이상이 시작되고, 월경이 시작된 후 수일 안에 호전되며 월경이 끝난 후에는 증상이 경미하거나 사라진다.

② 다음 중 적어도 1가지 이상 증상이 포함된다.
   ㉠ 현저한 정서적 불안정
   ㉡ 현저한 과민성이나 분노 또는 대인관계의 갈등 증가
   ㉢ 현저한 우울 기분, 무기력감 또는 자기 비하적 사고
   ㉣ 현저한 불안, 긴장 또는 안절부절못하는 느낌

③ 다음 중 적어도 1가지 이상 추가 증상이 존재하며, 진단기준 ②에 해당하는 증상과 더불어 총 5가지 증상이 포함된다.
   ㉠ 일상 활동에 대한 흥미 감소
   ㉡ 주의집중의 곤란
   ㉢ 무기력감, 쉽게 피곤해짐
   ㉣ 식욕의 현저한 변화
   ㉤ 과다수면 또는 불면
   ㉥ 압도되거나 통제력을 상실할 것 같은 느낌
   ㉦ 신체적 증상(유방의 압통 또는 팽만감)

## 4) 파괴적 기분조절곤란장애

### (1) 임상적 특징

① 반복적으로 심한 분노를 폭발하는 행동을 나타내는 경우를 말한다.

② 주로 아동기나 청소년기에 나타나는 장애로서 자신의 불쾌한 기분을 조절하지 못하고 분노행동으로 표출하는 것이 주된 특징이다.

③ 분노발작이 발달에 맞지 않고 일주일에 3회 이상이며 12개월 이상 지속되어야 한다.

④ 파괴적 기분조절곤란장애를 지닌 아동은 좌절에 대한 과민반응성을 보이며, 목표달성이 좌절되었을 때 다른 아동들에 비해 더 기분이 나빠지고 불안해하며 공격적인 반응을 나타낸다.

### (2) DSM-5 진단기준

① 언어 또는 행동을 통하여 심한 분노폭발을 반복적으로 나타낸다. 이러한 분노는 상황이나 촉발자극의 강도나 기간에 비해서 현저하게 과도한 것이어야 한다.

② 분노폭발은 발달 수준에 부적합한 것이어야 한다.

③ 분노폭발은 평균적으로 매주 3회 이상 나타나야 한다.

④ 분노폭발 사이에도 거의 매일 하루 대부분 짜증이나 화를 내며, 이러한 행동은 다른 사람에 의해서 관찰될 수 있다.

⑤ 이상 증상(①~④)이 12개월 이상 지속적으로 나타나야 한다.

⑥ 이상 증상(①~④)이 3가지 상황(가정, 학교, 또래와 함께 있는 상황) 중 2개 이상에서 나타나야 하며, 한 개 이상에서 심하게 나타나야 한다.

⑦ 이 진단은 6세~18세 이전에만 적용될 수 있다.

⑧ 이상 증상(①~⑤)이 10세 이전에 시작되어야 한다.

### (3) 치료

① 비지시적인 놀이치료가 효과적인 것으로 알려져 있다. 다양한 인형과 장난감이 제공되는 놀이를 통해서 아동이 자유로운 자기표현을 할 수 있을 뿐만 아니라 좌절감을 해소할 수 있는 내면적 공상이 촉진될 수 있다.

② 가족치료를 통해서 가족 간의 갈등을 해소하고 부모의 양육 행동을 긍정적으로 변화시킬 수 있다. 파괴적 기분조절 곤란을 지닌 아동에게 스트레스와 좌절감을 유발하는 가족의 생활패턴을 변화시키고 부모가 인내심 있는 양육행동을 일관성 있게 나타내는 것이 바람직하다.

**TIP**

파괴적 기분조절곤란장애를 지닌 아동은 성인기에 양극성 우울장애가 아닌 단극성 우울장애를 나타날 가능성이 높은 것으로 보고되며, 이 장애는 아동기와 청소년기에 흔히 나타나는 ADHD, 적대적 반항장애, 품행장애와 공병률이 높은 것으로 알려져 있다.

**기출 DATA**
불안장애의 하위유형 2016-1회

**TIP**
불안장애
• 병적인 불안으로 인하여 과도한 심리적 고통을 느끼거나 현실적인 적응에 심각한 어려움을 겪는 경우를 불안장애(Anxiety Disorders)라고 한다.
• 특징
 – 현실적인 위험이 없는 상황이나 대상에 대해서 불안을 느낀다.
 – 현실적인 위험의 정도에 비해 과도하게 심한 불안을 느낀다.
 – 불안을 느끼게 한 위협적 요인이 사라졌음에도 불구하고 불안이 과도하게 지속된다.

**기출 DATA**
범불안장애
2018-3회, 2017-3회

# 5 》》 불안장애

[불안장애 스펙트럼 장애 하위유형]

| 하위 장애 | | 핵심증상 |
|---|---|---|
| 범불안장애 | | 미래에 발생할지 모르는 다양한 위험에 대한 과도한 불안과 걱정 |
| 공포증 | 특정 공포증 | 특정한 대상(예 뱀, 개, 거미)이나 상황(예 높은 곳, 폭풍)에 대한 공포 |
| | 광장 공포증 | 다양한 장소(예 쇼핑센터, 극장, 운동장, 엘리베이터, 지하철)에 대한 공포 |
| | 사회불안장애 | 다른 사람으로부터 평가받는 사회적 상황에 대한 과도한 불안과 공포 |
| 공황장애 | | 갑작스럽게 엄습하는 죽을 것 같은 강렬한 불안과 공포 |
| 분리불안장애 | | 중요한 애착 대상과 분리되는 것에 대한 과도한 불안 |
| 선택적 무언증 | | 특수한 사회적 상황에서 지속적으로 말을 하지 않는 행동 |

## 1) 범불안장애

### (1) 임상적 특징

① 최소 6개월 동안 증상이 나타나는 경우 진단되며, 다양한 상황에서 만성적 불안과 과도한 걱정을 나타내는 경우를 말한다.

② 범불안장애를 지닌 사람들은 일상생활 속에서 겪게 되는 여러 가지 사건이나 활동에 대해서 지나치게 걱정함으로써 지속적인 불안과 긴장을 경험한다. 이런 상태가 계속되면 개인은 몹시 고통스러울 뿐만 아니라 일상생활의 적응에도 심각한 어려움을 겪게 된다.

③ 불안하고 초조하며 사소한 일에도 잘 놀라고 긴장한다.

④ 만성적 두통, 수면장애, 소화불량, 과민성 대장 증후군 등의 증상을 경험한다.

⑤ 불필요한 걱정에 집착하기 때문에 우유부단, 꾸물거림, 지연행동을 나타내며 현실적 업무처리가 미비하다.

⑥ 상황의 위험한 측면에 대해 과대평가하며, 위험의 신호를 찾기 위해 내·외적인 자극을 탐색한다.

TIP
범불안장애를 지닌 사람들은 비관주의, 완벽주의, 불확실성에 대한 인내력 부족, 문제 해결에 대한 자신감 부족과 같은 성격적 특성을 지닌 것으로 보고되고 있다.

(2) DSM – 5 진단기준

① 여러 사건이나 활동에 대해 과도한 불안과 걱정을 하며, 그 기간이 6개월 이상 이어진다.

② 자기 스스로 걱정을 통제하는 것이 어렵다고 느낀다.

③ 불안과 걱정은 다음 6가지 증상 중 3가지 이상과 연관된다(아동의 경우 1가지 이상).

   ㉠ 안절부절못함 또는 긴장이 고조되거나 가장자리에 선 듯한 느낌

   ㉡ 쉽게 피로해짐

   ㉢ 주의집중이 어렵거나 정신이 멍한 듯한 느낌

   ㉣ 과민한 기분상태

   ㉤ 근육 긴장

   ㉥ 수면 장애

④ 불안이나 걱정 또는 신체 증상이 사회적, 직업적 기능 또는 다른 중요한 기능 영역에서 임상적으로 유의미한 고통이나 손상을 초래한다.

(3) 원인

① 정신분석적 입장에서는 무의식적 갈등이 불안을 유발한다고 주장한다.

② 인지치료적 입장에서는 독특한 사고경향에 주목하고 위험에 대한 인지도식이 발달되었다고 본다.

(4) 치료

① 약물치료로 벤조다이아제핀 계열의 약물을 사용한다.

② 인지행동적 치료

   ㉠ 걱정과 관련된 인지적 요인을 이해하고 내적인 사고과정을 자각한 후 이것이 얼마나 비효율적이고 비현실적인지를 자각하도록 한다.

   ㉡ 구체적인 방법으로 '걱정사고 기록지'의 작성이 있다. 하루 중 '걱정하는 시간'을 정해놓고 다른 시간에는 일상적 일에 집중하는 방법으로, 불안을 유발하는 걱정의 사고나 심상에 반복적으로 노출시켜 걱정에 대한 인내력을 증가시키는 방법이다.

## 2) 공포증

(1) 임상적 특징

① 어떤 대상이나 상황에 대한 강렬한 공포와 회피행동을 뜻한다.

② 공포증은 범불안장애보다 훨씬 심한 강도의 불안과 두려움을 경험할 뿐

만 아니라 다양한 상황에서 만성적인 불안을 느끼는 범불안장애와 달리 특정한 대상이나 상황에 한정된 공포와 회피 행동을 나타낸다.

③ 공포증은 공포를 느끼는 대상과 상황에 따라 특정 공포증, 광장공포증, 사회공포증(또는 사회불안장애)으로 구분된다.

### (2) 특정 공포증

① 임상적 특징

**기출 DATA**
특정공포증의 유형 2019-1회

　㉠ 특정대상, 상황에 대한 현저한 공포나 불안을 경험한다.

　　**예** 비행, 동물, 주사기 등

　㉡ 공포를 유발하는 대상이나 상황에 노출되면 예외 없이 즉각적인 공포반응을 유발하며, 현실적이고 사회적인 맥락으로 보아 이러한 공포나 불안이 지나치다.

　㉢ 유형 : 동물형, 자연 환경형, 혈액-주사-상처형, 상황형

**TIP**

· 혈관미주신경 : 뇌신경 중 하나로 내부 장기와 연결된 미주 신경이 혈관에 연결되어 있어 혈관을 확장시키는 역할을 하는 신경이다.

· 공항 발작 : 갑자기 호흡이 가빠지거나 숨이 막히고, 가슴이 답답하며 어지럽고, 손발이 저리거나 몸이 떨리는 등의 신체적 이상과 함께 공포·불안·두려움 등의 심리적인 이상이 나타나는 증세로 공황장애 주요증상이다.

· 환공포증 : 일정한 크기의 작은 구멍이 연속되어 있는 것을 볼 때 두려움과 공포심을 느끼는 증상이다.

| 동물형 | · 대개 아동기에 시작되며 동물이나 곤충을 두려워하는 것이다.<br>· 일반적이지만 생활에 심한 지장을 줄 때 공포증으로 진단한다.<br>· 약 7세경에 공포증이 시작된다. |
|---|---|
| 자연 환경형 | · 천둥, 번개, 높은 곳과 같은 자연 환경에 대한 공포이다.<br>· 약 7세경에 공포증이 시작된다. |
| 혈액-주사-상처형 | · 피를 보거나 주사를 맞는 경우로 *혈관미주신경 반사가 매우 예민하여 주로 초등학교 아동기에 발병한다.<br>· 심박과 혈압의 현저한 저하가 뒤따르고 결과적으로 기절하는 반응을 보인다. |
| 상황형 | · 비행기, 엘리베이터 등의 상황에 대한 공포를 느끼는 유형으로 아동기와 20대 중반에 발병한다. 공황장애와 다른 것은 특정상황 밖에서는 *공황발작을 일으키지 않는다는 점이다. |
| 그 외 공포증 | 위의 자극 외에 다른 자극에 의해 공포증을 유발하는 경우이다.<br>**예** 질식공포증, *환공포증 등 |

② DSM-5 진단기준

　㉠ 특정 대상이나 상황에 대해 현저한 공포, 불안을 느끼는데, 실제적인 위험과 사회문화적 맥락을 고려할 때 과도한 양상을 보인다.

　㉡ 공포 대상이나 상황은 거의 즉각적인 공포나 불안을 야기한다.

　㉢ 공포 대상이나 상황이 유발하는 극심한 공포나 불안을 회피하거나 견디려는 모습을 보인다.

　㉣ 공포, 불안, 회피는 보통 6개월 이상 지속되는데, 사회적, 직업적 기능 또는 다른 중요한 기능 영역에서 임상적으로 유의미한 고통이나 손상을 초래한다.

③ 원인

    ㉠ 행동주의적 학습이론 : 공포 반응은 학습으로 일어난다고 본다.

        ⓐ 고전적 조건형성-왓슨의 쥐 실험 공포 : 앨버트(생후 11개월 아이)가 하얀 쥐 인형에게 다가갈 때마다 커다란 쇳 소리를 내서 깜짝 놀라게 했다. 5회의 경험만으로 앨버트는 하얀 쥐 인형을 보면 쇳소리가 없음에도 불구하고 공포 반응을 나타냈다. 무조건 자극인 쇳소리와, 조건자극인 하얀 쥐를 짝지어 공포 반응을 학습하게 된 것이다.

        ⓑ 관찰학습 : 공포증은 다른 사람이 특정한 대상을 두려워하며 회피하는 것을 관찰함으로써 그에 대한 두려움을 학습하는 관찰학습에 의해서 습득될 수 있다.

    ㉡ 정신분석적 입장 : 프로이트는 공포증이 오이디푸스 갈등과 관련된 것이라 보았다.

④ 치료

| 체계적 둔감법 | • 울페(Wolpe)에 의해 개발된 기법으로 조건화된 반응을 해제시키고 새로운 조건형성(역조건화)이 이루어지도록 한다.<br>• 불안위계를 통해 점진적 이완과 불안을 반복적으로 짝을 지어 불안 증상을 없애는 방법으로 특히 공포증 치료에 많이 사용한다. |
|---|---|
| 노출법 | 반복적인 노출을 통해 공포자극에 적응하도록 하여 치료한다.<br>例 홍수법 : 단번에 강한 공포자극을 직면시키는 방법이다. |
| 참여적 모방학습 | 다른 사람이 공포자극을 불안 없이 대하는 것을 관찰함으로써 공포증을 치료한다. |
| 이완훈련 | 신체적 이완상태를 유도하는 기술을 통해 공포증을 극복하도록 한다. |

(3) 광장공포증

① 임상적 특징

    ㉠ 특정한 장소나 상황에 대한 공포를 나타내는 경우를 말한다.

    ㉡ 광장공포증은 공황발작을 함께 경험하는 경우가 흔하다.

    ㉢ 광장공포증 환자들의 전형적인 회피 상황은 백화점, 식당에 줄서기, 엘리베이터, 넓은 길, 운전하기, 자동차, 에스컬레이터 등이다.

    ㉣ 발병 연령은 20대 중반에 가장 많이 발병하며, 남자보다 여자에게 더 많이 나타나는 것으로 보고된다.

② DSM-5 진단기준

    ㉠ DSM-5에 따르면, 광장공포증을 지닌 사람은 다음의 5가지 상황 중 적어도 2가지 이상의 상황에 대한 현저한 공포와 불안을 나타낸다.

TIP

모러의 2요인 모형
공포의 조건형성 과정에는 고전적 조건형성과 조작적 조건형성의 두 가지 단계가 있다. 즉, 공포증이 형성되는 과정에는 고전적 조건형성의 학습원리가 적용되고 일단 형성된 공포증은 조작적 조건형성의 원리에 의해 유지되고 강화된다.
▶ 2019-1회, 2016-1회

기출 DATA
광장공포증 2019-1회

**TIP**
- 광장공포증 : 광장공포증의 통합 모델을 제시한 바로우(Barlow)에 따르면 광장공포증을 나타내는 사람은 생물학적, 심리적 취약성을 모두 지니고 있어서 쉽게 불안을 경험하는 경향이 있다.
- 광장공포증 치료법 : 광장공포증은 인지행동치료를 통해 가장 효과적으로 치료될 수 있는 것으로 알려져 있다. 인지행동치료자는 교육을 통해 환자에게 광장공포증의 심리적 원인을 설명하고, 불안에 대처할 수 있도록 긴장이완법과 복식호흡법을 훈련하는 동시에 불안을 느끼는 상황에 점진적으로 노출시킨다. 이런 노출 경험에 근거하여 잘못된 귀인을 수정하고, 대처 행동과 대안적 사고를 제시한다.

**기출 DATA**
사회공포증★ 2020-3회,
2020-1회, 2017-1회

    ⓐ 대중교통수단(예 자동차, 버스, 기차, 배, 비행기)을 이용하는 것

    ⓑ 개방된 공간(예 주차장, 시장, 다리)에 있는 것

    ⓒ 폐쇄된 공간(예 쇼핑몰, 극장, 영화관)에 있는 것

    ⓓ 줄을 서 있거나 군중 속에 있는 것

    ⓔ 집 밖에서 혼자 있는 것

  ⓛ 또한 이러한 상황을 두려워하거나 회피하는 이유가 공황과 유사한 증상이나 무기력하고 당혹스러운 증상(예 노인의 경우 쓰러질 것 같은 공포, 오줌을 지릴 것 같은 공포)이 나타날 경우에는 그러한 상황을 회피하고자 한다.

  ⓒ 때로는 동반자가 있으면 공포나 불안을 느끼면서도 공포상황을 참아낼 수 있다.

  ⓔ 공포유발 상황의 실제적인 위험과 사회문화적 맥락을 고려할 때, 이러한 공포는 지나친 것이어야 한다.

  ⓜ 공포와 회피행동이 6개월 이상 지속되어 심한 고통을 경험하거나 사회적·직업적 활동에 현저한 방해를 받을 경우 광장공포증으로 진단된다.

③ 원인

  ㉠ 정신분석 입장에서 광장공포증은 어린아이가 어머니와 이별할 때 나타내는 분리불안과 관련된 것으로 해석하고 애정결핍과 관련되어 있다고 주장한다.

  ⓛ 인지 행동적 입장은 '공포에 대한 공포'로 장소보다는 장소에서 경험하게 될 공포를 두려워한다는 것이며, 또한 불안을 유발한 선행사건을 잘못 해석하는 경향이라고 본다.

(4) 사회공포증(사회불안장애)

① 임상적 특징

  ㉠ 다른 사람들과 상호작용하는 사회적 상황을 두려워하여 회피하는 장애로서 사회불안장애라고 불린다.

  ⓛ 불편감이나 불안이 매우 심하여 이를 회피하려는 것을 주 증상으로 하여 사회적, 직업적 기능이 크게 지장을 받는다.

  ⓒ 공통점은 다른 사람들이 지켜보고 또한 평가하는 가운데 어떤 일을 수행해야 할 때 대중 앞에서 창피를 당할까 두려워하며 불안과 관련된 많은 신체적 증상을 경험한다는 점이다.

  ⓔ 일반적으로 10대 중반에 발병하며 사회적으로 억제되어 있었다거나 수줍음을 많이 탄다는 등의 과거력을 가지고 있다.

② DSM-5 진단기준

    ⊙ 개인이 다른 사람들에 의해서 관찰되고 평가될 수 있는 한 가지 이상의 사회적 상황에 대해서 현저한 공포나 불안을 지닌다. 이들이 두려워하는 주된 사회적 상황은 일상적인 상호작용 상황(예 다른 사람과 대화를 하거나 낯선 사람과 미팅하는 일), 관찰 당하는 상황(예 다른 사람이 보는 앞에서 음료를 마시거나 음식을 먹는 일), 다른 사람 앞에서 수행을 하는 상황(예 연설이나 발표를 하는 일)이다.

    ⓛ 이러한 사회적 상황에서 다른 사람들로부터 부정적인 평가를 받을 수 있는 행동을 하거나 불안증상을 나타내게 될 것을 두려워한다. 즉, 부적절한 행동을 통해서 다른 사람들로부터 모욕과 경멸을 받거나 거부를 당하거나 타인에게 피해를 주게 될 것을 두려워한다.

    ⓒ 공포, 불안이나 회피행동이 6개월 또는 그 이상 지속되어야 한다.

③ 원인

    ⊙ 유전적 요인으로 사회공포증을 지닌 사람들은 자율신경계 활동이 불안정하여 다양한 자극에 쉽게 흥분하는 경향이 있을 뿐만 아니라 수줍음, 사회적 불편감, 사회적 위축과 회피, 낯선 사람에 대한 두려움과 같은 기질적 특성을 지니는 경향이 있다.

    ⓛ 정신분석적 요인으로 무의식적인 갈등이 사회적 상황에 투사된 것으로 본다. 어릴 적 중요한 타인에 대한 내면적 표상이 형성되어 이후 지속적인 영향을 미친다고 본다.

## 3) 공황장애

(1) 임상적 특징

① 공황장애는 공황발작이 주요 증상으로 나타나는 불안장애이다.

② 개인은 자신이 곧 죽을 것 같은 느낌, 자신에 대한 통제감을 잃고 미쳐버릴지 모른다는 두려움 혹은 심장마비를 일으키게 될 것이라는 강한 공포를 느낀다.

③ 공황발작 증상은 갑작스럽게 나타나며 10분 이내 최고조에 달하다가 극심한 공포를 야기하게 되는데 약 10분~20분간 지속된다.

④ 여성이 남성에 비해 2배 더 높으며 청소년 후기와 30대 중반에 가장 많이 발병한다.

⑤ 공황장애가 일어나면 약물치료나 인지치료를 통해 치료한다.

기출 DATA
사회공포증의 진단기준 2019-3회

TIP
사회공포증은 매우 흔한 심리적 문제이다. 사회적 불안이나 수줍음은 대학생의 약 40%가 지닌다고 보고될 만큼 매우 흔하다. 사회 공포증은 다른 불안장애와 함께 수반되는 경향이 있으며 이러한 장애를 지닌 사람은 치료 기관을 찾지 않고 사회적 관계를 피하며 살아가는 경우가 많다.

기출 DATA
공황장애 2018-3회

기출 DATA
공황장애의 진단기준 2016-3회

TIP
공황장애는 예기치 못한 공황발작과
더불어 그에 대한 예기 불안을 주된
특징으로 한다. 공황발작이 다시 일
어나는 것에 대한 계속적인 걱정과
더불어 공황발작의 결과에 대한 근
심을 나타내며 부정적인 행동 변화
를 수반한다.
공황장애는 매우 극심한 불안 증상
과 다양한 신체증상을 수반하는 불
안장애이므로 생물학적 원인이 깊은
관련이 있는 것으로 생각되며, 또한
심리적 요인이 중요한 역할을 하는
것으로 알려져 있다.

기출 DATA
공황장애의 생물학적 원인
2017-3회

기출 DATA
공황장애의 치료 2019-1회

(2) DSM-5 진단기준

비정기적인 강한 공포나 불편이 있고, 다음 중 적어도 4가지 또는 그 이상
의 증상이 있어야 한다.

① 가슴이 떨리거나 심장박동수가 증가

② 진땀 흘림

③ 몸이나 손발이 떨림

④ 숨이 가쁘거나 막히는 느낌

⑤ 질식할 것 같은 느낌

⑥ 가슴의 통증이나 답답함

⑦ 구토감이나 통증

⑧ 어지럽고 몽롱하며 기절할 것 같은 느낌

⑨ 한기를 느끼거나 열감을 느낌

⑩ 감각 이상증

⑪ 비현실감이나 자기 자신과 분리된 듯한 이인증

⑫ 자기통제를 상실하거나 미칠 것 같은 두려움

⑬ 죽을 것 같은 두려움

(3) 원인

① 생물학적 원인 : 질식 오경보 이론으로 질식감찰기가 $CO_2$ 수준의 변화
에 대해서 잘못된 질식경보를 내림으로써 환자들이 순간적으로 호흡곤
란을 느끼고 과잉호흡과 공황발작을 경험하게 된다. 그러나 공황장애에
는 이러한 생리적 요인 외에 심리적 요인이 중요한 역할을 하는 것으로
알려지고 있다.

② 인지이론 원인 : 신체감각에 대한 파국적 오해석으로 공황발작이 신체감
각을 위험한 것으로 잘못 해석한 것으로 공황발작 촉발요인으로 외적자
극(특정장소 등)과 내적자극(불쾌한 기분, 생각, 신체감각) 등이 있다.

(4) 치료

① 약물치료 : 벤조디아제핀 계열 약물, 삼환계 항우울제, 세로토닌 재흡수
억제제 등의 항우울제 약물을 제일 먼저 사용하고, 항불안제를 사용한다.

② 인지행동치료 : 일반적으로 인지행동치료는 불안을 조절하는 복식호흡
훈련과 긴장이완훈련, 신체적 감각에 대한 파국적 오해석의 인지적 수
정, 점진적 노출 등과 같은 치료적 요소로 구성된다.

## 4) 분리불안장애

기출 DATA
분리불안장애 2018-1회

### (1) 임상적 특징

① 애착대상과 떨어지는 것에 대해서 심한 불안을 나타내는 정서적 장애를 뜻한다.

② 아동은 어머니가 시장을 가거나 유치원에서 어머니와 떨어지게 될 때 극심한 불안과 공포를 나타내게 된다.

③ 불안의 증상이 성인은 6개월, 아동·청소년은 1개월 이상 지속돼야 진단된다.

**TIP**

**분리불안장애**
대부분의 어린아이는 특히 엄마와 떨어지는 것을 두려워한다. 그러나 적당한 연령이 되면 아동은 엄마와 떨어지더라도 커다란 불안을 느끼지 않을 뿐 아니라 자발적으로 엄마를 떠나 또래 친구들과 어울리게 된다. 그러나 아동이 애착대상과의 분리에 대해 발달 단계를 고려했을 때 부적절하고 과도한 불안과 공포를 나타내는 것을 분리불안장애라고 한다.

### (2) DSM-5 진단기준

① 다음 증상들 중 최소 3가지 증상 이상이 나타난다.

ㄱ 집이나 주요 애착 대상으로부터 분리를 경험하거나 이를 예상할 때 반복적으로 심한 고통을 느낀다.

ㄴ 주요 애착대상을 잃는 것 혹은 그들에게 질병·부상·재난·사망 같은 일이 일어나지 않을까 지속적으로 과도하게 근심한다.

ㄷ 분리불안으로 인해 집으로부터 멀리 떠나거나 학교나 직장에 가는 것을 지속적으로 꺼리거나 거부한다.

ㄹ 혼자 있는 것 혹은 주요 애착대상 없이 집이나 다른 장소에 있는 것에 대해 지속적으로 꺼리거나 과도한 공포를 느낀다.

ㅁ 집으로부터 멀리 떠나 잠을 자는 것 혹은 주요애착 대상이 가까이 없이 잠을 자는 것에 대해 지속적으로 꺼리거나 거부한다.

ㅂ 분리의 주제를 포함하는 악몽을 반복적으로 꾼다.

ㅅ 주요 애착대상으로부터 분리되거나 이를 예상하게 될 때 신체 증상을 반복적으로 호소한다.

② 공포, 불안, 회피 반응 등이 아동·청소년은 4주 이상, 성인은 최소 6개월 이상 지속된다.

③ 장애는 사회적·학업적·직업적 기능 또는 다른 중요한 기능 영역에서 임상적으로 유의미한 고통이나 손상을 초래한다.

### (3) 원인

① 분리불안장애는 아동의 유전적 기질, 부모의 양육행동, 아동의 인지 행동적 요인들이 복합적으로 작용하여 발생하는 심리적 장애로 여겨지고 있다. 하지만 부적절한 양육행동은 분리불안장애를 유발하는 중요한 요인으로 알려져 있다.

② 지나치게 밀착된 가정에서 자랐거나 의존적인 성향의 아이에게 나타날 수 있다.

(4) **치료** : 분리불안장애는 행동치료, 인지행동치료, 놀이치료 등을 통해서 호전될 수 있다.

## 5) 선택적 무언증

(1) **임상적 특징**

① 말을 할 수 있음에도 불구하고 특정한 상황에서 지속적으로 말을 하지 않는 장애로 주로 아동에게서 나타난다.

② 아동은 다른 상황에서는 말을 잘 하면서도 말하는 것이 기대되는 사회적 상황(예 학교, 친척 또는 또래와의 만남)에서 지속적으로 말을 하지 않는다.

③ 다른 사람과 함께 있을 때 먼저 말을 시작하지 않거나 다른 사람이 말을 해도 반응하지 않는다.

④ 선택적 무언증을 지닌 아동들은 가정에서 가까운 직계가족과 함께 있을 때만 말하고, 조부모나 사촌과 같은 친인척이나 친구들 앞에서는 말을 하지 않는 경우가 흔하다.

⑤ 한 달 이상 말을 하지 않아야 하지만 학교에 들어간 첫 달은 해당하지 않는다.

(2) **DSM-5 진단기준**

① 다른 상황에서는 말을 할 수 있음에도 불구하고, 특정한 사회적 상황에서 지속적으로 말을 하지 못한다.

② 장애가 학업적, 직업적 성취나 사회적 의사소통을 저해한다.

③ 증상이 적어도 1개월은 지속되어야 하며, 입학 후 첫 1개월은 포함하지 않는다.

④ 말하지 못하는 이유가 사회생활에서 요구되는 언어에 대한 지식이 없거나 그 언어에 대한 불편한 관계가 없는 것이어야 한다.

⑤ 장애가 의사소통장애에 의해 잘 설명되지 않고, 전반적 발달장애, 조현병, 다른 정신병적 장애의 기간 중에만 발생되는 것은 아니다.

(3) **원인**

① 선택적 무언증은 사회적 상황에서의 심한 불안에 의해 유발된다고 본다.

② 대부분의 사람이 사회공포증을 함께 지니고 있으며 또는 애착 대상과의

**TIP**

선택적 무언증을 지닌 아동은 선천적으로 불안에 민감한 기질을 가지고 있으며, 불안의 근원은 애착 대상과의 분리불안이다. 어머니와 분리되었을 때 무언증을 나타낸다는 주장이 있다. 선택적 무언증은 아동의 나이가 많아진다고 자연적으로 개선되지 않으며, 아동의 적절한 발달을 위해서는 조속한 치료가 필요하다. 치료방법으로는 행동치료, 놀이치료, 가족치료, 약물치료가 적용된다.

분리불안으로도 나타난다.

③ 선택적 무언증과 사회공포증의 공존율은 90% 정도이다.

(4) 치료

① 행동치료 : 정적강화, 자극소거, 행동형성, 자극용암법, 모델링 등

② 놀이치료를 한다.

# 6 》》 강박 및 관련 장애

[강박 및 관련 장애 하위 유형]

| 하위 장애 | 핵심증상 |
|---|---|
| 강박장애 | 불안을 유발하는 강박사고(예 성적인 생각, 오염이나 실수에 대한 생각 등)에 대한 집착과 강박행동(예 손 씻기, 확인하기, 숫자세기 등)을 반복한다. |
| 신체변형장애 | 자신의 신체 일부가 기형적이라는 생각(예 코가 비뚤어짐, 턱이 너무 길다 등)에 대한 집착을 한다. |
| 저장장애 | 다양한 물건을 과도하게 수집하여 저장하는 것에 집착한다. |
| 모발뽑기장애 | 자신의 머리털을 뽑는 행동을 반복한다. |
| 피부벗기기장애 | 자신의 피부를 벗기는 행동을 반복한다. |

## 1) 강박장애

### (1) 임상적 특징

① 원하지 않은 불쾌한 생각이 자꾸 떠올라 그것을 제거하기 위한 행동을 반복하는 장애이다.

② 강박장애의 주된 증상은 강박사고와 강박행동이다.

③ 강박사고는 반복적으로 의식에 침투하는 고통스러운 생각, 충동 또는 심상을 말한다. 이러한 강박사고는 매우 다양한 주제를 포함하는데 이러한 생각이 부적절하다는 것을 인식하지만 잘 통제되지 않고 반복적으로 의식에 떠올라 고통스럽게 한다.

④ 강박행동은 대체로 강박사고에 대한 반응으로 불안을 감소하기 위해 하는 행동이다.

⑤ 발병이 남성이 여성보다 빠르며, 남자는 6~15세, 여자는 20~29세이다.

TIP
강박장애
• 강박은 '강한 압박'을 의미하며 무엇인가에 집착하여 어찌할 수 없는 심리상태를 뜻한다.
• 강박 및 관련 장애는 개인의 의지와 상관없이 어떤 생각이나 충동이 자꾸 의식에 떠올라 그것에 집착하며 그와 관련된 행동을 반복하게 되는 부적응 문제를 뜻한다.

기출 DATA
강박장애★ 2018-1회, 2017-1회, 2016-3회

**TIP**

강박행동 유지원리
행동주의적 견해에 따르면 새로운 자극의 출현(더하기)일 때 정적 강화, 반대로 어떤 행동을 강하게 하는 결과가 자극의 사라짐(빼기)일 때 이를 부적 강화라고 한다.
강박행동을 했을 때 불안이 사라지게 되므로 부적강화를 통해 강화행동이 유지된다고 본다.
▶ 2020-3회

**TIP**

강박장애 환자의 특징
• 강박장애 환자는 침투적 사고에 대한 위협을 과대평가할 뿐 아니라 자신의 책임을 과도하게 평가한다.
• 강박장애 환자는 침투적 사고를 과도하게 중요한 것으로 인식하는데, 그 과정에서 사고 행위 융합이라는 인지적 오류가 개입한다.
• 강박장애 환자들은 불확실성이나 불완전함을 참지 못하며, 완벽함과 완전함을 추구하는 특성을 지닌다.

⑥ 강박장애의 하위유형

| 순수한 강박사고형 | 외현적 강박 행동이 나타나지 않고 내현적 강박 사고만 지니는 경우<br>예 원치 않는 성적인 생각, 난폭하거나 공격적 충동, 비윤리적 심상 등 |
|---|---|
| 내현적 강박행동형 | 강박적 사고와 더불어 겉으로 관찰되지 않는 내면적 강박 행동만을 말함<br>예 숫자세기, 기도하기, 단어반복 등 |
| 외현적 강박행동형 | 강박사고와 더불어 분명히 겉으로 드러나는 강박행동<br>예 청결행동, 확인행동, 반복행동, 정돈행동, 수집행동, 지연행동 등 |

(2) DSM-5 진단기준

| 강박사고 | • 심한 불안이나 곤란을 초래하는 반복적·지속적인 사고, 충동 또는 이미지들이 침입적이고 원치 않게 경험되며, 현저한 불안과 고통을 유발한다.<br>• 그러한 사고, 충동, 이미지들을 무시하거나 억압하려고 노력하거나, 다른 사고나 행동으로 중화시키려고 노력한다. |
|---|---|
| 강박행동 | • 각 개인이 강박사고에 대한 반응으로서 해야만 한다고 느끼거나 엄격한 규칙에 따라 행하는 반복적인 행동(예 손 씻기, 점검 등) 또는 정신적 행위(예 기도, 숫자세기 등)를 말한다.<br>• 같은 행동이나 정신적 행위는 불안·고통을 방지하거나 감소시키고, 무서운 사건이나 상황을 방지할 목적이어야 한다. 현실상황에서 중화시키려고 계획된 실제적인 방법과는 관련이 없거나, 관련이 있더라도 명백히 지나친 것이다. |

① 강박사고 또는 강박행동 중 어느 하나가 존재하거나 둘 다 존재한다.

② 강박사고나 강박행동이 많은 시간을 소모시키거나(하루 1시간 이상), 개인의 정상적 일상생활, 직업, 학업 기능 또는 통상적 사회활동이나 대인관계에 명백히 지장을 준다.

③ 이 장애가 물질 또는 일반적 의학 상태에 의한 직접적인 생리적 효과 때문이 아니고, 다른 정신장애의 증상으로 설명될 수 없다.

(3) 원인

① 인지 행동적 입장

㉠ 침투적/자동적 사고

심리학자 살코프스키(Salkovskis)는 강박장애가 발생하는 인지적 과정을 분석하여 침투적 사고에 대한 자동적 사고가 강박장애의 원인이 된다고 보았다.

ⓐ 침투적 사고 : 강박장애 환자는 침투적 사고에 대한 위협을 과대평가할 뿐만 아니라 자신의 책임감을 과도하게 평가하였는데,

침투적 사고란 우연히 의식에 떠오르는 원치 않는 불쾌한 생각을 의미한다.

ⓑ 자동적 사고(Automatic thought) : 거의 반사적으로 발생하고 매우 빨리 지나가서 의식되지 않으며 당연한 것으로 여겨지게 되고, 결과적으로 강박사고를 유발하는 역할을 한다.

ⓒ 사고 – 행위 융합 : 인지적 오류 개입(도덕성 융합, 발생가능성 융합)으로 발생한다고 본다. 사고한 것이 곧 행동한 것과 다르지 않다는 것이다.

ⓒ 파국적 해석(라크만) : 개인이 자신의 침투적 사고를 재난으로 해석하는 파국적 해석으로 인해 발생한다고 본다.

ⓒ 사고억제의 역설적 효과(베그너와 그의 동료) : 어떤 생각을 억제하려 할수록 그 생각이 더 잘 떠오르는 현상으로 강박장애를 지닌 사람은 침투적 사고에 대해 과도한 책임감을 느끼고 이를 억제하려 하지만 사고억제의 역설적 효과로 인해 더 빈번히 떠오른다고 본다.

② 정신분석적 입장

㉠ 프로이트는 항문기에 억압된 욕구나 충동이 재활성화되어 나타난 것이라고 본다.

㉡ 충동의식이 떠오르면 불안을 경험하게 되어 이를 통제하기 위해 네 가지 방어기제인 격리, 대치, 반동형성, 취소가 사용된다.

③ 생물학적 입장

㉠ *안와 전두피질이나 *기저핵의 기능 이상이 관련될 수 있다.

㉡ 세로토닌 재흡수 억제제를 사용할 경우 우수한 치료 효과를 나타낸다는 점에 근거하여 세로토닌과 관련되어 있다고 주장한다.

(4) 치료

① 약물치료 : 클로미프라민, 세로토닌 재흡수 억제제 처방이 대표적이다.

② 노출 및 반응방지법 : 불안을 초래하는 자극에 노출시켜 하고 싶은 행동을 못하게 하는 것으로 강박장애에 가장 많이 사용하는 기법이다.

예 물건을 만지는 상황에 노출시켜 더러운 세균이 묻었다는 생각을 하게 하지만 손 씻는 행동은 못하게 한다

③ 사고 중지법 : 강박사고가 떠오를 때마다 중지시킨다.

④ 역설적 의도법 : 강박사고를 억누르기보다 오히려 과장된 방식으로 행동하는 방법이다.

⑤ 자기주장 훈련 : 강박장애자는 억제 경향이 크므로 자신의 의견, 생각을 표현하는 훈련을 한다.

기출 DATA
강박장애의 정신분석적 입장
2017–3회

TIP
• 안와전두피질(Orbitofrontal cortex, ORC) : 의사결정에 따른 인지 처리(Cognitive processing)를 관여하는 뇌의 전두엽에 있는 전전두피질 부위(Prefrontal cortex region)이다.

• 기저핵 : 전두엽, 보완운동영역, 시상과 서로 연결되어 운동의 인지, 학습, 정서 그리고 주의집중 과정을 만들어 낸다.

## 2) 신체변형장애

### (1) 임상적 특징

① 자신의 외모가 기형적이라고 잘못된 집착을 하는 경우를 말하며 '신체
추형장애' 또는 '신체기형장애'라고 불리기도 한다.

② 신체적 외모에 대해서 한 개 이상의 주관적 결함에 과도하게 집착하는
것이 주된 증상이다. 주관적 결함이란 함은 그러한 결함이 다른 사람에
의해서 인식되지 않거나 경미한 것으로 여겨지기 때문이다.

③ 신체변형 장애를 지닌 사람은 반복적인 외현적 행동(예 거울 보며 확인하
기, 지나치게 몸단장하기, 피부 벗기기, 안심 구하기 등)이나 내현적 행위(예 자신
의 외모를 다른 사람과 비교하기 등)를 나타낸다.

④ 이러한 증상으로 인해 심각한 고통을 받거나 중요한 삶의 영역에서 현
저한 장해를 나타낼 경우 신체변형장애로 진단된다.

⑤ 대부분 15~20세 사이의 청소년기에 많이 발생하며 미혼의 여성에게
흔하다.

### (2) DSM-5 진단기준

① 다른 사람이 알아볼 수 없거나 아주 경미한 신체의 결점이 인식되는 것
에 집착한다.

② 외모 걱정에 대한 반응으로 반복행동(예 거울보기, 과한 꾸미기 등) 또는 정
신 활동(예 외모 비교 등)을 행한다.

③ 외모에 대한 집착이 사회적, 직업적 기능 또는 다른 중요한 기능 영역
에서 임상적으로 유의미한 고통이나 손실을 초래한다.

④ 외모 집착은 섭식장애의 진단기준을 충족하는 경우에서 체지방 또는 몸
무게를 걱정하는 것으로 더 잘 설명되지 않는다.

### (3) 원인

① 신체변형장애의 원인은 아직 잘 알려져 있지 않다.

② 정신분석적 입장 : 어린 시절의 심리성적 발달과정에서 특수한 경험을
하게 되고 이러한 경험과 상징적인 연관성을 지닌 특정한 신체부위에
집착하게 되는 것이라고 보고 있다. 즉, 무의식적인 성적 또는 정서적
갈등이 신체 부위에 대치되어 나타난다는 것이다.

③ 인지행동적 입장

㉠ 우연한 사건에 의해 자신의 신체적 증상에 주목하고 선택적 주의
를 기울여 신체적 특성이 심각한 것으로 인식한다.

ⓒ 외모와 관련된 평가를 일반인들보다 더 부정적이고 위협적으로 해석한다.

④ 생물학적 입장 : 세로토닌과 관련 있다는 주장이다.

**(4) 치료**

① 세로토닌 재흡수 억제제를 사용한 약물치료로서 망상적 수준의 신체변형에 효과가 있다.

② 인지 행동적 치료방법의 하나인 노출 및 반응 억제법은 비교적 경미한 증상을 지닌 신체변형장애에 효과적이다.

## 3) 저장장애

**(1) 임상적 특징**

① 필요없는 물건을 버리는 것 자체를 고통으로 받아들이는 장애이다.

② DSM-5에 새롭게 신설된 장애이다.

③ 강박적 저장은 불필요한 물건을 버리지 못하고 보관하는 것이며, 강박적 수집은 불필요한 물건을 집안으로 끌어들이는 행위이다.

**(2) DSM-5 진단기준**

① 실제 가치와 관계없이 소유물을 버리거나 분리하는 데 있어 지속적인 어려움을 겪는다. 이러한 어려움은 물건을 버리는 것에 연관되는 고통이나 물건을 보유하려는 필요성으로 인한 것이다.

② 소유물이 축적되어서 생활공간이 채워지고 혼잡해지며, 사용 목적이 상당히 손상되는 결과를 야기한다. 만약 생활공간이 어지럽혀지지 않았다면, 제3자의 개입으로 인한 것이다.

③ 증상은 사회적·직업적 기능 또는 다른 중요한 기능 영역에서 임상적으로 유의미한 고통이나 손실을 초래한다. 또한 다른 의학적 상태로 인한 것이 아니고, 다른 정신질환으로 더 잘 설명되지 않는다.

**(3) 원인**

① 정신 역동적 입장 : 항문기 고착으로 반항적 공격성이 저장장애로 표현된 것으로 본다.

② 인지 행동적 입장 : 가치판단 능력과 의사결정 능력의 손상으로 본다.

③ 뇌의 전두엽 부위가 제 기능을 못 할 때 저장장애를 보인다고 보고된다.

---

**TIP**

저장장애는 인지 행동적 입장에서 정보처리의 결함에 주목하며, 다음 4가지 인지기능의 결함으로 인해 나타난다고 본다.

- 의사결정의 어려움을 나타내는 우유부단함은 강박적 저장장애 환자의 대표적인 특징이다.
- 범주화/조직화에 대한 결함으로 저장장애 환자들은 범주의 경계를 지나치게 좁게 정의하며 한 범주 안에 너무 적은 물건을 속하게 한다. 따라서 개인의 물건을 분류하기 위해 수많은 범주가 필요하다.
- 기억에 대한 결함이 있다.
- 손실에 대한 과장된 평가를 보인다.

## 4) 모발뽑기장애

### (1) 임상적 특징

① 자기 몸에 있는 털을 뽑는 충동을 억제하지 못해서 반복적으로 털을 뽑는 행위를 말한다.

② 털을 뽑기 전 불안감이나 긴장감, 지루함이 정서에 의해 촉발되기도 하며, 털을 뽑은 후 만족감, 쾌감, 안도감을 느낀다.

③ DSM-Ⅳ에서는 충동통제장애로 분류되었으나 DSM-5에서는 강박장애에 포함되었다.

④ 대체로 아동기나 청소년기에 발병한다.

### (2) DSM-5 진단기준

① 반복적인 모발 뽑기 행동으로 모발 손실을 초래한다.

② 모발 뽑기를 줄이거나 중단하려고 반복적으로 시도한다.

③ 모발 뽑기가 사회적·직업적 기능 또는 다른 중요한 기능 영역에서 임상적으로 유의미한 고통이나 손실을 초래한다.

④ 모발 뽑기나 모발 손실이 다른 의학적 상태로 인한 것이 아니고, 다른 정신장애의 증상으로 잘 설명되지 않는다.

### (3) 원인

① 심리적인 원인과 생물학적 원인이 복합적이다.

② 아동의 경우 어머니와 이별, 상실에 의해 또는 어머니를 위협적으로 지각할 때 발생한다.

③ 생물학적으로는 세로토닌 체계의 이상으로 본다.

## 5) 피부벗기기장애

### (1) 임상적 특징

① 강박적으로 자기의 피부를 뜯는 행위를 말한다.

② 피부를 벗기는 행동은 불안하거나 긴장이 높아질 때 증가하나 긴장하지 않거나 인식하지 않고 있을 때에도 자동적으로 피부를 벗기는 행동을 보인다.

③ 주로 얼굴, 팔, 손, 등을 긁거나 벗기며 다양한 신체 부위가 대상이 될 수 있다.

④ DSM-5에서 처음 강박 관련 장애 하위 장애에 포함되었다.

(2) DSM-5 진단기준

① 반복적인 피부 벗기기로 인해 피부 병변으로 이어진다.

② 피부 벗기기를 줄이거나 중단하려고 반복적으로 시도한다.

③ 피부 벗기기가 사회적·직업적 기능 또는 다른 중요한 기능 영역에서 임상적으로 유의미한 고통이나 손실을 초래한다.

④ 피부 벗기기가 물질의 생리적 영향 또는 다른 의학적 상태로 인한 것이 아니고, 다른 정신장애의 증상으로 잘 설명되지 않는다.

(3) 원인

① 정신 역동적 입장 : 미해결된 아동기의 정서적 문제와 관련이 있으며, 모발뽑기장애와 유사한 정신적 역동에 의해서 발생하는 것으로 권위적인 부모에 대한 억압된 분노의 표현으로 본다.

② 인지 행동적 입장 : 스트레스에 대한 일종의 대처방식으로 본다.

# 7 » 외상 및 스트레스 관련 장애

[외상 및 스트레스 관련 장애 하위 유형]

| 하위 장애 | 핵심증상 |
| --- | --- |
| 외상 후 스트레스장애 | 충격적인 외상 사건을 경험한 이후에 1개월 이상 지속되는 재경험 증상과 회피행동 |
| 급성 스트레스장애 | 외상 사건을 경험한 이후에 1개월 이내로 나타나는 재경험 증상과 회피행동 |
| 반응성 애착장애 | 부적절한 양육환경에서 애착 외상을 경험한 아동이 나타내는 정서적 위축과 대인 관계 회피 |
| 적응장애 | 중요한 생활 사건에 대한 적응 실패로 나타나는 정서적·행동적 문제 |
| 탈억제 사회유대감장애 | 부적절한 양육 환경에서 애착 외상을 경험한 아동이 부적절하게 나타내는 과도한 친밀감과 무분별한 대인 관계 행동 |

기출 DATA
외상 및 스트레스 관련 장애 하위 유형
2017-3회

기출 DATA

외상 및 스트레스 장애★
2020-3회, 2020-1회
2019-3회, 2019-1회
2017-1회

TIP

외상 및 스트레스관련 장애
• 외상이란 외부로부터 주어진 충격적 사건에 의해 입은 심리적 상처로 트라우마라고 한다.
• 인간 외적인 외상 : 지진, 태풍, 산사태, 홍수, 화산폭발과 같이 인간이 개입되지 않은 자연재해를 의미한다.
• 대인 관계적 외상 : 전쟁, 테러, 살인, 폭력, 강간, 고문 등 타인의 고의적 행동에 의해 입은 상처와 피해를 의미한다.
• 애착 외상 : 신체적 학대, 가정폭력, 정서적 학대나 방임, 성폭행과 성적 학대 등이 부모나 양육자와 같이 정서적으로 매우 긴밀하고 의존도가 높은 관계에서 입은 심리적 상처를 애착 외상이라 한다.

## 1) 외상 후 스트레스장애(PTSD)

### (1) 임상적 특징

① 외상 사건을 경험한 사람이 충격과 후유증으로 인해 심각한 부적응 증상을 나타내는 경우이다.

② 외상 후 스트레스장애는 외상 사건을 경험한 후에 네 가지 유형의 심리적 증상을 나타낸다.

   ㉠ 침투증상 : 외상 사건과 관련된 기억이나 감정을 재경험하는 것이다.

   ㉡ 회피증상 : 외상 사건과 관련된 자극을 회피하는 증상이다.

   ㉢ 인지, 감정 부정변화 : 외상 사건과 관련된 인지와 감정에 부정적인 변화가 나타난다.

   ㉣ 각성의 변화 : 평소에도 늘 과민하며 주의집중을 잘 못하고 사소한 자극에도 크게 놀라는 과각성 반응을 한다.

③ 외상 경험은 개인이 그런 외상 경험을 직접 경험했을 때는 물론 가까이에서 목격하거나 친밀한 사람에게 일어났을 때도 발생할 수 있다.

④ 아동기를 포함하여 어느 연령에서도 발생 가능한 장애이다.

⑤ 증상은 대부분 사건 발생 후 3개월 이내 일어나고, 증상이 지속되는 기간은 몇 개월에서 몇 년 동안 지속된다.

⑥ 진단 시에는 해리 증상의 여부를 명시해야 한다.

### (2) DSM-5 진단기준

① 실제 죽음이나 죽음에 대한 위협, 심각한 상해 또는 성폭력에 다음 중 1가지 이상의 방식으로 노출된다.

   ㉠ 외상 사건을 직접 경험

   ㉡ 외상 사건이 다른 사람에게서 일어나는 것을 목격

② 외상 사건이 일어난 후 외상 사건과 관련된 침투 증상이 다음 중 1가지 이상 나타난다.

   ㉠ 외상 사건의 고통스러운 기억을 자기 의지와 상관없이 반복적, 침투적으로 경험

   ㉡ 외상 사건과 관련된 내용 또는 정서가 포함된 고통스러운 꿈을 반복적으로 경험

③ 외상 사건이 일어난 후 외상 사건과 관련된 지속적인 자극 회피가 다음 중 1가지 이상의 방식으로 나타난다.

   ㉠ 외상 사건 또는 그것과 밀접하게 연관된 고통스러운 기억, 생각, 감정을 회피하거나 회피하려는 노력

ⓛ 외상 사건 또는 그것과 밀접하게 연관된 고통스러운 기억, 생각, 감정을 유발하는 외적인 단서들을 회피하거나 회피하려는 노력

④ 외상 사건이 일어난 후 혹은 악화된 이후 외상 사건과 관련된 인지와 기분의 부정적인 변화가 다음 중 2가지 이상 나타남

　　㉠ 외상 사건의 중요한 측면을 기억하지 못함

　　ⓛ 자기 자신, 타인 혹은 세상에 대한 과장되거나 부정적인 신념·기대를 지속적으로 나타냄

⑤ 외상 사건이 일어난 이후 혹은 악화된 이후 외상 사건과 관련된 각성 및 반응성에서 현저한 변화가 다음 중 2가지 이상 나타난다.

　　㉠ 사람이나 사물에의 언어적 또는 물리적 공격으로 나타나는 짜증스러운 행동과 분노 폭발

　　ⓛ 무모한 행동 혹은 자기 파괴적 행동

⑥ 위에 제시된 ②~⑤ 장애증상이 1개월 이상 나타난다.

⑦ 장애가 사회적·직업적 기능 또는 다른 중요한 기능 영역에서 임상적으로 유의미한 고통이나 손실을 초래한다.

⑧ 위 진단 기준은 성인, 청소년, 만 6세 이상 아동에게 적용된다. 만 6세 미만 아동에 대해서는 별도의 진단 기준을 적용한다.

⑨ *이인증, 비현실감 같은 해리 증상을 동반할 수 있다.

(3) 원인

① 외상 후 스트레스장애는 외상 사건이라는 분명한 촉발 요인이 존재하기 때문에 이러한 장애에 취약한 사람들의 특성을 밝히는 데 있다.

| | |
|---|---|
| 외상 전 요인 | 정신 장애에 대한 가족력, 아동기의 다른 외상경험 의존성, 정서적 불안정, 성격특성, 자신의 운명이 외부 요인에 있다는 통제 소재의 외부성 등이 있다. |
| 외상 중 요인 | 외상 경험 자체의 특성을 지닌다. 강도가 심할수록 장애가 나타날 가능성이 높다. |
| 외상 후 요인 | 사회적 지지체계나 친밀한 관계 부족, 추가적인 생활 스트레스, 결혼과 직장생활의 불안정, 음주와 도박 등이 있다. |

② 생물학적 입장 : 유전적 요인이 외상 후 스트레스장애에 대한 취약성과 연관되어 있다고 본다.

③ 정신분석적 입장 : 외상 사건이 유아기의 미해결된 무의식적 갈등을 다시 불러일으키고, 그 결과 퇴행, 억압, 부인, 취소의 방어기제가 동원된 증상이 초래되었다고 본다.

**TIP**
이인증
정신이 육체와 분리되어 있다는 느낌, 신체의 일부가 짝짝이라는 느낌, 자기가 자기 자신을 멀리서 바라보고 있다는 느낌 또는 자신이 기계가 되어버렸다는 느낌 등을 가지는 증상이다.

④ 인지치료 이론
  ㉠ 호로위츠의 스트레스 반응이론
    ⓐ 외상 사건을 경험한 사람들은 일반적으로 5단계의 과정을 나타낸다.
    ⓑ 극심한 절규 → 외상경험의 회피 → 부적응 상태를 의미하는 동요단계 → 인지적 처리를 통해 기존체계와 통합되는 전이단계 → 통합의 단계
  ㉡ 야노프-불만의 신념 특성 : '세상의 우호성에 대한 신념', '세상의 합리성에 대한 신념', '자신의 가치에 대한 신념'으로, 외상경험은 이러한 신념과 배치되는 것으로 심각한 혼란과 무기력감을 유발하게 되며 긍정적 신념을 지닌 사람일수록 외상 사건에 강한 충격을 받게 된다.
  ㉢ 정서적 처리 이론(포아와 동료들이 제시) : 외상 사건과 관련된 부정적 정도들의 연결망으로 이루어진 공포 기억구조를 형성한다.

**(4) 치료**

① Foa(포아)의 *지속적 노출 치료가 가장 효과적인 것으로 관찰되었다. 지속적 노출치료는 단계적으로 외상 사건을 떠올리게 하여 불안한 기억에 반복으로 노출시킴으로써 궁극적 외상 사건을 큰 불안 없이 직면하도록 유도하는 것이다.

② 약물치료는 세로토닌 재흡수 억제제나 삼환계 항우울제 등을 사용한다.

③ 정신 역동적 치료는 방어기제에 초점을 맞추어 카타르시스를 통해 외상 사건을 재구성하고 외상 경험으로 발생하는 심리적 갈등을 해소하도록 하는 것이다.

④ 이외에 긴장이완이나 호흡훈련을 통해 안정된 심리 상태를 유도한다.

⑤ 이차 예방 : 심리 경험 사후보고는 외상 후 스트레스 증상이나 징후를 조기에 파악하여 보다 심각한 정신건강문제를 초래하지 않도록 하는 이차 예방을 위한 심리사회적 개입이다. 초창기에는 응급구조 요원을 대상으로 적용되었으나 이후 경찰, 소방관, 응급 의료원뿐 아니라 외상적 사건의 생존자 및 희생자, 가족 및 친척들, 또한 그들을 돕는 정신건강 전문인들을 대상으로 널리 실시되고 있으며, 특정 고위험군 환자들에게 효과적이다.

---

**기출 DATA**

외상 및 스트레스 장애의 치료
2018-1회, 2016-1회

**TIP**

지속적 노출 치료
지속적 노출법은 특히 강간 피해자의 치료를 위해 포아와 리그스가 제시한 방법이다. 노출상황에 상당 기간 머물게 함으로써 공포를 느꼈던 외상 기억에 대한 둔감화가 일어날 뿐 아니라 이러한 기억이 외상사건 자체와 동일하지 않음을 인식하게 되어 외상사건을 불안 없이 수용할 수 있게 된다.

## 2) 급성 스트레스장애

### (1) 임상적 특징

① 외상 사건을 직접 경험했거나 목격하고 난 직후에 나타나는 부적응 증상들이 3일 이상 1개월 이내의 단기간 동안 지속되는 경우를 뜻한다.

② 특징은 증상의 지속 기간이 짧고, 해리 증상을 나타낸다는 것이다. 해리는 기억이나 의식의 통합이 교란되어 현실을 부정하는 비현실감, 이인증, 정서적 마비나 기억 상실 등의 증상을 나타내는 것을 의미한다.

③ 4주가 넘어도 증상이 지속되면 이후 '외상 후 스트레스장애'로 진단된다.

### (2) DSM-5 진단기준

① 실제 죽음이나 죽음에 대한 위협, 심각한 상해 또는 성폭력에 다음 어느 1가지 이상의 방식으로 노출된다.

ㄱ 외상 사건을 직접 경험

ㄴ 외상 사건이 다른 사람에게서 일어나는 것을 목격

ㄷ 외상 사건이 가까운 가족성원이나 친구에게 일어난 것을 알게 된다.

ㄹ 외상 사건의 혐오스러운 세부 내용에 반복적 혹은 극단적 노출

② 다음 5가지 영역에 해당하는 증상 중 9개 이상이 외상 사건 이후 나타나거나 악화된다. 증상 지속 기간은 사고 이후 최소 3일 최대 4주까지이다.

ㄱ 침투증상

ⓐ 반복적, 불수의적, 침습적으로 괴로운 외상 기억이 자꾸 떠오른다.

ⓑ 외상 사건과 관련된 내용이나 정서를 포함한 고통스러운 꿈이 반복된다.

ⓒ 외상 사건이 다시 일어나고 있는 것 같은 해리 반응이 나타난다.

ㄴ 부정적 정서 : 긍정적인 감정을 지속적으로 경험할 수 없다.

ㄷ 해리

ⓐ 자기 자신이나 주변에 대한 현실감이 떨어진다.

ⓑ 외상 사건의 중요한 측면을 기억하지 못한다.

ㄹ 회피

ⓐ 외상 사건과 관련된 고통스러운 기억, 생각, 감정을 회피하거나 회피하려고 노력한다.

ⓑ 외상 사건을 생각나게 하는 요소들을 회피하거나 회피하려고 노력한다.

➡ 외상 사건과 관련된 기억이나 감정을 재경험하는 심리적 증상을 침투증상이라고 한다.

**정답** : ○

ⓜ 각성

            ⓐ 수면장애

            ⓑ 과잉 경계

            ⓒ 집중 곤란

            ⓓ 과도한 놀람 반응

            ⓔ 타인이나 물체에 대한 언어적 또는 신체적 공격으로 표현되는 과민한 행동과 분노

    ③ 증상이 사회적, 직업적 기능 또는 다른 중요한 기능 영역에서 임상적으로 유의미한 고통이나 손실을 초래한다.

    ④ 증상이 물질의 생리적 반응이나 또는 다른 의학적 상태에 기인한 것이 아니다.

(3) **치료** : 인지적 재구성을 중심으로 한 인지행동치료가 증상을 완화시키고 외상 후 스트레스장애로 진행되는 것을 예방하는 데 효과적인 것으로 알려져 있다.

## 3) 적응장애

(1) 임상적 특징

    ① 주요한 생활 사건에 대한 적응 실패로 나타나는 정서적 또는 행동적 증상을 말한다.

    ② 모든 연령대에서 다양한 증상이 일어나는데 성인에게는 우울, 불안이 혼합되고, 사회적 직업적 기능장애가 일어날 수 있으며, 노인들은 신체 증상이 흔하게 발병된다.

    ③ 성인의 경우 여성이 남성보다 2배 높고, 아동 및 청소년의 경우 남녀 유병률은 같다.

    ④ 전 연령대에서 발생 가능하지만 청소년에게 가장 흔히 진단되며, 독신 여성이 가장 적응장애의 위험도가 높은 것으로 알려진다.

(2) DSM-5 진단기준

    ① 분명히 확인될 수 있는 심리적 스트레스 사건에 대한 반응으로 부적응 증상이 나타나야 하며, 부적응 증상이 스트레스 사건이 발생한 3개월 이내에 나타나야 한다.

    ② 그러한 부적응 증상이 환경석 맥락과 문화적 요인을 고려할 때 스트레스 사건의 강도에 비해서 현저하게 심한 것이어야 한다.

**TIP**

스트레스 사건에 대한 심리적 반응과 대처 방식은 개인의 다양한 특성에 의해 영향을 받는다. 개인의 성격 특성, 자존감과 자신감, 문제해결 능력, 자신과 세상에 대한 신념 등의 심리적 특성이 적응장애에 영향을 미칠 수 있으며, 스트레스 사건으로 인해 겪게 되는 자신의 역기능이나 어려움에 대한 개인의 인식 또한 적응장애에 영향을 줄 수 있다.

③ 이러한 적응 문제로 인하여 개인이 심각한 고통을 느끼거나 중요한 삶의 영역에서 기능장애가 나타나야 한다.

④ 개인이 나타내는 부적응 증상이 다른 정신장애의 진단기준에 해당되지 않아야 한다.

(3) **치료** : 심리치료가 가장 널리 사용된다. 스트레스 요인이 사라지면 증상이 감소하는 경우가 대부분이므로 일반적으로 지지적인 심리치료가 가장 많이 사용된다.

## 4) 반응성 애착장애

(1) 임상적 특징

① 양육자와의 *애착 외상으로 인하여 과도하게 위축된 대인관계 패턴을 나타내는 경우이다.

② 생후 9개월부터 만 5세 이전의 아동에게 주로 발생한다.

(2) DSM-5 진단기준

① 아동이 주양육자에 대해 거의 항상 정서적으로 억제되고 위축된 행동이 다음 2가지 양상으로 나타난다.

ㄱ 아동이 스트레스를 느낄 때 거의 위안을 구하지 않거나 최소한의 위안만을 구한다.

ㄴ 아동이 스트레스를 느낄 때 양육자의 위안에 거의 반응하지 않거나 최소한의 반응만을 나타낸다.

② 지속적인 사회적, 정서적 장애가 다음 중 최소 2가지 이상 나타난다.

ㄱ 다른 사람에 대하여 최소한의 사회적 · 정서적 반응만 보인다.

ㄴ 긍정적인 정서가 제한적으로 나타난다.

ㄷ 양육자와의 비위협적인 상호 작용 중에 이유 없이 짜증, 슬픔, 공포를 나타낸다.

③ 불충분한 양육의 극단적인 형태를 경험했다는 것이 다음 중 1가지 이상으로 나타난다.

ㄱ 위안, 자극, 애정에 대한 기본적인 욕구가 양육자에 의해 지속적으로 결핍되어 사회적 방임이나 박탈의 형태로 나타난다.

ㄴ 주된 양육자가 자주 바뀜으로 인해서 안정된 애착을 형성할 기회가 극히 제한된다.

ㄷ 선택적인 애착을 형성할 기회가 극히 제한된 비정상적인 환경에서 양육된다.

**TIP**

애착 외상
애착형성 시기에 양육자에게 충분한 애정을 받지 못하거나 학대, 또는 방임으로 양육되어 불안정 애착을 형성한 것을 말한다.

④ 진단기준 ③의 불충분한 양육이 진단기준 ①의 장애 행동을 초래한 것으로 추정된다.

⑤ 진단기준이 자폐 스펙트럼장애에 해당하지 않아야 한다.

⑥ 이러한 장애는 아동의 연령 5세 이전에 시작된 것이 명백하다.

⑦ 아동의 발달연령은 최소 9개월 이상이어야 진단이 가능하다.

(3) 원인

① 생애초기 아동은 정상적인 심리 발달을 위해 특정한 양육자와 일관성 있는 안정애착을 형성하는 것이 중요하나, 부모의 이혼, 가정불화, 우울증, 학대, 방임 상태로 양육되면 애착외상이 생긴다.

② 반응성 애착장애는 아동의 기질이 어떠한가가 영향을 미칠 수 있다는 주장도 있다.

③ 아동의 기질과 어머니의 양육태도가 어떻게 상호 작용하는지에 따라 발생한다고 본다.

(4) 치료

① 반응성 애착장애를 치료하고 예방하는 주된 방법으로 아동과 양육자의 애착관계를 개선하는 데 초점이 맞춰지고 있다. 아동에게 정서적으로 애정과 관심을 기울일 수 있는 한 명의 양육자를 제공하는 것이 필수적이다.

② 반응성 애착장애의 치료에는 아동이 흥미를 느끼며 쉽게 몰입할 수 있는 놀이치료가 효과적이다.

## 5) 탈억제 사회유대감장애

(1) 임상적 특징

① 탈억제 사회관여장애는 양육자의 애착 외상을 경험한 아동이 누구든지 낯선 성인에게 아무 주저 없이 과도한 친밀감을 표현하며 접근하는 경우를 말한다.

② 애착장애처럼 양육자로부터 학대나 방임을 당한 동일한 경험을 지니고 있으며 위축된 반응 대신 무분별한 사회성과 과도한 친밀감을 나타내는 부적응 행동을 나타낸다.

③ 생후 9개월 이상의 아동에게 진단되고 적어도 5세 이전에 발병하며 자폐스펙트럼에 해당되지 않는다.

(2) DSM-5 진단기준

① 아동이 낯선 사람에게 적극적으로 접근해서 상호작용하려는 행동이 다음 중 2가지 이상 나타난다.

㉠ 낯선 성인에게 접근하거나 상호작용하는 데 주저함이 없다.

㉡ 지나치게 친밀한 언어적 또는 신체적 행동을 나타낸다.

㉢ 낯선 상황에서도 주변을 탐색·경계하는 정도가 떨어지거나 부재한다.

㉣ 낯선 성인을 망설임 없이 기꺼이 따라 나선다.

② 진단기준 ①의 행동이 충동성에 국한되지 않고, 사회적 탈억제 행동을 포함한다.

③ 불충분한 양육의 극단적인 형태를 경험했다는 것이 다음 중 1가지 이상으로 나타난다.

㉠ 위안, 자극, 애정에 대한 기본적인 욕구가 양육자에 의해 지속적으로 결핍되어 사회적 방임이나 박탈의 형태로 나타난다.

㉡ 주된 양육자가 자주 바뀜으로 인해서 안정된 애착을 형성할 기회가 극히 제한된다.

㉢ 선택적인 애착을 형성할 기회가 극히 제한된 비정상적인 환경에서 양육된다.

④ 진단기준 ③의 불충분한 양육이 진단기준 ①의 장해 행동을 초래하는 것으로 추정된다.

⑤ 장애가 현재까지 12개월 이상 지속된다.

⑥ 아동의 발달연령은 최소 9개월 이상이어야 진단이 가능하다.

(3) 원인과 치료

① 장애의 원인은 잘 알려져 있지 않으나 대체로 반응성 애착장애와 유사한 것으로 추정한다.

② 치료도 반응성 애착장애와 비슷하게 한 명의 양육자와 친밀한 애착관계를 형성하는 데 초점을 맞춘다.

**TIP**

반응성 애착장애 vs 탈억제 사회관여장애

반응성 애착장애는 우울 정서와 밀접하게 관련되어 있으며 향상된 양육환경이 주어지면 증상이 호전되는 반면, 탈억제 사회관여장애는 우울 정서보다 부주의와 과잉행동과 관련성이 더 높으며 양육환경이 향상 되어도 증상이 잘 개선되지 않는 경향이 있다.

**TIP**

- 해리 : 자신의 행동을 자각 수준으로부터 분리하는 과정이다.

- 해리장애
  - 해리장애는 의식, 기억, 행동 및 자기정체감의 통합적 기능에 갑작스러운 이상을 나타내는 장애이다. 해리란 자기 자신, 시간, 주위환경에 대해 연속적인 의식이 단절되는 현상을 말한다.
  - 어려운 충격적 경험으로부터 자신을 보호하는 기능을 지니고 있으나 지나치게 부적응적인 양상으로 나타날 때 해리장애라 한다.
  - 해리 증상은 외상을 겪고 난 후에 나타나며, 개인의 심리적 기능 영역을 와해시킬 수 있다.

**TIP**

다중인격장애
각각의 성격은 번갈아 개인의 의식 속에 자리 잡을 수 있고 각각의 성격들 모두가 서로 의식하지 못하면서 공존하기도 한다.

## 8 》》 해리장애

[해리장애 하위 유형]

| 하위 장애 | 핵심 증상 |
|---|---|
| 해리성 정체감장애 | 한 사람의 내면에 두 개 이상의 독립적인 정체감과 성격이 존재한다. |
| 해리성 기억상실증 | 자기의 과거 전부 또는 특정 기간의 기억에 대해 망각한다. |
| 이인증, 비현실감장애 | 평소와 달리 자신과 주변 환경에 대해 반복적으로 낯선 느낌이 든다. |

### 1) 해리성 정체감장애

(1) 임상적 특징

① 한 사람 안에 둘 이상의 각기 다른 정체감을 지닌 인격이 존재하는 경우를 말한다. 과거에는 *다중인격장애라고 불리기도 했다.

② 기억에 있어서 빈번한 공백을 경험한다.

③ 각각의 인격은 각기 다른 이름, 과거 경험, 자아상과 정체감을 갖고 있는 것처럼 행동한다.

④ 대체적으로 교체되는 인격들은 일차적 인격과 대조적인 성격을 지니는 경우가 많다.

⑤ 인격이 변하는 데는 몇 초 이내이지만 서서히 진행되는 경우도 있다.

⑥ 인격의 수는 2~100개 이상 보고되고 있으며 보고된 사례의 절반 이상이 10개 이하의 인격을 나타낸다.

(2) DSM-5 진단기준

① 두 개 이상의 다른 성격 상태를 특징적으로 나타내는 정체감의 분열을 보이며 일부 문화에서는 빙의 경험으로 기술된다.

② 일상적인 사건, 중요한 개인 정보, 외상적 사건을 기억함에 있어 공백이 반복적으로 나타나는데 이러한 기억의 실패는 일상적인 망각으로는 설명할 수 없는 것이다.

③ 이러한 증상으로 인해서 현저한 고통을 느끼며 사회적, 직업적, 중요한 기능에서 손상이 초래되어야 한다.

④ 이러한 장애는 널리 수용되는 문화적 또는 종교적 관습의 정상적인 일부가 아니어야 한다.

⑤ 이 장애는 물질이나 신체적 질병의 생리적 효과로 인한 것이 아니어야 한다.

**(3) 원인**

① 외상모델

　㉠ 아동기의 외상 경험과 관련되어 있다는 주장이 많으며, 외상 모델은 주로 아동기의 외상 경험과 해리적 방어에 초점을 맞추고 있다.

　㉡ 외상 모델은 아동기에 경험한 외상 경험을 회피하기 위한 방어로서 나타난 해리 현상이 아동의 발달 과정을 통해서 점차 정교해지면서 해리성 정체감장애로 발전하게 된다고 설명한다.

② 4요인 모델 : 해리성 정체감장애를 유발하는 네 가지 요인으로 해리 능력, 아동기의 압도적인 외상 경험, 응집력 있는 자아의 획득 실패, 진정 경험의 결핍이 있어야 한다고 제시한다.

| 해리 능력 | 외상에 직면하면 현실로부터 해리할 수 있는 내적능력이 있어야 한다. |
|---|---|
| 외상 경험 | 일상적 방어 능력을 넘어서는 압도적인 외상 경험으로 성적 학대, 신체 학대 등이 있어야 한다. |
| 응집력 있는 자아의 획득 실패 | 하나의 응집력 있는 자아를 형성할 수 없을 때 해리성 정체감장애로 발전한다. |
| 진정 경험의 결핍 | 외상 경험을 타인이 달래고 위로하여 진정시켜 주므로 그 충격에서 회복될 수 있는 기능이 결핍되는 것을 말한다. |

③ 행동주의적 입장에서 해리장애는 학습에 의해서 습득되며 새로운 역할이나 정체감은 관찰학습에 의해서 습득될 수 있다고 본다.

**(4) 치료**

① 치료목적은 여러 인격 간의 통합을 통한 적응기간의 향상이다.

② 해리성 정체감장애의 심리치료를 성공적으로 하기 위한 세 가지 지침이 있다.

　㉠ 환자와 치료자 간의 견고한 치료적 관계가 형성되어야 한다.

　㉡ 과거의 외상경험을 드러내고 정화시킬 수 있도록 도와주어야 한다.

　㉢ 인격들 간의 원활한 협동을 이루도록 유도한다.

**TIP**

해리성 정체감장애는 아동기 외상경험과 관련되어 있다는 주장이 많다. 이 장애 환자들은 아동기에 신체적·성적 학대를 경험한 경우가 많은데, 푸트남과 동료는 100명의 사례에 대한 분석 결과 86%가 성적학대를 받은 경험이 있고, 75%가 반복된 신체적 학대를 받았으며, 45%는 아동기에 폭력에 의한 죽음을 목격했다고 하였다. 단 3%만이 아동기 외상의 과거력이 없었다.

**TIP**
기억상실은 단순한 건망증이나 망각으로 설명하기에는 그 정도가 심하거나 광범위하며, 일반적으로 충격적인 사건이나 내면적 고통을 경험한 후에 나타나는 경우가 많다. 이러한 기억상실은 뇌손상이나 뇌기능장애로 유발된 것이 아니어야 하며, 기억상실로 인해 개인의 적응에 현저한 고통과 장해를 초래할 경우에 해리성 기억상실증이라고 진단된다.

## 2) 해리성 기억상실증

### (1) 임상적 특징

① 잊을 수 없는 중요한 과거경험을 기억하지 못하여 부적응을 겪게 되는 경우를 말한다.

② DSM-5에서는 해리성 기억 상실을 해리성 둔주가 나타나는 유형과 그렇지 않은 유형으로 구분한다.

❖ 해리성 둔주 : 기억상실과 더불어 주거지를 이탈하여 떠돌아다니거나 방황하는 행동을 의미한다.

③ 기억하지 못하는 경험 내용은 심리적 고통, 충격적인 사건들과 관계된 것들이 많다.

④ 기억장애가 특징이지만 의식의 혼란이나 현실 감각의 장애 등이 수반될 수 있다.

### (2) DSM-5 진단기준

① 통상적인 망각과는 일치하지 않는, 보통 외상성 또는 스트레스성의 중요한 자전적 정보를 회상하는 능력의 상실이다. 해리성 기억상실에는 주로 특별한 사건이나 사건들에 대한 국소적 또는 선택적 기억상실이 있다. 또한 정체성과 생활사에 대한 전반적 기억상실도 있다.

② 증상이 사회적·직업적 또는 다른 중요한 기능 영역에서 임상적으로 유의미한 고통이나 손상을 초래한다.

③ 장애는 물질의 생리적 효과나 신경학적 상태 또는 기타 의학적 상태로 인한 것이 아니다.

④ 장애는 해리성 정체감장애, 외상 후 스트레스장애, 급성 스트레스장애, 신체증상장애, 주요 및 경도 신경인지장애로 더 잘 설명되지 않는다.

**기출 DATA**
해리성 기억상실증의 원인
2019-1회

### (3) 원인

① 전쟁이나 천재지변, 가정에서 불행한 사건(예 배우자 학대, 아동학대)은 주요한 촉발요인이다.

② 정신분석적 입장 : 해리 현상은 능동적인 정신과정으로 해리성 기억상실증은 억압과 부인의 방어기제를 통해 경험내용이 의식에 이르지 못하게 하는 것이라 본다. 고통스러운 환경자극을 회피하는 것이다.

③ 행동주의적 입장 : 기억상실 행동이 학습에 의해 습득된 것으로 망각을 통해 스트레스를 감소시키기 때문에 해리증상이 강화되어 지속된다고 본다.

(4) 치료

① 치료의 목표는 상실된 기억을 회복시키는 것이 중요하다.

② 약물치료는 효과가 빠르다.

③ 외상에 대해 가지고 있는 인지왜곡을 교정하여 인지치료를 사용한다.

④ *최면치료가 적용되기도 하며, 심리치료를 통해 환자의 정신적 충격과 정서적 갈등을 완화해주면 기억의 회복이 빨라진다.

## 3) 이인증/비현실감장애

(1) 임상적 특징

① 이인증은 자신의 생각, 감정, 감각, 신체 또는 행위를 생생한 현실로 느끼지 못하고 그것과 분리되거나 외부 관찰자가 된 경험을 뜻한다.

② 비현실감은 주변 환경이 비현실적으로 느껴지거나 그것과 분리된 듯한 느낌을 갖게 되는 경험을 뜻한다.

③ 이인증이나 비현실감을 경험하는 동안에 현실 검증력은 손상되지 않은 채로 양호하게 유지된다.

④ 이인증과 비현실감은 자기 또는 세상과 유리된 듯한 주관적인 경험으로서 지각적 통합의 실패를 의미하는 전형적인 해리증상이다.

(2) DSM-5 진단기준

① 이인증이나 비현실감을 지속적으로 또는 반복적으로 느끼는 것이다.

② 이러한 증상으로 인해서 임상적으로 심각한 고통이나 사회적, 직업적 또는 다른 중요한 기능 영역에서 심한 장애를 초래한다.

(3) 원인

① 일종의 방어기제로 간주한다. 불안을 유발하는 소망이 의식에 들어오는 것을 막는 방어적 기능을 한다고 본다.

② 자존감을 유지하려는 자기애적 조절노력에 실패한 것으로 본다.

③ 외상과 관련이 깊으며 생명을 위협당한 경험을 한 사람들 60%가 사건 직후 경험한다고 보고된다.

(4) 치료

① 정신 분석적 심리치료는 이인증을 지닌 사람들의 외상적 기억들을 정화시키는 데에 중점을 둔다.

**TIP**

최면치료

의식적으로 알 수 없는 자신 내면의 복잡한 상황을 트랜스(황홀, 무아지경, 혼수상태 등)상태로 유도하는 상담기법이다.

**기출 DATA**

이인증/비현실감장애 2017-1회

**TIP**

이인증

성인의 거의 절반은 일생동안 심한 스트레스에 의해 촉발된 단기적인 이인증을 한 번 정도 경험한다. 이인증의 경험은 매우 짧은 시간부터 지속적인 시간까지 다양하다. 이처럼 이인증이나 비현실감은 누구나 일시적으로 경험하는 정상경험이지만, 심각한 형태로 자주 반복되어 나타나면 병리적인 것으로 간주할 수 있다. 병리적인 이인증은 정상 이인증보다 강도가 강하고 지속 기간이 길고 잦은 빈도로 나타난다.

② 인지 행동적 치료 : 심리적 교육을 통해서 이인증/비현실감 증상에 대한 정확한 정보를 제공하는 동시에 그에 대한 파국적 귀인을 하지 않도록 돕는다. 또한 자신의 내면적 상태에 주의를 기울이는 자기 초점적 주의 성향을 변화시키도록 돕는다. 이러한 인지행동적 치료방법은 이인증 환자의 치료에 효과적인 것으로 나타났다.

## 9 》 신체증상 및 관련 장애

기출 DATA

신체증상 및 관련 장애 하위 유형★
2019-3회, 2017-3회,
2016-1회

TIP

몸과 마음은 밀접한 관계를 맺고 있어서 몸이 아프면 마음이 아프고, 마음이 아프면 몸이 아프다. 신체증상 및 관련 장애는 심리적 원인으로 다양한 신체증상을 나타내는 경우이다. 이 장애를 지닌 사람은 신체증상이 나타나지만 의학적 검사에서 증상을 설명할 수 있는 신체 이상은 발견되지 않는다.

TIP

신체증상장애

신체증상장애는 잘 치료되지 않는 경향이 있어 예후가 나쁘며, 스트레스가 많아지면 증세가 악화된다. 신체증상장애는 종족과 문화권에 따른 차이가 발견되는데, 미국이나 유럽의 서양인보다는 아시아나 아프리카 사람들에게 더 흔하게 나타난다는 보고가 있다.

[신체증상 및 관련 장애 하위 유형]

| 하위 장애 | 핵심 증상 |
|---|---|
| 신체증상장애 | 한 개 이상의 신체적 증상에 대한 과도한 집착과 건강 염려를 한다. |
| 질병불안장애 | 자신이 심각한 질병에 걸렸다는 과도한 집착과 공포를 가진다. |
| 전환장애 | 신경학적 손상을 암시하는 운동기능과 감각기능의 이상을 보인다. |
| 허위성장애 | 환자 역할을 하기 위해서 신체, 심리적 증상을 의도적으로 만들어 내거나 위장을 하는 경우이다. |

### 1) 신체증상장애

(1) 임상적 특징

① 한 개 이상의 신체적 증상을 고통스럽게 호소하거나 그로 인해 일상생활이 현저하게 방해받는 경우를 의미한다.

② 전형적으로 다양한 신체 증상을 호소한다. 심각한 질병과 관련되지 않은 정상적인 신체적 감각도 불편감을 호소하는 경우가 흔하다.

③ 질병과 관련된 과도한 걱정을 한다.

④ 일반적으로 사회경제적 지위와 교육수준이 낮거나 도시보다 시골에 거주하는 사람에게 흔히 나타나는 경향이 있다.

(2) DSM-5 진단기준

신체증상에 대한 과도한 사고, 감정 또는 행동이나 증상과 관련된 과도한 건강 염려가 다음 세 가지 중 하나 이상의 방식으로 나타난다.

① 자신이 지닌 증상의 심각성에 대해서 과도한 생각을 지속적으로 지닌다.

② 건강이나 증상에 대해서 지속적으로 높은 수준의 불안을 나타낸다.

③ 이러한 증상과 건강 염려에 대해서 과도한 시간과 에너지를 투여한다. 신체 증상에 대한 이러한 걱정과 염려가 6개월 이상 지속될 때, 신체증상장애로 진단된다.

(3) 원인

① 정신분석적 입장

  ㉠ 신체 증상을 억압된 감정의 신체적 표현이라고 본다. 만약 감정 표현이 차단되면 그 감정은 다른 통로, 즉 신체를 통해 더욱 과격하게 표현된다는 것이다.

  ㉡ 자신의 신체적 증상이 심리적 요인에 의한 것일 수 있다는 점을 인정하려 하지 않으며 심리 치료에 저항적이고 비협조적인 태도를 나타내는 경향이 있다.

  ㉢ 신체화*를 심리적 문제 때문으로 보며, 어린 시절로 퇴행하는 것으로 여긴다.

  ㉣ 신체 증상의 2차 이득 : 정신분석학적 관점에서 환자는 신체적 증상을 통해 내적 갈등을 깨달을 필요가 없는 1차 이득을 얻을 수 있으며, 또한 환자에게 말싸움이나 폭력 등 원하지 않는 특별한 행위를 하지 않을 수 있도록 하고, 주위 환경으로부터 관심과 보호를 받을 수 있으며, 사회적으로 곤란한 상황에서 피할 수 있는 2차 이득을 얻게 됨으로써 질병을 일으키게 된다고 설명한다.

② 행동주의적 입장

  ㉠ 외부 환경에 의해 강화된 것으로 본다. 주변으로부터 받는 관심과 애정이 강화에 의해 증상을 지속시킨다.

  ㉡ 관찰학습과 모방학습을 통해 습득된 것으로 어린 시절 부모나 가족이 신체화 경향을 나타낸 것을 관찰해서 모방한 것으로 본다.

(4) 치료

① 신체증상장애는 치료하기 매우 어려운 장애로 알려져 있으며 치료 효과가 입증된 치료 방법도 없다.

② 그러나 다각적인 심리 치료적 노력을 통해서 호전될 수 있다.

③ 스트레스를 줄이고 이에 잘 대처할 수 있도록 도와야 하며 환자의 가족이나 주변 사람들의 협조를 구하는 것이 중요하다.

④ 신체화장애를 직접적으로 치료하는 약물은 없다.

**TIP**

신체화

신체화는 자기도 모르는 어떤 뜻이나 감정을 다른 사람에게 전달하는 방법이 되기도 한다. 감정을 지나치게 억압하는 사람이 나중에 신체화 증상을 나타낸다는 점은 여러 연구에서 입증되고 있다.

## 2) 질병불안장애

### (1) 임상적 특징

① 질병불안장애는 자신이 심각한 질병에 걸렸다는 집착과 공포를 나타내는 경우를 말하며 건강 염려증이라고 불리기도 한다.

② 병원을 돌아다니는 *의료 쇼핑을 하면서 자신의 신체를 반복적으로 점검하는 '진료 추구형'과 반대로 의학적 진료를 하지 않으려는 '진로 회피형'으로 구분한다.

③ 질병불안장애의 유병률은 남자와 여자가 비슷하며 어느 연령에서나 시작될 수 있으나 초기 청소년기에 가장 흔히 나타난다.

④ 질병불안장애가 만성적인 경과를 나타내기 때문에 성격특성의 일부라는 주장도 제기된다.

⑤ 의학적 상태가 실재하여도 진단할 수 있다.

### (2) DSM-5 진단기준

질병불안장애에 대한 DSM-5의 진단 기준은 다음과 같다.

① 심각한 질병을 지녔다는 생각에 과도하게 집착하는 것이다.

② 신체적 증상이 존재하지 않거나 존재하더라도 그 강도가 경미해야 한다.

③ 건강에 대한 불안 수준이 높으며 개인적 건강상태에 관한 사소한 정보에도 쉽게 놀란다.

④ 건강과 관련된 과도한 행동(예 질병의 증거를 찾기 위한 반복적인 검사)이나 부적응적 회피행동(예 의사와의 면담 약속을 회피함)을 나타낸다.

⑤ 이러한 질병 집착은 적어도 6개월 이상 지속되어야 하며 두려워하는 질병이 이 기간 동안에 변화해야 한다. 질병불안장애는 의학적 진료를 추구하는 유형과 회피하는 유형으로 세분화될 수 있다.

### (3) 원인과 치료

① 정신분석적 입장

ㄱ 실망하고 상처받고 버림받고, 사랑받지 못함에 대한 분노에 기인한다고 본다.

ㄴ 고통스러운 생각과 분노 감정을 외부에 토로하지 못하고 신체에 대한 과도한 관심으로 나타내며, 매우 낮은 자기존중감과 무가치감에 시달린다. 자신이 가치 없는 존재라고 느끼기보다 신체적 이상이 있다고 여기는 것이 더 견딜 만하기 때문에 신체적 건강에 집착하게 된다.

---

② 행동주의 입장 : 조건형성의 원리를 통해 설명한다.

③ 인지행동치료 입장

    ㉠ 질병불안장애의 치료에는 인지행동 치료와 스트레스 관리 훈련이 효과적이라는 보고가 있다.

    ㉡ 질병불안장애에 대한 인지행동 치료는 크게 세 가지 요소로 구성된다.

        ⓐ 신체적 감각을 질병과 관련하여 해석한 내용을 확인

        ⓑ 특정 신체부위에 주의를 집중하여 유사한 질병불안장애상이 생겨나는 과정 체험

        ⓒ 의사나 병원에 방문하여 질병 확인

    ㉢ 의사가 자세한 설명을 통해 환자를 안심시키는 것이 효과적이라고 보고되고 있다.

## 3) 전환장애

### (1) 임상적 특징

① 주로 신경학적 손상을 시사하는 한 가지 이상의 신체적 증상을 나타내는 경우를 말한다.

② 과거에 '히스테리'라고 불렸으며, 프로이트가 정신분석학을 발전시키는 계기가 된 장애이기도 하다.

③ 전환장애라는 명칭은 심리적 갈등이 신체적 증상으로 전환되어 나타난 것이라는 의미를 내포하고 있는 것으로 의식적으로 증상을 원하거나 의도적으로 증상을 만들어내지 않는다.

④ 운동기능의 이상, 감각기능의 이상, 갑작스런 신체적 경련이나 발작 세 가지가 복합적으로 나타나는 경우이다.

⑤ 전환증상은 비교적 짧은 기간 지속되며 입원한 환자들 대부분 2주 이내 완화되지만 1년 이내 20~25%가 재발된다.

### (2) DSM-5 진단기준

① 수의적 운동기능이나 감각기능에 영향을 미치는 1가지 이상의 증상이 있다.

② 증상과 확인된 신경학적 또는 의학적 상태 간의 불일치를 보여주는 인상적인 증거가 있다.

③ 증상이 다른 신체적 질병이나 정신장애로 더 잘 설명되지 않는다.

**실력 TEST**

➡ ( )는 병원을 돌아다니는 의료쇼핑을 하면서 자신의 신체를 반복적으로 점검하는 '진료 추구형'과 반대로 의학적 진료를 하지 않으려는 '진료 회피형'으로 구분한다.

**정답** : 질병불안장애

**기출 DATA**

전환장애 2020-3회, 2018-3회

④ 증상이 임상적으로 현저한 고통을 초래하거나 일상생활의 중요한 적응 기능에 현저한 장애를 나타내야 한다.

(3) 원인과 치료

① 정신분석적 입장

ㄱ 프로이트는 전환장애가 무의식적인 생각이나 감정을 표현하려는 욕구와 그것을 표현하는 것에 대한 두려움을 타협함으로 생긴다고 보았다.

ㄴ 오이디푸스 시기에 생기는 수동적인 성적 유혹과 관련되어 있다고 보았다.

② 행동주의 입장 : 충격적 사건이나 정서적 상태 후에 생기는 신체적 변화나 이상이 외부적으로 강화된 것이라고 본다.

③ 생물학적 입장 : 뇌의 손상이나 기능 이상 때문이라고 본다.

④ 치료할 때는 전환 증상을 유발한 충격적인 스트레스 사건을 확인하고, 이러한 부정적 상황이 지속될 경우에는 이를 제거하도록 노력해야 한다.

⑤ 최면치료가 적용되기도 한다.

## 4) 허위성장애

기출 DATA
허위성장애 2018-1회

(1) 임상적 특징

① 환자의 역할을 하기 위하여 신체적 또는 심리적 증상을 의도적으로 만들어내거나 위장하는 경우를 말한다.

② 현실적인 이득(예 경제적 보상. 법적 책임의 회피 등)이 없음이 분명하며, 다만 환자역할을 하려는 심리적 욕구에 기인한 것으로 추정될 때 진단된다.

③ 신체적 증상을 위장한다는 점에서 '뮌하우젠 증후군*'이라고도 한다.

④ 지속적으로 피학적 또는 자기 파괴적 행동을 나타내며 여성에게 많고, 성인기 초기에 발생한다.

⑤ DSM-5 진단기준에서는 '스스로에게 부과된 인위성장애', '타인에게 부과된 인위성장애'로 구분한다.

(2) DSM-5 진단기준

① 분명한 속임수와 관련되어 신체적 또는 심리적인 징후나 증상을 조작하거나, 상처나 질병을 유도한다.

② 다른 사람에게 자기 자신이 아프고 장애가 있거나 부상당한 것처럼 표현한다.

**TIP**

뮌하우젠 증후군
실제로는 앓고 있는 병이 없는데도 아프다고 거짓말을 일삼거나 자해를 하여 타인의 관심을 끌려는 정신질환을 말한다.

③ 명백한 외적 보상이 없는 상태에서도 기만적 행위가 분명하다.

④ 행동이 망상장애나 다른 정신병적 장애와 같은 다른 정신질환으로 더 잘 설명되지 않는다.

### (3) 원인과 치료

① 어린 시절 부모로부터의 무시, 학대, 버림받음 등의 경험을 지니는 경우 흔하다.

② 아동, 초기 청소년기에 실제 병으로 입원해서 누군가의 돌봄으로 회복된 경험이 있을 때 허위성장애를 보인다.

③ 환자가 나타내는 증상이 허위성장애임을 빨리 인식하여 환자가 고통스럽고 위험한 진단 절차를 밟지 않도록 치료한다.

④ 스스로 허위 증상을 인정하도록 하는 것이 치료의 핵심이다.

## 10 » 급식 및 섭식장애

[급식 및 섭식장애 하위 유형]

| 하위 장애 | 핵심 증상 |
|---|---|
| 신경성 식욕부진증 | 체중 증가와 비만에 대한 극심한 두려움으로 인해 음식 섭취를 감소, 거부함으로 인해서 체중이 비정상적으로 저하된 상태이다. |
| 신경성 폭식증 | 짧은 시간 내에 많은 양을 먹는 폭식 행동과 체중 증가를 막기 위해서 구토 등의 반복적인 배출 행동을 하는 행위이다. |
| 폭식장애 | 신경성 폭식증과 마찬가지로 폭식 행동을 나타내지만 배출 행동을 하지 않으며 과체중이나 비만의 문제를 지니게 된다. |
| 이식증 | 먹으면 안 되는 것(예 종이, 머리카락, 흙 등)을 습관적으로 먹는 행동이다. |
| 반추장애 | 음식물을 반복적으로 되씹거나 토해내는 행동이다. |
| 회피적/제한적 음식섭취장애 | 심각한 체중 저하가 나타나도록 지속적으로 음식을 먹지 않는 행동이다. |

### 1) 신경성 식욕부진증

#### (1) 임상적 특징

① 신경성 식욕부진증은 체중 증가와 비만에 대한 극심한 두려움으로 인해 음식 섭취를 현저하게 줄이거나 거부함으로써 체중이 비정상적으로 저하되는 경우로 체중감소를 위해 설사약이나 이뇨제를 사용하거나 과도한 운동을 하기도 한다.

TIP

우리 사회에는 여성의 경우 날씬한 몸매를 매력적인 것으로 인식하는 경향이 있다. 현대에 들어 여성은 날씬한 몸매를 선호하면서 장기간 음식을 먹지 않아 저체중과 영양실조 상태에 이르는 경우가 있다. 체중조절을 하다가 간헐적으로 폭식을 하게 되고, 살찌는 것에 대한 불안 때문에 구토를 하거나 설사제를 사용해서 신체, 심리적 문제를 야기하는 경우도 있다. 급식 및 섭식장애는 개인의 건강과 심리 사회적 기능을 현저하게 방해하는 부적응적인 섭식행동과 섭식 관련 행동을 의미한다.

기출 DATA
신경성 식욕부진증★
2020-1회, 2018-3회,
2017-3회, 2016-1회

② 음식 섭취를 거부한다는 의미에서 *거식증이라고 불리기도 한다.

③ 식욕부진증은 90% 이상이 여성에게서 나타나고 특히 청소년기(10대 후반)에 발생 비율이 높다. 외모가 중시되는 직업군에서 발병률이 높으며, 신체를 왜곡하여 지각한다.

④ 음식 거부로 인해 영양부족 및 심각할 경우 사망에 이를 수도 있다.

(2) DSM-5 진단기준

① 필요한 것에 비해 음식 섭취(또는 에너지 주입)를 제한함으로써 나이, 성별, 발달 수준과 신체 건강에 비추어 현저한 저체중 상태를 초래한다.

② 심각한 저체중임에도 불구하고 체중 증가와 비만에 대한 극심한 두려움을 지니거나 체중 증가를 방해하는 지속적인 행동을 나타낸다.

③ 체중과 체형을 왜곡하여 인식하고, 체중과 체형이 자기평가에 지나친 영향을 미치거나 현재 나타내고 있는 체중 미달의 심각함을 지속적으로 부정한다.

(3) 원인

① 정신분석적 입장

㉠ 성적인 욕구에 대한 방어적 행동이라고 본다.

㉡ 비만에 대한 공포와 날씬함의 환상에 대한 추구라고 할 수 있는데 그 이면에는 다음과 같은 다양한 무의식적 동기가 있다.

ⓐ 특별하고 독특한 존재이고자 하는 필사적인 시도

ⓑ 부모의 기대에 순응하여 길러진 자기 자신에 대한 공격

ⓒ 청소년기에 막 발생하려고 하는 진정한 자기 주장

ⓓ 신체와 동일시되는 적대적인 어머니상에 대한 공격

ⓔ 욕망에 대한 방어

ⓕ 타인을 탐욕스럽고 무기력하게 느끼도록 만들려는 노력

② 행동주의적 입장 : 체중 공포증이라고 본다. 사회에서는 날씬함에 대해서는 강화, 뚱뚱함에 대해서는 처벌이 주어진다. 따라서 여성들은 뚱뚱함에 대한 공포와 과도한 음식 섭취에 대한 공포를 지니게 된다. 두 가지 공포를 확실하게 감소하는 방법은 음식을 먹지 않는 것이다.

③ 생물학적 입장

㉠ 유전적 기반이 있음을 주장한다. 일란성 쌍둥이의 경우 46%가 신경성 식욕 부진증을 함께 지니고 있다는 보고가 있다.

㉡ 자가 중독 이론으로 신경성 식욕 부진증 환자들이 사회적, 신체적 문제들에도 불구하고 절식 행동과 과도한 운동을 하는 생물학적

이유를 설명하기 위해 제안된 것이다. 굶는 동안 엔도르핀 수준이 증가하여 긍정적인 정서를 체험함으로써 신경성 식욕부진증적 행동이 강화된다.

④ 인지 치료적 입장

  ㉠ 자신의 신체상에 왜곡이 생겼기 때문으로 자신의 몸매를 실제보다 더 뚱뚱한 것으로 지각한다. 이상적 몸매와의 차이를 줄이기 위해 과도한 노력을 한다.

  ㉡ 날씬한 몸매가 성공과 애정을 얻는 가장 중요한 요인이라고 믿으며 인간관계에서 경험하는 좌절을 자신의 불만족스러운 몸매 때문이라고 귀인한다.

### (4) 치료

① 영양실조 상태에서 합병증 위험이 있기에 입원 치료를 권하며 음식 섭취를 통해 체중을 늘린다.

② 인지 행동적 기법을 통해 신체상에 대한 둔감화와 비합리적 신념과 왜곡된 사고를 수정한다.

③ 개인 치료뿐 아니라 가족 치료를 병행하는 것이 바람직하다.

## 2) 신경성 폭식증

### (1) 임상적 특징

① 신경성 폭식증은 짧은 시간 내에 많은 양을 먹는 폭식행동과 체중 증가를 막기 위해 구토 등의 보상 행동이 반복되는 경우를 말한다.

② 보통 사람들이 먹는 것보다 훨씬 많은 양의 음식을 단기간에 먹으며 폭식 행동을 조절할 수 없게 된다.

③ 폭식 후 보상 행동으로 이뇨제, 설사제, 관장약 등을 사용한다.

④ 신경성 식욕부진증의 삽화와 겹치지 않아야 하며 일반적으로 청소년기 혹은 성인기 초기에 시작된다.

⑤ 신경성 폭식증 환자들은 정상 체중을 유지한다는 점에서 신경성 식욕부진과 차이가 있다.

⑥ 우울증을 동반하며, 대체적으로 섭식장애가 선행한다.

⑦ 긴장감, 무기력감, 실패감, 자기 비하적 생각을 많이 하며 자해나 자살기도를 하는 경우도 있다. 성격적 문제, 대인관계의 어려움, 충동통제의 어려움, 약물남용의 문제도 동반한다.

**기출 DATA**
신경성 폭식증
2019-3회, 2018-1회

**TIP**

대부분의 신경성 폭식증 환자들은 폭식을 한 후에 토를 한다. 처음에는 목구멍에 손가락을 집어넣어 토하지만 나중에는 흉부나 복부근육을 수축해 토하는 방법을 터득한다. 또는 구토제, 설사제, 이뇨제를 복용하기도 한다. 폭식행동과 배출행동은 비밀로 하기 때문에 가족들이 몇 년 동안이나 모르고 지낼 수도 있다.

⑧ 자기 평가에서 체형과 체중을 지나치게 강조하며, 이러한 요인이 자존
감을 결정하는 데 있어 가장 중요하다.

⑨ 신경성 식욕부진증이 신경성 폭식증으로 바뀌기도 하지만 그 반대의 경
우는 매우 드물다.

⑩ 폭식행동은 주로 밤에 혼자 있을 때, 스트레스를 받았을 때 나타난다.

(2) DSM-5 진단기준

① 반복적인 폭식행동이 일정시간(예 2시간 이내) 나타나야 한다.

② 스스로 유도한 구토 또는 설사제, *이뇨제, 관장약, 기타 약물의 남용
또는 금식이나 과도한 운동과 같이 체중 증가를 억제하기 위한 반복적
이고 부적절한 보상 행동이 나타난다.

③ 폭식 행동과 부적절한 보상 행동 모두 평균적으로 적어도 1주일에 1회
이상 3개월 동안 일어나야 한다.

④ 체형과 체중이 자기 평가에 과도한 영향을 미쳐야 한다.

⑤ 이상의 문제행동들이 신경성 식욕부진증에 나타나는 것이 아니어야 한다.

(3) 원인

① 정신분석적 입장 : 부모에 대한 무의식적인 공격성 표출과 관련되어 있
다고 본다.

② 대상관계 입장 : 어린 시절 부모와의 분리에 심한 어려움을 겪었을 때
심리적으로 분리되는 것을 도와주는 담요나 인형과 같은 전이 대상을
갖지 못해 대신 신체 자체를 전이 대상으로 사용한다.

(4) 치료

① 초기 목표는 폭식-배출 행동의 악순환을 끊고 섭식 행동을 정상화하는
것이다.

② 우울증과 같은 이차적 치료도 시도한다.

③ 심한 우울증이나 경계선 성격장애가 있으며 입원 치료도 고려한다.

④ 폭식증에 대한 인지행동 치료 4요소
  ㉠ 음식을 먹은 후 토하는 등의 배출 행위를 하지 못하게 한다.
  ㉡ 인지적 재구성을 통해 음식과 체중에 대한 비합리적인 신념과 태
  도를 확인하고 도전한다.
  ㉢ 신체적 둔감화, 몸에 대한 긍정적 평가기법을 사용한다.
  ㉣ 영양 상담을 통해 건강하고 균형적인 섭식 행동을 유도한다.

TIP
이뇨제
체내에서 많은 양의 수분·염류·
독소와 같은 축적된 대사 산물의 배
설을 촉진시킨다.

## 3) 폭식장애

### (1) 임상적 특징

① 폭식을 일삼으면서 자신의 폭식에 대해 고통을 경험하지만 음식을 토하는 등의 보상 행동은 나타내지 않는 경우를 말한다.

② 엄격한 절식*에 대한 반작용으로 나타날 수 있다.

### (2) DSM-5 진단기준

폭식장애에 대한 DSM-5 진단 기준은 다음과 같다.

① 반복적인 폭식행동이 나타나야한다. 이러한 폭식행동은 일정한 시간 동안(에 2시간 이내) 대부분의 사람이 유사한 상황에서 일정한 시간 동안 먹는 것보다 분명하게 많은 양의 음식을 먹는다.

② 또한 폭식 행위 동안 먹는 것에 대한 조절 능력의 상실감(에 먹을 것을 멈출 수 없으며, 무엇을 또는 얼마나 많이 먹어야 할 것인지를 조절할 수 없다는 느낌)을 느낀다.

③ 폭식행동을 나타낼 때 다음 세 가지 이상의 증상과 관련되어야 한다.
   ㉠ 정상보다 더 빨리 많이 먹는다.
   ㉡ 불편할 정도로 포만감을 느낄 때까지 먹는다.
   ㉢ 신체적으로 배고픔을 느끼지 않을 때에도 많은 양의 음식을 먹는다.
   ㉣ 너무 많은 양을 먹음으로 인한 당혹감 때문에 혼자 먹는다.
   ㉤ 먹고 나서 자신에 대한 혐오감, 우울감 또는 심한 죄책감을 느낀다.

④ 폭식 행동에 대한 현저한 고통을 느낀다.

⑤ 폭식 행동이 평균적으로 1주일에 1회 이상 3개월 동안 나타나야 한다.

⑥ 폭식 행동이 신경성 폭식증의 경우처럼 부적절한 보상 행동과 함께 나타나지 않아야 한다.

### (3) 원인과 치료

① 스트레스 및 우울, 분노, 불안 등의 부정 정서가 폭식행동을 촉진하는 것으로 알려졌다. 폭식이 위안을 주고 혐오적 자극으로부터 주의 전환을 할 수 있게 해준다.

② 인지 행동치료, 대인관계 심리치료, 그리고 약물 치료가 효과적인 것으로 알려져 있다.

③ 대인관계 심리치료는 가족이나 친구와의 관계에 초점을 맞추어 갈등 영역을 찾아내고 대인 행동을 변화시키도록 돕는다.

④ 항우울제를 사용하는 약물 치료도 폭식행동 감소에 도움이 될 수 있다.

기출 DATA
폭식장애 2017-1회

**TIP**

엄격한 절식은 기아 상태와 비슷하기 때문에 신체는 짧은 시간 내에 많은 양의 음식을 섭취하는 새로운 형태의 섭식 행동을 준비하게 된다. 비만인 사람은 엄격한 절식과 폭식 행동의 악순환에 빠져 있는 경우가 많다.

기출 DATA
이식증 진단기준 2020-3회

## 4) 이식증

### (1) 임상적 특징

① 이식증은 영양분이 없는 물질이나 먹지 못할 것(예 종이, 천, 흙, 머리카락 등)을 적어도 1개월 이상 지속적으로 먹는 경우를 말한다.

② 섭취하는 물질은 나이에 따라 다양한데 유아와 어린 아동은 전형적으로 종이, 헝겊, 머리카락, 끈, 회반죽, 흙 등을 먹고, 아동은 동물의 배설물, 모래, 곤충, 나뭇잎, 자갈 등을 먹기도 한다.

③ 가정의 경제적 빈곤, 부모의 무지와 무관심, 아동의 발달 지체와 관련되는 경우가 많다.

### (2) DSM-5 진단기준

① 적어도 1개월 동안 비영양성・비음식 물질을 지속적으로 먹는다.

② 비영양성・비음식 물질을 먹는 것이 발달 수준에 부적절하다.

③ 먹는 행동이 문화적으로 허용된 습관이 아니다.

④ 먹는 행동이 다른 정신장애의 기간 중에만 나타난다면, 이 행동이 별도의 임상적 관심을 받아야 할 만큼 심각한 것이어야 한다.

### (3) 원인과 치료

① 정신분석적 입장에서는 충족되지 않은 구순기 욕구를 반영한다고 본다.

② 이식증 아동의 가정은 심리적 스트레스의 수준이 높다는 연구보고가 있다.

③ 이식증은 영양결핍, 특히 철분 결핍에 의해서 유발될 수 있다는 주장도 있다.

④ 부모와 아동에게 치료에 관한 교육이 중요하다. 아동에게 먹는 것에 대한 관심을 갖게 하며 부족한 영양분 보충 및 적절한 식생활 교육이 필요하다.

## 5) 반추장애

### (1) 임상적 특징

① 음식물을 반복적으로 토해내거나 되씹는 행동을 1개월 이상 나타내는 경우를 말한다.

② 위장장애나 뚜렷한 구역질 반응이 없는 상태에서 부분적으로 소화된 음식을 입 밖으로 뱉어 내거나 되씹은 후 삼키는 행동을 한다.

③ 반추장애를 지닌 사람들은 작은 노력으로도 소화된 음식을 쉽게 토해낸다.

(2) DSM-5 진단기준

① 적어도 1개월 동안 음식물의 반복적인 역류와 되씹기 그리고 뱉어내는 행동을 한다.

② 장애 행동은 위장 상태 또는 일반적인 의학적 상태로 인한 것이 아니다.

③ 장애 행동은 신경성 식욕부진증, 신경성 폭식증, 폭식장애 그리고 회피적/제한적 음식섭취장애의 경과 중에만 발생하지 않는다.

④ 만약 이 증상이 정신지체 또는 광범위성 발달장애의 경과 중에만 발생한다면, 별도로 임상적 관심을 받아야 할 만큼 심각한 것이어야 한다.

(3) 원인과 치료

① 부모의 무관심, 정서적 자극의 결핍, 스트레스가 많은 생활환경, 부모와 아동관계의 갈등이 주요한 유발 요인으로 알려져 있다.

② 반추장애는 아동의 생명을 위협하는 장애가 될 수 있으므로 영양학적 개입과 행동 치료를 통해 신속하게 치료하는 것이 중요하다.

## 6) 회피적/제한적 음식섭취장애

(1) 임상적 특징

① 심각한 체중 감소가 있지만 음식 섭취에 관심이 없거나 회피하고, 먹더라도 제한적으로 나타나는 경우를 말한다.

② 흔히 아동에게 나타나며, 먹는 동안에 달래기가 어렵고, 정서적으로 무감각하거나 위축되어 있으며 발달 지체를 보이는 경우가 많다.

(2) DSM-5 진단기준

① 섭식 또는 급식 장애가 지속적으로 나타나며 다음 중 1가지 이상과 연관이 있어야 한다.

㉠ 심각한 체중감소

㉡ 심각한 영양결핍

㉢ 위장과 급식 또는 영양 보충제에 의존

㉣ 정신사회적 기능장애

② 이 장애는 음식을 구할 수 없는 상황 또는 문화적인 관행으로 설명되지 않는다.

③ 신경성 식욕부진증이나 신경성 폭식증 경과 중 나타나는 것이 아니고, 체중이나 체형에 관한 장애의 증거가 없다.

기출 DATA
반추장애(되새김)의 진단기준
2020-1회

TIP
6세 이하의 아동이 지속적으로 먹지 않아 1개월 이상 심각한 체중감소가 나타나면 회피성·제한성 음식섭취장애로 볼 수 있다. 이들은 정서적으로 무감각하거나 위축되어 있고, 발달 지체를 보이는 경우가 많다.

④ 섭식장애는 동반되는 다른 의학적 상태로 인한 것이 아니고, 다른 정신 장애로 더 잘 설명되지 않는다. 이러한 섭식장애가 다른 증상 또는 장애와 관련하여 발생한다면, 추가적으로 임상적 진단이 필요하다.

(3) 원인과 치료

① 부모와 아동의 상호작용 문제(예 공격적이거나 배척적인 태도로 부적절하게 음식을 주거나, 유아의 음식 거부에 대해 신경질적으로 반응하는 경우)가 유아의 급식문제를 일으키거나 악화시킬 수 있다.

② 아동이 냄새, 질감, 풍미 등으로 인해 음식을 거부할 수 있다.

③ 음식을 먹는 것에 대해서 강요나 압력, 음식에 대한 부정적 경험이 장애가 된다.

④ 음식의 다양성을 꾀하고 음식 섭취에 대한 긍정적이고 지지적 반응이 중요하다.

## 11 » 배설장애

[배설장애 하위유형]

| 하위 장애 | 핵심 증상 |
|---|---|
| 유뇨증 | 5세 이상 아동이 신체 이상이 없으면서도, 연속적으로 3개월 동안 주 2회 이상 부적절한 곳에 소변을 봄 |
| 유분증 | 4세 이상 아동이 3개월 동안 월 1회 이상 대변을 적절치 않은 곳에 배설함 |

### 1) 유뇨증

(1) 임상적 특징

① 배변훈련이 끝난 5세 이상의 아동이 신체 이상이 없으면서 옷이나 적절하지 않은 곳에 소변을 보는 경우이다.

② 연속적으로 3개월 이상 매주 2회 이상 부적절한 소변을 볼 때 진단된다.

③ 밤에만 나타나는 야간형 유뇨증, 낮에만 나타나는 주간형 유뇨증, 낮밤 구분 없는 주야간형 유뇨증으로 나눈다.

④ 주간형 유뇨증은 남자보다 여자에게 많고 9세 이후는 흔하지 않다.

⑤ 유뇨증을 지닌 아동은 사회활동의 제약, 친구의 놀림과 배척, 부모에 대한 불안과 분노, 낮은 자존감의 문제를 나타낼 수 있다.

(2) DSM-5 진단기준

① 침구나 옷에 반복적으로 소변을 본다.

② 장애 행동이 주 2회 이상의 빈도로 적어도 3개월 동안 연속적으로 일어난다.

③ 증상이 사회적·학업적 또는 다른 중요한 기능 영역에서 임상적으로 유의미한 고통이나 손상을 초래한다.

④ 아동의 발달연령은 최소 5세이어야 진단이 가능하다.

⑤ 행동이 물질이나 일반적인 의학적 상태의 직접적 생리적 효과로 기인한 것이 아니다.

⑥ 야간 수면 시에 나타나는 '야간형 유뇨증', 깨어있는 동안 나타나는 '주간형 유뇨증', 밤낮 구분 없이 나타나는 '주야간형 유뇨증'으로 구분하여 명시한다.

(3) 원인과 치료

① 원인은 아직 명확하게 밝혀져 있지 않지만 유전적 요인, 중추신경계의 미성숙, 방광의 기능 문제, 심리사회적 스트레스나 심리적 갈등, 부적절한 대소변 훈련 등과 관련이 있을 것으로 본다.

② 복합적인 요인에 의해 나타나므로 적절한 평가를 통해 다양한 치료 방법이 적용되어야 한다.

③ 행동 치료적 기법이 가장 효과적인 것으로 알려져 있으며, 가족치료, 놀이치료가 도움이 된다.

## 2) 유분증

(1) 임상적 특징

① 4세 이상 아동이 대변을 적절치 않은 곳에 배설하는 경우를 말한다.

② 3개월 이상 매월 1회 이상 나타날 때 진단된다.

③ 유분증이 있는 아동은 유뇨증이 함께 나타나기도 한다.

④ 유분증을 지닌 아동도 사회활동의 제약, 친구의 놀림과 배척, 부모에 대한 불안과 분노, 낮은 자존감의 문제를 나타낼 수 있다.

(2) DSM-5 진단기준

① 부적절한 장소에서 반복적으로 대변을 본다.

② 장애 행동이 매달 1회 이상의 빈도로 적어도 3개월 동안 연속적으로 일어난다.

③ 아동의 발달연령은 최소 4세이어야 진단이 가능하다.

④ 장애 행동이 물질이나 일반적인 의학적 상태의 직접적 생리적 효과로 기인한 것이 아니다.

⑤ 변비 및 *변실금을 동반하는 경우가 있다.

(3) 원인과 치료

① 적절한 시기에 대소변 훈련을 시키지 않았거나, 대소변 훈련 과정에 일관성이 없거나, 지나치게 강압적이거나, 발달 단계에 맞지 않게 일찍 훈련을 시킬 때 문제가 발생하기 쉽다.

② 심리사회적 스트레스로 입학이나 동생 출산, 부모 불안, 어머니와 이별, 병에 걸리거나 입원하는 사건 등에 의해 촉발될 수 있다.

③ 치료에는 대변 가리기 훈련, 행동치료, 심리치료가 적용된다.

④ 규칙적인 시간에 대변을 보게 하는 습관을 기르는 훈련을 시키거나 대변을 잘 가리는 행동에 보상을 주는 행동 치료 기법이 효과적이다.

## 12 » 수면 – 각성 장애

### [수면 – 각성장애 하위 유형]

| 하위 장애 | | 핵심증상 |
|---|---|---|
| 불면장애 | | 자고자 하는 시간에 잠을 이루지 못하거나 밤중에 자주 깨어 1개월 이상 수면부족 상태가 지속된다. |
| 과다수면장애 | | 충분히 수면을 취했음에도 불구하고 졸린 상태가 지속되거나 지나치게 많은 잠을 자게 된다. |
| 기면증(수면발작증) | | 낮에 갑자기 근육이 풀리고 힘이 빠지면서 참을 수 없는 졸림으로 인해 부적절한 상황에서 수면상태에 빠지게 된다. |
| 호흡관련 수면장애 | | 수면 중 자주 호흡곤란이 나타나 수면에 방해를 받게 된다. |
| 일주기 리듬 수면 – 각성장애 | | 평소의 수면 주기와 맞지 않는 수면 상황에서 수면에 곤란을 경험하게 된다. |
| 수면 이상증 | 비REM수면 각성장애 | 수면 중에 잠자리에서 일어나 걸어 다니거나 강렬한 공포를 느껴 자주 잠에서 깨어나게 된다. |
| | 악몽장애 | 수면 중에 공포스러운 악몽을 꾸게 되어 자주 깨어나게 된다. |
| | REM수면 행동장애 | REM수면 단계에서 소리를 내거나 옆 사람을 다치게 할 수 있는 움직임을 반복적으로 나타낸다. |
| | 초조성 다리증후군 | 수면 중 다리에 불쾌한 감각을 느끼며 다리를 움직이고자 하는 충동을 반복적으로 느끼게 된다. |

### 1) 수면 유형

(1) 인간은 매일 밤 평균적으로 6~8시간의 잠을 자는데, 수면기간 동안에 여러 가지 변화가 일어난다. 수면은 수면 중 눈을 빨리 움직이는 급속 안구 운동이 나타나는지의 여부에 따라 REM수면과 비REM수면으로 구분된다.

(2) REM수면 상태에서는 안구 운동을 제외한 신체의 움직임은 없지만 깨어 있을 때와 비슷한 활발한 뇌파 활동과 꿈이 나타난다. 이 기간 중의 EEG는 깨어서 활동 중인 뇌 상태와 거의 구별되지 않으며 산소 소비량도 어려운 수학 문제를 풀 때보다 더 높다.

(3) 비REM수면은 크고 느린 뇌파가 나타나기 때문에 서파수면이라고도 하는데 이러한 수면상태에서는 산소 소비량도 감소하며 뇌가 휴식을 취하는 상태로 여겨진다.

(4) 비REM수면은 주로 신체와 근육의 회복 기능을 하며, REM수면은 단백질 합성을 증가시켜 뇌의 기능을 회복한다.

(5) REM수면은 약 90분 주기로 반복되어 나타나며, 전체 수면시간의 약 20~25%를 차지한다.

## 2) 불면장애

### (1) 임상적 특징

① 잠을 자고 싶어도 잠을 이루지 못하는 날들이 지속되고 이로 인해 낮 동안의 활동에 심각한 장해를 받게 되는 경우이다.

② 대부분 심리적 압박감을 느끼는 시기에 불면증이 갑자기 시작되며, 나이가 많아질수록 증가 경향이 있고 여성에게 더 흔하다.

### (2) DSM-5 진단기준

수면을 시작하거나 유지하는 데 어려움을 겪거나 이른 아침에 깨어 잠들지 못하는 어려움으로 인해서 수면의 양과 질에 대한 현저한 불만족을 경험해야 한다. 이러한 수면 장애가 매주 3일 이상의 밤에 3개월 이상 나타나서 심각한 고통을 겪거나 일상생활의 중요한 영역에 손상이 초래될 경우에 불면장애로 진단된다. 불면장애 또는 불면증은 그 양상에 따라 크게 세 가지 유형으로 구분된다.

① 잠들기 어려운 수면시작 불면증 : 30분 이상 잠자리에 누워 잠을 이루지 못함

② 수면 중에 잠을 자주 깨며 다시 잠들기 어려운 경우

③ 예상한 기상 시간보다 아침에 일찍 잠에서 깨어 잠을 이루지 못하는 수면 종료 불면증

### (3) 원인

① 불면증 취약성 요인 : 심리적 특성, 높은 각성 수준과 강박적으로 몰두하는 경향이 높고 사소한 일에 과도하게 걱정하며 불안해 한다.

② 불면증 유발요인 : 불면증을 일으키는 스트레스 사건으로 가족 문제, 건강 문제, 일과 관련된 스트레스가 흔하다.

③ 불면증 지속요인 : 일시적 불면증에서 만성 불면증으로 발전시키는 요인은 부적응적인 수면습관, 불면에 대한 걱정과 두려움, 오랜 낮잠 등이다.

(4) 치료

① 약물치료로 벤조디아제핀계 항불안제가 주로 사용되며 이 약물은 불안과 흥분상태를 감소시키고 졸음을 유도한다.

② 불면증에 대한 인지행동치료

　　㉠ 수면 위생 : 숙면을 취할 수 있는 환경과 습관을 교육한다. 소음, 불빛, 환경을 조성한다.

　　㉡ 자극 통제 : 수면을 유도하는 자극과 수면의 연합을 형성하고 강화한다.

　　㉢ 긴장 이완 훈련 : 불면을 초래하는 높은 각성과 긴장 상태를 낮춘다.

　　㉣ 인지적 재구성 : 수면을 방해하는 부정적 신념과 생각을 긍정적으로 대처한다.

## 3) 과다수면장애

(1) 임상적 특징

① 불면장애와 반대로 과도한 졸림으로 인해 일상 생활에 어려움을 겪는 경우이다.

② 야간 수면 시간이 9~12시간 이상임에도 아침에 깨어나기 힘들어 하며 '잠에 취한 상태'가 지속된다.

③ 흔히 게으름이나 무기력으로 오인되어 사회적, 가족적 관계가 손상될 수 있다.

(2) DSM-5 진단기준

과다수면장애는 최소한 7시간 이상의 수면을 취했음에도 불구하고 과도한 졸음을 보고하며 다음 중 한 가지 이상의 증상을 나타낸다.

① 같은 날에 반복적으로 자거나 잠에 빠져드는 일이 발생한다.

② 매일 9시간 이상 지속적으로 잠을 잔다(밀린 잠을 자는 경우가 아님).

③ 갑작스럽게 깨어난 후에 충분히 각성상태에 이르지 못한다.

④ 이러한 과도한 졸음이 매주 3일 이상 나타나고 3개월 이상 지속되어 일상생활에 현저한 부적응이 초래될 때 과다수면장애로 진단될 수 있다.

(3) 원인과 치료

① 정신적, 육체적 만성피로, 스트레스, 체력 저하, 수면무호흡증과 같은 신체적 질병 등일 경우가 있다.

② 정확한 검사와 진단이 필요하고 적절한 약물치료를 시행한다.

## 4) 기면증(수면발작증)

### (1) 임상적 특징

① 주간에 깨어있는 상태에서 갑자기 저항할 수 없는 졸음을 느껴 수면에 빠지게 되는 경우를 말한다.

② 이러한 수면발작 상태에서는 짧은 시간 동안 흔히 격렬한 감정(예 분노, 흥분, 놀람, 환희)을 경험한 후에 갑자기 근육의 긴장이 풀리며 주저 앉을 것 같은 상태인 *탈력 발작이 나타난다.

③ 잠에서 깨어나는 과정에서 REM수면이 반복적으로 나타나며, 수면이 시작되거나 끝날 때 환각을 경험하거나 수면 마비가 나타날 수 있다.

### (2) DSM-5 진단기준

이러한 일이 3개월 이상 지속으로 일어나서 일상생활의 적응에 현저한 곤란을 초래한다.

① 수면발작증은 낮에 갑작스럽게 심한 졸음을 느끼며 자기도 모르게 잠에 빠지는 *수면 발작이 주요 증상이다.

② 탈력 발작은 크게 웃거나 화를 내거나 흥분하는 등의 격렬한 감정 변화를 느끼고 난 후 갑자기 운동 근육이 이완되어 쓰러질 것 같은 상태로 몇 초에서 몇 분간 지속된다.

### (3) 원인과 치료

① 일반적으로 유전적 요인이 강하게 작용하는 것으로 보이며 기면증을 나타내는 사람의 35~80%는 가족 중에 기면증이나 과다수면장애를 지닌 것으로 보고된다.

② 2역치 다중 요인 모델 : 유전적 요인과 환경적 스트레스가 상호 작용하여 수면 발작을 초래한다는 설명이다.

③ 약물 치료를 통해 각성 수준의 증가를 꾀하고, 식이요법, 운동, 심리 치료를 실시한다.

## 5) 호흡관련 수면장애

### (1) 임상적 특징

① 수면 중의 호흡장애로 인하여 과도한 졸음이나 불면증이 유발되는 경우를 말한다.

② 호흡장애로 인해 수면 중에 규칙적인 호흡이 어렵거나 한동안 호흡이

> **TIP**
> 탈력 발작 : 크게 웃거나 화를 내거나 흥분하는 등의 격렬한 감정변화를 느끼고 나서 갑자기 운동 근육이 이완되어 쓰러질 것 같은 상태로 몇 초에서 몇 분간 지속된다. 이러한 탈력 발작은 수면 발작증을 지닌 사람의 60%에게서 나타난다.

> **TIP**
> 수면 발작 : 수면 발작은 밤에는 수면 장애가 일어나고 낮에는 갑작스럽게 통제할 수 없는 잠에 빠지는 질환이다.

멈춰지는 현상이 나타나는데 이때 잠에서 깨어나게 된다.

③ 호흡장애는 크게 세 가지 유형이 있다.

   ㉠ 폐쇄성 수면 무호흡증 및 호흡저하증 : 수면 도중에 기도가 막혀 다섯 번 이상의 무호흡증이나 호흡저하증이 반복적으로 나타나는 경우로서 가장 흔하다.

   ㉡ 중추성 수면 무호흡증 : 기도의 막힘은 없으나 신경학적 질환이나 심장 질환 등으로 인하여 수면 중에 다섯 번 이상의 호흡 정지가 나타나는 경우를 말한다.

   ㉢ 수면-관련 환기저하증 : 수면 중에 호흡 기능이 저하되면서 동맥의 이산화탄소 수준이 증가하는 현상으로 대부분 체중이 무거운 사람에게 나타나며 과도한 졸음이나 불면증을 호소한다.

(2) DSM-5 진단기준

① 폐쇄성 수면 무호흡증 및 호흡저하증

   ㉠ 수면다원 검사에서 수면 시간당 적어도 5회 이상 폐쇄성 무호흡이나 저호흡이 나타나며, 다음 중 1가지 이상의 수면 증상이 있다.

      ⓐ 야간 호흡 장애 : 코골이, 거친 콧숨/헐떡임 또는 수면 중 호흡 정지

      ⓑ 충분한 수면을 취했음에도 주간 졸림, 피로감

   ㉡ 동반된 증상과 관계없이 수면다원 검사에서 확인된 수면 시간당 15회 이상 폐쇄성 무호흡 또는 저호흡을 나타낸다.

② 중추성 수면 무호흡증

   ㉠ 수면다원 검사에서 수면 시간당 5회 이상의 중추성 무호흡이 존재한다.

   ㉡ 다른 수면장애로 더 잘 설명되지 않는다.

③ 수면-관련 환기저하증

   ㉠ 수면다원 검사에서 이산화탄소 농도의 상승과 연관된 호흡 저하 삽화들이 나타난다.

   ㉡ 장애가 현재의 다른 수면장애로 더 잘 설명되지 않는다.

(3) 원인과 치료

① 수면 중에 호흡을 원활하게 함으로써 치료될 수 있다.

② 잠을 자는 자세를 변화시키거나 호흡 기능을 억제하는 요인을 제거하거나 과체중일 때 체중을 감소시키도록 한다.

### 6) 일주기 리듬 수면-각성장애

#### (1) 임상적 특징

① 일주기 리듬 수면-각성장애는 수면-각성 주기의 변화로 인해 과도한 졸음이나 불면이 반복되는 경우를 말한다.

② 환경에 의해 요구되는 수면-각성 주기와 개인의 일주기 수면-각성 주기의 부조화로 인하여 과도한 졸음이나 불면이 반복되고 지속되는 경우이다.

③ 이러한 수면문제로 인하여 현저한 고통을 느끼거나 사회적, 직업적 부적응이 나타날 때 일주기 리듬 수면장애로 진단된다.

#### (2) DSM-5 진단기준

일주기 리듬 수면장애는 다섯 가지 유형으로 구분된다.

① 지연된 수면단계형 : 개인의 수면-각성 주기가 사회적으로 요구되는 것보다 지연되는 경우

② 조기 수면단계형 : 개인의 수면-각성 주기가 사회적으로 요구되는 것보다 앞서 있는 경우

③ 교대 근무형 : 교대 근무에 의해 요구되는 수면-각성 주기와 개인의 수면-각성 주기가 불일치하는 경우

④ 불규칙한 수면-각성형 : 수면-각성 주기가 일정하지 못해서 하루에도 여러 번 낮잠을 자고 밤에 주된 수면을 취하지 않는다. 하지만 24시간 내 수면 시간의 총합은 연령대에서 정상 시간에 해당한다.

⑤ 비24시간 수면-각성형 : 개인의 수면-각성 주기가 24시간 환경과 일치하지 않아서 잠들고 깨어나는 시간이 매일 지속적으로 늦어지는 경우

#### (3) 원인과 치료

① 정상적인 환경에서 일주기 리듬을 조정하여 적응하는 능력이 약한 것으로 알려져 있다.

② 청소년의 경우 지연된 수면 단계형 유병률이 약 7%이며, 야간 교대 근무자의 경우 유병률은 약 60%라는 보고가 있다.

③ 광 노출 치료 : 2~3일간 밝은 빛에 노출시킴으로써 수면 단계에 변화를 주는 치료법이다.

## 7) 수면 이상증

### (1) 비REM수면 각성장애

① 임상적 특징

㉠ 주된 수면 시간의 첫 1/3 기간에 수면에서 불완전하게 깨어나는 경험을 반복적으로 한다.

㉡ 주된 증상에 따라 수면 중 보행형과 수면 중 경악형으로 구분된다.

| 수면 중 보행형 | • 수면 중 일어나 걸어 다니는 일이 반복되는 경우로 몽유병이라고 한다.<br>• 깨어났을 때 대부분 보행에 대한 기억을 하지 못한다.<br>• 아동의 10~30%는 적어도 한 번 이상 수면 중 보행을 나타내며, 4~8세 사이 처음 반응을 보이다 12세 무렵 가장 높은 빈도를 나타낸다.<br>• 수면 중 보행은 사춘기 이전 발병률이 높고, 그 이후로 감소하는 것으로 보아 중추신경계의 성숙과 관련 있는 것으로 보인다. |
|---|---|
| 수면 중 경악형 | • 수면 중에 심장이 빨리 뛰고 호흡이 가쁘고 진땀을 흘리는 등 자율신경계 흥분과 강렬한 공포를 느껴 잠이 깨는 병으로 야경증이라 한다.<br>• 수면 중 경악 상태에서 비명을 지르거나 울면서 갑자기 침대에서 일어나 놀란 표정과 심한 불안증상을 나타낸다.<br>• 다양한 원인에 의해서 생기는 것으로 여겨진다.<br>• 공포증, 우울증, 불안 장애 같은 심리적 문제를 보이는 경향이 높으며, 치료를 위해서 침실이 안전하다는 것을 구체적으로 확인시킨다. |

② DSM-5 진단기준

㉠ 대개 주된 수면삽화 초기 1/3 동안 발생하며, 잠에서 불완전하게 깨는 반복적인 삽화가 있고, 수면보행증이나 *야경증을 동반한다.

㉡ 꿈을 전혀 또는 거의 기억하지 못한다.

㉢ 삽화를 기억하지 못한다.

㉣ 삽화가 사회적·직업적 또는 다른 중요한 기능 영역에서 임상적으로 유의미한 고통이나 손상을 초래한다.

㉤ 장애가 물질의 생리적 효과로 인한 것이 아니고, 공존하는 정신질환과 의학적 장애로 설명할 수 없다.

### (2) 악몽장애

① 임상적 특징

㉠ 주된 수면 시간 동안이나 낮잠을 자는 동안에 생존, 안전, 자존감의 위협과 같은 무서운 꿈을 꾸게 되어 잠에서 깨어나는 일이 반복되는 경우를 말한다. 무서운 꿈에서 깨어난 후, 신속하게 정상적인 의식을 회복하고 대부분 꿈의 내용을 상세하게 기억한다.

**TIP**

수면 중 보행반응

수면 중 보행반응은 다양한 행동을 포함하는데 대부분 규칙적이고 복잡하지 않다. 간단한 행동으로는 침대에 앉거나 주위를 둘러보거나 담요나 침대시트를 잡아당긴다. 좀 더 복잡한 행동으로는 걸어서 벽장으로 가거나 방을 나가서 위층이나 아래층으로 돌아다니고, 심지어 집 밖으로 나가기도 하는데 대부분 몇 분에서 30분 이내에 종결된다. 이런 행동을 한 사람은 다음 날 아침에 다른 곳에서 깨어나거나 밤에 어떤 일을 했던 흔적이 있지만, 거의 사건을 기억하지 못한다.

**TIP**

야경증

수면 중에 갑작스런 공포감과 불안감을 느끼면서 깨는 것을 말한다.

ⓛ 악몽*에서 깨어났을 때 자율신경계의 각성 상태를 나타낸다. 악몽 상태에서는 신체를 움직이거나 소리를 지르는 경우는 드무나 악몽이 종결되면서 깨어날 때 비명을 지르거나 손발을 휘젓는 일이 잠시 나타날 수 있다.

ⓒ 심각한 심리사회적 스트레스에 노출된 사람에게서 나타나기 쉬우며, 성인의 경우, 매우 내성적인 성격을 지닌 사람에게 잘 나타나는 경향이 있으며, 우울과 불안 증상을 함께 지니고 있는 경우가 많다.

ⓔ 전쟁 후나 극심한 충격과 같은 외상 경험 후에 잘 발생하는 경향이 있으며 고열이 나는 경우나 REM수면 억제제를 갑자기 끊는 경우에도 발생할 수 있다.

② DSM-5 진단기준

ⓖ 대개 생존, 안전, 신체적 온전함에 대한 위협을 피하고자 노력하는 광범위하고 극도로 불쾌하며 생생하게 기억나는 꿈들의 반복적 발생이 일반적으로 야간 수면 시간의 후기 1/2 동안 일어난다.

ⓛ 불쾌한 꿈으로부터 깨어나면 빠르게 *지남력을 회복하고 각성한다.

ⓒ 수면 교란이 사회적·직업적 또는 다른 중요한 기능 영역에서 임상적으로 유의미한 고통이나 손상을 초래한다.

ⓔ 악몽 증상이 물질의 생리적 효과로 인한 것이 아니고, 공존하는 정신질환과 의학적 장애가 악몽에 대한 호소를 충분히 설명할 수 없다.

(3) REM수면 행동장애

① 임상적 특징

ⓖ REM수면 행동장애는 수면 중 소리를 내거나 옆 사람을 다치게 할 수 있는 복잡한 동작의 행동을 반복적으로 나타내며 깨어나는 경우를 말한다.

ⓛ 수면 중에 한바탕 격렬하게 움직이거나 옆에서 자는 사람을 치기도 하며 침대에서 뛰어내리다 본인이 다치기도 한다. 이러한 행동은 REM수면단계에서 나타나는데 수면이 시작된 후 90분 이후에 자주 나타나며 수면의 후반부에 더 흔하게 나타난다.

ⓒ 꿈을 꾸는 동안에도 소리를 지르고 주먹으로 때리고 발로 차는 등 꿈속의 행동을 실제로 행하게 되는 것으로 추정하고 있다.

② DSM-5 진단기준

　　㉠ 발성 및 복합 운동 행동과 관련된 수면 중 각성의 반복적인 삽화가 나타난다.

　　㉡ 이러한 행동들은 REM수면 중 발생하므로 적어도 수면 개시 후 90분 이후에 발생하며 수면 후반부에 빈번하다.

　　㉢ 삽화로부터 깨어날 때, 개인은 완전히 깨어나고 명료하며 혼돈되거나 지남력을 상실하지 않는다.

　　㉣ 다음 중 1가지에 해당한다.

　　　　ⓐ 수면다원 검사 기록상 무긴장증이 없는 REM수면

　　　　ⓑ REM수면 행동장애 과거력 및 확정된 *시누클레인에 의한 신경퇴행성 질환 진단이다.

　　㉤ 이러한 행동들은 사회적 · 직업적 또는 다른 중요한 기능 영역에서 임상적으로 유의미한 고통이나 손상을 초래한다.

　　㉥ 장애는 물질의 생리적 효과나 다른 의학적 상태로 인한 것이 아니고, 공존하는 정신질환 및 의학적 장애로 설명할 수 없다.

③ 원인과 치료

　　㉠ REM수면 행동장애는 스트레스가 심한 사건을 경험하고 나서 발생하는 경우가 많기 때문에 심리사회적 스트레스가 행동장애를 유발하는 원인으로 여겨지고 있다.

　　㉡ REM수면 억제제를 비롯한 약물치료를 통해서 효과적으로 치료될 수 있다.

(4) 초조성 다리 증후군

① 임상적 특징

　　㉠ 수면 중에 다리가 불편하거나 불쾌한 감각 때문에 다리를 움직이고 싶은 충동을 느끼는 경우를 말하며 하지불안 증후군이라 불리기도 한다.

　　㉡ 잠을 자거나 휴식하는 중에 다리나 신체 일부에 무언가가 기어가는 듯한 간지러운 불쾌한 감각을 느끼게 되어 다리나 몸을 움직이고 싶은 충동을 느끼게 된다.

　　㉢ 이러한 증상으로 인해 잠을 계속적으로 방해받게 되면 수면의 질이 낮아질 뿐만 아니라 낮의 기능 수준이 저하될 수 있다.

**TIP**

알파-시누클레인은 인간의 뇌에 풍부한 단백질이다.

② DSM-5 진단기준
  ㉠ 대개 다리에 불편하고 불쾌한 감각을 동반하거나, 이에 대한 반응으로 다리를 움직이고 싶은 충동이 다음 내용을 모두 충족한다.
    ⓐ 다리를 움직이고 싶은 충동이 쉬고 있거나 활동을 하지 않는 동안에 시작되거나 악화
    ⓑ 다리를 움직이고 싶은 충동이 움직임에 의해 부분적으로 또는 완전히 악화
    ⓒ 다리를 움직이고 싶은 충동이 낮보다 저녁이나 밤에 악화되거나 저녁이나 밤에만 발생
  ㉡ 진단기준 ㉠의 증상이 일주일에 적어도 3회 이상 발생하고, 3개월 이상 지속된다.
  ㉢ 진단기준 ㉠의 증상이 사회적·직업적·교육적·학업적·행동적 또는 다른 중요한 기능 영역에서 유의미한 고통이나 손상으로 초래한다.
  ㉣ 진단기준 ㉠의 증상이 약물의 생리적 효과나 다른 의학적 상태로 인한 것이 아니고, 공존하는 정신질환 및 의학적 장애로 설명할 수 없다.
③ 원인과 치료
  ㉠ 생물학적 입장에서는 수면 중의 도파민 저하로 유발할 수 있다고 주장하고 있다.
  ㉡ 환자의 상당수가 철분을 투여했을 때 호전을 보였다는 연구결과에 근거하여 철분 부족이 유발에 관여하는 것으로 추정하고 있다.

# 13 » 성기능 부전장애

[성기능 장애의 하위 유형]

| 하위 장애 | | 핵심 증상 |
|---|---|---|
| 남성 성기능 장애 | 남성 성욕감퇴장애 | 성적 욕구가 없거나 현저하게 떨어진다. |
| | 발기장애 | 성행위를 하기 어려울 만큼 음경이 발기되지 않는다. |
| | 조루증 | 여성이 절정감에 도달하기 전에 미리 사정을 한다. |
| | 지루증 | 사정의 어려움으로 인해 성적 절정감을 느끼지 못한다. |
| 여성 성기능 장애 | 여성 성적 관심/흥분장애 | 성적욕구가 현저하게 저하되어 있거나, 성적인 자극에도 신체 흥분이 되지 않는다. |
| | 여성 절정감장애 | 성행위 시 절정감을 거의 느끼지 못한다. |
| | 생식기-골반 통증/삽입장애 | 성교 시 생식기나 골반에 지속적인 통증을 경험한다. |

기출 DATA
성기능 장애의 하위 유형
2020-3회, 2016-3회

**TIP**
성은 자기 가치감을 확인하는 중요한 영역이기도 하다. 사랑하는 사람에게 충분한 성적 만족감을 줄 수 있는 능력은 자기 가치감의 중요한 바탕이 된다. 그러나 성기능의 문제로 인하여 만족스러운 성생활을 하지 못하는 경우를 성기능장애라고 한다.

## 1) 성기능장애

(1) 성기능장애는 성행위를 하는 과정에서 경험되는 다양한 기능적 곤란을 의미한다.

(2) 성 반응 주기의 4단계에서 마지막 해소 단계를 제외한 어느 한 과정에서 문제가 발생하게 되는 것이 성기능장애이다.

① 성 욕구 단계 : 성적인 욕구는 흔히 다양한 외부적인 자극에 의해서 촉발되며, 때로는 내면적인 상상에 의해서도 유발된다.

② 성흥분의 고조 단계 : 성적인 쾌감이 서서히 증가하고 생체, 생리적인 변화가 나타난다. 남성은 음경이 발기되고 여성은 질에서 분비물이 나오며 성기 부분이 부풀어 오른다.

③ 절정 단계 : 성적인 쾌감이 절정에 달하는 극치감을 경험하게 된다.

④ 해소 단계 : 성 행동과 관련된 생리적 반응이 사라지면서 전신이 평상시 상태로 돌아간다.

## 2) 남성 성기능장애

### (1) 남성 성욕감퇴장애

① 남성이 성적 욕구를 느끼지 못하거나 성욕이 현저하게 저하하여 스스로 고통스럽게 생각하거나 대인관계(부부관계나 이성관계)에 어려움을 겪게 될 경우이다.

② 최소한 6개월 이상 성적 공상이나 성행위 욕구가 지속적으로 결여되어 있는 상태를 말한다.

③ 성적 공상이나 성행위 욕구의 결여 여부는 개인의 나이와 그가 살고 있는 사회문화적인 맥락을 고려하여 임상가가 결정하는데 개인에게 심한 고통이 초래된 경우에 진단된다.

④ 상당 기간 적절하게 성적 관심을 보이다가 심리적인 고통, 스트레스, 인간관계의 문제로 인해 성 욕구의 문제가 생기는 경우가 많다.

⑤ 우울증은 흔히 성욕 감퇴와 밀접하게 연관되어 있으며 신체적 질병으로 인한 쇠약, 통증, 불안 등이 성욕을 저하시킬 수 있다.

### (2) 발기장애

① 성 욕구를 느끼게 되면, 성적 자극과 애무를 통해 성적인 흥분이 고조된다.

② 흥분이 고조되면 남성은 음경이 확대되고 단단해짐으로써 여성의 질에 삽입이 가능하나, 성행위의 욕구가 있음에도 불구하고 음경이 발기되지 않아 성교에 어려움을 겪는다.

③ 성교가 가능하도록 충분히 발기가 되지 않는 불완전한 발기와 전혀 발기가 되지 않는 발기불능으로 구분되기도 한다.

④ 자기 가치감을 상실하게 되고 삶의 의욕을 잃어 우울증에 빠지기도 한다.

⑤ 불안감이 발기 불능을 초래하고 발기 불능으로 인해 불안감이 높아지는 악순환 과정이 유발된다.

⑥ 과도한 음주나 흡연, 정신적 사랑과 성적 욕구 사이의 갈등, 상대에 대한 신뢰감 부족, 도덕적 억제 등과 같은 다양한 심리적 요인이 원인이 된다.

⑦ 발기장애의 아형에는 평생형/후천형, 전반형/상황형으로 나뉜다.

### (3) 조루증

① 여성이 절정감에 도달하기 전에 미리 사정하는 일이 반복적으로 나타날 경우를 말한다.

② 성기를 여성의 질에 삽입한 후 1분 이내에 그리고 사정을 원하기 전에 일찍 사정하게 되는 일이 대부분의 성행위 시에 반복적으로 6개월 이상 나타날 경우 진단된다.

③ 조루증은 심리적인 원인에 의해서 유발되는 경우가 대부분이다. 성교 시 상대방을 만족시켜 주어야 한다는 강박관념과 불안, 불만스러운 결혼생활과 가정문제, 심리적 스트레스, 과도한 음주와 흡연 등이 조루증을 일으키는 주요한 심리적 요인으로 알려져 있다.

④ 정신분석학에서는 조루증을 지닌 남자들이 여성의 질에 대한 무의식적인 공포를 지니고 있다고 주장한다.

⑤ 이 밖에도 부적절한 상황(예 상대방의 재촉, 당황스러운 상황, 낯선 상대나 매춘부 등)에서의 반복적 성경험이 조루증에 영향을 미칠 수 있다.

### (4) 지루증

기출 DATA
지루증 2018-3회

① 사정에 어려움을 겪으며 성적 절정감을 느끼지 못하는 경우를 뜻하며 남성 절정감장애라고 불리기도 한다.

② 성행위 시 사정이 현저하게 지연되거나 사정을 하지 못하는 일이 대부분의 성행위 시에 반복적으로 6개월 이상 나타날 경우에 진단된다.

③ 원인은 대부분 심리적인 것으로 알려져 있다. 부부간의 갈등, 상대방에 대한 매력 상실, 여자에게 임신시키는 것에 대한 두려움, 상대방에 대한 적대감과 증오심 등이다. 더불어 약물(예 알코올, 항우울제, 항정신증 약물, 항고혈압제 등)의 복용에 의해서 유발되는 경우도 있다.

## 3) 여성 성기능장애

### (1) 여성 성적 관심/흥분장애

① 여성의 경우, 성 욕구가 현저하게 저하되어 있거나 성적인 자극에도 신체적 흥분이 유발되지 않는 경우로 *불감증이라고도 한다.

② 여성의 경우에는 성욕 저하와 신체적 흥분 저하가 함께 나타나는 경우가 흔하기 때문에 이 둘을 통합하여 여성 성적 관심/흥분장애라고 명명하였다.

③ 세 가지 이상의 문제를 6개월 이상 나타내어 개인이 심한 고통을 겪을 경우에 진단한다.

　㉠ 성행위에 대한 관심의 빈도나 강도가 감소하거나 결여된다.

　㉡ 성적/색정적 사고나 환상의 빈도나 강도가 감소하거나 결여된다.

**TIP**

불감증
여성이 성적인 접촉 시 오르가즘을 느끼지 못하는 상태를 지칭하는 심리학 용어

ⓒ 성행위를 먼저 시작하려는 시도가 감소하거나 없으며 성행위를 시작하려는 파트너의 시도를 거의 받아들이지 않는다.

ⓔ 성행위를 하는 대부분의 기간 동안 성적 흥분/쾌락을 거의 느끼지 못한다.

ⓜ 내적인 또는 외적인 성적/색정적 단서(예 글, 언어, 시각 자료)에 대해서 성적 관심/흥분을 거의 느끼지 못한다.

ⓑ 성행위를 하는 대부분의 기간 동안 생식기 또는 비생식기의 감각을 거의 느끼지 못한다.

(2) 여성 절정감장애

① 여성의 절정 단계는 다양하지만 일반적으로 남성의 음경이 질에 삽입된 상태에서 지속적인 자극이 주어지는 성교를 통해 도달하게 된다.

② 적절한 성적 자극이 주어졌음에도 불구하고 절정감을 느끼지 못하는 경우가 성행위 시에 반복적으로 6개월 이상 나타날 경우에 진단된다.

③ 심리적인 원인에 의해서 나타나는 경우가 대부분이다. 부부 간의 갈등이나 긴장, 죄의식, 소극적 태도, 대화 결여 등이 절정감을 억제하는 요소로 알려져 있다.

④ 우울증, 신체적 질병 등으로 인해 절정감장애가 발생할 수도 있다.

(3) 생식기-골반 통증/삽입장애

① 성교 시에 지속적으로 통증을 경험하여 성행위를 고통스럽게 느끼는 경우이다.

② 다음 중 한 가지 이상의 문제를 6개월 이상 나타내어 개인이 심한 고통을 겪을 경우에 진단된다.

ⓐ 성행위 시에 질 삽입이 어렵다.

ⓑ 질 삽입이나 성교를 시도하는 동안 외음질(생식기의 입구 부분)이나 골반에 심한 통증을 느낀다.

ⓒ 질 삽입이 예상될 경우에 외음질이나 골반의 통증에 대한 심한 불안과 공포를 느낀다.

ⓓ 질 삽입을 시도하는 동안 골반 근육이 심하게 긴장하거나 수축된다.

③ 폐경기 전후에 가장 흔한 것으로 보고되고 있다.

④ 심리적 요인이 통증의 발생과 지속 과정에 영향을 미친다고 보는데 어린 시절 성적인 학대나 강간을 당하면서 느꼈던 고통스러운 경험이 성인이 되어도 통증을 유발할 수 있다. 이 밖에도 성행위에 대한 죄의식,

TIP

여성 절정감장애를 진단하는 5가지 요인
• 배우자 요인
• 관계 요인
• 개인적 취약성 요인
• 문화적 또는 종교적 요인
• 예후, 경과 또는 치료와 관련된 의학적 요인

상대방에 대한 거부감이나 혐오감, 상대방을 조종하려는 무의식적 동기 등이 성교 통증에 영향을 미칠 수 있다.

## 14 》성별 불쾌감(성 불편증)

기출 DATA
성별 불편증
2020-3회, 2019-3회,
2019-1회, 2017-1회

### 1) 임상적 특징

(1) 성 불편증은 자신의 생물학적 성과 성역할에 대해서 지속적으로 불편감을 느끼는 경우이다.

(2) 반대의 성에 대한 강한 동일시로 나타나거나 반대의 성이 되기를 소망한다.

(3) 아동에서부터 성인에 이르기까지 다양한 연령대에서 나타날 수 있다.

(4) 아동의 성별불편증과 청소년 및 성인의 성별 불편증 진단기준이 다르다.

**TIP**

성 불편증은 동성애와 구분되어야 한다. 동성애는 동성인 사람에게 성적인 애정과 흥분을 느끼거나 성적 욕구를 충족시키기 위한 성행위를 하는 경우를 말한다. 동성애자는 자신의 생물학적 성이나 성역할에 대해 불편감을 겪지 않으며, 성전환을 원하지도 않는다.

### 2) DSM-5 진단기준

(1) 아동의 성 불편증

① 반대 성이 되고 싶은 강한 갈망 또는 자신이 반대 성이라고 주장한다.

② 반대 성의 옷을 입거나 흉내 내기를 선호한다.

③ 가상놀이나 환상놀이에서 반대 성의 역할을 강하게 선호한다.

④ 반대 성이 사용하는 장난감이나 활동을 강하게 선호한다.

⑤ 반대 성의 놀이 친구를 강하게 선호한다.

⑥ 할당된 성의 전형적인 놀이와 활동에 대해 강하게 거부한다.

⑦ 자기 성별에 대한 강한 혐오감을 보인다.

⑧ 반대 성별의 일차성징 및 이차성징에 일치하는 것을 강렬히 선호한다.

(2) 청소년 및 성인의 성 불편증

① 자신에게 부여된 일차적 성과 경험된/표현된 성에 있어서 현저한 불일치를 나타낸다.

② 자신의 경험된/표현된 성과의 현저한 불일치 때문에 일차적 성 특성을 제거하려는 강한 욕구를 지닌다.

③ 반대 성의 일차적 성 특성을 얻고자 하는 강한 욕구를 지닌다.

④ 반대 성이 되고자 하는 강한 욕구를 지닌다.

⑤ 반대 성으로 대우받고자 하는 강한 욕구를 지닌다.

⑥ 자신이 반대 성의 전형적 감정과 반응을 지니고 있다는 강한 신념을 지닌다. 이러한 문제로 인해서 심각한 고통을 느끼거나 사회적 적응에 현저한 지장이 초래될 경우에 성 불편증으로 진단된다.

### 3) 원인 : 선천적 원인

(1) **유전자 이상** : 성 불편증을 유발할 수 있다는 주장으로, 일란성 쌍둥이에서 성정체감이 각기 다른 경우가 발견되어, 유전적 요인은 성 불편증을 결정하는 한 요인일 뿐이라고 여겨지고 있다.

(2) **생물학적 원인** : 태내 호르몬의 이상이 성 불편증을 유발할 수 있다는 주장이다. 태아는 처음에 여성의 신체적 조직을 지니고 있으며 Y염색체로부터 발생되는 안드로겐이라는 남성호르몬에 의해서 남성의 성기가 발달하고 남성적인 특성이 나타나게 된다. 이처럼 남성 혹은 여성의 육체적, 심리적 특성은 호르몬의 영향을 받게 되는데, 성 불편증을 지닌 사람들은 태아의 유전적 결함이나 어머니의 약물복용이 원인이라 본다.

### 4) 치료

(1) 치료는 목표와 방법에 있어서 매우 복잡한 문제가 관여되어 있다.

(2) **의료적 수술**

① 우선적으로 성 불편증을 지닌 사람들은 대부분 반대 성에 대한 동일시가 확고하여 강력하게 성전환 수술을 원한다.

② 성 불편증 환자에게는 성전환 수술이 주요한 치료방법이 된다.

③ 성전환 수술을 받은 사람들의 70~80%는 수술 후의 생활에 만족하는 반면, 약 2%가 수술 후의 후유증으로 자살한다는 보고가 있다.

(3) **심리치료** : 성정체성 장애에 수반되는 우울이나 불안 등의 심리적 문제를 다루어 주는 것 외에는 이 장애의 치료에 한계가 있는 것으로 알려져 있다.

---

**TIP**

**원인: 후천적 원인**

성 불편증은 후천적인 경험이나 학습에 의해서 유발될 수 있다는 다양한 주장도 제기되고 있다. 프로이트는 성불편증을 성장과정 중 오이디푸스 갈등이 중요시되는 남근기 상태에 고착된 현상으로 설명하고 있다. 그린(Green)은 반대 성의 행동이 나타나게 되는 과정의 학습을 설명하고 있다.

# 15 》》 파괴적 충동통제 및 품행장애

[파괴적 충동통제 및 품행장애 하위 유형]

| 하위 장애 | 핵심 증상 |
|---|---|
| 적대적 반항장애 | 어른에게 거부적이고 적대적이며 반항적인 행동을 보인다. |
| 품행장애 | 난폭하고 잔인한 행동, 기물 파괴, 도둑질, 거짓말, 가출 중 타인의 권리를 침해하거나 사회적 규범을 위반하는 행동을 보인다. |
| 간헐적 폭발성장애 | 공격적 충동의 조절 실패로 인한 심각한 파괴적 행동을 보인다. |
| 반사회성 성격장애 | 사회적 규범 혹은 타인의 권리를 무시하는 폭행이나 사기 행동을 지속적으로 나타내는 성격적 문제이다. |
| 방화증 | 불을 지르고 싶은 충동 조절 실패로 반복적인 방화 행동을 한다. |
| 도벽증 | 남의 물건을 훔치고 싶은 충동 조절 실패로 인해 반복적인 도둑질을 한다. |

## 1) 적대적 반항장애

### (1) 임상적 특징

① 어른에게 거부적이고 적대적이며 반항적인 행동을 지속적으로 하는 경우이다.

② 세 가지 핵심 증상은 분노하며 짜증내는 기분, 논쟁적이고 반항적인 행동, 복수심이다.

③ 화를 잘 내고 어른의 요구나 규칙을 무시하며, 어른에게 논쟁을 통해 도전하고, 고의적으로 타인의 기분을 상하게 하거나 귀찮게 한다.

④ 학령기 아동 16~22%가 반항적 성향을 나타내며 여아는 적대적 반항장애로, 남아는 품행장애로 발전하여 진단되는 경우가 많다.

⑤ ADHD와 함께 나타나는 경우가 많다.

### (2) DSM-5 진단기준

① 분노와 과민한 기분, 논쟁적·반항적 행동, 보복적 양상이 적어도 6개월 이상 지속된다.

② 다음 중 적어도 4가지 이상의 증상이 나타나고, 형제나 자매가 아닌 적어도 1명 이상 다른 사람과의 상호작용에서 나타난다.

**기출 DATA**

파괴적 충동통제 및 품행장애 하위 유형 2017-3회

**TIP**

파괴적 충동조절 및 품행장애는 감정과 행동에 대한 자기조절의 문제를 동반하는 상황을 포함한다. 품행장애에 대한 기준은 주로 타인의 권리를 침해하거나 중요한 사회적 규범을 위반하는 행동조절을 못하는 것에 초점을 둔다. 간헐적 폭발장애는 잘 조절되지 못한 감정, 대인관계 등의 심리사회적 스트레스 요인에 대한 부적절한 분노폭발에 주로 초점을 둔다. 이 두 가지 장애 중간에 해당하는 것이 적대적 반항장애로 감정과 행동 사이에서 좀 더 균등하게 나누어진다.

**기출 DATA**

적대적 반항장애 2017-1회

TIP

품행장애 vs 적대적 반항장애
품행장애와 적대적 반항장애는 어른들과 다른 권위적인 인물들과 충돌을 가져오는 품행 문제들과 관련이 있다. 적대적 반항장애 행동은 품행장애의 행위보다 덜 심각한 편으로 사람들이나 동물들에 대한 공격, 건물의 파괴나 절도, 사기의 패턴을 포함하지 않는다. 하지만 적대적 반항장애 행동들은 품행장애의 정의에 포함되지 않는 감정적 조절 문제를 포함한다.

기출 DATA
품행장애의 임상적 특징
2018-3회

㉠ 분노, 과민한 기분
   ⓐ 자주 욱하고 화를 낸다.
   ⓑ 자주 과민하고 쉽게 짜증을 낸다.
   ⓒ 자주 화를 내고 크게 격분한다.
㉡ 논쟁적, 반항적 행동
   ⓐ 권위자와의 잦은 논쟁
   ⓑ 자주 적극적으로 권위자의 요구를 무시하거나 규칙을 어긴다.
   ⓒ 자주 고의적으로 타인을 귀찮게 한다.
   ⓓ 자주 자신의 실수나 잘못된 행동을 남의 탓으로 돌린다.
㉢ 보복적 양상 : 지난 6개월 동안 적어도 두 차례 이상 앙심을 품는다.
③ 행동장애가 개인 자신 또는 사회적 맥락에 있는 상대방에서 고통을 주며, 그 결과가 사회적·학업적·직업적 또는 다른 중요한 기능 영역에서 부정적인 영향을 미친다.

(3) 원인
① 부모와 자녀 간의 갈등이 중요한 역할을 한다.
② 기질적으로 자기 주장과 독립성이 강한 아동과 지배 성향이 강한 부모가 아동을 힘이나 권위로 과도하게 억제하려는 경우 적대적 반항장애로 이어질 수 있다.
③ 행동주의 입장 : 가족 내에서 모방 학습을 통해 학습되고 조작적 조건형성으로 강화된다고 본다.

(4) 치료
① 성장하면서 자연적으로 사라질 수 있으나 품행장애나 기분장애로 발전될 수 있는 위험이 있으므로 심한 경우 개인 심리 치료를 받게 하는 것이 좋다.
② 적응적 행동을 습득하고 강화해 주는 것이 필요하다.
③ 효과적인 부모-자녀 간 의사소통과 관계 개선이 이루어지도록 유도하는 것이 필수적이다.


2) 품행장애

(1) 임상적 특징
① 여러 형태의 공격적 행동으로 나타난다.
② 약자를 괴롭히거나, 잔인한 행동을 하거나, 어른에게 반항하고 적대적

이며, 잦은 학교 결석, 성적 저조, 흡연, 음주, 약물 남용, 거짓말, 잦은 가출, 공공기물 파손 등의 행동이 나타난다.

③ 자신의 행동에 대해 죄책감을 느끼거나 후회하지 않고 다른 사람 탓으로 돌려버린다.

④ 남자는 10~12세, 여자는 14~16세에 시작되며 '아동기 – 발병형', '청소년기 – 발병형'으로 구분되고 심각 정도에 따라 경미한 정도, 상당한 정도, 심한 정도로 분류된다.

⑤ 소아기와 청소년기에 상당히 흔한 장애이며 여자보다 남자에게 높게 나타난다.

**(2) DSM – 5 진단기준**

① 다른 사람의 기본적인 권리를 침해하고, 사회 규범 및 규칙을 위반하는 지속적 · 반복적 행동양상으로서, 다음 중 3개 이상의 증상이 지난 12개월 동안 있어 왔고, 적어도 1개 이상의 증상이 지난 6개월 동안 있다.

    ㉠ 사람과 동물에 대한 공격성

    ㉡ 재산 파괴(고의적인 방화)

    ㉢ 사기 또는 절도

    ㉣ 심각한 규칙 위반

② 행동의 장애가 사회적 · 학업적 · 직업적 기능에 임상적으로 유의미한 고통이나 손실을 초래한다.

③ 18세 이상일 경우 반사회성 성격장애의 진단 기준에 맞지 않아야 한다.

**(3) 원인**

① 다양한 요인이 복합적으로 작용하여 발생하는 것으로 본다.

② 가장 큰 요인으로는 부모의 양육 태도와 가정환경이다.

③ 강압적이고 폭력적인 양육 태도와 무관심, 방임적 양육 태도, 불화, 가정 폭력, 아동 학대, 결손 가정, 정신장애, 알코올 사용장애 등은 품행장애와 밀접한 관련을 맺고 있다.

④ 열악한 가정 환경은 아동을 불만이 많고 화를 잘 내고 충동적이고 공격적인 사람으로 유도할 수 있다.

⑤ 정신분석적 입장 : 초자아 기능의 장애로 간주한다.

⑥ 행동주의적 입장 : 부모를 통한 모방학습이나 조작적 조건형성으로 습득, 유지된다고 본다.

⑦ 사회문화적 입장 : 사회경제적 수준이 낮고 도시에 거주하는 아동이 품행장애가 많다.

**기출 DATA**
품행장애의 진단기준 2017–3회

**기출 DATA**
품행장애의 원인 2016–1회

**(4) 치료**

다각적인 방법을 통한 *다중체계치료를 한다.

① 브롬펜부르너의 생태학적 이론을 기반으로 한 치료이다.
② 청소년이 속한 환경 체계인 가족, 학교, 또래, 지역 사회가 함께 협력적이다.
③ 행동 지향적이며 특정적이고 잘 정의된 문제를 대상으로 이루어진다.
④ 적극적인 환경 개입과 찾아가는 서비스, 지역사회 자원 활용 및 팀 구성에 의한 활동으로 구성되어 있다.
⑤ 부모, 가족, 교사, 정신건강 전문가의 협력적 노력이 필요하다.

### 3) 간헐적 폭발성 장애

**(1) 임상적 특징**

① 공격적 충동이 조절되지 않아 심각한 파괴적 행동이 가끔씩 나타나며, 언어적 공격 행위와 더불어 재산 파괴와 신체적 공격을 포함하는 폭력적 행동을 반복적으로 나타낸다.
② 공격성의 강도는 자극 사건이나 심리사회적 스트레스 사건에 의해 현저하게 지나친 것이어야 한다.
③ 행동을 하기 전에 긴장감이나 각성 상태를 느끼며, 행동하고 나서는 즉각적 안도감을 느낀다. 하지만 공격적 행동을 하고 나서 흔히 후회하며 당황스러워 한다.
④ 아동기 후반 청소년기에 시작된다.

**(2) DSM-5 진단기준**

① 공격적 충동을 조절하지 못하여 반복적으로 행동폭발을 나타내고, 다음 항목 중 1가지 행동을 보인다.
　㉠ 언어적 공격성 또는 재산·동물·타인에게 가하는 신체적 공격성이 3개월 동안 주 2회 이상 발생
　㉡ 재산 피해 또는 동물이나 사람에게 상해를 입힐 수 있는 신체적 폭행을 포함하는 폭발적 행동을 12개월 이내에 3회 보인다.
② 반복적 행동 폭발 동안 표현된 공격성의 정도는 스트레스 요인에 의해 촉발되는 정도를 심하게 넘어선 것이다.
③ 반복되는 공격적 행동 폭발은 미리 계획된 것이 아니며, 유형적인 대상에만 한정된 것이 아니다.

④ 반복되는 공격적 행동 폭발은 개인에게 심리적 고통을 유발하거나, 직업적 또는 대인 관계 기능에 손상을 주거나, 경제적 또는 법적 문제와 관련된다.

⑤ 생활 연령은 적어도 6세 이상이어야 진단이 가능하다.

### (3) 원인

① 부모나 다른 사람의 학대를 받거나 무시당한 것이 원인이 된다고 주장한다.

② 가족의 분위기가 폭력적일 경우 이러한 장애가 나타날 가능성이 높다.

③ 변연계 이상 등 신경생물학적 요인이 관여될 수 있다.

### (4) 치료

① 심리치료를 통해 과거에 누적된 분노나 적개심을 표현하도록 하며, 인내력을 증가시키도록 한다.

② 약물로는 리튬, 카바마제핀, 벤조디아제핀 등이 효과를 나타낸다고 본다. 최근에는 세로토닌 재흡수를 차단하는 약물이 효과적이라고 제안된다.

## 4) 반사회성 성격장애

사회적 규범 혹은 타인의 권리를 무시하는 폭행이나 사기 행동을 지속적으로 나타내는 성격적 문제이다.

※ '18. 성격장애'의 '2) B군 성격장애, (1) 반사회성 성격장애'에서 설명

## 5) 방화증

### (1) 임상적 특징

① 불을 지르고 싶은 충동을 조절하지 못해 반복적으로 방화를 하는 경우이다.

② 나름대로의 목적을 지니고 사전에 미리 계획을 세우며, 방화를 한 번 이상 한다.

③ 불을 지르기 전 긴장감을 느끼며 흥분하고 불과 관련된 상황에 대해 매혹을 느끼고 호기심에 이끌린다.

④ 불을 지르거나, 남이 불을 지르는 것을 볼 때 기쁨이나 만족감, 안도감을 느낀다.

**TIP**

방화증에서 불을 지르는 것은 보험금을 노리는 경우와 같이 경제적 이익을 위해, 사회 정치적 이념 구현을 위해, 범죄현장을 은폐하기 위해, 분노나 복수심을 표현하기 위해, 생활 환경을 개선하기 위해, 다른 정신장애에 의한 판단력 장애로 인하여 불을 지르는 것이 아니며, 단지 불을 지르거나 또는 남이 불을 지르는 것을 볼 때 기쁨이나 만족감 또는 안도감을 느끼기 위해서 불을 지른다.

(2) DSM-5 진단기준

① 1회 이상의 고의적이고 목적 있는 방화 행위를 한다.

② 방화 행위 전의 긴장 또는 정서적 흥분이 나타난다.

③ 불과 연관된 상황적 맥락에 대한 매혹, 흥미, 호기심을 가지고 있다.

④ 불을 지르거나 불이 난 것을 목격하거나 참여할 때 기쁨, 만족 또는 안도감을 보인다.

⑤ 방화는 금전적 이득, 범죄 행위 은폐, 분노나 복수심의 표현 등에 기인한 것이 아니다.

⑥ 방화 행위는 품행장애, 조증삽화 또는 반사회성 성격장애로 더 잘 설명되지 않는다.

(3) 원인

① 정신분석적 입장

㉠ 성적 욕구를 해소할 수 있는 대체 수단으로 불을 지르게 된다고 본다.

㉡ 이밖에도 방화의 주된 동기는 복수심이라고 주장하는데, 대인관계 능력이 없는 사람이 다른 사람과 의사소통을 하고자 하는 방식으로 불을 지른다는 것이다.

② 생물학적 입장 : 뇌 결함으로 방화증이 나타날 가능성도 제기한다.

## 6) 도벽증

기출 DATA
도벽증의 임상적 특징
2020-1회, 2016-3회

(1) 임상적 특징

① 남의 물건을 훔치고 싶은 충동을 참지 못해 반복적으로 도둑질을 하게 되는 경우로 절도광이라고 한다.

② 개인적으로 쓸모없거나 금전적으로 가치 없는 물건을 훔치려고 하는 충동을 억누르지 못해 훔치는 일이 반복된다.

③ 훔치기 직전 긴장감이 높아지며, 훔치고 나서 기쁨, 만족감, 안도감을 느낀다.

④ 청소년기부터 시작하며 점차 만성화되는 경향이 있고, 남자보다 여자에게 더 흔한 것으로 알려져 있다.

(2) DSM-5 진단기준

① 개인적으로 쓸모가 없거나 금전적으로 가치 없는 물건을 훔치려는 충동을 저지하는 데 반복적으로 실패한다.

② 훔치기 직전에 긴장감이 고조된다.

③ 훔쳤을 때의 기쁨, 만족감 또는 안도감이 있다.

④ 훔치는 행위는 분노나 복수 또는 망상이나 환각에 대한 반응이 아니다.

⑤ 훔치는 행위가 품행장애, 조증삽화 또는 반사회성 성격장애로 더 잘 설명되지 않는다.

(3) 원인

① 생물학적 입장 : 뇌의 특정 부분이 손상되거나 신경학적 기능 이상으로 물건을 훔치는 행동이 나타난다고 본다. 뇌의 구조적 손상으로 충동 조절 능력과 행동억제 능력이 저하된 것으로 본다.

② 정신분석적 입장 : 물건을 훔치는 행동이 아동기의 잃어버린 애정과 쾌락에 대한 대체물을 추구하는 행위라고 본다.

(4) **치료** : 행동치료 기법으로 체계적 둔감법, 혐오적 조건형성, 사회적 강화요인의 변화 등을 사용한다.

## 16 》》 물질 관련 및 중독장애

[물질 관련 및 중독장애 하위 유형]

| 하위 장애 | | | 핵심 증상 |
|---|---|---|---|
| 물질 관련 장애 | 물질 사용장애 | | 술, 담배, 마약과 같은 중독성 물질을 사용하거나 중독성 행위에 몰두함으로써 생겨나는 다양한 부적응적 증상이다. |
| | 물질 유도성 장애 | 물질중독 | 특정한 물질을 과도한 복용으로 인해 일시적으로 나타나는 부적응적 증상이다. |
| | | 물질금단 | 물질 복용의 중단으로 인해 일시적으로 나타나는 부적응 증상이다. |
| | | 물질/약물 유도성 정신장애 | 물질 남용으로 인해 일시적으로 나타나는 정신장애 증상이다. |
| 비물질 관련 장애 | 도박장애 | | 심각한 부적응 문제를 유발하는 지속적인 도박행동이다. |

**TIP**
우리가 섭취하는 물질 중에는 중독성을 지니고 있어 몸과 마음에 부정적인 영향을 미치는 것들이 있다. 그 대표적인 물질로는 알코올, 마약류, 진정제 등이 있다.

## 1) 물질-관련 및 중독장애

### (1) 특징

① 물질-관련 및 중독장애는 술, 담배, 마약과 같은 중독성 물질을 사용하거나 중독성 행위에 몰두함으로써 생겨나는 다양한 부적응적 증상을 포함하고 있다.

② 부적응적 증상으로는 내성이 생겨서 *금단증상이 일어나게 되고, 물질 사용을 중단하거나 조절하려고 해도 뜻대로 되지 않는다.

③ 신체적, 정신적, 가정적, 사회적, 직업적으로 다양한 손상을 입는다.

④ 스트레스를 받는 사회경제적 조건에서 발생 비율이 높으며, 물질 사용이 보상을 줄 것이라는 기대감 때문에 사용이 증가한다.

⑤ 물질사용장애 원인으로는 다른 사람들에 비해 높은 의존성, 반사회성, 중독성, 물질에 대한 긍정적 기대와 신념 등이 있다.

⑥ 신경전달물질인 도파민이 보상중추를 계속 자극하여 중독을 더욱 강화하는데, 도파민이 부족해지면 보상결핍증후군이 나타나게 된다.

⑦ 크게 물질-관련 장애와 비물질-관련 장애로 구분된다.

### (2) 물질-관련 장애

① 물질 사용장애과 물질 유도성장애로 구분되며 어떤 물질에 의해서 부적응 문제가 생겨나느냐에 따라 열 가지 유목으로 구분된다.

② 알코올, 타바코, 카페인, 대마계의 칸나비스, 환각제, 흡입제, 아편류, 진정제, 수면제 또는 항불안제, 흥분제, 기타물질이 있으며 물질별로 구체적인 진단이 가능하다.

> 예 알코올 사용장애, 알코올 중독, 알코올 금단. 알코올 정신장애 등으로 구분되어 진단된다.

③ 물질 사용장애 종류

| | |
|---|---|
| 물질 의존 | • 특정 물질을 반복 사용하면 점점 양을 많이 사용해야 전과 같은 효과를 내는 내성이 생긴다.<br>• 물질을 끊으면 매우 고통스러운 상태가 되는 금단증상을 경험하게 되는 경우이다.<br>• 복용량이 늘어나고 물질을 구하기 위해 시간적, 경제적 투자를 하며 심각한 현실적 문제가 발생한다. |
| 물질 남용 | 물질의 과도한 섭취로 인해 학업, 직업, 가정에서 역할을 수행하지 못하고, 폭력적인 행동을 하거나 법적 문제를 야기한다. |

④ 물질 유도성장애
   ⊙ 과도한 또는 지속적인 물질복용으로 인해 파생된 부적응적인 행동 변화로 다양한 양상이 있으며 물질에 따라 각기 다른 증상이 나타난다.
   ⓛ 물질중독, 물질금단, 물질/약물 유도성 정신장애로 나뉜다.

(3) 비물질−관련 장애 : 도박장애 한 개가 분류되어 있으며 도박행동이 12개월 이상 지속되고 심각한 적응문제와 고통을 경험하는 경우를 뜻한다.

## 2) 알코올 관련 장애

(1) 알코올 사용장애
   ① 과도한 알코올 사용으로 인해 금단, 내성 그리고 갈망감이 포함된 행동과 신체 증상들의 집합체로 정의된다.
   ② 가정의 경제적 곤란, 자녀들에 대한 나쁜 영향 등 가족의 기능장애를 초래하게 되어 사고, 비행, 자살 등 사회 문제를 일으키는 직접적인 동기가 된다.
   ③ 여성이 남성에 비해 알코올 분해 효소가 부족하여 얼굴이 신속하게 붉어지며, 성인 남자가 성인여성보다 발병률이 높다.
   ④ 주로 술이 식사와 함께 제공되는 문화에서는 알코올 문제가 많이 발생하며, 인종 간 차이가 있다.
   ⑤ 옐리네크는 알코올 의존이 단계적으로 발전하는 장애로 4단계의 과정을 제시하였다.
      ⊙ 전 알코올 증상단계 : 사교적 목적으로 음주를 시작하여 즐기는 단계이다.
      ⓛ 전조단계 : 술에 대한 매력이 증가하면서 점차로 음주량과 음주 빈도가 증가하는 시기이다.
      ⓒ 결정적 단계 : 음주에 대한 통제력을 서서히 상실하게 되는 단계이다.
      ② 만성단계 : 알코올에 대한 내성이 생기고 심한 금단증상을 경험하게 되어 알코올에 대한 통제력을 완전히 상실하게 되는 단계이다.
   ⑥ 알코올은 모르핀, 마약류 등과 같은 진정제이다.

(2) 알코올 유도성장애
   ① 알코올의 섭취나 사용으로 인해 나타는 부적응적인 후유증을 말한다.
   ② 알코올 중독, 알코올 금단, 알코올 물질/유도성 정신장애로 다양한 하위 유형이 나온다.

③ 알코올 중독
  ㉠ 과도하게 알코올을 섭취하여 심하게 취한 상태에서 부적응적 행동이 생긴다.
    예 부적절한 공격적 행동, 정서적 불안정, 판단력장애, 사회적 또는 직업적 기능손상이 나타나는 경우
  ㉡ 알코올 중독 상태에서는 다음 중 한 가지 이상의 증상이 나타난다.
    ⓐ 불분명한 말투
    ⓑ 운동 조정 장해
    ⓒ 불안정한 걸음
    ⓓ 안구 진탕
    ⓔ 집중력 및 기억력 손상
    ⓕ 혼미 또는 혼수

④ 알코올 금단
  ㉠ 알코올 금단은 지속적으로 사용하던 알코올을 중단했을 때 여러 가지 신체, 생리적 또는 심리적 증상이 나타나는 상태를 말한다.
  ㉡ 알코올 섭취 후 몇 시간에서 며칠 이내 2개 이상의 증상이 나타날 때 해당된다.
    ⓐ 자율신경계 기능 항진(발한 또는 맥박수가 100회 이상 증가)
    ⓑ 손떨림 증가
    ⓒ 불면증
    ⓓ 오심 및 구토
    ⓔ 일시적인 환시, 환청, 환촉 또는 착각
    ⓕ 정신운동성 초조증
    ⓖ 불안
    ⓗ 대발작

⑤ 알코올 유도성 정신장애
  알코올 사용으로 인해 나타나는 증상의 특성에 따라 다양한 하위 유형이 있다.
  ㉠ 알코올 유도성 기억장애 : *코르사코프 증후군을 포함
  ㉡ 알코올 유도성 불안장애 : 알코올 섭취로 불안장애 증세가 나타나는 것
  ㉢ 알코올 유도성 성기능 장애 : 발기불능 등 성기능에 어려움이 나타나는 것
  ㉣ 알코올 유도성 치매 등을 비롯하여 알코올 유도성 기분장애(우울장애), 알코올 불안장애(공포증, 공황장애 등), 알코올 유도성 수면장애 등

기출 DATA
알코올 금단
2020-3회, 2019-3회

기출 DATA
알코올 유도성 정신장애
2016-3회, 2016-1회

TIP
코르사코프 증후군
코르사코프는 비타민 B₁의 결핍에 의해서 발생하는 신경학적 합병증으로 건망증, 기억력장애, 지남력장애, 작화증(자신이 기억하지 못하는 것을 마치 있었던 것처럼 확신을 갖고 말하거나 사실을 위장, 왜곡하는 병적인 증상을 말한다.) 등을 특징으로 하며 해마가 손상되어 발생하는 것으로 알려져 있다. ▶ 2020-1회

(3) 원인

① 생물학적 입장 : 알코올 의존 환자들이 유전적 유인이나 알코올 신진대사에 신체적인 특성을 지닌다고 본다. 알코올 의존자의 가족이나 친척 중에는 알코올 의존자가 많다는 것이 자주 보고된다.

② 정신분석적 입장

㉠ 알코올 중독자들이 심리성적 발달과정에서 유래한 독특한 성격특성을 지니고 있다고 본다.

㉡ 자극결핍이나 자극과잉으로 인해 구순기에 고착된 구강기 성격을 지니고 있으며 의존적이고 피학적이며 위장된 우울증을 지니고 있다는 주장이다.

㉢ 물질 남용자들은 가혹한 초자아와 관련된 심각한 내면적 갈등을 지니고 있으며 이러한 긴장, 불안, 분노를 회피하기 위해서 알코올이나 약물을 사용한다는 주장도 있다.

(4) 치료

① 알코올 의존이 심한 사람은 입원 치료를 받는 것이 바람직하다. 병원 상황에서 금단 현상을 줄일 수 있는 벤조디아제핀 투여를 받게 된다.

② 약물치료와 더불어 알코올이 몸과 마음에 미치는 부정적 영향을 교육하고, 가정과 직장 및 사회적 활동에서 받게 되는 스트레스에 대한 대처훈련, 자기주장훈련, 이완훈련, 명상 등이 함께 시행되는 것이 일반적이다.

③ 가족의 영향력이 중요함으로 AA자조모임 등을 병행하는 것은 지속적인 재발 방지를 위해 필요하다.

④ 비슷한 문제를 지닌 사람들이 모여서 집단상담 프로그램을 통해 의존 욕구 만족과 자아 긍정성을 높이며, 사회 적응력을 보다 쉽게 높일 수 있다.

## 3) 타바코-관련 장애

(1) 특징

① 타바코는 중독성 물질인 니코틴을 함유하는 여러 종류의 담배를 포함하고 있다.

② 타바코-관련 장애는 타바코의 사용으로 인해 발생되는 다양한 심리적 장애를 말하며 크게 타바코 사용장애와 타바코 금단으로 분류된다.

③ 담배를 처음 피우면 기침, 구토, 어지러움 등을 유발하지만 담배에 내성이 생기면 이러한 증상이 사라지고 적당한 각성 효과를 얻기 위해서 더 많은 담배를 피워야 한다.

④ 오랫동안 피워온 담배를 끊으면 불쾌감, 우울감, 불면, 불안, 집중력 저하 등의 금단증상이 나타난다.

⑤ 장기간의 니코틴 섭취로 인해 니코틴에 대한 내성과 금단현상을 비롯한 여러 가지 문제가 발생하여 일상생활에 부적응이 나타난다.

⑥ 흡연행동 심리적 원인
  ㉠ 타인과 함께 있을 때 담배를 피우는 사회형
  ㉡ 자극을 위해 담배를 피우는 자극형
  ㉢ 편안함을 위해서 담배를 피우는 긴장 이완형
  ㉣ 부정적 감정을 느낄 때 담배를 피우는 감정 발산형
  ㉤ 혼자 있을 때 담배를 피우는 고독형
  ㉥ 사회적 능력이나 자신감을 증가시키기 위해서 담배를 피우는 자신감 증진형
  ㉦ 담배 피우는 동작과 감각에서 즐거움을 느끼는 감각운동형
  ㉧ 식욕억제를 위해 담배를 피우는 음식 대체형
  ㉨ 자각 없이 담배를 피우는 습관형

(2) 원인과 치료

① 생물학적 입장 : 니코틴 일정효과이론, 니코틴 조절이론

② 행동주의 입장 : 즉시적인 긍정적 효과가 흡연행위를 강화하게 한다고 본다.

③ 치료 : 니코틴 대체치료, 다중 양식적 치료, 최면치료 등
  ㉠ 니코틴 대체치료 : 니코틴이 들어있는 껌, 패치로 대체한다.
  ㉡ 다중 양식적 치료 : 금연의 동기를 강화시키고 그 구체적 계획을 스스로 작성하며 인지 행동적 기법을 통해 금연계획을 실행에 옮기게 한다.

## 4) 기타 물질-관련 장애

### (1) 카페인-관련 장애

① 카페인은 우리가 일상생활에서 흔히 섭취하는 커피, 홍차, 청량음료를 비롯하여 진통제, 감기약, 두통약, 각성제, 살 빼는 약 등에 포함되어 있으며 초콜릿과 코코아에도 적은 함량이지만 카페인이 포함되어 있다.

② 카페인이 포함된 음료나 약물을 장기간 섭취하면 내성이 생기고 금단
현상도 나타나는 등의 의존성이 생겨난다.

③ 카페인으로 인한 내성과 금단현상은 물질사용장애의 진단기준에 해당
될 만큼 현저한 부적응을 초래하지 않는 것으로 알려져 있다.

### (2) 칸나비스 - 관련 장애

① 칸나비스는 식물 대마초로부터 추출된 물질로서 한국어 용어로는 대마계
제제라고 한다.

② 대마의 잎과 줄기를 건조시켜 담배로 만든 것이 대마초, 즉 마리화나이다.

③ 하시시(Hashish)는 대마 잎의 하단부와 상단부에서 스며 나온 진액을
건조한 것으로서 마리화나보다 훨씬 강력한 효과를 나타낸다.

④ 대마계 제제 관련 장애는 대마계 물질이나 화학적으로 유사한 합성물질
에 대한 의존과 중독 현상을 말한다.

### (3) 환각제 - 관련 장애

① 환각제는 환각효과를 나타내는 다양한 물질들을 말한다. 펜시클리딘,
LSD, 암페타민류, 항콜린성 물질 등이 이에 속한다.

② 환각제는 주로 경구 투여되며 주사제로도 사용된다.

③ 환각제를 사용하면 시각이나 촉각이 예민해지는 등 감각기능이 고양되
고, 신체상과 시공간지각이 변화되며, 현실감각의 상실, 감정의 격변,
공감각(음악소리가 색깔로 보이는 등의 감각변형 현상) 등을 경험하게
된다. 또한 잊었던 어린 시적의 기억이 회상되고, 종교적 통찰의 느낌
과 신체로부터 이탈되는 경험이나 외부세계로 함입되는 느낌을 갖게 되
고 의식의 확장이나 황홀경을 경험하게 된다.

④ 환각제 사용장애는 환각제 사용으로 인한 내성과 금단현상으로 인해 반
복적으로 환각제를 사용하는 경우를 말한다.

⑤ 환각제 유도성장애로는 환각제 중독과 환각제 지속적 지각장애가 대표
적이다.

⑥ 환각제는 불안, 우울, 공포, 피해망상, 판단력 장애와 더불어 다양한 신체
적 부작용을 유발하여 결과적으로 심각한 부적응 상태를 초래하게 된다.

### (4) 흡입제 - 관련 장애

① 흡입제는 환각을 유발할 수 있는 다양한 휘발성 물질을 의미하며 주로
코를 통해 체내로 유입된다. 본드, 부탄가스, 가솔린, 페인트 시너, 분무
용 페인트, 니스 제거제, 고무시멘트, 세척제, 구두약 등의 종류가 있다.

**기출 DATA**
환각제 관련 장애 2017-1회
환각제 약물 2020-1회

② 흡입된 대부분의 화학물질은 정신활성 효과를 유발할 수 있는 물질의 복합체이다.

③ 이 장애를 일으키는 정확한 물질을 알아내는 것은 어려우며 사용된 물질이 복합적이고 확인하기 어렵기 때문에 흡입제라는 용어를 사용하고 있다.

(5) 아편류-관련 장애

① 아편은 양귀비라는 식물에서 채취되는 진통효과를 지닌 물질로서 의존과 중독현상을 나타내는 대표적인 마약이다.

② 아편과 유사한 화학적 성분이나 효과를 나타내는 물질들을 아편류라고 하는데, 천연 아편류(예 모르핀), 반합성 아편류, 모르핀과 유사한 작용을 하는 합성 아편류(예 코데인, 하이드로모르핀, 메사돈, 오시코돈, 메페리딘, 펜타닐) 를 포함한다.

③ 아편류는 진통제, 마취제, 설사억제제, 기침억제제로 처방되고, 적절한 의학적인 목적 이외의 사용은 법적으로 허용되지 않고 있다.

④ 헤로인은 이러한 약물들 중에서 가장 흔하게 남용되는 약물이다. 정제된 헤로인은 주사를 통해 사용되며, 때로는 흡연을 하거나 코로 흡입하기도 한다.

(6) 자극제-관련 장애

① 자극제는 암페타민과 코카인을 비롯한 중추신경계를 자극하는 물질을 의미한다.

② 대표적인 자극제인 암페타민은 중추신경계 흥분제로서 각성과 흥분의 효과를 지니고 있다.

③ 암페타민은 초기에는 천식 치료제로 사용되었으나 오늘날은 과잉 활동을 수반하는 주의력 결핍 아동의 치료에 사용하기도 한다.

④ 적은 양의 암페타민은 각성 수준과 심장박동을 증가시키며 식욕을 감퇴시키고 유쾌감과 자신감을 높여주는 효과를 나타낸다. 그러나 많은 양을 복용하면 예민해지고 안절부절못하며 두통, 현기증 및 불면이 초래된다. 때로는 의심이 많아지고 적대적이 되어 타인에게 공격적 행동을 하는 경우도 있다.

(7) 진정제 수면제 또는 항불안제-관련 장애

① 진정제, 수면제, 항불안제는 벤조디아제핀 계열의 약물, 카바메이트 제제, 바비튜레이트와 그 유사 수면제를 포함한다.

② 알코올처럼 뇌기능 억제제이고 알코올과 유사한 문제를 일으킬 수 있다.

③ 이러한 약물은 알코올과 혼합되어 고용량으로 사용될 경우 치명적일 수 있다.

## 5) 비물질−관련 장애 : 도박장애

### (1) 임상적 특징

① 화투나 카드 게임을 비롯하여 경마, 경륜, 슬롯머신과 같은 도박성 게임이 오락의 한 형태로 많은 사람에 의해서 행해지고 있다.

② 무기력함을 느끼거나 원하는 흥분을 얻으려고 더 많은 액수로 도박을 하며, 도박을 줄이거나 멈추고자 할 때 금단증상과 내성, 의존성으로 불안감과 짜증을 경험한다.

③ 흥분이나 쾌감 등을 얻기 위해 점점 더 많은 돈으로 도박하는 내성을 보여서 자칫 경제적 파산과 가정파탄을 초래하는 비참한 상태로 전락하기 쉽다.

④ 돈을 딸 수 있다는 낙관주의적 자세를 보인다.

⑤ 도박을 할 때 도파민의 작용이 활성화되고, 충동적이며 새로운 자극을 추구하려는 특성을 가진다.

⑥ 합법적인 도박뿐만 아니라 인터넷이나 스마트폰 등을 사용한 불법도박도 심각한 사회문제를 일으킨다.

### (2) 원인

① 정신 역동적 입장 : 오이디푸스 갈등과 관련된 무의식적 동기로 도박장애를 설명하고 있는데 공격적이거나 성적인 에너지를 방출하려는 욕구가 무의식적으로 대치되어 도박행동으로 나타난다고 본다.

② 학습이론에서는 도박행동을 모방학습과 간헐적으로 돈을 따는 강화기제로 설명한다.

③ 인지치료에서는 돈을 따게 될 주관적 확률을 실제보다 높게 평가하며 비현실적이고 미신적인 인지 왜곡을 한다고 본다.

### (3) 치료

① 도박장애의 증세가 심각하거나 자살에 대한 위험성이 있으면 입원 치료를 해야 한다.

② 도박장애는 원인의 다양성만큼이나 치료법도 다양하게 제시되고 있다.

③ 그러나 도박장애는 치료가 매우 어렵고 재발률도 높은 편이다.

기출 DATA
비물질 관련 장애
2019−3회, 2018−1회

TIP
병적인 도박자 60명에 대한 심리적 특성을 분석한 버글러(Bergler)에 따르면 도박자들은 모험을 즐기고, 도박이 흥미·활동·생각의 대부분을 차지하며, 자신이 돈을 딸 것이라는 낙관주의로 가득 차 있고, 실패할 가능성을 계산하지 못한다. 돈을 따고 있을 때 적당한 시점에 도박을 그만두지 못하고, 돈을 계속 따면 나중에 그 돈을 몽땅 걸어 도박을 하는 동안 즐거움과 긴장감, 스릴을 만끽한다.

④ 정신 역동적 치료에서는 도박에 자꾸 빠져들게 하는 무의식적인 동기에 대한 통찰을 유도함으로써 도박행동을 감소시키고자 한다.

⑤ 약물치료로 클로피라민이나 세로토닌 억제제가 병적 도박에 효과적이라는 주장이 있다.

⑥ 이 외 집단치료와 단도박 모임(GA ; Gamblers Anonymous)도 도움이 될 수 있다. 단도박 모임은 병적 도박자들이 도박을 끊고 이를 유지하고 극복하도록 돕는 자조집단이다.

## 17 » 신경인지장애

**TIP**

신경인지장애는 뇌손상으로 인해 의식, 기억, 언어, 판단 등의 인지적 기능에 심각한 결손이 나타나는 경우이다.

[신경인지장애 하위 유형]

| 하위 장애 | 핵심 증상 |
| --- | --- |
| 섬망 | 의식이 혼미하고 주의 집중 및 전환 능력이 현저하게 감소되며 인지 기능에 일시적 장애가 나타나는 경우이다. |
| 주요 신경인지장애 | 한 가지 이상의 인지적 영역에서 과거 수행 수준에 비해 심각한 인지적 저하가 나타나는 것이다. |
| 경도 신경인지장애 | 주요 신경인지장애에 비해 증상 심각도가 경미한 경우를 말한다. |

### 1) 섬망

**기출 DATA**

섬망의 특징 2020-1회

(1) 임상적 특징

① 의식이 혼미하고 주의집중 및 전환 능력이 현저하게 감소하며, 기억, 언어, 현실 판단 등의 인지 기능에 일시적인 장애가 나타난다.

② 핵심 증상은 주의 저하, 각성 저하이다.

③ 단기간 발생하여 심해지면 하루 중에 그 심각도가 변동한다.

④ 물질 사용이나 신체적 질병과 같은 다양한 원인에 의해서 나타난다.

⑤ 노년기에 흔히 나타나는 인지장애의 하나로 의식이 혼미해지고 현실 감각이 급격히 혼란되어 시간과 장소에 대한 인지장애가 나타나며, 주위를 알아보지 못하고 헛소리를 하거나 손발을 떠는 증상이 나타난다.

(2) DSM-5 진단기준

① 주의장애와 의식장애를 주된 특징으로 한다.

② 장애는 단기간에 걸쳐 발생하고, 기저 상태의 주의와 의식으로부터 변화를 보이며, 하루 중 심각도가 변하는 경향이 있다.

③ 기억 결손, 지남력 장애, 언어, 시공간 능력 또는 지각과 같은 부가적 인지장애가 발생한다.

④ 진단기준 ①과 ③의 장애는 다른 신경인지장애로 더 잘 설명되지 않고, 혼수와 같은 각성 수준이 심하게 제한된 상황에서 일어나지 않는다.

## 2) 주요 신경인지장애

(1) 임상적 특징

① 한 가지 이상의 인지적 영역에서 과거수행 수준에 비해 심각한 인지적 저하가 나타나는 경우를 말한다.

② 인지적 저하는 본인이나 주변 사람들 또는 임상가에 의해서 인식될 수 있으며, 표준화된 신경심리검사를 통해 평가될 수 있다.

③ 인지적 손상으로 일상생활을 독립적으로 영위하기 힘들 경우, 주요 신경인지장애로 진단된다.

④ 알츠하이머, 뇌혈관질환, 충격에 의한 뇌손상, HIV 감염, 파킨슨 질환 등과 같은 다양한 질환에 의해 유발될 수 있으며, 혈관성과 알츠하이머병의 경우 인지 저하의 진행 속도가 서로 다르게 나타난다.

(2) DSM-5 진단기준

① 이전 수행 수준에 비해 1가지 이상 인지영역에서 인지 저하가 현저하다는 증거가 다음에 근거한다.

㉠ 환자 또는 환자를 잘 아는 사람이 현저한 인지 기능 저하를 걱정한다.

㉡ 인지 수행의 현저한 손상이 표준화된 신경심리 검사 또는 다른 정량적 임상평가에 의해 입증된다.

② 인지 결손은 독립적인 일상 활동을 방해한다.

③ 인지 결손은 섬망만 있는 상황에서 발생하는 것이 아니고, 다른 정신질환으로 더 잘 설명되지 않는다.

④ 병인에 따라 알츠하이머병, 전두측두엽 변성, 외상성 뇌손상, 물질·치료약물 사용, 파킨슨병, 다른 의학적 상태, 다중 병인 등으로 명시한다.

기출 DATA
주요 신경인지장애의 진단기준
2018-1회

### 3) 경도 신경인지장애

(1) 임상적 특징

① 주요 신경인지장애에 비해 증상의 심각도가 경미한 경우를 말한다.

② 인지적 손상으로 일상 생활을 독립적으로 영위할 수 있는 능력이 저하되지 않은 상태이다.

③ DSM-Ⅳ에서 치매였던 장애가 DSM-5에서는 심각도에 따라 경도 또는 주요 신경인지장애로 지칭되었다.

④ 노년기에 나타나는 가장 대표적인 정신장애로 기억력 및 언어기능, 운동기능이 저하되며 물체를 알아보지 못하고 일상생활에 필요한 여러 가지 적응능력이 전반적으로 손상된다.

(2) DSM-5 진단기준

기출 DATA
경도 신경인지장애의 진단기준
2018-1회

① 이전 수행 수준에 비해 1가지 이상의 인지 영역에서 인지 저하가 경미하게 있다는 증거가 다음에 근거한다.

㉠ 환자 또는 환자를 잘 아는 사람이 현저한 인지 기능 저하를 걱정한다.

㉡ 인지 수행의 현저한 손상이 표준화된 신경심리 검사 또는 다른 정량적 임상평가에 의해 입증된다.

② 인지 결손은 독립적인 일상 활동을 방해하지 않는다.

③ 인지 결손은 섬망만 있는 상황에서만 발생하는 것이 아니고, 다른 정신질환으로 더 잘 설명되지 않는다.

④ 병인에 따라 알츠하이머병, 전두측두엽 변성, 외상성 뇌손상, 물질·치료약물 사용, 파킨슨병, 다른 의학적 상태, 다중 병인 등으로 명시한다.

### 4) 신경인지장애 유형

알츠하이머병으로 인한 신경인지장애의 특징은 다음과 같다.

(1) 전형적 증상은 기억상실이며 기억상실이 아닌 시공간적·논리적 결함을 띤 실어증 변형이 나타나기도 하며 점진적으로 진행된다.

(2) 진행 과정에서 인지 기능 저하뿐만 아니라 성격변화, 초조행동, 우울증, 망상, 환각, 공격성 증가, 수면장애 등의 정신행동 증상이 흔히 동반되며 말기에 이르면 경직, 보행 이상 등의 신경학적 장애 또는 대소변 실금, 감염, 욕창 등 신체적인 합병증까지 나타나게 된다.

기출 DATA
알츠하이머병으로 인한 신경인지
장애★ 2020-1회, 2019-1회,
2018-3회, 2017-3회

(3) 발병 연령에 따라 65세 미만에서 발병한 경우인 조발성(초로기) 알츠하이머병과 65세 이상에서 발병한 경우인 만발성(노년기) 알츠하이머병으로 구분한다.

(4) 조발성 알츠하이머는 비교적 진행속도가 빠르고 언어기능 저하가 초기에 나타나며, 만발성은 진행이 느리고 다른 인지 기능에 비해 기억력 손상이 두드러지는데 조발성보다 만발성이 더 빈번히 나타난다.

(5) 알츠하이머병은 단백질의 일종인 베타 아밀로이드와 타우가 뇌에 과도하게 쌓여서 생기는 것으로 알려진다.

(6) 노인성 반점과 같은 구조적 변화가 관찰되고, 신경섬유 매듭이 정상발달 노인에 비해 매우 많다.

# 18 》 성격장애

**기출 DATA**
성격장애 유형
2018-3회, 2016-1회

[성격장애 유형]

| 하위 장애 | | 핵심 증상 |
|---|---|---|
| A군 성격장애 | 편집성 성격장애 | 타인에 대한 강한 불신과 의심, 적대적 태도, 보복 행동 |
| | 조현성 성격장애 | 관계형성에 무관심, 감정 표현 부족, 대인관계 고립 |
| | 조현형 성격장애 | 대인관계 기피, 인지적, 지각적 왜곡, 기이한 행동 |
| B군 성격장애 | 반사회성 성격장애 | 법과 윤리의 무시, 타인의 권리 침해, 폭력 및 사기 행동 |
| | 연극성 성격장애 | 타인의 관심을 끌려는 행동, 과도하게 극적인 감정표현 |
| | 경계성 성격장애 | 불안정한 대인관계, 격렬한 애증의 감정, 충동적 행동 |
| | 자기애성 성격장애 | 웅대한 자기상, 찬사에 대한 욕구, 공감 능력의 결여 |
| C군 성격장애 | 강박성 성격장애 | 완벽주의, 질서 정연함, 절약에 대한 과도한 집착 |
| | 의존성 성격장애 | 과도한 의존 욕구, 자기 주장의 결여, 굴종적인 행동 |
| | 회피성 성격장애 | 부정적 평가에 대한 예민성, 부적절감, 대인관계 회피 |

## 1) A군 성격장애

(1) 편집성 성격장애(Paranoid personality disorder)

① 임상적 특징

㉠ 타인에 대한 강한 불신과 의심을 지니고 적대적인 태도를 보이며, 주변 사람들과 친밀한 대인관계를 맺기 어렵고, 지속적인 갈등과 불화가 조장된다.

**TIP**

성격장애 임상특징
• 성격장애는 어린 시절부터 서서히 형성되기 시작하여 청소년기 또는 성인기에는 고정된 양상으로 굳어지게 되어 안정적으로 지속되며 좀처럼 변하지 않는다.
• DSM-5에서는 10가지 성격장애로 구분하고 있다.
• A군 편집성 성격장애, 조현성 성격장애, 조현형 성격장애는 기이하고 사회적으로 엉뚱하고 고립되어 있는 특성을 보인다.
• B군 연기성 성격장애, 반사회성 성격장애, 경계선 성격장애, 자기애성 성격장애는 극적이고 감정적이며 변덕스러운 특성을 보인다.
• C군 회피성 성격장애, 강박성 성격장애, 의존성 성격장애는 쉽게 불안해하고 근심이 많으며 무서움을 자주 느끼는 특성을 보인다.
• 고정된 행동양식이 사회적, 직업적 그리고 다른 중요한 영역에서 임상적으로 심각한 고통이나 기능장애를 초래한다.
• 개인의 지속적인 내적 경험과 행동양식이 그가 속한 사회의 문화적 기대에서 심하게 벗어나야 한다.

▶ 2016-1회

기출 DATA
편집성 성격장애의 임상적 특징
2019-3회

ⓛ 타인의 위협가능성을 지나치게 경계하기 때문에 행동이 조심스럽고, 경계심이 많으며, 생각이 지나치게 복잡하다.

ⓒ 겉으로는 객관적, 합리적, 정중한 모습이 나타나지만, 잘 따지고 고집이 세며 비꼬는 말을 잘 하여 냉혹한 사람으로 비쳐지기도 하고 타인을 믿지 않으며 혼자 일 처리를 한다.

ⓔ 주변 사람과의 갈등으로 스트레스를 많이 경험하며, 우울증, 공포증, 강박장애, 알코올 남용과 같은 정신장애를 나타낼 경우가 높다.

ⓜ 다른 성격장애와의 높은 관련성[조현형(분열형), 분열성, 자기애성, 회피성, 경계선 성격장애]의 요소를 함께 지니고 있는 경우가 많다.

ⓗ 주로 아동기, 청소년기 때부터 징후를 보이며 남성이 여성보다 더 많이 발병한다.

② DSM-5 진단기준
광범위한 불신과 의심이 성인기 초기에 시작되며 4개 이상의 항목을 충족해야 한다.

ⓐ 충분한 근거 없이 타인이 자신을 착취하고, 해를 주거나 속인다고 의심한다.

ⓑ 친구나 동료의 성실성이나 신용에 대한 부당한 의심을 한다.

ⓒ 정보가 자신에게 악의적으로 사용될 것이라는 부당한 공포 때문에 터놓고 얘기하기를 꺼린다.

ⓓ 타인의 말이나 사건 속에서 자신을 비하하거나 위협하는 숨겨진 의미를 찾으려 한다.

ⓔ 원한을 오래 품는다. 자신에 대한 모욕, 손상, 경멸을 용서하지 않는다.

ⓕ 타인은 그렇게 생각하지 않지만 자신의 인격이나 명성이 공격당했다고 인식하고 즉시 화를 내거나 반격한다.

ⓖ 이유 없이 배우자나 성적 상대자의 정절에 대해 반복적으로 의심한다.

③ 원인
ⓐ 정신분석적 입장

ⓐ 프로이트(Freud) : '동성애적 욕구에 대한 불안'을 제거하기 위해서 부인, 투사, 반동형성의 방어기제를 사용함으로써 편집성 성격특성이 나타난다고 주장한다.

ⓑ 카메론(Cameron, 1963) : '기본적 신뢰(Basic trust)의 결여'에서 기인한다고 주장한다. 어린 시절 부모로부터 가학적인 양육을 받은 경향이 타인에 대한 가학적 태도를 내면화한다는 것이다.

기출 DATA
편집성 성격장애의 진단기준
2017-3회

TIP
편집성 성격장애
• 행동양상 : 늘 자신을 방어하고 주변을 경계한다.
• 대인관계 : 까다롭고 늘 시비조이며 도발적이다.
• 인지양식 : 회의적인 것이 특징이다.
• 정서표현 : 화를 잘 내며 냉정하고 늘 불안하고 두려워한다.
• 자기지각 : 자신의 잘못이나 실패를 받아들일 수 없기 때문에 투사 과정을 통해 자신의 단점을 다른 사람에게 전가시키는 것으로 자존감을 유지한다.
• 방어기제 : 늘 의심이 많거나 적대적인 이들은 주로 투사를 사용한다.

ⓛ 인지적 입장

　　ⓐ 편집적 성격장애자의 행동적 특징을 설명할 때 그들이 지닌 독특한 신념과 사고과정에 초점을 둔다.

　　ⓑ 벡과 프리맨(Beck & Freeman, 1990) : 편집성 성격 장애자들이 가진 3가지 기본신념

　　　• 사람들은 악의적이고 기만적이다.

　　　• 그들은 기회만 있으면 나를 공격할 것이다.

　　　• 긴장하고 경계해야만 나에게 피해가 없을 것이다.

④ 치료

　ㄱ 이들이 겪고 있는 문제와 갈등의 근본적인 원인이 자신에게 있음을 자각하고 자신을 변화시키기 위한 실제적인 노력을 하게 하는 것이다.

　ㄴ 치료자와 내담자 간의 신뢰를 구축하고 내담자의 왜곡된 감정을 지적하기보다 수용해야 한다.

　ㄷ 편집성 성격장애는 성격적 문제보다 대부분 우울증이나 불안장애와 같은 문제로 치료를 원하게 된다.

　ㄹ 성격적 문제여서 수정하기가 어렵고, 그에 관한 경험적 연구는 부족한 상황이다.

(2) 조현성 성격장애(Schizoid personality disorder)

① 임상적 특징

　ㄱ 타인과의 친밀한 관계형성에 무관심하며 감정표현의 부족으로 사회적 적응에 현저한 어려움을 나타낸다.

　ㄴ 가족을 제외한 극소수의 사람을 제외하면 친밀한 관계를 맺는 사람이 없으며 매우 단조롭고 메마르고, 무기력한 삶을 영위하는 경향이 있다.

　ㄷ 흔히 직업적 적응에 어려움을 겪게 되며, 대인관계를 요하는 업무엔 취약하고, 혼자서 하는 일에는 능력을 발휘하기도 한다.

　ㄹ 강한 스트레스가 주어지면 짧은 기간 동안 정신증적 증상을 나타내기도 하고 망상장애나 정신분열증으로 발전되는 경우가 있다.

　ㅁ 우울증을 지니고 있는 경우가 흔하며 조현형, 편집성, 회피성 성격장애의 요소를 함께 지니고 있는 경우가 많다.

　ㅂ 사회적 고립, 빈약한 친구관계, 제한된 감정반응, 학교성적 저하를 나타낸다.

기출 DATA
조현성 성격장애의 임상적 특징
2017-1회

**기출 DATA**
조현성 성격장애의 진단기준
2017-3회


**TIP**
조현성 성격장애
• 행동양상 : 무기력하고 거의 활동
  을 하지 않는다.
• 대인관계 : 타인에 대해 무관심하
  며 타인과 동떨어져 있다.
• 인지양식 : 인지적으로 빈곤하며
  의미 있는 인지능력은 거의 없다.
• 정서표현 : 단조롭고 황폐하며 냉
  담하다.
• 자기지각 : 자기 스스로를 편안하
  고 내향적이라고 여긴다.
• 방어기제 : 이지화를 사용한다.


**기출 DATA**
조현형 성격장애의 임상적 특징
2019-1회, 2017-1회,
2016-1회

② DSM-5 진단기준

대인 관계 상황에서 감정표현이 제한되어 있는 특성이 성인기 초기부터 생활 전반에 나타나며, 다음의 특성 중 4개 이상의 항목을 충족시켜야 한다.

㉠ 가족의 일원이 되는 것을 포함하여, 친밀한 관계를 원하지도 즐기지도 않는다.

㉡ 거의 항상 혼자서 하는 활동을 선택한다.

㉢ 다른 사람과 성 경험을 갖는 일에 거의 흥미가 없다.

㉣ 만약 있다고 하더라도, 소수의 활동에서만 흥미를 얻는다.

㉤ 직계 가족 이외에는 가까운 친구나 마음을 털어놓는 친구가 없다.

㉥ 타인의 칭찬이나 비평에 무관심해 보인다.

㉦ 정서적인 냉담, 무관심 또는 둔마된 감정을 보인다.

③ 원인

㉠ 정신역동적 입장 : 기본적 신뢰의 결여에 기인한 것으로 본다. 부모로부터 충분히 수용되지 못하거나 거부당한 경험 때문이라고 본다.

㉡ 인지적 입장 : 부정적 자기개념과 대인관계 회피에 관한 사고가 원인이라고 본다.

④ 치료

㉠ 치료 목표는 사회적 고립에서 벗어나고 사회적 상황에 효과적으로 적응하도록 돕는 것이다.

㉡ 치료자는 내담자가 사회적 상황의 철수를 줄이고, 생활 속 즐거움을 경험하며, 정서적 경험을 심화시켜 인간관계를 형성하도록 돕는다.

(3) 조현형 성격장애(Schizotypal personality disorder)

① 임상적 특징

㉠ 사회적으로 고립되어 있으며 기이한 생각이나 행동을 나타내어 사회적 부적응을 초래하는 성격장애를 말한다.

㉡ 조현성 성격장애와의 차이는 유사한 특성을 지니고 있지만 조현형이 '대인관계에 대한 불안감, 경미한 사고장애와 다소 기괴한 언행'을 나타낸다는 점에서 구분된다.

㉢ 이러한 특성이 성인기 초기에 시작되고 다양한 상황에서 나타나야 하며 심각한 스트레스를 받으면 일시적으로 정신증적 증상을 나타내기도 한다.

㉣ 친밀한 대인관계에 대한 현저한 불안감, 인간관계를 맺는 제한된 능력, 인지 및 지각적 왜곡, 기이한 행동 등을 보인다.

ⓜ 위의 항목에 의해 생활 전반에서 대인관계와 사회적 적응에 현저한 손상을 나타내야 한다.

② DSM-5 진단기준

다음의 특성 중 5개 이상의 항목을 충족시켜야 한다.

㉠ 관계망상과 유사한 사고(분명한 관계망상은 제외)

㉡ 행동에 영향을 미치는 괴이한 믿음이나 마술적 사고

> **예** 미신, 천리안에 대한 믿음, 텔레파시나 육감, 아동이나 청소년의 경우 기괴한 환상이나 집착

㉢ 신체적 착각을 포함한 유별난 지각 경험

㉣ 괴이한 사고와 언어

> **예** 애매하고 우회적이며 은유적이고, 지나치게 자세하게 묘사되거나 또는 상동증적인 사고와 언어

㉤ 의심이나 편집증적인 사고

㉥ 부적절하거나 메마른 정동

㉦ 괴이하고 엉뚱하거나 특이한 행동이나 외모

㉧ 직계가족 외에는 가까운 친구나 마음을 털어놓을 수 있는 사람이 없다.

㉨ 과도한 사회적 불안(이러한 불안은 친밀해져도 줄어들지 않으며 자신에 대한 부정적인 판단보다는 편집증적 공포와 연관되어 있음)

③ 원인

㉠ 유전적 요인 : 직계가족에서 유병률이 높으며, 이 장애를 지닌 사람의 가족은 정신분열증의 유병률이 높다.

㉡ 유아기에 경험한 부모와의 불안정한 애착관계로 인해 형성된다고 본다.

> ❖ 조현형 성격장애자들의 가족의 특징 : 정서적 교류가 적음, 냉담함, 타인과의 관계형성에 대한 강화를 받지 못함, 의사소통기술을 제대로 학습하지 못함

㉢ 인지적 입장 : 조현형 성격장애자들의 사고는 다음과 같다.

> **예** "나는 결함이 많은 사람이다", "사람들과 관계를 맺는 것은 매우 위험하다.", "나는 사람들이 나를 좋아하지 않는다는 것을 알고 있다.", "나는 다른 사람들이 무슨 생각을 하는지 다 안다.", "내가 느끼는 감정은 앞으로 무슨 일이 벌어질지를 미리 알려주는 신호이다."

④ 치료

㉠ 약물치료, 인지행동적 치료가 도움이 된다는 보고가 있다.

㉡ 구체적인 사회적 기술훈련 : 정신분석적 치료보다는 적응상태가 개선된다.

---

**기출 DATA**
조현형 성격장애의 진단기준
2016-1회

**TIP**
조현형 성격장애
• 행동양상 : 일탈적이고 이상하며 괴이하다.
• 대인관계 : 최소한의 대인접촉을 하며 고립된 생활을 한다.
• 인지양식 : 반추적이고 자폐적이며 혼란스러운 경향을 보인다.
• 정서표현 : 무감동하고 둔화되어 있다.
• 자기지각 : 고독하고 공허한 사람으로 여긴다.
• 방어기제 : 자폐적이고 기이한 인지양상을 보이는 이들은 주로 취소를 사용한다.

ⓒ Beck & Freeman(1990)의 사회적 기술훈련의 4가지 주요한 전략
  ⓐ 사회적 고립을 줄이는 건전한 치료적 관계를 수립한다.
  ⓑ 사회적 기술훈련과 적절한 언행의 모방학습을 통해 사회적으로 적절한 행동을 증가한다.
  ⓒ 내담자의 두서없는 사고양식에 의해 방해받지 않도록 치료회기를 구조적으로 진행한다.
  ⓓ 내담자가 정서적 느낌보다는 객관적 증거에 의거하여 자신의 사고를 평가하도록 교육한다.

## 2) B군 성격장애

### (1) 반사회성 성격장애(Antisocial personality disorder)

① 임상적 특징
  ㉠ 자신의 쾌락과 이익을 위해 수단과 방법을 가리지 않고, 사회규범이나 법을 지키지 않는다.
  ㉡ 무책임하고 폭력적인 행동을 반복하고 사회적 부적응을 초래한다. 충동적, 호전(好戰)적이어서 육체적 싸움이 잦으며, 배우자 또는 자녀를 구타하기도 하고, 가족 부양이나 채무 이행을 등한시한다.
  ㉢ 도시의 빈민층, 약물남용자, ADHD 아동에게 나타날 경향이 크며 청소년기에 품행장애를 보일 수 있다.
  ㉣ 본인 스스로 치료를 하려는 동기는 거의 없다.

② DSM-5 진단기준
  ㉠ 타인의 권리를 무시하거나 침해하는 행동양식이 생활 전반에 나타난다.
  ㉡ 이러한 특성이 15세부터 시작되어야 한다.
  ㉢ 다음 특성 중 3개 이상의 항목을 충족시켜야 한다.
    ⓐ 법에서 정한 사회적 규범을 준수하지 않으며 구속당할 행동을 반복
    ⓑ 개인의 이익이나 쾌락을 위한 반복적인 거짓말, 가명 사용 또는 타인을 속이는 사기행동
    ⓒ 충동적이며 미리 계획을 세우지 못함
    ⓓ 빈번한 육체적 싸움이나 폭력에서 드러나는 호전성과 공격성
    ⓔ 자신이나 타인의 안전을 무시하는 무모성
    ⓕ 꾸준하게 직업 활동을 수행하지 못하거나 채무를 이행하지 못하는 행동으로 나타나는 지속적인 무책임성

**기출 DATA**
B군 성격장애 2017-3회

**기출 DATA**
반사회성 성격장애 2019-1회

**TIP**

반사회성 성격장애
• 행동양상 : 두려움이 없으며 무모하다.
• 대인관계 : 거칠고 냉담하며 적대적이다.
• 인지양식 : 경직되고 융통성이 없으며 외부 지향적인 인지 패턴을 보인다.
• 정서표현 : 의심하고 공격하고 모욕하며 지배하려 한다.
• 자기지각 : 경쟁적, 정력적, 독립적으로 가치 있다고 여긴다.
• 방어기제 : 행동화를 주요 방어기제로 사용한다.

ⓖ 타인에게 상처를 입히거나 학대하거나 절도 행위를 하고도 무관심하거나 합리화하는 행동으로 나타나는 자책의 결여

③ 원인

㉠ 유전적 요인

ⓐ 범죄행위의 일치성이 일란성 쌍둥이는 55%, 이란성 쌍둥이는 13%이다.

ⓑ 여성의 반사회적 성격과 범죄 성향은 남성에 비해 유전적 소인이 크다고 본다.

㉡ 생물학적 요인 : 1,500명의 반사회성 성격장애자들 중 30~58%이 뇌파 이상을 보이며, 자율신경계와 중추신경계의 각성이 저하되어 있는 경향이 있다고 한다.

㉢ 어린 시절 양육경험 : 거칠고 거절을 잘하며 지배적인 부모의 태도가 공격적이고 반사회적인 아동을 만든다고 주장한다.

㉣ 정신분석적 입장 : 어머니와 유아 간의 관계형성의 문제에서 기인한다고 본다. 어머니와 기본적 신뢰가 형성되지 못해 폭력적이고 파괴적인 방법으로 타인과 관계를 맺으려는 시도가 반사회성 성격으로 나타난다고 본다.

㉤ 인지적 입장(Beck & Freeman, 1990)

반사회성 성격장애자들의 신념체계는 다음과 같다.

ⓐ "우리는 정글에 살고 있고, 강한 자만이 살아남는다."

ⓑ "힘과 주먹이 내가 원하는 것을 얻는 최선의 방법이다.

ⓒ "들키지 않는 한 거짓말을 하거나 속여도 상관없다."

ⓓ "다른 사람들은 약한 자들이며 당해도 되는 존재들이다."

ⓔ "내가 원하는 것을 이루기 위해서는 어떠한 행동도 정당화될 수 있다."

ⓕ "내가 먼저 공격하지 않으면 다른 사람이 먼저 나를 공격할 것이다."

ⓖ "다른 사람이 나를 어떻게 생각하는지는 중요하지 않다."

④ 치료

㉠ 권위적 인물에 저항하는 경향이 있으므로, 치료자는 중립적, 수용적 태도를 지니며 치료적 관계를 맺어야 한다.

㉡ 행동 치료적 접근 : 심층적 심리치료보다 구체적인 부적응적 행동 치료적 접근이 더 효과적이다.

기출 DATA

반사회성 성격장애의 원인
2018-3회

ⓒ 반사회성 성격장애는 일단 형성되면 근본적 치료가 어렵기 때문에 문제 아동, 비행청소년에 대한 조기 개입이 필요하며, 부모 교육을 통한 예방을 해야 한다.

(2) 연극성 성격장애(Histrionic personality disorder)

① 임상적 특징

ⓐ 타인의 애정과 관심을 끌기 위한 지나친 노력과 과도한 감정표현이 주 특징이며 희로애락의 감정기복이 심하다.

ⓑ 원색적인 화려한 외모로 치장해 이성을 유혹하려 하며, 관계지속 시 지나치게 요구적이고 끊임없는 인정을 바란다.

ⓒ 자신의 중요한 요구가 좌절되는 상황에서는 자살하겠다고 위협하거나 상식 밖의 무모한 행동을 하면서 타인을 조종하려는 모습을 보인다.

② DSM-5 진단기준

성인기 초기에 시작되고, 지나친 감정표현, 관심 끌기의 행동이 생활 전반에 나타나며 다음 특성 중 5개 이상의 항목을 충족시켜야 한다.

ⓐ 자신이 관심의 초점이 되지 못하는 상황에서는 불편감을 느낀다.

ⓑ 다른 사람과의 관계에서 흔히 상황에 어울리지 않게 성적으로 유혹적이거나 도발적인 행동을 특징적으로 나타낸다.

ⓒ 감정의 빠른 변화와 피상적 감정 표현을 보인다.

ⓓ 자신에게 관심을 끌기 위해서 지속적으로 육체적 외모를 활용한다.

ⓔ 지나치게 인상적으로 말하지만 구체적 내용이 없는 대화 양식을 가지고 있다.

ⓕ 자기 연극화, 연극조, 과장된 감정표현을 나타낸다.

ⓖ 타인이나 환경에 의해 쉽게 영향을 받는 *피암시성이 높다.

ⓗ 대인관계를 실제보다 더 친밀한 것으로 생각한다.

③ 원인

ⓐ 정신분석적 입장

오이디푸스 갈등에 기인한다고 주장한다.

ⓐ 연극성 성격장애 여성의 경우 : 어머니의 애정부족에 실망하여 아버지에게 집착하고, 주의를 얻기 위해 애교스럽고 과장되며 유혹적인 감정표현 양식을 습득한다는 것이다. 하지만 궁극적으로 원하는 것은 어머니의 애정이다.

ⓑ 연극성 성격장애 남성의 경우 : 어머니, 아버지의 부재 또는 부족한 애정으로 어머니와 동일시하고 수동적이고 여성적인 정체

TIP

연극성 성격장애
• 행동양상 : 변덕스럽고 끊임없이 새로운 자극을 추구한다.
• 대인관계 : 타인에게 쉽게 다가가 비위를 맞추며, 타인을 이용하려고 한다.
• 인지양식 : 즉흥적이고 전체적이며 인상적이다.
• 정서표현 : 불안정하고 때로는 격렬하다.
• 자기지각 : 자신의 불안정함을 인식하거나 인정하지 못하고 자기통찰이 결여되어 있다.
• 방어기제 : 해리를 주요 방어기제로 사용한다.

TIP

피암시성은 명령들을 비판 없이 받아들이는 것을 말한다.

감을 발달시킨다. 또는 여성성에 대한 불안 회피를 위해 과도한 남성성이 나타나기도 한다.

    ⓛ 인지적 입장 : 독특한 신념과 사고방식을 지니며, "나는 부적절한 존재이며 혼자서 삶을 영위하는 것은 너무 힘들다."라는 핵심적 믿음을 지니고 있어서, 다른 사람이 자신의 생존에 매우 중요하다고 보기에 "나는 돌보아줄 사람을 찾아야 한다.", "모든 사람으로부터 사랑을 받아야 한다.", "나는 다른 사람의 사랑을 독점적으로 가장 많이 받아야 한다.", "다른 사람이 나를 싫어하거나 무시하는 것은 참을 수 없는 일이다.", "나는 지루한 것을 참을 수 없다."라는 신념을 지닌다.

④ 치료

    ㉠ 아직 치료에 대해서는 알려진 바가 별로 없으나, 치료 시 치료자에게 의존하고, 지나치게 협조적이며 인정받으려는 욕구를 갖고 연인 등으로 대하며 거부당하는 것에 두려움이 있다. 그러므로 진정한 치료적 관계 맺기가 어렵다.

    ㉡ 치료자는 이를 잘 파악하여 대인관계 문제에 초점을 맞춘 심리치료를 진행한다.

    ㉢ 인지치료

        ⓐ 피상적인 것에서 구체적이고 체계적인 문제 중심적 사고로 변모하는 노력을 한다.

        ⓑ 부적응적인 사고를 지적하고 도전하기, 사고 검증하는 행동실험하기, 활동계획 세우기, 문제해결기술 훈련, 자기주장 훈련 등의 기법을 사용한다.

        ⓒ "나는 부적절한 존재이며 혼자서 삶을 영위하는 것은 너무 힘들다."라는 핵심적 신념을 변화시키는 작업이 이루어진다.

(3) 자기애성 성격장애(Narcissistic personality disorder)

① 임상적 특징

    ㉠ 자신에 대한 과장된 평가로 인한 특권의식을 지니며, 타인에게 착취적이거나 오만한 행동을 나타내 사회적 부적응을 초래한다.

    ㉡ 공감능력이 결여되어 있으며, 이상과 현실의 차이가 크기 때문에 자주 상처를 입게 되고, 우울해지거나 분노를 느끼게 된다.

    ㉢ 자기애성 성격의 구분(Wink, 1991)

        ⓐ 외현적 자기애 : 제3자가 객관적으로 관찰할 수 있을 정도로 자기애적 속성이 외적으로 드러난다. 자신만만하고, 외향적이며 타인의 반응을 무시하고 자기주장적인 모습을 보인다.

기출 DATA
자기애성 성격장애
2020－1회

ⓑ 내현적 자기애 : 내면의 깊숙한 곳에 자기애적 속성을 지니고 있으며, 수줍고 내향적이며 타인의 반응에 민감하다.

ⓔ 사춘기에 흔하나 반드시 성격장애로 발전하지는 않는다. 일명 '공주병', '왕자병'이라 한다.

② DSM-5 진단기준

㉠ 공상이나 행동에서의 웅대성, 칭찬에 대한 욕구, 공감의 결여가 생활 전반에 나타난다.

㉡ 다음 특성 중 5개 이상의 항목을 충족한다.

ⓐ 자신의 중요성에 대한 과장된 지각을 갖고 있다.

> **예** 자신의 성취나 재능을 과장함, 뒷받침할 만한 성취가 없으면서도 우월한 존재로 인정되기를 기대함

ⓑ 무한한 성공, 권력, 탁월함, 아름다움 또는 이상적인 사랑에 대한 공상에 집착한다.

ⓒ 자신이 특별하고 독특한 존재라고 믿으며, 특별하거나 상류층의 사람들만이 자신을 이해할 수 있고 또한 그런 사람들(혹은 기관)하고만 어울려야 한다고 믿는다.

ⓓ 과도한 찬사를 요구한다.

ⓔ 특권의식을 가진다.

ⓕ 착취적 대인관계를 갖는다.

ⓖ 감정이입 능력이 결여되어 있다.

ⓗ 흔히 타인을 질투하거나 타인들이 자신에 대해 질투하고 있다고 믿는다.

ⓘ 거만하고 방자한 행동이나 태도를 보인다.

③ 원인

㉠ 정신분석적 입장

ⓐ 자기애란 "심리적 에너지가 자신에게로 향해져서 자신의 신체를 성적인 대상으로 취급하는 태도"라고 정의한다.

ⓑ 부모가 적절한 좌절 경험을 주지 않아서 제멋대로이거나, 지속적으로 공감과 이해를 받지 못했거나, 냉정하고 애정 결핍적인 양육을 받아서 자기애성 성격장애가 된다고 본다.

㉡ 인지적 입장

ⓐ 자기애성 성격장애자의 부적응적 행동을 유발하는 독특한 신념과 사고과정에 초점을 두고 있다. "나는 매우 특별한 사람이다.", "나는 너무나 우월하기 때문에 특별한 대우를 받고 특권을 누릴 자격이 있다.", "인정, 칭찬, 존경을 받는 것은 매우

---

**TIP**

자기애성 성격장애

- 행동양상 : 건방지고 거만하게 보인다.
- 대인관계 : 자신의 욕구만족을 위해 타인을 이용하고 공감할 줄 모른다.
- 인지양식 : 과대적이고 미숙하다.
- 정서표현 : 무관심하고 냉정하다.
- 자기지각 : 매우 특별하며 위대한 사람으로 여긴다.
- 방어기제 : 합리화를 주로 사용한다.

중요한 일이다.", "내가 당연히 받아야 할 존경이나 특권을 받지 못하는 것은 참을 수 없는 일이다.", "사람들은 나를 비판할 자격이 없다.", "나 정도의 훌륭한 사람만이 나를 이해할 수 있다." 등의 신념으로 지나치게 긍정적으로 대우받은 사람에게 발생한다고 본다.

ⓑ 긍정적 메시지는 선택적으로 주의를 기울이고 부정적 메시지는 무시 또는 왜곡함으로써 자기애적 신념은 더욱 발전하여 성격장애의 형태로 발전하게 된다.

ⓒ 사회문화이론 : 경쟁이 조장되는 서구사회에서 나타날 소지가 크다.

④ 치료

㉠ 개인적 심리치료가 일반적이다.

㉡ 자기애적 손상에 취약하므로 예민성과 실망에 공감해 주고 치료과정에서 생긴 좌절과 실망에 대해 명료화한다.

㉢ 이상화나 평가 절하의 태도를 다루는 과정이 중요하다.

㉣ 약물치료는 제한적으로 리튬과 세로토닌 제제를 사용할 수 있다.

### (4) 경계성(경계선) 성격장애(Borderline personality disorder)

① 임상적 특징

㉠ 극단적인 심리적 불안정성이 가장 큰 특징이며, 강렬한 애정과 분노가 교차하는 불안정한 대인관계를 나타낸다.

㉡ 심한 충동성을 보이며, 자살과 같은 자해적 행동을 반복적으로 나타내는 경향이 있다.

㉢ 특히 이성을 이상화하여 강렬한 애정을 느끼고, 급속하게 연인관계로 발전한다.

㉣ 심한 스트레스를 받을 시 일시적으로 정신증적 증상을 나타내나, 오랫동안 지속되지 않는다.

㉤ 'Borderline'은 정신증과 신경증의 경계라는 의미이며, 정신증적 증상이 지속적이진 않으나, 일시적인 현실 검증력이 저하되기도 한다.

㉥ 기분장애, 공황장애, 물질남용, 충동통제장애, 섭식장애 등이 함께 나타나며, 기분장애가 나타날 시 자살가능성이 높다.

㉦ 75%가 여성이다.

기출 DATA
경계성 성격장애 특징 2020-3회
경계성 성격장애 유병률 2020-1회

② DSM-5 진단기준
  ㉠ 자아상 및 정서의 불안정성, 심한 충동성이 생활 전반에서 나타나야 한다.
  ㉡ 이러한 특징적 양상은 성인기 초기에 시작한다.
  ㉢ 다양한 상황에서 일어나며, 다음의 특성 중 5가지 이상의 항목을 충족시켜야 한다.
    ⓐ 실제적인 또는 가상적인 유기(버림받음)를 피하기 위한 필사적인 노력
    ⓑ 극단적인 이상화와 평가 절하가 특징적으로 반복되는 불안정하고 강렬한 대인관계 양식
    ⓒ 정체감 혼란 : 자아상이나 자기 지각의 불안정성이 심하고 지속적
    ⓓ 자신에게 손상을 줄 수 있는 충동이 적어도 2가지 영역에서 나타남
      **예** 낭비, 성관계, 물질 남용, 무모한 운전, 폭식
    ⓔ 반복적인 자살 행동, 자살 시늉, 자살 위협 또는 자해 행동
    ⓕ 현저한 기분 변화에 따른 정서의 불안정성
      **예** 간헐적인 심한 불쾌감, 과민성, 불안 등이 흔히 몇 시간 지속되지만 며칠 동안 지속되는 경우는 드묾
    ⓖ 만성적인 공허감
    ⓗ 부적절하고 심한 분노감을 느끼거나 분노를 조절하기 어려움
      **예** 자주 울화통을 터뜨림, 지속적인 분노, 잦은 육체적 싸움
    ⓘ 스트레스와 관련된 망상적 사고나 심한 해리 증상이 일시적으로 나타남
③ 원인
  ㉠ 정신분석적 입장
    ⓐ 오이디푸스 갈등 이전의 어린 시절에 어머니와 맺었던 독특한 관계경험에 기원한다고 본다.
    ⓑ 유아기의 분리-개별화 단계에서 심한 갈등을 경험하고 고착되어 어른이 된 후에도 '혼자'인 것을 참지 못하고, 중요한 타인으로부터 버려지는 것을 두려워한다.
    ⓒ 고착의 이유 : 어머니가 아이에게 안정된 애정을 줄 수 없는 여건, 혹은 아이의 타고난 공격적 특질로 인해 불안정한 정서적 관계의 형성을 원인으로 본다.

ⓛ 어린 시절의 충격적인 외상경험

ⓐ 아동학대의 3가지 유형(Zanarini, 1989) : 언어적, 신체적, 성적 학대

ⓑ 경계선 성격장애의 72%는 언어적 학대, 46%는 신체적 학대, 26%는 성적 학대, 76%는 부모의 양육태만을 경험하고, 74%는 18세 이전에 부모의 상실이나 이별 경험이 있다.

ⓒ 이러한 경험으로 인해 자신과 부모에 대한 긍정적, 부정적 경험을 통합시키지 못하고 '분리', '부인', '투사적 동일시'와 같은 방어기제를 사용한다고 본다.

ⓒ 인지적 입장

경계선 성격장애자들이 지닌 3가지 독특한 내면적 믿음(Beck & Freeman, 1990)

ⓐ 세상에 대한 부정적 믿음

예 "세상은 위험하며 악의에 가득 차 있다."

ⓑ 자신에 대한 부정적 믿음

예 "나는 힘없고 상처받기 쉬운 존재이다."

ⓒ 의존성

예 "나는 원래부터 환영받지 못할 존재이다."

ⓔ 생물학적 입장

ⓐ 선천적으로 충동적이고 공격적인 기질을 지닌다고 주장하며, 가족이 공통적으로 충동적인 성격 특질을 나타낸다는 보고이다.

ⓑ 뇌의 세라토닌 활동 수준이 낮다는 연구와 뇌의 신경인지적 결함과 관련된다고 본다.

④ 치료

⊙ 개인 심리치료가 일반적이다.

ⓐ 대부분 강렬하고 불안정한 대인관계 양상이 치료자와의 관계에 나타난다.

ⓑ 치료자의 태도

• 솔직하고 분명한 태도로 치료자의 의도를 오해하지 않게끔 해야 한다.

• 일관성 있고, 안정된 지지적 태도를 견지해야 한다.

• 내담자의 자아강도에 맞춰 접근해야 한다(약한 사람 → 지지/ 표현적 치료, 강한 사람 → 통찰 지향적).

ⓛ 정신역동 치료

ⓐ 내담자의 자아를 강화시켜 불안을 잘 인내하고 충동에 대한 통제력을 향상시키도록 한다.

ⓑ 긍정적 내용과 부정적 내용이 분리되어 있는 내담자의 자기표
상과 대상표상을 통합시킴으로써 안정된 자기인식과 대인관계
를 유도하는 것이다.

ⓒ 긍정적이고 지지적인 내면적 표상을 보다 확고하게 강화시킴으
로써 중요한 사람과의 분리나 이별을 참아낼 수 있게끔 하는
것이다.

ⓒ 인지치료 : 흑백논리적 사고를 다룬다.

ⓔ 입원치료 및 약물치료 : 항우울제, 항불안제 처방(동반하는 장애에
따라 처방)한다.

## 3) C군 성격장애

(1) 강박성 성격장애(Obsessive-compulsive personality disorder)

① 임상적 특징

㉠ 지나치게 완벽주의적이고 세부적인 사항에 집착하며 과도한 성취
지향성과 인색함을 보인다.

㉡ 효율적으로 일처리를 하거나 최선의 방법이 무엇인지 결정하는 데
에 어려움을 느끼고 어떠한 것도 시작하지 못하여 자신과 주변사
람들을 고통스럽게 한다.

㉢ 제멋대로 충동적인 사람을 보면 분노를 느끼나, 감정표현을 억제
하고 자유로운 표현을 하는 사람과 함께 있을 시 불편해하는 경향
이 있다.

㉣ 융통성 부족으로 직업적 부적응을 초래하기도 한다.

㉤ 남성이 여성보다 2배 많다.

② DSM-5 진단기준

㉠ 정리정돈, 완벽주의, 마음의 통제와 대인관계의 통제에 집착하는
행동특성이 생활 전반에 나타난다.

㉡ 이런 특성으로 인해 융통성, 개방성, 효율성이 상실된다.

㉢ 성인기 초기에 시작된다.

㉣ 다음 중 4개 이상의 항목을 충족시켜야 한다.

ⓐ 사소한 세부사항, 규칙, 목록, 순서, 시간 계획이나 형식에 집
착하여 일의 큰 흐름을 잃는다.

ⓑ 과제의 완수를 저해하는 완벽주의를 보인다.

예 지나치게 엄격한 기준에 맞지 않기 때문에 과제를 끝맺지 못한다.

ⓒ 일과 생산성에만 과도하게 몰두하여 여가 활동과 우정을 희생한다(분명한 경제적 필요성에 의한 경우가 아님).

ⓓ 도덕, 윤리 또는 가치문제에 있어서 지나치게 양심적이고 고지식하며 융통성이 없다(문화적 또는 종교적 배경에 의해서 설명되지 않음).

ⓔ 닳고 무가치한 물건을 감상적 가치조차 없는 경우에도 버리지 못한다.

ⓕ 자신이 일하는 방식을 그대로 따르지 않으면 타인에게 일을 맡기거나 같이 일하려 하지 않는다.

ⓖ 자신과 타인 모두에게 구두쇠처럼 인색하며, 돈은 미래의 재난에 대비해서 저축해 두어야 하는 것으로 생각한다.

ⓗ 경직성과 완고함을 보인다.

③ 원인

㉠ 정신분석적 입장

ⓐ 심리성적 발달단계에서의 항문기의 고착이라고 본다.

ⓑ 항문기적 성격의 특성 : 규칙성, 완고성, 인색함, 정서적 억제, 자기회의, 강한 도덕의식이 있으며, 주지화, 격리, 반동형성, 취소, 대치 등의 방어기제를 사용한다.

㉡ 부모의 과잉통제(강압적 훈육방식)적 양육방식

ⓐ 기준에 어긋나는 행동에 대한 처벌을 받으며 성장하여, 내면에 애정에 대한 갈망과 의존욕구를 지니고, 이를 주지 않은 부모에 대한 분노를 지니고 있어서 인정받기 위해 완벽주의를 추구한다.

ⓑ 불만족스러운 부모의 모습이 엄격한 초자아로 내면화되었다고 본다.

㉢ 인지적 입장

ⓐ 독특한 신념체계

　　예 "나는 나 자신 뿐만 아니라 내 주변 환경을 완벽하게 통제해야 한다.", "나는 실수를 하지 않아야만 가치 있는 존재이다.", "실수는 곧 실패이다.", "모든 행동과 결정에는 옳고 그름이 있다.", "구체적이고 명확한 규칙이나 절차가 없으면 나는 아무것도 할 수 없을 것이다."

ⓑ 인지적 오류

• 흑백 논리적 사고 : '완벽 아니면 실패'란 생각으로 어떤 일도 선불리 시작하지 못하고 꾸물거리며, 사소한 결점에도 실패한 것으로 간주하고 포기하게 된다.

• 재난적 사고 : 불완전함이나 실수가 초래할 부정적 결과를 지나치게 과장한다.

④ 치료
  ㉠ 신뢰로운 치료적 관계가 중요하다.
    ⓐ 적은 정서적 표현, 경직성을 보이며 대인관계를 중요하게 생각하지 않기 때문에 관계형성이 어렵다.
    ⓑ 일단 치료적 관계형성이 되면, 모범적인 내담자의 모습을 보일 확률이 높다.
  ㉡ 정신 역동적 치료 : 어린 시절 부모의 엄격한 통제하에 느꼈던 부정적 감정을 해소하고 자신 또한 불완전한 인간임을 수용하게 한다.
  ㉢ 인지행동치료
    ⓐ 내담자가 호소하는 현재의 문제에 초점을 맞추어 구체적인 목표를 설정하고 해결한다.
    ⓑ 내담자로 하여금 부적응적인 신념을 탐색하고 부정적 결과를 확인하며 이해하도록 한다.
    ⓒ 기존의 신념을 더 유연하고 현실적인 신념으로 대체하게 한다.

(2) 의존성 성격장애(Dependent personality diosorder)
① 임상적 특징
  ㉠ 독립적인 생활을 하지 못하고 다른 사람에게 과도하게 의존하거나 보호받으려고 한다.
  ㉡ 의존상대로부터 버림받음에 대한 지속적 불안을 경험하며 지나친 의존행동으로 상대방을 부담스럽게 한다.
  ㉢ 힘든 스트레스 상황에서 타인에게 매달리거나, 무기력해지며 눈물을 잘 흘린다.
  ㉣ 대인관계가 대체로 협소하며, 의지하는 몇 사람에게만 국한되는 경향이 있다.
  ㉤ 진단 시 사회문화적 요인을 고려해야 한다. 어떤 사회에서는 의존 성향을 차별적으로 조장하거나 억제할 수 있기 때문이다.
  ㉥ 특히 경계선, 회피성, 연극성 성격장애와 함께 나타날 경향이 높으며, 기분장애, 불안장애, 적응장애의 발병 위험률이 높다.

② DSM-5 진단기준
  ㉠ 보호받고 싶은 과도한 욕구로 복종적이고 매달리는 행동과 이별에 대한 두려움을 나타낸다.
  ㉡ 아래와 같은 특성은 생활진반에 나타난다.
  ㉢ 성인기 초기에 시작되며, 다음 중 5개 이상의 항목을 충족시켜야 한다.

기출 DATA
의존성 성격장애의 진단기준
2018-3회

ⓐ 타인으로부터의 많은 충고와 보장이 없이는 일상적인 일도 결정을 내리지 못한다.

ⓑ 자기 인생의 매우 중요한 영역까지도 떠맡길 수 있는 타인을 필요로 한다.

ⓒ 지지와 칭찬을 상실하는 것에 대한 두려움 때문에 타인에게 반대 의견을 말하기 어렵다.

ⓓ 자신의 일을 혼자 시작하거나 수행하기가 어렵다(동기나 활력이 부족하다기보다 판단과 능력에 대한 자신감이 부족하기 때문).

ⓔ 타인의 보살핌과 지지를 얻기 위해 무슨 일이든 다 할 수 있다. 심지어 불쾌한 일을 자원해서 한다.

ⓕ 혼자 있으면 불안하거나 무기력해진다. 그 이유는 혼자서 일을 감당할 수 없다는 과장된 두려움을 느끼기 때문이다.

ⓖ 친밀한 관계가 끝났을 때, 필요한 지지와 보호를 얻기 위해 또 다른 사람을 급하게 찾는다.

ⓗ 스스로 돌봐야 하는 상황에 버려지는 것에 대한 두려움에 비현실적으로 집착한다.

③ 원인

㉠ 부모의 과잉보호나 아동의 기질적 요인, 부모의 성격적 특성으로 인해 보호행동이 나타날 수 있다.

㉡ 공격성 : 의존성은 공격성이 위장된 것으로 상대방에 대한 적대감을 방어하기 위한 것이다.

㉢ 변연계 이상 : 의존성 성격장애자들은 작은 스트레스에도 변연계가 예민하게 반응해 지나친 공포, 긴장감을 느낀다.

㉣ 심리성적 발달 중 '구강기' 고착이다. 구강기 성격은 의존성, 혼자 됨에 대한 불안, 비관주의, 수동성, 인내심 부족, 언어적 공격성 등의 특성을 지닌다.

㉤ 인지적 입장 : 고유의 신념체계인 "나는 근본적으로 무력하고 부적절한 사람이다.", "나는 혼자서는 세상에 대처할 수 없으며 의지할 사람이 필요하다."라는 신념으로 인해 독립적인 삶을 위한 자기주장 기술, 문제해결 능력, 의사결정 능력을 배우지 못했다.

④ 치료

㉠ 개인 심리치료가 일반적이다.

㉡ 약물치료 : 우울증, 불안증을 수반하기 때문에 항우울제, 항불안제를 처방한다. 하지만 성격을 변화시키지는 못한다.

---

**TIP**

의존성 성격장애
- 행동양상 : 무기력하고 무능력해 보인다.
- 대인관계 : 지나치게 동조적이고 순종적이다.
- 인지양식 : 다양성이 부족하고 통찰력과 비판력이 없다.
- 정서표현 : 온화하고 소심하다.
- 자기지각 : 스스로를 부적절하고 어리석은 사람으로 여긴다.
- 방어기제 : 타인에게 전적으로 헌신하려는 경향으로 내사를 주로 사용한다.

ⓒ 정신역동적 치료 : 내담자의 의존적 소망을 좌절시키고 내담자가 독립적으로 사고할 수 있게 돕는다.

ⓔ 인지 행동적 치료 : 자기신뢰, 자기 효능감 증진이 필요하며, 이를 위한 수단으로 자기주장 훈련, 의사소통 훈련을 한다.

(3) 회피성 성격장애(Avoident personality disorder)

① 임상적 특징

ⓐ 다른 사람과의 만남에 대한 불안과 두려움 때문에 사회적 상황을 회피한다.

ⓑ 내면으로는 애정에 대한 욕구가 있으나 거절에 대한 두려움으로 인해 심리적인 긴장상태 속에서 불안, 슬픔, 좌절, 분노 등의 부정적 감정을 만성적으로 지니고 있다.

ⓒ 흔히 기분장애나 불안장애를 동반하며, 사회공포증과 매우 유사하다.

ⓓ 회피성 성격장애는 사회공포증에 비해 회피행동이 어린 시절부터 시작되고, 분명한 유발사건을 찾기 어려우며, 비교적 일정한 경과를 나타낸다.

② DSM-5 진단기준

ⓐ 사회적 억제, 부적절감, 부정적 평가에 대한 과민성 등의 특징을 지니며, 성인초기 시작되어 여러 상황에서 나타난다.

ⓑ 다음 중 4개의 항목을 충족시켜야 한다.

ⓐ 비난, 꾸중 또는 거절이 두려워서 대인관계가 요구되는 직업활동을 피한다.

ⓑ 호감을 주고 있다는 확신이 서지 않으면 사람과의 만남을 피한다.

ⓒ 창피와 조롱을 당할까 두려워서 대인관계를 친밀한 관계에만 제한한다.

ⓔ 부적절감 때문에 새로운 대인관계 상황에서는 위축된다.

ⓓ 사회적 상황에서 비난당하거나 거부당하는 것에 사로잡혀 있다.

ⓕ 자신을 사회적으로 무능하고, 개인적인 매력이 없으며 열등하다고 생각한다.

ⓖ 당황하는 모습을 보일까봐 두려워서 개인적 위험이 따르는 일이나 새로운 활동에는 관여하지 않으려 한다.

③ 원인

ⓐ 기질적인 수줍음, 억제적인 경향, 위험에 대한 과도한 생리적 민감성을 지니고 있으며, 교감신경계의 낮은 역치로 인해 사소한 위협적 자극에도 교감신경계가 과도하게 활성화된다.

ⓛ 정신 역동적 입장

  ⓐ 부정적 자아상과 관련된 수치심으로 인해 숨고자 하는 소망이 생기고, 대인관계나 노출상황을 꺼리게 된다.

  ⓑ 이들은 자신의 부모를 수치심과 죄의식을 유발하는 비판적이고 거부적인 인물로 기억하며, 자신보다 다른 형제를 더 좋아하는 것으로 여긴다.

 ⓒ 인지적 입장

  자동적 사고로 자신을 부적절하고, 무가치하고, 타인과의 관계에서 거절당할 것이라고 생각하며, 사회적 상황에서 타인의 반응을 인지적 왜곡을 통해 해석하고 평가한다.

  ⓐ 이분법적 사고(타인이 분명한 호의를 보이지 않으면, 거부나 비난으로 해석)

  ⓑ 의미확대 및 의미축소(타인의 긍정적인 반응을 무시하고 부정적인 언급을 중시함)

  ⓒ 정신적 여과(부정적인 증거에만 주의를 기울임)

④ 치료

 ⓐ 개인치료가 일반적이다.

  ⓐ 내담자의 태도 : 치료자를 거부하고 두려워하며, 소극적 · 수동적 자세를 보이고, 자신에 대한 평가를 시험하려고 한다.

  ⓑ 치료자의 태도 : 인내심을 가지고 내담자가 위축되지 않도록 한다.

  ⓒ 편안한 관계를 통해 내담자가 자신의 문제를 개방할 수 있게끔 해야 한다.

 ⓒ 정신 역동적 치료 : 수치심의 기저에 깔려있는 심리적 원인을 살피고, 과거 발달과정에서 경험한 일들과의 관련성을 탐색한다.

 ⓒ 인지 행동적 치료

  ⓐ 회피성 성격장애자의 불안조절, 회피행동 극복을 가능하게 할 구체적인 방법을 제시

  ⓑ 긴장이완, 복식호흡 훈련 실시, 사회적 상황에 점진적 노출 실시

  ⓒ 대인관계 기술 훈련(사회적 상황에서 자연스럽게 대처할 수 있도록 함)

 ⓔ 약물치료 : 항우울제, 항불안제(우울증이나 불안장애 수반할 수 있음)

## 19 》 변태성욕장애

[변태성욕장애 하위유형]

| 하위 장애 | 핵심 증상 |
|---|---|
| 관음장애 | 성적 흥분을 위해서 다른 사람이 옷을 벗거나 성행위 모습을 몰래 훔쳐봄 |
| 노출장애 | 성적 흥분을 위해서 자신의 성기를 낯선 사람에게 노출시킴 |
| 접촉마찰장애 | 성적 흥분을 위해서 원하지 않는 상대방에게 몸을 접촉하여 문지름 |
| 성적 피학장애 | 성적 흥분을 위해서 상대방으로부터 고통이나 굴욕감을 받고자 함 |
| 성적 가학장애 | 성적 흥분을 위해서 상대방에게 고통이나 굴욕감을 느끼게 함 |
| 아동성애장애 | 사춘기 이전의 아동(보통 13세 이하)을 상대로 성적인 행위를 함 |
| 성애물장애 (물품음란장애) | 물건(예 여성의 속옷)을 통해서 성적 흥분을 느끼고자 함 |
| 의상전환장애 | 다른 성의 옷을 입음으로써 성적 흥분을 느끼고자 함 |
| 기타 성도착장애 | 동물애증, 외설언어증, 전화외설증, 분변애증, 소변애증, 시체애증 |

### 1) 임상적 특징

(1) 성행위 대상이나 성행위 방식에서 비정상성을 나타내는 장애로서 변태성욕증이라 한다.

(2) 부적절한 대상이나 목표에 대한 성적 상상이나 행위가 6개월 이상 지속되고, 이러한 문제로 인하여 스스로 심각한 고통을 받거나 현저한 사회적 직업적 부적응을 나타낼 때 진단된다.

(3) 대부분 법적 구속의 대상이 될 수 있다. 관음장애, 노출장애, 접촉마찰장애, 아동성애장애, 아동에 대한 성적 가학장애는 체포된 성범죄자의 대부분에 해당된다.

(4) 성적 피학장애의 경우와 같이, 다른 사람에게 해를 입히지는 않지만 자신의 성도착적 상상이 현실화되어 자해적 결과가 초래될 수 있으며, 가학장애는 시간이 갈수록 강도가 높아져야 쾌감을 느낄 수 있다. 성인기 초기에 나타나며 보통 장기적으로 나타난다.

(5) 한 개인이 두 가지 이상의 변태 성욕을 보이는 경우가 꽤 많다.

(6) 배우자나 성적 파트너 등이 성도착적 성행위를 수치스러워하여 강하게 반발하게 되면 사회적, 성적 관계에 부적응의 문제가 발생하게 된다.

(7) 관음장애는 18세부터 진단할 수 있다.

(8) 아동성애장애는 보통 13세 이하를 대상으로 성적 흥분이 발생하며, 16세 이상일 때 진단을 내리고, 성적 대상이 되는 아동보다 연령이 5세 이상이어야 한다. 아동에 대한 성적 공상이나 충동, 행동 등이 6개월 이상 지속되어야 진단된다.

## 2) DSM-5 진단기준

(1) 변태 성욕장애의 진단기준은 '부적절한 대상이나 목표'에 대해서 강렬한 성적 욕망을 느끼고 성적 상상이나 행위를 반복적으로 하는 것이다.

① 인간이 아닌 존재를 성적 대상으로 삼는 경우(동물애증, 성애물장애 등)

② 아동을 위시하여 동의하지 않은 사람을 대상으로 성행위를 하는 경우 (아동성애장애 등)

③ 자신이나 상대방이 고통이나 굴욕감을 느끼는 성행위방식(성적 가학장애, 성적 피학장애, 노출장애 등)

(2) 부적절한 대상이나 목표에 대한 성적 상상이나 행위가 6개월 이상 지속되고, 이러한 문제로 인하여 스스로 심각한 고통을 받거나 현저한 사회적, 직업적 부적응을 나타낼 때 진단된다.

(3) 매우 다양한 하위유형이 있는데 DSM-5에서는 관음장애, 노출장애, 접촉마찰장애, 성적 피학장애, 성적 가학장애, 아동성애장애, 성애물장애, 의상전환장애 등이 제시되었다.

(4) 문화권마다 수용되는 성적행위나 대상이 다르기 때문에 변태성욕장애는 사회문화적 요인을 고려하여 진단되어야 한다.

## 01

**광장공포증에 관한 설명으로 가장 적합한 것은?**

① 광장공포증의 남녀 간의 발병비율은 비슷한 수준이다.

② 아동기에 발병률이 가장 높다.

③ 광장공포증이 있으면 공황장애는 진단할 수 없다.

④ 공포, 불안, 회피 반응은 전형적으로 6개월 이상 지속된다.

**해설** **광장공포증**
- 특정한 장소나 상황에 대한 공포를 나타내는 경우를 말한다.
- 광장공포증은 공황발작을 함께 경험하는 경우가 흔하다.
- 광장공포증 환자들의 전형적인 회피 상황은 백화점, 식당에 줄서기, 엘리베이터, 넓은 길, 운전하기, 자동차, 에스컬레이터 등이다.
- 발병 연령은 20대 중반에 가장 많이 발병하며, 남자보다 여자에게 더 많이 나타나는 것으로 보고된다.
- 공포와 회피행동이 6개월 이상 지속되어 심한 고통을 경험하거나 사회적·직업적 활동에 현저한 방해를 받을 경우 광장공포증으로 진단된다.

## 02

**반사회성 인격장애의 진단기준이 아닌 것은?**

① 반사회적 행동은 조현병이나 양극성장애의 경과 중에만 발생되지는 않는다.

② 10세 이전에 품행장애의 증거가 있어야 한다.

③ 사회적 규범을 지키지 못한다.

④ 충동성과 무계획성을 보인다.

**해설** 반사회성 성격장애는 18세 이상의 성인에게 진단되며, 15세 이전에 품행장애를 나타낸 증거가 있어야 한다.

## 03

**다음 중 치매의 원인에 따른 유형으로 볼 수 없는 것은?**

① 알츠하이머 질환　　② 혈관성 질환

③ 파킨슨 질환　　④ 페닐케톤뇨증

**해설**
- 치매의 유형으로는 알츠하이머, 혈관성치매, 파킨슨치매, 측두엽치매, 전두엽치매 등이 있다.
- 페닐 케톤뇨증 : 신진대사 이상에 의한 지적장애로 필수 아미노산 중 페닐알라닌이 체내에 분해되지 못해 축적되어 비정상적인 두뇌발달을 초래하는 대표적인 지적장애이다.

## 04

**다음 사례에 가장 적절한 진단명은?**

> A는 중소기업에서 일하는 직원이다. 오늘은 동료 직원 B가 새로운 상품에 대해서 발표하기로 했는데, 결근을 해서 A가 대신 발표하게 되었다. 평소 A는 다른 사람들이 자신의 발표에 대해 나쁘게 평가할 것 같아 다른 사람 앞에서 발표하기를 피해왔다. 발표시간이 다가오자 온 몸에 땀이 쏟아지고, 숨 쉬기가 어려워졌으며, 곧 정신을 잃고 쓰러질 것 같이 느껴졌다.

① 범불안장애　　② 공황장애

③ 강박장애　　④ 사회불안장애

**해설** 사회불안장애(사회공포증)는 다른 사람들과 상호작용하는 사회적 상황을 두려워하여 회피하는 장애로서 사회불안장애라고 불리며, 불편감이나 불안이 매우 심하여 이를 회피하려는 것을 주 증상으로 하여 사회적, 직업적 기능이 크게 지장을 받는다. 공통점은 다른 사람들이 지켜보고 또한 평가하는 가운데 어떤 일을 수행해야 할 때 대중 앞에서 창피를 당할까 두려워하며 불안과 관련된 많은 신체적 증상을 경험한다는 점이다.

**정답**  01 ④　02 ②　03 ④　04 ④

## 05

**배설장애 중 유뇨증에 관한 설명으로 틀린 것은?**

① 반복적으로 불수의적으로 잠자리나 옷에 소변을 본다.
② 유병률은 5세에서 5~10%, 10세에서 3~5%이며, 15세 이상에서는 약 1% 정도이다.
③ 야간 유뇨증은 여성에서 더 흔하다.
④ 야간 유뇨증은 종종 REM수면 단계 동안 일어난다.

**해설** 유뇨증은 5세 이상의 아동이 신체적인 이상이 없음에도 옷이나 침구에 반복적으로 소변을 보는 경우로 연속적으로 3개월 이상 매주 2회 이상 부적절한 소변을 볼 때 진단된다.
밤에만 나타나는 야간형 유뇨증, 낮에만 나타나는 주간형 유뇨증, 낮 밤 구분 없는 주야간형 유뇨증으로 나누며, 주간형 유뇨증은 남자보다 여자에게 많고 9세 이후는 흔하지 않다. 특히 수면의 초기에 흔히 나타나는데, REM수면단계에서 소변을 보는 행위와 관련된 꿈을 꾸면서 침구에 소변을 보는 경우가 많다.
유병률은 5세에 유뇨증 빈도가 남아는 7%, 여아 3%, 10세에는 남아 3%, 여아 2%이며, 18세에서는 남자 1%이며 여자는 더 적다.

## 06

**신체증상 및 관련 장애에 관한 설명으로 틀린 것은?**

① 전환장애는 스트레스 요인이 동반되지 않는 경우도 있다.
② 신체증상장애는 일상에 중대한 지장을 일으키는 신체증상이 존재한다.
③ 질병불안장애는 심각한 질병에 걸렸다는 집착이 6개월 이상 지속된다.
④ 허위성 장애는 외적 보상이 쉽게 확인된다.

**해설** 허위성 장애는 환자의 역할을 하기 위하여 신체적 또는 심리적 증상을 의도적으로 만들어 내거나 위장하는 경우로 현실적인 이득(예 경제적 보상, 법적 책임의 회피 등)이 없음이 분명하고, 다만 환자 역할을 하려는 심리적 욕구에 기인한 것으로 추정될 때 진단된다.
신체적 증상을 위장한다는 점에서 '뮌하우젠증후군'이라고도 한다.

## 07

**우울장애에 대한 설명으로 옳지 않은 것은?**

① 주요우울장애의 발병은 20대에 최고치를 보인다.
② 주요우울장애의 유병률은 남자보다 여자에게서 더 높다.
③ 노르에피네프린이나 세로토닌 같은 신경전달물질이 우울장애와 관련된다.
④ 적어도 1년 동안 심하지 않은 우울을 지속적으로 경험할 때 지속성 우울장애로 진단한다.

**해설** **주요우울장애**
• 주요우울장애는 우울장애 중에서 가장 심한 증세를 나타내는 하위 장애이다.
• 평생 유발률이 여자는 10~25%, 남자는 5~12%로 보고되며 남자보다 여자에 더 흔하고 발병연령은 20~25세이다.
• 신경전달물질(노르에피네프린의 부족), 세로토닌 부족이 우울증과 관련 있다고 본다.
**지속성우울장애**
• 우울장애의 하위유형인 지속성 우울장애는 우울증상이 2년 이상 지속적으로 나타는 경우를 말하며, 지속성 우울장애의 핵심증상은 우울감이다.

## 08

**양극성 장애에 대한 설명으로 틀린 것은?**

① 조증 상태에서는 사고의 비약 등의 사고장애가 나타난다.
② 우울증 상태에서는 자살을 시도하기도 한다.
③ 조증은 서서히 우울증은 급격히 나타난다.
④ 조증과 우울증이 반복되는 장애이다.

**해설** **양극성 장애**
• 조증 상태와 우울장애 상태가 번갈아 나타나는 경우를 양극성 장애라고 한다.
• 사고의 비약은 조증인 상태에서 특징적인 사고 진행 장애로서 사고 연상이 비정상적으로 빨리 진행되어 생각의 흐름이 주제에서 벗어나고 마지막에는 생각의 목적지에 도달하지 못하는 상태를 말한다.
• 우울증 삽화시기에 보이는 증상은 일반적인 우울증에서 보이는 우울 증상과 비슷하다.

**정답** 05 ③  06 ④  07 ④  08 ③

## 09

**품행장애에 대한 설명으로 틀린 것은?**

① 발병연령은 일반적으로 7~15세이며, 이 진단을 받은 아동 중 3/4는 소년이다.

② 주요한 사회적 규범을 위반하고 다른 사람들의 기본적인 권리를 종종 침해한다.

③ 사람이나 동물에 대한 공격적 행동, 절도나 심각한 거짓말 등이 전형적인 행동이다.

④ 청소년기 발병형은 아동기 발병형에 비해 성인기까지 지속되는 경향이 있다.

**해설** • 품행장애는 다른 사람의 기본적인 권리를 침해하고, 사회 규범 및 규칙을 위반하는 지속적·반복적 행동양상을 가지며, ㉠~㉣ 증상의 3개 이상 지난 12개월 동안 있어왔고, 적어도 1개 이상의 증상이 지난 6개월 동안 있어야 한다.
㉠ 사람과 동물에 대한 공격성, ㉡ 재산파괴, ㉢ 사기 또는 절도, ㉣ 심각한 규칙 위반
• 남자는 10~12세, 여자는 14~16세에 시작되며 '아동기-발병형', '청소년기 – 발병형'으로 구분하고 심각 정도에 따라 경미한 정도, 상당한 정도, 심한 정도로 분류한다.

## 10

2016-3

**이상행동의 원인을 다음과 같이 설명하는 이론은?**

> • 인간의 감정과 행동은 객관적, 물리적 현실보다 주관적, 심리적 현실에 의해서 결정된다.
> • 정신장애는 인지적 기능의 편향 및 결손과 밀접하게 연관되어 있다.

① 정신분석이론      ② 행동주의 이론

③ 인지적 이론      ④ 인본주의 이론

**해설** 인지주의 모형에서는 정신장애는 인지적 기능이 한 쪽으로 치우쳐 있거나 결손과 밀접하게 연관되어 있으며 또 이러한 인지적 요인에 의해 유발될 수 있는 부적응적인 인지적 특성을 지니고 있다고 본다.

## 11

**알코올 사용장애에 관한 설명으로 틀린 것은?**

① 금단 증상은 과도하게 장기간 음주하던 것을 줄이거나 양을 줄인지 4~12시간 정도 후 나타나는 것이 특징이다.

② 장기간의 알코올 사용에 따르는 비타민 B의 결핍은 극심한 혼란, 작화반응 등을 특징으로 하는 헌팅턴병을 유발할 수 있다.

③ 알코올은 중추신경계에서 다양한 뉴런과 결합하여 개인을 진정시키는 효과를 가져온다.

④ 아시아인들은 알코올을 분해하는 탈수소효소가 부족하여 알코올 섭취 시 부정적인 반응이 쉽게 나타난다.

**해설** • 코르사코프증후군 : 비타민 B1의 결핍에 의해서 발생하는 신경학적 합병증으로 건망증, 기억력장애, 지남력장애, 작화증(자신이 기억하지 못하는 것을 마치 있었던 것처럼 확신을 갖고 말하거나 사실을 위장, 왜곡하는 병적인 증상을 말한다.) 등을 특징으로 하며 해마가 손상되어 발생한다.
• 헌팅턴병 : 헌팅톤 병은 신경계에 영향을 미치는 유전성 뇌 질환으로 일반적으로 발병한 후 15~25년 내 신체적, 정신적으로 심각한 무능력 상태에 이르며, 결과적으로 환자가 사망에 이르는 퇴행성 유전 질환이다. 이 질환은 대부분 성인기에 발병하며, 보통 30~40세 정도에 나타나기 시작하나, 때로는 20세 이전에 나타나기도 하며, 50세 이후에 증상이 나타나기도 한다.

## 12

2018-3

**이상행동 및 정신장애의 판별기준과 가장 거리가 먼 것은?**

① 적응적 기능의 저하 및 손상

② 주관적 불편감과 개인의 고통

③ 가족의 불편감과 고통

④ 통계적 규준의 일탈

**해설** **이상행동 판별기준**
• 적응적 기능의 저하 및 손상 : 개인의 인지적, 정서적, 행동적, 신체 생리적 기능이 저하되거나 손상되어 원활한 적응에 지장을 초래할 때

**정답**   09 ④   10 ③   11 ②   12 ③

• 주관적 불편감과 개인적 고통 : 스스로 매우 심한 고통과 불편감을 느낄 때
• 문화적 규범의 일탈 : 문화적 규범에 어긋나거나 일탈된 행동을 나타낼 때
• 통계적 규준의 일탈 : 통계적 속성에 따라 평균으로부터 멀리 일탈된 특성을 나타낼 때

## 13

**지적장애에 관한 설명으로 옳지 않은 것은?**

① 지적장애 중 가장 많은 비율을 차지하는 것은 경도의 지적장애이다.

② 지적장애를 일으키는 염색체 이상 중 가장 일반적인 것은 다운증후군에 의한 것이다.

③ 최고도의 지적장애인 경우, 훈련을 해도 걷기, 약간의 말하기, 스스로 먹기 같은 기초기술을 배우거나 나아질 수 없다.

④ 경도의 지적장애를 가진 아동의 경우, 자기관리는 연령에 적합하게 수행할 수 있다.

**해설** 최고도에서는 신체적 돌봄, 건강, 안전, 여가 활동의 모든 면에서 지원이 필요하며, 감각과 신체 손상으로 대부분의 활동에 지장이 있으나, 신체 손상이 없다면 지속적인 도움 속에서 아주 단순한 직업 참여가 가능하다.

## 14

**조현병의 양성 증상에 포함되지 않는 것은?**

① 망상
② 환각
③ 와해된 언어
④ 둔화된 정서

**해설**

| 양성증상 | 음성증상 |
|---|---|
| • 적응적 기능의 과잉이나 왜곡 | • 정상적, 적응적 기능의 결여 |
| • 과도한 도파민 등 신경전달물질의 이상 | • 유전적 소인이나 뇌세포 상실 |
| • 스트레스 시 급격히 발생 | • 스트레스 사건과 연관이 거의 없음 |
| • 약물치료로 호전되며 인지적 손상 적음 | • 약물치료로 쉽게 호전되지 않고 인지적 손상이 크다. |
| • 망상, 환각, 환청, 와해된 언어 등 | • 무언증, 무쾌감증, 둔화된 정서, 무의욕증, 사고차단, 사회적 위축 등 |

## 15

**회피성 성격장애에서 나타나는 대인관계 특징은?**

① 자신의 목적을 달성하기 위해서 타인을 이용한다.

② 타인에게 과도하게 매달리고 복종적인 경향을 띤다.

③ 친밀한 관계를 바라지도 않으며 타인의 칭찬이나 비판에 무관심해 보인다.

④ 비판이나 거절, 인정받지 못함 등에 대한 두려움이 특징적이다.

**해설** ① 자신의 목적을 달성하기 위해서 타인을 이용한다. → 편집성 성격장애 특징
② 타인에게 과도하게 매달리고 복종적인 경향을 띤다. → 의존성 성격장애 특징
③ 친밀한 관계를 바라지도 않으며 타인의 칭찬이나 비판에 무관심해 보인다. → 조현성 성격장애 특징

**회피성 성격장애**
• 다른 사람과의 만남에 대한 불안과 두려움 때문에 사회적 상황을 회피한다.
• 내면으로는 애정에 대한 욕구가 있으나 거절에 대한 두려움으로 인해 심리적인 긴장상태 속에서 불안, 슬픔, 좌절, 분노 등의 부정적 감정을 만성적으로 지니고 있다.

## 16

**사람이 스트레스 장면에 처하게 되면 일차적으로 불안해지고 그 장면을 통제할 수 없게 되면 우울해진다고 할 때 이를 설명하는 이론은?**

① 학습된 무기력 이론
② 실존주의 이론
③ 사회문화적 이론
④ 정신분석 이론

**해설** • 행동주의적 요인에서는 우울증의 원인을 학습된 무기력으로 본다.
• 학습된 무기력이란 개인이 스스로 통제할 수 없는 스트레스 상황이 반복될 때 무기력감이 학습되고 결국 통제 가능한 스트레스 상황에서도 적절한 수행을 어렵게 하여 우울 증상으로 이어진다는 것이다.

**정답** 13 ③　14 ④　15 ④　16 ①

## 17

DSM – 5의 조현병 진단기준에 해당하지 않는 것은?

① 망상이나 환각 등의 특징적 증상들이 2개 이상 1개월의 기간 동안 상당 시간에 존재한다.

② 직업, 대인관계 등 주요한 생활영역에서의 기능 수준이 발병 전에 비해 현저하게 저하된다.

③ 장애의 지속적 징후가 적어도 3개월 이상 계속된다.

④ 장애가 물질의 생리적 효과나 다른 의학적 상태로 인한 것이 아니다.

**해설** 장애의 증상이 적어도 6개월 이상 지속되어야 한다.

## 18

물질 관련 장애에 포함되지 않는 것은?

① 알코올 중독(intoxication)

② 대마계(칸나비스) 사용장애(use disorder)

③ 담배 중독(intoxication)

④ 아편계 금단(withdrawal)

**해설** 타바코 – 관련 장애 : 타바코는 중독성 물질인 니코틴을 함유하는 여러 종류의 담배를 포함하고 있다. 타바코 – 관련 장애는 타바코의 사용으로 인해 발생되는 다양한 심리적 장애를 말하며 크게 타바코 사용 장애와 타바코 금단으로 분류된다. 장기간의 니코틴 섭취로 인해 니코틴에 대한 내성과 금단현상을 비롯한 여러 가지 문제가 발생하여 일상생활에 부적응이 나타난다.

## 19

알츠하이머병으로 인한 신경인지장애와 주요우울장애의 증상 구분에 관한 설명으로 옳은 것은?

① 알츠하이머병으로 인한 신경인지장애는 기억 손실을 감추려는 시도를 하는 데 반해 주요우울장애에서는 기억 손실을 불평한다.

② 알츠하이머병으로 인한 신경인지장애는 자기의 무능이나 손상을 과장하는 데 반해 주요우울장애에서는 숨기려 한다.

③ 주요우울장애보다 알츠하이머병으로 인한 신경인지장애에서 알코올 등의 약물남용이 많다.

④ 주요우울장애에서는 증상의 진행이 고른 데 반해 알츠하이머병으로 인한 신경인지장애에서는 몇 주 안에도 진행이 고르지 못하다.

**해설** 알츠하이머는 인지적 영역에서 과거수행 수준에 비해 심각한 인지적 저하가 나타나는 경우로 본인 또는 주변사람들에 의해 인식될 수 있으나 본인은 이에 대해 부정하거나 거부하여 감추려는 시도를 주로 보인다. 하지만 주요우울장애는 사고력, 집중력의 감소 등 우울증상으로 인해 일어나는 기억손실에 대해 짜증을 내거나 불평을 하는 등의 행동을 취하는 경우가 흔하다.

## 20

`2017-1`

성도착장애에 관한 설명으로 틀린 것은?

① 물품음란장애는 여성보다 남성에게서 훨씬 더 많이 나타난다.

② 동성애를 하위 진단으로 포함한다.

③ 복장도착장애는 강렬한 성적흥분을 위해 이성의 옷을 입는 것이다.

④ 관음장애는 대부분 15세 이전에 발견되며 지속되는 편이다.

**해설** 동성애는 과거에 정신장애로 여겨졌으나 1973년 미국의 정신의학회에서 다수의 동성애자들이 양호한 사회적 적응을 하고 있음을 근거로 들어 동성애를 정신장애 분류체계에서 삭제하였다.

**정답**  17 ③  18 ③  19 ①  20 ②

## 01

**이상행동의 분류와 평가에 관한 설명으로 옳지 않은 것은?**

① 범주적 분류는 이상행동이 정상행동과는 질적으로 구분되며 흔히 독특한 원인에 의한 것이기 때문에 정상행동과는 명료한 차이점을 지니고 있다는 가정에 근거한다.

② 차원적 분류는 정상행동과 이상행동의 구분이 부적응성 정도의 문제일 뿐 질적인 차이는 없다는 가정에 근거한다.

③ 타당도는 한 분류체계를 적용하여 환자들의 증상이나 장애를 평가했을 때 동일한 결과가 도출되는 정도를 의미한다.

④ 같은 장애로 진단된 사람들에게서 동일한 원인적 요인들이 발전되는 정도는 원인론적 타당도이다.

**해설** **분류체계의 신뢰도와 타당도**
• 신뢰도는 한 분류체계를 적용하여 환자들의 증상이나 장애를 평가했을 때 동일한 결과가 도출되는 정도를 의미한다.
• 타당도는 그 분류체계가 증상이나 원인 등에 있어서 서로 다른 장애들을 제대로 분류하고 있는가에 대한 평가를 뜻한다.
  – 원인론적 타당도 : 같은 장애로 진단된 사람들에게서 동일한 원인론적 요인들이 발견되는 정도를 의미
  – 공존타당도 : 같은 장애로 진단된 환자들이 진단기준 이외의 다른 증상이나 증상발달과정 등에서 공통적 특성을 나타내는 정도를 의미
  – 예언타당도 : 동일한 장애로 진단된 사람들이 미래에 얼마나 동일한 행동과 반응을 나타내느냐 하는 점과 관련된 타당도

## 02

2016-3

**조현병의 양성증상에 해당하는 것은?**

① 무의욕증            ② 무사회증
③ 와해된 행동          ④ 감퇴된 정서 표현

**해설**

| 조현병의 양성증상 | 조현병의 음성증상 |
|---|---|
| • 적응적 기능 과잉이나 왜곡<br>• 과도한 도파민 등 신경전달물질의 이상<br>• 스트레스 시 급격히 발생<br>• 약물 치료로 호전되며 인지적 손상이 적음<br>• 망상, 환각, 환청, 와해된 언어, 와해된 행동 등 | • 정상적, 적응적 기능의 결여<br>• 유전적 소인이나 뇌세포 상실<br>• 스트레스 사건과 연관이 거의 없음<br>• 약물치료로 쉽게 호전되지 않고 인지적 손상이 큼<br>• 무언증, 무쾌감증, 무의욕증, 사고차단, 사회적 위축, 감퇴된 정서표현 등 |

## 03

**물질관련장애에 관한 설명으로 옳지 않은 것은?**

① 물질에 대한 생리적 의존은 내성과 금단증상으로 나타난다.

② 임신 중의 과도한 음주는 태아알코올증후군을 유발할 수 있다.

③ 모르핀과 헤로인은 자극제(흥분제)의 대표적 종류이다.

④ 헤로인의 과다 복용은 뇌의 호흡 중추를 막아 죽음에 이르게 할 수 있다.

**해설** 모르핀, 헤로인은 자극제(흥분제)가 아니라 진정제이다.

| 각성제<br>(흥분제) | 암페타민, 메스암페타민, 코카인, 카페인, 니코틴 |
|---|---|
| 환각제 | LSD, 펜시클리딘, 대마초, 엑스터시 |
| 진정제 | 알코올, 아편, 헤로인, 모르핀, 벤조디아제핀 |

**정답**   **01** ③   **02** ③   **03** ③

## 04

2018-3

**조현병 스펙트럼 및 기타 정신병적장애에 해당하지 않는 것은?**

① 망상장애
② 순환성장애
③ 조현양성장애
④ 단기 정신병적 장애

**해설** 순환감정장애(순환성장애)는 양극성 및 관련장애의 하위유형이다.
* 조현병스펙트럼(중증-경증) : 조현병-조현정동장애-조현양상장애-단기정신병적장애-망상장애-조현형성격장애-약화된 정신증 증후군

## 05

**반사회성 성격장애와 가장 관련이 없는 것은?**

① 품행장애의 과거력
② 역기능적 양육환경
③ 붕괴된 자아와 강한 도덕성 발달
④ 신경전달물질인 세로토닌(Serotonin)의 부족

**해설** 반사회성 성격장애는 주로 자신의 쾌락과 이익을 위해 수단과 방법을 가리지 않고 사회규범이나 법을 지키지 않으며 무책임하고 폭력적이고 충동적이고 호전적인 특징을 지닌다. 특히나 반사회성 성격장애자들은 자기의 주장만 매우 강하게 내세우기 때문에 자아가 매우 강하며 도덕성 발달은 매우 약하다.

## 06

**DSM-5에 의한 성격장애의 분류로 옳지 않은 것은?**

① A군 성격장애 : 조현성 성격장애
② C군 성격장애 : 편집성 성격장애
③ B군 성격장애 : 연극성 성격장애
④ C군 성격장애 : 회피성 성격장애

**해설** ② 편집성 성격장애는 A군 성격장애 유형이다.
* A군 성격장애 : 편집성 성격장애, 조현성 성격장애, 조현형 성격장애
* B군 성격장애 : 반사회성 성격장애, 연극성 성격장애, 경계성 성격장애, 자기애성 성격장애
* C군 성격장애 : 강박성 성격장애, 의존성 성격장애, 회피성 성격장애
※ 1번 선지의 '조현성 성격장애'가 '조현성 성격장애'로 잘못 출제된 까닭에 실제시험에서는 ①, ② 복수정답 처리되었습니다.

## 07

**노출장애에 관한 설명과 가장 거리가 먼 것은?**

① 성도착적 초점은 낯선 사람에게 성기를 노출시키는 것이다.
② 성기를 노출시켰다는 상상을 하면서 자위행위를 하기도 한다.
③ 청소년기나 성인기 초기에 시작되는 것으로 알려져 있다.
④ 노출 대상은 사춘기 이전의 아동에게 국한된다.

**해설**
* 노출장애(Exhibitionistic Disorder)는 낯선 사람에게 성기를 노출시킴으로써 성적 흥분이 고조되고, 때로는 성기를 노출시키면서 또는 노출시켰다는 상상을 하면서 자위행위를 한다.
* DSM-5 진단기준에서는 노출 시기를 대상에 따라서 다음 중 하나로 명시한다.
  - 사춘기 이전의 아동에게 성기를 노출함으로써 성적 흥분을 일으킴
  - 신체적으로 성숙한 개인에게 성기를 노출함으로써 성적 흥분을 일으킴
  - 사춘기 이전 아동과 신체적으로 성숙한 개인에게 성기를 노출함으로써 성적 흥분을 일으킴
* DSM-5 진단기준에서 노출대상의 연령에 따라 세분하였는데 이는 주된 노출대상이 아동일 경우 '아동성애장애' 진단을 추가하기 위함이다.

## 08

2019-3  2019-1

**DSM-5의 신경발달장애에 해당하지 않는 것은?**

① 지적장애
② 분리불안장애
③ 자폐스펙트럼장애
④ 주의력결핍 과잉행동장애

**해설** 분리불안장애는 불안장애 하위유형이다.
**신경발달장애의 하위장애**

| 하위장애 | | 핵심증상 |
| --- | --- | --- |
| 지적장애 | | 지적능력이 현저하게 낮아서 학습 및 사회적 적응에 어려움을 나타낸다. |
| 의사소통 | 언어장애 | 언어의 발달과 사용에 지속적인 곤란을 나타낸다. |

**정답** | 04 ②  05 ③  06 ②  07 ④  08 ②

| 하위장애 | | 핵심증상 |
|---|---|---|
| 장애 의사 소통 장애 | 발화음 장애 | 발음의 어려움으로 인한 언어적 의사소통의 곤란을 보인다. |
| | 아동기-발생 유창성 장애 | 말더듬기로 인한 유창한 언어적 표현의 곤란을 보인다. |
| | 사회적 의사 소통장애 | 언어적, 비언어적 의사소통 기술을 사회적 상황에서 적절하게 사용하지 못한다. |
| 자폐 스펙트럼 장애 | | 사회적 상호작용과 의사소통의 심각한 곤란, 제한된 관심과 흥미 및 상동적 행동의 반복을 보인다. |
| 주의력 결핍 /과잉행동 장애 | | 주의 집중의 곤란, 산만하고 부주의한 행동, 충동적인 과잉행동을 보인다. |
| 특정 학습장애 | | 읽기, 쓰기, 수리적 계산을 학습하는 것에 어려움을 보인다. |
| 운동 장애 | 틱 장애 | 신체 일부를 갑작스럽게 움직이거나 소리를 내는 부적응적 행동의 반복을 나타낸다(뚜렛 장애, 지속성운동 또는 음성 틱장애, 일시성 틱장애). |
| | 발달성 협응장애 | 운동발달이 늦고 동작이 현저히 미숙하다. |
| | 상동증적 (정형적) 동작장애 | 특정한 패턴의 행동을 아무런 목적 없이 반복한다. |

## 09

스트레스 호르몬이라고 불리는 코티솔(cortisol)이 분비되는 곳은?

① 부신　　　　　　② 변연계
③ 해마　　　　　　④ 대뇌피질

**해설** 코티솔은 대표적인 스트레스 호르몬으로 코티솔이 분비되려면 자율신경계의 기능 조절을 담당하는 '시상하부'와 '뇌하수체', 신장 위의 '부신'을 차례대로 거치게 된다.
체내 항상성에 따라 시상하부에서 코티솔 호르몬 합성을 자극하도록 신호를 받으면, 시상하부는 다시 뇌하수체를 자극하고 뇌하수체는 부신을 자극해서 코티솔을 합성 및 분비한다.

## 10

강박장애를 가진 내담자의 심리치료에 가장 효과적인 방법은?

① 행동조형　　　　② 자유연상법
③ 노출 및 반응 방지법　④ 혐오조건화

**해설** 강박장애에 가장 많이 사용되는 기법은 노출 및 반응방지법으로 이는 불안을 초래하는 자극상황에 노출시키지만 반응행동인 강박행동을 하지 못하도록 하는 것이다.
　➜ 물건을 만질 때마다 세균이 묻었다고 생각해서 수시로 손을 씻는 강박장애를 가진 내담자에게 물건을 만지는 상황에 노출시켜 더러운 세균이 묻었다는 생각을 하게 하지만 손 씻는 행동은 못하게 하는 것이다.

## 11

우울장애에 대한 치료방법으로 적절하지 않은 것은?

① 대인관계치료(interpersonal psychotherapy)
② 기억회복치료(memory recovery therapy)
③ 인지행동치료(cognitive behavioral therapy)
④ 단기정신역동치료(brief psychodynamic therapy)

**해설** 우울장애의 치료방법으로 가장 많이 활용되는 치료법은 인지치료이다. 그 외에 내담자의 무의식의 갈등을 파악하여 직면 및 해석하여 자각하도록 하는 단기정신역동치료, 사회적 지지를 통해 회복하도록 하는 대인관계치료, 약물치료를 사용하기도 하며, 생물학적 접근으로는 경두개 자기자극법, 뇌심부자극 등을 사용한다.
　② 기억회복치료는 신경인지장애에 주로 사용되는 치료법이다.

## 12

**2020-3**

알코올 사용장애에 관한 설명으로 옳은 것은?

① 가족력이나 유전과는 관련성이 거의 없다.
② 성인 여자가 성인 남자보다 유병률이 높다.
③ 자살, 사고, 폭력과의 관련성이 거의 없다.
④ 금단 증상의 불쾌한 경험을 피하거나 경감시키기 위해 음주를 지속하게 된다.

**정답** 09 ① 　10 ③ 　11 ② 　12 ④

**해설** 지속적으로 사용하던 알코올을 중단했을 때 손떨림, 자율 신경계 기능항진, 불면증, 오심 및 구토, 불안, 발작 등의 금단증상이 나타나는데 다시 알콜을 섭취하면 금단증상들이 사라진다. 즉, 금단증상의 불쾌감을 피하거나 경감하기 위해 다시 음주를 하게 된다.
* 알코올 사용장애는 유전적 요인이나 알코올 신진대사에 신체적인 특징을 지닌다고 보며, 여성이 남성에 비해 알코올 분해 효소가 부족하여 얼굴이 신속하게 붉어지고, 성인남자가 성인여성보다 발병률이 높다.

## 13

파괴적, 충동조절 및 품행장애에 관한 설명으로 옳지 않은 것은?

① 병적 방화의 필수 증상은 고의적이고 목적이 있는, 수차례의 방화 삽화가 존재하는 것이다.
② 품행장애의 유병률은 아동기에서 청소년기로 갈수록 증가한다.
③ 병적 도벽은 보통 도둑질을 미리 계획하지 않고 행한다.
④ 간헐적 폭발성 장애는 언어적 공격과 신체적 공격을 모두 포함해야 한다.

**해설** 간헐적 폭발성 장애는 언어적 공격이나 신체적 폭행 중 1개만 포함되어도 진단이 가능하다.

**간헐적 폭발성 장애 DSM-5 진단기준**
• 공격적 충동을 조절하지 못하여 반복적으로 행동폭발을 나타내고, 다음 항목 중 1가지 행동을 보인다.
　– 언어적 공격성 또는 재산·동물·타인에게 가하는 신체적 공격성이 3개월 동안 주 2회 이상 발생한다.
　– 재산 피해 또는 동물이나 사람에게 상해를 입힐 수 있는 신체적 폭행을 포함하는 폭발적 행동을 12개월 이내에 3회 보인다.

## 14

양극성장애(Bipolar disorder) 조증시기에 있는 환자의 방어적 대응양상을 판단할 수 있는 행동이 아닌 것은?

① 화장을 진하게 하고 다닌다.
② 자신이 신의 사자라고 이야기한다.
③ 증거도 없는 행동을 두고 남을 탓한다.
④ 활동 의욕은 줄어들어 과다 수면을 취한다.

**해설** **조증삽화의 특징**
• 자존감의 증가 또는 과대감
• 수면에 대한 욕구 감소(단 3시간의 수면으로도 충분하다고 느낌)
• 평소보다 말이 많아지거나 끊기 어려울 정도로 계속 말을 함
• 사고의 비약 또는 사고가 질주하듯 빠른 속도로 꼬리를 무는 듯한 주관적인 경험
• 주관적으로 보고하거나 객관적으로 관찰되는 주의산만
• 목표 지향적 활동의 증가 또는 정신운동 초조
• 고통스러운 결과를 초래할 가능성이 높은 활동에의 지나친 몰두

## 15

DSM-5에 제시된 신경인지장애의 병인에 해당하지 않는 것은?

① 알츠하이머병　　　② 레트
③ 루이소체　　　　　④ 파킨슨병

**해설** DSM-Ⅳ에서 '광범위한 발달장애' 안에 자폐장애, 아동기붕괴성장애, 아스퍼거장애, 레트장애가 포함되어 있었으나, DSM-5에서는 '광범위한 발달장애'가 '자폐스펙트럼장애'로 바뀌고 아동기붕괴성장애와 아스퍼거스장애가 통합되었다. 하지만 레트장애는 고유한 유전적 원인이 밝혀져서 자폐스펙트럼장애에서 제외되었다.
* 신경인지장애의 병인으로 알츠하이머, 파킨슨병, 루이소체, 전두측두엽 변성, 외상성 뇌손상 등이 있다. 루이소체치매는 알츠하이머치매 다음으로 흔한 퇴행성 치매의 원인으로, 핵심적인 증상은 인지기능 저하, 환시, 렘수면행동장애, 파킨슨증이다.

## 16

아동 A에게 진단할 수 있는 가장 가능성이 높은 장애는?

　　4세 아동 A는 어머니와 애정적 관계를 형성하지 못하며, 장난감을 가지고 노는 데는 흥미가 없고 사물을 일렬로 배열하거나 자신의 몸을 앞뒤로 흔들면서 알 수 없는 말을 한다.

① 자폐스펙트럼장애　　② 의사소통장애
③ 틱장애　　　　　　　④ 특정학습장애

**해설** 아동 A는 관계형성을 하지 못하고 제한된 반복적 행동패턴을 보이는 특징으로 보아 자폐스펙트럼장애일 가능성이 높다.

**정답**　**13** ④　**14** ④　**15** ②　**16** ①

**자폐스펙트럼의 2가지 핵심증상**
- 사회적 의사소통과 상호작용의 결함으로 대인관계에 필요한 눈 맞추기, 표정, 몸짓 등이 매우 부적절하여 부모나 친구와 친밀한 관계를 형성하지 못한다.
- 제한된 반복적 행동패턴으로 특정한 패턴의 기이한 행동을 똑같이 반복하여 특정한 대상이나 일에 비정상적으로 고집스럽게 집착하는 행동을 보인다.

## 17
2017-1

**치매에 관한 설명으로 가장 적합한 것은?**

① 기억손실이 없다.
② 약물남용의 가능성이 많다.
③ 증상은 오전에 가장 심해진다.
④ 자신의 무능을 최소화하거나 자각하지 못한다.

**해설** 신경인지장애(DSM-Ⅳ에서는 치매로 지칭)의 전형적 증상은 기억상실이며 주로 노년기에 나타나는 가장 대표적인 정신장애이다. 치매에 걸리면 자신이 한 행동에 대해 잊어버리지만 이에 대해 발뺌을 하거나 자신이 잊어버린 것조차 자각하지 못하며 자신이 치매에 걸린 사실에 대해 인정하지 않으려 한다.

## 18
2016-3

**공황장애의 특징에 해당하는 것을 모두 고른 것은?**

> ㄱ. 메스꺼움 또는 복부 불편감
> ㄴ. 몸이 떨리고 땀 흘림
> ㄷ. 호흡이 가빠지고 숨이 막힐 것 같은 느낌
> ㄹ. 미쳐버리거나 통제력을 상실할 것 같은 느낌

① ㄷ, ㄹ
② ㄱ, ㄴ, ㄹ
③ ㄴ, ㄷ, ㄹ
④ ㄱ, ㄴ, ㄷ, ㄹ

**해설** **DSM-5 진단기준에서 공황장애의 증상들**
가슴이 떨리거나 심장박동수가 증가, 진땀 흘림, 몸이나 손발의 떨림, 숨이 가쁘거나 막히는 느낌, 질식할 것 같은 느낌, 가슴의 통증이나 답답함, 구토감이나 통증, 어지럽고 몽롱하며 기절할 것 같은 느낌, 한기를 느끼거나 열감을 느낌, 감각이상증, 비현실감이나 자기 자신과 분리된 듯한 이인증, 자기통제를 상실하거나 미칠 것 같은 두려움, 죽을 것 같은 두려움

## 19

**해리장애에 대한 설명으로 적절하지 않은 것은?**

① 해리 현상에 영향을 주는 주된 요인으로 학대받은 개인경험, 고통스러운 상태로부터의 도피 등이 있다.
② 해리 현상을 유발하는 가장 주된 방어기제는 투사로 알려져 있다.
③ 해리성 둔주는 정체감과 과거를 망각할 뿐만 아니라 완전히 다른 장소로 이동한다.
④ 해리성 기억상실증은 중요한 자서전적 정보를 회상하지 못하는 것으로, 해리성 둔주가 나타날 수 있다.

**해설** 해리 현상을 유발하는 가장 주된 방어기제는 억압과 부인으로 경험내용이 의식에 이르지 못하게 하며 고통스러운 환경자극을 회피하는 것이다.

## 20
2019-1

**주요우울장애 환자가 일반적으로 나타내는 특징적 증상이 아닌 것은?**

① 거절에 대한 두려움
② 불면 혹은 과다수면
③ 정신운동성 초조
④ 일상활동에서의 흥미와 즐거움의 상실

**해설** **주요우울장애 DSM-5 진단기준**
- 하루의 대부분, 그리고 거의 매일 지속되는 우울한 기분
- 거의 모든 일상 활동에 대한 흥미나 즐거움의 상실
- 체중 조절을 하고 있지 않은 상태에서 현저한 체중 감소나 체중 증가
- 거의 매일 불면이나 과다수면
- 거의 매일 정신운동성 초조나 지체
- 거의 매일 피로감이나 활력 상실
- 거의 매일 무가치감이나 과도하고 부적절한 죄책감
- 거의 매일 사고력, 집중력의 감소 또는 우유부단함
- 죽음에 대한 반복적인 생각이나 자살 기도

**정답** **17** ④ **18** ④ **19** ② **20** ①

## 01

2020-3

다음 중 DSM-5의 주요우울장애(major depressive disorder) 진단기준에 해당하지 않는 것은?

① 증상이 사회적, 직업적 또는 다른 중요한 기능 영역에서 정상적으로 현저한 고통이나 손상을 초래한다.
② 삽화가 물질의 생리적 효과나 다른 의학적 상태로 인한 것이 아니다.
③ 주요우울삽화가 조현정동장애, 조현병 등 기타 정신병적 장애로 더 잘 설명되지 않는다.
④ 조증 삽화 혹은 경조증 삽화가 존재한 적이 있다.

**해설** 조증 삽화 또는 경조증 삽화가 없어야 한다.

## 02

다음에 해당하는 장애는?

- 적어도 1개월 동안 비영양성·비음식물질을 먹는다.
- 먹는 행동이 사회적 관습 혹은 문화적 지지를 받지 못한다.
- 비영양성·비음식물질을 먹는 것이 발달수준에 비추어 볼 때 부적절하다.

① 되새김장애
② 이식증
③ 회피적/제한적 음식섭취장애
④ 달리 명시된 급식 또는 섭식장애

**해설** 이식증은 영양분이 없는 물질이나 먹지 못할 것(예 종이, 천, 흙, 머리카락)을 적어도 1개월 이상 지속적으로 먹는 경우를 말한다.
- 되새김장애(반추장애) : 음식물을 반복적으로 토해내거나 되씹는 행동을 1개월 이상 나타내는 경우를 말한다.

- 회피적/제한적 음식섭취장애 : 심각한 체중감소가 있지만 음식섭취에 관심이 없거나 회피하고, 먹더라도 제한적으로 나타나는 경우를 말한다. 흔히 아동에게 나타나면 먹는 동안에 달래기가 어렵고 정서적으로 무감각하거나 위축되어 있으며, 발달지체를 보이는 경우가 많다.

## 03

전환장애의 특징을 모두 고른 것은?

ㄱ. 신경학적 근원이 없는 신경학적 증상을 경험한다.
ㄴ. 의식적으로 증상을 원하거나 의도적으로 증상을 만들어내지 않는다.
ㄷ. 대부분 순수한 의학적 질환의 증상과 유사하지 않다.

① ㄱ, ㄴ
② ㄱ, ㄷ
③ ㄴ, ㄷ
④ ㄱ, ㄴ, ㄷ

**해설** 전환장애는 신경학적 손상을 시사하는 한 가지 이상의 신체적 증상을 나타내는 것으로 심리적 갈등이 신체적 증상으로 전환되어 나타난 것을 의미한다.
전환 증상은 신체화장애와 달리 한두 가지 정도의 비교적 분명한 신체적 증상을 나타내는데, 때로 여러 의학적 질병 상태를 그대로 모방하여 표현되기 때문에 증상이 유사하며, 가장 흔하게 나타나는 증상은 마비, 실명, 실성증 등이다.

## 04

2011

행동주의적 견해에 따르면 강박행동은 어떤 원리에 의해 유지되는가?

① 고전적 조건형성
② 부적 강화
③ 소거
④ 모델링

**해설** 행동주의적 견해에 따르면 새로운 자극의 출현(더하기)일 때 정적 강화, 반대로 어떤 행동을 강하게 하는 결과가 자극의 사라짐(빼기)일 때 이를 부적 강화라고 한다.
강박행동을 했을 때 불안이 사라지게 됨으로써 부적 강화를 통해 강화행동이 유지된다고 본다.

**정답** 01 ④  02 ②  03 ①  04 ②

## 05

일반적 성격장애의 DSM-5의 진단기준에 해당하지 않는 것은?

① 지속적인 유형이 물질(남용약물 등)의 생리적 효과나 다른 의학적 상태로 인한 것이다.

② 지속적인 유형이 다른 정신질환의 현상이나 결과로 더 잘 설명되지 않는다.

③ 지속적인 유형이 개인의 사회상황의 전범위에서 경직되어 있고 전반적으로 나타난다.

④ 유형은 안정적이고 오랜 기간 동안 있어 왔으며 최소한 청년기 혹은 성인기 초기부터 시작된다.

> **해설** 일반적인 의학적 상태의 직접적, 생리적 효과에 의한 것이 아니어야 한다.
> DSM-5에서는 ① 인지, ② 정동, ③ 대인관계의 기능, ④ 충동조절 중 적어도 두 가지 영역에서 문제양상을 보일 때 성격장애로 보며, 이런 지속적인 고정된 양식이 개인적, 사회적 상황에 광범위하게 퍼져 있고 사회적, 직업적 또는 다른 중요한 기능영역에서 임상적으로 심각한 고통이나 장애를 초래해야 한다고 본다. 이러한 고정된 양식은 오랜 기간 변함없이 지속되며, 발병은 적어도 청소년기나 성인기 초기에 시작된다.

## 06

기분장애의 '카테콜라민(catecholamine) 가설'에 관한 설명으로 옳은 것은?

① 조증 : 도파민의 부족

② 조증 : 세로토닌의 증가

③ 우울증 : 노르에피네프린의 부족

④ 우울증 : 생물학적 및 환경적 원인의 상호작용

> **해설** 카테콜아민 가설은 우울증은 뇌의 기능적 아드레날린 수용기편에 NE(노르에피네프린)를 주축으로 한 카테콜아민이 결핍되어서 일어난다는 것이다. 내인성 우울증으로 사망한 사람의 뇌에 카테콜아민 특히 NE의 함량이 감소되어 있음이 밝혀졌고, 더 주목할 만한 것은 이들 카테콜아민을 산화시켜 비활성화하는 MAO의 활동성이 우울증에서 증가한다는 사실이다. 결국 우울증은 MAO의 활동성 증가로 카테콜아민의 양이 감소된 결과 생기는 것이라고 본다.

## 07

심리적 갈등이나 스트레스로 인해 갑작스런 시력상실이나 마비와 같은 감각 이상 또는 운동증상을 나타내는 질환은?

① 공황장애

② 전환장애

③ 신체증상장애

④ 질병불안장애

> **해설** 심리적 갈등이 신체적 증상으로 전환되어 나타난 것으로 운동기능의 이상, 감각기능의 이상, 갑작스런 신체적 경련이나 발작 세 가지가 복합적으로 나타나는 경우이다.

## 08

다음 중 경계성 성격장애의 임상적 특징이 아닌 것은?

① 반복적인 자살행동과 만성적인 공허감

② 자신의 중요성에 대한 과장된 지각과 특권의식 요구

③ 일시적이고 스트레스와 연관된 피해적 사고 혹은 심한 해리 증상

④ 실제 혹은 상상 속에서 버림받지 않기 위해 미친 듯이 노력함

> **해설** 자신의 중요성에 대한 과장된 지각과 특권의식 요구 등의 특징을 가진 성격장애는 자기애성 성격장애의 특징이다.

## 09

DSM-5의 성기능부전에 해당하지 않는 것은?

① 조루증

② 성정체감 장애

③ 남성 성욕감퇴장애

④ 발기장애

> **해설** 성정체감장애(성불편감)는 자신의 생물학적 성과 성역할에 대해서 지속적으로 불편감을 느끼는 경우로 반대의 성에 대한 강한 동일시로 나타나거나 반대의 성이 되기를 소망한다.

**정답** 05 ① 06 ③ 07 ② 08 ② 09 ②

| 하위장애 | | 핵심증상 |
|---|---|---|
| 남성 성기능 장애 | 남성 성욕감퇴장애 | 성적 욕구가 없거나 현저하게 떨어짐 |
| | 발기장애 | 성행위를 하기 어려울 만큼 음경이 발기되지 않음 |
| | 조루증 | 여성이 절정감에 도달하기 전에 미리 사정을 함 |
| | 지루증 | 사정의 어려움으로 인해 성적 절정감을 느끼지 못함 |
| 여성 성기능 장애 | 여성 성적관심/ 흥분장애 | 성적 욕구가 현저하게 저하, 성적인 자극에도 신체가 흥분 되지 않음 |
| | 여성 절정감 장애 | 성행위 시 절정감을 거의 느끼지 못함 |
| | 생식기-골반통증/ 삽입장애 | 성교 시 생식기나 골반에 지속적인 통증 경험 |

## 10

다음 증상사례의 정신장애 진단으로 옳은 것은?

> 대구 지하철 참사현장에서 생명의 위협을 경험한 이후 재경험증상, 회피 및 감정 마비증상, 과도한 각성상태를 1개월 이상 보이고 있는 30대 후반의 여성

① 제2형 양극성장애 ② 외상 후 스트레스 장애
③ 조현양상장애 ④ 해리성 정체성 장애

**해설** **외상 후 스트레스 장애**
충격적인 외상 사건을 경험한 이후에 1개월 이상 지속되는 침투증상과 회피증상, 인지, 감정 부정변화, 각성의 변화가 일어나는 것을 외상 후 스트레스 장애라고 한다.
• 침투증상 : 외상 사건과 관련된 기억이나 감정을 재경험하는 것이다.
• 회피증상 : 외상 사건과 관련된 자극을 회피하는 증상이다.
• 인지, 감정 부정변화 : 외상 사건과 관련된 인지와 감정에 부정적인 변화가 나타난다.
• 각성의 변화 : 평소에도 늘 과민하며 주의집중을 잘 못하고 사소한 자극에도 크게 놀라는 과각성 반응을 한다.

## 11

지적장애의 심각도 수준에 관한 설명으로 옳은 것은?

① 중등도 : 성인기에도 학업기술은 초등학생 수준에 머무르며 일상생활에 도움이 필요하다.
② 고도 : 학령전기 아동에서는 개념적 영역은 정상발달과 뚜렷한 차이를 보이지 않을 수 있다.
③ 최고도 : 개념적 기술을 제한적으로 습득할 수 있다.
④ 경도 : 운동 및 감각의 손상으로 사물의 기능적 사용이 어려울 수 있다.

**해설** 중등도는 개념적 기술이 연령 수준에 비해 심하게 뒤처지고, 학령기 내내 읽기, 쓰기, 산술의 이해가 느리고 제한적이며, 성인기에도 초등수준에 머물러 있고 기본적 행동(식사, 옷입기, 배설)이 가능하나 일상생활에서의 상당한 도움을 필요로 하는 상태이다.

## 12

자폐스펙트럼 장애에 관한 설명으로 옳은 것은?

① 남성보다 여성에서 4~5배 더 많이 발병한다.
② 유병률은 인구 천 명당 2~5명으로 보고되고 있다.
③ 사회적 상호작용을 위해 여러 가지 비언어적 행동을 사용한다.
④ 언어기술과 전반적 지적 수준이 예후와 가장 밀접한 관계가 있다.

**해설** **자폐스펙트럼 장애**
자폐스펙트럼은 사회적 상호작용과 의사소통에서 장애를 나타낼 뿐만 아니라 제한된 관심과 흥미를 지니며 상동적인 행동을 반복적으로 나타내는 장애들을 포함한다.
사회적 상호작용을 위해 비언어적 행동을 시도하지 않으며, 언어기술과 지적수준이 예후와 가장 밀접한 부분이다.
유병률은 아동, 성인 포함 전체 인구의 1% 정도이며, 문화에 상관없이 일정한 빈도를 나타낸다. 또한 남자아동이 여자아동에 비해 3~4배 정도 더 흔하며, 여자아동은 상당히 심각한 자폐스펙트럼 장애와 더불어 심한 지적 장애를 나타내는 경향이 있다.

**정답** **10** ② **11** ① **12** ④

## 13

**알코올사용장애에 관한 설명으로 옳지 않은 것은?**

① 금단, 내성, 그리고 갈망감이 포함된 행동과 신체 증상들의 집합체로 정의된다.

② 알코올 중독의 첫 삽화는 10대 중반에 일어나기 쉽다.

③ 유병률은 인종 간 차이가 없다.

④ 성인 남자가 성인 여자보다 유병률이 높다.

**해설** 알코올사용장애는 과도한 알코올 사용으로 인해 발생하는 부적응적 문제를 말한다.

알코올 중독의 첫 번째 삽화는 10대 중반에 나타나는데 16~30세에 시작되며, 50세 이하에서는 가장 낮은 비율을 보인다. 유병률은 성인 여성에 비해 성인 남성이 더 높고 인종에 따라 현저한 차이를 보인다.

## 14

**2013**

**치매의 진단에 필요한 증상과 가장 거리가 먼 것은?**

① 기억장해  ② 함구증

③ 실어증  ④ 실행증

**해설** 함구증(선택적무언증)은 특수한 사회적 상황에서 지속적으로 말을 하지 않는 장애로 주로 아동에게서 나타난다. 아동은 다른 상황에서는 말을 잘 하면서도 말하는 것이 기대되는 사회적 상황(⑩ 학교, 친척 또는 또래와의 만남)에서 지속적으로 말을 하지 않는다.

* 신경인지장애(치매)의 전형적 증상은 기억상실이고 기억상실이 아닌 시공간적 논리 결함을 띤 실어증 변형이 나타나기도 하며 점진적으로 진행된다. 진행과정에서 인지기능 저하뿐만 아니라 성격변화, 초조행동, 우울증, 망상, 환각, 공격성 증가, 수면장애 등의 정신행동 증상이 흔히 동반되며 말기에 이르면 경직, 보행 이상 등의 신경학적 장애 또는 대소변 실금, 감염, 욕창 등 신체적인 합병증까지 나타나게 된다.

## 15

**2017-1**

**항정신병 약물 부작용으로서 나타나는 혀, 얼굴, 입, 턱의 불수의적 움직임 증상은?**

① 무동증(akinesia)

② 만발성 운동장애(tardive dyskinesia)

③ 추체외로 증상(extrapyramidal symptoms)

④ 구역질(nausea)

**해설** 만발성 운동장애(tardive dyskinesia)는 장기에 걸친 항정신병제의 복용경과 중 또는 중단이나 감량을 계기로 나타나는 것으로, 주로 입술, 혀, 아래턱 등에서 볼 수 있는 불수의적인 움직임이 나타난다.

① 무동증 : 근육, 관절을 움직이는 능력을 상실하여 자발적인 운동이 불가능한 상태를 뜻하며, 파킨슨병 환자에게서 주로 나타난다.

③ 추체외로 증상(extrapyramidal symptoms) : 약물 유발 운동 장애로, 급성 및 지연성 증상이 있으며, 주로 정형 항정신병제를 투여하는 경우 발생한다.

## 16

**55세의 A씨는 알코올 중독으로 입원한 후 이틀째에 혼돈, 망상, 환각, 진전, 초조, 불면, 발한 등의 증상을 보였다. A씨의 현 증상은?**

① 알코올로 인한 금단 증상이다.

② 알코올로 인한 중독 증상이다.

③ 알코올을 까맣게 잊어버리는(black out) 증상이다.

④ 알코올로 인한 치매 증상이다.

**해설** 알코올 금단은 지속적으로 사용하던 알코올을 중단했을 때 여러 가지 신체, 생리적 또는 심리적 증상이 나타나는 상태로 자율신경계 기능항진, 손떨림, 불면, 오심 및 구토, 일시적인 환시, 환청, 정신운동성 초조증, 불안, 대발작의 증상이 일어나는 것을 말한다.

**정답** 13 ③  14 ②  15 ②  16 ①

## 17

이상심리학의 발전에 기여한 중요한 사건들을 연대순으로 바르게 나열한 것은?

> ㄱ. Beck의 인지치료
> ㄴ. Freud의 꿈의 해석 발간
> ㄷ. 정신장애 진단분류체계인 DSM-Ⅰ 발표
> ㄹ. Rorschach 검사 개발
> ㅁ. 집단 지능검사인 army 알파 개발

① ㄱ → ㄴ → ㄷ → ㄹ → ㅁ
② ㄴ → ㅁ → ㄹ → ㄷ → ㄱ
③ ㄴ → ㄹ → ㅁ → ㄱ → ㄷ
④ ㄴ → ㅁ → ㄹ → ㄱ → ㄷ

**해설** ㄴ. Freud의 꿈의 해석 발간 (1900년)
ㅁ. 집단 지능검사인 army 알파 개발 (1914년)
ㄹ. Rorschach 검사 개발 (1921년)
ㄷ. 정신장애 진단분류체계인 DSM-Ⅰ 발표 (1952년)
ㄱ. Beck의 인지치료 (1960년대 초)

## 18

다음에 해당하는 장애는?

> • 경험하는 성별과 자신의 성별 간 심각한 불일치
> • 자신의 성적 특성을 제거하고자 하는 강한 욕구
> • 다른 성별 구성원이 되고자 하는 강한 욕구

① 성도착증  ② 동성애
③ 성기능부전  ④ 성별불쾌감

**해설** 성 불편증은 자신의 생물학적 성과 성역할에 대해서 지속적으로 불편감을 느끼는 경우로 반대의 성에 대한 강한 동일시로 나타나거나 반대의 성이 되기를 소망한다.
아동에서부터 성인에 이르기까지 다양한 연령대에서 나타날 수 있으며, 아동의 성 불편증과 청소년 및 성인의 불편증 진단기준이 다르다.
① 성도착증 : 성행위 대상이나 성행위 방식에서 비정상성을 나타내는 장애로서 변태성욕증이라 한다.

② 동성애 : 동성의 상대에게 감정적·사회적·성적인 이끌림을 느끼는 것으로, 동성애자는 이러한 감정을 받아들여 스스로 정체화한 사람을 뜻한다.
③ 성기능부전 : 성기능부전은 성행위를 하는 과정에서 경험되는 다양한 기능적 곤란을 의미한다.

## 19

불안과 관련된 장애에 관한 설명으로 옳지 않은 것은?

① 공황장애는 광장공포증을 동반하기도 한다.
② 특정공포증 환자는 자신의 공포 반응이 비합리적임을 알고 있다.
③ 사회공포증은 주로 성인기에 발생한다.
④ 외상후 스트레스 장애는 외상과 관련된 자극에 대한 회피가 특징이다.

**해설** 사회공포증은 일반적으로 10대 중반에 발병하며 사회적으로 억제되어 있었다거나 수줍음을 많이 탄다는 등의 과거력을 가지고 있다.

## 20

조현병의 유전적 요인에 관한 설명으로 옳지 않은 것은?

① 친족의 근접성과 동시발병률은 관련이 없다.
② 여러 유전자 결함의 조합으로 나타나는 장애이다.
③ 일란성 쌍생아보다 이란성 쌍생아 동시발병률이 더 낮다.
④ 생물학적 가족이 입양 가족에 비해 동시발병률이 더 높다.

**해설** 조현병은 유전적 요인이 강력한 영향을 미치는 것으로 환자의 자녀는 일반인의 15배, 심지어 3촌 이내 친족에서는 일반인의 2.5~4배 발병률을 보이고, 일란성쌍둥이는 57%, 이란성 쌍둥이는 12%이며, 양부모보다는 친부모와 공병률이 높다.

**정답** 17 ② 18 ④ 19 ③ 20 ①

## 01

2016-3

**병적 도벽에 관한 설명으로 옳은 것은?**

① 개인적으로 쓸모가 없거나 금전적으로 가치가 없는 물건을 훔치려는 충동을 저지하는 데 반복적으로 실패한다.

② 훔친 후에 고조되는 긴장감을 경험한다.

③ 훔치기 전에 기쁨, 충족감, 안도감을 느낀다.

④ 훔치는 행동이 품행장애로 더 잘 설명되는 경우에도 추가적으로 진단한다.

**해설** **병적 도벽의 DSM-5 진단기준**
• 개인적으로 쓸모가 없거나 금전적으로 가치 없는 물건을 훔치려는 충동을 저지하는 데 반복적으로 실패한다.
• 훔치기 직전에 고조되는 긴장감이 나타났다가 훔쳤을 때 기쁨, 만족감, 안도감이 있다.
• 훔치는 행위가 품행장애, 조증삽화 또는 반사회성 성격장애로 더 잘 설명되지 않는다.

## 02

**주요우울장애에 대한 설명으로 옳은 것은?**

① 주요우울장애의 유병률은 문화권에 관계없이 비슷하다.

② 주요우울장애의 유병률은 60세 이상에서 가장 높다.

③ 정신증적 증상이 나타나면 주요우울장애로 진단할 수 없다.

④ 생물학적 개입방법으로는 경두개 자기자극법, 뇌심부자극 등이 있다.

**해설** • 주요우울증은 문화에 따라 유병률이 다르며, 청소년에게서 가장 높은 유병률을 보이고 있다. 우울상태가 정신병적 양상을 동반하는 정신증적 우울, 또는 신경증적 증상이 나타나는 신경증적 우울로 구분한다.
• 주요우울장애는 인지치료나 약물치료가 보편적이나 최근에는 뇌의 자극으로 치료하는 경두개 자기자극법과 뇌심부자극이 있다.
• 경두개 자기자극법은 전자장 코일을 통하여 우울증과 연관성이 있는 좌측 전전두피질 부위에 해당되는 머리 두피 부위에 자기 펄스를 인가하는 방법이다.

## 03

**성격장애에 대한 설명으로 옳은 것은?**

① 성격장애는 아동기, 청소년기에는 진단할 수 없다.

② 반사회성 성격장애의 경우 품행장애의 과거력이 있다면 연령과 상관없이 진단할 수 있다.

③ 회피성 성격장애의 유병률은 여성에게서 더 높다.

④ 경계성 성격장애의 유병률은 여성에게서 더 높다.

**해설** 성격장애 진단은 청소년기에도 가능하며, 경계성 성격장애의 유병률은 75%가 여성이다.

## 04

**자폐스펙트럼 장애의 진단에 특징적인 증상만으로 묶인 것은?**

① 사회적-감정적 상호성의 결함, 관계 발전, 유지 및 관계에 대한 이해의 결함, 상동증적이거나 반복적인 운동성 동작

② 구두 언어 발달의 지연, 비영양성 물질을 지속적으로 먹음, 상징적 놀이 발달의 지연

③ 일반적인 의학적 상태, 타인과의 대화를 시작하거나 지속하는 능력의 현저한 장애, 발달수준에 적합한 친구관계 발달의 실패

④ 동물에게 신체적으로 잔혹하게 대함, 반복적인 동작성 매너리즘(mannerism), 다른 사람들과 자발적으로 기쁨을 나누지 못함

**해설** **자폐스펙트럼 장애의 DSM-5 진단기준**
• 사회적-정서적 상호작용의 결함을 나타낸다.
• 사회적 상호작용을 위해 사용되는 비언어적 의사소통 행동에 결함을 나타낸다.
• 대인관계를 발전시키고 유지하며 이해하는 데 결함을 나타낸다.
• 행동, 흥미 또는 활동에 있어 제한적이고 반복적인 패턴이 4개 중 2개 이상 나타난다.
  - 정형화된 혹은 반복적인 운동 동작, 물체 사용이나 언어 사용
  - 동일한 것에 대한 고집, 일상적인 것에 대한 완고한 집착
  - 매우 제한적이고 고정된 흥미를 지니며 그 강도나 초점이 비정상적
  - 감각적 자극에 대한 과도한 혹은 과소한 반응성

**정답** **01** ① **02** ④ **03** ④ **04** ①

## 05

이상심리학의 역사에 관한 설명으로 틀린 것은?

① Kraepelin은 현대 정신의학의 분류체계에 공헌한 바가 크다.

② 고대 원시사회에서는 정신병을 초자연적 현상으로 이해하였다.

③ Hippocrates는 모든 질병은 그 원인이 마음에 있다고 하였다.

④ 서양 중세에는 과학적 접근 대신 악마론적 입장이 성행하였다.

**해설** 히포크라테스(Hippocrates)는 피(blood), 점액(phlegm), 황담즙(yellow bile), 흑담즙(black bile) 등 신체를 구성하는 4개의 체액이 존재한다는 4체액설(four humor theory)을 주장하였고, 이 체액 사이의 불균형으로부터 병의 원인을 찾았다.

## 06

우울장애의 원인에 관한 설명으로 옳은 것은?

① 신경전달물질인 노어에피네프린 및 세로토닌의 결핍과 관련이 있다.

② 갑상선 기능 항진과 관련된다.

③ 코티졸 분비감소와 관련된다.

④ 비타민 $B_1$, $B_6$, 엽산의 과다와 관련이 있다.

**해설** 우울장애의 생물학적 원인은 신경전달물질인 노어에피네프린 및 세로토닌, 카테콜아민의 결핍과 관련이 있다고 본다.

## 07

2017-1

환각제에 해당되는 약물은?

① 펜시클리딘  ② 대마

③ 카페인  ④ 오피오이드

**해설** • 환각제 : LSD, 대마초, 엑스터시, 펜시클리딘 등(대마초는 대마 등 삼속 식물을 말려 향정신성 효과를 얻는 것들을 일컫는다. 대마는 식물약초이다.)
• 흥분제 : 코카인, 암페타민(필로폰), 카페인, 니코틴
• 진정제 : 알코올, 아편, 모르핀, 헤로인

## 08

자기애성 성격장애에 대한 설명으로 틀린 것은?

① 과도한 숭배를 원한다.

② 자신의 중요성에 대해 과대한 느낌을 가진다.

③ 자신의 방식에 따르지 않으면 일을 맡기지 않는다.

④ 대인관계에서 착취적이다.

**해설** **자기애성 성격장애 DSM-5 진단기준**
• 자신의 중요성에 대한 과장된 지각
• 과도한 찬사 요구
• 특권의식
• 착취적 대인관계
• 감정이입 능력의 결여
• 흔히 타인을 질투하거나 타인들이 자신에 대해 질투하고 있다고 믿음
(중략)

## 09

주요 우울장애와 양극성 장애의 비교설명으로 옳은 것은?

① 주요 우울장애와 양극성 장애의 발병률은 비슷하다.

② 주요 우울장애는 여자가 남자보다, 양극성 장애는 남자가 여자보다 높은 발병률을 보인다.

③ 주요 우울장애는 사회경제적으로 낮은 계층에서 발생비율이 높고, 양극성 장애는 높은 계층에서 더 많이 발견된다.

④ 주요 우울장애 환자는 성격적으로 자아가 약하고 의존적이며, 강박적인 사고를 보이는 경우가 많은 데 비해, 양극성 장애의 경우에는 병전 성격이 히스테리성 성격장애의 특징을 보인다.

**해설** • 주요우울장애의 유병률은 여자는 10~25%, 남자는 5~12%로 보고되고 있으며 남자보다 여자에게 더 흔하다.
• 제1형 양극성장애는 평생유병률이 0.4~1.6%로 보고되고 있으며 대체로 남자와 여자에게 비슷하게 나타난다.
• 제2형 양극성장애는 유병률이 약 0.5%로 보고되며 남성보다 여성에게 더 흔하다.

 **정답** 05 ③  06 ①  07 ①  08 ③  09 ③

## 10

소인-스트레스이론(diathesis-stress theory)에 대한 설명으로 가장 적합한 것은?

① 소인은 생후 발생하는 생물학적 취약성을 의미한다.
② 스트레스가 소인을 변화시킨다.
③ 소인과 스트레스는 서로 억제한다.
④ 소인은 스트레스 상황에서 발현된다.

**해설** 소인(취약성, vulnerability or diathesis)은 특정한 장애에 걸리기 쉬운 개인적 특성을 말한다.
● 유전적 이상, 뇌 신경 이상, 개인의 성격특성, 어린 시절 부모의 학대 등
정신장애는 소인을 지닌 사람에게 어떤 스트레스가 주어졌을 때 발생하며, 소인과 스트레스 중 어떤 한 요인만으로는 정신장애가 발생하지 않는다.

## 11

알츠하이머병으로 인한 신경인지장애의 특성에 대한 설명으로 옳은 것은?

① 초기에는 일반적으로 오래된 과거에 관한 기억장애만을 가지고 있다.
② 인지 기능의 저하는 서서히 나타난다.
③ 기질적 장애 없이 나타나는 정신병적 상태이다.
④ 약물, 인지, 행동적 치료 성공률이 높은 편이다.

**해설** 알츠하이머병은 이상 단백질들(아밀로이드 베타 단백질, 타우 단백질)이 뇌 속에 쌓이면서 서서히 뇌 신경세포가 손상되어 인지기능이 서서히 저하되는 병이다.
알츠하이머병 초기에는 새로운 정보의 등록, 저장, 재생(단기기억)이 어려우며, 몇 가지 유전자적인 위험인자가 밝혀지긴 했으나 확실한 원인이 전부 밝혀지지는 않았고, 아직 획기적인 치료법이 개발되지는 않은 상태이다.

## 12

다음 중 만성적인 알코올 중독자에게 흔히 발생하는 것으로 비타민 B₁(티아민) 결핍과 관련이 깊으며, 지남력 장애, 최근 및 과거 기억력의 상실, 작화증 등의 증상을 보이는 장애는?

① 혈관성 치매
② 코르사코프 증후군
③ 진전 섬망
④ 다운 증후군

**해설** 코르사코프는 비타민 B₁의 결핍에 의해서 발생하는 신경학적 합병증으로 건망증, 기억력장애, 지남력장애, 작화증(자신이 기억하지 못하는 것을 마치 있었던 것처럼 확신을 갖고 말하거나 사실을 위장, 왜곡하는 병적인 증상) 등을 특징으로 하며 해마가 손상되어 발생하는 것으로 알려져 있다.

## 13

불안 증상을 중심으로 한 정신장애에 대한 설명으로 가장 거리가 먼 것은?

① 강박장애 : 원치 않는 생각이 침습적으로 경험되고, 이를 무시하거나 억압하려 하고, 중화시키려고 노력한다.
② 외상후 스트레스장애 : 외상적 사건을 경험하고 난 후에 불안상태가 지속된다.
③ 공황장애 : 갑자기 엄습하는 강렬한 불안, 즉 공황발작을 반복적으로 경험한다.
④ 범불안장애 : 다른 사람들과 상호작용하는 사회적 상황을 두려워하여 회피한다.

**해설** • 범불안장애 : 일상생활 속에서 겪게 되는 여러 가지 사건이나 활동에 대해서 지나치게 걱정함으로써 지속적인 불안과 긴장을 경험한다.
• 사회불안장애 : 다른 사람들과 상호작용하는 사회적 상황을 두려워하여 회피한다.

**정답** 10 ④  11 ②  12 ②  13 ④

## 14

DSM-5에서 변태성욕장애의 유형에 대한 설명으로 옳은 것은?

① 노출장애 : 다른 사람이 옷을 벗고 있는 모습을 몰래 훔쳐봄으로써 성적 흥분을 느끼는 경우

② 관음장애 : 동의하지 않는 사람에게 자신의 성기나 신체 일부를 반복적으로 나타내는 경우

③ 소아성애장애 : 사춘기 이전의 아동을 대상으로 한 성적 활동을 통해 반복적이고 강렬한 성적 흥분이 성적 공상, 충동, 행동으로 발현되는 경우

④ 성적가학장애 : 굴욕을 당하거나 매질을 당하거나 묶이는 등 고통을 당하는 행위를 중심으로 성적 흥분을 느끼거나 성적행위를 반복

**해설** 변태성욕 장애 하위유형

| 하위장애 | 핵심 증상 |
| --- | --- |
| 관음장애 | 성적 흥분을 위해서 다른 사람이 옷을 벗거나 성행위하는 모습을 몰래 훔쳐봄 |
| 노출장애 | 성적 흥분을 위해서 자신의 성기를 낯선 사람에게 노출시킴 |
| 접촉마찰장애 | 성적 흥분을 위해서 원하지 않는 상대방에게 몸을 접촉하여 문지름 |
| 성적피학장애 | 성적흥분을 위해서 상대방으로부터 고통이나 굴욕감을 받고자 함 |
| 성적가학장애 | 성적 흥분을 위해서 상대방에게 고통이나 굴욕감을 느끼게 함 |
| 아동성애장애 | 사춘기 이전의 아동(보통 13세 이하)을 상대로 성적인 행위를 함 |
| 성애물장애 (물품음란장애) | 물건(예 여성의 속옷)을 통해서 성적 흥분을 느끼고자 함 |
| 의상전환장애 | 다른 성의 옷을 입음으로써 성적 흥분을 느끼고자 함 |
| 기타 성도착장애 | 동물애증, 외설언어증, 전화외설증, 분변애증, 소변애증, 시체애증 |

## 15

급식 및 섭식장애에 대한 설명으로 틀린 것은?

① 이식증은 아동기에서 가장 발병률이 높다.

② 되새김 증상은 다른 정신장애에서 발생하는 경우 심각성과 상관없이 추가적으로 진단할 수 있다.

③ 신경성 폭식장애에서는 체중증가를 막기 위한 반복적이고 부적절한 보상행동이 나타난다.

④ 신경성 식욕부진증의 유병률은 여성이 남성보다 높다.

**해설** 되새김 증상(반추장애)의 DSM-5 진단기준에 따르면, 만약 이 증상이 정신지체 또는 광범위성 발달장애의 경과 중에만 발생한다면 별도로 임상적 관심을 받아야 할 만큼 심각한 것이어야 한다.

## 16

지적장애에 관한 설명으로 틀린 것은?

① 심각한 두부외상으로 인해 이전에 습득한 인지적 기술을 소실한 경우에는 지적장애와 신경인지장애로 진단할 수 있다.

② 경도의 지적장애는 여성보다 남성에게 더 많다.

③ 지적장애는 개념적, 사회적, 실행적 영역에 대한 평가로 진단된다.

④ 지적장애 개인의 지능지수는 오차 범위를 포함해서 대략 평균에서 1표준편차 이하로 평가된다.

**해설** 지적장애 개인의 지능지수는 표준화된 지능검사에서 IQ 70 미만의 지능지수를 보인다.
* 지적장애란 유전적 원인과 후천적 원인에 의해, 또는 질병 및 뇌장애로 인하여 지능이 비장애인보다 낮아 타인보다는 일상생활이 조금이라도 힘든 정신장애를 말한다.

**정답** 14 ③ 15 ② 16 ④

## 17

**조현병의 원인에 관한 설명으로 옳은 것은?**

① 사회적 낙인 : 조현병 환자는 발병 후 도시에서 빈민거주지역으로 이동한다.

② 도파민(Dopamine) 가설 : 조현병의 발병이 도파민이라는 신경전달물질의 과다활동에 의해 유발된다.

③ 사회선택이론 : 조현병이 냉정하고 지배적이며 갈등을 심어주는 어머니에 의해 유발된다.

④ 표출정서 : 조현병이 뇌의 특정 영역의 구조적 손상에 의해 유발된다.

**해설** 조현병의 원인 중 생물학적 요인으로는 신경전달물질 중에서 도파민 또는 세로토닌 이 두 가지 신경전달물질의 수준이 높으면 조현병의 증상이 나타난다는 세로토닌-도파민 가설이 제기되고 있다.
- 사회적 낙인설 : 정신 장애에 대한 사회적 낙인은 정신 장애를 지닌 사람들의 재활을 어렵게 하고 심리적으로 악화시키는 결과를 초래한다.
- 사회적 선택설 : 중상류층 사람도 정신장애를 겪으면 사회적응력이 적어져 결국 사회 하류 계층으로 옮겨가게 된다.
- 표현된 정서 : 가족 간 갈등이 많고 분노를 과하게 표현하며 간섭이 심한 정서적 표현을 한다.

## 18

2016-1

**신경성 식욕부진증에 관한 설명으로 틀린 것은?**

① 폭식하거나 하제를 사용하는 경우는 해당하지 않는다.

② 체중과 체형이 자기평가에 지나치게 영향을 미친다.

③ 말랐는데도 체중의 증가와 비판에 대한 극심한 두려움이 있다.

④ 체중을 회복시키고 다른 합병증의 치료를 위해 입원치료가 필요한 경우도 있다.

**해설** 신경성 식욕부진은 체중 증가와 비만에 대한 극심한 두려움을 지니고 있어서 음식 섭취를 현저하게 감소시키거나 거부함으로써 체중이 비정상적으로 저하되는 경우다. 실제로는 말랐는데 자신이 비만이라 걱정하여 지나치게 체중을 측정하고, 체중을 감량하기 위해 설사약이나 이뇨제를 사용하거나 과도한 운동을 하기도 한다. 음식 거부로 인해 영양 부족에 시달리거나 심하면 사망에 이를 수도 있으므로 심각한 경우 입원 치료가 필요하다.

## 19

2017-1

**대형 화재현장에서 살아남은 남성이 불이 나는 장면에 극심하게 불안증상을 느낄 때 의심할 수 있는 가능성이 가장 높은 장애는?**

① 외상후 스트레스 장애

② 적응장애

③ 조현병

④ 범불안장애

**해설** 외상후 스트레스 장애는 외상 사건을 경험한 사람이 충격과 후유증으로 인해 심각한 부적응 증상을 나타내는 경우로 충격적인 외상 사건을 경험한 이후에 1개월 이상 지속되는 재경험 증상과 회피행동 등이 나타난다.

## 20

**섬망(delirium) 증상의 특징이 아닌 것은?**

① 주의를 기울이고 집중, 유지 전환하는 능력의 감소

② 환경 또는 자신에 대한 지남력의 저하

③ 증상은 오랜 기간에 걸쳐서 발생

④ 오해, 착각 또는 환각을 포함하는 지각장애

**해설** 섬망(delirium) 증상 : 의식이 혼미하고 주의 집중 및 전환 능력이 현저하게 감소되며 인지기능에 일시적 장애가 나타나는 경우다. 핵심증상은 주의저하, 각성저하이다. 섬망은 단기간 발생하며, 심해지면 하루 중에도 그 심각도가 변동한다.

**정답** 17 ② 18 ① 19 ① 20 ③

## 01

DSM-5에서 새롭게 신설된 진단명이 아닌 것은 무엇인가?

① 자폐스펙트럼장애   ② 저장장애
③ 초조성 다리증후군   ④ 허위성장애

## 02

지적장애의 심각도에 따라 나누었을 때 옳은 설명은?

① 경도 : 간단한 셈, 철자의 습득 및 감독 하에 단순작업 수행이 가능하다.
② 중등도 : 초등학교 2학년 정도로 지도나 감독 하에 사회적, 직업적 기술 습득이 가능하다.
③ 고도 : 지적학습 및 사회적 적응이 거의 불가능하다.
④ 최고도 : 교육이 가능하며 독립적 생활 또는 지도가 가능하다.

## 03

아동기 발병 유창성 장애에 대한 설명 중 틀린 것은?

① 첫 음절을 반복하거나 특정음을 길게 하는 등 의사소통 중 말을 더듬는 증상을 보인다.
② 사회적으로 위축될 수 있으며, 말하는 상황을 회피하는 현상을 초래할 경향이 있다.
③ 심리적 압박 등으로 인해 유발될 수 있다.
④ 청각장애, 발성기관 결함, 인지장애와 같은 문제에 의해 유발된다.

## 04

조현병과 관련된 신경전달물질은 무엇인가?

① 프로게스테론   ② 에스트로겐
③ 도파민   ④ 카테콜라민

## 05

조현병의 원인으로 옳지 않은 것은?

① 가족 간 갈등이 많고 분노를 과하게 표현하며 간섭이 심한 가족관계 요인으로 발병한다.
② 유전적 요인보다 대인관계에 대한 영향력이 매우 크다.
③ 조현병은 기본적으로 사고장애이며 사고장애는 주의 기능의 손상에 기안한다고 주장한다.
④ 자아경계의 붕괴에 기인하여 조현병이 발병한다.

## 06

Bleuler의 조현병의 4A 증상이 아닌 것은?

① 자폐성   ② 연상의 장애
③ 양가성 감정   ④ 행동의 무모

## 07

정신장애에 대한 설명으로 옳지 않은 것은?

① 신체증상장애 : 자신이 심각한 질병에 걸렸다는 과도한 집착과 공포를 가진다.
② 적대적 반항장애 : 어른에게 거부적이고 적대적이며 반항적인 행동을 한다.
③ 방화증 : 불을 지르고 싶은 충동 조절 실패로 반복적인 방화 행동을 한다.
④ 섬망 : 의식이 혼미하고 주의 집중 및 전환 능력이 현저하게 감소되어지고 인지기능에 일시적 장애가 나타나는 경우이다.

## 08

조현병 하위 유형 중 가장 증상이 심각한 것은?

① 망상장애
② 조현형 성격장애
③ 조현정동장애
④ 조형양상장애

## 09

DSM-5의 성격장애 중에서 다른 사람과의 만남에 대한 불안과 두려움 때문에 사회적 상황을 회피하는 성격장애는?

① 강박성 성격장애
② 조현성 성격장애
③ 회피성 성격장애
④ 의존성 성격장애

## 10

양극성 및 관련장애에 대한 설명으로 옳은 것은?

① 제2형 양극성 장애는 주요우울삽화가 최소 1주 이상 지속되어야 하며 경조증 삽화는 최소 4일간 지속된다.
② 사고의 비약은 조증인 상태에서 특징적인 사고 진행 장애이다.
③ 순환감정 장애의 주요 발병 시기는 아동기이다.
④ 순환감정 장애는 적어도 1년 동안 다수의 경조증 기간과 우울증 기간이 있다.

## 11

우울증과 관련된 인지오류로 틀린 것은?

① 파국화 : 부정적인 부분만 보고 최악의 상태를 생각한다.
② 선택적 추상화 : 여러 가지 상황 중 일부만을 뽑아 상황 전체를 판단한다.
③ 과잉 일반화 : 어떤 사건이나 사건의 의미와 중요성을 실제보다 지나치게 확대하거나 축소한다.
④ 개인화 : 자신과 무관한 사건을 자신과 관련된 것으로 잘못 해석한다.

## 12

파괴적 기분조절곤란장애의 설명으로 틀린 것은?

① 반복적으로 심한 분노를 폭발하는 행동을 나타내는 경우를 말한다.
② 주로 아동기나 청소년기에 나타나는 장애이다.
③ 분노발작이 발달에 맞지 않고 일주일에 3회 이상이며 12개월 이상 지속되어야 한다.
④ 분노폭발은 발달수준에 적합한 것이어야 한다

## 13

불안장애의 공포증에 해당하지 않는 것은?

① 특정공포증
② 공황장애
③ 광장공포증
④ 사회불안장애

## 14

공포증을 치료하는 데 있어서 울페(Wolpe)에 의해 개발된 기법으로 조건화된 반응을 해제시키고 새로운 조건형성(역조건화)이 이루어지도록 하는 방법은?

① 체계적 둔감법
② 노출법
③ 홍수법
④ 사고 중지법

## 15

다음의 특징을 가진 가장 적절한 진단명은?

> 20대 여성인 A씨는 사람들 사이에 있으면 매우 불편해서 같이 하는 모든 자리를 회피하고, 이로 인해 직장에서 불편함이 심각하며, 회의 시에 발표를 하게 되면 혹 실수해서 창피를 당하지 않을까 하는 두려움 때문에 온 몸에 식은땀을 흘리곤 한다.

① 사회공포증
② 불안장애
③ 우울증
④ 공황장애

## 16

분리불안장애에 대한 설명으로 옳지 않은 것은?

① 분리의 주제를 포함하는 악몽을 반복적으로 꾼다.

② 주요 애착 대상으로부터 분리를 경험하거나 반복적으로 심한 고통을 느낀다.

③ 불안의 증상이 성인은 6개월, 아동, 청소년은 3개월 이상 지속되어야 진단이 된다.

④ 불안장애의 하위유형이다.

## 17

강박장애의 하위유형이 아닌 것은?

① 신체변형 장애　　② 모발뽑기 장애

③ 피부벗기기 장애　④ 전환장애

## 18

외상후 스트레스 장애의 '외상 사건을 경험한 후의 네 가지 유형의 심리적 증상'이 아닌 것은?

① 침투증상　　　　② 방어기제 붕괴

③ 인지, 감정 부정변화　④ 각성의 변화

## 19

외상후 스트레스 장애는 외상 사건이라는 분명한 촉발 요인이 존재하기 때문에 이러한 장애에 취약한 사람들의 특성을 밝히는 것은 원인을 파악하는 데 중요하다. 다음 중 외상후 요인에 해당하지 않는 것은?

① 추가적인 생활 스트레스

② 결혼과 직장생활의 불안정

③ 정서적 불안정

④ 사회적 지지체계 부족

## 20

해리성 정체감 장애에서 장애를 유발하는 4요인에 해당하지 않는 것은?

① 자아의 획득　　② 외상 경험

③ 해리 능력　　　④ 진정 경험의 결핍

## 21

수면 이상증에 해당하지 않는 것은?

① 비REM 수면 각성장애

② 악몽장애

③ REM 수면 행동장애

④ 일주기 리듬 수면-각성장애

## 22

REM수면에 대한 설명으로 옳지 않은 것은?

① 안구운동을 제외한 신체의 움직임은 없다.

② 크고 느린 뇌파가 나타나기 때문에 서파수면이라고 한다.

③ 깨어 있을 때와 비슷한 활발한 뇌파활동과 꿈이 나타난다.

④ 단백질 합성을 증가시켜 뇌의 기능을 회복한다.

## 23

신경성 폭식증에 대한 설명으로 옳지 않은 것은?

① 많은 양의 음식을 단기간에 먹으며 폭식행동을 조절할 수 없다.

② 폭식행동과 부적절한 보상 행동 모두 평균적으로 적어도 1주일에 1회 이상 3개월 동안 일어나야 한다.

③ 체중증가와 비만에 대한 극심한 두려움으로 현저하게 음식을 거부하거나 줄이는 태도를 보인다.

④ 폭식 후 보상행동으로 이뇨제, 설사제, 관장약 등을 사용한다.

## 24

폭식장애의 진단기준이 아닌 것은?

① 반복적인 폭식행동이 나타나야한다.

② 정상보다 더 빨리 많이 먹는다.

③ 폭식행동이 평균적으로 1주일에 1회 이상 3개월 동안 나타나야 한다.

④ 부적절한 보상행동과 함께 나타난다.

## 25

신체증상 및 관련 장애 하위유형이 아닌 것은?

① 피부 벗기기  　② 질병불안장애

③ 전환장애  　　 ④ 허위성장애

## 26

환자의 역할을 하기 위하여 신체적 또는 심리적 증상을 의도적으로 만들어 내거나 위장하며, 현실적인 이득 없이 단지 환자역할을 하는 장애는?

① 질병불안장애  ② 신체증상장애

③ 전환장애  　　 ④ 허위성장애

## 27

적대적 반항장애에 대한 설명으로 옳은 것은?

① 사람과 동물에 대한 공격성을 보인다.

② 자주 적극적으로 권위자의 요구를 무시하거나 규칙을 어긴다.

③ 언어적 공격행위와 더불어 재산파괴와 신체적 공격을 포함하는 폭력적 행동을 반복적으로 나타낸다.

④ 어른에게 반항하고 적대적이며, 잦은 학교 결석, 잦은 가출, 공공기물 파손 행동 등으로 나타난다.

## 28

알츠하이머 신경인지장애에 대한 설명으로 틀린 것은?

① 65세 미만에서 발병한 경우를 조발성(초로기) 알츠하이머병, 65세 이상에서 발병한 경우를 만발성(노년기) 알츠하이머병으로 구분한다.

② 알츠하이머병은 단백질의 일종인 베타 아밀로이드와 타우가 뇌에 과도하게 쌓여서 생기는 것으로 알려진다.

③ 의식이 혼미하고 주의집중 및 전환 능력이 현저하게 감소하며, 기억, 언어, 현실 판단 등의 인지기능에 일시적인 장애가 나타난다.

④ 인지적 저하는 본인이나 주변 사람들 또는 임상가에 의해서 인식될 수 있으며, 표준화된 신경심리검사를 통해 평가될 수 있다.

## 29

옐리네크는 알코올 의존이 단계적으로 발전하는 장애로 4단계의 과정을 제시하였다. 각 과정이 옳은 것은?

① 전 알코올 증상단계 : 알코올에 대한 내성이 생기고 심한 금단증상을 경험하게 된다.

② 전조단계 : 사교적 목적으로 음주를 시작하여 즐기는 단계이다.

③ 결정적 단계 : 음주에 대한 통제력을 서서히 상실하게 되는 단계이다.

④ 만성단계 : 술에 대한 매력이 증가하면서 점차로 음주량과 빈도가 증가하는 시기이다.

## 30

코르사코프 증후군의 설명으로 옳지 않은 것은?

① 비타민 $B_1$의 결핍에 의해서 발생한다.

② 신경학적 합병증으로 건망증, 기억력장애, 지남력장애가 있다.

③ 작화증 등을 특징으로 한다.

④ 공황장애가 발생한다.

## 31

비물질 장애는 무엇인가?

① 카페인장애      ② 도박장애

③ 알코올 유도성장애    ④ 아편장애

## 32

남성 성욕감퇴 장애에 대한 설명 중 틀린 것은?

① 성교가 가능하도록 충분히 발기가 되지 못한 상태이다.

② 남성이 성적 욕구를 느끼지 못하거나 성욕이 현저하게 저하된 것이다.

③ 최소한 6개월 이상 성적 공상이나 성행위 욕구가 지속적으로 결여되어 있는 상태이다.

④ 우울증은 흔히 성욕 감퇴와 밀접하게 연관되어 있다.

## 33

관계 형성에 무관심하고 인지적, 지각적 왜곡과 기이한 행동을 보이는 성격장애는?

① 조현성 성격장애     ② 편집성 성격장애

③ 반사회성 성격장애    ④ 조현형 성격장애

## 34

성도착장애에 대한 설명으로 옳은 것은?

① 관음장애 – 성적 흥분을 위해서 자신의 성기를 낯선 사람에게 노출시킨다.

② 접촉마찰장애 – 성적 흥분을 위해서 원하지 않는 상대방에게 몸을 접촉하여 문지른다.

③ 성적 가학장애 – 다른 성의 옷을 입음으로써 성적 흥분을 느끼고자 한다.

④ 성애물장애 – 성적 흥분을 위해서 상대방으로부터 고통이나 굴욕감을 받고자 한다.

## 35

성불편증에 대한 설명으로 옳지 않은 것은?

① 성 불편증은 자신의 생물학적 성과 성 역할에 대해서 지속적으로 불편감을 느끼는 경우이다.

② 아동의 성불편증과 청소년 및 성인의 불편증 진단기준이 다르다.

③ 성불편증은 성인이 되어야 확실하게 나타날 수 있다.

④ 반대의 성에 대한 강한 동일시로 나타나거나 반대의 성이 되기를 소망한다.

## 36

성격장애에 대한 설명으로 옳지 않은 것은?

① 성격장애는 어린 시절부터 서서히 형성되며 좀처럼 변하지 않는다.

② DSM – 5에서는 10가지 성격장애로 구분한다.

③ B군 성격장애는 쉽게 불안하고 근심이 많으며 무서움을 자주 느끼는 특성을 보인다.

④ 사회적, 직업적 그리고 다른 중요한 영역에서 임상적으로 심각한 고통을 초래한다.

## 37

다음의 특성을 보이는 성격장애는?

> A군은 자신의 쾌락과 이익을 위해 수단과 방법을 가리지 않고, 사회규범이나 법을 지키지 않는다. 매우 무책임하고 폭력적인 행동을 반복하고 육체적 싸움이 잦아서 사회적 부적응을 초래한다.

① 반사회성 성격장애　　② 경계성 성격장애
③ 연극성 성격장애　　④ 자기애성 성격장애

## 38

C군 성격장애가 아닌 것은?

① 회피성 성격장애　　② 자기애성 성격장애
③ 강박성 성격장애　　④ 의존성 성격장애

## 39

이상심리학의 역사에서 잘못된 것은?

① 히포크라테스(Hippocrates)는 정신질환을 조증, 우울증, 광증으로 분류하였다.
② 헤로필수스(Herophilus)는 4체액설을 부인하고 정신장애가 뇌의 결함이라 하였다.
③ 컬런(Cullen)은 1800년 신경증이란 용어를 처음 사용하였다.
④ 20세기에 이르러 인간을 돌본다는 인도주의적 처우가 시작되었다.

## 40

통합적 이론의 취약성－스트레스 모형에서 취약성에 해당하지 않는 것은 무엇인가?

① 유전적 이상　　② 개인의 성격특성
③ 직업의 변화　　④ 어린 시절 학대

| 01 | 02 | 03 | 04 | 05 | 06 | 07 | 08 | 09 | 10 |
|----|----|----|----|----|----|----|----|----|----|
| ④ | ② | ④ | ③ | ② | ④ | ① | ③ | ③ | ② |
| 11 | 12 | 13 | 14 | 15 | 16 | 17 | 18 | 19 | 20 |
| ③ | ④ | ② | ① | ① | ③ | ④ | ② | ③ | ① |
| 21 | 22 | 23 | 24 | 25 | 26 | 27 | 28 | 29 | 30 |
| ④ | ② | ③ | ④ | ① | ④ | ② | ③ | ③ | ④ |
| 31 | 32 | 33 | 34 | 35 | 36 | 37 | 38 | 39 | 40 |
| ② | ① | ④ | ② | ③ | ③ | ① | ② | ④ | ③ |

## 01 　　　　　　　　　　　　　　　　　　　정답 ④

DSM-5에서 신설된 진단명은 자폐스펙트럼 장애, 피부 벗기기 장애, 저장장애, 월경전 불쾌감 장애, 파괴적 기분조절곤란 장애, 폭식장애, 도박장애, 초조성 다리증후군, 사회적 의사소통 장애, 성불편감 등이 있다.

## 02 　　　　　　　　　　　　　　　　　　　정답 ②

① 고도, ③ 최고도, ④ 경도에 대한 설명이다.

## 03 　　　　　　　　　　　　　　　　　　　정답 ④

④ 발화음장애에 대한 설명이다.

## 04 　　　　　　　　　　　　　　　　　　　정답 ③

신경전달물질 중에서 조현병과 관련된 것으로 가장 주목을 받고 있는 것은 도파민이다. 도파민 외에 세로토닌이 주목을 받고 있는데, 이 두 가지 신경전달물질의 수준이 높으면 조현병의 증상이 나타난다는 세로토닌-도파민 가설이 제기되고 있다.

## 05 　　　　　　　　　　　　　　　　　　　정답 ②

② 조현병은 유전적 요인의 영향력이 매우 크다.

## 06 　　　　　　　　　　　　　　　　　　　정답 ④

Bleuler의 조현병의 4A 증상 : 연상의 장애, 정서의 장애(감정의 둔마), 양가성 감정, 자폐성

## 07 　　　　　　　　　　　　　　　　　　　정답 ①

신체증상장애는 한 개 이상의 신체적 증상에 대한 과도한 집착과 건강염려를 하는 것이며, 자신이 심각한 질병에 걸렸다는 과도한 집착과 공포를 가지는 것은 질병불안장애에 해당한다.

## 08 　　　　　　　　　　　　　　　　　　　정답 ③

조현병, 조현정동장애 → 현양상장애 → 단기정신병적 장애 → 망상장애 → 조현형 성격장애 → 약화된 정신증 증후군 순으로 심각도가 낮아진다.

## 09 　　　　　　　　　　　　　　　　　　　정답 ③

회피성 성격장애는 사람의 만남에 대한 불안과 두려움으로 사회적 상황을 피하는 특징이다.

## 10 　　　　　　　　　　　　　　　　　　　정답 ②

① 주요우울삽화가 최소 2주 이상 지속되어야 한다.
③ 순환감정 장애의 주요 발병 시기는 청소년기, 성인 초기이다.
④ 순환감정 장애는 적어도 2년 동안 다수의 경조증 기간과 우울증 기간이 있다.

## 11 　　　　　　　　　　　　　　　　　　　정답 ③

③ 과잉일반화는 한두 번 사건의 근거에 일반적 결론을 내리는 것이며, 어떤 사건이나 사건의 의미와 중요성을 실제보다 지나치게 확대하거나 축소하는 것은 의미확대 또는 의미축소이다.

## 12 　　　　　　　　　　　　　　　　　　　정답 ④

④ 분노폭발은 발달수준에 부적합한 것이어야 한다.

## 13 　　　　　　　　　　　　　　　　　　　정답 ②

불안장애 하위유형의 공포증에는 특정공포증, 광장공포증, 사회불안장애가 있다.

## 14 　　　　　　　　　　　　　　　정답 ①

체계적 둔감법은 울페(Wolpe)에 의해 개발되어진 기법으로 불안위계를 통해 점진적 이완과 불안을 반복적으로 짝을 지어 불안증상을 없애는 방법이며, 특히 공포증 치료에 많이 사용한다.

## 15 　　　　　　　　　　　　　　　정답 ①

사회공포증은 다른 사람들과 상호작용하는 사회적 상황을 두려워하여 회피하며, 다른 사람들이 지켜보고 평가하는 가운데 어떤 일을 수행해야 할 때 대중 앞에서 창피를 당할까 두려워하여 불안과 관련된 많은 신체적 증상을 경험한다.

## 16 　　　　　　　　　　　　　　　정답 ③

③ 불안의 증상이 성인은 6개월, 아동, 청소년은 1개월 이상 지속되어야 진단이 된다.

## 17 　　　　　　　　　　　　　　　정답 ④

강박장애 하위유형 : 강박장애, 신체변형장애, 저장장애, 모발뽑기장애, 피부벗기기장애
④ 전환장애는 신체증상 및 관련장애 하위유형이다.

## 18 　　　　　　　　　　　　　　　정답 ②

**외상 사건을 경함한 후의 네 가지 심리적 증상**
• 침투증상 : 외상 사건과 관련된 기억이나 감정을 재경험하는 것이다.
• 회피증상 : 외상 사건과 관련된 자극을 회피하는 증상이다.
• 인지, 감정 부정변화 : 외상 사건과 관련된 인지와 감정에 부정적인 변화가 나타난다.
• 각성의 변화 : 평소에도 늘 과민하며 주의집중을 잘 못하고 사소한 자극에도 크게 놀라는 과각성 반응을 한다.

## 19 　　　　　　　　　　　　　　　정답 ③

• 외상 전 요인 : 가족력, 아동기의 다른 외상경험 의존성, 정서적 불안정, 성격특성 등
• 외상 중 요인 : 외상경험 자체의 특성, 외상 강도
• 외상 후 요인 : 사회적 지지체계나 친밀감 관계 부족, 추가적인 생활 스트레스, 결혼과 직장생활의 불안정 등

## 20 　　　　　　　　　　　　　　　정답 ①

해리장애는 의식, 기억, 행동 및 자기정체감의 통합적 기능에 갑작스러운 이상을 나타내는 장애이므로 이 장애의 유발은 자아의 획득이 실패했다는 의미이다.

## 21 　　　　　　　　　　　　　　　정답 ④

수면 – 각성장애 하위유형에는 불면장애, 과다수면장애, 기면증(수면발작증), 호흡관련 수면장애, 일주기 리듬수면 – 각성장애, 초조성 다리증후군, 수면 이상증(비REM 수면 각성장애, 악몽장애, REM 수면 행동장애)이 있다.

## 22 　　　　　　　　　　　　　　　정답 ②

② 크고 느린 뇌파가 나타나기 때문에 서파수면은 비REM 수면이다.

## 23 　　　　　　　　　　　　　　　정답 ③

③ 외모가 중시되는 직업군에서 발병이 높으며, 신체를 왜곡하여 지각하는 것은 신경성 식욕 부진증의 특징이다.

## 24 　　　　　　　　　　　　　　　정답 ④

④ 폭식장애는 신경성 폭식증의 경우처럼 부적절한 보상행동과 함께 나타나지 않아야 한다.

## 25 　　　　　　　　　　　　　　　정답 ①

신체증상 및 관련 장애 하위유형은 신체증상장애, 질병불안장애, 전환장애, 허위성장애이다.
① 피부 벗기기는 강박장애 하위유형이다.

## 26 　　　　　　　　　　　　　　　정답 ④

전환장애 : 현실적인 이득(<sup>예</sup> 경제적 보상, 법적 책임의 회피 등) 없이, 다만 환자 역할을 하려는 심리적 욕구에 기인한 것으로 신체적 증상을 위장한다는 점에서 '뮌하우젠증후군'이라고도 한다.

## 27 　　　　　　　　　　　　　　　정답 ②

①, ④는 품행장애에 해당하고, ③은 간헐적 폭발성장애에 해당한다.

## 28 　　　　　　　　　　　　　　　정답 ③

③ 의식이 혼미하고 주의집중 및 전환 능력이 현저하게 감소하며, 기억, 언어, 현실 판단 등의 인지기능에 일시적인 장애가 나타나는 것은 섬망이다.

## 29 　　　　　　　　　　　　　　정답 ③

옐리네크는 알코올의존이 단계적으로 발전하는 장애로 4단계의 과정을 제시하였다.
• 전 알코올 증상단계 : 사교적 목적으로 음주를 시작하여 즐기는 단계이다.
• 전조단계 : 술에 대한 매력이 증가하면서 점차로 음주량과 빈도가 증가하는 시기이다.
• 결정적 단계 : 음주에 대한 통제력을 서서히 상실하게 되는 단계이다.
• 만성단계 : 알코올에 대한 내성이 생기고 심한 금단증상을 경험하게 되어 알코올에 대한 통제력을 완전히 상실하게 되는 단계이다.

## 30 　　　　　　　　　　　　　　정답 ④

코르사코프 증후군은 비타민 $B_1$의 결핍에 의해서 발생하며 건망증, 기억력장애, 지남력장애, 작화증(자신이 기억하지 못하는 것을 마치 있었던 것처럼 확신을 갖고 말하거나 사실을 위장, 왜곡하는 병적인 증상) 등을 특징으로 한다.

## 31 　　　　　　　　　　　　　　정답 ②

물질관련 및 중독장애는 물질 – 관련장애와 비물질 – 관련장애로 나뉘며, 도박장애는 비물질 – 관련장애에 해당한다.

## 32 　　　　　　　　　　　　　　정답 ①

① 발기장애에 대한 설명이다.

## 33 　　　　　　　　　　　　　　정답 ④

④ 조현형 성격장애에 대한 설명이며, 조현성 성격장애는 관계에 무관심하고 감정표현이 부족하나 기이한 행동을 보이지는 않는다.

## 34 　　　　　　　　　　　　　　정답 ②

① 관음장애 : 성적 흥분을 위해서 다른 사람이 옷을 벗거나 성행위하는 모습을 몰래 훔쳐본다.
③ 성적 가학장애 : 성적 흥분을 위해서 상대방에게 고통이나 굴욕감을 느끼게 한다.
④ 성애물장애 : 물건(예 여성의 속옷)을 통해서 성적 흥분을 느끼고자 한다.

## 35 　　　　　　　　　　　　　　정답 ③

성불편증은 아동에서부터 성인에 이르기까지 다양한 연령대에서 나타날 수 있다.

## 36 　　　　　　　　　　　　　　정답 ③

③ C군 성격장애에 대한 설명이며, B군 성격장애는 극적이고 감정적이며 변덕스러운 특성을 보인다.

## 37 　　　　　　　　　　　　　　정답 ①

반사회성 성격장애에 대한 사례이다.

## 38 　　　　　　　　　　　　　　정답 ②

자기애성 성격장애는 B군 성격장애에 해당한다.

## 39 　　　　　　　　　　　　　　정답 ④

④ 18세기에 이르러 인간을 돌본다는 인도주의적 처우가 시작되었다.

## 40 　　　　　　　　　　　　　　정답 ③

취약성은 특정한 장애에 걸리기 쉬운 개인적 특성을 말하며, 그 예로 유전적 이상, 뇌 신경 이상, 개인의 성격특성, 어린 시절 부모의 학대 등을 들 수 있다. 심리사회적 스트레스는 환경 속에서 느끼는 부정적인 생활사건으로 사건에 대처하기 위한 심리적인 부담을 말하며, 그 예로 직업의 변화 등을 들 수 있다.

<sup>과목</sup>
# 3 심리검사

01. 심리검사의 기초

02. 측정과 척도

03. 신뢰도와 타당도

04. 객관적 검사와 투사적 검사

05. 지능과 지능검사

06. 미네소타 다면적 인성검사(MMPI, MMPI-2)의 이해

07. 여러 심리검사 도구

## 출제경향

심리검사에서는 심리검사에 대한 기본 개념인 자료수집 방법과 내용, 제작요건, 윤리문제를 다룬다. 그리고 지능검사, 표준화된 성격검사, 신경심리검사, 아동 및 청소년용 심리검사, 노인용 심리검사 및 기타 심리검사에 대한 내용이 출제된다. 지능검사는 지능의 개념, 분류, 특성, 지침 및 절차, 기본적인 해석에 대한 부분에 중점을 두고, 표준화된 성격검사는 성격검사의 개발 과정 및 구성과 특성, 척도의 특성과 내용 및 실시와 채점, 해석에 대한 부분에 중점을 둔다.

신경심리검사에서는 신경심리학의 기본개념과 실시 방법, 아동·청소년의 심리검사 종류 및 실시 방법, 노인심리검사의 종류 및 실시 방법, 기타 검사의 종류와 특징에 대한 부분과, 투사검사의 종류와 특징, 질문지형 검사의 종류와 특징에 대한 문제가 출제된다.

# Chapter. 01

# 심리검사의 기초

## 1 》》 심리검사의 개요

### 1) 심리검사의 개념

(1) 심리검사는 인간의 지능, 성격, 적성, 흥미 등의 지적 능력이나 심리적 특성을 파악하기 위해 양적 혹은 질적으로 측정 및 평가하는 절차이다.

(2) 개인 간 심리 현상의 차이를 비교·분석하여 그의 인격이나 행동을 이해할 수 있도록 심리학적으로 측정하는 과정이다.

(3) 주제에 따라 수집된 자료를 대상으로 과학적 검증 과정을 거쳐 그 결과를 수치로 나타내며, 표준화된 방법에 의해 점수로 기술할 수 있다.

(4) 심리검사는 개인의 행동을 예측하기 위한 전 과정을 뜻한다. 즉, 개인의 대표적 행동을 측정해서 인간 전체 행동으로 예측하게 하는 과정이다.

### 2) 심리검사의 기능

(1) **예측** : 현재의 상태에서 미래의 상황을 예측한다.

(2) **자기 이해** : 진단의 결과를 통해 자아를 발견하고 나아가 자신을 이해할 수 있는 기회, 즉 스스로를 탐구하여 자신의 잠재능력까지도 발견할 수 있는 기회를 가지게 된다.

(3) **진단** : 사회 생활의 장애적인 요인이나 사회적인 이상 여부를 발견하여 치료하거나 개선할 수 있게 한다.

(4) **정보** : 피검사자에게 그의 능력이나 특성 등에 대한 정보를 제공한다.

### 3) 심리검사의 시행과정

① 심리검사 선택 → ② 검사 목적 이해 → ③ 검사에 대한 동기 부여 → ④ 검사 실시 → ⑤ 채점 → ⑥ 결과에 대한 해석

### 4) 심리검사의 결과 해석 시 유의사항

(1) 다른 검사나 자료를 통합적으로 고려하여 해석하는 전문가의 해석이어야 한다.

(2) 자기충족적 예언이나 검사받은 사람을 라벨링하는 등 검사 결과가 악용되어서는 안 된다.

(3) 정해진 규준과 규범에 따라 해석할 수 있도록 해석 매뉴얼을 따라야 한다.

### 5) 심리검사 전문가가 지녀야 할 태도

(1) 검사실시와 채점, 해석 등을 전문적으로 시행하여야 한다.

(2) 검사를 실시하는 개인을 존중하여야 한다.

(3) 결과가 하나의 가설이라는 사실을 알아야 하고, 검사 결과의 타당성에 대한 의문이 제기될 수 있음을 인정한다.

(4) 검사를 받는 사람에게 검사결과와 관련된 정보를 제공하기 위해 노력한다.

### 6) 심리검사의 장점

(1) 개인에 대한 자료를 수집하는 데 있어서 주관적 판단을 하지 않도록 돕는다.

(2) 양적인 측정을 통해 개인 간 행동 비교가 가능하다.

(3) 수검자의 검사반응을 통해 개인 내 비교가 가능하다.

(4) 일회적 검사 실시를 통해 개인의 행동을 부분적으로나 통합적으로 평가하는 것이 가능하다.

(5) 오래 만났을 때 가능한 내용이나 행동 관찰을 통해 발견이 가능한 내용을 일회적 심리검사를 통해 평가 가능하다.

**TIP**

심리검사 전문가는 객관적 평가와 주관적 평가를 통합하려는 노력과, 결과는 하나의 가설이라는 생각 등을 고려하여 진단하고 설명해야 한다. 심리검사 전문가가 가장 주의해야 할 점은 심리검사 결과가 전부가 아니라는 사실이다. 심리검사 전문가는 심리검사 실시 전 내담자의 상태, 심리검사를 실시하는 내담자의 태도, 심리검사 실시 후 간단한 면접 등을 통해 내담자의 전반적인 상황을 모두 관찰하고 진단해야 한다. 특히 검사 결과와 자신의 관찰을 통해 진단한 결과를 통합해서 접근하는 방법이 필요하다. 수퍼비전을 통해 라벨링이나 검사 결과에 내담자를 끼워 맞추는 등의 편향이 일어나지 않도록 각별히 유의해야 한다.

## 2 » 심리검사의 종류

### 1) 객관적 검사(표준화 검사)

#### (1) 지능검사

① 1905년 비네(Binet)와 시몽(Simon)이 공교육 시스템 내에서 교육 가능한 아동과 초등교육을 받을 수 없는 정신지체 아동을 구별하기 위해 처음 개발하였다. 아동의 공교육 시스템 내 지적 능력을 파악하고, 인지 기능 특성을 파악하기 위한 검사 도구였다.

② 지적인 능력을 측정하기 위한 방법 중 하나로 새로운 환경에 적응하고, 문제를 해결하며, 추상적 사상을 다루는 능력을 측정하고자 하는 데 그 목적이 있다.

③ 지능검사 결과를 토대로 임상적 진단을 체계화함으로써 증세의 명료화가 가능하다. 기질적 뇌손상인지와 뇌손상으로 인한 인지적 손실 정도를 파악할 수 있다. 또한 합리적 치료 목표 설정이 가능하다.

④ 대표적 지능 검사로는 Standford-Binet 지능검사, 웩슬러 지능검사(WAIS), 카우프만 지능검사(ABC) 등이 있다.

#### (2) 적성(흥미) 검사

① 적성 : 일반적 지식, 특수 기술 습득/숙달 가능한 개인의 잠재력을 의미한다.

㉠ 학업 적성, 직업/사무 적성, 기계 적성, 음악 적성, 미술 적성, 언어 적성, 수공 적성, 수리 적성 등이 있다.

㉡ 인지적 검사, 개인의 특수한 능력/잠재력 발견, 학업/취업 등 진로를 결정하는 정보 제공, 미래의 성공 가능성을 예측하는 검사이다.

㉢ 간편하고 경제적이어서 다양한 환경에서 적용이 가능하다.

㉣ 적성검사(GATB)

ⓐ 11개의 하위 검사로 이루어져 있고 7개의 능력을 파악하는데 이 검사를 통해 2~3개의 능력을 조합하여 해당 적성을 파악하는 것이다.

ⓑ 7개의 능력
- 일반능력(G) : 일반적 학습능력, 추리 판단 능력 등
- 언어능력(V) : 언어 상호의 관계와 문장의 뜻을 이해하는 능력 등

- 수리능력(N) : 신속하고 정확하게 계산하는 능력
- 사무지각능력(O) : 오자를 발견하고 문자 또는 숫자를 교정하는 능력 등
- 공간능력(S) : 입체형을 이해하고 평면과 물체와의 관계를 이해하는 능력
- 지각능력(P) : 사물 또는 표에 나타나는 것을 세부사항까지 바르게 지각하는 능력
- 협응능력(K) : '눈'과 '손' 또는 '눈'과 '손가락'을 협응시켜 신속하고 정확하게 운동을 할 수 있는 능력

② 흥미

　㉠ 어떤 대상에 대하여 특별히 좋아하거나 싫어하는 감정이나 경향 또는 태도로 예술, 기계, 스포츠 등 다양한 활동 영역에 대한 개인의 흥미 정도를 측정하는 흥미검사가 있다.

　㉡ Holland 검사 : 6가지의 성격유형을 6가지의 직업이나 생활환경에 적용하는 검사로 유형은 다음과 같다.

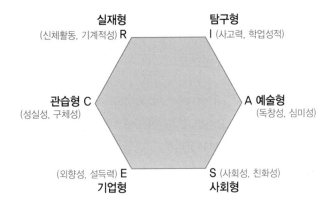

(3) 성격검사

'성격'은 인간의 사고, 감정, 행동을 특징짓는 개인의 능력이나 흥미, 태도, 기질 등의 복합적 요인을 의미한다.

① 개인에게는 선천적 요소와 후천적 요소의 상호작용에 의해 나타나는 일관된 특징으로 정서를 측정할 수 있는 검사이다.

② 성격검사로는 Myers-Briggs Type Indicator(MBTI), Minnesota Multi-phasic Personality Inventory(MMPI), 16 성격 요인 검사(16PF), Big 5 등이 있다.

**(4) 태도검사**

'태도'는 사회, 인종, 제도, 관습 등 특정 사회적 주제에 대해 수검자의 응답으로 나타난 개인적 선입견, 아이디어 등을 얼마나 선호하는지, 싫어하는지를 보여주는 것이다.

① 특정한 종류의 자극에 대한 개인의 감정 변화 반응이나 가치 판단 등을 나타내는 태도를 측정한다.

② 태도 검사의 문항은 질문에 대한 핵심대상을 '무엇'으로, 방향성은 긍정/부정/중립의 3가지로, 또 강도는 강/약 등 2가지로 표현하게 하는 것이었다.

③ 찬성이나 반대의 태도 등을 측정하여 동일한 주제에 대해서도 사용된 용어나 문장 표현에 따라 수검자의 응답에 변화가 나타날 수 있다는 것을 알려준다.

④ 견해 조사로는 부모양육 태도검사, 직무만족도 검사, 자아태도 검사 등이 있고, 태도 척도로는 등간 척도의 대표주자 격인 서스톤 척도, 총화평정 척도인 리커트 척도, 사회적 거리척도인 보가더스 거트만 척도 등이 있다.

## 2) 투사적 검사(비표준화 검사)

**(1) 주제통각검사(TAT ; Thematic Apperception Test)**

① 인물과 상황을 묘사한 그림 카드에 대해 느끼는 대로 이야기하는 것을 통해 수검자의 현재 심리를 진단할 수 있다.

② 인간관계를 통해 나타난 외적 정서반응 측면과 자아심리가 투사된 정신역동적 측면을 다룬다.

③ 소유욕, 친밀감에 대한 욕구, 공격성-정의적/언어적/사회적/신체적/파괴욕구, 지배욕구, 주변 환경에 대한 지각 등을 진단할 수 있다.

**(2) 로샤(Rorschach) 잉크반점검사**

① 좌우대칭으로 된 것을 한 장씩 피검자에게 보여주며, 어떻게 보이는가를 질문하여 답하는 검사이다.

② 전의식적이거나 무의식적인 심리적 특성을 진단하는 도구이다.

③ 사용된 반점의 부위(전체, 큰 부분, 작은 부분), 반응의 내용(인간 모습, 인간 부분, 동물, 피 등)에 따라 채점을 다양하게 할 수 있다.

(3) 집, 나무, 사람 검사(HTP ; House - Tree - Person) : 4장의 종이에 집, 나무, 사람의 남녀를 그리게 하여 동일인의 그림을 배열했을 때 상태의 경과를 잘 파악할 수 있는 검사이다.

(4) 인물화 검사(DAP ; Drawing - A - Person)

① 인물화에 의한 성격검사로 많이 사용되며, 남녀 전신상을 따로 받는다.

② 남성이 여성상을 먼저 그릴 경우 '성에 혼란이 있거나 이성의 부모에 대한 의존이나 집착이 강한 것'을 알 수 있다.

③ 눈동자를 생략하는 것이 '죄책감'을 반영한다든지, 길이가 다른 다리와 발은 '충동과 자기 통제 사이의 갈등'을 보여준다든지의 무의식을 반영해준다.

④ 단독으로 사용되기보다는 HTP 검사와 함께 심리검사 내 투사적 검사로 자주 활용된다.

## 3) 객관적 검사와 주관적 검사의 비교

| 구분 | 장점 | 단점 |
|---|---|---|
| 객관적 검사 | • 검사 실시, 해석 간편<br>• 검사 신뢰도, 타당도 확보<br>• 검사자 변인, 상황의 영향 少<br>• 개인 간 비교를 객관적으로 제시 | • 수검자 의도 방향으로 문항에 반응<br>• 개인의 질적 특징 무시<br>• 방어적 태도가 검사결과에 영향<br>• 내적 갈등, 무의식적 표현 제한 |
| 주관적 검사 | • 개인의 반응이 독특하고 다양하게 표현<br>• 객관적 검사에 비해 방어가 어려움<br>• 무의식적인 갈등의 평가나 사고장애, 정서문제 등 정신병리 진단에 유용 | • 신뢰도, 타당도의 객관적 검증이 어려움<br>• 검사반응 수량화가 어려움 |

기출 DATA
좋은 검사 도구가 갖추고 있는 조건
2018-3회, 2016-3회

**TIP**

- 타당도와 신뢰도 : 지능검사라면 지능을 적합하게 정량화하는가(타당도), 이 지능검사가 믿을 만한가(신뢰도)를 측정하는 것이다. 모든 심리검사는 타당도와 신뢰도가 적절하게 확보되어야 한다.
- 객관도와 실용도 : 이 지능검사가 다른 전문가가 보기에도 적합한가(전문가 간 합치도), 일반인들도 이해할 만큼 효과적인가(일반인 간 합치도) 등을 확보하는 것이 중요하며, 이 검사가 사용하기에 편리한가 또한 확보되었을 때 실제 사용률이 높아질 수 있다.

**실력 TEST**

➡ 좋은 심리검사는 (          ), (          ), 객관도, 실용도 등 4가지 요건을 갖추고 있어야 한다.

**정답** : 타당도, 신뢰도

# 3 » 심리검사 도구

## 1) 심리검사 도구의 종류

### (1) 타당도(Validity)

① 평가도구가 측정하려고 목적한 바를 얼마나 충실하게 재고 있는지 말해주는 기준이다.

② 타당도를 확인하려고 하는 평가도구의 내용 자체를 타당성의 기준으로 보는 내용 타당도, 수검자의 특정 능력에 대해 얼마나 예측적인지 알 수 있는 예언 타당도, 특징적인 행동을 제3의 준거와 비교할 수 있는 공인 타당도, 한 검사가 조작적으로 정의되지 아니한 어떤 특성이나 성질을 측정했을 때, 그것을 과학적 개념으로 분석하고 의미를 부여하는 과정인 구인 타당도가 있다.

### (2) 신뢰도(Reliability)

① 그 검사가 측정하려는 대상을 얼마나 정확하게 측정하고 있는가의 정도를 의미한다.

② 같은 집단에 검사를 두 번 실시하여 그 전후의 결과에서 얻은 점수를 기초로 해서 상관계수를 산출하는 방법인 검사-재검사 신뢰도, 미리 제작된 두 개의 검사로 같은 피검자에게 실시해서 결과를 산출하는 동형검사 신뢰도, 한 개의 검사를 두 부분으로 나누어 한 수검자에게 실시하여 두 부분을 독립된 검사로 생각하여 이들 사이의 상관계수를 내는 방법인 반분검사 신뢰도, 피검자가 각 문항에 반응하는 일관성과 합치성에 기초한 문항 내적 일관성 신뢰도가 있다.

### (3) 객관도(Objectivity)

① 검사자 신뢰도 또는 평정자 신뢰도라고 하며, 검사를 채점하는 사람과 평정하는 사람 간의 합치도를 검토하는 방법이다.

② 한 가지 반응에 대하여 여러 사람의 채점 및 평가가 일치하는 정도를 측정하는 평가자 간 객관도, 한 평가자가 시간 간격이나 상황의 차이에 따라 같은 대상에 다른 평가결과를 보여주는 평가자 내 객관도, 한 사람의 채점자가 일정한 간격을 두고 채점하여 상관계수를 내는 것과 한 검사를 여러 사람이 채점한 것의 일치도를 평가하는 객관도의 계산이 있다.

(4) 실용도(Usability)

① 검사도구는 적은 시간과 노력, 경비를 들이고도 기대하는 목적을 달성할 수 있어야 한다.

② 아무리 훌륭한 검사도구라 할지라도 경비, 시간, 노력이 많이 들거나 지나치게 복잡하다면 활용하기 어렵다.

## 2) 검사의 표준화

(1) 일관성 확보를 위해 노력해야 한다.

① 과정을 단일화하고 조건화하여, 검사자의 주관적 의도나 해석이 개입될 수 없도록 한다.

② 경험적으로 제작된 적절한 규준과 기준 점수, 타당도와 신뢰도를 제시하고 측정된 결과와 상호 비교하도록 한다.

③ 검사 실시 상황이나 환경에 대한 엄격한 지침을 제공하고 검사자의 질문이나 수검자의 응답까지 규정하도록 한다.

④ 채점과 해석을 표준화하고, 규준을 설정한다.

(2) 표준화 검사

① 정해진 절차에 따라 실시되는지를 평가하고, 채점되는 검사 및 검사 조건이 동일한지, 채점이 객관적인지를 검토한다.

② 표준화된 절차를 위해 검사를 구조화하고, 실시방법과 해석에 대한 기준을 세운다.

③ 신뢰도와 타당도를 확보한 검사를 실시하도록 한다.

④ 대규모 표집으로부터 얻은 규준 자료를 참고하여 해석하고, 수검자의 위치를 객관적으로 파악하는데 주력한다.

(3) 비표준화 검사

① 대표적 규준 집단이나 검사 채점 등 신뢰도를 갖추지 않은 경우가 많다.

② 이를 보완하기 위해 기존 심리 검사에서 다루지 않은 투사적 기법이나 행동 관찰, 질문지 등을 포함해 검사 대상자의 일상생활, 주관적 생각 등의 정보를 통해 최대한 객관성을 확보하도록 노력한다.

**TIP**

표준화는 일관성, 타당도, 신뢰도를 제시하고 해석과 규준을 설정하는 것이다.

**기출 DATA**

표준화 검사 2018, 2016-3회

### 3) 문항응답자료 분석

검사의 신뢰도와 타당도를 검토할 때는 보통 문항응답자료를 분석하는데, 문항의 난이도, 변별도, 추측도를 검토해서 분석한다.

**(1) 문항의 난이도**

① 난이도는 해당 문항에 정답을 제시할 확률을 의미한다.

② 올바르게 응답한 사례 수를 총 사례수의 백분율로 표시한다.

**(2) 문항의 변별도** : 변별도는 높은 점수와 낮은 점수를 구별해주는 점수이다.

**(3) 문항의 추측도**

① 추측도는 수검자 중에서 추측으로 정답을 맞힌 수검자를 예측한 점수이다.

② 문항이 매우 어려울 때는 추측도가 높은 문항이 난이도가 높은 문항인 모순이 나타날 수 있다.

### 4) 표준화검사 활용 시 유의사항

**(1)** 검사의 양호도, 즉 타당성, 신뢰성, 객관성, 실용성 등을 고려

**(2)** 시행 이유와 필요성에 대한 명확한 목적의식을 가지고 실행

**(3)** 수검자의 행동 특성에 대한 참고자료로서 유효할 뿐, 결과 그 자체가 절대적인 것은 아님

**(4)** 검사의 시행, 채점, 해석에 대한 전문적 식견과 소양 필수

## 4 》 규준

### 1) 규준의 특징

**(1) 규준** : 특정검사 점수의 해석에 필요한 기준이 되는 정보로 한 개인의 점수가 평균 혹은 표준편차 내의 집단에서 어떤 의미를 지니는지를 보여주는 것을 의미한다.

① 비교대상 점수를 연령별, 사회계층별, 직업군별로 정리하여 비교한다.

② 전형적이거나 평균적인 점수로 수행지표를 제공할 수 있다.

③ 비교대상이 되는 집단을 규준 집단 혹은 표준화 표본 집단이라고 한다. 규준참조검사는 어떤 개인의 점수를 해석하기 위해 유사한 사람들의 점

수를 비교하여 평가하는 상대를 검토하기 위한 것으로 원점수를 규준에 따라 상대적으로 평가하는 것을 의미한다.

④ 규준은 절대적이거나 영구적이지 않기 때문에 규준집단이 모집단을 잘 대표하는지 확인하는 과정이 반드시 필요하다.

### (2) 발달규준

① 수검자가 정상적 발달경로상에서 어느 정도에 위치하는지를 표현하는 방식으로 원점수에 의미를 부여하는 것이다.

② 종류로는 연령규준(정신연령규준), 학년규준, 서열규준, 추적규준 등이 있다.

## 2) 집단 내 규준

(1) 개인의 원점수를 규준집단의 수행과 비교할 수 있도록 조정하는 과정이다.

(2) 원점수가 서열척도에 불과한 것에 비해 집단 내 규준점수는 측정상 등간척도의 성질을 가진다.

(3) 여기에서는 백분위 점수와 표준점수, 표준등급이 있다.

① 백분위 점수(Percentile rank)

㉠ 어떤 원점수보다 낮은 점수를 받은 인원수를 전체 인원수로 나누어 얻은 점수이다. 즉, 일정한 퍼센트가 그 점수 아래에 있는 척도상의 원점수를 의미한다.

㉡ 누적백분율 분포에서 어떤 점수의 위치를 알아보는 통계적 방법으로 대상자 수가 다른 집단의 직접적인 비교가 가능하다.

② 표준점수 : 평균에서 떨어진 정도를 표준편차 단위로 표시한 점수로 점수의 상대적 위치를 제공하고, 다른 검사와의 점수 비교가 가능하며, 점수의 간격은 상대적으로 표시된다.

③ 표준등급

㉠ 스테나인 : 정규분포를 표준편차 0.5단위로 9개의 부분으로 나눈 다음, 각 부분에 1부터 9까지 부여한 점수로, 각 구간에 일정한 점수나 등급을 부여한다. 평균은 5점이다.

㉡ 최저 점수 1점과 최고 점수 9점을 제외하여 계산하며, 표준편차는 2이다.

**TIP**

규준(Norm)은 비교하려는 집단의 검사점수의 분포이다. 한 검사의 규준이 적절한지의 여부는 규준집단의 대표성, 규준집단의 사례 수, 검사의 목적에 비추어 판단할 수 있다.

## 3) 대표적 표준점수

| 표준점수 종류 | 내용 |
| --- | --- |
| H점수 | • T점수 변형으로 평균이 50, 표준편차가 14인 표준점수이다.<br>• 표준점수는 3표준편차를 벗어나는 경우가 드물기 때문에 T점수가 20~80점 사이에 분포한다.<br>• H점수는 T점수를 보완하기 위해 만들어졌다.<br>• H 점수 = 14 × Z점수 + 50 |
| T점수 | • 소수점과 음수 값을 가지는 Z점수 단점을 보완하기 위해 만들어졌다.<br>• Z점수에 10을 곱하고, 50을 더해 평균이 50, 표준편차가 10인 분포로 전환한 점수이다.<br>• MMPI 등 다수의 심리검사 점수에 사용된다.<br>• T점수 = 10 × Z점수 + 50 |
| Z점수 | • 원점수 평균 0, 표준편차 1인 Z분포상의 점수로 변환한 점수이다.<br>• Z점수 0은 원점수가 정확히 평균에 위치한다는 의미이다.<br>• Z점수 −1.5는 원점수가 평균으로부터 하위 1.5 표준편차만큼 떨어져 있다는 것을 의미한다.<br>• Z점수는 소수점과 음수 값으로 제시한다.<br>• Z점수 = (원점수 − 평균) ÷ 표준편차 |

## 4) 정규분포 면적 비율

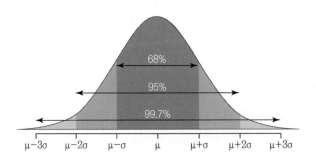

# Chapter. 02
# 측정과 척도

**학습포인트**

가설을 측정하기 위한 방법과 측정 결과인 척도가 무엇인지 이해하고
자료를 수집하는 표집에 대해 학습한다.

## 1 》》 측정

### 1) 측정의 개념 및 특징

(1) 이론의 명제에서 나온 가설이 의미가 있으려면 적절한 방법을 통해 경험적으로 전환되어야 한다. 즉, 측정은 추상적이고 이론적인 세계를 경험적이고 실제적인 세계와 연결시키는 것이다.

(2) 가설 내에서 대상이 되는 사물이나 사건에 대해 숫자를 부여하는 것이라고 할 수 있다. 예를 들어 ADHD 아동의 공격성을 검증한다고 할 때, 공격성이라는 단어는 추상적 개념이지만 공격성이라는 개념을 "친구를 때린다."라거나 "물건을 던진다." 등 관찰 가능한 구체적 행동으로 조작하고, 일정 기간 동안 이런 행동이 몇 번이나 나타나는지 숫자로 나타낼 수 있어야 한다.

### 2) 측정의 기능

(1) 측정은 추상적 개념과 현실세계를 일치시키는 기능을 한다.

(2) 측정은 과학적인 현상으로 객관화시키는 것이 가능하고, 측정이 가능하도록 표준화할 수 있다.

(3) 관찰 대상이나 현상의 다양한 변수를 통해 통계적 분석이 가능하도록 계량화할 수 있다.

(4) 과학적 연구 결과는 반복해도 같은 결과를 생성하는 특징이 있고, 그 결과를 통해 효율적으로 전달할 수 있는 의사소통의 기능이 있다.

**TIP**

측정은 Measurement로 어떤 구성에 대한 단위에 숫자를 부여함으로써 의미를 갖는 수량화를 시도하는 작업이다.

**TIP**

측정의 특징
- 추상적 개념의 현실화
- 표준화
- 계량화
- 반복적 적용 가능성

### 3) 측정의 과정

(1) 측정의 첫 번째 단계는 개념화이다. 즉, 연구자가 측정하고자 하는 이론적 개념을 관찰 가능하고 누구나 이해할 수 있을 만큼 분명하게 정의해야 한다. 특정 용어를 사용할 때 그것이 무엇을 의미하는지 정확하게 구체화하는 과정으로 연구자가 말하고자 하는 특정 개념이 실제로 측정하려는 정의에 포함되어 있지 않다면 연구자는 이를 새롭게 정의(개념화)해야 한다.

(2) 두 번째 단계는 개념화에서 나아가 추상적 개념은 수리적으로 측정이 불가하기 때문에 개념을 변수로 전환시켜야 하는데 이 과정에서 변수와 함께 *지표(Indicator)가 정해져야 한다. 개념과 변수, 지표는 다음과 같이 설명될 수 있다.

(3) 측정 과정의 마지막 단계는 조작화로 분석 단위를 범주별로 분류하는 것이다. 즉, 변량의 범위를 나타내는 것으로 연구대상에 대해 예상되는 속성의 분포에 따른 결정이며 최소와 최대 극단 간의 변량을 나타낸다. 그러므로 조작화에서 정확성과 구체성은 매우 중요하게 고려해야 할 부분이다. 예를 들어 긍정적 양육 행동을 조작화할 때, 직접 관찰의 경우 칭찬하기, 격려하기, 바람직하지 않은 양육 행동은 위협하기, 때리기, 소리 지르기, 비판하기, 얕보기 등으로 목록화하고, 자기보고는 양육에 대한 지식과 태도의 수준, 아동학대와 방임 발생 건수 등을 목록화할 수 있을 것이다.

## 2 » 척도

### 1) 척도의 개념 및 특징

(1) 척도는 측정도구를 의미하는데, 일정한 규칙에 따라 측정대상에 적용할 수 있도록 만들어진 체계화된 기호나 숫자이다.

(2) 이 기호나 숫자는 연속성을 가지고 있어서 실제로 측정대상의 속성과 대응

적 관계를 맺으면서 대상의 속성을 양적으로 표현한다.

(3) 이렇게 양적으로 표현하는 이유는 첫째, 특정 대상의 속성을 객관화하여 본질을 파악하기 위해서이고, 둘째, 측정대상들 간의 일정한 관계나 대상 간 비교를 할 수 있도록 하기 위함이라고 볼 수 있다.

## 2) 척도의 종류

기출 DATA
척도의 종류 2017−1회

(1) 명목척도(=명명척도, Nominal Scale)

① 척도의 종류에서 가장 기본이 되는 척도로 성별, 결혼유무, 종교, 인종, 직업유형 등 연구의 주로 기술 통계에서 사용되는 척도이다.

② 성격을 달리하는 범주에 대한 표현으로 양적으로 '크거나 작다/많거나 적다' 등을 구분할 수 없다.

(2) 서열척도(Ordinal Scale)

① 측정 대상을 분류할 때 대상의 속성에 따라 등급을 순서대로 결정하는 척도로 선호도, 석차, 소득수준, 학위 등 서열을 결정할 수 있는 기술통계 값이다.

② 상대적으로 등급순위만을 결정하고 등급 간의 격차는 의미가 없다. 명목척도와는 달리 '크다/작다', '많다/적다' 등의 등가를 구분할 수 있다.

(3) 등간척도(Interval Scale)

① 명목척도와 서열척도의 특징을 모두 포함하며 여기에 크기의 정도를 제시하는 척도로 대상의 '크다/작다'도 구분할 수 있고, 그 간격도 동일하다는 것을 의미하는 척도이다.

② 대상의 속성이 동일한 거리를 가지지 않으면 적용하기 어려운 척도로, IQ, 온도, 학력, 시험점수, 물가지수 등이 사례가 된다.

(4) 비율척도(=비례척도, Ratio Scale)

① 가장 높은 수준의 척도로, 명목척도, 서열척도, 등간척도의 특징을 모두 포함하면서 절대영점을 가진다.

② 거리, 무게, 시간 등이 대표적인 비율척도이며 사칙연산이 모두 가능하고 평균을 내는 것도 가능한 척도이다.

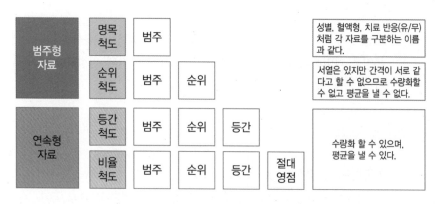

| 범주형 자료 | 명목 척도 | 범주 | | | | 성별, 혈액형, 치료 반응(유/무)처럼 각 자료를 구분하는 이름과 같다. |
| 범주형 자료 | 순위 척도 | 범주 | 순위 | | | 서열은 있지만 간격이 서로 같다고 할 수 없으므로 수량화할 수 없고 평균을 낼 수 없다. |
| 연속형 자료 | 등간 척도 | 범주 | 순위 | 등간 | | 수량화 할 수 있으며, 평균을 낼 수 있다. |
| 연속형 자료 | 비율 척도 | 범주 | 순위 | 등간 | 절대 영점 | 수량화 할 수 있으며, 평균을 낼 수 있다. |

※ 출처 : 배정민, 그림으로 이해하는 닥터배의 슬슬보건의학 통계, 한나래, 2016.

## 3 》》 표본 추출(표집)

### 1) 특징

(1) 표집(Sampling)은 모집단 가운데 자료를 수집할 일부의 대상만을 표본으로 선택하는 과정으로 표본 모집단의 일부를 의미한다.

(2) 표집(Sampling)은 조사대상을 체계적인 방법으로 선정하는 절차로 통계를 사용하여 모집단의 특성을 추론하기 위한 것이다.

(3) 대표성

(4) 적절성

### 2) 표본의 크기와 표집오차

(1) 표본의 크기는 통계학적 신뢰도를 확보할 수 있을 만큼 충분히 커야 한다. 비용이 허락하는 범위에서 가장 효과적으로 필요한 정보를 얻을 수 있어야 한다.

(2) 표집오차는 표집하는 과정에서 발생하는 오차로 표본의 대표성으로부터의 이탈 정도를 의미한다.

(3) 표본의 크기가 커질수록 비용은 많이 들지만, 모수와 통계치의 유사성이 커지고, 표집오차는 일정수준 줄어듦으로써 조사의 신뢰성은 높아진다.

(4) 동일한 표집오차를 가정한다면 분석변수가 많아질수록 표본의 크기는 커져야 한다.

## 3) 표본추출 또는 표집(Sampling) 과정

(1) 1단계 : 모집단 확정

(2) 2단계 : 표집틀 선정

(3) 3단계 : 표집 방법 결정

(4) 4단계 : 표집 크기 결정

(5) 5단계 : 표본추출

## 4) 확률표본추출 방법

(1) **단순무작위표집** : 모집단 전체로부터 균등한 확률로 선출하는 것이다.

(2) **계통표집/체계적 표집** : 모집단 목록 자체가 일정한 주기성을 가지지 않는 다는 전제하에 목록의 구성요소에 대해 일정한 표집간격에 따라 매 k번째 요소 추출하는 것이다.

(3) **층화표집/유층표집** : 모집단의 어떤 특성에 대한 사전지식을 토대로 해당 모집단을 동질적인 몇 개의 층으로 나눈 후 이들 각각으로부터 적정한 수 의 요소를 무작위로 추출하는 것이다.

(4) **집락표집/군집표집** : 모집단 목록에서 이질적인 구성요소를 포함하는 여러 개의 집락을 구분한 후, 집락을 표집단위로 하여 무작위로 몇 개의 집락을 표본으로 추출한 다음, 추출된 집락의 구성요소를 전수조사하는 것이다.

(5) **다단추출법** : 모집단을 단계적으로 추출하는 것이다.

(6) 표본추출의 장단점

| 장점 | 단점 |
| --- | --- |
| • 모집단 전체를 연구할 경우 예상되는 막대한 시간과 비용 절감<br>• 자료수집, 집계, 분석의 신속성<br>• 전수조사가 불가능한 경우에 적용 가능<br>• 비표본오차 감소와 조사대상의 오염방지를 통해 전수조사보다 더 정확한 자료 획득 가능<br>• 전수조사보다 더 많은 조사항목을 포함할 수 있으므로 다방면의 정보 획득 가능 | • 표본의 대표성 문제가 제기될 경우, 일반화의 가능성 희박<br>• 모집단의 크기가 작은 경우, 표집 자체가 무의미<br>• 표본설계가 복잡한 경우, 시간과 비용 낭비 |

**TIP**

모집단(Population) vs 표본(Sampling)
• 모집단 : 연구자가 알고 싶어 하는 대상이나 집단 전체
• 표본 : 연구자가 측정하거나 관찰한 결과들의 집합
→ 표본을 추정한다고 하는 것이 보다 정확한 표현이다.

**기출 DATA**

모집단에서 규준집단을 표집하는 방법
2017 – 3회

**TIP**

표본 추출은 경제적이고, 자료 수집, 분석 등에서 신속할 수 있으나 대표성이 문제될 경우 일반화 가능성이 낮고 모집단의 크기가 작을 경우에는 표집 자체가 무의미해진다.

# Chapter. 03 신뢰도와 타당도

학습포인트

검사가 일반화되기 위해서는 신뢰도와 타당도가 확보되어야 한다.
신뢰도와 타당도가 높은 검사의 특성을 이해한다.

## 1 » 신뢰도

### 1) 신뢰도의 특징

(1) 신뢰도는 측정도구가 측정하고자 하는 현상을 일관성 있게 측정하는 능력이다. 즉, 어떤 측정도구를 동일한 현상에 반복 적용했을 때 동일한 결과를 얻게 되는 정도를 의미한다.

(2) 어떤 도구를 사용해서 동일 대상을 반복 측정했을 때 항상 같은 결과가 나온다면 신뢰도가 높다는 것을 의미한다.

(3) 이 신뢰도는 연구조사 결과와 해석에 필수적인 조건으로 신빙성, 안정성, 일관성, 예측성을 기준으로 한다.

(4) 내적 신뢰도
① 어떤 사건이나 현상에 대해 관찰자들이 평정한 점수가 얼마나 일치하는지를 보여주는 신뢰도이다. 연구 자료의 수집 및 분석, 해석상의 일관성 정도 등을 의미한다.
② 다른 연구자들에게 이미 산출된 일련의 구성개념을 제시했을 때 본래의 연구자가 했던 것과 동일한 방식으로 자료와 구성개념을 결부시킬 수 있다면 내적 신뢰도가 높다는 의미이다.

(5) 외적 신뢰도 : 동일한 설계를 바탕으로 한 연구들의 결과가 일치하는가에 따라 결정된다.

---

**TIP**

**신뢰도 vs 타당도**
- 신뢰도는 어떤 주제를 여러 번 측정해도 일관적인가에 관한 문제이다.
- 타당도는 어떤 주제를 얼마나 정확하게 재고 있는가에 관한 문제이다.

**TIP**

**내적 신뢰도 vs 외적 신뢰도**
- 내적 신뢰도 : 사건이나 현상에 대한 관찰자들 간의 일치도
- 외적 신뢰도 : 연구결과에 있어서의 일치도

## 2) 신뢰도에 영향을 주는 요인

(1) 신뢰도에 영향을 미치는 요인으로는 개인차와 문항 수, 문항 반응 수, 난이도, 검사시간, 검사시행 후 경과시간, 응답자 속성의 변화, 검사 후 재검사까지의 절차 등이 있다.

① 문항 수 → 많아야 한다.

② 문항의 난이도 → 적절해야 한다.

③ 문항변별도 → 높아야 한다.

④ 검사도구의 측정 내용의 범위 → 좁은 범위의 내용이어야 한다.

⑤ 검사 시간과 속도 → 검사 시간은 길어야 하고, 속도는 빨라야 한다.

⑥ 문항 반응 수 → 응답한 반응 수가 많아야 한다.

(2) 요인들이 위의 조건에 맞을수록 신뢰도가 높아진다. 이외에도 개인차가 뚜렷해야 하고 신뢰도의 측정방법에 따라서도 신뢰도 계수에 영향을 미칠 수 있다.

## 3) 신뢰도 측정방법

(1) 신뢰도 제고를 위한 기본원리(Max-min-con Principle)

① 체계적 분산의 극대화(Maximize) : 체계적 분산은 독립변수에 의해 영향을 받는 종속변수의 분산을 극대화하며 독립변수가 종속변수에 미치는 영향을 뚜렷하게 함으로써 신뢰도가 높아질 수 있다.

② 오차분산의 극소화(Minimize) : 신뢰도와 타당도가 높은 측정도구를 사용하여 체계적 오류와 비체계적 오류를 축소할 때, 측정상 오류를 최대한 줄일 수 있다.

③ 외부변수의 통제(Control) : 연구 목적과 관련이 없는 외부 변수의 무작위 할당, 변수 제거 등의 방법으로 통제할 때 신뢰도를 높일 수 있다.

(2) 신뢰도 제고를 위한 구체적 방법

① 측정상황의 분석 : 어떤 요인이 측정의 신뢰도를 떨어트리는가를 결정하기 위해 측정상황을 분석한다. 동시에 측정도구는 항상 표준화된 상태에서, 통제된 환경에서, 동일 조건하에서 실시되도록 한다.

② 표준화된 지시와 설명 : 측정도구를 사용할 때 가능한 분명하고 표준화된 지시를 하도록 설명함으로써 측정오차를 줄인다.

③ 문항의 추가적 사용 : 측정도구가 믿을만하지 못할 때는 동일한 종류의 문항을 추가로 사용하도록 한다.

**TIP**

신뢰도는 실험, 검사, 조사 등 어떤 절차나 적용하는 개념으로 같은 대상을 반복 측정했을 때 얼마나 일치하는 값을 얻을 수 있는지를 나타내는 정도이며, 한 개 이상의 질문으로 이루어진 설문지를 통해 특성을 안정적이고 일관적으로 측정하는지를 나타내는 값이다. 그러므로 설문지를 보완할 목적으로 사전조사를 실시할 때 미리 조사하여 신뢰도가 낮은 질문은 수정하도록 한다.

**TIP**

신뢰도의 오차
어떤 현상에 대한 측정은 필연적으로 오차를 포함한다. 좋은 검사도구는 반복해서 측정하는 값이 완벽하게 일치하지는 못해도 어느 정도 일치하는 경향성을 보여야 한다. 이 반복 측정에서 얻어진 결과들의 일치하는 정도가 높을 때 이 측정방식은 신뢰도가 높다고 할 수 있다.

④ 문항의 구성 : 측정도구의 문항은 누구에게나 동일하게 이해될 수 있도록 분명하게 구성해야 한다.

⑤ 대조 문항들의 비교분석 : 각 문항의 성격을 비교해서 서로 대조적인 문항은 비교분석하도록 한다.

### (3) 신뢰도의 종류

① 검사-재검사 신뢰도(Test-Retest Reliability)*

   ⊙ 가장 기초적 신뢰도 추정방법으로 동일 대상에 동일한 측정도구를 서로 상이한 시간에 두 번 측정한 다음, 결과를 비교하는 것이다.

   ⊙ 반복측정을 통해 그 결과에 대한 상관관계를 계산하고, 도출된 상관계수로써 신뢰도를 추정하는 방법이다. 상관계수가 커질수록 신뢰도는 높아진다.

   ⊙ 두 검사의 실시간격에 크게 영향을 받으며 이월효과(기억효과), 성숙효과(반응민감성 효과), 역사 요인, 물리적 환경의 변화 등의 단점이 있다.

   ⊙ 적용은 간편하나 대부분의 심리검사에서 신뢰도를 찾는 방법으로 적합하지는 않다.

② 동형검사 신뢰도(Equivalent-Form Reliability)

   ⊙ 새로 개발한 검사와 여러 면에서 거의 동일한 검사를 하나 더 개발해서 두 검사의 점수 간 상관계수를 구하는 방법으로 검사-재검사 신뢰도의 변형이라고 볼 수 있다.

   ⊙ 동일한 조작적 정의나 지표들에 대한 측정도구를 두 종류씩 만들어 동일한 측정대상에게 각각 응답하도록 하는 방법이다.

   ⊙ 각 측정도구가 매우 유사해야만 신뢰도를 측정할 수 있는 수단으로 인정받을 수 있고, 각 검사의 동등성 보장이 검토되어야 한다.

   ⊙ 문항 수, 문항표현방식, 문항 내용 및 범위, 문항 난이도, 검사지시 내용, 구체적인 설명, 시간 제한 등으로 동등성을 검증한다.

③ 반분신뢰도(Split-Half Reliability)

   ⊙ 검사를 한번 실시한 후 이를 적절한 방법에 의해 두 부분의 점수로 분할하여 그 각각을 독립된 두 개의 척도로 사용함으로써 신뢰도를 추정하는 방법이다.

   ⊙ 조사항목의 반을 가지고 조사 결과를 획득하고, 다음 항목의 다른 반쪽을 동일한 대상에게 적용하여 얻은 결과와 일치하는지, 동질한지를 비교하는 것이다.

**기출 DATA**
검사-재검사 신뢰도
2020-1회, 2016-3회

**TIP**
검사-재검사 신뢰도는 신뢰도 탐색 방법으로 적절치 않고 동형검사, 반분신뢰도를 주로 사용한다.

**실력 TEST**
➥ 검사-재검사 검증은 문항 간의 동질성이 높은 검사에서 적용하는 것이 좋다.
**정답** : ×
**해설** : 문항 간의 동질성 확보는 내적 일관성 방법에 의한 반분신뢰도나 문항내적합치도의 전제조건에 해당한다.

**기출 DATA**
동형검사 신뢰도 2017-1회

**TIP**
신뢰도가 높다는 것 vs 신뢰도가 낮다는 것
• 인간의 개인적 속성이나 행위에 대한 질문(측정오차 작음) → 신뢰도 높음
• 인간의 태도, 믿음, 감정 등에 대한 질문(부정확하거나 상황에 따라 변화, 측정오차 큼) → 신뢰도 낮음

ⓒ 양분된 각 척도의 항목 수는 그 자체가 완전한 척도를 이루고 충분히 많아야 한다.

② 단 한 번의 시행으로 신뢰도를 구할 수 있다는 핵심 장점이 있으나 단일 측정치로 산출될 수 없고, 이밖에도 연습효과, 피로효과, 특정 문항군이 함께 묶여 제시될 때는 신뢰도 산출에 어려움이 있다는 단점이 있다.

④ 문항내적 합치도(Item Internal Consistency)

㉠ 단일한 신뢰도계수를 계산할 수 없는 반분법을 교정하기 위한 방법으로 가능한 모든 반분신뢰도를 구한 다음, 그 평균값을 신뢰도로 추정하는 방법이다.

㉡ 동일한 개념을 측정하는 항목인 경우, 그 측정결과가 일관성이 있어야 한다. 그러므로 문항 중에서 신뢰성을 저해하는 항목을 배제해야 한다.

㉢ 쿠더(Kuder)와 리차드슨(Richardson)이 개발한 뒤에 크론바흐(Cronbach)가 이를 수학적으로 설명하였다. Kuder-Richardson 신뢰도 계수는 응답 문항 유형이 '예/아니오'로 측정된다. 반면, Cronbach-α 계수는 응답 문항 유형이 여러 종류인 검사에 주로 사용된다. Cronbach-α 값은 0~1값을 가지며, 값이 클수록 신뢰도가 높아진다.

㉣ 문항내적 합치도는 반분신뢰도와 같이 단 한 번의 시행으로 신뢰도를 구할 수 있다는 장점이 있으나, 검사내용이 이질적인 경우에는 신뢰도의 계수가 낮아진다.

⑤ 관찰자 신뢰도(Observer Reliability)

㉠ 한 사람의 관찰자가 일정한 관찰지침과 절차에 의거하여 동일 측정 대상에 대해 시간적 간격에 의한 반복관찰을 시행한 후, 그 결과의 상관관계를 점수로 산정하여 신뢰도를 평가하는 방법이다.

㉡ 관찰자 신뢰도는 탐색적 목적으로 사용된다.

㉢ 관찰자 지침에 대해 정확한 이해와 체계적인 절차 등 관찰자는 지속적인 훈련을 받아야 한다.

㉣ 관찰자 내 신뢰도와 관찰자 간 신뢰도로 구분한다.

ⓐ 관찰자 내 신뢰도 : 한 사람의 관찰자가 일정한 관찰지침과 절차에 따라 동일 측정대상에 대해 시간적 간격에 따라 반복 관찰한 후, 그 결과의 상관관계를 점수로 산정하여 신뢰도를 평가한다.

**TIP**

신뢰도 측정 방법과 측정 횟수
• 검사–재검사 신뢰도 : 2회 측정
• 동형검사 신뢰도 : 2회 측정
• 반분신뢰도 : 1회 측정
• 문항내적 합치도 : 1회 측정
• 관찰자 신뢰도 : 1회 측정

**TIP**

상관계수
• 두 변수(변인) 사이의 관계를 기술하기 위한 것으로 두 변수가 서로 관계되는 정도를 나타내는 값이다.

• 한 변수가 변해감에 따라 다른 변수가 얼마나 변하는가를 나타낸다.

• 단위와는 상관없고, −1 ~ +1 사이의 값을 가지며 +는 정적상관, −는 부적상관, 0은 상관이 없음을 의미한다.

• 변수를 바꾸어도 상관계수 값은 동일한데 다만, 상관계수로 한 변수가 다른 변수에 영향을 미친다는 원인과 결과를 추론할 수는 없다.
▶ 2016–1회

ⓑ 관찰자 간 신뢰도 : 두 사람 이상의 관찰자가 일정한 관찰지침과 지시에 따라 동시에 독립적인 관찰을 진행한 후, 관찰자 간 결과를 점수로 산정해서 비교함으로써 신뢰도를 평가한다.

# 2 » 타당도

## 1) 타당도(Validity)의 개념

(1) 연구자가 측정하고자 한 것을 실제로 정확히 측정하고 있는가를 보여준다.

(2) 조작적 정의나 지표가 측정하고자 하는 개념을 얼마나 제대로 반영하는지 보여준다.

(3) 타당도에는 내적 타당도와 외적 타당도가 있다.

## 2) 내적 타당도

(1) 연구에서 종속변인에 나타난 변화가 독립변인의 영향 때문이라고 결론지을 수 있는 정도를 말한다.

(2) 각 변수 사이의 인과관계를 추론하여 실험을 통한 진정한 변화에 의한 것으로 판명되는 경우 내적 타당도가 높다고 본다.

(3) 내적 타당도 저해요인

① 역사효과 : 검사 기간 중 특수한 사건이 발생했을 경우, 이 사건이 검사 측정에 반영이 될 수 있다.

② 성숙효과 : 검사 기간 중 나이가 많아지거나 피로가 누적되는 등의 영향이 발생한다.

③ 이월효과(혹은 학습효과) : 사전검사를 통해 이미 경험했던 결과가 사후 검사에 영향을 미친다는 것이다.

④ 피검자의 선발에 있어서 실험집단과 통제집단의 동질성이 결여될 때 내적 타당도는 낮게 측정된다.

⑤ 극단적 점수의 피검자를 선발했을 경우, 실험처치의 효과에 관계없이 다음 검사에서 평균으로 돌아가려는 현성인 통계적 회귀가 발생할 수 있다.

⑥ 불가피하게 피검자가 탈락되었을 경우, 사전과 사후 인원이 동질하지 못한 상황이 발생하게 된다. 이때, 내적 타당도는 낮아지게 된다.

⑦ 선발-성숙 상호작용이 생길 수 있다. 예를 들어 성별을 달리해서 남, 여를 선발하여 실험할 경우, 사전검사의 측정치는 같을 수 있지만 사후검사의 측정치가 성숙의 영향을 받아 다를 때 내적타당도는 위협받게 된다.

### (4) 내적 타당도 저해요인 통제방법

① 무작위 할당 : 연구대상을 실험집단과 통제집단으로 무작위로 배치하여 두 집단이 동질하게 함으로써 통제할 수 없는 변인들이 상쇄될 것을 기대한다.

② 배합 : 연구주제에 영향을 미칠 수 있는 주요 변수들을 미리 알아내어 이를 실험집단과 함께 통제하는 방법이다.

③ 통계적 통제 : 실험설계를 통해 통제할 필요성이 있는 변수들은 독립변수로 간주하여 실험을 실시하고, 결과를 통계적으로 분석하여 해당변수의 영향을 통제한다.

## 3) 외적 타당도

(1) 연구 결과에 의해 기술된 인과관계를 연구 대상 이외의 경우까지 확대할 때 일반화된 정도를 나타낸다.

(2) 연구결과가 얼마나 정확한지에 대한 개념으로 연구결과의 일반화 가능성이 있을 때 외적 타당도가 높다고 한다.

### (3) 외적 타당도 저해요인

① 검사실시와 실험실시 간 상호작용 효과로 사전검사 후 실험을 실시할 때 관심이 증가하면서 효과에 영향을 미칠 수 있다.

② 실험상황에 대한 반발효과로 실험상황에서 이질성이 생길 때 발생한다. 예를 들어, 일상에서는 별로 그렇지 않은데 실험이 시작되면서 훨씬 수줍어해서 개입을 적게 하는 경우가 있다.

③ 한 사람의 참가자가 여러 실험에 참여할 경우, 이전 실험의 경험이 남아있어서 간섭효과 혹은 이월효과가 생기게 된다.

④ 실험자 자신이 연구 결과의 일반화에 영향을 미칠 수 있다. 즉, 실험자의 불안 수준이나 연령, 성별 등 참가자들과의 상호작용에 영향을 미칠 요소가 많다.

**TIP**
내적 타당도 vs 외적 타당도
• 내적 타당도 : 독립변수와 종속변수 간 인과관계 확신 정도(인과 관계)
• 외적 타당도 : 조사결과를 일반화 할 수 있는 정도(일반화)

**TIP**
외적 타당도의 저해요인
• 검사와 프로그램 적용 간 상호작용 효과 발생
• 반발효과
• 간섭효과(연습, 이월효과)
• 실험자 효과(자신의 점수를 통제할 가능성)

기출 DATA

타당도의 종류★ 2017-3회,
2015-3회, 2015-1회

TIP

타당도의 종류
• 내용타당도 : 논리적 타당도로 연
 구자가 의도한 내용에 맞게 측정되
 었는지 보여주는 타당도이다.
• 준거타당도 : 전문가가 과거에 제
 작한, 신뢰도 및 타당도가 확보된
 검사와 비교하여 검증하는 타당도
 이다.
• 구인타당도 : 연구자 개발하려
 는 검사와 유사한 검사와는 상관점
 수가 높아야 하고, 별 관련이 없는
 검사와는 상관점수가 낮다는 것을
 검증하는 타당도이다.

기출 DATA

준거타당도★ 2019-3회,
2019-1회, 2016-3회

(4) 외적 타당도 저해요인 통제방법

① 모집단에 대한 타당성을 높이는 것으로 표본의 대표성을 높이는 방법이
 다. 즉, 표본자료가 모집단의 특성을 충분히 반영하고 있는지를 파악한다.

② 환경에 의한 타당성을 높이는 것으로 연구결과가 연구 환경을 벗어나
 보다 현실적이면서 다양한 환경에서도 적용될 수 있는지를 검토한다.

## 4) 타당도의 종류

(1) 내용타당도(Content Validity)

① 논리적 타당도라고도 하며, 측정 항목이 연구자가 의도한 내용대로 실
 제로 측정되고 있는가에 대한 문제로 측정도구가 측정대상이 가지고 있
 는 많은 속성 중 일부를 대표적으로 포함하는가를 의미한다.

② 논리적 사고에 입각한 논리적 분석 과정으로 판단하는 주관적인 타당도
 로 객관적인 자료에 근거하지 않는다. 즉, 측정도구의 내용타당도는 문
 항구성 과정에서 그 개념을 얼마나 잘 반영하고 있는지, 해당문항들이
 각 내용영역들의 독특한 의미를 얼마나 잘 나타내주고 있는지를 의미하
 는 것이다.

③ 안면타당도 : 내용타당도와 마찬가지로 측정항목이 연구자가 의도한 내
 용대로 실제로 측정하고 있는가를 나타내는 도구인데, 내용타당도가 전
 문가의 평가 및 판단에 근거한 것이라면 안면타당도는 일반인의 일반적
 인 상식에 기초한 타당도이다.

(2) 준거타당도(Criterion Validity)

① 기준(준거) 관련타당도, 혹은 경험적 타당도라고 하며, 경험적 근거에
 의해 타당도를 확인하는 방법을 말한다. 전문가가 만든 신뢰도와 타당
 도가 검증된 측정도구에 의한 측정결과를 기준으로 하여 통계적으로 타
 당도를 평가하는 방법이다.

② 연구하려는 속성을 측정해줄 것으로 알려진 외적 준거(기준)와 측정도 구의 측정결과(척도의 점수) 간의 관계를 비교함으로써 타당도를 파악 하는 방법이다.

③ 준거타당도는 공인타당도, 예언(예측)타당도로 구분한다.

　㉠ 공인타당도

　　ⓐ 새로 제작한 검사의 타당도를 위해 기존에 타당도를 보장받고 있는 검사와의 유사성 및 연관성에 의해 타당도를 검증하는 방 법이다.

　　ⓑ 직장인에게 응시자용 문제를 제시하여 시험을 실시한 후, 직장 인의 평소 근무실적과 시험성적을 비교하여 근무실적이 좋은 직장인이 시험에서도 높은 성적을 얻었다면, 해당시험은 공인 타당도를 갖추었다고 할 수 있다.

　㉡ 예언(예측)타당도

　　ⓐ 어떤 행위가 일어날 것이라고 예측한 것과 실제 대상자나 대상 집단이 나타낸 행위 간의 관계를 측정하는 것이다.

　　ⓑ 예를 들어, 신입직원 선발시험에서 높은 성적을 얻은 사람이 이후 근무실적에서도 높은 점수를 얻었다면, 해당선발실험은 근무실 적을 잘 예측한 도구로 볼 수 있다.

(3) 구인타당도(=개념타당도, Construct Validity)

① 조작적으로 정의되지 않은 인간의 심리적 특성이나 성질을 심리적 개념 으로 분석하여 조작적 정의를 부여한 후 검사점수가 조작적 정의에서 규명한 심리적 개념들을 제대로 측정하였는가를 검정하는 방법이다.

② 응답 자료가 계량적 방법에 의해 검증되어 과학적이고 객관적이다.

③ 개념타당도 분석 방법

　㉠ 수렴타당도

　　ⓐ 검사결과가 이론적으로 해당속성과 관련 있는 변수들과 어느 정도 높은 상관관계를 가지고 있는지 측정하는 것이다.

　　ⓑ 'IQ와 성적'과 같이 검사결과가 이론적으로 연관되어 있는 변수 들 간의 상관관계를 측정할 때, 두 검사 간 상관계수가 높다면 새로운 지능검사는 지능이라는 개념을 잘 측정했다는 뜻이다.

　㉡ 변별타당도

　　ⓐ 검사결과가 이론적으로 해당속성과 관련 없는 변수들과 낮은 상관관계를 가지고 있는지를 측정하는 방법이다.

---

**기출 DATA**

예언타당도 2020-3회

---

**TIP**

구인타당도(=개념타당도)

• 수렴타당도 : 검사 결과가 어떤 속 성과 관련이 높은지 판별

• 변별타당도 : 검사 결과가 어떤 속 성과 관련이 낮은지 판별

• 요인분석 : 검사를 구성하는 문항 을 상관이 높은 문항끼리 묶어주어 구별

---

ⓑ 'IQ와 키'와 같이 검사결과가 이론적으로 연관되어 있지 않은 변수들 간의 상관관계를 측정하는 경우, 두 검사 간의 상관계수가 낮게 나와야 새로운 지능검사가 지능이라는 개념을 잘 측정한 것이라고 할 수 있다.

ⓒ 요인분석

ⓐ 검사를 구성하는 문항들의 상관관계를 분석하여 상관이 높은 문항들을 묶어주는 통계적 방법이다.

ⓑ 수학과 영어 문항들을 혼합하여 한 번의 시험을 치른다고 가정할 때, 수학을 잘 하는 학생의 경우 수학 문항에 대해, 영어를 잘 하는 학생의 경우 영어 문항에 대해 좋은 결과를 나타내 보일 것이므로 해당문항들은 두 개의 군집, 즉 두 개의 요인으로 추출될 것이다.

## 3 》》 신뢰도와 타당도에 영향을 미치는 요인

### 1) 측정의 오류

**TIP**

측정 오류(=측정 오차)
사회과학에서 측정하려는 것은 연구대상자의 태도, 행동, 특성 등 추상적 개념이기 때문에 이 추상적 개념을 변수로 만들고 측정하는 과정에서 오류가 발생할 수 있다.

(1) 변수를 측정하는 과정에서 나타나는 오류로 본질적으로 신뢰도와 타당도의 문제이며, 타당도는 체계적 오류, 신뢰도는 비체계적 오류이다.

(2) 주요 원인

① 측정도구 자체에 결함이 있거나 정확하지 않은 경우에 오류가 발생한다.

② 측정도구에는 문제가 없지만 연구자의 측정 기술이 부족하거나 부주의하거나 착오를 일으킬 경우에 오류가 발생한다.

③ 수검자의 심리적 특성이 일시적으로 변하거나 측정이 이루어지는 환경이 특이한 경우에 오류가 발생한다.

### 2) 체계적 오류

(1) 연구자가 수집하는 정보가 측정하려는 개념을 계속해서 잘못 나타낼 경우에 체계적 오류가 발생한다.

(2) 체계적 오류의 원인

① 연구자가 자료를 수집하는 방식에 문제가 있다.

② 자료를 제공하는 사람들(수검자)에게 역동적 측면이 있다.

③ 연구자가 사용하는 측정도구 자체가 연구자가 측정하려는 것을 실제로 측정하지 못하기 때문에 발생한다.

**(3) 편향의 체계적 오류**

① 순응적 반응 편향 : 질문 내용에 상관없이 진술의 대부분을 동의하거나 동의하는 않는 것을 의미한다.

② 사회적 적절성 편향 : 응답자들이 질문자의 의도를 너무 깊이 생각해서 발생하는 오류로 자신이 어떻게 생각하는지를 고려하지 않고 자신이 속해 있는 집단이나 사회가 자신을 어떻게 볼 것인가를 고려하는 편향이다. 실제로는 여성을 경시하는 경향이 강한 사람이지만 여성의 인권과 사회 참여 기회에 대해 질문할 때, 자신이 가진 생각보다 사회적으로 바람직한 쪽으로 응답할 가능성이 크다.

③ 고정반응 편향 : 질문지에 일정한 유형의 질문이 연속해서 나올 때 응답자가 고정된 반응을 나타내는 경향성을 말한다. 각 질문을 깊이 생각해보고 응답하는 것이 아니라 계속되는 응답유형에 대해 이미 판단해버리고 쉽사리 응답을 결정해버리는 경향성이다.

## 3) 무작위 오류

(1) 항상 영향을 미치는 것은 아니다. 처음 측정한 결과와 그 다음 측정한 결과 사이에 일관성을 보이지 않을 때 나타나는 오류이다.

(2) 무작위 오류를 감소시키는 방법

① 측정 도구의 내용을 명료화한다.

② 측정항목 수를 늘린다.

③ 연구자의 측정방식이나 태도에 일관성을 기해야 한다.

④ 수검자가 잘 모르거나 관심이 없는 내용을 측정하지 않는다.

⑤ 신뢰할 수 있는 도구를 사용한다.

⑥ 연구자가 측정도구에 대한 교육과 훈련을 받아 충분히 신뢰할 수 있는 연구자로서 충분한 준비를 해야 한다.

TIP

체계적 오류
- 순응반응 편향 : YES로만 답하는 경향
- 사회적 적절성 편향(=사회적 바람직성) : 자신의 생각과 다르지만 사회에서 옳다는 방향대로 답하려는 경향
- 고정반응 편향(청소년 응답자들에게 자주 나오는 유형) : 귀찮아서 질문을 고민하지 않고 앞에서 나온 대로 답하려는 경향

TIP

- 체계적 오류 : 편향 오류[사회적 적절성 편향, 고정반응편향, 순응적 반응 편향(선행/후행효과)]
- 비체계적 오류 : 무작위 오류

## 4) 신뢰도와 타당도의 관계

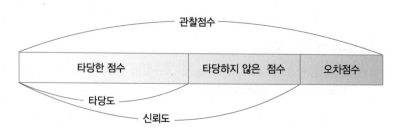

※ 출처 : 신은정, 강원대학교

# Chapter. 04
# 객관적 검사와 투사적 검사

## 1 》》 객관적 검사

### 1) 개념

(1) 검사과제가 구조화된 구조적 검사이다.

(2) 검사에서 제시되는 문항의 내용이나 의미가 객관적으로 명료화되어 모든 사람에게 동일한 방식의 해석이 가능하고, 동시에 검사의 목적에 부합하여 수검자가 일정한 형식에 의해 반응하도록 기대하는 검사이다.

(3) 각각의 문항에 대한 반응점수를 합산하여 개인의 특성과 차이를 평가하는 과정으로, 개인마다 공통적으로 지니는 특성이나 차원을 기준으로 하여 개인을 상대적으로 비교하게 된다.

### 2) 장점과 문제점

(1) 장점

① 검사 실시의 간편성 : 객관적 검사는 검사의 시행과 채점, 해석이 간편하고 실시 시간도 짧은 편이다.

② 검사의 신뢰도와 타당도 확보 : 객관적 검사는 일반적으로 검사 제작과정에서 신뢰도와 타당도 검증이 이루어진 검사가 대부분이어서 검사의 신뢰도와 타당도가 확보된 경우가 많다. 일반적으로 신뢰도가 0.8 이상인 경우에 신뢰도가 높은 검사라고 할 수 있다.

③ 객관성의 증대 : 검사를 실시하는 사람이나 검사 상황에 따른 영향이 적기 때문에 개인 간 비교가 객관적으로 제시될 수 있어서 객관성이 높다.

**TIP**
객관적 검사
- 구조화된 검사
- 명료화된 문항
- 동일한 해석 가능
- 상대적 비교 가능

**TIP**
객관적 검사의 장점
- 간편성
- 높은 신뢰도와 타당도
- 높은 객관성 → 양적 특징

### (2) 문제점

① 사회적 바람직성 : 자기보고식 검사에서 나타나는 편향으로 자신의 반응이 사회적인 눈으로 봤을 때 바람직한가를 반영하는 것이다. 예를 들어 장애아동과 통합교육에 대한 태도를 측정할 때, 실제로는 찬성하지 않는 사람도 사회적으로 편견이 있다는 지적을 받을까 싶어서 찬성하는 쪽으로 응답하는 것이다.

② 반응 경향성 : 제시된 반응 중 어떤 것을 선택해야 할지 결정하기 어려울 때 나타나는 반응편파로 생각없이 타인의 의견을 따르는 묵종, 사회적으로 바람직한 것, 추측, 빠른 속도로 인한 정확성의 상실, 반대로 정확성을 기하기 위해 속도를 무시하는 등 다양한 반응 경향성이 있을 수 있다.

③ 문항 내용의 제한성 : 객관적 검사의 문항은 특성 중심적 문항에 머무르기 쉽고, 특정상황에서 특성-상황의 상호작용은 밝히기 어렵기 때문에 검사 결과가 지나치게 단순화되는 경향이 있다. 또한, 문항 내용이 행동 중심적이고 감정이나 신념을 다루지 않는 경향도 존재한다.

## 3) 객관적 검사의 종류

일반적으로 실시되는 지필검사나 컴퓨터용 검사를 총칭해서 객관적 검사라고 할 수 있다.

### (1) MBTI 등 성격검사

① 브릭스(Briggs)와 마이어스(Myers) 모녀가 개발한 대표적인 성격검사이다.

② 융(Jung)의 심리유형론을 근거로 개인이 쉽게 응답할 수 있는 자기보고식 문항을 통해 각 개인이 인식하고 판단할 때 선호하는 경향을 측정하는 검사이다.

③ 기본적으로 에너지의 방향인 외향형과 내향형, 정보 지각 성향인 감각형과 직관형, 의사결정의 기반이 되는 사고형과 감정형, 라이프 스타일 성향인 판단형과 인식형으로 나누어 분류한다.

### (2) MMPI 등 임상검사

① 총 550개의 문항으로 구성되어 '그렇다/아니다'로 답하게 되어 있는 질문지형 검사로 총 14개의 척도와 4개의 타당도 척도, 10개의 임상척도로 구성되어 있다. 실제로는 총 550개의 문항과 16개의 반복문항을 합해 566개 문항이다.

② 처음에는 1940년대 사용되었던 정신과적 진단명으로 10개의 임상척도
명을 사용하였으나 특정 하위 임상척도 점수들과 척도명이 일치하지 않
는 경향이 발견되어 임상척도 명을 그대로 사용하기 보다는 척도 1, 척
도 2 등으로 명명하였다.

③ 566 문항이 매우 많은 관계로 오랜 시간을 요구하기 때문에 30년간의
노하우로 MMPI 단축형 연구가 지속되어 383 문항 단축형이 개발되었
다. 그럼에도 불구하고 심리검사 풀 배터리를 사용할 때는 자세한 임상
증세를 살펴보기 위해 566 문항을 선호하는 편이다.

(3) 직업적성검사

① 개인적 특질인 적성과 직업의 특성을 연결시킨 검사이다.

② 개인의 적성이나 기질과 특정 직종/직업에서 요구되는 활동 간 관계를
밝혀 개인의 진로개발이나 구직활동에 적합한 정보를 제공하는 데 그
목적이 있다.

③ 선호도와 적성을 연결시킨 홀랜드(Holland)나 스트롱(Strong) 직업선
호도 검사가 있고, 일반적 적성검사로 GATB(General Aptitude Test
Batter) 등이 있다.

(4) 웩슬러(Wechsler) 등 지능검사

① 웩슬러(Wechsler)에 의해 1930년대부터 수십년 동안 개발되어 온 지
능 검사로 유아용부터 성인용에 이르기까지 구성되었고 한국에서도 유
아용, 아동용, 성인용이 모두 표준화되었다.

② 언어성 IQ, 동작성 IQ, 전체 IQ 점수를 모두 산출할 수 있다. 언어성
검사는 상식, 공통성, 산수, 어휘, 이해 등으로 구성되어 있고, 동작성
검사는 빠진 곳 찾기, 기호쓰기, 차례 맞추기, 토막 짜기, 모양 맞추기
등으로 구성되어 있으며, 보충 소검사로 동형 찾기, 숫자, 미로 등이 별
도로 배치된다.

③ 이 검사는 일반적 지적 능력 평가 외에도 특수교육이 요구되는 아동을
판별하고 진단하는 등의 임상적 평가와 교육적 평가에 모두 사용되고
있다.

**TIP**

MMPI-2 검사
임상척도를 여전히 신체화, 히스테리
등으로 부르기는 하나 점차 척도 1,
척도 2 등으로 옮겨가는 중이다.

**TIP**

지능검사
현재 지능검사는 Wechsler가 개발
한 성인용 WAIS와 아동·청소년용
WISC, 유아용 WPPSI가 대표적이다.

## 2 》》 투사적 검사

### 1) 개념

(1) 비구조적 검사 과제를 제시하여 개인의 다양한 반응을 무제한적으로 허용하는 대표적인 비구조적 검사이다.

(2) 검사 지시 방법이 간단하고 일반적인 방식이면서도 개인의 독특한 심리적 특성을 측정할 수 있는 도구이다.

(3) 모호한 자극에 대한 수검자의 비의도적 자기노출 반응이 가능하다.

(4) 머레이(Murray)는 검사자극이 모호할수록 수검자가 지각적 자극을 인지적으로 해석하는 과정에서 심리구조의 영향을 더욱 강하게 받는다고 주장하였다.

(5) 검사자극 내용을 불분명하게 함으로써 막연한 자극을 통해 수검자가 자신의 내면적인 욕구나 성향을 외부에 자연스럽게 투사할 수 있도록 유도하는 것이다.

### 2) 로샤 검사(Rorschach Test)

#### (1) 역사

① 1921년 스위스 정신과 의사인 헤르만 로르샤흐(Hermann Rorschach)가 심리진단에 발표한 논문을 통해 소개되었다.

② 좌우 대칭의 잉크 얼룩이 있는 열 장의 카드로 이루어져 있다. 형태가 뚜렷하지 않은 카드의 그림을 보여주면서 무엇처럼 보이는지, 무슨 생각이 나는지 등을 자유롭게 말하게 한다. 정신과 환자들이 일반인들과 다르게 반응한다는 사실에 주목하여, 405명의 수검자를 대상으로 한 테스트에 잉크반점 기법이 조현병 진단에 유효하다는 사실을 입증하였다.

③ 수검자는 카드의 잉크 반점이 무엇으로 보이는지 자유롭게 응답하고(자유 반응 단계), 검사자는 어디가 어떻게 보이는지 등을 질문하며(질의 단계), 이 과정에서 반응 시간, 반응 내용(무엇이 보였는지), 반응 영역(어디서 그렇게 보았는지), 결정 원인(어떤 특징에서 보았는지) 등을 기록한다.

④ Rorschach가 일찍 사망함에 따라 이후 연구는 다양한 방식으로 발전되었는데 이중 엑스너(Exner)의 실증적 접근 방법과 러너(Lerner)의 개념적 접근이 대표적이라고 할 수 있다.

⑤ 엑스너(Exner)의 실증적 접근 방법을 통해 보다 타당성 있고 신뢰 있는 통합체계로 발전시켜 만든, '로샤 종합체계'가 현재 임상가들 사이에서 가장 표준화된 체계로 받아들여지며 널리 사용되고 있다. 즉, 기존의 방식들에서 경험적인 근거를 바탕으로 실증적으로 입증된 부분과 연구 결과들을 채택, 종합함으로써 과학적인 근거를 갖게 되었고 동시에 풍부한 해석 틀을 가지게 되었다.

⑥ 러너(Lerner)의 개념적 접근방법(1991)은 정신분석적 개념을 발전시키고 적용한 방식이다. 개인의 주관적 세계의 조직화 원리처럼 외부세계에 대한 것도 조직화가 일어나는데 이를 투사(Projection)라고 한다. 검사를 수행하는 행동과 정신 역동적 토대를 연결시키는 중재 과정으로써 사고의 조직화인 추론이 일어난다고 보았다.

(2) 특징

① 대표적인 투사, 비구조적 검사로 지각과 성격의 관계를 보여준다.

② 추상적, 비구성적 잉크반점을 자극자료로 하여 다양한 반응을 유도하며 개인이 잉크반점을 조직하고 구조화하는 방식이 근본적으로 그의 심리적 기능을 반영한다고 보았다.

③ 수검자는 지각 속에 자신의 욕구, 경험, 습관적 반응 양식을 투사하고, 형태와 색채는 물론 음영에 대한 지각적 속성까지 고려할 수 있는 검사이다.

④ 옳고 그르다고 판단하는 정답은 없지만 우울 증상이 있는 사람은 음영 차원이나 무채색 반응 빈도가 높다. 대표적 주관적 검사로 신뢰도나 타당도가 검증되지 않았고, 객관적 심리 측정적 측면에서 부적합한 검사라고 할 수 있다.

**TIP**

로샤 검사의 해석 전략

• Exner 방식 : 기존 방식의 경험적 근거에 바탕을 두고 실증적으로 입증된 연구 결과를 종합하여 하나의 풍부한 해석 틀 제공

• Lerner 방식 : 개인의 주관적 조직화 원리를 외부 세계에 투영시키는 방식을 연결하여 사고의 조직적 추론화 과정을 따르는 방법론 제공

(3) 잉크반점카드(Ink-Blot Card)의 실제

카드 Ⅰ

카드 Ⅱ

카드 Ⅲ

카드 Ⅳ

카드 Ⅴ

카드 Ⅵ

카드 Ⅶ

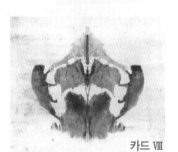

카드 Ⅷ

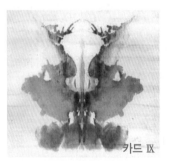

카드 Ⅸ

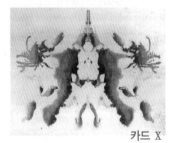

카드 Ⅹ

[잉크반점카드(Ink-Blot Card) 실제 요약]

| 순서 | 색상 | 평범 반응 |
|---|---|---|
| 카드 Ⅰ | 무채색 | 박쥐 또는 나비 |
| 카드 Ⅱ | 무채색에 부분 적색 | 동물 |
| 카드 Ⅲ | 무채색에 부분 적색 | 인간의 형상 |
| 카드 Ⅳ | 무채색 | 인간 또는 거인 |
| 카드 Ⅴ | 무채색 | 박쥐 또는 나비 |
| 카드 Ⅵ | 무채색 | 양탄자 또는 동물 가죽 |
| 카드 Ⅶ | 무채색 | 인간의 얼굴 또는 동물의 머리 |
| 카드 Ⅷ | 유채색 | 움직이는 동물 |
| 카드 Ⅸ | 유채색 | 인간 또는 인간과 흡사한 형상 |
| 카드 Ⅹ | 유채색 | 게 또는 거미 |

## (4) 실시 과정

① 제1단계 : 소개 단계

㉠ 로샤 검사에 대해 자세히 설명하고 검사받는 목적을 어느 정도 이해하고 있는지 확인하는 짧은 면접으로 진행한다.

㉡ 검사에 대한 부정적 이해나 오해가 확인될 경우, 검사 전 절차를 개략적으로 설명한다.

　예 "지금부터 그림이 있는 10장의 카드를 보여드리겠습니다. 잘 보시고 그림이 무엇처럼 보이는지 말씀해 주세요. 그림은 사람마다 다르게 보일 수 있습니다."

② 제2단계 : 반응 단계

㉠ 그림에 대한 수검자의 지각 및 자유연상이 이루어지는 단계로 수검자가 하는 말을 가능하면 그대로 기록한다.

㉡ 하나의 카드에서 한 가지 반응을 보이고 멈추는 경우, 더 연상하도록 격려한다.

㉢ 반대로 수검자의 반응이 너무 적은 경우, 질문단계로 넘어가지 말고 반응단계를 반복한다.

　예 "보통 하나의 그림에서 2개 이상을 이야기합니다. 더 보시면 그것 외에 또 다른 것을 보실 수도 있어요."

③ 제3단계 : 질문 단계

㉠ 검사자는 수검자가 어떤 결정인에 의해 해당 반응을 한 것인지 확인하는 질문을 한다.

㉡ 개방적인 질문을 통해 어떤 영역을 무엇 때문에 그렇게 보았는지

기출 DATA
Rorschach 검사의 각 카드별 평범 반응 2019-1회, 2015-3회

기출 DATA
Rorschach의 질문 단계 2019-3회

TIP
로샤 검사 과정
소개 → 반응(자유연상) → 질문(확인) → 한계검증
❖ 전체적으로 추가적인 설명을 권유하도록 한다.

질문한다.

ⓒ 검사자는 수검자의 이야기를 반응기록으로 남기지만 과도한 질문은 수검자의 저항과 거부감을 유발할 수도 있음에 유의한다.

> 📷 "어디서 그렇게 보았나요?(반응 영역)", "무엇 때문에 그렇게 보았나요?(결정인)", "무엇을 보았나요?(반응 내용)"

④ 제4단계 : 한계검증 단계

㉠ 공식적인 검사가 끝나고 수검자에게 자연스럽게 질문을 건네는 단계로 수검자가 평범 반응을 놓친 경우, 검사자가 해당카드에 대해 손으로 가리는 등 일정한 한계를 준 후, 재질문하는 과정을 포함한다.

㉡ 검사자는 수검자의 투사와 관련된 해석정보를 추가적으로 습득할 수 있으나 이때 수검자의 새로운 반응 내용을 채점에 포함시키지는 않는다.

㉢ 검사과정상의 반응에 대해 추가적으로 설명하도록 격려하고 수검자가 선호하는 카드나 거부하는 카드를 고르도록 하여 그 이유를 설명하도록 하는 것이 일반적이다.

(5) 질문 단계에서 주의사항

① 적절한 질문

㉠ 3가지 영역에 대한 질문으로 반응영역, 결정인, 반응내용에 초점을 두며, 자세한 설명을 요구하는 경우에 사용한다. "어떤 점이 ~처럼 보인 건가요?", "모양 외에 ~처럼 본 이유가 더 있습니까?", "~에 대해 좀 더 설명해 보시겠습니까?" 등의 보충질문을 한다.

㉡ 수검자의 대답이 잘 이해되지 않을 경우 "당신이 어디를 그렇게 보았는지 잘 모르겠네요(반응영역).", "그것처럼 보이게 하는 것이 무엇인지 모르겠네요(결정인).", "어떤 것을 말씀하는지 좀 더 구체적으로 설명해 주시겠어요?"라고 질문한다.

㉢ 수검자가 반점을 보고 반응한 것인지, 카드에 대한 평을 한 것인지 모호한 경우, "이는 카드에 대한 대답인가요?"라고 질문하여 수검자가 회피하는 부분까지 명료화하도록 한다.

② 부적절한 질문

㉠ 직접적으로 질문하거나, 유도하거나 반응에 대한 묘사를 질문하는 것은 부적절하다.

㉡ 채점할 때 검사 자체와 직접적으로 관계가 없는, 검사자가 궁금한 것에 대한 질문은 하지 않도록 한다.

TIP
로샤 검사에서 적절한/부적절한 질문
• 적절한 질문 : 보충 질문("~에 대해 더 설명해 주시겠어요?"), 확인 질문, 명료화 질문
• 부적절한 질문 : 유도하는 질문 ("이 그림을 나비라고 생각하세요?" 등), 지나치게 많은 질문 금지

실력 TEST

➡ 로샤검사(Rorschach Test)는 11장의 유채색 또는 무채색 잉크반점으로 된 대칭형 그림카드로 구성되어 있다.

정답 : ×

해설 : 로샤검사는 10장의 무채색, 유채색의 잉크반점으로 된 그림카드로 구성되어 있다.

ⓒ 모든 반응결정인을 염두에 두고 질문을 할 필요가 있지만 강박적으로 할 필요는 없고 질문은 간결하고 비지시적으로 해야 한다.

ⓔ 질문 시 검사자와 수검자가 주고받은 말은 대화체로 기록하고, 위치를 표시하는 용지는 영역 확인 시 정확하게 기록해 두어야 한다.

## 3) 주제통각검사(TAT)

### (1) 역사

① 전 세계적으로 널리 사용되는 대표적 투사검사로 1935년 하버드대 머레이(Murray)와 모건(Morgan)이 「공상연구방법론」을 통해 처음 소개하였다.

② 상상을 통해 인간 내면의 내용을 탐구하는 방식으로 고안해낸 새로운 검사 방식으로 정신분석 이론에 근거해서 사람은 지각보다는 상상에 의한 반응이 우선이라는 점을 강조한 검사이다.

③ 카드형태의 TAT 도구를 개발하여 1936년부터 사용하였고, 1943년 출판한 31개의 도판 TAT 도구를 현재까지 사용하고 있다.

### (2) 특징

① 통각(Apperception)은 투사와 유사하나 보다 포괄적 의미로 지각에 대한 의미 있는 해석을 의미한다.

② 투사적 검사로 자아와 환경관계, 자아와 대인관계의 역동적 측면을 평가하는 검사이다.

③ 수검자 자신의 과거 경험이나 꿈에서 비롯되는 투사와 상징에 기초하는 것으로 수검자가 동일시할 수 있는 인물과 상황을 그림으로 제시하게 된다.

④ 수검자는 그림을 보면서 현재 상황과 그림 속 인물들의 생각이나 느낌, 행동, 과거와 미래 상황에 대해 상상력을 발휘해 이야기하도록 한다.

⑤ 수검자가 그림에 대한 반응을 통해 수검자의 성격, 정서, 콤플렉스 등을 이해하게 되고, 수검자 개인의 내적 동기와 상황에 대한 지각방식 등의 정보를 습득할 수 있다.

⑥ 로샤 검사와 상호보완적으로 사용할 수 있는데 로샤 검사는 사고의 형식적, 구조적 측면을 밝히는 것이라면, 주제통각검사는 주로 사고의 내용이 무엇인지를 모니터링하는 검사이다.

**기출 DATA**
주제통각검사
2019-1회, 2017-3회

**TIP**

주제통각검사
(Thematic Apperception Test)
애매모호한 내용의 30장의 카드와 1장의 백지 카드를 통해 무의식적 욕구-압박을 탐색하기 위한 검사

**TIP**

Rorschach 검사 vs TAT
• Rorschach 검사 : 사고의 구조적인 면 평가
• TAT : 사고 내용을 모니터링하여 자아와 환경 간, 자아와 대인관계 간의 역동적 측면 평가

**TIP**

**TAT 검사**

TAT는 1930년대 미국의 심리학자인 머레이(H. A. Murray)와 정신 분석가 모건(C. D. Morgan)이 함께 개발했으며 하버드 대학 클리닉(Harvard Clinic)에서 임상에 활용되기 시작하였다. 1943년 31개의 도판으로 이루어진 TAT 도구를 정식으로 출판하여 현재까지 변경 없이 사용하고 있다. 31개의 흑백사진 카드로 구성되어 있는데, 대부분의 카드에는 하나의 주제를 암시하는 등장인물이 있고, 한 장은 완전한 백지(도판 16)로 구성되어 있다. 30장 카드 중 수검자의 성별과 연령에 따라 20장의 카드를 선택하여 제시한다.

⑦ 가족관계 및 남녀관계 같은 대인 상황에서 욕구가 무엇인지와 호불호 관계에 놓인 대인관계에서의 서열, 개인의 원초아, 자아, 초자아의 타협구조 등을 파악하는 것이 가능해서 심리치료 초반에 사용할 수 있는 도구이다.

(3) 기본가정

① 통각(Apperception) : 개인이 대상을 인지할 때 지각, 이해, 추측, 심상의 심리적 과정을 거쳐 대상에 대한 결론에 이른다고 보는데, 이 과정에서 내적 욕구와 경험에 의한 지각에 대한 상상력을 발휘하게 된다.

② 외현화(Externalization) : 전의식 수준에 있는 욕구와 외현화 과정을 통해 의식화할 수 있다. 즉, 바로 인식하지는 못하더라도 질문과정을 거치면서 자신에 대한 내용이라는 사실을 인식하기 시작한다.

③ 정신적 결정론(Psychic determination) : 자유연상 과정이나 검사 결과 해석 등 정신적 결정론에 바탕을 둔다. 수검자의 반응 내용은 역동적 측면을 반영하고, 수검자의 반응 또한 역동적인 원인과 관련시킬 수 있다.

(4) 구성

① 총 30장의 흑백그림카드와 1장의 백지카드로 구성되며 그림카드 뒷면에 공용도판, 남성공용도판, 여성공용도판, 성인공용도판, 미성인공용도판, 성인남성전용도판, 성인여성전용도판, 소년전용도판, 소녀전용도판으로 구분한다.

② 한 수검자에게 20장을 적용할 수 있도록 구성하였고, 숫자로만 표시되어 있는 카드는 연령과 성별 구분 없이 공통적으로 적용 가능하다.

③ 각 카드별 평범한 반응이나 채점기준이 명시되어 있지 않다.

(5) 시행 방법

① 검사에 의한 피로를 최소화하기 위해 대략 1시간 정도 2회기로 나누어 시행하는 편이며 하루 정도 간격이 적절하다.

② 보통 1~10번의 카드를 첫 회기에 시행하고 11~20번의 카드를 다음 회기에 사용한다.

③ 극적인 이야기나 연극적인 장면을 만들도록 요구하여 5분 정도 이야기하도록 한다.

④ 16번 백지카드에서 수검자는 어떤 그림을 상상하는지 요청하고 불완전한 부분에 대해 중간 질문을 하지만 연상의 흐름을 방해하지 않는 것이 좋다.

⑤ 종결 질문을 통해 자유로운 연상과정에서 의미 있는 경험을 의식화하도록 돕는다.

### (6) 해석 방법

① 표준화법 : 수검자의 반응을 항목별로 구분하여 표준화 자료와 비교하여 분석한다.

② 욕구−압력분석법 : 주인공 중심으로 해석하는 방법으로 주인공의 욕구와 압력, 욕구 방어와 감정, 타인과의 관계 등에 초점을 둔다.

③ 대인관계법 : 인물들의 상호관계를 중심으로 해석하는 방식으로 공격성과 친화성을 분석한다.

④ 직관적 해석법 : 수검자의 반응에서 나타나는 무의식적 내용을 자유연상을 통해 해석한다.

⑤ 지각법 : 수검자의 왜곡 반응이나 일탈된 사고, 기괴한 언어사용 등을 포착한다.

## 4) 벤더게슈탈트 검사(BGT)

### (1) 역사

① 이 검사는 1938년, 어린이 신경의학자였던 벤더(Lauretta Bender)가 개발한 검사로, 개발 당시에는 '시각동작 게슈탈트 검사(Visual−Motor Gestalt Test)'라는 이름으로 불렸다. Bender는 자신이 그림을 직접 고안하지 않고, 20세기 초 선풍적인 인기를 끌던 게슈탈트 심리학의 거장 베르트하이머(Max Wertheimer)의 도안에서 차용했다. 여러 도형 중 Bender는 9개를 선별하여 응용하게 되었고, 이런 이유로 Gestalt 심리학의 기여도를 인정해서 Bender−Gestalt 검사로 불리게 되었다.

② 이 검사에서는 시각적 자극을 지각하고 자신의 운동 능력으로 그것을 묘사하는 과정에서 발생하는 행동적 미성숙을 탐지한다.

③ 일차적으로 이런 기능을 수행하는 뇌 영역에 문제가 생길 경우에 제대로 된 모사가 불가능하고, 그 다음으로 개인이 '미성숙한' 자아를 갖고 있을 경우에 모사가 어렵다는 전제가 기초가 된다.

④ BGT는 개인의 심리적 문제를 판단하는 것 이외에도 뇌 손상 및 병변 환자들에 대한 신경심리평가 장면에도 등장한다.

⑤ 많은 임상가는 BGT를 통해 공격성, 적대감, 불안, 우울, 초조 등을 탐지한다.

**기출 DATA**
BGT★
2020−1회,
2017−3회, 2016−3회,
2016−1회, 2015−1회, 2011

**TIP**

벤더게슈탈트 검사
(Bender−Gestalt Test)
검사의 창시자인 벤더(Bender)는 베르트하이머가 개발한 도형 중 9개를 선정해서 시각적 자극과 운동 능력에 대해 묘사할 때 나타나는 행동적 미성숙을 탐색하는 검사를 만들었다.

(2) 특징

① 형태심리학과 정신역동이론에 기초한 검사방법이다.

② 수검자에게 카드 9장으로 구성된 도형을 제시하는데 이 도형들은 도형 A, 도형 1~8까지 구성되어 있다.

③ 수검자가 관찰된 도형을 어떻게 지각하여 재생하는지 관찰하여 성격을 추론하고, 수검자의 정신병리 및 뇌손상 여부 진단이 가능하다.

④ 언어능력, 언어표현이 제한적인 사람이나 언어 방어가 심한 환자에게 효과적으로 적용 가능하다. 더불어 정신지체, 뇌기능장애, 성격적 문제를 진단하는데도 효과적이다.

(3) BGT를 적용할 수 있는 수검자(Hutt)

① 적절히 말할 수 없거나 능력이 있어도 표현할 의사가 없는 수검자

② 말로 의사소통을 할 능력이 충분히 있어도 언어적 행동에 의해 성격의 강점이나 약점에 대한 적절한 정보를 제공받기 어려운 수검자

③ 뇌기능 장애가 있는 수검자

④ 지적장애(정신지체)가 있는 수검자

⑤ 문맹자나 교육을 받지 못한 수검자 혹은 외국인 수검자

(4) 시행 방법

| | |
|---|---|
| 모사 단계<br>(Copy phase) | • 미술 작업은 아니지만 가능한 정확하게 그리라고 지시한다.<br>• 주목해야 할 행동<br>  – 사전 계획을 하는가, 충동적으로 빨리 그리는가?<br>  – 점 등을 세는가, 되는 대로 그리는가?<br>  – 자주 지우는가, 지운다면 어느 도형 또는 어떤 부분에서 가장 곤란을 느끼고 있는가?<br>  – 도형의 어느 부분을 먼저 그리기 시작하는가?<br>  – 도형을 어떤 방향(위에서 아래로/안에서 밖으로)으로 그려나 가는가?<br>  – 스케치하는 식으로 그리는가?<br>• 도형 1, 2 : 제시될 때 고집화(Perservation)의 가능성이 크다.<br>• 도형 4, 5, 6 : 곡선화된 도형의 곤란을 극대화시켜 준다.<br>• 도형 7, 8 : 지각의 성숙이란 입장에서 가장 어려운 것이기 때문에 가장 나중에 제시한다.<br>• 채점 시 지나치게 길거나 짧은 반응시간에 대해서는 주의 깊게 검토한다. 지나치게 긴 반응시간은 정신운동 속도의 지연을 나타내는 지표가 되고 여러 가지 정신적인 문제를 반영한다.<br>• 지나치게 빨리 그리는 것도 불안이나 회피, 강한 반항적 경향 등과 같은 태도의 지표가 될 수 있다. |

| | |
|---|---|
| 변용묘사단계<br>(Elimination phase) | • 새 용지를 주고 마음대로 고쳐 그려보게 한다.<br>• 투사적 반응을 극대화시켜 피검자의 독특한 심리적 특징이 드러나게 하려는 것이다.<br>• 자극도형 그대로가 좋다고 하는 경우, 있는 그대로 다시 그려보도록 한다(다시 그리는 동안 자신도 모르게 그 도형을 변용할 가능성이 있기 때문).<br>• 시간이 부족한 경우 일부 도형은 생략이 가능하지만 도형 A, 2, 4, 6, 7, 8은 생략시키지 않는다. |
| 연합단계<br>(Association phase) | • 어떤 개인이 도형을 변용시킬 때는 그의 지각-운동 행동에 자극을 준 함축적이고 무의식적 단서 때문에 그렇게 한다는 가정에 근거한다.<br>• 원자극 도형과 변용묘사 단계에서 그린 그림에 대해 연상을 해보도록 하는 것이다(무엇처럼 보이나/어떤 생각이 드나).<br>• 목적<br>  - 지각적 왜곡이 있었는지, 각 그림에서 연상한 내용이 타당한지를 파악한다.<br>  - 피검자의 성격적 특성과 역동적인 면에 대한 정보를 파악한다.<br>• 연상에 제공되는 순서에 따라 번호를 붙이고 도형에 따라서도 명칭(원자극 도형 연상은 O, 고친 그림의 연상은 E)을 붙인다. "이 그림 중 어느 부분이 그런 것 같습니까?"와 같이 질문한다.<br>• 모사 및 변용모사 단계 그림에서 변형이 거의 없을 시 두 단계의 동일 번호 그림을 차례로 보여주며 질문해도 무방하다. |
| 순간노출단계 | • 각 카드를 5초간 보여주고 기억해서 그리도록 한다.<br>• 자극 도형을 노출하는 데 시간차를 두는 것 외에는 모사단계와 차이가 없다.<br>• 뇌기능 장애가 의심될 때 사용한다.<br>• 주의집중과 단기기억 손상을 가진 기질적 장애를 가진 환자들을 감별한다(이 검사방법의 시행에 많은 곤란을 드러냄).<br>• 기질적인 환자를 감별하는 기능을 하나 완전하지는 못하므로 보충자료로 활용한다. |
| 회상단계<br>(Recall phase) | • 모사 단계에서 그린 그림을 기억해서 다시 그리게 하는 것이다.<br>• 기질적 손상이 있는 환자와 그렇지 않은 환자 변별에 유용하다. |
| 한계음미단계<br>(Testing the limits phase) | • 모사 단계에서 얻어지는 정보가 모호하여 확증을 얻기 어려울 때 활용한다.<br>• 관련 도형을 재모사하도록 하여 정확한 정보를 얻으려는 목적에서 시행한다.<br>• 기질적 장애 : 도형의 일탈을 수정하지 못한다.<br>• 정서 장애 : 약간의 주의를 주면 수정이 가능하다.<br>• 피검자가 자발적으로 수정을 할 수 있었다면 뇌기능 장애의 가능성은 일단 약화시켜 생각할 수 있다.<br>• 아동의 경우 지각-운동 기능의 미성숙으로 인해서 묘사에 일탈이 일어날 수 있다. |

(5) 시행상 유의사항

① 자극카드는 수검자가 보지 못하도록 엎어놓았다가 검사실시와 함께 도형 A부터 도형 8까지 차례로 제시한다.

② 모사용지는 여러 장을 준비하도록 한다. 기본적으로 한 장을 제시하지만 추가적으로 사용이 필요할 때를 대비하여 여분을 준비한다.

③ 모사할 때 자 등의 보조도구를 사용하지 않도록 지시하고 수검자가 제시된 내용 이외의 질문을 하는 경우 짧게 "좋을 대로 하십시오."라고 답변하는 것이 좋다.

④ 검사할 때 수검자의 태도와 행동을 관찰하여 해석에 참고하고, 모사와 상관없이 용지를 회전하거나 점의 수를 헤아리는 행위, 무성의하게 스케치하는 경우에는 제지한다.

(6) 해석

| 평가항목 | 내용 | |
|---|---|---|
| 조직화 | • 배열순서<br>• 공간의 사용<br>• 도형 간 중첩<br>• 용지의 회전 | • 도형 A의 위치<br>• 공간의 크기<br>• 가장자리 사용<br>• 자극도형의 위치변경 |
| 크기의 일탈 | • 전체적으로 크거나 작은 그림<br>• 점진적으로 커지거나 작아지는 그림<br>• 고립된 큰 그림/작은 그림 | |
| 형태의 일탈 | • 폐쇄의 어려움<br>• 곡선 모사의 어려움 | • 교차의 어려움<br>• 각도의 변화 |
| 형태의 왜곡 | • 지각적 회전<br>• 단순화<br>• 중첩의 어려움<br>• 보속성* | • 퇴영*<br>• 파편화/단편화<br>• 정교함/조악함<br>• 도형의 재모사 |
| 움직임 및 묘사 요인 | • 운동방향에서의 일탈<br>• 선/점의 질 | • 운동방향의 비일관성 |

(7) 아동용 BGT 채점법과 정서지표(Koppitz)

① BGT는 1938년 이후로 학교, 임상현장, 신경심리학자들에 의해 가장 대중적이고 자주 사용된 검사(Decker, 2008)이다. 검사에 대한 전체적인 논의와 검사 시행에 대한 수정과 연관된 연구가 많이 이루어지면서, 연구자들은 신뢰도와 타당도가 있는 객관적 채점체계의 개발에 대한 필요성을 느꼈다(Koppitz, 1964).

TIP

퇴영과 보속성

• 퇴영 : 뒤로 물러나 가만히 틀어박혀 있는 것으로 성인이 되어서도 아동의 목소리를 내는 것 등을 나타내는데 여기서는 아동처럼 그리는 것을 보여줌을 의미한다.

• 보속성 : 적절하지 않은 반응인 줄 알면서 계속 동일한 반응을 하는 것이다.

② 특히 코피츠(Koppitz, 1964, 1975)는 BGT가 아동에게 사용되기 적합하지 않다고 보고, 다른 심리검사의 아동 보고를 기반으로 채점하고 해석하였다.

③ 대부분의 연구가 제한적 규준과 지체아동이나 정서장애 아동과 같은 특정한 집단을 대상으로 했기 때문에 연구결과를 비교할 수 없었는데 이는 모든 아동들의 검사결과가 연령과 성숙수준, 지각적 어려움, 정서적 태도에 대한 입장 등에 대한 고려 없이 이루어졌기 때문이라고 보았다.

④ 이 결과의 차이가 뇌손상, 성숙수준, 정서문제 등과 같은 문제들 중 어디에서 기인하는지를 고민해야 하며, 각각의 원인이 단독으로 존재하는지 종합적으로 존재하는지 구분할 필요가 있다고 하였다. 이러한 문제를 해결하기 위하여 지각적 성숙도와 정서적 적응을 측정할 수 있는 발달적 채점 체계인 'The Bender Gestalt Test for Young Children(아동용 BGT)'을 개발하였다.

⑤ The Bender Gestalt Test for Young Children(Koppitz, 1975)은 규준 표본의 평균과 표준편차, 연령 등 구식 접근만을 했기 때문에 낮은 평가를 받은 것이다(Reynolds, 2007, 재인용). 여기에 Global Scoring System(GSS)을 도입한 BGT-2를 출간하면서 Koppitz Developmental Scoring System for the Bender Gestalt Test-Second Edition(KOPPITZ-2)을 본래 Koppitz의 발달적 채점방식을 확장하여 개발하였다(Reynolds, 2007).

⑥ 이 검사는 5~10세 아동을 대상으로 발달적 채점법이 개발되었고, 아동이 현재 보이고 있는 시각-운동 발달수준이 아동의 실제 연령에 부합되는 것인지 파악하는 데 유용하다.

⑦ 9장의 도형그림 이용, 30개의 상호독립적인 문항으로 구성된다. 각 1점이나 0점으로 합산하여 최하 0점에서 최고 30점까지 채점한다. 오류점수가 높으면 나쁜 점수임을 의미하고 오류점수가 낮으면 좋은 점수임을 의미한다.

⑧ 아동의 지각성숙도 및 신경장애 가능성을 파악하고 다음의 정서지표를 통해 정서적 적응상태에 대한 진단이 가능하다.

**TIP**

아동용 BGT
- 5~10세 아동 대상으로 발달적 채점법 개발(Koppitz)
- 아동이 현재 보이고 있는 시간-운동 발달수준이 아동의 실제 연령에 부합되는 것인지 파악 가능
- 아동의 지각성숙도 및 신경장애 가능성
- 정서적 적응상태에 대한 진단 가능

## (8) Koppitz의 핵심 정서지표

| | |
|---|---|
| 도형 배치의 혼란 | • 도형들이 논리적 계열이나 순서도 없이 제멋대로 흩어져 있는 경우(종이의 위쪽에서 아래쪽으로, 왼쪽에서 오른쪽으로 혹은 오른쪽에서 왼쪽으로 배치된 것을 포함)<br>• 어떤 종류의 순서나 논리적인 계열이 보일 경우에는 채점하지 않음<br>• 종이의 제일 밑이나 옆에 여백이 없을 때 마지막 도형을 종이의 제일 윗부분에 그렸더라도 채점하지 않음 |
| 파선(6, 7번 도형) | • 도형 6과 도형 7의 점들이나 원들이 선의 방향에서 2개나 그 이상이 갑작스럽게 변화되는 경우<br>• 방향의 변화는 적어도 두 개의 연속된 점이나 원을 포함해야 함<br>• 점진적인 곡선이나 선의 회전은 채점하지 않음<br>• 단 한 개의 점이나 원의 열이 탈선했을 경우 채점하지 않음 |
| 원 대신 대시(7번 도형) | • 도형 7에서 적어도 모든 원들의 반이 1.59mm 이상의 대시로 대치된 경우<br>• 원 대신 점으로 대치된 것은 채점하지 않음 |
| 크기의 점증<br>(6, 7, 8번 도형) | 도형 6, 도형 7, 도형 8의 점이나 원의 크기가 점점 증가하여 마지막의 점이 처음의 점보다 3배 이상 커진 경우 |
| 과대묘사 | • 하나 혹은 그 이상의 도형들을 자극카드의 도형보다 3배 이상 크게 그린 경우<br>• 2개의 도형이 연결되어 있는 카드(도형 5, 도형 9)에서는 두 도형의 크기가 모두 확대되어 있어야 함 |
| 과소묘사 | • 하나 혹은 그 이상의 도형들을 자극카드의 크기에서 반 정도 작게 그린 경우<br>• 2개의 도형이 연결되어 있는 카드(도형 5, 도형 9)에서는 두 도형의 크기가 모두 감소되어 있어야 함 |
| 약한 선 | 연필 선이 너무 얇아 완성된 도형을 찾기 힘든 경우 |
| 부주의한 가중묘사<br>/강한 선 | • 전체 도형이나 도형의 일부가 두꺼운 선(충동적인 선)으로 재차 그려진 경우<br>• 처음 그린 도형을 지우고 다시 그리거나 삭제 없이 수정되었을 경우에는 채점하지 않음 |
| 반복 시행 | • 도형의 전부 혹은 일부가 완성되기 전이나 후에 자발적으로 포기하고 새로운 도형을 그리는 경우<br>• 한 도형을 한 지면에서 두 개의 다른 방향으로 분명하게 두 번 그렸을 경우 채점함<br>• 한 번 그린 것을 지우고 난 다음에 두 번째 그림을 종이의 다른 위치에 그렸을 경우 채점함<br>• 그린 것을 지우고 난 후 그렸던 같은 장소에서 재차 그림을 그렸을 경우에는 채점되지 않음 |

| 확산 | • 모든 도형을 그리는 데 두 장 이상의 종이가 사용된 경우<br>• 각 도형이 각 장의 종이에 그려졌거나 몇 개의 도형은 종이의 한쪽 면에 그려져 있고, 나머지 1개의 도형은 그 뒷면에 그려진 경우에 채점함 |
| --- | --- |
| 상자 속에 그림 그리기 | 도형을 모사한 후 하나 혹은 그 이상에 박스 선을 두른 경우 |
| 자발적인 정교화 또는 첨가 | 제시된 도형에 어떠한 물체를 넣거나 두 개 혹은 그 이상의 도형을 합치거나 다른 것을 창조하여 합하여 그린 경우 |

## 5) 문장완성검사(SCT)

### (1) 역사

① 단어연상검사의 변형으로 완벽한 투사검사는 아니지만 투사 검사의 일종이다.

② 골턴(Galton)의 자유연상법, 카텔(Cattell)과 라파포트(Rappaport)의 단어연상법, 융(Jung)의 임상적 연구 등에서 영향을 받았다.

③ 1897년 에빙하우스(Ebbinghaus)가 최초로 지능검사 도구로 사용하였고, 1928년 페인(Payne)이 성격검사 도구로, 1930년 텐들러(Tendler)가 사고 반응 및 정서반응 진단 도구로 발전시켰다.

④ 2차 세계대전 당시, 대규모의 병사 선발 목적으로 심리검사 Battery에 포함시키기 시작했고, 현재 임상 장면에서는 Sacks SCT가 널리 사용되고 있다.

### (2) 특징

① 투사 검사의 일종으로 자유연상을 토대로 수검자의 내적 갈등이나 욕구, 환상, 주관적 감정, 가치관, 자아구조, 정서적 성숙도 등을 파악할 수 있다.

② 언어표현의 정확성, 표현된 정서, 반응시간 등이 의미가 있다.

③ Rorschach 검사나 TAT보다 더 구조화된 검사인 동시에 단정적으로 답을 강요하지 않고, 옳은 답/그른 답을 분간할 수 없으며 비교적 솔직한 응답을 얻을 수 있기 때문에 투사적 특징을 충분히 갖는다.

④ 검사의 시행과 해석에 있어서 특별한 훈련이 요구되지 않아 집단검사가 가능하고, 시간과 비용 면에서 경제적이다.

TIP
문장완성검사
Rorschach검사나 TAT보다는 구조화되었으나 문장의 반 정도를 완성하는 검사로 자유연상이 가능하고 비교적 솔직한 답변을 쓸 수 있기 때문에 투사검사로 본다. 현재 사용하는 SCT는 Sacks SCT로 SSCT로 불린다.

기출 DATA
문장완성검사의 특징
2020-1회, 2017-1회

⑤ 다양한 상황에 부합하도록 검사문항 수정이 가능하다는 장점이 있고, 수검자의 언어표현 능력이 검사결과에 영향을 미치기 때문에 아동에게 는 부적합한 검사이다.

(3) Sacks Sentence Completion Test(SSCT)

① 20명의 심리학자들이 가족, 성, 대인관계, 자아개념의 4가지 영역의 주 요 태도를 유도할 수 있는 미완성 문장을 만들도록 하여 개발하였다.

② 최종 검사문항은 가족 12문항, 성 8문항, 대인관계 16문항, 자아개념 24문항으로 총 60개 문항이었으나 최종적으로 50문항이 남았다.

③ Sacks는 4개 영역을 15개 영역으로 세분화하여 각 영역에서 수검자가 보 이는 손상 정도에 따라 0, 1, 2점으로 평가하고 해석체계를 구성하였다.

(4) 4가지 영역의 특징

① 가족 : 어머니와 아버지, 가족에 대한 태도를 측정한다.
  예 어머니와 나는 _____.

② 성 : 남성과 여성, 결혼, 성관계 등 이성 관계에 대한 태도를 측정한다.
  예 내 생각에 여자들은 _____.

③ 대인관계 : 가족 외의 사람, 친구, 지인, 권위자 등에 대한 태도를 측정 한다.
  예 내가 없을 때 친구들은 _____.

④ 자아개념 : 자신의 능력, 목표, 과거와 미래, 두려움과 죄책감 등의 태 도를 측정한다.
  예 내가 저지른 가장 큰 잘못은 _____.

(5) Sacks Sentence Completion Test 반응 유형

| 유형 | 반응 내용 |
|---|---|
| 고집형 | 내용의 변화가 적고, 특정대상/욕구를 고집하며, 반복이 많음(성격의 경직성, 흥미의 거짓) |
| 감정 단반응형 | 짧막한 감정적 어휘로 반응(저지능이나 감정통제가 되지 않음) |
| 장황형 | 장황하고 빽빽하게 적음(신경증적이거나 강박적 성향) |
| 자기중심형 | 어느 문항이든 자기 중심의 주제로 바꿈(미성숙) |
| 허위반응형 | 도덕적 반응으로만 일관(진짜 모습을 보이지 않으려는 의도) |
| 공상반응형 | 비현실적 생각이나 공상(현실도피, 검사에 대한 방어적 태도) |
| 모순형 | 검사 전체의 모순(무의식적 갈등) |

**TIP**

SSCT의 영역
가족, 성, 대인관계, 자아개념에 대한 기술로 총 50개 문항으로 측정한다.

**TIP**

최근 문장완성검사가 심리검사 도구로 다양한 장면에서 활용되고 있으며 적성검사에 포함되기도 한다. 이 중 성과 관련한 문장들이 여론으로부터 뭇매를 맞기도 했다. 심리검사에 대한 무지에서 온 반응이었다고 본다. 수검자를 곤란하게 하려는 의도가 아니라 수검자가 정상범위의 반응을 하는지 보고자 Screening 혹은 Monitoring 기능이 있음을 알고 사용할 것을 권장한다.

| 반문형 | 확실히 결정짓지 못함(권위에 대한 반항의 표현) |
| 은닉형 | "말할 수 없다."와 같은 반응(자기방어적 태도) |
| 거부형 | 반발(방어적 태도) |
| 병적 반응형 | 망상(조현증세) |

# 3 » 객관적 검사 vs 투사적 검사

| 객관적 검사 | 장점 | • 신뢰도와 타당도가 높음<br>• 검사의 시행, 채점, 해석 용이<br>• 검사자나 상황변인의 영향을 덜 받음 |
| | 단점 | • 사회적 바람직성, 반응 경향성, 묵종경향성에 영향 받음<br>• 수검자의 감정/신념/무의식적 요인을 다루는 데 한계<br>• 문항 내용 및 응답의 범위 제한 |
| 투사적 검사 | 장점 | 검사가 무엇을 평가하는지 수검자가 알지 못하므로 객관적 검사에 비해 방어하기가 어려우며, 무의식적 갈등의 평가 및 사고장애나 정서적 문제 등 정신병리를 진단하는 데 매우 유용하다. |
| | 단점 | • 객관적 검사에 비해 검사 반응을 수량화하거나 신뢰도, 타당도를 검증하기 어렵고, 해석에 어려움이 있다.<br>• 검사의 채점 및 해석에 높은 전문성이 필요하다.<br>• 객관적 검사에 비해 검사자나 상황변인에 따른 영향을 많이 받는다. |

기출 DATA
투사적 성격검사와 객관적 성격검사의 장점 비교 2016-1회

# Chapter. 05
# 지능과 지능검사

## 1 ≫ 지능

### 1) 지능의 일반적 정의

(1) 지능은 적응적(Adaptive)이다. 지능은 다양한 상황과 문제에 융통성을 갖고 반응하는 데 사용된다.

(2) 지능은 학습능력(Learning Ability)과 관련이 있다. 특별한 영역이 지적인 자는 그렇지 아니한 자보다 더 신속하게 새로운 정보를 처리할 수 있다.

(3) 지능은 새로운 상황을 효과적으로 분석하고 이해하기 위해 선행지식(Use of Prior Knowledge)을 활용하는 것이다.

(4) 지능은 여러 가지 다른 정신 과정들의 복잡한 상호작용과 조정을 포괄한다.

(5) 지능은 문화특수적(Cultural Specific)이다. 한 문화에서 지적인 행동이 반드시 다른 문화에서 지적인 행동으로 간주되지는 않는다. 즉, 지능은 보편적이지 않다.

(6) 지능은 영구적이고 변하지 않는 특성은 아니며 경험과 학습을 통해 변화될 수 있다.

### 2) 지능검사의 목적

(1) 전반적인 지적 능력 수준을 평가한다.

(2) 지적 기능 및 인지적 특성을 파악한다.

(3) 기질적 뇌손상 및 뇌손상에 따른 인지적 손상을 평가한다.

(4) 임상적 진단을 명료화한다.

---

**TIP**

**지능**
지능은 적응적이고 학습능력과 관련이 있으며, 선행지식을 활용하고 상호작용과 조정을 포괄하는 행위로 보편적이지 않고 특수하고 제한적이다.

**기출 DATA**
지능 2020-1회

**실력 TEST**

➡ 지능은 단순한 사고능력이다.

**정답** : ×

**해설** : 지능은 학습능력, 적응능력, 추상적 사고능력, 종합적 능력을 포함하는 심리적 구성물이라는 점에 이견이 없다.

**TIP**

**지능검사를 왜 할까?**
단순히 머리가 좋은지 나쁜지를 검토하기보다는 개인의 지적 능력을 평가하고 인지 기능의 특성 및 장점, 단점, 적응 행동을 파악하고자 실시한다. 특히 아동이나 노인의 인지 기능의 손상 유무나 지적장애를 판단하기 위해 사용되는 경우가 많다.

(5) 지능검사 결과를 토대로 합리적인 치료 목표를 수립한다.

(6) 성격과 자아기능의 역동에 관한 정보를 제공한다.

## 2 》》 지능검사의 발전

### 1) 비네-시몽(Binet-Simon) 검사

(1) **공교육의 시작** : 비네(Binet)와 시몽(Simon)은 프랑스 정부로부터 일반 학급에서 정신지체아와 정상아를 구별할 수 있는 검사 개발을 위탁받았다. 그들은 아동들의 지능을 측정하여 초등학교 정규 교육 과정을 수학할 능력이 없는 지체 아동을 판별할 목적의 평가 도구인 Binet-Simon Test (1905)를 개발하였다.

(2) **지능에 대한 개념** : Binet는 '지능이란 잘 판단하고 이해하며 추리하는 일반적인 능력'이라고 정의하고, 그 구성 요소로 '판단력', '이해력', '논리력', '추리력', '기억력'을 제안하였다.

(3) **정신연령 개념 도입** : Binet는 연령이 증가함에 따라 구조화된 과제에 대한 수행이 향상되므로 어떤 아동이 또래 아동보다 과제를 잘 해결하면 정신연령과 지능이 높다는 전제하에 정신연령(Mental age)의 개념을 도입하였다.

(4) **대상 연령** : Binet-Simon Test는 3~13세 아동에게 실시되었으나, 1908년과 1911년에 재표준화를 거치면서 대상 연령이 15세까지 확장되었다.

### 2) 웩슬러(Wechsler) 지능검사

(1) **Wechsler-Bellevue 지능검사** : 웩슬러(Wechsler, 1939)는 1930년대 중반 그의 임상적 기술과 통계적 훈련(영국에서 Charles Spearman과 Karl Pearson 밑에서 수학)을 결합하여 11개의 소척도로 구성된 Wechsler-Bellevue Intelligence Scale Form I(이하 WB-I, 1939)과 WB-II(1946)를 개발하였다.

(2) **Binet-Simon 검사와의 차이점** : Wechsler는 Binet 검사가 언어 능력을 요하는 문항에 너무 치중되어 있다고 보고 비언어적 지능도 따로 측정되어야 한다고 주장하였다. 따라서 Wechsler 검사는 언어적 검사와 비언어적

**TIP**

**지능 검사의 발전**
비네-시몽 검사는 프랑스에서 시작되었으나 미국으로 건너가 스탠포드-비네 검사의 기초가 되었으며 미국에서 Wechsler 지능 검사가 대표적으로 발전하게 되었다.

**TIP**

**웩슬러 지능검사**
우리가 보통 알고 있는 지능검사는 Wechsler-Bellevue 검사로 언어와 비언어(동작)를 종합적으로 측정하기 위해 개발되었다. 특히 언어 능력이 미숙한 아동의 경우에도 발달 수준별 언어와 동작 모두를 측정할 수 있기 때문에 매우 유용하다.

(동작) 검사가 따로 측정되도록 개발되었고, 개인의 수행 수준은 같은 연령 집단 사람들의 점수와 비교하여 표준점수인 지능지수가 산출되었다.

(3) **성인용 지능검사의 시초** : WB-I는 이후 웩슬러 성인 지능검사(WASC ; Wechsler Adult Intelligence Scale, 1955)로 개정되었고, 여러 차례의 재개정 작업을 거쳐 WAIS-IV(2008)까지 출시되었다.

(4) **아동용 검사** : WB-II의 대상 연령을 낮춰 5~15세의 아동에게 적용할 수 있는 Wechsler Intelligence Scale for Children(WISC, 1949)이 출시되었고 이후 WISC는 여러 지능검사 가운데 가장 널리 사용되고 있다(Stott & Ball, 1965). 이후 WISC(1949)는 수차례의 재개정 작업을 통해 WISC -IV(Wechsler, 2003)로 개정되었고, 2014년 WISC-V가 출시되었다. 또한 영유아를 대상으로 Wechsler Preschool and Primary Scale of Intelligence(WPPSI, 1967)가 개발되어 WPPSI-III(2002)까지 개정되었다.

(5) **한국에서의 표준화**

① 성인용 검사

㉠ 한국에서는 성인 대상의 한국판 웩슬러 지능검사(Korean Wechsler Intelligence Scale)인 KWIS가 1963년에 표준화되었다. 전용신, 서봉연, 이창우가 WAIS(1955)를 표준화한 것이다.

㉡ WAIS-R(1981)을 염태호, 박영숙, 오경자, 김정규, 이영호가 한국판 K-WAIS(1992)로 표준화하였다.

㉢ WAIS-IV(2008)는 K-WAIS-IV(황순택, 김지혜, 박광배, 최진영, 홍상황, 2012)로 표준화되었다.

② 아동용 검사

㉠ 아동용 검사는 이창우, 서봉연이 WISC(1949)를 K-WISC(1974)로 표준화하였다.

㉡ 개정판 WISC-R(1974)은 한국교육개발원에서 표준화하여 KEDI-WISC(Korean Educational Developmental Institute-Wechsler Intelligence Scale for Children, 1987)가 시작되었다.

㉢ WISC-III(1991)는 K-WISC-III(곽금주, 박혜원, 김청택, 2001)로 표준화되었으며 WISC-IV(2003)는 K-WISC-IV(곽금주, 오상우, 김청택, 2011)로 표준화되었다.

③ 유아용 검사 : WPPSI-R(1989)은 K-WPPSI(박혜원, 곽금주, 박광배, 1996)로 표준화되어 사용되고 있다.

---

**기출 DATA**

WAIS-IV의 연속적인 수준 해석
2019-3회

---

**TIP**

국내 지능검사(표준화)
K-WAIS 검사는 성인용, K-WISC는 아동용, K-WPPSI는 유아용으로 표준화되었다.

---

# 3 》》 지능 이론

## 1) 스피어만(Spearman)의 2요인 이론(일반요인 'g' 이론)

(1) Spearman은 최초로 인간의 지능을 심리측정적인 관점에서 접근한 이론가로 요인분석 방법을 통해 지능검사 문항 가운데 상관이 높은 문항들을 묶어서 몇 개의 요인으로 규명하고 그 요인의 의미를 부여했다.

(2) 그는 지능은 '일반적인 정신능력 요인으로, 모든 지적 수행에 공통적으로 필요한 능력'인 일반요인(g요인, general factor)과 '특정한 과제수행에 필요한 능력'인 특수요인(s요인, specific factor)으로 구성되어 있다고 보았다. 2요인 이론의 구조 도식이 제시되어 있다.

## 2) 카텔(Cattell)과 혼(Horn)의 유동적 지능-결정적 지능이론(Gf-Gc 이론)

(1) 1940년대부터 지능검사 연구를 해온 Cattell은 지능은 유동적 지능(Gf ; Fluid intelligence)-결정적 지능(Gc ; Crystallized intelligence)으로 구성되어 있다는 Gf-Gc 이론을 제안하였다(Horn & Cattell, 1966).

(2) Cattell의 제자였던 Horn(1968)이 Gf-Gc 이론을 확장시켜 Cattell-Horn의 Gf-Gc 이론으로 발전시켰다. Horn(1968)은 요인분석 이외에도 발달, 유전적 · 환경적 영향, 신경심리적인 특성들과 관련된 지능의 구조를 제안하며 Gf, Gc 이외에도 다른 인지능력을 추가하였다.

(3) Cattell-Horn의 Gf-Gc 이론은 지능은 1차(First order) 요인인 80여 개의 기초정신능력과 2차(Second order) 요인인 8개의 광범위한 인지능력(Broad cognitive abilities)으로 구성되어 있다고 보았다. 지능의 2차 요인에 해당하는 광범위한 인지능력에는 유동적 지능(Gf)과 결정적 지능(Gc) 외에도 다양한 독립적인 능력을 9~10개의 능력으로 분류하였다(Alfonso & Flanagan & Radwan, 2005). 이 모형의 가장 큰 특징은 최상위의 개념으로 'g'를 제시하지 않는다는 것이다.

**TIP**

지능이론 정리
- 스피어만의 2요인 이론 : 지능은 전반적 지능인 일반요인(g)과 특수요인(s)으로 구성
- 카텔-혼의 유동적-결정적 지능 이론 : 기억력과 추리력 등으로 대표되는 유동적 지능과 경험과 이해력으로 대표되는 결정적 지능으로 구분
- 가드너의 다중지능이론 : 8개의 지능으로 음악, 대인관계, 공간, 자기이해, 신체운동 등
- 스턴버그의 삼원지능이론 : 3가지 지능으로 분석적, 창의적, 실제적 지능 의미

**TIP**

카텔과 혼의 Gf-Ge 이론 특징
- 일반 지능인 g요인을 제시하지 않는다.
- 유동적 지능 : 유전적 영향으로 발달하는 지능(기억력, 수리능력, 비언어적 유추 등)
- 결정적 지능 : 경험적으로 학습과 환경에 의해 발달하는 지능(문제해결능력, 언어능력, 이해력 등)

**기출 DATA**

카텔의 결정성 및 유동성 지능
2020-3회

| 지능 유형 | 특징 | Wechsler 지능 검사와의 관련성 |
|---|---|---|
| 유동성 지능 | • 유전적, 생물학적 영향에 의해 발달해서 경험이나 학습에 영향을 거의 받지 않는다.<br>• 기억력, 추리력, 추론능력, 수, 비언어적 유추 등 | • 빠진 곳 찾기<br>• 차례 맞추기<br>• 토막 짜기<br>• 모양 맞추기<br>• 공통성 문제<br>• 숫자 외우기 등 반영 |
| 결정성 지능 | • 경험적이고, 환경적이며, 문화적 영향으로 발달한다.<br>• 교육 및 가정환경에서 영향을 받기 때문에 나이가 들수록 더 발달한다.<br>• 문제해결능력, 언어능력, 산수, 이해력 등 | • 소검사 중 기본지식<br>• 어휘 문제<br>• 공통성 문제<br>• 이해 문제 등 반영 |

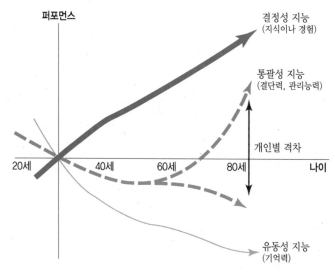

※ 출처 : 김민희, 식이장애클리닉 마음과 마음, 2007.

[세 가지 지능의 퍼포먼스(Horn and Cattell, 1967)]

### 3) 가드너(Gardner)의 다중지능 이론

기출 DATA
가드너의 다중지능이론 2019-3회

(1) 가드너(Howard Gardner)에 의하면 인간에게는 적어도 분명히 구분되는 8가지 능력인 다중지능(Multiple Intelligence)이 있는데 음악, 신체운동, 논리 수학, 언어, 공간, 대인관계, 자기이해 등으로 구별되며, 각각 독립적인 것으로 본다.

(2) Gardner는 이처럼 명백히 구별되는 지능의 존재를 지지하기 위해 작곡과 같이 한 영역에서 뛰어난 재능을 가지고 있지만 다른 영역에서는 보통의 능력을 가진 사람이나 두뇌 손상으로 인해 특정한 지능이 결핍된 사례를 기술했다. 이에 따르면, 언어 능력에 결함이 있는 자가 있는 반면 공간적 추론을 요구하는 과제를 수행하는 데 어려움이 있는 자들도 있다는 것이다.

(3) 일부 연구자들은 인간에게 비교적 독립적인 다양한 능력이 있다는 점에는 동의하지만 Gardner의 구분에 대해 이견을 보이기도 한다. 연구자들은 Gardner가 제안한 지능들이 CHC 이론의 중간층에 해당되는 것이라거나 음악이나 신체 운동과 같은 특정 영역에서의 능력 그 자체가 '지능'이 아니라는 견해를 피력하기도 한다.

(4) Gardner의 이론에 대한 심리학자들의 냉담한 반응에도 불구하고 교육학자들은 그의 이론이 인간의 잠재성에 대한 낙관적인 관점을 택하고 있기 때문에 그의 이론을 전적으로 수용하고 있다. Gardner는 학생들이 자신들이 갖고 있는 다양한 재능을 이용하여 교과목을 이해하고 학습할 수 있도록 학생들에 대한 다양한 교수법을 제공할 것을 권장한다.

## 4) 스턴버그(Sternberg)의 삼원 지능이론

(1) **삼원 지능이론** : 스턴버그(Sternberg)의 지능이론은 가장 최근에 제기된 지능이론이다. Sternberg는 세 가지의 상이한 영역이 지능을 구성한다는 의미에서 삼원(Tri-archic)이라고 명명하였다. 분석적 지능(Analytical intelligence)은 학업 상황이나 지능검사에서 종종 볼 수 있는 정보와 문제에 대한 이해, 분석, 대조, 평가 등을 의미한다. 창의적 지능(Creative intelligence)은 새로운 맥락 내에서 아이디어를 상상, 발견, 종합하는 것이다. 실제적 지능(Practical intelligence)은 일상적인 문제와 사회적 상황을 효과적으로 처리하고 반응하는 데 사용되는 지식이나 기술과 관련이 있다.

(2) **삼원 지능의 상호작용**

Sternberg는 위의 세 가지 요인이 상호작용하는 지적 행동을 제안하였는데, 이것은 상황맥락에 따라 다르게 나타난다.

① 행동이 발생하는 환경적 맥락 : 적절하고 효과적인 행동은 문화에 따라 다르다. 예를 들어, 읽기 학습은 산업화된 사회에서는 적절하지만 농업 사회에서는 크게 중요하지 않다.

② 특정한 과제에 대한 사전 경험의 적절성 : 사전 경험은 두 가지 방법 중 하나의 형태로 지능을 향상시킬 수 있다.

　㉠ 특별한 과제에 대한 집중적인 연습은 해당 과제의 수행 속도와 효율성을 증가시킨다. 이것은 자동성(Automaticity)과 관련이 있는 것이다.

　㉡ 사람은 이전 상황에서 학습한 것을 바탕으로 새로운 과제를 해결해 나간다.

③ 과제 수행에 필요한 인지 과정 : 새로운 상황을 적절하게 해석하기, 중요한 정보와 그렇지 아니한 정보를 분리하기, 다른 과제들 간의 관계성 파악하기, 피드백을 효과적으로 사용하기 등과 같은 수많은 인지 과정이 지적 행동에 포함된다. 어떤 인지 과정이 중요한가는 맥락에 달려 있으며, 개인은 당시에 요구되는 구체적인 인지 과정에 따라 지적으로 행동하게 된다.

(3) 삼원 지능의 평가

① 현재의 연구자들은 Sternberg의 이론에 대해 지지도 부정도 하지 않고 있다. 일반적인 용어로 기술된 Sternberg 이론의 특정한 측면은 연구를 통해 지지되거나 부정되기 어려울 것이다.

② Sternberg는 그의 이론을 지지하는 대부분의 자료가 절대적으로 객관적인 것만은 아니고, 비판적인 연구자들의 연구 자료라기보다는 자신이 이끄는 연구팀의 자료라는 것을 인정하였다. 그럼에도 불구하고 그의 이론은 지적으로 행동하는 학생들의 능력이 맥락과 사전에 학습된 지식, 그리고 과제 수행에 필요한 인지 과정에 따라 상당히 다르다는 사실을 보여준다.

**TIP**

전통적 지능이론
• Spearman의 2요인설
• Thurstone의 다요인설(7가지 기본 정신 능력 제시)
• Guilford의 지능구조 모형(3차원 지능구조 모형, SI) 제시

**TIP**

최근의 지능이론
• Sternberg의 삼원지능이론
• Gardner의 다중지능이론
• Goleman의 감성지능이론(Emotional Intelligence 개념 제시, EQ를 유행시킴)

# 4 >> 웩슬러(Wechsler) 지능검사의 개요

## 1) Wechsler 지능검사의 의의

(1) 1939년 웩슬러(David Wechsler)가 개발한 개인지능 검사로 Standford－Binet 검사와 함께 가장 일반적으로 사용된다.

(2) 개인의 지능이 인지적 사고뿐 아니라 합리적 사고와 환경을 이해할 수 있는 종합적이고 통합적 능력이라고 생각하였다. 그러므로 유전적 요인, 초기 교육환경, 정서적 상태, 기질적 정신장애, 검사 당시 상황 등 상호작용에 의해 결정된다고 보았다.

## 2) Wechsler 지능검사의 특징

(1) **구조화된 검사** : 검사자가 한 사람의 수검자를 대상으로 직접 지시해야 하는 개인검사로 관계형성이 중요하고 수검자에 대한 관찰이 용이하다. 구조화된 객관적 검사이다.

(2) **편차지능지수 사용** : 정신연령과 생활연령을 비교한 기존의 지능검사와는 달리 개인의 지능을 동일 연령대 집단에서의 상대적 위치로 규정하는 편차지능지수를 사용한다.

(3) **발달적 특징 평가 가능**

① 언어성 검사와 동작성 검사로 구성되어 언어성 지능, 동작성 지능, 전체 지능 등을 모두 측정 가능하다.

② 각 요소의 하위요인을 통해 지능에서 발달적 특징을 평가할 수 있다.

㉠ 개인의 성격과 정신역동, 심리 내적 갈등을 이해하고 정신병리를 파악할 수 있다.

㉡ 현재의 지능과 병전 지능수준을 추정하여 기능장애를 양적으로 검토 가능하다.

(4) **언어성 검사/동작성 검사** : 검사자가 모든 문제를 언어나 동작으로 지시하기 때문에 어린 수검자나 문맹 수검자도 시행 가능하다.

---

**TIP**

**Wechsler 지능검사**

기존에 언어성과 비언어, 즉 동작성으로 구분했던 지능 영역을 4판에서는 크게 언어이해, 지각추론, 작업기억, 처리속도 등 4가지로 구분하여 실시하고 있다. 이 4가지 영역 점수를 합산한 점수가 종합 점수가 된다. 이렇게 4가지 영역을 통합적으로 보려고 노력했지만 여전히 한 개인을 설명하기에는 범위가 좁을 수 있기 때문에 지능검사 한 가지로 개인의 종합 능력을 판단해서는 안 된다.

**TIP**

**Wechsler 지능검사의 특징**

• 구조화된 검사
• 편차지능지수 사용
• 발달적 특징 평가

**기출 DATA**
편차지능지수 2020-3회

### 3) Wechsler 지능검사의 역사

#### (1) Wechsler 지능검사의 개발 과정

| 용도구분 | | 개발연도 | 대상연령 |
|---|---|---|---|
| 범용 | WB-I(Wechsler-Bellevue I) | 1939년 | 7~69세 |
| | WB-II(Wechsler-Bellevue II) | 1946년 | 10~79세 |
| 성인용 | WAIS(Wechsler Adult Intelligence Scale) | 1955년 | 16~64세 |
| | WAIS-R(Wechsler Adult Intelligence Scale-Revised) | 1981년 | 16~74세 |
| | WAIS-III(Wechsler Adult Intelligence Scale III) | 1997년 | 16~89세 |
| | WAIS-IV(Wechsler Adult Intelligence Scale IV) | 2008년 | 16~90세 |
| 아동용 | WISC(Wechsler Intelligence Scale for Children) | 1949년 | 5~15세 |
| | WISC-R(Wechsler Intelligence Scale for Children-Revised) | 1974년 | 6~16세 |
| | WISC-III(Wechsler Intelligence Scale for Children III) | 1991년 | 6~16세 |
| | WISC-IV(Wechsler Intelligence Scale for Children IV) | 2003년 | 6~16세 |
| 유아용 | WPPSI(Wechsler Preschool and Primary Scale of Intelligence) | 1967년 | 4~6.5세 |
| | WPPSI-R(Wechsler Preschool and Primary Scale of Intelligence-Revised) | 1989년 | 3~7.5세 |
| | WPPSI-III(Wechsler Preschool and Primary Scale of Intelligence III) | 2002년 | 2.6~7.5세 |

#### (2) 한국판 Wechsler 지능검사의 개발 과정

| 용도구분 | | 개발연도 | 대상연령 |
|---|---|---|---|
| 성인용 (청소년) | KWIS(Korean Wechsler Intelligence Scale) | 1963년 | 12~64세 |
| | K-WAIS(Korean Wechsler Adult Intelligence Scale) | 1992년 | 16~64세 |
| | K-WAIS-IV(Korean Wechsler Adult Intelligence Scale-IV) | 2012년 | 16~69세 |
| 아동용 | K-WISC(Korean Wechsler Intelligence Scale for Children) | 1974년 | 5~16세 |
| | KEDI-WESC(Korean Educational Developmental Institute-Wechsler Intelligence Scale for Children) | 1987년 | 5~15세 |
| | K-WISC-III(Korean Wechsler Intelligence Scale for Children III) | 2001년 | 6~16세 |
| | K-WISC-IV(Korean Wechsler Intelligence Scale for Children IV) | 2011년 | 6~16세 |
| 유아용 | K-WPPSI(Korean Wechsler Preschool & Primary Scale of Intelligence) | 1995년 | 3~7.5세 |

**TIP**

지능지수 산출
지능지수 = 15×

$$\frac{개인점수 - 해당연령규준의 평균}{해당연령규준의 표준편차} + 100$$

**기출 DATA**

K-WPPSI의 시행연령
2020-1회

# 5 》 Wechsler 지능검사의 내용

## 1) 언어성 검사

### (1) 기본 지식(29문항)

① 기억의 인출, 장기기억, 언어적 · 청각적 이해력, 결정성 지능, 지적 호기심, 독서경험과 관련이 높다.

② 병전지능 추정에 사용되며 특히 좌반구 손상환자에게 낮은 수행이 나타난다.

③ 높은 점수는 지적 야망과 주지화 방어기제를, 낮은 점수는 만성적 불안, 갈등, 억압 방어기제를 보여준다.

### (2) 숫자 외우기(14문항)

① 주어진 숫자를 바로 따라 외우기와 거꾸로 따라 외우기 등으로 구성된다.

② 청각적 단기기억, 즉각적 · 기계적 회상, 주의력, 주의집중력, 유동성 지능, 학습장애 등과 관련이 있어서 청각적 문제가 있는 수검자에게 불리하다.

③ 높은 점수는 수검자의 분열성 성격을 반영하기도 하고, 낮은 점수는 정신병적 우울, 상태불안, 주의력 결핍, 학습장애 문제를 반영한다.

### (3) 어휘 문제(35문항)

① 제시되는 낱말의 뜻을 말하게 하는 검사로 언어적 지식, 일반개념, 학습능력 등을 측정한다.

② 가장 안정적인 검사로 정신장애 기능 손상과 퇴화가 적으므로 병전지능 추정이 가능하다.

### (4) 산수 문제(16문항)

① 간단한 계산 문제를 암산으로 푸는 과제로 주의력, 주의집중력, 청각적 기억, 숫자 다루는 능력, 계산 능력, 상징적 내용 기억, 시간적 압박하에서의 작업 능력, 학습장애 등과 관련이 높다.

② 좌측 측두엽, 두정엽 손상 환자에게 낮은 수행능력이 나타난다.

③ 높은 점수는 주지화 방어기제, 경우에 따라서는 분열성 성격을 반영하기도 하고, 낮은 점수는 불안 성향, 주의집중 어려움, 학습장애 등을 반영한다.

---

**TIP**

WISC-III vs WISC-IV
- WISC-III : 전체 IQ, 언어성 IQ, 동작성 IQ
- WISC-IV : 전체 IQ, 4가지 합성점수[언어이해지표(VCI)+지각적추리지표(PRI)+작업기억지표(WMI)+처리속도지표(PSI)]에 근거한 해석

**TIP**

유동적 지능+결정적 지능과 Wechsler 소검사
- 유동적 지능 : 빠진 곳 찾기, 차례 맞추기, 토막 짜기, 모양 맞추기, 숫자 외우기 등
- 결정적 지능 : 기본지식, 어휘문제, 공통성 문제, 이해 문제 등

(5) 이해 문제(16문항)

① 일상생활에서 사회적 상황과 관련된 여러 문항들에 답하는 과제로 사회적 지능, 사회적 이해력, 도덕적 판단과 양심, 보편적 행동 양식에 대한 지식수준, 지적 정보의 표현 및 실제상황에 대한 적용능력, 언어적 개념화, 결정성 지능 등과 관련이 있다.

② 기타 소검사에 비해 지적 영역과 정서적 지능이 결부되어 있고 문제 상황에 대한 능동적/수동적 대처, 사회적/반사회적 행동 등이 임상적으로 유의미한 가치를 보여준다.

③ 높은 점수는 수검자의 사회적, 도덕적 판단력, 관습적 문제해결 방식을 반영하고, 낮은 점수는 사회적 관심에 대한 저항, 대인관계에 대한 무관심, 판단력 손상을 반영한다.

(6) 공통성 문제(14문항)

① 제시된 두 단어의 공통점에 대해 말하도록 하는 과제로 언어적 이해력, 언어적 개념화, 논리적, 추상적 사고, 연합적 사고, 독서경험 등과 관련이 있다.

② 높은 점수는 오히려 수검자의 강박적, 편집증적 성향을 반영하고, 낮은 점수는 사고장애나 중추신경계 손상을 반영하기도 한다.

## 2) 동작성 검사

(1) 빠진 곳 찾기(14문항)

① 제시된 그림카드에서 생략된 부분을 찾아내는 과제로 구성되어 있어 시각적 기민성, 시각적·지각적 조직화, 본질과 비본질을 구분하는 능력, 시각적 기억, 자동적·표상적 수준의 조직화, 시간적 압박하에서의 작업능력, 유동성 지능 등과 관련이 있다.

② 수검자의 반응속도가 지나치게 빠를 때는 충동성을 보일 수도 있고, 지나치게 느린 경우에는 진단적으로 볼 필요가 있다.

③ 높은 점수는 고도의 주의집중력, 강박적·현학적 성향을 반영하고, 낮은 점수는 논리성 결여나 주의집중력 부족을 반영한다.

(2) 차례 맞추기(10문항)

① 그림카드 세트를 도구로 사용하여 수검자로 하여금 각각의 그림을 순시대로 잘 맞추어 줄거리가 있는 이야기로 꾸미도록 되어 있는 검사이다.

② 사회적 지능, 사회적 이해력, 전체 상황에 대한 이해능력, 추리력, 계획

---

**TIP**

동작성 지능

학습으로 형성되는 언어성 지능에 반해 동작성 지능은 유전적인 것으로 보며, 일반적으로 개발이 어렵다고 여겨진다. 원래 웩슬러 지능검사에는 언어성 지능, 동작성 지능 총 두 가지 분류만 존재했지만, 근래에 들어 언어이해, 지각 추론, 작업기억, 처리속도의 4가지로 세분화되었다. 동작성 지능은 일 처리나 사회성, 공간지각 능력의 척도가 된다. 동작성 지능이 언어성 지능보다 높을 경우 육체노동 등 신체적인 기민함을 요구하는 일에서 뛰어난 능력을 보이는 것으로 나타난다. 반대로 동작성 지능이 언어성 지능보다 15점 이상 낮을 경우, 비언어적 성격장애로 분류하기도 한다. 아스퍼거 증후군의 첫 번째 판단 척도이기도 하다.

능력, 시간적 연속성, 지각적 조직화, 시간적 압박하에서의 작업능력, 유동성 지능과 관련이 있다.

③ 수검자의 충동성/조심성, 시행착오적 접근/통찰적 접근 등에 관한 정보를 입수할 수 있다.

④ 높은 점수는 사회적 상황에 대한 민감성, 편집증적 성향을, 낮은 점수는 사회적 상황에 대한 이해력 부족과 대인관계의 어려움을 반영한다.

### (3) 토막짜기(9문항)

① 모형이 그려진 9개 카드와 빨간색과 흰색이 칠해진 9개의 나무토막을 도구로 사용하여 맞추는 과제로 시각-운동 협응능력, 지각적 조직화, 공간적 표상능력, 전체를 분석하는 능력, 추상적 사고, 장 의존적/장 독립적 인지유형, 시간적 압박하에서의 작업능력, 유동성 지능과 관련이 높다.

② 수검자의 주의산만/주의집중력, 충동성/조심성, 시행착오적 접근/통찰적 접근, 운동협응능력 등에 대한 정보를 검토할 수 있어서 대뇌 손상에 취약하고, 병전 지능 추정에 사용된다.

③ 높은 점수는 수검자의 양호한 형태지각, 문제해결능력, 시각-운동협응능력을 반영하고, 낮은 점수는 강박성, 정서불안, 뇌손상, 뇌기능 장애를 반영한다.

### (4) 모양 맞추기(4문항)

① 4개의 상자에 들어있는 모양 맞추기 조각들을 특정모양이 되도록 하는 과제로 구성되어 있어 시각-운동협응 능력, 지각적 조직화, 공간적 표상능력, 부분들을 전체로 통합하는 능력, 형태관계의 평가, 장 의존적 인지유형, 장 독립적 인지유형, 시간적 압박하에서의 작업능력, 유동성 지능과 관련이 있다.

② 토막짜기는 전체를 부분으로 분석하는 능력이 강조되는데, 모양 맞추기는 부분을 전체로 통합하는 능력이 주효하고 수검자의 주의산만/주의집중력, 충동성/조심성, 시행착오적 접근/통찰적 접근, 운동협응 능력 등에 관련된 정보를 얻을 수 있다.

③ 높은 점수는 만성 정신분열을 반영하기도 하고, 낮은 점수는 강박성, 정서불안, 우울성향, 분열성 성격을 반영하기도 한다.

### (5) 바꿔 쓰기(93문항)

① 7개의 연습문항과 93개의 본문 항으로 구성되어 있고 1~9까지 숫자가 적힌 칸과 숫자에 대응하는 기호가 있으며 수검자는 제한 시간 내에 각

**기출 DATA**
토막짜기 2020-3회

**TIP**
- 토막짜기 : 전체를 부분으로 분석하는 능력 강조
- 모양맞추기 : 부분을 전체로 통합하는 능력 강조, 충동성·집중력, 운동협응능력에 관한 정보 습득

숫자 밑에 대응하는 기호를 적는 것으로 시각-운동협응 능력, 시각-운동 기민성, 시각적 단기기억, 익숙하지 않은 과제의 학습능력, 정확성, 쓰기 속도, 시간적 압박하에서의 작업 능력, 주의산만, 학습장애 등을 시사한다.

② 뇌의 특정 부위에 손상 정도를 밝히기는 어려우나 손상의 유무를 판단하기 좋은 지표로 활용된다.

③ 높은 점수는 수검자의 과도한 성취욕구, 순응적 경향을 반영하며, 낮은 점수는 강박성, 주의력 분산, 학습장애, 뇌손상, 뇌기능 장애를 반영한다.

## 6 » 한국판 Wechsler 지능검사

### 1) 검사의 시행순서

기본지식(언어성) → 빠진 곳 찾기(동작성) → 숫자 외우기(언어성) → 차례 맞추기(동작성) → 어휘문제(언어성) → 토막짜기(동작성) → 산수문제(언어성) → 모양 맞추기(동작성) → 이해문제(언어성) → 바꿔쓰기(동작성) → 공통성 문제(언어성)

### 2) 검사 시행 시 유의사항

(1) 표준 시행과 함께 검사행동을 관찰하여 수검자의 특징을 확보하는 등 행동 관찰 훈련이 되어 있어야 한다.

(2) 결과의 의미 있는 해석을 위해 표준절차를 엄격하게 따르고 수검자의 주의를 분산시키는 환경을 제어한다.

(3) 간단하게 설명하고 질문하는 것이 바람직하며, 수검자의 불안전한 반응에 대처할 수 있도록 채점의 원칙을 잘 숙지하고 있어야 한다.

(4) 특별한 이유가 없이는 한 번에 전체 검사를 진행하는 것이 바람직하고, 검사가 중요하지만 검사 자체가 수검자보다 중요한 목적이 되어서는 안 된다.

(5) 검사 시행이 적절하지 않을 때는 시행을 중단하거나 면접을 통해 상황이 잘 극복되도록 노력한다.

(6) 검사도구는 소검사를 실시할 때까지 수검자의 눈에 띄지 않도록 주의한다.

기출 DATA
웩슬러 검사 시 주의사항
2020-1회, 2019-1회

TIP

심리검사 시행 시 주의할 점
• 행동 관찰 실시
• 간단한 설명과 질문이 이루어지도록 주의
• 한 번에 전체적으로 진행, 2시간 정도 소요
• 시행이 부적절하다고 판단될 때는 시행 중단 가능
• 검사도구가 눈에 띄지 않도록 주의
• 검사 자체보다 검사하려는 목적이 중요

[K-WAIS-Ⅳ 소검사 구성]

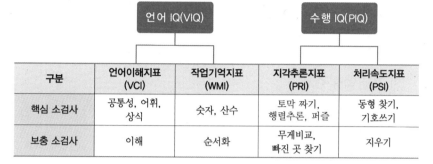

| 구분 | 언어이해지표<br>(VCI) | 작업기억지표<br>(WMI) | 지각추론지표<br>(PRI) | 처리속도지표<br>(PSI) |
|---|---|---|---|---|
| 핵심 소검사 | 공통성, 어휘,<br>상식 | 숫자, 산수 | 토막 짜기,<br>행렬추론, 퍼즐 | 동형 찾기,<br>기호쓰기 |
| 보충 소검사 | 이해 | 순서화 | 무게비교,<br>빠진 곳 찾기 | 지우기 |

[K-WISC-Ⅳ 핵심 소검사와 보충 소검사]

| 구 분 | 언어이해지표 | 작업기억지표 | 지각추론지표 | 처리속도지표 |
|---|---|---|---|---|
| 핵심 소검사 | 공통성, 어휘,<br>이해 | 숫자,<br>순차연결 | 토막짜기,<br>공통그림 찾기,<br>행렬추리 | 동형찾기,<br>기호쓰기, |
| 보충 소검사 | 상식, 단어추리 | 산수 | 빠진곳 찾기 | 선택 |

기출 DATA
K-WAIS-Ⅳ의 소검사 구성
2020-3회

## 3) 검사의 채점

(1) 각 소검사 문항에서 얻은 점수를 합하여 소검사의 원점수를 구하여 검사지의 환산점수산출표를 토대로 환산점수를 바꾼다(환산점수는 평균 10, 표준편차 3인 표준점수로 변환한 것이다).

(2) 언어성 검사와 동작성 검사에 속하는 각 소검사들의 환산점수를 더해 각각 언어성 검사 점수와 동작성 검사 점수를 구하고, 이 둘을 다시 더해 전체 검사점수의 환산점수를 구한다.

(3) 환산점수는 동일연령을 대상으로 실시하여 평균 100, 표준편차 15인 표준점수로 변환한 것이다.

## 4) 검사의 해석

(1) 정보처리모형에 따른 소검사 분석

① 정보처리 모형 : '입력 → 통합 → 저장 → 인출'의 단계

② 이 모형을 바탕으로 소검사들의 요인들을 체계화한다.

(2) 지능의 진단적 분류

전체 점수 외에도 언어성 지능과 동작성 지능도 각기 해석 가능한데, 두 하위검사의 차가 큰 경우에는 수검자의 연령에 따라 유의미한 점수 차를 보여주는 자료들이 있기 때문에 이를 토대로 차이를 해석할지 결정한다.

(3) 검사 해석 순서

① 전체 IQ 해석하기

② 언어성 vs 동작성/요인별 점수/지표점수 해석

③ 하위 소검사, 변산 해석하기

④ 하위 소검사 내 분석하기

⑤ 질적 분석

(4) 검사 결과의 해석

현재 지능은 언어성 지능, 동작성 지능, 전체 지능지수, 백분위, 표준측정 오차범위를 밝히는 방식으로 기술된다. 예를 들어 언어성 IQ가 103, 동작성 IQ가 105, 전체 IQ가 104인 경우, 이 수검자의 개인 지능지수는 보통 수준으로 백분위는 63이다. 같은 나이 또래 100명 가운데 37등에 해당하는 보통수준의 지능을 소유하고 있다고 볼 수 있다.

① 양적 분석

㉠ 병전지능추정

지능검사를 시행하고 난 다음 피검자의 원래의 지능수준을 추정하여 현재의 지능수준과의 차이를 계산해 봄으로써 급성적·만성적 병적 결과, 지능의 유지나 퇴보 정도를 추정한다. 원래의 지능수준은 어휘 문제를 기준으로 하여 추정되는 방식이 일반적이다. 그 결과 원래의 지능과 현재의 지능지수가 15점 이상 차이가 난다면 유의한 지적 기능의 저하가 있다고 해석할 수 있다.

ⓐ 급성 : 혼란이 심하다(부모도 몰라본다). 지능이 많이 낮아진 상태이다.

ⓑ 만성 : 급한 증상은 없다(엉뚱한 소리 등도 하지 않는다). 표정이나 감정의 분화가 나타나고 사회적 현실을 도피한다. 이러한 증상이 되풀이 될 때는 급성증상이 나타날 수 있다.

ⓒ '어휘문제, 공통성문제, 토막짜기'의 소검사 점수로 파악할 수 있다. 이를 유동적 지능이라고 하는데 이는 선천적이고 잘 바뀌지 않는 지능이다. 현재 지능이 병전 지능에 비해 12점 이상 차이가 날 때, 지능의 유지나 퇴보의 정도를 파악할 수 있다.

일반인에게 큰 차이가 없으면 문제는 없는 '잠재지능'으로 볼 수 있다.

ⓛ 언어성 검사와 동작성 검사의 비교

ⓐ 언어성 검사 : 고도로 조직화된 검사로 경험과 지식에 기반하여 문제를 해결할 수 있는 능력이다.

ⓑ 동작성 검사 : 비교적 덜 조직화되어 있고, 보다 즉각적인 문제 해결 능력으로 축적된 기술을 활용하는 능력이다.

ⓒ 언어성과 동작성 IQ의 비정상적 차이(21점)

• 언어성 점수 > 동작성 점수 : 좌뇌 발달, 교육을 통한 지적 활동이 많아 상황에 대한 대응력이 떨어지는 경우를 의미한다. 동작성 지능이 저하되는 가장 대표적인 정신장애는 우울증(Zimmerman, Woo-Sam, 1973)으로 집중력의 저하, 불안, 낮은 동기로 인한 정신성 운동지연을 보이는 것으로 간주된다. 또 정신분열증과 동작의 협응장애가 있는 경우에도 동작성 지능의 저하가 초래된다.

• 언어성 점수 < 동작성 점수 : 우뇌 발달, 일상생활 적응력은 높으나 교육수준은 낮을 수도 있다. 결정적 지능에 비해 유동적 지능이 우세한 경우로 자폐증, 학습장애, 반사회적 행동, 정신지체, 미숙련 작업요인이 제시된다.

ⓒ 지능지수

ⓐ 전체 지능지수, 지능수준, 백분위, 오차범위에 따라 기술한다. 이처럼 개인의 전체 지능점수를 측정오차가 있는 범위로 기술함으로써 단일한 지능점수를 절대적인 평가치인 것처럼 받아들이는 것을 방지할 수 있다. 또한, 개인의 지능의 분류 수준을 알 수 있다.

ⓑ 언어성 지능과 동작성 지능의 차이가 유의한 수준일 경우 임상적 진단 자료를 제공해 주기 때문에 검토해 보아야 하며, 비정상적 수준의 차이인지 검토해야 한다.

ⓒ 소검사 간 분산도

• 모든 결과를 해석해 줄 필요는 없고, 필요한 부분만 해석하면 된다.

• 각 소검사가 측정하는 지능이 고루 발달된 것이 좋은 지능으로, 분산도가 적은 것이 좋다.

**TIP**

언어성 검사와 동작성 검사의 점수가 차이가 적을수록 좋다.

**TIP**

언어성 검사와 동작성 검사의 크기 비교

• 언어성 IQ > 동작성 IQ : 좌뇌 발달, 지적 활동이 강해 상황 대응력 약함

• 언어성 IQ < 동작성 IQ : 우뇌 발달, 일상생활 적응력은 높으나 교육수준이 낮을 가능성, 유동적 지능 우세

**TIP**

WISC-IV와 K-WISC-IV은 모두 순수한 지적 인지능력을 알아보기 위해 개발된 것으로 소검사에 더 집중하게 하고 여러 소검사를 보충검사로 이관하였는데, 이는 유동적인 추론능력과 작업기억을 사용한 인지처리 과정을 알아보는 영역이 아동 및 청소년에게 있어서 매우 중요하기 때문에 가장 기초적인 인지능력 검사가 기타 영역으로부터 잘 이해될 수 있도록 분리시킨 것이다.

ⓓ 소검사 내 분산도
- 질적 분석과 관련된 부분을 해석해 준다.
- 소검사 내에서 몇 번의 시행을 하는데, 맞춘 비율이 같더라도 분산이 다를 수 있다.
- 시행이 반복될수록 난이도가 높아지는데, 성공과 실패가 들쭉날쭉하거나, 점차 실패율이 높아지거나, 다른 검사와 함께 질적 분석을 통해서 이유를 해석할 수 있다.

ⓔ 각 소검사를 바탕으로 다양한 지능을 판단할 수 있다.

② 편차 지능지수의 정규분포곡선

ⓐ IQ 70~79일 때 정신지체의 경계선에 해당하고, 재검토해 볼 수준이다.

ⓑ IQ 69 이하일 때 정신지체로 판단하고, '경도/중증도/중도/최중도'의 단계별로 나눈다.

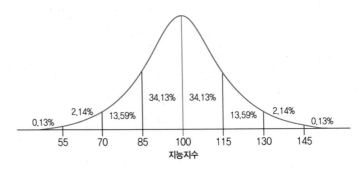

⑩ 정규분포상의 지능지수와 표준편차배수 및 백분위 점수와의 관계

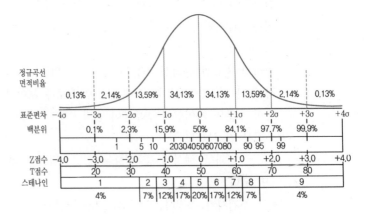

ⓑ 지능의 진단적 분류

| 지능 | 백분위 | 분류 |
|---|---|---|
| 130 이상 | 98~100% | 최우수(Very superior) |
| 120~129 | 91~97% | 우수(Superior) |
| 110~119 | 76~90% | 평균 상(High average) |
| 90~109 | 25~75% | 평균(Average) |
| 80~89 | 10~24% | 평균 하(Low average) |
| 70~79 | 3~9% | 경계선(Borderline) |
| 69 이하 | 0~2% | 장애수준(Defective) |

ⓐ 지능의 기술적 분류
　ⓐ 표준점수, 신뢰구간(90%, 95%), 백분위와 기술 범주(Descriptive category)
　ⓑ 소검사 : 환산점수, 백분위

| 표준 점수 범위 | 기술적 분류 | 수행기술 |
|---|---|---|
| 131 이상 | 최상위 | 규준적 강점 |
| 116~130 | 평균 상 | > +1SD |
| 85~115 | 평균 | 평균 |
| 70~84 | 평균 하 | 규준적 약점 |
| 69 이하 | 최하위 | 표준점수 범위 |

② 질적 분석
　㉠ 반응 내용, 반응 방식, 언어적 표현방식, 검사행동방식 등을 기초로 개인의 독특한 심리적 특성을 알아보고자 하는 것이다.
　㉡ 쉬운 문항에는 실패하고, 오히려 어려운 문항에 성공하는 경우, 의도적이라거나 체계적 교육을 받지 못한 결과일 수 있다.
　㉢ 주의해서 고려되어야 할 사항은 쉬운 문항에 실패하고 어려운 문항에 성공하는 경우, 드물거나 기괴한 내용을 응답하는 경우, 한 문항에 대해 강박적으로 여러 가지 응답을 나열하는 경우, 잘 모르면서 짐작으로 응답하는 경우, 지나치게 구체화된 응답을 하는 경우, 정서적인 응답을 하는 경우, 반항적인 내용의 응답을 하는 경우, 차례 맞추기에서 순서는 제대로 맞추었으나 적절한 설명은 하지 못하는 경우 등 여러 경우가 있다.

# 7 » K-WAIS의 문제점

1) 전반적으로 내용이 어려워지고 난이도 순으로 배열되지 않는다.

2) 언어성 소검사 중 '어휘문제, 이해문제, 공통성문제'는 주관식으로 답하게 되는데, 채점기준이 애매하다. 즉, 정답의 예가 적은 편이다.

3) 빠진 곳 찾기에서 그림이 단순해서 다른 답의 가능성이 많다.

4) 동일한 환산점수가 나오면 연령집단 간 지능점수 차이가 너무 크게 난다.

5) 저연령층에서 낮은 지능이 나오는 경우, 전체적으로 지능 지수가 낮은 연령대여서 낮은 지능자가 과소 추정될 가능성이 높다. 고연령층에서 낮은 지능이 나온 경우, 전체적으로 지능 지수가 높은 연령대여서 낮은 지능자가 과대 추정되었을 가능성이 높다.

# Chapter. 06

# 미네소타 다면적 인성검사 (MMPI, MMPI-2)의 이해

임상 진단검사의 대표검사인 MMPI-2 검사를 이해하고 임상 증세와 치료적 개입에 대해 학습한다.

## 1 » MMPI(MMPI-2)의 이해

기출 DATA

MMPI의 의의 · 특징 · 해석★
2019-3회, 2019-1회,
2018-3회, 2018-1회,
2017-3회, 2017-1회

### 1) Minnesota Multi-phasic Personality Inventory(MMPI)

(1) Minnesota Multi-phasic Personality Inventory(MMPI)

① 미국 미네소타 대학의 해서웨이(Hathaway)와 맥킨리(McKinley)가 처음 발표(1943)하였으며 진단적 도구로서 유용성과 다양한 장면에서의 활용 가능성을 인정받은 검사이다.

② 임상장면의 규준집단을 이용하여 개발한 검사 도구로 비정상적 행동과 증상을 객관적으로 측정하여 임상진단에 관한 정보 제공을 하는 것이 목적이며 일반적인 성격특성을 측정하기 위한 검사는 아니다.

③ 진단적, 병리적 분류 개념이 정상인의 행동을 설명하는 데 어느 정도 유효하다는 전제하에 일반적 성격특성을 유추하기 위한 용도로 사용되기도 한다.

(2) MMPI의 특징

① 실제 환자들의 반응을 토대로 외적 준거접근의 경험적 제작방법에 의해 만들어졌다. 최종단계에서 문항을 질문에 포함할 것인지는 목표 집단과 통제집단의 반응 차이 여부에 따라 결정된다.

② 대표적 자기보고식 검사로 검사의 실시, 채점, 해석이 용이하여 시간과 노력이 절약되고 비교적 덜 숙련된 임상가도 정확한 해석이 가능한 검사지만, 여전히 성격과 정신병리에 대한 체계적 지식이 요구된다.

③ 550개 문항과 16개의 중복 문항으로 총 566개 문항이고, 16개 문항은 수검자의 반응 일관성을 확인하기 위한 지표로 사용된다. 수검자는 각 문항에 대해 '예/아니오'의 두 가지 답변 중 하나를 선택하게 된다. 566개

문항 수가 너무 많아 단축형 연구가 지속되고 있지만 단축형보다는 Full-report를 보다 더 많이 사용하고 있다.

④ 주요 비정상 행동을 측정하는 10가지 임상척도와 수검자의 검사태도를 측정하는 4가지 타당도 척도에 따라 채점한다. 원점수를 T점수로 환산하고, T는 평균이 50, 표준편차가 10이 되도록 Z 점수를 변환하여 채점한다. 수검자가 검사문항에 솔직하게 반응하는지, 의도적으로 좋거나 나쁘게 보이려고 하는지를 파악할 수 있다.

### 2) MMPI-2와 MMPI-2-RF

#### (1) MMPI-2 개발

기출 DATA

MMPI-2의 개발 2018-3회

① 1943년에 개발된 이후 임상장면이 아닌 인사 선발이나 입학, 징병 등의 경우에도 사용하게 되면서 어떤 문항들은 사생활을 침범하고 불쾌감을 줄 수 있다는 지적이 제기되었다.

② 사회적·문화적 상황이 급변함에 따라 사람들의 인식도 변화를 겪으면서 새로운 규준이 필요하게 되었다. 즉, 성차별적 문구, 구식 관용적 표현 등이 적절히 수정되고 사회적 문제로 대두되는 자살이나 약물 사용, 치료 관련 행동 등 임상적으로 중요한 내용을 추가하였다.

TIP

• MMPI-2 : MMPI를 토대로 하여 2001년 출판, 총 567개 문항과 재구성 임상척도, 내용척도, 보충척도, 성격병리 5요인(PSY-5 척도) 구성
• MMPI-2-RF : MMPI의 단축형, 338개 문항으로 구성

③ 1980년대 초부터 재표준화 작업을 시작하여 남자 1,138명, 여자 1,426명을 규준집단으로 선정하여 1989년 MMPI를 처음 출판하였고, 이후 축적된 연구결과를 토대로 2001년 MMPI-2를 출판하게 되었다.

④ 총 567개 문항과 재구성 임상척도, 내용척도, 보충척도, 성격병리 5요인(PSY-5 척도) 등으로 구성된 검사이다.

⑤ 원칙은 MMPI 원본의 기본 타당도 척도 및 임상척도의 틀을 유지하면서 원본 MMPI와 연속성을 갖는 검사를 만드는 것과 검사결과의 해석에 있어서 MMPI 원본에 적용되던 해석 내용을 그대로 적용 가능하도록 하는 데 있다.

#### (2) MMPI-2-RF 개발

① 다면적 인성검사 개정판의 재구성판인 MMPI-2-RF는 MMPI의 단축형으로 338개 문항으로 구성되고, 남자 1,138명, 여자 1,138명을 규준집단으로 하였다.

② 성별에 따라 서로 다른 T점수를 제공하던 기존 방식에서 벗어나 전체 규준에 따른 T점수를 제공하였다.

③ MMPI-2 문항의 임상적 의미를 효과적으로 측정하기 위한 척도 총 50개, 타당도 척도 8개, 재구성 임상척도 9개, 특정 문제척도 23개, 흥미척도 2개, 성격병리 5요인 척도 5개를 포함하였다.

④ MMPI-2와 다르게 재구성 임상척도가 임상척도를 대체한다.

## 2 ≫ MMPI(MMPI-2)의 실시

### 1) MMPI(MMPI-2) 실시 전 수검자에 대한 고려사항

(1) **수검자의 독해력** : 연령 하한선 16세, 독해력 수준은 12세 이상으로 IQ 80 이하는 부적합하다.

(2) **수검자의 임상적 상태, 검사 시간** : 제한이 없는 편이나 다만, 검사소요 시간에 영향을 미치는 수검자의 우울증, 강박증 성향, 충동성, 비협조적 태도 등은 진단적으로 유의미하므로 기록에 남겨둔다.

### 2) MMPI(MMPI-2) 시행상 유의사항

(1) 가능한 한 검사자가 지정하는 곳에서 검사자의 감독하에 실시한다.

(2) 검사자와 수검자의 충분한 관계 형성이 필요하고 검사의 목적, 용도, 결과에 대한 비밀보장 등을 설명한다.

(3) 검사 후 보호자나 주변 인물과의 면접, 수검자의 객관적 정보와 자료 검토를 해석에 반영하는 것이 중요하다.

(4) 채점 후 수검자와 면접을 실시하여 추가적인 정보를 얻도록 한다.

### 3) MMPI(MMPI-2)의 해석

(1) **해석 시 고려사항** : 수검자의 특징적인 검사에 대한 태도, 강박적이거나 우유부단한 모습, 우울증, 충동적인 수검자, 개별척도 해석, 정상 범주인지 이탈해 있는지 등을 고려해야 한다.

(2) **상승척도 쌍 해석**

① 단일척도 해석보다 강력한 영향일 수 있다.

기출 DATA
MMPI(MMPI-2) 시행상 유의사항
2018-3회, 2016-3회

기출 DATA
MMPI(MMPI-2) 해석 2016-3회

TIP
MMPI 해석
개별척도 해석과 상승척도 쌍 해석을 모두 고려할 것

② 낮은 임상척도에 대한 고려

③ 전체 프로파일에 대한 형태 분석

④ 전반적으로 상승되어 있는 경우에는 심리적 고통이나 혼란이 심각한 상태라고 해석해야 할 것이다.

⑤ 신경증과 관련된 세 척도(척도 1, 2, 3)와 정신병과 관련된 네 척도(척도 6, 7, 8, 9)의 상대적 상승도를 살피는 방식이 매우 중요하다.

(3) 빠트린 문항의 원인(?척도 상승 원인) 및 대처방법

① 수검자가 강박적으로 문항 내용에 대한 정확한 응답에 집착하는 경우에는 정답이 있는 것이 아니라고 안심시켜 주는 과정이 필요하다.

② 수검자가 정신적 부주의나 혼란으로 인해 문항을 빠뜨린 경우에는 충분한 시간과 여유를 갖도록 독려한다.

③ 수검자가 방어적인 태도로 자신을 드러내는 것에 거부감을 느끼거나 검사와 검사자에 대해 불신하는 경우에는 검사 결과의 비밀이 유지될 것을 사전에 공지하여 불안감을 최소화하는 것이 필요하다.

④ 수검자가 검사자에게 비협조적이고 반항적인 태도를 보이는 경우에는 검사를 중단하는 것이 바람직하나, 최소한의 라포를 형성한 후 검사를 재실시하는 것이 좋다.

⑤ 수검자가 극도의 불안이나 우울증상을 보이는 경우에도 검사를 실시하지 않는 것이 바람직하고 검사자는 수검자의 불안이나 우울이 어느 정도 경감된 후에 시행하도록 한다.

## 4) 코드 유형

기출 DATA

코드 유형 2019-1회

(1) 각 척도는 해당 척도명의 의미에 따라 단일증상 행동을 측정하는 데 한계가 있다. 정신병리 증상들은 다양하고 복잡하게 나타나고, 이질적 성향의 집단 간에도 동일한 증상 행동이 나타날 수 있다.

(2) 다면적 인성검사의 형태분석에서 T점수가 일정 수준 이상으로 상승된 임상척도를 하나의 프로파일로 간주하여 해석할 수 있다.

(3) 상호 연관성이 높은 척도들을 결합하여 해석함으로써 높은 행동 예언력을 보이고 다양한 척도 간의 관계를 통해 보다 유효한 진단적 정보를 제공한다.

TIP

MMPI 코드 유형
단일 척도와 단일증상 해석에 한계가 있기에 코드 유형, 즉 쌍척도 해석에 주의를 기울일 것

# 3 » MMPI-2의 타당도 척도

기출 DATA
MMPI-2의 타당도 척도
2017-3회

기출 DATA
?척도 2019-3회

## 1) ?척도(무응답척도, Cannot Say)

(1) 응답하지 않은 문항과 '그렇다/아니다'에 모두 응답한 문항들의 총합 점수이다.

(2) 반응이 적절하지 않은 방어적인 태도를 측정한다.

(3) '그렇다/아니다'를 결정할 수 없을 때 답하지 않아도 된다는 지시를 주면 무응답 문항이 많아지는 경향이 있어서 주의를 요한다. 또 30개 이상의 문항이 누락되었거나 양쪽 모두에 응답하는 경우, 프로파일은 무효로 한다.

(4) 제외되는 문항들은 척도 높이를 저하시키는 결과를 가져온다.

(5) MMPI-2는 단축형 검사를 위해 370개 문항 안에 임상척도를 모두 배치하였기 때문에 무응답 문항이 370번 문항 이후에 많다면, 무응답 문항수가 많다는 이유만으로 검사결과의 타당성을 의심할 필요는 없다.

## 2) VRIN척도, TRIN척도

(1) VRIN척도(무선반응 비일관성 척도, Validity Response Inconsistency)

① 피검자가 무선적으로, 즉 문항의 내용을 고려하지 않고 '아무렇게나' 반응하는 경향을 탐지한다.

② 피검자가 문항의 내용을 전혀 고려하지 않은 채 완전히 무선적인 응답을 했을 때 VRIN척도의 T점수는 남자의 경우 96점, 여자의 경우는 98점이 된다. 모두 '그렇다' 또는 '아니다'로 답했을 때는 거의 50점에 가까워진다. 피검자가 자신에게 심각한 정신병리가 있음을 솔직하게 인정하였을 경우와 의도적으로 부정왜곡(Faking bad)하였을 때는 일반적으로 평균 수준에 머문다. 대체적으로 VRIN척도의 원점수가 13점 이상(T≥80)일 때는 검사의 타당성을 의심해야 한다.

③ F척도 점수가 상승한 경우, VRIN척도와의 관계를 통해 어떤 이유로 상승했는지를 이해하는 데 도움을 받을 수 있다. 예를 들어, F척도와 VRIN척도가 함께 상승했다면 피검자가 무선 반응을 했을 가능성이 시사된다. F척도는 높지만 VRIN척도는 낮거나 보통 수준이라면, 자신의 문제에 대해서 솔직하고 타당하게 응답한 경우이거나 자신의 문제를 과

TIP
• ?척도(CANNOT SAY)
 - 응답하지 않은 문항, YES/NO 모두에 응답한 문항 총합 점수
 - 30개 이상일 경우, 프로파일 무효 처리
 - 370번 이내에 배치, 370번 이후에 무응답 문항이 많으면 타당성을 의심할 필요는 없다.
• VRIN척도(무선반응 비일관성 척도) 아무렇게나 반응하는 경향성
 - 원점수가 13점 이상일 경우, 타당성을 의심해야 한다.
 - F척도가 상승했을 때 VRIN 점수도 상승했다면 아무렇게나 반응했을 가능성이 있다.

**기출 DATA**

TRIN척도 2019-1회

**TIP**

타당도 척도-성실성
• ?척도(CANNOT SAY) : 응답을 하지 않았거나 '예/아니오' 모두에 답한 점수 총합
• VRIN척도 : 아무렇게나 응답하는 경향의 점수
• TRIN척도 : '예/아니오'로 반응하는 경향의 점수

**기출 DATA**

F척도★
2020-3회, 2019-3회,
2016-3회, 2015-1회

장하려는 의도를 가진 경우라고 생각할 수 있다.

(2) TRIN척도(고정반응 비일관성 척도, True response inconsistency)

① 피검자가 문항 내용과 관계없이 모든 문항을 '그렇다'로 반응하거나 '아니다'로 반응하는 경향을 탐지한다.

② TRIN의 원점수가 13점 이상(T≥80)인 경우는 '그렇다'의 방향으로 답한 경우이며 원점수가 5점 이하(T≥80)인 경우는 '아니다'의 방향으로 답한 경우이다. 이 두 경우 모두 검사 자료의 타당성을 의심해야 한다.

## 3) F척도(비전형척도, Infrequency)

(1) 비전형방식으로 응답한 사람을 걸러내기 위한 척도이다. 즉, 정상인들이 응답하는 방식에서 벗어나는 경향성을 측정한다.

(2) 수검자의 부주의나 일탈된 행동, 증상의 과장/자신을 나쁘게 보이려는 의도, 질문 항목에 대한 이해 부족이나 읽기 어려움 등의 오류를 식별해야 한다.

(3) 비정상적 방식의 응답이 10%를 초과하지 않는 것들로 총 60개 문항으로 구성되어 있다.

(4) F척도 점수가 높을수록, 정상적인 사람이 하는 것처럼 반응하지 않았다는 의미이다.

(5) F척도가 상승할 경우, VRIN척도와 TRIN척도를 함께 검토해야 한다. VRIN척도가 80T 이상인 경우, 무작위 응답에 의해 F척도가 상승했을 가능성이 높다. TRIN척도가 80T 이상인 경우, 고정반응에 의해 상승했을 가능성이 있다.

(6) 측정 결과가 65~80T 정도인 경우, 수검자의 신경증이나 정신병, 현실 검증력 장애를 의심해 본다. 자신의 정체성 문제로 고민하고 있는 청소년에게도 나타날 수 있음을 고려해야 한다.

(7) 측정 결과가 100T 이상인 경우, 수검자가 의도적으로 심각한 정신병적 문제를 과장해서 응답한 것으로 유추 가능하다.

## 4) FB척도, FP척도

(1) FB척도

① 수검자의 수검 태도상 변화를 탐지하는 척도로 검사 후반부에 총 40개의 문항으로 구성되어 있다.

② 기존의 F척도만으로 수검자가 검사 후반부에 어떤 수검 태도를 보였는 지를 보완하기 위해 고안된 문항으로 FB점수가 크게 상승된 경우, 수 검 태도에 변화가 있음을 의미한다.

③ 90T 이상이면서 F척도보다 최소 30T 이상 높은 경우 태도상 유의미한 변화가 있는 것으로 간주해야 한다.

**(2) FP척도**

① 규준 집단과 정신과 외래환자 집단에서 모두 매우 낮은 반응 빈도를 보 인 총 27개의 문항으로 구성된다.

② VRIN척도와 TRIN척도 점수를 함께 검토한 결과, 무선반응이나 고정반 응으로 인해 F척도 점수가 상승된 것이 아니라고 판단될 때 사용한다.

③ F척도의 상승이 실제 정신과적 문제 때문인지 혹은 의도적으로 자신을 부정적으로 보이려고 한 것인지를 판별할 때 사용한다.

④ 100T 이상일 경우 수검자의 무선반응이나 부정왜곡을 짐작하여 프로파 일 무효로 간주해야 한다.

### 5) FBS척도(증상타당척도, Fake Bad Scale)

**(1)** 부정왜곡 척도로 개발되어 증상타당척도로 불린다.

**(2)** 개인상해 소송이나 꾀병 탐지를 위한 43개 문항으로 신체와 통증에 관한 내용, 신뢰나 정직함에 관한 내용이 포함되어 있다.

**(3)** MMPI-2의 다른 척도 가운데 가장 낮은 타당도의 척도로 논란의 여지가 있다. 그래서 표준 채점 양식에서 FBS척도를 제외하는 경향이 있다.

### 6) L척도(부인척도, Lie)

**(1)** 사회적으로 좋으나 실제로는 극도의 양심적인 사람에게서 발견되는 태도나 행동을 측정하는 문항으로 이성적으로는 가능하나 실제 그대로 실행하기 어려운 내용이며 총 15개 문항이다.

**(2)** 심리적 세련, 즉 자신을 좋게 보이려고 하지만 세련되지 못한 시도를 측정 한다.

**(3)** 수검자의 지능, 교육수준, 사회적·경제적 위치 등과 연관이 있고, 지능이 높을수록 L척도 점수가 낮다.

**(4)** L척도는 논리적 근거에 의해 선발된 문항으로 70T 이상인 경우 자신의 결

**TIP**

타당도 척도-비전형척도
· F : 정상인들이 응답하는 방식에 서 벗어나는 경향
· FB : 검사 후반부에 어떤 수검 태 도를 보였는지 알 수 있는 점수
· FP : 무선반응이나 고정반응으로 인해 F척도 점수가 상승된 것이 아 니라고 판단될 때 사용
· FBS : 부정왜곡척도, 개인상해소송 이나 꾀병 탐지를 위한 43개 문항

**기출 DATA**

FBS척도 2017-3회

**기출 DATA**

L척도 2015-3회

**TIP**

타당도 척도-방어성
• L척도(부인척도, Lie)
 - 단순방어
 - 자신을 좋게 보이려고 하지만 세련되지 못한 시도를 측정
• K척도(교정척도, Correction)
 - L척도보다 은밀하게, 세련된 방어를 측정
 - 자기를 좋게 보여주려는 의도
• S척도(과장된 자기 제시척도)
 - 도덕적 결함 부인
 - 자신을 과장된 방식으로 표현하는 것을 평가

점을 부인하고 도덕성을 강조하며 고지식하고 부인이나 억압의 방어기제를 사용할 가능성이 높다고 판단할 수 있다. 80T 이상인 경우 솔직하게 응답하지 않았을 가능성이 크기 때문에 무효로 볼 수 있다.

### 7) K척도(교정척도, Correction)

(1) 분명한 정신적 장애를 지니면서도 정상적 프로파일을 보이는 사람을 식별하기 위해 개발한 척도로 정상집단과 정상 프로파일을 보이는 환자집단을 구별하는 총 30개 문항으로 구성된다.

(2) 심리적 약점에 대해 방어적 태도를 탐지하고, 수검자가 자신을 바람직한 방향으로 좋은 인상을 주려고 노력하는지, 검사에 대한 저항의 표시로 나쁜 인상을 주려고 하는지 파악이 가능하다.

(3) L척도의 측정 내용과 중복되며, L척도보다 더 은밀하게, 세련된 사람을 측정한다.

(4) K척도가 상승한 수검자는 임상척도에서 주목할 만한 상승이 없다 하더라도 심리적 문제가 없는 것으로 생각하면 안 된다. 5가지 임상척도의 진단상 변별력을 높이기 위한 교정 목적 척도, 특히 척도 7(강박), 척도 8(조현)에는 K척도의 원점수를 전부 더하고, 척도 1(건강염려), 척도 4(반사회성), 척도 9(경조)에 K척도 점수 일부를 더해 교정하도록 한다.

(5) 65T 이상인 경우 수검자가 자신을 좋은 방향으로 왜곡해서 대답하는 긍정왜곡일 가능성이 높고, 자신의 정신병리에 대한 방어나 억압이 있을 가능성이 시사된다.

### 8) S척도(과장된 자기제시척도, Superlative self-presentation)

(1) 인사 선발, 보호감찰, 양육권 평가 등의 비 임상집단에서 도덕적 결함을 부인하고 자신을 과장된 방식으로 표현하는 것을 평가하기 위해 개발되었다.

(2) 인간의 선함에 대한 믿음, 평정심과 평온함, 삶에 대한 만족감, 흥분과 분노에 대한 인내심이나 부인, 도덕적 결점에 대한 부인 등 총 50개 문항으로 구성된다.

(3) S척도와 K척도는 수검자의 방어성을 측정하는 척도로, K척도 문항은 전반부에, S척도 문항은 검사 전반에 걸쳐 있다.

(4) 70T 이상인 경우 긍정왜곡의 가능성이 높고, 주로 자신의 문제에도 '아니다'로 응답할 경향이 크다.

**기출 DATA**

S척도★ 2020-1회,
2017-3회, 2015-3회

| 성실성 | VRIN | 성실성 | T점수 79점 이하일 때만 F 해석 가능 |
|---|---|---|---|
| | TRIN | 편향(YES or NO) | |
| 비전형 | F | 규준집단에서 10% 미만의 인원만 반응, 370번 이전, 60항목 | |
| | F(B) | 규준집단에서 10% 미만의 인원만 반응, 370번 이후, 40항목 | |
| | F(P) | • 정신질환자들도 응답하지 않는 문항<br>• F척도 상승 시 정신병적 문제인지 과대보고인지 판별 | |
| | FBS | 개인상해 소송 장면에서 과장 보고 | |
| 방어성 | L | 단순방어(쉽게 보임), 자기를 나쁘지 않게 방어 | 과대보고,<br>과소보고 |
| | K | • 세련된 자기방어(쉽게 보이지 않음)<br>• 자기를 좋게 보이려는 방어 | |
| | S | 과장된 자기제시 | |
| VRIN과 F의 관계 | 동반상승 | F 해석이 어려움 | |
| | F 단독상승 | 실제 정신병리 고려 | |
| TRIN과 L, K, S의 관계 | 동반상승 | • 방어성 척도는 False 편향과 상관이 높다.<br>• False 편향 일관된 반응 가능성 | |
| | L, K, S 단독상승 | 과소보고 가능성이 높다. | |

# 4 » MMPI-2 임상척도

기출 DATA
MMPI-2 임상척도
2020-3회, 2016-1회

## 1) 척도별 해석

### (1) 척도 1 Hs(건강염려증, Hypochondriasis)

① 수검자의 신체적 기능과 건강에 대한 과도하고 병적인 관심을 반영하는 척도이다.

② 33개의 문항(MMPI 기준), 32개의 문항(MMPI-2 기준)으로 구성되며, 특히 척도 3 Hy(히스테리)와 중복되어 같은 방향으로 채점한다.

③ 65T 이상인 경우 만성적 경향이 있는 여러 모호한 신체증상을 호소하고 불행감을 느끼며 자기중심적이다. 동시에 적대적이고 타인의 주의집

TIP
척도1(건강 염려)
• 신체 건강에 대한 과도한 관심, 피해의식과 의심이 많다.
• 타인이 집중해주길 원하고 조종하고 지배하려는 것에 집착하는 경향을 보인다.

중을 원한다. 병을 구실로 타인을 조정하고 지배하려고 한다. 80T 이상 인 경우 극적이면서도 기이한 신체적 염려를 하고, 척도 3이 높다면 전환 장애 가능성을 고려해야 한다.

(2) 척도 2 D(우울증, Depression)

① 수검자의 우울한 기분, 상대적인 기분상태를 알아보기 위한 척도이다.

② 60문항(MMPI 기준), 총 57개 문항(MMPI-2 기준), 5개의 소척도, 주 관적 우울감, 정신운동지체, 신체적 기능장애, 둔감, 깊은 근심으로 이 루어진다.

③ 내인성 우울증보다는 외인성 우울증을 측정하는 것으로 척도 점수는 수 검자의 현재 기분상태에 의해 변화 가능하다. 수검자 자신이나 생활환 경에서의 안정감이나 만족감을 파악 지표로 활용 가능하다.

④ 70T 이상인 경우 우울하고 비관적이며, 근심이 많고 무기력하다. 지나 치게 억제적으로 보이고 쉽게 죄의식을 느끼며 심한 심리적 고통을 반 전하고픈 소망이 있다.

(3) 척도 3 Hy(히스테리, Hysteria)

① 현실적 어려움이나 갈등을 회피하고, 부인기제를 사용하는 성향을 반영 하는 척도이다.

② 60개 문항, 5개 소척도로 구성되며, 사회적 불안의 부인, 애정욕구, 권 태-무기력, 신체증상 호소, 공격성 억제로 이루어진다.

③ 전환성 히스테리 경향 지표로, 스트레스로 인해 일시적으로 나타나는 신체마비, 소화불량, 심장이상 등의 신체 기능장애나 신경쇠약, 의식 상실, 발작 등 심리적 기능장애와 연관되며, 척도 3 문항은 척도 1 Hs 와 중복되어 같은 방향으로 채점한다.

④ 지능·교육수준·지위와 연관성이 있고, 지능이 높으면 점수가 높다.

⑤ 70T 이상인 경우 유아적·의존적·자기도취적이고 요구가 많다. 스트 레스 상황에서 특수한 신체증상을 나타내고, 스트레스 처리에 있어서 부인/부정(Denial), 억압(Repression)의 신경증적 방어기제를 사용한 다. 80T 이상인 경우 신체적 증상을 이용해 책임 회피 경향이 높다.

(4) 척도 4 Pd(반사회성, Psychopathic Deviate)

① 반사회적 일탈행동, 가정/권위적 대상에 대한 불만, 반항, 적대감, 충동 성, 자신 및 사회와의 괴리, 학업이나 진로문제, 범법 행위, 알코올이나 약물남용, 성적 부도덕을 반영하는 척도이다.

② 50개 문항, 5개 소척도, 가정불화, 권위와의 갈등, 사회적 침착성, 사회적 소외, 자기 소외 등으로 구성되며, 일탈행동이 드러나기 전 잠재시기에 오히려 다른 사람의 호감을 사고, 지적인 사고와 행동으로 이루어진다.

③ 척도 4가 약간 높은 경우 자기주장이 강하고 솔직하고, 진취적이고 정력적이며, 실망스러운 상황이나 좌절에 처하면 공격적이고 부적응적 반응을 보인다.

④ 65T 이상인 경우 외향적이거나 사교적이면서도 신뢰할 수 없고 자기중심적이며 무책임하다. 스트레스를 경험하면 적대감이나 반항심으로 표출한다. 척도 4가 높은 사람은 외향화, 행동화(acting – out), 합리화, 주지화의 방어기제 사용 경향이 있다.

(5) 척도 5 Mf(남성성 – 여성성, Masculinity – Femininity)

① 동성애자를 변별하기 위해 개발되었으며, 남성성 혹은 여성성의 정도를 측정하는 척도로 개정되었다.

② 60문항(MMPI 기준), 56문항(MMPI – 2 기준), 흥미 양상이 남성적 성향에 가까운지, 여성적 성향에 가까운지를 나타내는 지표, 대부분 직업 및 여가에 대한 관심, 걱정과 두려움, 과도한 민감성, 가족관계 등으로 이루어진다.

③ 65T 이상인 경우 강한 이성적 취향이 있을 가능성이 있다.
  ㉠ 여성의 경우 거칠고 공격적이고 무딘 경향을 보이며, 낮은 경우 자기 성에 대한 고정관념에 충실한 경향을 보인다.
  ㉡ 남성의 경우 예민하고 탐미적, 수동적 성향을 보인다.

(6) 척도 6 Pa(편집증, Paranoia)

① 대인관계에서의 민감성, 의심증, 집착증, 피해의식, 자기 정당성 등을 반영하는 척도이다.

② 40개 문항, 3개 소척도, 피해의식, 예민성, 순진성/도덕적 미덕, 박해망상, 희망 상실, 죄책감 등의 편집증적 요인과 냉소적 태도, 히스테리, 경직성 등 신경증적 요인으로 나타난다.

③ 정상 범주인데 척도 6이 약간 높은 경우 호기심과 탐구심이 많고 진취적이며 흥미범위가 넓다. 과도한 스트레스를 받을 경우 민감성과 의심증, 왜곡된 지각을 반영한다.

④ 70T 이상인 경우 수검자는 피해망상, 과대망상, 관계사고 등 정신병적 증상을 보일 수 있다. 남을 비난하고 원망하며, 적대적이거나 따지기를

기출 DATA
척도 5 Mf 2016 – 1, 2015

TIP
• 척도 5(남성성 – 여성성) : 점수가 높을 경우(65점 이상), 강한 이성적 취향 가능성
• 척도 6(편집) : 의심증세, 피해의식, 예민성, 편집증적 요인과 신경증적 요인 모두 나타남

좋아한다. 척도 6 점수가 높은 사람은 투사와 합리화 방어기제를 자주 사용하는 경향이 있다.

⑤ 정신병적 소견이 있는 환자인데 점수가 낮은 경우 자기중심적 경향을 보이고 문제해결에 있어서 경직되고 경계심이 많으며, 편집증적이고 망상적 양상을 보인다.

(7) 척도 7 Pt(강박증, Psychasthenia)

① 심리적 고통이나 불안, 공포, 자신의 능력에 대한 의심과 회의, 강박관념의 정도를 반영하는 지표로, 심리적 고통과 불안을 측정하므로 척도 2(우울증)와 함께 정서적 고통 척도로 알려져 있다.

② 48개 문항, 자신이 부적응적이라는 사실을 알고도 특정행동이나 사고를 하지 않을 수 없는 상태로, 척도 8(Sc, 조현병)과 척도 2(우울증)에서 상당 부분 중복적 양상을 보인다. 척도 7의 점수가 높은 경우, 주지화의 방어기제를 주로 사용하고, 합리화나 취소의 기제를 사용한다.

③ 점수가 높은 정상인 남성의 경우 책임감이 있고 양심적, 이상주의적이다. 여성의 경우, 불안과 걱정이 많고 긴장된 신체 특징을 보인다. 환자의 경우, 매우 긴장하고 불안해하며 사고에 집착한다.

(8) 척도 8 Sc(조현병, Schizophrenia)

① 정신적 혼란과 불안정 상태, 자폐적 사고와 왜곡된 행동을 반영한다.

② 78개 문항, 6개의 소척도로 이루어졌으며, 사회적 소외, 정서적 소외, 자아통합결여-인지적, 자아통합결여-동기적, 자아통합결여-억제부전, 감각운동해리, 조현병으로 진단된 2개의 집단 환자들의 반응을 대조하여 경험적으로 제작되었다.

③ 정상범주이나 척도 8이 약간 높은 경우 창의성과 상상력이 풍부하고, 전위적인 성격이다. 과도한 스트레스를 받으면 비현실적이고 기태적 행위를 보일 수 있다.

④ 측정 결과가 높은 경우 전통적인 규범에서 벗어나는 정신분열성 생활방식을 반영한다. 위축되고 수줍어하며 우울함, 열등감과 부족감을 느낀다. 또한 주의집중 및 판단력 장애, 사고장애를 보이기도 한다. 측정결과가 75T 이상인 경우 기이한 사고, 환각, 판단력 상실 등 정신병적 장애를 시사한다.

(9) 척도 9 Ma(경조증, Hypomania)

① 심리적, 정신적 에너지 수준을 반영하고, 사고나 행동에 대한 효율적인 통제 지표이다.

TIP
척도 8(Sc)
척도 8의 점수가 높으면 전통적인 규범에서 벗어나는 정신분열성 생활방식이 반영되고, 위축된 성향을 드러내며 주의집중과 판단력 장애, 사고장애를 겪을 수 있다. 높은 점수일 경우, 기이한 사고, 환각, 판단력 상실 등 정신병적 장애가 나타나기도 한다.

TIP
척도 9(경조)
• 불안정성, 에너지
• 과도하면 충동적, 비현실적 낙관성, 행동화 경향성

② 46개 문항, 4개의 소척도이며, 비도덕성, 심신운동 항진, 냉정함, 자아팽창, 인지영역에서 사고의 비약 및 과장, 행동영역에서 과잉 활동적 성향, 정서영역에서는 과도한 흥분상태, 민감성, 불안정성을 반영한다.

③ 정상범주이나 척도 9의 점수가 약간 높은 경우 적극적이고 열성적 성격이다. 과도한 스트레스 상황의 경우, 피상적이고 신뢰성이 결여되며 일을 끝맺지 못한다.

④ 70T 이상인 경우 외향적, 충동적, 과대망상적 성향과 함께 사고의 비약을 반영한다. 비현실적으로 근거 없는 낙관성을 보이거나, 신경질적으로 자신의 갈등을 행동으로 표출한다. 80T 이상인 경우 조증삽화의 가능성이 있고, 부인과 행동화의 방어기제를 보이는 경향이 있다.

(10) 척도 0 Si(내향성, Social Introversion)

① 사회적 활동 및 사회에 대한 흥미 정도, 사회적 접촉이나 책임을 피하는 정도를 나타내는 지표이다.

② 70문항(MMPI 기준), 69문항(MMPI-2 기준), 3개의 소척도로 구성되었다. 수줍음/자의식, 사회적 회피, 내적/외적 소외, '혼자 있는 것을 좋아하는가(내향성)', '타인과 함께 있는 것을 좋아하는가(외향성)' 등 타인과의 관계 양상을 반영하고, 전반적 신경증적 부적응 상태이며, 정신병리와는 무관한 경우가 대부분이다.

③ 70T 이상인 경우 내성적 성향으로 수줍어하고 위축되어 있으며, 사회적으로 보수적-순응적이다. 또한 지나치게 억제적이고 무기력하며, 융통성이 없고 죄의식에 잘 빠진다.

## 2) 해석 요약

| 척도번호 | 척도명 | 척도명 | 특징 |
|---|---|---|---|
| 1 | Hs | 건강 염려 | 신경증, 자기중심적, 타인의 주의집중 원함, 병을 구실로 타인을 조종 및 지배(65T↑) |
| 2 | D | 우울 | 우울, 비관, 근심 많고 무기력, 지나치게 억제적, 쉽게 죄의식 느낌(70T↑) |
| 3 | Hy | 히스테리 | 유아적, 의존적, 자기도취적, 요구 多, 공격적, 스트레스 상황에서 신체증상 호소/부인부정 방어기제, 신체증상으로 책임 회피(80T↑) |
| 4 | Pd | 반사회성 | 반사회적 일탈, 불만, 반항, 적대감, 충동, 범법 행위, 약물 남용, 성적 부도덕 |
| 5 | Mf | 성역할 | 낮은 경우, 성적 고정관념에 충실 |

| 척도번호 | 척도명 | 척도명 | 특징 |
|---|---|---|---|
| 6 | Pa | 편집 | 의심증, 집착증, 피해의식, 타인 비난 및 원망, 적대적, 따지기 좋아함, 투사/합리화 방어기제 |
| 7 | Pt | 강박 | 불안, 공포, 특정행동을 하지 않을 수 없는 상태, 주지화/합리화/취소(Undoing)의 방어기제 |
| 8 | Sc | 조현 | 정신적 혼란과 불안정 상태, 정신분열성 행동 장애 특징(환각, 환상, 망상 등) |
| 9 | Ma | 경조 | 심리적, 정신적 에너지 수준 |
| 0 | Si | 내향 | 전반적, 신경증적 부적응 상태 |

## 5 » MMPI의 주요 상승척도 쌍

### 1) 2가지 코드 유형

(1) 1-2 또는 2-1 코드(Hs & D)
　① 신체 기능에 몰두함으로써 다양한 신체 증상을 호소하는 증세로 정서적으로 불안과 긴장, 감정 표현에 어려움을 겪는 경향이 있다. 주로 내향적 성격으로 타인과의 관계에서 수동적인 동시에 의존적 양상을 보인다.
　② 사소한 자극에도 쉽게 안정을 잃으며, 의심과 경계심을 가진다.
　③ 억압과 신체화로 인한 방어, 신체적 불편함을 견디려 하므로 치료를 통한 변화 동기가 부족하다.
　④ 신체증상과 관련된 장애, 즉 신체형 장애와 불안장애 진단이 가능하다.

(2) 1-3 또는 3-1 코드(Hs & Hy)
　① 심리적 문제가 신체적 증상으로 전환되어 나타나기 때문에 겉으로 드러나는 증상이 심리적이라는 것을 부정하는 경향이 있다. 부인(Denial)의 방어기제를 사용하고 우울이나 불안감을 드러내지 않으려고 한다.
　② 스트레스를 받을 때 사지의 통증, 두통, 가슴 통증, 식욕부진, 어지럼증, 불면증을 호소하고 자기중심적인 동시에 의존적이다. 대인관계는 피상적이고 전환장애일 가능성을 염두에 둔다.

(3) 2-6 또는 6-2 코드(D & Pa)
　① 심각한 정서적 어려움을 겪는 정신병 초기 환자에게 나타난다. 평소에도 우울한 상태나, 우울한 감정 밑바닥에는 분노와 적개심이 내재해 있다. 그래서 우울증 환자와 달리 자신의 공격성을 공공연하게 드러내는 편이다.

② 타인의 친절을 거부하고, 곧잘 시비를 걸며, 보통의 상황에 대해서도 악의적으로 해석한다. 편집증적 경향이 심하게 나타나는 편이다.

### (4) 3-8 또는 8-3 코드(Hy & Sc)

① 심각한 불안, 긴장, 우울감과 무기력감을 호소하고, 주의력과 집중력에 장애가 있으며, 시간과 장소, 환경 등에 대한 인식능력인 지남력을 상실한다.

② 망상 및 환각 등의 사고장애 증세를 보이고 정서적으로 취약하며 타인에 대한 애정과 관심을 지나치게 요구한다. 자신의 욕구가 좌절되었을 때는 스스로를 벌주는 태도를 보인다. 반복적이고 비기능적이며 충동적인 방식으로 문제에 접근하는 경향이 심하고, 과도한 정신적 고통이 두통이나 현기증, 흉통, 위장장애 등 신체 증상으로 나타나기도 한다.

③ 조현병(정신분열), 신체증상 및 관련장애 중 신체형 장애 진단 가능성이 있다.

### (5) 4-6 또는 6-4 코드(Pd & Pa)

① 사회적 부적응이 심각하고 공격적 태도를 보이는 비행청소년에게 주로 나타나는 특징이다.

② 미성숙하고 자기중심적인 경향으로 행동하고, 타인으로부터 관심과 동정을 유도하며, 화를 내면서 자신 내부에 억압된 분노를 폭발시킨다. 분노의 원인을 항상 외부에 전가하는 경향을 보인다.

③ 부인, 합리화 방어기제를 사용하고, 자신의 심리적 문제는 외면한 채 지적하는 사람에게 분노와 비난을 퍼부으며, 다른 사람을 의심하여 정서적 유대관계를 맺지 않으려고 한다.

④ 비현실적 사고와 자신에 대한 과대망상적 평가 경향을 보이고, 수동-공격성 성격장애와 조현병, 특히 편집형 조현병 진단 가능성이 있다.

### (6) 4-9 또는 9-4 코드(Pd & Ma)

① 재범 우려가 있는 범죄자나 신체노출, 강간 등 성적 행동화(Acting-out)를 보이는 사람, 결혼 문제나 법적 문제 등에 연루된 사람, 충동적인 동시에 반항적 성격과 과격하고 공격적인 행동을 일삼는 사람에게 나타난다.

② 일시적으로 타인에게 좋은 인상을 주기도 하나 자기중심적 태도와 다른 사람에 대한 불신으로 대인관계가 피상적이다. 자신의 행동에 대해 책임을 지지 않고, 신뢰감을 주지 못하며, 사회적 가치를 무시하는 한편, 반사회적 범죄행위까지 저지를 수 있다.

기출 DATA
6-4 코드 2019-3회, 2016-1회

**TIP**
4-6 코드와 4-9 코드
• 4-6 : 편집형 조현병
• 4-9 : 반사회적 범죄행위자 가능성

기출 DATA
4-9 코드 2019-1회

기출 DATA

6-8 코드 2019-1회

③ 합리화를 주요 방어기제로 쓰고, 자신의 문제는 외면하는 동시에 실패 원인을 타인에게 전가한다.

(7) 6-8 또는 8-6 코드(Pa & Sc)

① 편집증적 경향과 사고장애 등으로 편집증적 조현병으로 의심할 수 있는 증세이며 피해망상, 과대망상, 환청 등 작은 고통에도 괴로워한다.

② 타인과의 관계가 적대감과 의심, 과민한 반응, 변덕스러운 태도로 불안정하다. 현실 인지 능력이 떨어지고 동시에 자폐적이고 분열적 환상이나 성적 문제로 갈등이 일어난다.

③ 편집형 조현 증세와 분열성 성격장애 가능성이 시사된다.

(8) 7-8 또는 8-7 코드(Pt & Sc)

① 불안, 우울, 긴장, 예민 등의 특징을 보이며 집중력을 갖기 매우 어렵다고 호소한다. 사고력이나 판단력 장애, 망상, 외부 자극에 대해 어떤 주관적인 느낌이 없는 것처럼 보이는 정서적 둔마 상태가 나타난다.

② 사회적 상황에서 현실 회피적이고 수동적인 동시에 의존적이며 대인관계 자체를 회피하려고 한다.

③ 성과 관련된 공상으로 오히려 성숙한 이성관계 형성이 어렵고, 우울장애, 불안장애, 조현성 성격장애, 조현형 성격장애 가능성이 시사된다.

(9) 8-9 또는 9-8 코드(Sc & Ma)

① 편집증적 망상, 환각, 공상, 기태적 사고, 부적절한 정서 등이 나타나고 특히 한 가지 생각에 집중하지 못하며 예측불허의 행동과 타인에 대한 의심과 불안 등으로 친밀한 대인관계 형성이 어렵다.

② 성적 적응에 어려움이 있고, 성적 문제에 대한 갈등이 일어나며 조현병이나 양극성 장애 진단이 가능하다.

## 2) 3가지 코드 유형

(1) 1-2-3 또는 2-1-3 코드(Hs, D & Hy)

① 신체적 고통이 주된 증상으로 소화기계의 장애나 피로감, 신체적 허약함을 호소한다. 과거에는 만성적 건강염려증으로 의심되는 증상이었고 우울과 불안, 흥미 상실, 무감동한 모습을 보인다.

② 수동적인 동시에 의존적인 태도를 보여주고, 적극적인 모습이 많이 부족하다. 신체증상과 관련된 불안장애 진단이 가능하다.

(2) 1-3-8 또는 3-1-8 코드(Hs, Hy & Sc)

① 기괴한 생각이나 믿음, 종교, 성적 문제, 신체증상과 관련된 망상과 관련이 높다.

② 사고장애나 강박행동이 관찰되고, 우울증 삽화가 나타나며 자살에 대한 집착이 심해진다.

③ 신체증상에 대한 과도한 걱정은 정신증적 증상이 심하게 드러나는 것을 막아주는 듯한 느낌을 준다. 망상형 조현병과 경계성 성격장애 진단이 가능하다.

(3) 2-4-7 또는 4-7-2 코드(D, Pd & Pt)

① 만성적 우울증과 불안증을 수반하고, 수동-공격적 태도로 분노감정을 적절히 표현하지 못한다.

② 제대로 역할을 해내지 못하는 스스로에 대한 죄책감과 자신에 대한 열등감과 부적절감이 지나치게 높으며 우울감을 경감시키기 위해 약물에 의존한다.

③ 기본적 신뢰감이나 애정욕구가 좌절된 구강-의존기적 성격 특징을 보여준다.

(4) 4-6-8 코드(Pd, Pa & Sc)

① 심리적 갈등에 대해 회피적인 동시에 방어적 태도를 보이고 대인관계에서 적대적이며 화를 잘 내고 의심한다.

② 타인의 비판에 대해 쉽게 상처받고 상대의 행동에 대해 악의를 가진 것으로 생각하는 경향을 보인다.

③ 동시에 자기도취적이고 자기중심적으로 행동하여 모든 문제의 원인을 따질 때 타인을 탓하는 경향이 심해서 심리적 불안과 긴장이 해소되지 않는다.

④ 합리화에 능하고 논쟁적인 동시에 권위에 대한 깊은 분노감으로 치료하거나 만나는 것이 상당히 어렵다.

(5) 6-7-8 또는 6-8-7 코드(Pa, Pt & Sc)

① 심각한 정신병리를 시사하고 편집형 조현병 진단이 가능하며, 피해망상, 과대망상, 환각, 정서적 둔마, 부적절한 정서, 타인에 대한 의심, 불신감과 적대감으로 친밀한 대인관계를 회피한다.

② 평소에는 내향적이고 위축된 모습이나 술을 마시면 공격적인 모습으로 돌변한다.

③ 집중이 매우 어렵고 일상에서 자신에게 부과되는 책임을 잘 다루지 못하는 경향이 크다.

## 6 » 성격평가질문지(PAI)

### 1) 개요

#### (1) PAI의 역사

① 심리학자 모레이(Morey, 1991)가 개발한 성인용 성격 및 정신병리 평가를 위한 자기보고형 검사로, 충분한 문항을 선별하였으며 구성개념 타당도에 기초하여 개발하였다.

② 한국에서는 김영환, 김지혜, 오상우, 임영란, 홍상황이 표준화(2001)하였고 총 344개 문항, 4점 척도로 구성되었다. 4개의 타당도 척도, 11개의 임상척도, 5개의 치료척도, 2개의 대인관계 척도로 구성되어 있으며 이 중 10개의 척도는 3~4개의 하위 척도를 포함한다.

③ 각각의 척도들은 타당성 척도, 임상척도, 치료고려 척도, 대인관계 척도 등 4가지 척도군으로 분류하는데 이 중 환자의 치료 동기, 치료적 변화, 치료 결과에 민감한 치료고려 척도, 대인관계를 지배와 복종이나 애정과 냉담이라는 2가지 차원으로 개념화하는 대인관계 척도를 포함하는 것이 특징이다.

④ 344개 문항의 성인용 검사(PAI)와 청소년용 검사(PAI-A)가 있으며 168개 문항의 단축형, 청소년용 검사(PAI-A)가 있다.

#### (2) PAI의 특징

① 내담자 집단의 성격 및 정신병리의 특징뿐 아니라 정상 성인의 성격평가에 매우 유용하다. 일반적 성격검사들이 환자 집단에 유용하고 정상인의 성격을 판단하는 데 다소 제한적이지만 PAI는 두 장면 모두에서 유용하다.

② DSM-Ⅳ 진단분류에 가장 가까운 정보, 즉 조현병, 기분장애, 불안장애 등 축1 장애 및 편집성 성격장애, 분열성 성격장애, 반사회성 성격장애 등 축2 장애를 포함하고 있어 DSM 진단 분류에 가까운 정보를 제공한다.

③ 행동손상정도 및 주관적 불편감 수준을 정확하게 파악할 수 있는 4점 평정척도로 구성되었다. MMPI 질문지형의 경우, '예/아니오'의 2분법적 반응 양식으로 되어있는 반면, PAI는 4점 평정척도로 이루어져 있어서 행동 손상이나 주관적 불편감을 이전 검사에 비해 좀 더 정확하게 측정하고 평가할 수 있다.

④ 분할점수를 사용하여 각종 진단과 함께 꾀병, 과정, 문제에 대한 부인 등 반응 왜곡 탐지에 유용하다.

⑤ 10개 척도는 해석을 용이하게 하고 임상적 구성개념을 포괄적으로 다루기 위해 개념적으로 유도한 3~4개의 하위척도를 포함하고 있어서 장애의 상대적 속성을 정확하게 측정·평가할 수 있다. 예를 들어 불안척도의 경우, 인지적, 정서적, 생리적 불안으로 하위척도의 상대적 상승에 따른 해석적 가설을 제공하고 있다.

⑥ 높은 변별타당도 및 여러 가지 유용한 지표를 활용한다. 문항을 중복시키지 않아서 변별타당도가 높고 꾀병 지표, 방어성 지표, 자살가능성 지표 등 관찰하기 적합한 지표들이 존재한다.

⑦ 임상척도의 의미를 보다 정확하게 평가할 수 있는 결정 문항지를 제시한다. 내담자가 질문지에 반응한 것을 분석하는 데 그치지 않고, 임상 장면에서 반드시 체크해야 할 결정문항을 제시하고 있다.

⑧ 수검자가 경험하고 있는 다양한 증상이나 심리적 갈등을 이해하는 데 도움을 준다. 결정문항 질문지를 통해 수검자가 경험하고 있는 다양한 증상이나 갈등을 이해하고 프로파일의 의미를 구체화하고 해석하는 데 도움이 된다.

⑨ 채점 및 표준점수 환산과정이 편리하다. 채점판을 사용하지 않고 채점할 수 있어서 채점이 쉽고 프로파일 기록지에 원점수와 T점수가 같이 기록되어 규준표를 찾아야 하는 번거로움이 없다. 또, 온라인 검사로 PAI를 실시할 경우, 검사 실시 후 실시간으로 결과를 바로 확인할 수 있다.

## 2) 구성 척도

### (1) 타당도 척도

① 비일관성(ICN) : 내용적으로 관련성이 높은 10개 문항 쌍, 문항에 대한 수검자의 일관성 있는 반응 태도

② 저빈도(INF) : 수검자의 부주의하거나 무선적인 반응 태도 확인, 8개의 문항 중 반은 "전혀 그렇지 않다.", 반은 "매우 그렇다."로 반응 기대

③ 부정적 인상(NIM) : 지나치게 나쁜 인상을 주거나 꾀병 등 왜곡된 반응과 관련된 9개 문항

④ 긍정적 인상(PIM) : 지나치게 좋은 인상을 주거나 자신의 결점을 부인하려는 왜곡된 반응과 관련된 9개 문항

(2) 임상 척도

① 신체적 호소(SOM) : 신체적 기능 및 건강과 관련된 문제, 24문항, 전환/신체화/건강염려 등 3개 하위척도

② 불안(ANX) : 불안 경험에서 공통적으로 나타나는 임상적 특징, 24개 문항, 인지적/정서적/생리적 불안 등 3개 하위척도

③ 불안 관련 장애(ARD) : 불안장애와 관련된 증상과 행동에 초점, 24개 문항, 강박장애/공포증/외상적 스트레스 장애 등 3개 하위척도

④ 우울(DEP) : 우울증후군의 공통적인 임상적 특징 반영, 24개 문항, 인지적/정서적/생리적 우울 등 3개 하위척도

⑤ 조증(MAN) : 조증 및 경조증의 인지적·정서적·행동적 특징, 24개 문항, 활동 수준/자기 확대/초조감 등 3개 하위척도

⑥ 편집증(PAR) : 편집증의 공통적 임상 특징 반영, 24개 문항, 과경계/피해의식/원한 등 3개 하위척도

⑦ 조현병(SCZ) : 조현병의 다양한 특징적 증상에 초점, 24개 문항, 정신병적 경험/사회적 위축/사고장애 등 3개 하위척도

⑧ 경계선적 특징(BOR) : 대인관계 및 정서의 불안정성 반영, 경계선증후군의 특징적 증상, 24개 문항, 정서적 불안정/정체감 문제/부정적 관계/자기손상 등 4개 하위척도

⑨ 반사회적 특징(ANT) : 범죄행위, 권위적 인물과의 갈등, 자기중심성 등 반사회적 성격 반영, 24개 문항, 반사회적 행동/자기중심성/자극추구 등 3개 하위척도

⑩ 알코올 문제(ALC) : 알코올 남용, 의존중독 등 문제적 음주행동, 12개 문항

⑪ 약물 문제(DRG) : 약물 남용, 의존중독 등 문제적 약물사용 행동, 12개 문항

(3) 치료 척도

① 공격성(AGG) : 공격성·적대감·분노심 등 태도 및 행동 반영, 18개 문항, 공격적 태도/언어적 공격/신체적 공격 등 3개 하위척도

② 자살 관념(SUI) : 죽음이나 자살과 관련된 사고, 12개 문항

③ 스트레스(STR) : 개인이 현재 경험하고 있거나 최근 경험한 바 있는 스트레스와 관련된 8개 문항

④ 비(非)지지(NON) : 접근이 가능한 사회적 지지의 수준 및 질 고려, 지각된 사회적 지지의 부족과 관련된 8개 문항

⑤ 치료 거부(RXR) : 개인의 심리적·정서적 변화, 치료에의 참여 의지, 변화의 필요성에 대한 인식 등을 반영, 8개 문항

(4) 대인관계 척도

① 지배성(DOM) : 대인관계에서의 통제성 및 독립성을 유지하는 정도 평가, 12개 문항

② 온정성(WRM) : 대인관계에서의 지지 및 공감의 정도 평가, 12개 문항

## 3) 실시 방법

(1) 적용 대상

① 원래는 18세 이상에 속하는 성인(PAI)의 임상적 문제를 평가하기 위해 제작되었다.

② 18세 미만의 중·고등학생(PAI-A)도 검사 가능하다(중·고등학생 규준을 포함시켜야 한다).

③ 4학년 정도의 독해 능력이 있어야 한다.

④ 수검자가 자기 보고형 검사를 실시하는 데 필요한 신체적, 정서적 요건을 갖추고 있어야 한다.

(2) 실시 환경

① 개인이나 집단 모두 실시 가능하다.

② 비밀보장과 적절한 소음이 없고 조도가 있는 조명 아래서 진행할 수 있다.

③ 수검자는 질문지에 기술된 지시문에 따라 읽고 실시한다.

④ 약 40~50분 정도의 시간이 소요되고 검사자는 수검자가 이해하지 못한 문항에 대해 설명을 실시한다.

(3) 채점 방법(해석방법)

① 무응답 문항이 17개 이상이면 수검자에게 재검사하도록 지시한다.

② 무응답 문항은 0점을 주고 척도별 무응답 문항이 20% 이상이면 해석하지 않는다.

**TIP**

PAI 채점방법
• 무응답이 17개 이상이면 재검사, 69개 이상이면 해석하지 않는다.
• 일관적인지 비일관적인지 확인한다.
• 결정문항을 어떻게 처리했는지 검토한다.
• 하위척도별로 해석한다.
• 전체척도 점수를 해석한다.
• 형태적(프로파일) 해석을 진행한다.

③ 전체 22개의 척도 프로파일은 기록지 A면에, 하위척도 프로파일은 B면에 기록한다.

④ 비일관성 척도(ICN)의 채점은 프로파일 기록지의 뒷면 하단에 있는 계산표의 항목에서 10개의 문항 쌍의 점수를 빼서 절댓값을 계산한다.

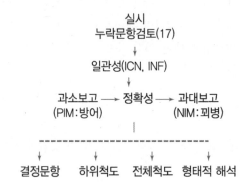

※ 출처 : report_PAI_total_Color_Sample, www.mindschool

[PAI 기본적 해석전략]

⑤ PAI와 같은 여러 척도로 구성된 인벤토리형 성격검사를 해석할 때는 먼저 수검자의 반응을 검토하여 검사결과의 타당성을 결정한 후, 위와 같은 단계적 해석 과정을 거쳐야 한다. 즉, 문항, 하위척도, 전체척도, 형태적 수준이라는 4가지 단계를 거쳐 해석할 수 있다.

# 여러 심리검사 도구

학습포인트

이밖에도 자주 사용되는 심리검사 도구인 신경심리학 검사,
발달평가 검사, 진로적성 검사, 성격검사에 대해 이해하고 평가 방법을 숙지한다.

## 1 》 신경심리학적 평가

### 1) 신경심리검사와 신경심리평가

**(1) 신경심리검사**

① 선천적/후천적 뇌손상, 뇌기능장애 진단 검사도구

② 뇌손상과 신체적, 인지적 기능상의 변화를 감별하기 위한 검사

③ 가벼운 초기 뇌손상의 진단에 효과적이며, 초기 치매, 두개골 골절이 없
  는 폐쇄두부손상 등 PET 촬영이 불가능한 미세한 장애 탐지 가능

**(2) 신경심리평가**

① 신경심리상태에 대한 과학적, 체계적 검사로 환자의 행동장애에 대해
  평가한다.

② 환자의 변화된 욕구, 능력, 심리상태에 부합하는 정확한 정보를 수집하
  여 보다 적절한 프로그램과 치료 계획을 수립하도록 한다.

③ 환자에 대한 병리적 진단으로 환자의 강점 및 약점, 향후 직업능력을
  평가하고, 법의학적 판단에 유용한 자료를 제공할 수 있다.

④ 환자의 반응에 의한 평가 결과는 그 환자의 인구통계학적 및 심리사회적
  배경에 따라 다르게 나타난다. 즉, 환자의 가족력, 직업력, 결혼력뿐 아
  니라 직업, 소득, 여가, 종교 등 종합적 상황에 대한 고려가 필요하다.

**TIP**

신경심리검사 vs 신경심리평가
• 신경심리검사 : 뇌손상, 뇌기능장
  애 진단
• 신경심리평가 : 행동장애 평가, 치
  료계획 수립

**기출 DATA**

신경심리평가 2020-3회

**기출 DATA**
신경심리검사의 목적
2018-3, 2018-1

**기출 DATA**
신경심리평가에서 다루어야 할 주요
평가 영역 2017-1

**TIP**

신경심리평가 영역
지능, 기억, 언어, 주의력, 시공간 지
각 및 구성능력, 집행기능(상위 인
지, Meta 인지)

**TIP**

기억평가 검사
• California Verbal Learning Test
  (CVLT)
• Ray Auditory Verbal Learning
  Test(RAVLT)
• Ray-Osterrieth Complex Test
  (ROCT)

## 2) 신경심리검사의 목적

(1) **환자 상태의 예측** : 뇌손상의 심각도, 뇌손상의 후유증 예측

(2) **환자 관리 및 치료계획 수립** : 환자의 성격특성이나 인지상태 등의 자세한 정보를 입수하여 신경학적 장애가 있는 환자들보다 세심하게 관리, 환자가 경험하는 심리적 변화와 행동에 미치는 영향에 대해 파악 가능

(3) **재활 및 치료평가** : 환자의 변화된 욕구와 능력에 부합하는 적절한 재활프로그램 적용 가능, 환자의 수행 실패에 대한 분석을 통해 어떤 치료기법이 유효한지 평가 가능

## 3) 신경심리평가에서 다루어야 할 주요 평가 영역

신경심리학적 평가 영역은 다음과 같다.

(1) **지능** : 지적 능력의 저하는 뇌 손상의 결과로 나타나는 가장 일반적인 현상이다. 현재도 지능검사는 신경심리평가에 있어 가장 많이 사용되는 도구지만 지능 지수는 뇌 손상의 성질을 밝히는 데는 크게 도움이 되지 않는다. 오히려 소검사의 점수분포를 살펴보고 유의미하게 저하된 소검사들을 검토해 손상된 인지영역을 밝히려는 시도가 보다 많은 정보를 제공한다.

(2) **기억**

① 기억은 과거에 경험했던 것을 다시 생각해내는 복잡한 정신과정으로 기억과 학습의 장애는 지능 저하와 함께 뇌 손상의 결과로 나타나는 가장 대표적인 손상이다.

② 일화 기억, 장·단기 기억, 외현적·암묵적 기억 등

③ 기억을 평가하는 신경심리학적 검사로는 캘리포니아 언어 학습 검사[단어를 15개 정도 불러줌(땡과 함께 기억하는 단어 수), 5번 반복], 레이청각언어검사, 레이복합도형 검사가 대표적이다.

(3) **언어** : 평가자는 신경심리검사에서 평가할 필요가 있는 언어기능에 대한 개념적 틀이 있어야 하고 언어기능은 자발적인 언어표현능력, 언어이해력, 따라 말하기 능력, 이름대기 능력, 쓰기 및 읽기 능력으로 평가된다.

(4) **주의력**

① 대부분의 뇌 손상 환자들은 주의력의 기능 저하를 보인다. 하지만 주의력은 신경학적 손상에 의해서 뿐만 아니라 정신과적인 질병이나 검사 상황에 대한 불안과 긴장 상황에서도 저하될 수 있어 이에 대한 변별이 이루어져야 한다.

② 주의 집중을 평가하는 신경심리학적 검사로는 연속수행검사, 숫자 따라 외우기, 통제단어연상 검사, 선로 잇기 검사, 색상－단어 검사가 있다.

(5) 시공간 지각과 구성능력

① 시공간적 지각능력은 외부의 시각적 대상을 지각하고 공간적 위치를 판단하며 형태를 변별함으로써 대상을 파악하는 능력이다.

② 시공간적 구성능력은 시공간적 지각능력에 더해 시공간적으로 구성하고 조직하는 능력까지 포함한 능력이다. 그림을 그리거나 토막을 구성하거나 퍼즐과 같이 그림 조각을 맞추는 과제로 측정되므로 검사 수행 시에는 손의 운동기능도 포함된다.

(6) 실행 기능(집행 기능)

① 목적적이고 목표 지향적이며 문제 해결 기능을 담당하는 서로 관련된 기능으로, 과제를 해결하기 위하여 추론을 하거나 추상적인 원리를 발견하며, 계획을 세우고 그 계획에 따라서 순서대로 일을 처리하는 능력이다.

② 실행 기능을 평가하는 신경심리학적 검사 : 위스콘신 카드 검사, 색상－단어 검사, 통제단어연상 검사, 운동성 검사

## 4) 기타 신경심리검사

(1) 할스테드 라이탄 배터리(HRB ; Halstead－Reitan Battery)

① 뇌손상의 유무 판단, 부위를 모르면서도 대뇌기능과 손상 정도를 유의미하게 측정 가능

② 지능, 언어 지각, 촉각 인지, 손가락 운동, 감각 기능의 평가를 위해 할스테드 범주 검사, 언어청각 검사, 시쇼어리듬 검사, 촉각 수행 검사, 선로잇기 검사, 라이탄－인디아나 실어증 검사, 편측우세 검사, 수지력 검사 등을 시행

③ 뇌손상 환자군과 대조군의 비교를 통해 다수의 타당도 검증, 뇌손상 영역과 뇌손상 유형, 진행 과정 등을 유의미하게 평가 가능

**기출 DATA**
주의력을 측정하는 선로 잇기 검사
2020－1회, 2019－1회

**실력 TEST**

☞ 신경심리학적 평가 영역은 크게 5가지, 즉 지능, 기억, 언어, 주의력, 시공간 지각과 구성 능력을 검토한다.

**정답** : ×

**해설** : 신경심리학적 평가 영역은 크게 6가지, 즉 지능, 기억, 언어, 주의력, 시공간 지각과 구성 능력, 실행(집행) 능력을 측정한다.

**TIP**

실행기능 평가 검사
• Wisconsin Card Sorting Test (WCST)
• STROOP Test
• Controlled Oral Word Association Test(COWAT)
• Motor Symptom Test(MST)

(2) 네브라스카 신경심리 배터리(LNNB ; Luria-Nebraska Neuro-psychological Battery)

① 뇌의 각 영역이 하나의 기능체계로서 서로 긴밀하게 작용한다는 사실을 전제로 하는 신경심리검사

② 뇌손상의 유무, 뇌기능 장애로 인한 운동기능과 감각기능의 결함, 지적 기능 장애, 기억력, 학습능력, 주의집중력 등을 포괄적으로 평가

③ 양적-질적 접근법 결합

④ 총 269문항, '운동(Motor), 리듬(Rhythm), 촉각(Tactile), 시각(Visual), 언어 수용(Receptive speech), 언어 표현(Expressive speech), 쓰기(Writing), 읽기(Reading), 산수(Arithmetic), 기억(Memory), 지적 과정(Intelligence)'의 11개 척도로 구성

**기출 DATA**
신경심리평가 결과에 대한 해석 시 고려사항 2017-1

5) 신경심리평가 결과에 대한 해석 시 고려사항

(1) 환자 및 환자 가족의 사회력 : 사회적·경제적 상태, 학력(교육수준), 직업력, 가족력 등

(2) 생활환경 : 가계소득, 직업, 여가활동, 종교 등

(3) 의학적 상태 : 뇌손상의 정도, 뇌손상 후 경과시간, 뇌손상 당시 연령, 뇌손상 전 환자상태, 병력에 대한 환자의 보고, 병원 등에서 각종 진단기록 등

(4) 평가상의 문제 : 환자가 신경심리평가를 의뢰하게 된 배경, 평가의 적절성 여부 등

## 2 》》 발달적 평가

1) Bayley Scale of Infant Development

**기출 DATA**
Bayley Scale of Infant Development 2017-1, 2014, 2011

(1) 베일리(Bayley)가 1969년 생후 2~30개월의 영유아를 대상으로 한 발달 척도로, 1993년 개정판(생후 1~42개월까지 표준화)이 나왔다. 현재 가장 우수한 평가를 받고 널리 활용되고 있는 발달검사이다. 유아의 발달적 위치를 확인하고 정상 발달로부터의 이탈 정도를 결정한다.

(2) Mental 척도, Motor 척도, 행동평가척도로 구성되어 있고, 인지, 언어, 사회성, 운동의 측면을 평가할 수 있다. 영아가 흥미를 가질 수 있는 자극을 사용한다.

(3) 영아의 능력은 단순한 기능으로부터 성장에 따라 몇 가지 능력으로 분화된 다고 보았다.

(4) 하위척도

① 정신검사

㉠ 178개 문항, 난이도순 배열, 언어적 의사소통과 사물의 유목적적 조작 능력을 평가

㉡ 영아 : 시각 및 청각 추적 등 감각과 지각의 예민성, 자극에 반응하는 능력, 초기 언어화

㉢ 유아 : 시각 변별, 물체 영속성, 형태 기억

② 운동검사

㉠ 111개 문항, 난이도순 배열

㉡ 앉기, 서기, 걷기 등 신체적 운동 및 통제 능력

㉢ 손과 손가락의 정교한 조작 기술

㉣ 운동 협응 능력과 신체적 기술 초점

③ 행동 평가 척도(BRS)

㉠ 30개 문항, 체계적인 관찰의 기록

㉡ 문항 내용 : 검사 도중 유아가 보이는 태도, 흥미, 정서 상태, 활동성, 자극에 대한 접근이나 철회 경향성 등 환경에 대한 사회적 반응을 전반적으로 평가

## 2) Denver Developmental Screening Test

(1) 특징

① 콜로라도 의대에서 고안한 선별검사, 생후 1개월~6세까지의 아동 대상

② 검사자가 대상아동을 직접 관찰, 부모와 해당 아동을 항시 돌보는 사람에게 입수되는 자료를 통해 발달상태를 확인, 발달지체가 의심되는 아동을 발견하기 위한 목적

③ 검사의 실시 및 해석 간편

④ 의료장면에서 활용하기 위해 고안, 발달지체를 신체적 요인으로 귀인하는 경향

(2) 검사의 구성

총 4개 영역, 125개의 문항으로 구성

① Personal-Social(사회성 발달) : 25문항, 사람과의 관계를 맺고, 자신을 돌볼 수 있는 능력

**TIP**

Baley 발달검사 하위척도
• Mental scale
• Motor scale
• Behavior rating scale(BRS)

**TIP**

Denver 발달검사 하위척도
• 사회성 발달(대인관계)
• 미세운동발달(소근육, 협응)
• 언어발달(이해)
• 운동발달(큰 근육)

② Fine Motor-Adaptive(미세운동발달) : 29개 문항, 눈-손의 협응력, 작은 물체를 다루는 능력, 문제 해결 능력

③ Language(언어발달) : 39개 문항, 듣기, 이해하기, 언어 사용 능력

④ Gross Motor(운동발달) : 32개 문항, 앉기/걷기/뛰기, 전체적인 큰 근육의 운동 능력

## 3) 시각-운동통합발달 검사(VMI)

기출 DATA
VMI 2019-3회

**TIP**
시각-운동통합발달 검사(VMI ; Visual -Motor Integration)
• 장애 초기에 발견하고 학습 및 행동 장애를 예방하기 위한 스크린 검사
• 24개 도형으로 검사 실시

### (1) 특징

① 2~15세 아동 및 청소년을 대상으로, 시각, 운동 통합 능력을 평가하며, 10~15분가량 소요된다.

② 시지각과 소근육 협응 능력을 평가하고, 조기선별 및 판별을 통해 학습 및 행동 문제를 예방한다.

③ 아동에게 익숙한 도형을 제시하여, 청각장애나 언어장애가 있는 아동에게도 적용 가능한 검사이다.

④ 아동의 연령과 과제 난이도에 따라 초기 선별을 통해 아동의 학습 및 행동 문제를 예방한다.

⑤ 연령기준과 모사의 성공이나 실패 여부에 따라 모사된 도형에 대한 채점기준이 마련되어 있다.

### (2) 검사 방법

① 검사자가 시연을 일절 행하지 않고 아동에게 모사하도록 지시한다. 만약 아동이 처음 3개 도형을 바르게 대답할 수 없을 때만 검사자는 시연하기 위해 페이지를 넘겨서 처음 3개의 도형에 대해 검사자가 묘사하는 것을 모방하도록 한다.

② 아동은 도형을 모사해야 하고 이미 그린 것을 지우거나 검사지를 돌려 그릴 수는 없다.

③ 검사는 개별검사와 집단검사로 이루어진다. 개별검사는 4세 이하의 아동에 적절하고 4세 이상인 경우에는 소집단으로 실시할 수 있다.

### (3) 단점

① 아동의 지각장애가 시지각 과정에서 비롯된 것인지, 운동반응에서 비롯된 것인지 구분하기 어렵다.

② 채점의 체계와 절차에 대한 일관성이 부족하다.

# 3 ≫ 진로검사

## 1) 일반직업적성검사(GATB)

### (1) 특징

① 1947년 미국 정부 직업안정국에서 일반적성검사 배터리를 표준화한 검사로 포괄적 적성을 측정하는 종합적성검사이다.

② 11개의 지필검사와 4개의 수행검사(동작)를 포함하는 15개의 하위검사로 구성되어 총 9개 분야의 적성이 나타난다.

③ 검사의 타당화에 대한 연구가 거의 없어 타당도에 대한 증거가 미흡한 검사이다.

### (2) 검사의 구성

① 지필검사 : 기구대조검사, 형태대조검사, 명칭비교검사, 타점속도검사, 표식검사, 종선기입검사, 평면도판단검사, 입체공간검사, 산수추리검사

② 수행검사(동작검사)

　㉠ 환치검사 : 상판과 하판에 48개의 구멍이 뚫린 팩보드에서 상판 막대기를 뽑아 하판 대응 위치에 꽂기

　㉡ 회전검사 : 환치검사를 통해 하판에 꽂은 팩을 한 손으로 한 개씩 빼낸 후 뒤집어 다시 꽂기

　㉢ 조립검사 : 상판과 하판에 50개 구멍과 원주가 있고 일정한 간격으로 못과 좌철이 놓여있는 손가락 재치보드에서 상판에 꽂힌 못과 좌철을 양손으로 빼 조립, 못을 빼낸 손으로 하판 대응 위치에 꽂기

　㉣ 분해검사 : 조립검사를 통해 하판에 꽂아 넣은 못과 좌철의 조립물을 분해하여 못과 좌철의 원래 위치로 동시에 꽂아 넣기

### (3) GATB에 의해 검출되는 적성

① 지능/일반학습능력 : 설명/지도/원리 이해 능력, 추리판단

　㉠ 언어능력 : 언어의 뜻과 개념, 사용 능력, 문장 이해 능력

　㉡ 수리능력/수리적성 : 신속하고 정확하게 계산하는 능력

　㉢ 사무지각 : 문자, 인쇄물, 전표 등 세부 식별 능력, 교정/대조

　㉣ 공간적성 : 평면과 물체의 관계 이해, 기하학적 문제 해결

　㉤ 형태지각 : 실물, 도해, 표의 세부 사항에 대한 지각 능력

② 운동반응/운동협응 : 눈과 손/눈과 손가락을 함께 사용하여 빠르고 정확한 운동 능력, 운동 조절 능력

    ㉠ 손가락 재치/손가락 정교성 : 손가락을 정교하고 신속하게 움직이는 능력

    ㉡ 손의 재치/손 정교성 : 손을 정교하게 조절하는 능력

③ 채점 및 적용

    ㉠ 채점 및 원점수 산출, 지필검사는 맞은 문항 수, 수행검사는 완성한 개수 세기

    ㉡ 원점수를 그에 부합하는 환산점수로 변환

    ㉢ 적성별 점수 산출 : 환산 점수 이용, 9개 적성 분야별 점수 산출

    ㉣ 적정 직무군 선정 : GATB는 2~3개 적성 분야 조합, 각 15개의 직무 군 제공, 각 직무 군에서 필요로 하는 적성 분야 점수에 따라 2~3개의 하위직무로 분류

## 2) 홀랜드(Holland) 유형 직업적성검사(CAT ; Career Aptitude Test)

### (1) 특징

① Holland는 개인-환경적합성 모형을 통해 직업 환경과 개인의 행동이 직업 환경 특성들 간의 상호작용에 의해 결정된다고 보았다.

② 개인의 성격은 직업적 선택을 통해 표현되며, 개인의 직업적 만족, 안정, 성취, 적응, 성격과 직업 환경 간의 적절한 연결에 달려 있다고 본다.

③ 개인이 해당직무를 수행할 수 있는 능력이 있는지 판단하여 직무의 실제 특성을 6가지 유형으로 분류하였다.

### (2) 직업분류 체계의 기본가정

① 현실형(Realistic), 탐구형(Investigative), 예술형(Artistic), 사회형(Social), 진취형(Enterprising), 관습형(Conventional) 등 직업 환경 또한 6가지 유형, 혹은 유형의 조합으로 분류하였다.

② 인간은 자신의 능력과 기술을 발휘할 수 있는 환경과 자신의 태도 및 가치를 표현할 수 있는 환경을 찾고자 하는 경향성을 가진다.

③ 자신의 직업 환경 및 특성과 자신의 성격 및 흥미 간의 상호작용에 의해 결정된다고 보았다.

(3) RIASEC 유형

① 현실형(R)

㉠ 일반적 특징 : 확실하고 현재적 · 실질적인 것을 지향하고, 현장에서 수행하는 활동이나 직접 손이나 도구를 활용하는 활동을 선호하며, 추상적 개념을 통해 자신의 생각을 표현하는 일이나 친밀한 대인관계를 요하는 일을 선호하지 않는다.

㉡ 성격적 특징 : 신체적으로 강인, 안정적, 인내심, 평범하고 솔직, 정치적/경제적 측면에서는 보수적

㉢ 직업활동 양상 : 기술직, 토목직, 자동차 엔지니어, 비행기 조종사, 농부, 전기, 기계기사

② 탐구형(I)

㉠ 일반적 특징 : 추상적 문제나 애매한 상황에 대한 분석적이고 논리적인 탐구활동을 선호하고, 새로운 지식, 이론을 추구하는 학문활동을 선호한다. 대인관계에 관심을 가지지 않으며, 공동작업을 선호하지 않는다.

㉡ 성격적 특징 : 자신의 지적인 능력에 대한 자부심이 높고 새로운 정보에 관심이 많다. 문제해결보다 문제 자체에 더 많은 관심이 있다.

㉢ 직업활동 양상 : 화학자, 생물학자, 물리학자, 의료 기술자, 인류학자, 지질학자, 디자인 기술자 등

③ 예술형(A)

㉠ 일반적 특징 : 상상과 창조적인 작업을 지향하고, 문학, 미술, 연극 등 문화 관련 활동분야를 선호하며, 직업 활동이 자신의 개인적 관심 분야와 밀접하다. 구조화된 상황이나 정서적으로 억압적인 상황을 싫어한다.

㉡ 성격적 특징 : 독립적 상황에서 자신의 내면세계를 작품으로 표현하는 등 심미적 가치를 높이 평가하고, 예술적 방법으로 자신을 표현한다.

㉢ 직업활동 양상 : 문학가, 작곡가, 미술가, 무용가, 무대감독, 디자이너, 인테리어 장식가 등

④ 사회형(S)

㉠ 일반적 특징 : 인간의 문제와 성장, 인간관계를 지향하고, 사람과 직접 일하는 것과 원만한 대인관계, 타인을 교육하는 일, 개인적 이익을 추구하기보다 타인을 돕는 활동 등을 선호한다. 논리적, 분

TIP
RIASEC 유형
• 현실 : 기술직, 안정과 인내심
• 탐구 : 연구직, 이론추구, 분석과 논리, 독립적
• 예술 : 예술가, 창의적
• 사회 : 행동가, 협력적－순응적, 관계적, 인간적 일 선호
• 진취 : 행동가, 도전적이고 야심이 큼, 조직에서 활동 선호
• 관습 : 안정가, 구체적이고 숫자를 다루는 일, 성실하고 꼼꼼

석적 활동, 인간의 가치가 배제된 경쟁적 활동을 선호하지 않는다.

ⓛ 성격적 특징 : 타인에 대해 협력적이고 친절하며, 유머감각과 재치를 지니고 있다. 평화로운 인간관계를 선호하고, 타인의 복지에 관심이 많다.

ⓒ 직업활동 양상 : 사회사업가, 교사, 상담사, 간호사, 임상치료사, 언어재활사, 목회자 등

⑤ 진취형(E)

㉠ 일반적 특징 : 정치적, 경제적 도전 극복을 지향, 지위와 권한을 통해 타인의 행동을 이끌고 통제하는 활동, 타인과 함께 일하는 것을 선호하며, 조직화된 환경에서 공동 목표를 달성하려고 노력한다. 추상적이고 애매한 상황이나 상징적 활동을 선호하지 않는다.

ⓛ 성격적 특징 : 다른 성격유형보다 자기주장이 강하고 지배적이며 자기 확신이 매우 크다. 자신감과 모험심이 강하고 낙천적이며 논쟁적이다.

ⓒ 직업활동 양상 : 기업실무자, 영업사원, 보험설계사, 정치가, 변호사, 판매원, 연출가 등

⑥ 관습형(C)

㉠ 일반적 특징 : 구조화된 상황에서 구체적인 정보를 토대로 한 정확하고 세밀한 작업, 정확성을 요구한다. 숫자를 이용하는 활동을 선호하고, 비구조화된 상황이나 창의성을 요하는 활동을 선호하지 않는다.

ⓛ 성격적 특징 : 보수적이고 안정적이며, 성실하고 꼼꼼하다. 스스로 자기통제를 잘 하고 인내심이 많으며, 주어진 일을 묵묵히 수행한다.

ⓒ 직업활동 양상 : 사무직, 경리, 컴퓨터 프로그래머, 사서, 은행원, 회계사, 법무사, 세무사 등

(4) 직업성격 유형의 차원

① 일관성(Consistency)

② 변별성/차별성(Differentiation)

③ 정체성(Identity)

④ 일치성(Congruence)

⑤ 계측성/타산성(Calculation)

실력 TEST

➡ RIASEC 유형 중 추상적 문제나 애매한 상황에 대한 분석적이고 논리적 탐구활동 선호하고 대인관계나 공동작업을 선호하지 않는 유형은 (          )이다.

정답 : 탐구형

## 4 》》성격검사

### 1) 성격에 대한 연구자들의 가정

기출 DATA
성격에 대한 연구자들의 가정
2017-3회, 2014, 2011

(1) 올포트(Allport) : 성격은 개인의 특유한 행동과 사고를 결정하는 심리적이고 신체적 체계인 개인 내 역동적 조직이다.

(2) 설리반(Sullivan) : 성격은 인간 상호관계 속에서 개인의 행동을 특징짓는 비교적 지속적인 심리적 특성이다.

(3) 프롬(Fromm) : 한 개인의 특징이자 독특성을 만들어내는 선천적이자 후천적인 정신적 총체이다.

(4) 미쉘(Mischel) : 보통 개인이 접하게 되는 일상에 대해 적응하는 사고와 감정을 포함하는 구별된 행동 패턴이다.

(5) 매디(Maddi) : 인간의 심리적 행동인 사고, 감정, 행위에 있어서 공통점과 차이점을 결정하는 일련의 안정된 경향이자 특성이다.

(6) 릭맨(Ryckman) : 개인이 소유한 역동적이고 조직화된 특성이자 다양한 상황에서 개인의 인지, 동기, 행동에 독특하게 영향을 주는 것이다.

(7) 버거(Burger) : 일관된 행동패턴이자 개인 내부에서 일어나는 정신내적 과정이다.

### 2) 성격 이론

(1) 유형론
　① 히포크라테스의 체액기질설
　　㉠ 다혈질 : 명랑, 낙천적, 온정적, 정서적, 교제에 능함
　　㉡ 우울질 : 우울, 비관, 소심, 걱정과 불평불만
　　㉢ 담즙질 : 쉽게 흥분, 의기양양, 과단성↑, 실수↑
　　㉣ 점액질 : 냉정, 침착, 사색, 동작이 느리고 지속적
　② 셀든(Sheldon)의 체형기질설
　　㉠ 내배엽형 : 비만형/내장형, 사교적, 향락적, 다정다감
　　㉡ 중배엽형 : 근골형/신체형, 냉정, 잔인, 자기주장 강함, 투쟁적
　　㉢ 외배엽형 : 세장형/두뇌형, 고독, 신경질적, 극도의 억제력

③ 융(Jung)의 양향설
　㉠ 내향성
　　ⓐ 관심의 방향이 자신의 내부로 향한다.
　　ⓑ 일시적인 외부 사건보다 지속적 개념이나 절대 원리 신뢰
　　ⓒ 신중하게 생각한 다음 행동하는 것을 선호
　　ⓓ 생각이나 감정에 대해 글로 표현하는 것을 선호
　㉡ 외향성
　　ⓐ 관심의 방향이 외부로 향한다.
　　ⓑ 외부 세계의 중요성 확신, 환경에 자신의 영향력 행사
　　ⓒ 솔직하고 사교적, 충동적으로 관계
　　ⓓ 경험한 후에 생각하는 경향

(2) 특질론(Trait theory)
　① 올포트(Allport)
　　㉠ 특질은 환경의 자극에 반응하는 일관적이고 지속적인 방식으로 일관성이 있다고 보았다. 이 일관성은 초기 아동에서 성인으로 성장함에 따라 견고해진다.
　　㉡ 개인의 인생 전체에 미치는 영향력에 따라 주특질과 기본특질, 중심특질과 이차특질로 구분된다.
　　　ⓐ 중심특질은 개인의 여러 행동에 두루 영향을 미치는 요소
　　　ⓑ 이차특질은 일관적이기는 하나 제한된 상황에서 적용되는 요소
　　　ⓒ 기본특질은 극소수의 사람만 가지고 있으며, 그 영향력이 매우 강하여 개인의 모든 행위를 지배하는 요소

　② 카텔(Cattell)
　　㉠ 성격을 개인이 여러 상황과 시간 속에서 일관되게 행동하려는 성향을 부여하는 정신적 구조라고 보았다.
　　㉡ 겉으로 드러나는 구체적인 행동 중 일관성과 규칙성이 있는 특질인 표면특질과, 행동을 결정하는 요인으로 보다 기본적이고 안정적인 특질인 원천특질로 구분하였다.
　　㉢ 특질차원을 찾아내는 방법으로 요인분석의 통계학적 분석을 사용하여 4,500개의 개념에서 최소한의 공통요인을 추출함으로써 최종적으로 16개 요인을 발견하였다. 이에 기반한 성격검사가 16PF 검사이다.

**TIP**
• 유형론 : 성격을 몇 가지 형태로 구별한다.
　예 MBTI-16가지 성격유형
• 특질론 : 한 번 결정지어진 특징은 변하지 않는다.
　예 중심 특질-이차 특질-기본특질

③ 아이젠크(Eysenck)
　　㉠ 히포크라테스의 4대 기질설과 현대 경험적 성격 이론과 결합하여 인간의 성격차원을 분류하였다.
　　㉡ 성격을 구성하는 행위와 성향을 서열적으로 조직화하여 성격을 하나의 넓은 연속적 차원으로 분류하였다. 성격특질은 내향성－외향성, 신경증적 경향성, 정신병적 경향성으로 구분하였다.
　　㉢ 내향성－외향성은 개인의 각성수준, 신경증적 경향은 정서적 예민성과 불안정성, 정신병적 경향성은 공격성, 충동성, 반사회성을 기준으로 구분하였다.

## 3) 대표적 성격검사, MBTI

### (1) 특징

① Jung의 심리유형 이론, 인간의 건강한 심리에 기초를 두어 만든 심리검사 도구로 인간의 일관성 및 상이성에 근거하였다.

② 자기보고식 문항, 선호경향을 추출하는 95개 문항으로 구성되었다. 약 30분이 소요되고 4개의 양극차원에 따라 분류하며 총 16가지 성격유형으로 구분한다.

### (2) 선호지표에 따른 성격유형

① 에너지 방향 : 주의집중 및 에너지 방향이 어디로 향하는지를 반영

| 내향형(I) | 외향형(E) |
|---|---|
| • 내부 활동, 아이디어에 집중 | • 활동력, 활동성 |
| • 조용하고 신중 | • 쉽게 알려짐 |
| • 말보다 글로 표현 | • 글보다 말로 표현 |
| • 이해 우선 | • 경험 우선 |
| • 사려 깊음 | • 사교적 |

② 인식 기능 : 정보의 인식 및 수집 방식의 경향성

| 감각형(S) | 직관형(N) |
|---|---|
| • 지금, 현재에 초점 | • 미래 가능성에 초점 |
| • 실제 경험 강조 | • 아이디어, 영감 강조 |
| • 정확함, 철저한 일처리 | • 신속, 비약적인 일처리 |
| • 나무를 보려는 경향 | • 숲을 보려는 경향 |
| • 세부적, 사실적, 실리적 | • 상상적, 임의적, 개혁적 |
| • 일관성 | • 다양성 |
| • 가꾸고 추수함 | • 씨뿌림 |

**TIP**

MBTI
• 에너지 : 내향형(I)－외향형(E)
• 인식 : 감각형(S)－직관형(N)
• 판단 : 사고형(T)－감정형(F)
• 생활양식 : 판단형(J)－인식형(P)

③ 판단 기능 : 인식된 정보를 토대로 판단 및 결정을 내리는 경향성

| 사고형(T) | 감정형(F) |
|---|---|
| • 사실과 논리에 근거<br>• 원리와 원칙 강조<br>• 객관적인 가치에 따라 결정<br>• 맞다/틀리다<br>• 규범, 기준 중시<br>• 머리로 생각<br>• 지적 논평, 비판 | • 인간 및 인간관계에 주목<br>• 의미와 영향을 강조<br>• 인간중심적 가치에 따라 결정<br>• 좋다/나쁘다<br>• 나에게 주는 의미 중시<br>• 가슴으로 느낌<br>• 우호적 협조, 설득 |

④ 생활 양식/이행 양식 : 외부 세계에 대한 태도, 생활방식, 적응 양식이 어떤 과정을 선호하는지를 반영

| 판단형(J) | 인식형(P) |
|---|---|
| • 철저한 준비와 계획 중시<br>• 의지적 추진<br>• 임무 완수, 신속한 결론 강조<br>• 통제와 조정<br>• 조직과 체계<br>• 분명한 목적의식과 방향감각<br>• 뚜렷한 기준과 자기 의사 | • 가능성 중시<br>• 이해로 수용<br>• 과정을 즐김<br>• 융통성과 적응성<br>• 유연성, 호기심<br>• 목적과 방향의 변화에 대한 개방성<br>• 상황 및 재량에 따른 포용성 |

## 01

로샤(Rorschach) 검사의 엑스너(J. Exner) 종합체계에서 유채색 반응이 아닌 것은?

① C′ ② CF
③ FC ④ Cn

**해설** ①은 무채색 반응이다.
- C(색채반응) → CF(색채 – 형태반응 ; 반응이 주로 색채에 근거하고 이차적으로 형태가 사용된 경우), FC(형태 – 색채반응 ; 반응이 주로 형태에 근거하고 이차적으로 색채가 사용된 경우), Cn(색채명명반응 ; 반점의 색채만 명명한 경우)
- C′(무채색 반응) → C′F(무채색 – 형태반응 ; 반응이 주로 무채색에 근거하고 이차적으로 형태가 사용된 경우), FC′(형태 – 무채색 반응 : 반응이 주로 형태에 근거하고 이차적으로 색채가 사용된 경우)

## 02

아동의 지적 발달이 또래 집단에 비해 지체되어 있는지, 혹은 앞서고 있는지를 평가하기 위해, Stern이 사용한 IQ산출계산방식은?

① 지능지수(IQ) = [정신연령/신체연령] × 100
② 지능지수(IQ) = [정신연령/신체연령] + 100
③ 지능지수(IQ) = [신체연령/정신연령] × 100
④ 지능지수(IQ) = [신체연령/정신연령] ÷ 100

**해설** 지능지수는 1912년 독일의 심리학자 슈테른(W.Stern)에 의해 처음으로 공식화되었다. 그는 정신연령에서 생활연령을 나누고 여기에 100을 곱한 수치를 지능지수라고 정의했다. 즉, 지능지수(IQ)란 (M.A/C.A)×100이라는 것이다. 여기에서 M.A는 정신 연령이며, C.A는 실제연령을 의미한다. 실제 연령은 신체연령, 혹은 생활연령으로도 불린다.

## 03

집 – 나무 – 사람(HTP) 검사에 관한 설명으로 맞는 것은?

① 집, 나무, 사람의 순서대로 그리도록 한다.
② 각 그림마다 시간제한을 두어야 한다.
③ 문맹자에게는 실시할 수 없다.
④ 머레이(H. Murray)가 개발하였다.

**해설** 집 – 나무 – 사람 검사는 이 순서대로 그림을 그리게 하는 투사 검사로 각 그림마다 제한 시간은 없고, 그림으로 하는 검사이기에 글을 읽지 못하는 문맹자에게도 실시할 수 있는 장점이 있다. 검사 개발자는 많은 검사가 종합하여 제작되었으나 John Buck에 의해 시작되었다고 알려져 있다.

## 04

MMPI – 2의 타당도 척도 중 비전형성을 측정하는 척도에서 증상타당성을 의미하는 것은?

① TRIN ② FBS
③ F(P) ④ F

**해설** 비전형성은 F와 관련된 점수들로 FBS는 증상타당성, F(P)는 문장 앞쪽의 비전형성, F는 비전형성을 알 수 있고, TRIN은 전형성을 보는 점수이다.

**정답** 01 ① 02 ① 03 ① 04 ②

## 05

지능에 대한 설명으로 틀린 것은?

① 아동기의 전반적인 인지발달은 청소년기보다 그 속도가 느리다.

② 발달규준에서는 수검자의 생활연령과 정신연령을 함께 표기한다.

③ 편차 IQ는 집단 내 규준에 속한다.

④ 추적규준은 연령별로 동일한 백분위를 갖는다고 가정한다.

**해설** 지능 발달은 태내 발달이 가장 현저하고, 태어난 이후 최고에 달하며, 아동기에도 속도가 여전히 빠르다가 점점 느려진다. 청소년기에도 물론 전두엽 발달은 계속되지만 전반적인 발달은 상당히 둔화된다.

## 06

**2019-1**

선로 잇기 검사(Trail Making Test)는 대표적으로 어떤 기능 또는 능력을 측정하기 위해 고안된 검사인가?

① 주의력

② 기억력

③ 언어능력

④ 시공간 처리능력

**해설** 선로잇기검사(TMT)는 A형과 B형으로 구분할 수 있는데 A유형의 경우, 지면 위에 불규칙적으로 배열된 숫자들을 순서대로 선을 그어 연결시키는 것으로 주의지속력과 정신운동속도가 요구되는 검사이다. B유형의 경우는 숫자와 문자를 번갈아가며 순서대로 연결시켜야 하므로 주의전환과 집중력, 기억력, 숫자와 문자에 대한 즉시 재인 등 A유형보다 복잡한 정신기능이 요구된다. A, B 유형 모두에 요구되는 기능은 기억력이고, 주의력보다는 집중력과 주의전환 기능으로 보아야 한다.

## 07

심리검사 선정기준으로 틀린 것은?

① 신뢰도와 타당도가 높은 검사를 선정한다.

② 검사의 경제성과 실용성을 고려해 선정한다.

③ 수검자의 특성과 상관없이 의뢰 목적에 맞춰 선정한다.

④ 객관적 검사와 투사적 검사의 장·단점을 고려하여 선정한다.

**해설** 심리검사는 신뢰도와 타당도 높은 검사, 경제성과 실용성을 겸비한 검사, 수검자의 특성을 잘 검토할 수 있는 검사, 객관적 검사, 혹은 투사적 검사 등 검사 목적을 고려해 선정한다.

## 08

다음 환자는 뇌의 어떤 부위가 손상되었을 가능성이 높은가?

> 30세 남성이 운전 중 중앙선을 침범한 차량과 충돌하여 두뇌 손상을 입었다. 이후 환자는 매사 의욕이 없고, 할 수 있는데도 불구하고 어떤 행동을 시작하려고 하지 않으며, 계획을 세우거나 실천하는 것이 거의 안 된다고 한다.

① 측두엽

② 후두엽

③ 전두엽

④ 두정엽

**해설** 뇌에서 전두엽은 고등 정신 기능 중에서 동기를 유발하여 주의력을 집중하고, 조화롭고 목적 지향적인 사회적 행동을 하게 하며 감정적 긴장을 조절하는 기능을 담당하는 것으로 알려져 있다. 위 환자의 경우에는 계획, 종합하는 사고 능력이 저하된 것으로 보이기 때문에 전두엽에 문제가 생긴 것으로 추정해 볼 수 있다.

## 09

**2018-3**

MMPI 제작 방식에 관한 설명으로 옳은 것은?

① 정신병리 이론을 바탕으로 하여 제작되었다.

② 합리적·이론적 방식을 결합하여 제작되었다.

③ 정신장애군과 정상군을 변별하는 통계적 결과에 따라 경험적 방식으로 제작되었다.

④ 인성과 정신병리와의 상관성에 대한 선행연구 결과들을 바탕으로 하여 제작되었다.

**정답** 05 ① 06 ① 07 ③ 08 ③ 09 ③

**해설** 이전의 많은 심리검사들은 이론적 방법론에 근거하여 제작했으나 이론이 실제 환자들의 반응과 일치하지 않는다는 점이 대두되어 *Hathaway*와 *McKinley*는 정상집단과 정신과적 환자집단(임상 집단)을 구성하는 경험적 제작방법으로 MMPI를 제작하였다.

## 10

`2019-3` `2013`

**뇌손상 환자의 병전지능 수준을 측정하기 위한 자료와 가장 거리가 먼 것은?**

① 교육수준, 연령과 같은 인구학적 자료
② 이전의 직업기능 수준 및 학업 성취도
③ 이전의 암기력 수준, 혹은 웩슬러 지능검사에서 기억능력을 평가하는 소검사 점수
④ 웩슬러 지능검사에서 상황적 요인에 의해 잘 변화하지 않는 소검사 점수

**해설** 병전 지능 추정의 기준이 되는 소검사는 '어휘, 기본상식, 토막짜기'로, 이들 소검사 점수가 가장 안정적이며, 요인분석 결과 대표적인 언어성, 동작성 소검사가 되는 것으로 밝혀졌기 때문이다. 이들 소검사 점수를 기준으로 추정한 병전 지능과 피검자의 연령, 학력, 학교 성적, 직업 등을 함께 고려한다. 반면, 암기력이나 기억력 평가 소검사들은 외적 환경에 의해 변화되기 쉬운 점수들이므로 병전 지능을 추정하기 어렵다.

## 11

**WAIS - Ⅳ의 소검사 중 언어이해 지수 척도의 보충 소검사에 해당되는 것은?**

① 공통성      ② 상식
③ 어휘      ④ 이해

**해설** 언어이해 지수의 핵심 소검사는 공통성, 상식, 어휘, 보충 소검사는 이해이다.

## 12

**투사적 검사에 관한 설명으로 옳은 것은?**

① 벤더게슈탈트검사에서 성인이 그린 도형 A의 정상적인 위치는 용지의 정 중앙이다.
② 동작성 가족화 검사는 가족의 정서적인 관계를 살펴보는 데 유용하다.
③ 아동용 주제통각검사의 카드 수는 주제통각검사와 동일하다.
④ 주제통각검사 카드는 성인 남성과 성인 여성으로만 구별된다.

**해설**
① 벤더게슈탈트검사에서 성인이 그린 도형 A는 용지 상부의 1/3 이내에 있고 가장자리에서는 (어느 가장자리든) 2.5cm 이상 떨어져 있다면 정상적인 위치에 있는 것으로 볼 수 있다.
③ 아동용 주제통각검사의 카드 수는 10개, 성인용은 20개다.
④ 주제통각검사 카드는 성인 남성과 성인 여성용, 남녀공용이 있다.

## 13

**성격검사에 관한 설명으로 틀린 것은?**

① MMPI - A는 만15세 수검자에게 실시 가능하다.
② CAT은 모호한 검사자극을 통해 개인의 의식 영역 밖의 정신현상을 측정하기 위한 성격검사이다.
③ 16성격요인검사는 케텔(R. Cattell)의 성격특성이론을 근거로 개발되었다.
④ 에니어그램은 인간의 성격유형을 8개로 설명한다.

**해설** 에니어그램은 인간의 성격유형을 9가지로 설명한다.

**정답** 10 ③   11 ④   12 ②   13 ④

## 14

카우프만 아동용지능검사(K - ABC)에 관한 설명으로 틀린 것은?

① 정보처리적인 이론적 관점에서 제작되었다.
② 성취도를 평가할 수도 있다.
③ 언어적 기술에 덜 의존하므로 언어능력의 문제가 있는 아동에게 적합하다.
④ 아동용 웩슬러지능검사(WISC)와 동일한 연령대의 아동을 대상으로 한다.

**해설** 카우프만(A. Kaufman) 등(1983)이 개발한 검사로 대상 연령은 2세 6개월에서 12세 6개월까지 아동의 지능 및 성취도를 평가하기 위한 것이다. 아동용 웩슬러지능검사(WISC)는 5~15세를 대상으로 한다.

## 15

다음에서 설명하는 검사는?

> 유아 및 학령전 아동의 발달 과정을 체계적으로 측정하기 위한 최초의 검사로서, 표준 놀이기구와 자극 대상에 대한 유아의 반응을 직접 관찰하며, 의학적 평가나 신경학적 원인에 의한 이상을 평가하기 위해 사용된다.

① Gesell의 발달 검사
② Bayley의 영아발달 척도
③ 시·지각 발달 검사
④ 사회성숙도 검사

**해설** 세계 최초로 개발된 3세까지의 어린이에 대한 발달검사는 Gesell의 발달 검사로 적응·조대운동(粗大運動)·미세운동(微細運動)·언어·개인적 및 사회적 행동으로 구분하여 4·16·28·40·52주 및 18·24·36개월 연령에 대해 발달연령과 발달지수로 표시된다.

## 16

2019-1

지능의 개념에 관한 연구자와 주장의 연결이 틀린 것은?

① Wechsler - 지능은 성격과 분리될 수 없다.
② Horn - 지능은 독립적인 7개 요인으로 이루어져 있다.
③ Cattell - 지능은 유동적 지능과 결정화된 지능으로 구분할 수 있다.
④ Spearman - 지적 능력에는 g요인과 s요인이 존재한다.

**해설** Horn은 Cattell과 함께 지능요인 이론을 주장했다. 지능요인 이론은 유동적 지능과 결정적 지능이 구분되어 있다고 보았다.

## 17

표준점수에 관한 설명으로 틀린 것은?

① 대표적인 표준점수로는 Z점수가 있다.
② 표준점수는 원점수를 직선변환하여 얻는다.
③ 웩슬러지능검사의 IQ 수치도 일종의 표준점수이다.
④ Z점수가 0이라는 것은, 그 사례가 해당 집단의 평균치보다 1표준편차 위에 있다는 것을 의미한다.

**해설**
④ Z 점수가 해당 집단의 평균치보다 1표준편차 위에 있으려면 0이 아니라 +1이 나와야 한다.
② 원점수 x로부터 표준점수 z로의 선형변환(linear transformation), 즉 직선변환해서 얻을 수 있는 점수이다.

**정답** 14 ④  15 ①  16 ②  17 ④

## 18

심리검사의 윤리에 관한 설명으로 틀린 것은?

① 자격을 갖춘 사람이 심리검사를 실시해야 한다.

② 검사 동의를 구할 때에는 비밀유지의 한계에 대해 알려야 한다.

③ 동의할 능력이 없는 사람에게도 평가의 본질과 목적을 알려야 한다.

④ 자동화된 서비스를 사용할 경우 검사자는 평가의 해석에 대한 책임을 지지 않는다.

**해설** 어떤 서비스를 제공하든지 검사자는 평가의 해석에 책임을 져야 한다.

## 19

신경심리평가 중 주의력 및 정신적 추적능력을 평가할 수 있는 검사가 아닌 것은?

① Wechsler 지능검사의 기호쓰기 소검사

② Wechsler 지능검사의 숫자 소검사

③ Trail Making Test

④ Wisconsin Card Sorting Test

**해설** Wisconsin Card Sorting Test는 초기 개념화, 인내력, 설정 유지 및 학습장애 여부를 평가하며, Stroop 검사와 함께 전두엽의 실행기능을 측정하는 검사이다.

## 20

노년기 인지발달에 관한 설명으로 옳은 것은?

① 정보처리 속도가 크게 증가한다.

② 결정지능의 감퇴가 유동지능보다 현저해진다.

③ 인지발달의 변화양상에서 개인차가 더 커지게 된다.

④ 의미기억이 일화기억보다 더 많이 쇠퇴한다.

**해설** 노년기에는 전반적으로 정보처리 속도가 현저하게 떨어지고 유동지능은 감퇴하는 반면, 결정지능은 향상되기도 한다. 의미기억은 유지되나 일화기억은 더 많이 쇠퇴하는 경향이 있다.

**정답** 18 ④  19 ④  20 ③

## 01

신경심리학적 능력 중 BGT 및 DAP, 시계 그리기를 통해 가장 효과적으로 평가할 수 있는 것은?

① 주의능력　　　　　② 기억능력
③ 실행능력　　　　　④ 시공간 구성 능력

**해설** Bender-Gestalt Test는 도형을, DAP 인물화검사는 인물을, 시계 그리기(clock drawing test, CDT)는 시계를 완성하도록 하는 것으로 도형과 인물 자체, 또 이들이 공간을 채우는 방식이 적절한지를 볼 수 있는 평가도구들이다.

## 02

신경심리검사에 대한 설명으로 옳은 것은?

① Broca와 Wernicke는 실행증 연구에 뛰어난 업적을 남겼으며, Benton은 임상신경심리학의 창시자라고 할 수 있다.
② X레이, MRI 등 의료적 검사결과가 정상으로 나온 경우에는 신경심리검사보다는 의료적 검사결과를 신뢰하는 것이 타당하다.
③ 신경심리검사는 고정식(fixed) battery와 융통식(flexible) battery 접근이 있는데, 두 가지 접근 모두 하위검사들이 독립적인 검사들은 아니다.
④ 신경심리검사는 환자에 대한 진단, 환자의 강점과 약점, 향후 직업능력의 판단, 치료계획, 법의학적 판단, 연구 등에 널리 활용된다.

**해설**
① 브로카와 베르니케 연구는 모두 실어증 연구에 중요한 업적이다. Benton은 Rey 검사와 마찬가지로 기억관련 툴을 만든 사람이다.
② X레이, MRI 등 의료적 검사결과가 정상으로 나온 경우에도 상담자가 의심이 된다면 신경심리검사를 해보는 것이 좋다. 의료 검사에서 나타나지 않은 미세한 결함의 경우, 신경심리검사에서 나타나는 경우가 있기 때문이다.
③ 신경심리검사는 battery(종합검사)와 단일 검사가 있고 종합검사의 하위검사들은 모두 독립적인 검사들이다.

## 03

2020-3

심리검사자가 준수해야 할 윤리적 의무로 옳은 것을 모두 고른 것은?

> ㄱ. 심리검사 결과 해석 시 수검자의 연령과 교육수준에 맞게 설명해야 한다.
> ㄴ. 심리검사 결과가 수검자의 삶에 영향을 줄 수 있음을 인식해야 한다.
> ㄷ. 컴퓨터로 실시하는 심리검사는 특정한 교육과 자격이 필요 없다.

① ㄱ　　　　　　　　② ㄱ, ㄴ
③ ㄴ, ㄷ　　　　　　④ ㄱ, ㄴ, ㄷ

**해설** ㄷ. 컴퓨터로 실시하는 심리검사도 지필검사와 마찬가지로 특정한 교육과 자격이 필요하다.

## 04

2017-3　2008

표집 시 남녀 비율을 정해놓고 표집해야 하는 경우에 가장 적합한 방법은?

① 군집표집(cluster sampling)
② 유층표집(stratified sampling)
③ 체계적표집(systematic sampling)
④ 구체적표집(specific sampling)

**해설** 유층표집은 무리를 층으로 구분하여 표집하는 것으로 연구하고자 하는 변인에 영향을 줄 수 있는 요인을 사전에 고려해서 하위전집으로 구분하여 각 하위전집이나 하위 유층에서 표집함으로써 표집오차를 줄이고자 하는 방법이다. 즉 남, 여처럼 크게 층을 구분하고 그 안에서 무선 표집을 하는 것이다.
유층표집과 매우 유사한 표집 방법은 군집표집으로, 가령 초등학교 6학년을 대상으로 한다면 강남구의 서초동의 몇 개 학교 등 특정 구, 동에서 무작위로 학교를 선정해서 그 안에서 몇 반으로 무선을 선정하는 방식으로 하는 것이다.

**정답** 01 ④　02 ④　03 ②　04 ②

## 05

2016-3

**MMPI-2의 각 척도에 대한 해석으로 가장 적합한 것은?**

① 6번 척도가 60T 내외로 약간 상승한 것은 대인 관계 민감성에 대한 경험을 나타낸다.

② 2번 척도는 반응성 우울증보다는 내인성 우울증 과 관련이 높다.

③ 4번 척도의 상승 시 심리치료 동기가 높고 치료 의 예후가 좋음을 나타낸다.

④ 7번 척도는 불안 가운데 상태불안 증상과 연관성 이 높다.

**해설** 6번 척도는 편집 척도로 60~69점 사이 점수일 경우 대인 관계에서 민감하고 타인의 의견에 과도하게 반응하는 모습 으로 나타날 수 있다.
② 2번 척도는 우울 척도로 현재 나타나는 우울감을 표현 하고 있는 것일 뿐이며 그것이 반응성인지, 내인성인지 를 알 수는 없다.
③ 4번 척도는 반사회성 척도로 심리치료 동기가 낮고 치 료 예후도 좋지 않다.
④ 7번 척도는 강박 척도로 불안 가운데서도 예기불안 증 상과 관련이 있다.

## 06

**웩슬러 지능검사의 하위지수 중 지적 장애를 가진 사람들이 어려움을 겪는 것으로 알려진 소검사들을 가장 많이 포함하고 있는 것은?**

① 언어이해          ② 지각추론

③ 작업기억          ④ 처리속도

**해설** 언어이해 지표의 하위 검사들은 공통성, 이해, 어휘, 상식, 단어추리 등으로 공통성처럼 학습의 영향을 많이 받지 않 는 검사도 있지만 대부분은 학습과 경험의 축적이 중요하 기 때문에 지적장애인의 경우 점수가 낮을 것이다.

## 07

2015-1  2012

**Guilford의 지능구조 입체모형에서 조작(operation) 요인에 해당하는 것은?**

① 표정, 동작 등의 행동적 정보

② 사고결과의 적절성을 판단하는 평가

③ 의미 있는 단어나 개념의 의미적 정보

④ 어떤 정보에서 생기는 예상이나 기대들의 합

**해설** Guilford의 지능구조 모형에서 조작(operation)은 지적 기능의 양상을 분류한 것으로 평가, 수렴적 사고, 확산적 사고, 기억, 인지 등 5가지로 분류하였으며 행동, 언어, 예 측력 등이 아니라 사고/생각의 적절성을 평가하고자 하는 데에서 출발했다고 본다.

## 08

**지능검사를 해석할 때 고려사항으로 옳지 않은 것은?**

① 작업기억과 처리속도는 상황적 요인에 민감한 지 수임을 감안한다.

② 지수점수를 해석할 때 여러 지수들 간에 점수 차 이가 유의한지를 살펴봐야 한다.

③ 지수가 유의한 차이가 있을 경우 전체척도 IQ는 해석하기가 용이하다.

④ 지수 점수간의 비교를 통해 상대적 약점이 문제 의 원인이 될 수 있는지 확인한다.

**해설** ③ 지수가 유의한 차이가 있을 경우, 즉 4개의 지표 중 가 장 높은 지표에서 가장 낮은 지표 점수를 차감했을 때 25점 이상인 경우, 전체척도 IQ는 해석할 수 없다.

**정답**  **05** ①  **06** ①  **07** ②  **08** ③

## 09

2018-1  2014

다음 MMPI-2 프로파일과 가장 관련이 있는 진단은?

> L=56, F=78, K=38
> 1(Hs)=56, 2(D)=58, 3(Hy)=54, 4(Pd)=53,
> 5(Mf)=54, 6(Pa)=76
> 7(Pt)=72, 8(Sc)=73, 9(Ma)=55, 0(Si)=66

① 품행장애  ② 우울증
③ 전환장애  ④ 조현병

**해설** 타당도 척도 중 F(비전형성) 척도에서 70점 이상이 나왔고, 6번(편집), 7번(강박), 8번(조현) 모두 70점이 넘었기 때문에 조현병 증세를 추측해볼 수 있다.

## 10

BSID-Ⅱ(Bayley Scale of Infant Development -Ⅱ)에 대한 설명으로 틀린 것은?

① 신뢰도와 타당도에 관한 보다 많은 정보를 제공하여 검사의 심리측정학적 질이 개선되었다.
② 유아의 기억, 습관화, 시각선호도, 문제해결 등과 관련된 문항들이 추가되었다.
③ BSID-Ⅱ에서는 대상 연령범위가 16일에서 42개월까지로 확대되었다.
④ 지능척도, 운동척도의 2가지 척도로 구성되어 있다.

**해설** ④ BSID-Ⅱ 검사는 인지(Mental), 동작(Motor), 행동평정척도(BRS ; Behavior Rating Scale) 등 3가지로 구성되어 있다.

## 11

성격을 측정하는 자기보고 검사에 관한 설명으로 옳은 것은?

① 개인의 심층적인 내면을 탐색하는 데 흔히 사용된다.
② 응답결과는 개인의 반응경향성과 무관하다.
③ 강제선택형 문항은 개인의 묵종 경향성을 예방하는 데 효과적이다.
④ 사회적으로 바람직하게 응답하려는 경향을 나타내기 쉽다.

**해설** ① 개인의 심층적 내면을 탐색하기 위한 검사로는 성격검사 등의 객관적 검사보다는 로샤, TAT, BGT 등 투사검사를 사용한다.
② 응답 결과는 개인의 반응 경향성이 항상 포함되어 있다는 사실을 주의해야 한다.
③ 강제선택형은 자유롭게 기술하라는 지시보다는 묵종 경향을 강화시킬 수 있다.

## 12

80세 이상의 노인집단용 규준이 마련되어 있는 심리검사는?

① MMPI-A
② K-WISC-Ⅳ
③ K-Vineland-Ⅱ
④ SMS(Social Maturity Scale)

**해설** K-Vineland-Ⅱ 검사는 대상연령이 0~90세까지이며 신체-운동 기능을 반영한 적응기능을 측정한다. 바인랜드 사회성숙도 검사를 토대로 바인랜드 적응행동척도가 만들어지고 표준화되었다.
① MMPI-A는 청소년용 검사, ② K-WISC-Ⅳ는 16~69세 성인까지, ④는 SMS 검사는 0세에서 30세의 성인까지를 대상으로 한다.

**정답** 09 ④  10 ④  11 ④  12 ③

## 13

Rorschach 검사에서 반응의 결정인 중 인간운동반응(M)에 대한 설명으로 옳지 않은 것은?

① M 반응이 많은 사람은 행동이 안정되어 있고 능력이 뛰어남을 나타낸다.
② M 반응이 많을수록 그 사람은 그의 세계의 지각을 풍부하게 만들기 위해 자유롭게 구사할 수 있는 상상력을 지니고 있다.
③ 상쾌한 기분은 M 반응의 수를 증가시킨다.
④ 좋은 형태의 수준을 가진 M의 출현은 높은 지능의 존재를 부정하는 것이며 가능한 M이 많이 나타난다는 사실은 낮은 지능을 의미한다.

**해설** 결정인 중 M은 인간운동 반응 지표로 인간에 대한 이성적 판단력, 즉 공감능력의 양을 나타내는 것이다. M ≥ 2를 적절한 수준으로 보고, M-는 공감 능력이 부족하며 인간에 대해 이성적으로 생각하지만 왜곡된 판단을 할 수 있다고 본다. M은 많을수록 좋다.

## 14

MMPI-2의 자아강도 척도(ego strength scale)에 관한 설명으로 틀린 것은?

① 정신치료의 성공여부를 예측하기 위해 고안되었다.
② 개인의 전반적인 기능수준과 상관이 있다.
③ 효율적인 기능과 스트레스를 견디는 능력을 반영한다.
④ F 척도가 높을수록 자아강도 척도의 점수는 높아진다.

**해설** 자아강도 척도는 정신건강 문제와 자아기능의 세기를 의미하는데 자아강도가 정신적으로 건강한 집단과 부적응적 집단을 구분하는 지표로서 개인의 전반적 기능과 관련이 있고, 스트레스를 견디는 능력을 보여주며, 치료가 효과적인지를 예측하기 위해서 만들어졌다.
④ F척도는 비전형성 척도로 문항을 무선적으로 응답했거나 실제로 심리적으로 심각한 문제가 있을 경우 상승하기 때문에 자아강도와는 관련이 없다.

## 15

MMPI-2 검사를 실시할 때 고려해야 할 사항으로 옳지 않은 것은?

① 검사의 목적과 결과의 비밀보장에 대해 설명한다.
② 검사 결과는 환자와 치료자에게 중요한 자료가 됨을 강조할 필요가 있다.
③ 수검자들이 피로해있지 않는 시간대를 선택한다.
④ 수검자의 독해력은 중요하지 않다.

**해설** ④ 수검자에게 6학년 이상의 독해 능력이 요구되기 때문에 초등학생에게는 적합하지 않은 검사이다.

## 16

신경심리검사의 실시에 대한 설명으로 옳은 것은?

① 두부 외상이나 뇌졸중 환자의 경우에는 급성기에 바로 검사를 실시하는 것이 바람직하다.
② 어려운 검사는 피로가 적은 상태에서 실시하고 어려운 검사와 쉬운 검사를 교대로 실시하는 것이 좋다.
③ 운동 기능을 측정하는 검사는 과제제시와 검사 사이에 간섭과제를 사용한다.
④ 진행성 뇌질환의 경우 6개월 정도가 지난 후에 정신상태와 인지기능을 평가하는 것이 바람직하다.

**해설** ① 두부 외상이나 뇌졸중 환자 등 급성기에 검사를 실시할 경우 제대로 된 결과가 나오지 않을 수 있다.
③ 주로 과제 제시와 검사 사이에 간섭과제를 사용하는 검사는 인지나 기억 측정 검사이다.
④ 진행성 뇌질환의 경우 6개월 이후에는 상당히 인지 능력이 저하될 것으로 판단되어 바로 검사를 실시하는 것이 더 좋다.

**정답** 13 ④  14 ④  15 ④  16 ②

## 17

타당도에 관한 설명으로 틀린 것은?

① 준거타당도는 검사점수와 외부 측정에서 얻은 일련의 수행을 비교함으로써 결정된다.

② 준거타당도는 경험타당도 또는 예언타당도라고 불리기도 한다.

③ 구성타당도는 측정될 구성개념에 대한 평가도구의 대표성과 적합성을 말한다.

④ 구성타당도는 내용 및 준거타당도 접근법에서 직면하게 될 부적합성 및 문제점을 해결하기 위해 개발되었다.

**해설** ③ 구성타당도는 측정될 구성개념(이론)이 평가도구에 의해 제대로 측정되었는가를 파악하려는 방법으로 개념타당도로도 불리기 때문에 적합성과는 관련이 있을 수 있으나 대표성과는 무관하다.

## 18

지능을 구성하는 요인에 관한 Cattell과 Horn의 이론 중 결정화된 지능(crystallized intelligence)에 관한 설명으로 옳은 것은?

① 비언어적 요인과 관련된 능력을 말한다.

② 후천적이기보다는 선천적으로 이미 결정화된 지능의 측면을 말한다.

③ 나이가 들어감에 따라 낮아진다.

④ 문화적 요인에 의해 더 많은 영향을 받는다.

**해설** ① 결정 지능(crystallized intelligence)은 나이가 들수록 발달하는 지능으로 비언어적 요인보다는 언어적 요인과 관련이 높다.
② 선천적으로 이미 결정된 지능은 유동성 지능(fluid intelligence)이라고 한다.
③ 결정화된 지능은 학습이나 경험의 축적 등 결과로 나타나기 때문에 나이가 들수록 높아진다.

## 19

적성검사에 관한 설명으로 옳지 않은 것은?

① 개인의 특수한 영역에서의 능력을 측정한다.

② 적성검사는 능력검사로 불리기도 한다.

③ 적성검사는 개인의 미래수행을 예측하는 데 사용된다.

④ 학업적성은 실제 학업성취도와 일치한다.

**해설** ④ 학업이 적성에 맞는다고 해도 학업성취도, 즉 점수와 일치하지 않을 수 있다.

## 20

K-WISC-Ⅳ에서 인지효능지표에 포함되는 소검사가 아닌 것은?

① 숫자      ② 행렬 추리

③ 기호쓰기      ④ 순차연결

**해설** 인지효능지표(CPI) 혹은 인지효율지표는 정보처리 효율성과 연관된 척도로 작업기억/처리속도 소검사 점수를 모두 더해서 환산한 값이다. GAI(일반 능력)와 비교해서 기본 인지 능력을 얼마나 효율적으로 사용하는지 파악할 수 있는 점수이다. 작업기억 지표에는 산수, 숫자, 순차연결, 처리속도 지표에는 동형찾기, 기호쓰기, 선택이 포함되어 있다.
② 행렬추리는 지각추론 지표에 포함되는 소검사이다.

**정답**   **17** ③   **18** ④   **19** ④   **20** ②

## 01

2019-3  2016-3

표준화 검사에 대한 설명으로 옳은 것은?

① 표준화 검사는 검사의 제반 과정에서 검사자의 주관적인 의도나 해석이 개입될 수 있도록 한다.
② 절차의 표준화는 환경적 조건에 대한 엄격한 지침을 제공함으로써 시간 및 공간의 변화에 따라 검사 실시 절차가 달라지는 것을 의미한다.
③ 실시 및 채점의 표준화를 위해서는 그에 관한 절차를 명시해야 한다.
④ 표준화된 여러 검사에서 원점수의 의미는 서로 동등하다.

**해설**
① 표준화 검사는 검사자의 주관적인 의도나 해석이 개입되어서는 안 되는 객관적 검사를 의미한다.
② 절차의 표준화는 환경적 조건에 대한 엄격한 지침을 제공하기 때문에 시간이나 공간에 따라 검사 실시 절차가 달라져서는 안 된다.
④ 표준화된 검사라 할지라도 원점수는 서로 다르고 이를 평준화하기 위해서 T점수를 보여주는 것이다.

## 02

다음에서 설명하는 타당도는?

> 주어진 준거에 비추어 검사의 타당도를 확인하기 위한 것으로 미래 예측과 관련된다. 예를 들어 수능시험이 얼마나 대학에서의 학업능력을 잘 예측하는지를 확인하기 위하여 학점과 관련성을 측정하는 것이다.

① 변별타당도
② 예언타당도
③ 동시타당도
④ 수렴타당도

**해설** 미래 예측과 관련되는 타당도는 예언 타당도이다.
* 연구자가 측정하려는 개념을 측정도구를 통해 제대로 측정했는지를 검정하는 개념타당도(구성타당도)에는 변별타당도와 수렴타당도가 있다. 유사한 측정도구를 사용해서 상관점수가 높은지를 검정하는 방법을 수렴타당도라 하며, 다른 개념을 측정하는 측정도구 간 상관이 낮다는 것을 검정하는 방법을 변별타당도라 한다.

## 03

MMPI-2와 Rorschach 검사에서 정신병리의 심각성과 지각적 왜곡의 문제를 탐색할 수 있는 척도와 지표로 옳은 것은?

① F척도, X-%
② Sc척도, EB
③ Pa척도, a:p
④ K척도, Afr

**해설** F척도는 비전형 척도(Infrequency)로 일반인이 하는 응답 방식에서 벗어난 경향성을 측정한다.
X-%는 왜곡 형태를 볼 수 있는 지표로, 지각적 왜곡 정도 비율을 알아볼 수 있다. 20%를 넘으면 조현 증세로 볼 수 있기 때문에 지각 왜곡에 중요한 지표이다.
**지표들의 해석**
• Sc척도(8번, 조현), EB(구조를 살펴보는 부분으로 경험형, 인간운동 반응(M)의 합을 적음)
• Pa척도(6번, 편집), a:p(사고영역에서 능동적, 수동적 사고 비율을 의미)
• K척도(타당도, 교정척도), Afr(정서영역에서 정서비율을 의미, .50 미만이면 정서적 자극에 관심 없음, .50 이상이면 정서적 자극에 관심 높음)

## 04

2019-1  2018-1  2017-1

심리검사가 지켜야 할 윤리적 의무와 가장 거리가 먼 것은?

① 심리검사 결과 해석 시 수검자의 연령과 교육수준에 맞게 설명해야 한다.
② 컴퓨터로 실시하는 심리검사는 특정한 교육과 자격이 없어도 된다.
③ 심리검사 결과가 수검자의 삶에 영향을 줄 수 있음을 인식해야 한다.
④ 검사규준 및 검사도구에 관련된 최근 동향과 연구방향을 민감하게 파악해야 한다.

**해설** 컴퓨터로 실시하든, 지필로 실시하든 심리검사는 특정한 교육과 자격을 갖추어야 한다. 법적으로 예외가 있을 수는 있다.

**정답**  01 ③  02 ②  03 ①  04 ②

## 05

한 아동이 웩슬러 아동용 지능검사에서 언어이해지수(VCI) 125, **지각추론지수(PRI) 89**, 전체검사 지능지수(FSIQ) 115를 얻었다. 이 결과에 대한 해석적인 가설이 될 수 있는 것은?

① 매우 우수한 공간지각능력
② 열악한 초기 환경
③ 학습부진
④ 우울증상

**해설** 웩슬러 지능검사에서 언어이해 능력이 높다는 것은 초기 학습이 잘 되어 있음을 보여주는 것이다. 지각추론지수가 89이기 때문에 공간지각 능력이 언어이해 능력에 비해 현저하게 낮음을 보여준다. 두 지표의 점수가 36점 차이 난다는 것은 주의해서 살펴봐야 하는 것으로 언어 학습이 평균 이상인 아동이 동작성(시지각 능력, 조직화, 추상적 사고력, 집중력 등)을 의미하는 능력이 현저하게 떨어진다는 것은 우울증상을 의심해 볼 수 있다.

## 06

Wechsler검사에서 시각-공간적 기능손상이 있는 뇌손상 환자에게 특히 어려운 과제는?

① 산수
② 빠진 곳 찾기
③ 차례 맞추기
④ 토막 짜기

**해설** 산수는 작업기억지표(WMI), 빠진 곳 찾기와 토막 짜기는 지각추론지표(PRI), 차례 맞추기는 이전 검사에서 동작성 검사에 포함됐던 검사이다. 시각-공간과 관련이 있는 과제는 빠진 곳 찾기와 토막 짜기, 차례 맞추기라고 볼 수 있는데 빠진 곳 찾기는 사물의 본질과 비본질을 구별하는 능력으로 시각적 예민성을 측정하는 과제, 차례 맞추기는 전체상황에 대한 이해력과 계획 능력을 측정하는 과제, 토막 짜기는 지각 구성 능력을 측정하는 과제로 시각-운동 협응이 필수적으로 필요한 능력이다. 따라서 토막 짜기는 시각-공간적 기능손상이 있는 경우에는 해결하기 어려운 과제이다.

## 07

MMPI-2의 타당도 척도에 관한 설명으로 틀린 것은?

① ? 척도는 응답하지 않은 문항들이나 '예', '아니오' 둘 다에 응답한 문항들의 합계로 채점된다.
② L 척도는 자신을 사회적으로 바람직하며 좋은 사람처럼 보이게끔 하려는 태도를 가려내기 위한 척도이다.
③ F 척도는 점수가 높을수록 평범 반응 경향을 말해준다.
④ K 척도는 L 척도에 의해 포착하기 어려운 은밀한 방어적 태도를 측정하는 문항들로 구성되어 있다.

**해설** F척도는 비전형 점수로, 점수가 높을수록 평범 반응에서 벗어난다는 사실을 의미한다.

## 08

발달검사를 사용할 때 고려해야 할 사항으로 가장 거리가 먼 것은?

① 대상자의 연령에 적합한 검사를 선정해야 한다.
② 경험적으로 타당한 측정도구를 사용해야 한다.
③ 규준에 의한 발달적 비교가 가능해야 한다.
④ 기능적 분석을 중심으로 평가해야 한다.

**해설** 기능적 분석은 어떤 행동을 했을 때, 어떤 결과가 일어나는가를 분석하는 것으로, 조작적 조건형성에서 행동을 수정하거나 학습을 시키기 위해서는 기능적 분석이 중요하다. 발달 검사는 일종의 질적 분석이라고 봐야 하기 때문에 기능적 분석보다는 경험적, 임상적 분석, 규준에 의한 발달적 비교 등이 중요하다.

---

**정답** **05** ④ **06** ④ **07** ③ **08** ④

## 09

2019-3  2019-1

심리검사에서 원점수에 대한 설명으로 틀린 것은?

① 원점수 그 자체로는 객관적인 정보를 주지 못한다.
② 원점수는 기준점이 없기 때문에 특정 점수의 의미를 파악하기 어렵다.
③ 원점수는 척도의 종류로 볼 때 등간척도에 불과할 뿐 사실상 서열척도가 아니다.
④ 원점수는 서로 다른 검사의 결과를 동등하게 비교할 수 없다.

**해설** 원점수 자체로는 객관적 정보를 줄 수 없고, 서로 다른 점수를 동등한 위치에서 비교하기 불가능하기 때문에 기준점이 되는 T점수나 Z점수로 변형해서 비교할 수 있도록 조건을 만들어 주어야 한다.
③ 원점수는 등간이 가정될 수는 없고 서열만 알 수 있는 서열척도라고 볼 수 있다.

## 10

2019-3  2017-1

K-WAIS-IV에서 일반능력지수(GAI)와 개념적으로 관련이 있는 지수는?

① 언어이해지수와 지각추론지수
② 언어이해지수와 작업기억지수
③ 작업기억지수와 처리속도지수
④ 지각추론지수와 처리속도지수

**해설** 일반능력지수(GAI, General Ability Index)는 언어이해지수(VCI)와 지각추론지수(PRI)로만 구성하여 조합한다. 따라서 일반능력지수(GAI)에 작업기억지수(WMI)와 처리속도지수(PSI)가 조합된 전체영역 지능지수(FSIQ)는 일반능력지수(GAI)가 FSIQ와는 독립된 지능으로 평가될 수 있다는 점에서 지능이 또 다른 지능을 전제로 생산성을 발휘할 수 있는 정신능력의 가능성을 보여준다고 할 수 있다.

## 11

노년기 인지발달의 특징에 관한 설명으로 옳지 않은 것은?

① 일화기억보다 의미기억이 더 많이 쇠퇴한다.
② 노년기 인지기능의 저하는 처리속도의 감소와 관련이 있다.
③ 연령에 따른 지능의 변화 양상은 지능의 하위 능력에 따라 다르다.
④ 노인들은 인지기능의 쇠퇴에 직면하여 목표 범위를 좁혀나가는 등의 최적화 책략을 사용한다.

**해설** 노년기가 되면 의미기억은 잘 유지되는 반면, 일화기억이 쇠퇴하여 "깜빡 깜빡한다."라거나 "자주 잊어버린다."라는 표현을 자주 하게 된다.

## 12

뇌손상에 수반된 기억장애에 대한 설명으로 옳지 않은 것은?

① 대부분의 경우에 정신성 운동속도의 손상이 수반된다.
② 장기기억보다 최근 기억이 더 손상된다.
③ 일차기억은 비교적 잘 유지된다.
④ 진행성 장애의 초기징후로 나타나기도 한다.

**해설** 뇌손상에 수반된 기억장애의 경우, 장기기억, 즉 일차기억은 비교적 유지되는 반면, 최근 기억이나 이차기억의 문제가 많아지고 진행성 장애의 초기 증세로 나타나는 경우가 잦다. 반면, 정신성 운동속도는 시각 경로(문자와 숫자), 청각(언어) 또는 움직임으로 사람이 받은 정보를 인식하고 반응하며 속도와 관련이 있다.
처리 속도가 느리다는 것은 이미 배운 것이나 쉬운 작업을 유창하게 실행하는 능력, 의식적으로 생각하지 않고 자동으로 정보를 처리하는 능력이 원활하지 않다는 것을 의미한다. 이는 뇌손상과는 무관하다.

## 13

K-WAIS-IV의 언어이해 소검사에 해당하지 않는 것은?

① 어휘  ② 이해  ③ 기본지식  ④ 순서화

**해설** 순서화는 작업기억지표(WMI)에서 주의력이나 집중력, 청각적 단기기억 능력을 측정하는 지수이다.
어휘, 이해, 기본지식 등은 언어이해 소검사로 일반적이고 전반적인 지식, 학습을 통해 축적된 지식을 의미한다.

**정답**  09 ③  10 ①  11 ①  12 ①  13 ④

## 14

2018-1  2016-1

Rorschach 검사에 대한 설명으로 옳지 않은 것은?

① 좌우 대칭의 잉크 반점이 나타난 10장의 카드로 구성되어 있다.
② 모호한 자극 특성을 이용한 투사법 검사이다.
③ 자유로운 연상과 반응을 위해 임의의 순서로 카드를 제시하는 것이 좋다.
④ 반응 시 카드를 회전해서 보아도 무방하다.

**해설** Rorschach 검사는 자유로운 연상이라기보다 지각 수준을 관찰하고자 하는 것이다. 임의의 순서가 아니라 10장의 카드를 순서대로 제시해야 한다. 단지 자유 연상 단계, 질문 단계, 유추단계, 한계 음미단계 등으로 구분되어 있다.

## 15

2019-1  2018-3  2018-1

신경심리평가를 사용하는 목적으로 옳지 않은 것은?

① 뇌손상 여부의 판단
② 치료과정에서 병의 진행과정과 호전 여부의 평가
③ MRI 등으로 판단하기 어려운 미세한 기능장애의 평가
④ 과거의 억압된 감정을 치료하는 데 주목적이 있다.

**해설** 신경심리 검사의 주 목적은 뇌손상 여부를 판단하고, 치료과정 중 병이 어느 정도로 호전되고 있는지를 평가하며, MRI 등으로 판단하기 어려운 미세한 기능장애를 평가하는 데 있다.
과거의 억압된 감정을 치료하기 위한 검사나 치료 방법들은 주로 정신분석이나 대상관계 이론과 관련된 치료법들이라고 볼 수 있다.

## 16

MMPI-2에서 T-점수의 평균과 표준편차는?

① 평균 : 100, 표준편차 : 15
② 평균 : 50, 표준편차 : 15
③ 평균 : 100, 표준편차 : 10
④ 평균 : 50, 표준편차 : 10

**해설** MMPI-2는 평균이 50점이고 표준편차가 10인 산출점수로 유의미하게 봐야 하는 기준을 65점으로 보고 있다.

## 17

2019-3  2019-1  2018-3

지능이론가와 모형이 잘못 짝지어진 것은?

① 스피어만(Spearman) – 2요인 모형
② 써스톤(Thurstone) – 다요인/기본정신능력 모형
③ 가드너(Gardner) – 다중지능 모형
④ 버트(Burt) – 결정성 및 유동성 지능 모형

**해설** 결정성 및 유동성 지능 모형은 Cattell로 유동성 지능은 생득적 지능, 결정성 지능은 학습이나 경험을 통해 더 풍부해지는 지능을 의미한다.

## 18

편차지능지수에 관한 설명으로 옳은 것은?

① 정규분포 가정이 적용되지 않는다.
② 한 개인의 점수는 같은 연령 범주 내에서 비교된다.
③ 비네–시몽(Binet-Simon) 검사에서 사용한 지수이다.
④ 비율지능지수에 비해 중년 집단에의 적용에는 한계가 있다.

**해설** **편차지능지수**
편차 지능지수(deviation IQ scores)는 웩슬러가 지능검사에 적용한 방법으로, 표준화(standardization), 즉 관련 변수들을 샘플링하고, 각각 나이에 대한 데이터는 정상 분포(normal distribution)를 가정한다. 이 편차지능지수를 계산하기 위해, 웩슬러는 지능의 원점수를 각 나이 집단에 대한 원점수의 표준화 정상분포와 비교했다. 결론적으로 웩슬러는 지능 점수 평균을 100으로 설정하고, 표준편차를 15로 하였다. 사람의 편차지능지수를 100±로 정의한 것이다. 반면 비네 검사의 경우, 실제연령/정신연령×100이라는 단순식으로 설정해 정신연령을 비교한 점수를 의미한다. 이후 톨만(Terman)은 이 비네 지능검사 점수를 다양한 연령대 아이들 집단에 대한 점수에 비교하여 표준화하였다. 스탠포드–비네(Stanford-Binet)검사는 표준화된 지능검사이다.

**정답** 14 ③  15 ④  16 ④  17 ④  18 ②

## 19
MMPI-2의 임상척도에 대한 설명으로 옳은 것은?

① 각 임상척도는 그에 상응하는 DSM 진단명이 부여되어 있으며 해당 진단명에 준해 엄격하게 해석해야 한다.
② MMPI-2의 임상척도는 타당도 척도와는 달리 수검태도에 따른 반응왜곡의 영향을 받지 않는다.
③ 임상척도 중 5번 척도는 그에 상응하는 정신병리적 진단이 존재하지 않는다.
④ 임상척도 중에서는 약물처방 유무를 직접적으로 알려주는 지표를 먼저 검토해야 한다.

**해설**
① MMPI 원판 임상척도부터 DSM 진단과는 전혀 관련이 없는 별도의 진단이기 때문에 많은 비판을 받아왔음에도 2판에서도 그 부분에 대한 수정은 이루어지지 않았다.
② MMPI-2의 임상척도 중 1, 4, 7, 8, 9번 척도는 타당도 척도와 함께 살펴봐야 한다. 이는 반응왜곡 영향을 같이 살펴봐야 하기 때문이다.
④ 임상척도 중에서는 약물처방 유무를 직접적으로 알려주는 지표를 먼저 검토할 것이 아니라 65점 이상의 유의미한 점수를 중심으로 살펴봐야 한다.

## 20
신경심리평가의 용도로 사용되지 않는 검사는?

① 스트룹(Stroop) 검사
② 레이 도형(Rey-Complex Figure) 검사
③ 밀론 다축 임상(Millon Clinical Multiaxial Inventory) 검사
④ 위스콘신 카드분류(Wisconsin Card Sorting) 검사

**해설**
① 스트룹(Stroop) 검사는 충동 억제 기능을 평가하는 신경인지능력 평가로 집행기능과 관련이 있다.
② 레이 도형(Rey-Complex Figure) 검사는 대표적 신경인지기능 검사로 한국판 캘리포니아 언어 학습 검사(Korean-California Verbal Learning Test)와 함께 기억력 평가를 위한 검사이다.
④ 위스콘신 카드분류(Wisconsin Card Sorting) 검사는 신경인지기능 검사 중 집행기능(Executive functions)을 평가하기 위한 검사로 선로 잇기 검사(Trail Making Test), 통제단어 연상 검사(Controlled Oral Word Association Test ; COWAT) 등과 함께 분류된다.

**정답** 19 ③ 20 ③

## 01

2019-1 2018-3 2018-1

심리검사의 윤리적 문제에 대한 설명으로 옳지 않은 것은?

① 검사자들은 검사제작의 기술적 측면에만 관심을 가질 필요가 있다.

② 제대로 자격을 갖춘 검사자만이 검사를 사용해야 한다는 조건은 부당한 검사사용으로부터 피검자를 보호하기 위한 조치이다.

③ 검사자는 규준, 신뢰도, 타당도 등에 관한 기술적 가치를 평가할 수 있어야 한다.

④ 심리학자에게 면허와 자격에 관한 법을 시행하는 것은 직업적 윤리 기준을 세우기 위함이다.

**해설** 검사제작의 기술적 측면에만 중점을 둔다면 검사를 편파적으로 이해하는 것이다. 규준, 신뢰도, 타당도 등 기술적 가치도 중시해야 하지만 피험자 보호 조치, 익명성 등 윤리 기준에도 철저해야 한다.

## 02

MMPI-2의 재구성 임상척도 중 역기능적 부정 정서를 나타내며, 불안과 짜증 등을 경험하는 경우 상승하는 척도는?

① RC4

② RC1

③ RC7

④ RC9

**해설** MMPI-2의 재구성 임상척도는 모두 9개(RCd, RC1, RC2, RC3, RC4, RC6, RC7, RC8, RC9)로 역기능적 부적 정서(Dysfunctional Negative Emotions ; DNE)라고 불리는 RC7이 불안감, 과민함, 짜증스러움, 높은 부정적인 정서 반응성, 거부나 비판에 민감, 실수 및 실패에 대한 집착, 부정적 사고 몰두, 반추 등을 나타낸다.

## 03

2018-3

시각운동협응 및 시각적 단기기억, 계획성을 측정하며 운동(motor) 없이 순수하게 정보처리 속도를 측정하는 소검사는?

① 순서화

② 동형찾기

③ 지우기

④ 어휘

**해설** 시각운동 협응 및 시각적 단기기억, 계획성을 측정하며 운동(motor) 없이 순수하게 정보처리 속도를 측정하는 것은 처리속도지표(Processing Speed Index ; PSI)를 지칭하는 설명이다. PSI에는 핵심소검사인 기호쓰기와 동형찾기가 있고, 보충소검사인 선택 등이 있다. 이중 동형찾기는 반응 부분을 훑어보고 반응 부분의 모양 중 표적 모양과 일치하는 것이 있는지 제한시간 내 찾는 검사이다.

## 04

MMPI-2의 임상척도 중 0번 척도가 상승한 경우 나타나는 특징은?

① 외향적이다.

② 소극적이다.

③ 자신감이 넘친다.

④ 관계를 맺는 데 능숙하다.

**해설** 척도 0 Si(Social Introversion, 내향성)는 사회적 활동 및 사회에 대한 흥미 정도, 사회적 접촉이나 책임을 피하는 정도 지표이다. 수줍음/자의식, 사회적 회피, 내적/외적 소외, 혼자 있는 것을 좋아하는가(내향성), 타인과 함께 있는 것을 좋아하는가(외향성) 등 타인과의 관계 양상을 반영한다. 70T 이상인 경우, 내성적 성향으로 수줍어하고 위축되어 있고, 사회적으로 보수적-순응적, 지나치게 억제적이고 무기력하며, 융통성이 없고 죄의식에 잘 빠지는 경향을 나타낸다.

**정답** 01 ① 02 ③ 03 ② 04 ②

## 05

표본에서 얻은 타당도 계수가 표집에 의한 우연요소에 의해 산출된 것이 아님을 확인하기 위해 필요한 것은?

① 추정의 표준오차
② 모집단의 표준편차
③ 표본의 표준편차
④ 표본의 평균

**해설** 표본에서 얻은 타당도 계수가 표집에 의한 우연요소에 의해 산출된 것이 아니라는 것은 표준오차, 즉 평균치의 표집분포에서 표준편차는 평균치에서 나올 수 있는 표준오차를 의미한다. 추정의 정도를 나타내는 척도로 추정량에 관한 표본분포의 표준편차를 의미한다.

## 06

**2019-1**

Wechsler 지능검사를 실시할 때 주의할 사항으로 옳은 것은?

① 피검자가 응답을 못하거나 당황하면 정답을 알려주는 것이 원칙이다.
② 모호하거나 이상하게 응답한 문항을 다시 질문하여 확인할 필요는 없다.
③ 모든 검사에서 피검자가 응답할 수 있을 때까지 충분한 여유를 주어야 한다.
④ 피검자의 반응을 기록할 때는 그대로 기록하는 것이 원칙이다.

**해설** 어떤 객관적 검사를 실시할 때는 결과의 의미 있는 해석을 위해 표준절차를 엄격하게 따르고 수검자의 주의를 분산시키는 환경을 제어하고, 설명과 질문은 간단하게 하는 것이 좋으며, 수검자의 불안전한 반응에 대처할 수 있도록 채점의 원칙을 잘 숙지하고 있어야 한다. 피검자의 반응을 기록할 때는 질적 해석을 위해 그대로 기록하는 것이 원칙이다.

## 07

**2017-3 2016-1**

BGT(Bender-Gestalt Test)에 관한 설명으로 옳지 않은 것은?

① 기질적 장애를 판별하려는 목적에서 만들어졌다.
② 언어적인 방어가 심한 환자에게 유용하다.
③ 정서적 지수와 기질적 지수가 거의 중복되지 않는다.
④ 통일된 채점체계가 없으며 전문가 간의 불일치가 발생할 수 있다.

**해설** BGT(Bender-Gestalt Test)는 투사적 검사로 특히 언어적인 방어가 심한 환자에게 유용하다. 처음에는 뇌손상 및 병변 환자들의 기질적 손상을 판별하기 위해 제작되었으며, 통일된 채점체계가 없어서 전문가 간 평정 불일치가 발생할 수 있다는 점이 단점이다.

## 08

**2019-3 2017-1**

다음 중 뇌손상으로 인해 기능이 떨어진 환자를 평가하고자 할 때 흔히 부딪힐 수 있는 환자의 문제와 가장 거리가 먼 것은?

① 시력장애
② 주의력 저하
③ 동기저하
④ 피로

**해설** 뇌손상으로 인해 기능이 떨어질 땐 주의력 저하, 동기 저하, 피로 등을 호소할 수 있다. 시력장애는 기능적인 문제에서 그 원인이 되는 경우가 많다.

**정답** 05 ① 06 ④ 07 ③ 08 ①

## 09

2019-3 2017-1

K-WAIS-IV에서 일반능력지수(GAI)에 해당하지 않는 것은?

① 행렬추론

② 퍼즐

③ 동형찾기

④ 토막짜기

**해설** **일반능력지수(GAI)**
= 언어이해지표(VCI)+지각추리지표(PRI)
= 공통성, 어휘, 이해+토막 짜기, 행렬추론, 퍼즐
* 동형찾기는 속도처리지표(PSI)임

## 10

원판 MMPI의 타당도 척도가 아닌 것은?

① L척도

② F척도

③ K척도

④ S척도

**해설** S척도(과장된 자기제시척도, Superlative Self-Presentation)는 MMPI-2에서 보강된 타당화 척도 중 하나로 인사선발, 보호감찰, 양육권 평가 등 비 임상집단에서 도덕적 결함을 부인하고 자신을 과장된 방식으로 표현하는 것을 평가하기 위해 개발되었다.

## 11

Rorschach 검사에서 지각된 스트레스와 관련된 구조변인이 아닌 것은?

① M

② FM

③ C'

④ Y

**해설** FM(동물운동반응 : 동물의 특유한 자연스러운 움직임을 포함할 때), C'(순수무채색반응), Y(순수음영 반응) 등은 무의식을 노출하거나 스트레스를 보여주는 반응이다.
M은 인간운동반응(M)으로 사고능력과 관련되어 있으며 가장 많이 나오는 반응이다. Rorschach에서 가장 많이 연구된 변인으로 개인이 타인과 공감적 교류를 맺을 수 있는 능력에 대한 중요한 개인적 의미를 이해할 수 있는 점수이다.

## 12

지능에 대한 설명으로 옳지 않은 것은?

① 비네(A. Binet)는 정신연령(Mental Age)이라는 용어를 사용하였다.

② 지능이란 인지적, 지적 기능의 특성을 나타내는 불변개념이다.

③ 새로운 환경 및 다양한 상황을 다루는 적응과 순응에 관한 능력이다.

④ 결정화된 지능은 문화적, 교육적 경험에 따라 영향을 받는다.

**해설** 지능이란 인지적, 지적 기능의 특성을 나타내는 개념은 맞으나 불변하는 것이 아니라 경험과 학습을 통해 변화될 수 있다.

**정답** **09** ③ **10** ④ **11** ① **12** ②

## 13
2018-1

집중력과 정신적 추적능력(mental tracking)을 측정하는 데 사용되는 신경심리검사는?

① Bender Gestalt Test
② Rey Complex Figure Test
③ Trail Making Test
④ Wisconsin Card Sorting Test

**해설** 주의집중력을 평가하는 검사는 DST(숫자 따라 외우기), COWAT, 선로 잇기 검사(Trail Making Test)가 있다. Bender Gestalt Test는 도형을 모사하는 투사적 검사이고, Rey Complex Figure Test는 기억력 평가 검사이며, Wisconsin Card Sorting Test는 실행기능 평가 검사이다.

## 14

Sacks의 문장완성검사(SSCT)에서 4가지 영역에 속하지 않는 것은?

① 가족 영역
② 대인관계 영역
③ 자기개념 영역
④ 성취욕구 영역

**해설** Sacks의 문장완성검사(SSCT)는 4가지 영역, 즉 가족, 대인관계, 자기개념, 성 등에서 투사적 모습을 추론해 낼 수 있는 검사이다.

## 15

정신지체가 의심되는 6세 6개월 된 아동의 지능검사로 가장 적합한 것은?

① H-T-P
② BGT-2
③ K-WAIS-4
④ K-WPPSI

**해설**
④ K-WPPSI는 웩슬러 지능검사의 유아용 버전으로 3~7.5세까지의 지능을 다룬다.
① HTP는 House-Tree-Person을 그리는 그림 검사로 아동에게도 시행할 수 있으나 트라우마나 스트레스 상황에 대한 검사로 주로 활용된다.
② BGT-2는 도형 모사 검사로 언어적 제한이 없기 때문에 아동에게도 시행 가능하나, 정신지체 등 기능적 문제보다는 투사적 문제를 살펴보는 데 적합하다.
③ K-WAIS-4는 웩슬러 지능검사의 성인버전으로 아동 지능검사에는 부적합하다.

## 16
2016-1

검사-재검사 신뢰도에 관한 설명으로 옳지 않은 것은?

① 검사 사이의 시간 간격이 너무 길면 측정 대상의 속성이나 특성이 변할 가능성이 있다.
② 반응민감성에 의해 검사를 치르는 경험이 개인의 진점수를 변화시킬 가능성이 있다.
③ 감각식별검사나 운동검사에 권장되는 방법이다.
④ 검사 사이의 시간 간격이 짧으면 이월효과가 작아진다.

**해설** 검사-재검사 신뢰도는 동일한 검사를 2차례 실시해서 얻는 점수를 비교하는 신뢰도로 검사 간격이 길어지면 어린 피험자의 경우에는 속성이나 특성이 변할 가능성(성숙 등)이 있고, 한번 검사를 치른 피험자는 2차 검사에서 검사 점수가 향상할 가능성(학습 등)이 있어 변수가 많으므로 감각식별이나 운동 등의 왜곡이 적은 검사에 활용되도록 권유된다.
④ 검사 간격이 짧아지면 기억 효과가 커서 이월효과는 커진다.

**정답** 13 ③  14 ④  15 ④  16 ④

## 17

다음 MMPI 검사의 사례를 모두 포함하는 코드 유형은?

> ㄱ. 에너지가 부족하고 냉담하며 우울하고 불안하며 위장장애를 호소하는 남자이다.
> ㄴ. 이 남자는 삶에 참여하거나 흥미를 보이지 않고 일을 시작하는 것을 힘들어 한다.
> ㄷ. 미성숙한 모습을 보이며 의존적일 때가 많다.

① 2 - 3/3 - 2          ② 3 - 4/4 - 3
③ 2 - 7/7 - 2          ④ 1 - 8/8 - 1

**해설** 우울하고 에너지가 부족한 코드는 2번 척도, 미성숙하고 의존적 모습을 보이는 것은 3번 척도로 이 두 가지가 함께 나타나면 우울하고 무기력하며 흥미가 떨어지고 시작을 힘들어하는 특성을 보인다.

## 18

2016-1

연령이 69세인 노인환자의 신경심리학적 평가에 적합하지 않은 검사는?

① SNSB                  ② K - VMI - 6
③ Rorschach 검사        ④ K - WAIS - IV

**해설** SNSB(Seoul Neuro-psychologic Screening Battery)는 치매선별 검사, K - VMI - 6은 시각-운동통합발달 검사(VMI ; Visual-Motor Integration)로 시지각 통합능력이기 때문에 가능하고, K - WAIS - IV는 적용 연령이 16~69세까지이므로 시행 가능하다.
Rorschach 검사는 신경심리학적 기능을 측정하기 위한 검사가 아니라 투사적 검사로 정서의 무의식 상태를 살펴보기 위한 검사이다.

## 19

2017-1

심리검사 점수의 해석과 사용에서 임상심리사가 유의해야 할 점이 아닌 것은?

① 검사는 개인의 일정 시점에서 무엇을 할 수 있는지를 밝혀내도록 고안된 것이다.
② 검사 점수를 해석할 때는 그 사람의 배경이나 수행동기 등을 배제해야 한다.
③ 문화적 박탈 효과에 둔감한 검사는 문화적 불이익의 효과를 은폐시킬 수 있다.
④ IQ점수를 범주화하여 해석하는 것은 오류 가능성이 있다.

**해설** 심리검사를 해석할 때는 내담자의 환경이나 수행 동기 등을 최대한 잘 탐색하여 연결하는 노력이 필요하다.
\* 임상심리사는 심리검사를 해석할 때, 그 시점에서 내담자가 무엇을 해야 하는지를 밝혀내고자 노력해야 하고, 문화환경을 더불어 민감하게 읽어낼 줄 알아야 하며, 기계적으로 범주 해석을 하는 것 등은 주의해야 한다.

**정답** 17 ①  18 ③  19 ②

## 20

2017-3

**기억검사로 분류되지 않는 것은?**

① K-BNT

② Rey-Kim Test

③ Rey Complex Figure Test

④ WMS

**해설** Rey-Kim이나 Rey Complex Figure 검사는 주로 기억과 관련된 신경심리 검사, WMS는 웩슬러 기억검사이다.
① K-BNT는 보스턴 이름대기 검사로 실어증, 치매환자, 간질 및 퇴행성 질환자의 언어 능력을 판별하기 위한 검사이다.

**정답** **20** ①

## 01

다음 중 표준화검사의 특징에 해당하지 않는 것은?

① 검사실시의 절차가 엄격히 통제된다.
② 모든 표준화검사는 규준을 가지고 있다.
③ 반응의 자유도를 최대한으로 넓힌다.
④ 두 가지 이상의 동등형을 만들어 활용한다.

## 02

지능검사를 해석하는 일반원칙으로 옳지 않은 것은?

① 지능검사에서 발견한 피검자의 행동 특징과 반응 내용은 결과해석에서 중요하지 않다.
② 지능검사는 유전적 · 신경생리학적 영향에 의해 발달이 이루어지는 유동성지능은 물론 경험적 · 환경적 · 문화적 영향의 누적에 의해 발달이 이루어지는 결정성지능을 모두 측정한다.
③ 피검자의 지능검사 프로파일을 해석할 경우 프로파일 결과뿐만 아니라 과거력, 행동 특징, 현재의 상황 등을 종합적으로 고려해서 해석하는 것이 바람직하다.
④ 지능검사는 과학적인 검증을 거쳐 개발되기는 하였지만 어디까지나 인위적으로 표집하여 구성된 문항의 집합일 뿐, 결과의 일반화에는 신중을 기하여야 한다.

## 03

MMPI-2의 L척도가 상승했을 때의 해석으로 가장 적절한 것은?

① 자신의 동기에 대한 통찰력과는 정적 상관관계가 있다.
② L척도는 부인(부정)이나 억압의 방어기제가 높을수록 상승하는 경향이 있다.
③ 세련되게 자신을 포장하려는 사람에게 높게 나타난다.
④ 지능이나 교육수준과는 상관이 없다.

## 04

다음 MMPI-2의 임상척도 중 척도3 히스테리아(Hy)에 대한 설명으로 옳은 것은?

① 사소한 신체적 · 심적 증상을 의식하고는 이에 과도하게 집착하고 불안해하는 지표이다.
② 활동에 대한 흥미의 결여, 수면 장애, 비관이나 슬픔의 정도를 나타내는 기분(Mood)을 반영한다.
③ 현실적 어려움이나 갈등을 회피하는 방법으로 부인기제를 사용하는 성향 및 정도를 반영한다.
④ 가정이나 권위적 대상에 대한 불만이나 자신과 사회와의 괴리, 권태 등을 보여주며, 외향화, 과격행동, 합리화 등의 방어기제가 나타난다.

## 05

다음 중 MMPI-2의 타당도척도에 대한 설명으로 옳지 않은 것은?

① ?(무응답)척도는 성실성을 확인하는 점수로 빠짐 없이 문항에 응답했는지를 보여준다.

② VRIN(고정반응 비일관성)과 TRIN(무선반응 비일관성) 척도는 비전형성에 관한 척도이다.

③ L(부인)척도는 자기모습을 지나치게 긍정적으로 제시하지만 타인의 눈에 다 드러나는 것을 보여준다.

④ K(교정)척도는 방어척도로 세련된 자기방어라고도 한다.

## 06

다음 중 로샤검사(Rorschach Test)에 대한 설명으로 옳은 것은?

① 대표적인 투사검사로 10장의 유채색 또는 무채색 잉크반점으로 된 대칭형 그림카드로 구성되어 있다.

② 자아와 환경관계, 역동성을 평가한다.

③ 간단하게 다양한 생활영역과 자신, 가족, 타인에 대한 태도 등을 평가한다.

④ 집, 나무, 사람 등을 그려 무의식적인 내면을 들여다볼 수 있다.

## 07

다음 중 베일리유아발달척도(BSID)의 구성으로 옳은 것은?

① 이름대기검사(Boston Namimg Test)

② 창의적인성척도(Creative Personality Scale)

③ 행동평정척도(Behavior Rating Scale)

④ 주의력검사(Attention Test)

## 08

심리검사에서 타당도를 측정하는 방법 중 어떠한 행위가 일어날 것이라고 예측한 것과 실제대상자 또는 집단이 나타낸 행위 간의 관계를 측정하는 타당도는?

① 예언타당도

② 공존타당도

③ 구성타당도

④ 내용타당도

## 09

다음 중 신뢰도에 대한 설명으로 옳은 것은?

① 신뢰도는 측정의 정확성 문제이다.

② 신뢰도가 높으면 타당도는 반드시 높다.

③ 신뢰도는 반복되는 측정에도 동일한 결과를 얻게 되는 것을 의미한다.

④ 검사-재검사 신뢰도는 신뢰도 추정방법 중 가장 신뢰도가 높다.

## 10

다음 중 웩슬러(Wechsler) 지능검사의 지능지수 산출 공식으로 적절한 것은?

① 지능지수(IQ) $= \dfrac{정신연령(MA)}{신체연령(CA)} \times 100$

② 지능지수(IQ) $= \dfrac{신체연령(CA)}{정신연령(MA)} \times 100$

③ 지능지수(IQ) $= 10 \times \dfrac{개인점수 - 해당연령규준의\ 평균}{해당연령규준의\ 표준편차} + 100$

④ 지능지수(IQ) $= 15 \times \dfrac{개인점수 - 해당연령규준의\ 평균}{해당연령규준의\ 표준편차} + 100$

## 11

Cattell과 Horn이 주장한 결정성 지능에 대한 설명으로 옳지 않은 것은?

① 환경적, 경험적, 문화적 영향에 의해 발달되는 지능이다.
② 가정환경, 교육 정도, 직업 등에 영향을 받는다.
③ 성인기 이후에도 계속해서 발달하지만 환경의 질에 차이가 있다.
④ 기억력, 추리력, 추론능력 등이 해당된다.

## 12

Cattell과 Horn의 유동성지능(Gf)을 측정할 수 있는 Wechsler의 소검사는?

① 빠진 곳 찾기     ② 기본 지식
③ 어휘 문제        ④ 이해 문제

## 13

다음 중 신경심리검사의 목적에 대한 설명으로 옳은 것은?

① 기질적, 기능적 장애의 감별진단에 유용하다.
② 기능적 장애의 원인을 판단하는 데 유용하다.
③ 재활과 치료평가 및 연구에 유용하다.
④ CT나 MRI와 같은 뇌영상기법에서 이상소견이 나타나지 않을 때 유용하다.

## 14

다음 중 객관적 검사에 대한 설명으로 옳은 것은?

① 질적 평가(Qualitative Test)라고도 한다.
② 개인의 독특하고 다양한 반응을 측정하는 데 역점을 둔다.
③ 수검자의 무의식적 요인이 반영된다.
④ 대표적으로 다면적 인성검사(MMPI)가 해당된다.

## 15

Rorschach검사의 각 카드별 평범 반응이 옳게 짝지어진 것은?

① 카드Ⅰ - 인간의 형상
② 카드Ⅳ - 거인
③ 카드Ⅵ - 박쥐 또는 나비
④ 카드Ⅹ - 움직이는 동물

## 16

다음은 MMPI-2 검사의 임상척도 중 어느 척도에 해당되는가?

- 78개 문항으로 구성된 가장 문항 수가 많은 척도
- 냉담, 무감동, 의사소통 곤란
- 무쾌감증, 무망감, 무력감, 공감능력 부족, 이인화
- 와해된 사고, 망상, 지남력 상실 등 기이한 사고
- 실제적 대인관계보다 백일몽이나 환상으로 회피

① Sc     ② D
③ Hy     ④ Pd

## 17

다음 점수 유형 중 가장 대표적인 표준점수로 음수와 소수점이 없어 의사소통에 편리하고 평균 50점에 표준편차가 10인 점수로 적합한 것은?

① 원점수      ② T점수
③ Z점수       ④ 백분위점수

**18**

다음 중 루리아-네브라스카 신경심리검사(LNNB)에 대한 설명으로 옳은 것은?

① 뇌의 각 영역이 독립적으로 작용한다는 사실을 전제로 하는 신경심리검사이다.
② 증후군분석을 통해 뇌의 특정부위 손상에 따른 신체적·정신적·기능상의 문제에 관심을 가진다.
③ 운동, 리듬, 기억력, 지남력 등에 대해 평가한다.
④ 총 269문항, 11개의 척도로 구분된다.

**19**

다음 중 Bender-Gestalt검사(BGT)에 대한 설명으로 옳은 것은?

① Wertheimer(1923)가 개발한 다양한 도형 중 10개 도형을 주로 이용한다.
② 비언어적 검사이며, 심리검사 중 가장 다양한 연령층을 포괄할 수 있다.
③ 융(Jung)의 심리유형이론과 정신역동이론을 기초로 한다.
④ 수검자의 주의력 및 단기기억력과 연관된다.

**20**

다음 중 MBTI 검사(Myers-Briggs Type Indicator)에 대한 설명으로 옳지 않은 것은?

① 감각형(S)/직관형(N)
② 사고형(T)/감정형(F)
③ 개방형(O)/폐쇄형(C)
④ 판단형(J)/인식형(P)

**21**

다음은 MMPI-2의 임상척도 중 무엇을 나타내고 있는가?

• 수검자의 우울한 기분, 상대적인 기분 상태를 알아보기 위한 척도
• 총 57개 문항, 5개의 소척도, 정신운동지체, 신체적 기능장애, 깊은 근심으로 이루어진다.
• 내인성보다는 외인성을 측정한다.

① 건강염려(Hs)　　② 우울(D)
③ 히스테리(Hy)　　④ 편집(Pa)

**22**

다음 발달검사 이름은?

• 생후 2~30개월까지 영유아 대상으로 만든 발달척도
• 현재 가장 우수한 평가를 받고 널리 활용되는 발달검사로 유아의 발달적 위치를 확인하고 정상 발달로부터의 이탈 정도를 결정
• Mental 척도, Motor 척도, 행동평가척도로 구성, 인지·언어·사회성·운동 측면 평가

① 시각-운동통합발달검사(VMI)
② 베일리 발달검사(BSID)
③ 덴버 발달검사(DDST)
④ 벤더-게슈탈트검사(BGT)

**23**

표준화 검사에 대한 설명으로 옳은 것은?

① 검사실시의 절차가 비교적 자유로운 편이다.
② 모든 검사가 규준을 갖는 것은 아니다.
③ 두 가지 이상의 동등형을 만들어 활용할 수 있다.
④ 반응의 자유도를 넓혀 일반성을 높일 수 있다.

## 24

다음 ㉠, ㉡에 들어갈 말로 알맞게 짝지어진 것은?

> SCT 검사 중 가장 일반적으로 사용하는 SSCT는 총 50 문항으로 이루어져 있고 ( ㉠ ), ( ㉡ ), 대인관계, 자아개념 등 4가지 영역을 측정한다.

① ㉠ : 직업  ㉡ : 가치관
② ㉠ : 영성  ㉡ : 성
③ ㉠ : 부모  ㉡ : 미래
④ ㉠ : 성  ㉡ : 가족

## 25

다음은 MMPI-2 타당도 척도 중 어느 척도에 대한 설명인가?

> • 정상인이 응답하는 방식에서 벗어나는 경향성을 측정한다.
> • 수검자의 부주의나 일탈된 행동, 증상의 과장/자신을 나쁘게 보이려는 의도, 질문 항목에 대한 이해 부족이나 읽기 어려움 등의 오류를 식별해야 한다.
> • 이 척도가 상승할 경우, VRIN 척도와 TRIN 척도를 함께 검토해야 한다.

① S척도　　　　　② F척도
③ F(P)척도　　　　④ ?척도

## 26

다음 중 확률표본추출 방법이 아닌 것은?

① 단순무작위표집　　② 눈덩이표집
③ 유층표집　　　　　④ 군집표집

## 27

괄호 안에 들어갈 말로 알맞게 짝지어진 것은?

> PAI 척도 중 대인관계 척도는 아래와 같은 하위 요인을 측정한다.
> • (㉠) : 대인관계에서의 통제성 및 독립성을 유지하는 정도 평가, 12개 문항
> • (㉡) : 대인관계에서의 지지 및 공감의 정도 평가, 12개 문항

① ㉠ : 조증(MAN)  ㉡ : 편집(PAR)
② ㉠ : 치료거부(RXR)  ㉡ : 신체증상 호소(SOM)
③ ㉠ : 스트레스(STR)  ㉡ : 비지지(NON)
④ ㉠ : 지배성(DOM)  ㉡ : 온정성(WRM)

## 28

다음 심리검사에 대한 설명으로 옳지 않은 것은?

> 이 심리검사는 '예/아니오'로 응답하는 MMPI와는 달리 4점 평정척도로 이루어져 있어 행동 손상이나 주관적 불편감을 좀 더 정확하게 측정하고 평가할 수 있다.

① 344개 문항, 4개 타당성 척도, 11개 임상척도, 5개 치료척도, 2개 대인관계 척도로 구성되어 있다.
② Morey(1991)가 개발한 성인용 성격 및 정신병리 평가를 위한 자기보고형 검사이다.
③ 성인용 검사(PAI)와 청소년용 검사(PAI-A)가 있고 단축형도 있다.
④ MMPI와 같이 내담자 집단의 성격 및 정신병리적 성격 평가에만 유용하다.

## 29

다음은 어떤 척도에 대한 설명인가?

- 가장 높은 수준의 척도
- 절대영점을 가지는 척도
- 사칙연산이 모두 가능한 척도

① 명목척도
② 비율척도
③ 서열척도
④ 등간척도

## 30

RIASEC 유형 중 다음 설명에 해당하는 유형은?

- 추상적 문제나 애매한 상황에 대한 분석적이고 논리적인 탐구활동 선호
- 대인관계나 공동작업을 선호하지 않음
- 새로운 지식, 이론을 추구하는 학문 활동 선호
- 화학자, 인류학자, 지질학자, 디자인 기술자

① 현실형(R)
② 관습형(C)
③ 탐구형(I)
④ 진취형(E)

## 31

다음 중 측정의 기능으로 옳은 것은?

① 측정은 추상적 개념과 현실세계를 일치시키는 기능을 가진다.
② 측정은 주관화하는 것이 가능하고, 평균, 표준편차 점수가 가능해야 한다.
③ 관찰, 현상에 대한 개념 설명이 가능하도록 개념화해야 한다.
④ 과학적 연구 결과는 반복할수록 측정의 오차를 가진다.

## 32

다음은 지능에 대한 설명이다. 괄호 안에 들어갈 말로 알맞게 짝지어진 것은?

Horn과 Cattell은 지능을 (ㄱ) 지능과 (ㄴ) 지능으로 구분하였는데, 이 모형의 가장 큰 특징은 최상위의 개념으로 (ㄷ)를 제시하지 않는다는 것이다.

① ㄱ : 유동성    ㄴ : 결정성    ㄷ : g
② ㄱ : 다중성    ㄴ : 영재      ㄷ : s
③ ㄱ : 유동성    ㄴ : 통합적    ㄷ : g
④ ㄱ : 결정성    ㄴ : 유동성    ㄷ : s

## 33

좋은 심리검사의 요건으로 바르게 짝지어진 것은?

좋은 심리검사는 ( ㄱ ), ( ㄴ ), 객관도, 실용도 등 4가지 요건을 갖추고 있어야 한다.

① ㄱ : 타당도    ㄴ : 신뢰도
② ㄱ : 관찰도    ㄴ : 유지도
③ ㄱ : 발달성    ㄴ : 측정성
④ ㄱ : 기능성    ㄴ : 측정성

## 34

검사의 표준화에 대한 설명으로 옳지 않은 것은?

① 일관성이 확보되어야 한다.
② 과정을 단일화하고, 조건화하므로 검사자의 주관적 의도나 해석이 개입될 수도 있다.
③ 경험적으로 제작된 적절한 규준과 기준 점수, 타당도와 신뢰도를 제시한다.
④ 채점과 해석을 표준화하고, 규준을 설정한다.

## 35

다음은 어떤 신뢰도에 대한 설명인가?

> • 반복측정을 통해 상관관계를 계산하고, 도출된 상관계수로 신뢰도를 추정하는 방법이다.
> • 상관계수가 커질수록, 신뢰도는 높아진다.
> • 이월효과(기억 효과), 성숙효과(반응민감성 효과), 역사요인에 영향을 받는다.

① 동형검사 신뢰도    ② 반분신뢰도
③ 검사-재검사 신뢰도 ④ Cronbach 알파

## 36

규준에 대한 설명으로 옳지 않은 것은?

① 비교대상이 되는 집단을 규준 집단 혹은 표준화 표본집단이라고 한다.
② 비교대상 점수를 연령별, 사회계층별, 직업군별로 정리하여 비교한다.
③ 전형적이거나 평균적인 점수로 수행지표를 제공할 수 있다.
④ 규준은 비교적 영구적이기 때문에 규준집단 검토 및 확인은 한 번만 하면 된다.

## 37

표준점수에 대한 설명으로 옳은 것은?

① Z점수에 5를 곱하고, 40을 더해 평균 40, 표준편차 5인 분포로 전환한 점수가 T점수이다.
② Z점수는 원점수 평균 0, 표준편차 1인 Z분포상의 점수로 변환한 점수이다.
③ 정규분포를 9개로 나눈 다음, 각 부분에 0부터 8까지 부여한 점수를 스테나인 점수라고 한다.
④ T점수 변형으로 평균 50, 표준편차 10인 표준점수를 H점수라고 한다.

## 38

신뢰도를 높이기 위한 방법이 아닌 것은?

① 문항 수를 많게 한다.
② 문항 난이도를 어렵게 한다.
③ 문항 변별도를 높인다.
④ 문항 반응 수는 많아야 한다.

## 39

검사의 표준화에 대한 설명으로 옳은 것은?

① 대표적 규준 집단이나 검사 채점 등 신뢰도를 갖추지 않은 경우가 많다.
② 경험적으로 제작된 적절한 규준과 기준 점수, 타당도와 신뢰도를 제시하고 측정된 결과와 상호 비교한다.
③ 수검자의 일상생활, 주관적 생각 등 객관성 확보를 위해 노력하지 않아도 된다.
④ 객관성 확보를 위해 집단으로 실시하는 것이 좋다.

## 40

다음 타당도에 대한 설명으로 옳은 것은?

> • 논리적 사고에 입각한 논리적 분석 과정으로 판단하는 주관적인 타당도이다.
> • 문항구성 과정에서 그 개념을 얼마나 잘 반영하고 있는지, 해당문항들이 각 내용 영역들의 독특한 의미를 얼마나 잘 나타내주고 있는지를 의미한다.
> • 일반인의 일반적인 상식에 기초한 안면타당도를 포함한다.

① 내용타당도    ② 구인타당도
③ 준거관련타당도    ④ 공인타당도

| 01 | 02 | 03 | 04 | 05 | 06 | 07 | 08 | 09 | 10 |
|----|----|----|----|----|----|----|----|----|----|
| ③ | ① | ② | ③ | ② | ① | ③ | ① | ③ | ④ |
| 11 | 12 | 13 | 14 | 15 | 16 | 17 | 18 | 19 | 20 |
| ④ | ① | ② | ④ | ② | ① | ② | ④ | ② | ③ |
| 21 | 22 | 23 | 24 | 25 | 26 | 27 | 28 | 29 | 30 |
| ② | ② | ③ | ④ | ② | ② | ④ | ④ | ② | ③ |
| 31 | 32 | 33 | 34 | 35 | 36 | 37 | 38 | 39 | 40 |
| ① | ① | ① | ② | ③ | ④ | ② | ② | ② | ① |

## 01 　　　　　　　　　　정답 ③

**표준화검사(Standardized Test)**
검사절차의 표준화를 통해 검사실시 상황이나 환경적 조건에 대한 엄격한 지침을 제공하는 동시에 검사자의 질문방식이나 수검자의 응답방식까지 구체적으로 규정한다. 측정된 결과들을 상호 비교할 수 있도록 해주지만, 수검자의 반응자유도를 좁힘으로써 독특한 반응을 제한하는 단점을 가진다.

## 02 　　　　　　　　　　정답 ①

① 지능검사 과정 중 수검자 관찰을 통해 피검자의 성격적 특징은 물론 피검자의 문제와 관련된 단서를 얻을 수 있다.

## 03 　　　　　　　　　　정답 ②

**L척도(부인척도, Lie)**
• 사회적으로 좋으나 실제로는 극도의 양심적인 사람에게서 발견되는 태도나 행동을 측정하는 문항으로 이성적으로는 가능하나 실제 그대로 실행하기는 어려운 내용이다.
• 심리적 세련, 즉 자신을 좋게 보이려고 하지만 세련되지 못한 시도를 측정한다.
• 수검자의 지능, 교육수준, 사회경제적 위치 등과 연관이 있고, 지능이 높을수록 L척도 점수가 낮다.
• 70T 이상인 경우 자신의 결점을 부인하고 도덕성을 강조하며 고지식하고 부인이나 억압의 방어기제 사용할 가능성이 높다고 판단할 수 있다.
• 80T 이상인 경우 솔직하게 응답하지 않았을 가능성이 크기 때문에 무효로 볼 수 있다.

## 04 　　　　　　　　　　정답 ③

③ 척도 3 Hy(Hysteria, 히스테리)의 특징으로 피암시성이 강하고 스트레스에 대처할 힘이 없어서 책임 회피, 합리화, 타인에 대한 책임전가 등이 주요하게 나타난다.
① 척도 1 Hs(Hypochondriasis, 건강염려증)에 대한 특징이다.
② 척도 2 D(Depression, 우울증)에 대한 특징이다.
④ 척도 4 Pd(Psychopathic Deviate, 반사회성)에 대한 특징이다.

## 05 　　　　　　　　　　정답 ②

② VRIN은 무선반응 비일관성 척도, TRIN은 고정반응 비일관성 척도로, VRIN, TRIN 모두 성실성 척도와 관련된다.

## 06 　　　　　　　　　　정답 ①

② 자아와 환경관계, 역동을 평가하는 것은 주제통각검사(TAT)의 특징이다.
③ 문장완성검사(SCT)의 특징이다.
④ 집－나무－사람 검사(HTP)의 특징이다.

## 07 　　　　　　　　　　정답 ③

베일리유아발달척도(BSID)는 정신척도(Mental Scale), 운동척도(Motor Scale), 행동평정척도(Behavior Rating Scale)로 구성된다.

## 08 　　　　　　　　　　정답 ①

② 공존타당도(동시, 공인타당도)는 새로 제작한 검사의 타당도를 위해 기존에 타당도를 보장받고 있는 검사와의 유사성 혹은 연관성에 의해 타당도를 검증하는 것이다.
③ 구성타당도(구인, 개념타당도)는 검사가 측정하고자 하는 이론적 개념이나 특성을 잘 측정하는 정도를 말한다.
④ 내용타당도(표면, 안면타당도)는 검사의 문항들이 그 검사가 측정하고자 하는 내용을 얼마나 충실하게 측정하는지를 말한다.

## 09 　　　　　　　　　　정답 ③

① 타당도에 대한 설명이다.
② 타당도가 높으면 반드시 신뢰도가 높다. 측정도구가 측정해야 할 개념을 잘 측정하고 있다면 즉, 타당도가 높으면 반드시 신뢰도가 높다고 할 수 있다. 한편, 타당도가 낮다고 해서 반드시 신뢰도가 낮은 것은 아니다.
④ 검사－재검사 신뢰도는 신뢰도가 매우 낮은 추정방법이다. 신뢰도 추정방법 중 신뢰도가 높은 것은 동형검사나 크론바흐 검증법이다.

## 10 　　　　　　　　　　정답 ④

웩슬러 지능검사는 편차 IQ의 개념을 사용하며, 동일연령을 대상으로 실시하여 평균 100, 표준편차 15를 적용·산출한다.

## 11 　　　　　　　　　　　　　　　　　정답 ④

카텔(Cattell)은 인간의 지능을 유전적인 영향에 의해 발달이 이루어지는 유동성지능(Fluid Intelligence)과 경험의 누적에 의해 형성되는 결정성지능(Crystallized Intelligence)으로 구분하였다. 특히 기억력, 추리력, 추론능력 등은 유동성지능에 해당하며, 문제해결능력, 언어능력 등은 결정성 지능에 해당한다고 보았다.

## 12 　　　　　　　　　　　　　　　　　정답 ①

① Wechsler검사의 소검사에서 '빠진 곳 찾기, 차례 맞추기, 토막 짜기, 모양 맞추기, 공통성 문제, 숫자 외우기'는 유동성지능을 반영한다.
②, ③, ④는 결정성지능을 반영한다.

## 13 　　　　　　　　　　　　　　　　　정답 ②

② 신경심리검사는 환자의 상태를 예측하는데 도움을 주지만 일차적 진단도구로서 사용하는 데는 한계가 있다. 환자의 증상 및 기능적 장애의 원인을 파악하고, 그에 적합한 치료방법을 선택하는데 필요한 정보를 제공하는 것을 목적으로 하는 것은 진단이다.

## 14 　　　　　　　　　　　　　　　　　정답 ④

① 객관적 검사인 구조적 검사(Structured Tests)는 높은 객관성의 양적 특징을 지닌다.
② 객관적 검사가 개인들 간의 특성을 상대적으로 비교하는 데 역점을 두는 반면, 투사적 검사는 개인의 독특하고 다양한 반응을 측정하는 데 초점을 둔다.
③ 무의식적 요인이 반영되는 검사는 투사적 검사로 로샤검사(Rorschach Test), 주제통각검사(TAT), 집-나무-사람검사(HTP) 등이 있다.

## 15 　　　　　　　　　　　　　　　　　정답 ②

**로샤검사의 카드별 평범반응**
• 카드 Ⅰ : 박쥐 또는 나비
• 카드 Ⅱ : 동물
• 카드 Ⅲ : 인간의 형상
• 카드 Ⅳ : 인간 또는 거인
• 카드 Ⅴ : 박쥐 또는 나비
• 카드 Ⅵ : 양탄자 또는 동물가죽
• 카드 Ⅶ : 인간의 얼굴 또는 동물의 머리
• 카드 Ⅷ : 움직이는 동물
• 카드 Ⅸ : 인간 또는 인간과 흡사한 형상
• 카드 Ⅹ : 게 또는 거미

## 16 　　　　　　　　　　　　　　　　　정답 ①

① 척도 8 Sc(Schizophrenia, 조현)는 소외, 고립, 배제, 백일몽, 공상, 기이한 사고와 환각 등을 반영한다.

## 17 　　　　　　　　　　　　　　　　　정답 ②

대표적 표준점수는 Z점수와 T점수가 있다. Z점수는 면적이 계산되어 있어서 편리하고 정상분포를 따르며, 평균 0, 표준편차 1인 점수이다. T점수는 소수점과 음수 값을 가지는 Z점수 단점을 보완하기 위해 만들어졌다.

## 18 　　　　　　　　　　　　　　　　　정답 ④

**루리아-네브라스카 신경심리 배터리(=NNB)**
뇌의 각 영역이 하나의 기능체계로서 서로 긴밀하게 작용한다는 사실을 전제로 하는 신경심리검사이다. 뇌손상의 유무, 뇌기능 장애로 인한 운동기능과 감각기능의 결함, 지적 기능장애를 비롯하여 기억력과 학습능력, 주의집중력 등을 포괄적으로 평가한다. 총 269문항으로 이루어져 있으며, 운동, 리듬, 촉각, 시각, 언어수용, 언어표현, 쓰기, 읽기, 산수, 기억, 지적 과정의 11개 척도로 구성되어 있다.

## 19 　　　　　　　　　　　　　　　　　정답 ②

① 베르트하이머(Wertheimer, 1923)가 개발한 다양한 도형 중 9개 도형을 주로 이용한다.
③ 형태심리학과 정신역동이론에 기초한 검사방법이다.
④ 수검자의 시각적 자극을 지각하고 운동 능력을 통한 행동적 미성숙을 탐지한다.

## 20 　　　　　　　　　　　　　　　　　정답 ③

**MBTI의 선호지표에 따른 성격유형**
• 인식기능 : 감각형(S)/직관형(N)
• 판단기능 : 사고형(T)/감정형(F)
• 에너지의 방향 : 외향형(E)/내향형(I)
• 생활양식 : 판단형(J)/인식형(P)

## 21 　　　　　　　　　　　　　　　　　정답 ②

① 건강염려(Hs) : 수검자의 신체적 기능과 건강에 대한 과도하고 병적인 관심 반영 척도
③ 히스테리(Hy) : 현실적 어려움·갈등 회피, 부인기제 사용, 공격성 억제, 전환성 히스테리 지표
④ 편집(Pa) : 대인관계에서의 민감성, 의심증, 집착증, 피해의식, 자기 정당성 등 반영, 편집증적 요인과 신경증적 요인으로 구분

## 22 정답 ②

① 시각 – 운동통합발달검사(VMI) : 2~15세 아동 및 청소년 대상, 시각·운동 통합 능력 평가, 시지각과 소근육 협응 능력 평가, 학습 및 행동 문제 예방, 아동에게 익숙한 도형 제시, 청각장애나 언어장애가 있는 아동에게도 적용 가능
③ 덴버 발달검사(DDST) : 콜로라도 의대 개발, 생후 1개월~6세까지 아동 대상, 대상 아동 직접 관찰, 부모와 해당 아동을 항시 돌보는 사람에게 입수되는 자료를 통해 발달상태 확인, 발달지체가 의심되는 아동을 발견하기 위한 목적으로 시행
④ 벤더 – 게슈탈트검사(BGT) : 시각적 자극 지각, 운동 능력으로 이를 묘사하는 과정 관찰, 행동적 미성숙 탐지, 그림 – 도형 검사로 아동에게 적용 가능하나 발달검사는 아님

## 23 정답 ③

표준화 검사의 특징 : 모든 검사는 규준을 가지고 있고, 검사 실시의 절차는 엄격히 통제되며, 두 가지 이상의 동등형을 만들어 활용할 수 있다. 반면에 반응의 자유도를 좁혀 독특한 반응을 제한하는 단점이 있다.

## 24 정답 ④

**SSCT 검사**
• 가족, 성, 대인관계, 자아개념의 4가지 영역의 주요 태도를 유도할 수 있는 미완성 문장을 만들도록 하여 개발하였다.
• 가족, 성, 대인관계, 자아개념에 대한 기술로 총 50개 문항으로 측정한다.
❖ 좋은 심리검사는 타당도, 신뢰도, 객관도, 실용도를 갖추어야 한다.

## 25 정답 ②

① S척도(과장된 자기제시척도, Superlative Self – Presentation) : 인사선발, 보호감찰, 양육권 평가 등 도덕적 결함을 부인하고 자신을 과장된 방식으로 표현하는 것을 평가
③ F(P)척도 : VRIN과 TRIN척도 점수를 함께 검토한 결과, 무선반응이나 고정반응으로 인해 F척도 점수가 상승된 것이 아니라고 판단될 때 사용, 실제 정신과적 문제인지, 의도적으로 자신을 부정적으로 보이려고 한 것인지 판별할 때 사용
④ ?척도(Cannot Say) : 응답을 하지 않았거나 '예/아니오' 모두에 응답한 문항들의 총합 점수, 방어적인 태도를 측정, 30개 이상의 문항이 누락되었거나 양쪽 모두에 응답하는 경우 프로파일 무효

## 26 정답 ②

• 확률표본추출 : 단순무작위표집, 유층표집, 계통표집, 군집표집
• 비확률표본추출 : 판단표집, 할당표집, 편의표집, 눈덩이표집

## 27 정답 ④

PAI 대인관계 척도 : 지배성(DOM) & 온정성(WRM)

## 28 정답 ④

PAI검사(Personality Assessment Inventory)는 Morey(1991)가 개발한 성인용 성격 및 정신병리 평가를 위한 자기보고형 검사로 성인용, 청소년용 검사와 168개 문항의 단축형 검사가 있다. 344개 문항, 4개의 타당성 척도, 11개의 임상척도, 5개의 치료척도, 2개의 대인관계 척도로 구성되어 있다. 가장 큰 특징은 정신병리 환자들뿐 아니라 정상 성인 진단에 모두 유용하고, MMPI와는 달리 4점 평정이라 좀 더 정확한 측정과 평가가 가능하다는 점이다.

## 29 정답 ②

① 명목척도 : 성격이 다르다는 범주를 표현, 양적으로 '크거나 작다/많거나 적다' 등의 구분 불가
③ 서열척도 : 등급을 순서대로 결정하는 척도로 순위만 결정, 등급 간 격차가 없고, 등가 구분
④ 등간척도 : 크기의 정도 제시 척도, 대상의 '크다/작다' 구분 가능, 간격 동일

## 30 정답 ③

① 현실형(R) : 손이나 도구를 활용하는 활동 선호, 기술직, 자동차 엔지니어, 농부, 전기기사 등
② 관습형(C) : 구체적 정보로 정확성 요구, 숫자를 이용하는 활동 선호, 사무직, 컴퓨터 프로그래머, 은행원, 회계사 등
④ 진취형(E) : 지위와 권한을 통해 타인과 함께 일하고 조직화된 환경 선호, 기업가, 정치가, 연출가 등

## 31 정답 ①

**측정의 기능**
• 측정은 추상적 개념과 현실세계를 일치시키는 기능을 가진다.
• 측정은 객관화시키는 것이 가능하고, 측정이 가능하도록 표준화할 수 있다.
• 관찰 대상이나 현상에 대한 변수를 통해 통계적 분석이 가능하도록 계량화할 수 있다.
• 과학적 연구 결과는 반복해도 같은 결과를 내는 특징이 있다.

## 32 정답 ①

Cattell은 지능을 유동성 지능과 결정성 지능으로 구분하였다. 지능을 일반 지능인 g와 특수지능인 s로 구분한 학자는 Spearman으로 한 개의 g요인과 다수의 s요인으로 구성된다고 하여 지능의 2요인설을 주장하였다.

## 33 정답 ①

심리검사는 측정하려고 목적한 바를 얼마나 충실하게 재고 있는지를 말해주는 타당도, 측정하려는 대상을 얼마나 정확하게 측정하고 있는가를 보여주는 신뢰도, 채점 및 평가가 일치하는 정도인 객관도, 기대한 목적을 잘 달성할 수 있는 조건에 합치하는 실용도를 갖추어야 좋은 검사라고 할 수 있다.

## 34 정답 ②

② 과정을 단일화하거나 조건화하는 것은 검사자의 주관적 의도나 해석이 개입될 수도 있기 때문에 객관성을 유지해야 하는 심리검사의 표준화에서는 배제되어야 한다.

## 35 정답 ③

- 동형검사 신뢰도(Equivalent-Form Reliability)
  - 새로 개발한 검사와 거의 동일한 검사를 하나 더 개발해서 두 검사의 점수 간 상관계수를 구하는 방법
  - 문항 수, 문항표현 방식, 문항 내용 및 범위, 문항 난이도, 검사 지시 내용, 구체적인 설명, 시간 제한 등으로 동등성 검증
- 반분신뢰도(Split-Half Reliability)
  - 검사를 두 부분의 점수로 분할하여 그 각각을 독립된 두 개의 척도로 사용하여 신뢰도 추정
  - 양분된 각 척도의 항목 수는 그 자체가 완전한 척도를 이루어야 함
  - 단 한 번의 시행으로 신뢰도를 구할 수 있음
- Cronbach 알파 : 문항내적합치도(Item Internal Consistency) 중 하나로 Cronbach-α 계수는 응답 문항 유형이 여러 종류인 검사에 주로 사용

## 36 정답 ④

### 규준(Norm)의 특징

- 특정검사 점수의 해석에 필요한 기준이 되는 정보로 한 개인의 점수가 평균이나 표준편차 내에서, 집단 내 어떤 의미를 지니는지 보여주는 것을 의미한다.
- 비교대상 점수를 연령별, 사회계층별, 직업군별로 정리하여 비교한다.
- 전형적이거나 평균적인 점수로 수행지표를 제공할 수 있다.
- 비교대상이 되는 집단을 규준 집단 혹은 표준화 표본집단이라고 한다.
- 규준은 절대적이거나 영구적이지 않기 때문에 모집단을 잘 대표하는지 확인하는 과정이 반드시 필요하다.

## 37 정답 ②

### 대표적 표준점수

| 표준점수 종류 | 내용 |
|---|---|
| Z점수 | • 원점수 평균 0, 표준편차 1인 Z분포상의 점수로 변환한 점수이다.<br>• Z점수 0은 원점수가 정확히 평균에 위치한다는 의미이다.<br>• Z점수 = (원점수-평균) ÷ 표준편차 |
| T점수 | • 소수점과 음수값을 가지는 Z점수 단점을 보완하기 위해 만들어졌다.<br>• Z점수에 10을 곱하고, 50을 더해 평균이 50, 표준편차가 10인 분포로 전환한 점수이다.<br>• T점수 = 10 × Z점수+50 |
| H점수 | • T점수 변형으로 평균 50, 표준편차 14인 표준점수이다.<br>• H점수는 T점수 보완하려고 만들어졌다.<br>• H 점수 = 14 × Z점수+50 |

## 38 정답 ②

### 신뢰도에 영향을 미치는 요인

- 문항 수가 많아야 한다.
- 문항의 난이도가 적절해야 한다(난이도가 쉽거나 어려우면 안 된다).
- 문항 변별도가 높아야 한다.
- 검사도구의 측정 내용의 범위가 좁아야 한다.
- 검사 시간은 길고, 속도는 빨라야 한다.
- 문항 반응 수가 많아야 한다.

## 39 정답 ②

### 검사의 표준화

- 일관성 확보를 위해 노력해야 한다.
- 채점과 해석을 표준화하고, 규준을 설정한다.
- 검사 실시 환경에 대해 엄격한 지침을 제공한다.
- 과정을 단일화하고 조건화하여, 검사자의 주관적 의도나 해석이 개입될 수 없도록 한다.
- 경험적으로 제작된 적절한 규준과 기준 점수, 타당도와 신뢰도를 제시하고 측정된 결과와 상호 비교한다.

## 40 정답 ①

질적인 타당도라고 할 수 있는 내용 타당도의 설명으로 전문가의 분석 과정을 포함하는 주관적 타당도인 내용타당도에는 일반인의 상식에 기초한 안면타당도도 포함되어 있다.

01. 임상심리학의 기초

02. 임상적 평가

03. 임상적 개입과 기초이론

04. 심리치료 개관

05. 여러 분야와의 연결성

06. 전문적 임상심리학자의 역할

## 출제경향

임상심리학은 심리학의 역사와 심리학 이론에 대한 부분, 심리평가 기초, 심리치료의 기초, 임상심리학의 자문, 교육, 윤리에 대한 부분, 그리고 임상 특수 분야에 대해 다룬다. 심리학의 역사와 개관에서는 심리학의 현대적 발전과 임상심리학의 발전 및 최근 동향을 살피고, 심리학의 이론을 살피면서 심리학적 관점에 중점을 둔다. 심리평가의 기초에서는 면접의 개념·유형, 행동평가의 개념·방법, 성격평가의 개념·방법과 심리평가의 계획·실시·해석에 대한 부분에서 출제가 이루어진다. 심리치료의 기초에서는 행동, 인지행동, 정신역동, 인본주의 등의 심리치료 개념과 특징, 시행방안 치료 등이 중요하다. 또한 임상심리학의 자문, 교육, 윤리적인 측면과 임상 특수 분야에 대한 행동의학 및 건강심리학, 신경심리학, 법정 및 범죄심리학, 소아과심리학, 지역사회심리학 부분이 중점적으로 출제된다.

# Chapter. 01
# 임상심리학의 기초

임상심리학이 걸어온 길을 정리하고 임상심리학의 개념에 대해 학습한다.

## 1 » 임상심리학의 개념

**1) 임상심리학의 정의** : 임상심리학은 현재 개인, 연인, 가족에 제공되는 수많은 접근의 개입과 예방 서비스를 수행하고 있다. 또한 임상심리학의 실제는 자문 활동, 연구, 프로그램의 개발과 평가, 다른 정신건강 전문가에 대한 슈퍼비전, 건강관리 서비스의 시행 등과 같은 정신장애자를 직접 접촉하지 않는 간접적 서비스를 포괄한다. 임상심리학의 정의는 혁신되고 있으며, 새로운 방향이 나타남에 따라 업데이트되고 있다.

**2) 세계 각국 학회에서 밝히는 임상심리학의 정의**

| | |
|---|---|
| 미국심리학회<br>임상심리학 분과 | 인간의 적응과 개인적 발달을 촉진하는 것은 물론이고 부적응과 장애, 불편감을 이해, 예측 및 경감시키기 위해서 과학과 이론, 그리고 실제를 통합한 분야이다. 또한 다양한 문화와 모든 사회·경제적 수준에서 인간의 의지적, 정서적, 생물학적, 심리학적, 사회적, 행동적 측면에 초점을 맞추는 분야이다. |
| 영국심리학회<br>임상심리학 분과 | 심리학적 이론과 자료에서 나온 지식을 체계적으로 적용하여 심리적 고통을 감소시키거나, 심리적 Well-being을 증진시키는 것을 목적으로 한다. |
| 캐나다심리학회 | 심리학이라는 학문을 바탕으로 한 폭넓은 분야의 연구와 실제이며, 심리학의 원리를 심리적 고통, 장애, 역기능적 행동, 건강위험행동의 평가, 예방, 개선, 재활, 그리고 심리적·신체적 Well-being 증진에 적용하는 분야이다. |

TIP

**임상심리학**

임상심리학(clinical psychology)은 심리학의 한 분야로 인접 학문에서 연구된 이론을 부적응 문제 및 진단 치료에 적용하는 학문이다. 즉, 임상심리학은 임상 장면에서 개인의 행동이나 정신 이상, 부적응을 진단·치료하여 환경에 잘 적응하도록 하는 응용 심리학의 일종이다.
임상심리학은 1896년 위트머(Witmer)가 몸이 불편한 아동을 위해 펜실베니아 대학에 심리 클리닉을 설립한 것으로 시작되었고, 1909년에는 힐리(Healy)가 청소년 범죄자를 돕기 위한 시설을 설립하였다. 1930년대에는 미국 전역으로 정신분석학 사상이 그 뿌리를 내렸으며, 컬럼비아 대학에 정식으로 임상심리학 관련 학과와 양성 코스가 생기도 하였다. 제2차 세계대전 당시에는 군인들이 여러 심리적·정신적 스트레스에 시달려 진단 및 치료가 필요했는데, 이는 임상심리학이 본격적으로 발달하게 된 계기가 되었다.

**462** Chapter 01 임상심리학의 기초

| 뉴질랜드<br>임상심리학자협회 | 심리학은 행동에 대한 과학이며, 심리학자는 개인, 가족, 집단, 문화에 대한 연구를 통해 정서, 사고, 성격, 기술, 학습, 동기, 지각, 감각을 이해한다. 임상심리학은 변화 및 발전을 위해, 혹은 개인적 목표를 성취하거나 고통을 경감시키기 위해 개인이나 가족에게 심리학적 이해를 적용하는 학문분야이다. |
| --- | --- |
| 한국심리학회 | 심리학의 한 분야로서 개인이나 집단이 겪는 심리적인 문제를 이해 · 평가 · 치료(예방 포함)하는 것에 초점을 둔다. 따라서 임상심리학자가 하는 일은 각종 문제가 보이는 사람을 돕기 위해 심리학의 각 분야에서 개발된 이론을 개인이나 집단의 상황에 적절하게 적용하고, 임의의 효과에 대한 평가와 연구를 수행하는 것이다. |
| 한국임상심리학회 | 심리학의 꽃으로도 불리는 임상심리학은 인간의 심리적 고통 및 심리적 건강과 관련된 심리치료, 심리평가, 연구, 교육, 자문, 예방, 재활 등을 담당하는 심리학의 전문 영역이다. |

## 3) 임상심리학의 시작

(1) **위트머(Witmer)의 심리진료소 설립** : 임상심리학은 위트머(Witmer)가 *심리진료소를 설립하면서 시작되었으며, '임상심리학'이라는 용어는 1907년 위트머가 창간한 심리진료소의 기관지 「The Psychological Clinic」에 발표한 논문에 처음으로 등장한 것이다.

(2) 심리학은 행동을 연구하는 과학이다.

(3) 임상심리학은 특정한 개인, 구체적으로는 정서 · 인지 · 행동장애가 있는 사람 혹은 특정한 이유 없이 사회생활이 어렵거나 고통을 느끼는 사람을 대상으로 하는 과학이다.

(4) 임상심리학자는 개인의 원인을 파악한 후, 심리상태를 진단하고 치료해 이들로 하여금 효율적인 사회생활을 할 수 있도록 돕고, 조언하며, 서비스하는 역할을 한다.

(5) 임상심리학은 정신장애에 대한 평가, 치료 및 연구에 초점을 둔다.

(6) 임상심리학은 과학에 기초를 두고 있지만 임상가의 직관적 판단력도 필요로 하는 분야이다.

(7) 과학적 연구에서 얻은 결과를 개인, 집단, 조직의 독특하고 특수한 요구에 적용한다.

**기출 DATA**

최초의 심리진료소 설립-Witmer
2019-1회

**TIP**

Witmer의 심리진료소 개설
위트머(Witmer)는 1896년 펜실베니아 대학에 세계 최초의 '심리 클리닉(Psychological Clinic)'을 설립하였고, 1907년에는 임상 심리학의 첫 번째 저널과 최초의 임상 병원 학교를 설립하였다.

기출 DATA
임상심리학의 역사 및 이론가
2017-1회, 2015-1회

TIP

심리학의 발전
분트(Wundt)의 심리학 연구 실험실
→ 카텔(Cattell)의 '정신검사' 용어
최초 사용 → 비네-시몽(Binet-
Simon) 지능검사 개발 → 스탠포드
-비네 지능검사 개발 → 로샤 검사
개발 → TAT검사 개발 → 웩슬러
(Wechsler) 지능검사 → MMPI 검사

실력
TEST

➥ 심리학의 근간은 1879년 Wundt
가 독일 라이프치히에서 심리학
연구 실험실을 만들면서 시작되었
다고 본다.
정답 : ○

## 2 » 임상심리학의 역사

### 1) 세계 임상심리학의 역사

(1) 1879년 분트(Wundt), 독일 라이프치히, 심리학 연구 실험실

(2) 1883년 골턴(Galton), 「인간의 능력과 그 발달에 관한 탐구」

(3) 1890년 카텔(Cattell)이 '정신검사'라는 용어를 최초로 사용

(4) 1892년 미국 심리학회(APA) 창설

(5) 1896년 위트머(Witmer)가 미 펜실베니아 대에 최초의 심리진료소 설립

(6) 1905년 비네(Binet)가 시몽(Simon)과 함께 초등학교 입학 시 정신박약아를 식별하기 위해 비네-시몽 검사 개발

(7) 1907년 최초의 임상심리학 학술지 「The Psychological Clinic」 간행

(8) 1916년 터만(Terman)이 Binet-Simon 검사를 발전시켜 지능검사 도구인 Stanford-Binet 검사 개발

(9) 1917년 미국의 제1차 세계대전 개입과 함께 집단 심리검사 도구인 군대 알파(Army α), 군대 베타(Army β) 검사 개발

(10) 1921년 Rorschach 검사 개발

(11) 1935년 머레이(Murray)와 모건(Morgan)이 주제통각검사(TAT) 개발

(12) 1939년 Wechsler-Bellevue 성인용 지능척도 개발

(13) 1943년 미네소타 다면적 인성검사(MMPI) 개발

(14) 1946년 라파포트(Rapaport), 길(Gill), 섀퍼(Schafer)가 심리검사로 측정되는 특정심리기능 구체화, 임상적-정신병리적 관점에서 「진단적 심리검사」 저술

(15) 1949년 16성격요인검사(16PF) 개발

(16) 1955년 Wechsler 성인용 지능검사(WAIS) 표준화

(17) 1957년 MBTI 개발

(18) 1973년 미국 콜로라도 Vail 회의에서 심리학 박사학위 인정

(19) 1974년 엑스너(Exner)가 여러 학자의 Rorschach 검사에 대한 연구를 종합하여 Rorschach 종합 체계 고안

## 2) 국내 임상심리학의 역사

(1) 해방 이전 : 서구학문 유입에 따라 심리학 도입, 박사 2명, 석사 1명 배출

(2) 1950~60년代
  ① 1946년 조선심리학회 창설(1953년 한국심리학회로 개칭), 재미심리학자 염광섭 박사와 임상심리 장교 존스(Jones)가 임상심리학 소개
  ② 1946년 서울대 심리학과 창설
  ③ 1958~1959년 성균관대 임상심리학 강의 개설

(3) 1960~70년代 초반
  ① 1964년 한국심리학회 산하 임상심리분과회 설립
  ② 1967년 학술지 「임상심리학보」 간행
  ③ 1971년 한국심리학회에서 임상 및 상담심리전문가 자격 규정 공표
  ④ 1972년 고려대 박사과정 개설
  ⑤ 1973년 한국심리학회에서 임상 및 상담심리 전문가 배출

(4) 1970년代 중반~80년代
  ① 1975년 한양대 병원에 1년제 수련과정 개설
  ② 1981년 서울대 병원에 3년제 임상심리 연수원 개설

(5) 1980년代 후반 이후부터 현재까지
  ① 1987년 임상심리학회가 한국심리학회에서 독립
  ② 1997년 「정신보건법」 발효와 함께 학회 공인 전문가가 보건복지부의 국가자격 정신보건임상심리사 1, 2급으로 변경
  ③ 2002년 정신사무 분야로서 임상심리사 1, 2급이 국가기술자격으로 인정

**TIP**

**한국에서의 임상심리학**

임상심리학이 한국의 심리학계에 소개된 것은 8.15 광복 이후 미군정 요원으로 귀국했던 교포 염광섭과 미군 임상심리학자인 Jones 덕분이다. 전일제 임상심리학자가 정신병원에서 활동하기 시작한 것은 1962년도이며, 1964년에는 한국 임상심리학자들의 첫 공식 모임인 한국심리학회 산하 임상심리분과회가 탄생되었다. 한국전쟁 이후에는 미국 정신의학의 조류를 본격적으로 받아들이기 시작했으며, 임상심리학을 전공한 심리학자가 정신의학적 임상 장면에도 직접 참여하기 시작했다.

### 3 》》 임상심리학자의 역할

#### 1) 진단 및 평가

(1) 한 내담자의 문제를 평가하기 위해서는 개인의 정신적 장애뿐만 아니라 직업적 흥미나 대인관계 등 다양한 측면에 대한 분석이 필요한데, 이러한 분석에 필요한 것이 심리검사를 이용한 심리평가이다.

(2) 심리평가는 오랫동안 임상심리학자들의 주요 업무로 인식되어 왔으며, 현재에 이르기까지 임상심리학자들은 심리검사를 실시하고 해석하는 전문가 집단으로서 기능하고 있다.

(3) 심리검사에는 한 개인의 지적 능력을 평가하는 지능검사에서부터 성격검사, 신경심리검사, 행동관찰 등 다양한 검사가 있다.

(4) 최근에는 개인의 정신문제에 관여하는 뇌손상을 연구하는 신경심리학이 크게 대두되고 있다.

(5) 임상심리학자들은 다양한 심리검사와 자신의 임상적 지식을 통해 각종 면담이나 각종 촬영기구들로는 밝혀낼 수 없는 개인의 어렵고 복잡한 정신적, 정서적 문제들을 진단한다.

#### 2) 치료

(1) 심리치료는 오랫동안 정신과 의사의 전유물인 것처럼 인식되어 왔다. 그러나 사회가 복잡해짐에 따라 개인의 문제 또한 다양해지고 있다.

(2) 따라서 전통적인 정신역동치료나 약물치료를 통해 내담자를 치료하는 데에는 점차 한계가 드러나고 있다.

(3) 개인이 속한 문화적 맥락을 고려한 치료방식이 필요하다. 이러한 다양한 요소를 고려하고 심리학적 지식을 활용하여 개인을 치료하는 전문가가 바로 임상심리학자이다.

(4) 임상심리학자는 보다 과학적이고 효과를 검증할 수 있는 치료방법을 만들기 위해 노력한다. 치료자에 따른 치료효과의 차이를 최소화하여 누구나 일정 수준의 수련을 마치면 비슷한 치료효과가 나타날 수 있도록 치료기술을 표준화하고 체계화하려는 작업을 하고 있으며, 이를 위해 체계적인 치료 지침서들을 제작하고 있다.

(5) 특정 진단이나 문제별로 가장 효과적인 치료기법이 무엇인지를 연구하여 증거 기반 심리치료를 현장에 적용하기 위해 노력하고 있다.

### 3) 교육 및 훈련

(1) 교육은 임상심리학자의 또 다른 주된 업무이다. 대학의 교수진으로 활동하고 있는 임상심리학자들은 대학 학부생이나 대학원생을 위한 수업에 많은 시간을 보낸다.

(2) 임상심리학 교수는 성격심리학, 이상심리학, 임상심리학, 건강심리학, 심리치료, 고급정신병리, 심리평가, 집단치료 등의 과목을 담당한다.

(3) 병원이나 기타 수련기관에 속한 임상심리학자는 후배 임상심리학도의 수련을 담당하는 감독자로 활동하게 된다.

(4) 수련생의 이론교육과 심리평가, 심리치료에 대한 임상 지도감독을 실시한다.

(5) 병원에 속한 임상심리학자는 교수진으로서 의과대학 수업을 담당하기도 한다.

(6) 이 밖에도 임상심리학자들은 인간관계 전문가로서 기업인을 대상으로 한 강의에 나서기도 하며, 다양한 분야에서 임상심리학적 지식을 전달한다.

(7) 지역사회에서는 교사나 학부모 자원상담자를 위한 정신건강 강의, 노인 대상의 신경인지장애 예방 강의를 하고, 경찰관, 보호관찰관, 사회복지 공무원, 성직자 등을 대상으로 한 면접, 대화 기술 강의, 집단 프로그램 등 다양한 주제의 워크숍을 이끌기도 한다.

### 4) 자문

(1) 임상심리학자는 정신건강 전문가를 비롯한 개인과 교육계를 비롯한 일반 기업에 자문을 제공할 수 있다. 예를 들어, 학생생활지도에 어려움을 겪는 교사나 심리치료 과정 중 위기에 처한 동료 등에게 자문해주고, 산업 현장에 있는 노동자에게 스트레스를 관리할 수 있는 방안을 제시해줄 수 있다. 또한 교도소의 교도관에게 범죄자들을 다룰 수 있는 전문적 방법에 대해 조언해줄 수도 있다.

(2) 병원에는 특정치료를 받지 않으려는 환자를 어떻게 다루어야 하는지에 대해서 자문해줄 수 있으며, 사업체에는 인사채용이나 승진 등의 심사에 대해 자문을 제공할 수 있다.

(3) 자문은 임상 사례부터 업무, 인사, 기업의 이윤 문제까지 전 영역을 포괄하며, 개인과 조직을 모두 다룬다.

(4) 자문은 치료나 개입과 관련되기도 하고, 예방과 관련되기도 한다.

(5) 최근에는 온라인 심리검사나 정신건강 관련 콘텐츠에 대한 수요가 폭발적으로 늘어나고 있으며, 임상심리학자들은 이런 콘텐츠 구성에 직·간접적으로 참여하고 있다.

## 5) 연구

(1) 연구는 임상 심리학자를 다른 분야의 전문가들과 가장 크게 구분시켜주는 영역이다. 임상심리학자가 수행하는 연구가 바로 임상현장에서 정신과 내담자를 이해하고 치료하는데 직접적인 도움을 줄 수 있기 때문이다.

(2) 임상심리학자가 수행하는 연구의 범위는 넓다. 정신장애의 원인에 대한 탐색, 특정 정신병리의 진단을 위한 방법이나 도구 개발 및 타당화, 또한 어떤 치료방법이 특정 장애의 치료에 가장 효과적인지, 특정 질병에 걸리기 쉬운 사람들의 특성이 따로 있는지 등을 조사하는 것도 심리학자의 역할이다.

(3) 연구를 담당하는 임상심리학자들은 심리학과가 있는 대학이나 의과대학에 소속되어 있는 연구진들이다. 이들은 다양한 연구를 수행하고, 이를 학술지나 학술대회 등을 통해 발표한다.

(4) 치료 장면에 속한 임상심리학자들의 경우에는 연구에 특화된 활동은 하지 않지만, 소속 기관의 필요에 따라 매우 실용적인 연구를 하기도 한다.

(5) 모든 임상심리학자가 연구를 수행하지는 않는다. 그러나 임상심리학자는 전문적인 임상활동을 위해 꾸준히 연구 자료를 수집하고 분석한다.

(6) 학술지와 학술회의 등에 정기적으로 참석하는 등 많은 시간을 학문적 정보 습득에 투자한다.

## 6) 과학자-전문가 모델에 따른 역할

(1) 특징

① 1949년 미국 콜로라도 볼더(Boulder) 심리학회 회의에서 임상심리학자의 수련에 관해 과학자-전문가 모델을 제시하였으며, 이를 Boulder모델이라고도 한다.

② 임상심리학자의 수련과 학제 간의 관계 형성을 통한 진단, 평가, 연구, 치료에 중점을 둔 심리학적 영역을 부각하였다.

③ 과학과 임상 실습에 통합적으로 접근하고, 임상심리학자가 과학자이자 서비스 제공자로서의 역할을 동시에 수행할 것을 강조하였다.

(2) 실제

① 이론적·학문적·응용적·임상적 역량을 강화한다.

② 연구방법론을 개발해 기술과 기법에 능숙한 임상가가 될 것을 강조한다.

③ 연구자로서 끊임없이 연구하고, 발견된 지식을 통해 인간 행동의 변화를 위한 실천을 하는 실무자로서의 역할을 모두 담당한다.

---

기출 DATA

과학자-전문가 모델
2017-3회, 2015-1회

TIP

과학자-전문가 모델
(Scientist-Practitioner Model)
응용 심리학자에게 연구 및 과학적 실무의 기초를 제공하는 심리학 교육 프로그램을 위한 수련 모델 처음에는 데이비드 샤코우(David Shakow)가 이 모델의 초기 버전을 만들어 학계에 소개했다가, 1949년 콜로라도주의 볼더 회의에서 임상 심리학 프로그램을 위한 이 수련 모델이 심리학자들과 미국심리학회로부터 공식적으로 임상심리학자를 위한 교육 프로그램의 모델로서 인정을 받았다.

④ 먼저 과학자가 된 이후 임상가(=전문가)가 되어야 한다고 강조하였다.

## 7) 정신건강전문요원의 업무범위

(「정신건강증진 및 정신질환자 복지서비스 지원에 관한 법률 시행령」[별표 2], 제12조 제2항 관련)

### (1) 공통 업무

① 정신재활시설의 운영

② 정신질환자, 내담자 등의 재활훈련, 생활훈련 및 작업훈련의 실시 및 지도

③ 정신질환자, 내담자 등과 그 가족의 권익보장을 위한 활동 지원

④ 법 제44조 제1항에 따른 진단 및 보호의 신청

⑤ 정신질환자, 내담자 등에 대한 개인별 지원계획의 수립 및 지원

⑥ 정신질환 예방 및 정신건강복지에 관한 조사 · 연구

⑦ 정신질환자 등의 사회적응 및 재활을 위한 활동

⑧ 정신건강증진사업 등의 사업 수행 및 교육

⑨ 그 밖에 제1호부터 제8호까지의 규정에 준하는 사항으로 보건복지부장관이 정하는 정신건강증진 활동

### (2) 개별 업무

① 정신건강 임상심리사

 ㉠ 정신질환자 등에 대한 심리평가 및 심리교육

 ㉡ 정신질환자 등과 그 가족에 대한 심리상담 및 심리안정을 위한 서비스 지원

② 정신건강 간호사

 ㉠ 정신질환자 등의 간호 필요성에 대한 관찰, 자료수집, 간호 활동

 ㉡ 정신질환자 등과 그 가족에 대한 건강증진을 위한 활동의 기획과 수행

③ 정신건강 사회복지사

 ㉠ 정신질환자 등에 대한 사회서비스 지원 등에 대한 조사

 ㉡ 정신질환자 등과 그 가족에 대한 사회복지서비스 지원에 대한 상담 · 안내

**TIP**

정신건강전문요원
정신건강 임상심리사, 정신건강 간호사, 정신건강 사회복지사

**TIP**

정신건강 전문요원의 공통 업무와 개별 업무
- **공통 업무** : 재활시설 운영, 정신 진단 및 보호 신청, 정신질환 예방 업무, 정신건강 사업 수행
- **개별 업무** : 임상심리사(심리 진단 및 평가, 내담자뿐 아니라 가족에 대한 심리 상담 및 서비스), 간호사(관찰, 자료수집, 간호활동), 사회 복지사(사회서비스 지원 안내, 사회서비스 관련 상담)

**실력 TEST**

➡ 정신건강 임상심리사는 정신질환자 등에 대한 심리평가 및 심리교육뿐 아니라 그 가족에 대한 심리상담 및 심리안정을 위한 서비스도 지원한다.

**정답** : ○

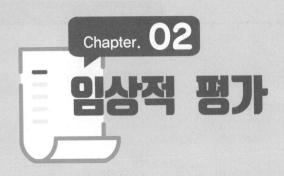

# Chapter. 02
# 임상적 평가

**학습포인트**

임상심리학에서 가장 중요한 요소인 평가는 무엇이고,
관찰과 면담은 어떻게 이루어지는지 학습한다.

## 1 » 평가

**TIP**

임상심리사에게 있어 가장 핵심적인 역할은 진단 및 평가 관련 활동이다. 객관적이고 과학적인 근거와 인간 자체에 대한 존중과 지식, 임상경험을 연결시키는 종합적인 진단 과정을 통해 정신병리에 대한 문제 해결과 개입을 제공한다(통합적 과정).

### 1) 의의

(1) 심리검사와 상담, 행동관찰, 전문지식 등 여러 방법을 토대로 자료를 수집하고, 이에 기반하여 종합적인 평가를 내리는 전문적인 작업과정

(2) 인간에 대한 심리학적 지식, 정신병리와 진단에 대한 지식, 임상적 경험 등을 통해 이루어지는 지식과 이론의 통합과정

(3) 심리검사의 결과를 제시하는 것이 아니라 다양한 정보를 종합해 도움을 주는 문제 해결의 과정

### 2) 목적 및 기능

(1) 임상적 진단의 명료화, 세분화

(2) 증상 및 문제의 심각도 구체화

(3) 자아 강도 평가

(4) 인지 기능 측정

(5) 적절한 치료유형 제시, 효율적 방법 제안

### 3) 치료 전략 기술

(1) **치료적 관계로 유도** : 치료에 대한 내담자 반응 검토, 치료효과 평가

(2) **주요 내용**
① 인지기능에 대한 평가
㉠ 전반적 지적 기능, 논리적·추상적 사고능력, 주의집중력에 대한 평가

ⓛ 문제 상황이나 스트레스 상황에서의 인지적 대처양식에 대한 평가

② 성격 역동에 대한 평가

  ㉠ 불안, 우울, 충동성, 공격성 등 현재 정서 상태에 대한 평가

  ㉡ 내담자의 문제에 영향을 미치는 정서적 측면 평가

  ㉢ 자아강도, 정서조절, 충동 통제력에 대한 평가

③ 대인관계에 대한 평가

  ㉠ 가족, 친구, 동료, 타인과의 상호적 대인관계 평가

  ㉡ 대인관계의 양상 및 패턴 평가, 대인관계에서의 기능과 역할 수행에 대한 평가

(3) 진단 및 감별 진단

① 검사 결과 및 검사 수행 시 나타난 정서적, 행동적 양상에 대한 평가

② 생활사적 정보 등을 포함한 종합적 평가

③ 성격장애, 기분장애, 정신지체(지적 장애) 등 정신의학적 진단에 따른 분류

④ 예후 및 방향 제시

⑤ 문제 해결을 위한 적절한 치료유형 및 치료전략 제시

⑥ 치료적 경과 및 앞으로의 행동에 대한 예측

(4) 일반적인 과정

① 1단계(검사 전 면담)

  ㉠ 심리검사 의뢰의 목적, 알고자 하는 정보, 수검자 동기, 욕구 기대를 파악한다.

  ㉡ 면담 내용은 결정적 정보를 제공하며, 심리검사를 통해 제공되는 내용과 관련하여 수검자와 합의할 수 있게 한다.

② 2단계(검사 계획 및 심리검사 선정)

  ㉠ 검사 내용을 중심으로 검사 목적에 가장 만족스러운 검사를 선택하고 이루어지도록 한다.

  ㉡ 검사의 신뢰도와 타당도를 검토하고, 검사의 실용성을 고려한다.

③ 3단계(검사 환경 조성)

  ㉠ 초기 단계부터 라포 형성에 주의해야 하며, 정서에 대한 적절한 대처를 해야 한다.

  ㉡ 검사 반응에 영향을 미칠 수 있는 조건을 통제하도록 노력한다.

**TIP**

임상심리사의 평가
인지기능 평가, 성격 평가, 대인관계 평가

**TIP**

진단 과정 요약
1단계 : 사전면담 → 2단계 : 검사 계획 및 심리검사 선정 → 3단계 : 검사환경 검토 → 4단계 : 검사 실시와 관찰 → 5단계 : 채점 및 해석 → 6단계 : 사후 면담 → 7단계 : 종합 평가 → 8단계 : 검사 결과에 대한 면접

④ 4단계(검사 실시와 행동관찰)

　　㉠ 심리검사 배터리로 실시하며, 어떤 종류의 검사를 사용하고, 어느 순서로 시행할 것인지를 고려해야 한다.

　　㉡ 정서적 반응과 행동의 특징을 관찰한다.

⑤ 5단계(검사 채점 및 해석) : 투사적 검사의 경우 고도의 숙련도가 필요하며, 결과 해석에 대한 타당성과 전문성을 높이기 위한 노력을 기울여야 한다.

⑥ 6단계(검사 후 면담)

　　㉠ 수검자의 개인력과 과거력에 대한 정보를 수집하고, 검사 결과를 전문적으로 해석하기 위한 노력을 한다.

　　㉡ 주거환경, 직업상황, 경제적 문제, 현재 상황 등 개인에 대한 판단, 가족 배경, 출생 및 조기발달, 교육적·사회적 발달, 직업력, 성적 적응, 결혼 적응 등 발달적 개인에 대해 조사한다.

⑦ 7단계(종합평가 및 진단)

　　㉠ 핵심적·특징적 내용을 탐색한다.

　　㉡ 수검자의 강점과 취약성을 구별한다.

⑧ 8단계(검사 결과에 대한 면담)

　　㉠ 수검자의 자존감을 높이며, 수검자에게 희망을 갖도록 한다.

　　㉡ 스스로 통찰할 기회를 제공하고, 치료나 상담에 적극적으로 참여하게 한다.

## 4) 평가 및 진단

### (1) 정신상태검사(MSE)

내담자의 인지, 정서, 행동상에 문제가 있는지 평가하고, 내담자의 행동 및 태도, 감각 기능과 사고 기능, 지각장애, 지남력, 기분 및 정서, 통찰력과 자아 개념 등을 검진한다. 직접적 관찰과 질문, 간단한 형태의 검사를 실시하며, 정신병적 이상이나 뇌기능 손상이 의심될 때 사용한다. 비구조적으로 행해지기 때문에 신뢰도가 낮다는 한계점이 있다.

① 정신상태검사에 포함되는 기술 내용

　　㉠ 일반적 기술 : 외양, 행동, 정신활동, 검사자에 대한 태도 등

　　㉡ 기분 및 정서 : 기분, 감정 반응성, 정서의 적절성 등

　　㉢ 말 : 말의 양과 질, 속도, 발음 등

　　㉣ 지각 : 환각 및 착각, 관련 감각기관의 내용 및 특징 등

기출 DATA
정신상태검사 2017-3회

TIP
정신상태검사
(Mental Status Examination)
일반, 정서, 언어, 지각, 사고, 인지,
충동 조절, 인식 정도, 신뢰도

ⓜ 사고 : 사고의 과정 · 형태 · 내용 등

ⓗ 감각 및 인지 : 각성 및 의식 수준, 지남력, 기억, 주의집중, 읽기 · 쓰기 능력, 시공간 능력, 추상적 사고, 상식과 지능 등

ⓢ 충동조절 : 성적-공격적 충동 및 기타 충동의 조절 능력 등

ⓞ 신뢰도 : 내담자의 신뢰도, 자신의 상황에 대한 정확한 보고 능력 등

ⓩ 판단 및 병식 : 사회적 판단능력, 자신이 병들었다는 인식 정도 등

② 정신상태검사에서 주목해야 할 내담자의 행동 및 심리적 특성

ⓖ 외모와 외형적 행동에 대한 평가 : 헝클어진 머리, 지저분한 옷차림/화려한 옷차림, 얼굴 근육의 떨림, 다리 떠는 행동, 긴장된 자세 등 특징적 행동, 외모에 신경 쓰지 않은 채 침울한 표정으로 느린 행동을 하는 등 우울증에 대한 진단적 단서

ⓛ 사고과정 및 언어행동에 대한 평가 : 사고의 비논리성/비현실성, 모호함/혼란스러움, 연상의 이완, 사고의 비약, 말이 지나치게 많거나 적음, 비현실적 내용을 혼란스럽고 지리멸렬한 논리로 이야기하는 등 조현병에 대한 단서

ⓒ 기분 및 정서반응에 대한 평가 : 우울감, 불안감, 고양된 감정, 기분의 급격한 변화, 감정 표현의 억제/제한, 부적절한 감정 표현 등

ⓡ 지적 능력 및 기능 수준에 대한 평가 : 간단한 어휘 검사, 속담 검사, 산수 검사 등을 통해 내담자의 지적 능력 및 기능 수준을 대략적으로 평가 가능

ⓜ 현실감각에 대한 평가 : 자신이 처한 상황에 대한 올바른 인식능력, 지남력 평가

(2) 행동평가

① 특징

ⓖ 인간의 행동양식에 대한 객관적 척도를 중시하는 행동주의 이론에 근거한다.

ⓛ 검증이 어려운 내적 과정으로서의 무의식을 문제행동의 주요 원인으로 보는 정신역동적 평가에 대한 반발로부터 시작되었다.

ⓒ 행동평가는 행동주의 이론을 바탕으로 특수한 상황에서 나타나는 내담자의 구체적인 행동, 사고, 감정, 생리적 반응에 관심을 갖는다.

ⓡ 경험적 방법론에 기초하여 관찰 가능한 행동에 대해 설명할 수 있어야 한다.

ⓜ 개인적 · 상황적 요인은 문제행동과 상호교환적인 영향을 끼친다.

ⓗ 특정 상황에 대한 개인의 행동에 초점을 두며, 문제행동 및 이를

**기출 DATA**

행동평가의 특징★
2020-3회,
2019-3회, 2016-3회

**TIP**

행동평가(Behavioral Assessment)
• 면담질문지와 평정척도 : 총 16개의 문항을 질문, 문제행동에 대한 심도 깊은 답변 촉진
• 직접적 행동관찰 방법 : 일상적인 환경 내의 행동을 명료화
• 시간분산표집법 : 관찰자가 미리 선정한 일정 시간 내 특정 행동을 지속적으로 관찰, 행동의 규칙성 탐색
• ABC 분석방법 : 문제행동 발생 전과 후, 선행 및 후속 결과의 자극 파악

유발하는 특수 자극 상황에 대해서도 평가한다.

② 행동평가의 기능
ㄱ 목표행동의 결정
ㄴ 동일 기능 행동의 발견
ㄷ 대안적 행동의 발견
ㄹ 결정 요인의 발견
ㅁ 기능적 분석의 발달
ㅂ 치료적 전략의 고안
ㅅ 치료적 개입의 평가
ㅇ 내담자-치료자 간의 상호작용 촉진

③ 행동평가의 기본원리로서 ABC 패러다임
ㄱ 인간의 행동은 선행조건이나 요인으로서 환경적 자극에 의해 동기화되며, 행동에 따른 결과에 의해 전적으로 결정된다고 보았다.
ㄴ 행동주의 이론에서는 환경적인 선행조건과 결과에 관심을 가진다.
선행조건(Antecedent) → 행동(Behavior) → 결과(Consequence)
ㄷ 행동평가는 선행조건, 목표행동, 행동결과를 구체적으로 밝힌다.
ㄹ 행동 특성에 대한 법칙정립적 접근 vs 개별사례적 접근
ⓐ 법칙정립적 접근
• 행동 특성은 모든 사람에게 동일한 의미로 존재한다는 가정에 기초
• 행동 특성이 모두에게 동일한 의미를 가지므로 사람 간의 비교가 가능
• 독특성은 특성차원 수준의 독특한 조합을 의미, 차원 자체는 모두에게 동일
ⓑ 개별사례적 접근
• 행동 특성은 사람마다 고유한 의미를 가진다는 가정에 기초
• 행동 특성이 사람마다 질적으로 다르고 서로 다른 척도상에 있으므로 사람 간 비교가 불가능
• 법칙정립적 접근의 과도하게 단순화된 결과를 지양

④ 기능적 행동평가
정서행동장애를 가진 학생의 문제행동과 관련된 진단평가에서 널리 사용되는 방법으로, 환경 내 요인 파악, 목표의 수립, 중재 방법 등을 계획하게 한다.

---

**TIP**

엘리스의 ABCDE 모형
• 과정 : 선행사건(Activating event) → 신념(Belief) → 결과(Consequence)
• 핵심 : 비합리적인 신념(개인, 집단이 가진 비논리적이고 비현실적 신념), 이는 인간의 부정적 행동을 유발하는 모든 형태의 신념
• 비합리적 신념 : 융통성 없는 당위적 사고방식, "~을 절대 해서는 안 된다.", "~을 하면 비참해 질 것이다." 등의 자동적 사고
• 치료 과정 : 논박(Dispute)을 통해 내담자의 비합리적 신념에 의문 제기, 비합리적 신념 → 합리적 신념으로 바꾸는 과정, 새롭게 합리적 신념체계를 수용하게 되면 긍적적 감정(Feeling)을 갖게 되는 것을 치료로 봄

**TIP**

행동평가에 대한 법칙정립적 접근 vs 개별사례적 접근
법칙정립적 접근에서는 행동 특성이 모든 사람에게 동일한 의미를 가진다는 가정하에 사람의 행동을 비교할 수 있는 것으로 본다. 반면, 개별사례적 접근에서는 행동 특성이 사람마다 고유하다는 가정에 기초하여 사람의 행동에는 비교 불가능한 부분도 존재한다고 본다. 행동평가를 위해서는 비교 가능한 법칙 정립적 접근과 비교 불가능한 개별 사례적 접근이 모두 필요하다.

⊙ 1차 진단

ⓐ 평정척도, 면담 질문지, 직접적 관찰 등의 방법

ⓑ 문제행동의 원인, 강화요인 탐색

ⓛ 2차 진단

ⓐ 문제행동에 대한 가설 설정, 실험 분석

ⓑ 환경 내 선행자극, 행동을 지속적으로 유지하는 강화자극 탐색

ⓒ 문제행동의 동기평정척도, 아동의 자해행동 탐색을 위해 개발, 16개 질문에 대한 답 평정

## 5) 심리검사

### (1) 수행양식에 따른 분류

① 최대 수행검사 : 개인이 어떤 과제를 얼마나 잘 수행할 수 있는가를 알아보려는 검사, 능력검사

② 전형적 수행검사 : 개인이 주어진 상황에서 어떤 양태로 반응 또는 행동하는가를 알아보려는 검사, 평소에 습관적으로 어떤 행동이나 반응을 하는지 측정, 성격검사, 각종 태도검사 및 흥미검사

### (2) 검사받는 인원에 따른 분류

① 개인검사 : 한 번에 한 사람에게 시행하도록 만들어진 검사, 성격이나 태도를 알아보기 위해 사용되므로 개인의 생활에 대한 중요한 결정을 위해 사용, 비네 지능검사와 일부 투사검사

② 집단검사 : 한 번에 여러 사람에게 시행할 수 있도록 만들어진 검사, 학교나 산업체 등 여러 기관에서 집단적으로 성취, 지능, 적성, 성격 등을 조사할 때 사용

### (3) 채점방식에 따른 분류

① 객관식 검사 : 검사의 채점 준거가 명확하여 누가 채점하더라도 같은 결과가 나오도록 제작된 검사, 진위형 검사와 선다형 검사

② 주관식 검사 : 채점자에 따라 그 결과가 다소 달라질 가능성이 있는 검사, 투사검사

### (4) 제작방식에 따른 분류

① 표준화 검사 : 검사 전문가에 의해 엄격한 표준화 과정을 거쳐 실시, 채점 및 해석이 이루어지는 검사, 신뢰도와 타당도가 높고 규준이 잘 설정되어 있으며, 다른 집단 간 비교가 용이

**TIP**

심리검사 방법론
• 수행양식에 따라 최대 수행검사와 수행검사로 구분
• 인원에 따라 개인검사와 집단검사로 구분
• 채점방식에 따라 객관적 검사와 주관적 검사로 구분
• 검사 제작방식에 따라 표준화 검사와 비표준화 검사로 구분
• 유의미한 검사 점수에 따라 규준지향검사와 준거지향검사로 구분

**기출 DATA**
투사검사 2019-3회

**기출 DATA**
표준화검사 2020-3회

② 비표준화 검사 : 표준화 과정을 거치지 않고 채점 및 해석이 이루어지는 검사, 신뢰도와 타당도가 낮지만 표준화 검사에서 해석할 수 없는 질적인 부분을 해석하는 용도로 사용

(5) 검사 점수에 의미를 부여하는 참조 체제에 따른 분류

① 규준지향검사 : 대규모의 집단을 사용하여 어떠한 특성을 재고, 집단의 수행 정도에 비추어 한 개인이 받은 점수를 비교 및 해석하는 검사, 대부분의 심리검사가 규준지향검사에 속함

② 준거지향검사 : 개인의 점수를 이미 설정해둔 수행수준과 비교해서 해석하는 검사

## 6) 검사의 제작

(1) 1단계 : 검사 제작 목적 설정

① "왜 이 검사가 필요한가?"에 대한 답을 얻는다.

② 시대적 · 학술적 요구에 의한 검사 제작의 필요성에 답한다.

③ 기존에 제작된 유사 심리검사가 있을 경우, 새로 개발하려는 심리검사가 어떤 면에서 구분이 되는지 분명히 밝힐 수 있어야 한다.

(2) 2단계 : 측정 개념 조작적 정의

① 검사가 측정하려는 내용, 즉 심리적 구성개념을 잘 반영한다.

② 지능, 기술, 적성, 성격, 태도, 동기 등 심리적 구성개념을 정의해야 적절한 문항 개발이 가능하다.

(3) 3단계 : 검사방법 결정

① 검사 제작 목적을 설정하고 측정할 구성개념을 정의했다면 검사방법을 결정해야 한다.

② 검사방법은 과제수행 형식이나 자기보고 형식 중에서 결정한다.

(4) 문항개발 및 검토

① 척도화 방식이나 문항 유형이 정해졌으면 문항을 개발한다.

② 문항의 개수는 2배수 정도로 개발한다.

③ 측정하고자 하는 내용을 충분히 포함하고 있는지, 형식은 적절한지 등 내용과 형식을 모두 검토한다.

(5) 5단계 : 예비검사 실시

① 소수의 응답자에게 예비검사를 실시해 문제점이 없는지 파악한다.

TIP

검사 제작 과정 요약
검사 제작 목적 설정 → 조작적 정의 → 검사방법 결정 → 문항개발 및 검토 → 예비검사 실시 → 문항분석 및 수정 → 본 검사 실시 → 신뢰도와 타당도 검토 → 표준화

② 예비검사의 목적은 문제점을 사전에 검토하고 조절해 문항분석을 위한 자료를 얻는 것이다.

(6) 6단계 : 문항분석 및 수정

① 문항분석을 통해 문항 하나하나가 모두 양호한지 검토한다.

② 예비검사에서 얻은 검사결과를 통계적으로 분석한다.

③ 기본 통계분석은 물론, 문항별 난이도와 변별도, 총점 상관, 오답 정도, 문항분석 지표 등을 활용한다.

(7) 7단계 : 본 검사 실시

① 실제적으로 검사가 잘 만들어졌는지 분석하기 위해 많은 사람을 대상으로 실시한다.

② 검사가 실시될 대상 중 일부를 표집해서 검사결과를 얻는다.

(8) 8단계 : 신뢰도와 타당도 검토

① 본 검사에서 얻은 자료를 분석하여 검사의 신뢰도와 타당도를 검토한다.

② 검사 제작 목적에 맞게 제작되었는지 검토한다.

(9) 9단계 : 표준화

① 검사 제작 목적과 방향에 따라 규준을 작성한다.

② 규준에 따라 규준표를 작성하고 매뉴얼을 작성하여 인쇄한다.

(10) 검사 제작에 대한 방법론(Burish, 1984)

기출 DATA
Burish의 외적 차원 접근
2018-1회

① 외적 준거 접근 : 경험적 방법, 비판의 준거를 외부에서 가져오는 것, 타당성과 기대가치 수용에 대한 비판을 통해 접근하는 것, 특정 집단을 나누는 질문이 될 수 없는 모호한 질문이나 특정 집단이 대답을 하는 경향을 파악해서 문제를 제작하는 방법

② 내적 구조 접근 : 귀납적 방법, 많은 사람에게 공통적으로 해당하는 문항을 선별해서 대부분이 선택하는 답안 외의 것을 선택하는 사람을 특정 집단에 들어간다고 간주하는 제작 방법

③ 내적 내용 접근 : 연역적 방법, 예를 들어 우울하다는 카테고리를 설정하는 문항이 있다면 그 문항을 선택하는 사람은 본인을 우울하게 여긴다고 보고 제작하는 방법

## 2 》》 행동관찰

### 1) 관찰의 유형

#### (1) 참여관찰

① 관찰자가 구성원으로 들어가 활동하면서 관찰한다.

② 외부로 표출되지 않는 사실까지 깊이 있게 관찰이 가능하다.

③ 관찰 결과, 동조현상 등으로 주관적 가치가 변질될 수 있다.

④ 관찰 자료에 대한 표준화가 어렵다.

#### (2) 비참여관찰

① 제3자 입장, 역할수행이 곤란한 상황에 대한 관찰도 가능하다.

② 피관찰자가 관찰 사실을 알게 될 경우에 부자연스러운 행동이 유발되며, 표출되지 않은 사실까지 관찰하기 어렵다.

#### (3) 준참여관찰 : 관찰자를 관찰 대상에게 노출시키지 않기 때문에 윤리적인 문제가 다소 적은 관찰 방법이다.

### 2) 관찰에서 발생하는 오류의 근거

#### (1) 지각 과정상의 오류

① 오류 요인

㉠ 관찰자마다 다른 감각을 지닌다.

㉡ 관찰자의 상상이 지각에 작용한다.

㉢ 관찰대상이 많을 경우 오히려 관찰자가 압도된다.

㉣ 관찰 대상이 혼합될 경우 복잡한 현상 자체가 관찰을 방해한다.

② 감소 방법

㉠ 객관적 관찰도구 사용, 혼란을 초래하는 영향 통제

㉡ 관찰기간은 짧게 하고 보다 큰 단위 관찰, 관찰단위 명세화

㉢ 훈련을 통해 관찰기술 향상, 복수의 관찰자가 관찰

#### (2) 인식 과정상의 오류

① 오류 요인

㉠ 관찰자의 과거 경험이 현상을 다르게 해석한다.

　　　ⓛ 관찰자마다 지적 능력이 다르다.

　　　ⓒ 관찰자의 인식과 추리가 제각기 독특하다.

　　② 감소 방법

　　　㉠ 이론적 개념을 명확히 밝히고 연구에 필요한 개념을 정의, 개념 간 관계를 한정, 사고의 규칙성 부여

　　　ⓛ 관찰부터 기록되는 시간을 짧게 잡아 그 장애를 제거

　　　ⓒ 자기훈련을 통해 관찰자 자신의 고유한 사고방식을 밝혀 인식 과정상 개입되는 주관성을 배제

　　　② 자기인식 필요

　　　⑩ 관찰, 면접법, 질문법 등 서로 다른 자료의 수집 방법 병행

## 3) 관찰법의 유형

(1) **자연관찰법** : 실제 생활 환경에서의 자연스러운 행동을 관찰, 이를 문제행동 리스트로 작성, 기초자료 수집에 효과적이나 비경제적

(2) **유사관찰법** : 미리 계획되고 조성된 상황에서 특정한 환경 및 행동조건을 조성하여 관찰, 경제적인 반면 외적 타당도는 낮음

(3) **참여관찰법**

　　① 참여자에게 관찰하고 기록하게 함. 자연스러운 환경 내 자료 수집과 광범위한 문제행동에 적용이 가능하나 관찰자의 편견이 개입될 여지가 있음

　　② 유사관찰법 또는 통제된 관찰법의 주요 유형

　　　㉠ 모의 실험 : 통제된 관찰 방식, 통제되고 비밀이 보장되며 위협적이지 않은 환경에서 관찰 가능, 예를 들어, 연설 불안을 가진 내담자에게 다른 연설 불안이 있는 사람 앞에서 연설하라고 요청

　　　ⓛ 스트레스 면접 : 지도자가 없는 소집단에서 주어진 과제를 해결하기 위해 어떤 방식으로 역할을 수행하는지 관찰 가능, 일방경 관찰

　　　ⓒ 역할 시연 : 문제의 원인이 되는 특정 상황에 있는 것처럼 행동하는 방식, 내담자의 주장을 강화하고 사회적으로 숙달되게 하는 데 널리 사용

(4) **자기관찰법** : 자신의 행동을 스스로 관찰하고 자신과 환경 간 상호작용을 기록, 셀프 피드백으로 문제행동을 통제, 자신에 대한 관찰 및 기록의 왜곡 가능성

---

**기출 DATA**
관찰법의 유형 2017-1회

**TIP**
관찰법
• 자연관찰법
　-실제 환경에서의 행동관찰
　-문제행동 리스트 작성
　-시간과 비용 많이 소모
• 유사관찰법
　-계획된 상황에서 환경과 행동을 조건화하여 관찰
　-시간과 비용 절감
　-자연관찰에 비해 외적 타당도 낮음
• 참여관찰법
　-참여자가 환경 내에 직접 투입되어 관찰하고 자료 수집
　-관찰자의 편견이 개입될 여지가 큼
　-모의실험, 압박면접, 역할 시연 등
• 자기관찰법
　-자신의 행동을 스스로 관찰하고 셀프 피드백
　-자기 보고의 한계

TIP

면담(Interview)
진단 면접, 비구조화 면접(접수면접, 사례사 면접)

## 4) 관찰법 시행 시 유의사항

(1) 관찰 대상 및 장면을 한정할 것

(2) 관찰 대상 및 장면 선정이 어느 정도 전체를 대표할 수 있어야 할 것

(3) 체계적이고 과학적인 방법으로 관찰할 것

(4) 관찰 계획 및 방법을 사전에 결정할 것

(5) 관찰 당시의 환경적 조건을 기록할 것

(6) 객관적이고 일관적인 태도를 유지할 것

(7) 관찰 대상을 빠짐없이 기록할 것

(8) 관찰자가 관찰을 전후하여 관찰 대상에 영향을 주지 않도록 주의할 것

## 3 》 면담-임상장면의 초기면담

### 1) 임상적 면접의 종류

(1) **진단 면접(Diagnostic Interview)**

① 내담자를 진단하고 분류하기 위한 면접이며, 장애 유형을 구분해주는 역할을 한다.

② 환자나 내담자의 진료를 위해 임상장면에서 사용한다. 증세는 무엇이고 언제부터 증상이 나타났는지, 과거력 및 경과, 현재의 상태 등을 기록한다.

(2) **비구조화된 면접**

① 접수 면접(Intake Interview)

㉠ 상담 신청과 정식 상담의 다리 역할을 하는 절차로 내담자의 치료 동기에 대해 면접을 통하여 내담자의 주호소 문제를 표면적으로나 심층적으로 진단할 수 있어야 한다.

㉡ 임상에 대한 기대와 임상장면의 특징, 치료적 동기와 대안적 치료 방법 등이 소개될 수 있다.

② 사례사 면접(Case-history Interview)

㉠ 내담자의 개인적이고 사회적인 과거력을 중심으로 내담자와 내담자의 문제에 대한 배경 및 맥락을 파악하기 위한 면접이다.

ⓛ 내담자의 핵심문제나 정서를 다루기보다는 내담자의 과거 사건과 사실에 주로 초점을 맞추는 면접이다.

ⓒ 내담자의 아동기 경험, 부모-형제와의 관계, 학교-직장 생활, 결혼 생활, 직업적 흥미-적응 정도에 대한 자료 습득이 가능하다.

## 2) 임상적 면접의 내용

### (1) 내담자에 대한 신상정보

① 주호소 문제

ⓐ 현재 병력 : 증상의 발전 및 변화 과정 등

ⓑ 과거 병력 : 신체적 질병의 유무, 이전의 정신적 혼란 삽화 등

ⓒ 병전 성격 : 기능수준에 대한 기저선 파악

② 개인력 : 신체적 · 심리적 문제에 대한 내력, 아동기 · 청소년기의 발달 경험

③ 가족력 : 가정환경, 부모의 성격 및 사회적 지위, 부모와의 관계

④ 정신상태검사 : 정신운동 활동, 정서적 반응, 언어와 사고, 기억력

⑤ 권고사항 : 적절한 치료의 종류 및 방법 제시

### (2) 접수 면접의 목적

가장 적절한 치료나 중재계획 권고, 내담자의 증상과 관심을 더 잘 이해하기 위해 실시

① 문제 확인 : 내담자의 실제 문제 파악, 치료기관에서 적절한 서비스를 제공하는지 파악

② 라포 형성 : 두려움이나 양가감정의 해소를 위해 치료자와 상호 긍정적인 친화관계 형성

③ 의뢰 : 문제 해결에 더 적합한 기관이 있다고 판단될 경우 의뢰할 것, 의뢰 시 내담자의 동의가 반드시 필요

### (3) 접수 면접의 내용

① 접수면접을 위한 기본정보　② 내담자의 호소문제

③ 내담자의 최근 기능상태　④ 스트레스의 원인

⑤ 개인사 및 가족관계　⑥ 외모 및 행동

⑦ 면접자 소견

**TIP**

임상 면접의 내용
주호소 문제(현재 병력, 과거 병력, 병전 성격), 개인력, 가족력, 정신상태검사 → 주호소 문제가 가장 중요

**TIP**

접수면접의 한계
접수면접은 정식 상담이 시작되기 전에 치료 동기와 주호소 문제를 탐색하는 면접으로 관찰에도 매우 중요한 면접이지만, 현실적으로는 In-take 질문지로 대신하는 경우가 많다.

# Chapter. 03

# 임상적 개입과 기초이론

학습포인트
각 이론에 근거하여 임상적 개입을 한다.
행동주의 이론, 애착이론, 사회학습 이론에 근거한 개입을 학습한다.

## 1 ≫ 행동주의에 기초한 개입 방법

### 1) 고전적 조건형성

(1) 바람직하지 못한 행동에 혐오 자극을 제시하여 부적응적 행동 제거

(2) 자기주장훈련/주장적 훈련
  ① 대인관계에 대한 불안과 공포 해소
  ② 불안 이외의 감정을 표현하도록 하여 불안 제거

(3) 자기표현 훈련
  ① 자기표현을 통해 타인과의 상호작용 방법을 습득
  ② 대인관계에서 비롯되는 불안 요인을 제거하기 위한 것

### 2) 학습촉진기법

(1) 강화
  ① 바람직한 행동의 빈도수를 높임
  ② 바람직한 행동에 칭찬, 바람직하지 못한 행동에는 위협

(2) 변별
  ① 둘 이상의 자극을 서로 구별
  ② 유사한 자극에서 나타나는 작은 차이에 따라 서로 다른 반응을 보이도록 유도
  ③ 자극에 대한 반응과 보상이 시간적으로 근접해 있을수록 학습 촉진

(3) 사회적 모델링과 대리학습

　　① 타인의 행동을 보고 그 행동을 따라하는 것으로 관찰학습

　　② 관찰과 모방에 의한 학습을 통해 문제행동을 수정하거나 학습 촉진

(4) 조형(Shaping)

　　① 원하는 방향 안에서 일어나는 반응만 강화, 원하지 않는 방향의 행동에 대해서는 강화받지 못하도록 함

　　② 점진적 접근방법, 행동 세분화, 단계별 강화를 제공하여 복잡한 행동 습득

(5) 토큰경제(Token Economy)

　　① 조작적 조건형성 기법

　　② 바람직한 행동에 대한 체계적인 목록을 작성하고 그 행동이 이루어질 때 보상을 주는 것

　　③ 물리적 강화물(토큰)과 사회적 강화물(칭찬)을 연합함으로써 내적 동기 및 가치를 학습하도록 촉진할 것

**TIP**

토큰경제
조작적 조건형성 기법, 바람직한 행동 목록표 작성, 물리적 강화물(토큰)과 사회적 강화물(칭찬) 등을 통해 내적동기를 이루도록 촉진하는 방법론

## 2 》》 애착이론

### 1) 할로우(Harlow)의 모조어미원숭이 실험

(1) 제2차 세계대전 이후 스피츠(Spitz)의 실험

　　① 미국 정신의학자 스피츠(Spitz)가 제2차 세계대전 중 부모를 잃고 고아원에서 생활하는 고아를 대상으로 한 연구이다.

　　② 이 고아에게 충분한 음식과 안전한 분위기를 제공하였으나 아이의 신체 발달은 지체되었고 결국 사망하였다.

(2) 할로우(Harlow)의 실험

　　① 위의 실험 결과에 의문을 가진 할로우(Harlow)는 붉은털원숭이를 대상으로 실험하였다.

　　② 갓 태어난 원숭이를 어미에게 떼어놓고 충분한 음식과 안전한 분위기를 제공했지만 자기 몸을 깨무는 등의 자해 행동과 고립을 자처하는 행위를 보였다. 이에 이 원숭이에게 두 종류의 모조 어미원숭이를 제공하였다.

　　　ⓐ 철사로 만들어진 어미 : 이 어미에게는 우유병이 제공되었다.

**TIP**

심리학이 2차례의 세계대전을 거치면서 발전했다는 사실은 상당히 아이러니하다. 제1차 세계대전 중에는 심리검사 도구를 사용하면서 심리학에 대한 관심이 폭발적으로 증가했고, 제2차 세계대전 중에는 실험심리학이 발전했다. 전후에는 치료를 위한 개입, 즉 이상심리학이 현저한 발전을 이루었다.

ⓛ 부드러운 천으로 만들어진 어미 : 이 어미에게는 먹이를 주지 않았
다. 그런데 아기 원숭이는 먹이를 주지 않는 천 모조 원숭이와 대
부분의 시간을 보내는 것이 관찰되었다.

③ Harlow는 이 실험을 통해 아동은 외적인 안전이나 먹이 등을 제공해주
는 대상이 아니라 따뜻함(부드러운 천)을 주는 대상과 애착관계를 형성
한다는 사실을 밝혀냈다.

2) 보울비(Bowlby)의 애착이론 : 보울비는 생애 초기에 형성되는 주양육자와
의 사회적 관계의 질이 이후 발달 단계에서 결정적인 역할을 한다고 보았다.
이외에도 민감한 시기가 있다는 사실을 연구를 통해 밝혀냈다.

3) 아인스워스(Ainsworth)의 낯선 상황 실험

(1) 안정 애착

① 어머니에 대해 안정애착이 형성된 유아는 낯선 상황에서 낯선 사람과
남아있는 경우에 당황해하고 불안감을 느꼈으며, 어머니가 돌아오자 곧
안정을 찾게 되었다.

② 어머니는 유아의 정서적 신호에 민감하게 반응하였고, 유아 스스로 놀
수 있도록 충분히 허용하였다.

③ 어머니가 유아의 요구에 적절히 반응하여 충족시켜주는 경우에 유아는
어머니에게 신뢰를 가지며, 이는 곧 성장기 아동의 친구관계 형성이나
사회적 자신감, 리더십과 연결되는 경향이 있다.

(2) 불안정 애착

① 회피애착 : 유아는 낯선 상황에서도 어머니를 찾는 행동을 보이지 않으
며, 어머니가 돌아와도 다가가려고 하지 않았다. 또한 어머니에게 신뢰
를 가지고 있지 않았고, 어머니를 낯선 사람과 유사하게 생각하였다.
어머니는 유아의 정서적 신호나 요구에 무감각하며, 유아를 거부하는
듯한 행동을 보였다.

② 저항애착 : 유아는 낯선 상황에 대해 민감한 반응을 보였으며, 낯선 사
람과의 접촉을 피했다. 유아는 어머니가 돌아오면 과도하게 접근을 하
면서 분노와 저항적인 행동을 보였고, 어머니의 반응을 이끌어내기 위
한 과잉애착행동을 보였다.

③ 혼란애착 : 유아는 어머니가 안정된 존재인지 혼란스러워한다. 불안정

**TIP**

**보울비의 애착이론**
보울비는 생애 초기에 주양육자와의
관계에서 발달하는 민감한 시기(특
정능력이나 행동이 출현하는데 대한
최적의 시기, 특히 언어와 관련됨)가
있다고 하였다. 애착이론을 처음으
로 제시한 보울비에 이어 아인스워
스는 이 애착 이론에 근거한 낯선 상
황 실험을 통해 애착에 다양한 유형
이 존재한다는 사실을 밝혀냈다.

애착 중 가장 심각한 유형으로, 유아는 회피애착과 저항애착을 동시에 보인다. 유아의 부모가 스트레스나 우울증이 심한 경우에 나타나고 유아는 대인관계에서 적대적이고 사회성이 부족한 양상을 보인다.

# 3 ≫ 사회학습이론

## 1) 반두라(Bandura)

### (1) 특징

기출 DATA
반두라의 사회학습이론 2016−3회

반두라(Bandura)는 인간의 행동을 불러일으키는 요인으로서 환경적 자극의 중요성을 알려주었고, 환경적 자극을 통해 인간의 행동이 변화할 수 있다고 보았다. 그러나 강화라는 기법을 통해서 인간의 행동을 절대적으로 통제하는 것은 불가능하며, 강화의 효과 또한 행동과 그 결과에 대한 인간의 의식에 의해 좌우된다고 보았다. 또한 인간은 자신의 인지적 능력을 활용하여 창조적으로 사고함으로써 합리적으로 행동을 계획할 수 있다고 생각하였다.

① 인간의 행동이나 성격의 결정요인으로 사회적인 요소를 강조하였다.

② 인간의 행동이 외부자극에 의해 통제된다는 기존의 행동주의 이론에 반발하여 인간의 인지능력에 주목하였다.

③ 인간은 어떤 모델의 행동을 관찰하고 모방함으로써 학습하고, 주위 사람과 사건에 집중함으로써 정보를 획득한다.

④ 관찰자는 관찰대상이 보상/벌을 받는 것을 관찰함으로써 간접적으로 강화받는다.

⑤ 간접적 강화(=대리적 강화)도 직접적 강화만큼 효과적이라고 설파하였다.

### (2) 주요개념

① 모델링(관찰학습)

㉠ 타인의 행동을 보고 들으며 그 행동을 따라하는 것이다.

㉡ 보상과 처벌 등의 결과에 의해 영향을 받는다.

② 자기조절

㉠ 수행과정과 판단과정, 자기반응을 포함한다.

㉡ 자신의 행동을 스스로 평가하고 감독하며, 외부환경을 기준으로 행동에 대한 보상을 하거나 처벌을 한다. 즉, 스스로 정한 내적표

TIP
반두라의 보보인형 실험(Bobo doll experiment)
반두라의 보보인형 실험, 우리말로 오뚝이 인형 실험은 잘 알려져 있는 실험이다. 성인이 보보 인형을 때리고 괴성을 지르는 등의 행동을 관찰한 아이들은 거의 백퍼센트 그 행동을 따라했다. 그는 이러한 결과를 통해 관찰이나 대리적인 경험을 통한 학습이 가능하다는 사실을 밝혀냈다.

준에 의해 자기조절을 하고, 자기보상을 하는 것이다. 칭찬이 주요하다.

③ 자기강화 : 자신이 통제할 수 있는 보상을 자기 스스로에게 주어서 자신의 행동을 유지하고 변화시키는 과정이다.

④ 자기효능감(Self-efficacy)*
내적표준과 자기강화에 의해 형성되며 어떤 행동을 성공적으로 수행할 수 있다는 신념을 말한다.

ㄱ 성취경험/수행성취 : 성공경험은 자기효율성의 가장 강력한 요인으로 단계적인 성공경험은 자기효율성을 높여준다.

ㄴ 대리경험 : 타인의 성공을 목격하는 것 또한 개인의 능력을 높여줄 수 있고, 할 수 있다는 자신감을 높여줌으로써 자기효율성이 향상된다.

ㄷ 언어적 설득 : 타인의 칭찬, 격려, 지지 등이다.

ㄹ 정서적 각성/정서적 안정 : 불안, 회의, 부정적 감정조차도 도전과 성공을 향한 열의로 전환하는 것이 가능하다.

## 2) 크롬볼츠(Krumboltz)

### (1) 특징

학습이론의 원리를 직업선택의 원칙에 적용한 이론으로 개인의 성격과 행동이 독특한 학습경험에 의해 가장 잘 설명될 수 있다고 가정했고, 진로결정에 영향을 미치는 요인 간 상호작용을 밝혀냈다.

① 환경적 요인 : 개인에게 많은 영향을 미치지만 개인이 통제할 수 없는 영역으로 유전적 요인, 특별한 능력, 환경조건, 사건 등을 포함한다.

② 심리적 요인 : 개인의 생각과 감정, 행동에 결정적 영향을 주며, 상담을 통해 변화가 가능한 것이다.

### (2) 개인의 진로 결정에 영향을 미치는 요인

① 선천적 요인(생물학적 요인)
   ㄱ 인종, 성별 등
   ㄴ 신체적 특징이나 예술적 재능 등

② 환경적 요인
   ㄱ 취업이 가능한 직장의 내용
   ㄴ 교육·훈련이 가능한 분야
   ㄷ 정책, 법, 기술의 발달 등

③ 학습경험

　㉠ 도구적 학습경험 : 주로 어떤 행동이나 인지적 활동에 대한 정적·부적인 강화를 받을 때 나타난다. 정적 강화 행동의 반복을 유도하고, 관련된 기술을 보다 잘 숙지하며 행동 그 자체에 대해 내적 흥미를 갖도록 한다. 과거의 학습경험은 교육적·직업적 행동에 대한 도구로 작용한다.

　㉡ 연상적 학습경험 : 이전에 경험한 자극을 정서적으로 비중립적 사건이나 자극과 연결시키는 작업으로, 이러한 자극과 사건(혹은 자극)을 연결시킬 때 발생한다. 예를 들어 중병에 걸렸던 사람이 병원에서의 치료로 건강을 회복했다면, 병원(중립 자극)이 정적인 영향(=의사가 되는 것을 희망)을 줄 수 있다는 것이다. 간접적인 학습경험일 때도 가능하다.

④ 과제접근 기술 : 문제해결 기술, 일하는 습관, 정보 수집 능력, 감성적 반응, 인지적 과정 등이다.

(3) 진로 결정 요인의 상호작용에 따른 결과

① 자기관찰의 일반화 : 선행학습경험에 의해 영향을 받아 새로운 학습경험의 결과에 영향을 미친다.

② 세계관의 일반화 : 학습경험에 따라 자기가 살고 있는 환경을 관찰하고 일반화하여 다른 환경에서 어떤 일이 일어날 것인지에 대한 예측이 가능하다.

③ 과제접근 기술 : 중요한 의사결정 상황을 인식하여 과제에 대해 현실적으로 파악하고 행동함으로써 학습경험과 의사결정과 관련된 특수 행동을 하게 된다고 보았다.

# Chapter. 04
# 심리치료 개관

임상 개입의 또 다른 핵심인 심리치료를 주요 이론인 정신분석, 인지행동, 인본주의로 요약하고 심리치료 내에서 사용하는 핵심 기술을 학습한다.

**TIP**

심리치료
감정적 문제, 공포, 트라우마, 개인적 위기, 관계의 문제 등 다양한 문제에 대해 다양한 해결책이 존재하기 때문에 잘 훈련받은 전문가를 만난다면 모든 치료방법은 효과적이다.

## 1 》》 정신분석 및 정신역동치료

### 1) 프로이트(Freud)와 무의식

(1) Freud는 때때로 인간이 자신의 과거, 특히 어린 시절에서 비롯된 무의식과 갈등을 보인다고 하였다.

(2) 우리 문제의 대부분은 본능적 충동을 과도하게 억압하기 때문이라고 본다.

(3) 치료의 목표
   ① 무의식적 문제가 의식의 영역으로 나올 수 있도록 돕는다.
   ② 정서적 카타르시스나 자유연상 등을 활용한다.

### 2) 정신분석

(1) 어린 시절의 트라우마, 공포증, 우울증을 치료하는 기법이다.

(2) 무의식 세계와 그것이 우리의 사고와 행동에 끼치는 영향을 분석하였다.

(3) 어린 시절의 경험과 그 사건들이 개인의 인생에 어떤 영향을 끼쳤는지 파악하는 것에 초점을 둔다.

### 3) 정신역동치료

(1) 정신분석에 비해 상대적으로 단기간으로 진행된다.

(2) 타인과의 관계를 향상하는 데 도움을 준다.

(3) 개인이 특정 인물과 가질 수 있는 문제적 유대감을 이해하게 한다.

## 4) 분석 심리학

(1) 중독, 우울증, 불안, 개인의 성장에 매우 유용한 심리치료 방법이다.

(2) 분석 심리학의 창시자인 융(Jung)은 내담자가 꿈이나 예술적 표현 속에 새 겨진 원형(Prototype)을 통해 개인의 무의식을 철저하게 탐색하였다.

(3) 심리치료 과정을 한 인간이 미성숙한 수준에서 성숙한 수준으로 나아가는 '개성화 과정'으로 보았다.

(4) 인간 내면의 어두운 부분(Shadow, 그림자)을 극복하는 것이 아니라 자신 의 한 부분으로 수용하고 통합해가는 것을 성숙한 과정으로 보았다.

## 2 » 인지행동치료

### 1) 수용전념치료(Acceptance and commitment therapy)

(1) 수용과 마음 챙김, 전념(적극적 참여)과 행동 변화를 통해 심리적 수용과 유연성을 증진시키는 인지행동적인 치료를 중재한다.

(2) 인지행동치료(CBT)의 두 가지 주요 흐름

① 행동치료 : 고전적 조건화와 조작적 조건화의 원리와 관련된 기법에 근 간을 이룬 치료이다.

② 인지치료 : 1970년대 초 이후, 인지 매개설이라는 구성개념에 기초하여 출현한 치료이다.

③ 수용중심치료법(Acceptance-based treatment) : 제3의 흐름으로, 정 서나 인지보다 사적 경험(Private experience)을 수용하고 맥락의 변 화를 도모한다.

㉠ 변증법적 행동치료(DBT ; Dialectical behavior therapy)

ⓐ 경계선 성격장애(BPD ; Borderline personality disorder)를 치료하기 위해 1994년 리네한(Linehan)이 개발한 다면적 치료 프로그램이다.

ⓑ 처음에는 자살, 자해를 보이는 경계선 성격장애 내담자를 효율 적으로 돕기 위해 창안되었으나, 동기강화, 대처기술 증진, 강점 강화 등의 목적으로 확대되어 적용되고 있다. 이 프로그 램은 대립되는 사상이 균형을 이루고 통합 및 종합되는 것을

**TIP**

인지행동치료
인지행동치료는 사람들의 사고방식 (인지적 접근법)과 행동 방식(행동적 접근법)의 이해를 기반으로 한다. 이 치료 방법의 목표는 내담자에게 변 화할 수 있다는 것을 알게 해주는 것 이다. 하지만 그러기 위해서는 먼저 내담자의 생각, 태도 그리고 행동을 향상시키는 방법을 배워야 한다. 이 런 치료의 경우에는 전문가는 내담 자의 문제를 확인한 다음, 제대로 작 용하지 않는 그들의 사고방식을 바 꿀 수 있도록 이끌어준다.
그러기 위해서, 전문가는 "부적응 행 동"이 무엇인지 알아보기 위한 행동 분석을 진행한 후, 내담자에게 문제 해결, 기술 훈련, 인지 재건 등을 훈 련시키기 위해서 다양한 방법을 시 도한다. 인지행동치료는 특히 우울 증, 강박증, 불안장애, 트라우마 치료 에 매우 효과적이다.

**기출 DATA**

DBT의 특징 2019-3회
수용전념치료 2020-3회
인지치료 2020-3회

강조하는 변증법적 세계관을 바탕으로 사고, 정서, 행동의 변화를 촉진하는 여러 가지 인지 행동적 전략과 마음 챙김(Mindfulness) 명상 활동을 절충하여 구성되었다.

ⓒ 프로그램을 진행하면서 내담자가 지녀야 할 세 가지 마음상태는 합리적 마음(Reasonable mind), 정서적 마음(Emotional mind), 현명한 마음(Wise mind)이다. 합리적 마음은 이성적이고 논리적으로 생각하면서 사실을 인지하고 계획을 세우며 문제를 해결하려는 마음을 말한다. 정서적 마음은 정서가 사고와 행동을 통제하는 것이며, 이 마음으로 다른 사람을 돕고 자신의 안전을 위협하는 일을 감수하거나 창조적이고 예술적인 활동을 촉진하는 등 어떤 일을 하도록 동기화하는 상태를 말한다.

ⓓ 마음 챙김을 위한 세 가지 기술
• 관찰하기(Observing) : 현재의 순간에 일어나고 있는 생각, 신체적 감각, 정서, 충동 등 내적 경험과 소리, 외부환경, 냄새 등 외적 경험을 무시하거나 벗어나지 않은 채 그냥 알아차리며 느끼고 주의를 기울이는 것이다.
• 기술하기(Describing) : 관찰한 경험을 언어로 표현하는 것이다. 관찰한 모든 경험을 언어화하며, 특히 생각이나 느낌을 경험하게 되면 사실 여부를 따지는 것이 아니라 인식하는 것에 초점을 두어 기술하도록 한다.
• 참여하기(Participating) : 현재의 순간에 집중하여 활동을 완전하게 수행하는 것이다. 즉, 이와 같은 활동은 '어리석은 거야.', '부끄러운 일이야.'와 같이 평가하거나 주의가 산만해지지 않은 채 온전히 참여하는 것이다.

ⓔ 정서조절 모듈은 정서 촉발 사건, 사건에 대한 내담자의 해석, 정서의 주관적인 경험, 행동충동, 실제로 한 행동, 정서의 추후 효과 등 정서적 측면을 관찰하고 기술하기 위한 방법을 훈련시킨다. 그리고 고통인내기술 모듈은 고통은 피할 수 없는 것이며 삶의 일부이므로 고통을 잘 견디는 방법을 익히는 것이 중요하다는 점을 강조한다.

ⓕ 고통을 견디게 하는 기술은 고통스러운 현실을 인식하고, 변화시킬 수 없는 것을 변화시키려는 쓸데없는 노력을 그만두는 것이다. 그리고 현실을 있는 그대로 수용하는 것이다.

ⓖ 호흡 알아차리기, 느리고 완전하게 자각하기, 모든 순간을 알아차리기, 차 끓이기, 설거지하기와 같은 간단한 활동에 참여

한다. 마음 챙김에 근거한 스트레스 완화(MBSR)나 마음 챙김에 근거한 인지치료(MBCT)와 유사한 활동을 한 후에는 이에 대한 경험을 토론한다.

ⓒ 마음 챙김(MBCT ; Mindfulness－based cognitive therapy)과 수용전념치료(ACT)

ⓐ 스티븐 헤이즈(Steven Hayes)가 발전시켰다.

ⓑ 생각, 느낌, 감각 등을 있는 그대로 수용하며, 사람의 생각과 감정이 인지구조의 틀 속에서 일어나는 일일 뿐이라는 사실을 알게 하는 인지적 탈융합(Cognitive defusion)이 일어난다.

ⓒ 마음 챙김을 통해 심리적 건강과 삶의 질을 향상시킨다.

ⓓ 부정적인 정서나 행동을 피하고 변화시키는 것이 아니라 그 자체를 경험하고 수용할 것을 강조한다.

ⓔ ACT의 목표 : 심리적 유연성을 증진시키는 것이다.

ⓕ ACT의 두 국면
  • 마음 챙김과 수용 과정
  • 전념과 직접적 행동 변화 과정

ⓖ 고통이 정상적이라는 가정에 대한 문제 제기 : '인간에게 고통은 보편적이며 정상적이다.'라는 가정에 대해 문제를 제기하며, 인간 고통의 근원이 인간의 언어적 과정에 있다고 보았다. 여기서 인간의 언어란 몸짓, 그림, 소리, 필기형태와 같은 상징적 활동이다. 인간의 고통은 언어적 맥락 내에서 이해될 수 있으며, 이러한 언어적 과정을 이해하고 바꾸는 것이 치료의 목표이다.

ⓗ ACT의 철학적 배경 : 기능적 맥락주의(Functional contextualism)로, 사건 전체에 초점을 두면서 부정적인 생각과 감정이 일어나는 심리적 맥락을 중시한다. 내적 사건이 일어나는 심리적 맥락을 변화시킴으로써 내적 사건의 역할을 바꾸려는 것이다.

ⓘ 정신병리에 대한 ACT의 모델 : '언어와 인지구조의 틀에 의해 사고하고 행동한다.', 관계 구성틀 이론(Relational frame theory)의 기초가 된다.
  • 관계 구성적으로 학습된 내용이 인간의 행동을 조절하는 원천을 지배 → 인지적 융합 → 심리적 경직성 → 인지적 융합과 경험 회피의 결과
  • 경험 회피 : 자신의 특정한 사적 경험에 접촉하지 않고 사적 사건들의 형태나 빈도, 발생된 상황을 바꾸려고 할 때 생기는 현상, 사적 경험은 그 자체로 해롭지는 않지만 의도적으로 통

**TIP**

**수용전념치료(ACT)**
과거의 인지행동치료는 사고에 의해 감정이 일어나기 때문에 비합리적 사고를 바꾸어주면 감정이 변화되고 치료된다고 보는 개념이다. 반면, 수용전념 치료는 최근에 유행하고 있는 인지행동치료방법으로 심리적 유연성을 극대화시켜 매 순간 전념하게 하고 이를 통해 결국 행동에 변화를 일으킨다는 개념이다.

제하려는 노력을 한다면 역설적으로 증가될 수 있다.

- ACT의 개입 : 융합과 회피를 와해시키는 것이다.
- 상담의 목표 : 개인 내적 사건과 관계하는 방식을 변화시켜 스스로 소망하는 목표와 가치로 움직이도록 도움을 주는 것이다.

## 2) 행동 요법

**TIP**

행동 요법
Wolpe의 상호억제 원리는 Pavlov의 고전적 조건형성 원리에 기초하여 만든 구조로 체계적 둔감법의 일종이다. 이완을 강조하는 체계적 둔감법과 마찬가지로, Wolpe의 상호억제 원리 또한 이완을 극대화시키는 작업이다. 반면, Foa의 지속노출치료에서는 내담자가 회피하는 환경에 꾸준히 노출시키는 것을 권장하며, 특히 PTSD 내담자들에게 효과적이라는 사실을 밝혀냈다.

행동 요법은 공포 치료 및 중독 치료에 유용하다. 이 치료 방법은 내담자의 삶에 끼치는 학습 또는 제어된 행동의 영향력을 깨달을 수 있도록 하는 것이다. 문제를 파악하고 나면 목표가 정해지고, 목표 행동에 '내담자 자신이 다시 익숙해지도록' 자신을 '놓아 주는' 과정을 돕는다.

### (1) 울페(Wolpe)의 상호억제원리

① 파블로프(Pavlov)의 고전적 조건형성의 원리에 입각한 상호제지이론/역제지이론이다.

② 신경계의 특징으로, 이완과 흥분은 동시에 작동이 불가능하다.

③ 불안, 공포 등 신경증적 반응은 대립된 강력한 반응에 의해 제지·억제될 수 있다.

④ 상호제지/상호교호적 억제는 제거대상반응(불안)과 양립할 수 없는 반응(이완)을 함께 제시하여 이들 간의 상호방해로 두 가지 중 하나를 기억할 수 없도록 하는 것이다.

⑤ 신경증적 행동은 학습에 의한 것이므로, 소거하기 위해 이미 학습된 것을 억제·제지할 수 있는 다른 행동이 필요하다.

⑥ 울페의 상호억제원리는 체계적 둔감법으로 구체화되었다.

### (2) 포아(Foa)의 지속노출치료

**기출 DATA**

포아의 지속노출치료
2016-1회, 2011

① 이완을 강조하는 체계적 둔감법으로, 공포자극에 대한 이완보다는 노출을 포괄적으로 적용하려는 경향이 있다.

② 1990년대 Foa가 제안한 것으로, 다양한 경험적 연구를 통해 외상 후 스트레스 장애에 대한 가장 효과적인 치료법으로 인정받았다.

③ 대부분의 사람들은 공포감, 무력감, 우울감을 극복했지만, 일부는 신체적·정신적 어려움을 호소하였다.

④ PTSD 증상으로 자극에 대한 회피반응과 과도한 각성반응이 나타나며, 공포자극이 활성화되는 기억은 병리적 측면에서 직접 접근한다.

⊙ Foa는 공포를 위험회피를 위한 일종의 인지구조로 간주하여, 공포의 인지구조가 상황에 대한 평가 및 해석의 오류를 야기한다고 보았다.

ⓒ 정상적 회복 양상을 보이는 내담자의 경우, 자신의 피해상황에 대한 기억 때문에 극도의 무력감과 두려움을 느낀다. → 자신의 경험을 타인에게 노출하고 외상사건을 과거의 사태로 돌려서 회복한다.

ⓒ 회복에 어려움을 보이는 내담자의 경우, 외상사건에 대한 기억과 연관된 자극 단서를 지속적으로 회피하며, 부적응적 사고와 행동을 수정하지 않는다. → 두려움에서 벗어나지 못한다.

(3) 불안감소기법

① 체계적 둔감화*

㉠ 혐오자극이나 불안 자극에 대한 위계목록 작성

㉡ 낮은 수준의 자극부터 유도

② 금지조건형성 : 충분히 불안을 일으킬 만한 단서를 지속적으로 제시

③ 반조건형성 : 조건자극과 새로운 자극을 함께 제시하여 불안 감소

④ 홍수법 : 불안이나 두려움을 발생시키는 자극을 계획된 현실이나 상상 속에서 지속적으로 제시

⑤ 혐오치료 : 어떤 물건에 집착할 경우 그 물건과 혐오자극을 짝지어 제시할 때 물건에 대한 집착이 감소됨

## 3) 합리 정서 행동치료(REBT ; Rational-emotional behavior therapy)

(1) 알버트 엘리스(Albert Ellis)가 수립한 합리 정서 행동치료 이론이다.

(2) 분노, 불안, 좌절, 사회 공포, 불안, 부끄러움, 성 불능을 치료하는 데 도움을 준다.

(3) 목표는 정서나 행동 문제, 즉 감정은 물론이고 파괴적이고 제한적인 사고에 대해 인식함으로써 변화시킬 수 있게 한다.

# 3 » 인본주의치료

## 1) 의의

(1) 현대 심리학과 상담에 가장 많은 영향을 미친 이론으로 가치가 높게 평가되고 있다.

기출 DATA
불안감소법 2016-1회, 2011

TIP
체계적 둔감화
(Systematic desensitization)
1950년대 초 Wolpe에 의해 개발, 근육 이완 훈련, 불안위계목록 작성, 단계적 둔감화를 실시하는 방법으로 현재까지 불안의 원인이 되는 부적응 행동과 회피행동 치료를 위해 가장 효과적으로 쓰이는 치료법이다(인지행동에서 가장 널리 쓰이는 치료법).

기출 DATA
혐오치료 2019-3회

실력 TEST
➡ 혐오치료는 (          )의 원리를 응용한 치료기법 중 하나이다.
정답 : 고전적 조건형성

(2) 다양한 방법과 이들이 바탕을 두고 있는 치료 전략으로 인해 전문가나 일반인 모두에게 선호되는 방식이다.

## 2) 칼 로저스(Carl Rogers)

(1) 심리치료 극대화

(2) 개인을 성장과 변화로 이끌어 인간 내면의 잠재력을 극대화하는 것이다.

① 환자의 고통이나 트라우마를 깊이 있게 다루기보다 현재 상태에 대한 대안 제시에 초점을 둔다.

② 내담자가 적극적인 변화의 주체가 될 수 있도록 한다.

③ 치료자는 인간이 가진 선함, Well-being과 타고난 성향을 중시한다.

(3) 치료의 목표 : 내담자가 절묘하게 유지되는 균형을 파괴하는 '일탈'을 제거하고 인생의 진정한 의미를 찾도록 도움을 준다.

(4) 내담자 중심 치료

① 내담자가 개인적 성장을 이룰 수 있도록 자신에게 필요한 것이 무엇인지 이해하는 데 도움을 준다.

② 상담자나 치료자가 아닌 내담자가 치료 과정의 핵심이다.

③ 치료자는 공감, 무조건적 긍정적 수용, 진실성을 실현시킨다.

④ 과거를 중시하기보다는 현재와 행동 변화를 일으킨 후의 미래를 더 중요하게 여긴다.

## 4 » 심리치료에서 나타나는 다양한 상황

## 1) 전이와 역전이

(1) 전이(Transference)

① 정의

㉠ 내담자가 상담자 쪽으로 향해지는 무의식적인 감정과 태도를 말한다.

㉡ "어릴 때의 대인관계 패턴을 현재의 상대방에게 옮겨서 반복하는 과정(Fromm-Reichmann, 1951)"

**TIP**

칼 로저스의 '인간중심 상담'

내담자 중심 상담에서 인간중심 상담으로 이름을 바꿨다. '공감, 무조건적·긍정적 수용, 진실성'의 3가지 요인은 현대 상담에서 가장 중요한 요소로 자리매김하였다.

**TIP**

전이와 역전이

상담을 매우 역동적으로 만들어주는 요인이다. 상담자가 전이나 역전이가 발생했을 때 수퍼바이저의 도움을 받아 적극적으로 해결하고자 노력한다면 상담의 효과가 극대화된다.

ⓒ 현실 상황에 아무 근거가 없거나 약간의 근거를 두고 어릴 때의 대인관계 경험을 상담자에게 투영하는 것이다.

② 전이가 나타나는 상황(Fenichel, 1942)

ㄱ 상황에 적절하지 않게 일어나는 충동이다.

ㄴ 상황의 실제와 맞지 않는 충동의 경험을 완화하기 위해 전이 반응을 경험하고 현실을 자신의 욕구에 맞도록 왜곡시킨다.

ㄷ 내담자는 상담자를 통해 자신의 욕구를 충족시키고자 하며 상담자를 이러한 충족을 제공해주는 대상으로 변화시킨다. 내담자는 상담자가 이런 대상이 되지 않을 때 좌절감을 느끼고 내담자 내부에 있는 과거의 욕구 충족 대상의 이미지를 갖고 다니며, 이를 외부 세계에서 찾으려는 시도를 한다.

ㄹ 현실에서 과거의 대상과 똑같은 누군가를 찾으려고 하고 현실의 대상에게 내부의 상을 일치시키려 한다. 그래서 외부 대상을 무의식적으로 내부 상에 맞게 변경하려는 노력을 하며, 바라는 대상과 비슷한 세부사항에 집착한다.

ㅁ 전이는 인생 초기(유·아동기)에 중요한 인물과 관련해서 나온 반응(감정, 충동, 태도, 환상, 방어)을 현재의 대상에게는 맞지 않음에도 그 사람에게 치환, 표출한다.

ㅂ 전이는 반복적이고, 부적절하며, 무의식적이다.

(2) 역전이(Counter-transference)

① 상담자가 자신의 문제나 경험을 내담자의 것과 동일시하고 자신에 대한 내담자의 사랑이나 증오감에 즉각적으로 반응해 억압되었던 느낌을 표면화하는 경우를 말한다.

② 상담자가 내담자에게 갖는 무의식적인 반응이다.

③ 상담자가 자신의 신경증적·유아적 욕구나 갈등을 행동화해서 상담활동이 전지전능에 대한 유아적 동경을 충족시키는 수단이 되기도 하는 과정에서 드러난다.

④ 상담자에게도 역전이가 일어나고, 이는 상담 전반에 걸쳐 발생한다.

⑤ 상담 과정에서 어려움을 초래할 수 있으며, 상담자가 내담자에 대한 자신의 역전이 반응을 인식하지 못하거나, 인식하더라도 효과적으로 다룰 수 없을 때 발생한다.

⑥ 역전이의 치료

ㄱ 내담자에 대한 자신의 감정, 태도에서 일어나는 모든 변화를 상담자가 지속적으로 관찰하며, 내담자와 자신의 관계에서 일어나는

기출 DATA
역전이 2020-3회

TIP

전이와 역전이
프로이트(Freud)는 전이와 역전이가 치료에 있어 핵심적인 개념이고, 상담 과정에서 전이와 역전이가 발생해야만 이를 해소할 수 있는(카타르시스) 방향으로 가기 때문에 해결의 실마리를 찾을 수 있다고 여겼다.

변화 과정을 통찰한다.
© 상담자가 역전이가 일어나지 않도록 무조건 자신을 억제하는 것이
아니라 자신의 역전이가 상담에 이용되도록 해야 한다.

## 2) 저항

### (1) 상담이나 심리치료를 위한 면담과정에서의 저항
① 상담이나 심리치료의 진행을 방해하고, 현재 상태를 유지하려는 내담자
의 무의식적인 사고와 감정이다.
② 처음 상담에 임할 때 불안과 긴장, 자기보호를 위해 스스로를 개방하지
않으려고 저항한다.

### (2) 심리치료 과정에서 저항의 원인
① 내담자는 자신의 익숙한 행동을 변화시키는 데에 불안과 위압감을 느낀다.
② 내담자가 문제증상으로 인해 주변의 도움을 받으며 자신의 행동에 제지
를 덜 받는 등 이차적 이득을 포기하기 어렵다.
③ 내담자가 자신의 변화로 인해 주변 사람의 시선이나 태도가 부정적으로
변할 수 있다는 생각에 두려움을 느낀다.
④ 내담자가 변화를 원하더라도 주변의 중요인물들이 현 상태를 유지하기
를 원한다.

**기출 DATA**
심리치료 과정에서 일어나는 저항의
원인 2017-3회, 2013, 2010

### (3) 저항의 처리방법
① 일종의 자기보호, 상담자는 내담자의 저항을 자연스럽게 나타나는 것으
로 수용한다.
② 상담자는 내담자가 전혀 동기화되지 않거나 저항감을 나타낼 때, 저항
의 목적이 무엇인지 파악한다.
③ 상담자는 공감, 감정이입, 대안제시, 목적행동에 대한 직면 등 내담자
의 저항을 다룰 수 있도록 훈련한다.
④ 내담자가 지속적으로 저항을 보인다면 내담자와의 상담관계를 재점검한다.

## 3) 침묵

아무런 대답을 하지 않거나 질문에 대답을 회피하는 것이다.

### (1) 침묵과 관련된 방어기제
① 말을 많이 함 : 감정을 회피하거나 개입을 방해하기 위함
② 일반화 : 자세하게 밝히는 것을 피하기 위해 일반적인 용어로 표현

**TIP**
**저항과 침묵**
심약한 내담자는 자신을 보호하기
위해서 저항하거나 침묵한다. 혹은
상담자와의 신뢰를 형성하기 어렵다
고 생각하여 그러하는 경우도 있다.
저항은 대표적으로 상담 시간에 지
각하거나 결석하는 등의 모습으로
나타나기 쉽다. 침묵은 주로 비자발
적으로 상담 장면에 끌려온 청소년
내담자들에게 흔히 나타난다.

③ 주지화 : 상담자가 원하는 답변을 위해 의도적으로 언어 선택

④ 핑계 : 다양한 이유를 제시해 약속시간 변경, 상담 연기

(2) 상담이나 심리치료를 위한 면담 과정에서의 침묵

① 경험이 부족한 상담자의 경우, 내담자의 침묵을 내담자의 의사소통능력 부족이나 불안, 불만 등 감정적인 문제로 간주하는 경향이 있다.

② 대개 내담자가 자신을 음미하거나 머릿속으로 생각을 간추리는 과정에서 침묵이 발생할 수 있다. 상담자는 조용한 관찰자로서의 역할을 수행하며, 내담자의 침묵을 섣불리 방해하지 말고 기다려야 한다.

③ 상담자에 대한 저항으로 침묵이 발생하는 경우, 상담자는 무조건 기다릴 것이 아니라 침묵과 원인이 되는 내담자의 숨은 감정을 언급하고 다루도록 한다.

(3) 침묵의 발생원인

① 내담자가 상담초기의 관계형성에 두려움을 느끼는 경우

② 상담 중 논의된 것에 대해 내담자가 음미하고 평가하며 정리하고자 하는 경우

③ 내담자가 상담자에게 적대감을 가지고 저항하는 경우

④ 내담자가 자신의 말에 대한 상담자의 확인과 해석을 기대하는 경우

(4) 침묵의 처리방법

① 내담자가 말하지 않은 생각에 대해 질문하기

② 침묵의 내용과 다른 직접적인 질문을 하기

③ 내담자가 다시 이야기할 때까지 기다리기

④ 침묵 뒤에 숨어 있는 의미를 헤아리기

## 4) 방어기제

(1) 방어기제의 개념

① 스트레스 및 불안의 위협에서 자신을 보호하기 위해 실제적인 욕망을 무의식적으로 조절하거나 왜곡하면서 대처하는 양식

② 불안은 자아에 닥친 위험을 알리는 신호로 누구나 불안을 피하려고 노력, 불안으로부터 자신을 보호하기 위해 다양한 방어기제 사용

③ 방어기제는 사실을 거부하거나 왜곡시키는 데에도 사용되며 무의식적으로 작용

**TIP**

방어기제의 종류는 여러 가지가 있으나, 크게 10가지 정도로 정리될 수 있다. 대부분 프로이트(Freud)가 탐색했으며, 그의 딸인 안나(Anna Freud)에 의해 정리되었다.

(2) 방어기제의 유형

Freud는 억압을 인간의 일차적 방어기제로 간주한다. 억압은 의식하기에는 너무 고통스럽고 충격적이어서 무의식적으로 억눌러버리는 것이며, 다른 방어기제나 신경증적 증상의 기초가 된다고 본다.

① 부정(Denial) : 원시적인 방어 기제로 위협적인 현실에 눈을 감아 버리는 경향

   예 사랑하는 사람이 죽었을 때 그 죽음 자체를 부인하는 것

② 투사(Projection) : 자신의 자아에 존재하지만 받아들일 수 없어서 타인의 특성으로 돌려버리는 경향

   예 실제로는 자신이 화가 나 있는데 상대방이 화를 냈다고 생각하는 것

③ 고착(Fixation) : 성격발달의 단계 중 어느 한 단계에 머물러 다음 단계로 발달하지 않음으로써 다음 단계가 주는 불안에서 벗어나려는 경향

④ 퇴행(Regression) : 요구가 크지 않은 유아기의 단계로 되돌아가 안주하려는 경향. 퇴행은 고착과는 달리, 성장하여 그 단계를 지나왔지만 불안이 예상될 때는 무의식적으로 이미 지나온 과거로 다시 돌아감으로써 불안에서 벗어나려는 것

   예 동생을 본 아동이 나이에 어울리지 않게 응석을 부리거나 대소변을 잘 가리다가도 다시 못 가리는 경우

⑤ 합리화(Rationalization) : 실망을 주는 현실에서 도피하기 위해 그럴듯한 구실을 붙이는 경향

   예 상처 입은 자아에게 더 큰 상처를 입지 않으려고 빠져나갈 합리적인 이유를 만들어 내는 것

⑥ 승화(Sublimation) : 개인이 사회적으로 용납될 수 없는 근본적인 충동을 사회적으로 용납된 생각이나 행동으로 표현함으로써 적절하게 전환시키는 경향

   예 자신의 공격적인 충동을 운동경기, 즉 권투경기를 통하여 발산하는 것

⑦ 치환(Displacement) : 자신의 목표나 인물 대신 대치할 수 있는 다른 대상에게 에너지를 쏟는 경향

   예 '종로에서 뺨 맞고 한강에서 눈 흘긴다'는 속담이 이에 해당

⑧ 반동형성(Reaction formation) : 자신의 욕구와는 반대 행동을 함으로써 오히려 금지된 충동을 표출하는 것으로부터 자신을 조절하거나 방어하는 경향. 반동형성은 사회적으로 허용된 것이나 강박적이고 과장되고 엄격한 특징을 가진 행동 중에서 나타남

   예 흑인 여성에게 강한 성욕을 느끼는 백인 남성이 흑인 남성은 성적으로 문란하고 타락한 성생활을 한다고 비난하는 경우

⑨ 철회(Undoing) : 자신의 욕구나 행동(상상 속의 행동 포함)이 타인에게 피해를 주었다고 느낄 때 그 행동을 중지하고 원상복귀시키려는 일종의 속죄 행위

　　예 부정으로 번 돈의 일부를 자선사업에 쓰는 경우, 부인을 때린 남편이 꽃을 사다 주는 경우

⑩ 동일시(Identification) : 다른 사람의 태도, 신념, 가치 등을 자신의 것으로 채택함으로써 타인의 특성을 자신의 성격에 흡수하는 경향

　　예 오이디푸스 콤플렉스는 같은 성의 부모와의 동일시를 통해 해결 가능

## 5) 해석

### (1) 해석의 이해

① 내담자가 새로운 방식으로 자신의 문제를 돌아볼 수 있도록 사건의 의미를 설정하고, 문제를 새로운 각도에서 이해할 수 있도록 경험 및 행동의 의미에 대해 설명하는 것이다.

② 외견상 분리되어 있는 내담자의 말과 사건의 관계를 연결하거나 방어, 저항, 전이 등을 설명한다.

③ 내담자의 사고, 행동, 감정의 패턴을 드러내거나 나타난 문제를 이해할 수 있도록 틀을 제공한다.

④ 자신에 대한 통찰을 촉진하고, 자기통제력 향상을 돕는다.

⑤ 감정을 파악하고 원인을 이해하도록 돕는다.

### (2) 해석의 수준

① 내담자의 참조체계와 상담자가 해석을 통해 제공하는 참조체계 간에 간격이 존재한다.

② 해석자의 이론적 입장에 따라 다르므로 성공적인 상담을 위해서는 여러 수준의 의미와 다양한 표현을 해석할 수 있어야 한다.

③ 해석에 실패했을 때, 상담자는 그 원인을 생각해보고 내담자에게 보다 의미 있는 반응을 이끌어 내는 것이 필요하다.

### (3) 해석의 표출

① 직접적 진술

　　예 "당신은 평소 아버지의 독선적이고 권위적인 태도에 반감을 가지고 있습니다. 그래서 다른 사람들도 당신을 이해하기는커녕 당신에게 일방적으로 어떤 지시를 내리고 있다고 생각하고 있고요."

---

**TIP**

프로이트의 방어기제 vs 안나 프로이트의 방어기제
프로이트(Freud)는 처음으로 방어기제를 제시했던 학자이며, 그의 딸인 안나 프로이트(Anna Freud)가 이 개념을 좀 더 명료화시켰다. 아버지 프로이트는 부정, 억압, 합리화, 투사, 승화 등의 방어기제를 제시했으나 딸 프로이트는 아버지의 방어기제 개념을 확장시켜 억압, 반동형성, 퇴행, 격리, 취소, 투사, 투입, 자기로의 전향, 역전, 승화라는 개념을 구성하였고, 이외에도 합리화, 전치, 동일시, 전환, 주지화, 내사, 부정 등의 개념을 추가하였다.

② 가설의 사용

> 예 "내가 당신의 아버지를 기억나게 하는 것은 아닌지 의문스럽군요. 아버지가 모든 것을 아는 것처럼 행동한다고 했는데, 그런 생각이 아버지에 대해 갖고 있던 부정적 감정과 연관이 있는지 궁금하네요."

③ 질문의 사용

> 예 "아버지와 좋지 못했던 관계 때문에 타인에 대해서도 신뢰를 가질 수 없다고 생각하나요?"

(4) 해석의 제시 형태

① 잠정적 표현으로 말한다.

> 예 "그것인 것 같은데요. 그걸 가장 고려해야 할 것 같네요.", "이 생각에 찬성하나요?"

② 상담자의 해석은 내담자의 생각보다 늦어서도 안 되고 너무 앞서도 효과적이지 않다.

③ 내담자가 해석된 내용을 이해하지 못하거나 저항을 하는 경우, 적절한 경험적 증거를 제시하고 해석을 반복해 주어야 한다.

④ 해석을 단정적으로 진술하기보다 질문 형태로 제시할 때 내담자는 좀 더 잘 수용하기도 한다.

(5) 해석 시 주의할 점

① 핵심적인 주제가 더 잘 드러나도록 사용한다.

② 내담자가 받아들일 수 있는 부분부터 해석한다.

③ 내담자의 생각 중 명확하지 않은 부분에 대해 상담자가 추리하여 설명해준다.

④ 현재 나타나지 않은 무의식적인 갈등에 대한 해석보다 외적으로 표출된 저항에 대한 해석을 먼저 하는 것이 좋다.

## 5 》》 자조(Self-help)

### 1) 자조 프로그램의 특징

(1) 자조 치료는 문제를 이해하고 다루는 데에 있어 구조화된 방식을 제공한다는 점에서 심리치료와 비슷하다.

(2) 구성원은 정보를 교환하고, 사회적 지지를 제공하며, 서로 문제를 논의하는 등의 노력을 통해 서로를 돕는다.

TIP
해석의 제시형태
해석은 ① 잠정적으로, ② 적절한 시기에, ③ 저항할 때는 반복해 주고, ④ 지나치게 저항할 때는 잠시 보류할 필요도 있다.

기출 DATA
심리치료 기법 해석의 주의사항
2019-3회

기출 DATA
자조 2016-3회

(3) 인터넷 사용자의 80% 이상이 정신건강과 관련된 정보를 온라인으로 찾는다.

## 2) 자조 프로그램의 역사

(1) 자조 프로그램은 A.A(Alcohol Anonymous)에 그 뿌리를 두고 있다.

(2) 자조 프로그램은 수십 년 동안 존재해왔고 현재에도 그 인기가 지속되고 있다.

(3) 미국의 경우, 2006년을 기준으로 성인의 5~7%는 대면 자조집단에 참여했고, 전체 성인의 18%가 생애 특정 시점에 자조집단에 참여할 것으로 추정하고 있다.

## 3) 현대의 자조집단

(1) 자조집단은 전자 매체를 통해 지리적 제한을 벗어날 수 있다.

(2) 비동시성 의사소통을 통해 서로의 의견과 답변을 공유하는 게시판이 존재한다.

(3) 독서치료 운동은 강력한 자조집단 중 하나로 지지집단을 넘어선 다양한 활동이 가능하다.

(4) 우울증, 불안, 가벼운 알코올 중독 등과 같은 문제에 효과적일 수 있으나 금연, 중간 정도 이상의 심각한 수준의 알코올 중독에는 효과가 없는 것으로 보고된다.

**TIP**

**AA 자조그룹 프로그램**
미국 내에서는 AA 자조그룹이 보편화되어 있어 중독 등의 문제를 가진 내담자들이 별다른 어려움 없이 치료 장면에 나갈 수 있다. 그러나 아직 이러한 프로그램이 보편화되지 않은 국내에서는 아직도 상담이나 도움 집단 프로그램에 대해 방어적이고 터부시하는 경향이 강하다.

# Chapter. 05
# 여러 분야와의 연결성

**학습포인트**

임상심리학은 현대 심리학의 다양한 분야에서 연결되고 있다.
이 분야들의 연결성을 이해하고 학습한다.

## 1 》》통합적 접근

**TIP**

취약성-스트레스 모델
이상행동의 원인이 개인적 특질과 스트레스 경험 간의 상호작용으로 발생한다고 보는 인과론적 조망 모델이다. 이 모델에 따르면, 이상행동이 일어난 원인을 살펴보기 위해서는 환경에서 주어지는 심리사회적 스트레스와 이에 대응하는 개인의 특성(특질)을 동시에 고려해야 한다.

### 1) 병적 취약성-스트레스 조망

문제에 대한 인과론적 조망이다.

(1) 개인의 심리사회적·환경적 스트레스와 조합된 생물학적 취약성 및 기타 취약성 필요조건을 형성한다.

(2) 개인의 행동과 문제마다 생물학적·유전적·인지적으로 다른 경향성을 가진다고 주장한다.

(3) 병적 취약성은 개인의 유전적 취약성으로 인해 발생할 가능성이 높으며, 특히 스트레스원이 출현하거나 특정 조건에 부합하는 경우 이와 같은 문제가 표출된다.

(4) 어떤 장애는 생물학적 취약성이나 기타 취약성, 환경적 스트레스원이 그 문제를 일으킬 만큼 충분히 상호작용할 때 발생하게 된다.

### 2) 상호적 유전-환경 조망 : 개인의 유전적 영향은 실제로 특정한 생활사건을 경험할 가능성을 증가시킬 수 있기 때문에 상호적 유전-환경 조망은 생물학적·유전적 취약성 및 생활사건과 밀접한 관련이 있고 지속적으로 서로에게 영향을 주며, 이를 통해 우울증과 이혼의 설명이 가능하다고 주장한다.

### 3) 생물-심리사회적 조망

생물학적 요인과 심리사회적 쟁점에 영향을 준다.

(1) 신체적·심리적 질병과 문제의 효과적 중재를 위해 생물, 심리 및 사회적

요소를 포함한다.

(2) 개인의 건강과 질병의 생물, 심리 및 사회적 요소가 서로에게 영향을 준다.

(3) 생물－심리사회적 조망은 생물, 심리, 사회적 요인의 전체적이고 맥락적인 상호작용에 의한 영향력을 강조한다.

(4) 행동에 대한 생물, 심리, 사회적 요인의 상호작용이 신체 건강이나 정신건강 서비스를 찾는 사람의 일상 및 사회적 기능향상을 위해 부각되어야 한다고 본다.

## 2 》》 건강심리학적 접근

### 1) 목적

(1) 건강의 유지 및 증진

(2) 질병의 예방 및 치료를 목적으로 심리학적인 이론과 방법을 동원하는 연구 분야

① 현대인의 주된 질병 및 사망의 원인을 심리사회적 관점으로 보는 경향

② 현대인의 건강에 대한 관심이 늘어나면서 발전

③ 전통적 임상심리학은 불안장애, 우울장애 등에 초점을 두는 반면, 건강 심리학은 암이나 심혈관 질환 등 신체적 병리에도 초점을 둠

④ 생활습관, 스트레스에 대한 대처방식과 밀접한 연관을 가짐

⑤ 금연, 체중조절, 스트레스 관리 등 다양한 프로그램을 연구하고 개발하며 실행

### 2) 건강심리학의 영역

(1) 스트레스에 대한 관리 및 대처

(2) 만성질환을 포함한 신체질병 예 심혈관계질환, 면역계질환, 암, 당뇨, 소화기질환 등

(3) 물질 및 행위중독 예 알코올, 흡연, 도박, 인터넷 등

(4) 섭식문제 예 비만, 다이어트, 폭식, 섭식장애 등

(5) 건강관리 및 건강증진 예 운동, 수면, 섭식 습관 개선 등

(6) 개입 및 치료기법 예 행동수정, 명상, 이완, 마음 챙김 등

**TIP**

최근에는 상호적 유전－환경 조망과 생물－심리사회적 조망의 중요성이 높아지고 있다. 이로써 인간 병리가 약물 치료로 눈부신 발전을 이루고, 나아가 뇌과학을 통해 가설이 현실화되는 시점에 이르렀다.

**TIP**

건강심리학

건강심리학은 정신신체의학이라는 뿌리로부터 행동의학과 함께 출현한 학문분야이다. 건강심리학은 해로운 행동을 변화시켜 질병을 예방하고 통증을 경감시키며, 스트레스를 낮추고 의료적 충고에 따르도록 하는 역할을 하여 만성질환자 및 가족 구성원들에게 도움을 준다. 이를 위해 질병보다 건강을 강조하고, 전통과 최신 기법을 모두 사용하며, 건강 관련 연구를 설명하기 위한 유용한 이론적 모형을 구성한다.

**기출 DATA**
건강심리학의 관심 영역 2016－1회

(7) 통증관리, 수술내담자의 스트레스 관리, 임종 관리

(8) 분노를 포함한 정서관리

(9) 삶의 질, Well-being

(10) 건강 커뮤니케이션, 건강 정책

## 3) 생체자기제어

**TIP**

생체자기제어
Bio-Feedback이라고도 불리며 원래는 어떤 결과가 원인의 강도를 조절하도록 하여 항상 일정한 정도의 결과를 유지하는 기능을 의미하지만 여기서는 행동치료법의 일종으로 자율신경(근육긴장도, 뇌파, 심장 박동수, 체온, 혈압 등 우리가 느낄 수 없는 여러 가지 생리 반응)의 생리적 변수를 부분적으로 조절하는 방법으로, 기계를 통해 직접 보고 느끼면서 증상을 완화하고 건강에 유리한 방향으로 조절법을 익히는 것이다.

(1) 의도적으로 통제 불가능한 자율신경계통의 생리적 반응을 통제하는 학습기법

① 근육긴장도, 심박수, 혈압, 체온 등 자율신경계에 의한 각종 생리적 변수를 병적 증상의 완화나 건강 유지를 위해 부분적으로 조절할 수 있도록 하는 행동치료기법

② 심장박동률의 작은 변화에 대한 피드백을 제공하는 모니터를 봄으로써 심장박동률을 감소시키는 것을 학습

③ 이완기법과 함께 실시, 긴장을 풀고 근육을 이완

(2) 약물에 의지하지 않는 완화기법

① 병적 증상이나 스트레스 완화 모두에 도움이 됨 **예** 기, 마인드 컨트롤 등

② 두통, 고혈압, 요통 등의 감소에 효과적

# 3 » 법정심리학적 접근

## 1) 목적

(1) 법은 인간행동의 구체적 통제를 위한 사회적 수단으로 사회적으로 바람직하지 않은 행동을 억제하는 한편, 사회적으로 유용한 행동을 권장한다.

(2) 법과 심리학은 인간행동의 통제를 궁극적 목적으로 한다.

(3) 스크리븐(Scriven)은 심리학을 비롯한 사회과학과 법에서 사실 규명 및 비교 연구를 통하여 정보 습득, 해석 방식, 개념 등의 유사함을 발견하였다.

(4) 법은 전문가의 자문이 필요하며, 심리학자는 특정 개인에 대해 경험이나 전문가적 소견의 증언이 가능하다.

(5) 실증적 자료에 대해 증언 가능한 법정에서 전문가로서 진술하는 증언에 관련된 연구이다.

(6) 강제입원, 아동양육권, 여성에 대한 폭력, 배심원 선정 등 법제도의 합리성에 관심을 둔다.

## 2) 범죄심리학

범죄심리학은 범죄행동의 심리학적 원리와 범죄자의 심리학적 측면을 연구하는 학문이다. 범죄에 대한 고전이론의 3가지 전제(Gottfredson & Hirschi)는 다음과 같다.

(1) 폭력과 부정은 일반적인 인간행위로 사람은 누구나 잠재적으로 범죄성을 가진다.

(2) 범죄성과 범죄행위는 명백히 서로 구별되는 개념이다.

(3) 범죄성을 가지고 있다고 해서 곧 범죄행위로 이어지는 것은 아니다.

## 3) 범죄에 대한 심리학적 이론

### (1) 정신분석이론

① 범죄행위가 원초아의 반사회적 충동을 자아와 초자아가 통제하지 못해서 발생한다고 보는 관점이다.

② Freud는 원초아의 반사회적 충동이 오이디푸스 콤플렉스(Oedipus complex)로 대표되는 근친상간에 대한 욕구와 죄책감, 벌 받고자 하는 욕구에서 비롯된다고 보았다.

### (2) 성격이론

① 실제 강력범죄자 중 대부분이 반사회성 성격에 해당한다.

② 이들은 불안수준과 각성수준이 상대적으로 낮다. 한 가지 자극에 쉽게 실증과 지루함을 느끼며, 항상 새로운 자극을 추구한다.

③ *콜버그(Kohlberg)는 전인습적 단계에서 인습적 단계로의 발달과정에 주목했다.

　　㉠ 비행청소년의 경우, 전인습적 단계의 도덕 발달 수준에 머무른다.

　　㉡ 일반청소년의 경우, 인습적 단계의 도덕 발달 수준으로 성장한다.

### (3) 사회학습이론

① 범죄행위는 TV 폭력물 등과 같은 모델의 관찰과 모방에서 유발된다.

**TIP**

콜버그의 도덕 발달 이론
- 수준 1 : 전인습 수준
  - 단계 1 : 벌과 복종 지향
    예 벌을 받을까봐 법에 순응
  - 단계2 : 개인적 보상 지향
    예 보상이 있어서 법에 순응
- 수준 2 : 인습적 수준
  - 단계 3 : 대인관계 조화 지향
    예 "엄마를 좋아하니까 엄마 말을 들어야지."
  - 단계 4 : 법과 질서 지향
    예 "정해진 규칙이니까 지켜야지"
- 수준 3 : 후인습 수준
  - 단계 5 : 사회 계약정신 지향
    예 "이렇게 하는 게 공동체를 위해서 좋은 거니까."
  - 단계 6 : 보편적 도덕원리 지향
    예 "인류를 위해, 이웃을 위해, 궁극적으로 그게 나를 위한 거지."

② TV 폭력물의 악영향은 비교적 단기적으로 나타나며, 이미 폭력성을 가진 아동이나 청소년의 행동에 치명적인 영향을 미친다.

③ 공격성을 설명하는 데에 적합한 이론으로 각광받았으며, 범죄행위와 비행에 대한 설득력 있는 설명을 제공하였다.

④ 실제 범죄자의 범죄행위 습득 여부는 검증자료 미비로 알 수 없다.

## 4 » 지역사회 심리학적 접근

### 1) 목적

(1) 개인이 자신의 환경에 적응하고 대처하도록 돕는 것

(2) 폭넓게 장애의 원인을 이해하는 것(예를 들어, 개인장애의 원인은 빈곤과 같은 보다 큰 사회적 문제일 수 있기 때문)

(3) 개인과 집단이 부적인 영향을 받기 전에 지역사회 수준의 원인을 수정하는 것

(4) **지역사회 심리학자의 역할**

① 개인적 문제와 사회적 문제의 이해

② 행동적 역기능의 예방

③ 지속적인 사회적 변화 유발 등에 적용할 심리학적 원리 추구

### 2) 배경

(1) 가정

① 인간 행동이 환경의 모든 측면(신체적, 사회적, 정치적, 경제적 상태)과의 상호작용에서 발생한다고 주장하는 생태학적 조망에 근거

② 개인적 문제와 사회적 문제를 경감하기 위해서는 개인의 역량과 환경적 상황을 모두 변화시키는 것이 필요하다고 주장

(2) 초점 대상

① 장애에서 환경적 요인을 강조하는 것과 함께 도시와 지방 빈민에 주목

② 심리치료 서비스 제공의 전통적인 체계에서 충분한 서비스를 받지 못하는 경향이 있는 집단에 주목

③ 심리적이기보다는 사회적 문제로, 사회적 변화가 필요해 보이는 문제를 가진 집단에 주목

## 3) 지역사회 심리학의 역사

### (1) 지역사회 심리학의 발전 기반

① 정신과 약물의 혁신적인 발전
  - ㉠ 1950~60년대에서는 프로이트의 정신분석적 치료와 인지치료에 기반을 둔 치료가 우울증이나 불안 관련 정신질환에 가장 효과적인 방법론이었다면 1970년대 이후에는 뇌과학이 발전하면서 생물학적 방법론이 비약적으로 발전하였다.
  - ㉡ 생리학적, 유전학적 측면에서 정신질환에 대한 생물학적 증거가 드러나면서 정신의학의 진단과 치료는 생물학적 기반이 주류가 되었다.

② 정신장애인의 사회복귀
  - ㉠ 약물 치료가 확대되면서 정신장애인을 폐쇄병동에 격리시키는 것이 전부였다면 이후에는 이들의 사회복귀가 가능해졌다.
  - ㉡ 우울증 환자, 가벼운 불안 증세를 가진 사람, 경계선적 진단을 받은 사람 혹은 조현병 증세가 있는 사람도 약물 처방을 받고 훈련을 받으면 학교, 직장, 사회에서 얼마든지 생활이 가능해졌다.

③ 정신장애의 예방적 조치 발달
  - ㉠ 생물학적 접근의 발전으로 인해 정신장애는 치료와 더불어 예방적 접근으로 대처해야 하는 장애로 구분되기 시작했다.
  - ㉡ 약물 치료와 더불어 정신장애를 예방하기 위한 개인 및 집단치료를 통한 접근이 발전에 박차를 가하게 되었다.

④ 자원봉사자 등 비전문 인력의 활용
  - ㉠ 정신장애인의 사회 복귀와 예방법이 발전하면서 전문 인력뿐 아니라 교육 이수를 마친 비전문 인력도 활용이 가능해졌다.
  - ㉡ 이는 예방 차원의 활동이 커지면서 비전문 인력의 활용과 필요성이 대두되었기 때문이다.

⑤ 정신병원 시설의 도입과 축소
  - ㉠ 17세기부터 유럽과 미국 등에서는 '정상이 아닌 사람'을 격리하기 시작했고, 유럽에서는 이들의 범위가 광인, 전염성 질환자, 범죄자에까지 확대되었다.
  - ㉡ 유럽에서는 계몽주의 시대인 18세기에 들어서야 정신병자에 대한 인식이 점차 개선되었고 정신질환 환자도 치료받아야 한다는 개념이 생기기 시작했다. 정신질환자에 대한 구타, 감금은 치료적 효

TIP
지역사회 심리학 발전史
정신과 약물의 발전 → 정신장애인의 사회복귀 → 정신장애의 예방적 조치 발달 → 폐쇄병동의 축소 → 정신 관련 비전문 인력 활용

과가 없으며, 이들은 인간적으로 대우받아야 할 인권을 가진 존재이자 치료의 대상임이 점점 구체화되면서 시설의 필요성(예 정신병원)이 대두되었다.

ⓒ 19세기 후반 프로이트가 등장하면서 정신질환 환자에 대한 치료 방안이 심리학의 개입으로 개선되기 시작하였고, 20세기에 제2차 세계대전 이후 향정신성약물이 발견되고 개발되면서 비인간적이고 잔혹한 방법은 사라지기 시작했다.

ⓔ 미국에서는 1960년대 중반 입원 환자에 대한 지역사회 복귀운동을 실시하기 시작했으며, 정신병원이나 입원 대신에 정신보건센터를 통해 주간에 치료받는 것을 권장하였다. 이러한 영향을 받아 다른 나라도 지역사회 복귀에 관심을 갖기 시작하였다.

(2) 지역사회 심리학의 원칙과 방법

① 사회 체계의 변화

ⓐ 생태학적 접근에 따라 지역사회 심리학자들은 개인의 변화보다 사회 체계 수준의 변화를 증진하는 데 관심이 있다.

ⓑ 간접 서비스를 강조한다.

② 지역사회의 심리학적 이해 증진

ⓐ 스스로 변화를 계획하고 이행하는 지역사회 능력을 강화하려고 한다.

ⓑ 협동적인 활동을 격려하며, 문제 해결을 위한 연합을 돕는다.

③ 준전문가

ⓐ 지역사회 심리학의 토대는 행동 변화 기능을 제공하는 준전문가, 혹은 비전문가를 격려하는 데 있다.

ⓑ 서비스를 받는 집단의 문화적 뿌리는 지역사회라는 것이 기본 자산이 된다.

④ 실천주의 사용 : 심리학적 과학자의 특성과는 달리 사회적 실천주의를 실현하고자 한다.

기출 DATA

지역사회 심리학의 지향점★
2020-3회, 2019-3회,
2017-1회

TIP

지역사회 심리학의 핵심은 간접 서비스를 확장하고 사회체계를 변화시키며, 지역사회가 심리학을 잘 이해하여 협동적이고 상생적으로 문제를 해결할 수 있도록 돕는 것이다. 즉, 지역사회 심리학의 목표는 전문가의 치료 개입보다는 지역사회 내로의 준전문가들의 포진을 통해 전체 공동체의 라이프 수준을 향상시키는 데에 있다.

# 5 》 신경심리학적 접근

## 1) 신경심리학

(1) 인간의 행동과 정신과정을 과학적인 방법을 통해 체계적으로 규명하려는 학문이다.

(2) 고등정신 활동을 뇌의 구조와 관련하여 연구한다.

(3) 뇌과학의 발달로 심리학과 뇌과학은 상호보완적으로 융합되는 경향을 보인다. 뇌에 대한 연구가 진행됨에 따라 심리학이 필요 없을 것이라는 생각이 대두될 수 있으나, 뇌의 정상적인 발달과 그 기능의 원활한 수행을 위해서는 환경과 교육의 영향을 많이 받아야 하기 때문에 심리학과 뇌과학은 상호보완적으로 발전해 나가야 한다.

## 2) 뇌과학

### (1) 뇌의 구조(구성)와 기능

기출 DATA
뇌의 구조와 기능★
2020-3회, 2019-3회,
2018-1회

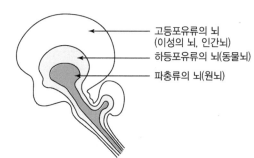

고등포유류의 뇌
(이성의 뇌, 인간뇌)
하등포유류의 뇌(동물뇌)
파충류의 뇌(원뇌)

• 파충류뇌(반사뇌, 원뇌)
 =뇌간
• 하등포유류뇌(감정의 뇌, 동물뇌)
 =대뇌변연계
• 고등포유류뇌(이성의 뇌)
 =대뇌피질
→ 각각 다른 3개의 층의 뇌가 하나로
 통합되어 인간의 뇌가 만들어졌다고
 여김

❖ 뇌를 진화적 측면에서 보면 3개의 층으로 이루어져 있다.

※ 출처 : 김우재, The science Times, "이론들은 오고가지만 개구리는 변함없네", 2019.

### (2) 신경계

① 중추신경계

㉠ 뇌

ⓐ 대뇌 : 뇌의 약 80% 차지, 대뇌반구, 감각과 수의운동의 중추

ⓑ 소뇌 : 대뇌 아래 위치, 수의근 조정에 관여, 신체평형 유지, 운동중추에 해당

ⓒ 간뇌(사이뇌) : 대뇌와 중뇌 사이에 위치, 시상과 시상하부로 구성, 시상은 감각연결 중추, 시상하부는 생리조절 중추

ⓓ 중뇌 : 간뇌 바로 아래 위치, 시각과 청각의 반사중추에 해당

ⓔ 연수(숨뇌) : 뇌간의 아래 위치, 척수와 이어지는 신경조직, 호흡 및 심장박동, 소화기 활동, 재채기, 침 분비 등 생리반사중추

ⓛ 척수

ⓐ 뇌의 연장, 뇌와 말초신경 사이의 흥분전달통로로서의 역할

ⓑ 전근(운동성 신경)과 후근(감각성 신경) 구분

ⓒ 배뇨, 배변, 땀 분비, 무릎 반사 등 반사중추에 해당, 외부자극에 대한 방어기능 수행

② 말초신경계

ⓐ 체성신경계

ⓐ 감각신경 : 자극을 감각기에서 중추신경계로 전달하여 감각을 일으킨다.

ⓑ 운동신경 : 중추신경계의 지시를 여러 기관으로 전달하여 근육운동을 일으킨다.

ⓛ 자율신경계

ⓐ 교감신경 : 활동신경, 주로 신체활동이 활발한 낮에 활성화, 긴장, 공포, 스트레스 상황에서 활발해짐, 혈압과 심장 박동수 증가

ⓑ 부교감신경 : 휴식신경, 신체활동이 저조한 밤에 활성화, 휴식 등 편안한 상황에서 활발해지며, 혈압과 심장 박동수 감소

(3) 대뇌의 구조와 기능

① 전두엽

대뇌피질의 앞부분으로 전체의 40%를 차지, 운동을 통제하고, 창조 영역에 해당, 인간은 다른 동물보다 크고 완전한 전두엽을 가지고 있음, 전두엽은 인간을 유인원과 구분해주는 핵심 기능인 통찰력을 발휘하는 부위, 통찰력은 작업기억에 의존하며, 작업기억이란 계산할 때 중간까지 더한 계산 결과나 책을 읽을 때 직전에 읽은 문자를 기억하는 기능, 대뇌에서 가장 넓은 면적을 차지하고, 정수리 부근을 지나는 중심 고랑을 기준으로 앞쪽이 전두엽이며 뒤쪽이 두정엽, 전두엽의 중심 고랑 바로 앞에 일차운동피질이 존재하며, 일차운동피질은 움직임 조절 기능, 따라서 전두엽은 주의, 통제 등 집행기능, 운동 반응의 선택, 개시, 억제에 관여하며, 운동·자율·감정조절 기능, 행동계획 및 억제 기능을 함

㉠ 전전두엽 : 고차적 정신활동을 담당, 인지-사고-판단, 행동계획, 창의성

㉡ 전전두피질(Prefrontal Cortex) : 전두엽에서 일차운동피질과 전운동피질을 뺀 부분, 감정을 관장하는 변연계의 도파민 시스템과 직결된 영역, 변연계의 신피질(대뇌피질 중 가장 최근에 진화한 부위), 정서에 관여하는 피질 하 구조들(대뇌피질 아래쪽에 있는 뇌 영역)은 전전두피질과 상호 연결되어 있음, 전전두피질은 자기 인식, 행동 계획, 불필요한 행동 억제, 문제해결을 위한 전략 수립, 의사결정 등 인간이 동물과 구별되는 능력에 관여

㉢ 배외측 전전두피질(DPFC ; Dorsolateral Prefrontal Cortex)

ⓐ 명상을 하면 두꺼워지는 부위, 배외측 전전두피질은 작업기억과 주의집중에 중요한 역할

ⓑ 또한 목표지향적 행동에도 관여, 배외측 전전두피질은 정보에 의지해서 논리적으로 판단하게 하지만, 복내측 전전두피질은 감정적인 정보에 의지 → 복내측 전전두피질이 변연계와 가깝게 연결되어 있고, 배외측 전전두피질은 비교적 떨어져 있기 때문

ⓒ 감정은 비논리적이나 옳고 그름을 판단하는 데 중요한 역할, 때문에 감정을 느끼는 뇌 부위인 복내측 전전두피질에 손상을 입은 사람은 도덕적 문제에 대해 냉혹한 판단을 하는 경향

㉣ 안와전두피질(OFC ; Orbitofrontal Cortex)

ⓐ 전두엽의 밑부분, 즉 눈 뒤에 위치한 부위, 편도체를 비롯해 변연계와 직접 연결, 욕구나 동기에 관련된 정보 처리, 감정적, 정서적 정보를 상황에 맞게 조절하여 적절한 사회적 행동을 수행하게 하는 기능

ⓑ 안와전두피질의 외측 영역은 처벌과 관련된 상황에서 활성화

ⓒ 안와전두피질의 내측 영역은 보상과 관련된 상황에서 활성화

ⓓ 안와전두피질에 손상을 입으면 무책임해지고, 사회적으로 부적절한 행동을 하게 됨

㉤ 브로카 영역*

ⓐ 두뇌 좌반구 하측 전두엽에 위치한 영역, 언어의 생성 및 표현, 구사 능력을 담당하는 부위

ⓑ 브로카 영역으로 알려진 운동언어 영역은 언어의 표현에 관여하는 뇌의 부위

ⓒ 이 부분이 손상되었을 경우 브로카 실어증(Broca's aphasia)으로 알려진 운동성 실어증이 나타남

기출 DATA
전전두피질 영역 2019-3회

TIP
전두엽과 전전두엽
전두엽은 대뇌피질의 40%를 차지할 정도로 넓은 면적을 가진다. 가장 핵심적 역할은 통찰과 작업기억이고 이보다 더 세밀하고 고차원적 정신활동을 담당하는 부분, 즉 메타적 사고(사고 위의 사고)와 행동 계획, 통제 및 조절 등을 담당하는 기관은 전두엽 중에서도 가장 앞쪽 부분인 전전두엽이다. 전전두엽은 눈 바로 뒤쪽, 이마 뒤에 위치한다.

기출 DATA
브로카 영역 2016-1회

**TIP**

브로카 영역
전두엽에 위치한 언어의 생성과 구사 능력을 담당하는 부위로 이 부분이 손상되었을 때는 운동성 실어증, 즉 언어의 이해력이나 성대 근육에 아무 이상이 없어도 한 두 개의 음절만 반복하게 되는 브로카 실어증에 시달린다. 1861년 프랑스의 인류학자였던 브로카가 발견하였다.

**TIP**

베르니케 영역
1874년 프랑스의 브로카에게 도전을 받은 독일의 학자 베르니케는 브로카 실어증으로 설명되지 않는, 즉 전두엽이 손상되지 않았는데도 실어증이 나타나는 경우를 발견하여 언어의 의미를 이해하는 영역이 별개로 존재함을 밝혀냈다. 이 영역은 의미 없는 소리를 들을 때는 청각피질만 활성화되지만 의미가 있는 정보가 들리면 베르니케 영역이 활성화된다는 사실을 발견하였고, 이 영역이 외국어 학습과 관련되어 있다는 사실에 여러 나라에서 더욱 관심을 가지게 되었다.

    ⓓ 언어의 이해 및 성대의 근육에는 아무런 이상이 없어도 간단한 한 두 음절의 말만 할 수 있게 됨, 손상이 심할 경우 아무런 말도 할 수 없음, 언어를 형성하는 능력은 상실되지만 언어를 이해하는 능력에는 별다른 손상이 나타나지 않음

② 두정엽

    ㉠ 대뇌피질 중앙, 전체의 21% 차지, 1차 체감각피질과 연합피질로 구성

    ㉡ 이해의 영역, 공간지각−운동지각−신체 위치판단 담당, 공간적·수학적 계산 및 연상기능

③ 측두엽

    ㉠ 대뇌피질의 측면, 전체의 21% 차지, 1차 청각피질과 연합피질로 구성

    ㉡ 판단, 기억, 언어·청각·정서적 경험 담당, 직관력·통찰력

    ㉢ 베르니케 영역*

        ⓐ 대뇌 피질 좌측 반구에 위치한 언어중추 중 한 영역, 언어의 의미를 이해하는 기능을 담당한다.

        ⓑ 베르니케 영역은 1874년 독일의 신경정신의학자 칼 베르니케(Carl Wernicke)가 이 영역과 관련된 언어장애인 베르니케 실어증을 발표하면서 알려졌다.

        ⓒ 그 전까지 언어를 이해하고 표현하는 기능을 관장하는 언어중추로는 1861년 프랑스의 신경학과 의사이자 인류학자인 폴 브로카(Pierre Paul Broca)가 발견한 전두엽의 브로카 영역만이 알려져 있었다.

        ⓓ 그러나 베르니케는 다양한 환자의 사례를 통해 브로카 실어증을 통해 설명되지 않는 경우, 즉 전두엽이 손상되지 않았음에도 실어증이 나타나는 경우를 발견하고, 이를 통해 언어의 의미를 이해하는 영역이 별도로 존재함을 밝혀냈다.

        ⓔ 이후 대뇌 피질 좌반구 측두엽에 위치한 이 영역을 그의 이름을 따서 베르니케 영역이라고 부르게 되었는데, 인간의 베르니케 영역은 침팬지에 비해 7배 정도 넓은 것으로 알려져 있다.

        ⓕ 베르니케 영역의 기능
            • 의미가 없는 소음을 들을 때는 1차 청각피질이 활성화, 단어와 같이 의미를 가진 청각 정보를 들을 때는 베르니케 영역이 활성화된다.

- 베르니케 영역은 읽기, 쓰기, 언어에서의 사고 처리 과정과 같은 언어 이해를 돕고, 외국어 학습과도 관련이 있다.
- 새로운 외국어를 학습할 경우, 모국어와 외국어가 구분 없이 모두 베르니케 영역에 저장된다.

④ 후두엽

㉠ 대뇌 피질의 뒷부분, 17% 차지

㉡ 1차 시각 피질과 시각 연합피질로 구성

㉢ 시각 영역, 망막에서 들어오는 시각 정보를 분석 및 통합하는 역할

㉣ 망막에서 들어오는 시각정보 중 시각 영역에서의 일차적 처리 과정이 발생

㉤ 다른 뇌 체계와 교류함으로써 임시 저장된 새로운 시각정보를 기존 정보와 조화시킴

TIP

대뇌의 영역과 기능
- 측두엽 : 대뇌반구의 양쪽 가장자리에 있는 부분으로 청각연합영역과 청각피질이 있어 청각정보의 처리 담당
- 후두엽 : 시각연합영역과 시각피질이라는 시각중추가 있어 시각정보의 처리 담당, 사물의 위치, 모양, 운동 상태 분석
- 두정엽 : 대뇌 반구의 위쪽 후방에 위치, 기관에 운동명령을 내리는 운동중추 있음. 체감각 피질과 감각연합영역이 있어 촉각, 압각, 통증 등의 체감각 처리에 관여

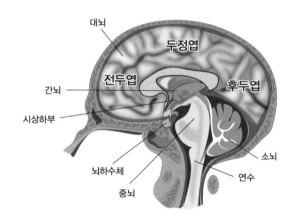

[뇌의 구조와 기능]

(4) 대뇌기능의 등위성(등능성, Equalpotentialization)

① 20세기 초 유럽의 심리학은 게슈탈트 운동 영향하에 있어서 '전체는 단순한 부분의 합 이상'임을 강조하는 경향이 강했다.

② 미국의 심리학자인 레슐리(Lashley)는 피질 전체가 모든 기능에 관여한다는 집합행동 이론과 각 피질영역이 어떤 행동의 통제 기능이라도 모두 담당할 수 있다는 동등잠재력 이론을 제안하였다.

③ 전체성 원리에 입각한 것으로 심리학 분야에 큰 영향을 미쳤다.

④ 뇌 기능의 양작용과 등위성이라는 2가지 중요한 원칙을 담고 있다. 뇌 기능의 양작용설에 의하면 모든 심리기능이 피질의 특정 부위에 제한되어 있다는 견해와 달리 특정 학습은 대뇌피질 전체에 의해 중재된다고

하였다. 학습 등의 지적 기능은 뇌의 어느 특정 부분이 아니라 전체적인 손상량이 많을수록 받는 영향도 크다는 것이다. 연구 결과에 따르면, 뇌의 구조와 기능은 유기적으로 관련되어 있어서 뇌의 한 부분이 독자적으로 기능할 수 없으며 피질의 여러 영역은 등가적 가치를 지닌다. 어떤 부위의 피질이 손상되었느냐가 아니라 얼마만큼의 양이 손상되었는지가 중요하다는 뜻이다.

### (5) 대뇌기능의 국재화(Localization)

① 뇌는 전체론적으로 움직인다는 전체론적 관점은 프랑스 의사 브로카(P. Broca), 독일의 베르니케(C. Wernicke), 영국의 잭슨(H. Jackson)의 연구로 인해 도전을 받았다.

② 잭슨은 신체 특정 부위에서 경련이 시작되는 초점 발작을 연구해서 서로 다른 운동기능과 감각기능은 대뇌피질의 특정 부위에 의해 관장될 수 있음을 관찰했다.

③ 브로카는 한 가지 단어만 말하는 환자의 뇌를 사후 부검함으로써 대뇌의 특정 부위와 실어증을 연결하여 브로카 영역을 찾아내었다.

④ 베르니케는 브로카가 말한 영역과는 다른 영역을 통해서도 실어증이 발생할 수 있다는 사실을 발견함으로써 베르니케 영역을 찾아내었다.

⑤ 뇌의 특정부분이 특정행동을 통제한다는 사실을 알아내었다. 대뇌의 가장 겉부분은 대뇌피질이라는 영역, 즉 대뇌피질은 두개골 내 최대 면적을 갖고 그 기능을 최대화하기 위해 회와 구라고 불리는 주름이 져있으며 그 기능에 따라 국재화(Localization) 또는 특수화(Specialization)되어 있다.

⑥ 이 대뇌피질은 크게 전두엽, 두정엽, 측두엽, 후두엽으로 나뉘어 있는데 중앙구는 전두엽과 두정엽을 구분하고, 측구는 전두엽과 측두엽을 구분한다.

### (6) 뇌의 편측성과 이원청취기법

① 인간의 두 가지 의식 양식이 인간의 좌·우반구 속에 각기 다르게 위치한다.

② 기능적 비대칭성 : 특정인지 과제(언어, 도형, 감정 등)를 처리하는데 좌·우반구의 기여 정도가 서로 다르다.

③ 이원청취기법
  ㉠ 뇌의 편측성 효과를 탐색하는 대표적 방법, 청각체계 이용
  ㉡ 언어적 음성과 비언어적 음향의 다양한 자극 제시, 반응 정도에 따라 뇌의 편재화된 기능 파악

**기출 DATA**
이원청취기법
2020-3회, 2016-3회

ⓒ 좌반구는 언어적 · 분석적 · 순차적 정보 등을 우세하게 처리

ⓓ 우반구는 비언어적 · 공간적 · 통합적 · 병렬적 정보 등을 우세하게 처리

## 3) 신경심리학적 병전

\*신경발달장애(Neuro-developmental disorders)의 DSM-5 진단기준은 다음과 같으며 중추신경계, 즉 뇌의 발달지연 또는 뇌 손상과 관련된 것으로 알려진 정신장애를 포함한다.

(1) **지적장애(Intellectual disability)**

지능이 비정상적으로 낮아서 학습 및 사회적 적응에 어려움을 나타내는 경우를 뜻한다.

① 지적발달장애

② 전반적 발달지연 : 이 진단은 5세 이하의 아동에서 임상적 심각도 수준을 확실하게 평가할 수 없을 때 사용

(2) **의사소통장애(Communication disorders)**

의사소통에 필요한 말이나 언어의 사용에 결함이 있는 경우이다. 지능수준은 정상적이지만 언어 사용에 문제가 나타난다.

① 언어장애

② 말소리 장애

③ 아동기 발병 유창성 장애(말더듬)

④ 사회적(실용적) 의사소통장애

(3) **자폐 스펙트럼 장애(Autism spectrum disorder)** : 사회적 상호작용 중 의사소통에서 장애를 나타낼 뿐만 아니라 제한된 관심과 흥미를 지니며 상동적 행동을 반복적으로 나타내는 장애이다.

(4) **주의력 결핍 과잉행동 장애(Attention-deficit hyperactivity disorder)**

주의집중의 어려움과 더불어 매우 산만하고 부주의한 행동을 나타낼 뿐만 아니라 자신의 행동을 적절히 통제하지 못하고 충동적인 과잉행동을 나타내는 경우에 해당한다.

① 부주의 : 세부적인 면에 대해 면밀한 주의를 기울이지 못하거나 학업, 작업 또는 다른 활동에서 실수를 저지름

② 과잉행동-충동성

㉠ 부주의와 과잉행동-충동성 중 한 가지 이상의 증상이 6개월 이상 지속

**TIP**

신경발달장애
• 지적장애(지적발달장애, 전반적 발달지연)
• 의사소통장애(언어, 소리, 말더듬, 사회적 의사소통 장애)
• 자폐스펙트럼 장애
• ADHD
• 특정 학습장애
• 운동장애(틱장애, 발달성 협응장애, 상동증적 운동장애)

**TIP**

ADHD
ADHD는 주의력 부족, 충동성, 과잉행동이 핵심 증상이지만, 사실은 집중 효율성 저하나 반응 억제의 어려움 등과 같은 실행 기능의 저하가 가장 특징적이다. ADHD는 뇌에서 실행 기능을 담당하는 전두엽 기능의 이상으로 일어나는 것이기 때문이다. ADHD는 70%가 유전, 30%가 환경적 원인이라고 알려져 있고, 전체 아동·청소년의 5~7%가 해당하는 비교적 흔한 질환이다. 한국의 경우, 2006년 전체 아동·청소년의 6.5% 가량이 ADHD로 진단되었으나, 이 중 약 11%만이 치료를 받고 있다. 전체 아동·청소년의 약 50%가 치료를 받고 있는 2009년 미국의 경우와 비교해 볼 때, 우리나라에서 ADHD는 과소 진단되고 있으며 적시에 도움을 받지 못하는 대표적 질환이라고 볼 수 있다.

ⓛ 부정적 자아개념을 형성하고 정서적으로 불안정, 공격적·반항적 행동

ⓒ 청소년기까지 지속되는 경우의 50%가 품행장애, 이 중 50%가 성인이 되어 반사회적 성격장애로 발전

(5) 특정 학습장애(Specific learning disabilities) : 정상적인 지능을 갖추고 있고 정서적인 문제가 없음에도 불구하고 지능수준에 비하여 현저한 학습부진

(6) 운동장애(Motor disorder)

나이나 지능수준에 비해서 움직임 및 운동능력이 현저하게 미숙하거나 부적응적인 움직임이 반복적으로 나타내는 경우

① 틱 장애(Tic disorder) : 얼굴 근육이나 신체 일부를 갑작스럽게 움직이거나 갑자기 이상한 소리, 이상행동을 반복

② 발달성 협응장애(Developmental coordination disorder) : 일상적인 운동기술, 즉 물건잡기나 식기 사용, 글씨 쓰기, 자전거 타기 등에서 서투른 동작 수행

③ 상동증적 운동장애(Stereotypic movement disorder) : 반복적이고 억제할 수 없는 행동이나 목적이 없는 행동, 즉 손 흔들기, 손장난하기, 몸 흔들기, 머리 흔들기, 물어뜯기, 자기 몸 때리기 등의 행동

## 6 » 가족치료적 접근

### 1) 가족상담의 원리

(1) **가족체계의 문제점** : 개인의 문제는 가족관계에서 비롯되는 경우가 많으므로 개인의 문제를 파악하기 위해서는 가족 전체의 심리적 특성을 확인해야 할 필요성이 있음

(2) **내면적 심리과정은 곧 가족관계의 산물**

(3) **자녀행동과 부모관계** : 자녀의 행동이 부모의 비정상적 관계를 유지하는 데에 기여하는 경우가 많음

(4) **현재 상황에 초점** : 현재 상황을 이해할 수 없을 경우, 과거의 맥락을 가져오는 게 도움이 됨. 현재의 문제가 과거부터 오랫동안 반복되고 있다는 전제하에 현재 상황의 향상에 초점을 둠

## 2) 가족치료의 이론적 근거

### (1) 순환의 사고

① 자율통제기능 설명의 원리, 가족성원의 관계의 흐름을 만드는 근거

② 가족성원 간의 생각이나 감정의 흐름은 가족집단이 가진 맥락으로 작용

③ 주체와 객체 간의 일방적 직선구조로 선형의 원리에 지배되지 않음

### (2) 관계와 체제의 생각

① 가족치료의 관계 방식에 초점을 두는 원리, 상호작용 방식이 다른 가족이나 집단과 구분되는 전체의 특징

② 전체 구성원의 행동과 관계 양식을 통제·조절하고, 체제를 변화시키는 Cybernetic 통제−반응 메커니즘 존재

③ 가족의 역사를 통해 형성된 구조는 가족성원의 행동에 일정한 방식으로 영향을 미치는 관계 양식을 형성

### (3) 비합산의 원칙

① 합산의 원칙 : 전체가 부분의 합, 해당 부분은 다시 전체로 환원된다는 것

② 비합산의 원칙 : 전체가 단순한 부분의 합이 아니라 그보다 커질 수도, 작아질 수도 있으며, 전체는 부분으로 환원되지 않는다는 원칙, 가족 전체의 모습은 가족성원의 상호작용방식에 따라 달라짐

## 3) 가족치료 모델

### (1) 정신분석적 가족치료모델

① 동일시, 통찰, 자기노출, 전이 등을 사용, 가족/개별성원의 내면 문제를 정화하려는 목적

② 내적·심리적 갈등 해결, 가족성원 간의 무의식적인 대상관계 분석, 통찰과 이해, 성장의 촉진, 합리적인 역할 분배 강조

③ 가족의 대화나 행동에 무의식적으로 억압되어 있는 과거를 탐색, 가족성원과 함께 과거 훈습

### (2) 다세대적 가족치료모델

① 보웬(Bowen)이 제안, 개인이 가족자아로부터 분화되어 확고한 자신의 자아를 수립할 수 있도록 가족성원의 정서체계에 대한 합리적 조정 강조

② 가족을 일련의 상호 관련 체계와 하위체계로 이루어진 복합적 총체로 인식하여 한 부분의 변화가 다른 부분의 변화를 야기한다고 봄

---

**TIP**

**가족치료**
가족치료는 기계론적 세계관을 지닌 개인치료에서 유기체론적 세계관을 지닌 가족치료로 넘어가면서 발전하기 시작했다. 가족치료는 가족을 치료적 매개로 사용하여 개인치료로 해결하지 못한 문제들을 다루는 것이며, 다세대, 구조적, 경험적, 전략적 가족치료 등 다양한 모델이 있다. 최근에는 개인치료와 함께 가족치료를 진행하는 모습으로 발전하였다.

**TIP**

**보웬의 가족치료**
개인이 가족으로부터 분화되어 분명한 자신의 자아를 수립하기 위해 합리적 조정 필요

③ 불안의 정도와 자기 분화의 통합 정도로서 개인의 감정과 지적 과정 사이의 구분 능력을 강조

④ 정서적인 것과 지적인 것을 분화할 수 있는 능력을 키워 미분화된 가족 자아 집합체를 적절하게 분화하는 것

### (3) 구조적 가족치료모델

① 미누친(Minuchin)이 제안, 가족구조를 재구조화하여 가족이 적절한 기능을 수행하도록 돕는 방법, 개인을 생태계나 환경과의 관계에서 이해

② 가족을 하나의 체계로 이해, 개인의 문제를 정신적 요인보다 체계와의 관련성에 초점, 가족의 구조를 변화시킴으로써 체계 내 개인의 경험이 변화되어 구조를 평가하고 새로운 구조로 변화시키는 전략 사용

③ 가족 간 명확한 경계 강조, 하위체계 간 개방적이고 명확한 경계 수립이 치료의 목표

④ 명확한 경계선 안에서 가족성원은 지지받고 건강하게 양육되며 독립과 자율이 허락

⑤ 부모-자녀 체계에서 부모는 자녀에게 권위를 지켜야 하고 부부 중 어느 한쪽이 자녀와 배우자보다 더 친밀하지 말아야 함을 강조

### (4) 의사소통 가족치료모델

① 가족성원 간 의사소통 과정과 형태 중시, 정보의 내용과 정보가 받아들여지는 관계에 초점

② 가족성원에게 명확한 의사소통의 규칙을 알려주고 가족이 사용하는 의사소통의 유형을 분석하고 설명, 가족 의사소통의 상호작용 조절

③ 가족의 상호체계에서 발생하는 역기능적 행위를 변화시키는 데 목표를 두며, 가족 간 의사소통, 가족 내 이중관계와 왜곡된 가족 규칙이 치료가 되어야 함

### (5) 경험적 가족치료모델

① 사티어(Satir)가 제안, 가족관계의 병리적 측면보다 긍정적 측면에 초점, 가족의 성장이 목표, 가족 특유의 갈등과 행동양식에 맞는 경험 제공

② 치료자는 가족성원이 자신의 감정과 욕구에 민감하게 대응하고 실망, 두려움, 분노에 대해서도 대화하고 수용하도록 돕는 데에 주력

③ 특정 시기의 정서적 가족관계를 사람이나 다른 내상물의 배열을 통해 나타낸 가족조각이나, 가족성원 각자에게 가족이 어떻게 조직되어 있는지 생각나는 대로 그리도록 하는 가족그림 등의 기법 사용

기출 DATA
구조적 가족치료모델 2016-1회

TIP

미누친의 구조적 가족치료 모델
가족 구조 재구조화, 가족 간 명확한 경계 강조, 건강하게 독립과 자율 허용, 평등한 개개인 강조

TIP

의사소통 가족치료 모델
가족 간 의사소통 과정 중시, 의사소통 규칙과 유형 분석, 역기능적 행위, 이중구속(Double-bind communication) 해결 필요

④ 의사소통 유형 : 회유형, 비난형, 초이성형, 산만형, 일치형 제시

### (6) 전략적 가족치료모델

① 헤일리(Haley)가 의사소통 가족치료의 전통을 계승하여 제안, 인간 행동의 원인에는 관심이 없고, 단지 문제행동의 변화를 위한 해결방법에만 초점

② 목표설정에 있어서 가족이 호소하는 문제를 포함, 가족의 문제를 해결하기 위한 다양한 전략을 모색

③ 단기치료에 해당

④ 역설적 지시, 순환적 질문, 재구성기법, 가장기법 등을 사용

### (7) 해결중심적 가족치료모델

① 스티브 드 세이저(Steve de Shazer)와 김인수(Insoo Kim Berg)에 의해 개발, 가족의 병리적인 측면보다 건강에 초점

② 가족의 강점, 자원, 건강한 특성, 탄력성 등을 발견하여 상담에 활용

③ 탈이론적 입장, 가족의 견해 중시, 인간행동에 대한 가설에 근거하여 가족을 사정하지 않으며 해결 방법의 간략화 추구, 작은 변화에서부터 시도

④ 예외적인 상황 탐색, 문제 상황의 차이점 발견, 문제가 발생하지 않은 상황을 증가시켜 가족의 긍정적인 부분 강화, 과거의 문제보다 미래의 해결방안을 구축하고 가족 간 상호협력 중시

## 4) 가족평가 도구

### (1) 가계도

① 보웬(Bowen)의 가계도 : 내담자의 3세대 이상에 걸친 가족관계 도표를 제시함으로써 현재 제시된 문제의 근원을 찾는 도구이다.

② 특정 생물학적 기간 동안 내담자 가족이 겪었던 주된 사건을 중심으로 구성되어 있다.

### (2) 생태도

① 하트만(Hartman)의 생태도 : 가족과 가족의 생활공간 내에 있는 사람 및 환경 간의 상호작용을 그림으로 나타낸 것이다.

② 내담자의 상황에서 의미 있는 체계와 관계를 표현한 그림으로 특정 문제에 대한 치료적 개입을 계획하는 데 유용하다.

---

**TIP**

**해결중심적 가족치료 모델**
Steve de Shazer와 Insoo Kim에 의해 개발, 가족의 강점과 자원, 탄력성 등을 촉진, 탈이론적 입장, 예외적 상황 탐색, 미래의 해결방안을 구축하고 가족 간 상호협력 중시

**TIP**

**가족 사정(Family assessment)**
가족 전체의 기능을 파악하는 모델로는 맥마스터(McMaster) 모델과 순환 모델이 있다. 맥마스터 모델에서는 자아 분화 척도와 부모-자녀 간 의사소통 척도로 가족관계를 파악한다. 이 두 가지 척도는 가족기능을 문제 해결, 의사소통, 역할, 정서적 반응성, 정서적 관여, 행동 통제, 가족의 일반적 기능 등 7가지 차원에서 파악하기 위한 것이며 총 53문항이다. 또한 순환 모델에서는 가족 행동 중 가족의 적응력과 응집력이 가족 유지에 가장 기본적인 특징임을 밝혀내었다. Olson은 가족 적응성과 응집성의 척도를 측정하는 질문지를 개발하였는데, 4개 수준에서 총 16개의 가족 유형으로 구분하였다.

③ 환경 속에서 내담자에 초점을 맞춰 내담자를 생태학적 관점에서 이해하는 데 도움을 준다.

(3) 가족조각

① 특정 시기의 정서적 가족관계를 극적으로 나타내는 도구이다. 가족체계 내의 고통스럽지만 암묵적인 관계나 규칙을 드러낸다.

② 가족조각의 목적은 가족관계 내의 역동성을 진단함으로써 치료적 개입을 하는 데에 있다.

③ 가족성원은 말을 하지 않고 대상물의 공간적 관계나 몸짓 등 의미 있는 표상 등을 통해 표현한다.

④ 가족조각을 통해 가족 간의 상호작용에 따른 친밀감이나 거리감, 가족성원 간의 연합이나 세력 구조, 비언어적인 의사소통 유형 등의 관계 유형을 파악할 수 있다.

(4) 가족그림

① 가족성원 각자에게 가족이 어떻게 조직되어 있는지 생각나는 대로 그리도록 하는 기법이다.

② 각각 가족성원이 가족에 대해 어떻게 생각하고 있는지, 다른 성원이 서로에 대해 어떻게 느끼고 있는지, 가족관계에 어떤 문제가 있는지 등을 이해할 수 있다.

③ 가족 내 개별 성원은 자신이 그린 그림을 다른 성원의 앞에서 설명함으로써 자신을 객관적으로 평가하는 기회를 가진다.

④ 치료자는 가족성원이 예전에 미처 생각하지 못했거나 서로 소통하지 못했던 상황 및 경험을 충분히 이해하도록 돕는다.

기출 DATA

A형, B형 성격의 유형 2018-3회

## 7 》》 A형 · B형 성격 유형

### 1) A형 성격 유형의 발견

(1) 경험적 임상 연구

① 1959년 미국의 심장전문의 프리드만(Friedman)과 로젠만(Rosenman)은 관상동맥 경화증을 앓고 있는 사람의 성격적 특성이 무엇인가 남다르다는 사실에 주목했다.

② 병원 청소부가 진료대기실의 소파 앞부분만 특히 닳는다고 투덜거리는 것을 본 프리드만과 로젠만은, 그 원인이 관상동맥 경화증 환자들의 성격과 관련 있다는 사실을 밝혀냈다. 항상 초조하고 불안하며, 급하고 안절부절 못하는 환자들이 소파에 진득이 앉아 있지 못하고 앉아서도 계속 손을 움직이면서 소파의 가장자리를 만지작거렸기 때문이다.

③ 이들은 경쟁적, 성취지향적이고, 급하게 서두르거나 야심만만하며, 편하게 쉬지 못하고 화를 참지 못하는 성격 특성을 가진다.

④ 이 유형의 성격을 A 유형 성격(Type A behavior)이라 부르게 되었다.

(2) 심장 혈관질환과의 관련성

① 즉, A형 성격은 극도의 경쟁심, 성공을 향해 몰아침, 성급함, 과잉 흥분, 시간에 대한 주관적인 임박감, 관여와 책임에 대한 압박감을 받는 공격적이고 성취지향적인 사람에 해당한다.

② 이들은 대기실에서 순서를 참지 못하고 안절부절못한다. 항상 일과 성취에 대해 생각하고 초조하고 불안해한다.

③ 스트레스에 취약하고, 스트레스를 받으면 스트레스 호르몬의 분비, 혈압의 상승 및 심장박동의 증가 등 교감 신경계가 예민하게 흥분한다.

④ A형 성격 유형은 특정한 환경에 의해 유발되는 행동 감정의 복합체(Action-emotion complex)로 서구의 빠르고 정확한 문화적 특성과 관련성이 높다. A형 행동 유형은 조바심, 공격성, 강렬한 성취욕, 시간적 긴박감, 인정받고 싶은 욕구, 진보에 대한 욕구가 강하다.

(3) 측정 도구

① A형 성격은 기본적으로 특정상황에 대한 반동(Reaction)으로 보기 때문에 일상생활에서 접할 수 있는 도전적인 상황에 대한 조직적인 면담(SI ; Structured interview)에 의해 진단

② 측정 지표로 분노와 적개심을 표현하는 방법, 강도, 횟수를 포함

③ 폭발적인 언어, 시간적 조급성, 운동특성이 포함되며, 행동에 대한 관찰 결과가 더 중요한 평가 요소

④ 크고 폭발적인 말투가 A형 성격의 확정적인 진단기준

**TIP**

A형 성격 유형

| A형 성격 유형 |
| --- |
| 극도의 경쟁심, 성공을 향해 몰아침, 성급함, 과잉흥분, 시간에 대한 주관적인 임박감, 공격적이고 성취지향적인 경향성, 스트레스에 취약하고 스트레스 호르몬의 분비, 혈압의 상승 및 심장박동의 증가 등 교감 신경계가 자주 흥분, 관상동맥 질환에 쉽게 노출 |

## 2) B형 성격 유형

(1) A형 성격과 반대되는 성격으로 행동유형에 대한 동기유발 수준이 낮음

(2) Type A에 비해 비교적 느긋하고, 덜 공격적이면서 자율을 중시, 주로 음악이나 미술 등 예술이나 연구직에 종사하는 사람에게서 자주 나타나는 성격 유형

(3) 단기적인 목표 달성에 크게 얽매이지 않고, 결과적으로 성공할 수 있다고 믿으면 과정상 다소 미흡한 점이 있다 하더라도 크게 개의치 않음

(4) 실패하더라도 다시 하면 잘 될 것이라는 낙천적인 기질을 가진 경향성의 사람

# 전문적 임상심리학자의 역할

학습포인트

임상심리학자가 갖추어야 할 전문적인 유능성과 윤리적 자세,
자문가 및 다문화 상담자로서의 역할 등에 대해 숙지한다.

## 1 » 임상심리학자가 갖추어야 할 유능성

### 1) 전문가로서의 태도

(1) **전문성** : 임상심리학자는 자신의 수련, 경험 등에 의해 준비된 범위 안에서 전문적인 서비스와 교육을 제공한다.

(2) **성실성** : 자신의 신념체계, 가치, 제한점 등이 상담에 미칠 영향력을 자각하고, 내담자에게 상담의 목표, 기법, 한계점, 위험성, 상담의 이점, 자신의 강점과 제한점, 심리검사와 보고서의 목적과 용도, 상담료, 상담료 지불방법 등을 명확히 알린다.

### 2) 사회적 책임

(1) **사회와의 관계** : 사회의 윤리와 도덕기준을 존중하고, 사회 공익과 자신이 종사하는 전문직의 바람직한 이익을 위해 최선을 다한다.

(2) **상담기관 운영자** : 상담기관 운영자는 기관에 소속된 상담심리사의 증명서나 자격증의 유형, 주소, 연락처, 직무시간, 상담의 유형과 종류, 그와 관련된 다른 정보 등을 정확하게 기록한다.

(3) **다른 전문직과의 관계** : 상담심리사는 자신의 방식과 다른 전문적 상담 접근을 존중해야 하며, 함께 일하는 다른 전문 집단의 전통과 실제를 알고 이해해야 한다.

**TIP**

전문가로서의 태도
임상심리학자는 자신이 내담자를 치료할 수 있는 충분한 능력이 있다는 사실을 내담자에게 고지해야 하고, 스스로 이 전문성을 위해 항상 지식과 경험적 능력을 극대화하도록 노력해야 한다. 인간과 인간이 속한 집단은 지속적으로 변화하고 있기 때문에 이 변화에 대한 이해와 지식 습득을 게을리해서는 안 된다.

### 3) 인간권리와 존엄성에 대한 존중

(1) **내담자의 복지** : 상담심리사의 일차적 책임은 내담자의 복리를 증진하고 존엄성을 존중하는 것이다.

(2) **내담자의 권리** : 내담자는 비밀유지를 기대할 권리, 자신의 사례 기록에 대한 정보를 가질 권리, 상담 계획에 참여할 권리, 어떤 서비스에 대해서는 거절할 권리, 그런 거절에 따른 결과에 대해 조언을 받을 권리를 가진다.

### 4) 정보 보호

(1) **사생활과 비밀보호** : 사생활과 비밀유지에 대한 내담자의 권리를 최대한 존중해야 할 의무가 있다.

(2) **기록 보존** : 내담자에게 전문적인 서비스를 제공하기 위해 법, 규제 혹은 제도적 절차에 따라 반드시 기록을 보존한다.

(3) **비밀보호의 한계** : 내담자의 생명이나 사회의 안전을 위협하는 경우에는 내담자의 동의 없이도 내담자에 대한 정보를 관련 전문인이나 사회에 알릴 수 있으므로 상담 시작 전 비밀보호의 한계를 알려준다.

## 2 » 임상심리학자가 지켜야 할 상담 윤리

기출 DATA
임상심리학자의 윤리-공정성
2019-3회

### 1) 상담의 윤리원칙 5가지

(1) **자율성** : 타인의 권리를 해치지 않는 한 내담자가 자신의 행동을 선택할 권리가 있다.

(2) **선행** : 내담자와 타인을 위해 선한 일을 하는 것이다.

(3) **무해성** : 내담자에게 해를 끼치는 행동을 하지 않는 것이다.

(4) **공정성** : 모든 내담자는 평등하며, 성별과 인종, 지위에 관계없이 공정하게 대우받아야 한다.

(5) **충실성** : 상담자는 내담자에게 믿음과 신뢰를 주며 상담관계에 충실해야 한다.

## 2) 상담 장면에서 나타날 수 있는 윤리적 갈등의 해결단계

(1) 현 상황의 문제점 및 딜레마 확인

(2) 잠재적 쟁점 확인

(3) 문제의 일반적 지침에 관한 윤리강령, 법, 규정 탐색

(4) 문제에 대한 다양한 관점을 얻기 위해 한 곳 이상의 기관에 자문

(5) 다양한 결정에 따른 결과를 열거, 내담자를 위한 각각의 행동진로에 대한 연관성 반영

(6) 이 중 최고의 행동방침이 무엇인지 결정

# 3 》 자문가로서의 역할

## 1) 자문의 의의

기출 DATA
자문 2016-3회

(1) 어떤 특정한 문제나 상황에 대해 전문가의 의견을 듣거나 소견을 묻는다.

(2) 전문적 지식을 나누어 줌으로써 어떤 사람이 노력하여 얻고자 하는 것의 효과를 극대화시키는 과정이다.

(3) 임상심리학자에게 내담자의 정신 상태에 대한 정신의학적 소견을 질문할 수 있고, 가족치료전문가에게 내담자의 가정문제에 대한 의견을 들을 수 있다.

(4) 자문가는 자문을 요청한 자가 자신의 책임하에 있는 내담자에 대한 다양한 심리적 문제를 해결할 수 있도록 협조해야 한다.

(5) 자문가는 능동적 주체로 활약하여 상담치료가 질적으로 좋은 치료가 되게끔 노력하고, 내담자의 만족도를 향상시키며, 치료 효과의 극대화를 도모한다.

**TIP**

자문가로서의 역할
임상심리학자는 정신질환을 진단하고 평가하는 일을 핵심적으로 수행하는 전문가로서 이와 관련된 전문적 의견에 대한 요청이 있을 시, 응해 주는 역할을 하기도 한다. 최근에는 범죄심리학 분야가 발전하면서 법적, 심리학적 자문을 요청하는 경우가 많으며, 특히 성범죄 관련 사건의 경우 임상심리학자가 절대적일만큼 중요한 역할을 하기도 한다.

## 2) 자문의 특징

(1) 자문 요청자와 자문을 받아들이는 고문 간의 관계는 임의적이고 한시적이다.

(2) 자문가는 피자문자나 그의 책임 업무와 관련이 있는 것으로 자문을 요청한 기관과는 관련이 없다.

(3) 자문가는 관련 업무의 전문가로서 피자문자 개인보다는 그가 제시한 문제를 중점적으로 다룰 수 있어야 한다.

(4) 자문가에게는 치료자로서의 기술이 요구되지만 원칙적으로 자문을 요청한 사람을 대신하여 내담자에 대한 직접적 치료자로서의 역할을 대행하지 않도록 한다.

기출 DATA
도허티의 6가지 자문 역할
2019-3회

3) 도허티(Dougherty, 1995) : 임상심리학자의 자문 역할

(1) 전문가

(2) 수련자/교육자

(3) 옹호자

(4) 협력자

(5) 진상조사자

(6) 과정전문가

## 4 》》 다문화 상담자의 문화적 유능성

**TIP**
다문화상담
다문화상담에 대한 관심은 1960년대에 미국과 유럽 등지에서 전개된 인권운동과 차별받는 소수 인종에 대한 조명으로 시작되었다. 이때 상담자들은 내담자들과의 횡문화적 차이에 주목하기 시작했는데, 이는 다문화상담이 발전하는 계기가 되었다. 다문화상담 이론은 인간이 다양한 사회적 요소와 상호작용하면서 자신의 세계를 구성한다는 사회적 구성주의에 기초하는데, 다문화상담에서 개인의 문제와 사회·문화적 용인을 다루는 것도 이러한 사회적 구성주의에서 비롯되었다.

1) 1970년대부터 다문화 사회였던 미국 내 상담에 대한 새로운 접근

(1) 상담자와 내담자의 인종, 문화적 배경 등의 차이점에 관한 활발한 연구가 이루어졌다.

(2) 미국 내 문화 간 차이를 이해하려는 목적에서 이루어졌다.

2) 현재 우리나라에 필요한 다문화적 관점 : 상담자 측의 문화적 유능성

(1) 상담자 자신의 가정, 가치관, 사회적 편견에 대한 인식

(2) 문화적으로 다양한 내담자 측의 세계관에 대한 이해

(3) 적절한 개입전략과 기법을 개발

### 3) 다문화상담자의 적극적인 역할

(1) 보다 적극적으로 비전통적인 조력방식을 활용한다.

(2) 가정, 공공기관 및 지역사회기관과 함께 상담실 밖에서 활동한다.

(3) 내담자 측의 변화에만 초점을 두지 않고 환경조건의 조정에도 관심을 둔다.

(4) 내담자를 '문제를 지닌 대상'보다는 '문제에 직면(경험)한 사람'으로 대한다.

(5) 문제의 교정 측면보다는 예방 측면에 보다 노력을 쏟는다.

### 4) 우리나라 다문화적 연구와 전문 활동 현황

(1) 다문화가정 부부관계의 질적 연구(신희천 · 최진아 · 김혜숙 · 이주연, 2011)

(2) 북한출신 대학생의 적응, 7년 이상 남한거주 북한이탈주민의 정신건강 예측요인 및 우울 예측요인의 3년 추적연구 등에 관한 연구보고(조영아 등, 2004, 2005, 2009)

(3) 국내 거주 결혼 이주민, 근로자 및 외국인 유학생 집단에 대한 다문화적 연구와 상담 치료적 접근에 관한 보고는 거의 전무 → 외국인 근로자 및 유학생 증가 추세 → 앞으로의 당면 과제

## 5 》》 상담시설의 운영관리 역할

### 1) 사회복귀시설

(1) 등장배경

① 19세기 후반에 미국의 대규모 시설에서의 정신질환자에 대한 비인간적인 수용실태가 사회적 문제로 대두

② 미국과 유럽을 중심으로 시설거주자에서의 인간으로서의 기본 인권을 회복하기 위한 탈시설화 운동 전개

③ 인간존엄성과 행복추구의 권리를 토대로 정신환자의 삶의 질 향상에 관심

④ 의료기술의 발달로 새로운 치료법을 개발해 정신질환자를 지역사회에서 보호할 수 있는 계기 마련, 향정신성 약물치료도 발전

⑤ 정신질환자에 대한 지역 주민의 인식 개선, 편견 해소

TIP

다문화적 역량
다문화적 역량을 갖춘 전문가가 되기 위해서는 성, 인종, 민족, 성적 경향성, 장애, 사회 · 경제적 지위, 연령, 종교, 가족구조 등의 광범위한 문화적 정체성이 내담자와 전문가, 슈퍼바이저에게 어떠한 영향을 미치는가를 인식하고 부정적인 영향력을 감소시키려는 노력을 해야 한다.

기출 DATA
정신질환자의 사회 복귀 2016-1회

**TIP**

정신재활시설
생활시설, 재활훈련시설, 생산품 판매
시설, 중독자 재활시설, 종합시설 등

(2) 정신재활시설의 종류(「정신건강복지법」 제27조 및 동법 시행령 제16조)

① 생활시설 : 정신질환 내담자가 생활할 수 있도록 의식주 서비스를 제공하는 시설

② 재활훈련시설 : 직업활동과 사회생활을 할 수 있도록 상담하고, 교육, 취업 등의 재활활동 지원

③ 생산품 판매시설 : 보건복지부 장관이 정하여 고지하는 장애를 가진 사람이 생산한 생산품의 판매, 유통 등의 지원 시설

④ 중독자 재활시설 : 알코올 중독, 약물중독, 게임 중독 등의 치유, 재활 시설

⑤ 종합시설 : 2개 이상의 정신재활시설의 기능을 복합적, 종합적으로 제공하는 시설

## 2) 특수목적 상담소의 업무

**TIP**

가정폭력 방지 및 피해자 보호 등에
관한 법률
이 법은 1998년에 제정되어 현재에
까지 이르고 있다. 1990년대에 가족
폭력이 심각한 문제로 떠올랐으나,
형법에서의 보충성의 원칙과 가정사
형사 불개입의 원칙에 따라 법적 개
입이 자제되었다. 그러나 이러한 법
적 소극성이 가정폭력의 심각성을
상승시켰다고 판단해, 1997년 가정
폭력 방지의 목적으로 두 개의 특별
법이 제정되었다. 하나는 가정폭력
방지 및 피해자 보호 등에 관한 법률,
다른 하나는 가정폭력 범죄의 처벌
등에 관한 특례법이다.

(1) 가정폭력 관련 상담소의 업무(「가정폭력방지 및 피해자보호 등에 관한 법률」 제6조)

① 가정폭력 신고를 받거나 이에 관한 상담에 응하는 일

② 가정폭력을 신고하거나 상담을 요청한 사람과 그 가족에 대한 상담

③ 가정폭력으로 정상적인 가정생활과 사회생활이 어렵거나 긴급히 보호를 필요로 하는 피해자 등의 임시 보호, 의료기관−가정폭력피해자 보호시설로 인도

④ 행위자에 대한 고발 등 법률적 사항에 관한 자문 요청

⑤ 경찰관서 등으로부터 인도받은 피해자 등의 임시보호

⑥ 가정폭력의 예방과 방지에 관한 교육, 홍보

⑦ 기타 가정폭력과 그 피해에 관한 조사, 연구

(2) 성폭력피해 상담소의 업무(「성폭력방지 및 피해자보호 등에 관한 법률」 제11조)

① 성폭력피해의 신고접수와 이에 관한 상담

② 성폭력피해로 인해 정상적인 가정생활/사회생활이 곤란하거나 기타 사정으로 긴급히 보호할 필요가 있는 사람과 성폭력피해자보호시설 등의 연계

③ 피해자 등 질병치료와 건강관리를 위해 의료기관에 인도하는 등의 의료 지원

④ 피해자에 대한 수사기관의 조사와 법원의 증인신문 등에의 동행

⑤ 성폭력행위자에 대한 고소, 피해배상청구 등 사법처리절차에 관하여 법률구조공단 등 관계기관에 필요한 협조 및 지원 요청

⑥ 성폭력예방을 위한 홍보, 교육

⑦ 기타 성폭력 및 성폭력피해에 관한 조사, 연구

(3) 성매매 피해 상담소의 업무(「성매매 방지 및 피해자 보호 등에 관한 법률」제18조)

① 상담 및 현장방문

② 지원시설 이용에 관한 고지 및 지원시설에 연계

③ 성매매피해자 등의 구조

④ 질병치료와 건강관리를 위하여 의료기관에 인도하는 등의 의료지원

⑤ 수사기관의 조사와 법원의 증인신문에의 동행

⑥ 법률구조공단 등 관계기관에 필요한 협조와 지원 요청

⑦ 성매매예방을 위한 홍보, 교육

⑧ 다른 법률에서 상담소에 위탁한 사항

⑨ 성매매피해자 등의 보호를 위한 조치로서 여성가족부령으로 정하는 사항

## 6 » 임상심리학자의 윤리 (한국심리학회 산하 임상심리학회의 윤리규정)

심리학자는 언제나 최대한의 윤리적 책임을 지는 행동을 하도록 노력할 의무가 있다. 또한 심리학자는 전문적이고 과학적인 기초 위에서 활동함으로써 자신의 지식과 능력의 범위를 인식할 의무가 있으며, 이를 남용하거나 악용하게 하는 개인적, 사회적, 경제적, 정치적 영향으로부터 벗어나도록 노력해야 할 의무가 있다.

### 1) 일반적 윤리

(1) 심리학자의 기본적 책무(제11조)

① 심리학자는 인간의 정신 및 신체건강의 향상을 위해 노력해야 한다.

② 심리학자는 개인과 사회의 발전을 위해 노력해야 한다.

③ 심리학자는 학문연구, 교육, 평가 및 치료의 제 분야에서 정확하고 정직하며, 진실되게 업무를 수행해야 한다.

**TIP**

임상심리학자의 윤리
상담 관련 전문가에게 높은 수준의 윤리가 거듭 강조되고 있다. 임상심리학자는 전문성을 높이고, 다중관계를 피하며, 비밀유지에 만전을 기해야 한다.

**기출 DATA**

한국심리학회 윤리규정
2020-3회

④ 심리학자는 자신의 업무가 사회와 인류에 영향을 미칠 수 있음을 자각하여, 신뢰를 바탕으로 전문가로서 책임을 다한다.

⑤ 심리학자는 심리학적 연구결과와 서비스가 필요한 모든 사람에게 공정하게 제공될 수 있도록 최선의 노력을 기울여야 한다.

⑥ 심리학자는 인간의 가치와 존엄성을 존중하며, 사생활을 침해받지 않을 개인의 권리와 자기결정권을 존중한다.

**(2) 전문성(제12조)**

① 심리학자는 자신의 능력과 전문성을 발전시키고 유지하기 위해 지속적인 노력을 기울여야 한다.

② 연구와 교육에 종사하여 전문분야에 대한 과학적 지식을 추구하고 이를 정확하게 전달하기 위해 끊임없이 노력해야 한다.

③ 평가와 심리치료에 종사하는 심리학자는 교육, 훈련, 수련, 지도감독을 받고, 연구 및 전문적 경험을 쌓은 전문적인 영역의 범위 내에서 서비스를 제공하여야 한다. 긴급한 개입을 요하는 비상상황인데 의뢰할 수 있는 심리학자가 없는 경우에는 자격을 갖추지 못한 심리학자가 서비스를 제공할 수 있다. 단, 이 경우에는 자격을 갖춘 심리학자의 서비스가 가능해지는 순간 종료하여야 한다.

④ 자신의 전문영역 밖의 지식과 경험이 요구되는 서비스를 제공하고자 하는 심리학자는 이와 관련된 교육, 수련, 지도감독을 받아야 한다.

**(3) 착취관계(제15조)** : 심리학자는 자신이 지도감독하거나 평가하거나 기타의 권위를 행사하는 대상, 즉 내담자/환자, 학생, 지도감독을 받는 수련생, 연구참여자 및 피고용인을 물질적, 신체적, 업무상으로 착취하지 않는다.

**(4) 다중관계(제16조)**

① 다중관계, 즉 어떤 사람과 전문적 역할 관계에 있으면서 동시에 다른 역할 관계를 갖는 것은 공정하고 객관적이며 효율적으로 업무를 수행하는 데 위험요인이 될 수 있으며, 또한 상대방을 착취하거나 해를 입힐 가능성이 있으므로 심리학자는 다중관계가 발생할 때 신중해야 한다.

② 심리학자는 자신의 업무 수행에 위험요인이 되고 상대방에게 해를 입힐 수 있는 다음과 같은 다중 관계는 피해야 한다.

　㉠ 사제관계이면서 동시에 사적 친밀관계인 경우(제46조 학생 및 수련생과의 성적 관계 참조)

　㉡ 사제관계이면서 동시에 치료자−내담자/환자 관계인 경우(제45조 개인치료 및 집단치료 2항 참조)

ⓒ 같은 기관에 소속되어 사제관계, 고용관계, 상하관계에 있으면서 기관 내의 치료자-내담자/환자에 대한 지도감독의 대가로 직접 금전적 관계를 형성하는 경우

② 치료자-내담자/환자 관계이면서 동시에 사적 친밀관계인 경우(제 62조 내담자/환자와의 성적 친밀성 참조)

ⓜ 내담자/환자의 가까운 친척이나 보호자와 사적 친밀관계인 경우

ⓑ 기타 업무수행의 공정성을 저해할 가능성이 있거나 착취를 하거나 피해를 입힐 가능성이 있는 다중관계

③ 심리학자의 업무수행에 위험요인이 되지 않고, 또 상대방에게 해를 입히지 않을 것으로 생각되는 다중관계는 비윤리적이지 않다.

④ 예측하지 못한 요인으로 인해 해로울 수 있는 다중관계가 형성된 것을 알게 되면, 심리학자는 이로 인해 영향을 받을 사람의 이익을 고려하여 합당한 조처를 하고 윤리규정을 따르도록 한다.

(5) **성적 괴롭힘(제18조)** : 심리학자는 성적 괴롭힘을 하지 않는다. 성적 괴롭힘은 심리학자로서의 역할과 활동을 하는 과정에서 나타나는 성적 유혹, 신체적 접촉, 또는 근본적으로 성적인 의미가 있는 언어적, 비언어적 품행을 포괄한다.

(6) **비밀 유지 및 노출(제17조)**

① 심리학자는 연구, 교육, 평가 및 치료과정에서 알게 된 비밀정보를 보호하여야 할 일차적 의무가 있다. 비밀 보호의 의무는 고백한 사람의 가족과 동료에 대해서도 지켜져야 한다. 그러나 내담자/환자의 상담과 치료에 관여한 심리학자와 의사 및 이들의 업무를 도운 보조자 사이에서나, 또는 내담자/환자가 비밀노출을 허락한 대상에 대해서는 예외로 한다. 그러나 이 경우에도 실명노출을 최소화하기 위해 노력한다.

② 심리학자는 조직 내담자, 개인 내담자/환자, 또는 내담자/환자를 대신해서 법적으로 권한을 부여받은 사람의 동의를 얻어 비밀정보를 노출할 수도 있다. 이는 전문적인 연구 목적에 국한하여야 하며, 이 경우에는 실명을 노출해서는 안 된다.

③ 법률에 의해 위임된 경우, 또는 다음과 같은 타당한 목적을 위해 법률에 의해 승인된 경우에는 개인 동의 없이 비밀정보를 최소한으로 노출할 수 있다.

㉠ 필요한 전문적 서비스를 제공하기 위한 경우

㉡ 적절한 전문적 자문을 구하기 위한 경우

**기출 DATA**
비밀 유지 및 노출
2017-3회, 2016-1회, 2013

**TIP**
비밀 노출의 경우
일차적으로 비밀정보를 보호해야 하고, 법적인 권한을 부여받는 대상에 대해 '동의를 얻어' 비밀정보 노출이 가능하지만 실명 노출은 피하도록 한다.

ⓒ 내담자/환자, 심리학자, 또는 그 밖의 사람을 상해로부터 보호하기 위한 경우

ⓓ 내담자/환자로부터 서비스에 대한 비용을 받기 위한 경우

## 2) 연구 관련 윤리

### (1) 연구참여자에 대한 책임(제25조)

심리학자는 연구참여자에 대해 다음과 같은 책임을 가진다.

① 연구참여자의 인격, 사생활을 침해받지 않을 개인의 권리와 자기결정권을 존중한다.

② 연구참여자의 안전과 복지를 보장하기 위한 조처를 하고, 위험에 노출되지 않도록 한다.

③ 연구참여자에게 심리적, 신체적 손상을 주어서는 아니 되며, 예상하지 못한 고통 반응을 연구참여자가 보일 경우, 연구를 즉시 중단해야 한다.

### (2) 연구 참여에 대한 동의(제24조)

연구 참여는 자유의지로 결정되어야 한다. 따라서 심리학자는 연구참여자로부터 연구 참여에 대한 동의를 받아야 한다. 동의를 얻을 때는 다음 사항을 알려주고 이에 대해 질문하고 답을 들을 수 있는 기회를 제공한다.

① 연구의 목적, 예상되는 기간 및 절차

② 연구에 참여하거나 중간에 그만둘 수 있는 권리

③ 연구 참여를 거부하거나 그만두었을 때 예상되는 결과

④ 참여 자발성에 영향을 미칠 것으로 예상되는 잠재적 위험, 고통 또는 해로운 영향

⑤ 연구에 참여함으로써 얻을 수 있을 것으로 예상되는 이득

⑥ 비밀보장의 한계

⑦ 참여에 대한 보상

## 3) 평가 관련 윤리

### (1) 평가의 사용(제50조)

① 심리학자는 검사도구, 면접, 평가기법을 목적에 맞게 실시하고, 번안하고, 채점하고, 해석하고, 사용해야 한다.

② 심리학자는 타당도와 신뢰도가 검증된 평가도구를 사용해야 한다. 그렇지 못한 경우에는 검사결과 및 해석의 장점과 제한점을 기술한다.

③ 심리학자는 평가서 작성 및 이용에 있어서, 객관적이고 학문적으로 근거가 있어야 하고 세심하고 양심적이어야 한다.

(2) **무자격자에 의한 평가(제54조)** : 심리학자는 무자격자가 심리평가 기법을 사용하도록 허용해서는 안 된다. 단, 적절한 감독하에 수련 목적으로 사용하는 경우는 예외로 하며 다음과 같은 사항에 주의한다. 수련생의 교육, 수련 및 경험에 비추어 수행할 수 있는 평가 기법을 한정해 주어야 하며 수련생이 그 일을 유능하게 수행할 수 있는지 지속적으로 감독해야 한다.

## 4) 치료 관련 윤리

(1) **집단치료(제61조)** : 집단치료 서비스를 하는 경우, 심리학자는 치료를 시작할 때 모든 당사자의 역할과 책임, 그리고 비밀유지의 한계에 대하여 설명한다.

(2) **치료 종결하기(제64조)**

① 심리학자는 내담자/환자가 더 이상 심리학적 서비스를 필요로 하지 않거나, 계속적인 서비스가 도움이 되지 않거나 오히려 건강을 해칠 경우에는 치료를 중단한다.

② 심리학자는 내담자/환자 또는 내담자/환자와 관계가 있는 제3자의 위협을 받거나 위험에 처하게 될 경우에는 치료를 종결할 수 있다.

**TIP**

집단치료에서의 비밀 보장의 한계
집단치료의 경우, 치료자가 비밀을 보장한다고 하더라도 다수의 내담자를 다루기 때문에 집단원 중 한 명이라도 비밀을 지키지 못할 가능성이 크다. 따라서 집단치료나 그룹코칭의 경우, 특별히 치료 초기에 비밀 보장 엄수에 대한 약속을 엄격하게 하는 것이 필요하며 이때, 비밀 보장의 한계성도 함께 고지해야 한다.

**실력 TEST**

↪ 심리학자는 내담자가 더 이상 심리학적 서비스를 필요로 하지 않을 경우 **치료를 중단한다.**

**정답** : ○

## 01

우리나라 임상심리학자의 고유 역할에 해당되지 않는 것은?

① 연구　　　　　　② 자문

③ 약물치료　　　　④ 교육

**해설** 임상심리학자는 연구, 자문, 교육, 검사, 상담 등 다양하고 고유한 역할을 하나 약물치료는 해당하지 않는다.

## 02

현실치료에 관한 설명으로 틀린 것은?

① 내담자가 실행하지 못한 것에 대한 변명을 허용하지 않는다.

② 전행동(total behavior)의 '생각하기'에는 공상과 꿈이 포함된다.

③ 개인은 현실에 대한 자각을 통해 현실 그 자체를 알 수 있다.

④ 내담자 개인의 책임을 강조한다.

**해설** 1960년대 글래서(W. Glasser)가 현실, 책임, 옳고 그름의 세 가지 개념을 토대로 소개한 상담접근이다. 현실치료라는 용어가 공식적으로 사용된 것은 1964년 4월 발표된 「Reality therapy : A realistic approach to the young offender」라는 논문을 통해서였다. 개인은 현실에 대한 자각을 통해 현실을 알아가는 것이 아니라 다양한 인지행동 전략을 적용하여 자신의 욕구를 자각한다.

## 03

2017-3

알코올중독 환자에게 술을 마시면 구토를 유발하는 약을 투약하여 치료하는 기법은?

① 행동조성　　　　② 혐오치료

③ 자기표현훈련　　④ 이완훈련

**해설** 알코올중독 환자에게 술을 마시면 구토를 유발하는 약을 투약하여 치료하는 기법이나 성범죄자들에게 대상을 볼 때마다 전기충격을 주는 기법 등은 모두 혐오치료적 전략이다.

① 행동조성 : 행동수정에서 목표행동이 너무 복잡하여 개인의 행동목록에 없을 때, 이러한 목표행동에 접근하는 하위반응을 강화함으로써 새로운 행동을 가르치는 것

③ 자기표현훈련 : 대인불안이나 공포로 인해 자기 자신을 부정적으로 인식하여 자기표현을 원활하게 하지 못하는 사람이나 자기주장이 너무 강해 상대를 눌러 꼼짝 못하게 하는 언동을 하는 사람에게 필요한 기법으로 자기 자신의 권리를 위한 능동적이고 단호한 주장을 할 수 있는 기술을 습득하도록 하는 것

④ 이완훈련 : 스트레스에 의한 부정적인 신체 증상을 줄이거나 방지하고, 스트레스 상황에서 불안과 긴장 수준을 낮추어 스트레스와 통증을 관리하는 방법으로 호흡법, 심상법, 점진적 근육 이완법 등이 있다.

## 04

다음에 해당하는 인지치료 기법은?

> 친한 친구와 심하게 다퉈 헤어졌을 때 마음이 많이 아프지만 이 상황을 자신의 의사소통이나 대인관계 방식을 돌아볼 수 있는 기회로 삼는다.

① 개인화　　　　　② 사고중지

③ 의미축소　　　　④ 재구성

**해설** 재구성은 원래 환자의 잊혀진(억압된) 중요한 초기 경험을 추정해내는 것으로 이해와 해석을 위한 새로운 자료를 제공해준다.

① 개인화 : 자신과 아무 관련이 없는 외적 사건도 자신과 연관시키려는 경향

② 사고중지 : 인지행동치료에서 부정적인 사고과정을 중단하고 좀 더 긍정적이고 적응적인 사고로 대체하기 위해 '중지(stop)!'라고 외쳐서 그 생각을 멈추는 기법

③ 의미축소 : 원래 가지고 있던 의미보다 상당히 좁은 폭으로 생각하는 경향

**정답**　01 ③　02 ③　03 ②　04 ④

## 05

임상심리학자로서 지켜야 할 내담자에 대한 비밀보장에 관한 설명으로 틀린 것은?

① 일반적으로 상담과정에서 내담자에 대해 알게 된 사실을 다른 사람들에게 말하면 안 된다.
② 아동 내담자의 경우에도 아동에 관한 정보를 부모에게 알려서는 안 된다.
③ 자살 우려가 있는 경우 내담자의 비밀을 지키는 것보다는 가족에게 알려 자살예방 조치를 취하는 것이 더 중요하다.
④ 상담 도중 알게 된 내담자의 중요한 범죄 사실에 대해서는 비밀을 지킬 필요가 없다.

**해설** 아동에 관한 정보를 낱낱이 부모에게 알린다기보다 많은 부분 공유되어야 하고 특히 아동이 문제를 겪는 부분에 대해서는 부모를 교육하고 상담하기 위해 노출이 불가피하다. 그렇지만 자살, 자해의 위험성, 범죄 여부에 대한 내용을 반드시 노출해서 아동이 보호받도록 노력해야 한다.

## 06

다음 중 접수면접의 주요 목적과 가장 거리가 먼 것은?

① 환자를 병원이나 진료소에 의뢰할지를 고려한다.
② 제공되는 서비스에 대한 환자의 질문에 대답한다.
③ 환자에게 신뢰, 래포 및 희망을 심어주려고 시도한다.
④ 환자가 자신이나 다른 사람을 해칠 중대한 위험 상태에 있는지 결정한다.

**해설** 접수면접은 신뢰와 라포 형성에 매우 중요한 초기 상담이다. 환자가 자신이나 타인에게 해를 입힐 위험 상태에 있는지 결정하는 것은 충분히 신뢰가 형성된 후에 나타날 수 있는 사안이다.

## 07

2018-1

행동평가와 전통적 심리평가 간의 차이점으로 틀린 것은?

① 행동평가에서 성격의 구성 개념은 주로 특정한 행동패턴을 요약하기 위해 사용된다.
② 행동평가는 추론의 수준이 높다.
③ 전통적 심리평가는 예후를 알고, 예측하기 위한 것이다.
④ 전통적 심리평가는 개인 간이나 보편적 법칙을 강조한다.

**해설** 행동 평가란 행동에 선행하는 사건(상황)과 행동에 수반하는 결과에 초점을 맞춰 인간의 행동 특성을 평가하는 심리평가 기법의 한 종류이다. 행동평가보다는 전통적 심리평가가 추론의 수준이 더 높다고 본다.

## 08

성격평가질문지에서 척도명과 척도군의 연결이 틀린 것은?

① 저빈도척도(INF) – 타당도척도
② 지배성척도(DOM) – 대인관계척도
③ 자살관념척도(SUI) – 치료고려척도
④ 공격성척도(AGG) – 임상척도

**해설** 공격성 척도(AGG)도 자살관념 척도와 함께 치료고려 척도이다. 추가적 치료고려 척도로는 스트레스(STR), 비지지(NON), 치료거부(RXR)가 있다. PAI – A 검사의 임상척도는 모두 11가지로 신체적 호소, 불안, 불안관련 장애, 우울, 조증, 망상, 정신분열병, 경계선적 특징, 반사회적 특징, 알코올 문제, 약물 사용이다.

**정답** 05 ② 06 ④ 07 ② 08 ④

## 09

잠재적인 학습문제의 확인, 학습실패 위험에 처한 아동에 대한 프로그램 운용, 학교 구성원들에게 다양한 관점 제공, 부모 및 교사에게 특정 문제행동에 대한 대처기술을 제공하는 학교심리학자의 역할은?

① 예방                    ② 교육
③ 부모 및 교사훈련          ④ 자문

**해설** 잠재문제, 프로그램 운용, 다양한 관점 제공, 특정 문제행동에 대한 대처기술 제공 등은 모두 예방과 관련이 있다.

## 10

체계적 둔감법에 대한 설명으로 틀린 것은?

① 고전적 조건형성 원리에 기초한 행동치료 기법이다.
② 특정한 대상에 불안을 느끼는 경우에 효과적이다.
③ 이완훈련, 불안위계 목록 작성, 둔감화로 구성된다.
④ 심상적 홍수법과는 달리 불안 유발 심상에 노출되지 않는다.

**해설** 체계적 둔감법도 단계적이기는 하나 최종적으로는 불안 유발 심상에 노출시키는 방법이다.

## 11

행동평가의 목적에 해당되지 않는 것은?

① 처치를 수정하기
② 진단명을 탐색하기
③ 적절한 처치를 선별하기
④ 문제행동과 그것을 유지하는 조건을 확인하기

**해설** 행동평가는 겉으로 드러나는 문제 행동의 내용과 심각도를 평가하기 위한 것으로 효과적인 행동 치료 기법 선정, 치료 계획, 행동 치료 효과 평가에도 사용한다. 진단명을 탐색하는 것은 행동평가에 포함되는 것은 아니다.

## 12

다음 중 관계를 중심으로 치료가 초점화되고 있는 정신역동적 접근방법의 단기치료가 아닌 것은?

① 핵심적 갈등관계 주제(core conflictual relationship theme)
② 불안유발 단기치료(anxiety provoking brief therapy)
③ 기능적 분석(functional analysis)
④ 분리개별화(separation and individuation)

**해설** 기능적 분석(functional analysis)은 특정 문제행동의 원인과 결과를 이해하기 위해 행동에 영향을 미치는 환경 전체를 분석하는 것으로 어떤 상황에서 그 행동이 일어나고 어떤 결과가 그 행동을 계속 유지하게 하는지를 분석하며, 행동치료에서 사용된다.
• 분리 – 개별화는 유아가 어머니와의 공생관계를 벗어나 독립적인 개체성을 확립하는 것으로 어머니를 필요로 하면서도 분리되고 싶은 욕구 간 지속되는 갈등이 일어남을 보여준다.

## 13

HTP 검사해석으로 옳은 것은?

① 필압이 강한 사람은 약한 사람에 비해 억제된 성격일 가능성이 높다.
② 지우개를 과도하게 많이 사용한 사람은 대부분 자신감이 높다.
③ 집 그림 중에서 창과 창문은 내적 공상 활동에 대한 정보를 제공하는 중요한 지표이다.
④ 나무의 가지와 사람의 팔은 대인관계에 대한 욕구를 탐색할 수 있는 정보를 제공한다.

**해설** 필압이 강한 사람은 자기주장성, 자아강도 등이 높음을 보여준다. 과도한 지우개 사용은 자신감이 약하고 결정이 어려운 사람임을 나타내며, 집 그림에서 창과 창문은 대인관계 활동성을 보여준다.

**정답** 09 ① 10 ④ 11 ② 12 ③ 13 ④

## 14

셀리에(Selye)의 일반적응증후군의 단계로 옳은 것은?

① 경고 → 소진 → 저항
② 경고 → 저항 → 소진
③ 저항 → 경고 → 소진
④ 소진 → 저항 → 경고

**해설** 셀리에(Selye)의 일반적응증후군은 스트레스 자극을 받으면 나타나는 경고, 이 스트레스가 지속되면 이를 극복하기 위해 나타나는 저항, 그럼에도 스트레스가 더 지속되어 나타나는 신체적 탈진 상태, 소진이다.

## 15

행동치료를 위해 현재문제에 대한 기능분석을 하면 규명할 수 있는 요소가 아닌 것은?

① 문제행동을 일으키는 자극이나 선행조건
② 문제행동과 관련 있는 유기체 변인
③ 문제행동과 관련된 인지적 해석
④ 문제행동의 결과

**해설** 행동치료에서 기능분석을 통해 규명할 수 있는 것은 선행조건(자극) → 변인 → 결과로 인지적 해석은 기능분석에서 찾아볼 수 없다.

## 16

두뇌기능의 국재화에 관한 설명으로 옳은 것은?

① 특정 인지능력은 국부적인 뇌 손상에 수반되는 한정된 범위의 인지적 결함으로부터 발생한다고 본다.
② Broca 영역은 좌반구 측두엽 손상으로 수용적 언어 결함과 관련된다.
③ Wernicke 영역은 좌반구 전두엽 손상으로 표현 언어 결함과 관련된다.
④ MRI 및 CT가 개발되었으나 기능 문제 확인에는 외과적 검사가 이용된다.

**해설**
• Broca 영역은 뇌의 전두엽 왼쪽에 위치한 뇌의 일부분으로 이 부분에 문제가 생기면 언어장애가 나타나는데 이를 표현상 실어증이라고 한다.
• Wernicke 영역은 측두엽의 후방 영역을 이르는 말로 이 부분에 문제가 생기면 언어장애가 나타나는데 이는 수용언어 결함과 관련이 있다.

## 17

방어기제에 대한 개념과 설명이 옳게 연결된 것은?

① 투사(projection) : 당면한 상황에서 얻게 된 결과에 대해 어쩔 수 없었다고 생각하며 행동한다.
② 대치(displacement) : 추동대상을 위협적이지 않거나 이용 가능한 대상으로 바꾼다.
③ 반동형성(reaction formation) : 이전의 만족방식이나 이전 단계의 만족대상으로 후퇴한다.
④ 퇴행(regression) : 무의식적 추동과는 정반대로 표현한다.

**해설**
• 투사 : 개인의 성향인 태도나 특성에 대하여 다른 사람에게 무의식적으로 그 원인을 돌리는 심리적 현상
• 합리화 : 당면한 상황에서 얻게 된 결과에 대해 어쩔 수 없었다고 생각하며 행동하는 경향
• 반동형성(reaction formation) : 억압된 감정이나 욕구가 행동으로 나타나지 않도록, 그것과 정반대의 행동으로 바꾸어 행동하는 것, 즉 무의식적 추동과는 정반대로 표현하는 것
• 퇴행(regression) : 이전의 만족방식이나 이전 단계의 만족대상으로 후퇴하는 것

**정답** 14 ② 15 ③ 16 ① 17 ②

## 18

다음 뇌 관련 장애들은 공통적으로 어떤 질환과 관련이 있는가?

> 헌팅톤병, 파킨슨병, 알츠하이머병

① 종양
② 뇌혈관 사고
③ 퇴행성 질환
④ 만성 알코올 남용

**해설** 헌팅톤병은 근육 간의 조정능력이 상실과 인지능력 저하 및 정신적인 문제가 동반되는 진행성의 신경계 퇴행성 질환으로 헌팅톤 무도병이라고도 한다.
파킨슨병과 알츠하이머병은 모두 대표적인 뇌의 퇴행성 질환이다.

## 19

단기 심리치료에서 좋은 결과를 이끌어 내기 위한 요인이 아닌 것은?

① 치료자의 온정과 공감
② 견고한 치료적 동맹 관계
③ 문제에 대한 회피
④ 내담자의 적절한 긍정적 기대

**해설** 단기심리치료에서는 시간을 끌거나 간접적 방법론이 아니라 직접적 방법론, 신속한 결과를 얻기 위한 노력들이 포함된다.

## 20

2018-3

임상심리학자로서의 책임과 능력에 있어서 바람직하지 못한 것은?

① 서비스를 제공할 때 높은 기준을 유지한다.
② 자신의 활동결과에 대해 책임을 진다.
③ 자신의 능력과 기술의 한계를 알고 있어야 한다.
④ 자신만의 경험을 기준으로 내담자를 대한다.

**해설** 임상심리학자는 자신만의 경험을 기준으로 삼는 것이 아니라 최신의학과 서비스에 대한 트렌드를 정확하게 읽고 적용할 수 있거나 적어도 방향성을 보여줄 수 있어야 한다.

**정답** 18 ③  19 ③  20 ④

## 01

2015-1

강제입원, 아동 양육권, 여성에 대한 폭력, 배심원 선정 등의 문제에 특히 관심을 가지는 심리학 영역은?

① 아동임상심리학  ② 임상건강심리학
③ 법정심리학  ④ 행동의학

**해설** 강제입원, 아동 양육권, 여성에 대한 폭력, 배심원 선정 등은 모두 법정, 법률, 법치와 관련된 심리학 영역으로 볼 수 있다.

## 02

MMPI-2의 타당도 척도 중 부정왜곡을 통해 극단적인 수준으로 정신병적 문제가 있음을 나타내려는 경우에 상승하는 것은?

① S scale  ② F(P) scale
③ TRIN scale  ④ VRIN scale

**해설** F 척도는 비전형성 척도로 문항 내용을 무선적으로 응답한 경우(TRIN, VRIN)나 심각한 심리적 문제를 겪고 있을 때(F) 상승할 수 있다. F(B)는 비전형성 점수가 뒤쪽에 배치된 경우, F(P)는 비전형성 점수가 앞쪽에 배치된 경우로 F(B)보다는 F(P)가 정신병적 문제와 연관되었다고 본다.

## 03

역할-연기에 대한 설명과 가장 거리가 먼 것은?

① 주장 훈련과 관련이 있다.
② 사회적 기술을 포함하고 있다.
③ 행동시연을 해야 한다.
④ 이완 훈련을 해야 한다.

**해설** 롤 플레이는 주장훈련이나 대인관계 훈련(사회적 기술)에서 사용되고 실제로 해보는 행동 시연이다.
④ 이완 훈련의 경우, 불안 장애 즉, 공황장애나 공포 등을 치료할 때 주로 사용된다.

## 04

미국에서 임상심리학이 비약적으로 발전하게 된 계기가 된 것은?

① 자원봉사자들의 활동
② 루스벨트 대통령의 후원
③ 제2차 세계대전
④ 매카시즘의 등장

**해설** 제2차 세계대전뿐 아니라 제1차 세계대전 등 큰 대전을 두 번 겪으면서 심리학은 비약적으로 발전하였다. 이는 전쟁에서 사람을 배치하거나 중요한 기계를 다루는 상황이 많아지면서 스크리닝(검사 실시)을 하는 경우가 많아졌기 때문이라고 알려져 있다. 전쟁 이후 트라우마를 겪은 veteran(재향 군인) 등을 대상으로 치료 프로그램을 개발하고 국가적으로 개입하면서 임상심리학은 더 발전하였다.

## 05

임상심리사로서 전문적인 관계를 유지하는 데 바람직한 지침사항과 가장 거리가 먼 것은?

① 다른 전문직에 종사하는 동료들의 욕구, 특수한 능력, 그리고 의무에 대하여 적절한 관심을 가져야 한다.
② 동료 전문가와 관련된 단체나 조직의 특권 및 의무를 존중하여 행동하여야 한다.
③ 소비자의 최대이익에 기여하는 모든 자원들을 활용해야 한다.
④ 동료 전문가의 윤리적 위반가능성을 인지하면 즉시 해당 전문가 단체에 고지해야 한다.

**해설** 동료 전문가의 윤리적 위반가능성을 인지하면 즉시 해당 전문가 단체에 고지하기보다는 전문가의 슈퍼바이저와 기관에 고지하여 해당 전문가가 주의하도록 하는 것이 순서이다.

**정답** 01 ③  02 ②  03 ④  04 ③  05 ④

## 06

시각적 처리와 시각적으로 중재된 기억의 일부 측면에 관여하는 뇌의 위치는?

① 두정엽　　　　　② 후두엽
③ 전두엽　　　　　④ 측두엽

**해설** 두정엽은 공간 및 감각 기능, 후두엽은 시각과 관련된 기능, 측두엽은 청각 정보 기능 등을 조절한다. 전두엽은 이 모두를 통제하고 모니터링하는 관제 센터이다.

## 07

불안에 관한 노출치료의 내용과 가장 거리가 먼 것은?

① 노출은 불안을 더 일으키는 자극에서 낮은 불안을 일으키는 자극 순으로 진행되어야 한다.
② 노출은 공포, 불안이 제거될 때까지 반복되어야 한다.
③ 노출은 불안을 유발해야 한다.
④ 환자는 될 수 있는 한 공포스러운 자극에 주의를 기울이고 그 자극과 관계를 맺도록 노력해야 한다.

**해설** 노출치료는 불안을 덜 일으키는 자극에서 더 높은 자극 순으로 순차적으로 진행되어야 한다. 이를 체계적 둔감법이라고도 한다.

## 08

다음의 설명에 해당하는 것은?

> 불안을 유발하는 기억과 통찰을 무의식적으로 억압하거나 회피하려는 시도로 치료시간에 잦은 지각이나 침묵, 의사소통의 회피 등을 보인다.

① 합리화　　　　　② 전이
③ 저항　　　　　　④ 투사

**해설** 회피 방어기제 중 하나로 저항 방어기제에 해당되는 설명이다.
① 합리화 방어기제는 실망을 주는 현실에서 도피하기 위해 그럴듯한 구실을 붙이는 것으로 신포도 방법이라고 한다.
② 전이(치환) 방어기제는 자신의 목표에 대치할 수 있는 다른 대상에게 에너지를 쏟는 방어 기제로 위협적인 대상에서 덜 위협적인 대상으로 방향을 전환하는 것이다. 사실은 엄마에게 화가 났는데 힘이 약한 동생을 괴롭히는 것은 바로 전이 혹은 치환이다.
④ 투사 방어기제는 자신의 자아에 있으나 받아들일 수 없어서 다른 사람의 특성으로 돌려 버리는 것이다.

## 09

2017-3

행동평가에 관한 설명으로 가장 적합한 것은?

① 자연적인 상황에서 실제 발생한 것만을 대상으로 평가한다.
② 행동표본은 내면심리를 반영한 것으로 해석된다.
③ 특정 표적행동의 조작적 정의가 상이할 수 있음을 고려해야 한다.
④ 관찰 결과는 요구 특성이나 피험자의 반응성 요인과는 무관하다.

**해설** 특정 표적행동, 즉 공격성을 정의할 때 한 연구자는 신체, 언어, 정서적 공격성을, 다른 연구자는 사물이나 타인을 파괴하는 행동을 다르게 조작할 수 있다.
① 행동의 결과만 보는 것이 아니라 행동의 원인, 환경, 행동을 발달시킨 강화요인, 결과 등 모든 관계를 분석한다.
② 행동표본은 결과로 나타난 행동으로 내면심리를 반영한다고 본 것은 아니다.
④ 자기관찰법 같은 경우는 스스로를 관찰하는 것으로 반응성에 대한 영향력이 크다.

**정답** 06 ② 07 ① 08 ③ 09 ③

## 10

2017-1

**문장완성검사에 관한 설명으로 틀린 것은?**

① 수검자의 자기개념, 가족관계 등을 파악할 수 있다.

② 수검자가 검사자극의 내용을 감지할 수 없도록 구성되어 있다.

③ 수검자에 따라 각 문항의 모호함 정도는 달라질 수 있다.

④ 개인과 집단 모두에게 실시될 수 있다.

 ② 문장완성 검사는 반투사 검사로 수검자가 검사자극의 내용을 어느 정도 감지할 수 있다. "내가 없을 때 친구들은…", "내가 잊고 싶은 두려움은…" 등을 채우는 것으로 친구들이 자신을 어떻게 생각하는지, 심리 내적 두려움이 무엇인지를 측정하는 것이기 때문이다.

## 11

**심리치료 이론 중 전이와 역전이의 중요성을 강조하고 치료에 활용하는 접근은?**

① 정신분석적 접근     ② 행동주의적 접근

③ 인본주의적 접근     ④ 게슈탈트적 접근

**해설** 전이, 역전이를 다루는 심리학적 접근은 Freud의 정신분석적 접근으로 전이와 역전이가 발생할 때 심도 있는 치료가 일어난다고 보았다.

## 12

2015-3   2012

**인간중심치료에 대한 설명으로 적합하지 않은 것은?**

① 인간중심접근은 개인의 독립과 통합을 목표로 삼는다.

② 인간중심적 상담(치료)은 치료과정과 결과에 대한 연구관심사를 포괄하면서 개발되었다.

③ 치료자는 주로 내담자의 자기와 세계에 대한 인식에 주로 관심을 가진다.

④ 내담자가 정상인인가, 신경증 환자인가, 정신병 환자인가에 따른 각기 다른 치료원리가 적용된다.

**해설** 인간중심 치료는 내담자가 스스로 자신의 문제를 해결할 수 있다고 보았고 유기체적 경험(진실한 상담자와의 만남)을 통해 자신의 왜곡된 상태에서 기능하는 경향으로, 나아가 자기실현 경향성을 회복할 수 있다고 보았다.

## 13

**임상심리사가 수행하는 역할과 가장 거리가 먼 것은?**

① 심리치료 상담     ② 심리검사

③ 언어치료     ④ 심리재활

**해설** 언어치료는 의사소통 장애, 언어발달 지연 및 장애, 삼킴 문제 등 언어(language), 말(speech), 삼킴(swallowing)과 관련된 문제를 보이는 성인과 아동을 대상으로 한 평가와 치료 작업으로 심리적 관점이 아니라 신경계 손상으로 인한 언어를 재활하기 위한 치료 작업이다.

## 14

**다음에 해당하는 관찰법은?**

> • 문제행동의 빈도, 강도, 만성화된 문제 행동을 유지시키는 요인들을 실제장면에서 관찰하는 데 효과적이다.
> • 시간과 비용이 많이 들며, 대부분의 사람들은 자신들이 관찰된다는 것을 알고 있을 때 다르게 행동한다.

① 자연관찰법     ② 통제된 관찰법

③ 자기관찰법     ④ 연합관찰법

**해설** 자연관찰법은 실제 장면에서 문제가 되는 행동이 얼마나 자주(빈도), 얼마나 강력하게(강도), 습관적으로 나타나는지 관찰하는 방법이다.

---

**정답**   10 ②   11 ①   12 ④   13 ③   14 ①

## 15

다음에 해당하는 자문의 유형은?

> 주의력 결핍장애를 가진 아동의 혼란된 행동을 다루는 방법을 확신하지 못하고 있는 초등학교 3학년 담임교사에게 자문을 해주었다.

① 내담자 중심 사례 자문
② 프로그램 중심 행정 자문
③ 피자문자 중심 사례 자문
④ 자문자 중심 행정 자문

**해설** 자문을 요청한 사람(피자문자)에게 필요한 사례를 중심으로 자문이 이루어졌기 때문에 피자문자 중심 사례 자문이라고 할 수 있다. 주의력 결핍장애를 가진 아동을 중심으로 했다면 내담자 중심 사례 자문, ADHD 아동을 다루는 프로그램을 가르쳤다면 프로그램 중심 행정 자문이 될 수 있다.

## 16

합동가족치료에 대한 설명으로 틀린 것은?

① 비행 청소년들과 그들의 가족들을 위한 개입법으로 개발되었다.
② 한 치료자가 가족전체를 동시에 본다.
③ 치료자는 상황에 따라 비지시적인 역할을 할 수 있다.
④ 치료자는 가족 구성원에게 과제를 준다.

**해설** 사티어에 의해 시행된 합동가족치료는 비행 청소년들과 그 가족들이 아니라 조현 증세가 있는 자녀의 가족들을 치료하면서 시작된 개입 방법이며, 정서와 의사소통을 기반으로 이루어진다.

## 17

2019-3  2013

Rogers가 제안한 내담자의 긍정적 변화를 촉진시키기 위한 치료자의 3가지 조건에 해당하지 않는 것은?

① 무조건적 존중
② 정확한 공감
③ 창의성
④ 솔직성

**해설** 로저스의 필요충분 조건은 무조건적 긍정적 수용(무조건적 존중), 공감적 이해(정확한 공감), 진솔성(진실성)으로 알려져 있고 이는 현대 상담의 기초가 되었다.

## 18

2014

접수면접의 목적에 대한 설명으로 가장 적합한 것은?

① 환자의 심리적 기능 수준과 망상, 섬망 또는 치매와 같은 이상 정신현상의 유무를 선별하기 위해 실시한다.
② 가장 적절한 치료나 중재 계획을 권고하고 환자의 증상이나 관심을 더 잘 이해하기 위해 실시한다.
③ 환자가 중대하고 외상적이거나 생명을 위협하는 위기에 있을 때 그 상황에서 구해내기 위해서 실시한다.
④ 환자가 보고하는 증상들과 문제들을 진단으로 분류하기 위해서 실시한다.

**해설** 접수면접은 내담자가 상담을 진행하기 전에 어떤 호소문제를 갖고 있는지 정보를 얻고 탐색하는 과정이다. ①의 경우 진단, ③의 경우 개입, ④는 심리검사 등으로 분류할 수 있다. ②의 치료나 개입 계획을 말해주고 증상이나 관심을 이해할 수 있도록 돕는 과정이 바로 접수면접의 역할이라고 할 수 있다.

**정답** 15 ③  16 ①  17 ③  18 ②

## 19

불안장애를 지닌 내담자에게 적용한 체계적 둔감법의 단계를 바르게 나열한 것은?

> ㄱ. 이완 상태에서 가장 낮은 위계의 불안 자극에 노출한다.
> ㄴ. 이완 상태에서 더 높은 위계의 불안 자극에 노출한다.
> ㄷ. 불안 자극의 위계를 정한다.
> ㄹ. 불안 상태와 양립불가능하여 불안을 억제하는 효과를 지닌 이완 기법을 배운다.

① ㄱ → ㄴ → ㄷ → ㄹ
② ㄷ → ㄱ → ㄴ → ㄹ
③ ㄷ → ㄹ → ㄱ → ㄴ
④ ㄹ → ㄱ → ㄴ → ㄷ

**해설** 체계적 둔감법의 핵심은 체계적인 위계를 작성하는 것으로 리스트 작성을 제일 먼저 하고, 그 다음에 불안을 누그러뜨릴 수 있는 방법인 이완 기법을 익히도록 한다. 이 두 가지 핵심 자원을 가지고 낮은 자극부터 높은 자극으로 점점 불안에 노출시킨다.

## 20

평가 면접에서 면접자의 태도에 대한 설명으로 틀린 것은?

① 수용 : 내담자의 가치에 대한 기본적인 존중과 관련되어 있다.
② 해석 : 면접자가 자신의 내면과 부합하는 심상을 수용하는 것과 관련되어 있다.
③ 이해 : 내담자의 관점에서 세계를 보기 위한 노력과 관련되어 있다.
④ 진실성 : 면접자의 내면과 부합하는 것을 전달하는 정도와 관련되어 있다.

**해설** 해석은 면접자가 아니라 피면접자가 자신의 내면과 부합하는 심상을 수용하는 것과 관련되어 있다.

## 01

2019-3  2019-1

다음 (　)에 알맞은 방어기제는?

> 중현이는 선생님께 꾸중을 들어 기분이 매우 좋지 않았다. 집으로 돌아온 중현이에게 동생이 밥을 먹을 것인지 묻자, "네가 상관할 거 없잖아!"라고 소리를 질렀다. 중현이가 사용하고 있는 방어기제는 (　)이다.

① 행동화　　　　　　② 투사

③ 전위　　　　　　　④ 퇴행

**해설**　전위(대체, displacement) : 자신의 목표나 인물 대신 대치할 수 있는 다른 대상에게 에너지를 쏟는 방어기제, 위협적인 대상에서 덜 위협적인 대상으로 방향 전환

### G. E. Vaillant 방어기제의 4단계

| 단계 | 단계명 | 방어기제 |
|------|--------|----------|
| 1단계 | 병적 | 자기부정(denial), 투사(projection), 왜곡(distortion) |
| 2단계 | 미성숙 | 투사(projection), 수동 공격(passive aggression), 행동화(acting out) |
| 3단계 | 신경증적 | 주지화(intellectualization), 반동형성(reaction formation), 해리(dissociation), 전위(displacement), 억압(repression) |
| 4단계 | 성숙 | 유머(humour), 승화(sublimation), 억제(suppression), 이타심(altruism) |

## 02

2018-1  2016-3

다음 중 대뇌 기능의 편재화를 평가하는 데 사용하는 검사가 아닌 것은?

① 손잡이(handedness) 검사

② 주의력 검사

③ 발잡이(footedness)검사

④ 눈의 편향성 검사

**해설**　주의력 검사 : 대뇌 기능의 편재화(편측화)는 뇌의 두 반구(좌반구, 우반구) 중 하나의 반구가 특정 기능을 담당하는 데 더 중요한 역할을 한다는 의미로 손, 눈, 발, 귀 등 대칭인 몸의 왼쪽, 오른쪽 중 어느 쪽을 더 많이 사용하느냐 하는 것이다. 주의력 검사는 전두엽(혹은 전전두엽)의 사용과 관련이 깊다.

## 03

2018-3  2017-3

우울증에 관한 Beck의 인지치료에서 강조하는 내용과 가장 거리가 먼 것은?

① 내담자의 비활동성과 자신의 우울한 감정에 초점을 두는 경향을 막기 위해 활동 계획표를 만든다.

② 환자에게 부정적 결과에 대한 비난을 자신 아닌 적절한 다른 곳으로 돌리게 가르친다.

③ 내담자의 미해결된 억압된 기억을 자각하고 의식함으로써 지금-여기에서 해결하도록 조력한다.

④ 내담자가 해결 불가능한 일로 간주하고 자신을 비난하는 대신 문제에 대한 대안책을 찾도록 돕는다.

**해설**　내담자의 미해결된 억압된 기억을 자각하고 의식함으로써 지금-여기에서 해결하도록 돕는 것은 인지치료적 전략이 아니라 게슈탈트 치료의 방법론이다.

## 04

2018-3  2018-1  2017-1

기말고사에서 전 과목 100점을 받은 경희에게 선생님은 최우수상을 주고 친구들 앞에서 칭찬도 해주었다. 선생님이 경희에게 사용한 학습 원리는?

① 조건화　　　　　　② 내적 동기화

③ 성취　　　　　　　④ 모델링

**정답**　01 ③　02 ②　03 ③　04 ①

**해설** 조건화는 모델화된 행동이 변별 자극(SD)으로서 기능하는 것으로 관찰자가 같은 반응을 보이고(R) 강화를 받을 때(SR), 모방이 일어난다고 보는 학습이론이다. 교사가 100점을 받게 독려하고(교사가 원하는 수준) 경희가 이를 모방(실제 100점을 받음)하면, 교사가 강화(최우수상, 칭찬)한다.

**cf. 모델링**
단순히 타인의 행동을 관찰하는 것만으로 그 행동을 할 가능성이 증가하는 현상을 말한다. 특히, 나이가 어릴수록 자주 나타난다.

## 05

Cormier와 Cormier가 제시한 적극적 경청기술과 그 내용에 해당하지 않는 것은?

① 해석 : 당신이 그 사람과의 관계에서 재미없다고 말할 때 성적 관계에서 재미없다는 말씀으로 들립니다.

② 요약 : 이제까지의 말씀은 당신이 결혼하기에 적당한 사람인지 불확실해서 걱정하신다는 것이지요.

③ 반영 : 당신은 그 사람과의 관계에서 지루함을 느끼고 있군요.

④ 부연 : 그래서 당신은 자신의 문제 때문에 결혼이 당신에게 맞는지 확신하지 못하는군요.

**해설** "당신이 그 사람과의 관계에서 재미없다고 말할 때 성적 관계에서 재미없다는 말씀으로 들립니다."는 반영이나 확장 정도라고 할 수 있다.
해석은 "당신이 그 사람과 있을 때면 욱하는 모습은 부모님과의 관계가 재연되는 것 같습니다."라고 해야 한다. 또한 Cormier와 Cormier가 제시한 적극적 경청기술에는 해석이 없다.

**Cormier와 Cormier의 적극적 경청기술(1979)**
- 명확화(명료화 ; clarification) : "그것이 당신에게 의미하는 것은…" 또는 "당신이 말하려고 하는 것은…"으로 시작되는 질문과 내담자가 전하는 말을 재확인해서 표현하기
- 바꾸어 말하기(부연 ; paraphrase) : 내담자가 전하는 말의 내용을 부연하기
- 반영(reflection) : 내담자가 전하는 말(메시지)의 감정적인 부분을 부연하기
- 요약(summarization) : 내담자가 전하는 말(메시지)을 요약하는 두 가지 이상의 부연이나 반영하기

## 06

`2019－3` `2016－1`

인간의 정신병리가 경험회피와 인지적 융합으로 인한 심리적 경직성 때문이라고 주장하며 창조적 절망감, 맥락으로서의 자기 등의 치료 요소를 강조하는 가장 대표적인 치료법은?

① 수용전념치료(ACT)

② 변증법적 행동치료(DBT)

③ 합리적 정서행동치료(REBT)

④ 마음챙김에 근거한 인지치료(MBCT)

**해설** ① 수용전념치료(Acceptance&Commitment Therapy) : 언어와 인간의 인식 관계적 틀 이론에 근거한 인지행동 심리치료의 일종이다. 경험적 회피, 인지적 융합, 가치의 부족이나 상실, 영역과 함께 오는 행동 강직성이나 비효과적인 역할을 강조하는 태도가 병리적으로 발전하는 것으로 보고, 절망하나 창조적으로 절망하게 하고, 자기를 지속적으로 관찰하게 함으로써 맥락으로서의 자기를 이해하는 것을 핵심으로 하는 절망과 좌절은 수용(Acceptance)하되, 자신의 다른 부분에 전념(Commitment)하게 하는 치료 방법을 구성한 치료 기법이다.

② 변증법적 행동치료 : 한 개인이 자신을 반응상태(reactive states)로 만드는 촉발요인(trigger)을 알고, 원하지 않는 반응을 취하지 않기 위하여 어떠한 대처기술(coping skills)을 사건(events), 생각(thoughts), 감정(feelings), 행동(behaviors)의 연쇄 과정에 적용할 수 있는지 평가하는 데 도움을 줌으로써 정서조절(emotional regulation)과 인지조절(cognitive regulation) 능력을 배양하기 위하여 Linehan이 개발한 치료 기법이다. 증거 기반의 심리치료로 경계선성격장애와 정서불안장애를 치료할 목적으로 시작되었으나 지금은 대표적 인지행동치료로 자리 잡았다.

③ 합리적 정서행동치료(REBT) : 미국의 정신과 의사이자 심리학자였던 Ellis가 만든 이론으로 1950년대 중반에 처음 시작되었다. 인지주의 심리학적 입장에서 정서와 행동 문제와 장애를 해결하고 삶의 질을 높일 수 있게 하는 지침으로 철학적이고 경험적 근거를 가진 심리치료 이론이다.

④ 마음챙김에 근거한 인지치료(MBCT) : 우울증 재발을 방지하기 위하여 최근에 개발된 치료법으로 Segal, Williams, Teasdale이 기존 인지치료가 우울증 재발을 방지하는 데에 한계가 있다는 문제의 해결법을 Kabat-Zinn의 마음챙김에서 찾아냈다. 우울증 재발 방지를 위해 기존 인지행동치료와 Kabat-Zinn의 마음챙김에 기초한 스트레스 감소 프로그램(MBSR ; Mindfulness Based Stress Reduction)을 통합하여 MBCT(Mindfulness Based Cognitive Therapy)를 개발하였다.

**정답** 05 ① 06 ①

## 07

2019-3  2016-3  2016-1

사회기술 훈련 프로그램의 구성 요소와 가장 거리가
먼 것은?

① 문제해결 기술     ② 증상관리 기술
③ 의사소통 기술     ④ 자기주장 훈련

**해설** 사회기술 훈련 프로그램은 재활치료의 목적하에 실시되는
프로그램의 한 부분으로 만성 정신질환자들이 겪는 어려움
중 질환 자체의 속성으로 인해 잦은 재발을 예방하고 기능
면에서 부족한 대인관계 능력과 사회성을 향상시켜 원활한
사회적응에 도움을 주도록 고안된 프로그램이다. 역할 시
연을 통한 모델링, 피드백을 통한 문제해결 기술을 배우
고, 자기주장과 소통을 원활하게 돕는 의사소통 기술 등을
강화시키는 사회학습이론에 근거하여 학습하게 한다.
② 증상관리 기술은 유관관리 기술로 만성질환이라 지속
적 치료가 필요한 질환(당뇨병, 고혈압 등)을 위해 셀
프 모니터링하게 하는 기법이다.

## 08

심리평가에서 임상적 예측을 시행할 때 자료통계적
접근법이 더욱 권장되는 경우는?

① 매우 드물게 발생하며, 비정상적인 사건으로서
지극히 개인적인 일을 예측하고 판단 내려야 하
는 경우

② 다수의 이질적인 표본들을 대상으로 한 경우로
한 개인의 특성에 대한 관심은 적은 경우

③ 적절한 검사가 없는 영역이나 사건에 대한 정보
가 필요한 경우

④ 예측하지 못한 상황변수가 발생하여 공식이 유용
하지 않게 되는 경우

**해설** 통계적 접근법은 예측과 판단이 가능한 수치와 과학적 방
법이 선행되어야 하는 기법이다. 그러므로 ① 드물게 발생
하거나, ③ 사전 정보가 없는 경우, ④ 변수가 발생한 경우
에는 사용하기 어렵다.
② 다수의 이질적인 표본들을 대상으로 하고 개인의 특성
에 대한 관심은 적은 경우는 개인적 특성이 아니라 다
수의 표본에서 나타나는 특이점을 보려고 하는 경우로,
자료를 가지고 접근하는 자료통계적 방법이 권장된다.

## 09

전통적인 정신역동적 심리평가와 비교했을 때 행동
평가의 특징으로 옳은 것은?

① 행동이 시간이나 장소에 관계없이 일관될 것으로
예상한다.

② 개인 간을 비교하며 보편적 법칙을 더 강조한다.

③ 행동을 징후라고 해석하기보다는 표본으로 간주
한다.

④ 성격 특성의 병인론을 기술하는 데 초점을 둔다.

**해설** 행동이 시간이나 장소에 관계없이 일관될 것(일반성), 개
인 간 비교를 위해 보편적 법칙 강조(보편성), 병인론 강조
(병인성) 등은 모두 행동평가의 기반이 되는 행동주의 이
론으로 설명될 수 있다. 한편, 정신역동 심리평가는 나타
나는 행동(왜곡된 행동)을 징후라고 해석하는데 행동평가
에서는 나타나는 행동을 전체적 행동에서 드러나는 표본
(sampling)으로 간주하는 편이다.

## 10

2017-1  2016-3

현실치료에 관한 설명으로 가장 적합한 것은?

① 내담자가 더 현실적이고 실현 가능한 인생철학을
습득함으로써 정서적 혼란과 자기 패배적 행동을
최소화하는 것을 강조한다.

② 내담자의 좌절된 욕구를 알고 사람들과의 관계에
서 새로운 선택을 함으로써 보다 성공적인 관계
를 얻고 유지할 수 있음을 강조한다.

③ 현대의 소외, 고립, 무의미 등 생활의 딜레마 해
결에 제한된 인식을 벗어나 자유와 책임 능력의
인식을 강조한다.

④ 가족 내 서열에 대한 해석은 어른이 되어 세상과
작용하는 방식에 큰 영향이 있음을 강조한다.

**해설** 현실치료의 주창자 Glasser는 원래 화공기사(chemical
engineer)였으나, 심리학에 관심을 기울이면서 23세에 임
상심리 전문가가 되었고, 이후 다시 의학까지 공부해 정신과
의사가 되었다. 그는 정신과 수련의 과정과 전문의 과정에서
전통적인 정신분석치료로 받는 훈련에 불만족을 느끼면서
현실치료를 발전시켰다. 현실치료라는 용어가 공식적으로

사용된 것은 1964년 4월 'Reality Therapy: A Realistic Approach to the Young Offender'라는 논문을 통해서 였으며, WANTS(특정 욕구를 명확히 하기), Doing & Direction (내담자가 욕구를 충족하기 위해 현재 행하고 있는 행동양식 탐색), Evaluation(내담자의 현 행동양식 평가), Planning (변화를 위한 효과적인 계획 세우기)으로 대표될 수 있는 WDEP 시스템을 통해 치료하였다.

① 인지행동주의 심리치료
③ 실존주의적 심리치료
④ 아들러의 개인심리학적 관점

## 11

**한국심리학회 윤리규정에 관한 설명으로 틀린 것은?**

① 심리학자는 성실성과 인내심을 가지고 함께 일하는 다른 분야의 종사자와 협조적으로 업무를 수행한다.

② 심리학자는 내담자의 개인정보를 어떠한 경우에도 노출하면 안 된다.

③ 심리학자는 성적 괴롭힘을 하지 않는다.

④ 심리학자는 개인과 사회의 발전을 위해 노력하여야 한다.

**해설** 심리학자는 법적 권한이 있는 사람에게 내담자의 정보를 제한적으로 노출할 수 있고, 법률에 의해 위임받은 경우, 비밀정보를 보호할 의무에서 벗어난다.

**한국 심리학회 비밀 유지 및 노출**
• 심리학자는 치료과정에서 알게 된 비밀정보를 보호하여야 할 일차적 의무가 있다.
• 심리학자는 조직이나 내담자를 대신해 법적으로 권한을 부여받은 사람의 동의를 얻어 비밀정보를 노출할 수도 있다. 이는 전문적인 연구 목적에 국한하여야 하며, 이 경우에는 실명을 노출해서는 안 된다.
• 법률에 의해 위임된 경우, 또는 다음과 같은 타당한 목적을 위해 법률에 의해 승인된 경우에는 개인의 동의 없이 비밀 정보를 최소한으로 노출할 수 있다.
  - 필요한 전문적 서비스를 제공하기 위한 경우
  - 적절한 전문적 자문을 구하기 위한 경우
  - 내담자/환자, 심리학자 또는 그 밖의 사람들을 상해로부터 보호하기 위한 경우
  - 내담자/환자로부터 서비스에 대한 비용을 받기 위한 경우

## 12

**다음 중 가장 최근에 있었던 사건은?**

① Boulder 모형 제안
② Wechsler-Bellevue 지능 척도 출판
③ George Engel 생물심리사회 모델 제안
④ Rogers 내담자중심치료 출판

**해설** ① Boulder 모형 제안 → 1949년, 콜로라도 주 볼더 회의에서 임상심리학 프로그램을 위한 수련 모델 제시, 심리학자들과 미국심리학회로부터 교육 프로그램 모델로 인정 받음
② Wechsler-Bellevue 지능 척도 출판 → 1939년
③ George Engel 생물심리사회 모델 제안 → 1977년, 신체적 요소뿐 아니라 심리와 사회적 요소까지 포함한 질병에 관한 생물심리사회적 모형(bio-psycho-social model) 제안
④ Rogers 내담자중심치료 출판 → 1940년대에 개발한 인간의 성장과 변화에 관한 인간중심 치료 이론으로 1951년에 출판

## 13

**최근 컴퓨터는 임상실무에서의 치료효과 평가에 점차 그 사용이 확대되고 있다. 전산화된 심리평가에 관한 설명으로 옳은 것은?**

① 컴퓨터 기반 검사는 시행 시간을 절약해 주지만 검사자 편파가능성이 높아진다.

② 컴퓨터 기반 보고서는 임상가를 대체하는 임상적 판단을 제공할 수 있다.

③ 컴퓨터 기반 검사를 사용하면 임상가가 유능하지 못한 영역에서도 임상적 판단을 제공할 수 있다.

④ 컴퓨터 평가 기반 해석의 경우 짧거나 중간 정도의 분량을 지닌 진술이 긴 분량의 진술에 비해 일반적으로 타당한 경우가 더 많다.

**해설** ① 컴퓨터 기반 검사는 시행 시간이 줄어들 뿐 아니라 검사자 편파 가능성도 감소한다.
② 컴퓨터 기반 검사 결과는 임상가가 직접 관찰해서 내담자에 대해 내릴 수 있는 임상적 판단에 대해서는 한계가 있다.
③ 컴퓨터 기반 검사는 일반적인 수준보다는 향상된 능력을 기대할 수는 없으나 임상가가 유능하지 못한 분야에 대해서는 평균 이상의 임상적 제시가 가능하다는 장점이 있다.

**정답** **11** ② **12** ③ **13** ④

## 14

`2019-3` `2017-1` `2016-1`

지역사회심리학에서 강조하는 사항과 가장 거리가 먼 것은?

① 지역사회 조직과의 관계 개발을 강조한다.
② 준전문가의 역할과 자조활동을 강조한다.
③ 전통적인 입원치료에 대한 지역사회의 대안을 강조한다.
④ 유지되는 능력보다는 결손된 능력을 강조한다.

**해설** 지역사회심리학은 지역사회 자원을 중심으로 정신병리 문제를 지역사회에서 수용하고자 하는 movement의 일종으로 해석될 수 있다. 그래서 지역사회 심리학에서는 지역사회 조직과 연계를 중시하고, 전문가보다 지역사회에 좀 더 많은 준전문가의 역할과 피해자나 내담자의 자조적 활동을 촉진하며, 입원 치료보다는 재활과 사회적응 기술에 대한 훈련을 중시하는 편이다. 이를 위해 내담자의 강점, 장점, 유지되는 능력을 중시한다. 결손된 능력을 파헤치는 것은 전통 심리학적 관점이다.

## 15

`2018-1` `2016-3`

뇌의 편측화 효과를 측정할 수 있는 대표적 방법은?

① 미로검사
② 이원청취기법
③ Wechsler 기억검사
④ 성격검사

**해설** 뇌의 편측화 효과 : 양쪽 뇌의 동일한 부분에서 서로 다른 기능을 하도록 되어 있는 현상
② 이원청취기법은 뇌의 편측성 효과를 탐색하는 대표적 방법으로 청각체계를 이용해 언어적 음성과 비언어적 음향의 다양한 자극을 제시하여 반응 정도에 따라 뇌의 편재화된 기능을 파악하는 기술적 방법이다.

## 16

`2016-3`

신경인지장애가 의심되는 경우 주로 사용하는 구조화된 면접법은?

① SADS(Schedule of Affective Disorder and Schizophrenia)
② 개인력 청취
③ SIRS(Structured Interview of Reported Symptoms)
④ 정신상태평가

**해설** **정신상태평가(Mental State Evaluation)**
• 내담자의 현재 기능, 즉 외모, 행동, 사고 과정, 사고 내용, 기억력, 주의력, 말투, 통찰, 판단 등을 평가하는 과정으로 내담자의 인지, 정서, 행동 상 문제가 있는지의 평가
• 내담자의 행동과 태도, 감각기능과 사고기능, 지각장애, 지남력, 기분이나 정서, 통찰력과 자아개념 등의 진단
• 직접적 관찰과 질문, 간단한 형태의 검사 등의 실시
• 정신병적 이상이나 뇌기능 손상이 의심될 때 사용

## 17

치료동맹에 관한 설명 중 내담자 중심 치료의 입장을 가장 잘 반영하고 있는 것은?

① 내담자와 치료자의 관계가 치료적 변화를 발생시킬 수 있는 필요충분조건이다.
② 치료동맹을 형성하는 데 있어서 치료자보다는 내담자의 자발성을 강조하는 것이 중요하다.
③ 치료관계보다 치료기법을 적절하게 사용하는 것이 치료효과를 높이는 데 더 중요하다.
④ 치료동맹은 내담자의 적절한 행동에 대한 수반적 강화를 제공하기 때문에 치료효과에 긍정적이다.

**해설** 내담자 중심 치료에서의 치료 동맹 : 로저스는 상담에서 관계 형성 자체가 주요한 상담 목표라고 보았다. 즉, 상담관계를 형성하는 것이 상담의 필요충분조건이라고 할 만큼 상담관계를 지속적이고 긍정적으로 유지하면 문제가 해결되고, 내담자는 자기 이해를 확장한다고 보았다.
② 인간중심, 실존주의, 개인심리학 등
③ 정신분석, 행동치료, 인지치료
④ 행동치료

**정답** 14 ④  15 ②  16 ④  17 ①

## 18

2018-3

심리치료에서 치료자가 역전이를 다루는 방식으로 가장 바람직한 것은?

① 치료자는 내담자에 대해 부정적인 감정을 느끼지 않도록 노력해야 한다.

② 내담자에게 좋은 치료자라는 말을 듣고 싶은 것은 당연한 욕구라고 여긴다.

③ 내담자에게 느끼는 역전이 감정은 내담자의 전이와 함께 연결지어 분석한다.

④ 치료자가 경험하는 역전이를 정확하게 인식해야 하지만 이를 치료에 활용하는 것을 삼간다.

**해설** 내담자에게 느끼는 역전이 감정은 내담자의 전이와 함께 연결 지어 분석하는 것이 좋다. 상담자가 역전이를 느끼는 이유는 대부분 내담자가 먼저 전이 감정을 일으켜 시작되는 경우가 잦기 때문이다. 이 둘을 연관시킬 수 있다면 치료적 통찰이 가능할 수 있고 내담자뿐 아니라 상담자도 중요한 문제를 해결할 수 있는 기회를 얻을 수도 있다.

## 19

2019-3 2018-1 2016-1

다음 중 뇌반구의 기능에 관한 설명으로 적합하지 않은 것은?

① 좌반구는 세상의 좌측을 보고, 우반구는 우측을 본다.

② 좌측 대뇌피질의 전두엽 가운데 운동피질 영역의 손상은 언어문제 혹은 실어증을 일으킨다.

③ 대부분의 언어 장애는 좌반구와 관련이 있다.

④ 좌반구는 말, 읽기, 쓰기 및 산수를 통제한다.

**해설** 현재 알려진 바로는 좌측 대뇌피질의 전두엽 가운데 운동피질 영역의 손상은 언어문제 혹은 실어증을 일으킨다는 사실(베르니케 영역, 브로카 영역 등)과 대부분의 언어 장애는 좌반구와 관련이 있고, 말, 읽기, 쓰기, 산수를 통제한다는 사실이다.
① 세상을 바라보는 방향과 뇌의 기능은 관련이 없다.

## 20

2017-3 2016-3

주로 흡연, 음주문제, 과식 등의 문제를 해결하기 위해 사용되며, 부적응적이고 지나친 탐닉이나 선호를 제거하는 데 사용되는 행동치료 방법은?

① 부적 강화

② 혐오치료

③ 토큰경제

④ 조형

**해설** 혐오치료는 특정 물건에 의해 쾌감을 경험하기 때문에 이 물건들과 혐오적 자극을 짝지어 제시하여 집착하는 물건이나 대상을 멀리하게 하는 치료 기법이다. 주로 범죄와 관련된 치료에서 사용되나 흡연, 음주문제, 과식 등 중독적 문제를 해결하기 위해 사용하기도 한다.

**정답** 18 ③ 19 ① 20 ②

## 01
2016-3

자신의 초기 경험이 타인에 대한 확장된 인식과 관계를 맺는다는 가정을 강조하는 치료적 접근은?

① 대상관계이론 　② 자기심리학
③ 심리사회적 발달이론 　④ 인본주의

**해설** 자신의 초기 경험이 타인에 대한 확장된 인식과 관계를 맺는다는 가정은 정신분석 치료의 근간을 이루는데 이후, 정신분석 이론의 후발로 등장한 대상관계이론은 더 어린 나이까지, 즉 태어난 이후로 초기경험을 확장하였다.

## 02

임상심리사의 역할 중 교육에 관한 설명으로 옳은 것을 모두 고른 것은?

ㄱ. 심리학자가 아동들이 부모의 이혼에 대처하도록 도와주는 방법에 관한 강의를 해주는 것은 비학구적인 장면에서의 교육에 해당된다.
ㄴ. 의과대학과 병원에서의 교육은 비학구적인 장면에서의 교육에 포함된다.
ㄷ. 임상심리학자들은 심리학과뿐만 아니라 경영학, 법학, 의학과에서도 강의한다.
ㄹ. 의료적, 정신과적 문제를 대처하도록 환자를 가르치는 것도 임상적 교육에 포함된다.

① ㄱ, ㄴ, ㄷ　　　② ㄱ, ㄴ, ㄹ
③ ㄱ, ㄷ, ㄹ　　　④ ㄴ, ㄷ, ㄹ

**해설** 교육은 (비)학구적, (비)임상적 장면에서 일어나는 모든 강의를 포함할 수 있다. 의과대학에서 진행하는 교육은 임상적, 학구적 장면의 교육이라고 볼 수 있다.

## 03

다음 ( )에 알맞은 것은?

Seligman의 학습된 무기력과 관련하여 사람들이 부정적 사건들을 ( ), ( ), ( )으로 볼 때 우울하게 되는 경향이 있다고 예언한다.

① 내부적, 안정적, 일반적
② 내부적, 불안정적, 특수적
③ 외부적, 안정적, 일반적
④ 외부적, 불안정적, 특수적

**해설** 학습된 무기력은 이미 장기화된 우울 증세로 이런 경우 우울증 내담자는 부정적 사건이 자신의 문제로부터(내부적인 귀인, 성격, 외모, 능력 등) 시작되며, 안정적(변함없이 지속일 것이다.), 일반적(혹은 전반적, 구체적이고 한정된 한번의 사건이 아니라 항상 일어날 것이다.)이라고 사고하는 경향성이 관찰되었다.

## 04
2019-3 2017-3 2016-1

수업시간에 가만히 자리에 앉아 있지 못하고 돌아다니며, 급우들의 물건을 함부로 만져 왕따를 당하고 있는 초등학교 3학년 10세 지적장애 남아의 문제행동을 도울 수 있는 가장 권장되는 행동치료법은?

① 노출치료 　② 체계적 둔감화
③ 유관성 관리 　④ 혐오치료

**해설** ③ 유관성 관리(contingency management)는 서로가 바라는 구체적인 행동, 즉 구체적이고, 단순하고, 실행하기 쉽고, 개방적인 약속을 하겠다는 약속을 문서로 작성해서 지키도록 하는 것을 의미한다. 이는 지시사항을 구체적이고 단순화시킨 지시적 접근 방법이라고 할 수 있으므로 아동에게 권장될 수 있다.
① 노출치료는 대표적 인지행동치료로 공포 상황에 빠지도록 노출시킴으로써 문제가 생기지 않는다는 것을 인식시키는 극단적 치료 방법이다.

**정답** 01 ① 　02 ③ 　03 ① 　04 ③

② 체계적 둔감화는 인지행동치료로 Wolpe에 의해 개발되었으며, 근육 이완 훈련, 불안 위계목록 작성, 단계적 둔감화를 실시하는 방법으로 현재까지 불안의 원인이 되는 부적응 행동과 회피행동 치료를 위해 가장 효과적으로 쓰이는 치료법이다.

④ 혐오치료는 어떤 물건에 집착할 때 그 물건과 혐오자극을 짝지어 제시하여 물건에 대한 집착이 소거되도록 하는 치료방법이다.

## 05

**2019−1**

현재 임상장면에서 많이 사용되는 심리평가 도구들 중 가장 먼저 개발된 검사는?

① 다면적 인성검사　　② Strong 직업흥미검사

③ Rorschach 검사　　④ 주제통각검사

**해설**　③ Rorschach 검사는 1921년 개발되었다.

① 다면적 인성검사(MMPI) 원판은 1943년 개발되었다.

② Strong 직업흥미검사는 1927년 미국의 직업심리학자 E. K. Strong에 의해 개발되었다.

④ 주제통각검사(TAT)는 1935년 개발되었다.

## 06

**2018−3**

다음은 무엇에 관한 설명인가?

> Beck이 우울증 환자에 대한 관찰을 기반하여 사용한 용어로, 자신을 무가치하고 사랑받지 못할 사람으로 간주하고, 자신이 경험하는 세계가 가혹하고 도저히 대처할 수 없는 곳이라고 지각하며, 자신의 미래는 암담하고 통제할 수 없으며 계속 실패할 것이라고 예상하는 것

① 부정적 사고(negative thought)

② 인지적 삼제(cognitive triad)

③ 비합리적 신념(irrational belief)

④ 인지오류(cognitive error)

**해설**　인지적 삼제(cognitive triad)는 자기 자신, 환경, 미래에 대한 부정적 사고를 멈출 수 없는 것으로 세 가지가 한 벌로 되었다는 의미의 triad라는 단어를 사용한다.

## 07

프로그램의 주요 초점은 사회 복귀이며, 직업능력 증진부터 내담자의 자기개념 증진에 걸쳐 있는 것은?

① 일차 예방　　② 이차 예방

③ 삼차 예방　　④ 보편적 예방

**해설**　③ 삼차 예방은 어떤 증상으로 인한 기능상실을 예방하는 것으로, 원래 기능으로 돌아가게 하는 재활치료를 의미한다.

① 일차 예방은 질병이나 사회문제를 야기하는 조건이나 상황이 발생하지 않도록 취하는 조치를 의미한다.

　지역 내 위생시설, 레크리에이션 센터 및 공원 건립 등

② 이차 예방은 문제를 해결하는 데 있어 문제의 초기 진단을 의미하며, 사례발견, 격리 등 방법을 동원하여 그 문제가 다른 사람이나 환경에 미치는 영향을 최소화 또는 조기치료하려는 노력을 의미한다.

## 08

**2017−3**　**2017−1**

통제된 관찰에 관한 설명으로 적합하지 않은 것은?

① 스트레스 면접은 통제된 관찰의 한 유형이다.

② 자기−탐지 기법은 통제된 관찰의 한 유형이다.

③ 역할시연은 가장 일반적으로 사용되는 통제된 관찰 유형이다.

④ 모의실험 방식에서 관심행동이 나타나도록 하는 유형이다.

**해설**　**관찰 연구**

- 관찰을 통해 변인 간 관계성을 알아보는 연구
- 연구자가 변인을 조작하지 않음
- 자연스러운 상황에서 발생하는 변인 관찰, 그 관계 분석
- 주요 목적 : 변인들 간 관계성 존재 여부, 관계성이 있다면 그 관계의 정도는 얼마나 되는지 탐색
- 한계점 : 관찰연구의 결과만 가지고 변인 간 인과 관계를 결정하기 어려움
- 유형 : 압박면접이나 역할 시연 등은 대표적인 통제된 관찰유형, 모의실험은 실험 연구라 통제된 상황을 임의적으로 선택해서 실시하므로 통제된 관찰유형으로 볼 수 있음
- ② 자기통제 기법(self−control technique) : 행동수정이론, 즉각적 외부 자극이 없는 상태에서 스스로 유발한 자극에 의해 특정의 행동이 발생될 확률을 증가시키거나 감소시키는 기법으로 자기평가, 선행자극 통제, 후속결과 통제, 자기강화 등의 기법 활용

**정답**　05 ③　06 ②　07 ③　08 ②

## 09

주의력 결핍 과잉행동장애(ADHD)는 뇌와 행동과의 관계에서 볼 때 어떤 부위의 결함을 시사하는가?

① 전두엽의 손상   ② 측두엽의 손상
③ 변연계의 손상   ④ 해마의 손상

**해설** • 전두엽의 기능
- 운동기능, 자율기능, 감정조절기능, 행동계획 및 억제 기능
- 전전두엽 : 고차적 정신활동 담당, 인지-사고-판단, 행동계획, 창의성
→ ADHD는 전두엽에서 분비되는 도파민의 이상증세라고 알려져 있음
• 측두엽의 기능 : 일차청각피질과 연합피질, 판단, 기억, 언어/청각/정서적 경험 관련
• 변연계의 기능 : 시상하부와 시상으로 구성되어 있고 정서와 감정 주관
• 해마의 기능 : 뇌의 가장 오래된 기관으로 감정과 행동 동기와 관련, 특히 불안과 관련

## 10

치료 매뉴얼을 바탕으로 하여 내담자의 특성이 명확하게 기술된 대상에게 경험적으로 타당화된 치료를 실시할 때 증거가 잘 확립된 치료에 대한 기준에 해당하지 않는 것은?

① 서로 다른 연구자들이 시행한 두 개 이상의 집단 설계 연구로서 위약 혹은 다른 치료에 비해 우수한 효능을 보이는 경우
② 두 개 이상의 연구가 대기자들과 비교해 더 우수한 효능을 보이는 경우
③ 많은 일련의 단일사례 설계연구로서 엄정한 실험 설계 및 다른 치료와 비교하여 우수한 효능을 보이는 경우
④ 서로 다른 연구자들이 시행한 두 개 이상의 집단 설계 연구로서 이미 적절한 통계적 검증력(집단당 30명 이상)을 가진 치료와 동등한 효능을 보이는 경우

**해설** ② 두 개 이상의 결과가 좋은 효능을 보이더라도 엄격한 기준이 제시되지 않았기 때문에 증거가 잘 확립된 기준으로 성립된 연구라고 보기 어렵다.
**타당화되었다고 볼 수 있는 치료의 기준**
• 위약효과(placebo effect) : 투약하는 의사나 치료를 받는 환자나 언제 어떤 약물이 사용되었는지 모르는 상태에서 위약이나 피검약물을 섞은 뒤 환자에게 주어서 약효의 객관적 판정을 하는 2중 맹검법으로 매우 타당화된 치료 효과이다.
• 단일사례 연구는 본 연구만 존재하기 때문에 검정력이 낮을 수도 있으나 실험설계를 엄격하게 한 연구와 비교했을 때 우수한 효능을 보일 때 타당도가 높다고 할 수 있다.
• 동일한 연구자가 아닌데 통계적 검정력이 확보된 치료와 동일한 효과가 있을 때는 타당도가 높다고 볼 수 있다.

## 11
2019-1

행동관찰에 대한 설명으로 틀린 것은?

① 면접을 통해서 얻어진 정보에 비해서 의도적 또는 비의도적으로 왜곡될 가능성이 더 적다.
② 연구자 스스로 관심을 가지고 있는 문제를 볼 수 있는 기회를 제공해 준다.
③ 표적행동을 분명하게 정의하기 위하여 조작적 정의를 개발하는 것이 필요하다.
④ 외현적-운동 행동뿐만 아니라 인지와 정서적 상태에 대한 정보를 풍부하게 얻을 수 있다.

**해설** 행동관찰 : 기초선 측정, 즉 문제 혹은 부적응 행동의 현재 상태 파악이나 실험처치구간에서 표적행동의 발생비율(빈도나 지속시간) 측정, 행동치료의 목표와 계획을 수립하여 표적행동의 변화를 측정하고 평가하는 데 필요한 객관적이고 수치화된 자료를 수집하는 방법
→ 관찰을 중심으로 이루어지기 때문에 인지와 정서 상태에 대한 정보는 상대적으로 얻기 힘듦

**정답** 09 ①  10 ②  11 ④

## 12

2019 - 1

**초기 접수면접에 관한 설명과 가장 거리가 먼 것은?**

① 환자가 미래의 문제들을 잘 다룰 수 있는지에 초점을 맞춰야 한다.
② 내원 사유를 정확히 파악해야 한다.
③ 기관의 서비스가 환자의 필요와 기대에 부응하는지 판단해야 한다.
④ 치료에 대해 가질 수 있는 비현실적 기대를 줄여줄 수 있어야 한다.

**해설** ① 미래에 유사한 문제를 잘 다룰 수 있도록 하는 것은 종결 준비에 해당한다.

**접수면접**
- 본 상담에 들어가기 전 내담자에 대한 정보를 수집하고 수집된 정보를 종합하여 내담자의 호소문제 개념화, 상담의 유형과 담당 상담자 배정 등 초기과정에서 이루어지는 면담
- 반드시 포함되어야 할 사항
  - 개인적 사항, 호소문제, 호소문제와 관련된 현재 기능 상태
  - 문제사, 발달사, 가족관계, 기타 문제, 상담경험 등 내담자의 기본 정보 수집
  - 원하는 상담자와 상담시간 확인
  - 수집된 정보를 통해 내담자의 특성, 호소문제 및 증상, 문제의 원인, 상담 방향과 방법 등 개념적 설명 (상담 사례개념화), 내담자의 특성과 호소문제 해결에 적합한 상담자를 배정하는 과정

## 13

2017 - 1  2016 - 3

**골수 이식을 받아야 하는 아동에게 불안과 고통에 대처하도록 돕기 위하여 교육용 비디오를 보게 하는 치료법은?**

① 유관관리 기법
② 역조건형성
③ 행동시연을 통한 노출
④ 모델링

**해설** ④ 모델링은 목표 행동을 학습하는 방법으로 실제 환경에서 타인의 행동을 관찰하고 모방하는 직접적인 모델링, 필름이나 비디오테이프 등을 통해 본보기가 되는 제3자의 행동을 관찰하고 본뜨게 하는 대리적인 모델링이 있다.

① 유관관리(contingency management) 기법은 가족 구성원들 간 긍정적인 행동을 강화시키기 위해 보상을 약속하는 치료기법으로 아동, 가족 치료에서 가족 규칙을 지키도록 하는 방법이다.
② 역조건형성(counter - conditioning)은 서로 양립하기 어려운 반응을 유발하는 자극을 포함하는 고전적 조건형성 절차를 사용하여 이전 조건 형성의 원치 않는 효과를 제거하는 것이다. 토끼에게 공포를 느끼는 아이에게 토끼(공포 반응)와 간식(긍정적인 반응)을 함께 제공하여 점차 아이와 토끼의 공간적 거리를 가까이 하면 토끼에 대한 공포 반응이 감소한다.
③ 행동시연을 통한 노출은 자극홍수법이라고도 불리며, 공포증 환자를 계획적으로 공포의 원인에 직면시켜 치유하는 방법으로 체계적 둔감법과 함께 사용된다. 예를 들어, 광장공포가 있는 사람을 시내 한가운데에 계속 있게 하여 공포를 불러일으키는 장면에 자신을 노출시켜 익숙해지도록 만드는 것이다.

## 14

**다음은 무엇에 관한 설명인가?**

> 정신이상 항변을 한 피고인이 유죄로 판결되면 치료를 위해 정신과 시설로 보내진다. 최종적으로 정상상태로 판정되면 남은 형기를 채우기 위해 교도소로 보낸다.

① M'Naghten 원칙
② GBMI 평결
③ Durham 기준
④ ALI 기준

**해설** ② GBMI 평결 : '정신 이상을 이유로 한 무죄(NGRI)'가 아니라 '유죄이나 정신질환 있음(Guilt But Mentally Ill ; GBMI)'이란 판결이 늘었다. 일단 교도소에 가둬놓고 적절한 치료를 받게 하거나, 치료 감호소로 보내는 제도이다.

① M'Naghten 원칙(맥노튼의 법칙) : 정신병이라는 이유로 피고를 변호하기 위해서는, 피고가 범행 시에 그 범행의 성질을 알지 못할 정도의 정신질환으로 인한 이성의 결손으로 그 범행을 행했다는 것을 확실히 입증해야만 하며, 또는 그것을 알았을 경우에는 그 행위가 잘못된 것이었음을 알지 못했다는 것을 입증해야만 한다.

 **정답** | **12** ① | **13** ④ | **14** ②

## 15

2016-3

아동기에 기원을 둔 무의식적인 심리적 갈등에서 이상행동이 비롯된다고 가정한 조망은?

① 행동적 조망
② 인지적 조망
③ 대인관계적 조망
④ 정신역동적 조망

**해설** 정신역동적 조망은 유아기에 발생된 무의식적 갈등을 해결하지 못했을 때 이상행동(마비, 히스테리 등)이 나타난다고 보았다.

## 16

2016-1

임상적 면접에서 사용되는 바람직한 의사소통 기술에 해당되는 것은?

① 면접자 자신의 사적인 이야기를 꺼내는 데 주저하지 않는다.
② 침묵이 길어지지 않게 하기 위해 면접자는 즉각 개입할 준비를 한다.
③ 환자가 의도한 대로 단어들을 이해하기 위해 노력한다.
④ 내담자의 감정보다는 얻고자 하는 정보에 주목한다.

**해설** ① 면접자는 자신을 노출하는 데 주의를 기울여야 하고, 신뢰를 형성하기 위해 사용하도록 한다.
② 면접자는 침묵이 있다고 해서 긴장하지 말고 성찰의 기회가 되도록 하며, 내담자가 생각할 수 있도록 하는 것이 좋다.
④ 임상 장면에서 정보를 얻는 것도 중요하지만 내담자의 감정, 정서 상태, 현재 처한 상황 등에 주의를 기울인다.

## 17

2018-1 2017-3 2016-1

임상심리학자의 법적, 윤리적 책임에 관한 설명으로 틀린 것은?

① 임상심리학자의 직업수행에는 공적인 책임이 따른다.
② 어떠한 경우에도 내담자의 비밀은 보장해야 한다.
③ 내담자 사생활의 부당한 침해를 방지하기 위해 노력해야 한다.
④ 내담자, 피감독자, 학생, 연구참여자들을 성적으로 악용해서는 안 된다.

**해설** 법적 문제, 전염병에 걸렸을 경우, 신고·고지해야 하는 범죄와 연루된 경우 등에는 내담자의 비밀을 보장할 수 없음을 사전에 알려야 한다.

## 18

Rorschach 검사에서 반응위치를 부호화할 때 단독으로 기록할 수 없는 것은?

① S ② D ③ Dd ④ W

**해설** ① S는 여백 반응(Space Response)으로 카드의 흰 공백 부분을 사용하였을 때 채점하는 반응영역이며 항상 다른 반응영역의 기호와 같이 사용(WS, DS, Dds)해야 한다.

**기타 반응영역의 채점**

| 기호 | 정 의 | 기 준 | 예 |
|---|---|---|---|
| W | 전체 반응 (Whole Response) | 카드 반점의 전체가 반응에서 사용되었을 때 | 박쥐 |
| D | 보통 부분 반응 (Common Detail Response) | 흔히 사용되는 반점영역을 사용하였을 때 | 사람 얼굴 |
| Dd | 드문 부분 반응 (Unusual Detail Response) | D영역 이외에 잘 사용되지 않는 반점영역을 사용하였을 때 | 개미 |

**정답** 15 ④ 16 ③ 17 ② 18 ①

## 19

Rorschach 검사의 모든 반응이 왜곡된 형태를 근거로 한 반응이고, MMPI에서 8번 척도가 65T 정도로 상승되어 있는 내담자에 대한 설명으로 가장 적합한 것은?

① 우울한 기분, 무기력한 증상이 주요 문제일 가능성이 있다.

② 주의집중과 판단력이 저하되어 있을 가능성이 있다.

③ 합리화나 주지화를 통해 성공적인 방어기제를 작동시킬 가능성이 있다.

④ 회피성 성격장애의 특징을 보일 가능성이 있다.

 8번 척도는 Sc로 사고능력의 장애로 볼 수 있다. 설명 중 ②가 주의집중이나 판단력 등 사고 능력과 관련이 있다.
① 우울한 기분이나 무기력한 증상이 주요 문제일 경우 → 2번 척도
③ 합리화나 주지화를 통해 방어기제를 작동시킬 가능성이 높은 경우 → 7번(강박) 척도
④ 회피의 문제를 보이는 경우 → 1번(건강 염려), 3번(히스테리) 등

## 20

기억력 손상을 측정하는 검사가 아닌 것은?

① Wechsler Memory Scale

② Benton Visual Retention Test

③ Rey Complex Figure Test

④ Wisconcin Card Sorting Test

 ④ Wisconcin Card Sorting Test : 실행능력을 평가하기 위한 검사이다.
① Wechsler Memory Scale(WMS) : 웩슬러 기억검사로 치매를 비롯해 다양한 질환의 기억장애를 평가하는 검사이다.
② Benton Visual Retention Test(BVRT) : 벤톤 시각 기록 검사로 시지각과 시각 기억력 손상을 검사하기 위한 검사이다.
③ Rey Complex Figure Test : 모든 Rey 검사는 기억력을 검사하기 위한 것이다.

## 01

면접의 질문기법에 대한 내용으로 옳지 않은 것은?

① 질문은 주로 개방적이지만 위기의 경우, 폐쇄적인 질문이 유용할 수 있다.
② 유도질문은 내담자의 문제행동에 대한 직면에 매우 유용하다.
③ 이중 질문은 한 번에 두 가지 이상의 내용을 질문하는 것이다.
④ '왜' 질문은 내담자의 반발심을 유발할 수 있다.

## 02

Rogers의 3가지 상담 기법에 포함되지 않는 것은?

① 진실성
② 해석
③ 공감적 이해
④ 무조건적 긍정적 수용

## 03

임상심리사가 개인적인 심리적 문제를 갖고 있다든지, 너무 많은 부담 때문에 지쳐있다든지, 혹은 교만하여 더 이상 배우지 않고 배울 필요가 없다고 생각하거나 해당되는 특정전문교육 수련을 받지 않고도 특정 내담자군을 잘 다룰 수 있다고 여긴다면 이는 다음 중 어느 항목의 윤리적 원칙에 위배되는 것인가?

① 유능성
② 성실성
③ 권리의 존엄성
④ 사회적 책임

## 04

다음 중 정신상태 검사에 포함되는 기술 내용으로 적절하지 않은 것은?

① 외양과 행동
② 검사자에 대한 태도
③ 뇌기능 손상
④ 정서 상태

## 05

정신건강전문요원의 공통 업무가 아닌 것은?

① 정신질환자 등의 재활훈련, 생활훈련 및 작업훈련의 실시 및 지도
② 정신질환자 등과 그 가족의 권익보장을 위한 활동 지원
③ 법 제44조 제1항에 따른 진단 및 보호의 신청
④ 정신질환자 등에 대한 사회서비스지원 등에 대한 조사

## 06

다음 중 건강심리학의 영역에 해당하지 않는 것은?

① 스트레스 관리
② 섭식장애
③ 알코올 중독
④ 웰빙(Well-Being)

## 07

다음 대뇌구조 중 뇌 전반의 컨트롤 타워 같은 관리 기능과 감정 통제, 조절 기능을 담당하는 부분은?

① 전두엽
② 두정엽
③ 측두엽
④ 후두엽

## 08

다음 설명에 해당하는 관찰법은?

> • 미리 계획되고 조성된 상황의 전후 관계에 따라 특정한 환경과 행동조건을 가진다.
> • 경제적인 반면, 외적타당도는 낮다.

① 유사관찰법
② 자연관찰법
③ 참여관찰법
④ 자기관찰법

## 09

포아의 지속노출치료에 대한 설명으로 옳지 않은 것은?

① 공포자극에 대해 이완보다는 노출을 포괄적으로 적용하려는 기법이다.
② 1990년대에 Foa가 제안한 것으로 다양한 경험적 연구를 통한 PTSD 장애에 대한 효과적인 치료방법으로 알려졌다.
③ 공포감, 무력감, 우울감에 대해 이완 기법을 종합적으로 적용한다.
④ PTSD 증상은 자극에 대한 회피반응과 과도한 각성 반응이 나타나는 것이다.

## 10

다음 중 상담기술로서 해석의 제시 형태로 옳은 것은?

① 전이
② 꿈 분석
③ 점진적 진행
④ 공감

## 11

다음 중 가족치료에 대한 설명으로 옳지 않은 것은?

① 정신분석학적 가족치료모델은 가족원이 무의식적으로 억압되어 있는 과거에 대해 탐색한다.
② 다세대적 가족치료모델은 개인이 가족자아로부터 분화되는 것을 목표로 한다.
③ 구조적 가족치료모델은 가족 간의 명확한 경계선을 강조한다.
④ 전략적 가족치료모델은 주로 의사소통 전략 등을 사용한다.

## 12

다음 중 자문의 특징으로 알맞지 않은 것은?

① 임상심리학자에게는 내담자의 정신 상태에 대해서만 한정적으로 질문할 수 있다.
② 전문적 지식을 나눔으로써 노력하여 얻을 수 있는 것의 효과를 극대화한다.
③ 자문을 요청한 자가 자신의 책임하에 있는 내담자에 대한 다양한 심리적 문제를 해결할 수 있도록 협조해야 한다.
④ 자문가는 능동적 주체로 활약하여 상담치료가 질적으로 좋은 치료가 되게 하고, 내담자의 만족도 향상과 치료효과의 극대화를 도모한다.

## 13

다음 중 성질이 다른 하나는?

① 모의실험
② 스트레스 면접
③ 역할 시연
④ 자기관찰

## 14

상담자가 내담자의 이야기를 경청하고 있음을 알려주고 들은 내용을 확실히 하기 위하여 되돌려주는 (Feedback) 의사소통기법은?

① 요약
② 명료화
③ 라포 형성
④ 부연설명

## 15

다음 중 초기접수면접에서 확인해야 할 가장 중요한 정보는?

① 주호소 문제
② 가족력
③ 성격특성
④ 핵심정서

## 16

다음 중 B 유형 성격행동의 특징에 해당하는 것은?

① 느긋함
② 성취지향
③ 적개심
④ 통제와 지배성

## 17

다음 중 만성질환자의 재활을 위한 지역사회 지지체계의 방향으로 옳지 않은 것은?

① 사례관리 시스템을 통합하려는 노력이 필요하다.
② 중앙정부 집중 형태의 수직적인 지시체계가 구축되어야 한다.
③ 치료와 함께 만성 정신질환자의 욕구 해결도 중요하다.
④ 관련 서비스기관들 민·관의 연계가 이루어져야 한다.

## 18

사회복귀시설의 등장배경으로 옳지 않은 것은?

① 19세기 후반에 미국의 대규모 시설에서 정신질환자에 대한 비인간적인 수용실태가 사회적 문제로 대두되었다.
② 미국과 유럽을 중심으로 시설 거주자의 인간으로서의 기본 인권을 회복하기 위한 탈시설화 운동이 전개되었다.
③ 정신질환자에 대한 지역 주민들의 편견이 점점 심각해지고 있다.
④ 의료기술 발달로 향정신성 약물치료가 보편화되면서 지역사회에서 정신질환자의 보호가 가능하게 되었다.

## 19

다문화상담자의 적극적인 역할로 옳지 않은 것은?

① 보다 적극적으로 비전통적인 조력 방식을 활용한다.
② 가정, 공공기관 및 지역사회 기관과 함께 상담실 밖에서 활동한다.
③ 환경조건의 조정이 불가능하므로 내담자의 변화에만 초점을 두어야 한다.
④ 문제의 교정 측면보다는 예방 측면에 보다 노력한다.

## 20

경험적 가족치료모델의 설명으로 맞는 것을 모두 고르시오.

> ㄱ. Satir가 제안
> ㄴ. 가족관계의 병리적 측면보다 긍정적 측면에 초점
> ㄷ. 치료자는 가족성원이 자신의 감정과 욕구에 민감하게 대응하여 실망, 두려움, 분노에 대해서도 대화하고 수용하고 돕도록 주력
> ㄹ. 의사소통 유형 : 설득형, 욕설형, 초이성형, 산만형, 일치형

① ㄱ,
② ㄱ, ㄴ
③ ㄱ, ㄷ, ㄹ
④ ㄱ, ㄴ, ㄷ

## 21

**1949년 과학자 – 전문가 모형에 대한 설명으로 옳지 않은 것은?**

① Boulder 회의에서 채택되어 Boulder 모형이라고도 불린다.
② 과학자, 임상심리학자, 전문가로서의 임상심리학자 중 어느 하나에 충실할 것을 강조한다.
③ 미국심리학회로부터 공식적으로 임상심리학자를 위한 교육모델로 인정받은 모델이다.
④ 임상심리학자의 수련과 학제 간 관계에 중점을 둔 심리학적 영역을 부각시킨 모델이다.

## 22

**임상심리학자의 기능적 역할로 옳지 않은 것은?**

① 진단(Diagnosis)
② 치료(Treatment)
③ 복구(Rehabilitation)
④ 시연(Presentation)

## 23

**다음 신경발달장애 진단 내용이 가리키는 증세는?**

> • 주의집중의 어려움과 더불어 매우 산만하고 부주의한 행동
> • 자신의 행동을 적절히 통제하지 못하고 충동적인 과잉행동을 나타내는 경우
> • 세부적인 면에 대해 면밀한 주의를 기울이지 못한다.
> • 정서적으로 불안정, 공격적, 반항적 행동
> • 청소년기까지 지속되는 경우 50%가 품행장애, 이 중 50%가 성인이 되어 반사회적 성격장애로 발전

① 의사소통장애(Language disorder)
② 틱장애(Tic disorder)
③ 주의력결핍과잉행동장애(ADHD)
④ 자폐스펙트럼장애(Autism spectrum disorder)

## 24

**아인스워드(Ainsworth)의 낯선 상황 실험에 대한 설명 중 옳지 않은 것은?**

① 유아가 낯선 상황에서 낯선 사람과 남겨졌을 때, 당황해하고 불안하다가 어머니가 돌아오자 곧 안정을 찾는 것은 안정애착이다.
② 유아가 낯선 상황에서도 어머니를 찾는 행동을 보이지 않으며, 어머니가 돌아와도 다가가려고 하지 않는 것은 회피애착이다.
③ 유아가 어머니를 낯선 사람과 유사하게 생각하는 것은 저항애착이다.
④ 유아가 어머니를 안정된 존재인지 혼란스러워하고 대인관계에서 적대적이며 사회성이 부족한 모습을 보인다면 혼란애착이다.

## 25

다음에 해당하는 것은?

> 내담자의 3세대 이상에 걸친 가족관계 도표를 제시함으로써 현재 제시된 문제의 근원을 찾는 가족평가 도구이다.

① 제노그램

② 가족조각

③ 가계도

④ 생태도

## 26

다음 설명에 해당하는 개념으로 옳은 것은?

> • 내적표준과 자기강화에 의해 형성된다.
> • 어떤 행동을 성공적으로 수행할 수 있다는 신념이다.

① 자기효능감(Self – efficacy)

② 핵심신념

③ 자기충족예언

④ 모델링

## 27

다음에 해당하는 뇌 부분은?

> • 대뇌피질 중앙, 전체의 21% 차지, 일차체감각피질과 연합피질로 구성
> • 이해의 영역, 공간지각 – 운동지각 – 신체 위치판단 담당, 공간적/수학적 계산 및 연상기능

① 측두엽

② 후두엽

③ 전두엽

④ 두정엽

## 28

다음을 확인하기 위한 상담 절차는?

> • 가장 적절한 치료나 중재 계획을 권고하고, 내담자의 증상 및 관심을 더 잘 이해하기 위해 실시한다.
> • 내담자의 실제 문제를 파악하는 문제 확인 절차로, 두려움, 양가감정의 해소를 위해 치료자와 상호 긍정적인 라포 관계를 형성한다.
> • 문제 해결에 더 적합한 기관이 있다고 판단될 경우 의뢰가 필요하며 반드시 내담자 동의가 필요하다.

① 상담 초기

② 접수면접

③ 상담 중기

④ 상담 종료

## 29

다음에 대한 설명으로 옳지 않은 것은?

> • 원래는 어떤 결과가 원인의 강도를 조절하도록 하여 항상 일정한 정도의 결과를 유지하는 기능을 의미
> • 자율신경(근육긴장도, 뇌파, 심장 박동 수, 체온, 혈압 등 우리가 느낄 수 없는 여러 가지 생리 반응)의 생리적 변수를 부분적으로 조절하는 방법

① Bio – feedback이라고도 불린다.

② 행동치료법의 일종이다.

③ 긴장완화기법이라고 할 수 있다.

④ 생체자기제어라고 한다.

## 30

임상심리학자가 지켜야 할 상담 윤리 5가지에 포함되지 않는 것은?

① 자율성

② 선행

③ 공정성

④ 유해성

## 31

다음에 해당하는 심리치료 이론은?

- 내담자의 개인적 성장을 이룰 수 있도록, 자신에게 필요한 것이 무엇인지 이해하는 데 도움
- 상담자나 치료사가 아닌 내담자가 치료 과정의 핵심
- 공감, 무조건적 긍정적 수용, 진실성

① 정신역동 이론　　② 인지행동 이론
③ 인본주의 이론　　④ 게슈탈트 이론

## 32

다음 기법을 주로 사용하는 가족치료 이론의 창시자는?

- 가족관계의 긍정적 측면 강조
- 의사소통 유형으로 회유형, 비난형, 초이성형, 산만형, 일치형 등을 제시
- 특정시기의 정서적 가족관계를 사람이나 다른 대상물의 배열을 통해 나타낸 가족조각, 가족성원 각자에게 가족이 어떻게 조직되어 있는지 생각나는 대로 그리도록 하는 가족그림 등의 기법 사용

① Freud　　② Minuchin
③ Bowen　　④ Satir

## 33

행동주의 기법 중 다음의 기술에 해당하는 것은?

- 바람직한 행동의 빈도수를 높임
- 바람직한 행동에 칭찬, 바람직하지 못한 행동에 위협

① 강화　　② 토큰경제
③ 변별　　④ 조형

## 34

다음 가족치료 이론의 설명에 적합한 모델은?

　탈이론적 입장이 강하고 인간행동 자체에 대한 가설이 아니라 해결 방법을 찾는 데 적극적이며, 작은 변화에서부터 시도하려는 가족치료 이론

① 해결중심적 가족치료모델
② 의사소통 가족치료모델
③ 경험적 가족치료모델
④ 구조적 가족치료모델

## 35

다음에 해당하는 행동치료 기법은?

- 대표적인 불안감소 기법이다.
- 불안 자극에 대한 위계목록을 작성하도록 한다.
- 낮은 수준의 자극부터 시작하여 충분히 큰 불안을 일으킬 만한 단서를 서서히 노출시킨다.

① 반조건형성
② 혐오치료(Aversive therapy)
③ 체계적 둔감화(Systematic desensitization)
④ 홍수법(Flooding)

## 36

다음 방어기제에 대한 설명으로 알맞은 것은?

- 위협적인 현실에 눈을 감아버리는 경향
- 사랑하는 사람이 죽었을 때 그 죽음 자체를 부인하는 것

① 부정(Denial)　　② 치환(Displacement)
③ 고착(Fixation)　　④ 투사(Projection)

## 37

울페(Wolpe)의 상호억제원리에 대한 설명으로 옳지 않은 것은?

① Pavlov의 고전적 조건형성의 원리에 입각한 기법이다.

② 신경계의 특징을 체계화한 것으로 이완은 흥분과 동시에 작동하는 원리를 이용한 것이다.

③ 불안, 공포 등의 신경증적 반응은 대립된 강력한 반응에 의해 억제될 수 있다.

④ 신경증적 행동은 학습에 의한 것으로 소거하려면 이미 학습된 것을 억제 혹은 제지할 다른 행동이 필요하다는 것이다.

## 38

포아(Foa)의 지속노출치료에 대한 설명으로 옳지 않은 것은?

① 공포자극에 대한 노출보다는 이완을 포괄적으로 적용하려는 경향이다.

② 다양한 경험적 연구를 통해 외상후 스트레스 장애에 대한 가장 효과적인 치료법이다.

③ 공포감, 무력감, 우울감이 주호소 문제이고 일부는 신체적, 정신적 어려움을 호소하는 환자에게 유용하다.

④ PTSD 증상은 자극에 대한 회피반응과 과도한 각성반응이 나타날 때 공포자극이 활성화되는 기억을 직접적으로 처리하려는 접근법이다.

## 39

Albert Ellis의 합리 정서 행동 치료에 대한 설명으로 옳은 것은?

① 상담 과정은 믿음 → 선행 사건 → 종결 순으로 나타난다.

② 개인이 가지는 비합리적인 신념을 자동적 사고라고 한다.

③ 핵심신념은 융통성이 없고 당위적인 사고방식으로 "~을 절대 해서는 안 된다.", "~을 하면 비참해질 것이다." 등이다.

④ 치료 과정은 풍자, 해학 등 내담자의 비합리적 신념을 조소하는 것으로 시작한다.

## 40

경험적 가족치료 모델의 의사소통 유형으로 옳은 것은?

① 경멸, 냉담, 비난, 방어

② 안정애착, 불안정 애착, 혼란형 애착

③ 침묵, 조종, 투사, 비난, 혼란

④ 회유형, 비난형, 초이성형, 산만형, 일치형

| 01 | 02 | 03 | 04 | 05 | 06 | 07 | 08 | 09 | 10 |
|----|----|----|----|----|----|----|----|----|----|
| ② | ② | ① | ③ | ④ | ③ | ① | ① | ③ | ③ |
| 11 | 12 | 13 | 14 | 15 | 16 | 17 | 18 | 19 | 20 |
| ④ | ① | ④ | ① | ① | ① | ② | ③ | ③ | ④ |
| 21 | 22 | 23 | 24 | 25 | 26 | 27 | 28 | 29 | 30 |
| ② | ④ | ③ | ③ | ③ | ① | ④ | ② | ③ | ④ |
| 31 | 32 | 33 | 34 | 35 | 36 | 37 | 38 | 39 | 40 |
| ③ | ④ | ① | ① | ③ | ① | ② | ① | ③ | ④ |

## 01     정답 ②

② 유도질문은 내담자에게 특정한 방향으로의 응답을 유도하는 질문으로 개입 장면에서 대표적으로 바람직하지 않은 질문방법이다.

## 02     정답 ②

**Rogers의 인간중심 상담의 핵심 기법**
• 일치성(진실성) : 상담자는 내담자와의 상담관계에서 순간순간 경험하는 자신의 감정이나 태도를 있는 그대로 솔직하게 인정한다.
• 공감적 이해와 경청 : 상담자는 동정이나 동일시가 아닌 객관적인 입장에서 내담자를 깊이 있게 이해하도록 한다.
• 무조건적 긍정적 수용(관심) 또는 존중 : 상담자는 내담자를 평가 또는 판단하지 않으며, 수용적인 태도로 내담자를 존중한다.

## 03     정답 ①

유능성은 임상심리학자가 자신의 강점과 약점, 자신이 가지고 있는 기술과 그것의 한계에 대해 자각해야 한다는 것이다. 그리하여 지속적인 교육수련으로 최신의 기술을 습득하며, 이를 통해 사회의 변화에 민첩하게 대응해야 한다는 점을 강조한다.

## 04     정답 ③

③ 뇌기능 이상이 의심될 때 사용할 수 있는 진단법이지만 뇌기능 이상을 알 수는 없다.

## 05     정답 ④

정신건강전문요원의 공통업무에는 다음 사항들도 포함된다.
• 정신재활시설의 운영
• 정신질환자 등에 대한 개인별 지원계획의 수립 및 지원
• 정신질환예방 및 정신건강복지에 관한 조사·연구
• 정신건강증진사업 등의 사업 수행 및 교육
• 그 밖에 보건복지부 장관이 정하는 정신건강증진활동

## 06     정답 ③

③ 중독 및 재활치료에 관련된 영역이다.

**건강심리학의 영역**
• 스트레스에 대한 관리 및 대처
• 만성질환을 포함한 신체 질병
• 물질 및 행위 중독
• 섭식 문제
• 건강 관리 및 증진
• 개입 및 치료기법
• 통증 관리, 수술 환자의 스트레스 관리, 임종 관리
• 분노를 포함한 다양한 정서관리
• 삶의 질, 웰빙
• 건강 커뮤니케이션, 건강 정책

## 07     정답 ①

① 전두엽은 대뇌피질의 앞부분으로 전체의 40%를 차지하며 유인원과 구분해주는 핵심 기능인 통찰력을 발휘하는 부위이다. 주의, 통제 등 집행기능, 운동 반응의 선택, 개시, 억제에 관여하며 운동기능, 자율기능, 감정조절기능, 행동계획 및 억제 기능 등을 포함한다.

## 08     정답 ①

**관찰법의 유형**
• 자연관찰법 : 실제 생활환경에서 자연스러운 행동관찰, 비경제적
• 유사관찰법 : 미리 계획된 상황에서 관찰, 경제적인 반면 외적타당도 낮음
• 참여관찰법 : 통제된 관찰 방식으로 모의실험, 스트레스 면접, 역할시연 등이 속함
• 자기관찰법 : 자기 행동을 스스로 관찰하는 것으로 흡연, 알콜, 비만 등의 조절을 위한 전략, 셀프 모니터링(Self-monitoring)

## 09     정답 ③

**Foa의 지속노출치료**
• 공포자극에 대한 이완보다는 노출을 포괄적으로 적용하려는 경향
• 1990년대 Foa가 제안, 다양한 경험적 연구를 통해 외상후 스트레스 장애에 대한 가장 효과적인 치료법으로 인정
• 공포감, 무력감, 우울감을 호소하는 대부분의 사람들은 자신의 문제를 극복하지만 일부는 신체적, 정신적 어려움 호소
• PTSD 증상으로 자극에 대한 회피반응과 과도한 각성반응이 나타나며 공포자극이 활성화되는 기억을 병리적 측면에서 직접 접근
• Foa는 공포를 위험회피를 위한 일종의 인지구조로 간주, 공포의 인지구조가 상황에 대한 평가와 해석의 오류를 야기한다고 봄
• 회복에 어려움을 보이는 내담자의 경우, 외상사건에 대한 기억과 연관된 자극 단서를 지속적으로 회피, 부적응적 사고와 행동을 수정하지 않아 두려움에서 벗어나지 못한다고 봄

## 10 정답 ③

**해석의 제시 형태**
- 잠정적 표현
- 점진적 진행
- 반복적 제시
- 질문형태의 제시
- 감정몰입을 위한 해석

## 11 정답 ④

**전략적 가족치료모델**
- Haley가 의사소통 가족치료의 전통을 계승하여 제안, 인간 행동의 원인에는 관심이 없고 단지 문제행동의 변화를 위한 해결방법에만 초점
- 목표설정에 있어서 가족이 호소하는 문제를 포함, 가족의 문제를 해결하기 위한 다양한 전략 모색
- 단기치료에 해당
- 역설적 지시, 순환적 질문, 재구성기법, 가장기법 등을 사용

## 12 정답 ①

① 임상심리학자는 내담자의 정신의학적 소견에 대한 자문 가능, 그 외에도 다양한 심리적·환경적 문제 자문 가능

**자문이란**
- 단순하게는 어떤 특정한 문제나 상황에 대해 전문가의 의견을 듣거나 소견을 묻는 것을 의미하며, 더 나아가 전문적 지식을 나누어 줌으로써 어떤 사람이 노력하여 얻고자 하는 것의 효과를 극대화시키는 과정
- 임상심리학자는 내담자의 정신 상태에 대한 정신의학적 소견에 대해 자문 가능, 가족치료전문가는 내담자의 가정문제에 대해 자문 가능

## 13 정답 ④

①, ②, ③은 참여관찰의 하위 유형 관찰법이다.

## 14 정답 ①

**요약**
- 내용의 요약 : 요약은 상담자로 하여금 내담자의 진술의 초점을 압축해서 명확하게 하도록 한다.
  - 상담자가 지난 번 면접에서의 중요한 점을 회상함으로써 새 면접을 시작하려고 할 때
  - 내담자가 제시하는 주제가 매우 혼잡스럽거나 너무 길 때
  - 특정 주제에 대해서 내담자가 중요하다고 생각하는 것을 모두 털어놓은 것처럼 보일 때
- 감정의 요약 : 상담자가 내담자의 지배적인 감정을 포착해서 반응하려고 하는 것이다.

## 15 정답 ①

초기접수면접에서 면접자가 확인해야 할 가장 중요한 정보는 내담자의 호소문제, 즉 주호소 문제이다. 주호소 문제에는 내담자의 말을 통해 표현되는 표면적 문제와 함께 표정, 태도 등으로 표현되는 심층적 문제가 포함된다. 면접자는 내담자가 언어적 또는 비언어적 표현으로 제시한 문제의 양상, 즉 문제의 발생빈도 및 발생 시기, 지속 시간, 최근에 경험한 스트레스 사건, 문제의 심각성 정도 등을 파악해야 한다.

## 16 정답 ①

**B 유형 성격행동의 특징**
- 느긋함, 덜 공격적, 자율 중시
- 단기목표 달성에 전전긍긍하지 않는 편
- 지나치게 낙천적이어서 질병을 잘 알아차리지 못하는 경향

## 17 정답 ②

**지역사회 지지체계의 방향**
- 수요자 중심의 서비스 네트워크가 구축되어야 한다.
- 통합적인 사례관리 시스템이 구축되어야 한다.
- 만성 정신질환자들의 욕구 해결과 권익 증진, 사회적 역량 강화를 위한 대안이 마련되어야 한다.
- 관련 영역, 서비스 기관들 간의 연계와 조정이 이루어져야 한다.
- 효과적인 서비스 프로그램의 개발 및 평가를 위해 산학 협력이 이루어져야 한다.
- 민·관의 긴밀한 협조체계와 수평적인 협업 시스템이 구축되어야 한다.

## 18 정답 ③

**사회복귀시설의 등장배경**
- 19세기 후반 미국의 대규모 시설에서의 정신질환자에 대한 비인간적인 수용 실태가 사회적 문제로 대두
- 미국과 유럽을 중심으로 시설거주자의 인간으로서의 기본 인권을 회복하기 위한 탈시설화 운동 전개
- 인간의 존엄성과 행복 추구의 권리를 토대로 정신질환자의 삶의 질 향상에 관심
- 의료기술 발달로 새로운 치료법 개발, 정신질환자를 지역사회에서 보호할 수 있는 계기 마련, 향정신성약물 치료 발전
- 정신질환자에 대한 지역 주민들의 인식 개선, 편견 해소

## 19 정답 ③

**다문화상담자의 적극적인 역할**
- 보다 적극적으로 비전통적인 조력방식을 활용한다.
- 가정, 공공기관 및 지역사회기관과 함께 상담실 밖에서 활동한다.
- 내담자 측의 변화에만 초점을 두지 않고 환경조건의 조정에도 관심을 둔다.
- 내담자를 '문제를 지닌 대상'으로보다는 '문제에 직면(경험)한 사람'으로 대한다.
- 문제의 교정 측면보다는 예방 측면에 보다 노력한다.

## 20 정답 ④

**경험적 가족치료모델**
- Satir이 제안, 가족관계의 병리적 측면보다 긍정적 측면에 초점, 가족의 성장이 목표, 가족 특유의 갈등과 행동양식에 맞는 경험 제공
- 치료자는 가족성원이 자신의 감정과 욕구에 민감하게 대응하고 실망, 두려움, 분노에 대해서도 대화하고 수용하도록 돕는 데에 주력
- 특정 시기의 정서적 가족관계를 사람이나 다른 대상물의 배열을 통해 나타낸 가족조각, 가족성원 각자에게 가족이 어떻게 조직되어 있는지 생각나는 대로 그리도록 하는 가족그림 등의 기법 사용
- 의사소통 유형 : 회유형, 비난형, 초이성형, 산만형, 일치형 제시

## 21 정답 ②

**과학자-전문가 모델(Scientist-practitioner model)**
과학과 임상실습의 통합적 접근 즉, 임상심리학자가 과학자이자 서비스 제공자로서의 역할을 동시에 수행할 것을 강조한 수련 모델로, 1949년 콜로라도주의 Boulder 회의에서 임상 심리학 프로그램을 위한 수련 모델로 인정받았으며, 미국심리학회(APA)로부터 공식적으로 임상심리학자를 위한 교육 프로그램의 모델로서 인정을 받았다.

## 22 정답 ④

임상심리학자의 기능적 역할은 진단(Diagnosis), 치료(Treatment), 복구(Rehabilitation), 연구(Research), 교수(Teaching)이다.

## 23 정답 ③

**다양한 신경발달장애**
- 지적장애(지적발달장애, 전반적 발달 지연)
- 의사소통장애(언어, 소리, 말더듬, 사회적 의사소통 장애)
- 자폐스펙트럼 장애
- ADHD
- 특정 학습장애
- 운동장애(틱장애, 발달성 협응장애, 상동증적 운동장애)

## 24 정답 ③

③ 유아가 어머니를 낯선 사람과 유사하게 생각하는 것은 회피애착이며, 낯선 상황에 대해 민감한 반응을 보이고 낯선 사람과의 접촉을 피하며 어머니가 돌아오면 과잉애착행동을 보이는 것이 저항애착이다.

## 25 정답 ③

**다양한 가족평가 도구**
- 가계도 : Bowen이 제안, 내담자의 3세대 이상에 걸친 가족관계 도표 제시, 현재 제시된 문제의 근원을 찾는 도구
- 생태도 : Hartman이 제시, 가족 및 가족구성과 환경 간의 상호작용을 그림으로 나타낸 것

- 가족조각 : 정서적 가족관계를 극적으로 나타내는 것, 가족체계 내 암묵적인 관계나 규칙을 드러내며, 가족의 상호작용에 따른 친밀감이나 거리감, 가족성원 간 연합이나 세력 구조, 비언어적인 의사소통유형 등의 관계유형을 살펴볼 수 있음
- 가족그림 : 가족원 각자가 가족이 어떻게 조직되어 있는지 생각나는 대로 그리게 하여 가족 내 성원들이 각자 그린 그림을 다른 성원들에게 설명함으로써 서로 객관적으로 평가하는 것

## 26 정답 ①

② 핵심신념 : 수많은 자동적 사고들 밑에 자리 잡은 과일반화된 절대적인 자기 신념으로, 본질적으로 무능함과 연관된 신념과 사랑받을 수 없다는 신념 두 가지로 분류된다.
③ 자기충족예언 : 사회학자 머턴(R. Merton)이 사용한 용어로, 자성예언이라고도 한다. 피그말리온 효과, 플라세보 효과 등은 자기 충족예언과 유사하다.
④ 모델링 : 타인의 행동을 보고 들으며 그 행동을 따라하는 관찰학습이다.

## 27 정답 ④

① 측두엽 : 대뇌피질의 측면, 전체의 21% 차지, 일차청각피질과 연합피질로 구성, 판단, 기억, 언어·청각·정서적 경험 담당, 직관력·통찰력
② 후두엽 : 대뇌피질의 뒷부분, 17% 차지, 일차시각피질과 시각연합피질로 구성, 시각정보를 분석 및 통합하는 역할
③ 전두엽 : 대뇌피질의 앞부분, 전체의 40% 차지, 운동 통제, 감정조절 기능, 행동계획 및 억제
❖ 전전두엽 : 고차적 정신활동 담당, 인지-사고-판단, 행동계획, 창의성

## 28 정답 ②

접수면접(Intake-interview)은 내담자의 실제 문제를 파악하는 문제 확인 절차, 두려움, 양가감정의 해소를 위한 치료자와의 상호 긍정적인 친화관계인 라포 관계를 형성하는 단계이다.

## 29 정답 ③

행동치료의 일종으로 Bio-feedback이라고도 불리고 생체자기제어라고 하며, 이완기법과 함께 실시하면 훨씬 더 효과적이나 긴장이완기법은 아니다.

## 30 정답 ④

**임상심리학자가 지켜야 할 상담 윤리 5가지**
- 자율성 : 타인의 권리를 해치지 않는 한 내담자가 자신의 행동을 선택할 권리가 있다.
- 선행 : 내담자와 타인을 위해 선한 일을 하는 것이다.
- 무해성 : 내담자에게 해를 끼치는 행동을 하지 않는 것이다.

- 공정성 : 모든 내담자는 평등하며, 성별과 인종, 지위에 관계없이 공정하게 대우받아야 한다.
- 충실성 : 상담자는 내담자에게 믿음과 신뢰를 주며 상담관계에 충실해야 한다.

## 31 정답 ③

Rogers는 공감, 무조건적 긍정적 수용, 진실성을 내세우는 내담자 중심 상담기법을 핵심으로 한 인본주의 상담 이론을 펼쳤다. 이 상담 이론의 궁극적 목표는 내담자를 치료하여 내담자가 자아실현을 이루게 하는 것이다.

## 32 정답 ④

④ 사티어 : 경험적 가족치료 모델
- 프로이트 : 정신역동적 가족치료 모델
- 미누친 : 구조적 가족치료 이론
- 보웬 : 다세대적 가족치료 이론
- 헤일리 : 전략적 가족치료 이론
- 스티브 드 세이저 & 김인수 : 해결 중심적 가족치료 모델

## 33 정답 ①

② 토큰(경제) : 바람직한 행동 목록표 작성, 물리적 강화물(토큰)과 사회적 강화물(칭찬)을 통해 내적 동기를 이루도록 촉진하는 방법
③ 변별 : 둘 이상의 자극을 서로 구별
④ 조형 : 원하는 방향으로 일어나는 반응만 강화, 원하지 않는 방향의 행동에 대해서는 강화받지 못하도록 하는 점진적 접근방법

## 34 정답 ①

해결중심적 가족치료 모델 : 스티브 드 세이저 & 김인수가 개발, 가족의 강점과 자원·탄력성 등을 촉진, 탈이론적 입장, 예외적 상황에 대한 미래의 해결방안을 구축하고 가족 간 상호협력 중시

## 35 정답 ③

① 반조건형성 : 조건자극과 새로운 자극을 함께 제시하여 불안을 감소시키는 기법
② 혐오치료 : 어떤 물건에 집착할 때 그 물건과 혐오자극을 짝지어 제시하는 기법
④ 홍수법 : 불안과 두려움을 발생시키는 자극을 계획된 현실 및 상상 속에서 지속적으로 제시하는 기법

## 36 정답 ①

② 치환(Displacement) : 자신의 목표나 인물 대신 대치할 수 있는 다른 대상에게 에너지를 쏟는 경향
　'종로에서 뺨 맞고 한강에서 눈 흘긴다'
③ 고착(Fixation) : 성격발달의 단계 중 어느 한 단계에 머물러 다음 단계로 발달하지 않음으로써 다음 단계가 주는 불안에서 벗어나려는 경향
④ 투사(Projection) : 자신에게 존재하지만 인정할 수 없어 타인의 특성으로 돌려버리는 경향
　실제로는 자신이 화가 나 있는데 상대방이 화가 났다고 생각하는 것

## 37 정답 ②

② 신경계의 특징으로 이완과 흥분이 동시에 작동하는 것은 불가능하다는 원리에 입각한 것이다.

## 38 정답 ①

① 이완을 강조하는 체계적 둔감화로 공포자극에 대한 이완보다는 노출을 포괄적으로 적용하려는 경향이다.

## 39 정답 ③

① 과정 : 선행 사건(Activating event) → 신념(Belief) → 결과(Consequence)
② 개인이 가진 비합리적인 신념은 핵심신념이다.
④ 치료 과정은 논박(Dispute)을 통해 내담자의 비합리적 신념에 의문을 제기하는 것으로 시작된다.

## 40 정답 ④

④ 경험적 가족치료 모델의 의사소통 유형 : 회유형, 비난형, 초이성형, 산만형, 일치형
① 경멸, 냉담, 비난, 방어 → Gottman의 역기능적 대화 패턴
③ 안정애착, 불안정 애착, 혼란형 애착 → Ainsworth의 낯선 상황 실험

# 5과목

# 심리상담

01. 상담의 기초

02. 심리상담의 주요 이론

03. 심리상담의 실제

04. 다양한 상담유형

## 출제경향

심리상담은 상담의 기본이해로 상담의 개념, 필요성, 원리, 기능에 대한 부분과 상담의 발전과정 및 윤리강령에 대한 부분을 다룬다. 그리고 심리상담의 주요 이론인 정신분석, 인간중심, 행동주의, 인지적 상담, 기타 상담이론에 대한 기본개념 · 기법 · 절차 · 상담의 방법 · 과정 부분에서 많이 출제된다.

또한 다양한 상담 유형별로 집단상담의 정의 · 과정 · 방법과 중독상담에서 중독의 모델과 변화 단계이론과 학습상담에서 학습문제의 특징 · 실제 · 고려사항, 성상담에서 성 문제상담의 지침 · 피해자 상담 시 고려사항, 비행청소년상담에서 비행청소년의 접근방법 · 상담자의 역할 · 상담 시 고려사항, 진로상담에서 진로상담의 의미 · 이론과 지침, 위기 및 자살상담에서 위기의 의미 · 이론 · 지침 · 고려사항 등에 대한 출제가 이루어진다.

# 상담의 기초

**학습포인트**

상담의 개념과 상담과정을 살펴보고 각 과정에서 사용할 수 있는 기술에 대해서 알아본다.
또한 상담사로서의 윤리적인 측면을 살펴본다.

## 1 》 상담의 기본적 이해

### 1) 상담의 개념

(1) 상담이란 전문적인 훈련을 받은 상담자가 어려움(지, 정, 의)을 겪는 내담자와 상호작용을 통하여 내담자의 문제해결 및 행복한 삶을 살아가도록 돕는 과정이다.

(2) 진정한 상담은 그저 자신의 괴로움을 단순히 이야기하는 것이 아니라 내담자의 심리적인 변화가 일어나는 과정이 포함되어 있어야 한다.

(3) 내담자는 이러한 과정을 통해 지금까지와는 다른 인간관계를 맺고, 진솔한 의사소통과 새로운 학습과정을 통하여 성숙한 사람으로 변화하는 과정을 연습하게 되는 것이다.

### 2) 상담의 필요성 및 목표

(1) 상담의 필요성

① 서구 문화의 급격한 유입으로 사회가 급변하면서 심리적인 문제가 심화되어 전문적인 상담을 필요로 하는 사람이 많아지고 있다.

② 물질중심 사회, 산업화의 가속, 개인주의, 이기주의, 가족구조의 변화 등으로 인해 어려움이 발생하면서 개인에게 상담의 필요성이 더욱 증대되었다.

(2) 상담의 목표

① SMART 목표설정 : SMART는 구체적이고(Specific), 측정 가능하고(Measurable), 성취 가능하고(Achievable), 관련되고(Relevant), 시

---

**기출 DATA**

상담의 목표 2019-3회

간적 범위를 고려한(Time bound) 목표를 설정하는 것이다.

② 내담자와 합의하에 설정해야 한다.

③ 목표는 상담이 진행되면서 수정되어질 수 있다.

④ 상담의 일차적 목표는 내담자의 생활적응을 돕는 것이며, 이차적 목표는 성격을 재구조화하여 인간적 발달과 성숙을 이루는 것이다.

⑤ 목표 설정의 구성 요소

　　㉠ 과정 목표 : 내담자의 변화에 필요한 상담 분위기의 조성과 관련되며, 일반적인 목표로서 라포 형성, 편안한 분위기의 조성, 감정 이입과 긍정적 존중의 전달(보편적 목표)이다. 이는 상담자의 1차적 책임이다.

　　㉡ 결과 목표 : 내담자의 호소문제, 상담을 통해 이루고자 하는 구체적인 삶의 변화와 직접적으로 관련된다. 수정이 가능하고 객관적이며 구체적이어야 한다.

## 3) 상담의 기본 원리

### (1) 개별화의 원리

① 내담자 개개인의 독특한 특성을 이해하고, 상담 시 개인차에 따라 상이한 원리나 방법을 활용하는 것이다. 상담 방법 또한 내담자의 개인차에 따라 달라져야 함을 의미한다.

② 개별화의 수단

　　㉠ 내담자의 성별, 직업, 나이에 따라 면접시간 조정하기

　　㉡ 내담자를 위한 개별 환경 조성하기

　　㉢ 내담자와 약속 시간 준수하기

　　㉣ 면접을 위한 사전 준비 철저히 하기

### (2) 수용의 원리

① 내담자의 강점, 약점, 바람직한 성격, 긍정적 · 부정적 감정, 파괴적 행동 등을 있는 그대로 이해하고 다뤄 나가기

② 수용의 대상과 판단

　　㉠ 수용의 대상은 '선한 것'이 아니라 '있는 그대로의 것'이다.

　　㉡ 내담자의 일탈 행동과 행동을 허용한다는 것이 아니라, 그것에 대해 '좋다', '나쁘다' 비판하지 않고 일단 아무런 판단도 하지 않는다는 것이다.

기출 DATA
목표 설정의 구성 요소 2016-1회

실력 TEST
➡ 목표는 구체적이고 실행가능하며 상담자의 의도에 우선한 것이어야 한다.
정답 : ✕
해설 : 목표는 상담자가 아닌 내담자가 원하고 바라는 것이어야 한다.

기출 DATA
수용의 원리 2020-1회

ⓒ 상담자는 먼저 자신의 감정과 태도를 이해할 수 있어야 하며, 윤리와 법, 전문적 가치에 의거하여 바람직한 것과 수용할 수 있는 것에 대한 기준을 가져야 한다.

ⓔ 내담자에 대한 과잉 동일시를 피해야 한다.

(3) 자기결정의 원리

① 상담자는 내담자의 자기결정권을 존중하여 내담자 스스로 해결책을 선택하고 의사결정을 할 수 있도록 해야 한다.

② 자기 결정의 제한

㉠ 내담자의 신체적, 정신적 능력을 넘어서는 자기 결정 능력을 기대할 수 없다.

㉡ 법률적, 도덕적 제한이 있으며, 사회 기관의 규정에 따라야 한다.

(4) 비판적 태도의 금지원리(비심판적 태도의 원리)

① 상담자는 내담자의 행동과 태도, 가치관 등을 평가할 때 객관적이고 중립적인 자세를 유지해야 한다.

② 비심판적 태도의 장애요인

㉠ 편견이나 선입견

㉡ 성급한 확신

㉢ 다른 사람과의 비교

㉣ 내담자의 부정적 감정 표현

(5) 비밀보장의 원리

① 상담자는 상담 과정에서 얻은 정보를 내담자의 성장과 발달을 위한 목적을 제외하고 사용 또는 공개해서는 안 된다.

② 비밀보장의 예외조건

㉠ 내담자가 신체·정신적·성적 학대를 받았을 때

㉡ 법원의 요구가 있을 때

㉢ 내담자의 범죄 사실이 드러날 때

㉣ 내담자가 법정 감염된 사실이 드러날 때

㉤ 내담자가 자신과 타인을 해하려고 할 때

(6) 의도적인 감정표현의 원리

① 내담자의 감정 표현을 위해 상담자가 통제된 수준에서 정서적으로 관여한다.

② 상담자의 역할

㉠ 편안한 분위기를 만든다.

ⓒ 감정표현을 진지한 자세로 경청하고 지지한다.

ⓒ 부정적 감정에도 주의를 기울인다.

ⓒ 섣부른 충고나 해결책을 제시하지 않는다.

③ 정서적 관여의 구성요소

㉠ 민감성 : 생각을 민감하게 파악하고 적절히 대처한다.

㉡ 이해 : 내담자의 주관적 경험과 감정을 인지하고 정확한 의미를 포착한다.

㉢ 반응 : 감정적인 변화에 호응한다.

## 4) 상담자 및 내담자

### (1) 상담자의 전문적 자질

① 심리학적 지식과 상담이론 활용 : 발달심리, 성격심리, 학습심리, 사회심리, 지역사회심리 등을 통해 인간과 관련된 다양한 주제에 대한 연구와 개념을 알고 내담자를 이해하는 데 활용해야 한다.

② 상담 기술 훈련 : 이론서를 읽는 것만으로는 한계가 있으며, 오랜 기간 동안 실제적인 훈련을 거쳐야 한다.

③ 문화적 차이에 대한 이해 : 사람은 다양한 환경에서 성장하며, 각기 다른 경험을 통해 현재 자신의 모습으로 존재함을 수용한다.

④ 상담자의 윤리 : 자신의 능력에 대한 한계를 인정하는 정직한 태도를 지니고, 내담자의 정보에 대한 비밀을 보장해야 하며, 내담자에게 해를 끼쳐서는 안 된다.

### (2) 상담자의 인간적 자질의 내용

① 인간에 대한 깊은 이해와 존중 : 사심, 사욕, 편견 없이 내담자를 있는 그대로 이해하고, 그에게 고통을 준 내면의 세계를 이해해야 한다.

② 상담에 대한 열의 : 상담자는 상담 활동에 몰입할 수 있어야 하고, 상담이 즐겁고 보람 있는 삶의 한 부분이어야 한다.

③ 다양한 경험과 상담관 정립 : 상담자의 다양한 경험은 삶을 바라보는 관점이 넓어지고, 내담자를 만나고 이해하는 데 큰 힘이 된다.

④ 상담자 자신을 인정하고 돌보기 : 상담자는 자신을 존중하고 돌보며 지치지 않도록 관리해야 한다.

⑤ 상담자의 가치관 : 상담자는 올바른 가치관을 지니도록 노력하고, 자신의 가치관을 정확하게 인식해야 한다. 자신의 가치관에 대해 인식하지

**TIP**

상담은 기본적으로 상담자와 내담자 간에 인간적인 관계를 기초로 이루어지기 때문에 상담자의 자질에 따라 같은 상담의 이론이나 기법을 적용하더라도 내담자에게 전혀 다른 영향을 미칠 수 있다.

못하면, 자신이 하는 말이나 행동이 내담자에게 어떠한 영향을 미치며, 어떠한 결과를 가져오는지 예측하지 못한다.

(3) 내담자 문제의 특성

① 내담자란 심리적인 문제를 혼자 해결하는 데 어려움을 느껴서 상담자의 도움을 받아 문제를 해결하려고 하는 사람이다.

② 내담자는 정서적으로 우울이나 불안 등 정서적 혼란을 경험하며, 인지적 왜곡과 다양한 행동적 문제를 가지고 있을 수 있다.

③ 내담자는 여러 가지 불안과 두려움 속에서 상담을 찾게 되므로 내담자의 마음을 잘 이해하고 내담자가 편안하게 자신의 어려움을 이야기할 수 있도록 분위기를 조성해야 한다.

④ 내담자가 어떤 문제로 힘들어하는지를 잘 이해해야 적절한 도움을 줄 수 있다. 그러므로 현재 어려워하는 문제가 무엇이고, 그것이 일어나게 된 계기와 원인이 무엇인지 파악한 후 이를 명료화(표면문제와 심리적 고통 이해)해야 한다.

⑤ 내담자가 어떤 상황에 있는지를 살펴보아야 한다. 개인적 특성(신체, 발달, 인지, 정서, 성격 등 전체적인 면에서 이해)과 환경적 특성(가족, 또래, 학교, 직업, 지역사회환경) 등을 중심으로 살펴본다.

⑥ 내담자의 강점과 내외적 자원이 무엇인지 총체적으로 살핀다.

## 5) 심리적 문제의 유형

(1) 1~2개월 이내에 문제가 생겨서 해결되면 일시적, 3개월 이상 문제가 지속되는 것은 지속적, 몇 년 이상 지속되는 문제는 만성으로 본다.

(2) 발생 원인에 따라 발생 원인이 외부에 있으면 '상황적 문제', 개인 내부에 있으면 '성격적 문제'이며, '심리적 문제'는 성격적 문제와 상황적 문제가 합해진 것이다.

(3) 심각성의 정도에 따라서 정신적, 행동적 측면과 인간관계 과정에서 상당한 정도의 불편과 고통을 느끼는 경우는 신경증적 상태로 보며, 현실 인식능력 손상과 아주 기이한 행동을 하면 정신증적 상태로 본다.

## 6) 3단계 상담모델

(1) 상담 과정은 내담자 스스로가 자신을 더 깊이 이해하도록 하고 세상 밖으로 끄집어내면서 문제를 극복할 수 있도록 한다.

(2) 3단계 상담 모델은 상담 기법을 사용하여 내담자가 문제를 탐색하고, 문제에 대한 깊은 이해를 도모하며, 삶의 변화를 추구하는 구조적 틀이 된다.

(3) 이 모델은 내담자 중심, 정신분석, 인지 행동이론에 영향을 받았다.

(4) 상담자의 역할

① 상담자는 협력자와 *촉진자 역할을 한다.

② 상담자는 내담자가 삶을 어떻게 살아야만 하는가에 대한 특별한 지식이나 지혜를 가지고 있지 않다.

③ 상담자는 감정이입과 특별한 상담기술을 갖고 상담관계를 통해 내담자의 감정과 가치관을 탐색한다. 그리고 내담자가 자신의 문제를 이해하고 의사결정을 하며, 사고, 정서, 행동 변화에 이르도록 안내하는 것이다.

(5) 상담 과정

① 탐색 단계

㉠ 내담자와의 *라포(Rapport)를 형성하고 치료 관계로 발전시킨다.

㉡ 내담자의 사고와 감정을 주의 깊게 탐색하고 경청한다.

㉢ 로저스의 내담자 중심 이론에 근거를 둔다.

② 통찰 단계

㉠ 내담자가 사고, 감정, 행동을 스스로 이해할 수 있도록 한다.

㉡ 상담자가 관점에 도전하고 아이디어를 제공하며, 내담자가 새로운 길로 사물을 바라볼 수 있도록 돕기 위해 그들의 경험을 사용한다.

㉢ 정신분석이론에 바탕을 둔다.

③ 실행 단계

㉠ 내담자가 의사결정을 할 수 있도록 방향을 안내하고 새로운 것을 시도하여 자신의 삶에 반영하도록 변화시킨다.

㉡ 내담자가 삶 속에서 변화하는 데 필요한 기술을 가르친다.

㉢ 행동 계획의 결과를 평가하고 수정한다.

㉣ 행동이론 및 인지-행동이론에 근거를 둔다.

## 7) 동기강화 상담

(1) 동기강화 상담 접근

① 동기강화 상담은 내담자의 양가감정을 탐색하여 변화를 돕는 과정에서의 동기를 강화하고자 하는 관계 중심적이며, 내담자 중심적인 체계적 접근이다.

---

**TIP**

촉진자로서의 역할
치료의 속도, 방향과 종결을 내담자 스스로 조절하며 상담자는 단순히 촉진자로만 행동한다.

**기출 DATA**

상담 과정 2019-1회

**TIP**

라포(Rapport)
서로를 신뢰할 수 있는 관계를 의미하는 '라포'는 상담에서 가장 중요한 열쇠이다.

**TIP**

트라우마 체계치료 10가지 원리 (TST)
① 무너진 체계를 조정하고 복원하기
② 먼저 안전을 확보하기
③ 사실에 근거하여 명확하고 초점화된 계획을 만들기
④ 당신이 '준비'되지 않았을 때 '시작하지 않기
⑤ 최소한의 자원으로 작업하기
⑥ 책임, 특히 당사자의 책임을 주장하기
⑦ 현실에 맞추기
⑧ 당신 자신과 팀을 돌보기
⑨ 강점으로 시작하기
⑩ 더 좋은 체계를 만들어 남겨 두기
▶2020-1회

**TIP**

동기강화 상담의 정의 : 변화에 대한 개인 스스로의 동기와 결심을 강화하는 협력적인 대화 스타일의 상담이다.

② 양가감정이라 함은 애정과 증오, 독립과 의존 등 상반되는 감정을 경험하는 것으로, 동기강화 상담은 양가감정으로 인한 불편한 긴장 관계에서부터 시작해 양가감정을 해결하고 변화를 향해 나아가는 것이다.

(2) 동기강화 상담의 일반원리

① 공감 표현하기 : 공감적 소통은 가장 중요하며, 내담자를 존중하며 있는 그대로 수용하고자 하는 태도에서 비롯된다.

② 불일치감 만들기 : 내담자 스스로가 양가감정에 대한 불일치감을 느끼고 인정하여 긍정적인 행동방향으로 변화하도록 한다.

③ 저항과 함께 구르기 : 저항이란 내담자의 논쟁, 부정 등과 같은 반응이며, 저항과 함께 구른다는 의미는 상담자가 내담자의 변화를 위해 논쟁해서는 안 된다는 것이다.

④ 자기 효능감 지지하기 : 변화할 수 있다는 내담자의 믿음이 중요한 동기요소이다. 내담자에게 변화를 선택하고 이행하는 책임이 있다. 내담자가 자신으로부터 변화가 시작된다는 것을 믿는다면 장기적으로 성공에 이르게 된다.

(3) **상담 기법** : 열린 질문하기, 반영적 경청하기, 인정해주기, 요약해주기, 변화 대화 이끌어 주기

## 2 » 상담의 역사적 배경

**기출 DATA**

상담의 역사
2020-3회, 2018-1회

### 1) 상담의 역사

(1) 카텔은 1890년 '정신검사(Mental Test)'라는 용어를 처음 제안하였다.

(2) 위트머는 1896년 미국 펜실버니아 대학에서 세계 최초로 심리 클리닉/심리 진료소를 세웠고, 1904년 동 대학에서 최초의 임상심리학 강좌를 개설했으며, 1907년 임상심리학의 첫 번째 저널과 최초의 임상병원학교를 설립하였다.

### 2) 국내외 상담의 발전과정

(1) 선사 시대

① 역사시대 이전에도 사람이 인간적 기능과 정신장애에 관한 이론을 가지고 있었다는 징후가 있다.

② 고대의 기록은 'Trephining', 즉 두개골 뚫기라고 알려진 행위가 이미 행해졌음을 보여주고 있다.

③ 고대인은 정신장애가 있는 사람을 귀신에게 정신을 빼앗겼다고 믿었기 때문에, 귀신을 내쫓기 위해 두개골에 구멍을 뚫었다. 그러나 대부분의 경우, 이러한 처치는 오히려 정신장애 자체보다 더욱 심각한 결과를 초래하였다.

(2) 중세 시대

① 중세 유럽에서도 *엑소시즘의 시행으로 선사시대와 유사한 이론이 계속해서 적용되었다.

② 엑소시즘은 성직자에 의해 주로 남자 수도원에서 시행되었는데, 손으로 공격하거나 외설적인 욕설로 귀신을 모욕하거나 꾸짖는 것과 같은 기술을 사용하였다.

③ 귀신 들림에 대한 이론이 세속 세계에서 더 널리 받아들여지게 됨에 따라, 태형·굶기기·체인 사용·뜨거운 물에 빠뜨리기 같은 수단이 정신질환자의 몸에서 귀신을 쫓아내는 데 사용되었다.

④ 이러한 처치 방법을 적용했던 배경에는 귀신 들린 사람을 생명의 위협을 느낄 정도까지 못살게 굴면 귀신이 위기의식을 갖게 되어 더 이상 버티지 못하고 몸에서 나갈 것이라는 기본 가정이 있었다.

⑤ 그러나 이러한 비과학적이고 무모한 처치 방법은 수많은 정신질환자에게 평생 씻을 수 없는 장애를 초래하거나, 심한 경우 죽음에 이르게 하였다.

(3) 르네상스 시대

① 서양 사회에서 귀신 들림에 대한 이론이 대부분 불신되면서, 정신적으로 어려움을 겪던 사람을 죽음으로 이끌곤 했던 혹독하고 잔인한 고문 방법이 시설 수용과 보살핌으로 대체되었다.

② 그러나 정작 이들을 위한 처치 방법에 관한 이론적 구조가 여전히 마련되지 않아 신체적 감금과 보호 외에 이렇다 할 치료적 접근은 없었다.

③ 정신질환자는 일반인의 구경거리로 전시되는가 하면, 수용시설 내의 무질서는 오히려 이들의 생활의 질을 크게 떨어뜨리는 요인이 되었다.

(4) 근대 시대

① 18세기에 들어서면서 비로소 정서문제가 있는 사람들을 치료하기 위한 접근법 마련 및 새로운 시도들이 유럽과 미국 식민지 땅에서 거의 동시에 시작되었다.

**TIP**

엑소시즘(Exocism)
귀신을 내쫓고 정신착란 상태인 사람을 건강한 상태로 되돌려 놓은 것을 의미한다.

② 이러한 움직임은 북아메리카의 벤자민 러스트, 프랑스의 필립 다이널, 영국의 윌리엄 투크를 주축으로 이루어졌는데, 이들은 정신질환자들에게 쇠사슬에 묶이지 않고 매일 일광욕을 위한 외출을 하며, 좀 더 영양가 있는 규정식을 제공하고, 다른 사람들과 의사소통하도록 하는 것과 같이 과거와는 판이하게 다른 치료를 받게 하였다.

③ 이러한 개혁적인 시도는 사회구성원들의 폭발적인 관심을 불러일으켰으며, 특히 스위스 내과의사인 폴 드부와 프랑스 내과의사인 삐에르 자네뜨에게 영향을 주었다.

(5) 20세기

① 1900년대에 들어서면서 상담이론에 대한 관심은 크게 두 가지 인간관, 즉 '자유의지'와 '결정론'으로 나타났다.

② 생물학적/심적 결정론의 정신분석과 환경결정론인 행동치료가 독립적으로 발전하였으며, 실존치료, 아들러식 치료, 인간중심치료, 현실치료 등과 같은 인본주의 이론들은 인간에게 자유의지가 있다는 신념에 토대를 두었다.

③ 상담이론의 수를 보면, 1950년대 이전에는 정신분석 이론에서 파생된 것으로 상대적으로 그 수가 미비하였으며, 1959년에 36가지 심리치료체계가 확인된 이래, 1976년에는 130여 개 이상의 치료적 접근법이, 1979년에는 200가지 이상의 치료법이 구축되었다.

(6) 21세기

① 오늘날 상담자에게는 보다 효과적인 상담을 위해 선택할 수 있는 다양한 이론들이 이미 마련되어 있다.

② 이론 개발이 계속되는 상황에서 상담 영역에 절실하게 요구되는 것은 '새로운 이론의 창시보다 기존의 이론을 연계시키는 것'이라는 견해는, 상담자가 만나는 내담자들에게 모든 대답을 제공할 수 있는 이론은 없다는 기본 가정에 기초한다.

③ 또 다른 경향성은 조력전문가들이 상담 과정에서 이론적 관점의 전제를 받아들이지 않은 상태에서 다른 이론적 접근법으로부터의 기법과 개입을 채택하고 있다는 것이다.

TIP

우리나라의 상담은 1950년대 유엔 사절단이 우리나라의 교육연구기관에 필요성을 제시한 것이 계기가 되어 발전하였다. 이렇듯 우리나라 상담은 교육기관 중심으로 시작되었기 때문에 초기 우리나라 상담을 이해하려면 학교상담과 연결시켜 살펴보는 것이 적절하다.

## 3) 윤리강령

### (1) 상담자의 윤리문제의 이해

① 윤리란 인간의 품행과 도덕적 의사결정에 관한 철학에 속해 있는 규율이다.

② 상담자 윤리의 핵심은 상담자가 상담서비스를 제공하기에 충분한 능력이 있는가, 즉 상담자가 내담자의 어려움을 감소시키기 위한 태도와 기술을 가지고 있는가 하는 점이다.

③ 상담과정에서 여러 가지 문제와 갈등을 해결하기 위해서는 상담자와 내담자를 보호하면서도 지침에 의한 윤리적 판단을 내려야 한다.

### (2) 키치너의 윤리적 결정원칙

① 자율성 : 내담자가 스스로 자신의 삶의 방향을 정하고 자발적인 의사결정을 하는 것

② 무해성 : 내담자를 힘들게 하지 않고 내담자에게 해를 끼치는 행동을 피해야 하는 것

③ 선의성(덕행) : 내담자의 안녕과 복지를 증진시키기 위해 선한 일을 해야 하는 것

④ 공정성(정의) : 내담자의 인종, 성별, 재정상태, 종교 등에 의한 영향을 받지 않고 편향되지 않아야 하며 내담자는 평등하고 공정하게 보장받아야 하는 것

⑤ 충실성(성실성) : 내담자와의 약속을 성실하게 지키고, 존중하며 관계에 충실해야 하는 것

### (3) 상담에 대한 사전 동의가 필요한 사항

① 비밀보장과 비밀보장의 예외사항

② 상담자의 학위와 경력, 이론적 지향

③ 상담 약속과 취소 및 필요 시 연락 방법

④ 내담자가 본인 상담 자료를 열람할 수 있는 권리

⑤ 상담 비용과 지불방식

⑥ 치료기간과 종결 시기

⑦ 상담을 거부할 수 있는 권리

---

**TIP**

상담자의 윤리
• 상담자의 전문적 자질에 속하는 상담자의 윤리는 상담자를 보호하고 어떤 윤리적인 판단이 필요한 상황에서 좀 더 현명한 선택과 결정을 할 수 있도록 도와주기 위해 필요하다.
• 상담자의 윤리적 책임과 관련된 핵심적인 문제들로는 비밀보장, 유능성, 내담자와의 전문적 관계 유지 등이 있다.

**기출 DATA**
키치너의 윤리적 결정 원칙★
2020-1회, 2019-1회, 2016-3회

기출 DATA
비밀보장 예외사항 2020-3회

기출 DATA
윤리적 갈등상황에서 상담자의 행동
2019-3회, 2016-1회

(4) 비밀 보장의 예외사항

① 내담자의 생명이나 타인, 사회의 안전을 위협하는 경우, 비밀을 공개하여 안전을 확보한다.

② 법적으로 정보의 공개가 요구되는 경우, 내담자의 허락을 득하고 최소한의 정보만을 공개한다.

③ 내담자에게 감염성이 있는 치명적인 질병이 있을 경우, 그 질병에 노출되어 있는 제3자에게 정보를 공개할 수 있다.

④ 아동 학대가 있다고 판단되면 정보를 공개할 수 있다.

(5) 윤리적 갈등상황이 되면 상담자가 취할 행동

① 현 상황에서 문제점이나 딜레마 확인하기

② 관련된 윤리 규정을 찾아 적용하기

③ 상급자 혹은 기관의 책임자와 의논하기

④ 윤리적 결정을 내리게 된 근거, 과정에 대해 열거하고 결정하고 기록하기

# Chapter. 02
# 심리상담의 주요 이론

**학습포인트**

다양한 상담이론에 대해서 이론에 대한 개요와 주요 개념을 살펴본다.
또한 각 이론의 인간관, 상담 목표, 상담 과정, 상담 기법에 대해 학습한다.

## 1 》 정신역동 상담

### 1) 개요

(1) 정신분석 상담은 지그문트 프로이트(Sigmund Freud)에 의해 시작되었다.

(2) 표면적 문제보다는 문제를 만들어낸 원인에 관심(근원적, 심층적)을 두고 그 원인을 찾아서 제거하는 데 초점을 두었다.

(3) 초기 아동기인 0세부터 6세까지 어떤 경험을 하느냐에 따라 성격이 형성된다는 이론을 주장하면서 아동기 경험이 중시되었다.

### 2) 인간관

(1) **생물학적 존재**

① 인간의 행동과 사고, 감정은 생물학적 본능에 지배를 받는다.

② 본능은 행동을 추진하고 방향 짓는 동기로 크게 성적 본능(리비도 : 삶의 본능)과 공격적 본능(타나토스 : 죽음의 본능)의 역할을 강조하였다.

(2) **결정론적 존재** : 개인의 사고, 감정, 행동이 심리내적 원인에 의해 결정된다고 보며, 심리내적인 부분들은 생애 초기 6년 동안의 발달적 경험이 주를 이룬다고 본다.

(3) **갈등론적 존재** : 인간의 세 자아[원초아(Id), 자아(Ego), 초자아(Superego)]가 갈등하는 존재로 보았다.

(4) **무의식적 존재** : 사람들이 겪는 심리적 문제는 무의식이 작용한 결과로 무의식의 저장고에 있어야 할 고통스런 기억들이 방어력이 약해진 틈을 타 의식 상태로 올라오려는 과정에서 심리적 증상이 형성된다.

**TIP**

프로이트에 의해 창시된 정신역동은 인간심리에 대해 결정론과 무의식이라는 기본적 두 가지 개념에 기초한다. 결정론적 관점에 의하면 어떤 원인이 반드시 있었기 때문에 그 결과로 인간은 기쁘고 괴롭고 또 분노한다는 것으로, 저절로 발생하는 현상은 없다고 본다. 심리결정론에서는 개인의 사고, 감정, 행동이 심리내적 원인에 의해 결정된다고 간주한다.

### 3) 주요 개념

(1) 의식 구조

① 의식 : 빙산의 일각, 개인이 각성하고 있는 순간의 기억, 경험 등이 해당된다.

② 전의식 : 보통 의식되고 있지 않지만 주의를 기울이면 의식될 수 있는 정신세계이다.

③ 무의식 : 인간 정신의 심층에 잠재하고, 가장 큰 비중을 차지하며 가장 강력하다. 정신세계의 깊고 중요한 역할을 담당한다. 이 무의식은 개인의 행동을 지배하고 행동방향을 결정한다.

(2) 성격구조

① 원초아(Id) : 쾌락의 원칙을 가지고 있으며, 먹고 마시고 잠자는 등의 본능이다.
   ❖ 쾌락의 원리 : 본능적 욕구들을 지체 없이 즉각적으로 직접적으로 충족시키고자 한다.

② 자아(Ego) : 현실적이며 합리적으로 원초아와 초자아를 조절하는 기능을 한다.
   ❖ 현실의 원리 : 현실에 맞는 합리적인 방식으로 욕구충족을 하거나 지연하거나 다른 것으로 대체한다.

③ 초자아(Superego) : 이상적, 도덕적, 규범적이며 부모의 영향으로 받은 가치관이 작용한다.
   ❖ 양심의 원리 : 옳고 그른가에 대한 사회적 기준을 통합하며 이상을 추구한다.

(3) 성격발달(심리성적 발달 단계)

① 구강기(출생~18개월) : 성적 에너지가 구강 주위에 집중하는 시기로 빨거나 마시거나 핥으며 쾌감을 경험한다.

② 항문기(18~3세) : 성적 욕구가 항문에 집중하는 시기로 배변훈련이 중요하다. 부모의 규칙 학습, 도덕적 규범을 습득한다.

③ 남근기(3~6세)
   ㉠ 성적 관심이 성기 주위로 집중하면서 이성의 부모에 대한 연애적 감정과 행동을 보이고 동성의 부모에 대해서는 적대적 감정이 일어나는 시기이다.
   ㉡ 건강하게 동성에 대한 부모를 동일시하지 못하고 이성 부모를 동일시하게 되면 남아는 오이디푸스 콤플렉스, 여아는 엘렉트라 콤플렉스가 된다.

---

**TIP**

무의식의 존재는 직접적으로 알 수 없으므로 다양한 임상적 증거를 통해 확인한다.
• 최면 후 암시 : 상대방에게 최면을 건 후, "당신은 오늘 2시에 000에게 전화를 겁니다."라고 하면 최면에서 깨어나서 2시에 지시받은 행동인 전화를 건다.
• 꿈 : 무의식적인 욕구, 소망, 갈등은 꿈이라고 하는 상징적 표상을 통해 간접적인 충족을 시도한다.
• 말의 실수 : 질병이나 피로에 의해 주의력이 분산되는 경우가 아님에도 불구하고 실언을 하게 된다.
• 망각 : 자아를 위협하거나 혹은 의식 수준에서 용납되기 어려운 불쾌한 생각은 쉽게 잊어버린다.

**TIP**

정신분석적 성격 이론은 4가지의 기본적 원리 결정론, 지형학적 관점, 역동적 관점, 발생학적 관점에 근거를 두고 있다.
발생적 원리는 인생 후기의 갈등, 성격 특성, 신경증적 증상 및 심리적 구조의 기원이 과거의 아동기의 중요한 사건과 소망 그리고 그것들이 만들어낸 환상에 있음을 추적해내는 것이다.
즉, 과거의 중요경험이 현재의 정신적 활동에 영속적인 영향을 미친다는 것이다.
❖ 결정론 : 성격의 구조는 5~6세에 결정된다는 것이다.
▶ 2020-3회

---

④ 잠복기(7~12세) : 학교에 가면서 성적 관심은 학교, 놀이 친구, 운동 등 새로운 활동에 대한 관심으로 바뀐다.

⑤ 성기기(12세 이후)

ㄱ 이성에 대한 사랑의 욕구가 발생하며, 부모로부터 독립하려는 욕구가 발생한다.

ㄴ 잠재되었던 리비도가 활성화되면서 이성에 대한 관심이 증가되고 노쇠할 때까지 계속된다.

(4) 자아방어기제 : 원초아(Id)와 자아(Ego), 초자아(Superego)가 지속적으로 갈등이 일어나면 심적인 불안이 생기게 된다. 이때 자아는 이 불안으로부터 자신을 보호하고 마음의 평정을 회복하기 위해 무의식적으로 불안을 방어하는 기제를 만들어내는데 이를 자아방어기제라 한다.

| 억압 | 의식에서 용납하기 힘든 생각, 욕망, 충동들을 무의식으로 눌러 넣어버리는 것 |
|---|---|
| 부정 | 고통을 주는 사실을 부인하는 것 |
| 투사 | 자신의 심리적 속성이 타인에게 있다고 보는 것 |
| 전치(치환) | 전혀 다른 대상에게 자신의 욕구를 발산하는 것 |
| 반동형성 | 겉으로 나타나는 태도나 언행이 마음속의 욕구와 반대되는 것 |
| 퇴행 | 마음의 상태가 낮은 발달 단계로 후퇴하는 것 |
| 합리화 | 잘못된 견해나 행동이 그럴듯한 이유로 정당하게 되는 것 |
| 해리 | 마음을 불편하게 하는 성격의 일부가 그 사람의 의식적 지배로부터 벗어나 다른 독립된 성격인 것처럼 행동하는 것 |
| 유머 | 자신이나 타인에게 불쾌한 감정을 느끼지 않게 하면서 자신의 느낌을 즐겁게 공개적으로 표현하는 것 |
| 승화 | 참기 어려운 충동 에너지를 사회적으로 용납되는 형태로 돌려쓰는 것 |
| 억제 | 의식적, 반의식적으로 특정한 사실을 잊으려고 노력하는 것 |
| 수동/공격적 행동 | 다른 사람에 대한 공격성이 간접적으로 표현되는 것 |
| 신체화 | 무의식의 갈등이나 욕망이 의식으로 올라오지 않으며 신체증상으로 표현되는 것 |
| 주지화 | 고통스럽고 불편한 감정을 단어, 정의, 이론적 개념 등을 사용하여 회피하는 것 |

기출 DATA
자아방어기제
2018-3회, 2017-1회

TIP

방어기제는 불안을 극복하고 불안에 압도되지 않도록 자아를 보호하는 기능을 함으로써 실패에 대처하고 긍정적인 자아상을 유지하는 데 도움이 된다. 모든 방어기제는 두 가지 공통점이 있는데 이는 현실을 부정하거나 왜곡시킨다는 점과 무의식 수준에서 작용한다는 점이다.

기출 DATA
불안 2018-1회, 2017-3회

실력 TEST

➡ 실존적 불안, 도덕적 불안, 구체적 불안은 정신분석상담에서 제시하는 불안의 하위 유형에 해당한다.

**정답** : ×

**해설** : 정신분석상담에서 말하는 불안의 종류로는 '현실불안, 신경증적 불안, 도덕적 불안'이 있다.

---

**(5) 불안**

원초아(Id), 자아(Ego), 초자아(Superego) 간의 갈등이 야기되면 불안이 발생한다. 불안은 현실적 불안, 신경증적 불안, 도덕적 불안으로 구분한다.

① 현실불안 : 실제적이고 현실적인 불안을 말한다.

② 신경증적 불안 : 자아(Ego)와 원초아(Id)의 갈등으로 자아가 본능적 충동을 통제하지 못해 불상사가 생길 것 같은 위협에서 오는 불안이다.

③ 도덕적 불안 : 원초아(Id)와 초자아(Superego) 간의 갈등에서 비롯된 불안이다.

## 4) 상담 목표

**(1) 무의식을 의식화** : 표면적인 문제보다 심층적인 원인을 파악해야 한다고 보았기에 현재 문제와 관련된 과거에 억압된 갈등에 대해 무의식을 깊이 탐색해 가면서 이를 의식화한다.

**(2) 자아 강화** : 자신의 성격구조를 탐색하여 본능의 충동에 따르지 않고 현실에 맞게 행동하도록 자아를 강화시키는 성격 구조로 수정한다.

**(3) 억압된 충동을 자각** : 내담자의 불안을 야기하는 억압된 충동을 자각하도록 한다.

## 5) 상담의 과정

**(1) 초기 단계**

① 상담자와 내담자의 신뢰관계를 형성하면서 치료동맹 관계를 맺는 것은 중요하다.

② 치료동맹은 내담자의 어떠한 감정, 동기, 사고에 대해서도 비판하지 않고 있는 그대로 수용하고 이해할 때 더 깊은 관계를 가질 수 있다.

**(2) 전이 단계**

① 신뢰 관계가 돈독해지면 내담자는 어릴 적 중요한 사람에게 가졌던 욕구와 감정을 상담자에게 반복하려고 한다. 이런 상태를 전이라고 한다.

② 전이가 일어나면 상담관계는 비현실적이 되면서 내담자는 어릴 적 중요한 사람에게 가졌던 욕구를 상담자에게 충족하고자 한다.

③ 상담자는 내담자의 전이에 대한 욕구를 알아차리고 중립적 태도를 취하며, 해석 및 관찰자 역할로 전이 욕구를 좌절시킨다.

④ 내담자는 욕구의 좌절을 견디기가 힘들어서 다양한 방법으로 *저항을 한다.

(3) 통찰 단계

① 내담자는 자신의 의존 욕구나 사랑 욕구의 좌절 때문에 상담자에게 적개심을 표현하는 모험을 시도한다.

② 이를 통해 자신의 숨은 동기를 파악하고 *통찰하게 된다.

(4) 훈습 단계

① 내담자의 저항을 정교하게 탐색한다.

② 통찰을 했다고 문제가 해결되는 아니다. 통찰한 것을 실제 생활로 옮겨가는 과정이 *훈습 단계이다.

③ 훈습 단계를 통해 내담자의 행동 변화가 어느 정도 안정되게 일어나면 종결을 준비한다.

## 6) 상담자의 역할

(1) 내담자의 떠오르는 생각, 심상, 느낌을 왜곡, 검열, 억제, 판단 없이 자유롭게 표현하도록 한다.

(2) 내담자는 무의식적으로 상담자를 마치 자기의 부모나 중요인물로 생각하고 행동하는데, 이를 전이라고 한다. 전이를 만드는 동시에 해석을 통하여 전이를 좌절시키는 과정이 핵심이다.

(3) 어떤 형태로 심리적 저항을 나타내는지 관심을 기울이며 저항을 다루어 준다.

(4) 내담자의 자유로운 표현 속에서 내담자의 성격구조와 역동관계를 이해하고 심리적 문제의 윤곽을 파악하고 해석하며 관찰자로서 거울이 되어 준다.

## 7) 상담 기법

(1) 자유 연상(Free association)

① 내담자로 하여금 떠오르는 생각이나 느낌을 의식적으로 검열하지 않고, 그대로 표현하게 함으로써 무의식적으로 어떤 의미를 지니는지 이해하게 된다.

② 무의식적 소망, 동기, 갈등 등을 의식화시키는 데 사용한다.

TIP

• 저항 : 내담자가 어떠한 이유에서든 불편함을 느낄 때 이를 회피하거나 이로부터 벗어나기 위해 하는 모든 행동을 말한다.

• 통찰 : 자신들에게 어떤 일이 일어나고 있는지를 알고, 원리가 어떻게 영향을 미쳐 현재의 문제나 증상으로 이어지게 되었는지에 대한 깨달음을 갖는 것이다.

• 훈습 : 자신의 내면적 문제 또는 갈등의 원인과 그 역동성을 통찰함으로써, 현실상황에서 그와 유사한 문제를 맞게 될 때 스스로 해결해 갈 수 있도록 일정한 상황을 반복 경험하는 것이다.

(2) 꿈(Dream) 분석

　　① 수면 중에는 방어가 허술해져서, 억압된 무의식적 욕구와 감정들이 꿈으로 표면화된다.

　　② 꿈을 해석하여 증상의 의미나 상태를 깨닫도록 한다.

(3) 해석(Interpretation)

기출 DATA
해석 2016-1회

　　① 꿈, 자유연상, 저항, 전이, 방어기제 또는 치료관계에서 나타난 내담자의 행동의 의미를 치료자가 설명하는 것이다.

　　② 해석을 통해 내담자는 이전에 몰랐던 무의식적 내용들을 차츰 의식적으로 이해하게 된다.

　　③ 해석의 시기 : 시기가 적절하지 않을 경우 내담자에게 거부감을 주거나 저항을 불러일으킬 수 있기에 내담자의 반응을 통해 결정한다.

　　④ 해석의 단계

　　　　㉠ 내담자가 해석을 들을 준비가 되어 있는지 확인한다.

　　　　㉡ 해석을 제공하고자 하는 상담자 자신의 의도를 재고한다.

　　　　㉢ 다양한 기법과 조화를 이루면서 해석을 제공한다.

　　　　㉣ 해석에 대해서 내담자가 어떻게 받아들이는지 확인한다.

　　⑤ 해석의 원칙

　　　　㉠ 해석의 내용은 내담자의 의식수준과 근접해야 효과가 좋다.

　　　　㉡ 해석의 내용은 가능한 내담자가 통제, 조절할 수 있는 것이 좋다.

　　　　㉢ 단정적, 절대적 어투보다 잠정적, 탄력적 어투를 사용하는 것이 좋다.

　　　　㉣ 내담자의 말에 대해 상담자가 자신의 이해와 판단을 사용하여 반응한다.

　　　　㉤ 내담자의 문제, 상황, 행동 등을 바라보는 상담자의 이해의 틀을 제시한다.

(4) 전이(Transference)

기출 DATA
전이 2016-1회

　　① 내담자가 과거의 부모나 중요한 타인과 경험했던 감정이나 갈등을 치료자에게서 재경험하는 것이다.

　　② 전이의 분석은 내담자로 하여금 과거의 영향이 어떻게 작용하는지 통찰하게 한다.

　　③ 역전이

　　　　㉠ 상담자가 내담자를 통해 일으키는 전이로 상담의 진전을 방해할 수 있고, 상담자가 자각하지 못하면 상담에 부정적이다.

       ⓛ 역전이가 일어나면 수퍼비전을 통해 해결할 수 있다.

       ⓒ 내담자가 상담자로 하여금 어떤 감정을 느끼도록 무의식적으로 유발하는 투사적 동일시를 역전이로 볼 수 있다.

(5) 저항(Resistance)

① 치료의 진전을 저해하고 내담자가 무의식의 내용을 표현하는 것을 방해하는 것이다.

> **예** 지각, 결석, 무례한 행동, 중요치 않은 얘기 오래하기, 자유연상을 잘 못하는 것 등

② 상담자가 일방적으로 과제를 제시하거나, 내담자가 준비되지 않았는데 빠른 변화를 위해 적극적으로 개입하면 저항의 원인이 된다.

③ 상담자는 내담자가 저항을 직면할 수 있는 자아강도가 있을 때 해석을 해주고, 이 해석을 통해 내담자가 저항의 원인을 지각하고, 계속 탐색하도록 촉진한다.

(6) 버텨주기

① 내담자가 체험하는 막연하고 두려워 감히 직면할 수 없는 깊고 깊은 불안과 두려움을 상담사가 잘 알고 있다는 것을 분석 과정에서 적절한 순간에 적절한 방법으로 전해 주며, 내담자에게 큰 힘으로 의지가 되어주고 따뜻한 배려로 마음을 녹여주는 것이다.

② 내담자를 내적 위험으로부터 아이를 보호하고 안정시켜 주는 어머니의 역할을 모델로 한 기법이다.

## 2 》》 아들러의 개인심리학

### 1) 개요

(1) 아들러는 사람들의 주요문제가 '사회적 관심의 결여', '상식의 결여', '용기의 결여'로 인해 유발된다고 보았다.

(2) 내담자를 어떤 징후를 제거해야 하는 치료의 대상으로 보지 않고, 자신의 자아인식을 증대시키는 일에 관심을 두는 대상으로 보았다.

(3) 상담은 내담자로 하여금 자신의 열등감과 생활 양식의 발달과정을 이해하도록 돕는 일이며, 내담자 스스로 생활 목표와 생활 양식을 사회적 관심에 부합하도록 촉진한다.

**TIP**

전이에는 긍정적 전이와 부정적 전이 두 가지 형태가 있다. 긍정적 전이는 내담자가 상담자를 특별히 좋아하고 이상적인 인물로 보게 되는 것이며, 부정적 전이는 내담자가 상담자를 이유 없이 두려워하거나 미워하게 되는 것을 의미한다. 두 가지 형태의 전이 모두 해결되지 않은 아동기의 갈등이 재현하는 것으로 보며, 정신역동의 성공 여부는 내담자의 전이를 이해하고 어떻게 다루느냐에 달려 있다.

**기출 DATA**
버텨주기
2020-1회, 2016-1회

**TIP**

프로이트, 융과 함께 심층심리학의 대부로 불리는 아들러는 프로이트와 동시대인으로 9년간 비엔나 정신분석학회에서 프로이트와 함께 정신분석을 연구하였다. 프로이트 인간관이 비관적이고 부정적인 반면 아들러는 긍정적이고 낙관적인 인간관을 가지고 있다.
❖ 심층심리학 : 무의식을 강조하기 때문에 정신 역동을 심층심리학이라고 한다.

기출 DATA
아들러 개인심리학의 인간관
2019-1회

## 2) 인간관

(1) **전체적 존재(총체적인간)** : 인간을 분리할 수 없는 전체적이고 통합된 존재로 본다.

(2) **사회적 존재** : 인간은 성적 동기보다 사회적으로 동기화되는 '사회적 존재'이며 범인류적 공동체감을 중시한다.

(3) **목표 지향적이고 창조적**

① 인간의 행동은 목적적이고 목표 지향적이다. 또한 자기의 삶을 창조하고 선택하고 결정할 수 있으며 환경을 창조하는 능력이 있다.

② 인간의 행동은 삶에 대한 허구적인 중심목표에 의해 인도된다.

(4) **주관적 존재** : 현상학적인 관점을 수용하여 개인이 세계를 어떻게 인식하느냐 하는 주관성을 강조한다.

## 3) 주요 개념

기출 DATA
열등감과 보상
2019-3회, 2017-1회

(1) **열등감과 보상**

① 열등감이 인생 전반에 걸쳐서 커다란 영향을 미치고 있음을 통찰하고 열등감과 인간병리 현상의 관계를 밝혔다.

② 열등감이 중요한 것이 아니라 이 열등감을 인간이 어떻게 받아들이고 대응해 나가느냐가 더 중요하다.

③ 열등감은 연약한 인간에게 자연이 준 축복으로 열등상황을 극복하여 '우월의 상황'으로 갈 때 열등감은 인간이 지닌 잠재능력을 발달시키는 자극제 역할을 한다.

④ 열등감을 극복하여 우월해지고 상승하고자 하는 목표를 달성하려고 노력할 때 보상은 인간의 열등감을 조정하는 효과가 있다.

(2) **우월성 추구**

① 인간의 궁극적인 목적은 우월하게 되는 것이다.

② 우월의 추구는 인간이 문제에 직면하였을 때 부족한 것은 보충하고 낮은 것은 높이며 미완성의 것은 완성하고 무능한 것은 유능하게 만드는 경향이다.

(3) **가상적 목적론**

① 인간은 자신에게 중요하다고 지각된 목표를 향해 나아간다. 어떤 행동

을 하는 데는 목적이 있고 이해하기 어려운 행동이라 할지라도 내면에 숨은 행동을 이해할 수 있다고 본다.

② 가상적인 목적을 달성하면서 열등감을 극복하기 때문에, 열등감이 크고 많을수록 가상적 목표가 더 필요하다.

③ *바이힝거는 '가상적 목표' 개념 형성에 영향을 준 철학자이다.

### (4) 공동체감

① 인간의 행복과 성공은 사회적 관계와 깊은 관계가 있다고 보며 자신이 인정하고 있는 집단에서 받아들여지고 소속감을 가질 때, 자신의 문제를 다룰 힘을 가진다.

② 인간의 불안은 타인과 협력을 통해서만 제거될 수 있으며 다른 사람들과 연합하여 사회적 결속을 가지는 공동체감을 가질 때 안정감을 갖는다.

### (5) 생활 양식

① 어릴 때부터 자신의 열등감을 극복하고 우월을 이루는 과정에서, 스스로 만들어 낸 자신만의 독특한 생활로 보통 4~5세 형성된 후 거의 변하지 않는다.

② 생활 양식의 유형은 사회적 관심과 활동성 수준에 의해 구분된다.
  ㉠ 지배형 : 사회적 관심은 부족하고, 활동성 수준은 높은 유형으로 타인을 배려하지 않으며 부주의하고 공격적이다.
  ㉡ 기생형/획득형 : 사회적 관심은 낮고 활동수준도 보통인 유형으로 자신의 욕구를 다른 사람에게 의존하여 기생의 관계를 유지한다.
  ㉢ 도피형/회피형 : 사회적 관심도, 활동성 수준도 모두 낮은 유형으로 문제를 회피하고 모든 실패와 두려움에서 벗어나려 한다.
  ㉣ 유용형 : 사회적 관심과 활동성이 모두 높은 유형으로 삶을 적극적으로 대처한다.

### (6) 가족구조와 출생순위

① 출생순위가 한 사람의 생활양식이나 성격형성 과정에 매우 중요한 요인이며, 열등감 형성과 극복 기제를 만드는 매우 중요한 변인이다.

② 아들러의 출생순위는 심리적 출생순위이다.

## 4) 상담 목표

(1) 열등감을 극복하여 우월로의 추구를 꾀한다.

(2) 잘못된 생의 목표와 생활양식을 수정한다.

---

**TIP**

**바이힝거**
독일의 철학자. 아르투르 쇼펜하우어와 F. A. 랑게의 영향을 받아, '허구(Fiction)' 이론을 자신의 '알스 오프(Als ob)' 철학의 기초로 지지함으로써 칸트주의를 실용주의의 방향으로 발전시켰다.

**TIP**

**아들러의 출생순위**
• 첫째
  – 책임감 있고 규칙적이며 사회적으로 적절한 방법으로 행동하고 즐긴다.
  – 동생이 태어나면 누리던 사랑을 훔쳐갔다고 생각하여 맏이를 '폐위 당한 왕'이란 별명을 붙인다.
• 둘째
  – 맏이의 심리적 위치와 경쟁해야 한다.
  – 아동은 맏이를 따라잡기 위해 경주하듯 하며 경쟁심이 강하고 야망을 가진 성격이 된다.
  – 동생이 태어나면 중간이 되면서 자신이 특별한 위치를 가지지 않은 것을 느끼고 낙담하며 인생이 불공평하다고 느끼기도 한다.
  – 그러나 중간 아이는 갈등이 있는 가족 상황을 결합시키는 조정자나 평화의 사도가 될 수도 있다.
• 막내
  – 다른 형제로부터 사랑과 관심을 받으며 자신의 매력을 잘 표현한다.
  – 가족 안에서 가장 어리고 약한 자의 열등감을 가지고 있어서 버릇이 없거나 의존적인 막내로서의 역할을 벗어나는 데 어려움을 느낄 수 있다.
• 독자
  – 자기중심성이 현저하며 경쟁과 압박을 덜 받지만 협동심을 배우지 못하는 결함이 있다.

(3) 사회에서 다른 사람들과 상호작용할 수 있도록 타인과 동등한 감정을 갖고 공동체감을 향상시킨다.

## 5) 상담 과정

(1) 1단계 – 관계 형성하기 : 내담자가 상담자로부터 이해받고 공감받고 있다는 것을 느끼도록 라포 형성을 하며 서로 상호협력적인 관계를 맺는다.

(2) 2단계 – 생활 양식 탐색하기
① 가족 구성, 분위기, 형제 서열, 가족 가치 등에 관한 정보를 수집한다.
② 내담자의 생활 양식을 결정하는 동기나 목표, 신념과 정서를 이해할 수 있도록 생활 양식을 탐색하는 과정으로 *초기 기억기법을 사용한다.
③ 생활 양식을 탐색하고 이해하며 생활 양식이 개인의 기능에 어떠한 영향을 미치고 있는지 이해한다.

(3) 3단계 – 통찰력 가지기 : 내담자의 잘못된 목표나 자기 패배적 행동을 자각하고 왜 자신이 그런 방식으로 행동하는지 이해하는 통찰을 가진다.

(4) 4단계 – 재방향(재교육)하기
① 해석을 통해 획득된 내담자의 통찰이 실제 행동으로 전환되게 하는 단계이다.
② 상담자는 내담자의 과거의 잘못된 신념이나 행동, 태도를 버리고 새로운 생활 양식과 사회적 관심을 갖도록 시범을 보여주고, 내담자가 다른 사람에게 실시하도록 격려하며 돕는다.

## 6) 상담 기법

(1) 단추 누르기 기법
① 내담자가 자신의 감정을 창조할 수 있음을 깨닫기 위한 기법이다. 유쾌한 경험과 불유쾌한 경험에 따라오는 감정에 주의를 기울이는 것이다.
② 기법의 목적은 내담자가 생각에 따라 어떤 감정이든지 만들어낼 수 있으며 감정을 통제할 수도 있다는 것을 가르치기 위한 것이다.

(2) 스프에 침 뱉기
① 내담자의 자기 패배적 행동(스프) 뒤에 감춰진 의도나 목적을 드러내 밝힘으로써 같은 행동을 더 이상 하지 않거나 주저하도록 하는 기법이다. 내담자가 더 이상 행동에 감춰진 의미를 무시할 수 없게 되어 부적응적인 행동을 멈추도록 한다.

(3) 수렁 피하기 : 사람들이 흔히 빠지는 함정과 난처한 상황을 피하도록 돕는 기법이다.

(4) "마치 ~인 것처럼" 행동하기

① 내담자가 마치 자신이 그런 상황에 있는 것처럼 상상하고 행동하도록 하는 역할놀이 상황을 설정한다.

② 내담자의 치료 목표를 분명히 한 후 마치 목표를 이룬 것처럼 행동해 볼 것을 제안하는 것이다.

(5) 역설적 의도

① 바라지 않거나 바꾸고 싶은 행동을 의도적으로 반복 실시하여 역설적으로 그 행동을 제거하거나 행동에서 벗어나도록 하는 것이다.

> **예** 질질 끌기 좋아하는 내담자에게는 더 과제를 연기하도록 요구한다. 시간의 대부분을 걱정으로 보내는 내담자에게는 하루를 온통 가능한 모든 것을 걱정하는 데 소비하는 과제를 준다.

② 내담자는 그런 행동에 대해 더 이상 매력을 느끼지 않게 된다. 내담자의 눈에 증상이 어리석게 비치고, 나아가 과장된 방식으로 문제에 직면하면 그는 자기가 원하는 것을 얻을 수 있는 대안을 생각하게 된다.

(6) 즉시성

① 현재 순간에 무엇이 일어나고 있는지를 다루는 기법이 즉시성이다.

② 회기 중에 내담자의 부적절한 행동을 파악하고 변화시키기 위해 사용한다.

③ 상담 과정을 방해하는 치료 관계에서의 문제를 표현한다.

④ 상담 과정에서 발생한 문제를 개방적이고 직접적으로 다루어 적절한 의사소통 기술을 보여준다.

⑤ 예상되지 않았던 결과가 초래될 수도 있다.

(7) 격려

① 격려란 용기를 북돋아 주는 것으로 내담자의 신념을 바꿀 수 있는 가장 강력한 방법이며 내담자가 자기신뢰와 용기를 갖도록 돕는다.

② 격려에서 중요한 요인은 용기이며, 용기 있게 삶을 직면하여 공공의 유익을 위해서 나아갈 수 있도록 하는 것이다.

(8) 초기기억

① 초기기억(6개월~8세)은 개인이 자기 자신과 다른 사람, 삶을 어떻게 지각하는지, 삶에서 무엇을 갈구하는지 간략한 틀을 제시해 준다.

② 상담 과정 2단계 정보를 수집할 때 사용한다.

---

**기출 DATA**

역설적 의도 2016-3회

**TIP**

그 외 아들러의 기법들

• 질문기법 : 상담에서 질문은 전통적으로 진단적 또는 치료적 목적으로 설명되어 왔다. 아들러 상담에서 활용되는 중요한 질문 유형에는 순환질문, 반사질문, 전략질문 등이 있다.

• 과제 설정하기 : 바람직한 행동이나 목표를 설정하여 그것을 꾸준히 반복 실천해 보도록 하는 방법이다.

• 자기 포착하기 : 원하지 않는 행동을 시작하는 순간을 포착한 것으로, 문제행동이 작동하기 시작하는 순간을 좀 더 빨리 알아채서 더 이상 진행되지 않게 하는 방법이다.

기출 DATA
기본적 오류 2019-3회

**(9) 기본적 오류**

① 초기 회상은 구체적인 기억들의 기본적 오류를 드러내게 해주며, 개인 생활 양식을 이해하는 데 중요한 단서가 된다.

② 모삭(Mosak)의 초기 기억에서 이끌어낼 수 있는 기본적 오류는 다음과 같다.

   ⊙ 과잉일반화로 '사람들은 적대적이다', '인생은 위험하다'와 같은 신념이다.

   ⓒ 안전 추구를 위한 잘못 또는 불가능한 확신으로 '나는 모든 사람을 기쁘게 해야만 한다'와 같은 것이다.

   ⓒ 삶의 요구들에 대한 잘못된 지각으로 '인생은 고행이다', '인생은 나에게 결코 어떤 기회도 주지 않을 것이다'와 같은 것이다.

   ⓔ 개인 가치의 최소화 또는 부인으로 '나는 어리석다', '나는 가치가 없다'와 같은 것이다.

   ⓜ 그릇된 가치로 '남을 밟고 넘어서라도 1등 이어야만 한다'와 같은 것이다.

## 3 » 행동주의 상담

**TIP**

행동주의 심리학은 정신분석적 관점에서 이탈하여 1950년대와 1960년대 초반에 생겨났다. 1960년대 고전적 조건형성과 조작적 조건형성을 관찰학습에 결합시켜 사회학습이론을 발달시켰으며, 1960년대 많은 인지행동접근들이 생겨서 심리, 상담, 치료의 실제에 중요한 영향을 끼치게 되었다. 행동주의 상담이론은 행동주의 심리학에 인지적 요소를 강화하는 방향으로 발전하였다.

### 1) 개요

(1) 행동주의 관련 이론으로 파블로프의 고전적 조건형성, 스키너의 조작적 조건형성, 반두라의 학습이론이 있다.

(2) 행동을 학습의 결과로 보며, 과거나 미래보다 현재의 행동을 강조한다.

(3) 관찰 및 측정 가능한 행동만을 치료 대상으로 본다.

(4) 상담과정을 교육 과정으로 보며 과학적인 방법을 사용한다.

(5) 명확한 목표 설정, 단기간의 치료, 체계적인 계획 아래 치료가 진행되고, 지속적인 치료 효과에 대한 확인과 검증을 선호한다.

### 2) 인간관

(1) 인간의 모든 행동은 학습된다.

(2) 인간은 수동적이고 중립적 존재이고 결정론적 존재이다.

(3) 인간 행동은 내면적인 동기가 아닌 외적 자극에 의해 동기화되고, 결과에 따라 유지된다.

## 3) 주요 개념

### (1) 고전적 조건형성(파블로프)

① 러시아의 생리학자 파블로프가 개를 대상으로 소화에 관한 연구를 하는 중에 우연히 발견하게 된 이론이다.

② 무조건자극을 주면 무조건반응이 나오는데, 무조건자극과 조건자극이 연합되어 나중에는 조건자극만으로도 무조건 반응을 일으키게 된다는 것이다.

③ 인간의 정서나 감정 공포증의 형성 등 인간에게 있을 수 있는 다양한 현상 설명이 가능하게 되었다.

> 예 엘리베이터(조건자극) 안에서 사람이 다쳐서 피가 난 모습(무조건자극)을 본 후 감정적으로 공포가 형성(무조건반응)되었는데. 이후 엘리베이터(조건자극)만 봐도 무서워하는 현상(무조건반응)이 일어났다.

### (2) 조작적 조건형성(스키너)

① 행동은 행동한 후의 어떤 결과가 오느냐에 따라 그 행동을 할 수도 하지 않을 수도 있다.

② 행동 후 보상이 오면 행동은 증가하고, 행동 후 처벌이 오면 행동은 감소한다.

③ 그러므로 행동은 조작이 가능하다.

> 예 인사를 하는 아이에게 사탕을 주었더니 만날 때마다 인사를 한다.

### (3) 사회학습이론(반두라)

① 다른 사람들의 행동을 관찰하고 모방하면서 학습이 일어난다.

② 다른 사람의 행동을 그대로 따라 하는 *'모방학습', 다른 사람들의 행동이 어떤 결과를 가져오는지 관찰함으로 초래될 결과를 예상하는 *'대리학습', 다른 사람들의 행동을 관찰해 두었다가 유사한 상황에서 학습한 행동을 표현하는 '관찰학습'이 있다.

③ 관찰학습은 '주의 과정', '저장 과정', '운동재생 과정', '동기화 과정'으로 나눈다.

㉠ *모델이 매력적일수록 효과가 크다.

㉡ 인지능력이 떨어질 때는 관찰학습이 어려울 수도 있다.

㉢ 복잡한 행동에 대해서는 말로 설명해 주는 것이 도움이 된다.

---

**TIP**

• 모방학습 : 반두라에 의해 체계화된 이론으로 인간의 새로운 행동학습은 거의 모델링에 의한다는 사회적 학습이론의 원리이다. 반두라는 아동이 다른 사람의 행동을 보고 그러한 행동을 학습하는 것을 세밀히 관찰했다. 이를 통해 그는 인간이 고전적 조건화나 조작적 조건화만으로 행동을 배우는 것이 아니라 타인의 경험과 행동모범을 관찰함으로써 행동을 학습할 수 있다는 확신을 얻었다.

• 대리학습 : 다른 사람의 행동과 그 결과를 관찰함으로써 학습하게 되는 것으로, 이 학습은 특정인을 모델로 두고 모방함으로써 새로운 행동을 습득하게 되는 과정이다.

**TIP**

모델

모델이 실제 인물이 아닌 만화의 주인공 등 비현실적인 인물이어도 된다.

ⓐ 실제 인물이 아닌 소설 속의 인물이나 가상의 인물들도 모델역할을
한다.

ⓜ 습득한 행동을 실제로 시연해 봄으로써 더욱 정확하게 학습할 수
있다.

## 4) 상담 목표

(1) 바람직하지 못한 행동을 소거하고 바람직한 행동을 학습한다.

(2) 문제 행동에 대한 평가와 분석을 토대로 치료자는 내담자와 함께 구체적인
상담목표를 설정하는데 상담목표는 명확하고, 구체적이고, 목표달성 여부
를 객관적으로 확인할 수 있는 측정 가능한 형태로 하는 것이 바람직하다.

① 적합한 목표

예 인터넷 게임을 30분 줄인다. 운동이 부족한 경우 하루에 30분씩 한다.

② 적합하지 않은 목표

예 대인관계를 잘 하도록 한다.

## 5) 상담 과정

(1) **상담관계 형성** : 내담자와 라포를 형성하는 것은 상담을 성공적으로 진행하
는 데 매우 중요한 단계이다.

(2) **문제행동 규명** : 가장 먼저 치료가 필요한 표적행동을 정한다.

(3) **내담자의 현재 상태 파악** : 문제행동이 정해지면 그 문제 행동의 빈도와 지
속 기간에 초점을 맞추고 전면적인 행동사정이 이루어진다. 표적행동의 특
성을 면밀히 평가하고, 표적행동의 발달 과정과, 유지하고 강화하는 환경
적 요인, 인적 요인, 상황적 요인 등을 파악한다.

(4) **상담목표 설정**

① 문제 행동에 대한 평가와 분석을 토대로 내담자와 함께 구체적인 상담
목표를 설정한다.

② 상담 목표는 상담의 방향, 학습의 방향을 제시하는 만큼 무척 중요하다.

(5) **상담기술 적용**

① 내담자의 현재 상태 파악과 목표설정 단계에서 수집된 정보를 바탕으로
문제 행동에 따라 가장 적절한 상담 기법을 선택하고 이를 실행할 구체
적인 절차를 정한다.

② 행동주의 상담의 경우는 내담자의 적극적인 참여와 협조가 필수적이다. 내담자는 통찰 그 이상으로 새로운 행동을 실행하려는 모험이 필요하다.

(6) **상담결과 평가** : 지속적으로 상담이 진행되는 동안 표적행동의 개선 정도를 평가한다. 행동이 긍정적으로 변화되면 강화를 지속하고 만약 부정적인 결과가 나오면 상담계획을 다시 점검하고 기술을 수정한다.

(7) **상담 종결** : 목표행동의 성취여부를 평가하고 긍정적일 때는 재발 방지 계획을 세우고 상담을 종결한다.

## 6) 상담자의 역할

(1) 상담자는 내담자의 부적응 행동을 진단한다.

(2) 상담자는 부적응행동을 적응행동으로 수정하도록 하기 위해 방법을 제시하고, 조언하고, 때로는 지시하는 교사·무대감독·전문가의 역할을 한다.

(3) 상담자는 내담자를 위한 역할모델이 되어준다. 인간으로서 상담자는 중요한 모델이 된다.

## 7) 상담 기법

(1) **강화와 처벌**

① 강화는 행동 뒤에 보상을 통해 지속적으로 행동이 유지되고 높아지도록 하는 기법

| 정적 강화 | 행동을 높이기 위해 자극을 주는 것(예 심부름을 잘해서 용돈을 주는 것) |
|---|---|
| 부적 강화 | 행동을 높이기 위해 자극을 빼는 것(예 수업태도가 좋아서 숙제를 면제 시키는 것) |

② 처벌은 행동 뒤 벌이나 고통을 줌으로써 행동을 제거하거나 억제시키는 기법이다.

| 정적 처벌 | 행동을 없애기 위해 자극(불쾌자극)을 주는 것(예 동생을 때려서 10분씩 벌을 서는 것) |
|---|---|
| 부적 처벌 | 행동을 없애기 위해 자극(유쾌자극)을 제거하는 것(예 숙제를 안 해서 게임을 못하는 것) |

㉠ 처벌은 잘못이 일어난 즉시 주어야 한다.

㉡ 체벌은 일관성을 가지고 행해야 한다.

㉢ 체벌은 강도를 점차로 높이지 말아야 한다.

**TIP**

행동주의 상담에서 상담자와 내담자의 인간적인 관계를 강조하지는 않으나, 좋은 상담 관계는 행동 절차를 개선하는 데 있어서 기초 역할을 한다.

**기출 DATA**
강화와 처벌 2018-1회

**기출 DATA**
처벌★ 2020-1회,
2019-3회, 2016-1회

ⓔ 체벌을 받을 행동을 구체적으로 세분화해야 한다.

ⓜ 체벌을 받을 상황을 가능한 없애도록 한다.

ⓗ 체벌은 정적강화와 함께 주어져서는 안 된다.

ⓢ 체벌은 가장 효과가 클 것으로 예상되는 벌을 선택해야 한다.

**(2) 소거**

① 학습된 행동에 강화를 제공하지 않음으로써 행동이 중단되도록 하는 기법

② 바람직하지 못한 행동이 여러 가지 보상에 의해 행동이 강화되었을 때 강화요인을 제거하여 행동을 감소하게 하는 기법

**(3) 변별** : 유사한 자극들의 차이를 깨닫고 다르게 반응할 수 있도록 하는 기법

**(4) 자극 통제** : 변별학습의 결과로 특정한 자극의 상황에서 행동이 강화를 받았을 때 비슷한 자극 상황이 오면 그 행동을 할 가능성이 높은 것으로 자극 상황을 통제하여 행동을 조절할 수 있다는 기법

> 예 비디오로 샌드백을 때리는 장면을 보고 방에 들어갔을 때 샌드백이 있으면 그것을 때릴 가능성이 높다. 이 행동은 자극통제를 받은 것이다.

**(5) 체계적 둔감법** : 낮은 수준의 자극에서 높은 수준의 자극으로 점차적으로 유도하여 불안에서 벗어나도록 하는 기법으로 고전적 조건형성의 원리에 기초한다.

**(6) 홍수법** : 강한 불안을 유발하는 자극이나 심상을 노출시키고 불안이 감소될 때까지 노출을 계속하는 기법

**(7) 혐오기법** : 바람직하지 않은 행동에 대해 혐오자극을 제시해 부적응행동을 제거하는 기법

**(8) 토큰경제** : 내담자가 적절한 행동을 할 때마다 강화물로 토큰이 주어지는 기법

**(9) 타임아웃** : 비강화 장소로 나가게 하는 기법

**(10) 조형** : 원하는 목표 행동에 근접하는 행동을 보일 때마다 강화를 하여 단계적으로 목표행동을 학습시키는 기법

**(11) Premack 원리** : 선호하는 행동을 강화물로 제공하여 선호하지 않은 행동의 빈도를 높이는 기법

> 예 숙제(선호하지 않은 행동)를 다 하면 게임(선호하는 행동)을 하게 하는 것

**(12) 용암법** : 도와주거나 촉진하는 것을 점차 줄이면서 스스로 문제를 해결하게 하는 기법

**(13) 모델링** : 타인의 행동을 간접 체험함으로써 모델의 행동을 내면화하게 하는 기법

**(14) 행동계약** : 표적행동을 서면으로 동의하는 기법

---

**기출 DATA**

체계적 둔감법 2017-3회

**TIP**

• 바람직한 행동을 증가시키는 기법 : 정적강화, 부적강화와 처벌, 차별강화, 조형, 용암법, 간헐강화, 토큰강화

• 바람직하지 않은 행동을 감소시키는 기법 : 소거, 벌, 자극포화법, 이완훈련, 체계적 둔감법, 행동기술훈련, 혐오기법, 타임아웃

(15) **주장 훈련법** : 내담자가 자신의 판단을 신뢰하고 자신감을 갖도록 하여 사회적 상황에 적절히 반응하고 자신의 의견을 사회가 용납하는 방법으로 표현하여 목적을 달성하도록 지도훈련하는 기법

## 8) 라자루스(A. Lazarus)의 중다양식 심리상담

(1) 성격의 7가지 양식은 행동, 감정, 감각, 심상인지, 대인관계, 약물 생물학 등이다.

(2) 개인은 타인들과의 긍정적이거나 부정적인 상호작용의 결과들을 관찰함으로써 무엇을 할 것인지를 배운다고 본다.

(3) 행동주의 학습이론과 사회학습이론, 인지주의의 영향을 많이 받았으며 그 외 다른 치료 기법들도 절충적으로 사용한다.

| BASIC – ID | | |
|---|---|---|
| B (Behavior) | 행동 | "당신은 얼마나 활동적입니까?" |
| A (Affective Reponses) | 감정 | "당신을 웃게 하는 것은 무엇입니까?" |
| S (Sensations) | 감각 | "얼마나 감각에서 오는 쾌락과 고통에 초점을 맞추십니까?" |
| I (Images) | 심상 | "당신의 신체상은 어떤 이미지입니까?" |
| C (Cognitions) | 인지 | "당신의 사고가 당신의 감정에 어떻게 영향을 미칩니까?" |
| I (Interpersonal Relationships) | 대인관계 | "당신은 얼마나 타인과 소통합니까?" |
| D (Drugs or Biology) | 약물-생물 | "당신은 얼마나 생물학적으로 건강합니까? |

❖ 인간의 성격에는 7가지 기능영역이 있다는 것이다.

**기출 DATA**

주장 훈련법 2017-3회

**TIP**

노출치료
• 특정공포증 치료에 사용된다.
• 피해왔던 상황을 더 이상 회피하지 않고 직면하게 하는 행동수정 기법
• 체계적 둔감법, 홍수법, 모델링
▶ 2019-1회, 2016-3회

**기출 DATA**

라자루스의 중다양식 심리상담 2019-1회

기출 DATA
인간중심 상담의 개요 2017-3회

TIP
로저스는 1942년 상담에서의 지시적 접근이나 전통 정신분석적 접근에 대한 반발로 '비지시적상담'이라는 용어를 사용하였다. 그 후 1951년 '내담자중심치료'라는 용어로 바꾸었는데, 이는 내담자 자신의 성장 유발 요인들에 초점을 두었음을 강조하기 위함이다. 이후에 그는 다시 '인간중심'으로 변경하면서, 내담자의 현상학적 세계에 초점을 두고 사람들의 행동을 가장 잘 이해하려면 사람의 내적증거 체계를 이해해야 한다고 보았다.

기출 DATA
인간중심 상담에서의 인간관
2019-3회

TIP
유기체
전체 인간의 신체, 정서, 지식을 말하며, 인간은 경험에 대해 한 유기체로서 반응한다.

## 4 >>> 인간중심 상담

### 1) 개요

(1) 1930~40년대 칼 로저스의 이론에 근거하여 발전된 상담이론이다.

(2) 정신분석상담이 인간의 본능적 욕구를 강조하고 상담자가 진단적이고 해석적이고 지시적인 태도를 취하는 것에 반대하고, 행동주의 이론이 인간의 행동을 자극에 대한 반응으로 지나치게 단순화한 측면을 비판하면서 두 이론을 대체할 새로운 이론으로 인본주의에 기반을 둔 비지시적인 인간중심 상담을 주창하였다.

(3) 상담에서 상담자와 내담자 관계를 중요하게 여기게 되었고 상담효과에 큰 영향을 미친다는 것을 인식하게 되었다.

(4) "만일 ~라면 ~이다."라는 형태로 표현할 수 있다.

(5) 행동이해를 위해 가장 좋은 관점으로 개인의 내적 참조준거를 중시한다.

### 2) 인간관

(1) 인간은 선천적으로 성장 가능성을 가지고 태어난다.

(2) 자신의 인생목표, 행동 방향을 스스로 결정하고 책임을 수용하는 자유로운 존재로서 스스로 자기를 조절하고 통제하는 능력을 지니고 있다.

(3) 심리적 부적응 상태에서 심리적 건강 상태로 나아갈 수 있는 능력을 타고 났기에 타고난 능력을 발휘할 수 있는 조건들만 갖추면 무한한 성장과 발전이 가능하다.

### 3) 주요 개념

(1) **성격의 구성요소** : 로저스는 성격을 유기체, 자기, 현상학적 장과 같은 요소로 설명한다.

① 유기체*
㉠ 인간을 유기체로 언급하며, 유기체로서 세계에 반응한다.
㉡ 어떤 자극이 있을 때 그 자극에 대하여 우리의 전 존재가 반응하고 이러한 경험을 유기체적 경험이라 한다.

ⓒ 생애초기에 세계를 유기체적으로 있는 그대로 경험하고 어떻게 느끼느냐에 따라 상황을 평가하고 반응한다.

ⓔ 인간은 성장하면서 점차 자기가 발달한다.

② 자기*

ㄱ 사람들이 자신에 대해 갖고 있는 조직적이고 지속적인 인식으로 성격구조의 중심이다.

ㄴ 인간이 자라면서 유기체적으로 반응하는 것을 타인이 수용해주고 인정하면 건강한 자기가 발달한다.

ㄷ 건강한 자기가 발달한 사람은 개방적이고 자신의 감정을 수용하며 현재 삶에 충실하다.

③ 현상학적 장

ㄱ 현상학적 장은 개인이 주관적으로 지각한 세계를 의미하며 동일한 현상이라도 개인에 따라 다르게 지각하기 때문에 개인적 현실, 즉 현상학적 장만이 존재한다고 본다.

ㄴ 개인은 객관적 현상이 아닌 현상학적 장에 입각하므로 동일한 사건을 경험하더라도 각자 다르게 행동할 수 있다.

ㄷ 이 속성 때문에 개인은 서로 다른 독특한 특성을 보인다.

(2) 성격발달

① 신생아는 모든 대상과 나를 하나로 지각하여 자아가 존재하지 않는다.

② 커가면서 자기 자신을 제외한 나머지 세계를 구분하기 시작하면서 자아가 발달하고 자기개념이 형성된다.

③ 자기개념 발달에 결정적인 역할을 주는 것은 긍정적 존중과 사랑 받고자 하는 욕구이다.

④ 아동은 사람(특히 부모)에게 긍정적 존중과 사랑 받고자 하는 강한 욕구로 인해 사람(특히 부모)의 기대와 태도를 수용하려고 한다.

⑤ 그러나 대부분의 사람(특히 부모)은 무조건적 존중과 사랑보다는 조건적인 존중과 사랑을 준다. 즉, 아동을 무조건 수용하기보다는 부모의 기대에 부응해야 수용하는 조건적 존중과 사랑을 한다.

⑥ 사람들이 조건적 존중과 사랑을 하는 것을 '조건적 가치부여'라 한다.

⑦ 조건적 가치부여는 아동이 자신의 욕구보다 타인의 기준에 맞추어 행동하고 생각하여 타인의 존중과 관심을 받으려 하게 만들고 이것이 내면화되어 자기개념을 형성하는 데 영향을 미친다.

**TIP**
자기
나에 대한 일련의 의식과 가치를 말한다.

**TIP**
가치의 조건화는 로저스의 성격 형성을 이해하는 데에 중요한 개념이다. 가치 조건화는 주관적으로 경험하는 사실을 왜곡하고 부정하게 만들기 때문에 유기체가 경험을 통해 '자기실현의 경향성'을 실제로 성취하는 것을 방해하는 중요한 원인이 된다.

(3) 자기실현 경향성

　① 로저스는 성장 지향적 동기, 자기실현 욕구가 기본적인 행동 동기라고 보았다.

　② 인간은 태어나서부터 자기실현을 위해 끊임없이 노력하는 성장 지향적 성향을 가진다.

　③ 자기실현 과정은 자신을 창조하는 과정으로 삶의 의미를 찾고 주관적인 자유를 실천한다.

　④ 자유를 실천함으로써 점진적으로 완성되어 간다.

(4) 충분히 기능하는 사람

　① 현재 자신의 자아를 완전히 자각하는 사람이다.

　② 충분히 기능하는 사람은 다섯 가지의 특징을 가지고 있다.

　　㉠ 경험에 개방적이다.

　　㉡ 실존의 삶으로 매 순간 충실히 삶을 영위한다.

　　㉢ 자신의 유기체를 신뢰한다.

　　㉣ 창조적이다.

　　㉤ 자유롭다.

## 4) 상담 목표

(1) 유기체적 존재는 긍정적 존중과 사랑받고자 하는 욕구를 가지고 있는데 사람들이 자라면서 유기체로서 자신의 경험을 무시하고 타인의 반응을 민감하게 받아들인다. 타인의 가치체계에 의해 형성된 자기개념은 자신이 유기체로서 느끼고 생각하는 것과 차이가 난다. 즉, 심리적인 부적응을 초래하는 원인은 유기체의 경험과 타인의 가치체계에 의해 형성된 자기개념 간의 불일치 때문이기에, 상담의 목표는 내담자의 자기개념과 유기체적 경험 간의 불일치를 제거하는 것이다.

(2) 충분히 기능하는 사람이 되도록 돕는 것이다.

## 5) 상담 과정

(1) 상담 초기 : 내담자는 자기개념과 유기체의 경험 간의 불일치에 따른 심리적 문제를 자유롭게 이야기하기 힘들기 때문에 상담자는 무조건적 수용과 공감의 태도를 취하여 내담자가 자신의 감정을 탐색하도록 한다.

(2) **상담 중기** : 지금까지의 자기개념에 맞추어 왜곡되어진 자신의 감정, 사고, 욕구를 새로운 각도에서 받아들이며 그것들의 참된 의미를 깨달아 실현하도록 한다.

(3) **상담 종결** : 내담자는 전에 부인했던 감정을 수용하는 힘이 생겨서 현실을 왜곡 없이 받아들이고 자신의 문제를 스스로 해결해 나가게 된다.

## 6) 상담자의 역할

(1) **무조건적 긍정적 존중**

① 사람들은 인정과 수용, 사랑을 받기 위해 자신을 왜곡하거나 억제하고 부모의 가치조건을 따른다.

② 이러한 왜곡된 가치 조건을 벗어나기 위해서는 무조건적 긍정적 존중이 핵심적이다.

③ 무조건적 긍정적 존중이란 아무런 전제나 조건 없이 내담자를 긍정적인 존재로 존중하는 것이다.

④ 내담자를 평가, 판단하지 않는다.

⑤ 내담자의 어떤 행동이나 태도에 대해서도 존중의 태도를 일관되게 유지한다. 이것은 바람직하지 못한 행동을 수용하라는 의미가 아니라 그런 행동과 생각, 감정을 가진 내담자를 한 인간자체로 가치를 존중하는 것이다.

⑥ 상담자의 일관적인 긍정적 존중의 태도는 심리적 문제해결은 물론 가능성과 잠재력을 개발하여 참된 성장과 성숙의 길로 접어들게 한다.

(2) **공감적 이해**

① 공감적 이해의 상담적 의미

지금 여기에서 나타나는 내담자의 감정과 경험을 민감하고 정확하게 이해하는 것이다.

㉠ 내담자와 동일한 입장에 서게 하는 풍부한 정서적 상상력이 필요하다.

㉡ 내담자의 감정을 경험하되 사사로운 의견이나 감정을 배제한다.

㉢ 내담자 감정에 동참하되 거기에 함몰되지 않는다.

㉣ 공감적 이해를 통해 내담자는 자기탐색과 이해, 자기수용과 성장이 가능해진다.

② 공감적 이해의 치료적 효과

㉠ 내담자의 소외와 외로움을 해소한다.

**기출 DATA**
인간중심 상담자의 역할 2016-3회

**기출 DATA**
공감적 이해 2020-3회

**TIP**
• 인간중심상담의 공헌
  - 상담의 초점을 기법에서 상담관계를 중시하는 쪽으로 옮겨 놓았다.
  - 전문가들을 훈련하는데 경청, 배려, 이해의 중요성을 강조하였다.
• 인간중심상담의 비판점
  - 지나치게 현상학에 근거하여 내담자가 표현한 것에 전적으로 의지하고 있어서, 내담자가 의식 못한 무의식적 부분이나 내담자에 의해 왜곡되어 전달되어지는 것들을 무시한다.
  - 용어의 범위가 상당히 넓고 뜻이 모호하며 이해하기 어렵다.

ⓒ 내담자가 자신의 있는 모습 그대로가 가치 있다고 느낀다.

ⓒ 스스로에게 부여된 여러 가지 제한과 한계들에서 자유로워진다.

ⓔ 개성과 정체감을 지니게 된다.

ⓜ 자기에 대한 새로운 측면들을 지각하게 되고, 자기 개념의 변화가 일어난다.

### (3) 진솔성

① 내담자를 대함에 있어 상담자가 무엇을 경험하는가에 대해 그대로 느끼고 경험하고 표현한다.

② 내담자에 대한 상담자의 진솔성은 내담자의 진솔성을 촉진하는 기폭제 역할을 한다.

③ 상담자의 진솔성은 상담자의 인격적 성숙을 전제로 한다.

## 5 » 합리정서행동 상담(REBT)

기출 DATA
REBT 상담 특징
2020-1회

### 1) 개요

(1) 합리적 정서행동치료(REBT ; Rational Emotive Behavior Therapy)는 1950년 알버트 앨리스가 발전시킨 이론이다.

(2) 인간이 가진 감정, 사고, 행동 중에서 사고에 초점을 두었으며, 어떻게 사고를 하느냐에 따라 감정 또는 행동이 달라진다고 본다.

(3) 정서적 문제를 경험하게 되는 것은 비합리적인 사고방식으로 해석하기 때문이다.

(4) 강조점은 감정 표현보다는 사고와 행동에 있으며 상담을 교시적이고 지시적인 교육과정으로 보며 상담사가 '교사'의 역할을 한다.

### 2) 인간관

(1) 인간은 합리적이고 올바른 사고를 할 수 있는 존재일 뿐만 아니라 비합리적이고 올바르지 못한 왜곡된 사고도 할 수 있는 존재이다.

(2) 인간은 비합리적 사고를 바꾸기 위해 노력하는 생득적 경향을 가지고 있다.

(3) 인간은 성장과 자아실현 경향성이 있다.

(4) 인간의 사고, 정서, 행동은 서로 영향을 미친다.

## 3) 주요 개념

### (1) 비합리적 사고

① 정서적 문제를 겪는 이유는 일상생활에서 겪는 구체적인 사건들 때문이 아니라 그 사건을 합리적이지 못한 방식으로 사고하기 때문이다.

② 11가지 비합리적 신념

㉠ 나는 내가 만나는 모든 사람에게 사랑이나 인정을 받아야 한다고 생각한다.

㉡ 나는 완벽할 정도로 유능하고 합리적이며 가치 있고 성공한 사람으로 인식되어야 한다.

㉢ 어떤 사람들은 나쁘고 사악하고 악랄하기 때문에 비난과 벌을 받아야 한다.

㉣ 내가 원하는 대로 일이 되지 않는 것은 내 인생에서 큰 실패를 의미한다.

㉤ 불행은 내가 통제할 수 없는 상황에 의해 발생한다.

㉥ 위험하거나 두려운 일들이 내게 일어나 큰 해를 끼칠 것이 항상 걱정된다.

㉦ 어떤 난관이나 책임은 부딪혀 해결하기보다는 피하는 것이 더 쉽다.

㉧ 나는 다른 사람들에게 어느 정도는 의존해야 하며 나를 돌봐 줄 수 있는 사람들이 주위에 있어야 한다.

㉨ 과거의 영향은 결코 사라지지 않고, 과거의 경험과 사건들은 현재 나의 행동을 결정한다.

㉩ 나는 다른 사람들의 문제나 고통을 나 자신의 일처럼 아파해야 한다.

㉪ 모든 문제에는 완벽한 해결책이 있으므로 그 해결책을 찾아야 한다. 그렇지 않으면 결국 큰 혼란이 생길 것이다.

③ 비합리적 사고의 요소

㉠ 당위적 사고* : '~해야만 한다.'로 표현되며 경직된 사고이다.

㉡ 파국화 : 지나친 과장으로 '~하는 것은 끔찍하다.'로 표현된다.

㉢ 낮은 인내심 : 좌절 유발 상황을 잘 견디지 못한다.

㉣ 자기 및 타인에 대한 비하 : 자신과 타인을 경멸하거나 비하한다.

**TIP**

당위

'당위'란 당연히 그렇게 되거나 해야 한다는 뜻이며, '당위적 사고'는 앨리스가 제시한 개념으로 계속적인 당위적 조건이 없는데도 그것을 기대하는 사고나 요구를 말한다.

④ 비합리적 사고와 합리적 사고의 비교

| 구분 | 합리적 사고 | 비합리적 사고 |
|------|------------|--------------|
| 논리성 | 논리적으로 모순 없음 | 논리적으로 모순 많음 |
| 실용성 | 삶의 목적달성에 도움이 됨 | 삶의 목적달성에 방해 |
| 현실성 | 경험적 현실과 일치 | 경험적 현실과 일치하지 않음 |
| 융통성 | 경직되어 있지 않음 | 절대적/극단적/경직되어 있음 |
| 파급효과 | 적절한 정서와 적응적 행동에 영향 | 부적절한 정서와 부적응적 행동유도 |

(2) 자기수용

① 무조건적 자기수용은 존재 자체로 소중하고 의미있으며, 행동을 평가하는 것이 아니라 실수도 할 수 있고, 부족할 수도 있는 존재 그 자체를 항상 수용하는 것이다.

② 조건적 자기수용은 인간의 근본 가치를 수용하는 것이 아니라 성취나 성공 여부에 따라 가치 수순을 평가하는 것이다.

(3) 앨리스의 ABCDEF 모형

| A | Activating event | 선행사건 | 개인에게 정서적 혼란을 일으키는 문제 장면이나 선행사건 |
|---|-----------------|---------|---------------------------------------------------|
| B | Belief system | 신념체계 | 선행사건에 대해 개인이 갖게 되는 비합리적 사고방식 |
| C | Consequence | 결과 | 선행사건 시 생긴 비합리적 사고방식으로 발생한 정서적, 행동적 결과 |
| D | Dispute | 논박 | 비합리적 신념(사고)에 대한 논박 |
| E | Effect | 효과 | 논박함으로써 얻게 되는 합리적 신념 |
| F | Feeling | 새로운 감정 | 합리적 신념으로 인한 새로운 감정 |

## 4) 상담 목표

(1) 비합리적 사고를 합리적으로 바꾸는 것이며 궁극적으로는 내담자가 가지고 있는 삶의 철학 자체를 변화시키는 것이다.

(2) 세부목표는 자신에 대한 관심, 사회적 관심, 자기결정, 인내성, 융통성, 불확실한 것에 대한 수용, 헌신, 과학적 사고, 자기수용, 위험 감수, 낙원지상주의에서의 탈피, 좌절에 대한 높은 수준의 인내심, 문제에 대한 책임수용 등이다.

기출 DATA
앨리스의 ABCDE 모형 2018-1회

TIP

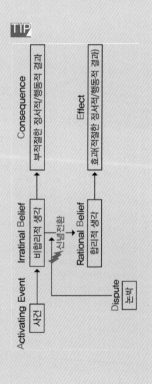

## 5) 상담 과정

(1) 1단계 : 내담자에게 자신이 많은 비합리적 신념을 지니고 있음을 보여준다.

(2) 2단계 : 비합리적으로 생각하고 자기 패배적인 의미나 철학을 반복함으로써 정서장애가 일어나고 유지되고 있음을 보여준다.

(3) 3단계 : 내담자의 사고를 수정하고 그들의 비합리적인 생각을 포기하도록 돕는다.

(4) 4단계 : 다른 비합리적인 신념의 희생자가 되는 것을 피할 수 있게 하기 위해 인생의 합리적인 철학을 발전하도록 격려한다.

## 6) 상담자의 역할

(1) 상담자는 내담자에게 현재 문제를 일으킨 인지적 가설을 가르친다.

(2) 비합리적 신념이 부정적인 결과를 초래하는 방식을 보여줌으로써 내담자에게 합리적 신념을 가지게 한다.

(3) 행동적 과제를 제시하여 비합리적 사고를 최소화할 수 있도록 돕는다.

## 7) 상담 기법

(1) 인지적 기법

① 비합리적 신념 논박하기 : 내담자로 하여금 사건이나 상황이 아닌 자신이 가지고 있는 비합리적 신념 때문에 장애를 느낀다는 것을 깨닫게 한다.

② 인지적 과제 주기 : 내담자들에게 자신의 문제 목록표를 만들고, 절대론적 신념을 밝히며 그 신념을 논박하게 한다. 그리고 내면화된 자기 말의 일부인 '해야만 한다', '하지 않으면 안 된다' 등을 줄이기 위해 과제를 낸다.

③ 내담자의 언어를 변화시키기 : 부정확한 언어가 왜곡된 사고를 일으키는 원인 중 하나라고 본다. "만약 ~ 한다면, 그것은 정말 끔찍한 것이다."라는 말 대신, "만약 ~ 한다면 그것은 좀 불편할 것이다."라고 말하는 것을 배우게 한다.

(2) 정서적 기법

① 합리적 정서 상상 : 내담자 자신에게 일어날 수 있는 최악의 상황을 상상하게 하여 그 상황에 맞지 않는 부적절한 감정을 적절한 감정으로 변화시키는 방법이다.

② 유머의 사용 : 필요 이상으로 심각하게 받아들이는 것에 대하여 반박하고, 틀에 박힌 생활 철학을 논박하도록 조언하는 데 유머를 사용한다.

③ 부끄러움 제거 연습 : 정서장애의 중요한 핵심 중 하나는 부끄러움 혹은 자기비난이라고 보고, 상담자는 내담자로 하여금 창피하거나 부끄럽게 느끼는 행동을 해보도록 한다. 이 과제를 통해 내담자는 자신이 생각했던 만큼 다른 사람이 관심을 두지 않는 것을 깨닫게 된다.

(3) 행동적 기법

① 수치심 깨뜨리기 : 평소 위험하고 부끄럽고 당황스럽고 굴욕적이라고 생각했던 일을 실생활 장면에서 시도해 보도록 하고, 이를 통해 생각과는 달리 실제로 당황스럽거나 자기 비하감을 가져오지 않는다는 사실을 깨닫게 한다.

② 보상 기법 : 낮은 행동을 높이기 위해 보상이나 강화를 사용한다.

③ 역할 연기 : 스트레스 상황에서 무엇을 느끼는지 알아보기 위해 행동을 시연해본다.

TIP
수치심 깨뜨리기
다른 사람들이 나의 행동을 '우스꽝스럽다'고 생각할까봐 하지 못하는 그 행동을 많은 사람들 앞에서 해보도록 하는 것이다.

## 6 » 인지행동 상담

### 1) 개요

기출 DATA
인지행동상담의 개요 2019-1회

TIP
벡의 인지이론에 의하면 사람들이 경험하는 대부분의 심리적 문제는 스트레스 상황을 경험했을 때 자동적으로 떠올리는 부정적 내용의 생각들로 인해 발생한다.

(1) 앨리스는 인간이 가진 비합리적 신념에 초점을 맞추었고, 아론 벡은 개인이 가진 정보처리 과정상의 인지적 왜곡에 초점을 두었다.

(2) 최근 연구결과에 의하면 인지행동치료는 특히 우울이나 공황장애, 대인공포증, 강박장애, 섭식장애에 좋은 성과를 거두고 있다.

(3) 심리치료의 목표는 당면한 현재 문제를 해결하고 역기능적인 사고와 행동을 수정하는 데 있다.

(4) 정신과적 장애를 지닌 집단에 인지치료를 성공적으로 적용시켰으며 성격 및 정신병리에 관한 통합된 이론이다.

① 비현실적인 부정적 인지가 부적응적 증상을 유발한다.

② 정신장애의 유형은 자동적 사고의 주제와 밀접하게 관련되어 있다.

③ 정신병리는 개인이 현실을 정확하게 인식하지 못하고 과장하거나 왜곡할 때 생겨난다.

④ 정상과 정신병리는 연속선상의 차이에 의해 구별되는 것으로 본다.

(5) 인지행동적 상담이론의 종류

① 인지적 재구성에 초점을 둔 접근

② 수용을 강조하는 접근

③ 문제상황에 대처하는 기술교육을 강조하는 접근

④ 문제해결 접근

기출 DATA
인지행동적 상담이론의 종류
2017-3회

2) **인간관** : 인간은 자신의 인지구성에 의해 행동하고 느끼는 방식을 결정하는 존재이다.

3) **주요 개념**

(1) 자동적 사고

① 어떤 환경적 사건에 대해 자기도 모르는 사이에 떠오르는 생각과 심상을 말한다. 환경적 사건으로부터 심리적 증상이 생기도록 매개하는 주요한 인지적 요인이 된다.

② 심리적 문제를 가진 사람의 자동적 사고는 왜곡되어 있거나, 부정확하고 극단적 내용이 대부분이다.

③ 자동적 사고는 구체적이며 축약되어 있다.

④ 우울 증상을 경험하는 사람들의 자동적 사고는 크게 인지 삼제로 구성되어 있다.

ⓐ 자신에 대한 비관적 생각 예 '나는 가치 없는 사람이다.'

ⓑ 미래에 대한 *염세주의적 생각 예 '나의 미래는 절망뿐이다.'

ⓒ 세상에 대한 부정적 생각 예 '세상은 나를 받아주지 않는다.'

TIP
염세주의
세계는 원래 불합리하여 비애로 가득 찬 것으로서 행복이나 희열도 덧없는 일시적인 것에 불과하다고 보는 세계관이다.

(2) 인지도식(스키마)

① 도식이란 마음속에 있는 인지 구조로 정보 처리와 행동의 수행을 안내하는 비교적 안정적인 인지적 틀을 말한다.

② 동일한 생활사건의 의미를 사람마다 다르게 해석하는 이유는 사람마다 인지도식이 다르기 때문이다.

기출 DATA
인지도식 2020-3회

기출 DATA
인지적 오류
2019-1회, 2017-1회

➡ (          )란 자신의 현실을
제대로 지각하지 못하거나 그 의미
를 왜곡하여 받아들이는 인지왜곡
을 말한다.

정답 : 인지적 오류

(3) 역기능적 인지 도식

① 비합리적이고 부적응적이며 자기비판적인 사고의 틀이다.

② 역기능적 인지 도식은 부정적 내용의 자동적 사고를 활성화시킨다.

③ 역기능적 인지 도식을 가진 사람은 일상에서 스트레스 사건을 경험하게 되면 부정적인 자동적 사고를 자신도 모르게 떠올리게 되어 결과적으로 심리적 문제 유발을 경험하게 된다.

④ 역기능적 인지 도식은 청소년기 이전부터 형성되기 시작한다.

(4) 인지적 오류

① 어떤 사건이나 상황을 체계적으로 왜곡해서 그 의미를 해석하는 정보처리 과정에서 일으키는 체계적인 잘못을 말한다.

② 개인적 사건에서 사건의 실제적 의미를 확인하지도 않고 성급하게 현실과 동떨어진 결론을 내리는 오류를 범하는데 오류를 많이 범할수록 심리적 어려움을 겪을 가능성이 높다.

③ 인지적 오류는 잘못된 인지도식으로 인해 왜곡해서 지각할 가능성이 높으며 어떤 사건을 접했을 때 부정적인 내용의 자동적 사고를 떠올릴 가능성이 크다.

④ 인지적 오류의 종류

ㄱ 흑백논리(이분법적 사고) : 사건을 흑백논리로 사고하고 해석하거나 경험을 극단적으로 범주화하는 것이다.

ㄴ 임의적 추론 : 어떠한 결론을 내릴 때 충분한 증거가 없으면서도 최종적인 결론을 성급히 내려버리는 오류이다.

ㄷ 과잉 일반화 : 한두 번의 단일 사건에 근거하여 극단적 신념을 가지고 일반적 결론을 내려 그와 무관한 상황에도 그 결론을 적용하는 오류이다.

ㄹ 선택적 추상화 : 상황이나 사건의 주된 내용은 무시하고 일부 특정 정보에만 주의를 기울여 사건 전체에 의미를 해석하는 오류이다.

ㅁ 개인화 : 자신과 관련시킬 근거가 없는 외부 사건을 자신과 관련시키는 오류이다.

ㅂ 과장/축소 : 어떤 사건 또는 한 개인이나 경험이 가진 특성의 한 측면을 실제보다 과대평가하거나 과소평가하는 오류이다.

ㅅ 잘못된 명명 : 하나의 행동이나 부분 특성을 사건이나 사람에게 완전히 부정적으로 단정하여 이름 붙이는 오류이다.

ㅇ 파국화 : 개인이 걱정하는 한 사건을 지나치게 과장하여 두려워하는 오류이다.

## 4) 상담 목표

(1) 자동적 사고를 변화시킨다.

(2) 인지 도식을 재구성하여 새로운 사고를 하도록 한다.

(3) 인지적인 오류를 제거한다.

(4) 부적응적 행동과 정서를 수정하여 적응적 행동과 정서로 바꾸어 준다.

## 5) 상담 과정

(1) 내담자의 자동적 사고에 주의를 기울인다.

(2) 자동적 사고를 구체적으로 인식하고 합리적인 사고로 변화시킨다.

(3) 내담자가 가진 인지적 오류들을 확인하고, 역기능적 가정들을 인식하여 재구성함으로써 부적응적 도식을 변화시킨다.

(4) 긍정적인 경험을 할 수 있는 행동과제를 부여하여 병행한다.

## 6) 상담 기법

(1) 인지행동치료 기법들의 공통적 특징

① 과학적 연구에 의한 치료 기법을 개발하고 개선하려 한다.

② 대부분의 심리장애는 일상생활 속에서 만들어진 역기능적인 문제행동으로 본다. 이러한 역기능적 문제 행동이나 사고방식은 인지 행동적 원리를 통해 변화 가능하다고 본다.

③ 인지행동 평가는 행동적 면접, 자기 관찰 및 보고, 타인 관찰 및 보고 등의 방식을 통해 내담자 문제와 유발요인을 파악하고 문제를 지속시키는 요인과 내담자가 가진 자원과 지지 요인, 내담자의 강점과 약점들을 파악한다.

④ 문제 행동별로 특정한 치료 기법을 적용하여 역기능적 행동이나 인지를 변화시킨다.

⑤ 단기 치료를 선호하는 기간 한정적 치료이다.

⑥ 필수적 치료 절차로서 인지, 행동 평가가 이루어진다.

⑦ 상담자는 교육자이고 코치의 역할을 감당한다.

(2) 인지적 기법

① 탈파국화 : 내담자가 걱정하고 염려하여 사건을 지나치게 파국화하는 것에서 벗어나도록 돕는 기법이다.

② 재귀인 : 내담자가 개인적으로 사건을 받아들이고 자신 때문에 사건이 발생했다고 지각할 때 자동적 사고와 감정을 검증하여, 내담자로 하여금 사건에 대한 책임과 원인을 공정하게 귀인하도록 돕는다.

③ 재정의 : 자동적 사고와 인지 도식에 따라 같은 말도 다른 의미를 가질 수 있다. 문제를 재정의하여 좀 더 구체적이고 개인적으로 만들고 내담자 자신의 관점에서 말할 수 있도록 돕는다.

④ 탈중심화 : 타인의 관심이 자신에게 집중되어 있다는 잘못된 신념으로 불안한 내담자에게 사용하는 기법이다.

⑤ 주의 환기하기 : 내담자가 부정적으로 생각하는 것을 막도록 도와준다.

⑥ 이중 잣대기법 : 같은 상황에서 자신과 타인에게 다른 기준을 두는 것이다.

⑦ 장점과 단점 : 내담자의 신념이나 행동에 대해 장점, 단점을 열거하도록 하는 것이다.

(3) 행동적 기법

① 노출기법 : 불안을 경험하는 내담자가 사고와 심상 심리적인 증상 및 긴장의 수준에 대한 자기보고 자료를 제공한다.

② 사고 중지 : 원치 않는 생각이 떠오를 때마다 "멈춰."라고 말한다.

③ 행동적 시연과 역할 연기 : 현실생활에 적용되는 기술과 기법을 연습하면서 개인이 자신에 대해 갖는 새로운 생각들을 현실화하는 것을 가능하게 한다.

❖ 이외에도 가설 검증, 자기 대화, 일기, 편지 쓰기, 인지적・내면적 모델링, 정서적 정신적 심상, 정서적 역할, 독서치료 등 다양한 기법이 활용된다.

## 7) 마이켄바움의 인지행동수정

### (1) 주요 개념

① 내담자의 자기 언어를 변화시키는 것에 중점을 두고 자기 대화를 인식하도록 한다.

② 인지 재구성 방법을 사용한다.

③ 비합리적 내적언어는 정서적 장애의 원인이 되며, 내적 언어의 발달은 타인 또는 자기 교습을 통해서 행동을 통제하는 것이 가능하다.

### (2) 상담 과정

① 내담자가 부적응적인 자기 말을 지각, 규명하도록 한다.

② 상담자가 효과적인 언어, 행동을 시범 보인다.

③ 내담자가 자기 언어를 크게 말하면서 목표행동을 하게 한다.

④ 상담자의 강화로 내담자는 새로운 자기 언어를 구축한다.

### (3) 행동변화법

① 제1단계-자기 관찰 : 내담자가 자신의 행동을 관찰하는 방법을 학습하는 것이다.

② 제2단계-새로운 내적 대화의 시작 : 내담자는 자신의 부적응 행동을 알아차리는 것을 배우고, 적합한 행동 대안에 주목하기 시작한다. 상담을 통해 자신의 내적 대화를 변화시키는 것을 배우게 된다. 새로운 내적 대화는 새로운 행동을 유도하고 내담자의 인지구조에 영향을 미친다.

③ 제3단계-새로운 기술의 학습 : 효과적인 대처기술을 내담자에게 가르치고 이를 일상생활에서 실행하도록 한다.

### (4) 대처기술 프로그램

① 개념적 단계 : 상담 관계 수립, 내담자는 매일 자신의 구체적인 사고나 감정 행동을 체계적으로 기록한다.

② 기술획득과 시연 단계 : 상담자는 내담자로 하여금 스트레스 상황에서 다양한 행동적, 인지적 대처기법을 적용하도록 돕는다. 이완 기법 학습 등의 직접적인 행동 훈련도 배운다.

③ 적응과 수행 단계 : 실제 생활에서 변화된 것을 유지하고, 지속적으로 자기 진술을 연습하여 실제 상황에서 새로운 기술을 적용한다.

(5) 스트레스 면역(접종) 훈련

① 스트레스 면역(접종) 훈련 행동변화법

㉠ 개념화(Conceptualization) 단계(자기-관찰) : 치료자가 내담자의 문제를 확인하고 명료화하기 위해 내담자를 대상으로 작업하는 인지적 중재 단계이다.

㉡ 기술 획득 및 시연(Skills acquisition and rehearsal) 단계 : 내담자는 자신의 부적응적 행동에 주의를 기울이는 방법을 배운다.

㉢ 적용 및 후속 행동(Application and follow-through) 단계 : 실제 생활에서 사용되는 더 효과적인 대처 기술을 배운다.

② 스트레스 면역(접종) 훈련 대처-기술프로그램

㉠ 역할 놀이나 상상을 통해 내담자를 불안 유발 상황에 노출시킨다.

㉡ 내담자에게 자신의 불안 수준을 평가하도록 한다.

㉢ 스트레스 상황에서 내담자가 경험하는 불안 유발 인자를 스스로 인식하도록 가르친다.

㉣ 자기 진술에 대한 재평가 과정을 통해 이런 사고를 탐색해 본다.

㉤ 재평가 과정 후에 불안 수준을 평가한다.

③ 스트레스접종 방법

스트레스 면역(접종) 훈련은 전달되는 정보의 조합, 소크라테스식 대화, 인지적 재구조화, 문제 해결, 이완 훈련, 행동 시연, 자기 관찰, 자기 교시, 자기 강화, 환경적 상황의 수정으로 구성되어 있다.

기출 DATA
스트레스접종 방법 2016-3회

# 7 》》 실존주의 상담

## 1) 개요

(1) 인간의 삶의 의미를 탐구하는 데 초점을 둔다.

(2) 인간을 단순한 지성적 존재 이상으로 보고 있기 때문에, '문제' 자체보다는 내담자의 있는 그대로의 경험을 이해하는 것을 강조한다.

(3) 상담의 기술보다 치료자와 내담자의 관계를 더 중요하게 여긴다.

(4) 삶에 대한 가치관을 점검하고 현재 가치체계의 출처를 탐색한다.

(5) 불안의 원인을 인식한다.

(6) 선택의 자유와 책임을 인식한다.

TIP
실존적 상담이론은 다른 이론들과 달리 특정한 한 두 사람의 창시자에 의해 생겨난 단일체계 이론이 아니라, 신학과 철학, 정신의학, 심리학, 교육학 등의 여러 분야에서 발달한 이론들의 묶음이라고 할 수 있으며, 상담이론이라기보다는 상담철학이자 인간을 보는 관점이라고 할 수 있다.

## (7) 실존주의 학자

기출 DATA
실존주의 학자 2018-1회

| 프랭클 | • 프로이트의 결정론을 반대하고 자유, 책임능력, 의미, 가치추구 등의 기초개념을 포함한 '의미를 통한 심리상담 치료'라는 뜻의 의미치료(Logotherapy)를 개발하였다.<br>• 우리시대의 사회적 질병은 무의미, 즉 '실존적 공허'인데 일상적인 생활이나 일이 바쁘지 않을 때 자주 경험하게 된다고 본다. |
|---|---|
| 메이 | '실존'하기 위해서는 용기가 필요하고 우리 자신의 모습은 우리가 선택하며 우리 안에는 끊임없는 갈등이 있다고 본다. |
| 얄롬 | 죽음, 자유, 실존적 고립, 무의미 4가지에 관심을 둔 실존치료를 개발하였다. |
| 보스 | 죽음, 자유, 고립, 무의미성을 인간의 4가지 궁극적 관심사로 들면서 궁극적 관심사로 인해 갈등과 불안을 느낀다고 하였다. |
| 빈스반거 | 내담자의 세계관을 발견하는 것과 그 세계가 내담자에게서 어떻게 나타나는지에 관한 문제를 중점적으로 다루었다. |

## 2) 인간관

(1) 인간은 존엄성과 가치를 지닌 존재이다.

(2) 인간은 자기 인식의 능력을 지닌 존재이다.

(3) 인간은 계속해서 되어가는 존재이다.

(4) 인간은 실존적으로 단독자이면서 타자와의 관계를 추구하는 존재이다.

(5) 인간은 이 세상에 우연히 내던져진 존재이다.

(6) 인간은 영원히 사는 것이 아니라 언젠가는 죽을 수밖에 없다는 사실을 알고 있는 존재이다.

(7) 자신을 초월할 능력을 가진 존재이다.

## 3) 주요 개념

(1) 죽음

① 죽음을 부정적으로 보지 않으며 삶에 대한 의미를 부여하는 인간의 기본조건으로 본다.

② 인간을 인간답게 하는 특성 중의 하나는 죽음의 불가피성을 받아들이는 능력이다.

③ 죽음의 인식은 삶에 대한 열정이나 창조성의 근원이 된다.

④ 죽음을 두려워하는 사람은 삶도 두려워하기 때문에 삶을 충분히 긍정하고 충분히 현재에서 사는 사람은 삶의 종결에 집착하지 않는다.

TIP
실존철학의 가장 중요한 문제는 죽음이다. 인간은 자신이 지금은 존재하지만 미래의 언젠가는 죽고 존재하지 않는다는 것을 자각한다. 죽음은 누군가가 대신해 주기를 바랄 수도 피할 수도 없는 언젠가 자기가 맞이해야 사건이다.

기출 DATA
실존적 조건 2020-3회

(2) 고립

   ① 개인 간 고립은 자신과 타인 사이에 존재하는 거리를 말하고, 개인의 고립은 자기 자신의 부분들과 고립되어 있다는 사실을 말한다.

   ② 실존적 고립은 다른 개인들이나 세계로부터의 근본적인 고립이다.

(3) 자유

   ① 실존적 의미에서 자유는 긍정적 개념으로 보지 않는다. 반대로 인간이 응집력 있는 거대한 설계를 지닌 구조화된 우주에 들어가지 못하고, 그곳에서 나오지도 못한다는 의미이다.

   ② 인간은 여러 선택 중에서 어느 것을 선택할 수 있는 자유를 가진 존재이다.

   ③ 자유란 인간이 그 자신의 세계, 인생설계, 선택과 행동에 대해 전적인 책임이 있다는 사실을 의미한다.

(4) 책임 : 인간은 스스로 결단해서 자기 운명을 결정하고 존재를 개척하며 자신의 인생에 책임을 져야하는 존재이다.

(5) 무의미

   ① 삶의 의미가 없을 경우 계속 살아야 할 이유가 없다. 그러므로 무의미에서 벗어나기 위해 의미를 찾아야 하는데 삶의 의미는 각 개인에 따라 독특하기에 각자가 자신에게 적절한 방식으로 찾아야 한다.

   ② 삶의 의미를 가져다 줄 세 가지 방법은 '창조적 가치', '경험적 가치', '태도적 가치'이다.

(6) 실존적 욕구 좌절 : 실존적 욕구 좌절이란 인간이 자기 삶의 의미를 상실한 상태에 빠진 것을 말한다.

TIP
실존적 욕구 좌절은 그 자체로는 병이 아니다. 다시 말해, 삶의 무가치에 대한 회의나 고통은 절망적 불안이기는 하지만 정신적 병은 아닌 것이다. 따라서 의미 치료는 정신질환의 치료뿐 아니라 실존적인 욕구를 겪고 있는 사람에게 다시금 삶의 의미를 재발견하고 자기 인생의 의미와 가치를 깨닫게 하는 것을 목표로 한다.

## 4) 상담 목표

(1) 자신의 내면세계를 있는 그대로 자각하여 이해하도록 하며, 지금 현재 자기 자신을 신뢰하도록 한다.

(2) 삶의 의미와 목적을 스스로 발견하도록 하며 인생에 대한 확고한 방향 설정과 결단을 내리도록 한다.

(3) 삶에 있어서 의미 있는 선택을 하고, 그에 따른 개인적 책임성을 수용하도록 한다.

## 5) 상담 과정

### (1) 메이의 상담과정

① 친밀한 관계의 수립 : 악수를 하는 것은 친밀한 관계 수립을 위한 가장 적절한 시작일 수 있다.

② 고백 : 내담자와 친밀한 관계가 수립되면 고백이라는 상담의 중심적인 단계에 접어든다.

③ 해석 : 내담자가 문제를 기탄없이 이야기하고 자기가 처한 상황을 설명하여 테이블 위에 자기가 가진 모든 계획을 드러내면 해석의 단계가 시작된다.

④ 내담자 인격 변형 : 상담 과정 전체의 종결 및 목표는 내담자의 인격 변형이다.

### (2) 프랭클의 의미치료 과정

① 증상의 확인 : 적절한 진단은 상담치료의 첫 단계로 중요한 단계이다.

② 의미의 자각 : 내담자를 증상으로부터 분리하고 삶에 대한 의미를 자각하게 도와준다. 삶과 죽음의 의미를 포함하여 일의 의미, 사랑의 의미, 고통의 의미에 대한 자각이 강조되어야 한다.

③ 태도의 수정 : 의미의 자각을 통해 내담자가 증상으로부터 거리를 유지하게 되면 자기 자신이나 삶에 대한 새로운 태도를 가지게 된다.

④ 증상의 통제 : 내담자로 하여금 증상을 약화시키거나 증상 자체를 통제할 수 있다는 사실을 받아들이도록 도와준다.

⑤ 삶의 의미 발견 : 미래를 향한 정신건강의 예방적 측면에서 내담자로 하여금 의미 있는 활동과 경험을 하도록 도와준다.

## 6) 상담자의 역할

(1) 내담자로 하여금 자신의 잠재력을 깨닫게 한다.

(2) 내담자가 삶의 불안을 직면할 수 있도록 격려한다.

(3) 내담자가 있는 그대로의 세상을 볼 수 있도록 도와준다.

(4) 내담자 스스로 선택과 책임을 활용할 수 있도록 도와준다.

### 7) 상담 기법

**(1) 직면**

① 내담자가 겪는 실존적 불안이나 공허감의 문제를 진솔하게 직면할 수 있도록 격려한다.

② 개인의 네 가지 궁극적 관심사인 죽음, 자유, 고립, 무의미 각각에 대해 직면하게 될 때 실존적인 준거들로부터 나온 내적 갈등의 내용이 구성된다고 보았다.

**(2) 역설적 의도** : 내담자의 증상에 대해 자신의 태도를 반전시켜 줌으로써 내담자로 하여금 자기 증상에서 벗어날 수 있게 해 준다.

**(3) 탈숙고**

① 역설적 의도와 더불어 악순환에서 벗어나게 하기 위해 사용되는 기법으로 자신의 문제에 대해 지나치게 숙고하면 자발성과 활동성에 방해되므로 지나친 숙고를 하지 않도록 하는 기법이다.

② 매우 단순하게 자신 외의 다른 것에 관심의 초점을 맞추는 것이다.

## 8 》》 게슈탈트 상담

### 1) 개요

**(1)** 1949년 펄스(Perls)에 의해 창안되었으며 '게슈탈트'는 독일어로 '전체' 또는 '형태'를 의미한다. 우리나라에서는 게슈탈트 상담을 '형태상담이론'이라고 한다.

**(2)** 개체의 욕구나 감정, 환경조건 및 상황 간의 상호작용을 강조하는 *장이론과 인간의 주관적 지각과 경험과 의미를 강조하는 현상학적 접근, 인간은 스스로 끊임없이 다시 만들고 발견한다고 보는 실존주의의 기본전제를 따르고 있다.

**(3)** 게슈탈트 상담은 사람들이 자신의 삶을 풍성하게 살지 못하게 방해하는 것이 무엇인지 알아차리고, 자기와 세계의 분열된 부분을 재통합하여 의미 있는 성장을 촉진하는 데 목적을 둔다.

**TIP**

• 인간중심 상담 : 로저스
• 합리정서행동상담 : 앨리스
• 인지치료 : 아론 벡
• 게슈탈트 : 펄스
• 현실치료 : 윌리엄 글래서
• 실존주의 : 메이, 플랭클, 보스, 얄롬
• 교류분석 : 에릭 번
▶ 2020-3회

**TIP**

게슈탈트
게슈탈트란 독일어로 게슈탈텐(gestalten : 구성하다, 형성하다, 창조하다, 개발하다, 조직하다)의 뜻을 지닌 동사로, 사물을 볼 때 부분과 부분을 하나하나 따로 떼어 보지 않고 하나의 의미 있는 전체상으로 파악할 때, 바로 그 전체상을 이르는 말이다.

**TIP**

장이론
심리현상은 그것을 구성하는 요소의 단순한 모임이 아니고, 전체가 하나의 장을 만드는 것으로, 그 내부는 서로 역동적으로 관련되어 있다고 생각하는 이론이다.

## 2) 인간관

(1) 인간은 현상학적이고 실존적인 존재이다.

(2) 인간은 전체적이며 통합적이고 현재 중심적이다.

(3) 인간은 환경의 일부분으로 환경과 분리할 수 없다.

(4) 인간은 자신의 행동을 자유롭게 선택할 수 있으며 자신의 자유로운 선택에 의해 잠재력을 각성할 수 있다.

(5) 인간은 자기 자신의 삶을 효과적으로 영위할 수 있는 능력을 가진다.

(6) 인간은 기본적으로 선하지도 악하지도 않다.

(7) 인간은 완성을 추구하는 경향이 있다.

## 3) 주요 개념

### (1) 게슈탈트

① 사물을 볼 때 부분과 부분을 하나씩 따로 떼어 보지 않고 하나의 의미 있는 전체상으로 파악하는데 그 전체상을 '게슈탈트'라고 한다.

② '개인에 의해 지각된 자신의 행동동기'를 의미한다. 즉, 개체가 자신의 욕구나 감정을 자각하고 의미 있게 행동으로 옮길 수 있는 형태로 조직화하여 자각하는 것이다.

> **예** 외롭다는 감정을 자각하면서 친구와 커피를 마셔야겠다는 행동동기를 조직화하며 자각한다.

③ 조직화된 행동 형태를 본인이 자각하면 게슈탈트 형성이 이루어진 것이며, 이루어진 게슈탈트를 실행하고 완결 짓고 싶어 한다.

④ 즉, 욕구나 감정이 게슈탈트가 아니며 개체가 의미 있는 전체로 조직화하여 지각했을 때 비로소 게슈탈트가 된다. 게슈탈트를 형성하는 이유는 우리의 모든 욕구나 감정을 유의미한 행동으로 만들어서 실행하고 완결 짓기 위해서이다.

⑤ 개인은 자신의 모든 활동을 게슈탈트를 형성함으로써 조정하고 해결하며 만일 개인이 게슈탈트 형성에 실패하면 심리적, 신체적 장애를 겪게 된다.

⑥ 건강한 삶이란 분명하고 강한 게슈탈트를 형성할 수 있는 능력을 가진 것이다.

**TIP**

펄스는 많은 사람들이 자기 자신의 일부밖에 의식하지 못하며 전체로서 자기라는 것을 알지 못하고 살아가고 있음을 깨달았다. 게슈탈트 상담에서는 사람들이 자신의 인격 개개의 단편적인 부분을 인식하고 그것들을 인정하여 모든 부분을 자신의 것으로 인지하고 하나의 전체로 통합할 수 있도록 돕는다.

(2) 전경과 배경

① 전경

　　⊙ 어느 한 순간에 중요한 욕구나 감정을 떠올리며 관심의 초점이 되는 부분을 전경이라고 한다.

　　ⓒ 건강한 개인은 매순간 자신에게 중요한 게슈탈트를 선명하고 강하게 형성하여 전경으로 떠올릴 수 있다.

② 배경 : 게슈탈트가 해소되고 나면 전경에서 사라지면서 배경이 된다.

③ 새로운 게슈탈트가 형성되어 전경으로 떠오르고, 그것이 해소되면 다시 배경으로 물러나는 과정을 되풀이한다.

④ 이러한 순환과정을 '게슈탈트의 형성과 해소' 혹은 '전경과 배경의 교체'라고 부른다. 건강한 사람의 경우에 전경과 배경이 자연스럽게 교체된다.

(3) 알아차림과 접촉

기출 DATA
알아차림과 접촉
2019-3회, 2016-1회

① 알아차림(의식)

　　⊙ 알아차림은 개체가 자신의 욕구나 감정을 지각한 다음 게슈탈트로 형성하여 전경으로 떠올리는 행위를 말한다.

　　ⓒ 알아차림에는 미해결 과제의 알아차림과 지금 여기에서 새로 형성되는 게슈탈트에 대한 알아차림의 두 가지로 나눌 수 있다.

　　ⓒ 지금 여기서 매 순간 형성되는 게슈탈트의 알아차림과 '나-너' 관계를 통한 게슈탈트의 해소가 가장 중요하지만 미해결 과제가 있을 때에는 먼저 미해결 과제를 해결하는 것이 중요하다.

② 접촉

　　⊙ 접촉은 전경으로 떠오른 게슈탈트를 해소하기 위해 환경과 상호작용하는 행위를 뜻한다.

　　ⓒ 게슈탈트가 형성되어 전경으로 떠올라도 이를 환경과의 접촉을 통해 완결 짓지 못하면 배경으로 사라지지 않는다.

　　ⓒ 접촉은 알아차림과 서로 상호보완적으로 작용하여 '게슈탈트 형성-해소'의 순환과정을 도와주어 유기체의 성장에 이바지한다.

ⓔ 접촉 수준

| 가짜층<br>(진부층) | 서로 형식적이고 의례적으로 반응하고 습관적으로 상황을 처리하며 사회적 관계는 가짜로 행동하는 수준이다. |
|---|---|
| 공포층<br>(연기층) | 자신이 원하는 것을 숨기고 부모나 주위 환경에서 바라는 대로 맞춰서 행동하는 수준이다. |
| 교착층<br>(막다른 골목) | 지금까지 하던 자신의 역할을 그만두고 스스로 자립할 시도를 하지만 힘이 없어 공포감과 공허감을 느끼는 수준이다. |
| 내파층 | • 가짜 주체성이 무너지기 시작하여 지금까지 억압하고 차단해왔던 자신의 욕구와 감정을 알아차리는 수준이다.<br>• 게슈탈트는 형성하지만 환경과 접촉을 통해 게슈탈트를 해소하지 못하고 부정적 감정을 자신에게 돌려 비난과 질타의 행동을 한다. |
| 폭발층 | 더는 자신의 욕구나 감정을 억압하지 않고 외부로 표출하는 수준이다. 타인과의 관계에서도 참 만남이 가능하게 된다. |

③ 알아차림 – 접촉의 주기

　　㉠ 배경에서 어떤 유기체 욕구나 감정이 신체의 감각의 형태로 나타난다.

　　㉡ 이를 개체가 알아차려 게슈탈트로 형성하여 전경으로 떠올린다.

　　㉢ 이를 해소하기 위하여 에너지(흥분)를 동원하여 행동으로 옮긴다.

　　㉣ 마침내 환경과의 접촉을 통해 게슈탈트를 해소한다.

(4) 알아차림 – 접촉방해(접촉경계혼란)

① 접촉경계혼란으로 말미암아 개체는 자신의 경계를 명확하게 인식하지 못한다.

② 접촉경계혼란으로 정체성을 확립하지 못하여 자신이 누구이며 무엇을 원하는지, 자기와 타인의 경계가 어떠한지에 대한 판단의 문제가 생긴다.

③ 접촉경계혼란이 심해지면 경계가 매우 불투명해져서 신체 건강의 문제와 심리적 불안을 경험한다.

④ 접촉경계혼란으로 정신병리적 현상이 발생한다고 본다. 알아차림을 방해하는 요소로 내사, 투사, 융합, 반전, 자의식, 편향을 제시하였다.

**TIP**

배경 – 감각 – 알아차림 – 에너지/흥분 – 행동 – 접촉 – 마감

**기출 DATA**

접촉경계혼란
2020 – 1회, 2016 – 1회

| 내사<br>(Introjection) | 권위자의 행동이나 가치관을 무비판적으로 받아들임으로써 자기 것으로 동화되지 못한 채 개체의 행동이나 사고방식에 악영향을 미치는 것<br>예 부모가 정해준 직업을 그대로 받아들이는 것 |
|---|---|
| 투사<br>(Projection) | 자신의 생각, 욕구, 감정을 타인의 것으로 왜곡하여 지각하는 것<br>예 자신이 부모를 싫어하면서 모든 아이들이 부모를 싫어한다고 생각하는 것 |
| 융합<br>(Confluence) | 밀접한 관계에 있는 두 사람이 서로 간에 차이점이 없다고 느끼도록 합의함으로써 발생<br>예 선생님이 친구를 혼내는 것을 마치 자신을 혼내는 것으로 느끼는 것 |
| 반전<br>(Retroflection) | 개체가 타인이나 환경에 대하여 하고 싶은 행동을 자기 자신에게 하는 것, 혹은 타인이 자기에게 해주기를 바라는 행동을 스스로 자기 자신에게 하는 것<br>예 부모님에 대한 분노를 자해로 표현하는 것 |
| 자의식<br>(Egotism) | 개체가 자신에 대해 지나치게 의식하고 관찰하는 현상<br>예 친구들이 자신만 쳐다본다고 생각하고 부자연스러운 행동을 하는 것 |
| 편향<br>(Deflection) | 내담자가 환경과의 접촉이 자신이 감당하기 힘든 심리적 결과를 초래할 것이라 예상할 때, 이러한 경험으로부터 압도당하지 않기 위해 환경과의 접촉을 피해버리거나 혹은 자신의 감각을 둔화시켜버림으로써 환경과의 접촉을 약화<br>예 이야기 중에 딴소리를 하면서 말의 요점을 흐리게 하는 것 |

기출 DATA

미해결 과제 2018-1회

(5) 미해결 과제

① 미해결 과제란 게슈탈트를 형성하지 못했거나, 또는 게슈탈트를 형성하긴 했으나 해결되지 못한 채 배경으로 사라지지 못하고 전경으로 떠오르지도 못하므로 중간층에 남아 있는 것이다.

② 주로 하고 싶어도 할 수 없었던 것, 말하고 싶어도 말할 수 없었던 것 등이 원망, 분노, 증오, 고통, 불안, 슬픔, 죄의식, 포기 등과 같은 억압된 감정으로 남아 미해결 과제가 된다.

③ 미해결 과제는 완결하려는 강한 동기로 인해 계속 전경으로 떠오르려고 하여 개체가 전경을 형성하는 데 방해를 준다.

④ 미해결 과제는 전경과 배경의 자연스런 교체를 방해하기 때문에 개인의 적응에 장애가 되며 미해결 과제가 많아질수록 개인은 자신의 욕구를 효과적으로 해소하는 데 실패하게 되고 결국 심리적, 신체적 장애를 일으킨다.

⑤ 게슈탈트 심리치료는 미해결 과제를 완결 짓는 일을 중요한 목표로 삼고 있으며, 이러한 미해결 과제를 해결할 수 있는 방법은 '지금 여기 (here and now)'를 알아차리는 것이다.

**(6) 회피**

① 미해결 과제에 직면하거나 미해결 상황과 연관된 불안정한 정서를 경험하는 것으로부터 자신을 지키기 위하여 회피한다.

② 변화에 무엇이 필요한지 생각하고 자각하는 것보다도 고통스런 감정을 경험하는 것이 더 두렵기에 행해지는 양상이다.

**(7) 지금-여기**

① 과거는 지나가 버렸으며 미래는 아직 오지 않았다. 단지 지금-여기 현재만 존재한다.

② 순수한 만남을 가지기 위한 시도이다.

## 4) 상담 목표

(1) 내담자가 생각하고 느끼고 행동하는 것을 충분히 알아차리도록 돕는다.

(2) 사랑과 미움, 내부와 외부 현실과 비현실 등 삶에 존재하는 양극단 사이에서 양극성 요인을 알아차리고 상황을 인정하고 수용하여 양극성의 통합을 이룬다.

(3) 타인에게 의존하려는 마음을 버리고 자신을 신뢰하며 스스로 선택하고 책임지도록 한다.

(4) 새로운 변화를 수용하고 성장하도록 한다.

## 5) 상담 과정 : 게슈탈트 상담은 내담자의 전경에 떠오르는 것이 무엇인지에 따라 치료과정이 진행되기 때문에 치료 과정에 형식이 따로 있지 않으며, 체계적 상담 과정이 정립되어 있지 않다.

## 6) 상담자의 역할

(1) 내담자의 전 존재가 모든 감각을 완전히 활용하여 자신의 변화과정을 실제로 체험할 수 있는 분위기를 제공한다.

(2) 게슈탈트 상담에서는 상담자와 내담자 사이의 생생한 실존적 만남을 중요하게 본다.

(3) 지금-여기에서 삶을 살아가게 한다.

(4) 내담자의 언어 사용 습관 및 신체 언어에 주의를 기울인다.

**TIP**

게슈탈트 상담과정
게슈탈트 상담은 내담자의 전경에 떠오르는 것이 무엇인가에 따라 치료과정이 진행되기 때문에 다른 상담에서처럼 치료과정의 형식이 따로 있지 않다. 게슈탈트 상담자들은 내담자의 문제를 파악함에 있어 주로 자신의 직관에 의존하고 상담자의 창조성과 자발성을 적극 장려한다. 그렇기 때문에 형식적인 과정이나 회기에 대해 미리 결정된 방향이 없고 어떤 고정된 결과도 없다.

## 7) 상담 기법

(1) **욕구와 감정의 자각** : 게슈탈트를 원활하게 하고, 환경과의 접촉을 가능케 하며 상담자는 내담자의 감정을 찾아내어 자각시킨다.

(2) **신체 자각** : 내담자의 신체를 자각하게 함으로 자신의 감정과 욕구를 명확히 파악할 수 있다.

(3) **환경 자각** : 내담자의 감정과 욕구 자각을 위해 주위 환경에서 체험하는 것을 자각한다. 환경과의 생생한 접촉이 가능하다.

(4) **언어 자각** : 자신이 책임지는 문장으로 바꾸어 말하게 하여 책임의식이 높아진다.

(5) **책임 자각** : 자신이 한 일에 대해 책임지게 하고 스스로 그렇게 할 수 있는 내적인 힘이 있음을 알아차리게 한다.

(6) **과장하기** : 감정의 정도와 깊이를 명확히 자각하지 못하므로 어떤 행동이나 언어를 과장하여 표현함으로써 자신의 감정의 정도와 깊이를 자각하게 한다.

(7) **빈 의자 기법** : 현재 참여하지 않은 사람과 대화를 나누는 형식으로 관계 탐색이 가능하고, 억압된 부분, 개발되지 않은 부분들과 접촉이 가능하다.

(8) **꿈 작업** : 내담자의 욕구나 충동 혹은 감정이 외부로 투사된 것으로 꿈의 각 부분을 연기해 보게끔 하여 투사된 부분들과 접촉을 시도한다.

(9) **자기 부분간의 대화** : 내담자의 인격에서 분열된 부분을 찾아서 그것들 간에 대화를 시킴으로써 분열된 자기 부분을 통합할 수 있도록 도와주게 한다.

(10) **뜨거운 의자** : 대인관계의 문제나 저항과 관련하여 내담자의 자기 각성을 촉진시키는 기법으로, 집단상담 장면에서 많이 사용하며 한 구성원에게 한 동안 집중적으로 초점을 맞춘다.

(11) **역할극** : 평소 자신이 거부했거나 억압했던 자신의 부분들과 타인의 관점을 연기하도록 하는 기법이다.

(12) **상전과 하인** : 우리의 무의식적 행동을 지배하는 두 가지 부분의 대화가 있는데 이를 각각 상전(Top dog)과 하인(Under dog)이라고 부른다. 상전은 프로이트의 초자아 개념에 해당하는 권위적이고 명령적이며 도덕적인 부분이다. 하인은 아무 힘도 없지만 상전과의 싸움에서 만만치 않은 전략을 구사한다. 그는 변명과 사과를 잘 하는가 하면 억지 부리기, 보채기, 회피하기, 아양 떨기 등을 무기로 상전을 괴롭히고 곧잘 상전을 궁지로 몬다.

**TIP**

게슈탈트 상담에서는 내담자의 억압된 감정이나 욕구 혹은 신체감각, 사고패턴, 행동패턴 등을 알아차리도록 도와주고 적절한 접촉을 통해 억압된 부분들을 해소시켜 주기 위해 연극, 춤, 동작, 미술 등의 다양한 예술적 전략까지 포함하면서 창의적인 기법들을 많이 사용한다.

# 9 》》 교류분석 상담

TIP

교류분석은 인간관계 교류를 분석하는 것으로 인간관계가 존재하는 모든 장면에 적용할 수 있는 이론이며, 개인의 성장과 변화를 위한 체계적 심리치료법으로 성격이론, 의사소통이론, 아동발달이론, 병리학이론을 포함하고 있다.

## 1) 개요

(1) 교류분석은 1958년 에릭 번이 소개한 심리치료 기법이다.

(2) 교류분석은 성격의 인지적, 합리적, 행동적 측면을 모두 강조하였다.

(3) 내담자가 새로운 결정을 통해 삶의 과정을 바꿀 수 있도록 자각을 증대시킨다.

(4) 교류분석은 의사소통의 체계와 구성을 분석하는 방법을 제공하였다.

## 2) 인간관

(1) 인간은 과거 불행한 사건을 경험했다 하더라도 변화 가능한 긍정적인 존재이다.

(2) 인간은 현실 세계에 대한 인식, 정서를 표현할 수 있고, 친근한 관계를 형성, 유지할 수 있는 자율적 존재이다.

(3) 사회 환경이나 어린 시절 경험에 의해 결정되지 않는 자유스러운 존재이다.

(4) 인간은 존재 가치가 있고 존엄성이 있으므로 삶과 환경에 대해 재결정 할 수 있고 그에 따라 사고, 감정, 행동방식을 재구조화 할 수 있는 존재이다.

(5) 자신의 사고, 감정, 행동에 책임질 수 있는 능력을 가진 존재이다.

## 3) 주요 개념

(1) 자아 상태 모델

① 인간의 자아 상태는 한 가지 자아 상태에서 다른 상태로 변화하여, 변화한 자아 상태에 따라 행동이 달라진다고 본다.

② 자아 상태를 크게 어버이 자아(Parent), 어른자아(Adult), 어린이자아(Child)로 나눈다.

③ 자아 상태를 기능에 따라 어버이자아(P)를 비판적부모자아(CP), 양육적부모자아(NP)로 나누고, 어른자아(A), 어린이자아를 자유로운 어린이자아(FC), 순응하는 어린이자아(AC)로 나눈다.

④ 어버이 자아(P)

　　㉠ 정신역동의 수퍼에고(Superego)와 유사한 자아 상태이다.

　　㉡ 부모나 형제 혹은 정서적으로 중요한 인물들의 행동이나 태도에 영향을 받아 형성된다.

　　㉢ 기능적으로 '비판적 어버이', '양육적 어버이'로 나눌 수 있다.

　　㉣ 비판적 어버이 자아 상태는 양심과 관련된 것으로 필요한 규칙을 가르치는 동시에 비판적이며 지배적으로 질책하는 경향이 있다.

　　㉤ 양육적 어버이 자아 상태는 격려하고 보살피며 공감적이고 성장 촉진적이다.

⑤ 어른자아(A)

　　㉠ 정신역동 성격구조 중 에고(Ego)와 같이 행위에 관한 정보 수집, 자료 처리, 현실적인 가능성을 추정하는 기능을 한다.

　　㉡ 이성과 관련되어 있어서 사고를 기반으로 적응적 기능을 하는 성격이며, 현실적이고 합리적으로 판단하여 의사 결정을 한다.

⑥ 어린이 자아(C)

　　㉠ 정신역동 성격구조 중 이드(Id)와 유사하다.

　　㉡ 어린 시절 실제로 경험한 감정이나 행동 그와 비슷한 느낌이나 행동에 관한 성격이다.

　　㉢ 본능적으로 일어나는 모든 충동과 감정 및 5세 이전에 경험한 외적인 일들에 대한 감정적 반응 체계를 말한다.

　　㉣ 기능적으로 '자유로운 어린이자아'와 '순응적인 어린이자아로 나뉜다.

　　㉤ 자유로운 어린이자아는 습관화된 영향을 받지 않는 본능적이며 자기중심적이고 적극적인 성격으로 늘 열정적이며 즐겁고 호기심에 차 있다.

　　㉥ 순응적인 어린이는 감정이나 욕구를 억제하고 부모나 교사의 기대에 맞추고자 한다.

(2) **부모의 각본 메시지** : 부모가 각본 메시지를 어떻게 자녀에게 전달하는지를 보여주는 모형이다.

| 허용 | 부모의 어린이 자아(C)에서 자녀의 어린이 자아(C)로 전달된 메시지 중 긍정적인 경우 |
|---|---|
| 프로그램 | 부모의 어른자아(A)에서 자녀의 어른자아(A)로 전달된 메시지 |
| 금지령 | 부모의 어린이 자아(C)에서 자녀의 어린이 자아(C)로 전달된 메시지 중 부정적인 경우 예 ~하지 마라 |
| 대항금지령 | 부모의 부모자아(P)에서 자녀의 부모자아(P)로 전달된 메시지 예 ~해라 |

**TIP**

구조분석/기능분석

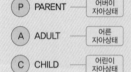

CP:비판적 어버이
NP:양육적 어버이

FC:자유로운 어린이
AC:순응하는 어린이

(3) 구조/기능분석

① 구조분석이란 어버이(P), 어른(A), 어린이(C)의 세 가지 자아 상태가 어떻게 구성되어 있는지 분석하는 것이다.

② 자신의 자아 상태를 확인하게 되고 자아 상태의 구조를 분석하게 되어 의사소통방식과 행동 유형을 해결하는 데 도움을 준다.

③ 기능분석이란 개인이 각 자아상태를 어떻게 사용하고 있는가를 알기 위한 방법이다. 기능적인 인간이란 다섯 가지 자아 상태 에너지를 잘 선택하여 그 기능을 충분하게 활용하는 사람을 말한다. 어느 한 기능이라도 제 기능을 못하면 역기능적이 될 수 있다.

(4) 교류분석

① 일상생활에서 주고받는 말, 태도, 행동 등을 분석하는 것이다.

② 어버이(P), 어른(A), 어린이(C)의 이해를 바탕으로 대인관계에서 나타나는 상호작용을 관찰, 분석함으로써 개인의 행동을 이해하고 예견하는 방법이다.

③ 구조 분석이 개인 내면에 초점을 둔다면 교류분석은 개인과 개인 사이에 초점을 둔다.

④ 교류분석의 유형에는 상보교류, 교차교류, 이면교류가 있다.

    ㉠ 상보 교류 : 두 사람이 동일한 자아 상태에서 작동되거나 상호보완적인 자아 상태에서 자극과 반응을 주고받는 것이다.

    ㉡ 교차 교류 : 상대방에게 기대한 반응과는 다른 자아 상태의 반응이 활성화되어 되돌아오는 경우로 인간관계에서 고통의 근원이 된다. 교차교류는 의사소통이 잘 되지 않는 느낌이 있고 대화의 단절과 인간관계에 부정적인 영향을 미친다.

    ㉢ 이면 교류 : 두 가지 자아 상태가 동시에 활성화되어 한 가지 메시지가 다른 메시지를 위장하는 복잡한 상호작용이다. 숨겨져 있는 요구나 의도가 이면에 깔려있는 것이 특징이다.

(5) 게임분석

① 게임이란 표면적으로는 합리적이고 친밀한 대화로써 동기화되고 보안적인 것으로 보이나 그 이면에는 정형화된 함정이나 속임수가 내포되어 있는 교류이다.

② 게임 공식

    ㉠ 먼저 게임 플레이어는 숨겨진 동기(Con)를 가지고 게임 연출의 상대를 발견하면 계략(Trick)을 쓴다.

기출 DATA
구조분석 2020-1회

TIP
교류분석

[상호보완적 교류]

[교차적 교류]

[이면적 교류]

ⓛ 게임에 대해 번이 제시한 공식은 다음과 같다.

| 속임수 + 약점 = 반응 ➡ 전환 ➡ 혼란 ➡ 결말 |
| (Con) (Gimmick) (Response) (Switch) (Crossed-Up) (Pay-Off) |

③ 에누리에서 시작되는 게임 : 상대를 에누리하면서 게임이 시작되고, 그 레이 스탬프의 수집(불쾌 감정에 비축)이 이루어진다. 이후 불만은 증대되면서 이자가 붙으며, 결국 방아쇠를 잡고 정조준 폭발(스탬프 청산, 교환)시키게 된다. 마지막에 Not-ok 생활 자세를 확인하면서 청산 과정을 마친다.

④ 드라마 삼각형 게임 : 연극이 여러 면에서 게임과 유사하다는 점에 주목하고 게임을 이해하기 위해 '박해자', '구원자', '희생자'의 삼각 구도로 된 드라마 삼각형을 고안하였다.

⑤ 라켓 감정

ⓖ 라켓은 초기 결정을 확증하기 위하여 다른 사람을 조작하는 과정을 말하며 조작적, 파괴적인 행동과 연관된 감정이다.

ⓛ 게임을 한 후 맛보는 불쾌하고 쓰라린 감정이며 개인의 인생각본의 기본이 된다.

(6) 인생 각본 분석

① 각본은 어릴 때부터 형성하기 시작하며, 자신의 욕구를 충족시키기 위하여 초기에 결정한 무의식적인 인생 계획이다.

② 배우가 무대 위에서 각본에 따라 연기하듯 사람은 각자의 인생 각본으로 살아간다.

③ 각본 분석은 사람들이 각자 특정한 방법으로 행동하는 것에 대해서 설명해 준다.

④ 각본 분석이란 자신의 자아 상태에 대하여 통찰하고 자기 각본을 이해하고 거기서 벗어나는 것을 말한다.

(7) 스트로크

① 스트로크란 사람과 사람간의 피부 접촉, 표정, 감정, 태도, 언어, 기타 여러 형태의 행동을 통해서 상대방에 대한 자신의 반응을 알리는 인식의 기본 단위이다.

② 스트로크는 사회적 상호작용의 기본 동기이며, 개인이 건전하게 기능하기 위해 필수적이다.

**TIP**

각본치료란 통찰과 어른 자아의 활성화를 촉진하고, 재결정을 통해 근본적으로 어린이 자아상태를 변화시키는 것을 말한다.

**TIP**

**스트로크**

스트로크란 사회적 행동의 동기를 제공하는 요인으로서 타인으로부터 얻어지는 인정자극을 의미한다. 생애 초기에는 주로 포옹, 머리 쓰다듬기와 같은 신체 접촉을 통해 제공되며, 성장하면서 언어, 표정 관심 등의 심리적 스트로크로 대체되어 그 사람의 존재나 가치를 인정하기 위한 언어 및 행동으로 나타난다.

③ 스트로크의 유형

㉠ 신체적 스트로크 : 신체적 접촉으로 안아 주기, 손 잡아주기, 머리 쓰다듬어주기 등의 자극이다.

㉡ 긍정적 스트로크 : 합당한 칭찬과 인정, 마음을 주고받는 사랑의 행위 등의 자극이다.

㉢ 부정적 스트로크 : 인간의 부정성을 유발시키는 자극이다.

㉣ 상징적 스트로크 : 얼굴 표정, 자세, 사용하는 언어와 말투 등의 자극이다.

㉤ 언어적 스트로크 : "우리 ○○는 착해."와 같이 말을 서로 주고받는 경우이다.

㉥ 무조건적 스트로크 : 상대의 존재나 행동에 관계없이 주는 인정 자극이다.

㉦ 조건적 스트로크 : "만약 네가 ～한다면 나도 ～하겠어."와 같이 조건이 붙는 인정 자극이다.

(8) 생활태도

① 자기 자신과 타인 그리고 세계에 대해 갖고 있는 개인의 태도를 통칭하는 것으로 초기 경험과 초기결정에 의해 형성된다.

② 생활태도의 유형

㉠ 자기긍정-타인긍정(I am OK-You are OK)

ⓐ 이런 생활태도는 바람직하고 생산적인 인간관계에 형성되는 생활 자세이다.

ⓑ 이러한 생활 자세를 지닌 사람은 대체로 정서적, 신체적 요구가 애정적이고, 수용적인 방식으로 충족되며 다른 존재의미를 충분히 인정하는 건강한 인생관을 가진다.

㉡ 자기긍정-타인부정(I am OK-You are not OK)

ⓐ 이런 생활태도는 공격적인 생활 자세로 자신의 실수를 남 탓, 사회 탓으로 여기고 자신이 사회나 가족의 희생과 박해를 당했다고 여긴다.

ⓑ 자기 주장적이며 배타적인 생활 자세이다.

㉢ 자기부정-타인긍정(I am not OK-You are OK)

ⓐ 부모의 무조건적인 자극을 경험하게 되면서 자신은 무능하며 타인의 도움이 없이는 생존할 수 없다는 좌절감을 가진다.

ⓑ 타인에게 의존적이며 자신에 대해 열등감을 가진다.

**TIP**

생활 자세는 어린 시절 부모나 중요한 타인들과의 스트로크를 토대로 조성되는 자기 또는 타인에 대한 기본 반응 태도 및 이에 기인하는 자기상이나 타인상을 말하는 것으로, 개인 인생 각본을 구성하는 중요 요소가 된다.

㉣ 자기부정−타인부정(I am not OK−You are not OK)
      ⓐ 이런 생활 자세는 삶이 허무하고 절망에 가득 차 있을 것이라
       고 지각한다. 스트로크가 심하게 결핍되어 있고 극도로 부정적
       이며 허무적이다.
      ⓑ 심한 정신적 문제를 가질 가능성이 높다.

## 4) 상담 목표

(1) 내담자가 그의 현재 행동과 삶의 방향에 대한 새로운 결정을 내리도록 한다.

(2) 새로운 결정을 내릴 수 있도록 자율성을 성취시켜 준다.

(3) 어른 자아를 확립한다.

(4) 상담 과정을 통해 내담자가 지금까지 타인과의 교류에서 이면 교류, 교차 교류, 게임 등을 발생했던 여러 문제를 살피고 상보 교류를 시도하며, P, A, C 사이를 자유롭게 왕래하도록 한다.

## 5) 상담 과정

기출 DATA
상담 과정 2016−3회

(1) 1단계 계약 : 상담을 시작하는 초기에 상담자와 내담자 사이에 라포 형성과 상담 구조화, 상담 목표를 세우고, 상담 달성을 위해 상담 계약이 이루어진다.

(2) 2단계 구조 분석
 ① 현재 자신의 자아 상태가 균형 있게 기능하지 못하는 원인을 찾고 수정하는 단계이다.
 ② 상담자는 내담자에게 구조분석의 의미와 세 가지 자아 상태와 기능을 이해시키고, 내담자의 행동 특징 및 자아 기능을 확인한다.

(3) 3단계 교류 분석
 ① 내담자가 어떤 의사 교류를 하고 있는지 알아보는 단계이다.
 ② 내담자에게 의사 교류 의미와 유형을 이해시키고, 사람들 간 의사교류를 분석하도록 한다.

(4) 4단계 게임 분석 : 내담자에게 게임의 의미와 유형을 이해시키고 내담자의 암시적 의사 교류가 어떠한지를 찾아보는 단계이다.

**TIP**

계약

계약이란 명백하게 진술된 목적을 성취하기 위한 상담자와 내담자 간의 동의를 의미하며 상담 계약은 상담의 목표를 결정하는 것이다. 계약은 상담자 내담자 모두 어른자아 수준에서 체결하는 것이지만 상담자와 내담자의 모든 자아상태가 그 계약을 인정해야 하는 것이 필요하다. 상담자에게 계약은 '내담자의 어른자아를 이해하고 어린이자아를 느끼는 것'을 의미한다.

### (5) 5단계 각본 분석

① 내담자에게 각본의 의미와 종류에 대해 이해시키고 내담자가 가지고 있는 각본을 찾아보는 단계이다.

② 내담자 문제 행동과 관련 각본을 확인시켜 어떻게 형성되었는지를 분석한다.

### (6) 6단계 재결단

① 내담자가 지금까지 문제 있는 각본, 의사교류, 게임 등에서 탈피하여 자율적이고 정상적인 자아 상태를 회복하도록 결단을 돕는다.

② 내담자는 더욱 자율적이고 책임감 있게 살아가기를 선택할 수 있다.

## 6) 상담자의 역할

(1) 상담자는 교훈적이고 인지적인 것에 관심을 기울이며, 교사, 훈련자, 정보제공자의 역할을 한다.

(2) 교사로서 상담자는 구조분석, 교류분석, 각본분석, 게임분석 개념을 설명해 준다.

(3) 상담자는 내담자 자신의 초기 결정과 인생 계획에 있어서 과거의 불리한 조건을 발견하도록 도와주며 새로운 전략을 발달시키도록 돕는다.

(4) 상담자의 주요 임무는 내담자의 어린 시절 잘못된 결정에 따라 살지 않고 현재 상황에 적절한 결정을 할 수 있도록 삶을 변화시킬 수 있는 능력을 발견하도록 돕는 것이다.

## 7) 상담 기법

(1) 상담분위기를 형성하는 상담 기법인 허용, 보호, 잠재력과 전문적 상담 행동을 규정하는 조작 기법이 있다.

(2) 상담분위기를 형성하는 기법

① 허용 : 대부분 내담자들은 부모로부터 받은 불공평하고 부정적인 금지령에 따라 행동한다. 무엇보다 내담자의 부모가 '하지 마라'라고 한 것에 대해서 허용해 주는 것이다.

② 보호 : 부모의 금지령을 포기하고 어른 자아를 사용하도록 허용 받게 되면, 내담자의 어린이 자아는 쉽게 두려움을 느낀다. 이 때 상담자의 어른 자아가 내담자의 어린이 자아를 보호하여 내담자가 보다 안전하게 새로운 자아를 경험하도록 보호한다.

③ 잠재력 : 잠재력이란 적절한 시기에 적절한 상담 기술을 사용할 수 있는 상담자의 능력을 말한다. 즉, 구조분석, 교류분석, 게임분석, 각본분석 등과 같은 이론적 내용을 숙지하고, 내담자가 바람직한 방향으로 재결 정 할 수 있도록 돕는 상담 기술을 갖추어야 한다.

(3) 조작기법

**TIP**
조작기법은 구체적인 상담자의 행동. 즉 상담 기법을 의미하며 이것은 치료적 조작을 이른다.

① 질의 : 내담자의 어른자아 사용이 어려울 때 어른 자아가 반응할 때까지 질문을 한다. 내담자가 저항을 할 수 있으므로 주의해서 사용한다.

② 명료화 : 내담자의 특정 행동이 어떤 자아 상태 때문인지 상담자와 내담 자가 일치하는 의견을 가지면, 자아 상태를 확인하는 기법이다.

③ 직면 : 내담자의 행동과 말이 일치하지 않을 때 이를 통찰하도록 알려주 는 방법이다. 자신의 문제를 파악하고 대안적 방법을 고려하는 기회를 제공한다.

④ 설명 : 상담자가 교류분석의 특징적인 측면에 관하여 가르치는 것이다.

⑤ 확인 : 내담자의 특정 행동은 상담을 하면 일시적으로 달라졌다 원래대 로 돌아가는 경우가 많다. 이 때 상담자는 아직까지 내담자가 특정 행 동을 실제로 포기하지 않고 있다는 점과 새로운 행동을 위해서 열심히 해야 된다는 것을 알리고 확인시키는 것이다.

⑥ 해석 : 내담자가 자신의 숨어져 있는 행동의 원인을 모를 때 내담자가 알 수 있도록 도와주는 기법이다.

⑦ 결정화 : 내담자가 스트로크를 받기 위해 사용해 왔던 게임을 그만두고 자유로워지도록 하며 스트로크를 좀 더 긍정적으로 얻을 수 있다는 것 을 알려주는 기법이다.

## 8) 치유의 4단계

**기출 DATA**
치유의 4단계 2017-3회

(1) **사회의 통제** : 타인과의 상호작용에 있어 개인은 스스로의 행동의 통제를 발달시킨다.

(2) **증상의 경감** : 개인이 불안과 같은 자신의 증세 완화를 주관적으로 느끼는 것을 포함한다.

**TIP**
내사물
심리적으로 흡수되어 내면에 자리 잡고 있는 사람

(3) **전이의 치유** : 내담자는 상담사를 하나의 *내사물로 자신의 머릿속에 보유 하여 건강을 유지할 수 있게 한다.

(4) **각본의 치유** : 내담자는 각본에서 완전히 벗어나 제한적 각본 결단을 재결 단하여 자율적인 사람이 되는 것을 포함한다.

# 10 》》 현실치료 상담

## 1) 개요

(1) 1956년 윌리엄 글래서는 여자 비행청소년 치료를 위해 캘리포니아 주립 시설에서 벤츄라 여학교의 정신과 자문으로 활동하면서 현실치료의 기본 개념들을 비행청소년 치료에 적용하였다.

(2) 학생들에게 자신들의 행동에 대한 책임을 지도록 하며 처벌을 금지하였다. 규칙을 어기면 개인적 책임이 요구되었고, 행동을 변화시킬 결심을 하여 실천에 옮길 수 있도록 격려하였다.

(3) 정신질환을 인정하지 않는다.

(4) 내담자의 정서, 감정, 혹은 태도보다 현재 행동에 초점을 맞춘다.

(5) 과거가 아닌 현재에 중점을 둔다.

(6) 내담자의 가치 - 판단을 강조한다.

(7) 전이를 강조하지 않는다.

## 2) 인간관

(1) 자신의 건강을 증진하고 성장하는 힘을 가지고 있으며, 자신과 환경을 통제할 수 있는 존재이다.

(2) 자유롭고 자신의 목표를 스스로 선택하고자 하는 욕구를 가진 존재이다.

(3) 자기 행동을 결정하고 자신의 행동에 책임질 수 있는 존재이다.

(4) 성공적인 정체감을 발전시키며 의미 있는 인간관계를 맺고 싶어하는 존재이다.

(5) 기본적 욕구를 충족시키려는 존재이다. 기본욕구는 사랑과 소속, 힘과 성취, 자유, 즐거움, 생존의 욕구이다.

## 3) 주요개념

(1) 선택이론(통제이론)

① 우리는 태어나서 죽을 때까지 행동하며 예외가 있기는 하지만, 우리가

TIP

현실치료는 행동의 선택이론에 바탕을 두고, 인지행동적 이론과 중재방식 토대 위에서 발전하였으며, 인간에게 자신의 삶은 물론이고 행하고, 느끼고, 생각하는 것에 대한 책임이 있다고 가정한다. 정신건강의 여러 측면, 특히 청소년문제, 알코올과 약물남용을 치료하는 데 효과가 있으며 학교, 교정기관, 사회시설, 종합병원, 공동체 운영 등 여러 곳에서 활용되고 있다.

기출 DATA
현실치료 상담의 인간관 2018-3회

하는 모든 행동은 선택된다.

② 인간의 모든 행동은 다섯 가지 욕구를 충족하기 위한 선택이다.

③ 모든 전체 행동은 자신이 만족시키고자 하는 것을 얻기 위한 최선의 시도들이다.

④ 전체 행동은 모든 행동이 분리될 수는 없지만 구별되는 4개의 구성요소(활동하기, 생각하기, 느끼기, 생리적 반응)로 이루어지고, 이것은 반드시 행위와 사고와 감정을 동반한다.

⑤ 선택이론의 기본 원리

　㉠ 우리의 행동을 통제할 수 있는 사람은 우리 자신이며 불행과 갈등도 선택할 수 있다.

　㉡ 우리는 타인으로부터 모든 정보를 얻을 수 있다.

　㉢ 지속되는 모든 심리적 문제 근원은 관계에 관한 문제이다.

　㉣ 관계 문제는 항상 개인이 현재 영위하는 삶의 일부분이다.

　㉤ 과거에 일어난 고통스러운 일이 현재 우리 자신에게 많은 영향을 주고 있지만, 이 고통스러운 과거를 다시 들추어내는 것만으로는 현재 우리가 필요로 하는 것을 얻어낼 수 없다.

　㉥ 기본 욕구인 생존, 사랑과 소속, 힘, 자유, 즐거움은 행동을 하는 동기이다.

　㉦ 우리가 할 수 있는 모든 것은 결국 행동뿐이다.

　㉧ 모든 행동은 동사, 부정사, 동명사로 표현될 수 있다.
　　예 '나는 우울하고 고통 받고 있다.'

　㉨ 모든 행동은 선택될 수 있지만 우리가 직접적으로 통제할 수 있는 부분은 단지 '행동하기'와 '생각하기'이다. '행동하기'와 '생각하기'를 선택함으로써 간접적으로 '느끼기'와 '생리적 반응'을 통제할 수 있다.

(2) 기본 욕구 5가지

① 인간은 다섯 가지 기본 욕구를 가지고 태어난다.

② 생존욕구를 제외한 다른 욕구는 심리적 욕구이다.

③ 개인 내 욕구 충족뿐만 아니라 개인 간 욕구 충족 사이에서도 갈등이 발생한다.

---

**기출 DATA**

기본 욕구 5가지
2017-1회, 2016-3회

**TIP**

인간은 다섯 가지 욕구를 모두 지니고 있지만 그 강도는 다를 수 있으며, 인간의 모든 행동은 기본 요구를 충족시키기 위한 것으로 매순간 행동은 욕구 충족을 위한 선택의 결과다.

| | |
|---|---|
| 사랑과 소속의 욕구<br>(Belonging need) | • 사랑하고 나누고, 협력하고자 하는 인간의 속성을 말한다.<br>• 자기 자신의 가족을 형성하기를 원하고 결혼하고 싶어 하거나 친구를 사귀고 싶어 하는 것 등이다. 생존욕구와 같이 절박한 욕구는 아니지만 인간이 살아가는 데 원동력이 되는 기본 욕구이다. |
| 힘에 대한 욕구<br>(Power need) | • 경쟁하고 성취하고 중요한 존재이고 싶어 하는 속성을 의미한다.<br>• 힘에 대한 욕구에 매력을 느끼게 되면 종종 소속에 대한 욕구 등 다른 욕구와 직접적인 갈등을 겪게 된다. |
| 자유에 대한 욕구<br>(Freedom) | 자유란 각자가 원하는 곳에서 살고, 대인관계와 종교 활동 등을 포함한 삶의 모든 영역에서 어떠한 방법으로 삶을 영위해 나갈지 선택하며 자신의 의사를 마음대로 표현하고 싶어하는 욕구를 말한다. |
| 즐거움에 대한 욕구<br>(Fun need) | • 새로운 것을 배우고 놀이를 통해 즐기고자 하는 욕구를 말한다.<br>• 즐거움에 대한 욕구 충족 활동의 유형에는 단순한 놀이(Playing)도 있지만 학습(Learning)도 매우 중요한, 즐거움을 추구하는 욕구 충족 활동이다. |
| 생존에 대한 욕구<br>(Survival need) | 생물의 생명을 유지하고 생식을 통해 자신을 확장시키고자 하는 욕구이다. |

(3) 3R

① 핵심적인 개념으로 3R, 즉 책임(Responsibility), 현실(Reality), 옳고 그름(Right and wrong)을 강조한다.

② 책임이란 다른 사람이 그들의 욕구를 충족시키는 것을 방해하지 않는 범위 내에서 자신의 욕구를 충족시키는 능력을 의미한다.

③ 책임은 현실을 직면하는 것이라고 할 수 있다. 현실은 자신의 현실 세계와 직면하게 하여 문제를 해결해 나가는 것이다.

④ 옳고 그름에 대한 가치 판단은 현실적으로 주어진 상황에서 책임 있게 행동하는 사람에게 매우 중요하다

(4) 정체감

① 정체감은 자신과 다른 사람들의 관여로 형성된다.

② 성공적 정체감 : 자신이 가치 있다고 여기며 적절한 방법으로 사랑을 교류한다.

③ 패배적 정체감* : 가치 있는 행동 경험이 없어서 발생하며 사랑교류, 가치 행동의 부재로 형성된다. 자신의 욕구를 충족시키지 못함으로써 패배적 정체감이 형성된다고 본다.

**TIP**

패배적 정체감은 자신의 행동에 대해 책임을 지지 않으려는 태도 등의 다양한 심리적 문제를 일으켜 부적응 행동으로 나타난다.

### 4) 상담 목표

(1) 내담자의 기본적 욕구를 충족시켜 줄 수 있는 효율적인 방법을 찾고, 스스로 선택한 행동에 책임지도록 한다.

(2) 자신의 삶에 대한 통제력을 회복하도록 하고 성공적인 정체감을 갖도록 한다.

### 5) 상담 과정

(1) R-W-D-E-P(우볼딩의 상담진행 과정)

| R(Rapport) | 내담자와 상담관계 형성하기 |
| --- | --- |
| W(Want) | 욕구 탐색하기(내담자의 소망이나 바람에 대해 마음속으로 그려보게 함) |
| D(Doing) | 현재 행동에 초점 두기(내담자들이 통제할 수 있는 활동을 스스로 탐색할 것을 강조) |
| E(Evaluation) | 내담자가 자신의 행동 평가하기(내담자의 행동이 자신에게 도움이 되는지, 자신이 원하는 것을 얻을 수 있는지, 유용한지를 살핌) |
| P(Plan) | 책임 있게 행동하는 계획 세우기(내담자의 진정한 바람과 욕구를 충족시킬 수 있는 계획을 수행하도록 도움) |

(2) 상담환경 가꾸기

① AB법칙(Practice the AB-CDEFG) 실시하기
상담자가 상담환경 가꾸기 과정에서 반드시 지켜야 할 5가지 태도이다.
  ㉠ 침착하고 예의바를 것
  ㉡ 항상 신념을 가질 것
  ㉢ 항상 열정적일 것
  ㉣ 항상 확고할 것
  ㉤ 항상 진실할 것

② 상담자는 지지적인 환경을 조성하여 내담자가 자신의 삶에 변화를 주도하도록 한다.

③ 상담자는 친근한 태도와 열정을 가지고 내담자 이야기를 경청한다.

④ 내담자의 행동에 대한 판단을 보류한다.

⑤ 무책임한 행동에 대해 변명을 허용하지 않는다.

⑥ 결과에 대해 처벌하거나 비판하거나 보호하는 행위를 피한다.

⑦ 내담자의 계획실천에 대해서 약속을 받아낸다.

⑧ 은유적 표현에 귀 기울인다.

**TIP**

현실치료 상담환경은 선택이론의 표본으로 내담자에게 아무것도 강요하지 않으며 상담자 역시 내담자로부터 어떤 것도 강요받지 않는다. 자유롭고 지지적인 환경 속에서 내담자는 성공적인 관계를 이룰 수 있는 만족스러운 환경을 경험하고 배우게 되어 기꺼이 행동변화를 시도한다.

⑨ 예상하지 못한 행동하기 : 내담자가 호소하고 있는 좌절과 고통 외에 다른 소망이나 바람을 나눔으로써 잠시나마 불행한 상황에서 벗어난다.

⑩ 가장 자기다운 방법으로 상담하기 : 상담자는 상담자의 역할을 연기하는 것이 아니라 자연스럽게 표현하고 편안한 태도로 상담한다.

⑪ 진지하지만 개방적인 태도를 취한다.

⑫ 내담자 이야기를 요약하고 원하는 것에 초점 맞추도록 한다.

⑬ 침묵을 허용한다.

## 6) 상담 기법

(1) **질문하기** : 전체 상담과정에서 중요한 역할을 담당한다. 질문은 내담자가 원하는 것에 대해 생각하고 자신의 행동이 옳은 방향으로 나가고 있는지 평가하는 유익한 기법이다.

(2) **동사와 현재형으로 표현하기** : 내담자가 자신의 삶을 스스로 통제할 수 있으며 자신의 전체 행동을 선택할 수 있다는 인식을 심어주는 것이 중요하므로 의도적으로 강한 의미의 동사와 현재형의 단어를 사용한다.

(3) **긍정적으로 접근하기** : 긍정적인 것에 초점을 두고 내담자가 할 수 있는 것을 안내한다.

(4) **은유적 표현** : 내담자가 자주 사용하는 언어에 주의를 기울이고, 은유적 표현에 관심을 기울인다.

(5) **유머** : 평안하고 친밀한 관계를 맺는 데 도움이 되며 자기표현의 새로운 방법을 제시하고 융통성을 갖게 한다.

(6) **역설적 기법** : 내담자의 통제감과 책임감을 증진시키기 위해서 적용된다.

(7) **직면** : 내담자의 말과 행동이 일치하지 않는 것을 인식시키는 것이다.

(8) **재구성하기** : 개인이 어떤 주제에 대해 생각하는 방식을 바꾸도록 하는 것으로 같은 사건을 다르게 보는 것이다.

기출 DATA
상담 기법 2017-1회

**TIP**
역설적 기법
일반적으로 옳다고 생각되는 것에 반대되는 것을 하도록 하는 것
예 게임을 멈춰야하는 아이에게 질릴 때까지 게임을 하도록 하는 기법

## 11 » 해결중심 상담

### 1) 개요

(1) 내담자는 자신이 문제를 해결하려는 의지와 능력을 갖고 있다고 믿기 때문에 내담자 스스로 해결법을 찾아가는 것에 주력하고 문제 해결에 집중한다.

(2) 상담의 초점을 문제의 원인에 두지 않고 내담자가 원하는 변화에 두며, 문제 해결 방법과 새로운 행동유형을 찾게 해준다.

(3) 상담에서는 문제의 원인이 되는 과거가 아니라 문제가 해결될 미래를 더 강조하기 때문에 정확한 미래에 대해서 설명해 주면 현재 무엇을 해야 할지 분명히 내담자는 알 수 있다고 본다.

(4) 단기 상담을 지향한다.

### 2) 인간관

(1) 인간은 근본적으로 건강하고 능력이 있으며 문제를 해결할 수 있다고 본다.

(2) 인간이 문제가 생긴 것은 자신이 지닌 자원 강점을 잘 활용하지 못해서 생긴 것이기 때문에 성공적 경험을 많이 하도록 하면 더욱 행복하고 성공적인 삶을 살 수 있다.

### 3) 주요 개념

(1) 해결중심 접근
   ① 해결중심 상담에서는 삶의 어려움을 성공적으로 해결하지 못한 것을 문제로 보기 때문에 문제에 대해 깊이 알려고 하기보다는 새로운 해결 방법을 찾는 것을 더 중요하게 생각한다.
   ② 해결중심 질문에서는 처음 질문부터 내담자를 상담자의 동반자로 초대한다. 내담자가 달성하기 원하는 것과 내담자가 원하는 것을 성취하는 것을 어떻게 알 수 있는지 계속 질문하면서 내담자가 변화에 대한 기대를 가지고 변화 가능성이 있음을 강조한다.

(2) 긍정적 관점지향
   ① 해결중심 상담에서는 내담자를 문제를 가진 존재로 보기보다 감정과 자

원을 가진 존재로 본다.

② 실제 상담에 적용하는 데 있어 원칙이 되는 핵심 개념인 임파워먼트, 소속감, 레질리언스, 치유, 대화와 협동적 관계, 불신의 종식 등이 해결 중심 상담의 긍정적 관점을 잘 설명한다.

　㉠ 임파워먼트* : 자신의 여러 가지 내부, 외부에 있는 자원과 도구를 발견하고 확정하도록 돕는 과정을 말한다.

　㉡ 소속감 : 지역 사회에서 책임과 가치가 있는 구성원이 되고자 하는 욕구를 의미한다.

　㉢ 레질리언스* : 엄청난 시련을 견디어 낼 수 있는 능력을 말한다.

　㉣ 치유 : 어려움을 당면했을 때 무엇이 자기에게 필요한지를 판단할 수 있는 지혜를 갖고 인간 스스로 치유할 수 있다는 능력을 말한다.

　㉤ 대화와 협동적 관계 : 사람은 일상생활에서 대화를 통해 상대방의 입장과 생각을 더 잘 이해하게 되며 관계를 회복하거나 문제를 해결하게 된다.

　㉥ 불신의 종식 : 내담자를 믿고자 하는 의지를 나타내는 개념이다.

(3) 해결중심 상담의 기본 규칙

① 문제가 없으면 손대지 말라 : 사람이 문제가 아니라 사람은 문제를 가지고 있다는 것이다. 내담자가 문제가 아니라고 생각하면 다루지 않는다.

② 효과가 있으면 계속하라 : 내담자가 이미 하고 있는 긍정적인 행동들을 계속하도록 격려한다.

③ 효과가 없으면 그만두어라 : 효과가 없는 행동은 더 이상 계속하지 말고 실패의 악순환을 깨뜨릴 수 있는 새로운 것을 시도하도록 권한다.

(4) 해결중심 상담의 기본 가정과 기본 원리

① 기본 가정

　㉠ 항상 긍정적인 측면에 초점을 둔다.

　㉡ 작은 변화는 생산적이므로 더 큰 변화를 야기할 수 있는 다양한 효과를 가진다.

　㉢ 사람들은 더 나은 방향으로 변화를 원한다.

　㉣ 예외 상황의 해결점을 제시한다.

　㉤ 문제 분석을 피한다.

　㉥ 협동 작업은 있게 마련이다.

　㉦ 사람들은 자신의 문제를 해결하기 위하여 필요한 자원을 가지고 있다.

　㉧ 의미와 체험의 변화는 상호작용 속에서 일어난다.

**TIP**

• 임파워먼트 : '권한 위임'이란 뜻으로, 직원들에게 자신의 판단에 의해 행동하거나 통제할 수 있도록 재량권을 주는 것을 말한다.

• 레질리언스 : 탄력성, 신축성, 유연성, 회복력 등의 뜻을 가지고 있으며, 역동적이고 학습이 가능하며 성장과 희망을 포함하고 있다.

ⓩ 내담자가 전문가다.

ⓨ 행동과 묘사는 순환적이다.

㉠ 상담자는 문제를 해결할 내담자의 의도를 신뢰한다.

㉤ 상담팀은 치료 목표와 치료 노력을 공유하는 사람들로 구성된다.

② 기본 원리

　㉠ 병리적인 것 대신에 건강한 것에 초점을 둔다.

　㉡ 내담자의 강점, 자원, 건강한 특성을 발견하여 상담에 활용한다.

　㉢ 이론적, 비규범적이며 내담자의 견해를 존중한다.

　㉣ 일차적으로 단순하고 간단한 방법을 사용한다.

　㉤ 변화는 항상 일어나며 불가피한 것이다.

　㉥ 현재에 초점을 맞추며 미래 지향적이다.

(5) 상담자와 내담자의 관계유형

① 방문형과의 관계 : 자발적인 동기에 의해서 온 것이 아니라 일반적으로 주위의 가족이나 기관, 교사 등에 의해서 상담이 의뢰된 경우이다. 상담에 대해 저항이 강하며 자기 문제 인식이나 문제 해결의 동기는 희박하다.

② 불평형과의 관계 : 자기 때문에 문제가 있는 것이 아니면 다른 사람 문제 때문에 자신이 힘들다고 불평하는 유형이다. 문제 해결에 대한 인식을 바꿔 내담자 자신이 문제 해결의 주체임을 알아차리게 도와야 한다.

③ 고객형과의 관계 : 자신이 문제를 지녔다는 것을 알고 자신의 문제를 해결하기 위해 자발적으로 도움을 요청하는 사람으로 문제 해결을 위해 무엇인가 행동을 변화시키고 준비가 된 내담자이다.

## 4) 상담 목표

(1) 내담자가 이미 문제 해결의 자원과 강점을 가지고 있기에 내담자가 가지고 있는 자원을 활용하여 상담 목표를 이루어 나가도록 돕는다.

(2) 내담자가 가지고 있는 목표가 윤리적이고 합리적이면 그것이 상담의 목표가 된다.

(3) 상담목표의 원칙

① 내담자에게 중요한 것을 목표로 한다.

② 작은 것을 목표로 한다.

③ 내담자의 생활에서 현실적이고 성취 가능한 것을 목표로 한다.

④ 구체적이고 명확하며 행동적인 것을 목표로 한다.

⑤ 문제를 없애는 것보다는 긍정적인 행동에 관심을 둔다.

⑥ 목표를 종식보다는 시작으로 간주한다.

## 5) 상담 과정

### (1) 첫 회기 상담과정(7단계)
① 상담구조와 절차 소개

② 문제 진술

③ 예외 탐색

④ 상담목표 설정

⑤ 해결책 정의

⑥ 메시지 작성

⑦ 메시지 전달

### (2) 첫 회기 이후 상담과정
① 이끌어내기

② 확장하기

③ 강화하기

④ 다시 시작하기

## 6) 상담 기법

### (1) 질문 기법 : 내담자가 지닌 문제 해결의 힘과 능력을 찾아내서 확장시키고, 강화시킬 수 있는 다양한 질문들을 개발하였다. 해결중심 상담에서는 상담자의 질문을 매우 중요하게 다룬다.
① 상담 전 변화에 대한 질문 : 변화는 계속해서 일어난다는 가정하에 한다.

② 예외 질문 : 예외란 문제라고 생각하는 행동이 일어나지 않은 상황이나 행동을 뜻한다. 예외 질문은 문제 해결을 위해 우연적이며 성공적으로 실시한 방법을 발견하여 의도적으로 실시하는 것이다.

③ 기적 질문 : 문제를 제거하거나 감소시키지 않고, 문제와 분리하여 문제가 해결될 상태를 상상해 보게 하며, 해결하기 원하는 것들을 구체화하고 명료화하는 데 도움이 된다.

**TIP**

**해결중심 상담자**
해결중심 상담자는 내담자가 가진 문제의 본질을 이해하거나 평가하지 않고 내담자 스스로가 문제를 해결할 수 있다는 믿음을 가진다. 또한 상담자는 효과적인 질문, 격려, 피드백을 통해 내담자를 조력한다. 해결중심 상담은 단기상담으로 과정은 첫 회기 상담과정과 첫 회기 이후의 상담과정으로 구별하여 제시한다.

"당신이 밤에 잠이 들었을 때 기적이 일어나서 당신이 상담을 받으러 온 문제들이 모두 사라졌다고 상상해보세요. 당신이 잠든 사이에 일어난 일이기에 당신은 기적이 일어났는지 모릅니다. 그런데 당신이 아침에 일어나서 지난밤에 기적이 일어났다는 것을 알 수 있었어요. 그렇다면 무엇을 보면 기적이 일어났다는 것을 알 수 있을까요?"

④ 척도 질문 : 내담자 자신의 문제, 문제의 우선순위, 변화에 대한 의지와 확신, 문제 해결에 대한 희망, 문제가 해결된 정도 등을 수치로 나타내는 질문이다.

"1점에서 10점까지 있는 척도에서 1점은 문제가 가장 심각했던 최악의 상태를 나타내는 점수이고 10점은 당신이 가지고 있는 문제가 전부 해결되는 것을 나타내는 점수라고 가정한다면 지금의 상태는 몇 점이라고 생각하세요? 몇 점이 되면 만족하시겠어요?"

⑤ 대처 질문 : 문제 해결의 예외를 발견하지 못하고 문제 해결에 어떠한 희망도 찾지 못해 절망하고 있는 내담자에게 사용하는 질문이 대처 질문이다.

• "그 어려운 상황 속에서 어떻게 견딜 수 있었나요?"
• "어떻게 해서 상황이 더는 나빠지지 않았나요?"
• "어떻게 죽지 않고 살아남을 수 있게 되었습니까?"
• "그런 악조건에서 어떻게 참고 견뎌낼 수 있었습니까?"

⑥ 관계성 질문 : 내담자가 문제 해결 상황을 자기중심적 생각에서 벗어나 중요한 타인의 시각에서 보게 하면서 문제 해결에 관한 새로운 가능성을 찾아가는 데 중요한 도움을 주는 질문이다.

• "너의 선생님이 여기 계시다고 생각해 보자. 너의 어떤 점이 변화되면 선생님께서 너의 학교생활이 나아졌다고 말씀하시겠니?"
• "네가 저녁에 컴퓨터를 하지 않고 공부하는 모습을 본다면 어머니는 어떻게 반응하실까?"

⑦ 악몽 질문 : 면담 전 변화에 대한 질문, 기적 질문, 예외 질문이 효과가 없을 때는 악몽 질문을 한다. 유일하게 문제 중심적인 부정적인 질문이다.

**실력 TEST**
➥ "최근 문제가 일어나지 않은 때는 언제였습니까?"라는 질문은 질문기법 중 무슨 질문인가?
**정답** : 예외질문

**TIP**
해결중심 상담의 장점
해결중심 상담의 장점은 상담이론을 실제 상담 현장에서 간결하고 구체적이면서 쉽게 적용할 수 있는 상담 기법을 개발했다는 데에 있다. 해결중심 상담기법들은 해결중심 상담자가 아닐지라도 시도할 수 있으며 개인상담뿐 아니라 집단상담에서도 많이 활용되고 있다.

> "한밤중에 악몽을 꾸었습니다. 오늘 여기에 가져온 모든 문제가 갑자기 더 많이 나빠진 것입니다. 이것이 바로 악몽이겠죠. 그런데 이 악몽이 정말 실제로 일어났습니다. 내일 아침에 무엇을 보면 악몽같은 인생을 살고 있다는 것을 알 수 있을까요?"

⑧ 간접적인 칭찬 : 긍정적인 삶이 되도록 대처하고 있는 내담자의 방식에 대한 칭찬이다.

> • "내가 소리를 지를 때 잠시 참으면 상황이 더 악화되지 않는다는 것을 어떻게 아셨나요?"
> • "그런 상황에서 화를 참기가 쉽지 않은데 어떻게 그렇게 조용히 참아낼 수 있었나요?"

⑨ '그 외의 또 무엇이 있습니까?' 질문 : 내담자의 장점과 자원 해결 능력, 성공적인 경험들을 더욱 촉진시키고 유지시키기 위한 목적으로 사용된다.

> • "그 외에 또 무엇이 있습니까?", "뭐가 더 있을까요?", "더 좋은 생각이 없을까요?"
> • "이전에 말한 것과 연관시켜 또 다른 게 있을까요?", "또 다른 좋은 생각이 없습니까?"

(2) 메시지 전달 기법 : 상담을 종료하고 5~10분 휴식 시간을 가진 후 상담 회기에 대한 피드백을 '메시지'라는 형태로 전달한다. 이때 전달되는 메시지는 교육적 기능, 정상화의 기능, 새로운 의미의 기능, 과제 기능을 가지고 있으며 칭찬, 연결문, 과제로 구성된다.

## 12 》》 생애기술 상담이론

### 1) 개요

(1) 생애기술상담은 넬슨 존스(Nelson-jones)가 사람들이 보다 효과적으로 일상생활의 문제에 대처하도록 돕기 위해 제시된 접근방법이다.

(2) 호흡과 같은 명백한 생물학적 기능과는 별개로 대부분의 인간행동은 후천적으로 학습된 생애기술이라고 볼 수 있는데 이 생애기술은 한 사람이 살아가면서 자신의 잠재력을 개발시키고 유지하는데 도움이 되는지에 따라 장점이 되기도 하고 단점이 되기도 한다.

(3) 개인 생애기술 상담은 한 개인이 보다 넓은 공동체 속에서 생애 기술을 획득하고 유지하고 발달시키는 것을 중재하는 활동이다.

(4) 생애 기술상담의 주요 관심은 생물학적 삶보다 심리적 삶에 두고 있으며, 심리적 삶은 신체보다 마음에 관심을 두고 인간 잠재력을 개발하는 데 있다.

**기출 DATA**

기술 언어 2017-1회

## 2) 기술 언어

(1) 기술 언어란 생애기술의 장점과 단점의 관점에서 문제에 대해 생각하고 말하는 것을 의미한다.

(2) 기술 언어는 내담자의 문제를 지속시키는 구체적인 사고 기술과 행동 기술상의 단점을 규명하고 그것들을 상담 목표로 전환하는 것을 포함한다.

(3) 감정도 물론 중요하지만, 감정은 인간의 동물적 속성을 나타내기 때문에 그 자체로는 기술이라고 볼 수 없다.

## 3) 상담의 목표

(1) 내담자로 하여금 문제를 해결하는 것뿐만 아니라 그 문제를 유지시키는 보다 근본적인 기술을 변화시키도록 돕는다.

(2) 개인으로 하여금 기술을 갖추도록 한다, 반응성, 실재성, 관련성, 보상적 활동, 옳고 그름이 개인에게 필요한 생애 기술이다.

## 4) 상담 단계

생애기술 상담의 과정으로 DASIE구조라고 불리는 체계적인 5단계 모형에 따라 진행된다.

(1) 1단계-발달(Develop) : 지지적인 상담관계를 형성하고 문제를 상세하게 규명하고 명료화한다.

(2) 2단계 – **진단**(Assess) : D단계에서 일상적인 용어로 설명하고 명료화된 문제에 대해서 기술적 용어로 다시 정의하는데 상담자는 기술언어(Skill Language)를 통해 문제를 더 명료화할 수 있다.

(3) 3단계 – **진술**(State) : 보다 현실적인 규칙과 정확한 인식을 발달시키는 것을 사고기술 목표로 정할 수 있으며 목표를 진술하고 중재를 계획한다.

(4) 4단계 – **중재**(Intervene) : 상담자는 효과적인 관계기술과 훈련기술을 잘 갖추고 내담자가 충분히 생애 기술을 발달시키도록 돕는다. 발달시킬 기술에 대한 분명한 지침을 말하고 실행하는 방법을 직접 보여주고 배울 수 있는 구조화된 활동을 한다.

(5) 5단계 – **강조**(Emphasize) : 실제생활의 적용을 강조하고 종결한다.

# Chapter. 03 심리상담의 실제

상담의 방법과 기술을 이해하고 다양한 상담 종류를 살펴본다.

## 1 》》 상담의 방법

### 1) 상담 기술

#### (1) 경청하기
① 경청은 내담자의 이야기를 주의 깊게 귀담아 듣는 태도로 말의 내용뿐만 아니라 말하는 사람의 의도와 심정까지 정성들여 듣는 것이다.
② 경청은 말하는 내용을 귀로 듣고, 내담자가 보여주는 표정, 행동, 비언어적 표현을 눈으로 듣고, 말하는 이면의 심정을 마음으로 듣는 것이다.

#### (2) 질문
① 내담자의 정보를 탐색하는 질문 유형에는 개방형 질문과 폐쇄형 질문이 있으며, 상담 상황에서는 개방형 질문이 더 유용하다.
② 개방형 질문*
  ㉠ 내담자에게 더 많은 이야기를 할 수 있는 기회를 준다.
  ㉡ 내담자로 하여금 어떤 문제에 대해 구체적으로 탐색하는 데 도움을 준다.
  ㉢ 내담자가 말하고 있는 것을 상담자가 더 잘 이해할 수 있게끔 한다.
③ 폐쇄형 질문*
  ㉠ 몇 마디 대답으로 상담자가 원하는 정보나 자료를 얻기 위해서 사용된다.
  ㉡ 구체적인 상황에 초점을 맞추거나 정확한 정보를 얻는 데에는 폐쇄형 질문이 유용하다.

---

**TIP**

힐과 오브라이언의 경청 요령 9가지
- E(eye) : 내담자의 눈을 바라본다.
- N(nod) : 가볍게 고개를 끄덕인다.
- C(cultural difference) : 경청의 방법에도 문화적 차이가 있다.
- O(open) : 내담자 쪽으로 열린 자세를 유지한다.
- U(uhm) : '음', '예', '아–' 로 호응한다.
- R(relax) : 편안한 상태를 가진다.
- A(avoid) : 산만한 행동을 피한다.
- G(grammatical style) : 내담자의 문법적 스타일을 맞춘다.
- E(ear) : 제3의 귀를 통해 내담자가 느끼는 것을 진정으로 듣는다.
- S(space) : 내담자와 거리를 잘 유지한다.

**TIP**

- 개방형 질문
  예 "이 문제에 대해서 어떻게 생각하시나요?"
- 폐쇄형 질문
  예 "그 친구를 떠올리면 분노가 치밀어 오르나요?"

### (3) 감정 반영

① 내담자가 표현한 기본적인 감정이나 태도 등을 상담자가 다른 참신한 말로 표현해 주는 것이다.

② 내담자의 내면을 잘 파악해 거울에 비친 뜻을 그대로 되돌려 주려고 노력한다.

③ 감정 반영의 기술
  ㉠ 내담자의 탐색을 돕는다.
  ㉡ 내담자의 정서적 정화를 고무시키는 것을 돕는다.
  ㉢ 내담자 스스로 명료화하고 설명할 수 있게 한다.
  ㉣ 내담자가 느끼는 감정을 가장 적절한 단어로 표현해준다.
  ㉤ 말뿐만 아니라 자세, 몸짓, 목소리, 비언어적인 감정까지도 반영해 준다.

> • 내담자 : "아빠는 늘 그래요. 도대체 내 말을 들으려고 하시지 않아요."
> • 상담자 : "아빠에게 서운하기도 하고 답답하기도 한가 보군요."

### (4) 재진술

① 내담자가 표현한 말을 상담자의 언어로 뒤바꾸어 표현한 것이다.

② 되돌려주기 반응은 내용 되돌려 주기와 정서 되돌려 주기로 구분한다.
  ㉠ 재진술은 대화의 인지적 측면의 내용에 강조를 둔다.
  ㉡ 반영은 정서적 측면에 강조점을 둔다.

### (5) 바꾸어 말하기

① 내담자의 이야기를 듣고 상담자가 자기의 표현 양식으로 바꾸어 말해주는 것을 말한다.

② 내담자의 입장을 이해하고 있음을 전달하며, 내담자의 생각을 구체화할 수 있다.

③ 상담자가 내담자의 이야기를 올바르게 이해했는지 확인할 수 있다.

### (6) 명료화

① 내담자의 말에 내포되어 있는 뜻을 내담자에게 명확하게 말해 주거나 분명하게 말해 달라고 요청하는 것이다.

② 내담자 자신은 미처 충분히 자각하지 못하는 의미나 관계, 애매한 부분, 혼란스러운 부분에 대해 더 확인이 필요할 때 사용한다.

**기출 DATA**
감정 반영★ 2020-3회,
2019-1회, 2016-3회

**실력 TEST**

➥ 반영이란 내담자가 말한 내용 자체보다는 그 뒤의 숨겨있는 감정을 파악하고, 그것을 다시 내담자에게 전달하는 것으로 내담자의 감정이나 정서에 초점을 맞춘다는 점을 제외하면 재진술과 유사한 대화 기법이다.

**정답** : ○

**기출 DATA**
명료화 2019-1회

(7) 구체화

① 메시지 중에 불분명하고 불확실한 부분, 애매모호하여 혼란을 주는 부분, 내담자 고유의 지각이 반영되어 이해하기 어려운 부분 등을 정밀하게 확인하는 것이다.

② 명료화가 내담자 메시지의 전후 문맥을 분명히 하기 위한 기법이라면 구체화는 내담자가 사용하는 언어 내용의 정체를 구체적으로 확인하는 기법이다.

(8) 공감하기

① 내담자가 경험하는 세계 속으로 들어가 내담자의 감정을 느끼고 내담자의 시각으로 바라보는 것이다.

② 효과적인 공감의 방법

㉠ 내담자가 침묵하더라도 반드시 필요하고 도움이 되는 반응을 한다.

㉡ 공감 반응을 전달할 때는 간결한 것이 좋다.

㉢ 전달할 내용과 일치하는 억양을 사용한다.

㉣ 내담자가 사용하는 언어를 사용하여 전달한다.

(9) 해석

① 내담자가 명확하게 인식하지 못하는 것을 여러 가지 형태로 하는 교육적 설명이다.

② 따로 분리되어 있는 말이나 사건을 연결해 주고, 방어, 감정, 저항, 내담자의 행동이나 성격 속에 인과 관계를 지적해 주는 등의 형태로 내담자 통찰을 촉진한다.

③ 상담 초기에는 감정 반영, 이후에는 성격과 태도를 명확하게 하는 해석을 많이 한다. 심층적인 해석은 상담 중간에 하는 것이 일반적이다.

④ 내담자 스스로 해석하도록 도와주는 것이 바람직하다.

⑤ 해석 시 유의점

㉠ 해석의 내용은 가능한 내담자가 통제·조절할 수 있는 것이 좋다.

㉡ 해석의 내용이 내담자의 준거 체계와 밀접할수록 좋다.

㉢ 해석 시 올 수 있는 저항에 대해 직면할 수 있을 때 한다.

㉣ 상담자와 충분한 라포 형성 후가 바람직하다.

기출 DATA

해석 2016-3회

TIP

해석

내담자가 새로운 지각과 이해를 받아들이려 하지 않을 때에는 저항이 일어나 내담자의 자기탐색을 감소시키는 결과를 가져올 수 있다. 그러므로 해석이 내담자에게 위협을 주지 않도록 주의해야 한다. 또한 내담자가 자기의 내면적 감정을 드러내지 않는 방어 수단으로 이용하지 않도록 너무 지적인 측면에 치우친 해석을 하지 말아야 한다.

### (10) 직면

① 내담자의 사고, 감정, 행동에 불일치나 모순이 일어날 때 지적해주는 상담자의 반응이다.

② 문제해결에 방해가 되는 모순, 불일치, 왜곡, 각종 방어기제에 초점이 맞추어져 있다.

③ 직면은 내담자와 충분히 신뢰 관계가 형성된 후에 사용해야 한다.

④ 목적은 내담자의 성장을 방해하는 것에 도전하도록 하는 데 있다.

기출 DATA
직면 2019-3회

> • "너는 아빠가 밉다고 하면서도 아빠를 걱정하고 있구나."
> • "좋은 성적을 받고 싶다고 하면서 대부분의 시간을 게임하는 데 쓰고 있구나."
> • "웃고 있지만 손을 꽉 쥐고 있구나."

### (11) 초점화

① 내담자가 이야기 방향을 산만하게 가져가거나 주제를 바로잡지 못할 때, 주제의 방향을 바꾸어 내담자의 특정한 관심이나 주제에 주의를 집중하도록 돕는다.

② 초점화의 단계

㉠ 내담자가 가진 문제나 어떤 대상에 관한 전반적인 느낌에 집중하게 한다.

㉡ 주의를 끄는 하나의 관심을 찾아내고 그것에 주의를 기울이게 한다.

㉢ 하나의 감정에 주의를 유지하면서 감정으로부터 나타난 단어나 이미지를 떠올리게 한다.

㉣ 감정의 흐름에 주의를 기울이게 하고, 그것을 판단하지 말고 단지 경험하게 한다.

㉤ 현재 내담자의 문제에 관해 느껴지는 새로운 감정을 가져오게 한다.

㉥ 5단계를 거치면서 의식에 나타났던 단어나 이미지를 묘사하게 한다.

### (12) 요약

① 표현했던 중요한 주제를 상담자가 정리해서 말하는 것이다.

② 내담자가 미처 의식하지 못한 것을 학습하고 문제 해결의 과정을 밝히며 자신의 생각과 느낌을 탐색하도록 돕는다.

③ 내담자의 말을 요약함으로써 상담자가 내담자의 말에 주목하고 있음을 알려준다.

> • 내담자 : "아빠를 대하는 게 너무 어려운데요. 왜냐면 아빠가 어떤 때는 잘 해주시다가 어떤 때는 무섭게 대하시거든요. 아빠 비위를 맞추기가 너무 어려워요."
> • 상담자 : "아빠 태도가 자주 바뀌어 진짜 마음을 잘 모르겠다는 것이구나."

**(13) 자기 개방**

① 상담 과정에서 상담자가 자신의 생각, 감정, 경험, 생활 철학 등을 내담자에게 드러내는 것이다.

② 자기 노출을 통해 갈등을 자기만 겪는 혼자의 문제로 인식하는 것을 변화시킬 수 있다.

③ 내담자가 상담자를 인간적으로 느끼면서 관계 촉진을 가져올 수 있다.

④ 상담에 부정적인 영향을 미칠 수 있으므로 너무 자주 사용하지 않는 것이 좋다.

**(14) 재명명**

① 내담자가 문제를 다른 시각이나 다른 방법으로 이해하도록 돕기 위해서 사용한다.

② '재구성' 혹은 '재규정'이라 한다.

③ 주어진 상황을 부정적인 시각에서 긍정적 시각으로 변화하도록 돕기 위한 것으로, 내담자가 가진 의미를 수정함으로써 시각을 긍정적으로 변화시키는 방법이다.

**(15) 침묵**

① 내담자가 말을 하지 않아서 침묵이 지속되는 경우이다.

② 상담 초기의 침묵은 내담자의 당황과 저항을 의미하나, 진행되면서 나타나는 침묵은 내담자의 감정과 생각을 간접적으로 전달하는 의미를 가진다.

③ 침묵의 의미

㉠ 상담 관계 전 침묵은 부정적이며 두려움의 한 형태이다.

㉡ 무슨 말을 해야 좋을지 모를 때 침묵이 온다.

㉢ 상담자에 대한 적대감이나 저항 불안 때문에 침묵이 온다.

㉣ 말로 잘 표현하기 힘들 때 침묵이 온다.

㉤ 상담자의 확인이 필요하거나 해석을 기대할 때 침묵이 온다.

**TIP**

침묵

상담자 측에서 침묵이란 특별히 다른 어떤 것도 하지 않고 내담자의 이야기를 묵묵히 들어주는 것으로, 말로 응대하지 않고 신체 언어만으로 대화하는 것이 훨씬 더 바람직하다고 생각될 때, 침묵을 지키며 이야기 속으로 몰입하는 방식으로 활용된다. 이러한 침묵은 진지한 경청과 함께 사용되면 좋은 상담기법이 될 수 있다.

ⓑ 방금 이야기했던 것을 계속 생각하고 있을 때에는 방해하지 말아야 한다.

(16) 즉시성 : 현재 순간에 무엇이 일어나고 있는지를 다루는 기법이 즉시성이다.

> • "철수야, 지금 나와 함께 있는 것에 짜증이 난 것처럼 느껴져."
> • "수미는 상담실에 올 때마다 가슴이 답답하다고 하는데 그 말을 들으니 '내가 수미를 제대로 이해하지 못하고 있나?'라는 미안한 느낌이 들어."

(17) 조언(충고)

① 내담자가 해야할 것을 추천하거나 제한하는 기술이다.

② 자칫하면 내담자의 반발과 저항을 초래할 수 있다.

③ 내담자의 자기 이해, 자기 탐색, 자기 성장의 기회를 박탈하기 쉬우며 내담자를 열등한 위치에 처할 수 있게 한다.

④ 너무 자주 사용하는 것은 바람직하지 않다.

⑤ 미성년자인 중·고등학생을 상담하는 경우는 다소 지시적인 방법으로 직접적인 조언과 정보를 제공하는 것이 유용할 수 있다.

⑥ 충고나 조언의 개입 방법
  ㉠ 충고나 조언을 하기 전에 내담자가 어떤 시도나 노력을 하였는지 확인한다.
  ㉡ 내담자가 원하는지 확인하고 충고나 조언을 한다.
  ㉢ 충고나 조언을 한 후 내담자가 일을 제대로 실행했는지 확인한다.
  ㉣ 충고나 조언한 내용에 대해 즉각적인 피드백과 실행 피드백을 받는다.

(18) 정보 제공

① 사람, 활동, 행사, 자원, 대안, 결과나 절차에 관한 자료 또는 사실을 말로 전달해주는 것으로 상담자의 기술이 중요하다.

② 정보 제공은 내담자의 현재 욕구와 목표에 맞으면서 내담자가 가장 잘 받아들일 시점에 제공하는 것이 좋다.

**기출 DATA**
전화상담★ 2017-1회,
2016-3회, 2016-1회

## 2) 다양한 상담 유형

### (1) 전화상담

① 전화상담의 개요

ⓐ 단회성의 음성중심 상담으로 상담 목표를 달성하기 위해서는 구조화가 중요하다.

ⓑ 특정 주제에 대한 상담이 주를 이루며 상담자는 특정 주제 전문가일 경우가 높다.

ⓒ 내담자의 음성은 감정, 태도 등 내담자의 정보를 제공한다.

② 전화상담의 내담자 특성

ⓐ 신분을 노출하지 않고 도움을 요청하고자 하는 경우

ⓑ 대면상담에 거부감을 가지고 있는 경우

ⓒ 시간·거리·생활상의 이유로 직접 찾아가 상담하기가 어려운 경우

ⓓ 응급 상황에 누군가와 이야기를 나누고 싶어하는 경우

③ 전화상담의 장·단점

ⓐ 장점 : 접근성 및 용이성, 익명성, 친밀성, 신속성, 내담자 위주의 주도성, 내담자의 자발성, 내담자의 선택성 등

ⓑ 단점 : 정보 습득의 한계, 전화 침묵의 한계, 상담의 미완성, 일방적 종결로 인한 상담 관계의 불완전성 등

④ 전화상담 시 고려사항

ⓐ 상담자의 즉각적인 대처 능력을 요구한다.

ⓑ 대체로 위기 상황에서 적절한 개입을 요구한다.

ⓒ 내담자의 음성에 의존한다.

ⓓ 익명성에 따른 거짓 등의 문제를 동반한다.

**기출 DATA**
사이버상담
2019-3회, 2016-1회

### (2) 사이버상담

① 컴퓨터를 매개로 가상 공간에서 이루어지는 문자 중심의 상담이다.

② 내담자에 대한 익명성이 보장되어 정확한 인적사항이 파악되지 않는다.

③ 사이버상담의 유형 : 채팅상담, 화상상담, 이메일상담, 게시판상담, 데이터베이스 상담

④ 사이버상담의 기법

ⓐ 즉시성과 현시기법 : 상담자가 내담자의 글에 대한 자신의 심정과 모습을 생생하게 시각화하여 표현하는 것이다.

ⓑ 괄호 치기 : 글 속에 숨어 있는 정서적 내용을 보여주며, 사실에 대한 대화를 하면서 정시적 표현을 전달한다.

ⓒ 말줄임표 : 침묵의 상황이나 눈으로 글을 읽고 있을 때 사용한다.

ⓔ 비유적 언어 사용 : 문제나 상황에 대한 의미를 전달하고 싶거나, 심화시키기 위해 사용한다.

ⓜ 글씨체 사용 : 강조하고 싶을 때 큰 글씨를 사용하거나 또는 다양한 글씨체를 통해 내담자의 내적 세계를 공유한다.

⑤ 사이버상담의 장·단점

ⓐ 장점 : 시간적, 공간적 제약의 극복, 풍부하고 용이한 정보 획득, 신속한 상담 관계 형성, 감정 정화 기능, 내담자의 자발적 참여 등

ⓑ 단점 : 의사소통의 제약, 응급 시 적극적 대처 곤란, 신뢰 문제, 상담의 연속성 문제, 대화예절의 파괴 등

⑥ 사이버상담의 방향성

ⓐ 사이버 상담자들의 전문성과 윤리성을 통제하고 관리하는 체제가 필요하다.

ⓑ 사이버상담의 전문화를 위해 기존 일대일 상담과는 다른 새로운 상담 기법을 개발하고 실험을 통해 효과를 검증할 필요가 있다.

(3) **놀이치료** : 액슬라인(Axline)의 비지시적 놀이치료 원칙

① 치료자는 어린 아이와의 사이에 따뜻하고 우호적인 관계를 가급적 빨리 형성하여야 하며 그 관계를 통하여 깊은 신뢰감을 형성한다.

② 치료자는 어린이를 있는 그대로 받아들인다.

③ 치료자는 어린이가 그의 감정을 완전히 자유롭게 표현할 수 있도록 허용적인 분위기를 조성한다.

④ 치료자는 어린이가 표현하는 감정을 민감하게 느끼고 인정하며 그것을 아동에게 반영시켜 줌으로써 어린이 자신이 자기 행동에 대한 통찰력을 얻도록 한다.

⑤ 치료자는 어린이가 기회만 주어진다면 자신의 문제를 해결할 능력을 갖고 있음을 항상 존중하여야 한다. 선택의 책임과 변화를 시도할 자유가 어린이에게 있다.

⑥ 치료자는 어떤 방법으로도 어린이에게 행동과 대화를 지시하지 않는다. 어린이가 인도자가 되고 치료자는 따라갈 뿐이다.

⑦ 치료자는 서두르지 않는다. 치료는 점진적인 과정임을 치료자가 인식하여야 한다.

⑧ 치료자는 치료가 현실세계에 머물도록 하기 위해서 또는 어린이가 자기 책임을 인식하게 하기 위해서만 제한을 가할 수 있다.

실력 TEST

➥ 컴퓨터를 매개로 가상공간에서 이루어지는 문자중심의 상담은 무엇인가?

**정답** : 사이버상담

기출 DATA

액슬라인의 비지시적 놀이치료
2016-1회

(4) 기타상담 방법

   ① 미술치료

      ㉠ 미술 표현은 내담자의 문제를 또 다른 관점으로 이해하게 한다.

      ㉡ 미술이 지닌 상징성은 내담자의 감정을 안전하게 표현할 수 있게 한다.

      ㉢ 미술 활동으로 생산된 구체적인 결과물은 새로운 통찰을 가능하게 한다.

      ㉣ 말로 표현하기 어려워하는 내담자에게 사용하며 어른도 유용한 매개체가 된다.

      ㉤ 미술치료에서 미술 매체는 내담자의 인지 수준에 따라 재료를 제한해 주어야 한다.

   ② 독서치료 : 책, 신문, 잡지 등의 독서 자료를 활용하여 심리적 문제를 해결하려는 치료방법이다.

   ③ 음악치료 : 음악치료에서 사용되는 음악은 내담자의 선호도가 개입되지 않은 객관적 기준으로 선정한다.

## 2 》 상담의 과정

### 1) 준비 단계

(1) 상담자의 태도와 함께 상담실 위치, 내부 환경 등이 포함된다.

(2) 상담자의 태도는 친절하고 부드러우며 호의적이고 성실해야 한다.

(3) 상담실의 환경은 비교적 편안하고 깨끗하며, 내담자가 편안하게 상담받을 수 있도록 수용적이고 안전한 환경과 분위기를 갖추어야 한다.

(4) 외부 소음을 차단할 수 있어야 하고, 검사 실시를 위해 편안한 테이블과 의자가 좋으며, 상담에 방해되지 않는 조명이 필요하다.

### 2) 접수면접

(1) 상담 신청과 정식 상담의 다리 역할을 하는 절차이다.

(2) 심리검사, 면접, 행동, 관찰을 통해 내담자에 대한 정보를 수집하고, 수집된 정보를 토대로 내담자의 특성, 문제 및 증상, 원인, 방향에 대해서 개념적으로 설명한다.

실력 TEST

➥ 접수면접은 주로 상담의 중기 단계에서 행해진다.

정답 : ×

해설 : 접수면접은 상담 신청과 정식 상담의 다리 역할을 하는 절차이다.

(3) 접수면접 시 고려사항

① 접수 면접자와 본 상담자의 역할을 구분한다.

② 내담자의 기초정보를 탐색하고 심리적 상태를 평가하는 역할을 한다.

③ 내담자가 자신이나 문제에 대해 상세하게 노출하는 것을 제한시키고 본 상담에서 하도록 안내한다.

④ 호소 문제를 구체화하는 개입행동을 삼간다.

(4) 접수면접의 내용

① 면접 날짜, 이름, 생년월일 등을 기록한다.

② 내담자의 호소문제가 무엇이며, 내담자가 상담을 받으려는 목적이 무엇인지 파악한다.

③ 내담자의 최근 기능상태, 대인관계능력, 학업수행능력 등 최근 6개월간의 기능 수행 정도를 파악한다.

④ 스트레스의 원인, 내담자가 문제를 바라보는 시각 등 내담자의 스트레스 조건들을 확인한다.

⑤ 과거의 동일한 문제에 대한 내담자 대처 방법, 내담자 호소문제에 대한 가족들의 행동 및 태도 등을 살펴본다.

⑥ 외모와 행동, 내담자의 옷차림이나 표정, 말투, 시선 등에 대해서 살핀다.

⑦ 면접자의 소견으로 내담자에 대한 느낌, 인상, 관찰, 내용, 상담 계획에 대해서 의견을 낸다.

## 3) 초기 단계

(1) 상담 관계 형성

① 내담자와 라포 관계, 상호 신뢰의 관계, 협동적·우호적 관계를 형성한다.

② 상담자는 온정적이고 허용적인 분위기로 끊임없이 내담자를 이해하려는 진지한 자세를 취한다.

③ 내담자 중심적 태도를 가지고 진솔하고 투명하게 도움을 주고자 하는 조력적 자세를 취하며, 일관적인 태도와 행동을 보인다.

④ 상담 초기에는 관심 기울이기, 경청, 공감, 수용적 존중과 개방형 질문, 동기부여 등을 사용하며 상담 초기에는 직면기법은 권장되지 않는다.

(2) 내담자 문제 파악

① 내담자가 가지고 있는 현재의 문제점을 파악하도록 한다.

**TIP**

접수 면접자와 상담자는 같을 수도 다를 수도 있다. 다른 사람일 경우, 접수면접자는 내담자의 정보를 충분히 수집하여 상담자에게 정리해서 넘겨준다.

**기출 DATA**

초기 단계
2020-3회, 2019-1회

② 도움을 청하는 직접적인 이유가 무엇인지 확인하고, 내담자 문제의 심 각성 정도를 평가하며 어떤 점에 초점을 맞출지 결정한다.

③ 왜 지금 문제가 되는지 구체적인 경험에 대한 탐색과 과거에 비슷한 문 제는 없었는지 과거의 해결방식에 대한 탐색을 한다.

④ 내담자가 상담을 통해 문제를 해결할 의지와 동기가 있는지 확인한다 (비자발적 내담자는 약한 동기를 가지고 있기에 상담에 관한 충분한 대 화가 필요하다).

⑤ 행동관찰을 통해 대인관계 방식의 재현을 살핀다.

⑥ 상담자는 내담자의 문제를 이해하여 상담 목표 및 계획을 명확히 하고 정보를 기록한다. 기록은 내담자의 동의를 구해야 한다.

(3) 상담의 구조화

① 상담 초기를 비롯하여 모든 단계에서 이루어진다.

② 상담자와 내담자의 공감적 탐색과 과정을 통해 이루어진다.

③ 상담이 효율적으로 진행되기 위해서는 너무 자주 구조화가 이루어지지 않도록 한다.

④ 내담자가 상담자에 대한 비현실적 기대를 갖는다면 구조화가 더욱 필요 하다.

⑤ 내담자 정보에 대한 상담자의 *비밀 보장은 예외가 있음을 알려준다.

⑥ 구조화는 상담 여건의 구조화, 상담 관계의 구조화, 비밀 보장의 구조 화로 구분한다.

㉠ 상담 여건의 구조화 : 상담 시간, 상담 횟수, 장소, 늦을 경우 연락 방법 등

㉡ 상담 관계의 구조화 : '상담 과정이 어떻게 진행되는가?', '상담자와 내담자의 역할은 무엇인가?' 등의 구조화

㉢ 비밀 보장의 구조화 : 상담 내용에 대한 비밀 보장을 구조화한다.

(4) 목표설정

① 상담목표를 정할 때는 구체적 · 성취 지향적이고, 측정과 행동적 관찰이 가능하며, 분명하게 재진술 될 수 있어야 한다.

② 내담자와 합의하에 설정해야 한다.

③ 목표는 상담이 진행되면서 수정될 수 있다.

④ 상담의 일차적 목표는 내담자의 생활적응을 돕는 것이며, 이차적 목표 는 성격을 재구조화하여 인간적 발달과 성숙을 이루는 것이다.

## 4) 중기 단계

### (1) 개요

① 상담목표에 도달하기 위해 노력하는 상담의 핵심 단계이다.

② 내담자의 성격, 문제의 근원, 환경, 사고, 감정, 행동 패턴을 이해한다.

③ 저항과 통찰을 다루게 된다.

④ 상담 중기의 탐색 단계에서 상담자는 관찰내용을 피드백한다.

### (2) 내담자의 자기 탐색과 통찰

① 내담자는 자신을 힘들게 하는 심리적인 문제의 발생 배경을 깨닫는다.

② 통찰을 통해 자기 탐색이 깊어지고 생각이나 감정들에 대한 자기 개방이 많아진다.

③ 자신이 처한 외부 환경이 과거 사건 및 현재 경험과 어떻게 연결되는지 깨닫는다.

④ 현재 성격이 어떻게 형성되고 어떤 사건으로 문제가 발생되는지를 깨닫는다.

⑤ 이와 같은 자각을 통해 내담자는 자신이 가진 문제와 고통의 의미를 발견하고, 해결할 수 있는 부분과 해결하지 못한 부분에 대해서 현실적인 판단을 내린다.

### (3) 상담자의 역할

① 깨달은 사실을 구체적인 행동으로 옮기도록 격려한다.

② 상담이 어떻게 진행되어지는지 끊임없이 평가한다.

③ 내담자가 변화의 부분을 어떻게 가져올 수 있는지 자신이 원하는 행동을 찾도록 행동 전략을 개발하는 것을 돕는다.

④ 사고, 감정, 행동의 불일치를 직면한다.

⑤ 내담자가 심리적 어려움을 더 깊이 이해할 수 있도록 설명하고 해석한다.

⑥ 다른 유용한 절차와 다양한 기법을 사용하지만 내담자에게 맞지 않으면 바꿀 수 있다.

## 5) 종결 단계

### (1) 개요

① 상담 관계를 종결하기 전에 내담자가 관계를 마칠 준비가 되었는지 평가하여 적절하게 다룬다.

② 심리적 문제를 이해하고, 자신의 강점과 사회적 자원에 대해 알게 된다.

③ 내담자가 앞으로 실천할 행동을 결정하고 구체적인 계획을 세운다.

(2) 상담의 종결 조건

① 내담자가 호소 문제를 더 이상 경험하지 않을 때

② 현재의 생활에 잘 적응하고 있는 것으로 판단될 때

③ 내담자가 호소 문제를 경험하더라도 감내할 수 있을 정도로 호전되었다고 느낄 때

④ 내담자가 스스로 해결했던 문제 상황에 대해 더 많이 이야기할 때

(3) 종결 단계에서 하는 일

① 상담 성과에 대한 평가와 문제 해결력 다지기

　　㉠ 상담자는 내담자가 상담 과정을 통해 변화한 것, 성장한 것, 해결하지 못한 것들을 탐색한다.

　　㉡ 상담의 성과를 이루기 위해 노력한 과정에 대해 검토한다.

② 심리검사의 실시 : 사전심리검사와 비교하여 얼마나 변화가 되었는지 확인한다.

③ 종결 시 이별의 감정 다루기 : 상담의 종결로 이별이 힘들고 어려울 수 있으므로 의존적인 내담자는 분리 불안이 클 수 있다. 그러므로 감정을 다루어 내담자가 스스로 설 수 있도록 지지한다.

④ *추수상담에 관해 논의한다.

　　㉠ 종결한 후 필요한 경우 추수상담을 한다.

　　㉡ 내담자의 행동 변화를 지속적으로 점검하고, 내담자가 장점을 강화하고, 부족한 점을 보완할 수 있게 한다.

(4) 성공적인 상담 종결의 조건

① 문제 증상이 완화되어간다.

② 인간관계 개선, 일의 개선 등 현실 적응력이 증진된다.

③ 성격 기능성이 증진된다.

　　㉠ 심리적 갈등의 기원이나 배경에 대해 충분히 이해한다.

　　㉡ 충동에 대한 인내력이 향상된다.

　　㉢ 자신에 대한 현실적인 평가가 이루어진다.

(5) 종결에 대한 저항

① 내담자와 상담자가 깊은 수준의 친밀감이 형성되면 종결에 대한 저항이 일어난다.

**TIP**

조기종결
• 상담목표가 달성되지 않아도 상담을 종결할 수 있다.
• 조기종결 시에도 조기종결에 따른 내담자의 감정을 다루어야 하며, 상담자의 마음도 솔직하게 표현하여 상담관계를 마무리 짓도록 한다.
▶ 2020-1회

**TIP**

추수상담
상담종결 후 일정 기간이 지난 후에 내담자의 행동 변화의 지속 상태를 점검하기 위해 하는 상담이다.

실력
TEST

➥ 상담이 마무리되는 종결 단계에서 내담자의 행동 변화를 지속적으로 점검하고 내담자가 잘 하는 점을 강화하며, 부족한 점을 보완하기 위해 시행하는 것은 무엇인가?

**정답** : 추수상담

② 저항을 불러일으키는 요인으로는 조기 상실에 따른 고통, 외로움, 미해결된 슬픔, 거부당하는 두려움, 자기 의존에 대한 두려움 등을 들 수 있다.

③ 내담자의 저항

    ㉠ 회기 종결 시 더 많은 시간을 요구한다.

    ㉡ 상담 목표가 달성되었는데 상담하기를 원한다.

    ㉢ 상담 초기 호소했던 문제가 아닌 새로운 문제를 들고 온다.

    ㉣ 상담자만이 자신을 도와줄 수 있다고 설득한다.

    ㉤ 상담자의 저항 : 내담자와 작별하는 것을 어려워한다.

# 3 » 단기상담

## 1) 단기상담의 특징

(1) 상담 목표를 설정하고 그 목표를 해결하는 데 초점을 맞춘다.

(2) 일반적으로 주 1회를 기준으로 총 25회기 미만이다.

(3) 상담목표를 제한해야 하며 상담의 초점을 내담자의 현재 문제 증상으로 두고 반복적으로 문제를 일으키는 대인관계 등에 맞춘다.

(4) 상담자의 즉각적이고 적극적인 개입을 필요로 한다.

(5) 장기상담만큼 효과적이며 비용과 시간적인 절약을 할 수 있다.

## 2) 단기상담의 접근법

(1) **정신분석의 단기 상담 접근** : 아동기 경험에 초점을 두는 것보다는 현재 반복되는 대인관계의 문제에 초점을 둔다.

(2) **인지 행동치료적 접근** : 우울, 공항장애, 대인공포 등에 효과적이다.

(3) **위기상담** : 배우자의 죽음, 지진, 강간 등 위기상담에 효과적이다.

## 3) 단기상담의 목표

(1) 내담자의 가장 절실한 불편함을 없애고 합리적이고 적절한 수준에서 기능하도록 한다.

TIP

단기상담의 장점

단기상담은 정통적인 장기상담보다 다양한 가치관이나 정신기능을 가진 내담자들이 보다 쉽게 받아들일 수 있으며, 생활상의 압력이나 지리상의 거리, 직업상황, 가정의 형편상 장기상담이 불가능한 내담자에게 적용할 수 있다. 또한 단기상담은 타인을 조력하는 상담 분야에서 지속적으로 추구되는 21세기 상담을 할 수 있다는 장점이 있다.

(2) 내담자가 이전보다 더 생산적인 방식으로 자신의 문제를 극복하도록 하며 미래의 어려움을 다룬다.

### 4) 단기상담에 적합한 내담자 특성

기출 DATA
단기 상담에 적합한 내담자의 특성
2019-3회

(1) 비교적 건강하며 문제가 경미한 내담자여야 한다.

(2) 호소하는 문제가 비교적 구체적이며, 주호소 문제가 발달상의 문제와 연관된다.

(3) 호소문제가 발생하기 이전에는 생활 기능이 정상적이며, 사회적으로 지지해주는 사람이 있는 경우이다.

(4) 과거든 현재든 상보적 인간관계를 가져본 사람이 적합하다.

(5) 발달 과정에 있어 위기를 맞은 내담자여야 한다.

(6) 중요인물에 대한 상실로 생활상의 적응이 필요한 내담자여야 한다.

(7) 급성적 상황으로 정서적인 어려움을 가진 내담자여야 한다.

(8) 정신병, 경계선적 장애, 중독, 반사회성 성격장애 등 심각한 장애나 만성적이고 복합적인 문제를 지니고 있으며, 지지기반이 매우 약한 내담자는 단기상담에 부적절하다.

### 5) 상담자의 역할

(1) 상담자는 단기상담에 대한 소신을 가져야 한다.

(2) 적극적인 상담자의 자세를 가지고 회기목표를 정하고 항상 평가한다.

(3) 내담자에게 더 민감하고 반응적이어야 한다.

## 4 》》 집단상담

### 1) 집단상담의 기초

(1) 집단상담의 목적

① 자기의 문제, 감정 및 태도에 관한 통찰력을 통해 보다 바람직한 자기관리와 대인관계 태도를 터득하는 데 있다.

TIP

집단상담
집단상담은 1970년대 초 우리나라에 소개되었으며 1990년대에 이르러 집단상담에 대한 관심이 높아지면서 학교, 교회, 사업체, 상담센터 등 다양한 곳에서 활발히 이루어지고 있다. 집단상담이 활성화된 이유는 개인상담이 충족시켜 줄 수 없는 사람들의 여러 가지 다양한 욕구를 충족시켜 줄 뿐만 아니라 집단 간의 상호작용을 통하여 사람들을 효과적으로 도울 수 있기 때문이다.

② 자기이해, 자기수용 및 자기관리의 향상을 통한 인격적 성장을 꾀한다.

③ 개인적 관심사와 생활상의 문제에 대한 객관적 검토와 그 해결책을 위한 실천적 행동을 습득한다.

④ 집단생활 능력과 대인관계 기술을 배운다.

**(2) 집단상담의 학습**

① 나뿐만 아니라 동료들도 비슷한 문제를 가지고 있다는 사실을 학습한다.

② 자기의 결함에도 불구하고 집단 동료로부터 배척당하지 않는다는 사실을 학습한다.

③ 다른 집단참여자가 이해하지 못한다 하더라도, 적어도 한 사람(집단상담자)은 자기를 이해하고 수용해준다는 사실을 학습한다.

④ 자기도 동료들을 이해하고, 수용하며, 도와줄 수 있다는 사실을 학습한다.

⑤ 자기 자신과 타인에 대한 솔직한 느낌을 말하고 들음으로써 자신과 타인을 더 이해하게 되고 수용하게 된다는 사실을 학습한다.

**(3) 집단상담의 특징**

① 지지적인 분위기에서 집단원은 새로운 행동을 시도해볼 수 있다.

② 집단상담자의 지시나 조언이 없어도 집단원의 깊은 사회적 교류 경험이 가능하다.

③ 집단은 사회 축소판과 유사하므로 집단원은 다양한 경험을 공유할 수 있다.

④ 문제해결과 목표달성은 집단원의 상호작용과 집단상담자의 상호작용을 통해 이루어진다.

⑤ 집단상담의 대상은 비교적 정상범위의 적응 수준에 속하는 사람들이다.

⑥ 상담자는 훈련받은 전문가이다.

⑦ 상담집단의 분위기는 신뢰롭고 수용적이어야 한다.

⑧ 집단상담은 하나의 역동적인 대인관계의 과정이다.

## 2) 집단상담의 과정

**(1) 탐색 단계**

① 탐색 단계 특징

㉠ 집단의 탐색 단계의 주요 특징은 집단원이 새로운 사람들과의 만남을 어색해하고, 자기개방에 부담을 느끼며, 피상적으로 교류하

기출 DATA
집단상담의 발달순서
2020-3회

는 것이다. 또한 집단참여에 대한 불안감으로 집단참여를 꺼리는 집단원이 나타나기도 한다.

ⓛ 낮은 신뢰감 : 집단원이 집단, 집단상담자 그리고 다른 집단원에 대한 신뢰감이 다른 단계에 비해 상대적으로 낮다. 집단의 분위기가 집단원의 긍정적인 측면뿐만 아니라 부정적인 측면까지 기꺼이 수용할 정도로 안전하다는 인식을 하게 될수록, 집단원의 집단에 대한 신뢰감은 높아진다.

ⓒ 소극적 집단참여 : 집단원의 집단참여가 대체로 소극적이다. 특히 나이가 어리거나 집단경험이 많지 않은 집단원은 집단규범이나 집단 내에서 기대되는 행동에 낯설어할 수 있다.

ⓔ 높은 불안감 : 불안감이 높은 집단원은 마치 집단참여를 주저하거나 꺼리는 것처럼 보일 수 있다. 불안의 주요원인은 집단원의 내재적 갈등이다. 작업 목표는 집단과정을 활성화하여 갈등의 쟁점에 대한 자기탐색을 촉진시키는 것이다.

ⓜ 자신에의 초점 회피 : 집단 내에서 거론되는 내용이 흔히 집단원 자신에 관한 것보다는 집단 외부의 인물, 사건 또는 상황에 초점을 맞춘다는 점이다.

② 집단상담자의 역할

㉠ 상호작용 촉진 : 집단원의 긴강잠과 불안감을 덜어 주고, 집단원 간의 상호작용을 촉진시킨다. 지금-여기 경험에 초점을 맞추도록 이끄는 것이고, 다른 하나는 내용 중심으로 전개되는 집단원의 이야기를 차단하는 한편, 과정 중심으로 안내하는 일이다.

㉡ 구조화 실시 및 모델 역할 : 집단에 대한 구조화를 실시하고, 모델로서 실천을 통해 집단원에게 기대되는 행동을 가르치는 것이다.

㉢ 문제행동 대처 : 집단원의 문제행동에 적절하게 대처·해결하는 것이다. 집단상담자는 집단 내에서의 문제행동에 대해 명확한 한계를 정해야 한다. 집단원의 문제행동에 집단상담자가 대처하는 방식은 집단원에게 학습효과를 가져다주는 방향이어야 한다.

㉣ 신뢰 분위기 조성 : 집단 내에 신뢰 분위기를 조성하는 것이다. 신뢰 분위기는 집단원 개개인을 있는 그대로 수용하고 공감적인 반응을 보임으로써 서서히 이루어진다.

③ 탐색 단계의 촉진전략

㉠ 집단규범 발달 : 집단규범이란 집단이 효과적으로 기능하도록 하기 위해 예기되는 행동, 즉 '해야 할 것'과 '해서는 안 되는 것'에 대해

공유된 신념을 말한다. 치료적 성과가 높은 집단일수록, 치료적 요인이 치료적 성과를 극대화할 수 있는 집단규범을 발달시킨다.

ⓛ 명시적 규범 : 어떤 집단에서든지 집단의 행동과정을 결정하는 규범이 형성된다. 집단규범에는 명시적 규범뿐 아니라 암묵적 규범도 있다.

ⓒ 집단 응집력 증진 : 집단 응집력이란 집단 내에서 '우리라는 의식' 혹은 우리가 함께한다는 의식을 말한다. 갈등을 공개적으로 다루어 솔직한 대화로 문제해결을 꾀하며, 집단원과의 역할분담으로 상호작용을 증진시킨다.

ⓔ 집단상담자의 시범 : 집단상담자의 인간적 자질, 전문적 능력, 행동방식, 그리고 집단원을 대하는 태도는 신뢰할 수 있는 공동체를 만드는 데에 결정적인 영향을 미치는 요소이다.

ⓜ 주의 깊은 경청 : 집단의 탐색 단계에서 시범을 통해 집단원에게 기본적인 경청과 반응기술을 가르치는 것은 중요한 과업에 속한다.

ⓗ 공감적 이해 : 공감적 이해란 다른 사람이 주관적으로 경험한 것을 이해(인지적 측면)하고 그들의 경험세계를 그들의 입장에서 느끼는 것(감정적 측면)이다.

(2) 전환 단계(갈등 단계, 과도기 단계)

① 전환 단계(갈등 단계, 과도기 단계)의 특징

ⓐ 집단원 사이에 신뢰감이 형성되면서도 더욱 고조된 불안감이 공존하게 된다. 이 불안감은 자연스럽게 자신을 통제·조절하려는 노력으로 이어진다.

ⓑ 불안고조 : 집단원의 자기개방 수준이 높아지게 됨에 따라, 다른 집단원을 의식하게 되는 정도도 높아지면서 나타나는 현상이다.

ⓒ 저항 표출 : 저항은 일반적으로 고통을 회피하고자 하는 욕구의 표현으로서, 다양한 형태로 나타난다. 저항의 대표적인 형태는 방어적 태도이다. 집단원의 저항과 방어를 다루기 위해 지도자가 즉각 개입하고 문제 해결을 위해 지지와 도전을 제공해야 한다.

ⓔ 갈등 야기 : 집단의 작업 단계에서는 다른 집단원 혹은 집단상담자에 대한 불만이나 비난성 피드백이 잦아진다. 이를 해결하기 위해서는 의사소통이 차단되거나 관계가 와해되지 않도록 집단원이 함께 작업해 나가도록 돕는다.

ⓜ 집단상담자에 대한 도전 : 집단상담자에게 적대감을 가지고 도전함으로써 그의 권위와 능력을 시험해 보는 집단원(들)이 나타나는

기출 DATA
전환 단계 2017-3회, 2017-1회

것이다. 이때 집단원의 요구에 방어적 태도로 즉각 반박하기보다는 수용적으로 경청하고 오히려 그의 불만을 충분히 표현하도록 돕는다.

② 집단상담자의 역할

　　㉠ 집단역동의 활성화 : 집단원의 참여수준을 높이고 매 순간 감정표현과 피드백, 경험에 대한 성찰을 하도록 격려한다. 솔직한 감정표현을 통해 치료적 효과를 높일 수 있다.

　　㉡ 직면 활용 : 주의 깊은 직면은 집단원이 자신에 대해 정직한 평가를 하고, 다른 집단원의 반응보다 자신의 반응에 더 관심을 갖게 하는 효과가 있다.

③ 전환 단계(갈등 단계, 과도기 단계)의 촉진전략

　　㉠ 집단원의 모험시도 독려 : 모험시도는 변화를 위한 결단의 결과인 동시에 집단의 중요한 치료적 요인이기도 하다.

　　㉡ 적절한 해석 제공 : 집단상담자는 집단의 흐름을 거스르지 않는 범위 내에서 직관 또는 뇌리를 스치는 생각, 즉 직감을 적극적으로 활용하여 부드럽게 해석해 준다.

　　㉢ 적절한 통제 유지 : 집단 목적에 합당한 주제 혹은 초점에서 벗어나지 않도록 관리·감독하는 것을 의미한다. 집단상담자의 적절한 통제가 필요한 이유는 첫째, 집단원이 편안하고 안전한 주제에만 머물면서 적극적인 자기탐색과 변화를 위한 도전적인 모험을 꺼리기 때문이다. 둘째, 일부 집단원(들)의 도전적인 태도가 도를 넘어 다른 집단원에게 공격적인 형태를 일삼는 경우 때문이다.

(3) 생산성 단계

① 생산 단계의 특징

　　㉠ 생산 단계의 대표적인 특징은 집단의 변화촉진 요인이 고르게 나타난다는 점이다. 이 단계는 집단원이 개인적으로 깊이 있고 의미 있는 쟁점을 탐색하게 되는 시기이자, 집단원이 다양한 방식으로 상호작용하게 되면서 강력한 집단 역동이 발생하는 시기이기도 하다.

　　㉡ 깊은 신뢰 관계 : 집단원이 깊은 신뢰를 바탕으로 자기 개방적이고 직접적인 방식으로 피드백을 교환하게 되면서 집단 응집력은 급격히 높아지게 된다.

　　㉢ 강한 집단 응집력 : 강력해진 응집력은 집단원의 솔직한 자기개방, 적극적 피드백 교환, 여기-지금 상호 작용에 의한 논의, 직면, 통찰 등의 활동으로 전환되고, 실천지향적 행동을 촉진한다.

ⓔ 피드백 교환의 활성화 : 이 단계에서는 상호작용하는 방법을 터득한 집단원이 집단상담자의 요구나 개입 없이도 보다 구체적이고 정교한 피드백을 교환하게 된다.

ⓜ 개인차 존중 : 개개인의 다양성이 권장되는 한편, 개인차와 문화적 차이가 존중된다.

ⓗ 집단규범의 적극적 실천 : 각자의 문제를 해결하기 위해 어떤 행동을 할 것인가를 결정하는 데 스스로 책임이 있다는 점을 받아들인다.

ⓢ 갈등의 불가피성 인정과 적극적 해결 : 집단원이나 집단상담자 사이의 갈등이 인식되고, 토의되며, 해결된다. 집단원은 여러 집단원과의 상호작용에 익숙해지면서 다른 상황에서 갈등을 다루는 법을 터득하게 된다.

② 집단상담자의 역할

㉠ 집단의 생산 단계에서 집단상담자의 역할은 무엇보다도 이전 단계에서 집단원에게 보여왔던 적절하고 생산적인 행동에 대해 솔선수범하여 모델 역할을 계속하는 것이다.

㉡ 공감적 이해를 토대로 집단원을 지지·격려하며, 적절하고 생산적인 직면을 통해 집단원의 자기 탐색의 깊이와 강도를 높여 나가는 역할을 수행한다.

㉢ 집단상담자는 해석을 통해 집단원이 자신을 더욱 깊이 탐색하고, 특정 행동의 원인을 이해할 수 있도록 돕는다.

(4) 마무리 단계

기출 DATA
마무리 단계 2019-3회

① 집단원과 작별을 하고 각자의 자리로 흩어지는 단계이다.

② 집단경험을 통해 변화되고 학습된 것을 총체적으로 정리하고 견고히 하며, 효율적으로 적용할 수 있도록 돕는 시기다.

③ 분리감이나 상실감 외에도 실생활에 새로운 행동을 적용할 것에 대한 의구심과 두려움을 갖는 동시에 집단 경험을 통해 얻은 성취감, 기대감 등 복합적인 감정을 갖는다.

④ 집단의 종결을 예상하여 집단 활동과 참여에 소극적인 자세를 취한다.

⑤ 피드백을 통해 집단원의 친밀감과 독립적인 평가를 제공하고 긍정적 피드백은 적절한 행동을 강화한다. 교정적인 피드백보다는 긍정적인 피드백을 하도록 하며, 지도자는 효과적인 피드백의 모델이 되어준다.

(5) 추수 단계

① 추수 단계 특징

㉠ 집단의 추수 단계는 집단이 완전히 종결되고 나서 일정한 시간이 지난 후, 집단원의 기능 상태를 점검하기 위한 시기이다.

㉡ 추수 단계에서의 작업은 추수 집단회기 혹은 개별 추수면담을 통해 이루어진다.

㉢ 추수 집단회기는 일반적으로 집단종결 2~6개월 후에 갖는다. 이 회기에서는 집단이 종결되면서 계약을 맺은 행동 변화와 관련되어 설정한 목표의 성취 정도가 평가된다는 점에서 목표 달성과 유지를 위한 촉매 역할을 한다.

② 집단상담자의 임무

㉠ 집단이 완전히 종결되고 난 후, 집단원에게 요구되는 점은 집단 내에서 학습한 것을 실생활에 적용하고 적극 실천하는 일이다.

㉡ 집단상담자는 추수 면담을 통해 집단원이 집단참여를 통해서 습득한 생산적인 신념과 행동을 일상생활에 일반화시킬 수 있도록 도와야 할 책임이 있다.

㉢ 추수 단계에서 집단상담자의 주요 과업은 집단원이 집단상담자나 다른 사람의 지지와 도움 없이도 집단에서 습득한 새로운 신념과 행동을 스스로 강화해 나갈 수 있는 방법을 모색하는 것이다.

## 3) 집단상담의 계획

(1) 집단상담의 목적 설정

① 집단 목적 설정을 위해서는 잠재적 수혜자의 요구 조사가 선행되어야 한다.

② 집단의 대상을 명확히 하고 합당한 근거를 바탕으로 적용할 이론을 결정한다.

③ 개개인은 서로 다른 목적, 목표를 가지고 있으므로 집단의 목적을 분명히 밝힘으로써 개인의 집단 참여 목적을 집단 목적에 부합하도록 하는 것이 집단 성과에 효과적이다.

④ 집단의 크기, 집단의 자격, 집단 성격, 횟수 등 같은 세부사항을 미리 결정한다.

⑤ 집단상담 목표는 구체적이고 평가 가능하며 정해진 시간에 달성할 수 있는 것이어야 한다.

⑥ 목표가 정해지면 집단에 적절한 활동내용을 결정한다.

기출 DATA
집단상담의 목적 설정 2016-3회

(2) 집단상담의 계획 순서

① 대상자에 대한 욕구를 파악한다.

② 계획안을 작성한다.

③ 집단원을 사전면담하고 난 후 집단원을 선정한다.

④ 선정된 집단원을 대상으로 사전검사를 실시한다.

(3) 집단상담의 운영계획

① 집단의 크기

㉠ 집단원의 수가 어느 정도가 적당한지를 파악한다.

㉡ 인원이 너무 많으면 적극적이고 주도적인 집단원만 참여하게 되고 그렇지 않은 집단원들과의 상호작용이 감소하며 개인의 문제를 다룰 시간이 부족하다.

㉢ 인원이 너무 적으면 집단원 사이의 다양성이 감소되고 상호작용이 둔화될 수 있다.

㉣ 집단의 크기는 내담자의 연령, 집단상담자의 경험, 집단의 형태, 탐색될 문제 등에 따라 달라지나 보통은 7~15명 범위 안에서 이루어진다.

㉤ 얄롬(Yalom)은 상호역동적인 치료집단을 위해 7~8명을 제시하였다.

② 상담 장소

㉠ 물리적 환경은 매우 중요하므로 활동에 집중할 수 있는 적당한 크기의 정돈된 장소가 알맞으며 사생활 보호가 필수이다.

㉡ 집단원이 원형으로 둥글게 앉을 수 있는 장소가 알맞으며, 장소 중앙에 가구를 두는 것은 비언어적 의사소통에 방해를 줄 수 있다.

㉢ 집단상담 시 녹음 또는 시청각 기재를 사용하려면 반드시 사전에 집단원의 허가를 얻어야 한다.

③ 집단원 구성

㉠ 집단을 이질적인 집단으로 구성할 것인지 혹은 동질적인 집단으로 구성할 것인지를 결정해야 한다.

㉡ 동질 집단은 연령, 성별, 직업, 관심사 등이 비슷하고 집단원이 유사한 문제를 갖고 있으므로 응집력이 강해질 수 있으며, 이질 집단은 다양한 경험을 나누고 현실검증의 기회를 가질 수 있다.

㉢ 일반적으로 어떤 특정한 욕구가 있는 특정 대상자의 경우는 이질적인 집단보다는 동질 집단 구성이 더 적절하다.

기출 DATA
집단의 크기 2018-1회

④ 회기의 길이와 빈도 및 모임시간
  ㉠ 아동과 청소년은 짧은 기간 동안 자주 만나는 것이 주의를 집중하기 좋으며, 성인의 경우는 매주 1회기 90~120분 정도가 적당하다.
  ㉡ 마라톤 집단은 회기를 연속적으로 이어가는 데 보통 12시간, 24시간, 48시간 등 정해진 기간 동안 지내며 전적인 자기표출과 집약적 상호직면, 정서적 몰입과 참여가 강조된다.

⑤ 집단의 개방성
  ㉠ 개방집단은 집단이 허용하는 한도 내에서 새로운 구성원을 받아들이는 것이며, 폐쇄집단은 상담 시작 시 참여했던 구성원만으로 끝까지 유지되는 집단이다.
  ㉡ 폐쇄집단이 응집력을 갖는 데에는 더 효과적이다.
  ㉢ 개방집단에 집단원이 들어오는 경우에는 집단에 제대로 참여하는 방법을 배울 수 있도록 오리엔테이션을 제공해야 한다.

⑥ 집단의 구조화
  ㉠ 집단상담자가 통제하는 구조화 집단과 집단원이 중심이 되는 비구조화 집단으로 나뉜다.
  ㉡ 비구조화는 집단의 역동과 과정을 강조하고, 구조화는 집단원이 당면한 과제의 어려움을 감소시키기 위해 구체적이고 제한된 목적에 초점을 맞춘다.

⑦ 평가 계획
  ㉠ 집단 상담을 계획할 때부터 수립된 목표의 달성 및 집단상담의 효과성을 평가하기 위한 평가 계획을 수립한다.
  ㉡ 무엇을 평가할 것인지, 누가 평가할 것인지, 언제 평가할 것인지, 어떠한 방법으로 평가할 것인지, 평가 결과는 어떻게 처리할 것인지에 대한 구체적인 계획이 필요하다.

## 4) 집단원의 문제점

(1) 대화 독점 : 말을 너무 많이 하는 특정 집단원이 집단 시간을 독차지하는 행동을 하는 것으로 집단 초기에는 집단상담자가 그의 자발적 행동에 안심을 하나, 초반 이후에는 다른 집단원을 지루하고 피곤하게 하고, 집단상담자와 집단원에게 분노를 유발시킨다.

**기출 DATA**
집단원의 문제점 2018-3회

**TIP**
• 유능하고 생산적인 집단의 구성원은 다음의 두 가지 요구를 모임에 제공한다.
  – 집단 작업을 수행하는 데 필요한 것
  – 집단의 힘을 기르고 지속하는 데 필요한 것
• 구성원이 집단의 요구를 만족시키는 것을 기능적 역할이라고 하며, 반대로 집단을 비능률적이고 약하게 만드는 진술과 행동을 비기능적 역할이라고 한다.

(2) **소극적 참여자(침묵하는 집단원)** : 침묵으로 일관하거나 철수 행동을 하며, 적극적으로 참여하지 않는 집단원으로 집단의 응집력에 부정적인 영향을 미치게 된다. 회기 마지막에 집단경험을 나누는 시간에 참여를 독려하고, 비언어적 반응에도 관심을 표현하며, 침묵의 의미가 무엇인지 탐색할 기회를 제공한다.

(3) **습관적 불평** : 집단상담자의 운영방식이나 집단과정 등에 대해 불평불만을 하는 집단원으로 집단의 분위기를 해치고 자연스러운 흐름을 저해하며, 다른 집단원의 불평이나 논쟁으로 번질 수 있다. 집단의 응집력에 부정적인 영향을 미친다.

(4) **일시적 구원** : 타인의 고통을 지켜보는 것이 어려워 이를 사전에 봉쇄하기 위해 일종의 가식적 지지 행위를 하는 것으로, 다른 집단원에게 관심과 돌보는 행동을 보일 수 있으나, 진정한 의미에서 도움을 제공하는 행동과는 거리가 있다.

(5) **사실적 이야기 늘어놓기** : 느낌이나 생각을 말하기보다 과거 사건에 관하여 사실 중심의 이야기를 두서없이 늘어놓는 것으로, 집단상담 경험이 없거나 자신의 진솔한 느낌이나 생각의 노출을 꺼리는 방어수단일 수 있다. '여기 지금'에 초점을 맞추고, 감정을 진솔하게 표현하도록 한다.

(6) **질문 공세** : 다른 집단원이 질문에 대한 대답을 하기도 전에 연속해서 질문하는 것으로 다른 집단원에 관한 정보와 자료를 수집하고, 감정을 탐색하기 위한 수단일 수 있으나, 집단원의 말을 가로막고, 일일이 답변해야 하는 부담감을 준다.

(7) **충고 일삼기** : 다른 집단원에게 인지적인 사항, 즉 해야 할 것과 하지 말아야 할 것을 일러주는 것으로, 제공하는 사람은 승자인 반면, 제공받는 사람은 패자라는 미묘한 느낌을 주기 때문에 집단 과정과 역동에 부정적인 영향을 준다.

(8) **적대적 태도** : 내면에 누적된 부정적인 감정을 직간접적인 방식으로 표출하거나 방어하는 것으로 공격, 차별하는 언사, 무관심이나 무감각, 지각이나 조퇴나 결석, 비판 등의 형태를 취한다.

(9) **의존적 자세** : 집단상담자나 다른 집단원이 자신을 보살피고 자신에 관한 사안을 대신 결정해 줄 것을 기대하는 것으로, 무기력감을 호소하거나 조언을 받아들이고 실천을 하지 못한다.

(10) **우월한 태도** : 자신의 능력이 탁월하거나 도덕적인 사람처럼 행동하면서 판단, 비평, 비판하는 것으로 다른 집단원에게 불필요한 적대감과 분노를 주며, 집단역동에 부정적 영향을 미친다.

(11) **하위집단 형성** : 집단 내에 파벌을 형성하고 집단 밖에서 비생산적인 사회화를 하는 것으로 집단원의 중요한 문제를 전체 집단 내에서 논의하기보다는 집단 밖에서 다루며, 집단 안에서 갈등을 유발한다.

(12) **지성화** : 감정적으로 부담이 되는 내용을 다루게 되는 경우, 감정 노출을 꺼리면서 지적인 부분만을 언급하고 이성적으로 대하는 특성으로, 신뢰감 형성을 막고 감정 표출을 억제시키며, 무언가 숨기는 듯한 인상을 준다.

(13) **감정화** : 매사에 감정적으로 대처해 집단의 흐름을 저해하는 것이다.

## 5) 얄롬(Yalom)의 치료적 요인 11가지

기출 DATA
얄롬의 치료적 요인 11가지
2019-3회

**TIP**
Yalom(1985)은 집단치료에서 대인관계의 상호작용은 대단히 중요하다고 하였다. 진정으로 효과적인 치료집단은 우선 집단원들이 서로 자유롭게 상호작용할 수 있는 장을 마련해주고, 그리고 나서 그들이 상호작용을 하면서 무엇이 잘못되었는지를 파악하고, 이해하도록 도와주며, 궁극적으로는 각자의 부적응적 양상을 변화시킬 수 있도록 해준다는 것이다.

(1) **희망의 고취** : 집단원에게 자신의 문제가 개선되고 해결될 수 있다는 희망을 준다. 희망 자체가 치료적 효과가 있다. 집단형성 전 오리엔테이션에서 집단원의 긍정적 기대를 강화시켜주고 부정적인 선입견을 제거하며 집단의 치료 효과를 분명하고 강력하게 설명함으로써 시작된다.

(2) **보편성** : 집단성원을 보면서 자신과 비슷한 갈등과 경험, 문제가 있다는 것을 알고 위안을 받는다. 집단 초기 나만 이렇다는 느낌에서 다른 이들도 자신과 비슷함을 아는 것은 상당한 위안이 된다.

(3) **정보전달** : 교육 내용이나 집단성원의 제안, 지도, 충고 등을 들으면서 자기 문제를 보다 명확하게 이해하게 된다.

(4) **이타심** : 구성원이 서로 도움을 주고받는 과정에서 자신도 누군가를 도울 수 있음을 발견한다. 이 과정에서 자존감이 높아진다.

(5) **사회기술 발달** : 집단성원으로부터의 피드백, 특정 사회기술에 대한 학습을 통해 대인관계에 필요한 사회기술을 개발한다.

(6) **대인관계 학습** : 집단성원 간의 상호작용 속에서 자신의 대인관계에 대한 통찰을 얻게 되고, 대인관계의 새로운 방식을 시험해 볼 수 있는 장이 된다.

(7) **모방 행동** : 집단원은 새로운 행동을 배우는 데 좋은 모델이 된다.

(8) **1차 가족집단의 교정적 재현** : 집단원이 초기 아동기에 자신의 부모형제와 상호작용했던 방식으로 리더나 다른 집단원과 상호작용하면서 가족 내 갈등이 집단에서 재현되고 탐색과 새로운 역할 실험의 기회를 갖게 된다. 이러한 과정에서 그동안 해결되지 못한 갈등상황에 대해 탐색하고 도전한다.

(9) **집단 응집력** : 집단 내에서 인정받고 수용된다는 소속감은 그 자체만으로 집단성원의 긍정적인 변화에 영향을 미친다.

(10) **정화** : 집단 내의 비교적 안전한 분위기 속에서 집단성원은 그동안 억압되어온 감정을 자유롭게 발산할 수 있다. 정화는 표현된 그 자리에서 감정과 인지, 신체변화 등을 다룬다.

(11) **실존적 요인** : 집단성원과의 경험 공유를 통해 각 구성원은 자신들의 인생에 대한 궁극적인 책임은 스스로에게 있다는 것을 배운다.

## 6) 다문화 집단에 대한 기본전제

(1) 모든 인간의 만남은 그 자체가 다문화적이다.

(2) 사람들의 문화적 배경을 고려해야 한다.

(3) 지도자는 다문화적 관점을 갖고 있어야 한다.

**기출 DATA**
다문화 집단에 대한 기본전제
2019-1회

**학습포인트**

다양한 상담유형에 대해서 살펴보고 특징과 주요사항을 알아본다.

**TIP**

중독의 의미

중독은 생체가 음식물이나 약물의 독성에 의하여 기능 장애를 일으키는 것으로, 술이나 마약 따위를 지나치게 복용한 결과, 그것 없이는 견디지 못하는 병적 상태를 말한다. 즉, 물질 남용으로 인해 신체가 손상될 뿐만 아니라, 중독적 사고로 인해 사회적 기능이 손상되고 자신이 잘못되었다는 것을 알면서도 여러 가지 위험한 행동을 하게 되며, 조절력 장애가 생기게 된다. 현재 DSM-5에서는 물질-관련 중독과 비물질-관련 중독으로 구분하고 있다. 물질-관련 중독으로는 알코올, 마약류에 의한 중독이 있으며, 비물질-관련 중독으로는 도박중독이 대표적이다.

**기출 DATA**

중독 모델 2017-1회

# 1 》 중독상담

## 1) 중독의 개념

(1) 물질-관련 및 중독 장애는 술, 담배, 마약과 같은 중독성 물질을 사용하거나 중독성 행위에 몰두함으로써 생겨나는 다양한 부적응적 증상을 포함하고 있다.

(2) 술, 약물과 같은 물질 관련 중독과 도박, 인터넷, 쇼핑 등의 행위 중독이 있다.

(3) 중독 모델

① 질병모델 : 중독을 평생 동안 지속되는 생물학적, 환경적 요인의 상호작용을 통해 발생하는 질병으로 보는 관점이다. 생물학적, 유전학적으로 병에 걸리기 쉬운 취약성을 가지고 있는 사람이 물질(행위) 등을 함으로써 발생한다고 보는 관점이다.

② 도덕모델 : 중독을 사회적 규범을 파괴하는 행위로 간주하며, 중독을 처벌받아야 하는 범죄행위로 보기 때문에 개인은 자신의 선택과 행동에 대하여 책임져야 한다고 본다.

③ 심리 성격 모델 : 중독을 개인의 인격, 성격 등의 취약함에서 기인하는 문제로 바라보는 관점이며, 중독에 쉽게 빠지는 성격이 있고 이는 유전된다고 본다.

④ 사회적 학습 모델 : 중독은 학습된 것으로 잘못된 학습과정 혹은 조건화 경험에 의하여 발생하는 나쁜 습관과 같은 것으로 본다.

## 2) 알코올중독

### (1) 알코올중독 원인

① 생물학적 입장 : 알코올 의존 환자는 유전적 요인이나 알코올 신진대사에 신체적인 특성을 지닌다고 본다. 알코올 의존자의 가족이나 친척 중에는 알코올 의존자가 많다는 것이 자주 보고된다.

② 정신분석적 입장

㉠ 알코올 중독자는 심리성적 발달과정에서 유래한 독특한 성격특성을 지니고 있다고 본다.

㉡ 구강기에 자극 결핍이나 자극 과잉으로 인해 고착된 구강기 성격을 지니고 있으며 의존적이고 피학적이며 위장된 우울증을 지니고 있다고 주장한다.

㉢ 물질 남용자는 가혹한 초자아와 관련된 심각한 내면적 갈등을 지니고 있으며 이러한 긴장, 불안, 분노를 회피하기 위해서 알코올이나 약물을 사용한다는 주장도 있다.

### (2) 알코올중독 상담

① 치료 초기 단계에서 술과 관련된 치료적 계약을 분명히 한다.

② 문제 행동에 대한 행동치료를 병행할 수 있다.

③ 가족의 다양한 개입이 필요하며 가족도 상담에 참여하도록 한다.

④ 치료 후기에는 재발 가능성에 대해서 이야기한다.

### (3) 알코올 치료

① 동기강화 상담

㉠ 윌리엄 밀러(William Miller)와 스테판 로이크(Stephen Rollick)에 의해 개발된 모델로 알코올중독뿐 아니라 다른 중독 행동 및 건강관련행동에 치료 효과가 지속적으로 입증되고 있는 상담 접근이다.

㉡ 동기강화 상담이 중독치료에 많은 효과를 얻은 이유는 첫째, 중독 치료의 목표가 행동의 변화이고, 둘째, 이 변화의 핵심이 행동 변화를 위한 동기에 있으며, 셋째, 동기강화 상담으로 변화 동기를 더욱 강화할 수 있기 때문이다.

㉢ 동기강화 상담의 기본 기술(OARS)은 Open question(열린질문), Affirming(인정하기), Reflecting(반영하기), Summarizing(요약하기)로 내담자 중심의 상담 기법이다.

---

**기출 DATA**
알코올 중독 원인 2018-3회

**TIP**
알코올 사용장애나 중독에 의해 발생할 수 있는 질병
• 작화증 : 자신이 기억하지 못하는 것을 마치 있었던 것처럼 확신을 갖고 말하거나 사실을 위장, 왜곡하는 병적인 증상을 말한다.
• 베르니케병 : 비타민 $B_1$(티아민)의 결핍으로 발생하는 신경계 질환으로 알코올 중독자에게 흔히 일어나는 병이다.
• 코르사코프 증후군 : 코르사코프는 건망증, 기억력장애 등을 특징으로 하며 해마가 손상되어 발생하는 것으로 알려져 있다.

**기출 DATA**
알코올 중독 상담 2018-1회

**기출 DATA**
동기강화 상담 2019-1회

**TIP**
• 알코올치료 중 혐오치료 : 혐오치료는 바람직하지 않은 행동에 대해 혐오자극을 제시해 부적응행동을 제거하는 기법으로 술을 마시는 행동에 구토 유발약물을 사용하여 술을 마시는 행동을 제거하는 것이다.
▶ 2020-3회
• 충격치료 : 생체에 어떤 종류의 충격을 가하여 치료를 실행하는 것으로 일반적으로 충격치료는 주로 전기충격치료를 말하며, 다른 치료방법으로는 더 이상의 치료책을 찾을 수 없을 때 주로 시행한다.

**기출 DATA**
12단계 모델 2017-3회,
A. A 2020-3회, 2019-3회

**TIP**

AA 12 전통은 다음과 같다.
• 1 전통 : 우리의 공동 복리가 무엇
보다 우선되어야 한다. 개인의 회복
은 A.A.의 공동 유대에 달려 있다.
• 2 전통 : 우리의 그룹 목적을 위한
궁극적인 권위는 하나이다. –이는
우리 그룹의 양심 안에 당신 자신
을 드러내 주시는 사랑 많으신 신
(神)이시다. –우리의 지도자는 신
뢰받는 봉사자일 뿐이지 다스리는
사람들은 아니다.
• 3 전통 : 술을 끊겠다는 열망이
A.A.의 멤버가 되기 위한 유일한
조건이다.
• 4 전통 : 각 그룹은 다른 그룹이나
A.A. 전체에 영향을 끼치는 문제를
제외하고는 반드시 자율적이어야
한다.
• 5 전통 : 각 그룹의 유일한 근본 목
적은 아직도 고통 받고 있는 알코
올 중독자들에게 메시지를 전하는
것이다.
• 6 전통 : A.A.그룹은 관계 기관이
나 외부의 기업에 보증을 서거나,
융자를 해 주거나, A.A.의 이름을
빌려주는 일 등을 일체 하지 말아
야 한다. 돈이나 재산, 명성의 문제
는 우리를 근본 목적에서 벗어나게
할 우려가 있기 때문이다.
• 7 전통 : 모든 A.A. 그룹은 외부의
기부금을 사절하며, 전적으로 자립
해 나가야 한다.
• 8 전통 : A.A는 항상 비직업적이
어야 한다. 그러나 서비스 센터에
는 전임 직원을 둘 수 있다.
• 9 전통 : A.A는 결코 조직화되어
서는 안 된다. 그러나 봉사부나 위
원회를 만들 수는 있으며, 그들은
봉사 대상자들에 대한 직접적인 책
임을 갖게 된다.
• 10 전통 : A.A는 외부의 문제에
대해서는 어떠한 의견도 가지지 않
는다. 그러므로 A.A.의 이름이 공
론에 들먹여져서는 안 된다.
• 11 전통 : A.A.의 홍보 원칙은 적
극적인 선전보다 A.A 본래 매력에
기초를 둔다. 따라서 대중 매체에
서 익명을 지켜야 한다.
• 12 전통 : 익명은 우리의 모든 전통
의 영적 기본이며, 이는 각 개인보
다 항상 AA 원칙을 앞세워야 한다
는 것을 일깨워 주기 위해서이다.

② 인지행동치료 : 알코올중독 환자가 증상과 관련된 왜곡된 인지를 발견
하고 바로잡을 수 있도록 도와주는 것으로 올바른 인지변화를 시도하는
데 목적이 있다.

③ 12단계 모델

㉠ A. A(Alcoholics Anonymous)는 알코올 중독자 금주모임으로 1935년
에 처음 시작하여 현재까지도 지속적으로 활동하고 있으며 공통적인
알코올 문제를 가진 사람이 함께 단주를 목표로 한다.

㉡ A. A(Alcoholics Anonymous)는 근본적으로 영적인 프로그램이며
따라서 치료가 아니라 삶과 존재의 방법이라 할 수 있다.

㉢ 목적이 단주를 하고 유지하는 것을 돕는 것이지만 알코올에 대해
서는 AA 12 단계 중 첫 단계만 언급되어 있다.

㉣ A. A(Alcoholics Anonymous)의 12단계 모델은 현재는 AA 자조
모임뿐 아니라 GA(도박중독자 자조집단), NA(약물 중독자 자조
집단) 등 대부분 자조집단에서 활용한다.

## 3) 도박중독

### (1) 도박중독의 특징

① 화투나 카드 게임을 비롯하여 경마, 경륜, 슬롯머신과 같은 도박성 게
임은 오락의 한 형태로 많은 사람에 의해서 행해지고 있다.

② 무기력함을 느끼거나 원하는 흥분을 얻으려고 더 많은 액수로 도박을
하며, 도박을 줄이거나 멈추고자 할 때 불안감과 짜증을 경험한다.

③ 흥분이나 쾌감 등을 얻기 위해 점점 더 많은 돈으로 도박하는 내성을
보여서 자칫 경제적 파산과 가정파탄을 초래하는 비참한 상태로 전락하
게 된다.

④ 돈을 딸 수 있다는 낙관주의가 있다.

⑤ 합법적인 도박뿐만 아니라 인터넷이나 스마트폰 등을 사용한 불법도박
도 심각한 사회문제를 일으킨다.

⑥ 도박을 중단하면 *금단증상이 나타나며, 심하면 자살을 초래하기도 한다.

⑦ 시골보다는 도시에 도박중독자가 많으며 남자는 초기 청소년기에 여자
는 인생 후기에 시작되는 경우가 많다.

⑧ 도박중독은 DSM-5에서 물질관련 및 중독장애 중 유일하게 비물질-
관련장애로 분류되어 있다.

(2) 도박중독의 원인

① 정신 역동적 입장 : *오이디푸스 갈등과 관련된 무의식적 동기로 도박 장애를 설명하고 있는데 공격적이거나 성적인 에너지를 방출하려는 욕구가 무의식적으로 대치되어 도박행동으로 나타난다고 본다.

② 학습이론에서는 도박행동을 모방학습과 간헐적으로 돈을 따는 강화기제로 설명한다.

③ 인지치료에서는 돈을 따게 될 주관적 확률을 실제보다 높게 평가하며 비현실적이고 미신적인 인지왜곡을 한다고 본다.

(3) 치료

① 도박 장애의 증세가 심각하거나 자살에 대한 위험성이 있으면 입원치료를 해야 한다.

② 도박 장애는 원인의 다양성만큼이나 치료법도 다양하게 제시되고 있다.

③ 그러나 도박장애는 치료가 매우 어렵고 재발률도 높은 편이다.

④ 정신 역동적 치료에서는 도박에 자꾸 빠져들게 하는 무의식적인 동기에 대한 통찰을 유도함으로써 도박행동을 감소시키고자 한다.

⑤ 약물치료로 클로피라민이나 세로토닌 억제제가 병적 도박에 효과적이라는 주장이 있다.

⑥ 이 외에 집단치료와 단도박 모임(GA ; Gamblers Anonymous)도 도움이 될 수 있다. 단도박 모임은 병적 도박자들이 도박의 유혹을 극복하도록 돕는 자조집단이다.

## 4) 약물중독

(1) 약물중독의 개념

① 약물 오용 : 의학적 목적으로 사용하나 의사 처방에 따르지 않고 임의로 사용하는 것이다.

② 약물 남용 : 의도적으로 약물을 다른 목적을 위해 사용하는 것이다.

③ 약물 의존 : 특정 물질을 반복 사용한 결과 정신적·신체적 변화를 일으켜, 사용자가 약물사용을 중단하거나 조절하는 것을 어렵게 하는 상태이다.

④ 약물 중독 : 약물사용에 대한 강박적 집착을 보이며, 일단 사용하기 시작하면 끝장을 보고야 마는 조절 불능상태에서 끊을 경우 금단증상이 나타난다.

기출 DATA
도박중독의 특징 2020-3회, 2019-1회, 2018-3회

TIP
금단증상
특정 약물이나 대상, 행위를 충동적, 습관적으로 하게 되고 이를 중단할 경우 여러 가지 증상을 겪게 되는 것을 말한다.

TIP
오이디푸스 콤플렉스
아들이 동성인 아버지에게는 적대적이지만 이성인 어머니에게는 호의적이며 무의식적으로 성적 애착을 가지는 복합감정이다.

기출 DATA
약물중독의 개념
2020-1회, 2017-3회

**TIP**
인터넷 중독
약물이나 도박과 같은 것에 중독된 것처럼 병리적이고 강박적인 인터넷 사용을 일컬어 인터넷 중독이라고 한다. 미국 피츠버그 대학의 영(Young)은 인터넷 중독을 '중독성 물질이 없는 충동조절장애'로 정의하였다. 인터넷 중독(게임 중독)의 원인으로는 유전적 요인, 가정환경, 개인의 성격, 게임 중심의 청소년문화를 들 수 있다. 인터넷 중독(게임 중독)의 증상으로는 게임 중단을 놓고 부모와 잦은 싸움, 게임으로 인한 밤샘, 비용마련을 위해 돈을 훔침, 고가 게임 아이템 구입, 게임을 하기 위해 학교를 가지 않는 행동 등이 있다.

**기출 DATA**
약물중독 진행 단계 2018-1회

**기출 DATA**
청소년 약물남용
2020-1회, 2017-1회

⑤ 금단 증상 : 특정 약물이나 대상, 행위에 대해서 충동적, 습관적으로 하게 되고 중단할 경우 여러 가지 증상을 겪게 되는 것을 말한다. 금단현상으로는 불안, 초조, 신체적 떨림 등이 나타나며, 기호품에는 알코올, 니코틴, 커피 등이 있고, 약물에는 진정, 수면, 항불안제, 중추신경 자극제가 있으며 *인터넷 중독, 쇼핑 중독과 같은 행위와 관련된 것도 있다.

**(2) 약물중독의 진행 단계**

① 실험적 사용 단계 : 호기심 또는 모험심으로 약물을 단기간 적은 양을 사용한다.

② 사회적 사용 단계 : 지역 사회에서 약물로 인한 감정 변화 양상을 노출하는 단계로서 또래 친구와 어울리기 위하여 약물을 사용한다.

③ 남용 단계 : 일상적인 문제와 스트레스를 벗어나기 위해 약물을 주기적으로 남용한다.

④ 의존 단계 : 약물의 효과를 유지하기 위해 다량의 약물을 자주 장기간 사용하여 신체적, 심리적으로 약에 의존하게 된 상태이다.

**(3) 청소년 약물남용**

① 음주나 흡연을 하는 부모의 자녀는 음주나 흡연의 가능성이 높은 편이다.

② 또래 집단이 약물을 사용할 때 같은 집단에 다른 청소년도 약물을 사용할 가능성이 높다.

③ 흡연의 조기 시작은 본드나 마약 등의 약물 남용으로 발전될 가능성이 있다.

④ 우리나라 청소년의 흡연 비율은 계속 떨어지고 있으나 아직은 흡연 비율이 높은 편이다.

⑤ 청소년 약물남용의 진단 및 평가의 유의점

㉠ 청소년이 약물을 사용한 경험이 있다는 것만으로 약물남용자로 낙인찍지 않도록 한다.

㉡ 청소년 약물남용과 관련해서 임상적으로 이중진단의 가능성이 높은 심리적 장애는 우울증, 품행장애, 주의결핍-과잉행동 장애, 자살 등이 있다.

㉢ 청소년 약물남용자들은 약물사용 동기나 형태, 신체적 결과 등에서 성인과 다른 양상을 보이므로 DSM-Ⅴ와 같은 성인 위주 진단체계의 적용에 한계가 있다.

## 5) 게임중독

### (1) 게임중독의 개념

① 게임중독이란 지나치게 많이 게임에 몰두해 일상생활에 심각한 영향을 끼치는 상태로 약물중독처럼 병적 집착, 내성, 금단증상 등 일상생활에서의 장애를 초래한다.

② 중독된 학생은 게임시간을 조절하지 못하고 게임을 하지 못하면 불안해하거나 초조한 증상을 보이며, 학교성적이 떨어지거나 친구와의 관계가 소원할 경우 등교 거부가 일어나기도 한다.

③ 게임중독을 앓고 있는 학생은 2~15%로 여성보다는 남성이 많은 것으로 보고된다.

### (2) 게임중독의 개입

① 상담의 목표를 구체적으로 정하고 자기조절과 자기관리 훈련을 한다.

② 어머니를 적극적인 조력자로 개입시킨다.

③ 자신이 게임한 시간을 기록하도록 한다.

④ 게임 이외의 다른 활동을 하고, 가족과 즐거운 시간을 가질 수 있도록 한다.

# 2 》》 학업상담

## 1) 학업상담의 개념

### (1) 학업상담의 특징

① 교사의 요구, 또는 성적을 올리기 위해 적극적인 요구를 가진 부모에 의해 상담이 시작되므로 비자발적인 내담자가 많다.

② 학습 과정에서 겪는 문제를 통합적으로 해결하여 유능한 학습자가 되도록 조력하는 과정이다.

③ 학습의 영역에서 발생하는 원인은 개인의 영역, 인지적 영역, 정서적 영역, 행동적 영역, 환경적 영역 등 다양하다.

④ 적극적으로 학습 성적 향상을 요구하는 부모에게 귀 기울이면 내담자와의 관계 형성이 어렵고 부모의 요구를 무시하면 상담 지속이 어려우므로, 부모의 관여가 적절한 수준과 형태에서 이루어지도록 돕는다.

**TIP**

학업상담의 필요성
• 학업에 대한 많은 정신적 부담감과 압박감으로 인해 스트레스가 심하기 때문이다.
• 시험 실패, 성적 부진 및 저하로 인한 심리적 우울감과 좌절 때문이다.
• 지나친 입시위주의 경쟁체계 심화로 인한 압박감과 고민 때문이다.
• 학업성적의 저하는 학교생활의 부적응과 대인관계의 고통을 함께 동반하는 경향이 높기 때문이다.

(2) 청소년의 학업문제

① 대부분의 청소년은 학생 신분에 해당하기 때문에 이들은 청소년기 내내 학업문제를 지니고 있다고 볼 수 있다. 청소년상담의 가장 높은 문제 영역 비중도 공부, 학업성적 영역이다.

② 학업문제에는 학습 방법, 성적 저하, 집중력 부족, 시험 불안, 학업에 대한 무관심 등이 포함된다.

③ 학업 중단 : 정규 학교를 다니다가 졸업하기 전에 중단하는 것을 의미한다. 개인적인 요인도 있지만 학교적, 사회적 요인 등 환경적인 요인도 크게 작용한다. 학업을 중단한 청소년은 소속 이탈로 인해 소외감과 좌절감을 경험하고 비행의 위험도가 높아진다.

(3) 학업관련 문제 유형

① 학습부진* : 지능은 정상인데도 심리적인 요인이나 환경적 요인에 의해 학업성취가 그 연령에서 기대되는 수준보다 낮은 경우를 말한다.

㉠ 학업에 대한 불안을 가지고 있다.

㉡ 자기 비판적이고 부적절감을 느끼며 자존감이 낮다.

㉢ 목표 설정이 비현실적이고 계속적인 실패를 보인다.

㉣ 성인과의 관계는 추종, 회피, 맹목적 반항, 적대감, 방어적 행동으로 드러난다.

㉤ 독립과 의존의 갈등이 심하고 활동패턴은 사회 지향적이다.

② 학습지진 : 지능으로 대표되는 지적 능력의 저하로 인하여 학업 성취가 뒤떨어진 상태를 말한다. 경계선급 경도 장애를 보이며 학습 능력도 평균 수준에 미치지 못한다.

③ 학업 저성취 : 학습부진과 혼용되는 개념으로 일반적으로 성취수준을 집단별로 구분하여 하위집단에 속하는 경우를 말한다. 잠재적인 능력 수준이나 지적능력을 고려하지 않고 결과로 학업 성취 수준을 이야기한다.

④ 학업지체 : 국가적으로 혹은 지역적으로 규정된 학년, 학기의 학습 목표를 달성하지 못한 상태를 말한다. 학업 과업을 적절히 성취하지 못하여 지체된 것으로 다른 아동에 비하여 누적된 결손을 보인다.

⑤ 학습장애 : 정신지체, 정서장애, 환경 및 문화적 결핍과는 관계없이 듣기, 말하기, 쓰기, 읽기 및 산수 능력을 습득하거나 활용하는 데 심한 어려움을 한 분야 이상에서 보이는 장애이다.

**(4) 학습문제를 알아보는 방법**

① 표본 기록법 : 관찰자가 관찰 대상이나 장면을 미리 정해 놓고, 그 장면에서 일어나는 아동의 행동과 상황, 말을 모두 일어난 순서대로 기록하는 것이다.

② 일화 기록법 : 관찰자가 관찰한 행동을 객관적으로 서술식으로 기록하되, 중요한 사건이나 핵심이 되는 행동을 중심으로 짧게 기록하는 방법이다.

③ 사건 표집법 : 특정행동이 나타날 때까지 기다렸다가 그 행동이 발생하면 관찰하고 기록하는 방법으로 꼭 언제 관찰해야 한다는 시간적 제약이 없다.

④ 시간 표집법 : 미리 선정한 행동을 정해진 짧은 시간 동안 관찰하며, 시간 간격에 맞춰 여러 차례 반복해 관찰하는 것이다.

## 2) 학습 전략

**(1) 시험 불안 전략**

① 시험 불안 정의

㉠ 스필버그(C. Spielberger)는 불안을 특성 불안과 상태 불안으로 구별하고 시험 불안을 상태 불안에 해당된다고 보았다.

㉡ 시험 불안이 상태 불안에 해당된다는 것은 기질적으로 불안의 성향이 높지 않아도 이전 시험에 대한 부정적 경험이 있거나, 제대로 시험 준비를 못 했거나, 자기효능감 등이 낮거나 하면 얼마든지 시험 불안이 생길 수 있다는 것을 의미한다.

㉢ 리버트(R. Liebert)와 모리스(L. Morris)는 시험 불안이 인지적 반응인 걱정(Worry)과 정서적 반응인 감정(Emotionality)으로 구성된다고 보았다.

② 시험 불안의 원인에 대한 이론적 접근

㉠ 욕구 이론적 접근 : 과제 수행 욕구보다 불안 욕구가 더 커져 시험 불안이 일어난다고 본다.

㉡ 정신 역동적 접근 : 시험 불안이 부모와의 관계 속에서 발생된다고 본다. 즉, 부모의 양육태도, 특히 자녀의 학업 성적에 대한 부모의 과도한 기대가 시험 불안을 가중시킨다는 것이다.

㉢ 행동주의적 접근 : 시험 불안은 조건형성이 잘못 이루어졌기 때문에 생긴다고 본다.

**기출 DATA**
학습문제를 알아보는 방법
2018-3회

**TIP**
시험불안 증상
• 신체적 증상 : '소화가 안 됨, 머리나 배가 아픔, 가슴이 두근거림, 땀이 남, 몸이 떨림' 등과 같은 불안이 신체증상으로 나타난다.
• 인지적 증상 : '시험을 잘 못 볼 것 같아 걱정된다. 시험만 보면 아무 생각이 안 난다. 시험을 못 보면 내 인생은 끝장이다.' 등과 같은 불안이 인지적 증상으로 나타난다.
• 행동적 증상 : '잠만 잠, 시험 전날 계속 딴 짓을 함, 학교를 가지 않음' 등과 같은 불안이 행동으로 나타난다.

**기출 DATA**
시험 불안의 원인 2018-3회

ⓔ 인지주의적 접근

  ⓐ 인지적 간섭 모델 : 시험 상황은 더욱 위협적인 상황이라고 해석하고 동시에 자신의 능력은 더욱 평가절하한다.

  ⓑ 인지적 결핍 모델 : 인지적 결핍 모델은 시험 불안이 높은 것은 학습 전략, 혹은 시험 전략이 부족하기 때문이라고 본다.

  ⓒ 통합적 모델 : 인지적 간섭 모델과 인지적 결핍 모델을 결합하여 시험 불안과 관련된 요인으로 내적 대화, 행동적 활동, 행동적 결과, 인지 구조를 제시하였다.

 ⓜ 환경적 접근 : 학교 또는 학급 분위기도 시험 불안에 영향을 준다.

(2) 효율적인 독서 전략 – 로빈슨(H. M. Robinson)의 SQ3R

 ① 개관(훑어보기, Survey) : 글을 읽기 전, 전체 목차를 보고 주제와 각 장이 어떻게 구성되어 있는지 훑어보며 내용을 미리 생각해 본다. 제목, 그림, 도표 등을 미리 살펴본다.

 ② 질문하기(Question) : 학습할 내용의 제목이나 소제목과 관련하여 중심 내용에 대해 스스로에게 질문해 본다. 글을 능동적으로 읽을 수 있게 도와준다.

 ③ 읽기(Read) : 앞서 생각해 둔 질문에 답을 찾아가며 글을 읽는다. 이때, 강조 표시법을 활용하는 것이 좋다.

 ④ 암송(되새기기, Recite) : 학습한 내용을 써가며 요약, 정리한다.

 ⑤ 복습(다시보기, Review) : 읽은 내용을 총정리하며 복습한다.

(3) 토마스와 로빈슨(Thomas & Robinson)의 PQ4R

 ① 미리보기(Preview) : 학습할 내용이 어떻게 구성되어 있는지 살펴보는 단계이다.

 ② 질문하기(Question) : 내용을 살펴보며 구체적인 질문을 만드는 단계이다.

 ③ 읽기(Read) : 학습 내용을 모두 읽고 앞서 만든 질문에 대한 답을 찾는 단계이다.

 ④ 숙고하기(Reflect) : 내용을 다 읽고 답을 살피고 추가적으로 구체적인 질문을 만든다.

 ⑤ 암송하기(Recite) : 만들었던 질문에 답하고 내용을 자신의 언어로 표현하며, 정확하게 적었는지 점검하고 이전의 내용과의 관계도 포함시키는 단계이다.

 ⑥ 복습하기(Review) : 머릿속으로 전체 내용을 그려보고, 비교하고 대조해보며 읽은 내용을 재조직하고 범주화하는 단계이다.

---

기출 DATA

로빈슨의 SQ3R 2017-3회

### (4) 시간관리 전략

① 학습할 시간을 어떻게 계획하고 확보하고 실천해 나가는 것인가와 관련이 있다.

② 시간관리를 잘하는 행동이란 학습 목표를 세우고, 계획을 치밀하게 짜고, 제한된 시간 내에 원하는 학습 목표를 달성하기 위한 우선 순위를 정해서 무엇부터 할 것인지 의사를 결정하여 그 일을 실제로 행동으로 실천하고, 실천한 것을 토대로 평가해서 다음 계획에 반영하고, 그 모든 과정에 필요한 정보를 최대한 잘 활용하여 목표를 달성하는 것을 말한다.

③ 학습의 목표를 중요성과 긴급도에 따라 구체적으로 수립한다.

|  | 긴급함 | 긴급하지 않음 |
|---|---|---|
| 중요함 | 중요하고 긴급한 일 | 긴급하지는 않지만 중요한 일 |
| 중요하지 않음 | 긴급하나 중요하지 않은 일 | 긴급하지도, 중요하지도 않은 일 |

## 3 》》성 상담

### 1) 성 상담의 목표

(1) 정확한 성 정보를 제공한다.

(2) 성적 위험에 대한 인식과 예방, 대처 방법에 대해 안내한다.

(3) 성에 대한 개인적 관심의 객관화와 가치관 점검을 한다.

(4) 성적 의사 결정 과정을 조력한다.

(5) 성에 대한 부정적인 감정 및 상처의 치유를 한다.

### 2) 성폭력

#### (1) 개념

① 성폭력은 성적 자기결정권의 침해이다.

② 성폭력은 다양한 형태의 모든 신체적·언어적·정신적 폭력을 포함하는 광범위한 개념으로 여성뿐 아니라 남성에게도 가해질 수 있다.

③ 성폭력은 강간, 간음, 성적 추행, 성적 희롱, 성기 노출, 성적 가혹행위 등이 포함된다.

---

**기출 DATA**
시간관리 전략
2019-3회, 2017-1회

**TIP**
시간관리 모형의 6가지 핵심요소
• 목표설정 단계
• 계획 단계
• 의사결정 단계
• 실행 단계
• 통제 및 평가 단계
• 정보 이용 단계

**기출 DATA**
성폭력 2019-1회

기출 DATA
성폭력 피해자와의 상담
2017-1회, 2016-3회

TIP
성폭력 상담 목표는 피해자가 입은 공포스러운 사건에 대해 현실적인 관점을 갖게 하고 정상적인 생활에 복귀할 수 있도록 돕는 데 있다.

기출 DATA
성폭력 피해자 상담의 기법★
2019-3회, 2018-3회,
2018-1회, 2017-3회,
2016-1회

TIP
성폭력 피해자가 나타내는 문제의 발달단계
• 1단계 : 충격과 혼란의 단계
• 2단계 : 부정의 단계
• 3단계 : 우울과 죄책감의 단계
• 4단계 : 공포와 불안의 단계
• 5단계 : 분노의 단계
• 6단계 : 자신을 수용하는 단계

　　　㉠ 강간 : 폭행·협박으로 상대방의 반항을 제압하고 간음하는 것

　　　㉡ 간음 : 남자의 성기를 여성의 성기에 삽입하는 것

　　　㉢ 추행 : 성욕의 흥분, 자극 또는 만족을 목적으로 하는 행위로 성적 수치, 혐오의 감정을 느끼는 일체의 행위

　　④ 성폭력의 유형은 아동 성폭력, 청소년 성폭력, 친족 성폭력, 데이트 성폭력, 직장 내 성폭력 등이 있다.

(2) 성폭력 피해자의 상담

　　① 강간 피해자를 위한 상담의 첫 단계는 신뢰적 관계 형성, 우선적 관심사 처리, 지속적 상담 준비이다.

　　② 내담자 스스로 자기 패배적 사고방식과 언어표현을 깨닫게 한다.

　　③ 상담자는 피해자가 취할 역할 행동을 검토하고 필요한 대인 관계를 익히도록 도우며 사회적 지지를 한다.

　　④ 상담을 통해 체험한 것을 실제 생활에서도 일반화하도록 돕는다.

(3) 성폭력 피해자 상담의 기법

　　① 치료 관계에 힘써야 하며, 피해자가 자신의 감정을 감추거나 솔직히 드러내기를 원하지 않으면, 정상적인 감정임을 수용하고 공감한다.

　　② 성폭력 피해가 문제없다고 부정하면, 내담자의 부정을 수용하고 언제든 상담 기회가 있음을 알려준다.

　　③ 상담 내용의 주도권을 피해자에게 주어 현재 상황에서 표현할 수 있는 내용에 대해서만 이야기하는 분위기를 조성한다.

　　④ 내담자에게 치료에 대한 감정을 묻고 치료자를 선택할 수 있게 한다.

　　⑤ 초기에 피해자의 가족 상황과 성폭력 피해로 인한 합병증에 대해 파악한다.

　　⑥ 치료과정에 대해 안내한다.

　　⑦ 비밀 보장을 한다는 것에 대해서 확인해 준다.

(4) 성폭력 피해자의 특징

　　① 정서적 피해

　　　㉠ 성폭력을 경험한 여성은 두려움, 치욕감, 당황함, 걱정, 공포, 혼란, 정신적 충격 등을 호소한다.

　　　㉡ 분노, 보복감, 증오를 느끼며, 자존감의 훼손을 경험한다.

　　　㉢ 아는 사람으로부터 강간 당한 경우에는 자기 비난이 심하며, 우울, 성폭행 기억으로 인한 고통, 무감각, 남성 불신, 배신감, 또 다른 성폭력에 대한 두려움을 느낀다.

ㄹ 많은 경우에 외상 후 스트레스 장애를 나타낸다.

② 신체적 피해

ㄱ 일반적인 성폭력 피해 후유증의 하나이며 이는 외적으로 드러나는 신체적 상처가 거의 없거나 전혀 없는 경우에도 신체적 반응을 초래하게 된다.

ㄴ 성폭력을 경험한 대다수의 여성은 다양한 신체적인 상해를 겪으며, 두통, 메스꺼움, 소화기 장애, 수면장애, 악몽 등을 호소하고, 성병에 감염되거나 임신하는 경우도 발생한다.

③ 행동적 피해

ㄱ 성폭력을 경험한 여성은 성행위에 대한 회피를 보이거나, 성적 문제의 야기, 성폭력을 상기시키는 남성과 상황에 대한 회피, 거주지와 전화번호 변경, 자살 행동, 약물중독 등의 행동을 나타내기도 한다.

ㄴ 또는 여러 남성과 관계를 갖고 과도하게 성행위를 추구하는 등 성적으로 난잡한 행동을 하며 가출하여 성매매를 하는 여성도 있다.

**(5) 청소년 성 문제**

① 청소년은 신체적 성숙이 완전하게 이루어지지 않은 상태에서 신체적, 생리적인 급격한 변화로 혼란을 경험하여 성인의 행동을 모방하고자 하는 과정에서 여러 가지 성적 일탈 행동이 유발된다.

② 청소년의 성 문제에 영향을 끼치는 요인으로는 가정의 구조적 요인, 양육 방식, 친구 관계, 학습 과정 등이 있다고 본다.

③ 성별에 따른 이차 성징이 잘 나타나지 않으면 부정적인 신체상을 갖기 쉽다.

## 4 》》 비행상담

### 1) 청소년 비행의 개념

(1) 청소년 비행은 도리나 도덕 또는 법규에 어긋난 옳지 못한 청소년의 행동을 일컫는다.

(2) 청소년 비행은 각종 법령을 위반하는 범법적인 반사회적 행위를 비롯하여 현행 형법에는 저촉되지 않으나 사회·도덕적 윤리규범에 어긋나는 비도

덕적인 행위, 미성년자에게 금지하고 있는 행위, 사회와 집단생활에서의 부적응 행동 등을 모두 포괄한 광범위한 개념이다.

## 2) 청소년 비행의 이론

기출 DATA
청소년 비행의 이론
2018-3회, 2017-1회

(1) **생물학적 이론** : 범죄나 비행은 신체적 결함(측두엽 간질 추정), 체형, 저지능, 특정한 기질, 염색체나 신경학적 이상에 의해 발생된다고 주장하며, 비행의 원인을 유전적 요인에 더 초점을 두기 때문에 비행의 근본적인 해결에 어려운 점이 있다.

(2) **심리학적 이론**

① 욕구실현이론 : 욕구불만에 따른 정서불안과 긴장, 부정적 자아의식, 반항성이나 충동성, 공격성, 신경증, 지나친 외향성 등과 같은 특수한 성격요소, 정신질환이나 신경증, 정신병 등과 같은 정신장애 등 개인의 심리적 특성으로 비행을 설명한다.

② 사회학습이론 : 사회적 상황에서 타인의 행동을 관찰하여 모방함으로써 그 행동을 학습한다.

(3) **사회학적 이론**

비행을 사회구조적 문제, 비행 하위문화, 상반된 가치관과 이해관계에 의한 갈등, 무규범 상황, 계층 또는 빈부 격차, 사회적 통제의 결여, 기회구조 차이, 범죄 행동과의 접촉 등으로 설명하고 있다.

① 문화전달이론 : 범죄나 비행 등 일탈행동이 많이 발생하는 빈민가나 우범지대와 같은 사회해체 지역에는 비행이나 범죄성을 띤 전통이나 가치가 사회적으로 허용되어 어느 정도 보편화되어 있으며 하나의 문화로 존재하고 전달되어 비행이 쉽게 이루어진다는 논리이다.

② 아노미이론 : 한 사회에서 가치관의 혼란이 일어나는데, 이런 가치관 혼란 현상을 청소년 비행의 원인이라고 보는 관점이다.

③ 낙인이론 : 어떤 것을 위반하면 일탈자가 된다는 규칙을 정해놓고 이를 위반한 특정한 사람을 낙인 찍으면 그 사람은 더 일탈을 할 가능성이 높아진다는 관점이다.

④ 사회통제이론 : 비행 행위를 금지하는 효과적인 신념의 부재에서 비행이 발생한다고 본다. 즉, 비행 행위를 금지하거나 억제하는 규범이 부족하다는 관점이다.

실력 TEST

➡ 아노미, 욕구실현이론, 하위문화이론은 청소년 비행의 원인을 심리학적 관점에서 설명한 이론이다.

**정답** : ×

**해설** : 아노미와 하위문화이론은 청소년 비행의 원인을 사회학적 관점에서 설명한 것이며, 욕구실현이론은 심리학적 관점에서 설명한 것이다.

⑤ 하위문화이론(Cohen) : 사회 안에는 인종, 직업, 사회계층, 연령 등 여러 가지 특성에 따라 하위집단이 형성되고, 하위집단은 전체 사회의 문화와 목표를 달성할 수 있는 기회가 박탈되거나 제한된다는 이론이다.

⑥ 차별접촉이론(Sutherland) : 친밀한 사회적 관계에 있는 타인과의 빈번한 접촉에 의해 학습된다고 보는 이론이다.

## 3) 비행의 원인

기출 DATA
청소년비행의 원인 2020-3회

(1) **개인적 요인** : 낮은 자존감, 충동조절 능력과 미래조망 능력의 부족, 감정인식 및 표현능력의 부족, 자기중심적 인지 왜곡, 문제해결 능력부족, 부적절한 대인관계 양상 등

(3) **가족 관련 요인** : 자애로운 양육의 부족, 적절한 훈육의 부족, 자녀의 발달에 따른 관계 조정의 실패 등

(4) **학교 관련 요인** : 학교에 대한 낮은 애착, 학교활동의 낮은 성공도, 학교에서의 낙인 등

(5) **또래 관련 요인** : 친구관계를 통한 비행의 모방학습, 비행 행동의 상호강화 등

## 4) 와이너(Weiner)의 비행 분류

기출 DATA
와이너의 비행 분류
2020-1회, 2016-1회

(1) 비행을 사회적 비행과 심리적 비행으로 나누었다.

(2) **사회적 비행** : 심리적인 문제없이 반사회적 행동기준을 부과하는 비행하위문화의 구성원으로서 비행을 저지른다. 청소년은 집단문화에 동조하기 위한 수단으로서 비행을 저지르는 경향이 있다.

(3) **심리적 비행**

① 성격적 비행 : 비행이 반사회적인 성격구조, 자기통제 능력의 부재, 충동성, 타인 무시 등에 의한 행위의 문제로 나타난다.

② 신경증적 비행 : 자신의 욕구가 거절되었을 때 급작스럽게 자신의 욕구를 표현하는 행위의 문제로 나타난다.

③ 정신병적(기질적) 비행 : 비행이 행동을 통제하기 어려운 조현병이나 두뇌의 기질적 손상 등에 의해 나타난다.

기출 DATA
가출청소년 상담 2018-1회

기출 DATA
학교 폭력 2017-3회

TIP
청소년비행 중 도벽
청소년 비행 중 우발적이고 기회적
이어서 일단 발생하면 반복되고 습
관화되어 다른 비행행동과 복합되어
나타날 수 있다.
▶ 2020-1회

## 5) 비행 및 일탈 문제

### (1) 가출

① 18세 미만 청소년이 집을 나와 최소한 하룻밤을 지내는 것이다.

② 가출 유형으로 시위성 가출, 도피성 가출, 추방형 가출, 방랑성 가출, 생존성 가출이 있다.

③ 부모와의 불화, 별거나 이혼 등의 가족의 구조적, 기능적 결손의 원인이 있으며, 교우관계 악화, 학업 스트레스, 충동성과 낮은 통제력, 가정 밖 사회·환경적 요인을 들 수 있다.

### (2) 가출청소년 상담

① 상담사는 가출 충동에 대해 수용하고 정서적인 지지를 보내며, 가출 동기와 가능성을 평가한다.

② 가출을 하게 만든 원인과 어려움을 해결하기 위한 방안은 모색하고, 가출 후 상황과 상담받을 수 있는 기관의 정보를 제공한다.

### (3) 학교 폭력

① '학교 폭력'이란 학교 안이나 밖에서 학생을 대상으로 발생한 상해, 폭행, 감금, 협박, 모욕, 공갈, 강요, 강제적 심부름, 성폭력, 따돌림, 정보통신망을 이용한 음란, 폭력 정보 등에 의한 신체·정신·재산상의 피해를 수반하는 행위를 말한다.

② 청소년 학교폭력 특징

㉠ 단순한 탈선을 넘어 심각한 범죄 단계에까지 이르고 있다.

㉡ 가해자가 자신의 행동에 대한 심각성의 정도를 잘 인식하지 못하고 있다.

㉢ 단독보다는 집단화되는 경향이 있다.

㉣ 비행청소년뿐만 아니라 보통 청소년에게도 쉽게 발견되며, 비행현상이 유행되고 있다.

㉤ 피해에 대해 적극적으로 알리지 않는 경우가 많아서 이후 심각성이 발견되는 경향이 있다.

③ 아동, 청소년이 친사회적인 행동을 보이면 일관된 보상을 주도록 한다.

## 5 » 진로상담

### 1) 진로상담 개념

**(1) 진로 관련 용어**

① 진로 : 가장 상위개념으로 한 개인이 생애 동안 일과 관련해서 경험하고 거쳐 가는 모든 체험을 의미한다. 진로는 매우 복잡하고 종합적인 의미를 지니고 있다.

② 직업 : 일반적으로 보수를 받는 것을 전제로 한 일을 의미한다. '개인이 계속적으로 수행하는 경제 및 사회 활동의 종류'라고 규정한다.

③ 진로발달 : 각 개인이 자기가 설정한 진로 목표에 접근해 가고 그 목표를 달성해 나가는 과정을 지칭하는 것으로 사용된다.

④ 진로의식 성숙 : 동일한 연령층의 대상과의 비교에서 나타나는 상대적인 직업 준비의 정도라고 할 수 있다. 동일한 연령층이나 발달 단계에 있는 집단의 과업 수행과 비교해 볼 때 개인이 상대적으로 차지하는 위치를 의미한다.

⑤ 진로교육 : 개인의 진로선택, 적응, 발달에 초점을 둔 교육으로 각 개인이 자신에게 적합한 일을 선택하고 수행할 수 있도록 평생 학교, 가정 사회에서 가르치고 지도하며 도와주는 활동을 총칭한다.

⑥ 직업교육 : 개인이 일의 세계를 탐색하고 자신의 적성, 흥미, 능력에 맞는 일을 선택하며 그 일에 필요로 하는 지식, 기능, 태도, 이해, 일에 대한 습관 등을 개발하는 형식적, 또는 비형식적 교육을 말한다.

⑦ 진로지도 : 보다 포괄적인 의미로 사람이 활동하는 생애 동안 그들의 진로 발달을 자극하고 촉진하기 위해 전문 상담사나 교사 등과 같은 전문인이 여러 다양한 장면에서 수행하는 활동으로 진로 계획, 의사결정, 적응문제 등에 조력하는 것이다.

⑧ 진로상담 : 진로 지도를 위한 수단 중 하나인 '진로상담'은 진로발달을 촉진하거나 진로 계획, 진로, 직업의 선택과 결정, 실천, 직업 적응, 진로 변경 등의 과정을 돕기 위한 활동을 의미한다.

**(2) 진로상담 목표**

① 자신에 관한 보다 정확한 이해 증진으로 자기에게 맞는 일과 직업을 선택하기 위해서 자신의 가치관, 능력, 성격, 적성, 흥미, 신체적 특성 등에 대하여 올바르게 이해한다.

**TIP**

직업과 일은 개인이 추구하는 행복한 삶에 절대적인 영향을 미치기 때문에 올바른 진로를 선택하고 결정하는 일은 개인의 성장과 발달을 위해서 매우 중요한 과업이다.

기출 DATA

진로상담 목표★ 2019-3회, 2019-1회, 2016-1회

② 직업 세계에 대한 이해 증진으로 복잡하고 다양한 일과 직업의 종류 및 본질에 대한 객관적 이해를 하도록 한다.

③ 합리적인 의사결정 능력의 증진으로 진로 지도의 최종 결과는 크든 작든 어떤 '결정'이라는 형태로 나타나므로 합리적 의사결정 능력을 향상시킨다.

④ 직업에 대한 올바른 가치관 및 태도를 형성하도록 한다.

⑤ 진로나 직업에 대한 정보를 탐색할 수 있는 능력을 향상시키고 활용하는 능력을 키운다.

⑥ 내담자의 직업적 목표를 명확하게 해주며, 이미 결정한 직업적인 선택과 계획을 확인하도록 돕는다.

(3) **직업상담의 일반적 원리**

① 내담자에 대한 기본적인 신뢰와 공감적 이해는 진로상담에서도 중요하다.

② 최종 선택은 내담자 스스로 결정하도록 유도한다.

③ 진로상담사는 진로 관련 정보 제공을 위해 직업 세계에 대한 정보를 숙지해야 한다.

④ 만성적인 미결정자는 조기 발견에 특히 유념하여야 한다.

⑤ 경우에 따라서는 심리 상담을 병행하면 더욱 효율적이다.

(4) **진로 욕구에 대한 내담자의 상태**

① 진로 결정형 : 자신의 선택이 잘된 것이어서 명료화하기를 원하는 내담자

② 진로 미결정형 : 자신의 모습, 직업, 혹은 의사결정을 위한 지식이 부족한 내담자

③ 우유부단형 : 생활에 전반적인 장애를 주는 불안을 동반한 내담자

(5) **직업상담원의 역할**

① 상담자 : 내담자의 정보, 직업 세계의 정보, 미래사회의 정보를 통합하여 직업선택에 도움을 주는 상담활동을 진행한다.

② 처치자 : 직업문제를 갖고 있는 내담자에게 문제를 인식하게 하고 진단하고 처치한다.

③ 조언자 : 구인·구직 신청 접수, 취업 알선, 채용 여부 확인 등 직업 소개 업무와 관련된 의사결정을 조언한다.

④ 개발자 : 청소년, 여성, 고령자, 실업자, 장애인 등을 대상으로 직업의식을 촉구하고 직업 생활에 대한 이해를 높이기 위한 프로그램을 개발한다.

⑤ 지원자 : 내담자 스스로 직업문제를 해결하도록 돕고 직업발달 단계에 의한 직업 지도 프로그램을 적용하고 평가하며 지원한다.

⑥ 해석자 : 직업상담의 도구인 내담자의 성격, 흥미, 적성, 진로성숙도 등에 관한 검사를 실시하고 결과를 분석·해석하여 내담자가 자신을 잘 이해하도록 촉구한다.

⑦ 정보분석가 : 직업과 관련하여 노동시장, 직업세계 변화, 직업과 미래사회에 대한 정보를 분석한다.

⑧ 협의자 : 직업 정보 제공원, 구인처와 연계·구축하여 협의한다.

⑨ 관리자 : 상담 과정에서 일어나는 일련의 업무를 관리하고 통제한다.

## 2) 진로발달이론

### (1) 긴즈버그(Ginzberg)의 진로발달이론

① 경제학자인 긴즈버그(Ginzberg) 등은 직업 선택 과정에 발달적 접근 방법을 도입하였다.

② 직업선택은 네 가지 요인인 (1) 가치관, (2) 정서적 요인, (3) 교육의 양과 종류, (4) 실제 상황적 여건 등의 상호작용으로 결정된다.

### (2) 수퍼(Super)의 진로발달이론

① 수퍼(Super)는 진로발달에 영향을 미치는 요인을 크게 개인적 요인과 환경요인으로 구분하였으며, 수퍼 이론의 기저를 이루고 있는 것은 자아개념이론(Self-conception theory)이다.

② 인간은 자아 이미지와 일치하는 직업을 선택한다고 본다.

③ 진로발달에 영향을 미치는 요인에는 개인차, 다양한 가능성(Multi-potentiality), 직무 능력의 유형, 동일시와 모델의 역할, 적응의 연속성, 생애 단계, 진로 유형, 발달의 지도 가능성, 상호작용의 결과로서의 발달, 직무 만족 등이 포함된다.

### (3) 타이드만과 오하라(Tiedeman & O'Hara)의 진로발달이론

① 직업 발달 과정을 직업 역할보다는 자아정체감에 따른 직업에 대한 대응 과정으로 간주하였다.

② '의사결정과정'을 통해서 직업의식이 어떻게 발달하는가를 설명하고 있다.

③ '직업발달'이란 직업 자아정체감(Vocational self-identity)을 형성해 나가는 계속적 과정이라고 한다.

**기출 DATA**
진로발달이론 2019-1회

**TIP**
진로검사
• 직업적성검사는 어떤 과제나 임무를 수행하는 데 있어서 개인에게 요구되는 특수한 능력이나 잠재능력을 예측하는 검사이다.
• 직업흥미검사 : 10가지 흥미영역으로 나누어 "무엇을 좋아하는가?"를 중심으로 흥미영역을 측정하는 검사이다.
• 직업성숙도검사 : 초6~고3을 대상으로 진로계획 태도와 진로계획 능력을 측정하기 위한 검사이다.
• 직업가치관검사 : 성인을 대상으로 개인이 중요하게 생각하는 직업가치관에 대해 측정하여 개인의 직업가치를 실현하기 위해 가장 적합한 검사로 13개의 하위 요인으로 구성된 검사이다.
▶ 2020-3회

(4) 턱만(Tuckman)의 진로발달이론 : 자아인식, 진로인식 및 진로의사결정이라는 세 가지 요소를 중심으로 하는 8단계의 진로발달이론을 제시하였다.

(5) 홀랜드(Holland) 성격이론

① 대부분의 사람의 성격은 여섯 가지 유형, 즉 현실적, 탐구적, 예술적, 사회적, 설득적, 관습적 유형 중의 하나로 분류된다. 직업 모형도 6가지 유형으로 분류하여 연결시켰다.

② 다섯 가지의 주요개념

   ㉠ 일치성(Congruence) : 인간이 가진 각각의 성격적 유형은 그에 일치하는 각각의 환경적 특성을 요구한다.

   ㉡ 차별성(Differentiation) : 한 개인에게 분명하게 일치하는 환경이 있다. 개인이나 환경이 RIASEC 중 어떤 하나에 분명하게 나타나는 정도를 차별성이라고 한다.

   ㉢ 정체성(Identity) : 개인의 목표, 흥미, 그리고 재능(Talents)에 대한 분명하고 안정된 청사진을 갖고 있는 정도를 말한다.

   ㉣ 일관성(Consistency) : 개인이나 환경은 서로 밀접한 관련이 있는 짝이 있다.

   ㉤ 계측성(Calculus) : 성격유형과 환경유형의 내·외적 관계는 6각형 모형에 따라 정리될 수 있는데, 육각형 모형에서 유형(환경) 간의 거리는 그것들 사이의 이론적 관계에 반비례한다.

## 6 》 위기 및 자살 상담

### 1) 위기의 분류

(1) *위기(Crisis)라는 용어의 어원은 그리스어의 'Krisis'이며, 결정 혹은 전환점이라는 의미를 내포한다. 위기는 위험과 기회라는 두 가지 요소가 혼합되어 있는 특성이 있으며 위기상태를 촉발시키는 특성에 따라 분류된다.

(2) 발달적 위기 : 발달에서의 성숙과정(청소년기의 진입, 결혼, 자녀의 출생, 노화) 등에서 발생하는 생활사건이나 발달 단계마다 요구되는 발달과업에 의한 새로운 대처 자원이 필요한 성숙, 위기 등을 들 수 있다.

(3) **상황적 위기** : 우발적 위기라고도 하며 정상적, 일반적으로 예기하지 않는 가운데 발생되는 위기를 말한다. 사람이 예견하거나 통제할 수 없는 사건이 발생할 때 나타난다. 예 실직, 사고, 가족의 사망, 이혼 등

(4) **실존적 위기** : 목적이나 책임감, 독립성, 자유, 헌신 등 중요한 인간적 이슈에 동반되는 갈등이나 불안과 관련된 위기이다.

(5) **환경적 위기** : 개인 혹은 집단에 자연이나 인간이 일으킨 재해가 갑자기 덮쳤을 때 발생하는 위기로 자신의 책임이 없는 잘못이나 행동으로 인하여 같은 환경에 있는 다른 사람에게 사건의 여파를 미친다.

## 2) 골란(Golan)의 위기 발달 단계

기출 DATA
골란의 위기 발달 단계 2019-3회

(1) **위험 사건** : 위기는 대개 위험 사건에 의해 시작되는데, 위험 사건은 외부적인 스트레스 사건일 수도 있고 혹은 내부적인 압력일 수도 있다.

(2) **취약 단계** : 위험 사건으로 인해 항상적 균형을 잃게 되면 취약 상태가 되는 것인데, 이것은 충격에 대해 초기에 주관적으로 반응하는 단계이다.

(3) **촉진 요인** : 촉진 요인은 취약 상태를 불균형의 상태로 전환시키는 부가적인 스트레스 유발 사건으로서 위기가 아니고 단지 그 연속선상의 한 지점일 뿐이다.

(4) **활성 위기** : 해결되지 않은 문제가 존재하는 상태에서 촉진 요인이 작용하게 되면, 개인의 균형을 유지하는 기제가 파괴되어 긴장이 고조되고, 활성위기(Active crisis)라는 와해 상태가 초래된다. 혼돈, 걱정, 절망, 분노와 같은 감정을 동반하는 격심한 정서적인 혼란 상태로 표현되며, 개인은 심리적 약화, 방어기제의 위축, 문제해결 및 대처 능력의 심각한 와해를 경험하게 되어 불균형이 심화된다.

(5) **재통합** : 활성 위기 이후의 '재통합' 과정에서는 일어난 문제에 대해 인지적으로 이해하게 되고, 위기와 관련한 감정을 방출하고 변화를 수용하며, 사람들은 새롭게 학습한 문제해결 방법에 자신을 맞추게 된다.

① 1단계 : 인지적 지각을 수정하는 단계로, 자신에게 영향을 주었던 그 사건을 보다 정확하고 완전하게 볼 수 있게 되는 것을 의미한다.

② 2단계 : 감정을 다루는 단계로, 극도의 감정을 해소할 수 있게 하고, 감정을 수용하는 것을 의미한다.

③ 3단계 : 새로운 대처 행동을 개발하는 단계이다.

### 3) 위기상담 과정에 사용되는 단계

(1) 위기와 개인적 자원의 평가

(2) 문제에 대한 분명한 정서적, 인지적 이해

(3) 가능한 해결책을 모색하기

(4) 개입에 관한 결정

(5) 개입의 실행에 관한 계획

(6) 개입 평가에 관한 계획

### 4) 아동, 청소년 위기상담에 대한 설명

(1) 아동 내담자를 돕기 위해 가장 중요한 일은 그들의 부모에게 아동을 이해하고 도와줄 수 있는 방법을 가르치는 것이다.

(2) 개별적인 임상면담을 실시한다.

(3) 자살

① 자살 예방 프로그램을 실시하기 전에 학부모 및 주위 교사 등에게 예방 전략의 중요성을 알려야 한다.

② 자살위험 의도를 유보하고 있는 기간이라면 청소년의 강점과 자원을 탐색한다.

③ 자살에 대해 생각할 수 있으나 행동으로 실천하지 않겠다는 구체적인 약속을 한다.

④ 아동, 청소년 내담자와 자살 금지 계약서를 작성할 때에는 시간적 제약이 없는 개방적 동의보다 시간 제한이 있는 동의를 하는 것이 효과적이다.

⑤ 자살 유발 요인 : 우울감, 낮은 자존감, 가족문제, 부족한 의사소통문제, 학교문제, 스트레스, 부적절한 대처기술, 그 외 약물 문제 등

### 5) 위기상담의 목적

(1) 위기가 삶의 정상적인 일부라는 것을 깨닫게 한다.

(2) 갑작스런 사건과 현재 상황에 대해 다른 조망을 획득하도록 돕는다.

(3) 위기와 연관된 감정을 깨닫고 수용하도록 한다.

(4) 내담자의 대처 방식을 관찰하여 잠재적 요인을 확인한다.

## 6) 신체장애 시 나타나는 심리적 적응 단계

기출 DATA
신체장애 시 나타나는 심리적 적응
단계 2018-3회

(1) **충격** : 충격은 외상 시에 나타나는 즉각적인 반응이며 과도한 자극에 무질
서하게 압도된 상태이다.

(2) **부정** : 부정 단계는 반드시 나타나는데, 초기 외상 자체를 부정하는 것은
심리 적응에 매우 도움이 된다. 왜냐하면 갑작스런 자기 신체 변화 또는
자기개념에 손상을 수용하기란 너무 어렵기 때문이다.

(3) **우울** : 사물 부정은 점점 장애나 질병의 심각성과 정도를 이해하고 완전히
인정하는 단계로 발전된다. 이 순간 슬픔과 우울이 엄습한다.

(4) **독립에 대한 저항** : 환자가 독립적으로 자기 간호나 재활 노력을 할 수 있
게 되어 퇴원을 앞두면 마음 속에 독립을 방해하거나 반대하는 반작용이
생긴다. 불편한 집으로 돌아가야 하는 것에 대한 거부이기도 하다.

(5) **적응** : 자신의 사지나 운동 기능을 상실했을 때의 정서 상태는 마치 사랑하
는 사람이 사망했을 때의 슬픔과 비슷하다. 기능 저하에 대한 슬픔, 신체
이미지, 부정하고 있지만 주어진 기능이 만족할 수밖에 없는 현실, 장애로
인한 절망감으로 인해 슬픔에 잠긴다. 상실에 대한 슬픔과 애도로는 정상
으로 돌아갈 수 없다는 생각에 이르면 새로운 잠재력과 변화된 한계를 인
정하는 바탕 위에 새로운 역할을 성취하려고 한다.

## 7 ≫ 청소년 상담

### 1) 청소년 내담자의 특징

TIP

청소년기본법
청소년의 권리 및 책임, 청소년 육성
정책에 관한 기본적인 사항을 규정
한 청소년기본법은 1991년 12월
31일 제정되어 1993년 1월 1일부
터 시행되고 있다.
▶ 2020-1회

(1) **청소년 내담자는 상담의 동기가 부족하다** : 자발적인 내담자라기보다는 부
모나 학교 등에 의해 의뢰된 경우가 대부분이라 상담에 대한 자발성이 낮
고 그로 인해 동기가 부족하며 상담에 대해 의심과 적대감을 드러내기도
한다.

(2) **청소년 내담자는 상담자에 대해 부정적으로 인식하는 경향이 많다** : 청소
년은 상담자를 자신에 대해 지시와 요구, 훈계나 평가를 하는 부정적인 존
재로 인식하여 상담자를 부정적으로 지각하는 경향이 있다.

(3) **청소년 내담자는 오랜 시간 집중할 수 있는 지구력이 부족하다** : 청소년은 여러 회기의 상담에서 요구되는 지구력이 부족하고 상담 장면에서도 집중력의 한계가 있어서 꾸준하게 상담기간에 임하기에는 어려움이 있다.

(4) **청소년 내담자는 인지능력이 부족하다** : 연령적으로는 형식적 조작기의 인지능력 시기이지만 인지능력이 급격하게 발달됨에 따라 인지능력의 한계와 부족함이 있다.

(5) **청소년 내담자는 감각적 흥미와 재미를 추구하는 경향이 높다** : 청소년은 즉각적이고 감각적인 부분이 발달되면서 감각적인 흥미와 재미의 추구정도가 높아져 상담과정에서 이를 충족시키지 못하면 중도하차하게 되는 경향이 있다.

(6) **청소년 내담자는 언어의 표현 정도가 부족하다** : 청소년은 인터넷이나 핸드폰 등 문물의 사용으로 인해 자신들만의 언어를 사용하는 빈도가 높아지고 유행어, 비속어, 불건전한 언어습관, 줄임말 등의 친숙함으로 인해 상담시 언어표현 정도가 빈약하다. 이에 청소년 내담자는 언어적 상담뿐 아니라 다양한 매개체를 사용하여 상담을 진행하는 것이 바람직하다.

(7) **청소년 내담자는 주변 환경의 영향을 많이 받는다** : 청소년은 주변에 대해 민감하게 반응하는 시기이기 때문에 부모, 친구, 교사 등의 영향도 많이 받으며 환경적인 영향도 크게 받는다.

(8) **청소년 내담자는 동시다발적인 관심을 갖는다** : 청소년은 한 가지에 관심을 지속적으로 갖는 것에 어려움이 있어서 동시에 다양한 분야에 관심을 가진다.

(9) **청소년 내담자는 여러모로 급성장하는 불균형의 시기이다** : 청소년기는 급속하게 성장하고 발달하는 시기로 신체적 변화의 적응, 정체성의 혼란, 사고의 미성숙, 정서의 불안 등으로 전체적인 불균형을 경험한다.

## 2) 청소년 발달과제

### (1) 일반적인 발달과제

① 자아정체감을 형성 : 자신의 신체적, 지적 능력을 인지하고 자신의 적성을 잘 수용함으로써 자신에 대한 정체성을 형성해야 하는 과제를 가진다.

② 사회적인 역할을 획득 : 동성과 이성을 포함한 또래친구와 성숙한 교우관계를 맺으며 사회에서 기대하는 성역할을 인식하는 등 사회적인 역할을 획득할 과제를 가진다.

③ 독립적인 과업을 성취 : 부모나 다른 성인으로부터 정서적인 독립을 추구하고, 자신에게 맞는 진로를 선택하고 직업을 준비하며 경제적인 독립, 결혼과 새로운 가족생활을 준비하는 과제를 가진다.

④ 사회적 가치관과 윤리체계를 획득 : 사회적으로 책임질 수 있는 행동을 실천하고 행동지침이 되는 가치관과 이념을 발달시켜야 하는 과제를 가진다.

(2) 하비거스트(Havighurst)의 발달과제

① 신체적, 정신적 발달에 적응하고 각자의 성역할과 기능을 인식하고 수용한다.

② 또래(동성, 이성)와의 새로운 관계를 형성한다.

③ 부모나 다른 성인으로부터 정서적이고 정신적인 독립을 한다.

④ 경제적으로 독립의 필요성을 인정하고 확신을 갖는다.

⑤ 진로를 준비하고 직업을 선택하는 데 몰두한다.

⑥ 유능한 시민생활을 위한 지식, 기능, 태도, 개념을 발달시키고 습득한다.

⑦ 사회적으로 책임 있는 행동에 대해 이해하고 실천한다.

⑧ 결혼과 가정생활을 준비한다.

⑨ 적합한 *가치체계와 윤리관을 확립한다.

3) 청소년상담의 개요

(1) 청소년상담의 대상

청소년상담의 일차적 대상은 청소년이지만 청소년 관련인 및 청소년 관련 기관 역시 청소년상담의 대상이 될 수 있다.

① 청소년

② 청소년 관련인 : 부모, 교사, 청소년 지도사 등 청소년 주변 사람인

③ 청소년 관련 기관 : 가정, 학교, 청소년 고용 업체, 청소년 수용 기관, 청소년 봉사 기관

(2) 청소년상담의 특징

① 청소년상담에는 건강한 발달과 성장을 돕는 예방적, 교육적 측면이 포함된다.

② 청소년은 성장과정의 연속선상에 있다는 것을 염두에 두고 발달 단계의 특성을 고려한 상담개입 방안을 구성하여 활용한다.

**기출 DATA**
하비거스트의 발달과제 2018-3회

**TIP**
가치체계
특정 집단이 가지고 있는 문화의 바탕을 형성하는 기본 요소를 말한다.

**TIP**
청소년상담의 정의
청소년에 대한 이해를 바탕으로 인간적이고 전문적인 자질과 태도를 훈련받은 청소년상담사가 어려움을 겪고 있는 청소년, 청소년관련인, 청소년기관 등과 상호작용을 맺으며 청소년의 다양한 문제를 해결해가는 과정이라 할 수 있다.

**기출 DATA**
청소년상담의 특징 2019-3회

③ 청소년은 환경의 영향을 많이 받는 시기이며 사회변화에 민감하기 때문에 환경의 재적응을 돕는 것이 필요하다.

④ 청소년 내담자는 자발적이기보다는 부모나 교사의 의뢰에 의해 진행하는 경우가 많으므로 가족, 교사, 관련 기관과의 협력이 필요하다.

⑤ 청소년상담은 청소년 관련 정책에 영향을 받는다.

⑥ 청소년상담은 언어적 의사소통 이외에도 다양한 미술치료, 독서치료 등 매체를 통한 다양한 상담접근이 필요하다.

⑦ 일대일 개인 면접뿐 아니라 소규모 혹은 대규모 집단으로 교육과 훈련을 실시한다.

⑧ 청소년상담은 성인상담과 구별되어야 한다.

## 01

**심리치료의 발전사에 관한 설명으로 옳지 않은 것은?**

① 인지심리학의 발전과 더불어 개발된 치료방법들은 1960~70년대 행동치료와 접목되면서 인지행동치료로 발전하였다.

② 로저스(Rogers)는 정신분석치료의 대안으로 인간중심치료를 제시하면서 자신의 치료활동을 카운슬링(counseling)으로 지칭하였다.

③ 윌버(Wilber)는 자아초월 심리학의 이론체계를 발전시켰으며 그의 이론에 근거한 통합적 심리치료를 제시하였다.

④ 제임스(James)는 펜실베니아 대학교에 최초의 심리클리닉을 설립하여 학습장애와 행동장애 아동을 대상으로 치료활동을 시작하였다.

**해설** 1896년 펜실베니아 대학교에 최초의 심리클리닉을 설립한 사람은 위트머(witmer)이다. 또한 위트머는 '임상심리학'이라는 용어를 1907년 심리진료소의 기관지에서 처음으로 사용하였다.

## 02

**내담자에게 바람직한 목표행동을 설정해두고, 그 행동에 근접하는 행동을 보일 때 단계적으로 차별강화를 주어 바람직한 행동에 접근해가도록 만드는 치료기법은?**

① 역할연기　　　　② 행동조형(조성)

③ 체계적 둔감화　　④ 재구조화

**해설** 문제의 예시는 행동주의 치료기법 중 하나인 행동조형에 대한 설명이다.
- 역할연기 : 인지치료 중 행동기법으로 스트레스 상황에서 무엇을 느끼는지 알아보기 위해 행동을 시연하는 기법이다.
- 체계적 둔감화 : 행동주의 기법으로 낮은 수준의 자극에서 높은 수준의 자극으로 점차적으로 유도하여 불안에서 벗어나도록 하며, 고전적 조건형성의 원리에 기초한다. 이완훈련, 불안위계목록 작성, 둔감화 순으로 진행한다.

## 03

**특성 – 요인 상담에 관한 설명으로 틀린 것은?**

① 상담자 중심의 상담방법이다.

② 사례연구를 상담의 중요한 자료로 삼는다.

③ 문제의 객관적 이해보다는 내담자에 대한 정서적 이해에 중점을 둔다.

④ 내담자에게 정보를 제공하고 학습기술과 사회적 적응기술을 알려 주는 것을 중요시한다.

**해설** **특성 – 요인이론 특징**
- 개인분석, 직업분석, 과학적 조언을 통해 직업과의 매칭을 중요시했으며, 자신의 강점과 약점을 포함하는 개인적 성향을 충분히 이해하였다.
- 상담자는 주로 교육자의 역할을 수행하고 내담자를 교육하고 설득하며, 상담자의 축적된 자료가 합리적이라고 확신시킨다.
- Parsons는 근로자가 자신의 능력과 흥미에 맞는 직업을 선택하도록 교육과 사회제도의 개혁을 강조하였다.
- Williamson은 Parsons에 이어 특성 – 요인대가로 떠올랐으며 진로의사결정 문제를 진단하기 위해 4가지 범주를 제시하였다. (진로무선택, 불확실한 선택, 현명하지 못한 선택, 흥미와 적성 간의 모순)
- Williamson은 Parsons의 3단계를 6단계로 체계화하였다. (분석 – 종합 – 진단 – 예측 – 상담 – 추수지도)

## 04

**다음은 가족상담 기법 중 무엇에 관한 설명인가?**

> 가족들이 어떤 특정한 사건을 언어로 표현하는 대신에 공간적 배열과 신체적 표현으로 묘사하는 기법

① 재구조화　　　　② 순환질문

③ 탈삼각화　　　　④ 가족조각

**해설** 가족조각 : 경험적 가족상담 기법으로 한 명의 가족 구성원이 자신의 이미지에 따라 가족의 실제적 관계를 상징적으로 배열하고 조작해 보도록 하여, 가족 간의 정서적 관계를 신체로 표현하는 기법이다. 자기표현이 어려운 아동 및 가족구성원에게 효과적이다.

**정답** 01 ④　02 ②　03 ③　04 ④

① 재구조화 : 가족상담에서 가족의 구조를 파악하고 다시 재조정하는 것이다.
② 순환질문 : 전략적 가족상담기법으로 가족구성원이 문제에 대한 제한적이고 단선적인 시각에서 벗어나 문제의 순환성을 인식하도록 유도하는 질문방법이다.
③ 탈삼각화 : 다세대 가족상담에서 가족 내 형성된 삼각관계에서 벗어나게 하여 가족원의 자아분화를 향상시킨다.

## 05

**성상담을 할 때 상담자가 가져야 할 시행지침으로 옳은 것은?**

① 성과 관련된 개인적 사고는 다루지 않는다.
② 내담자의 죄책감과 수치심은 다루지 않는다.
③ 성폭력은 낯선 사람에 의해서만 발생함을 감안한다.
④ 성폭력은 성적 자기결정권의 침해임을 감안한다.

**해설** **성폭력 개념**
• 성폭력은 성적 자기결정권의 침해이다.
• 성폭력은 다양한 형태의 모든 신체적·언어적·정신적 폭력을 포함하는 광범위한 개념으로 여성뿐 아니라 남성에게도 가해질 수 있다.
• 성폭력은 강간, 간음, 성적 추행, 성적 희롱, 성기 노출, 성적 가혹행위 등이 포함된다.

## 06

**정신분석에서 내담자가 지속적이고 반복적인 학습을 통해 자신이 이해하고 통찰한 바를 충분히 소화하는 과정은?**

① 자기화          ② 훈습
③ 완전학습        ④ 통찰의 소화

**해설** • 정신분석의 상담과정은 라포형성 – 전이단계 – 통찰단계 – 훈습단계로 나뉜다.
• 훈습단계에서는 통찰한 것을 생활로 옮겨 가는 과정으로 내담자의 행동변화가 어느 정도 안정되게 하는 단계이다.

## 07

**중학교 교사인 상담자가 학생을 상담하는 과정에서 구조화를 하는 방법으로 틀린 것은?**

① 상담자와 내담자는 상담관계 이외에 사제관계를 맺고 있으므로 이런 이중적인 관계로 인해 예상되는 문제나 어려움을 사전에 논의한다.
② 상담에 대해 현실적으로 기대할 수 있는 바가 무엇인지, 기대의 실현을 위해 상담자와 내담자가 각각 해야 할 역할이 무엇인지에 대해 설명한다.
③ 정규적인 상담을 할 계획이라면 상담자와 내담자가 만나는 요일이나 시간을 정하고, 한번 만나면 매회 면접시간의 길이와 전체 상담과정의 길이나 횟수에 대해서도 알려준다.
④ 상담내용에 대한 비밀보장의 원칙을 내담자에게 알려주고, 비밀보장의 한계에 대한 정보는 내담자의 솔직한 자기개방을 저해할 수 있으므로 상담관계의 신뢰성이 충분히 형성된 이후에 알려주는 것이 좋다.

**해설** 구조화는 상담여건의 구조화, 상담관계의 구조화, 비밀보장의 구조화로 구분한다.
• 상담여건의 구조화 : 상담시간, 상담횟수, 장소, 늦을 경우 연락방법 등
• 상담관계의 구조화 : '상담 과정이 어떻게 진행되는가?', '상담자와 내담자의 역할은 무엇인가?', 이중관계의 위험성 등의 구조화
• 비밀보장의 구조화 : 상담내용에 대한 비밀보장과 비밀보장의 예외사항에 대해서도 이야기하여 구조화

비밀보장의 예외 사항
1. 자신이나 타인을 해칠 위험이 있는 경우
2. 가정폭력, 성폭력 등의 위기가 있을 경우
3. 감염병이 있는 경우
4. 법원의 명령이 있을 경우

**정답** 05 ④    06 ②    07 ④

## 08

2014

청소년기 자살의 위험인자와 가장 거리가 먼 것은?

① 공격적이고 약물남용 병력이 있으며 충동성이 높은 행동장애의 경우

② 성적이 급락하고 식습관 및 수면행동의 변화가 심한 경우

③ 습관적으로 부모에 대한 반항이나 저항을 보이는 경우

④ 동료나 가족 등 가까운 이들과 떨어져 지내는 회피행동이 증가한 경우

**해설**
- 자살의 위험인자는 매우 다양할 수 있다. 특히 우울감, 낮은 자존감, 가족문제, 부족한 의사소통문제, 학교문제, 스트레스, 부적절한 대처기술, 약물 문제 등이 있다.
- 자살의 증후에는 식습관이나 수면습관의 변화, 일반적인 활동에 대한 흥미 감소, 비행행동 및 가출, 음주나 약물오용, 불필요한 위험 감수, 칭찬에 무감각하거나 무반응, 친구나 가족에게 멀어지려 함, 외모에 신경쓰지 않음, 죽음이나 사망에 집착함, 죽고 싶다는 느낌 등이 있다.

## 09

항갈망제에 해당하는 것을 모두 고른 것은?

> ㄱ. 노르트립틸린(Nortriptyline)
> ㄴ. 날트렉손(Naltrexone)
> ㄷ. 아캄프로세이트(Acamprosate)

① ㄱ

② ㄱ, ㄴ

③ ㄴ, ㄷ

④ ㄱ, ㄴ, ㄷ

**해설**
항갈망제란 뇌에서 술을 강박적으로 섭취하도록 작용하는 신경부위에 직접 작용하여 술에 대한 갈망을 감소시켜 주는 약이다. 대표적으로 날트렉손과 아캄프로세이드 두 가지 약물이 사용되며, 심리적 상담과 병행해 알코올 의존환자 금주 유지에 사용된다.
또한 항갈망제의 경우 도박 자체의 욕구를 줄여주는 데 비교적 효과가 좋은 것으로도 알려져 있으며, 약물치료만으로도 성공적으로 도박을 끊는 경우도 있다.

## 10

가족치료의 주된 목표와 가장 거리가 먼 것은?

① 가계의 특징을 파악하고 이를 재구조화한다.

② 가족구성원 간의 잘못된 관계를 바로 잡는다.

③ 특정 가족구성원의 문제행동을 수정한다.

④ 가족구성원 간의 의사소통 유형을 파악하고 의사소통이 잘 되도록 한다.

**해설**
가족치료의 주된 목표 : 가족구성원과 가족기능상의 변화를 목표로 한다. 개인 중심의 문제해결 과정에서 벗어나 가족을 한 단위로 보고 가족 내에 존재하는 문제를 해결하고자 하는 접근방법으로, 상담자가 가족을 체계로 보고, 가족을 단위로 하여 가족의 기능, 역할, 관계상의 문제에 대해 실제 개입하는 과정이다.

## 11

다음 알코올 중독 내담자에게 적용할만한 동기강화 상담의 기법과 가장 거리가 먼 것은?

> "제가 술 좀 마신 것 때문에 아내가 저를 이곳에 남겨 두었다는 것을 믿을 수가 없군요. 그녀의 문제가 무엇인지 모르겠어요. 이 방에 불러서 이야기 좀 하고 싶어요. 음주가 문제가 아니라 그녀가 문제인 것이니까요."

① 반영반응(reflection response)

② 주창대화(advocacy talk)

③ 재구성하기(reframing)

④ 초점 옮기기(shifting focus)

**해설**
동기강화상담은 행동의 변화를 위하여 내담자가 경험하는 변화에 대한 양가감정을 탐색하고 해결해 가는 과정을 통해 개인에게 내재된 변화 동기를 강화하는 내담자 중심적인 상담접근이다. 동기강화 상담은 그 자체가 특정한 심리치료 혹은 상담이론이 아니라 오히려 이론들을 넘나드는 하나의 의사소통적 접근방법이라고 할 수 있으며, 내담자의 변화 동기를 강화하고 실현시키기 위해 고안된 다양한 방법들과 태도의 집합체라고 할 수 있다.
동기강화 상담의 기본 기술은 (OARS)로 열린 질문(Open question), 인정하기(Affirming), 반영하기(Reflecting),

**정답** 08 ③  09 ③  10 ③  11 ②

요약하기(Summmarizing) 등이 있다. 자기의 주장을 내세우며 대화하는 주창대화(advocacy talk) 기법과는 거리가 멀다.

## 12

2017-1

청소년 비행의 원인을 현대사회의 가치관 혼란현상으로 설명하는 것은?

① 아노미이론     ② 사회통제이론
③ 하위문화이론     ④ 사고충돌이론

**해설** 아노미이론은 한 사회의 가치관의 혼란이 일어나는데 이런 가치관 혼란현상이 청소년비행의 원인이라고 보는 관점이다.

## 13

상담 시 내담자에게 관심을 집중시키는 기술과 가장 거리가 먼 것은?

① 개방적인 몸자세를 취한다.
② 내담자를 향해서 편안한 자세로 앉는다.
③ 내담자를 지나치게 응시하지 않는다.
④ 내담자에게 잘 듣고 있다고 항상 말로 확인해준다.

**해설** **경청요령 9가지**
- E(eye) : 내담자의 눈을 바라본다.
- N(nod) : 가볍게 고개를 끄덕인다.
- C(cultural difference) : 경청의 방법에도 문화적 차이가 있다.
- O(open) : 내담자 쪽으로 열린 자세를 유지한다.
- U(uhm) : '음, 예, 아~'로 호응한다.
- R(relax) : 편안한 상태를 가진다.
- A(avoid) : 산만한 행동을 피한다.
- G(grammatical style) : 내담자의 문법적 스타일을 맞춘다.
- E(ear) : 제3의 귀를 통해 내담자가 느끼는 것을 진정으로 듣는다.
- S(space) : 내담자와 거리를 잘 유지한다.
잘 듣고 있다는 것을 항상 말로 확인하기보다는 가볍게 고개를 끄덕이거나, '음~' 등으로 호응할 수도 있다.

## 14

인간중심 상담의 과정을 7단계로 나눌 때, (　　　)에 들어갈 내용의 순서가 올바른 것은?

> 1단계 : 소통의 부재
> 2단계 : 도움의 필요성 인식 및 도움 요청
> 3단계 : 대상으로서의 경험 표현
> 4단계 : (　　　ㄱ　　　)
> 5단계 : (　　　ㄴ　　　)
> 6단계 : (　　　ㄷ　　　)
> 7단계 : 자기실현의 경험

① ㄱ : 지금 – 여기에서 더 유연한 경험표현
　ㄴ : 감정수용과 책임증진
　ㄷ : 경험과 인식의 일치
② ㄱ : 감정수용과 책임증진
　ㄴ : 경험과 인식의 일치
　ㄷ : 지금 – 여기에서 더 유연한 경험표현
③ ㄱ : 경험과 인식의 일치
　ㄴ : 지금 – 여기에서 더 유연한 경험표현
　ㄷ : 감정수용과 책임증진
④ ㄱ : 감정수용과 책임증진
　ㄴ : 지금 – 여기에서 더 유연한 경험표현
　ㄷ : 경험과 인식의 일치

**해설** **인간중심에서 7단계 상담 과정**
- 1단계 : 경진된 경험의 상태에 있는 개인은 자신에 대해 이야기를 할 수 없는 단계
- 2단계 : 내담자가 자신이 충분히 수용되고 있음을 경험하면 가끔 감정들이 표현되기도 하는 단계
- 3단계 : 상담과정에 참여하며 현재와 과거의 경험을 자유롭게 이야기하는 단계
- 4단계 : 내담자가 여전히 있는 그대로의 자신이 수용되고 이해되고 있다고 느낄 때 보다 자유로운 감정의 흐름이 가능해지는 단계
- 5단계 : 감정의 수용과 경험을 인식하는 단계이며, 문제해결의 책임감이 생성되는 단계
- 6단계 : 금지되었던 감정을 즉각적으로 현재의 경험들로 수용하며, 자신의 문제를 주체적으로 대처하는 단계
- 7단계 : 상담자가 필요없는 시기이며 개인은 자유롭게 경험하면서 충분히 기능하는 인간으로 성장하는 단계

**정답** 12 ① 13 ④ 14 ①

## 15

상담자가 내담자에 대한 치료를 중단 또는 종결할 수 있는 경우에 해당하지 않는 것은?

① 내담자가 제3자의 위협을 받는 등 중대한 사유가 있는 경우
② 내담자가 치료과정에 불성실하게 임하는 경우
③ 내담자에 대한 계속적인 서비스가 도움이 되지 않을 경우
④ 내담자가 더 이상 심리학적 서비스를 필요로 하지 않는 경우

**해설** 문제 증상이 완화되어 성공적인 종결을 할 수도 있으나 여건에 의해 조기종결도 이루어진다.

**조기종결이 일어나는 이유**
• 내담자가 상담서비스를 더 이상 받고 싶지 않다고 멈추기를 원할 때
• 상담자가 판단할 때 내담자가 더 이상 상담이 도움이 되지 않는다고 판단될 때
• 내담자에게 더 이상 상담을 진행하기 어려운 돌발변수가 생겼을 때
• 상담자에게 더 이상 상담을 진행하기 어려운 돌발변수가 생겼을 때

## 16

임상적인 상황에서 활용되는 최면에 관한 가정과 가장 거리가 먼 것은?

① 최면상태는 자연스러운 것이나 치료자에 의해 형식을 갖춘 최면유도로만 일어날 수 있다.
② 모든 최면은 자기최면이라 할 수 있다.
③ 각 개인은 치료와 자기실현에 필요한 자원을 담고 있는 무의식을 소유하고 있다.
④ 내담자는 무의식 탐구로 알려진 일련의 과정을 진행시킬 수 있다.

**해설** • 최면은 사람들의 일반적인 생각과 달리, 우리가 일상에서 늘 겪으며 살고 있다. 가장 일반적인 예로, 자신도 모르게 깜빡 속아 넘어가는 것을 들 수 있다. 다음은 우리가 일상에서 쉽게 겪을 수 있는 최면 현상의 예다.
– 자라보고 놀란 가슴 솥뚜껑 보고 놀란다.
– 피그말리온/플라시보 효과      – 멍 때리기
– 밤에 출출할 때 라면을 생각하니 입에 침이 고인다.

– 소중한 곳을 다치는 동영상을 보니 내가 다 아프다 등
• 또한 최면은 전적으로 받는 사람의 의지에 따라 걸리며, 절대로 거는 사람 혼자만의 힘으로는 걸 수 없다. 따라서 모든 최면은 결국 자기최면이라는 말도 있다. 흔히 생각하기에 최면은 2인 이상의 사람들 사이에서 누군가 최면을 걸면 그 상대는 최면을 받는 것으로 생각하지만, 넓게 생각하면 결국 최면이란 자기 스스로가 특정한 선택적 사고 및 집중된 반응을 보이는 것이다. "모든 최면은 자기 최면(Alman & Lambrow, 1992)"이라고 할 수 있다.

## 17

Beck의 인지적 왜곡 중 개인화에 대한 예로 적절한 것은?

① "관계가 끝나버린 건 모두 내 잘못이야."
② "이 직업을 구하지 못하면, 다시 일하지 못할 거야."
③ "나는 정말 멍청해."
④ "너무 불안하니까, 고속도로를 달리는 것은 위험할 거야."

**해설** 개인화 : 자신과 관련시킬 근거가 없는 외부 사건을 자신과 관련시키는 오류이다.

## 18

다음 사례에서 직면기법에 가장 가까운 반응은 어느 것인가?

집단모임에서 여러 명의 집단원들로부터 부정적인 피드백을 받은 한 집단원에게 다른 집단원이 그의 느낌을 묻자 아무렇지도 않다고 하지만 그의 얼굴 표정이 몹시 굳어있을 때, 지도자가 이를 직면하고자 한다.

① "○○씨, 지금 느낌이 어떤지 좀 더 말씀하시면 어떨까요?"
② "○○씨, 방금 아무렇지도 않다고 말씀하셨습니다."
③ "○○씨, 이러한 일은 창피함을 느끼게 만드는 것 같습니다."
④ "○○씨, 말씀과는 달리 얼굴이 굳어있고 목소리가 떨리는군요."

**정답**  15 ②  16 ①  17 ①  18 ④

**해설** **직면**
- 내담자의 사고, 감정, 행동에 불일치나 모순이 일어날 때 지적해주는 상담자의 반응이다.
- 문제해결에 방해가 되는 모순, 불일치, 왜곡, 각종 방어 기제에 초점이 맞추어져 있다.
- 내담자와 충분히 신뢰관계가 형성한 후에 사용해야 한다.
- 내담자의 성장을 방해하는 것에 도전하도록 한다.

# 19

2014  2011

**학습상담 과정에 대한 설명과 가장 거리가 먼 것은?**

① 현실성 있는 상담목표를 설정해서 상담한다.
② 학습문제와 관련된 내담자의 감정을 이해하고 격려한다.
③ 내담자의 장점, 자원 등을 학습상담과정에 적절히 활용한다.
④ 학습문제와 무관한 개인의 심리적 문제들은 회피하도록 한다.

**해설** 학습상담은 학습과정에서 겪는 문제를 통합적으로 해결하여 유능한 학습자가 되도록 조력하는 과정으로, 학습의 영역에서 발생하는 개인의 영역, 인지적 영역, 정서적 영역, 행동적 영역, 환경적 영역 등을 다룬다. 따라서 학습과 무관한 개인의 심리적 문제더라도 회피하지 않고 다루어야 한다.

# 20

**Gottfredson의 직업포부 발달이론에서 직업과 관련된 개인발달의 단계에 해당하지 않는 것은?**

① 힘과 크기 지향성
② 성역할 지향성
③ 개인선호 지향성
④ 내적 고유한 자아 지향성

**해설** **Gottfredson의 직업포부 이론에서 직업포부의 발달단계**
① 1단계 – 크기와 힘 지향(orientation of size and power) : 3 – 5세
- 외형적 관심의 단계 : 직관적인 사고(크다 – 작다/새 것이다 – 오래되었다 등)가 특징이며 어른들의 역할을 흉내 내는 정도이다. 이 시기의 아동들은 구체적으로 사물을 바라보는 경향이 있고 표면적으로 드러나는 신체적으로 크고 힘이 세고 멋진 직업을 선호한다.
② 2단계 – 성역할 지향(orientation of sex roles) : 6 – 8세
- 성역할 관심 단계 : 구체적인 사고를 할 수 있는 것이 특징이며, 남녀 역할을 구분하여 자신의 성에 적합한 직업을 선호하게 된다.
③ 3단계 – 사회적 가치지향(orientation to social value) : 9 – 13세
- 사회적 위신 관심 단계 : 구체적 사고가 좀 더 발달하고, 직업의 사회적 지위에 관심을 가지며, 자기중심성을 벗어나 또래나 사회에서 중요하게 여기는 가치, 규범, 명성에 민감해진다. 이 시기가 되면 사회적 가치, 명성에 따라 직업을 평가하는 수준이 성인과 비슷하다.
④ 4단계 – 내적, 고유한 자아지향(orientation to internal, unique self) : 14세 이상
- 내적 자아의 관심 단계 : 추상적인 사고가 가능하며, 자신의 흥미와 가치, 능력, 성격, 가족의 요구 등에 따라 직업 분야를 탐색하는 현실적인 입장을 취한다.

**정답** 19 ④  20 ③

## 01

다음 사례에서 사용된 행동주의 상담기법은?

> 내담자는 낮은 학업 성적으로 인해 학교 적응에 어려움을 겪고 있다. 상담자는 내담자가 평소 컴퓨터 게임하는 것을 매우 좋아한다는 사실을 알았다. 상담자는 내담자가 하루 계획한 학습량을 달성하는 경우, 컴퓨터 게임을 30분 동안 하도록 개입하였다.

① 자기교수훈련, 정적강화
② 프리맥의 원리, 정적강화
③ 체계적 둔감법, 자기교수훈련
④ 자극통제, 부적강화

**해설** 사례에서는 학습량(선호하지 않는 행동)의 빈도를 높이기 위해 강화물로 컴퓨터 게임(선호하는 행동)을 제공한 프리맥의 원리기법을 사용하였다.
- 프리맥(Premack)의 원리는 선호하는 행동을 강화물로 제공하여 선호하지 않는 행동의 빈도를 높이는 기법이다.
- 행동의 빈도를 높이기 위해 강화물을 제공하는 정적강화를 사용하였다.

## 02
**2017-3** **2011**

보딘(Bordin)이 제시한 작업동맹(working alliance)의 3가지 측면이 옳은 것은?

① 작업의 동의, 진솔한 관계, 유대관계
② 진솔한 관계, 유대관계, 서로에 대한 호감
③ 유대관계, 작업의 동의, 목표에 대한 동의
④ 서로에 대한 호감, 동맹, 작업의 동의

**해설** **작업동맹모델**
심리역동적 수퍼비전 모델의 하나로 세 가지 차원의 동맹적 관계로 이루어진다. 보딘(Bordin, 1979)이 말하는 세 가지 차원은 다음과 같다.
- 첫째, 정신적 유대(bond)로 이는 수퍼바이저와 수련생 사이의 정서적 유대감과 신뢰를 의미한다.

- 둘째, 목표에 의한 동의(goal agreement)이다. 이는 수련생이 수퍼비전을 통해 얻고자 하는 것과 수퍼바이저가 수련생이 수퍼비전을 통해 얻어야 한다고 보는 목표에 대한 일치도이다.
- 셋째, 작업에 대한 동의(task agreement)이다. 이는 수퍼바이저와 수련생의 공동 목표를 달성하기 위해서 부여되는 과제에 대한 동의를 뜻한다.

작업동맹모델은 이렇게 세 가지 차원을 기본 바탕으로 수퍼바이저와 수련생이 서로 동맹적 관계에서 보다 효과적인 상담을 위해 노력을 기울여야 한다는 것이다.

## 03

인간중심상담에 관한 설명으로 옳지 않은 것은?

① 모든 인간에게 실현경향성이 있다고 보는 긍정적 인간관을 지닌다.
② 이상적 자기와 현실적 자기 간의 괴리가 큰 경우 심리적 부적응이 발생한다고 본다.
③ 상담자가 내담자에 대해 무조건적 긍정적 존중의 태도를 지니는 것을 강조한다.
④ 아동은 부모의 기대와 가치를 내면화하여 현실적인 자기를 형성한다.

**해설** 아동은 부모의 기대와 가치를 내면화하여 자기개념을 형성한다. 자기개념은 현재의 자기 모습을 반영하는 현실적 자기와 긍정적 존중을 받기 위해 추구하는 이상적 자기를 포함한다. 이상적 자기는 타인으로부터 긍정적으로 평가받기 위한 가치의 조건을 담고 있다.
*유기체적 존재는 긍정적 존중과 사랑받고자 하는 욕구를 가지고 있는데, 사람들이 자라면서 유기체로서 자신의 경험을 무시하고 타인의 반응을 민감하게 받아들인다. 이처럼 타인 기대와 가치를 내면화하면서 타인의 가치체계에 의해 형성된 자기개념을 가지게 된다.

**정답** **01** ② **02** ③ **03** ④

## 04

정신분석적 상담기법 중 상담진행을 방해하고 현재 상태를 유지하려는 의식적, 무의식적 생각, 태도, 감정, 행동을 의미하는 것은?

① 전이　　　　　② 저항
③ 해석　　　　　④ 훈습

**해설** 저항은 치료의 진행을 방해하며 내담자가 무의식의 내용을 표현하는 것을 방해하는 것이다. 저항의 형태로 지각, 결석, 무례한 행동, 중요치 않은 얘기 오래하기, 자유연상을 잘 못하는 것 등이 있다.
　① 전이 : 내담자가 과거의 부모나 중요한 타인과 경험했던 감정이나 갈등을 치료자에게서 재경험하는 것
　③ 해석 : 꿈, 자유연상, 저항, 전이, 방어기제 또는 치료관계에서 나타난 내담자의 행동의 의미를 치료자가 설명하는 것
　④ 훈습 : 상담과정의 마지막으로 통찰한 것을 실제 생활로 옮겨가는 과정 단계

## 05

2018-1

Krumboltz가 제시한 상담의 목표에 해당하지 않는 것은?

① 내담자가 요구하는 목표이어야 한다.
② 상담자의 도움을 통해 내담자가 달성할 수 있는 목표이어야 한다.
③ 내담자가 상담목표 성취의 정도를 평가할 수 있어야 한다.
④ 모든 내담자에게 동일하게 적용될 수 있는 목표이어야 한다.

**해설** 상담목표를 설정할 때는 첫째, 문제 행동에 대한 평가와 분석을 토대로 상담자는 내담자와 함께 구체적인 상담목표를 설정한다. 둘째, 상담목표는 명확하고 구체적이어야 한다. 셋째, 목표달성 여부를 객관적으로 확인할 수 있는 측정 가능한 형태여야 하며, 넷째, 달성 가능성이 있어야 한다. 다섯째, 시간 안에 성취가 가능해야 바람직하다.

## 06

상담 진행과정에 관한 설명으로 옳지 않은 것은?

① 초기 : 비자발적 내담자의 경우 상담목표를 설정하지 않음
② 중기 : 내담자가 자신의 문제를 이해하고 반복적인 학습이 일어남
③ 중기 : 문제 해결 과정에서 저항이 나타날 수 있음
④ 종결기 : 상담 목표를 기준으로 상담성과를 평가함

**해설** 비자발적 내담자의 경우 일차적으로 상담에 온 것에 대해 수용과 공감을 표시하고 상담자와 우호적이고 온정적으로 라포형성하여 점차적으로 상담에 자발성을 가질 수 있도록 한다. 그리고 점차적으로 상담목표를 설정하되 이는 진행되면서 수정될 수 있으므로 내담자가 원하는 정도로 합의하여 설정하도록 한다.

## 07

2016-3　2011

글래서(Glasser)의 현실치료 이론에서 가정하는 기본적인 욕구가 아닌 것은?

① 생존의 욕구　　　② 권력의 욕구
③ 자존감의 욕구　　④ 재미에 대한 욕구

**해설** **기본욕구 5가지**
• 사랑과 소속의 욕구
• 힘(권력)에 대한 욕구
• 자유에 대한 욕구
• 즐거움(재미)에 대한 욕구
• 생존에 대한 욕구

## 08

내담자의 현재 상황에서의 욕구와 체험하는 감정의 자각을 중요시하는 상담이론은?

① 인간중심 상담　　② 게슈탈트 상담
③ 교류분석 상담　　④ 현실치료 상담

**해설** 게슈탈트 상담은 개체의 욕구나 감정, 환경조건 및 상황 간의 상호작용을 강조하는 장이론을 중시하고 있다. 게슈탈트란 용어는 개체가 자신의 욕구나 감정을 자각하고 의미있게 행동으로 옮길 수 있는 형태로 조직화하여 자각한다는 뜻이다.

**정답**　04 ②　05 ④　06 ①　07 ③　08 ②

## 09

### 위기개입 전략으로 옳지 않은 것은?

① 내담자의 즉각적인 욕구에 주목한다.

② 내담자와 진실한 관계를 형성하는 것이 중요하다.

③ 위기개입 시 현재 상황과 관련된 과거에 초점을 맞춘다.

④ 각각의 내담자와 위기를 독특한 것으로 보고 반응한다.

**해설** **위기개입 전략의 특징**
- 시간 제한적 : 시작과 마지막 해결까지 시간적 길이는 위험한 사건의 심각성, 개인의 특정한 반응, 성취되어야 하는 과업의 본질과 복잡성 그리고 가능한 지지, 자원 등에 따라 다르지만 일반적으로 4주에서 6주까지 지속된다.
- 현재 상태에 중점을 두며, 생활 문제에 초점을 맞춘다.
- 위기개입 모델은 위기로 인해 도움이 필요한 내담자에 대해 집중적·구체적·즉각적인 개입의 중요성을 강조한다.
- 위기개입 모델은 사람들이 위기에 몰렸을 때, 위기에 적응을 하든 못하든 대처하려는 잠재력을 가지고 있다고 가정한다.

## 10

`2018-3` `2011`

### 도박중독의 심리·사회적 특징에 대한 설명으로 옳은 것은?

① 도박 중독자들은 대체로 도박에만 집착할 뿐 다른 개인적인 문제를 가지지 않는다.

② 도박 중독자들은 직장에서 도박 자금을 마련하기 위해 남보다 더 열심히 노력한다.

③ 심리적 특징으로 단기적인 만족을 추구하기보다는 장기적인 만족을 추구한다.

④ 도박행동에 문제가 있음을 인정하지 않고 변명하려 든다.

**해설** **도박중독의 특징**
- 무기력함을 느끼거나 원하는 흥분을 얻으려고 더 많은 액수로 도박을 하며, 도박을 줄이거나 멈추고자 할 때 불안감과 짜증을 경험한다.
- 흥분이나 쾌감 등을 얻기 위해 점점 더 많은 돈으로 도박하는 내성을 보여서 자칫 경제적 파산과 가정파탄을 초래하는 비참한 상태로 전락하게 된다.

- 돈을 딸 수 있다는 낙관주의가 있으며, 심리적으로 장기적인 만족을 추구한다.
- 합법적인 도박뿐만 아니라 인터넷이나 스마트폰 등을 사용한 불법도박도 심각한 사회문제를 일으킨다.
- 도박을 중단하면 금단증상이 나타나며, 심하면 자살을 초래한다.
- 도박을 하는 행동에 대해 변명하고 자신이 문제가 있음을 인정하지 않는다.

## 11

### 학업상담의 특징에 관한 설명으로 틀린 것은?

① 비자발적 내담자가 많다.

② 부모의 관여가 적절한 수준과 형태로 이루어지도록 돕는다.

③ 학습의 영역에서 문제가 발생하였으므로 문제의 원인은 인지적인 것이다.

④ 학습과정에서 겪는 문제를 통합적으로 해결하여 유능한 학습자가 되도록 조력하는 과정이다.

**해설** **학업상담의 특징**
- 교사의 요구, 또는 성적을 올리기 위해 적극적인 요구를 가진 부모에 의해 상담이 시작되므로 비자발적인 내담자가 많다.
- 학습 과정에서 겪는 문제를 통합적으로 해결하여 유능한 학습자가 되도록 조력하는 과정이다.
- 학습의 영역에서 발생하는 원인은 개인의 영역, 인지적 영역, 정서적 영역, 행동적 영역, 환경적 영역 등 다양하다.
- 적극적으로 학습 성적 향상을 요구하는 부모에게 귀 기울이면 내담자와의 관계 형성이 어렵고 부모의 요구를 무시하면 상담 지속이 어려우므로, 부모의 관여가 적절한 수준과 형태에서 이루어지도록 돕는다.

## 12

`2017-1`

### 상담자의 윤리에 관한 설명으로 틀린 것은?

① 비밀보장은 상담진행 과정 중 가장 근본적인 윤리기준이다.

② 내담자의 윤리는 개인 상담뿐만 아니라 집단상담이나 가족상담에서도 고려되어야 한다.

③ 상담여부를 결정하는 것은 내담자이며 상담자는 내담자에게 정확한 정보를 제공해야 한다.

④ 상담이론과 기법은 반복적으로 검증된 것이므로 시대 및 사회여건과 무관하게 적용해야 한다.

**정답** **09** ③ **10** ④ **11** ③ **12** ④

**해설** 상담에 있어서 가장 기본적인 윤리는 비밀보장이다. 또한 상담자는 내담자에게 사전 동의가 필요한 사항에 대해 명확하게 정보를 제공해야 하며, 이는 개인상담, 집단상담, 가족상담에서 모두 고려되어야 한다.
상담이론과 기법은 반복적으로 검증되었어도 상담자가 충분한 이해와 훈련이 바탕이 되어야 하며, 시대 및 사회여건에 대해 적절해야 한다.

④ 하위문화이론 : 사회는 인종, 직업, 사회계층, 연령 등 여러 가지 특성에 따라 하위집단이 형성되고, 하위집단은 전체 사회의 문화와 목표를 달성할 수 있는 기회가 박탈되거나 제한된다는 이론이다.
\* 심리적인 관점에서 청소년 비행이 일어난다고 보는 이론으로는 욕구실현이론, 사회학습이론이 있다.

## 13

성희롱 피해 경험으로 인해 분노, 불안, 수치심을 느끼고 대인관계를 기피하는 내담자에 대한 초기 상담 개입 전략으로 옳지 않은 것은?

① 분노상황을 탐색하고 호소 문제를 구체화한다.
② 불안감소를 위해 이완 기법을 실시한다.
③ 수치심과 관련된 감정을 반영해 준다.
④ 대인관계 문제 해결을 위해 가해자에 대한 공감 훈련을 한다.

**해설** 성희롱으로 인해 부정감정과 대인관계 기피까지 일어나고 있는 내담자의 경우 초기 상담 시 가해자에 대한 언급에 매우 불쾌하고 분노가 일어날 수 있으며 가해자에 대한 공감 훈련을 한다는 것은 매우 부적절한 상담전략이다.
상담 초기에는 상담자와 라포관계를 통해 편안하고 안심될 수 있도록 하며, 내담자 탐색을 위해 상황과 감정을 탐색하여 호소문제를 구체화하는 작업을 한다.

## 14

2017-1

청소년 비행의 원인을 사회학적 관점에서 설명하는 이론이 아닌 것은?

① 아노미이론
② 사회통제이론
③ 욕구실현이론
④ 하위문화이론

**해설** 청소년의 비행을 크게 생물학적 관점, 심리학적 관점, 사회학적 관점으로 보는데, 사회학적 관점에서 청소년 비행이 일어난다고 보는 이론으로는 문화전달이론, 아노미이론, 낙인이론, 사회통제이론, 하위문화이론, 차별접촉이론이 있다.
① 아노미이론 : 한 사회에서 가치관의 혼란이 일어나는데, 이러한 가치관 혼란 현상을 청소년 비행의 원인이라고 보는 관점이다.
② 사회통제이론 : 비행 행위를 금지하는 효과적인 신념의 부재에서 비행이 발생한다고 본다.

## 15

2017-3

교류분석에서 치료의 바람직한 목표인 치유의 4단계에 해당되지 않는 것은?

① 계약의 설정
② 증상의 경감
③ 전이의 치유
④ 각본의 치유

**해설** **교류분석의 치유 4단계**
• 사회의 통제 : 타인과의 상호작용에 있어 개인은 스스로의 행동의 통제를 발달시킨다.
• 증상의 경감 혹은 완화 : 개인이 불안과 같은 자신의 증세의 완화를 주관적으로 느끼는 것을 포함한다.
• 전이의 치유 : 내담자는 상담사를 하나의 내사물로 자신의 머릿속에 보유하여 건강을 유지할 수 있게 한다. 즉, 중요한 심리적 내사물을 보유하는 동안 내담자의 치유상태가 유지된다는 것이다.
• 각본의 치유 : 내담자는 각본에서 완전히 벗어나 제한적 각본결단을 재결단하여 자율적인 사람이 되는 것을 포함한다.

## 16

2018-3

진로상담에서 진로 미결정 내담자를 위한 개입방법과 비교하여 우유부단한 내담자에 대한 개입방법이 갖는 특징이 아닌 것은?

① 장기적인 계획 하에 상담해야 한다.
② 대인관계나 가족 문제에 대한 개입이 필요하다.
③ 정보제공이나 진로선택에 관한 문제를 명료화하는 개입이 효과적이다.
④ 문제의 기저에 있는 역동을 이해하고 감정을 반영하는 것이 효과적이다.

**해설** 진로욕구에 대한 내담자의 상태는 크게 세 분류로 나뉜다.
• 진로결정형 : 자신이 진로에 대해 내린 결정이 잘 된 것이어서 좀 더 명료화하기를 원하는 내담자

**정답** 13 ④ 14 ③ 15 ① 16 ③

- 진로미결정형 : 진로에 대한 지식이 부족하여 자신의 모습, 직업 혹은 의사결정을 위해 명확하게 정보를 제공하고 진로선택문제에 개입하길 원하는 내담자
- 우유부단형 : 생활에 전반적인 장애를 주는 불안을 동반한 내담자로 전반에 걸쳐 계획을 가지고 장기적인 개입을 할 필요가 있는 내담자

## 17

다음에서 설명하는 용어로 옳은 것은?

> 두 약물의 약리작용 및 작용부위가 유사하여, 한 가지 약물에 대해 내성이 생긴 경우, 다른 약물을 투여해도 동일한 효과를 나타내는 현상

① 강화      ② 남용
③ 교차내성      ④ 공동의존

**해설** 교차내성이란 한 약물에 대해 내성이 생겼을 때, 그 약물의 구조 또는 작용이 비슷한 다른 약물에 대해서도 내성이 나타나 약물효과가 감소되는 것으로, 교차내성은 대부분 동일 계열 약물을 복용할 때 나타나며 아편제의 약물류는 화학적 성분이 같지 않아도 교차내성이 발생한다.
① 강화 : 행동 뒤에 보상을 통해 지속적으로 행동이 유지되고 높아지도록 하는 행동주의기법
② 남용 : 의도적으로 약물을 다른 목적을 위해 사용하는 것
④ 공동의존 : 중독을 보이는 가족구성원을 가진 가정에서, 중독자의 행동을 지속시키거나 조절시키려는 것과 같은 병리적이고 부적응적인 관계와 삶의 형태를 일컫는 용어

## 18

2018-1   2015-3

심리학 지식을 상담이나 치료의 목적으로 활용하기 위해 최초의 심리클리닉을 펜실베니아 대학교에 설립한 사람은?

① 위트머(Witmer)      ② 볼프(Wolpe)
③ 스키너(Skinner)      ④ 로저스(Rogers)

**해설** 라이트너 위트머(Lightner Witmer, 1867~1956)는 미국의 심리학자이다. 그는 "임상 심리학(clinical psychology)"이라는 용어를 소개하였으며, 1896년 펜실베니아 대학에서 세계 최초의 "심리 클리닉"(Psychological Clinic, '심리진료소'로도 알려진)을 설립하였고, 1907년에는 임상 심리학의 첫 번째 저널과 최초의 임상 병원 학교를 설립하였다.

## 19

Ellis의 ABCDE 모형에 관한 설명으로 옳은 것은?

① A : 문제 장면에 대한 내담자의 신념
② B : 선행사건
③ C : 정서적·행동적 결과
④ D : 새로운 감정과 행동

**해설** Ellis의 ABCDE 모형

| A | Activating event | 선행 사건 | 개인에게 정서적 혼란을 일으키는 문제 장면이나 선행사건 |
|---|---|---|---|
| B | Belief system | 신념 체계 | 선행사건에 대해 개인이 갖게 되는 비합리적 사고방식 |
| C | Consequence | 결과 | 선행사건 시 생긴 비합리적 사고방식으로 인한 정서적, 행동적 결과 |
| D | Dispute | 논박 | 비합리적 사고에 대한 논박 |
| E | Effect | 효과 | 논박함으로써 얻게 되는 합리적 신념 |

## 20

다음 설명에 해당하는 기법은?

> - 공통의 관심사를 공유함으로써 집단응집력을 촉진한다.
> - 연계성에 주목하며 집단원 간의 상호작용을 촉진한다.
> - 집단원의 말과 행동을 다른 집단원의 관심사나 공통점과 관련짓는다.

① 해석하기      ② 연결하기
③ 반영하기      ④ 명료화하기

**해설** 연결하기는 특정 집단원의 행동이나 말을 다른 집단원의 관심사와 연결시키는 데 사용되는 집단상담기법으로 개인상담에서는 흔히 사용되지 않는 기법이다.
연결하기 기법은 집단원들 간의 상호작용과 응집력을 높이는 데 매우 효과적인 기법이며 집단원들에게 자연스럽게 보편화를 경험하게 할 수 있다는 장점이 있다.

**정답**   **17** ③   **18** ①   **19** ③   **20** ②

## 01
2017-1

사회학적 관점에서 청소년 비행의 원인을 설명하기에 적합하지 않은 이론은?

① 아노미 이론
② 사회통제 이론
③ 하위문화 이론
④ 사회배제 이론

**해설** 사회학적 관점에서 청소년 비행의 원인으로는 문화전달이론, 아노미이론, 낙인이론, 사회통제이론, 하위문화이론, 차별접촉이론 등이 있다.

① 아노미이론 : 아노미는 한 사회에서 가치관의 혼란이 일어날 경우 이러한 가치관 혼란현상이 청소년비행의 원인이라고 보는 관점이다.

② 사회통제이론 : 비행행위를 금지하는 효과적인 신념의 부재에서 비행이 발생한다고 보는 것으로, 비행행위를 금지하거나 억제하는 규범이 부족하다는 관점이다.

③ 하위문화이론 : 사회는 인종, 직업, 사회계층, 연령 등 여러 가지 특성들에 따라 하위집단이 형성되고, 이 하위집단은 전체 사회의 문화와 목표를 달성할 수 있는 기회가 박탈되거나 제한되어 비행이 발생한다고 본다.

## 02
2017-1

자살을 하거나 시도하는 학생들에게 공통적으로 나타나는 성격특성과 가장 거리가 먼 것은?

① 부정적 자아개념
② 부족한 의사소통 기술
③ 과도한 신중성
④ 부적절한 대처 기술

**해설** 자살 유발 요인으로는 우울감, 낮은 자존감, 가족 문제, 부족한 의사소통 문제, 학교 문제, 스트레스, 부적절한 대처 기술, 그 외 약물 문제 등이 있다.

## 03
2016-1

테일러(Taylor)가 제시한 학습부진아에 관한 특성으로 옳지 않은 것은?

① 학업에 대한 막연한 불안감을 가지고 있다.
② 자기비판적이고 부적절감을 가져 자존감이 낮다.
③ 목표설정이 비현실적이고 계속적인 실패를 보인다.
④ 주의가 산만하고 학업지향적이다.

**해설** 학습부진은 지능은 정상인데도 심리적인 요인이나 환경적 요인에 의해 학업성취가 그 연령에서 기대되는 수준보다 낮은 경우로 다음과 같은 특징이 있다.

• 학업에 대한 불안을 가지고 있다.
• 자기 비판적이고 부적절감을 가져 자존감이 낮다.
• 목표설정이 비현실적이고 계속적인 실패를 보인다.
• 성인과의 관계에서 추종, 회피, 맹목적 반항, 적대감, 방어적 행동 등을 보인다.
• 독립과 의존의 갈등이 심하고 활동패턴은 사회 지향적이다.

## 04
2017-3

상담 및 심리치료의 발달사에 관한 설명으로 옳지 않은 것은?

① 글래서(Glasser)는 1960년대에 현실치료를 제시하였다.
② 가족치료 및 체계치료는 1970년대부터 본격적으로 등장하였다.
③ 메이(May)와 프랭클(Frankl)의 영향으로 게슈탈트 상담이 발전하였다.
④ 위트머(Witmer)는 임상심리학이라는 용어를 최초로 사용했으며, 치료적 목적을 위해 심리학의 지식과 방법을 활용하였다.

**해설** 메이(May)와 프랭클(Frankl)은 실존주의 학자이며, 게슈탈트 상담은 펄스(perls)의 영향으로 발전하였다.

**정답** 01 ④  02 ③  03 ④  04 ③

## 05

상담관계 형성에서 상담자가 갖추어야 할 자세로 적합하지 않은 것은?

① 내담자와 시선 맞추기
② 최소반응을 적절히 사용하기
③ 내담자의 주호소 문제를 인내를 갖고 지켜보기
④ 내담자의 감정을 반영하기

**해설** 상담관계를 형성하기 위한 초기 단계에서, 상담자는 라포를 형성하기 위해 시선을 맞추고 적절하게 반응하여 내담자의 감정을 반영하며 공감적인 자세를 가져야 한다.
이후 중기에 들어서 내담자의 주호소 문제를 인내를 갖고 지켜보는 자세가 필요하다.

## 06

다음에서 설명하는 상담기술은?

> 내담자의 감정에 대한 명확한 이해를 포함하여 내담자의 진술을 반복하거나 재표현하기도 한다.

① 재진술
② 감정반영
③ 해석
④ 통찰

**해설** 내담자가 표현한 말을 상담자의 언어로 뒤바꾸어 표현하는 것은 재진술이지만, 내담자가 표현한 기본적인 감정이나 태도 등을 상담자가 다른 참신한 말로 표현해 주는 것은 감정반영이라 한다.

## 07

상담에서 내담자의 권리에 관한 설명으로 옳지 않은 것은?

① 상담자의 자격과 훈련에 대한 정보를 제공받을 수 있다.
② 내담자가 자신과 타인에게 해를 미칠 경우에도 비밀을 보장받을 수 있다.
③ 상담자를 선택할 수 있는 권리와 상담을 거부할 수 있는 권리에 대한 정보를 제공받을 수 있다.
④ 법적으로 정보공개가 요구되는 경우는 비밀보장의 한계를 가질 수 있다.

**해설** 내담자의 생명이나 타인, 사회의 안전을 위협하는 경우는 비밀보장 예외사항에 해당하며, 이 경우 안전을 확보하여야 하므로 내담자는 비밀을 보장받을 수 없다.

## 08

아들러(Adler)의 상담이론에서 사용하는 기법이 아닌 것은?

① 격려하기
② 전이의 해석
③ 내담자의 수프에 침 뱉기
④ 마치 ~인 것처럼 행동하기

**해설** 전이의 해석은 정신분석 기법에 해당한다.
아들러의 기법으로는 단추누르기, 스프에 침뱉기, 수렁피하기, 마치 ~인 것처럼 행동하기, 역설적 의도, 즉시성, 격려, 초기기억 등이 있다.

**정답** 05 ③  06 ②  07 ②  08 ②

## 09

벡(Beck)의 인지치료에서 인지도식에 관한 설명으로 옳지 않은 것은?

① 인지도식이란 나와 세상을 이해하는 틀이다.

② 사람마다 인지도식이 다르기 때문에 같은 사건을 다르게 해석한다.

③ 역기능적 인지도식은 추상적 사고가 가능한 청소년기부터 형성된다.

④ 역기능적 신념이 역기능적 자동적 사고를 유발하여 부적응행동을 초래한다.

**해설** 역기능적 인지 도식은 청소년기 이전부터 형성되기 시작한다. 인지 도식이란 마음속에 있는 인지 구조로 정보처리와 행동의 수행을 안내하는 비교적 안정적인 인지적 틀이며 동일한 생활사건의 의미를 사람마다 다르게 해석하는 이유는 사람마다 인지도식이 다르기 때문이다.
역기능적 인지도식은 비합리적이고 부적응적이며 자기비판적인 사고의 틀로 부정적 내용의 자동적 사고를 활성화시킨다.

## 10

정신분석적 접근에서 과거가 현재의 정신적 활동에 지배적이고 영속적인 영향을 미친다는 기본개념은?

① 결정론(determinism)

② 역동성(dynamics)

③ 지형학적 모델(topography)

④ 발생적 원리(genetic)

**해설** 정신분석적 성격 이론은 4가지의 기본적 원리를 결정론, 지형학적 관점, 역동적 관점, 발생학적 관점에 근거를 두고 있다.
발생적 원리는 인생후기의 갈등, 성격 특성, 신경증적 증상 및 심리적 구조의 기원이 과거의 아동기의 중요한 사건과 소망 그리고 그것들이 만들어낸 환상에 있음을 추적해내는 것이다.
즉, 과거의 중요경험이 현재의 정신적 활동에 영속적인 영향을 미친다는 것이다.
• 결정론 : 성격의 구조는 5~6세에 결정된다는 것이다.

## 11

스트레스나 스트레스 대처에 관한 설명으로 옳은 것은?

① 스트레스의 원천으로는 좌절, 압력, 갈등, 변화 등이 있다.

② 스트레스에 대한 생리적 반응으로 부교감신경계가 활성화된다.

③ 스트레스 대처방안에는 문제중심형과 인간중심형 대처방법이 있다.

④ 스트레스에 대한 생리적 반응은 경고, 탈진, 저항 단계 순으로 진행된다.

**해설** 스트레스의 원인은 좌절, 압력, 갈등, 변화, 자신감 결여, 무능력에 대한 공포 등 매우 다양하고, 생리적으로 활성화된 교감신경으로 심장박동 수가 증가하며, 근육의 긴장도가 높아지는 등 다양한 생리적 반응이 경고, 저항, 탈진 순으로 진행된다.
대처방안으로는 문제중심형, 정서중심형, 생리중심적 대처방안이 있다.

## 12

알코올 중독을 치료하기 위해 음주 시 구토를 유발하는 약물을 사용하는 것과 같은 조건형성 기법은?

① 소거　　　　　　② 홍수법

③ 혐오치료　　　　④ 충격치료

**해설** 혐오치료는 바람직하지 않은 행동에 대해 혐오자극을 제시해 부적응행동을 제거하는 기법으로 술을 마시는 행동에 구토 유발약물을 사용하여 술을 마시는 행동을 제거하는 것이다.
① 소거 : 학습된 행동에 강화를 제공하지 않음으로써 행동이 중단되도록 하는 기법
② 홍수법 : 강한 불안을 유발하는 자극이나 심상을 노출시키고 불안이 감소될 때까지 노출을 계속하는 기법
④ 충격치료 : 생체에 어떤 종류의 충격을 가하여 치료를 실행하는 것으로 일반적으로 충격치료는 주로 전기충격치료를 말하며, 다른 치료방법으로는 더 이상의 치료책을 찾을 수 없을 때 주로 시행한다.

**정답** 09 ③　10 ④　11 ①　12 ③

## 13

집단상담의 발달단계 특징을 순서대로 나열한 것은?

> ㄱ. 구성원들에게 왜 이 집단에 들어오게 되었는지를 분명히 이해시키고, 서로 친숙해지도록 도와준다.
> ㄴ. 상담자와 집단원들은 집단과정에서 배운 것을 미래의 생활에서 어떻게 적용할 것인가를 생각한다.
> ㄷ. 집단원들이 자기의 문제를 집단에서 논의하여 바람직한 행동 변화를 모색한다.
> ㄹ. 집단과정 동안에 일어나는 저항, 방어 등을 자각하고 정리하도록 도와준다.

① ㄱ → ㄴ → ㄷ → ㄹ
② ㄱ → ㄹ → ㄴ → ㄷ
③ ㄱ → ㄹ → ㄷ → ㄴ
④ ㄷ → ㄴ → ㄱ → ㄹ

**해설** ㄱ.탐색단계, ㄹ.과도기 단계, ㄷ.생산성 단계, ㄴ.종결단계

## 14

다음에서 설명하는 것은?

> 로저스(Rogers)가 제시한 바람직한 심리 상담자의 태도 중 상담자가 내담자의 경험 또는 내담자의 사적인 세계를 민감하게 그리고 정확하게 이해하려는 노력

① 공감적 이해
② 진실성
③ 긍정적 존중
④ 예민한 관찰력

**해설** 로저스(Rogers)는 바람직한 심리 상담자의 태도를 무조건적 긍정적 존중, 공감적 이해, 진실성이라고 하였다.
무조건적 긍정적 존중은 아무런 전제나 조건 없이 내담자를 긍정적인 존재로 존중하는 것이며, 공감적 이해는 지금 여기에서 나타나는 내담자의 감정과 경험을 민감하고 정확하게 이해하는 것이다. 진실성은 내담자를 대함에 있어 상담자가 무엇을 경험하는가에 대해 그대로 느끼고 경험하고 표현하는 것이다.

## 15

AA(익명의 알코올중독자모임)에서 고수하고 있는 12단계와 12전통에 해당하지 않는 것은?

① 외부의 문제에 대해서는 어떠한 의견도 제시하지 않는다.
② 항상 비직업적이어야 하지만, 서비스센터에는 전임 직원을 둘 수 있다.
③ 홍보 원칙은 적극적인 선전보다 AA 본래의 매력에 기초를 둠에 따라 대중매체에 개인의 이름이 밝혀져서는 안 된다.
④ 외부의 기부금은 개인의 이익이 아닌 AA 전체의 이익을 위해서만 쓰여야 한다.

**해설 AA 12 전통**
- 1 전통 : 우리의 공동 복리가 무엇보다 우선되어야 한다. 개인의 회복은 A.A.의 공동 유대에 달려 있다.
- 2 전통 : 우리의 그룹 목적을 위한 궁극적인 권위는 하나이다.-이는 우리 그룹의 양심 안에 당신 자신을 드러내 주시는 사랑 많으신 신(神)이시다.-우리의 지도자는 신뢰받는 봉사자일 뿐이지 다스리는 사람들은 아니다.
- 3 전통 : 술을 끊겠다는 열망이 A.A.의 멤버가 되기 위한 유일한 조건이다.
- 4 전통 : 각 그룹은 다른 그룹이나 A.A. 전체에 영향을 끼치는 문제를 제외하고는 반드시 자율적이어야 한다.
- 5 전통 : 각 그룹의 유일한 근본 목적은 아직도 고통받고 있는 알코올 중독자들에게 메시지를 전하는 것이다.
- 6 전통 : A.A.그룹은 관계 기관이나 외부의 기업에 보증을 서거나, 융자를 해 주거나, A.A.의 이름을 빌려주는 일 등을 일체 하지 말아야 한다. 돈이나 재산, 명성의 문제가 우리를 근본 목적에서 벗어나게 할 우려가 있기 때문이다.
- 7 전통 : 모든 A.A.그룹은 외부의 기부금을 사절하며, 전적으로 자립해 나가야 한다.
- 8 전통 : A.A.는 항상 비직업적이어야 한다. 그러나 서비스 센터에는 전임 직원을 둘 수 있다.
- 9 전통 : A.A.는 결코 조직화되어서는 안 된다. 그러나 봉사부나 위원회를 만들 수는 있으며, 그들은 봉사 대상자들에 대한 직접적인 책임을 갖게 된다.
- 10 전통 : A.A.는 외부의 문제에 대해서는 어떠한 의견도 가지지 않는다. 그러므로 A.A.의 이름이 공론에 들먹여져서는 안 된다.
- 11 전통 : A.A.의 홍보 원칙은 적극적인 선전보다 A.A. 본래 매력에 기초를 둔다. 따라서 대중 매체에서 익명을 지켜야 한다.
- 12 전통 : 익명은 우리의 모든 전통의 영적 기본이며, 이는 각 개인보다 항상 A.A.원칙을 앞세워야 한다는 것을 일깨워 주기 위해서이다.

**정답** 13 ③  14 ①  15 ④

## 16

2016-3

**도박중독에 관한 설명으로 옳은 것은?**

① 원하는 흥분을 얻기 위해 액수를 낮추면서 도박을 한다.

② 정상적인 사회생활에는 큰 지장이 없다.

③ 도박을 중단하면 금단증상이 나타나며, 심하면 자살을 초래한다.

④ 도시보다 시골지역에 많으며, 평생 유병률은 5% 정도로 보고되고 있다.

**해설** 도박중독은 흥분이나 쾌감 등을 얻기 위해 점점 더 많은 돈으로 도박하는 내성을 보여서 자칫 이러한 경제적 파산과 가정파탄을 초래하는 비참한 상태로 전락하게 된다. 또한 무기력함을 느끼거나 원하는 흥분을 얻으려고 더 많은 액수로 도박을 하고, 도박을 중단하면 금단증상이 나타나며, 심하면 자살을 초래하기도 한다. 시골보다는 도시에 도박중독자들이 많으며 남자는 초기 청소년기에, 여자는 인생 후기에 시작되는 경우가 많다.

## 17

2016-3

**상담기법 중 상담 초기단계에서 더 많이 사용하는 것은?**

① 직면　　　　　② 자기개방

③ 개방형 질문　　④ 심층적 질문

**해설** 상담초기에는 관심기울이기, 경청, 공감, 수용적 존중과 개방형 질문 등을 사용하며, 상담 중기에는 대부분의 모든 기법으로 심층적 질문, 직면, 자기개방 등을 사용한다.

## 18

**특정한 직업분야에서 훈련이나 직무를 성공적으로 수행할 가능성을 예측하는 데 가장 적합한 검사는?**

① 직업적성검사　　② 직업흥미검사

③ 직업성숙도검사　④ 직업가치관검사

**해설** 직업적성검사는 어떤 과제나 임무를 수행하는 데 있어서 개인에게 요구되는 특수한 능력이나 잠재능력을 예측하는 검사이다.

② 직업흥미검사 : 10가지 흥미영역으로 나누어 "무엇을 좋아하는가?"를 중심으로 흥미영역을 측정하는 검사이다.

③ 직업성숙도검사 : 초6~고3을 대상으로 진로계획태도와 진로계획 능력을 측정하기 위한 검사이다.

④ 직업가치관검사 : 성인을 대상으로 개인이 중요하게 생각하는 직업가치관에 대해 측정하여 개인의 직업가치를 실현하기 위해 가장 적합한 검사로 13개의 하위 요인으로 구성된 검사이다.

## 19

**변태성욕장애 중 여성의 속옷 또는 손수건 등을 수집하고, 이를 사용하여 성적 만족을 느끼는 것은?**

① 노출장애　　　　② 물품음란장애

③ 관음장애　　　　④ 소아성애장애

**해설** 변태성욕장애는 유아기 또는 소년기의 잘못된 성적 행동으로 생겨 성인이 되어도 비정상적인 방법으로 성적 만족을 얻는 장애이다.

| 하위장애 | 핵심증상 |
|---|---|
| 관음장애 | 성적 흥분을 위해서 다른 사람이 옷을 벗거나 성행위 모습을 몰래 훔쳐봄 |
| 노출장애 | 성적 흥분을 위해서 자신의 성기를 낯선 사람에게 노출시킴 |
| 접촉마찰장애 | 성적 흥분을 위해서 원하지 않는 상대방에게 몸을 접촉하여 문지름 |
| 성적 피학장애 | 성적 흥분을 위해서 상대방으로부터 고통이나 굴욕감을 받고자 함 |
| 성적 가학장애 | 성적 흥분을 위해서 상대방에게 고통이나 굴욕감을 느끼게 함 |
| 아동성애장애 | 사춘기 이전의 아동(보통 13세 이하)을 상대로 성적인 행위를 함 |
| 물품음란장애 | 물건(예 여성의 속옷)을 통해서 성적 흥분을 느끼고자 함 |
| 의상전환장애 | 다른 성의 옷을 입음으로써 성적 흥분을 느끼고자 함 |
| 기타의 성도착장애 | 동물애증, 외설언어증, 전화외설증, 분변애증, 소변애증, 시체애증 |

**정답** 16 ③　17 ③　18 ①　19 ②

## 20

실존적 심리치료에서 가정하는 인간의 4가지 실존적 조건에 해당하지 않는 것은?

① 무의미
② 무한적 존재
③ 고독과 소외
④ 자유와 책임

**해설** 실존적 심리치료에서 가정하는 인간의 4가지 실존적 조건은 죽음, 자유, 고립, 무의미이다.
- 죽음 : 부정적으로 보지 않으며 삶에 대한 의미를 부여하는 인간의 기본조건으로 본다.
- 고립 : 개인 간 고립은 자신과 타인 사이에 존재하는 거리를 말하고, 개인의 고립은 자기 자신의 부분들과 고립되어 있다는 사실을 말한다. 실존적 고립은 다른 개인들이나 세계로부터 근본적인 고립이다.
- 자유 : 실존적 의미에서 자유는 긍정적 개념으로 보지 않는다. 반대로 인간이 응집력 있는 거대한 설계를 지닌 구조화된 우주에 들어가지 못하고, 그 곳에서 나오지도 못한다는 의미이다.
- 무의미 : 삶의 의미가 없을 경우 계속 살아야 할 이유가 없다고 본다.

## 01
2016-1

**벌을 통한 행동수정 시 유의해야 할 사항이 아닌 것은?**

① 벌을 받을 행동을 구체적으로 세분화하고 설명한다.
② 벌을 받을 상황을 가능한 한 없애도록 노력한다.
③ 벌은 그 강도를 점차로 높여가야 한다.
④ 벌을 받을 행동이 일어난 직후에 즉각적으로 벌을 준다.

**해설** 체벌 시 유의사항
• 처벌은 잘못이 일어난 즉시 주어야 한다.
• 체벌은 일관성을 가지고 행해야 한다.
• 체벌은 강도를 점차로 높이지 말아야 한다.
• 체벌을 받을 행동을 구체적으로 세분화해야 한다.
• 체벌을 받을 상황을 가능한 없애도록 한다.
• 체벌은 정적강화와 함께 주어져서는 안 된다.
• 체벌은 가장 효과가 클 것으로 예상되는 벌을 선택해야 한다.

## 02

**청소년의 권리 및 책임, 청소년육성정책에 관한 기본적인 사항을 규정한 청소년기본법의 제정시기는?**

① 1960년대
② 1970년대
③ 1980년대
④ 1990년대

**해설** 청소년기본법은 1991년 12월 31일 제정되어 1993년 1월 1일부터 시행되고 있다.

## 03
2015-1

**약물에 관한 설명으로 옳은 것을 모두 고른 것은?**

> ㄱ. 약물오용 : 의도적으로 약물을 다른 목적으로 사용하는 것이다.
> ㄴ. 약물의존 : 약물이 없이는 지낼 수 없어 계속 약물을 찾는 상태를 말한다.
> ㄷ. 약물남용 : 약물을 적절한 용도로 사용하지 못하고 잘못 사용하는 것이다.
> ㄹ. 약물중독 : 약물로 인해 신체건강에 여러 부작용을 나타내는 상태를 말한다.

① ㄱ, ㄴ
② ㄴ, ㄹ
③ ㄷ, ㄹ
④ ㄱ, ㄹ

**해설**
• 약물오용 : 의학적 목적으로 사용하나 의사 처방에 따르지 않고 임의로 사용하는 것이다.
• 약물남용 : 의도적으로 약물을 다른 목적을 위해 사용하는 것이다.
• 약물의존 : 특정 물질을 반복 사용한 결과 정신적 신체적 변화를 일으켜, 사용자가 약물사용을 중단하거나 조절하는 것을 어렵게 하는 상태이다.
• 약물중독 : 약물사용에 대한 강박적 집착, 일단 사용하기 시작하면 끝장을 보고야 마는 조절 불능상태로 약물에 의한 부작용이 나타나며, 끊을 경우 금단증상이 나타난다.

## 04

**집단상담에서 상대방의 행동이 나에게 어떤 반응을 일으키는가에 대하여 상대방에게 직접 이야기 해주는 개입방법은?**

① 자기투입과 참여
② 새로운 행동의 실험
③ 피드백 주고받기
④ 행동의 모범을 보이기

**해설** 집단상담이 진행될 때 말하는 사람의 행동이나 반응을 듣고 그에 대해 자신의 입장을 이야기하는 것을 피드백이라 한다. 즉, 상대방의 행동이나 말에 대해 피드백하고, 또한 상대방도 그 피드백에 대해 다시 자신의 마음이나 입장을 말이나 행동으로 피드백 할 수 있다.

**정답** 01 ③   02 ④   03 ②   04 ③

## 05

2015-3

청소년비행 중 우발적이고 기회적이어서 일단 발생하면 반복되고 습관화되어 다른 비행행동과 복합되어 나타날 수 있는 것은?

① 약물사용　　　　② 인터넷 중독
③ 폭력　　　　　　④ 도벽

**해설** 약물사용과 인터넷중독은 우발적으로 이루어지지 않으며, 기회적이라는 것은 무엇인가 물질적 이득을 취하고자 하는 행동이므로 폭력과는 거리가 멀다.
도벽이 비행과 복합되면 반복되고 습관화된다.

## 06

진로상담에서 "하고 싶은 일이 너무 많아요."라고 호소하는 내담자에게 가장 먼저 개입해야 하는 방법은?

① 자기 이해　　　　② 직업정보 탐색
③ 진학정보 탐색　　④ 진로 의사결정

**해설** 진로상담의 첫 번째 요인은 자기 자신에 관한 올바른 이해이다. 자신에게 맞는 일과 직업을 선택하기 위해서는 무엇보다 자신의 가치관, 능력, 성격, 적성, 흥미 등에 대하여 올바르게 이해하는 일이 필수적이다.

## 07

2016-3

교류분석상담에서 성격이나 일련의 교류들을 자아상태 모델의 관점에서 분석하는 것은?

① 구조분석　　　　② 기능분석
③ 게임분석　　　　④ 각본분석

**해설** 구조분석이란 어버이(P), 어른(A), 어린이(C)의 세가지 자아 상태가 어떻게 구성되어 있는지 분석하는 것으로, 자신의 자아 상태를 확인하게 되고 자아상태의 구조를 분석하게 되어 의사소통방식과 행동 유형을 해결하는 데 도움을 준다.

## 08

2019-1　　2015-3

미국심리학회(APA)와 미국상담학회(ACA)에서 제시한 전문적 심리상담자의 기본적인 도덕원칙에 해당하지 않는 것은?

① 자율성(autonomy)　　② 명확성(clarity)
③ 성실성(fidelity)　　　④ 덕행(beneficence)

**해설** 자율성(Autonomy), 무해성(Nonmaleficence), 선의성(덕행, Beneficence), 공정성(Justice), 성실성(Fidelity) 이 다섯 가지가 미국심리학의 윤리규정의 이상적인 원리에 명백하게 포함되어 있다.

## 09

2016-1

정신분석적 상담에서 내적 위험으로부터 아이를 보호하고 안정시켜주는 어머니의 역할을 모델로 한 분석기법은?

① 버텨주기(holding)
② 역전이(counter transference)
③ 현실검증(reality testing)
④ 해석(interpretation)

**해설** 버텨주기 : 내담자가 체험하는 막연하고 두려워 감히 직면할 수 없는 깊고 깊은 불안과 두려움을 상담사가 잘 알고 있다는 것을 분석 과정에서 적절한 순간에 적절한 방법으로 전해 주며, 내담자에게 큰 힘으로 의지가 되어 주고 따뜻한 배려로 마음을 녹여주는 것이다.

**정답**　05 ④　06 ①　07 ①　08 ②　09 ①

## 10

다음 설명에 해당하는 상담기법은?

> 내담자가 반복적으로 드러내는 자기 파멸적인 행동의 동기를 확인하고 그것을 제시해서 감춰진 동기를 외면하지 못하고 자각하게 함으로써 부적응적인 행동을 멈추도록 한다.

① 즉시성      ② 단추 누르기
③ 스프에 침뱉기      ④ 악동 피하기

**해설** ③ 스프에 침뱉기 : 아들러 개인심리학의 기법으로 내담자의 자기 패배적 행동 뒤에 감춰진 의도나 목적을 드러내 밝힘으로써 같은 행동을 더 이상 하지 않거나 주저하도록 하는 기법이다. 내담자는 더 이상 행동에 감춰진 의미를 무시할 수 없게 된다.
② 단추 누르기 : 내담자가 자신의 감정을 창조할 수 있음을 깨닫기 위한 기법으로 유쾌한 경험과 불유쾌한 경험을 가진 다음 이 경험들에 수반되는 감정에 주의를 기울이는 것이다.
④ 악동 피하기 : 내담자가 자신의 생각대로 상담자를 유도할 때 그 덫에 걸리지 않고 바람직한 행동을 하도록 유도하는 것이다.
     🔑 내담자가 짜증스럽게 행동해서 상담자가 짜증을 부리도록 유도할 때 상담자가 내담자의 악동을 피하는 것이다.

## 11

트라우마 체계 치료(TST)의 원리에 대한 설명으로 옳지 않은 것은?

① 무너진 체계를 조정하고 복원하기
② 현실에 맞추기
③ 최대한의 자원으로 작업하기
④ 강점으로 시작하기

**해설** **트라우마 체계치료의 10가지 원리**
• 무너진 체계를 조정하고 복원하기
• 먼저 안전을 확보하기
• 사실에 근거하여 명확하고 초점화된 계획을 만들기
• 당신이 '준비'되지 않았을 때 '시작'하지 않기
• 최소한의 자원으로 작업하기
• 책임, 특히 당사자의 책임을 주장하기
• 현실에 맞추기
• 당신 자신과 팀을 돌보기
• 강점으로 시작하기
• 더 좋은 체계를 만들어 남겨 두기

## 12

2015-3

성문제 상담에서 상담자가 지켜야 할 일반적 지침으로 옳지 않은 것은?

① 상담자는 성에 대한 자신의 태도를 자각하고 있어야 한다.
② 내담자가 성에 대한 올바른 지식을 가지고 있음을 전제로 상담을 시작한다.
③ 상담 중 내담자와 성에 관하여 개방적인 의사소통을 한다.
④ 자신의 한계를 넘어서는 문제는 다른 전문가에게 의뢰한다.

**해설** 상담자는 성에 대한 올바른 지식을 가지고 있음을 전제로 하지만 내담자에게 올바른 성지식을 있음을 전제하고 상담을 하지는 않는다.

## 13

2015-3

로저스(Rogers)가 제안한 '충분히 기능하는 사람'의 특성과 가장 거리가 먼 것은?

① 창조적이다.
② 제약 없이 자유롭다.
③ 자신의 유기체를 신뢰한다.
④ 현재보다는 미래에 투자할 줄 안다.

**해설** 충분히 기능하는 사람은 현재 자신의 자아를 완전히 자각하는 사람으로 다섯 가지 특성을 가지고 있다.
• 경험의 개방성
• 실존의 삶에 대해 매 순간 충실성
• 자신의 유기체의 신뢰성
• 창조성
• 자율성

**정답** | 10 ③   11 ③   12 ②   13 ④

## 14

다음 내용에 해당하는 상담의 기본원리는?

> • 상담은 내담자를 중심으로 진행해야 한다.
> • 내담자의 자조의 욕구와 권리를 존중해야 한다.
> • 상담자는 먼저 자기의 감정이나 태도를 이해할 수 있어야 한다.
> • 상담자의 반응은 상담실에서 이루어져야 한다.
> • 내담자에 대한 과잉 동일시를 피해야 한다.

① 개별화의 원리
② 무비판적 태도의 원리
③ 자기결정의 원리
④ 수용의 원리

**해설** ④ 수용의 원리 : 내담자 중심으로 내담자의 강점, 약점, 바람직한 성격, 긍정적 부정적 감정, 파괴적 행동 등 있는 그대로 이해하고 다뤄 나가는 원리이다.
① 개별화의 원리 : 내담자 개개인의 독특한 특성을 이해하고 상담 시 개인차에 따라 상이한 원리나 방법을 활용하는 것이다.
② 무비판적 태도의 원리 : 상담자는 내담자의 행동과 태도, 가치관 등을 평가할 때 객관적이고 중립적인 자세를 유지해야 한다.
③ 자기결정의 원리 : 상담자는 내담자의 자기결정권을 존중하여 내담자 스스로 해결책을 선택하고 의사결정을 할 수 있도록 해야 한다.

## 15

2015-3

약물남용 청소년의 진단 및 평가에 있어서 상담자가 유의해야 할 사항으로 옳지 않은 것은?

① 청소년이 약물을 사용한 경험이 있다는 것만으로 약물남용자로 낙인찍지 않도록 한다.
② 청소년 약물남용과 관련해서 임상적으로 이중진단의 가능성이 높은 심리적 장애는 우울증, 품행장애, 주의결핍-과잉행동 장애, 자살 등이 있다.
③ 청소년 약물남용자들은 약물사용 동기나 형태, 신체적 결과 등에서 성인과 다른 양상을 보이므로 DSM-V와 같은 성인 위주 진단체계의 적용에 한계가 있다.
④ 가족문제나 학교 부적응 등의 관련요인들의 영향으로 인한 일차적인 약물남용의 문제를 보이는 경우, 상담의 목표도 이에 따라야 한다.

**해설** 약물남용은 의도적으로 약물을 다른 목적을 위해 사용하는 것으로, 약물남용에 가족문제나 학교 부적응 등의 관련요인들의 영향이 있다 하더라도 일차적으로 약물남용의 문제를 보이면 상담의 목표는 약물남용에 대한 치료를 우선으로 해야한다.

## 16

REBT 상담에 대한 설명으로 옳지 않은 것은?

① 내담자의 비합리적 신념을 발견하고 규명한다.
② 내담자의 무의식을 의식화하고 자아를 강화시킨다.
③ 주요한 상담기술로 인지적 재구성, 스트레스 면역 등이 있다.
④ 합리적 행동 반응을 개발, 촉진하기 위한 행동연습을 실시한다.

**해설** 내담자의 무의식을 의식하고 자아를 강화시키는 것은 정신역동의 상담목표이다.

**정답** 14 ④  15 ④  16 ②

## 17

게스탈트 치료의 접촉경계 장애에 관한 설명으로 옳은 것을 모두 고른 것은?

> ㄱ. 내사 : 개체가 환경의 요구를 무비판적으로 받아들이는 것
> ㄴ. 투사 : 자신의 생각이나 욕구, 감정을 타인의 것으로 지각하는 것
> ㄷ. 융합 : 밀접한 관계에 있는 두 사람이 서로의 독자성을 무시하고 동일한 가치와 태도를 지니는 것처럼 여기는 것
> ㄹ. 편향 : 다른 사람에게 하고 싶은 행동을 자기 자신에게 하는 것

① ㄱ, ㄴ
② ㄱ, ㄴ, ㄷ
③ ㄴ, ㄷ, ㄹ
④ ㄱ, ㄴ, ㄷ, ㄹ

**해설** • 편향 : 내담자가 환경과의 접촉이 자신이 감당하기 힘든 심리적 결과를 초래할 것이라 예상할 때, 이러한 경험으로부터 압도당하지 않기 위해 환경과의 접촉을 피해버리거나 혹은 자신의 감각을 둔화시킴으로써 환경과의 접촉을 약화시키는 것이다.
• 반전 : 다른 사람에게 하고 싶은 행동을 자기 자신에게 하는 것이다.

## 18

가족상담의 기본적인 원리와 가장 거리가 먼 것은?

① 가족체제의 문제성을 이해하도록 한다.
② 자녀행동과 부모관계를 파악한다.
③ 감정노출보다는 생산적 이해에 초점을 둔다.
④ 현재보다 과거 상황에 초점을 둔다.

**해설** 가족상담의 기본전제에서는 과거는 변화시킬 수 없으며 단지 현재에 과거로 인한 영향만을 변화시킬 수 있고, 과거를 받아들여야 현재와 미래를 다룰 수 있는 능력이 향상된다고 본다. 따라서 과거보다는 현재 상황에 초점을 맞춘다.

## 19

상담 종결에 관한 설명으로 옳지 않은 것은?

① 상담목표가 달성되지 않아도 상담을 종결할 수 있다.
② 상담의 진행결과가 성공적이었거나 실패했을 때에 이루어진다.
③ 조기종결 시 상담자는 조기종결에 따른 내담자의 감정을 다뤄야 한다.
④ 조기종결 시 상담자는 내담자에게 조기종결에 따른 솔직한 감정을 표현하는 것은 도움이 되지 않는다.

**해설** 문제의 증상이 완화되어 성공적인 상담종결도 있으며, 때로는 상담자의 요인, 내담자의 요인, 외부요인 등으로 조기종결도 이루어진다.
조기종결 시 상담자는 내담자의 감정을 다룰 뿐 아니라 상담자의 마음도 솔직하게 표현하여 상담관계를 마무리 짓도록 하는 것이 바람직하다.

## 20
`2016-1`

와이너(Wiener)의 비행분류에 관한 설명으로 옳지 않은 것은?

① 비행자의 심리적인 특징에 따라 사회적 비행과 심리적 비행을 구분한다.
② 심리적 비행에는 성격적 비행, 신경증적 비행, 정신병적(기질적) 비행이 있다.
③ 신경증적 비행은 행위자가 타인의 주목을 끌 수 있는 방식으로 비행을 저지르는 경우가 많다.
④ 소속된 비행하위집단 내에서 통용되는 삶의 방식들은 자존감과 소속감을 가져다주므로 장기적으로 적응적이라고 할 수 있다.

**해설** 소속된 비행하위집단 내에서 통용되는 삶의 방식이 비행이면 이는 적응이라고 할 수 없다.
와이너는 비행을 사회적 비행과 심리적 비행으로 나누었는데, 사회적 비행은 심리적 문제없이 청소년 집단문화에 동조하기 위해 비행을 저지르는 것으로 보았고, 심리적 비행은 성격적 비행, 신경증적 비행, 정신병적(기질적) 비행으로 나누어 설명하였다.

**정답** 17 ② 18 ④ 19 ④ 20 ④

## 01

상담자의 자질 중 다른 하나는?

① 상담기술에 대한 훈련
② 상담자의 윤리 숙지
③ 상담에 대한 열의
④ 문화적 차이에 대한 이해

## 02

상담의 필요성에 해당하지 않는 것은?

① 서구문화의 급격한 유입
② 물질중심
③ 대가족의 핵가족화
④ 상담이론의 발전

## 03

상담의 초기단계에서 이루어져야 하는 것이 아닌 것은?

① 내담자 장점 파악해서 활용하기
② 내담자 문제 파악하기
③ 상담을 구조화하기
④ 합의된 상담목표 설정하기

## 04

상담목표를 정하는 요령이 아닌 것은?

① 달성되었는지 확인할 수 있어야 한다.
② 상담자가 성취할 수 있다고 판단되어야 한다.
③ 내담자와 합의되어야 한다.
④ 구체적이어야 한다.

## 05

비밀 보장을 하지 않아도 되는 경우가 아닌 것은?

① 내담자의 생명이나 타인, 사회의 안전을 위협하는 경우, 비밀을 공개하여 안전을 확보한다.
② 대리자가 정보 공개를 요구하는 경우, 최소한의 정보만을 공개한다.
③ 내담자에게 감염성이 있는 치명적인 질병이 있을 경우, 그 질병에 노출되어 있는 제3자에게 정보를 공개할 수 있다.
④ 아동학대가 있다고 판단되면 정보를 공개할 수 있다.

## 06

전화상담의 단점은 무엇인가?

① 익명성　　　　② 내담자 위주의 주도성
③ 정보습득의 한계　　④ 접근성

## 07

다음 중 기법에 대한 설명이 맞는 것은?

① 요약 : 내담자가 이야기 방향을 산만하게 가져가거나 주제를 바로잡지 못할 때, 주제의 방향을 바꾸어 내담자가 특정한 관심이나 주제에 주의를 집중하도록 돕는다.

② 초점화 : 내담자 말에 내포되어 있는 뜻을 내담자에게 명확하게 말해 주거나 분명하게 말해 달라고 요청하는 것이다.

③ 감정 반영 : 내담자가 표현한 말을 상담자의 언어로 뒤바꾸어 표현하는 것이다.

④ 개방형 질문 : 내담자에게 더 많은 이야기를 할 수 있는 기회를 준다.

## 08

키치너의 윤리적 결정원칙이 아닌 것은?

① 온정성          ② 공정성
③ 자율성          ④ 충실성

## 09

다음은 무슨 기법인가?

> • 내담자 : 아빠를 대하는 게 너무 어려운데요. 왜냐면 아빠가 어떤 때는 잘 해주시다가 어떤 때는 무섭게 대하시거든요. 아빠 비위를 맞추기가 너무 어려워요.
> • 상담자 : 아빠 태도가 자주 바뀌어 진짜 마음을 잘 모르겠다는 것이구나.

① 반영          ② 요약
③ 해석          ④ 직면

## 10

사이버 상담의 기법이 아닌 것은?

① 즉시성과 현시기법     ② 말줄임표
③ 데이터베이스         ④ 글씨체 사용

## 11

정신분석의 성격발달 과정 설명으로 틀린 것은?

① 구강기 : 성적 에너지가 구강 주위에 집중되는 시기로 모든 것을 입으로 가져간다.

② 남근기 : 성적 관심이 성기 주위로 집중하면서 이성의 부모에 대한 연애적 감정을 가진다.

③ 항문기 : 성적 욕구가 항문에 집중하는 시기로 배변훈련이 중요하다.

④ 잠복기 : 성적 욕구가 이성에게 집중되는 시기로 부모로부터 독립하려고 한다.

## 12

정신분석의 상담목표로 적절하지 않은 것은?

① 무의식을 의식화한다.
② 잘못된 생각을 수정한다.
③ 자아를 강화한다.
④ 억압된 충동을 자각한다.

## 13

**해석의 원칙으로 부적절한 것은?**

① 해석의 내용은 내담자의 무의식 수준에 대한 것이어야 효과가 좋다.

② 해석의 내용은 가능한 내담자가 통제, 조절할 수 있는 것이 좋다.

③ 단정적, 절대적 어투보다 잠정적, 탄력적 어투를 사용하는 것이 좋다.

④ 내담자의 말에 대해 상담자가 자신의 이해와 판단을 사용하여 반응한다.

## 14

**아들러의 인간관에 대한 설명으로 옳지 않은 것은?**

① 인간은 성적 동기보다 사회적으로 동기화되는 '사회적 존재'로 본다.

② 인간의 행동은 목적적이고 목표 지향적이다.

③ 개인이 자신에 대한 문제를 깊이 통찰할 때 문제를 해결할 수 있다고 본다.

④ 현상학적인 관점을 수용하여 개인이 세계를 어떻게 인식하느냐 하는 주관성을 강조한다.

## 15

**아들러의 생활양식 유형이 아닌 것은?**

① 지배형        ② 도피형
③ 완전형        ④ 기생형

## 16

**사회학습이론의 학습방법이 아닌 것은?**

① 모방학습        ② 유사학습
③ 대리학습        ④ 관찰학습

## 17

**수업태도가 좋아서 숙제를 면제하는 것은?**

① 부적 강화        ② 정적 강화
③ 정적 처벌        ④ 부적 처벌

## 18

**인간중심에서 충분히 기능하는 사람의 특징이 아닌 것은?**

① 실존의 삶으로 매 순간 충실히 삶을 영위한다.

② 자신의 유기체를 신뢰한다.

③ 경험에 개방적이다.

④ 현실적이고 실리적이다.

## 19

비합리적 사고의 요소가 아닌 것은?

① 당위적 사고 : '~해야만 한다.'로 표현되며 경직된 사고이다.

② 높은 인내심 : 좌절 유발 상황을 잘 견딘다.

③ 파국화 : 지나친 과장으로 '~하는 것은 끔찍하다.'로 표현된다.

④ 자기 및 타인에 대한 비하 : 자신과 타인을 경멸하거나 비하한다.

## 20

인간중심의 상담자의 태도가 아닌 것은?

① 심층적 공감   ② 솔직성

③ 통찰성   ④ 무조건적 존중

## 21

인지치료의 설명으로 맞지 않는 것은?

① 도식이란 마음속에 있는 인지 구조로 정보 처리와 행동의 수행을 안내하는 비교적 안정적인 인지적 틀을 말한다.

② 인지적 오류는 어떤 사건이나 상황을 체계적으로 왜곡해서 그 의미를 해석하는, 정보처리 과정에서 일으키는 체계적인 잘못을 말한다.

③ 역기능적 인지 도식은 비합리적이고 부적응적이며 자기비판적인 사고의 틀이다.

④ 자동적 사고는 너무 깊어서 추상적이고 복잡하다.

## 22

실존주의 학자가 아닌 사람은?

① 메이   ② 펄스

③ 빈스반거   ④ 프랭클

## 23

실존주의 주요개념이 아닌 것은?

① 죽음을 부정적으로 보지 않으며 삶에 대한 의미를 부여하는 인간의 기본조건으로 본다.

② 실존적 욕구 좌절이란 인간이 자기 삶의 의미를 상실했으나 다시 회복한 상태이다.

③ 실존적 고립은 다른 개인들이나 세계로부터의 근본적인 고립이다.

④ 인간은 여러 선택 중에서 어느 것을 선택할 수 있는 자유를 가진 존재이다.

## 24

게슈탈트의 접촉수준의 설명으로 맞는 것은?

① 교착층 : 지금까지 하던 자신의 역할을 그만두고 스스로 자립할 시도를 하지만 힘이 없어 공포감과 공허감을 느끼는 수준이다.

② 폭발층 : 가짜 주체성이 무너지기 시작하여 지금까지 억압하고 차단해왔던 자신의 욕구와 감정을 알아차리는 수준이다.

③ 내파층 : 자신이 원하는 것을 숨기고 부모나 주위 환경에서 바라는 대로 맞춰서 행동하는 수준이다.

④ 가짜층 : 더 이상 자신의 욕구나 감정을 억압하지 않고 외부로 표출하는 수준이다.

## 25

접촉경계혼란으로 인해 알아차림에 방해를 받는다. 엄마에 대한 미움을 자신을 자해하는 행동으로 나타내는 것은 무엇인가?

① 내사　　　　　　② 편향
③ 반전　　　　　　④ 투사

## 26

교류분석의 상담 과정으로 올바른 것은?

① 계약 – 교류분석 – 구조분석 – 게임분석 – 각본분석 – 재결단
② 계약 – 각본분석 – 구조분석 – 게임분석 – 교류분석 – 재결단
③ 계약 – 교류분석 – 게임분석 – 구조분석 – 각본분석 – 재결단
④ 계약 – 구조분석 – 교류분석 – 게임분석 – 각본분석 – 재결단

## 27

사람과 사람 간의 피부접촉, 표정, 감정, 태도, 언어, 기타 여러 형태의 행동을 통해서 상대방에 대한 자신의 반응을 알리는 인식의 기본 단위를 무엇이라 하는가?

① 게임　　　　　　② 스트로크
③ 라켓 감정　　　　④ 각본

## 28

통제이론에 대한 설명으로 옳지 않은 것은?

① 모든 전체 행동은 자신이 만족시키고자 하는 것을 얻기 위한 최선의 시도이다.
② 인간의 모든 행동은 다섯 가지 욕구를 충족하기 위한 선택이다.
③ 전체 행동은 4개의 구성요소인 인지, 정서, 감각, 생리반응으로 이루어졌다.
④ 우리가 하는 모든 행동은 선택된다.

## 29

우볼딩의 상담진행 과정으로 맞는 것은?

① 라포 형성하기 – 계획 세우기 – 욕구 탐색하기 – 현재 행동에 초점두기 – 행동 평가하기
② 라포 형성하기 – 욕구 탐색하기 – 계획 세우기 – 현재 행동에 초점두기 – 행동 평가하기
③ 라포 형성하기 – 욕구 탐색하기 – 현재 행동에 초점두기 – 계획 세우기 – 행동 평가하기
④ 라포 형성하기 – 욕구 탐색하기 – 현재 행동에 초점두기 – 행동 평가하기 – 계획 세우기

## 30

현실치료에서 인간은 다섯 가지 기본 욕구를 가지고 태어난다고 한다. 여기에 속하지 않는 욕구는?

① 희망의 욕구　　　② 권력의 욕구
③ 생존의 욕구　　　④ 즐거움의 욕구

## 31

해결중심상담에서 상담자와 내담자의 관계유형이 아닌 것은?

① 호의형과의 관계
② 방문형과의 관계
③ 불평형과의 관계
④ 고객형과의 관계

## 32

문제 해결의 예외를 발견하지 못하고 문제 해결에 어떠한 희망도 찾지 못해 절망하고 있는 내담자에게 사용하는 질문은?

- 그 어려운 상황 속에서 어떻게 견딜 수 있었나요?
- 어떻게 해서 상황이 더 이상 나빠지지 않았나요?
- 어떻게 죽지 않고 살아남을 수 있게 되었습니까?
- 그런 악조건에서 어떻게 참고 견뎌낼 수 있었습니까?

① 기적질문
② 악몽질문
③ 대처질문
④ 예외질문

## 33

단기상담의 특징으로 옳지 않은 것은?

① 일반적으로 주 1회를 기준으로 총 25회기 미만이다.
② 장기상담만큼 효과적이지는 않으나 비용과 시간적인 절약을 할 수 있다.
③ 목표를 해결하는 데 초점을 맞춘다.
④ 상담자의 즉각적이고 적극적인 개입을 필요로 한다.

## 34

집단상담의 탐색과정의 특징이 아닌 것은?

① 낮은 신뢰감
② 소극적 집단참여
③ 저항 표출
④ 초점 회피

## 35

알코올 중독의 원인에 대한 입장이 잘못된 것은?

① 생물학적 입장 : 알코올 의존 환자들이 유전적 요인이나 알코올 신진대사에 신체적인 특성을 지닌다고 본다.
② 정신분석적 입장 : 알코올 중독자들이 심리성적 발달 과정에서 유래한 독특한 성격 특성을 지니고 있다고 본다.
③ 정신분석적 입장 : 항문기에 자극 결핍이나 자극 과잉으로 인해 고착된 항문기 성격을 지니고 있다고 본다.
④ 행동주의적 입장 : 어려서부터 학습, 강화, 보상되었다고 본다.

## 36

약물중독 진행 단계로 올바른 것은?

① 실험적 사용단계 – 사회적 사용단계 – 남용단계 – 의존단계
② 사회적 사용단계 – 실험적 사용단계 – 남용단계 – 의존단계
③ 실험적 사용단계 – 사회적 사용단계 – 의존단계 – 남용단계
④ 사회적 사용단계 – 실험적 사용단계 – 의존단계 – 남용단계

## 37

Yalom의 치료적 요인이 아닌 것은?

① 기대　　　　　　② 희망고취
③ 보편성　　　　　④ 정화

## 38

성폭력에 대한 설명으로 옳지 않은 것은?

① 성폭력은 다양한 형태의 모든 신체적·언어적·
　정신적 폭력을 포함한다.
② 성폭력은 성적 자기결정권의 침해이다.
③ 성폭력의 유형은 아동 성폭력, 청소년 성폭력, 친
　족 성폭력, 데이트 성폭력 등이 있다.
④ 성폭력은 여성에게만 가해지는 것으로 제한한다.

## 39

토마스와 로빈슨(Thomas & Robinson)의 PQ4R의
설명으로 옳지 않은 것은?

① 미리보기(Preview) : 학습할 내용이 어떻게 구성
　되어 있는지 살펴보는 단계이다.
② 질문하기(Question) : 내용을 살펴보며 구체적인
　질문을 만드는 단계이다.
③ 읽기(Read) : 학습한 내용을 써가며 요약 정리한다.
④ 숙고하기(Reflect) : 내용을 다 읽고 답을 살피며
　추가적으로 구체적인 질문을 만든다.

## 40

청소년 내담자의 특징으로 옳지 않은 것은?

① 청소년 내담자는 오랜 시간 집중할 수 있는 지구
　력이 부족하다.
② 청소년 내담자는 주변 환경의 영향을 덜 받는다.
③ 청소년 내담자는 상담의 동기가 부족하다.
④ 청소년 내담자는 감각적 흥미와 재미를 추구하는
　경향이 높다.

## 정답 및 해설

| 01 | 02 | 03 | 04 | 05 | 06 | 07 | 08 | 09 | 10 |
|----|----|----|----|----|----|----|----|----|----|
| ③ | ④ | ① | ② | ② | ③ | ④ | ① | ② | ③ |
| 11 | 12 | 13 | 14 | 15 | 16 | 17 | 18 | 19 | 20 |
| ④ | ② | ① | ③ | ③ | ② | ① | ② | ② | ③ |
| 21 | 22 | 23 | 24 | 25 | 26 | 27 | 28 | 29 | 30 |
| ④ | ② | ② | ① | ③ | ④ | ③ | ④ | ③ | ① |
| 31 | 32 | 33 | 34 | 35 | 36 | 37 | 38 | 39 | 40 |
| ① | ③ | ② | ③ | ③ | ① | ① | ④ | ③ | ② |

### 01          정답 ③

①, ②, ④은 상담자의 전문적 자질이지만 ③은 인간적 자질이다.

### 02          정답 ④

④ 상담이론이 발전했다고 상담을 받아야 한다는 필요성이 생기지는 않는다. 서구문화의 급격한 유입, 물질중심, 이기주의, 가족의 붕괴체계 등으로 인해 다양한 인간관계의 문제와 개인의 부적응상태가 동기가 되어 상담을 받아야 하는 필요성이 생겨난다.

### 03          정답 ①

① 상담 중기에 해당하는 내용이다. 상담 초기에는 내담자와 라포 형성, 내담자 파악(호소문제, 특성 등), 상담의 구조화(관계의 구조화, 여건의 구조화, 비밀 보장의 구조화), 상담 목표설정 등이 이루어진다.

### 04          정답 ②

상담목표 설정 시의 SMART : 구체적이고(Specific), 측정 가능하고(Measurable), 성취 가능하고(Achievable), 관련되고(Relevant), 시간적 범위를 고려한(Time bound) 목표를 설정해야 하며, 내담자와 합의하에 설정해야 한다.

### 05          정답 ②

② 법적으로 정보의 공개가 요구되는 경우, 내담자의 허락을 득하고 최소한의 정보만을 공개한다. 대리자가 요구한다고 공개하지는 않는다.

### 06          정답 ③

**전화상담의 장·단점**
• 장점 : 접근성 및 용이성, 익명성, 친밀성, 신속성, 내담자 위주의 주도성, 내담자 자발성, 내담자 선택성 등

• 단점 : 정보 습득의 한계, 전화 침묵의 한계, 상담의 미완성, 일방적 종결로 인한 상담 관계의 불완전성 등

### 07          정답 ④

① 초점화에 대한 설명이다.
② 명료화에 대한 설명이다.
③ 재진술에 대한 설명이다.

### 08          정답 ①

키치너의 윤리적 결정원칙은 자율성, 무해성, 선의성(덕행), 공정성(정의), 충실성(성실성)이다.

### 09          정답 ②

요약은 내담자가 표현했던 중요한 주제를 상담자가 정리해서 말로 하는 것이다. 내담자가 미처 의식하지 못한 것을 학습하고 문제해결의 과정을 밝히며 자신의 생각과 느낌을 탐색하도록 돕는 기법이다.

### 10          정답 ③

**사이버 상담의 기법**
• 즉시성과 현시기법 : 상담자가 내담자의 글에 대한 자신의 심정과 모습을 생생하게 시각화하여 표현하는 것이다.
• 괄호 치기 : 글 속에 숨어 있는 정서적 내용을 보여주며, 사실에 대한 대화를 하면서 정서적 표현을 전달한다.
• 말줄임표 : 침묵의 상황이나 눈으로 글을 읽고 있을 때 사용한다.
• 비유적 언어사용 : 문제나 상황에 대한 의미를 전달하고 싶거나, 심화시키기 위해 사용한다.
• 글씨체 사용 : 강조하고 싶을 때 큰 글씨를 사용하거나 또는 다양한 글씨체를 통해 내담자의 내적 세계를 공유한다.

### 11          정답 ④

④ 성기기에 대한 설명을 하고 있다. 잠복기란 학교에 가면서 성적 관심이 학교, 놀이친구, 운동 등 새로운 활동에 대한 관심으로 바뀌는 시기이다.

### 12          정답 ②

② 인지치료에 대한 상담목표로 적절하다.

**13**                                            정답 ①

① 해석의 내용은 내담자의 의식 수준과 근접해야 효과가 좋다. 무의식적인 부분에 대해서 해석을 하면 내담자가 받아들이기 어려워서 저항하거나 수용하기 어려울 수 있다.

**14**                                            정답 ③

③ 개인이 자신에 대한 문제를 깊이 통찰할 때 문제를 해결할 수 있다고 보는 것은 정신역동적 입장이다.
❖ 개인심리학에서는 인간을 전체적 존재, 사회적 존재, 목표 지향적 존재, 주관적 존재로 본다.

**15**                                            정답 ③

생활양식의 유형은 사회적 관심과 활동성 수준에 의해 구분된다.
• 지배형 : 사회적 자각이나 관심이 부족한 반면 활동성은 높은 편이다. 타인을 배려하지 않고 부주의하고 공격적이다.
• 기생형/획득형 : 자신의 욕구를 다른 사람에게 의존하여 기생의 관계를 유지한다.
• 도피형/회피형 : 사회적 관심과 활동성이 다 떨어지는 유형으로 문제를 회피하고 모든 실패와 두려움에서 벗어나려 한다.
• 유용형 : 사회적 관심과 활동성이 모두 높은 유형으로 삶을 적극적으로 대처한다.

**16**                                            정답 ②

사회학습을 하는 방법에는 다른 사람의 행동을 그대로 따라 하는 '모방학습', 다른 사람들의 행동이 어떤 결과를 가져오는지 관찰함으로써 초래될 결과를 예상하는 '대리학습', 다른 사람들의 행동을 관찰해 두었다가 유사한 상황에서 학습한 행동을 표현하는 '관찰학습'이 있다.

**17**                                            정답 ①

① 부적 강화는 행동을 높이기 위해 자극을 빼는 것이다.
② 정적 강화는 행동을 높이기 위해 자극을 주는 것이다.
③ 정적 처벌은 행동을 감소시키기 위해 자극을 주는 것이다.
④ 부적 처벌은 행동을 감소시키기 위해 자극을 빼는 것이다.

**18**                                            정답 ④

충분히 기능하는 사람은 현재 자신의 자아를 완전히 자각하는 사람으로 다섯 가지의 특징을 가지고 있다. 경험에 개방적, 실존의 삶으로 매 순간을 충실히 삶, 자신의 유기체를 신뢰, 창조적이며 자유로움 등이다.

**19**                                            정답 ②

② 낮은 인내심 : 좌절 유발 상황을 잘 견디지 못한다.

**20**                                            정답 ③

인간중심은 상담기법이 없어 상담자의 태도가 매우 중요하며, 상담자는 내담자를 무조건적 존중, 심층적 공감, 솔직성의 태도를 가지고 대해야 한다.

**21**                                            정답 ④

④ 자동적 사고는 어떤 환경적 사건에 대해 자기도 모르는 사이에 떠오르는 생각과 심상을 말한다. 매우 구체적이고 축약되어 있다.

**22**                                            정답 ②

② 펄스는 게슈탈트 학자이다.

**23**                                            정답 ②

② 실존적 욕구 좌절이란 인간이 자기 삶의 의미를 상실한 상태에 빠진 것을 말한다.

**24**                                            정답 ①

**게슈탈트의 접촉수준**

| 가짜층<br>(진부층) | 서로 형식적이고 의례적으로 반응하고 습관적으로 상황을 처리하며 사회적 관계는 가짜로 행동하는 수준이다. |
|---|---|
| 공포층<br>(연기층) | 자신이 원하는 것을 숨기고 부모나 주위 환경에서 바라는 대로 맞춰서 행동하는 수준이다. |
| 교착층<br>(막다른 골목) | 지금까지 하던 자신의 역할을 그만두고 스스로 자립할 시도를 하지만 힘이 없어 공포감과 공허감을 느끼는 수준이다. |
| 내파층 | 가짜 주체성이 무너지기 시작하여 지금까지 억압하고 차단해 왔던 자신의 욕구와 감정을 알아차리는 수준이다. |
| 폭발층 | 더 이상 자신의 욕구나 감정을 억압하지 않고 외부로 표출하는 수준이다. 타인과의 관계에서도 참 만남이 가능하게 된다. |

**25**                                            정답 ③

③ 반전 : 타인이나 환경에 대하여 하고 싶은 행동을 자기 자신에게 하는 것 혹은 타인이 자기에게 해주기를 바라는 행동을 스스로 자기 자신에게 하는 것이다.

**26**                                            정답 ④

교류분석의 상담단계과정은 '계약 - 구조분석 - 교류분석 - 게임분석 - 각본분석 - 재결단'이다.

**27** 　　　　　　　　　　　　　　　　　정답 ②

① 게임 : 표면적으로는 합리적이고 친밀한 대화로써 동기화되고 보안적인 것으로 보이나 그 이면에는 정형화된 함정이나 속임수가 내포되어 있는 교류이다.
③ 라켓감정 : 게임을 한 후 맛보는 불쾌하고 쓰라린 감정이다.
④ 각본 : 어릴 때부터 형성하기 시작하며, 자신의 욕구를 충족시키기 위하여 초기에 결정한 무의식적인 인생 계획이다.

**28** 　　　　　　　　　　　　　　　　　정답 ③

③ 전체 행동은 모든 행동이 분리될 수는 없지만 구별되는 4개의 구성요소(활동하기, 생각하기, 느끼기, 생리적 반응)로 이루어지고 이것은 반드시 행위와 사고와 감정을 동반한다.

**29** 　　　　　　　　　　　　　　　　　정답 ④

우볼딩의 상담관계 형성은 R－W－D－E－P의 과정을 따른다. 이는 라포 형성하기(Rapport)－욕구탐색하기(Want)－현재 행동 초점두기(Doing)－행동평가하기(Evaluation)－계획세우기(Plan)이다.

**30** 　　　　　　　　　　　　　　　　　정답 ①

인간의 기본적인 욕구 다섯 가지는 사랑과 소속의 욕구, 권력에 대한 욕구, 자유에 대한 욕구, 즐거움에 대한 욕구, 생존에 대한 욕구이다.

**31** 　　　　　　　　　　　　　　　　　정답 ①

**상담자와 내담자의 관계유형**
② 방문형과의 관계 : 자발적인 동기에 의해서 온 것이 아니라 일반적으로 주위의 가족이나 기관, 교사 등에 의해서 상담이 의뢰된 경우이다.
③ 불평형과의 관계 : 자기 때문에 문제가 있는 것이 아니면 다른 사람 문제 때문에 자신이 힘들다고 불평하는 유형이다.
④ 고객형과의 관계 : 자신이 문제를 지녔다는 걸 알고 자신의 문제를 해결하기 위해 자발적으로 도움을 요청하는 유형이다.

**32** 　　　　　　　　　　　　　　　　　정답 ③

① 기적질문 : 문제를 제거하거나 감소시키지 않고, 문제와 분리하여 문제가 해결될 상태를 상상해 보게 하고, 해결하기 원하는 것들을 구체화하고 명료화하는 데 도움이 된다.
② 악몽질문 : 면담 전 변화에 대한 질문, 기적 질문, 예외 질문이 효과가 없을 때는 악몽 질문을 한다. 유일하게 문제 중심적인 부정적인 질문이다.
④ 예외질문 : 예외란 문제라고 생각하는 행동이 일어나지 않은 상황이나 행동을 뜻한다. 예외 질문은 문제 해결을 위해 우연적이며 성공적으로 실시한 방법을 발견하여 의도적으로 실시하는 것이다.

**33** 　　　　　　　　　　　　　　　　　정답 ②

② 단기상담도 장기상담만큼 효과적이다.

**34** 　　　　　　　　　　　　　　　　　정답 ③

탐색단계에서는 관계의 신뢰감 형성이 낮고, 자신에 대한 노출을 꺼리며, 집단에 적극적이기보다는 소극적으로 참여하는 시기여서 저항을 표현하기보다는 관계형성에 더 많은 에너지를 쓴다.

**35** 　　　　　　　　　　　　　　　　　정답 ③

③ 항문기가 아니라 구순기 자극 결핍이나 자극 과잉으로 인해 고착된 구순기 성격을 지니고 있다고 본다.

**36** 　　　　　　　　　　　　　　　　　정답 ①

**약물중독 진행 단계**
1. 실험적 사용단계 : 호기심 또는 모험심으로 약물을 단기간 적은 양을 사용한다.
2. 사회적 사용단계 : 지역 사회에서 약물로 인한 감정 변화 양상을 노출하는 단계로서 또래 친구들과 어울리기 위하여 약물을 사용한다.
3. 남용단계 : 일상적인 문제와 스트레스를 벗어나기 위해 약물을 주기적으로 남용한다.
4. 의존단계 : 약물의 효과를 유지하기 위해 다량의 약물을 자주 장기간 사용하여 신체적, 심리적으로 약에 의존하게 된 상태이다.

**37** 　　　　　　　　　　　　　　　　　정답 ①

Yalom의 치료적 요인 11가지는 희망의 고취, 보편성, 정보전달, 이타심, 사회기술 발달, 모방행동, 1차 가족집단의 교정적 재현, 집단응집력, 정화, 실존적 요인 등이다.

**38** 　　　　　　　　　　　　　　　　　정답 ④

④ 성폭력은 여성뿐 아니라 남성에게도 가해질 수 있다.

**39** 　　　　　　　　　　　　　　　　　정답 ③

③ 읽기(Read) : 학습 내용을 모두 읽고 앞서 만든 질문에 대한 답을 찾는 단계이다. 학습한 내용을 써가며 요약 정리하는 것은 암송하기(Recite)단계이다.

**40** 　　　　　　　　　　　　　　　　　정답 ②

② 청소년기는 주변에 대해 민감하게 반응하는 시기이기 때문에 부모, 친구, 교사 등의 영향을 많이 받으며 환경적인 영향도 크게 받는다.

강진령, 집단상담의 실제, 학지사, 2005

고홍월·권경인·김계현·김성희·김재철·김형수·서영석·이형국·탁진국·황재규, 상담연구방법론, 학지사, 2013

곽호완·고재홍·김문수 외, 일상생활의 심리학, 시그마프레스, 2011

권석만, 이상심리학의 기초 : 이상행동과 정신장애의 이해, 학지사, 2014

김계현, 상담심리학 연구 : 주제론과 방법론, 학지사, 2000

김동일·신을진·이명경·김형수, 학습상담, 학지사, 2011

김선·김경옥·김수동·이신동·임혜숙·한순미, 학습부진아의 이해와 교육, 학지사, 2001

김세곤, 뇌과학과 심리학, 동국대심리학개론강의안, 2014

김영경, 집단상담, 학지사, 2018

김중술, 다면적 인성검사 : MMPI의 임상적 해석, 서울대학교출판부, 1988

김춘경·이수연·이윤주·정종진·최웅용, 상담의 이론과 실제, 학지사, 2010

김춘경·이수연·이윤주·정종진·최웅용, 상담학사전, 학지사, 2016

노안영·강영신, 인간이해 및 성장을 위한 성격심리학, 학지사, 2003

서미·김은하·이태영·김지혜, 고위기 청소년 정신건강 상담 개입 매뉴얼 : 자살·자해편, 한국상담복지개발원, 2018

송명자, 발달심리학, 학지사, 1995

신은정, 심리검사 및 측정, 강원대학교강의안, 2018

신진호, A형 성격과 관상동맥질환, 한양대학교, 2014

양명숙·김동일·김명권·김성희·김춘경·김형태·문일경·박경애·박성희·박재황·박종수·이영이·전지경·제석봉·천성문·한재희·홍종관, 상담이론과 실제, 학지사, 2019

이상훈, 마음 씀과 뇌활동의 연결, 월간 과학과 기술, 2010

이우경·이원혜, 심리평가의 최신 흐름, 학지사, 2019

이원숙, 성폭력과 상담, 학지사, 2003

이장호·정남운·조성호, 상담심리학의 기초, 학지사, 2005

정문자·정혜정·이선혜·전영주, 가족치료의 이해, 학지사, 2007

정성란·고기홍·김정희·권경인·이윤주·이지연·천성문, 집단상담, 학지사, 2013

정순례·양미진·손재환, 청소년 상담이론과 실제, 학지사, 2015

정옥분, 발달심리학 : 전생애인간발달, 학지사, 2004

차재호·김혜숙·민경환·김민식·이춘길·장휘숙·손정락·이장호·김정남, 심리학 학문연구의 동향과 쟁점, 대한민국학술원, 2012

천성문·이영순·박명숙·이동훈·함경애, 상담심리학의 이론과 실제, 학지사, 2006

천성문·함경애·박명숙·김미옥, 집단상담 : 이론과실제, 학지사, 2017

최영민, 역전이 개념, 한국신경심리학회, 2016

최정윤·박경·서혜희, 이상심리학, 학지사, 2000

최정윤, 심리검사의 이해, 시그마프레스, 2002

탁진국, 심리검사 : 개발과 평가방법의 이해, 학지사, 2007

하지현, 정신의학의 탄생, 해냄출판사, 2016

하혜숙·김태호·김인규·이호준·임은미, 다문화 이론과 실제, 학지사, 2011

한수미·옥정·이우경, 임상심리사 2급 필기, 미디어정훈, 2019

한재희·홍종관, 상담이론과 실제, 학지사, 2013

함현진, KOPPITZ-2를 적용한 발달장애 아동의 BGT-2 반응과 지적 능력과의 관계, 발달장애연구, 2014

현성용·김교헌·김미리혜·김아영·김현택·박동건·성한기·유태용·윤병수·이순묵·이영호·이재호·이주일·진영선·채규만·한광희·황상민, 현대 심리학 입문, 학지사, 2008

황순택·강대갑·권지은, 임상심리학의 이해, 학지사, 2019

B. F. Skinner, 스키너의 행동심리학, 교양인, 2017

David A. Lieberman, 학습심리학 : 행동과 인지, 교육과학사, 1996

Jeanne Albronda Heaton, 상담 및 심리치료의 기본 기법, 학지사, 2006

John E. Exner. Jr, Rorschach Workbook, 학지사, 2001

John W. Creswell, 질적 연구 방법론 : 다섯 가지 접근, 학지사, 2010

Matthew H. Olson & B. R. Hergenhahn, 학습심리학, 학지사, 2009

P. M. Muchinsky & S. S. Culbertson, 산업 및 조직심리학, 시그마프레스, 2016

Richard J. Gerrig & Philip G. Zimbardo, 심리학과 삶, (주)피어슨에듀케이션코리아, 2009

# NOTE

# 임상심리사

## 한방에 끝내기

**2급 필기**

| | | | |
|---|---|---|---|
| 2022년 | 1월 | 10일 | 개정3판 발행 |
| 2019년 | 1월 | 25일 | 초판 발행 |

저 자 | 박미선 · 임그린 공저

발행인 | 전순석

발행처 | 미디어정훈

주 소 | 서울특별시 중구 마른내로 72, 425호

등 록 | 제2014-000104호

전 화 | 1644-9822

저자와의
협의하에
인지를 생략함

ISBN 979-11-6643-037-4

# 합격으로 향하는
# 단 하나의 길

 미디어정훈
www.정훈에듀.com

# #혼자만 알고 있기 아까운 책

## 임상심리사 2급 합격 시리즈

2급 필기      2급 기출문제집

## 청소년상담사 2급·3급 합격 시리즈

2급 필기     2급 기출문제집     3급 필기     3급 기출문제집

## 보건 합격 시리즈

공중보건      보건행정

## 사회조사분석사 2급 합격 시리즈

2급 필기     2급 기출문제집     2급 실기

임상심리사 2급
한방에 끝내기

 요점만  뽑은

꼭 외워야 할 핵심요약집

# 합격 마법노트

Part 1 : 심리학개론

Part 2 : 이상심리학

Part 3 : 심리검사

Part 4 : 임상심리학

Part 5 : 심리상담

 미디어정훈
www.정훈에듀.com

# 방금 본 그 내용, 꼭! 나온다
# 시험장 막판 10분 정리

> ▶ 무게는 가볍지만 내용은 절대 가볍지 않습니다.
>
> ▶ 시험에 자주 출제되는 **핵심이론**만 쏙 ~ 뽑았습니다.
>
> ▶ 가방 속에 넣고 다니며, 언제 어디서든 꺼내 복습할 수 있습니다.
>
> ▶ 시험장에서의 막판 **10분**이 합격을 결정합니다!
>
> **미디어정훈만의 핵심마법노트로 합격의 기쁨을 누리세요!**
>
> 미디어정훈은 수험생의 편의를 최우선으로 생각합니다.

요점만  쏙 뽑은

꼭 외워야 할 핵심요약집

# 합격 마법노트

## 제1과목 심리학개론

### 01 심리학의 관점

① 생물학적 접근 : 생물학적 접근은 인간의 행동과 심리적인 현상이 중추적 역할을 하는 뇌에 의해서 이루어진다고 보는 관점
② 인지적 접근 : 인간은 인지기능을 갖고 있기 때문에 인간의 심리현상을 이해하려면 인지기능과 인지과정을 분석해야 한다는 관점(인지발달이론, 정보처리이론)
③ 행동적 접근 : 사람의 심리상태는 그 사람의 행동으로 나타난다고 보는 관점
④ 정신역동적 접근 : 의식 속에 경험된 사실만 가지고는 인간의 심리적 현상을 이해하고 설명하는 데 부족하며 오히려 의식되지 않는 무의식이 더 큰 도움이 되므로 무의식 속에 있는 내용을 알아야 인간의 이해가 가능하다고 보는 관점
⑤ 인본주의적 접근 : 의식과 자기인식(Self−awareness)을 강조하므로 현상학적 관점이라 부르기도 하며, 개인의 경험을 가장 중요한 연구대상으로 보고, 인생행로에서 자기인식, 경험 및 선택을 통해 '우리 자신을 제작하게 된다'는 관점

### 02 심리학의 분야

① 이론심리학 : 생리심리학, 지각심리학, 인지심리학, 발달심리학, 성격심리학, 사회심리학, 학습심리학 등
② 응용심리학 : 임상심리학, 상담심리학, 응용 사회심리학, 산업 및 조직심리학, 광고심리학, 교육심리학, 범죄심리학 등

### 03 발달심리학의 연구법

① 횡단적 설계 : 연령이 서로 다른 집단을 동시에 연구
② 종단적 설계 : 일정한 기간 동안 같은 피험자들을 반복적으로 관찰 및 연구
③ 횡단적−종단적 설계(계열적 설계) : 상이한 연령의 피험자를 선별하여, 집단 각각을 얼마 동안의 기간에 걸쳐서 연구하는 것으로 횡단적 연구와 종단적 연구의 장점들을 혼합한 연구
④ 발생과정분석 설계 : 종단적 설계를 수정하여 극히 적은 수의 아동의 특정 행동이 형성되고 변화해 가는 과정을 면밀하게 추적하여 분석하는 연구

## 04 피아제의 인지발달 단계

| 감각운동기 | 0~2세 | • 도식형성(Schema)<br>• 대상영속성 : 눈 앞에 물체가 사라져도 물체가 계속 존재한다는 사실 획득 |
|---|---|---|
| 전조작기 | 2세~6세 | • 자아 중심적 사고<br>• 보존개념이 아직 발달하지 못함 |
| 구체적<br>조작기 | 6세~12세 | • 가역성의 개념이 형성<br>• 탈중심화<br>• 보존개념 획득<br>• 분류조작, 서열조작, 공간적 추론이 가능해져 논리적 사고 단계에 이름 |
| 형식적<br>조작기 | 12세~성인 | • 가설 연역적 사고 가능<br>• 조합적 사고 가능<br>• 추리력, 응용력 가능 |

## 05 프로이트의 심리성적 발달이론과 에릭슨의 심리사회적 발달이론

| 인생의 단계 | | 프로이트(심리성적) | 에릭슨(심리사회적) |
|---|---|---|---|
| 영아기 | 0~1세 | 구강기 | 신뢰/불신 |
| 유아기 | 1~3세 | 항문기 | 자율/수치심 |
| 학령 전기 | 4~5세 | 남근기 | 주도성/죄의식 |
| 잠복기 | 6~11세 | 잠복기 | 근면성/열등감 |
| 사춘기 | 12~18세 | | 정체성/역할혼동 |
| 청년기 | 19~35세 | 성기기 | 친밀감/고립 |
| 중년기 | 36~65세 | | 생산성/정체됨 |
| 노년기 | 65세 이상 | | 자아통합/절망 |

## 06 애착유형

① 안정애착 : 낯선 상황에서 이따금 어머니에게 가까이 가서 몸을 대보거나, 어머니가 없는 동안 불안 해하다가 어머니가 떠났다가 들어오면 열렬하게 반김
② 불안정 회피애착 : 어머니가 떠나도 별 동요를 보이지 않으며, 어머니가 들어와도 다가가려 하지 않고 무시
③ 불안정 양가애착 : 어머니의 접촉시도에 저항하는 경향이 높으며, 어머니가 있어도 잘 울고 보채지만 어머니가 떠나면 극심한 불안을 보임
④ 불안전 혼란애착 : 애착이 불안정하면서 회피와 저항의 어느 쪽도 속하기 어려운 상태로 회피와 저항이 복합된 반응을 보임

## 07 콜버그의 도덕성 발달

| 전인습 | 1단계 : 처벌과 고통 지향 | 처벌을 피하거나 힘있는 사람에게 무조건 복종하는 것이 도덕적이라고 판단 |
|---|---|---|
| | 2단계 : 개인적 쾌락주의 | 자신과 타인의 욕구 충족이 도덕적이라고 판단 |
| 인습 | 3단계 : 착한 소녀·소년 지향 | 다른 사람을 돕고 다른 사람의 인정을 받는 것이 도덕적이라고 판단 |
| | 4단계 : 법과 질서 지향 | 법과 질서의 일치 여부를 기준으로 도덕적 판단 |
| 후인습 | 5단계 : 사회적 계약 지향 | 개인 권리를 존중하고 사회 전체가 인정하는 기준 행동을 도덕적이라고 판단 |
| | 6단계 : 보편적 원리 지향 | 정의를 성취하고 추상적·보편적 원리 지향 |

## 08 마르시아(Marcia)의 정체성 지위이론

① 정체성 혼미 : 삶의 목표와 가치를 탐색하려는 시도나 관여를 하지 않는 상태
② 정체성 유실 : 충분한 자아정체성 탐색 없이 타인 등의 관여로 지나치게 빨리 정체성 결정을 내린 상태
③ 정체성 유예 : 대안을 탐색하나 여전히 불확실한 상태에 머물러 구체적 과업에 관여하지 않은 상태
④ 정체성 성취 : 삶의 목표, 가치 등 위기를 경험하고 탐색 후 확고한 개인 정체성을 가진 상태

## 09 성격의 특성

① 행동의 독특성 : 성격은 한 개인이 다른 사람과는 구별되는 점임
② 안정성과 일관성 : 시간과 공간의 변화에도 불구하고 어느 정도 안정적이고 일관됨

## 10 성격이론의 특성이론

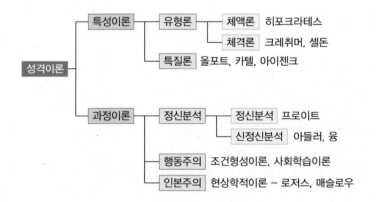

① 올포트(Allport) : 주특질, 중심특질, 이차적특질
② 카텔(Cattell) : 공통특질 대 독특한 특질, 능력특질 대 기질특질 대 역동적 특질, 표면특질 대 원천특질
③ 아이젠크(Eysenk) : 외향성 – 내향성, 안정성 – 신경증, 충동통제 – 정신증

## 11 정신역동의 성격구조

① 원초아(Id) : 쾌락의 원칙을 가지고 있으며 먹고 마시고 잠자는 등의 본능
  ↳ 쾌락의 원리 – 본능적 욕구들을 지체 없이 즉각적이고 직접적으로 충족
② 자아(Ego) : 현실적이며 합리적으로 원초아와 초자아를 조절하는 기능과 집행자
  ↳ 현실의 원리 – 현실에 맞는 합리적인 방식으로 욕구충족을 하거나 지연 또는 대체
③ 초자아(Superego) : 이상적, 도덕적, 규범적이며 부모의 영향으로 받은 가치관
  ↳ 양심의 원리 – 옳고 그름에 대한 사회적 기준을 통합하며 이상을 추구

## 12 자아방어기제

원초아(Id)와 자아(Ego)의 갈등으로 심적인 불안이 생길 때, 자아(Ego)가 자신을 보호하기 위해 무의식적으로 불안을 방어하는 기제

| | |
|---|---|
| 억 압 | 의식에서 용납하기 힘든 생각, 욕망, 충동들을 무의식으로 눌러 넣어버리는 것 |
| 부 정 | 고통을 주는 사실을 부인하는 것 |
| 투 사 | 자신의 심리적 속성이 타인에게 있다고 보는 것 |
| 치 환 | 전혀 다른 대상에게 자신의 욕구를 발산하는 것 |
| 반동형성 | 겉으로 나타나는 태도나 언행이 마음속의 욕구와 반대되는 것 |
| 퇴 행 | 마음의 상태가 낮은 발달단계로 후퇴하는 것 |
| 합리화 | 잘못된 견해나 행동이 그럴 듯한 이유로 정당하게 되는 것 |
| 해 리 | 마음을 불편하게 하는 성격의 일부가 그 사람의 의식적 지배로부터 벗어나 다른 독립된 성격인 것처럼 행동하는 것 |
| 유 머 | 자신과 타인에게 불쾌한 감정을 느끼지 않게 하면서 자신의 느낌을 즐겁게 공개적으로 표현하는 것 |
| 승 화 | 참기 어려운 충동 에너지를 사회적으로 용납되는 형태로 돌려쓰는 것 |
| 억 제 | 의식적, 반의식적으로 특정한 사실을 잊으려고 노력하는 것 |
| 수동/공격적 행동 | 다른 사람에 대한 공격성이 수동적이며, 간접적으로 표현되는 것 |
| 신체화 | 무의식의 갈등이나 욕망이 의식으로 올라오지 않으며 신체증상으로 표현되는 것 |
| 주지화 | 고통스럽고 불편한 감정을 최소화하기 위해 단어, 정의. 이론적 개념 등을 사용하는 것 |

**13 불 안**

① 현실불안 : 실제적이고 현실적인 불안
② 신경증적 불안 : 자아와 원초아의 갈등으로 자아가 본능적 충동을 통제하지 못해 불상사가 생길 것 같은 위협에서 오는 불안
③ 도덕적 불안 : 원초아와 초자아 간의 갈등에서 비롯된 불안

**14 아들러의 주요개념**

① 열등감과 보상
② 우월성 추구
③ 생활양식 : 지배형, 기생형, 도피형, 유용형
④ 가족구조와 출생순위

**15 호나이(Horney)**

① 신경증적 경향성 : 신경증 욕구에 따라 강박적으로 나타나는 태도와 행동
   • 순응적 성격 : 타인을 향해 움직이기
   • 공격형 성격 : 타인에 반해 움직이기
   • 고립형 성격 : 타인으로부터 멀어지기
② 아동이 부모에 대한 적개심을 억압하는 이유 : 무기력, 두려움, 사랑, 죄의식

**16 인본주의**

① 로저스의 성격의 구성요소 : 유기체, 자기, 현상학적 장
② 로저스의 상담자의 태도 : 무조건적 수용, 심층적 공감, 솔직성(일치성)

**17 성격의 5요인 이론의 구성요소**

① 경험에 대한 개방성(Openness to experience)
② 성실성(Conscientiousness)
③ 외향성(Extraversion)
④ 친화성(Agreeableness)
⑤ 신경성(Neuroticism)

**18 고전적 조건형성과 관련된 형상**

① 습득 : 새로운 조건반응이 형성 또는 확립되는 과정
② 소거 : 조건자극과 무조건자극 간의 연합을 제거
③ 자발적 회복 : 소거되어 능력을 상실한 것 같으나 일정시간이 지나면 다시 나타나는 현상
④ 자극일반화 : 특정 자극에 대해서 반응하는 것을 학습한 유기체가 원래의 자극과 유사한 자극에서도 비슷한 반응을 보이는 것
⑤ 습관화 : 반복적으로 자극을 제시하면서 그 자극에 주의를 기울이거나 반응하는 것을 멈추게 하는 과정
⑥ 변별 : 유사한 두 자극의 차이를 식별하여 각각의 자극에 대해 서로 다르게 반응

**19 강화 처벌**

| 정적 강화 | 바람직한 행동빈도를 높이기 위해 강화물을 준다.<br>🔊 청소(바람직한 행동)를 열심히 하면 아이스크림(강화물)을 준다. |
|---|---|
| 부적 강화 | 바람직한 행동빈도를 높이기 위해 혐오스런 일을 제거해준다.<br>🔊 숙제를 하면(바람직한 행동빈도) 화장실 청소를 하지 않게 한다. |
| 정적 처벌 | 바람직하지 않은 행동빈도를 낮추기 위해 혐오스런 일을 준다.<br>🔊 성진이는 동생과 싸울 때마다(바람직하지 않은 행동빈도) 손바닥을 맞기로(혐오스런 일 추가) 하였다. |
| 부적 처벌 | 바람직하지 않은 행동빈도를 낮추기 위해 선호자극을 제거해 준다.<br>🔊 성진이가 동생과 싸울 때마다(바람직하지 않은 행동빈도) 간식(선호자극)을 주지 않았다 |

**20 강화계획**

| 고정간격<br>강화계획 | • 시간 간격이 일정한 강화계획을 의미한다.<br>• 지속성이 거의 없으며, 시간 간격이 길수록 반응빈도는 낮아진다.<br>🔊 월급, 정기적 시험, 한 시간에 한 번씩 간식을 주는 것 등이 속한다. |
|---|---|
| 변동간격<br>강화계획 | • 시간 간격이 일정하지 않은 강화계획을 의미한다.<br>• 강화 시행의 간격이 다르며, 평균적으로 확인할 수 있는 시간 간격이 지난 후 강화한다.<br>🔊 한 시간에 3차례의 강화를 제시할 경우, 20분/40분/60분으로 나누어 강화를 제시한다. |
| 고정비율<br>강화계획 | • 어떤 특정한 행동이 일정한 수만큼 일어났을 때 강화를 주는 것을 의미한다.<br>• 빠른 반응률을 보이지만 지속성이 낮다.<br>🔊 책 100권을 읽을 때마다 50만원의 용돈을 준다. |
| 변동비율<br>강화계획 | • 강화를 받는 데 필요한 반응의 수가 어떤 정해진 평균치 범위 안에서 무작위로 변하는 것을 의미한다.<br>• 반응률이 높게 유지되고, 지속성도 높다.<br>• 소거에 대한 저항이 매우 크다.<br>🔊 카지노의 슬롯머신, 로또 등 |

**21 조작적 조건화**

① 프리맥의 원리 : 선호하여 빈도가 높은 행동은 낮은 빈도의 행동에 대해 효과적인 강화인자가 됨
  **예** 아이에게 숙제(낮은 빈도의 행동)를 먼저 하면, 게임(높은 빈도의 행동)을 하게 함
② 미신적 행동 : 우연히 특정 행동과 결과가 조건화 되는 것
  **예** 머리를 감지 않은 날 우연히 시험 결과가 좋게 나오자, 이후 시험 날마다 머리를 감지 않는 행동
③ 조형 : 원하는 새로운 반응을 만들어 내기 위해 행위를 잘게 나누어 형성시킴

**22 사회 및 인지학습**

① 사회학습 : 인간의 학습은 주로 여러 사람들이 함께 있을 때 일어나고, 사람들은 다른 사람의 경험을 통해 학습(모방, 모델링 등)
② 인지학습 : 주의, 기억, 기대 같은 인지적 요건이 행동에 영향을 미침
  • 모방학습 : 다른 사람의 행동을 보고 그대로 모방하는 학습
  • 대리학습 : 다른 사람의 행동의 결과를 보고 대신 학습
  • 통찰학습 : 적절한 환경에서 통찰을 하여 문제해결이 갑자기 일어남
  • 잠재학습 : 학습은 잠재적으로 이루어짐
  • 관찰학습 : 타인의 행동을 관찰하고 기억했다가 비슷한 상황이 생기면 행동하는 학습
③ 관찰학습의 과정 : 주의집중 → 보존 → 운동재생 → 동기화

**23 신경계의 기본단위 뉴런**

① 구성요소 : 신경세포체, 가지돌기(수상돌기), 축삭돌기, 수초, 시냅스
② 뉴런의 전달 경로 : 가지돌기(수상돌기) → 신경세포체 → 축삭돌기
③ 뉴런의 종류 : 감각뉴런, 운동뉴런, 연합뉴런
④ 자극의 전달 경로 : 자극 – 감각기관 – 감각신경 – 연합신경(뇌, 척수) – 운동신경 – 운동기관 – 반응

**24 대뇌피질의 각 반구(4가지 영역)**

① 후두엽 : 시각 정보를 처리하는 곳으로 방금 본 것이 무엇인지를 이해하고 처리하는 영역
② 두정엽 : 촉각에 관한 정보를 처리하는 기능을 가진 영역
③ 측두엽 : 청각과 언어에 관여하는 영역
④ 전두엽 : 운동, 추상적 사고, 계획, 기억과 판단 등에 관여하는 전문화된 영역

**25 뇌의 좌반구, 우반구**

① 좌반구 : 신체의 우측을 조정하고 언어, 수리, 논리적인 사고 등과 관련

② 우반구 : 신체의 좌측을 조정하고, 비언어적·공간적 정보 분석과 예술 및 음악의 이해, 창의력 발휘, 직관적인 사고 등과 관련

## 26 기억의 종류

① 감각기억 : 감각 시스템으로 들어온 정보를 순간 저장, 지속시간 1~2초
② 단기기억 : 감각기억으로부터 들어온 정보를 처리하는 동안 이를 유지
  ☙ 단기기억 용량(청킹) : 7±2
③ 장기기억 : 장기기억은 정보를 오랫동안 유지하고, 무한정 저장이 가능

## 27 기 억

① 기억의 주요과정 3단계 : 습득 또는 약호화 → 보유 또는 저장 → 인출
② 설단현상 : 혀 끝에 걸려있는 것처럼 말하는 것으로 인출 실패를 의미
③ 인출단서효과 : 정보와 특정 환경 사이의 연합이 있을 때 인출이 더 잘 일어남
④ 맥락효과 : 학습을 했던 장소에서 학습한 내용을 더 잘 회상하는 현상

## 28 망각의 원인

① 부호화의 실패 : 출력 중에 찾은 정보가 처음부터 학습되지 않았음
② 검색 실패 : 이미 학습된 정보에 근접하지 못하는 것
③ 개입 : 다른 사건이나 정보가 효율적인 출력을 방해하는 현상
④ 소멸 : 시간 경과에 따라 기억 흔적이 쇠퇴하여 소멸
⑤ 간섭 : 정보의 유입이 정보들 간의 경합을 일으키기 때문에 망각이 일어남
⑥ 인출 실패 : 기억에 저장된 정보에 접근하는 적절한 인출 단서가 부족한 경우

## 29 지각집단화

① 근접성 : 서로 가까이 있는 것을 함께 집단화
② 유사성 : 유사한 것끼리 묶어 집단화
③ 연속성 : 불연속적인 것보다는 연속된 패턴을 지각
④ 폐쇄성 : 공백이나 결손이 있는 부분은 이를 보완하여 완결된 형태로 지각
⑤ 연결성(공동운명의 원리) : 동일한 것이 연결되어 있으면 점과 선으로 그 영역을 하나의 단위로 지각

### 30 연구방법론의 용어

| | |
|---|---|
| 독립변인 | 실험의 결과에 영향을 줄 수 있는 모든 변인 |
| 종속변인 | 독립변인의 변화에 따라 영향을 받게 되는 변인 |
| 조작변인 | 실험을 위해 의도적으로 다르게 하여 결괏값을 비교하고자 할 때 실험의 목적이 되는 변인 |
| 통제변인 | 실험을 위해 의도적으로 조작하는 조작변인을 제외한 모든 변인 |
| 혼재변인 (가위변인) | 연구자가 보려고 하는 독립변인 이외에 다른 독립변인 |
| 매개변인 | 독립변수와 종속변수를 연결해 주는 변인 |
| 관찰변인 | 주어진 구성개념의 표상된 행동들 중 몇 개를 표집하여 구성한 측정도구에 의해 측정된 변인 |

### 31 표본추출

① 확률표집
  • 단순무선표집 : 모집단 구성원들에게 일련 번호 부여, 무선적으로 필요한 만큼 표집
  • 체계적 표집(계통표집) : 연구자가 순서의 일정 간격을 두고 표집 대상을 선택
  • 층화표집(유층표집) : 모집단을 동질적인 몇 개 집단으로 나눈 후 계층별로 단순무작위표집
  • 집략표집(군집표집) : 몇 개의 집략을 표본추출하고 그 구성요소를 전수조사
② 비확률표집
  • 할당표집 : 대표성이 비교적 높은 편
  • 유의표집(목적표집, 판단표집) : 연구에 적합하다고 판단된 대상을 선정하여 표집
  • 우연적 표집(편의표집, 임의표집) : 편리성에 기준을 두고 임의로 표본을 선정
  • 눈덩이 표집 : 최초의 작은 표본에서 소개받아 계속적으로 표본을 확대해 나가는 방법

### 32 측 정

① 명명척도 : 가장 낮은 수준의 측정으로 그 특징에 대해 명목상의 이름을 부여
② 서열척도 : 상대적 크기를 서열화하는 것으로 상대적인 서열상의 관계를 나타냄
③ 등간척도 : 측정치가 등간성을 가짐 **예** 지능점수, 온도 등
④ 비율척도 : 절대 '0'점을 가지고 있으며 비례수준의 측정까지 가능

## 33 신뢰도

① 신뢰도는 안정성, 일관성, 정확성을 추구함
② 재검사신뢰도 : 일정 시간 간격을 두고 동일한 검사를 2번 실시하여 상관계수를 봄
③ 동형검사 : A, B 동형검사를 제작하여 검사 점수 간 상관계수를 봄
④ 반분검사 : 한 검사를 반으로 쪼개 별개의 두 검사로 보고 상관계수를 봄
⑤ 평정자간검사 : 같은 도구, 거의 같은 시간, 같은 대상자에게 서로 다른 조사원이 검사
⑥ 내적합치도 : 1에 가까운 경우 신뢰도가 높다고 주장하며, 내적합치도가 높아야 '신뢰성 있는 도구'라고 함

## 34 타당도

① 타당도는 평가도구가 '측정하려고 의도하는 것'을 얼마나 충실히 측정하였는가를 봄
② 내용타당도(논리적 타당도) : 목표 내용을 얼마나 잘 담았나를 그 분야 전문가에게 확인
③ 안면타당도 : 내용타당도와 유사하나 전문가가 아닌 일반인이 확인
④ 준거 타당도 : 다른 검사와의 관계를 이용한 방법
  • 공인타당도 : 기존에 타당도가 증명된 척도와 타당화 연구척도 간의 상관관계를 측정
  • 예언타당도 : 현재 측정 근거로 미래의 어떤 것을 정확하게 예측
⑤ 구인타당도 : 매우 이론적 개념으로 과학적 이론에 비추어 어느정도 의미 있느냐로 자주 사용되는 방법은 요인분석방법(탐색적 요인분석, 확인적 요인분석)임
  • 이해타당도 : 이론을 바탕으로 만든 구인이 실제 검사에서 나타나는 정도
  • 수렴타당도 : 동일 구인을 다른 방법으로 검사하여 상관관계가 높으면 수렴타당도가 높다고 봄
  • 판별타당도 : 다른 구인을 검사한 두 가지 결과 간 상관관계가 낮으면 판별타당도가 높다고 봄

## 35 통계적 검증력을 높이는 방법

① 표집을 늘림
② 실험절차 혹은 측정의 신뢰도를 높여 오차를 줄임
③ 양방검증보다 일반검증을 함
④ 1종 오류의 한계 알파 값을 높임

### 36 집중경향치

① 집중경향(Central tendency)은 전반적 수준을 나타내는 지수로서 '대푯값'
② 집중경향으로는 산술평균, 중앙값, 최빈값 등이 있음
  • 산술평균 : 전체 합산 점수를 사례 수로 나눈 수
  • 중앙값 : 서열상 가운데에 위치한 피험자의 점수 **예** 10, 13, 15, 17, 19에서 중앙값은 15
  • 최빈값 : 빈도가 가장 높은 점수 **예** 1, 2, 2, 2, 2, 3, 3, 4, 4, 5에서 최빈값은 2
③ 정상분포(대칭적분포)일 때는 평균, 중앙치, 최빈치가 다 같은 값이나, 정적편포일 때는 최빈치가 중앙
  치보다 낮고 중앙치는 평균보다 낮음. 부적편포일 때는 반대
  • 정상분포 : 최빈치 = 중앙치 = 평균
  • 정적편포 : 최빈치 〈 중앙치 〈 평균
  • 부적편포 : 최빈치 〉 중앙치 〉 평균

### 37 정규분포

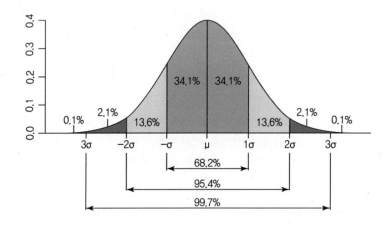

### 38 행동관찰법의 방법

① 자연관찰법 : 일상생활이나 특정 장소에서 자연적으로 발생하는 행동 자체를 관찰
② 실험적 관찰법 : 관찰대상과 장소와 방법을 한정하고, 행동을 인위적으로 일으켜 관찰
③ 우연적 관찰법 : 우연히 나타난 두드러진 행동을 기록하고 관찰
④ 참여관찰 : 직접 집단에 참여하여 그 집단구성원과 같이 생활하면서 관찰

## 39 인상 형성의 주요 효과

① 초두효과 : 먼저 제시된 정보가 나중에 제시된 정보보다 인상 형성에 더 큰 영향을 미침
② 최신효과 : 마지막에 제시된 정보가 처음에 제시된 정보보다 인상 형성에 더 큰 영향을 미침
③ 맥락효과(점화효과) : 먼저 제시된 정보가 나중에 제시된 정보에 대한 처리 지침을 만들어 전반적인 맥락을 제공 ☜ "잘생긴 사람이 공부까지 잘 하니 완벽하구나."
④ 후광효과 : 어떤 사람에 대한 긍정적인 부분으로 그 사람의 전체를 높이 평가
⑤ 악마효과 : 어떤 사람에 대한 부정적인 부분을 가지고 그 사람의 전체적인 면을 낮게 평가
⑥ 방사효과 : 매력이 있는 사람과 함께 하면 자신의 외적인 모습이나 지위도 높아 보이는 것
⑦ 대비효과 : 매력 있는 사람들과 함께 하면 자신이 비교되어 평가절하된다고 생각하는 것
⑧ 빈발효과 : 반복해서 제시되는 정보가 먼저 제시된 정보에 영향을 미치는 것
⑨ 낙인효과 : 어떤 사람이 가지고 있는 낙인에 대해 편견과 선입견을 가지게 되는 것

## 40 켈리(Kelley)의 공변 원리

한 사람의 행동을 여러 번 관찰한 후 귀인하는 경우 일관성, 독특성, 동의성 3가지 정보의 수준을 함께 고려하여 귀인

## 41 귀인편파

① 기본적 귀인오류 : 다른 사람의 상황의 영향은 과소평가하고, 개인의 특성적인 영향은 과대평가
　☜ 비가 와서 차가 밀려 지각한 회사원 A씨를 보고 비가 내린 날씨보다는 그가 늦잠을 자다 늦었다고 생각하는 경우
② 자기고양 편파 : 자신의 행동을 설명할 때 호의적으로 지각하고 드러내려는 경향
③ 행위자─관찰자 편향 : 자신의 행동에 대해서는 외부요인으로, 타인의 행동에 대해서는 내부요인하려는 경향

## 42 대인매력의 주요 영향요인

근접성, 유사성(걸맞추기 원리), 상보성, 친숙성, 신체적 매력, 상대의 호의

## 43 인지부조화

심리적 일관성을 추구하는 경향이 있는 사람들이 태도와 행동이 불일치할 때, 불편감이 생겨 조화로운 상태를 회복하려는 동기가 유발되는 것을 의미

**44** 사회적 촉진

① 혼자일 때보다 타인이 존재할 때 개인의 수행 능력이 더 좋아지는 현상
② 타인의 존재가 일종의 자극제로 작용하여 행동 동기를 강화
③ 과제가 대체로 쉽거나 잘 학습된 경우 타인의 존재가 수행 능력을 촉진시키는 반면, 과제가 어렵거나 복잡할 경우 타인의 존재가 수행 능력을 떨어뜨림

**45** 집단사고의 원인

집단사고는 집단의 의사결정 과정에 존재하는 동조압력으로 인해 충분한 논의가 이루어지지 못한 상태에서 합의에 도달하는 현상
① 집단구성원의 높은 응집성
② 외부로부터 단절된 집단에게 주로 나타남
③ 집단 내 대안을 심사숙고하는 절차가 미비할 때
④ 리더가 지시적이고, 판단에 대한 과도한 확신을 할 때
⑤ 더 좋은 방안을 찾을 가망이 없어 스트레스가 높을 때

# 제2과목 이상심리학

## 01 이상행동의 분류 및 진단

| 범 주 | 하위 장애 | 범 주 | 하위 장애 |
|---|---|---|---|
| 신경<br>발달<br>장애 | • 지적장애<br>• 의사소통장애<br>  – 언어장애<br>  – 발화음장애<br>  – 유창성장애<br>  – 사회적 의사소통 장애<br>• 자폐스펙트럼 장애<br>• 주의력 결핍/과잉행동 장애<br>• 특정 학습장애<br>• 운동장애<br>  – 틱장애<br>  – 발달적 협응 장애<br>  – 상동증적(정형적) 운동장애 | 정신분열<br>스펙트럼<br>및 기타<br>정신증적<br>장애 | • 조현병(정신분열증)<br>• 조현정동장애(분열정동 장애)<br>• 조현양상장애(정신분열형<br>  장애)<br>• 단기 정신병적 장애<br>• 망상장애<br>• 조현형 성격장애(분열형<br>  성격장애) |
| 우울장애 | • 주요우울장애<br>• 지속성 우울장애<br>• 월경전기 불쾌장애<br>• 파괴적 기분조절부전 장애 | 양극성 및<br>관련 장애 | • 제1형 양극성장애<br>• 제2형 양극성장애<br>• 순환감정장애 |
| 불안장애 | • 범불안장애<br>• 특정공포증<br>• 광장공포증<br>• 사회불안장애<br>• 공황장애<br>• 분리불안장애<br>• 선택적 무언증 | 강박 및<br>관련 장애 | • 강박장애<br>• 신체변형장애<br>• 저장장애<br>• 모발뽑기장애<br>• 피부벗기기장애 |
| 외상 및<br>스트레스<br>사건–<br>관련 장애 | • 외상 후 스트레스 장애<br>• 급성 스트레스 장애<br>• 반응성 애착장애<br>• 적응장애<br>• 탈억제 사회유대감 장애 | 해리장애 | • 해리성 정체감 장애<br>• 해리성 기억상실증<br>• 이인증/비현실감 장애 |

| 범 주 | 하위 장애 | 범 주 | 하위 장애 |
|---|---|---|---|
| 수면-각성 장애 | • 불면장애<br>• 과다수면 장애<br>• 기면증(수면발작증)<br>• 호흡관련 수면장애<br>• 일주기 리듬 수면-각성 장애<br>• 수면이상증<br>  – 비REM 수면-각성 장애<br>  – 악몽장애<br>  – REM 수면 행동장애<br>  – 초조성 다리 증후군 | 급식 및 섭식장애 | • 신경성 식욕부진증<br>• 신경성 폭식증<br>• 폭식장애<br>• 이식증<br>• 반추장애<br>• 회피적/제한적 음식섭취 장애 |
| 배설장애 | • 유뇨증<br>• 유분증 | 신체증상 및 관련 장애 | • 신체증상장애<br>• 질병불안장애<br>• 전환장애<br>• 허위성장애 |
| 파괴적, 충동통제 및 품행장애 | • 적대적 반항장애<br>• 품행장애<br>• 간헐적 폭발성장애<br>• 반사회성 성격장애<br>• 방화증<br>• 도벽증 | 신경인지 장애 | • 주요 신경인지장애<br>• 경도 신경인지장애<br>• 섬망 |

물질 관련 및 중독 장애

| 물질 관련 및 중독 장애 | 물질 사용 장애 | | 기타 정신장애 | • 다른 의학적 상태에 기인한 달리 명시된 정신장애<br>• 다른 의학적 상태에 기인한 명시되지 않은 정신장애<br>• 달리 명시된 정신장애<br>• 명시되지 않은 정신장애 |
|---|---|---|---|---|
| | 물질 유도성 장애 | 물질 중독 | | |
| | | 물질 금단 | | |
| | | 물질/약물 유도성 정신장애 | | |
| 비물질 관련 장애 | 도박 장애 | | | |

| 범 주 | 하위 장애 | | 범 주 | 하위 장애 | |
|---|---|---|---|---|---|
| 성관련 장애 | 성기능 장애 | • 남성 성욕감퇴장애<br>• 발기장애<br>• 조루증<br>• 지루증<br>• 여성 성적 관심/흥분 장애<br>• 여성 절정감장애<br>• 생식기-골반 통증/삽입 장애 | 성격장애 | A군 성격장애 | • 편집성 성격장애<br>• 분열성 성격장애<br>• 분열형 성격장애 |
| | 성도착 장애 | • 관음장애<br>• 노출장애<br>• 접촉마찰장애<br>• 성적 피학 · 가학 장애<br>• 아동성애장애<br>• 성애물장애<br>• 의상전환장애 | | B군 성격장애 | • 반사회성 성격장애<br>• 연극성 성격장애<br>• 경계선 성격장애<br>• 자기애성 성격장애 |
| | 성 불편증 | • 아동의 성별불쾌감 (성 불편증)<br>• 청소년 및 성인의 성별불쾌감 | | C군 성격장애 | • 회피성 성격장애<br>• 의존성 성격장애<br>• 강박성 성격장애 |

| 신설된 장애 | 제외된 장애 |
|---|---|
| • 피부벗기기 장애<br>• 저장장애<br>• 월경전 불쾌감 장애<br>• 파괴적 기분조절곤란 장애<br>• 자폐스펙트럼 장애(ASD)<br>• 도박장애<br>• 폭식장애<br>• 초조성 다리증후군<br>• 성불편감<br>• 사회적의사소통장애<br>• 회피적/제한적 음식섭취 장애<br>• REM 수면행동장애 | • 아스퍼거 증후군<br>• 소아기 붕괴성 장애(CDD)<br>• 정신분열증 하위유형<br>• 성정체성 장애<br>• 사별배척 |

**02** **이상심리학 주요이론모형**

① 정신역동 모형 : 이상행동은 초기 아동기의 무의식적 갈등의 결과로 나타나는 현상
② 행동주의 모형 : 이상행동은 어린 시절에 부적절한 학습과 강화 때문에 타인과 관계 맺는 것을 배우지 못했거나, 비효과적이고 부적응적인 습관을 지닌 결과
③ 인지주의 모형 : 정신장애는 인지적 기능이 한 쪽으로 치우쳐 있거나 결손과 밀접하게 연관되어 있음
④ 인간중심 모형 : 이상행동은 개인이 공포와 위협으로 살아온 삶들 때문에 눈앞에 놓여 있는 선택들이 현명한지 자기 파괴적인지 모르는 상태에서 하는 행동
⑤ 생물학적 모형 : 정신장애는 유전적 이상으로 뇌의 구조적 결함이 발생하는 신경생화학적 이상
⑥ 통합적 이론 : 이상행동이 생물학적, 심리적, 사회적 측면의 다양한 요인에 의해서 유발된다는 취약성－스트레스 모델 제시
　• 취약성 : 특정한 장애에 걸리기 쉬운 개인적 특성(例 유전적 이상, 뇌신경 이상, 부모의 학대 등)
　• 심리사회적 스트레스 : 환경 속에서 느끼는 부정적인 생활사건(例 직업의 변화 등)
⑦ 사회문화적 이론 : 이상행동은 사회문화적 요인에 의해 유발

| 사회적 유발성 | 낮은 사회계층에 속한 사람은 타인으로부터 부당한 대우, 낮은 교육 수준, 낮은 취업기회 및 취업 조건 등으로 많은 스트레스와 좌절 경험을 통해 정신장애로 발전 가능 |
|---|---|
| 사회적 선택설 | 중상류층 사람도 정신장애를 겪으면 사회적응력이 감소해 결국 사회 하류 계층으로 이동 |
| 사회적 낙인설 | 정신 장애에 대한 사회적 낙인은 정신 장애를 지닌 사람들의 재활을 어렵게 하고 심리적으로 악화시키는 결과를 초래 |

**03** **이상행동 판별 기준**

① 적응적 기능의 저하 및 손상
② 주관적 불편감과 개인적 고통
③ 문화적 규범의 일탈
④ 통계적 규준의 일탈

**04** **신경발달장애 중 지적장애의 심각도**

| 경 도 | IQ 50~55에서 70 미만으로 지적장애의 85% |
|---|---|
| 중등도 | IQ 35~40에서 50~55로 지적장애의 10% |
| 고 도 | IQ 20~25에서 35~40으로 지적장애의 3~4% |
| 최고도 | IQ 20~25 이하로 지적장애의 1~2% |

## 05 신경발달 장애 중 의사소통 장애 유형

① 언어장애 : 언어의 발달과 사용에 지속적인 곤란
② 발화음장애 : 발음의 어려움으로 인한 언어적 의사소통의 곤란
③ 아동기-발병 유창성장애 : 말 더듬기로 인한 유창한 언어적 표현의 곤란
④ 사회적 의사소통장애 : 언어적, 비언어적 의사소통 기술을 사회적 상황에서 부적절하게 사용

## 06 뚜렛장애의 특징

① 18세 이전에 발병하며, 여아보다 남아에게서 더 많이 나타남
② 틱장애 중 가장 심각한 유형으로, 여러 '운동성 틱'과 한 가지 이상의 '음성 틱'이 일정 기간 나타남. 두 가지 틱이 반드시 동시에 나타날 필요는 없음
③ 틱은 1년 이상의 기간 동안 거의 매일 또는 간헐적으로 하루에 몇 차례씩(대개 발작적) 일어남
④ 장애는 물질의 생리적 효과나 다른 의학적 상태로 인한 것이 아님

## 07 조현병의 심각도 수준

| 하위 장애 | 핵심증상 |
| --- | --- |
| 조현병(정신분열증) | 망상, 환각, 혼란스러운 언어, 부적절한 행동, 둔마된 감정 및 사회적 고립이 6개월 이상 지속되는 경우 |
| 조현정동장애(분열정동장애) | 조현병 증상과 조증 또는 우울증 증상이 함께 나타나는 경우 |
| 조현양상장애(정신분열형장애) | 조현병 증상이 4주 이상 6개월 이내로 나타나는 경우 |
| 단기 정신병적 장애 | 조현병 증상이 4주 이내로 짧게 나타나는 경우 |
| 망상장애 | 한 가지 이상의 망상을 1개월 이상 나타내는 경우 |
| 조현형 성격장애 (분열형 성격장애) | 대인관계의 기피, 인지적 왜곡, 기이한 행동 등의 증상이 성격의 일부처럼 지속적으로 나타나는 경우 |
| 약화된 정신증 증후군(긴장증) | 조현병 증상이 매우 경미한 형태로 짧게 나타나는 경우 |

## 08 조현병의 DSM-5 진단기준

① 다음의 증상 가운데 2개 이상(㉠, ㉡, ㉢중 하나는 반드시 포함)이 있고, 그 각각이 1개월의 기간 (또는 성공적으로 치료되었을 경우 그 이하) 중 의미 있는 기간 동안 존재함

> ㉠ 망상
> ㉡ 환각
> ㉢ 와해된 언어
> ㉣ 전반적으로 혼란스러운 혹은 긴장성 행동
> ㉤ 음성증상(감정적 둔마, 무언증 혹은 무의욕증)

② 장애가 발생한 이후로 상당 기간 동안 일, 대인관계, 자기 돌봄 등과 같은 영역 가운데 하나 또는 그 이상에서의 기능 수준이 발병 이전에 성취한 수준보다 현저히 낮음
③ 장애의 증상이 적어도 6개월 이상 지속되어야 함

## 09 조현병의 양성증상과 음성증상

① 양성증상 : 밖으로 드러나는 증상으로 망상, 환각, 와해된 언어나 행동
② 음성증상 : 겉으로 드러나지 않은 증상으로 정서적 둔마, 언어빈곤, 무의욕, 사고차단 등
③ 음성증상은 눈에 띄지 않으며 양성증상보다 예후도 좋지 않고 치료도 한계가 있음

## 10 조현병의 원인

① 유전적 요인 : 조현병 환자의 부모나 형제자매는 발병 확률이 일반인의 10배 이상 높음
② 생물학적 요인 : 세로토닌-도파민 가설로 이 두 물질의 수준이 높으면 조현병 증상 발현
③ 가족관계 및 사회 환경적 요인 : 이중구속이론(조현병 환자의 부모는 상반된 의사전달, 감정과 내용의 불일치), 표현된 정서(가족 간 갈등이 많고 분노를 과하게 표현)

## 11 블로일러(Bleuler)의 조현병 4A 증상

① 연상의 장애 : 사고 형태 및 조직화의 장애, 와해된 언어 등
② 정서의 장애(감정의 둔마) : 부적절한 정서, 둔마된 감정, 무감동, 무의욕증 등
③ 양가성 감정 : 감정, 의지, 사고의 양가성, 혼란스러운 행동 등
④ 자폐성 : 현실에서 철수, 자폐적 고립, 비현실적 공상 등

**12** 망상의 유형 : 가장 높은 유병율을 보이는 것은 피해형

| 애정형 | 어떤 사람, 특히 신분이 높은 사람이 자신과 사랑에 빠졌다고 믿는 망상 |
|---|---|
| 과대형 | 자신이 위대한 재능이나 통찰력을 지녔거나 중요한 발견을 했다는 과대망상 |
| 질투형 | 배우자나 연인이 부정을 저질렀다는 망상 |
| 피해형 | • 자신 또는 자신과 가까운 사람이 피해를 받고 있다는 망상<br>• 자신이 모함을 당해 감시나 미행을 당하고 있거나 음식에 독이 들어 있다는 망상 |
| 신체형 | 자신에게 어떤 신체적 결함이 있거나 자신이 질병에 걸렸다는 망상 |
| 혼합형 | 어느 한 가지 양상이 두드러지지 않는다. |

**13** 양극성장애의 임상적 특징

① 제1형 양극성장애
- 우울한 기분상태와 고양된 기분상태가 교차되어 나타나는 경우
- 기분이 몹시 고양된 조증 상태에서 평소보다 훨씬 말이 많아지고 빨라지며 행동이 부산해지고 자신감에 넘쳐 여러 가지 일을 벌이는 경향, 때로는 자신에 대한 과대 망상적 사고, 잠도 잘 자지 않고 활동적이지만 이루어지는 일은 없으며 결과적으로 현실 적응에 심한 부적응적 결과 초래
- 사고의 비약 : 특징적인 사고 진행 장애로서 사고 연상이 비정상적으로 빨리 진행되어 생각의 흐름이 주제에서 벗어나고 마지막에는 생각의 목적지에 도달하지 못함
- 이러한 조증 상태가 나타나거나 우울장애 상태와 번갈아 나타는 경우를 양극성장애라 함

② 제2형 양극성장애
- 제2형 양극성장애는 제1형 양극성장애와 매우 유사하지만 조증삽화의 증상이 상대적으로 미약한 경조증삽화를 보임
- 1회 이상의 주요우울삽화와 1회 이상의 경조증삽화가 혼재
- 주요우울삽화가 최소 2주 이상 지속되어야 하며 경조증삽화는 최소 4일간 지속
- 갑작스러운 기분의 심한 변화로 인해 사회적, 직업적 저하가 일어남

③ 순환감정장애 : 순환감정장애는 우울증 또는 조증삽화에 해당되지 않는 경미한 우울 증상과 경조증 증상이 번갈아가며 2년 이상(아동과 청소년의 경우는 1년 이상) 중 적어도 반 이상의 기간에 나타남

**14** 우울장애 DSM-5 진단기준

① 아홉 가지의 증상 중 5개 이상의 증상이 거의 매일 연속적으로 2주 이상 나타나야 함
② 이 증상 가운데 적어도 하나는 '우울기분'이거나 '흥미나 즐거움'의 상실이어야 함
- 하루의 대부분, 그리고 거의 매일 지속되는 우울한 기분의 주관적 보고 혹은 객관적 관찰
- 거의 모든 일상 활동의 흥미나 즐거움이 하루의 대부분 또는 거의 매일같이 뚜렷이 저하됨

- 거의 매일 현저한 체중 감소나 증가 또는 현저한 식욕 감소나 증가가 나타남
- 거의 매일 불면이나 과다수면 증상을 보임
- 거의 매일 정신운동성 초조나 지체 상태임
- 거의 매일 피로감을 느끼거나 활력상실 상태임
- 거의 매일 무가치감이나 과도하고 부적절한 죄책감을 느낌
- 거의 매일 사고력·집중력의 감소, 또는 우유부단함이 주관적으로 호소되거나 관찰됨
- 죽음에 대한 반복적인 생각이나 특정한 계획 없이 반복적으로 자살에 대한 생각 혹은 자살 기도를 함

## 15 아론 벡의 인지 삼제

① 나 자신 : 나 자신에 대한 비관적인 생각
② 나의 미래 : 앞날에 대한 염세주의적 생각
③ 나의 주변세계 : 주변 환경에 대한 비관적인 생각

## 16 지속성 우울장애

① 지속성 우울장애는 우울증상이 2년 이상 지속적으로 나타는 경우를 말하며, 지속성 우울장애의 핵심 증상은 우울감임
② DSM-Ⅳ의 '만성 주요우울장애'와 '기분부전장애'를 합하여 DSM-5에서 새롭게 제시된 진단명

## 17 특정공포증

① 특정 대상(비행, 동물, 주사기 등), 상황에 대한 현저한 공포나 불안을 경험
② 공포를 유발하는 대상이나 상황에 노출되면 예외 없이 즉각적인 공포반응을 유발하며, 현실적이고 사회적 맥락으로 보아 이러한 공포나 불안이 지나침
③ 유형 : 동물형, 자연 환경형, 혈액-주사-상처형, 상황형

## 18 모러(Mowrer)의 '2요인 모형'

① 공포의 조건형성 과정에는 고전적 조건형성과 조작적 조건형성의 두 가지 단계가 있음
② 공포증이 형성되는 과정에는 고전적 조건형성의 학습원리가 적용되고 일단 형성된 공포증은 조작적 조건형성의 원리에 의해 유지되고 강화됨

**19 사회공포증(사회불안장애)**

① 다른 사람들과 상호작용하는 사회적 상황을 두려워하여 회피하는 장애
② 불편감이나 불안이 매우 심하여 이를 회피하려 하며 사회적, 직업적 지장이 큼
③ 다른 사람들이 지켜보고 또한 평가하는 가운데 어떤 일을 수행해야 할 때 대중 앞에서 창피를 당할까 두려워하며 불안과 관련된 많은 신체적 증상을 경험
④ 일반적으로 10대 중반에 발병, 수줍음을 많이 타는 과거력 보유

**20 공황장애 DSM-5 진단기준**

비정기적인 강한 공포나 불편이 있고 다음 중 적어도 4가지 또는 그 이상의 증상이 갑작스럽게 나타나며 10분 이내에 그 증상이 최고조에 도달함
① 가슴이 떨리거나 심장박동수가 점점 더 빨라짐
② 진땀 흘림
③ 몸이나 손발이 떨림
④ 숨이 가쁘거나 막히는 느낌
⑤ 질식할 것 같은 느낌
⑥ 가슴의 통증이나 답답함
⑦ 구토감이나 통증
⑧ 어지럽고 몽롱하며 기절할 것 같은 느낌
⑨ 한기를 느끼거나 열감을 느낌
⑩ 감각 이상증
⑪ 비현실감이나 자기 자신과 분리된 듯한 이인증
⑫ 자기통제를 상실하거나 미칠 것 같은 두려움
⑬ 죽을 것 같은 두려움

**21 공황장애의 원인**

① 생물학적 원인 : 질식 오경보 이론
② 인지이론 원인 : 신체 감각에 대한 파국적 오해석

**22 분리불안장애의 임상적 특징**

① 애착대상과 떨어지는 것에 대해서 심한 불안을 나타내는 정서적 장애
② 아동은 어머니가 시장을 가거나 유치원에서 어머니와 떨어지게 될 때 극심한 불안과 공포를 느낌
③ 불안의 증상이 성인은 6개월, 아동 및 청소년은 1개월 이상 지속되어야 진단

**23 강박장애의 임상적 특징**

① 원하지 않은 불쾌한 생각이 자꾸 떠올라 그것을 제거하기 위한 행동을 반복하는 장애
② 강박장애의 주된 증상은 강박사고와 강박행동
③ 강박사고는 반복적으로 의식에 침투하는 고통스러운 생각, 충동 또는 심상으로, 매우 다양한 주제를 포함하는데 이러한 생각이 부적절하다는 것을 인식하지만 잘 통제되지 않고 반복적으로 의식에 떠올라 고통스러움
④ 강박행동은 대체로 강박사고에 대한 반응으로 불안을 감소하기 위해 하는 행동
⑤ 남성이 여성보다 발병이 빠름. 남자는 6~15세, 여자는 20~29세

**24 신체변형장애의 임상적 특징**

① 신체적인 외모에 대해서 한 개 이상의 주관적 결함에 과도하게 집착하는 것이 주된 증상
② 주관적 결함은 다른 사람에 의해서 인식되지 않거나 경미한 것으로 여겨짐
③ 신체변형 장애를 지닌 사람은 반복적인 외현적 행동(예 거울 보며 확인하기, 지나치게 몸단장하기, 피부 벗기기, 안심 구하기)이나 내현적 행위(예 자신의 외모를 다른 사람과 비교하기)를 함
④ 이러한 증상으로 인해 심각한 고통을 받거나 중요한 삶의 영역에서 현저한 장애를 보임
⑤ 대부분 15~20세 사이의 청소년기에 많이 발생하며 미혼의 여성에게 흔함

**25 외상 후 스트레스 장애 네 가지 유형의 심리적 증상**

① 침투증상                ② 회피증상                ③ 인지, 감정의 부정변화
④ 각성의 변화

**26 해리장애**

① 해리성 정체감장애 : 한 사람의 내면에 두 개 이상의 독립적인 정체감과 성격이 존재
② 해리성 기억상실증 : 자기의 과거나 전부 또는 특정 기간의 기억에 대한 망각
③ 이인증, 비현실감 장애 : 평소와 달리 자신과 주변 환경에 대해 반복적으로 낯선 느낌을 받음

**27 수면이상증**

① 비REM수면 각성장애 : 수면 중에 일어나서 걸어 다니거나 강렬한 공포로 자주 깸
  ❧ 주된 증상에 따라 수면 중 보행형과 수면중 경악형으로 구분된다.
② 악몽장애 : 수면 중에 공포스러운 악몽을 꿈
③ REM수면 행동장애 : REM수면 단계에서 옆 사람을 다치게 할 수 있는 정도의 움직임

④ 초조성 다리 증후군 : 수면 중에 다리의 불편하거나 불쾌한 감각 때문에 다리를 움직이고 싶은 충동을 느끼는 경우

## 28 섭식장애

① 신경성 식욕 부진증 : 체중 증가와 비만에 대한 극심한 두려움으로 인해 음식 섭취를 감소하거나 거부함
② 신경성 폭식증 : 짧은 시간 내에 많은 양을 먹는 폭식 행동과 구토 등의 반복적인 배출 행동을 함
③ 폭식장애 : 짧은 시간 내에 많은 양을 먹지만 배출행동은 없음
④ 이식증 : 먹으면 안 되는 것(종이, 머리카락, 흙)을 습관적으로 먹는 행동을 함
⑤ 반추장애 : 음식물을 반복적으로 되씹거나 토해내는 행동을 함
⑥ 회피적/제한적 음식섭취장애 : 심각한 체중저하가 나타나도록 지속적인 음식 회피 및 제한적 섭취를 함

## 29 배설장애

① 유뇨증 : 5세 이상 아동이 신체 이상이 없으면서도, 3개월간 주 2회 이상 부적절한 곳에 소변을 봄
② 유분증 : 4세 이상 아동이 3개월간 월 1회 이상 적절치 않은 곳에 배설을 함

## 30 신체증상 및 관련 장애

① 신체증상장애 : 한 개 이상의 신체적 증상에 대한 과도한 집착과 건강염려
② 질병불안장애 : 자신이 심각한 질병에 걸렸다는 과도한 집착과 공포
③ 전환 장애 : 신경학적 손상을 암시하는 운동기능과 감각기능의 이상, 심리적 갈등이 신체적 증상으로 전환
④ 허위성장애 : 환자 역할을 하기 위해서 신체, 심리적 증상을 의도적으로 위장

## 31 파괴적 충동통제 및 품행장애

① 적대적 반항장애 : 어른에게 거부적이고 적대적이며, 핵심 증상은 분노하며 짜증내는 기분, 논쟁적이고 반항적인 행동, 복수심 등임
② 품행 장애 : 난폭하고 잔인한 행동, 기물파손, 도둑질, 거짓말, 가출 등 타인의 권리를 침해하거나 사회적 규범을 위반하는 행동을 함. 다음 증상이 3개 이상 지난 12개월 동안 있었고, 적어도 1개 이상의 증상이 지난 6개월 동안 있음
　　㉠ 사람과 동물에 대한 공격성　　㉡ 재산 파괴(고의적인 방화)　　㉢ 사기 또는 절도
　　㉣ 심각한 규칙 위반

③ 간헐적 폭발성 장애 : 공격적 충동이 조절되지 않아 심각한 파괴적 행동이 가끔씩 나타나며, 언어적 공격행위와 더불어 재산파괴와 신체적 공격을 포함하는 폭력적 행동을 반복적으로 함
④ 방화증 : 불을 지르거나, 남이 불을 지르는 것을 볼 때 기쁨이나 만족감, 안도감을 느낌
⑤ 도벽증 : 남의 물건을 훔치고 싶은 충동을 참지 못해 반복적으로 도둑질을 함

## 32 섬 망

① 의식이 혼미하고 주의집중 및 전환 능력이 현저하게 감소하며, 기억, 언어, 현실 판단 등의 인지기능에서의 일시적인 장애
② 핵심증상으로 주의저하 및 각성저하가 나타남
③ 단기간에 발생하여 심해지면 하루 중에 그 심각도가 변동함

## 33 알츠하이머의 특징

① 단백질의 일종인 베타 아밀로이드와 타우가 뇌에 과도하게 쌓여서 생김
② 노인성 반점과 같은 구조적 변화가 관찰됨
③ 신경섬유 매듭이 정상발달 노인에 비해 매우 많음
④ 65세 미만에서 발병한 경우인 조발성(초로기) 알츠하이머병과 65세 이상에서 발병한 경우인 만발성(노년기) 알츠하이머병으로 구분
⑤ 조발성보다 만발성이 더 빈번히 나타남

## 34 물질-관련 및 중독 장애

① 물질-관련 및 중독 장애는 술, 담배, 마약과 같은 중독성 물질을 사용하거나 중독성 행위에 몰두함으로써 생겨나는 다양한 부적응적 증상
② 크게 물질-관련 장애와 비물질-관련 장애로 구분 되는데 비물질-관련 장애에는 도박장애가 있음

## 35 성불편감

① 성 불편증은 자신의 생물학적 성과 성역할에 대해서 지속적으로 불편감을 느끼는 경우임
② 아동의 성불편증과 청소년 및 성인의 불편증 진단기준이 다르며, 다양한 연령대에서 나타날 수 있음

## 36 성도착장애

| 하위장애 | 핵심증상 |
|---|---|
| 관음장애 | 성적 흥분을 위해서 다른 사람이 옷을 벗거나 성행위하는 모습을 몰래 훔쳐봄 |
| 노출장애 | 성적 흥분을 위해서 자신의 성기를 낯선 사람에게 노출시킴 |
| 접촉마찰 장애 | 성적 흥분을 위해서 원하지 않는 상대방에게 몸을 접촉하여 문지름 |
| 성적 피학 장애 | 성적 흥분을 위해서 상대방으로부터 고통이나 굴욕감을 받고자 함 |
| 성적 가학 장애 | 성적 흥분을 위해서 상대방에게 고통이나 굴욕감을 느끼게 함 |
| 아동성애 장애 | 사춘기 이전의 아동(보통 13세 이하)을 상대로 성적인 행위를 함 |
| 성애물 장애 | 물건(예 여성의 속옷)을 통해서 성적 흥분을 느끼고자 함 |
| 의상전환 장애 | 다른 성의 옷을 입음으로써 성적 흥분을 느끼고자 함 |
| 기타의 성도착 장애 | 동물애증, 외설언어증, 전화외설증, 분변애증, 소변애증, 시체애증 |

## 37 성격장애

| 구 분 | 하위장애 | 핵심증상 |
|---|---|---|
| A군 성격장애 | 편집성 성격장애 | 타인에 대한 강한 불신과 의심, 적대적인 태도, 보복행동 |
| | 조현성 성격장애 | 관계형성에 무관심, 감정표현 부족, 대인관계 고립 |
| | 조현형 성격장애 | 대인관계 기피, 인지적·지각적 왜곡, 기이한 행동 |
| B군 성격장애 | 반사회성 성격장애 | 법과 윤리의 무시, 타인의 권리 침해, 폭력 및 사기 행동 |
| | 연극성 성격장애 | 타인의 관심을 끌려는 행동, 과도한 극적인 감정표현 |
| | 경계성 성격장애 | 불안정한 대인관계, 격렬한 애증의 감정, 충동적 행동 |
| | 자기애성 성격장애 | 웅대한 자기상, 찬사에 대한 욕구, 공감능력의 결여 |
| C군 성격장애 | 강박성 성격장애 | 완벽주의, 질서정연함, 절약에 대한 과도한 집착 |
| | 의존성 성격장애 | 과도한 의존욕구, 자기주장의 결여, 굴종적인 행동 |
| | 회피성 성격장애 | 부정적 평가에 대한 예민성, 부적절감, 대인관계 회피 |

## 제3과목 심리검사

### 01 심리검사

① 개념 : 성격, 지능, 적성 같은 인간의 다양한 심리적 특성을 파악하고자 다양한 방식을 통해 양적, 질적으로 측정하는 절차
② 기능 : 예측, 자기이해, 진단, 정보
③ 결과 해석 시 유의사항
  • 다른 검사나 자료를 통합적으로 고려
  • 자기충족적 예언이나 검사받은 사람을 라벨링하지 말 것
  • 정해진 규준과 규범에 따라 해석할 수 있도록 해석 매뉴얼을 따를 것

### 02 객관적 검사(표준화 검사)

① 지능검사 : 대표적 지능 검사로는 Standford – Binet 지능검사, 웩슬러 지능검사(WAIS), 카우프만 지능검사(ABC) 등이 있음
② 적성검사(GATB) : 11개의 하위 검사로 이루어져 있고 7개의 능력을 파악하며, 이 검사를 통해 2~3개의 능력을 조합하여 해당 적성을 알아냄[일반(G)/언어(V)/수리(N)/사무지각(O)/공간(S)/지각(P)/협응(K)]
③ Holland 검사 : 6가지의 성격유형을 6가지의 직업이나 생활환경에 적용하는 검사
④ 성격검사 : Myers – Briggs Type Indicator(MBTI), Minnesota Multi – phasic Personality Inventory(MMPI), 16성격요인 검사(16PF), Big5 등
⑤ 태도검사
  • 견해 척도 : 부모양육태도검사, 직무만족도검사, 자아태도검사 등
  • 태도 척도 : 서스톤 척도, 리커트 척도, 사회적 거리 척도인 보가더스 거트만 척도 등

### 03 투사적 검사(비표준화 검사)

① 주제통각검사(TAT ; Thematic Apperception Test) : Murray – Morgan이 개발한 검사로 개인이 가진 욕구(Need) – 압력(Pressure) 관계와 함께 역동적 관계를 분석, 진단, 해석
② Rorschach 잉크반점검사 : 좌우 대칭으로 된 것을 한 장씩 피검자에게 보여 어떻게 보이는가를 질문하여 답하는 검사
③ 집-나무-사람 검사(HTP ; House – Tree – Person) : 4장의 종이에 집, 나무, 남녀를 그리게 하는 검사

④ 인물화 검사(DAP ; Drawing－A－Person) : 인물화에 의한 성격검사, 남녀 전신상, 단독으로 사용 되기 보다는 HTP 검사와 함께 Full－battery 심리검사 내 투사적 검사로 자주 활용

## 04 객관적 검사 vs 주관적 검사

| 구 분 | 장 점 | 단 점 |
|---|---|---|
| 객관적 검사 | • 검사 실시, 해석 간편<br>• 검사 신뢰도, 타당도 확보<br>• 검사자 변인, 상황의 영향 少<br>• 개인 간 비교 객관적 제시 | • 수검자 의도 방향으로 문항에 반응<br>• 개인의 질적 특징 무시<br>• 방어적 태도가 검사결과에 영향<br>• 내적 갈등, 무의식적 표현 제한 |
| 주관적 검사 | • 개인의 반응이 독특하고 다양하게 표현됨<br>• 객관적 검사에 비해 방어가 어려움<br>• 무의식적인 갈등의 평가나 사고장애, 정서문제 등 정신병리 진단에 유용 | • 신뢰도, 타당도의 객관적 검증이 어려움<br>• 검사반응 수량화가 어려움 |

❧ 좋은 심리검사는 타당도, 신뢰도, 객관도, 실용도를 갖추어야 함

## 05 좋은 심리검사

① 검사의 표준화
  • 일관성 확보를 위한 노력(과정 단일화, 조건화, 검사자의 주관적 의도나 해석이 개입되지 않도록)
  • 경험적으로 제작된 적절한 규준과 기준 점수, 타당도와 신뢰도 제시
  • 검사 실시 상황이나 환경에 대한 엄격한 지침 제공, 검사자의 질문과 수검자의 응답까지 규정할 것
  • 채점과 해석 표준화, 규준 설정
② 표준화 검사
  • 정해진 절차에 따라 실시되는지를 평가·채점하는 검사, 검사 조건이 동일한지, 채점이 객관적인지 검토할 것
  • 표준화된 절차를 위해 검사를 구조화하고, 실시방법과 해석에 대한 기준 잘 세울 것
  • 신뢰도와 타당도를 확보한 검사를 실시할 것
  • 대규모 표집으로부터 얻은 규준 자료를 참고하여 해석, 수검자의 위치 객관적으로 파악
③ 비표준화 검사 : 대표적 규준 집단이나 검사 채점 등 신뢰도를 갖추지 못했기 때문에 기존의 심리 검사에서 다루지 않은 투사적 기법이나 행동 관찰, 질문지 등 검사 대상자의 일상생활, 주관적 생각 등의 정보를 통해 최대한 객관성 확보를 위해 노력할 것
④ 문항응답자료 분석 : 검사의 신뢰도와 타당도를 검토할 때 문항 응답 자료를 분석하는데 이때 문항 의 난이도, 변별도, 추측도를 검토해서 분석
  • 문항의 난이도
  • 문항의 변별도
  • 문항의 추측도

**06 규준**

① 규준의 특징
- 규준은 특정검사 점수의 해석에 필요한 기준이 되는 정보로, 한 개인의 점수가 평균 혹은 표준편차 내에서, 집단 내에서 어떤 의미를 지니는지 보여주는 것을 의미
- 비교대상이 되는 집단을 규준 집단 혹은 표준화 표본집단이라고 함
- 규준은 절대적이거나 영구적이지 않기 때문에 규준집단이 모집단을 잘 대표하는지 확인하는 과정이 필수

② 대표적 표준점수

| 표준점수 종류 | 내 용 |
|---|---|
| Z점수 | • 원점수 평균 0, 표준편차 1인 Z분포상의 점수로 변환한 점수<br>• Z점수 0은 원점수가 정확히 평균에 위치한다는 의미<br>• Z점수 −1.5는 원점수가 평균으로부터 하위 1.5 표준편차만큼 떨어져 있다는 것을 의미<br>• Z점수는 소수점과 음수 값으로 제시<br>• Z점수 = (원점수−평균) ÷ 표준편차 |
| T점수 | • 소수점과 음수 값을 가지는 Z점수 단점을 보완하기 위해 만들어짐<br>• Z점수에 10을 곱하고, 50을 더해 평균이 50, 표준편차가 10인 분포로 전환한 점수<br>• MMPI 등 다수의 심리검사 점수에 사용<br>• T점수 = 10 × Z점수 + 50 |
| H점수 | • T점수 변형으로 평균 50, 표준편차 14인 표준점수<br>• 표준점수는 3 표준편차를 벗어나는 경우가 드물기 때문에 T점수가 20~80점 사이에 분포<br>• H점수는 T점수를 보완하려고 만들어짐<br>• H 점수 = 14 × Z점수 + 50 |

**07 측정**

① 측정은 추상적이고 이론적인 세계를 경험적이고 실제적인 세계와 연결시키는 것
② 가설 내에서 대상이 되는 사물이나 사건에 대해 숫자를 부여하는 것, 공격성이라는 개념을 "친구를 때린다.", "물건을 던진다." 등 관찰 가능한 구체적 행동으로 조작, 일정 기간 동안 이런 행동이 몇 번이나 나타나는지 숫자로 나타낼 수 있어야 함
③ 측정의 과정 : 개념화 → 개념을 변수로 전환, 변수와 함께 지표(Indicator)가 정해져야 함 → 조작화(분석 단위를 범주별로 분류하는 것)

## 08 척도

① 척도의 개념 : 측정도구, 일정한 규칙에 따라 계량화될 수 있도록 만들어진 기호나 숫자이며, 이 기호나 숫자는 연속성을 가지고 대상의 속성을 양적으로 표현함

② 척도의 종류
- 명목척도(=명명척도, Nominal Scale) : 성별, 결혼 유무, 종교, 인종, 직업유형 등
- 서열척도(Ordinal Scale) : 속성에 따라 등급을 순서대로 결정하는 척도로, 선호도, 석차, 소득수준, 학위 등 서열을 결정
- 등간척도(Interval Scale) : 크다/작다도 구분할 수 있고, 그 간격도 동일한 척도로, IQ, 온도, 학력, 시험점수, 물가지수 등
- 비율척도(=비례척도, Ratio Scale) : 절대영점을 가짐, 사칙연산 가능, 평균을 내는 것도 가능

## 09 표본 추출(표집)

① 표집(Sampling)은 모집단 가운데 자료를 수집할 일부의 대상을 표본으로 선택하는 과정
② 표집은 조사대상을 체계적 방법으로 선정하는 절차로, 통계 사용, 모집단 특성을 추론하는 것
③ 표집은 대표성과 적절성을 가져야 함
④ 표본의 크기와 표집오차
- 표본의 크기 : 통계학적 신뢰도를 확보할 수 있을 만큼 충분히 커야 함
- 표집오차 : 표집하는 과정에서 발생하는 오차, 표본의 대표성으로부터 이탈의 정도를 의미
- 표본의 크기↑ : 모수와 통계치의 유사성이 커짐
- 표집오차↓ : 조사의 신뢰성
- 동일한 표집오차를 가정한다면 분석변수가 많아질수록 표본의 크기는 커져야 함
⑤ 표본추출 또는 표집(Sampling) 과정
- 모집단 확정 → 표집틀 선정 → 표집방법 결정 → 표집 크기 결정 → 표본추출
⑥ 확률표본추출 방법
- 단순무작위표집 : 모집단 전체로부터 균등한 확률로 선출
- 계통표집/체계적 표집 : 일정한 표집간격에 따라 매 k번째 요소 추출
- 층화표집/유층표집 : 해당 모집단을 동질적인 몇 개의 층으로 나눈 후 이들 각각으로부터 적정한 수의 요소를 무작위로 추출
- 집락표집/군집표집 : 여러 개의 집락을 구분한 후, 집락을 표집단위로 하여 무작위로 몇 개의 집락을 표본으로 추출한 다음, 표본으로 추출된 집락의 구성요소를 전수조사
- 다단추출법 : 모집단을 단계적으로 추출

• 표본추출의 장단점

| 장 점 | 단 점 |
|---|---|
| • 모집단 전체를 연구할 경우, 예상되는 막대한 시간과 비용 절감<br>• 자료수집, 집계, 분석의 신속성<br>• 전수조사가 불가능한 경우에 적용 가능<br>• 비표본오차 감소와 조사대상의 오염방지를 통해 전수조사보다 더 정확한 자료 획득 가능<br>• 전수조사보다 더 많은 조사항목을 포함할 수 있으므로 다방면의 정보 획득 가능 | • 표본의 대표성 문제가 제기될 경우, 일반화의 가능성 ↓<br>• 모집단의 크기가 작은 경우, 표집 자체가 무의미<br>• 표본설계가 복잡한 경우, 시간과 비용 낭비 |

## 10 신뢰도의 특징

① 측정도구가 측정하고자 하는 현상을 일관성 있게 측정하는 능력임. 즉, 어떤 측정도구를 동일한 현상에 반복 적용했을 때 동일한 결과를 얻게 되는 정도를 의미
② 신뢰도는 연구조사 결과와 해석에 필수 조건, 신빙성・안정성・일관성・예측성을 기준으로 함
③ 내적 신뢰도
  • 관찰자들이 평정한 점수가 얼마나 일치하는지 보여주는 신뢰도
  • 다른 연구자가 이미 산출한 구성개념을 제시했을 때 연구자가 했던 것과 동일한 방식으로 자료와 구성개념을 결부시킬 수 있다면 내적 신뢰도가 높다는 의미
④ 외적 신뢰도
  • 연구결과의 일치도
  • 동일한 설계를 바탕으로 다른 연구자도 동일한 현상을 발견하거나 유사한 상황에서 동일한 구성개념을 산출한다면 외적 신뢰도가 높다는 의미
  • 신뢰도에 영향을 주는 요인 : 문항 수 多, 문항의 난이도는 적절, 문항 변별도 ↑, 검사의 측정범위는 좁음, 검사 시간은 긺, 속도는 ↑, 응답한 반응 수 多 → 신뢰도가 ↑

## 11 신뢰도의 측정방법

① 신뢰도 제고를 위한 기본원리(Max−min−con principle)
  • 체계적 분산의 극대화(Maximize)
  • 오차 분산의 극소화(Minimize)
  • 외부 변수의 통제(Control)
② 신뢰도 제고를 위한 구체적 방법 : 측정 상황의 분석, 표준화된 지시와 설명, 문항의 추가적 사용, 문항의 구성, 대조 문항들의 비교 분석

## 12 신뢰도의 종류

① 검사－재검사 신뢰도(Test－retest reliability) : 동일 대상에 동일한 측정도구를 서로 상이한 시간에 두 번 측정, 두 검사의 실시 간격에 크게 영향을 받고, 이월효과(기억효과), 성숙효과(반응민감성 효과), 역사 요인, 물리적 환경의 변화 등이 단점임
② 동형검사 신뢰도(Equivalent－form reliability) : 새로 개발한 검사와 여러 면에서 거의 동일한 검사를 하나 더 개발해서 두 검사의 점수 간 상관계수를 구하는 방법, 각 검사의 동등성이 보장되어야 함
③ 반분신뢰도(Split－half reliability)
- 검사를 한 번 실시한 후 이를 적절한 방법에 의해 두 부분의 점수로 분할, 그 각각을 독립된 두 개의 척도로 사용함으로써 신뢰도 추정, 양분된 각 척도의 항목 수는 그 자체가 완전한 척도를 이루고 충분히 많아야 함
- 단 한 번의 시행으로 신뢰도를 구할 수 있다는 장점이 있으며, 단일 측정치는 산출될 수 없고, 연습효과, 피로효과, 특정 문항 군이 함께 묶여 제시될 때는 신뢰도 산출이 어렵다는 단점이 있음
④ 문항내적합치도(Item internal consistency)
- 가능한 모든 반분신뢰도를 구한 다음, 그 평균값을 신뢰도로 추정하는 방법, 문항 중에서 신뢰성을 저해하는 항목을 배제
- 쿠더(Kuder)와 리차드슨(Richardson)이 개발, 이후 크론바흐(Cronbach)가 수학적으로 설명
- 쿠더－리차드슨(Kuder－Richardson) 신뢰도 계수는 응답문항 유형이 '예/아니오'로 측정
- 크론바흐 알파(Cronbach－α) 계수는 응답 문항 유형이 여러 종류인 검사에 주로 사용, Cronbach－α 값은 0~1값, 값이 클수록 신뢰도↑, 단 한 번 시행으로 신뢰도를 구할 수 있다는 장점이 있음
⑤ 관찰자 신뢰도(Observer reliability) : 한 사람의 관찰자가 일정한 관찰지침과 절차에 의거하여 동일 측정대상에 대해 시간적 간격에 의한 반복관찰을 시행한 후, 그 결과의 상관관계를 점수로 산정하여 신뢰도 평가, 탐색적 목적, 관찰자의 지속적 훈련, 관찰자 내 신뢰도와 관찰자 간 신뢰도로 구분

## 13 타당도의 특징

① 연구자가 측정하고자 한 것을 실제로 정확히 측정하는가와, 조작적 정의나 지표가 측정하고자 하는 개념을 얼마나 제대로 반영하는지를 보여줌
② 내적 타당도 : 종속변인에 나타난 변화가 독립변인의 영향 때문이라고 결론지을 수 있는 정도, 각 변수 사이의 인과관계를 추론하여 실험에 따른 진정한 변화에 의한 것으로 판명, 내적 타당도↑
③ 내적 타당도 저해 요인
- 역사효과 : 검사 기간 중 특수한 사건이 발생했을 경우
- 성숙효과 : 검사 기간 중 나이가 많아지거나 피로가 누적
- 이월 및 학습 효과 : 사전검사를 통해 이미 경험했던 결과가 사후검사에 영향
- 피험자의 선발에 있어서 실험집단과 통제집단의 동질성이 결여될 때
- 극단적 점수의 피험자를 선발했을 경우, 불가피하게 피험자 탈락되었을 경우

- 선발−성숙 상호작용의 영향으로 사전 측정치는 동질적이었다 하더라도 사후검사가 성숙의 영향을 받을 때

④ 내적 타당도 저해요인 통제방법 : 무작위 할당, 배합(연구주제에 영향을 미칠 수 있는 주요 변수 통제), 통계적 통제(실험으로 통제할 필요성이 있는 변수를 독립변수로 간주하여 실험 실시, 결과를 통계적으로 분석하여 해당변수의 영향을 통제)

⑤ 외적 타당도 : 연구 결과에 의해 기술된 인과관계가 연구 대상 이외의 경우까지 확대할 수 있을 때 일반화되었다는 정도, 연구결과의 일반화 가능성이 있을 때 외적 타당도↑

⑥ 외적 타당도 저해 요인
- 검사 실시와 실험 실시 간 상호작용 효과
- 실험 상황에 대한 반발효과(실험 상황에서 이질성이 생길 때 발생)
- 한 사람의 참가자가 여러 실험에 참여할 경우(간섭효과나 이월효과)
- 실험자 자신이 연구 결과의 일반화에 영향(실험자의 불안 수준이나 연령, 성별 등 참가자들과의 상호작용에 영향)

⑦ 외적 타당도 저해요인 통제방법 : 모집단에 대한 타당성을 높이는 것, 표본의 대표성을 높이는 방법, 연구결과가 연구 환경을 벗어나 보다 현실적 환경에서도 적용 가능한지 검토

## 14 타당도의 종류

① 내용타당도(Content validity) : 논리적 타당도, 측정 항목이 연구자가 의도한 내용대로 실제로 측정되고 있는가에 대한 문제, 주관적인 타당도, 안면타당도(일반인의 일반적 상식에 기초한 타당도)

② 준거타당도(Criterion validity) : 기준(준거) 관련 타당도, 혹은 경험적 타당도, 전문가가 만들어놓은 신뢰도와 타당도가 검증된 다른 유사한 측정도구를 기준으로 통계적으로 타당도 평가
- 공인타당도 : 새로 제작한 검사의 타당도를 위해 기존에 타당도를 보장받고 있는 검사와의 유사성 및 연관성에 의해 타당도를 검증
- 예언(예측)타당도 : 어떤 행위가 일어날 것이라고 예측한 것과 실제 대상자나 대상 집단이 나타낸 행위 간의 관계를 측정

③ 구인타당도(=개념타당도, Construct validity) : 심리적 개념에 조작적 정의를 부여한 뒤, 검사점수가 이 정의를 제대로 측정하는지를 검정, 과학적, 계량적
- 수렴타당도 : 검사 결과가 이론적으로 해당 속성과 관련 있는 변수들과 높은 상관관계인지 측정
- 변별타당도 : 검사 결과가 이론적으로 해당 속성과 관련 없는 변수들과 낮은 상관관계인지 측정
- 요인분석 : 검사를 구성하는 문항 간의 상관관계를 분석하여 상관이 높은 문항들을 묶어주는 방법

**15** 신뢰도와 타당도에 영향을 미치는 요인

① 측정의 오류 : 변수를 측정하는 과정에서 나타나는 오류, 타당도는 체계적 오류, 신뢰도는 비체계적 오류
② 체계적 오류
 • 연구자가 수집하는 정보가 측정하려는 개념을 계속해서 잘못 나타낼 경우 체계적 오류 발생
 • 연구자의 자료 수집 방식에 문제가 있을 때, 수검자의 역동의 영향이 클 때, 연구자의 측정도구 자체가 연구자가 측정하려는 것을 정확하게 측정하지 못할 때
③ 편향의 체계적 오류
 • 순응적 반응 편향 : 질문 내용과 상관없이 답변의 대부분 동의하거나 동의하지 않는 것
 • 사회적 적절성 편향 : 자신이 속해 있는 집단이나 사회가 자신을 어떻게 볼 것인가를 고려하는 편향
 • 고정반응 편향 : 일정한 유형의 질문이 나올 때 응답자가 고정된 반응을 나타내는 경향성
④ 무작위 오류
 • 처음 측정한 결과와 그 다음 측정한 결과 사이에 일관성이 보이지 않을 때
 • 무작위 오류를 감소시키기 위해서 측정 도구 내용을 명료화, 측정항목 수↑
 • 신뢰할 수 있는 도구 사용, 연구자로서 충분한 준비를 하여 무작위 오류 감소
 • 연구자의 측정방식이나 태도에 일관성, 수검자가 잘 모르거나 관심이 없는 내용을 측정하면 ×
⑤ 신뢰도와 타당도의 관계

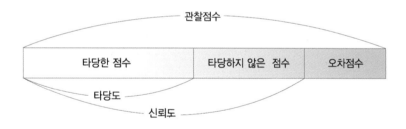

**16** 객관적 검사의 개념

① 검사과제가 구조화된 구조적 검사임
② 검사에서 제시되는 문항의 내용이나 의미가 객관적으로 명료화되어 모든 사람에게 동일한 방식의 해석이 가능하고, 동시에 검사의 목적에 부합하여 수검자가 일정한 형식에 의해 반응하도록 기대하는 검사임
③ 개인의 특성과 차이는 각각의 문항에 대한 반응 점수를 합산하여 그 차이를 평가하는 과정으로 개인마다 공통적으로 지니는 특성이나 차원을 기준으로 하여 개인을 상대적으로 비교하게 됨

**17 객관적 검사의 장점과 문제점**

① 장 점
  - 검사 실시의 간편성 : 객관적 검사는 검사의 시행과 채점, 해석이 간편하고 실시 시간도 짧은 편
  - 검사의 신뢰도와 타당도 : 객관적 검사는 일반적으로 검사 제작 과정에서 신뢰도와 타당도 검증이 이루어진 검사들이 대부분이어서 검사의 신뢰도와 타당도가 확보된 경우가 많음. 일반적으로 신뢰도가 0.8 이상인 경우에 신뢰도가 높은 검사라고 할 수 있음
  - 객관성의 증대 : 검사를 실시하는 사람이나 검사 상황에 따른 영향이 적기 때문에 개인 간 비교가 객관적으로 제시될 수 있어서 객관성이 높은 검사임
② 문제점 : 사회적 바람직성, 반응 경향성, 문항 내용의 제한성

**18 객관적 검사의 종류**

🥄 일반적으로 실시되는 지필검사나 컴퓨터용 검사를 총칭해서 객관적 검사라고 할 수 있음

① MBTI 등 성격검사 : Briggs와 Myers 모녀가 개발, Jung의 심리유형론을 근거로 개인이 쉽게 응답할 수 있는 자기보고식 문항을 통해 각 개인이 인식하고 판단할 때 선호하는 경향을 측정, 에너지의 방향인 외향형과 내향형, 정보 지각 성향인 감각형과 직관형, 의사결정의 기반이 되는 사고형과 감정형, 라이프 스타일 성향인 판단형과 인식형으로 나누어 분류
② MMPI 등 임상검사
  - 총 550개의 문항으로 구성되어 '그렇다/아니다'로 답하게 되어 있는 질문지형 검사로 총 14개의 척도와 4개의 타당도 척도, 10개의 임상척도로 구성되어 있음. 실제로는 총 550개의 문항과 16개의 반복문항을 합해 566문항임
  - 566문항이 많은 시간을 요구하기 때문에 30년 간의 노하우로 MMPI 단축형 연구가 지속되어 383문항 단축형이 개발됨. 그럼에도 불구하고 심리검사 풀 배터리를 사용할 때는 자세한 임상 증세를 살펴보기 위해 566문항을 선호
③ 직업적성검사 : 개인적 특질인 적성과 직업의 특성을 연결시킨 검사, 선호도와 적성을 연결시킨 Holland나 Strong 직업선호도 검사, 일반적 특성과 관련한 GATB(General Aptitude Test Batter) 등
④ 웩슬러(Wechsler) 지능검사 : Wechsler에 의해 1930년대부터 수십 년 간 개발되어 온 지능 검사로 유아용부터 성인용에 이르기까지 구성되었고 한국에서도 유아용·아동용·성인용이 모두 표준화, 일반적·지적 능력 평가 외에도 특수교육이 요구되는 아동을 판별하고 진단하는 등의 임상적 평가와 교육적 평가에 모두 사용

## 19 투사적 검사

비구조적 검사 과제를 제시하여 개인의 다양한 반응을 무제한적으로 허용하는 대표적인 검사, 검사지시 방법이 간단하고 일반적인 방식이면서도 개인의 독특한 심리적 특성을 측정, 모호한 자극에 대한 수검자의 비의도적 자기노출 반응, 머레이(Murray)는 검사자극이 모호할수록 수검자가 지각적 자극을 인지적으로 해석하는 과정에서 심리구조의 영향을 더욱 강하게 받는다고 주장

## 20 로샤 검사(Rorschach Test)

① 1921년 스위스 정신과 의사인 헤르만 로샤(Hermann Rorschach)가 심리진단에 발표한 논문을 통해 소개, 좌우 대칭의 잉크 얼룩이 있는 열 장의 카드로 이루어져 있고 형태가 뚜렷하지 않은 카드의 그림을 보여주면서 무엇처럼 보이는지, 무슨 생각이 나는지 등을 자유롭게 말하게 함. 수검자는 카드의 잉크 반점이 무엇으로 보이는지 자유롭게 응답하고(자유 반응 단계), 검사자는 어디가 어떻게 보이는지 등을 질문하며(질의 단계), 이 과정에서 반응 시간, 반응 내용(무엇이 보였는지), 반응 영역(어디서 그렇게 보았는지), 결정 원인(어떤 특징에서 봤는지) 등을 기록
② 이후 엑스너(Exner)의 실승적 접근 방법을 통해 '로샤 종합체계'로 체계화, 종합적이고 과학적인 근거를 갖게 되었으며 동시에 풍부한 해석 틀을 제공
③ 러너(Lerner)의 개념적 접근방법(1991)은 정신분석적 개념을 발전시키고 적용한 방식으로 검사를 수행하는 행동과 정신역동적 토대를 연결시키는 중재 과정으로 사고의 조직화 발생
④ 잉크반점카드(Ink-Blot Card) 실제 요약

| 순 서 | 색 상 | 평범 반응 |
| --- | --- | --- |
| 카드 I | 무채색 | 박쥐 또는 나비 |
| 카드 II | 무채색에 부분 적색 | 동물 |
| 카드 III | 무채색에 부분 적색 | 인간의 형상 |
| 카드 IV | 무채색 | 인간 또는 거인 |
| 카드 V | 무채색 | 박쥐 또는 나비 |
| 카드 VI | 무채색 | 양탄자 또는 동물 가죽 |
| 카드 VII | 무채색 | 인간의 얼굴 또는 동물의 머리 |
| 카드 VIII | 유채색 | 움직이는 동물 |
| 카드 IX | 유채색 | 인간 또는 인간과 흡사한 형상 |
| 카드 X | 유채색 | 게 또는 거미 |

⑤ 검사의 실시과정
• 제1단계 : 소개 단계(로샤 검사에 대해 자세히 설명, 검사받는 목적 확인), 검사에 대한 부정적 이해나 오해가 확인될 경우, 검사 전 절차를 개략적 설명 ⓔ "지금부터 그림이 있는 10장의 카드를 보여드리겠습니다. 잘 보시고 그림이 무엇처럼 보이는지 말씀해 주세요. 그림은 사람마다 다르게 보일 수 있습니다."

- 제2단계 : 반응 단계(그림에 대한 수검자의 지각 및 자유연상 이루어지는 단계), 수검자의 말 그대로 기록, 하나의 카드에서 반응이 너무 적은 경우, 질문단계로 넘어가지 말고 반응단계 반복
  - 예》 "보통 하나의 그림에서 2개 이상을 이야기합니다. 더 보시면 그것 외에 또 다른 것을 보실 수도 있어요."
- 제3단계 : 질문 단계(검사자는 수검자가 어떤 결정인에 의해 해당 반응을 한 것인지 확인), 개방적인 질문을 통해 어떤 영역을 무엇 때문에 그렇게 보았는지 질문 예》 "어디서 그렇게 보았나요?(반응영역)", "무엇 때문에 그렇게 보았나요?(결정인)", "무엇을 보았나요?(반응 내용)"
- 제4단계 : 한계검증 단계(수검자에게 자연스럽게 질문하는 단계), 재질문하는 과정, 추가적인 정보를 습득하나 수검자의 새로운 반응 내용은 채점에 포함 ×

⑥ 질문 단계에서 주의사항
- 적절한 질문 : 반응 영역, 결정인, 반응 내용에 초점을 두는 질문으로 자세한 설명 요구, "어떤 점이 ~처럼 보인 건가요?", "모양 외에 ~처럼 본 이유가 더 있습니까?", "~에 대해 좀 더 설명해 보시겠습니까?" 등 보충적인 질문, 수검자가 반점을 보고 반응한 것인지 카드에 대한 평을 한 것인지 애매할 때, "이는 카드에 대한 대답인가요?"라고 질문하여 명료화, 질문할 때 검사자와 수검자의 대화는 대화체로 기록, 위치 표시하는 용지에 영역 확인 시 기록, 질문은 간결하고 비지시적으로 함
- 부적절한 질문 : 직접적 질문 ×, 유도질문 ×, 검사자가 궁금한 것에 대한 질문 ×

## 21 주제통각검사(TAT)

① 1935년 하버드대 머레이(Murray)와 모건(Morgan)이 개발, 사람은 지각보다는 상상에 의한 반응이 우선임을 강조한 검사, 카드형태의 TAT 도구를 개발, 1943년 출판한 31개의 도판 TAT 도구를 현재까지 사용

② 통각(Apperception)은 투사와 유사하나 보다 포괄적 의미로 지각에 대한 의미 있는 해석, 자아와 환경관계, 자아와 대인관계의 역동적 측면을 평가, 로샤 검사와 함께 사용할 수 있는데 로샤는 사고의 형식적, 구조적 측면을 밝히는 것이고 주제통각검사는 사고의 내용이 무엇인지를 모니터링하는 것임

③ 통각(Apperception), 외현화(Externalization), 정신적 결정론(Psychic determination)

④ 구성 : 총 30장의 흑백그림카드와 1장의 백지카드로 구성, 공용도판, 남성공용도판, 여성공용도판, 성인공용도판, 미성인공용도판, 성인남성전용도판, 성인여성전용도판, 소년전용도판, 소녀전용도판으로 구분, 한 수검자에게 20장을 적용하도록 구성, 숫자로만 표시되어 있는 카드는 연령과 성별구분 없이 공통적으로 적용 가능

⑤ 시행 방법 : 검사 시간은 1시간 정도, 2회기로 나누어 시행, 하루 정도 간격이 적절, 보통 1~10번의 카드 첫 회기에 시행, 11~20번의 카드를 다음 회기에 사용, 불완전한 부분에 대해 중간 질문하지만 연상의 흐름을 방해하지 않는 것이 좋음

⑥ 해석 방법 : 표준화법, 욕구-압력분석법(주인공 중심으로 해석하는 방법으로 주인공의 욕구와 압력, 욕구 방어와 감정, 타인과의 관계 등에 초점), 대인관계법(인물들의 상호관계 중심으로 해석, 공격성과 친화성 분석), 직관적 해석법(자유연상 통해 해석), 지각법(왜곡 반응이나 일탈된 사고, 기괴한 언어사용 등 포착)

## 22 벤더-게슈탈트검사(BGT)

① 1938년, 어린이 신경의학자였던 로라 벤더(Lauretta Bender)가 개발, 20세기 초 게슈탈트 심리학의 거장 베르트하이머(Max Wertheimer)의 도안 차용, 여러 도형 중 9개를 선별하여 사용, 시각적 자극을 지각하고 이를 묘사하는 과정에서 발생하는 행동적 미성숙 탐지

② 뇌 손상 및 병변 환자들에 대한 신경심리평가

③ 수검자에게 카드 9장으로 구성된 도형을 제시, 도형 A, 도형 1~8까지 구성, 도형을 어떻게 지각하여 재생하는지 관찰하여 성격 추론, 수검자의 정신병리 및 뇌손상 여부 진단 가능

④ 언어능력, 언어표현이 제한적인 사람이나 언어 방어가 심한 환자에게 효과적으로 적용

⑤ 시행 시 유의사항 : 도형 A부터 도형 8까지 차례로 제시, 모사 용지는 여러 장을 준비(사용이 필요할 때를 대비하여 여분 준비), 모사할 때 자 등의 보조도구를 사용하지 않도록 지시, 수검자가 제시된 내용 이외의 질문 하는 경우 짧게 "좋을 대로 하십시오."라고 답변하는 것이 좋음. 검사할 때 수검자의 태도와 행동을 관찰하여 해석에 참고, 모사와 상관없이 용지를 회전하거나 점의 수 헤아리는 행위 및 무성의하게 스케치하는 경우 제지

⑥ 해 석

| 평가 항목 | 내 용 |
|---|---|
| 조직화 | • 배열순서, 도형 A의 위치, 공간의 사용, 공간의 크기<br>• 도형 간 중첩, 가장자리 사용, 용지의 회전, 자극도형 위치 변경 |
| 크기의 일탈 | 전체적으로 크거나 작은 그림, 점진적으로 커지거나 작아짐, 고립된 큰 그림/작은 그림 |
| 형태의 일탈 | 폐쇄의 어려움, 교차의 어려움, 곡선 모사의 어려움, 각도 변화 |
| 형태의 왜곡 | • 지각적 회전, 퇴영, 단순화, 파편화/단편화, 중첩의 어려움<br>• 정교함/조악함, 보속성, 도형의 재모사 |
| 움직임 및 묘사 요인 | 운동방향에서의 일탈, 운동방향의 비일관성, 선/점의 질 |

⑦ 아동용 BGT 채점법과 정서지표(Koppitz) : 1938년 이후로 학교, 임상 현장, 신경심리학자들에 의해 가장 대중적이고 자주 사용된 검사, 코피츠(Koppitz, 1964, 1975)는 다른 심리검사의 아동 보고를 기반으로 채점하고 해석, 아동의 제한적인 문제를 해결하기 위하여 지각적 성숙도와 정서적 적응을 측정할 수 있는 발달적 채점 체계인 'The Bender Gestalt Test for Young Children(아동용 BGT)'을 개발, 이에 Global Scoring System(GSS)을 도입한 BGT-2를 출간하면서 Koppitz Developmental Scoring System for the Bender Gestalt Test-Second Edition(KOPPITZ-2)을 본래 Koppitz의 발달적 채점 방식을 확장하여 개발, 5~10세 아동 대상으로 발달적 채점법 개발, 아동이 현재 보이고 있는 시각-운동 발달수준이 아동의 실제 연령에 부합되는지 검토하는 데 유용, 9장의 도형 그림 이용, 30개의 상호독립적인 문항으로 구성

⑧ Koppitz의 핵심 정서지표

| | |
|---|---|
| 도형 배치의 혼란 | • 도형들이 논리적 계열이나 순서도 없이 제멋대로 흩어져 있는 경우(종이의 위쪽에서 아래쪽으로, 왼쪽에서 오른쪽으로 혹은 오른쪽에서 왼쪽으로 배치된 것을 포함)<br>• 어떤 종류의 순서나 논리적인 계열이 보일 경우에는 채점하지 않음<br>• 종이의 제일 밑이나 옆에 여백이 없을 때 마지막 도형을 종이의 제일 윗부분에 그렸더라도 채점하지 않음 |
| 파선(6, 7번 도형) | • 도형 6과 도형 7의 점들이나 원들이 선의 방향에서 2개나 그 이상이 갑작스럽게 변화되는 경우<br>• 방향의 변화는 적어도 두 개의 연속된 점이나 원을 포함해야 함<br>• 점진적인 곡선이나 선의 회전은 채점하지 않음<br>• 단 한 개의 점이나 원의 열이 탈선했을 경우 채점하지 않음 |
| 원 대신 대시(7번 도형) | • 도형 7에서 적어도 모든 원들의 반이 1.59mm 이상의 대시로 대치된 경우<br>• 원 대신 점으로 대치된 것은 채점하지 않음 |
| 크기의 점증<br>(6, 7, 8번 도형) | 도형 6, 도형 7, 도형 8의 점이나 원의 크기가 점점 증가하여 마지막의 점이 처음의 점보다 3배 이상 커진 경우 |
| 과대묘사 | • 하나 혹은 그 이상의 도형들을 자극카드의 도형보다 3배 이상 크게 그린 경우<br>• 2개의 도형이 연결되어 있는 카드(도형 5, 도형 9)에서는 두 도형의 크기가 모두 확대되어 있어야 함 |
| 과소묘사 | • 하나 혹은 그 이상의 도형들을 자극카드의 크기에서 반 정도 작게 그린 경우<br>• 2개의 도형이 연결되어 있는 카드(도형 5, 도형 9)에서는 두 도형의 크기가 모두 감소되어 있어야 함 |
| 약한 선 | 연필 선이 너무 얇아 완성된 도형을 찾기 힘든 경우 |
| 부주의한 가중묘사/강한 선 | • 전체 도형이나 도형의 일부가 두꺼운 선(충동적인 선)으로 재차 그려진 경우<br>• 처음 그린 도형을 지우고 다시 그리거나 삭제 없이 수정되었을 경우에는 채점하지 않음 |
| 반복 시행 | • 도형의 전부 혹은 일부가 완성되기 전이나 후에 자발적으로 포기하고 새로운 도형을 그리는 경우<br>• 한 도형을 한 지면에서 두 개의 다른 방향으로 분명하게 두 번 그렸을 경우 채점함<br>• 한 번 그린 것을 지우고 난 다음에 두 번째 그림을 종이의 다른 위치에 그렸을 경우 채점함<br>• 그린 것을 지우고 난 뒤, 그렸던 같은 장소에서 재차 그림을 그렸을 경우에는 채점되지 않음 |
| 확산 | • 모든 도형을 그리는 데 두 장 이상의 종이가 사용된 경우<br>• 각 도형이 각 장의 종이에 그려졌거나 몇 개의 도형은 종이의 한쪽 면에 그려져 있고, 나머지 1개의 도형은 그 뒷면에 그려진 경우에 채점함 |
| 상자 속에 그림 그리기 | 도형을 모사한 후 하나 혹은 그 이상에 박스 선을 두른 경우 |
| 자발적인 정교화 또는 첨가 | 제시된 도형에 어떠한 물체를 넣거나 두 개 혹은 그 이상의 도형을 합치거나 다른 것을 창조하여 합하여 그린 경우 |

**23** **문장완성검사(SCT)**

① 골턴(Galton)의 자유연상법, 카텔(Cattell)과 라파포트(Rappaport)의 단어연상법, 융(Jung)의 임
   상적 연구 등에서 영향, 2차 세계대전 당시 대규모의 병사 선발 목적으로 심리검사 battery에 포함
   하기 시작했고, 현재 임상 장면에서는 Sacks SCT가 널리 사용됨
② 검사의 시행과 해석에 있어서 특별한 훈련이 요구되지 않아 집단검사 가능, 시간과 비용 면에서 경제
   적, 아동에게는 부적합한 검사
③ 가족(12문항), 성(8문항), 대인관계(16문항), 자아 개념(24문항)의 총 60문항, 4가지 주요 영역의 주
   요 태도를 유도할 수 있는 미완성 문장 만들도록 하여 개발, 현재 50문항 남음

**24** **객관적 검사 vs 투사적 검사**

| | | |
|---|---|---|
| **객관적 검사** | 장 점 | • 신뢰도와 타당도가 높음<br>• 검사의 시행, 채점, 해석 용이<br>• 검사자나 상황변인의 영향을 덜 받음 |
| | 단 점 | • 사회적 바람직성, 반응 경향성, 묵종경향성에 영향 받음<br>• 수검자의 감정/신념/무의식적 요인을 다루는 데 한계<br>• 문항 내용 및 응답의 범위 제한 |
| **투사적 검사** | 장 점 | 검사가 무엇을 평가하는지 수검자가 알지 못하므로, 객관적 검사에 비해 방어하기가 어려우며, 무의식적 갈등의 평가 및 사고장애나 정서적 문제 등 정신병리를 진단하는 데 매우 유용 |
| | 단 점 | • 객관적 검사에 비해 검사 반응을 수량화하거나 신뢰도, 타당도를 검증하기 어렵고, 해석에 어려움이 있음<br>• 검사의 채점 및 해석에 높은 전문성이 필요<br>• 객관적 검사에 비해 검사자나 상황변인에 따른 영향을 많이 받음 |

**25** **지능**

① 지능은 적응적(Adaptive), 학습능력(Learning ability)과 관련, 새로운 상황을 효과적으로 분석하
   고 이해하기 위해 선행지식(Use of prior knowledge)을 활용하는 것, 여러 가지 다른 정신 과정의
   복잡한 상호작용과 조정, 문화 특수적(Cultural specific), 영구적이고 변하지 않는 특성이 아니라
   경험과 학습을 통해 변화 가능
② 지능검사의 목적 : 지적 능력 수준 평가, 지적 기능 및 인지적 특성을 파악, 기질적 뇌손상 및 뇌손
   상에 따른 인지적 손상 평가, 임상적 진단을 명료화, 지능검사 결과를 토대로 합리적인 치료 목표
   수립, 성격과 자아 기능의 역동에 관한 정보 제공

## 26 지능 검사의 역사

① Binet-Simon 검사
- 프랑스 정부로부터 일반 학급에서 정신지체아와 정상아를 구별할 수 있는 검사 개발 요청, 초등학교 정규 교육 과정을 수학할 능력이 없는 지체 아동을 판별할 목적으로 Binet-Simon Test(1905) 개발, 지능의 구성 요소로 '판단력', '이해력', '논리력', '추리력', '기억력' 제시
- 정신연령 개념 도입 : 어떤 아동이 또래 아동보다 과제를 잘 해결하면 정신연령과 지능이 높다는 가설 활용
- 처음에는 3~13세 아동에게 실시, 재표준화를 거쳐 15세까지 확장

② Wechsler-Bellevue 지능검사
- 1930년대 중반 그의 임상적 기술과 통계적 훈련(영국에서 Charles Spearman과 Karl Pearson 밑에서 수학)을 결합하여 11개의 소척도로 구성된 Wechsler-Bellevue Intelligence Scale Form Ⅰ(이하 WB-Ⅰ, 1939)과 WB-Ⅱ(1946)를 개발, 비언어적 지능도 따로 측정되어야 한다고 주장, 개인의 수행 수준은 같은 연령 집단 사람들의 점수와 비교하여 표준점수인 지능지수 산출
- WB-Ⅰ는 웩슬러 성인 지능검사(Wechsler Adult Intelligence Scale ; WASC, 1955)로 개정되었고, 여러 차례 개정작업을 거쳐 WAIS-Ⅳ(2008) 출시
- 아동용 검사는 WB-Ⅱ의 대상 연령을 낮춰 5~15세의 아동에게 적용할 수 있는 Wechsler Intelligence Scale for Children(WISC, 1949)이 출시되었고, 이후 WISC-Ⅳ(2003)로 개정되었으며, 2014년 WISC-Ⅴ가 출시됨. 영유아 대상으로 Wechsler Preschool and Primary Scale of Intelligence (WPPSI, 1967)를 개발, WPPSI-Ⅲ(2002)으로 개정

## 27 지능 이론

① 스피어만(Spearman)의 2요인 이론(일반요인 'g'이론)
- 일반요인(g요인, general factor) : 일반적인 정신능력 요인으로, 모든 지적 수행에 공통적으로 필요한 능력
- 특수요인(s요인, specific factor) : 특정한 과제수행에 필요한 능력

② 가드너(Gardner)의 다중지능 이론
- 인간에게는 적어도 분명히 구분되는 8가지 능력인 다중지능(Multiple Intelligence) 존재
- 음악, 신체운동, 논리 수학, 언어, 공간, 대인관계, 자기이해 등으로 구별되어 각각 독립적이라고 봄

③ 스턴버그(Sternberg)의 삼원지능이론 : 3가지의 상이한 영역의 지능 제시
- 분석적 지능(Analytical intelligence) : 학업 상황이나 지능검사에서 종종 볼 수 있는 정보와 문제에 대한 이해, 분석, 대조, 평가 등을 의미
- 창의적 지능(Creative intelligence) : 새로운 맥락 내에서 아이디어를 상상, 발견, 종합하는 것
- 실제적 지능(Practical intelligence) : 일상적인 문제와 사회적 상황을 효과적으로 처리하고 반응하는 데 사용되는 지식이나 기술과 관련

④ 카텔과 혼(Cattell & Hornn)의 유동적 · 결정적 지능이론
  • 유동적 지능(Fluid intelligence ; Gf)
  • 결정적 지능(Crystallized intelligence ; Gc)

| 지능<br>유형 | 특 징 | Wechsler 지능 검사와의<br>관련성 |
|---|---|---|
| 유동성<br>지능 | • 유전적, 생물학적 영향에 의해 발달해서 경험이나 학습에 영향을 거의 받지 않는다.<br>• 기억력, 추리력, 추론능력, 수, 비언어적 유추 등 | • 빠진 곳 찾기<br>• 차례 맞추기<br>• 토막 짜기<br>• 모양 맞추기<br>• 공통성 문제<br>• 숫자 외우기 등 반영 |
| 결정성<br>지능 | • 경험적이고, 환경적이며, 문화적 영향으로 발달한다.<br>• 교육 및 가정환경에서 영향을 받기 때문에 나이가 들수록 더 발달한다.<br>• 문제해결능력, 언어능력, 산수, 이해력 등 | • 소검사 중 기본지식<br>• 어휘 문제<br>• 공통성 문제<br>• 이해 문제 등 반영 |

## 28 Wechsler 지능검사 개요

① 구조화된 검사
  • 검사자가 한 사람의 수검자를 대상으로 직접 지시해야 하는 개인검사
  • 관계 형성이 중요, 수검자에 대한 관찰이 용이, 구조화된 객관적 검사
② 편차지능지수 사용 : 정신 연령과 생활 연령을 비교한 기존의 지능검사와는 달리 개인의 지능을 동일 연령대 집단에서의 상대적 위치로 규정하는 편차지능지수 사용
③ 발달적 특징 평가 가능
  • 언어성 검사와 동작성 검사로 구성되어 언어성 지능, 동작성 지능, 전체 지능 등 측정 가능
  • 각 요소의 하위요인을 통해 지능 내 발달적 특징 평가
    – 정신병리 파악 가능
    – 현재의 지능과 병전 지능수준 추정하여 기능장애를 양적으로 검토 가능
④ 검사자가 모든 문제를 언어나 동작으로 지시하기 때문에 어린 수검자나 문맹 수검자도 시행 가능

⑤ Wechsler 지능검사 개발과 대상 연령

| 용도 구분 | | 개발연도 | 대상연령 |
|---|---|---|---|
| 범용 | WB-I(Wechsler-Bellevue I) | 1939년 | 7~69세 |
| | WB-II(Wechsler-Bellevue II) | 1946년 | 10~79세 |
| 성인용 | WAIS(Wechsler Adult Intelligence Scale) | 1955년 | 16~64세 |
| | WAIS-R(Wechsler Adult Intelligence Scale-Revised) | 1981년 | 16~74세 |
| | WAIS-III(Wechsler Adult Intelligence Scale III) | 1997년 | 16~89세 |
| | WAIS-IV(Wechsler Adult Intelligence Scale IV) | 2008년 | 16~90세 |
| 아동용 | WISC(Wechsler Intelligence Scale for Children) | 1949년 | 5~15세 |
| | WISC-R(Wechsler Intelligence Scale for Children-Revised) | 1974년 | 6~16세 |
| | WISC-III(Wechsler Intelligence Scale for Children III) | 1991년 | 6~16세 |
| | WISC-IV(Wechsler Intelligence Scale for Children IV) | 2003년 | 6~16세 |
| 유아용 | WPPSI(Wechsler Preschool & Primary Scale of Intelligence) | 1967년 | 4~6.5세 |
| | WPPSI-R(Wechsler Preschool & Primary Scale of Intelligence-Revised) | 1989년 | 3~7.5세 |
| | WPPSI-III(Wechsler Preschool & Primary Scale of Intelligence III) | 2002년 | 2.6~7.5세 |

⑥ 지능 지수 산출 공식

$$지능지수 = 15 \times \frac{개인점수\ 해당연령규준의\ 평균}{해당연력규준의\ 표준편차} + 100$$

## 29 Wechsler 지능검사의 내용

① 언어성 검사 : 기본 지식, 숫자 외우기, 어휘, 산수, 이해, 공통성
② 동작성 검사 : 빠진 곳 찾기, 차례 맞추기, 토막짜기, 모양 맞추기, 바꿔쓰기
③ 한국판 Wechsler 지능검사 시행 순서 : 기본 지식(언어성) → 빠진 곳 찾기(동작성) → 숫자 외우기(언어성) → 차례 맞추기(동작성) → 어휘 문제(언어성) → 토막짜기(동작성) → 산수문제(언어성) → 모양 맞추기(동작성) → 이해 문제(언어성) → 바꿔쓰기(동작성) → 공통성 문제(언어성)
④ 검사 시행 시 유의사항
- 행동관찰에 대한 훈련 필요, 결과의 의미 있는 해석을 위해 표준절차를 엄격하게 따르고 수검자의 주의를 분산시키는 환경을 제어, 간단하게 설명하고 질문하는 것이 바람직하고 수검자의 불안전한 반응에 대처할 수 있도록 채점의 원칙을 잘 숙지할 것
- 특별한 이유가 없이는 한 번에 전체 검사를 진행하는 것이 바람직하고, 검사가 중요하지만 검사 자체가 수검자보다 중요한 목적이 되어서는 안 됨. 검사 시행이 적절하지 않을 때는 시행을 중단하거나 면접을 통해 상황이 잘 극복되도록 노력, 검사 도구는 소검사를 실시할 때까지 수검자의 눈에 띄지 않도록 주의할 것

⑤ K-WAIS-IV 소검사 구성

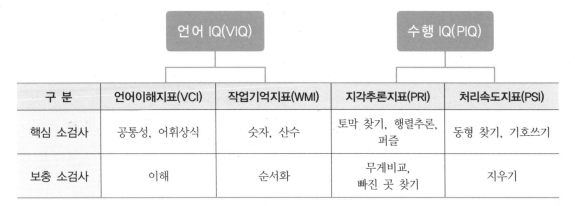

| 구 분 | 언어이해지표(VCI) | 작업기억지표(WMI) | 지각추론지표(PRI) | 처리속도지표(PSI) |
|---|---|---|---|---|
| 핵심 소검사 | 공통성, 어휘상식 | 숫자, 산수 | 토막 찾기, 행렬추론, 퍼즐 | 동형 찾기, 기호쓰기 |
| 보충 소검사 | 이해 | 순서화 | 무게비교, 빠진 곳 찾기 | 지우기 |

⑥ K-WISC-IV 핵심 소검사와 보충 소검사

| 구 분 | 언어이해지표 | 작업기억지표 | 지각추론지표 | 처리속도지표 |
|---|---|---|---|---|
| 핵심 소검사 | 공통성, 어휘, 이해 | 숫자, 순차연결 | 토막짜기, 공통그림 찾기, 행렬추리 | 동형찾기, 기호쓰기, |
| 보충 소검사 | 상식, 단어추리 | 산수 | 빠진곳 찾기 | 선택 |

⑦ 검사의 채점
- 각 소검사 문항에서 얻은 점수를 합해 소검사의 원점수를 구하여 검사지의 환산점수 산출표를 토대로 환산점수를 바꿈(환산점수는 평균 10, 표준편차 3인 표준점수로 변환한 것)
- 언어성 검사와 동작성 검사에 속하는 각 소검사들의 환산점수를 더해 각각 언어성 검사 점수와 동작성 검사 점수를 구하고, 이 둘을 다시 더해 전체 검사점수의 환산점수를 구함
- 환산점수는 동일연령을 대상으로 실시하여 평균 100, 표준편차 15인 표준점수로 변환한 것

⑧ 검사의 해석
- 정보처리 모형에 따른 소검사 분석 : 정보처리 모형 : '입력 → 통합 → 저장 → 인출'의 단계, 소검사들의 요인들을 체계화
- 지능의 진단적 분류 : 전체 점수 외에도 언어성 지능과 동작성 지능도 독자적으로 해석 가능, 두 하위검사의 차가 큰 경우 수검자의 연령에 따라 유의미한 점수 차를 보여주는 자료가 존재하기 때문에 이를 토대로 차이를 해석할지 결정
- 검사 해석 순서 : 전체 IQ 해석하기 → 언어성 vs 동작성/요인별 점수/지표점수 해석 → 하위 소검사, 변산 해석하기 → 하위 소검사 내 분석하기 → 질적 분석
- 검사 결과의 해석 : 현재 지능은 언어성 지능, 동작성 지능, 전체 지능지수, 백분위, 표준측정 오차 범위를 밝히는 방식으로 기술됨. 예를 들어 언어성 IQ가 103, 동작성 IQ가 105, 전체 IQ가 104인 경우, 이 수검자의 개인지능지수는 보통 수준으로 백분위는 63이며, 같은 나이 또래 100명 가운데 37등에 해당하는 보통 수준의 지능을 소유하고 있다고 볼 수 있음

⑧ 지능의 정규분포 곡선

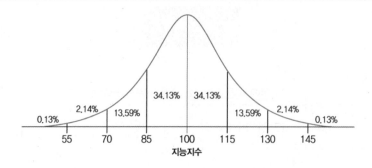

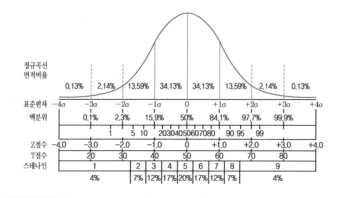

**30 미네소타 다면적 인성검사(MMPI, MMPI-2)의 이해**

① Minnesota Multi-phasic Personality Inventory(=MMPI)
- 1943년 미국 미네소타 대학의 해서웨이(Hathaway)와 맥킨리(McKinley)가 처음 발표, 진단적 도구로서 유용성과 다양한 장면에서 활용 가능성을 인정받은 검사, 임상장면의 규준집단을 이용하여 개발한 검사 도구로 비정상적 행동과 증상을 객관적으로 측정하여 임상진단에 관한 정보 제공이 목적
- 대표적 자기보고식 검사로 검사의 실시·채점·해석이 용이, 경제적이고 비교적 덜 숙련된 임상가도 정확한 해석이 가능한 검사이나, 여전히 성격과 정신병리에 대한 체계적 지식 요구
- 550개 문항과 16개의 중복 문항으로 총 566문항이고, 16개 문항은 수검자의 반응 일관성을 확인하기 위한 지표로 사용, '예/아니오' 두 가지 답변 선택
- 주요 비정상행동을 측정하는 10가지 임상척도와 수검자의 검사태도를 측정하는 4가지 타당도 척도
② MMPI-2
- 1943년에 개발된 이후 임상 장면이 아닌 인사 선발이나 입학, 징병 등의 경우에도 사용하게 되면서 어떤 문항들은 사생활을 침범하고 불쾌감을 줄 수 있다는 지적이 제기, 사회문화적 상황이 급변함

에 따라 사람들의 인식도 변화를 겪으면서 새로운 규준의 필요성이 대두됨. 성차별적 문구, 구식 관용적 표현 등을 적절히 수정하고 사회적 문제로 대두되는 자살이나 약물사용, 치료 관련 행동 등 임상적으로 중요한 내용 추가, 2001년 MMPI-2 출판
- 총 567개 문항과 재구성 임상척도, 내용척도, 보충척도, 성격병리 5요인(PSY-5 척도)으로 구성된 검사
- 원칙은 MMPI 원본의 기본 타당도 척도 및 임상척도의 틀을 유지하면서 원본 MMPI와 연속성을 갖는 검사를 만드는 것과 검사결과의 해석에 있어서 MMPI 원본에 적용되던 해석 내용 그대로 적용 가능하게 하는 것
③ 수검자의 독해력 : 연령 하한선 16세, 독해력 수준은 12세 이상, 수검자의 IQ 80 이하는 부적합, 수검자의 임상적 상태나 검사 시간은 제한이 없는 편이나 다만 검사 소요 시간에 영향을 미치는 수검자의 우울증, 강박증 성향, 충동성, 비협조적 태도 등을 진단적 유의미함으로 기록

### 31 MMPI-2의 타당도

① 성실성

| 척도명 | 내 용 |
|---|---|
| ?척도(CANNOT SAY) | 응답을 하지 않았거나 '예/아니오' 모두에 답한 점수 총합 |
| VRIN척도 | 아무렇게나 응답하는 경향 |
| TRIN척도 | '예/아니오'로 반응하는 경향 |

② 비전형척도

| 척도명 | 내 용 |
|---|---|
| F(비전형척도, Infrequency) | 정상인들이 응답하는 방식에서 벗어나는 경우 |
| FB | 검사 후반부에 어떤 수검태도를 보였는지 알 수 있는 점수 |
| FP | 무선반응이나 고정반응으로 인해 F척도가 상승된 것이 아니라고 판단될 때 사용 |
| FBS(증상타당척도, Fake Bad Scale) | 부정왜곡척도, 개인상해 소송이나 꾀병 탐지, 43개 문항 |

③ 방어성

| 척도명 | 내 용 |
|---|---|
| L(부인척도, Lie) | • 자신을 좋게 보이려고 하지만 세련되지 못한 시도 측정, 지능·교육수준·사회경제적 위치 등과 연관<br>• 자신의 결점을 부인하고 도덕성을 강조하며 고지식함<br>• 부인이나 억압의 방어기제를 사용할 가능성이 높음 |
| K(교정척도, Correction) | • L척도보다 은밀하게, 세련된 방어 측정, 총 30개 문항<br>• K척도가 상승한 수검자는 임상척도에서 주목할 만한 상승이 없다 하더라도 관찰해야 함<br>• 5가지 임상척도[척도 7(강박), 8(조현), 1(건강 염려), 4(반사회성), 9(경조)]의 진단상 변별력을 높이기 위한 교정 목적 척도 |
| S(과장된 자기제시척도, Superlative Self-Presentation) | 도덕적 결함 부인, 자신을 과장된 방식으로 표현하는 것 평가 |

## 32 MMPI-2 임상척도 : 척도별 해석

| 척도번호 | 척도명 | 척도명 | 특 징 |
|---|---|---|---|
| 1 | Hs | 건강 염려 | 신경증, 자기중심적, 타인의 주의집중 원함, 병을 구실로 타인 조종·지배(65T↑) |
| 2 | D | 우울 | 우울, 비관, 근심 많고 무기력, 지나치게 억제적, 쉽게 죄의식 느낌(70T↑) |
| 3 | Hy | 히스테리 | 유아적, 의존적, 자기도취적, 요구 多, 공격적, 스트레스 상황에서 신체증상 호소/부인부정 방어기제, 신체증상으로 책임회피(80T↑) |
| 4 | Pd | 반사회성 | 반사회적 일탈, 불만, 반항, 적대감, 충동, 범법 행위, 약물 남용, 성적 부도덕 |
| 5 | Mf | 성역할 | 낮은 경우, 성적 고정관념 충실 |
| 6 | Pa | 편집 | 의심증, 집착증, 피해의식, 타인 비난 및 원망, 적대적, 따지기 좋아함, 투사/합리화 방어기제 |
| 7 | Pt | 강박 | 불안, 공포, 특정행동을 하지 않을 수 없는 상태, 주지화/합리화/취소(Undoing)의 방어기제 |
| 8 | Sc | 조현 | 정신적 혼란과 불안정 상태, 정신분열성 행동 장애 특징(환각, 환상, 망상 등) |
| 9 | Ma | 경조 | 심리적, 정신적 에너지 수준 |
| 0 | Si | 내향 | 전반적, 신경증적 부적응 상태 |

## 33 MMPI의 주요상승척도 쌍 : 2가지 코드 유형

① 1-2 또는 2-1 코드(Hs & D) : 신체 기능에 몰두함으로써 다양한 신체 증상을 호소하는 증세로 정서적으로 불안과 긴장, 감정 표현에 어려움을 겪는 경향, 억압과 신체화로 인한 방어, 신체적 불편함을 견디려 하므로 치료를 통한 변화 동기가 부족, 신체증상과 관련된 장애, 즉 신체형 장애, 불안장애 진단

② 1-3 또는 3-1 코드(Hs & Hy) : 심리적 문제가 신체적 증상으로 전환, 부인(Denial) 방어기제를 사용하고 우울이나 불안감 억압, 스트레스 받을 때 사지의 통증·두통·가슴 통증·식욕부진·어지럼증·불면증을 호소하고 자기중심적이자 의존적, 대인관계 피상적

③ 2-6 또는 6-2 코드(D & Pa) : 심각한 정서적 어려움을 겪는 정신병 초기, 공격성을 공공연하게 드러내는 편, 타인의 친절 거부, 곧잘 시비를 걸며 보통의 상황에 대해서도 악의적으로 해석, 편집증적 경향

④ 3-8 또는 8-3 코드(Hy & Sc) : 심각한 불안, 긴장, 우울감과 무기력감을 호소하고, 주의력과 집중력 장애, 망상 및 환각 등 사고장애 증세, 반복적이고 비기능적이고 충동적인 방식으로 문제 접근, 과도한 정신적 고통이 두통이나 현기증·흉통·위장장애 등 신체 증상 발생, 조현병(정신분열), 신체증상 및 관련장애 중 신체형 장애 진단

⑤ 4-6 또는 6-4 코드(Pd & Pa) : 사회적 부적응이 심각하고 공격적 태도를 보이는 비행 청소년에게 주로 나타나는 특징, 미성숙하고 자기중심적 경향, 타인으로부터 관심과 동정 유도, 화를 내면서 자신 내부에 억압된 분노 폭발, 분노의 원인을 항상 외부에 전가, 부인, 합리화 방어기제, 비현실적 사고와 자신에 대한 과대 망상적 평가 경향, 수동-공격성 성격장애와 조현병, 특히 편집형 조현병 진단

⑥ 4-9 또는 9-4 코드(Pd & Ma) : 재범 우려가 있는 범죄자나 신체 노출, 강간 등 성적 행동화 (Acting-out)를 보이는 사람, 결혼 문제나 법적 문제 등에 연루된 사람, 충동적인 동시에 반항적 성격과 과격하고 공격적인 행동, 일시적으로 타인에게 좋은 인상을 주기도 하나 자기중심적 태도와 다른 사람에 대한 불신으로 대인관계가 피상적, 반사회적 범죄 행위까지 저지를 가능성 존재, 합리화, 자신의 문제는 외면, 실패 원인을 타인에게 전가

⑦ 6-8 또는 8-6 코드(Pa & Sc) : 편집증적 경향과 사고장애 등 피해망상, 과대망상, 환청 등 작은 고통에도 예민, 타인과의 관계에서 적대감과 의심·과민한 반응·변덕스러운 태도로 불안정, 편집형 조현 증세와 분열성 성격장애 가능성

⑧ 7-8 또는 8-7 코드(Pt & Sc) : 불안, 우울, 긴장, 예민하고 집중이 어렵다고 호소, 사고력이나 판단력 장애, 망상, 정서적 둔마 상태, 현실 회피적, 수동적-의존적인 대인관계, 우울장애, 불안장애, 조현성 성격장애, 조현형 성격장애 가능성

⑨ 8-9 또는 9-8 코드(Sc & Ma) : 편집증적 망상, 환각, 공상, 기태적 사고, 부적절한 정서, 예측 불허의 행동과 타인에 대한 의심과 불안 등으로 친밀한 대인관계 형성이 곤란, 조현병이나 양극성장애 진단 가능

## 34 MMPI의 주요상승척도 쌍 : 3가지 코드 유형

① 1-2-3 또는 2-1-3 코드(Hs, D & Hy) : 신체적 고통이 주된 증상으로 소화 기계의 장애나 피로감·신체적 허약함을 호소, 우울과 불안, 흥미 상실, 무감동한 모습, 수동적이고 의존적인 태도, 신체증상과 관련된 불안 장애 진단

② 1-3-8 또는 3-1-8 코드(Hs, Hy & Sc)
- 기괴한 생각이나 믿음, 종교, 성적 문제, 신체증상과 관련된 망상↑, 자살에 대한 집착↑
- 망상형 조현병과 경계성 성격장애 진단 가능

③ 2-4-7 또는 4-7-2 코드(D, Pd & Pt) : 만성적 우울증과 불안증 수반, 수동-공격적 태도로 분노감정 적절히 표현 ×, 스스로에 대한 죄책감과 자신에 대한 열등감과 부적절감 多, 우울감의 경감을 위한 약물에의 의존, 구강-의존기 특징

④ 4-6-8 코드(Pd, Pa & Sc) : 대인관계에서 적대적이고 화를 잘 내고 의심이 많으며, 상대의 행동에 대해 악의를 가진 것으로 생각하는 경향, 자기도취적이고 자기중심적으로 모든 문제의 원인을 남의 탓으로 돌리는 경향, 합리화

⑤ 6-7-8/6-8-7 코드(Pa, Pt & Sc) : 심각한 정신병리, 편집형 조현병 진단 가능, 피해망상, 과대망상, 환각, 정서적 둔마, 부적절한 정서, 타인에 대한 의심, 불신감과 적대감으로 친밀한 대인관계 회피

## 35 성격평가질문지(PAI)

① 미 심리학자 모레이(Morey, 1991)가 개발, 구성개념타당도에 기초하여 개발, 한국에서는 2001년에 표준화되었고 총 344문항, 4점 척도로 구성, 4개의 타당도, 11개의 임상척도, 5개의 치료척도, 2개의 대인관계 척도로 구성

② 환자의 치료 동기, 치료적 변화, 치료 결과에 민감한 치료고려 척도, 대인관계를 지배와 복종이나 애정과 냉담이라는 2가지 차원으로 개념화하는 대인관계척도를 포함, 344문항의 성인용 검사(PAI)와 청소년용 검사(PAI-A), 168문항의 단축형 청소년용 검사(PAI-A)

③ 내담자 집단의 성격 및 정신병리 특징뿐 아니라 정상 성인의 성격평가에 매우 유용, DSM 진단 분류에 가까운 정보 제공, 4점 평정척도로 구성되어 행동 손상이나 주관적 불편감을 MMPI에 비해 좀 더 정확하게 측정하고 평가

④ 타당도 척도

| 척도명 | 내용 |
|---|---|
| 비일관성(ICN) | 10개 문항 쌍, 문항에 대한 수검자의 일관성 있는 반응 태도 |
| 저빈도(INF) | 검사자의 부주의하거나 무선적인 반응태도 확인, 8개의 문항 중 반은 "전혀 그렇지 않다.", 반은 "매우 그렇다."로 반응 기대 |
| 부정적 인상(NIM) | 지나치게 나쁜 인상을 주거나 꾀병 등 왜곡된 반응과 관련된 9개 문항 |
| 긍정적 인상(PIM) | 지나치게 좋은 인상을 주거나 자신의 결점을 부인하려는 왜곡된 반응 9개 문항 |

⑤ 대인관계 척도

| 척도명 | 내용 |
|---|---|
| 지배성(DOM) | 대인관계에서의 통제성 및 독립성을 유지하는 정도 평가, 12개 문항 |
| 온정성(WRM) | 대인관계에서의 지지 및 공감의 정도 평가, 12개 문항 |

⑥ 임상 척도

| 척도명 | 내용 |
|---|---|
| 신체적 호소(SOM) | 신체적 기능 및 건강과 관련된 문제, 24문항, 전환/신체화/건강염려 등 3개 하위척도 |
| 불안(ANX) | 불안 경험에서 공통적으로 나타나는 임상적 특징, 24개 문항, 인지적/정서적/생리적 불안 등 3개 하위척도 |
| 불안관련장애(ARD) | 불안장애와 관련된 증상과 행동에 초점, 24개 문항, 강박장애/공포증/외상적 스트레스장애 등 3개 하위척도 |
| 우울(DEP) | 우울증후군의 공통적인 임상적 특징 반영, 24개 문항, 인지적/정서적/생리적 우울 등 3개 하위척도 |
| 조증(MAN) | 조증 및 경조증의 인지적/정서적/행동적 특징, 24개 문항, 활동 수준/자기 확대/초조감 등 3개 하위척도 |
| 편집증(PAR) | 편집증의 공통적 임상특징 반영, 24개 문항, 과경계/피해의식/원한 등 3개 하위척도 |
| 조현병(SCZ) | 조현병의 다양한 특징적 증상에 초점, 24개 문항, 정신병적 경험/사회적 위축/사고장애 등 3개 하위척도 |
| 경계선적 특징(BOR) | 대인관계 및 정서의 불안정성 반영, 경계선증후군의 특징적 증상, 24개 문항, 정서적 불안정/정체감 문제/부정적 관계/자기 손상 등 4개 하위척도 |
| 반사회적 특징(ANT) | 범죄행위, 권위적 인물과의 갈등, 자기중심성 등 반사회적 성격 반영, 24개 문항, 반사회적 행동/자기중심성/자극추구 등 3개 하위척도 |
| 알코올 문제(ALC) | 알코올 남용, 의존중독 등 문제적 음주 행동, 12개 문항 |
| 약물 문제(DRG) | 약물 남용, 의존중독 등 문제적 약물 사용 행동, 12개 문항 |

⑦ 치료 척도

| 척도명 | 내용 |
|---|---|
| 공격성(AGG) | 공격성, 적대감, 분노심 등 태도 및 행동 반영 18개 문항, 공격적 태도/언어적 공격/신체적 공격 등 3개 하위척도 |
| 자살관념(SUI) | 죽음이나 자살과 관련된 사고, 12개 문항 |
| 스트레스(STR) | 개인이 현재 경험하고 있거나 최근 경험한 바 있는 스트레스와 관련된 8개 문항 |
| 비(非)지지(NON) | 접근이 가능한 사회적 지지의 수준 및 질 고려, 지각된 사회적 지지의 부족과 관련된 8개 문항 |
| 치료 거부(RXR) | 개인의 심리적·정서적 변화, 치료에의 참여 의지, 변화의 필요성에 대한 인식 등 반영, 8개 문항 |

⑧ 채점방법(해석방법)
- 무응답 문항이 17개 이상이면 수검자에게 재검사하도록 지시
- 무응답 문항은 0점을 주고 척도별 무응답 문항이 20% 이상이면 해석하지 않음
- 전체 22개의 척도 프로파일은 기록지 A면, 하위척도 프로파일은 B면에 기록
- 비일관성 척도(ICN)의 채점은 프로파일 기록지 뒷면 하단에 있는 계산표의 항목에서 10개의 문항 쌍의 점수를 빼서 절대 값을 계산

⑨ 성격평가질문지(PAI)의 기본적 해석전략

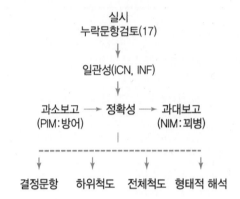

실시
누락문항검토(17)
↓
일관성(ICN, INF)
↓
과소보고 → 정확성 → 과대보고
(PIM : 방어)　　　　　　(NIM : 꾀병)
|
- - - - - - - - - - - - - - - - - - - - - - - - -
↓　　　　↓　　　　↓　　　　↓
결정문항　하위척도　전체척도　형태적 해석

---

### 36 여러 심리검사 도구

① 신경심리학적 평가

| 신경심리검사 ↓ 뇌손상, 뇌기능 장애 진단 | 신경심리평가 ↓ 행동장애 평가, 치료계획 수립 |
| --- | --- |

② 신경심리평가 영역 : 지능, 기억, 언어, 주의력, 시공간 지각 및 구성능력, 집행기능(상위인지, Meta 인지)

③ 할스테드 라이탄 배터리(HRB ; Halstead-Reitan Battery) : 뇌손상의 유무 판단, 부위를 모르면서도 대뇌 기능과 손상 정도를 유의미하게 측정 가능, 지능·언어지각·촉각인지·손가락운동·감각기능의 평가를 위해 할스테드 범주 검사·언어청각 검사·시쇼어 리듬검사·촉각수행검사·선로 잇기 검사·라이탄-인디아나 실어증 검사·편측우세검사·수지력검사 등을 실행

④ 네브라스카 신경심리 배터리(LNNB ; Luria-Nebraska Neuro-psychological Battery) : 뇌손상의 유무, 뇌기능 장애로 인한 운동기능과 감각기능의 결함, 지적 기능 장애·기억력·학습능력·주의집중력 등을 포괄적으로 평가, '운동(Motor), 리듬(Rhythm), 촉각(Tactile), 시각(Visual), 언어 수용(Receptive speech), 언어 표현(Expressive speech), 쓰기(Writing), 읽기(Reading), 산수(Arithmetic), 기억(Memory), 지적 과정(Intelligence)'의 11개 척도로 구성

⑤ 신경심리평가 결과에 대한 해석 시 고려사항 : 환자 및 환자 가족의 사회력[사회경제적 상태, 학력(교육수준), 직업력, 가족력 등], 생활환경(가계소득, 직업, 여가활동, 종교 등), 의학적 상태(뇌손상의 정도, 뇌손상 후 경과시간, 뇌손상 당시 연령, 뇌손상 전 환자상태), 병력에 대한 환자의 보고(병원 등에서의 각종 진단기록 등), 평가상의 문제(환자가 신경심리평가를 의뢰하게 된 배경, 평가의 적절성 여부 등)

## 제4과목 임상심리학

**01** 임상심리학의 역사

① 심리학의 발전 : 분트(Wundt)의 심리학 연구 실험실 → 카텔(Cattell)의 '정신검사' 용어 최초 사용
→ 비네-시몬 지능검사 개발 → 스탠포드-비네 지능검사 개발 → 로샤 검사 개발 → TAT 개발
→ 웩슬러 지능검사 → MMPI 검사

② 유럽 임상심리학의 발전사
- 1879년 분트(Wundt), 독일 라이프치히, 심리학 연구 실험실
- 1883년 골턴(Galton), 「인간의 능력과 그 발달에 관한 탐구」
- 1890년 카텔(Cattell)이 정신검사 용어 최초 사용
- 1892년 미국 심리학회(APA) 창설
- 1896년 위트머(Witmer)가 미 펜실베니아 대에서 최초 심리진료소 개설
- 1905년 비네(Binet)가 시몬(Simon)과 함께 초등학교 입학 시 정신박약아를 식별하기 위한 검사법, 즉 비네-시몬 검사 개발
- 1907년 최초의 임상심리학 학술지 「The Psychological Clinic」 간행
- 1916년 터만(Terman)이 Binet-Simon 검사를 발전시켜 지능검사 도구인 Stanford-Binet 검사 개발
- 1917년 미국의 제1차 세계대전 개입과 함께 집단 심리검사 도구인 군대알파(Army α) 군대베타(Army β) 검사 개발
- 1921년 Rorschach 검사 개발
- 1935년 머레이(Murray)와 모건(Morgan)이 주제통각검사(TAT) 개발
- 1939년 Wechsler-Bellevue 성인용 지능척도 개발
- 1943년 미네소타 다면적 인성검사(MMPI) 개발
- 1946년 라파포트(Rapaport), 길(Gill), 새퍼(Schafer)가 심리검사로 측정되는 특정심리 기능 구체화, 임상적・정신병리적 관점에서 「진단적 심리검사」 저술
- 1949년 16성격요인검사(16PF) 개발
- 1955년 Wechsler 성인용 지능검사(WAIS) 표준화
- 1957년 MBTI 개발
- 1973년 미국 콜로라도 Vail 회의에서 심리학 박사학위 인정
- 1974년 엑스너(Exner)가 여러 학자들의 Rorschach 검사에 대한 연구를 종합하여 Rorschach 종합체계 고안

### 02 임상심리학자의 역할

① 역할 : 진단 및 평가, 치료, 심리재활, 교육 및 훈련, 자문, 연구
② 과학자-전문가 모델
  • 1949년 미국 콜로라도 볼더(Boulder) 심리학회 회의에서 임상심리학자의 수련과 관련하여 과학자-전문가 모델 제시, Boulder 모델이라고도 불림
  • 임상심리학자의 수련과 학제 간 관계를 통한 진단, 평가, 연구, 치료에 중점을 둔 심리학적 영역 부각
  • 과학과 임상 실습의 통합적 접근, 임상심리학자가 과학자이자 서비스 제공자로서의 역할을 동시에 수행할 것을 강조

### 03 정신건강전문요원의 역할

① 정신건강전문요원 : 정신건강 임상심리사, 정신건강 간호사, 정신건강 사회복지사
② 정신건강전문요원의 공통 업무
  • 정신재활시설의 운영
  • 재활훈련, 생활훈련 및 작업훈련의 실시 및 지도
  • 환자(내담자)와 그 가족의 권익보장을 위한 활동 지원
  • 환자(내담자)에 대한 개인별 지원계획의 수립 및 지원
  • 정신질환 예방 및 정신건강 복지에 관한 조사 및 연구
  • 환자(내담자)의 사회적응 및 재활을 위한 활동
③ 정신건강전문요원의 개별 업무
  • 정신건강임상심리사 : 심리평가 및 심리교육, 환자(내담자)와 그 가족에 대한 심리상담 및 서비스
  • 정신건강간호사 : 환자(내담자)의 간호 필요성에 대한 관찰, 자료수집, 간호 활동, 환자(내담자)와 그 가족의 건강증진을 위한 활동의 기획과 수행
  • 정신건강사회복지사 : 환자(내담자)에 대한 사회서비스 지원 등에 대한 조사, 환자(내담자)와 그 가족에 대한 사회복지서비스 지원에 대한 상담 및 안내

### 04 임상적 평가

① 심리검사와 상담, 행동관찰, 전문지식 등 여러 방법을 토대로 자료를 수집하여 종합적인 평가를 내리는 전문적 과정
② 인간에 대한 심리학·정신병리·진단에 대한 지식, 임상적 경험 등을 통해 이루어지는 종합적 판단
③ 결과를 통해 문제 해결에 도움을 주는 문제해결 과정에 해당
④ 인지기능 평가
  • 전반적인 지적 기능, 논리적/추상적 사고능력, 주의집중력 등 평가

  • 문제 상황이나 스트레스 상황에서 인지적 대처 양식에 대한 평가
⑤ 성격 역동에 대한 평가
  • 불안, 우울, 충동성, 공격성 등 현재 정서 상태에 대한 평가
  • 자아 강도, 정서 조절, 충동 통제력에 대한 평가
⑥ 대인관계 평가
  • 가족, 친구, 동료, 타인과의 상호적 대인관계 평가
  • 대인관계 양상 및 패턴 평가
  • 역할 수행에 대한 평가
⑦ 진단 및 감별진단
  • 검사결과 및 검사수행 시 나타난 정서적, 행동적 양상에 대한 평가
  • 생활사적 정보 등을 포함한 종합적 평가
  • 성격장애, 기분장애, 정신지체(지적 장애) 등 정신의학적 진단 분류
  • 예후 및 방향 제시
  • 문제의 해결을 위한 적절한 치료 유형 및 치료 전략의 제시
  • 치료적 경과 및 앞으로의 행동에 대한 예측
⑧ 일반적인 과정
  • 1단계(검사 전 면담) : 면담 내용은 결정적 정보 제공
  • 2단계(검사 계획 및 심리검사 선정) : 검사의 신뢰도 · 타당도 검토, 검사의 실용성 고려
  • 3단계(검사환경 조성) : 라포 형성
  • 4단계(검사 실시와 행동 관찰) : 심리검사 배터리 실시, 정서적 반응 및 행동 특징 관찰
  • 5단계(검사 채점 및 해석) : 결과 해석에 대한 타당성과 전문성을 높이기 위한 노력
  • 6단계(검사 후 면담) : 가족 등 발달적 개인에 대한 조사
  • 7단계(종합평가 및 진단) : 핵심적 · 특징적 내용 탐색, 수검자의 강점과 취약성 구별
  • 8단계(검사 결과에 대한 면담) : 수검자 스스로 통찰할 기회 제공

## 05 평가 및 진단 : 정신상태검사(MSE)

① 정신상태검사에 포함되는 기술 내용
  • 일반적 기술 : 외양, 행동, 정신활동, 검사자에 대한 태도 등
  • 기분 및 정서, 말, 지각, 사고, 감각 및 인지, 충동조절, 판단 및 병식, 신뢰도
② 정신상태검사에서 주목해야 할 내담자의 행동 및 심리적 특성
  • 외모와 외형적 행동에 대한 평가
  • 사고과정 및 언어 행동에 대한 평가
  • 기분 및 정서 반응에 대한 평가
  • 지적 능력 및 기능 수준에 대한 평가
  • 현실 감각에 대한 평가

**06  평가 및 진단 : 행동평가**

① 행동주의 이론에 근거
② 검증이 어려운 내적 과정으로서의 무의식을 문제 행동의 주요 원인으로 가정하는 정신 역동적 평가에 대한 반발로 시작
③ 특수한 상황에서 나타나는 내담자의 구체적인 행동, 사고, 감정, 생리적 반응에 초점
④ 행동평가의 기능 : 목표 행동의 결정, 대안적 행동 발견, 결정 요인 발견, 기능적 분석, 전략 고안, 치료적 개입 평가, 내담자－치료자 간의 상호작용 촉진
⑤ 행동주의 이론에서는 환경적인 선행조건과 결과에 관심을 가짐[선행조건(Antecedents) → 행동(Behavior) → 결과(Consequence)]
⑥ 행동주의 이론은 법칙정립적 : 행동 특성은 모든 사람들에게 동일한 의미를 가지고 존재한다는 가정에 기초, 행동특성이 동일한 의미를 가지는 사람 간 비교 가능
⑦ 행동주의 이외의 이론은 개별사례적 : 행동 특성은 각 사람들에게 고유한 의미를 가진다는 가정에 기초, 행동 특성이 사람마다 질적으로 다르고 서로 다른 척도상에 있으므로 사람 간 비교가 불가능
⑧ 법칙정립적 접근과 개별사례적 접근을 통합하는 것이 중요한데 이는 법칙정립적 접근이 과도하게 단순한 결과를 가져오기 때문임
⑨ 기능적 행동평가
 • 1차 진단 : 평정척도·면담 질문지·직접적 관찰 등의 방법, 문제 행동의 원인, 강화요인 탐색
 • 2차 진단 : 문제 행동 가설 설정, 실험, 환경 내 선행자극과 강화요인 탐색

**07  평가 및 진단 : 검사 제작 단계**

① 문항 작성 단계 → ② 문항 검토 단계 → ③ 예비검사 실시 단계 → ④ 본 검사 실시 단계 →
⑤ 문항 분석 단계 → ⑥ 검사의 양호도 분석 및 표준화 단계 → ⑦ 발행 단계

**08  행동 관찰**

① 관찰의 유형
 • 참여관찰 : 관찰자가 구성원으로 들어가 관찰, 노출되지 않는 사실까지 관찰 가능
 • 비참여관찰 : 제3자 입장, 역할수행이 곤란한 상황에서도 관찰 가능
 • 준참여관찰 : 관찰자를 관찰대상에게 노출시키지 않으며, 윤리적 문제가 다소 적은 관찰 방법
② 관찰법 유형
 • 자연관찰법 : 실제 생활 환경에서 자연스러운 행동 관찰
 • 유사관찰법 : 미리 계획되고 조성된 상황의 전후 관계에 따라 특정한 환경 및 행동조건을 조정
 ❧ 모의실험(통제된 관찰 방식), 스트레스 면접(지도자 없는 소집단에서 주어진 과제를 해결하기 위해 어떤 역할을 수행하는지 관찰), 역할 시연(문제의 원인이 되는 특정 상황에 있는 것처럼 행동)

- 참여관찰법 : 참여자에게 관찰 및 기록하게 하는 방법으로, 관찰자의 편견 개입 여지가 있음
- 자기관찰법 : 자기 행동을 스스로 관찰, 관찰 및 기록의 왜곡 가능성이 있음

## 09 면접 : 초기면담

① 임상적 면접의 종류
- 진단면접(Diagnostic Interview) : 환자나 내담자의 진료, 증세·기원·과거력과 경과·현재의 상태 등을 기록
- 비구조화된 면접
  - 접수면접(Intake interview) : 상담 신청과 정식 상담의 다리 역할
  - 사례사면접(Case-history interview) : 개인적이고 사회적인 과거력 중심으로 내담자와 내담자의 문제 배경 및 맥락 파악
② 임상적 면접 내용
- 내담자에 대한 신상 정보 : 주호소 문제, 개인력, 가족력, 정신상태검사
- 접수 면접의 목적 : 문제 확인, 라포 형성, 의뢰(내담자의 동의 반드시 필요)
- 접수면접의 내용 : 기본정보, 내담자의 호소문제, 내담자의 최근 기능 상태, 스트레스 원인, 개인사 및 가족관계, 외모 및 행동, 면접자 소견

## 10 행동주의에 기초한 개입방법

① 고전적 조건형성
- 바람직하지 못한 행동에 혐오 자극을 제시하여 부적응적 행동 제거
- 자기주장훈련/주장적 훈련 : 대인관계의 불안, 공포 해소, 불안 외의 감정을 표현하여 불안 제거
- 자기표현 훈련 : 자기표현을 통해 타인과의 상호작용 방법 습득, 대인관계에서 오는 불안 요인을 제거하기 위한 것
② 학습촉진기법
- 강화 : 바람직한 행동의 빈도수를 높임. 바람직한 행동에 칭찬, 바람직하지 못한 행동에 위협
- 변별 : 둘 이상의 자극 구별, 유사 자극에서 나타나는 작은 차이에 따라 서로 다른 반응 보이도록 유도
- 사회적 모델링과 대리학습 : 타인의 행동을 보고 그 행동을 따라하는 것, 관찰학습
- 조형(Shaping) : 원하는 방향 안에서 일어나는 반응만 강화, 원하지 않는 방향의 행동에 대해 강화 받지 못하도록 함
- 토큰 경제(Token economy) : 조작적 조건형성 기법 중 하나, 바람직한 행동에 대한 체계적 목록을 작성하고, 그 행동이 이루어질 때 보상을 주며 물리적 강화물(토큰)과 사회적 강화물(칭찬)을 연합함으로써 내적 동기 및 가치를 학습하도록 촉진, 잘하면 상을 주고, 못하면 체벌을 받는 것도 토큰 경제임

**11** **애착이론**

① 할로우(Harlow)의 모조어미 원숭이 실험
- 미국 정신의학자 스피츠(Spitz)가 2차 세계대전 중 부모를 잃고 고아원에서 생활하는 고아를 대상으로 한 연구, 충분한 음식, 안전한 분위기를 제공하였으나 신체 발달이 지체되고 사망했다는 결론에 다다름
- 갓 태어난 원숭이를 어미에게서 떼어놓고 충분한 음식과 안전한 분위기 제공, 이 원숭이에게 두 가지 모조 어미원숭이, 즉 철사로 만들어진 어미(우유병 제공)와 부드러운 천으로 만들어진 어미(먹이를 주지 않음)를 제공, 아기 원숭이는 먹이를 주지 않는 헝겊 모조 원숭이와 대부분의 시간을 보내는 것이 관찰됨 → 아동이 외적인 안전이나 먹이 등을 제공한다고 해서 애착이 형성되는 것이 아니며 따뜻함(부드러운 천)을 주는 대상과의 관계가 핵심임을 밝혀냄
② 보울비(Bowlby)의 애착이론 : 생애 초기에 형성되는 주 양육자와의 사회적 관계의 질이 이후 발달 단계에서 결정적 역할을 함
③ 에인스워스(Ainsworth)의 낯선 상황 실험
- 안정 애착 : 어머니가 유아의 요구에 적절히 반응하여 충족, 유아는 어머니를 신뢰, 후에 아동의 친구관계 형성, 사회적 자신감, 리더십과 연결
- 불안정 애착

| 회피 애착 | 낯선 상황에서도 유아는 어머니를 찾지 않고, 어머니가 돌아와도 다가가지 않음 |
|---|---|
| 저항 애착 | 낯선 상황에 민감, 과잉애착행동 경향성, 엄마에게 분노와 저항적인 행동을 보임 |
| 혼란 애착 | 불안정 애착 중 가장 심각한 유형, 대인관계에서 적대적이고 사회성이 부족한 양상, 회피 애착과 저항애착이 동시에 보임 |

**12** **반두라(Bandura)의 사회학습이론**

① 인간의 행동이나 성격의 결정요인으로서 사회적인 요소 강조
② 인간의 인지능력에 초점
③ 인간은 어떤 모델의 행동 관찰, 모방함으로써 학습, 학습은 주위 사람과 사건들에 집중함으로써 정보 획득
④ 간접적 강화(=대리적 강화)도 직접적 강화만큼 효과적이라고 설파
⑤ 주요개념
- 모델링 : 타인의 행동을 보고 들으며 그 행동을 따라하는 것으로 관찰학습
- 자기조절 : 자신의 행동을 스스로 평가, 내적 표준에 의해 조절/자기보상, 칭찬이 주요함
- 자기강화 : 자신이 통제할 수 있는 보상을 자기 스스로에게 주는 것
- 자기효능감(Self-efficacy) : 어떤 행동을 성공적으로 수행할 수 있다는 신념
  - ❧ 자기효능감에 영향을 미치는 요인 : 성취 경험/수행성취, 대리경험, 언어적 설득, 정서적 각성

### 13 크롬볼츠(Krumboltz)의 사회학습이론

① 특 징
  • 환경적 요인 : 영향을 미치나 개인이 통제할 수 없는 영역으로 유전적 요인, 특별한 능력, 환경조건, 사건 등
  • 심리적 요인 : 개인의 생각과 감정과 행동에 결정적 영향, 상담을 통해 변화 가능한 것
③ 학습 경험
  • 도구적 학습경험 : 행동에 대한 정적, 부적 강화에 의해 이루어짐, 주로 어떤 행동이나 인지적 활동에 대한 정적/부적인 강화를 받을 때 나타남
  • 연상적 학습경험 : 이전에 경험한 자극을 정서적으로 비중립적 사건이나 자극과 연결시키는 작업으로, 이러한 자극과 사건(혹은 자극)을 연결시킬 때 발생
④ 과제 접근 기술 : 문제해결 기술, 일하는 습관, 정보 수집 능력, 감성적 반응, 인지적 과정 등

### 14 정신분석 및 정신역동치료

① 프로이트(Freud)
  • 때때로 인간이 자신의 과거, 특히 어린 시절에서 비롯된 무의식과 갈등을 보인다고 함
  • 우리 문제의 대부분이 본능적 충동을 지나치게 과도하게 억압하기 때문이라고 봄
  • 치료의 목표 : 무의식적 문제가 의식의 영역으로 나올 수 있도록 돕는 것, 정서적 카타르시스나 자유연상 등을 활용
② 정신 분석 : 어린 시절의 트라우마, 공포증, 우울증을 치료하는 기법, 무의식의 세계와 이것이 사고와 행동에 끼치는 영향 분석, 어린 시절의 경험과 그 사건들이 개인의 인생에 어떤 영향을 끼쳤는지 파악하는 것에 초점
③ 정신역동 치료 : 정신 분석에 비해 상대적으로 단기간으로 진행, 타인과의 관계 향상에 도움, 개인이 특정 인물과 가질 수도 있는 유대감을 이해하게 함
④ 분석 심리학 : 중독, 우울증, 불안, 개인의 성장에 매우 유용한 심리 치료 방법, 분석 심리학의 창시자인 Jung은 내담자가 잘 때 꾸는 꿈이나 예술적 표현 속에 새겨진 원형(Prototype)을 통해 개인의 무의식을 철저하게 탐색

### 15 수용전념치료(Acceptance and commitment therapy)

① 적극적인 참여와 행동변화 과정을 통하여 심리적 수용과 유연성을 증진시키는 인지행동적인 치료 개입 방법
② 변증법적 행동치료(Dialectical behavior therapy ; DBT) : 경계선 성격장애(Borderline personality disorder ; BPD)를 치료하기 위해 1994년 리네한(Linehan)이 개발한 다면적 치료 프로그램, 처음에는 자살 및 자해를 하는 경계선 성격장애 내담자를 효율적으로 돕기 위해 창안, 고통을

견디게 하는 기술은 고통스러운 현실을 인식하고 변화시킬 수 없는 것을 변화시키려는 쓸데없는 노력을 그만두고 현실을 있는 그대로 수용하는 것, 호흡 알아차리기, 모든 순간을 알아차리기, 차 끓이기 등 간단한 활동에 참여, MBSR이나 MBCT와 유사하게 활동 후 이에 대한 경험을 토론하는 방식

③ MBCT와 수용전념치료(ACT) : 스티븐 헤이즈(Steven Hayes)가 발전시킴. 생각·느낌·감각 등을 있는 그대로 수용, 인지구조 틀 속에서의 생각이나 감정일 뿐임을 알게 하는 인지적 탈융합(Cognitive defusion) 시도, 심리적 유연성 증진, 개인 내적 사건과 관계하는 방식을 변화시켜 스스로 소망하는 목표와 가치로 움직이도록 하는 것

## 16 행동요법

① 행동요법은 공포치료 및 중독치료에 유용

② 울페(Wolpe)의 상호억제원리
- 파블로프(Pavlov)의 고전적 조건형성의 원리에 입각, 상호제지이론/역제지이론
- 신경계의 특징으로 이완과 흥분은 동시에 작동 불가능
- 신경증적 행동은 학습에 의한 것, 소거하기 위해 이미 학습된 것, 억제·제지 할 수 있는 다른 행동 필요, 체계적 둔감법으로 구체화

③ 포아(Foa)의 지속노출치료
- 이완을 강조하는 체계적 둔감법, 공포자극에 대한 이완보다는 노출을 포괄적으로 적용하려는 경향, 공포감·무력감·우울감을 호소하는 대부분은 극복, 일부는 신체적·정신적 어려움 호소
- 포아(Foa)는 공포를 위험 회피를 위한 일종의 인지구조로 간주, 공포의 인지구조가 상황에 대한 평가 및 해석의 오류를 야기한다고 봄
- 정상적 회복 양상을 보이는 내담자의 경우, 자신의 피해상황에 대한 기억 때문에 극도의 무력감과 두려움 느낌 → 자신의 경험을 타인에게 노출하고 외상사건을 과거의 사태로 돌려서 회복
- 회복에 어려움을 보이는 내담자의 경우, 외상사건에 대한 기억과 연관된 자극 단서를 지속적으로 회피, 부적응적 사고와 행동 수정하지 않음 → 두려움에서 벗어나지 못함

④ 불안감소기법
- 체계적 둔감화 : 혐오자극이나 불안 자극에 대한 위계목록을 작성하여 낮은 수준의 자극부터 유도
- 금지조건형성 : 충분히 불안을 일으킬 만한 단서를 지속적으로 제시
- 반조건형성 : 조건자극과 새로운 자극을 함께 제시하여 불안 감소
- 홍수법 : 불안이나 두려움을 발생시키는 자극을 계획된 현실이나 상상 속에서 지속적으로 제시
- 혐오치료 : 어떤 물건에 집착할 경우 그 물건과 혐오자극을 짝지어 제시할 때 물건에 대한 집착이 감소됨

## 17 합리-정서 행동치료(REBT ; Rational-Emotional Behavior Therapy)

① 엘리스(A. Ellis)가 창안
② 과정 : 선행사건(Activating event) → 신념(Belief) → 결과(Consequence)
③ 핵심은 개인, 집단이 가진 비논리적이고 비현실적 신념을 찾아내는 것으로 이는 주로 융통성 없는 당위적 사고방식, "~을 절대 해서는 안 된다.", "~을 하면 비참해 질 것이다." 등의 자동적 사고
④ 치료 과정 : 논박(Dispute)을 통해 내담자의 비합리적 신념에 의문 제기, 비합리적 신념 → 합리적 신념으로 바꾸는 과정, 새롭게 합리적 신념체계를 수용하게 되면 긍적적 감정(Feeling)을 갖게 되는 것을 치료로 봄

## 18 인본주의치료

① 현대 심리학과 상담에 가장 많은 영향을 미친 이론으로 높은 가치를 평가받고 있음
② 다양한 방법과 이들이 바탕을 두고 있는 치료 전략으로 인해, 전문가나 일반인 모두에게 선호되는 방식
③ 로저스(C. Rogers)
  • 심리치료 극대화
  • 개인을 성장과 변화로 이끌어 인간 내면의 잠재력을 극대화하는 것
  • 환자의 고통이나 트라우마를 깊이 있게 다루기보다 현재 상태에 대한 대안 제시에 초점
  • 내담자가 적극적인 변화의 주체가 될 수 있도록 함
  • 치료자는 인간이 가진 선함, Well-being과 타고난 성향 중시
  • 치료의 목표 : 내담자가 절묘하게 유지되는 균형을 파괴하는 '일탈'을 제거하도록 도와 인생의 진정한 의미를 찾도록 하는 것
  • 내담자 중심 치료 : 내담자의 개인적 성장을 이룰 수 있도록, 자신에게 필요한 것이 무엇인지 이해하는 데 도움, 상담자나 치료사가 아닌 내담자가 치료 과정의 가장 핵심, 공감, 무조건적으로 긍정적인 수용, 진실성을 실현시키는 치료사, 과거를 중시하기보다는 현재와 앞으로 행동 변화를 일으킨 후의 미래가 더 중요

## 19 전이와 역전이

① 전이(Transference) : 내담자가 상담자 쪽으로 향해지는 무의식적인 감정이나 태도로 현실 상황에 아무 근거가 없거나 약간의 근거를 두고 어릴 때의 대인관계 경험을 상담자에게 투영하는 것
  ☙ 전이는 인생 초기(유・아동기)에 중요한 인물과 관련해서 나온 반응(감정, 충동, 태도, 환상, 방어)을 현재의 대상에게는 맞지 않음에도 그 사람에게 치환 및 표출, 전이는 반복적, 부적절, 무의식적임
② 역전이(Counter-transference) : 내담자의 경험이나 문제와 동일시하여 상담자 자신에 대한 내담자의 사랑이나 증오감에 즉각적으로 반응하여 상담자 자신의 억압되었던 느낌이 표면화되는 경우로

상담자가 내담자에게 갖는 무의식적인 반응

③ 역전이 치료 : 상담자에게도 역전이가 일어나고 상담 전반에 걸쳐 발생할 수 있음. 역전이는 상담 과정에 어려움을 초래할 수 있는데 상담자가 내담자에 대한 자신의 역전이를 인식하지 못하거나, 비록 인식해도 효과적으로 다룰 수 없을 때 발생, 상담자가 역전이가 일어나지 않도록 무조건 자신을 억제하는 것이 아니라 자신을 이용해서 역전이가 상담에 이용되도록 할 때 효과적

## 20 저 항

① 상담이나 심리치료를 위한 면담 과정에서의 저항 : 상담이나 심리치료의 진행 방해, 현재 상태를 유지하려는 내담자의 무의식적 사고와 감정, 처음 상담에 임할 때 불안과 긴장, 자기보호를 위해 개방하지 않으려고 저항
② 심리치료 과정에서 저항의 원인
- 내담자는 자신의 익숙한 행동을 변화시키는 데 불안과 위압감을 느낌
- 내담자가 문제증상으로 인해 주변의 도움을 받으며 자신의 행동에 제지를 덜 받는 등의 이차적 이득을 포기하기 어려움
- 내담자가 자신의 변화로 인해 주변 사람들의 시선이나 태도가 부정적으로 변할 수 있다는 생각에 두려움을 느낌
- 내담자가 변화를 원하더라도 주변의 중요인물들이 현 상태를 유지하기를 원함
③ 저항의 처리방법
- 일종의 자기보호, 상담자는 내담자의 저항을 자연스럽게 나타나는 것으로 수용
- 상담자는 내담자가 전혀 동기화되지 않거나 저항감을 나타낼 때, 저항의 목적이 무엇인지 파악
- 상담자는 공감·감정이입·대안 제시, 목적 행동에 대한 직면 등 내담자의 저항을 다룰 수 있도록 훈련
- 내담자가 지속적으로 저항을 보인다면 내담자와의 상담 관계 재점검

## 21 침 묵

① 아무런 대답을 하지 않거나 질문에 대답을 회피하는 것
② 침묵과 관련된 방어기제
- 말을 많이 함(감정 회피)
- 일반화(자세하게 밝히는 것을 피하기 위해)
- 주지화(상담자가 원하는 답변을 위해)
- 핑계(다양한 이유 제시)
③ 상담이나 심리치료를 위한 면담 과정에서의 침묵
- 경험이 부족한 상담자의 경우, 내담자의 침묵을 내담자의 의사소통능력 부족이나 불안, 불만 등 감정적 문제로 간주하는 경향

- 대개 내담자가 자신을 음미하거나 머릿속으로 생각을 간추리는 과정에서 침묵 발생
- 상담자에 대한 저항으로 침묵이 발생하는 경우, 상담자는 무조건 기다릴 것이 아니라 침묵의 원인이 되는 내담자의 숨은 감정을 언급하고 다루도록 함

④ 침묵의 발생 원인
- 내담자가 상담초기 관계형성에 두려움을 느끼는 경우
- 상담 중 논의된 것에 대해 내담자가 음미하고 평가하며 정리해 보고자 하는 경우
- 내담자가 상담자에게 적대감을 가지고 저항하는 경우, 내담자가 자신의 말에 대해 상담자의 확인과 해석을 기대하는 경우

⑤ 침묵의 처리방법
- 내담자에게 말하지 않은 생각에 대해 질문하기
- 침묵의 내용과 다른 직접 질문하기
- 내담자가 다시 이야기할 때까지 기다리기
- 침묵 뒤에 숨어 있는 의미에 대해 헤아리기

## 22 방어기제

① 스트레스 및 불안의 위협에서 자신을 보호하기 위해 실제적인 욕망을 무의식적으로 조절하거나 왜곡하면서 대처하는 양식, 이 불안으로부터 자신을 보호하기 위해 다양한 방어기제 사용

② 방어기제의 유형 : 프로이트는 억압을 인간의 일차적 방어기제이자 신경증적 증상의 기초로 간주, 억압은 의식하기에는 너무 고통스럽고 충격적이어서 무의식적으로 억제
- 부정(Denial) : 원시적인 방어 기제로 위협적인 현실에 눈을 감아 버리는 경향
  📌 사랑하는 사람이 죽었을 때 그 죽음 자체를 부인하는 것
- 투사(Projection) : 자신의 자아에 존재하지만 받아들일 수 없어서 타인의 특성으로 돌려 버리는 경향 📌 실제로는 자신이 화가 나 있는데 상대방이 화를 냈다고 생각하는 것
- 고착(Fixation) : 성격발달의 단계 중 어느 한 단계에 머물러 다음 단계로 발달하지 않음으로써 다음 단계가 주는 불안에서 벗어나려는 경향
- 퇴행(Regression) : 요구가 크지 않은 유아기의 단계로 되돌아가 안주하려는 경향
  📌 동생을 본 아동이 나이에 어울리지 않게 응석을 부리거나 대소변을 잘 가리다가도 다시 못 가리는 경우
- 합리화(Rationalization) : 실망을 주는 현실에서 도피하기 위해 그럴듯한 구실을 붙이는 경향
  📌 상처 입은 자아에게 더 큰 상처를 입지 않으려고 빠져나갈 합리적인 이유를 만들어 내는 것
- 승화(Sublimation) : 각 개인이 사회적으로 용납될 수 없는 근본적인 충동을 사회적으로 용납된 생각이나 행동으로 표현함으로써 적절하게 전환시키는 경향
  📌 자신의 공격적인 충동을 운동경기, 즉 권투경기를 통하여 발산하는 것
- 치환(Displacement) : 자신의 목표나 인물 대신 대치할 수 있는 다른 대상에게 에너지를 쏟는 경향 📌 '종로에서 뺨 맞고 한강에서 눈 흘긴다'는 속담이 이에 해당

- 반동형성(Reaction formation) : 자신의 욕구와는 반대 행동을 함으로써 오히려 금지된 충동이 표출되는 것으로부터 자신을 조절하거나 방어하는 경향
  - 📌 흑인 여성에게 강한 성욕을 느끼는 백인 남성이 흑인 남성들은 성적으로 문란하고 타락한 성생활을 한다고 비난하는 경우
- 철회(Undoing) : 자신의 욕구와 행동(상상속의 행동 포함)으로 인하여 타인에게 피해를 주었다고 느낄 때 그 피해적 행동을 중지하고 원상복귀 시키려는 일종의 속죄 행위
  - 📌 부정으로 번 돈의 일부를 자선사업에 쓰는 경우, 부인을 때린 남편이 꽃을 사다 주는 경우
- 동일시(Identification) : 다른 사람의 태도, 신념, 가치 등을 자신의 것으로 채택함으로써 타인의 특성이 자신의 성격에 흡수되는 경향
  - 📌 오이디푸스 콤플렉스의 해결은 같은 성의 부모와의 동일시를 통해야 해결이 가능

## 23 해 석

① 내담자가 새로운 방식으로 자신의 문제를 돌아볼 수 있도록 사건의 의미를 설정하고, 문제를 새로운 각도에서 이해할 수 있도록 생활 경험 및 행동의 의미에 대해 설명하는 것
② 내담자의 사고, 행동, 감정의 패턴을 드러내거나 나타난 문제를 이해할 수 있도록 틀 제공
③ 해석 예시
  - 직접적 진술 : "당신은 평소 아버지의 독선적이고 권위적인 태도에 반감을 가지고 있습니다. 그래서 다른 사람들도 당신을 이해하기는커녕 당신에게 일방적으로 어떤 지시를 내리고 있다고 생각하고 있고요."
  - 가설의 사용 : "내가 당신의 아버지를 기억나게 하는 것은 아닌지 의문스럽군요. 아버지가 모든 것을 아는 것처럼 행동한다고 했는데, 그런 생각이 아버지에 대해 갖고 있던 부정적 감정과 연관이 있는지 궁금하네요."
  - 질문의 사용 : "아버지와 좋지 못했던 관계 때문에 타인에 대해서도 신뢰를 가질 수 없다고 생각하나요?"
④ 해석의 제시형태
  - 잠정적 표현 : "그것인 것 같은데요. 그것을 가장 고려해야 할 것 같네요.", "이 생각에 찬성하시나요?"
  - 내담자가 해석 내용을 이해하지 못하거나 저항할 때 적절한 경험적 증거 제시, 해석 반복
  - 해석을 단정적으로 진술하기보다 질문 형태로 제시
⑤ 해석 시 주의할 점
  - 핵심적인 주제가 더 잘 드러나도록 사용
  - 내담자가 상담자의 해석을 받아들일 수 있는 것부터 해석
  - 내담자의 생각 중 명확하지 않은 부분에 대해 상담자가 추리하여 설명
  - 현재 나타나지 않은 무의식적 갈등에 대한 해석보다 외적으로 표출된 저항에 대한 해석을 먼저 하는 것이 좋음

**24** **통합적 접근**

① 병적 취약성－스트레스 조망 : 개인의 심리사회적·환경적 스트레스와 조합된 생물학적 필요성 및 기타 취약성 필요조건 형성, 개인이 어떤 행동과 문제에 대해 생물학적·유전적·인지적으로 다른 경향성을 가진다고 주장, 병적 취약성은 개인이 어떤 유전적 취약성으로 인해 특정한 문제가 발생할 가능성이 높으며, 특히 어떤 스트레스원이 출현하거나 일정한 조건에 부합하는 경우, 그와 같은 문제가 표출된다는 것을 의미

② 상호적 유전－환경 조망 : 개인의 유전적 영향은 실제로 특정한 생활사건을 경험할 가능성을 증가시킬 수 있기 때문에 상호적 유전－환경 조망은 생물학적·유전적 취약성과 생활사건 간에 밀접한 관련이 있고 지속적으로 서로에게 영향을 준다고 설명

③ 생물－심리사회적 조망 : 신체적·심리적 질병과 문제의 효과적 중재를 위해 생물·심리 및 사회적 요소를 포함, 개인의 건강과 질병의 생물·심리 및 사회적 요소들이 서로에게 영향, 행동에 대한 생물·심리·사회적 요인의 상호작용이 신체 건강이나 정신건강 서비스를 찾는 사람들의 사회적 기능 향상을 위해 중요함

**25** **건강심리학적 접근**

① 건강의 유지 및 증진, 질병의 예방 및 치료 목적, 심리학 이론과 방법을 동원하는 연구 분야
② 현대인들의 주된 질병 및 사망의 원인을 심리사회적 관점으로 보는 경향
③ 전통적 임상심리학은 불안장애, 우울장애 등에 초점을 둔 반면, 건강심리학은 암이나 심혈관 질환 등 신체 병리에도 초점
④ 생활 습관, 스트레스에 대한 대처 방식 등, 금연, 체중조절, 스트레스 관리 등 다양한 프로그램 연구, 개발, 실행
⑤ 건강심리학의 영역
  • 스트레스에 대한 대처 관리 및 대처, 만성 질환을 포함한 신체 질병(심혈관계 질환, 면역계 질환, 암, 당뇨, 소화기 질환 등)
  • 물질 및 행위중독(알코올, 흡연, 도박, 인터넷 등), 섭식문제(비만, 다이어트, 폭식, 섭식장애 등)
  • 건강 관리 및 증진(운동, 수면, 섭식 습관 개선 등), 개입 및 치료기법(행동수정, 명상, 이완, 마음챙김 등)
  • 통증 관리, 수술 내담자의 스트레스 관리, 임종 관리, 분노를 포함한 정서 관리
  • 삶의 질, Well－being, 건강 커뮤니케이션, 건강 정책 등
⑥ 생체자기제어(Bio－feedback)
  • 의도적으로 통제 불가능한 자율신경 계통의 생리적 반응을 통제하는 방법
  • 근육긴장도, 심박 수, 혈압, 체온 등 자율신경계에 의한 각종 생리적 변수를 병적 증상의 완화나 건강 유지를 위해 부분적으로 조절할 수 있도록 하는 행동치료기법
  • 심장박동률의 작은 변화에 대한 피드백을 제공하는 모니터를 봄으로써 심장박동률을 감소시키는

것을 학습, 이완기법과 함께 실시, 긴장을 풀고 근육 이완
- 병적 증상이나 스트레스 완화(기, 마인드 콘트롤 등) 모두에 도움이 되며, 두통·고혈압·요통 등의 감소에 효과적
- 어떤 결과가 원인의 강도를 조절하도록 하여 항상 일정한 정도의 결과를 유지하는 기능을 의미, 행동치료법의 일종, 자율 신경(근육긴장도, 뇌파, 심장 박동수, 체온, 혈압 등 우리가 느낄 수 없는 여러 가지 생리 반응)의 생리적 변수를 부분적으로 조절하는 방법

## 26 법정심리학적 접근

① 법은 인간행동의 구체적 통제를 위한 사회적 수단, 사회적으로 바람직하지 않은 행동을 억제하는 한편, 사회적으로 유용한 행동 권장
② 법과 심리학의 궁극적 목적은 인간행동의 통제, 법은 전문가의 자문 필요, 심리학자는 특정 개인에 대해 경험이나 전문가적 소견 증언 가능, 실증적 자료에 대해 증언 가능, 법정에서 전문가로서 진술하는 증언에 관련된 연구
③ 강제 입원, 아동 양육권, 여성에 대한 폭력, 배심원 선정 등 법 제도의 합리성에 관심
④ 범죄심리학 : 범죄행동의 심리학적 원리와 범죄자의 심리학적 측면을 연구
⑤ 범죄에 대한 고전 이론의 3가지 전제(Gottfredson & Hirschi)
- 폭력과 부정은 일반적인 인간행위임
- 사람은 누구나 잠재적으로 범죄성을 가짐
- 범죄성을 가지고 있다고 해서 곧 범죄행위로 이어지는 것은 아님(고통을 피하고 쾌락을 추구하기 위해 합리적 선택을 하느냐, 범죄행위를 하느냐는 개인의 의지)
⑥ 범죄에 대한 심리학 이론
- 정신분석이론 : 범죄 행위는 원초아의 반사회적 충동을 자아와 초자아가 통제하지 못해서 발생
- 성격이론 : 반사회성 성격이 실제로 강력범죄자들 중 대부분을 차지, 불안 수준과 각성 수준이 상대적으로 낮고 항상 새로운 자극 추구, 한 가지 자극에 쉽게 실증과 지루함을 느낌. 콜버그(Kohlberg)는 전인습적 단계에서 인습적 단계로의 발달과정에 주목, 비행 청소년의 경우 전인습적 단계의 도덕적 발달 수준, 일반청소년의 경우 인습적 단계의 도덕성 발달 수준으로 성장
- 사회학습이론 : 범죄행위는 TV 폭력물 등을 통한 모델의 관찰과 모방에서 유발, TV 폭력물의 악영향은 비교적 단기적으로 나타나며, 이미 폭력성을 가진 아동이나 청소년의 행동에 치명적 영향, 공격성을 설명하는 데에 적합한 이론으로 각광을 받았으며, 범죄행위와 비행에 대한 설득력 있는 설명을 제공, 실제 범죄자들이 범죄행위를 습득했는지의 여부는 검증자료 미비

## 27 지역사회심리학적 접근

① 개인이 그들의 환경에 적응하고 대처하도록 돕는 것, 폭넓게 장애의 원인을 이해하는 것(예를 들어, 개인장애의 원인은 빈곤과 같은 보다 큰 사회적 문제일 수 있기 때문), 개인과 집단이 부적인 영향

을 받기 전에 지역사회 수준의 원인을 수정하는 것

② 지역사회 심리학자의 역할 : 개인적 문제와 사회적 문제의 이해, 행동적 역기능의 해방, 지속적인 사회 변화 유발 등에 적용할 심리학적 원리 추구

③ 가정 : 개인적 문제와 사회적 문제를 경감하기 위해서는 환경적 상황과 개인의 역량을 모두 변화시키는 것이 필요하다고 주장

④ 초점 대상 : 장애에서 환경적 요인들을 강조하는 것과 함께 도시와 지방 빈민에 주목, 심리치료 서비스 제공의 전통적인 체계에서 충분한 서비스를 받지 못하는 경향이 있는 집단과, 심리적이기보다는 사회적 문제로 사회적 변화가 필요해 보이는 문제를 가진 집단에 주목

⑥ 지역사회 심리학의 역사

- 정신과 약물의 혁신적인 발전(뇌과학 발전으로 생물학적 방법론이 비약적으로 발전)
- 생리학적·유전학적 측면에서 정신질환의 생물학적 증거들이 드러나면서 정신의학의 진단과 치료는 생물학적 기반이 주류를 이룸
- 정신장애인의 사회복귀(약물 치료가 확대되면서 정신장애인을 폐쇄병동에 격리시키는 것이 전부였다면 이후에는 이들의 사회 복귀가 가능해짐), 약물 조절로 가능한 우울증 환자나 가벼운 불안 증세를 가진 사람, 경계선적 진단을 받은 사람이나 조현병 증세가 있는 사람도 약물 처방을 받고 훈련을 받으면 학교·직장·사회에서 얼마든지 생활이 가능해짐
- 정신장애 예방 발달(치료와 함께 예방적 접근으로 대처해야 하는 장애로 구별되기 시작), 자원봉사자 등 비전문 인력의 활용(비전문인력도 교육 이수 후 활용 가능), 정신병원시설의 시작과 축소, 정신장애를 예방하기 위한 접근이 활발하게 연구됨
- 20세기 2차 세계대전 이후 향정신성약물이 발견 및 개발되면서 비인간적이고 잔혹한 방법들은 사라지기 시작, 미국에서는 1960년대 중반 입원 환자들에 대한 지역 사회 복귀 운동을 실시하기 시작했으며, 정신병원이나 입원 대신 주간에 정신보건센터를 통해 치료를 받도록 권장, 이러한 영향으로 다른 나라들도 지역사회 복귀에 관심을 갖음

⑦ 지역사회 심리학의 원칙

- 사회 체계의 변화(사회 체계 수준의 변화 증진에 초점, 간접 서비스 강조)
- 지역사회의 심리학적 이해 증진(협동적인 활동 격려, 문제해결을 위한 연합)
- 준전문가(지역사회 심리학의 토대는 행동 변화 기능을 제공하는 준전문가, 혹은 비전문가를 격려)
- 실천주의 사용

## 28 신경심리학적 접근

① 신경심리학 : 인간의 행동과 정신과정을 과학적인 방법을 통해 체계적으로 규명하려는 학문, 고등정신 활동을 뇌의 구조와 관련하여 연구, 심리학과 뇌과학의 상호보완적 관계가 뇌과학의 발달로 융합되는 경향

② 중추신경계

- 대뇌 : 뇌의 약 80% 차지, 대뇌반구, 감각과 수의 운동의 중추

- 소뇌 : 대뇌 아래 위치, 수의근 조정에 관여, 신체평형 유지, 운동중추 해당
- 간뇌(사이뇌) : 대뇌와 중뇌 사이에 위치, 시상과 시상하부로 구성, 시상은 감각연결 중추, 시상하부는 생리조절 중추
- 중뇌 : 간뇌 바로 아래 위치, 시각과 청각의 반사중추에 해당
- 연수(숨뇌) : 뇌간의 아래 위치, 척수와 이어지는 신경조직, 호흡 및 심장박동, 소화기활동, 재채기, 침 분비 등 생리반사중추
- 척수 : 뇌의 연장, 뇌와 말초신경 사이의 흥분전달 통로로서의 역할, 배뇨, 배변, 땀 분비, 무릎 반사 등 반사중추에 해당, 외부자극에 대한 방어기능 수행

③ 말초신경계
- 체성신경계 : 감각신경(자극을 감각기에서 중추신경계로 전달하여 감각을 일으킴), 운동신경(중추신경계의 지시를 여러 기관으로 전달하여 근육운동 일으킴)
- 자율신경계 : 교감신경(활동신경, 주로 신체활동이 활발한 낮에 활성화, 긴장·공포·스트레스 상황에서 활발해지며, 혈압과 심장 박동수 증가), 부교감신경(휴식신경, 신체활동이 저조한 밤에 활성화, 휴식 등 편안한 상황에서 활발해지며 혈압과 심장 박동수 감소)

④ 전두엽(Frontal lobe)
- 대뇌피질 앞부분, 전체 40%를 차지, 운동 통제, 창조의 영역, 핵심 기능은 통찰력 발휘(작업 기억에 의존), 일차운동피질이 존재(움직임 조절 기능) → 주의, 통제 등 집행기능, 운동 반응 선택·개시·억제 등에 관여, 운동·자율·감정조절 기능, 행동 계획 및 억제 기능
- 전전두엽 : 고차적 정신활동 담당, 인지−사고−판단, 행동계획, 창의성, 전두엽에서 1차 운동피질과 전운동피질을 뺀 부분, 자기 인식, 행동 계획, 불필요한 행동 억제, 문제해결을 위한 전략 수립, 의사결정 등 인간이 동물과 구별되는 능력에 관여, 감정은 비논리적이나 옳고 그름을 판단하는 데 중요한 역할, 욕구나 동기에 관련된 정보 처리, 감정적, 정서적 정보를 상황에 맞게 조절하여 적절한 사회적 행동 수행 기능
- 브로카 영역 : 두뇌 좌반구 하측 전두엽에 위치한 영역, 언어의 생성 및 표현, 구사 능력 담당 부위, 이 부분이 손상될 경우 브로카 실어증(Broca's aphasia)으로 알려진 운동성 실어증이 나타남. 언어 형성 능력은 상실, 언어 이해 능력은 유지

⑤ 두정엽
- 대뇌피질 중앙, 전체의 21% 차지, 1차 체감각피질과 연합피질로 구성
- 이해의 영역, 공간지각−운동지각−신체 위치 판단 담당, 공간적/수학적 계산 및 연상 기능

⑥ 측두엽
- 대뇌피질의 측면, 전체의 21% 차지, 1차 청각피질과 연합피질로 구성
- 판단, 기억, 언어/청각/정서적 경험 담당, 직관력/통찰력
- 베르니케 영역(대뇌 피질 좌측 반구에 위치한 언어중추 중 한 영역, 언어의 의미 이해 기능 담당), 베르니케 영역은 1874년 독일의 신경정신의학자 칼 베르니케(Carl Wernicke)가 이 영역과 관련된 언어장애인 베르니케 실어증을 발표하면서 알려졌으며, 이전까지는 전두엽의 브로카 영역만이 알려짐. 즉, 전두엽이 손상되지 않았음에도 실어증이 나타나는 경우를 발견, 이를 통해 언

어의 의미를 이해하는 영역이 별도로 존재하는 것을 밝혀냄. 의미 없는 소음에는 1차 청각피질이 활성화되고, 단어와 같이 의미 있는 청각 정보에는 베르니케 영역이 활성화됨. 언어에서의 사고 처리 과정과 같은 언어 이해를 돕고, 외국어 학습과도 관련이 있음. 모국어와 외국어가 구분 없이 모두 베르니케 영역에 저장

⑦ 후두엽
- 대뇌피질의 뒷부분, 17% 차지, 1차 시각피질과 시각 연합피질로 구성
- 시각 영역, 망막에서 들어오는 시각정보 분석 및 통합하는 역할
- 망막에서 들어오는 시각정보 중 시각영역에서의 일차적 처리과정, 다른 뇌체계와 교류, 임시 저장된 새로운 시각정보가 기존의 정보와 조화됨

⑧ 뇌의 편측성
- 인간의 두 가지 의식 양식이 인간의 좌·우반구 속에 각기 다르게 위치
- 기능적 비대칭성 : 특정인지 과제(언어, 도형, 감정 등)를 처리하는 데 좌·우반구의 기여 정도가 서로 다름

⑨ 이원청취기법
- 뇌의 편측성 효과를 탐색하는 대표적 방법, 청각체계 이용, 언어적 음성과 비언어적 음향의 다양한 자극 제시, 반응정도에 따라 뇌의 편재화된 기능 파악
- 좌반구는 언어적·분석적·순차적 정보 등을 우세하게 처리
- 우반구는 비언어적·공간적·통합적·병렬적 정보 등을 우세하게 처리

⑩ 신경심리학적 병전 : 신경발달장애
- 지적장애(지적발달장애, 전반적 발달 지연)
- 의사소통장애(언어, 소리, 말더듬, 사회적 의사소통 장애)
- 자폐스펙트럼 장애
- ADHD
- 특정 학습장애
- 운동장애(틱장애, 발달성 협응장애, 상동증적 운동장애)

## 29 가족치료적 접근

① 가족치료의 이론적 근거
- 순환의 사고 : 가족성원 간 생각이나 감정의 흐름은 가족집단이 가진 맥락으로 작용
- 관계와 체제 : 가족치료 관계 방식에 초점을 두는 원리, 전체 구성원들의 행동과 관계 양식을 통제 및 조절하고, 체제를 변화시키는 Cybernetic 통제–반응 메커니즘 존재
- 비합산의 원칙 : 전체가 단순한 부분들의 합이 아니라 그보다 커질 수도, 작아질 수도 있으며, 전체는 부분들로 환원되지 않고, 가족 전체는 가족성원의 상호작용방식에 따라 달라짐

② 가족치료 모델
- 정신분석적 가족치료모델 : 동일시·통찰·자기노출·전이 등을 사용, 가족/개별성원 내면 문제 정

화 목적, 내적·심리적 갈등 해결, 가족성원 간의 무의식적인 대상관계 분석, 통찰과 이해, 성장의 촉진, 가족의 대화나 행동에 무의식적으로 억압되어 있는 과거를 탐색, 가족성원들과 함께 과거 훈습

③ 다세대적 가족치료모델
- 보웬(Bowen)이 제안, 개인이 가족자아로부터 분화되어 확고한 자신의 자아를 수립할 수 있도록 가족성원의 정서체계에 대한 합리적 조정 강조
- 불안의 정도와 자기 분화의 통합 정도로서 개인의 감정과 지적 과정 사이의 구분 능력 강조
- 정서적인 것과 지적인 것을 분화할 수 있는 능력을 키워 미분화된 가족자아 집합체를 적절하게 분화하는 것

④ 구조적 가족치료모델
- 미누친(Minuchin)이 제안, 가족구조를 재구조화하여 가족이 적절한 기능을 수행하도록 돕는 방법, 개인을 생태체계나 환경과의 관계에서 이해함
- 가족을 하나의 체계로 이해, 개인의 문제를 정신적 요인보다 체계와의 관련성에 초점, 가족의 구조를 변화시킴으로써 체계 내 개인의 경험이 변화되어 구조를 평가하고 새로운 구조로 변화시키는 전략 사용
- 가족 간 명확한 경계 강조, 하위체계 간 개방적이고 명확한 경계 수립이 치료의 목표
- 부모−자녀체계에서 부모는 자녀에게 권위를 지켜야 하고 부부 중 어느 한쪽이 자녀와 배우자보다 더 친밀하지 말아야 함을 강조

⑤ 의사소통 가족치료모델
- 가족성원에게 명확한 의사소통의 규칙을 안내 후 가족이 사용하는 의사소통 유형을 분석하고 설명, 가족 의사소통의 상호작용 조절
- 가족의 상호체계에서 발생하는 역기능적 행위를 변화시키는 데 목표를 두며, 가족 간 의사소통, 가족 내 이중관계와 왜곡된 가족 규칙이 치료 대상

⑥ 경험적 가족치료모델
- 사티어(Satir)가 제안, 가족관계의 병리적 측면보다 긍정적 측면에 초점, 가족의 성장 목표, 가족 특유의 갈등과 행동양식에 맞는 경험 제공
- 특정 시기의 정서적 가족관계를 사람이나 다른 대상물의 배열을 통해 나타낸 가족조각이나, 가족성원 각자에게 가족이 어떻게 조직되어 있는지 생각나는 대로 그리도록 가족그림 등의 기법 사용
- 의사소통 유형 : 회유형, 비난형, 초이성형, 산만형, 일치형 제시

⑦ 전략적 가족치료모델
- 헤일리(Haley)가 의사소통 가족치료의 전통을 계승하여 제안, 인간 행동의 원인에는 관심이 없고, 단지 문제행동의 변화를 위해 해결방법에 초점
- 목표설정에 있어서 가족이 호소하는 문제 포함, 가족의 문제를 해결하기 위한 다양한 전략 모색, 단기치료에 해당, 역설적 지시, 순환적 질문, 재구성기법, 가장기법 등을 사용

⑧ 해결중심적 가족치료모델
- 스티브 드세이저(Steve de Shazer)와 김인수(Insoo Kim Berg)에 의해 개발, 가족의 병리적인

것보다 건강에 초점
- 가족의 강점, 자원, 건강한 특성, 탄력성 등을 발견하여 상담에 활용
- 탈이론적 입장, 가족의 견해 중시, 인간행동에 대한 가설에 근거하여 가족을 사정하지 않으며, 해결 방법의 간략화 추구, 작은 변화에서부터 시도
- 예외적인 상황 탐색, 문제 상황의 차이점 발견, 문제가 발생하지 않은 상황을 증가시켜 가족의 긍정적인 부분 강화, 과거의 문제보다 미래와 해결방안을 구축하고 가족 간 상호협력 중시

⑨ 가족평가 도구
- 가계도 : 보웬(Bowen)이 제안, 내담자의 3세대 이상에 걸친 가족관계 도표, 생물학적 특정 기간 동안 내담자 가족의 역사/과정에서 겪었던 주된 사건 중심으로 볼 수 있음
- 생태도 : 하트만(Hartman)이 제안, 가족 및 가족구성원과 환경 간 상호작용을 그림으로 나타낸 것, 가족관계에 대한 도식, 내담자의 상황에서 의미 있는 체계와 관계를 표현함으로써 특정 문제 개입 계획을 세우는 데 유용
- 가족조각 : 특정 시기의 정서적 가족관계를 극적으로 나타내는 것, 가족체계 내에서 고통스럽지만 암묵적인 관계나 규칙을 드러냄. 가족성원이 말을 사용하지 않은 채 대상물의 공간적 관계나 몸짓 등 의미 있는 표상을 이용, 가족의 상호작용에 따른 친밀감이나 거리감, 가족성원 간의 연합이나 세력 구조, 비언어적인 의사소통 유형 등의 관계 유형을 살펴볼 수 있음
- 가족그림 : 가족성원이 각자 가족에 대해 어떻게 생각하고 있는지, 다른 성원이 서로에 대해 어떻게 느끼고 있는지, 가족관계에 어떤 문제가 있는지 등을 이해할 수 있음. 가족 내 개별 성원들은 자신이 그린 그림을 다른 성원의 앞에서 설명함으로써 자신을 객관적으로 평가하는 기회를 가짐. 치료자는 가족성원이 예전에 미처 생각하지 못했거나 서로 소통하지 못했던 상황이나 경험을 충분히 이해하도록 도움

## 30 임상심리학자가 갖추어야 할 유능성

① 전문가로서의 태도
- 전문적 능력 : 전문적인 서비스와 교육 제공
- 성실성 : 자신의 신념체계, 가치, 제한점 등이 상담에 미칠 영향력을 자각하고, 내담자에게 상담의 목표, 기법, 한계점, 위험성, 심리검사와 보고서의 목적과 용도 등을 고지
② 사회적 책임
- 사회의 윤리와 도덕기준을 존중 : 사회 공익과 자신이 종사하는 전문직의 이익에 최선
- 다른 전문직과의 관계 : 다른 전문적 상담 접근 존중
③ 인간권리와 존엄성에 대한 존중
- 내담자 복지 : 일차적 책임은 내담자의 복리를 증진하고 존중하는 것
- 내담자의 권리 : 비밀 유지, 자신의 정보를 가질 권리, 상담 계획에 참여할 권리, 어떤 서비스에 대해서는 거절할 권리, 그런 거절에 따른 결과에 대해 조언을 받을 권리

④ 정보 보호
- 사생활과 비밀 보호 : 사생활과 비밀 유지에 대한 내담자의 권리를 최대한 존중
- 기록 보존 : 내담자에게 전문적인 서비스를 제공하기 위해 제도적 절차에 따라 반드시 기록을 보존
- 비밀 보호의 한계 : 내담자의 생명이나 사회의 안전을 위협하는 경우, 내담자의 동의가 없이도 내담자에 대한 정보를 관련 전문인이나 국가에 알릴 수 있다는 비밀 보호의 한계 고지

## 31 자문가로서의 역할

① 어떤 특정한 문제나 상황에 대해 전문가의 의견을 듣거나 소견 묻기
② 전문적 지식을 나누어 줌으로써 어떤 사람이 노력하여 얻고자 하는 것의 효과를 극대화시키는 데에 힘써야 함
③ 임상심리학자에게 내담자의 정신 상태에 대한 정신의학적 소견 질문 가능, 가족치료전문가에게 내담자의 가정문제에 대한 의견을 들을 수 있음
④ 자문가는 자문을 요청한 자가 자신의 책임하에 있는 내담자에 대한 다양한 심리적 문제를 해결할 수 있도록 협조해야 함
⑤ 자문가는 능동적 주체로 활약하여 상담치료가 질적으로 좋은 치료가 되게끔 노력하고, 내담자의 만족도를 향상시키며, 치료 효과의 극대화를 도모해야 함
⑥ 자문의 특징
- 자문 요청자와 자문을 받아들이는 고문 간의 관계는 임의적이고 한시적
- 자문가는 피자문자나 그의 책임 업무와 관련이 있는 것으로 자문을 요청한 기관과는 관련이 없음
- 자문가는 관련업무의 전문가로서 피자문자 개인보다는 그가 제시한 문제를 중점적으로 다룰 수 있어야 함
- 자문가에게는 치료자로서의 기술이 요구되지만 원칙적으로 자문을 요청한 사람을 대신하여 내담자에 대한 직접적 치료자로서의 역할을 대행하지 않음으로써 오해가 없도록 노력해야 함

# 제5과목 심리상담

## 01 상담의 목표

① SMART : 구체적이고(Specific), 측정 가능하고(Measurable), 성취 가능하고(Achievable), 관련되고 (Relevant), 시간적 범위를 고려한(Time bound) 목표를 설정
② 내담자와 합의
③ 목표는 상담이 진행되면서 수정 가능
④ 상담의 일차적 목표는 내담자의 생활적응을 돕는 것, 이차적 목표는 성격을 재구조화하는 것
⑤ 목표 설정의 구성 요소 : 과정목표, 결과목표

## 02 상담의 기본원리

① 개별화의 원리
② 수용의 원리
③ 자기결정의 원리
④ 비판적 태도의 금지 원리
⑤ 비밀 보장의 원리
⑥ 의도적인 감정표현의 원리

## 03 동기강화 상담과 일반원리

① 내담자의 양가감정을 탐색하여 변화를 돕는 과정에서의 동기를 강화하고자 하는 관계 중심적이며, 내담자 중심적인 체계적 접근
② 일반원리 : 공감 표현하기, 불일치감 만들기, 저항과 함께 구르기, 자기 효능감 지지하기
③ 상담기법 : 열린 질문하기, 반영적 경청하기, 인정해주기, 요약해주기, 변화 대화 이끌어 주기

## 04 상담의 발전 과정

① 선사시대 : 정신장애가 있는 사람을 귀신에게 정신을 빼앗겼다고 보고, 귀신을 내쫓기 위해 두개골에 구멍을 뚫음
② 중세시대 : 중세 유럽에서도 엑소시즘의 시행으로 선사시대와 유사한 이론이 계속 적용됨. 엑소시즘은 성직자에 의해 주로 남자 수도원에서 귀신을 모욕하거나 꾸짖는 것과 같은 기술을 사용하는 방식으로 시행

③ 르네상스 시대 : 정신적으로 어려움을 겪던 사람을 죽음으로 이끈 혹독하고 잔인한 고문방법이 시설 수용과 보살핌으로 대체, 신체적 감금과 보호

④ 근대시대 : 18세기에 비로소 정서 문제가 있는 사람들을 치료하기 위한 접근법 마련

⑤ 20세기 : 상담이론이 두 가지 인간관, 즉 '자유의지'와 '결정론'으로 나타남

⑥ 21세기 : 효과적인 상담을 위해 선택할 수 있는 다양한 이론들 마련

## 05 키치너의 윤리적 원칙

① 자율성 : 내담자가 스스로 자신의 삶의 방향을 정하고 자발적인 의사결정을 하는 것

② 무해성 : 내담자를 힘들게 하지 않고 내담자에게 해를 끼치는 행동을 피해야 하는 것

③ 선의성(덕행) : 내담자의 안녕과 복지를 증진시키기 위해 선한 일을 해야 하는 것

④ 공정성(정의) : 모든 내담자는 평등하며, 성별과 인종 등에 관계없이 공정하게 대우하는 것

⑤ 충실성(성실성) : 내담자와의 약속을 성실하게 지키고 존중하며 관계에 충실한 것

## 06 정신역동적 상담

① 인간관 : 생물학적 존재, 갈등의 존재, 결정론적 존재

② 상담 목표 : 무의식의 의식화, 성격 구조의 수정과 자아의 강화

③ 상담 과정 : 라포형성 → 전이·통찰 → 훈습단계

④ 인간의 정신구조 : 의식, 전의식, 무의식

⑤ 성격 구조
- 원초아(Id) : 쾌락의 원칙을 가지고 있으며, 먹고 마시고 잠자는 등의 본능
- 자아(Ego) : 현실적이며 합리적으로 원초아와 초자아를 조절하는 기능을 함
- 초자아(Superego) : 이상적, 도덕적, 규범적이며 부모의 영향으로 받은 가치관이 작용

⑥ 성격 발달 : 구강기 → 항문기 → 남근기 → 잠재기 → 성기기

⑦ 자아방어기제 : 자아를 보호하기 위해 무의식적으로 사용하는 사고 및 행동 수단임. 억압, 부인, 투사, 동일시, 퇴행, 합리화, 승화, 치환, 반동형성 등

⑧ 상담 기법 : 자유연상, 꿈 분석, 전이, 저항, 해석, 훈습

⑨ 불안
- 현실 불안 : 실제적이고 현실적인 불안
- 신경증적 불안 : 자아(Ego)와 원초아(Id)의 갈등으로 자아가 본능적 충동을 통제하지 못해 불상사가 생길 것 같은 위협에서 오는 불안
- 도덕적 불안 : 원초아(Id)와 초자아(Superego) 간의 갈등에서 비롯된 불안

**07 아들러의 개인심리학**

① 인간관 : 전체적 존재, 사회적 존재, 목표 지향적 존재, 창조적 존재, 주관적 존재
② 상담 목표 : 열등감을 극복하여 우월로의 추구, 잘못된 생의 목표와 생활양식을 수정, 공동체감을 향상
③ 상담 과정 : 관계 형성하기 → 생활양식 탐색하기 → 통찰력 가지기 → 재방향(재교육)하기
④ 아들러의 주요개념
  • 열등감과 보상 : 열등감을 극복하여 우월해지고 상승하고자 하는 목표를 달성하려고 노력하며, 보상은 인간의 열등감을 조정하는 효과를 지님
  • 우월성의 추구 : 인간의 궁극적인 목적은 우월하게 되는 것
  • 가상적 목적론 : 인간은 자신에게 중요하다고 지각된 목표를 향해 나감
  • 공동체감 : 인간의 행복과 성공은 사회적 관계와 깊은 관계가 있다고 봄
  • 생활양식 : 지배형, 기생형, 도피형, 유용형
  • 가족구조와 출생 순위 : 출생 순위가 한 사람의 생활 양식, 성격 형성 과정에 매우 중요한 요인으로 심리적 출생순위가 중요함
⑤ 상담 기법
  • 단추누르기 기법 : 내담자가 자신의 감정을 창조할 수 있음을 깨닫기 위한 기법
  • 스프에 침 뱉기 : 내담자의 자기 패배적 행동 뒤에 감춰진 의도나 목적을 드러내 밝힘
  • 수렁 피하기 : 사람들이 흔히 빠지는 함정과 난처한 사항을 피하도록 돕는 기법
  • '마치 ~인 것처럼' 행동하기 : 그런 상황에 있는 것처럼 상상하고 행동하도록 하는 것
  • 역설적 의도 : 바라지 않거나 바꾸고 싶은 행동을 의도적으로 반복하여 역설적으로 그 행동을 제거
  • 즉시성 : 현재 순간에 무엇이 일어나고 있는지를 다루는 기법

**08 행동주의**

① 인간관 : 인간의 모든 행동은 학습되며, 인간은 본질적으로 그들의 사회문화적 환경에 의해서 형성되고 결정된다고 봄
② 행동주의 역사의 네 가지 요소
  • 고전적 조건형성 : 조건자극과 무조건자극 간의 반복적 연합의 결과이며, 조건자극으로 무조건반응을 일으키는 것
  • 조건적 조건형성 : '강화' 원리, 어떤 행동이 유지되거나 없어지는 것은 그 행동의 결과에 의해 결정됨
  • 사회학습 접근 : 다른 사람의 행동을 관찰하고 모방하면서 학습이 일어남
③ 상담 과정 : 상담 관계 형성 → 문제 행동 규명 → 상담 복표 설정 → 상담 기술 적용 → 상담 결과 평가 → 상담 종결

④ 강화와 처벌

| 정적 강화 | 행동을 높이기 위해 자극을 주는 것 ❶ 심부름을 잘 해서 용돈을 주는 것 |
|---|---|
| 부적 강화 | 행동을 높이기 위해 자극을 빼는 것 ❶ 수업태도가 좋아서 숙제를 면제시키는 것 |
| 정적 처벌 | 행동을 없애기 위해 자극(불쾌자극)을 주는 것 ❶ 동생을 때려서 10분씩 벌을 서는 것 |
| 부적 처벌 | 행동을 없애기 위해 자극(유쾌자극)을 제거하는 것 ❶ 숙제를 안 해서 게임을 못하는 것 |

⑤ 상담 기법
- 체계적 둔감법 : 낮은 수준의 자극에서 높은 수준의 자극으로 점차적으로 유도하여 불안에서 벗어나도록 하는 기법으로 고전적 조건형성의 원리에 기초
- 조형 : 원하는 목표 행동에 근접하는 행동을 보일 때마다 강화를 하여 단계적으로 목표행동을 학습시키는 기법
- Premack 원리 : 선호하는 행동을 강화물로 제공하여 선호하지 않은 행동의 빈도를 높이는 기법
- 용암법 : 도와주거나 촉진하는 것을 점차 줄이면서 스스로 문제를 해결하게 하는 기법
- 주장 훈련법 : 자신의 의견을 사회가 용납하는 방법으로 표현해 목적을 달성하도록 지도하는 기법

## 09 인간중심 상담

① 인간관 : 인간은 선천적으로 타고난 성장 가능성이 있으며, 스스로 결정과 책임, 자기 조절, 통제가 가능한 자유로운 존재
② 상담 목표 : 내담자의 자기개념과 유기체적 경험 간의 불일치를 제거하고 방어기제를 내려놓게 함으로써 충분히 기능하는 사람이 되도록 돕는 것
③ 성격의 요소 : 유기체, 자기, 현상학적 장
④ 충분히 기능하는 사람의 특징 : 경험의 개방성, 실존적인 삶, 자신의 유기체에 대한 신뢰, 자유로움, 창조성
⑤ 자기실현 경향성 : 인간이 타고나면서부터 자기실현을 위해 끊임없이 노력하는 성장 지향적 성향
⑥ 상담자의 자질
- 무조건적인 긍정적 존중과 수용 : 내담자를 하나의 인격체로서 있는 그대로 수용하는 것
- 공감적 이해 : 내담자의 감정을 자신의 것처럼 느끼고 이해하며 그것을 내담자에게 전달하는 것
- 솔직성(진실성, 일치성) : 상담자가 치료관계에서 경험하는 감정을 솔직히 표현하는 태도

## 10 합리정서행동 상담(REBT)

① 인간관 : 인간은 합리적이고 올바른 사고를 할 수 있는 존재일 뿐만 아니라 비합리적이고 올바르지 못한 왜곡된 사고도 할 수 있는 존재
② 상담 목표 : 비합리적 사고를 합리적 사고로 변화

③ 앨리스의 ABCDEF 모형

| A | Activating event | 선행사건 | 개인에게 정서적 혼란을 일으키는 문제 장면이나 선행사건 |
|---|---|---|---|
| B | Belief system | 신념체계 | 선행사건에 대해 개인이 갖게 되는 비합리적 사고방식 |
| C | Consequence | 결 과 | 선행사건 시 생긴 비합리적 사고방식으로 발생한 정서적, 행동적 결과 |
| D | Dispute | 논 박 | 비합리적 사고에 대한 논박 |
| E | Effect | 효 과 | 논박함으로써 얻게 되는 합리적 신념 |
| F | Feeling | 새로운 감정 | 합리적 신념으로 인해 생기는 새로운 감정 |

④ 비합리적 사고 : 정서적 문제를 겪는 이유는 일상생활에서 겪는 구체적인 사건들 때문이 아니라 그 사건을 합리적이지 못한 방식으로 사고하기 때문
⑤ 상담 기법
 • 인지적 기법 : 비합리적 신념 논박하기, 인지적 과제 주기, 내담자의 언어를 변화시키기
 • 정서적 기법 : 합리적 정서 상상, 유머의 사용, 부끄러움 제거 연습
 • 행동적 기법 : 수치심 깨뜨리기, 보상 기법, 역할 연기

## 11 인지행동상담

① 인간관 : 인간은 자신의 인지구성에 의해 행동하고 느끼는 방식을 결정하는 존재
② 상담 목표 : 자동적 사고변화, 인지도식 재구성, 인지오류를 제거하여 새로운 사고를 함
③ 자동적 사고 : 어떤 환경적 사건에 대해 자기도 모르는 사이에 떠오르는 생각과 심상
④ 인지도식(스키마) : 마음속에 있는 인지 구조로 정보 처리와 행동의 수행을 안내하는 비교적 안정적인 인지적 틀
⑤ 인지적 오류
 • 흑백논리 : 사건을 흑백논리로 사고하고 해석하거나 경험을 극단적으로 범주화하는 오류
 • 임의적 추론 : 어떠한 결론을 내릴 때 충분한 증거가 없으면서도 최종적인 결론을 내리는 오류
 • 과잉 일반화 : 한두 번의 단일 사건에 근거하여 극단적 신념으로 일반적 결론을 내리는 오류
 • 선택적 추상화 : 상황이나 사건의 주된 내용은 무시하고 일부 특정 정보에만 주의를 기울여 사건 전체 의미를 해석하는 오류
 • 개인화 : 자신과 관련시킬 근거가 없는 외부 사건을 자신과 관련시키는 오류
 • 과장/축소 : 한 측면을 실제보다 과대평가하거나 과소평가하는 오류
 • 잘못된 명명 : 부분 특성을 사건이나 사람에게 완전히 부정적으로 이름붙이는 오류
 • 파국화 : 개인이 걱정하는 한 사건을 지나치게 과장하여 두려워하는 오류
⑥ 상담 기법
 • 인지적 기법 : 탈파국화, 재귀인, 재정의, 탈중심화, 주의환기, 이중잣대기법, 장점과 단점
 • 행동적 기법 : 노출기법, 사고 중시, 행동적 시연과 역할 연기
⑦ 마이켄바움의 인지행동수정
 • 행동변화법 : 자기관찰 → 새로운 내적 대화의 시작 → 새로운 기술의 학습
 • 대처기술 프로그램 : 개념적 단계 → 기술 획득과 시연 단계 → 적응과 수행단계

**12** **실존주의 상담**

① 인간관 : 인간은 존엄성과 가치 있는 존재, 자기 인식의 능력, 실존적으로 단독자, 관계의 추구자, 우
   연히 내던져진 존재이며 언젠가는 죽을 수밖에 없다는 사실을 알고 있는 초월할 능력을 가진 존재
② 주요 개념
   • 죽음 : 죽음을 부정적으로 보지 않으며 삶에 대한 의미를 부여하는 인간의 기본 조건
   • 고립 : 개인 간 고립, 개인의 고립, 실존적 고립
   • 자유 : 실존적 의미에서 자유는 긍정적 개념으로 보지 않음
   • 책임 : 인간은 스스로 결단해서 자기 운명을 결정하고 존재를 개척하고 책임지는 존재
   • 무의미 : 삶의 의미가 없을 경우 계속 살아야 할 이유가 없음. 삶의 의미를 가져다 줄 세 가지
     방법은 '창조적 가치', '경험적 가치', '태도적 가치'임
   • 실존적 욕구 좌절 : 인간이 자기 삶의 의미를 상실한 상태에 빠진 것
③ 실존주의 학자 : 프랭클, 메이, 얄롬, 보스, 빈스반거
④ 상담 기법 : 직면, 역설적 의도, 탈숙고

**13** **게슈탈트**

① 인간관 : 현상학적이고 실존적인 존재, 전체적·통합적·현재 중심적이며, 완성을 추구하는 경향
② 주요 개념
   • 게슈탈트 : 사물을 볼 때 부분을 따로 떼어 보지 않고 하나의 의미 있는 전체 상으로 파악하는데
     그 전체상을 '게슈탈트'라 명함
   • 전경 : 어느 한 순간에 중요한 욕구나 감정을 떠올리며 관심의 초점이 되는 부분
   • 배경 : 게슈탈트가 해소되고 나면 전경에서 사라짐
   • 미해결 과제 : 해결되지 못하고 배경으로 사라지거나 전경으로 떠오르지도 못하는 중간층
   • 알아차림 : 개체가 자신의 욕구나 감정을 지각한 다음 게슈탈트로 형성하여 전경으로 떠올리는 행위
③ 접촉 : 접촉은 전경으로 떠오른 게슈탈트를 해소하기 위해 환경과 상호작용하는 행위로 접촉 수준에
   따라 다음과 같이 나눔

| 가짜층<br>(진부층) | 서로 형식적이고 의례적으로 반응하며, 습관적으로 상황을 처리하고 사회적 관계는 가짜로 행동하는 수준 |
|---|---|
| 공포층<br>(연기층) | 자신이 원하는 것을 숨기고 부모나 주위 환경에서 바라는 대로 맞춰서 행동하는 수준 |
| 교착층<br>(막다른 골목) | 지금까지 하던 자신의 역할을 그만두고 스스로 자립할 시도를 하지만 힘이 없어 공포감과 공허감을 느끼는 수준 |
| 내파층 | 가짜 주체성이 무너지기 시작하여 지금까지 억압하고 차단해 왔던 자신의 욕구와 감정을 알아차리는 수준 |
| 폭발층 | 더이상 자신의 욕구나 감정을 억압하지 않고 외부로 표출하는 수준 |

④ 접촉경계혼란

| 내 사<br>(Introjection) | 권위자의 행동이나 가치관을 무비판적으로 받아들임으로써 자기 것으로 동화되지 못한 채 개체의 행동이나 사고방식에 악영향을 미치는 것<br>메 부모가 정해준 직업을 그대로 받아들이는 것 |
|---|---|
| 투 사<br>(Projection) | 자신의 생각, 욕구, 감정을 타인의 것으로 왜곡하여 지각하는 것<br>메 자신이 부모를 싫어하면서 모든 아이들이 부모를 싫어한다고 생각하는 것 |
| 융 합<br>(Confluence) | 밀접한 관계에 있는 두 사람이 서로 간에 차이점이 없다고 느끼도록 합의함으로써 발생<br>메 선생님이 친구를 혼내는 것을 마치 자신을 혼내는 것으로 느끼는 것 |
| 반 전<br>(Retroflection) | 개체가 타인이나 환경에 대하여 하고 싶은 행동을 자기 자신에게 하는 것, 혹은 타인이 자기에게 해주기를 바라는 행동을 스스로 자기 자신에게 하는 것<br>메 부모님에 대한 분노를 자해로 표현하는 것 |
| 자의식<br>(Egotism) | 개체가 자신에 대해 지나치게 의식하고 관찰하는 것<br>메 친구들이 자신만 쳐다본다고 생각하고 부자연스러운 행동을 하는 것 |
| 편 향<br>(Deflection) | 내담자가 환경과의 접촉이 자신이 감당하기 힘든 심리적 결과를 초래할 것이라 예상할 때, 이러한 경험으로부터 압도당하지 않기 위해 환경과의 접촉을 피해버리거나 혹은 자신의 감각을 둔화시켜버림으로써 환경과의 접촉을 약화시키는 것<br>메 이야기 중에 딴소리를 하면서 말의 요점을 흐리는 것 등 |

⑤ 상담 기법 : 욕구와 감정의 자각, 신체 자각, 환경 자각, 언어 자각, 책임 자각, 과장하기, 빈 의자 기법, 꿈 작업, 자기 부분과의 대화, 뜨거운 의자, 역할극

## 14 교류분석

① 인간관 : 이전의 자신의 삶에 대해서 이해하고 통찰하며 새로운 삶을 바꿀 수 있는 자율성을 가지고 있는 존재
② 자아상태모델
  • 어버이자아(Parent) : 기능에 따라 비판적 부모자아(CP), 양육적 부모자아(NP)로 나눔
  • 어른자아(Adult)
  • 어린이자아(Child) : 기능에 따라 자유로운 어린이자아(FC), 순응하는 어린이자아(AC)로 나눔
③ 구조분석 : 어버이(P), 어른(A), 어린이(C)의 자아 상태가 어떻게 구성되어 있는지를 분석
④ 교류분석 : 상보교류, 교차교류, 이면교류
⑤ 게임분석 : 표면적으로는 합리적이고 친밀한 대화로써 동기화되고 보안적인 것으로 보이나 그 이면에는 정형화된 함정이나 속임수가 내포되어 있는 교류로 게임을 한 후 맛보는 불쾌하고 쓰라린 감정을 라켓 감정이라고 하며, 개인의 인생각본의 기본이 됨

✎ 게임공식

| 속임수<br>(Con) | + | 약점<br>(Gimmick) | = | 반응<br>(Response) | ➡ | 전환<br>(Switch) | ➡ | 혼란<br>(Crossed-Up) | ➡ | 결말<br>(Pay-Off) |
|---|---|---|---|---|---|---|---|---|---|---|

⑥ 인생각본분석 : 어릴 때부터 형성하기 시작하는 자신의 욕구를 충족시키기 위하여 초기에 결정한 무의식적인 인생 계획
⑦ 스트로크 : 신체적, 긍정적, 부정적, 상징적, 언어적, 무조건적, 조건적 스트로크
⑧ 생활 태도
 • 자기긍정 타인긍정
 • 자기긍정 타인부정
 • 자기부정 타인긍정
 • 자기부정 타인부정
⑨ 상담 단계 : 계약 → 구조분석 → 교류분석 → 게임분석 → 각본분석 → 재결단
⑩ 상담 기법
 • 분위기 형성기법 : 허용, 보호, 잠재력
 • 조작기법 : 질의, 명료화, 직면, 설명, 확인, 해석, 결정화

## 15 현실치료

① 인간관 : 자신이나 환경을 통제할 수 있는 존재, 스스로 자기 행동을 결정하고 자신의 행동에 책임을 질 수 있는 존재
② 선택이론 : 태어나서 죽을 때까지 행동하며, 예외가 있기는 하지만 우리가 하는 모든 행동은 선택임
③ 기본 욕구

| 사랑과 소속의 욕구 | 사랑하고 나누고, 협력하고자 하는 인간의 속성 |
|---|---|
| 힘에 대한 욕구 | 경쟁하고 성취하며 중요한 존재이고 싶어 하는 속성을 의미 |
| 자유에 대한 욕구 | 원하는 곳에서 살고 대인관계와 종교 활동 등을 포함한 삶의 모든 영역에서 어떠한 방법으로 삶을 영위해 나갈지 선택 |
| 즐거움에 대한 욕구 | 새로운 것을 배우고 놀이를 통해 즐기고자 하는 욕구 |
| 생존에 대한 욕구 | 생명을 유지하고 생식을 통해 자신을 확장시키고자 하는 욕구 |

④ 상담 과정 : R → W → D → E → P

| R(Rapport) | 라포 형성하기 : 내담자와 상담관계 형성하기 |
|---|---|
| W(Want) | 욕구 탐색하기 : 내담자의 소망이나 바람에 대해 마음속으로 그려봄 |
| D(Doing) | 현재 행동에 초점맞추기 : 내담자가 통제할 수 있는 활동을 스스로 탐색 |
| E(Evaluation) | 행동 평가하기 : 내담자의 행동이 자신에게 도움이 되는지, 자신이 원하는 것을 얻을 수 있는지, 유용한지를 살핌 |
| P(Plan) | 계획 세우기 : 내담자의 진정한 바람과 욕구를 충족시킬 수 있는 계획 |

⑤ 상담 기법 : 질문하기, 동사와 현재형으로 표현하기, 긍정적으로 접근하기, 은유적 표현, 유머, 역설적 기법, 직면, 재구성하기

## 16 해결중심상담

① 기본규칙
- 문제가 없으면 손대지 말라
- 효과가 있으면 계속하라
- 효과가 없으면 그만하라

② 기본가정 및 원리
- 건강하고 긍정적인 측면에 초점
- 내담자의 강점, 자원, 건강한 특성을 발견하여 상담에 활용
- 일차적으로 단순하고 간단한 방법을 사용
- 현재에 초점을 맞추며 미래지향적
- 내담자가 전문가임

③ 상담 기법 : 질문기법, 메시지 전달기법
- 상담 전 변화에 대한 질문 : 변화는 계속해서 일어난다는 가정하에 함
- 예외질문 : 문제 해결을 위해 우연적이며 성공적으로 실시한 방법을 발견하는 질문
- 기적질문 : 문제가 해결될 상태를 상상해 보게 하고, 해결하기 원하는 것을 구체화
- 척도질문 : 문제 해결에 대한 희망, 문제가 해결된 정도 등을 수치로 나타내는 질문
- 대처질문 : 문제 해결에 어떠한 희망도 찾지 못해 절망하고 있는 내담자에게 사용
- 관계성질문 : 중요한 타인의 시각에서 보게 하면서 문제 해결에 관한 새로운 가능성을 찾아가게 함
- 악몽질문 : 유일하게 문제 중심적인 부정적인 질문
- 간접적인 칭찬 : 내담자의 긍정적인 삶에 되도록 대처하고 있는 방식에 대한 칭찬
- '그 외의 또 무엇이 있습니까?' 질문 : 내담자의 장점과 자원 해결 능력, 성공적인 경험들을 더욱 촉진시키고 유지시키기 위한 목적

## 17 생애기술상담

① '인지, 행동적 접근'의 통찰을 활용하여 사고와 행동의 변화를 유도하며 '인본주의적 실존주의 메시지'를 전달하여 현재와 미래 생활에 도움이 되는 보다 효과적인 기술들을 습득
② 상담 목표 : 문제를 해결하는 것뿐만 아니라 그 문제를 유지시키는 보다 근본적인 기술을 변화
③ 상담 단계 : 발달 → 진단 → 진술 → 중재 → 중재 → 강조

## 18 상담의 기법

① 경청하기 : 내담자의 이야기를 주의 깊게 귀담아 듣는 태도와 의도와 심정까지 듣는 것
② 질문 : 내담자에게 정보를 탐색하는 질문으로 개방형 질문과 폐쇄형 질문이 있음
③ 감정 반영 : 내담자가 표현한 기본적인 감정, 태도 등을 상담자가 다른 참신한 말로 표현

④ 재진술 : 내담자가 표현한 말을 상담자의 언어로 뒤바꾸어 표현
⑤ 바꾸어 말하기 : 내담자의 이야기를 듣고 상담자가 자기의 표현 양식으로 바꾸어 주는 것
⑥ 명료화 : 내담자에게 명확하게 말해 주거나 분명하게 말해 달라고 요청하는 것
⑦ 공감 : 내담자가 경험하는 세계 속으로 들어가 내담자의 감정을 느끼고 내담자의 시각으로 바라보는 것
⑧ 해석 : 내담자가 명확하게 인식하지 못하는 것을 여러 가지 형태로 설명하는 것
⑨ 직면 : 내담자의 사고, 감정, 행동에 불일치나 모순이 일어날 때 지적
⑩ 초점화 : 이야기 방향이 산만하거나 주제를 바로 잡지 못할 때 특정한 관심이나 주제 집중
⑪ 요약 : 표현했던 중요한 주제를 상담자가 정리해서 말로 하는 것
⑫ 즉시성 : 현재 순간에 무엇이 일어나고 있는지를 다루는 기법 등

## 19 다양한 상담유형

① 전화상담 : 단회성의 음성중심 상담으로 상담 목표를 달성하기 위해서는 구조화가 중요
② 사이버상담 : 컴퓨터를 매개로 가상공간에서 이루어지는 문자 중심의 상담
③ 놀이치료 : 어린이가 그의 감정을 완전히 자유롭게 표현하는 허용적인 분위기 조성
④ 미술치료 : 미술이 지닌 상징성은 내담자의 감정을 안전하게 표현할 수 있게 함
⑤ 독서치료 : 도서 자료를 활용하여 심리적 문제를 해결하려는 치료
⑥ 음악치료 : 음악 치료에 사용되는 음악은 내담자의 선호도가 계획되지 않은 객관적 기준으로 선정

## 20 상담 과정

| 준비 단계 | 상담실 환경 : 편안하고 깨끗하며 소음이 차단된 곳 |
| --- | --- |
| 접수 단계 | • 상담신청과 정식 상담의 다리 역할 절차<br>• 심리검사, 면접, 행동, 관찰을 통해 내담자에 대한 정보 수집 |
| 초기 단계 | • 관계형성<br>• 내담자 문제 파악<br>• 상담의 구조화 : 상담 관계, 여건, 비밀 보장<br>• 상담 목표 설정 |
| 중기 단계 | • 상담 목표에 도달하기 위해 노력하는 상담의 핵심단계임<br>• 내담자는 자신이 가진 문제와 고통의 의미를 발견하고, 해결할 수 있는 부분과 해결하지 못한 부분에 대해서 현실적 판단을 내림 |
| 종결 단계 | • 상담 성과에 대한 평가와 문제 해결력 다지기<br>• 심리검사의 실시<br>• 종결 시 이별의 감정 다루기<br>• 추수상담 논의 |

## 21 단기상담에 적합한 내담자의 특성

① 비교적 건강하며 문제가 경미한 내담자
② 호소하는 문제가 비교적 구체적이며, 주호소 문제가 발달상의 문제인 내담자
③ 호소문제가 발생하기 이전에는 생활 기능이 정상적이며, 사회적으로 지지 기반이 확보된 내담자
④ 과거든 현재든 상보적 인간관계를 가져본 내담자
⑤ 중요 인물에 대한 상실로 생활상의 적응이 필요한 내담자
⑥ 급성적 상황으로 정서적인 어려움을 가진 내담자

## 22 집단상담 과정

| | |
|---|---|
| 탐색 단계 | • 특징 : 낮은 신뢰감, 소극적 집단참여, 높은 불안감, 자신에의 초점 회피<br>• 촉진 전략 : 집단 규범 발달, 집단 응집력 증진, 집단 상담자의 시범, 주의 깊은 경청과 공감이 요구됨 |
| 전환 단계 | • 특징 : 신뢰감이 형성되면서도 더욱 고조된 불안감이 공존, 저항 표출, 갈등 야기, 집단상담자에 대한 도전<br>• 촉진 전략 : 집단원의 모험 시도 독려, 적절한 해석 제공, 적절한 통제 유지 |
| 생산성 단계 | • 특징 : 변화 촉진 요인들이 고르게 나타남. 깊은 신뢰관계, 강한 집단응집력, 피드백 교환의 활성화, 개인차 존중, 갈등의 불가피성 인정과 적극적 해결<br>• 촉진 전략 : 공감적 이해를 토대로 집단원을 지지 · 격려, 집단상담자는 해석을 통해 집단원이 자신을 더욱 깊이 탐색 |
| 마무리 단계 | 집단 경험을 통해 변화되고 학습된 것을 총체적으로 정리, 분리감이나 상실감 외에도 실생활에 새로운 행동을 적용할 것에 대한 두려움, 소극적 자세 |
| 추수 단계 | • 추수 집단회기는 일반적으로 집단종결 2~6개월 후<br>• 설정한 목표의 성취정도가 평가되는 촉매역할 |

## 23 얄롬의 집단상담 치료적 요인

① 희망의 고취 : 집단원에게 자신의 문제가 개선되고 해결될 수 있다는 희망을 줌
② 보편성 : 집단성원을 보면서 자신과 비슷한 갈등과 경험, 문제가 있다는 것을 알고 위안을 받음
③ 정보 전달 : 교육 내용이나 집단성원의 제안, 지도, 충고 등으로 자기 문제 이해
④ 이타심 : 구성원이 서로 도움을 주고받는 과정에서 자존감 향상
⑤ 사회기술 발달 : 대인 관계에 필요한 사회 기술을 개발
⑥ 대인관계 학습 : 대인관계의 새로운 방식을 시험해 볼 수 있는 장
⑦ 모방행동 : 집단들은 새로운 행동을 배우는 데 좋은 모델이 됨
⑧ 1차 가족집단의 교정적 재현 : 집단원이 초기 아동기에 자신의 부모형제와 상호작용했던 방식으로 리더나 다른 집단원과 상호작용하면서 가족 내 갈등이 집단에서 재현되고 탐색과 새로운 역할 실험의 기회를 갖게 됨. 그 과정에서 그 동안 해결되지 못한 갈등상황에 대해 탐색하고 도전

⑨ 집단응집력 : 집단 내에서 인정받고 수용된다는 소속감
⑩ 정화 : 억압되어온 감정을 자유롭게 발산
⑪ 실존적 요인 : 인생에 대한 궁극적인 책임은 스스로에게 있다는 것을 배움

## 24 집단상담에서 집단원의 문제 양상

① 대화독점　　　　② 하위집단 형성　　　　③ 습관적 불평
④ 일시적 구원　　　⑤ 사실적 이야기 늘어놓기　⑥ 질문공세
⑦ 충고 일삼기　　　⑧ 적대적 태도　　　　　⑨ 의존적 자세
⑩ 우월한 태도　　　⑪ 소극적 참여자(침묵하는 집단원)

## 25 알코올중독 상담 및 치료

① 동기강화상담
 • 윌리엄 밀러(William Miller)와 스테판 로이크(Stephen Rolloick)에 의해 개발된 모델로 알코올 중독뿐 아니라 다른 중독 행동 및 건강 관련 행동에 대한 치료 효과를 지속적으로 입증
 • 동기강화상담이 중독치료에 많은 효과를 얻은 이유는 첫째, 중독 치료의 목표가 행동의 변화이고, 둘째, 이 변화의 핵심이 행동 변화를 위한 동기에 있으며, 셋째, 동기강화상담으로 변화 동기를 더욱 강화할 수 있기 때문
 • 동기강화상담의 기본 기술(OARS)은 Open question(열린질문), Affirming(인정하기), Reflecting(반영하기), Summarizing(요약하기)로 내담자 중심의 상담기법임
② 인지행동치료 : 알코올 중독 환자가 증상과 관련된 왜곡된 인지를 발견하고 바로 잡을 수 있도록 도와주는 것으로 올바른 인지변화를 시도하는 데 목적이 있음
③ 12단계 모델
 • A. A(Alcoholics Anonymous)는 알코올 중독자 금주모임으로 1935년에 처음 시작하여 현재까지도 지속적으로 활동하며 단주를 목표로 함
 • A. A(Alcoholics Anonymous)는 근본적으로 영적인 프로그램이며 따라서 치료가 아니라 삶과 존재의 방법임
 • A. A(Alcoholics Anonymous)의 12단계 모델은 현재는 AA 자조모임뿐 아니라 GA(도박중독자 자조집단), NA(약물 중독자 자조 집단) 등 대부분 자조집단에서 활용

## 26 도박중독의 특징

① 화투나 카드 게임, 경마, 경륜, 슬롯머신과 같은 도박성 게임
② 무기력함을 느끼거나 원하는 흥분을 얻으려고 더 많은 액수로 도박, 도박을 줄이거나 멈추고자 할 때 불안감과 짜증을 경험
③ 돈을 딸 수 있다는 낙관주의가 있음

④ 합법적인 도박뿐만 아니라 인터넷이나 스마트폰 등을 사용한 불법도박도 심각한 사회문제
⑤ 도박을 중단하면 금단증상이 나타나며, 심하면 자살을 초래
⑥ 시골보다는 도시에 도박중독자들이 많으며 주로 남자는 초기청소년기, 여자는 인생 후기에 시작
⑦ 도박중독은 DSM-5에서 물질관련 및 중독장애 중 유일하게 비물질-관련장애로 분류

## 27 약물중독 진행단계

① 실험적 사용단계 : 호기심 또는 모험심으로 약물을 단기간 적은 양을 사용
② 사회적 사용단계 : 지역 사회에서 약물로 인한 감정 변화 양상을 노출
③ 남용단계 : 일상적인 문제와 스트레스를 벗어나기 위해 약물을 주기적으로 남용
④ 의존단계 : 약물의 효과를 유지하기 위해 다량의 약물을 자주 장기간 사용

## 28 학업상담 문제유형

① 학습부진 : 지능은 정상인데 학업성취가 그 연령에서 기대되는 수준보다 낮은 경우
② 학습지진 : 지적 능력의 저하로 인하여 학업성취가 뒤떨어진 상태
③ 학업저성취 : 성취수준을 집단별로 구분하여 하위집단에 속하는 경우
④ 학업지체 : 국가적으로 혹은 지역적으로 규정된 학년, 학기의 학습 목표를 달성하지 못함
⑤ 학습장애 : 정신지체, 정서장애, 환경 및 문화적 결핍과는 관계없이 듣기, 말하기, 쓰기 읽기 및 산수 능력을 습득하거나 활용하는 데 심한 어려움을 한 분야 이상에서 보임

## 29 학습문제를 알아보는 방법

① 표본기록법　　　　② 일화기록법　　　　③ 사건표집법　　　　④ 시간표집법

## 30 효과적인 독서전략 비교

| 로빈슨(H. M. Robinson)의 SQ3R | 토마스와 로빈슨(Thomas & Robinson)의 PQ4R |
|---|---|
| 개관(훑어보기, Survey) | 미리보기(Preview) |
| 질문하기(Question) | 질문하기(Question) |
| 읽기(Read) | 읽기(Read) |
| 암송(되새기기, Recite) | 숙고하기(Reflect) |
| 복습(다시보기, Review) | 암송하기(Recite) |
|  | 복습하기(Review) |

**31** 시간관리 전략

학습의 목표를 중요하고 긴급도에 따라 구체적으로 시간관리 계획을 세움

|  | 긴급함 | 긴급하지 않음 |
|---|---|---|
| 중요함 | 중요하고 긴급한 일 | 긴급하지는 않지만 중요한 일 |
| 중요하지 않음 | 긴급하나 중요하지 않은 일 | 긴급하지도, 중요하지도 않은 일 |

**32** 성폭력 피해자 상담의 기법

① 치료 관계에 힘써야 하며, 피해자가 자신의 감정을 감추거나 솔직히 드러내기를 원하지 않으면, 정상인 감정임을 수용하고 공감
② 성폭력 피해가 문제없다고 부정하면, 내담자의 부정을 수용하고 언제든 상담 기회가 있음을 알려줌
③ 상담 내용에 주도권을 피해자에게 주어 현재 상황에서 표현할 수 있는 내용에 대해서만 이야기하는 분위기를 조성
④ 내담자에게 치료에 대한 감정을 묻고 치료자를 선택할 수 있게 함
⑤ 초기에 피해자의 가족 상황과 성폭력 피해로 인한 합병증에 대해 파악
⑥ 치료과정에 대해 안내
⑦ 비밀보장을 한다는 것에 대해서 확인

**33** 청소년비행 이론

① 생물학적 이론 : 범죄나 비행은 신체적 결함(측두엽 간질추정), 체형, 저지능, 특정한 기질, 염색체나 신경학적 이상에 의해 발생된다고 주장
② 심리학적 이론
   • 욕구실현이론 : 욕구불만에 따른 심리적 특성
   • 사회학습이론 : 사회적 상황에서 타인의 행동을 관찰하여 모방함으로써 그 행동을 학습
③ 사회학적 이론
   비행을 사회구조적 문제, 비행하위 문화, 상반된 가치관과 이해관계에 의한 갈등, 무규범 상황, 계층 또는 빈부격차, 사회적 통제의 결여, 기회구조 차이, 범죄 행동과의 접촉 등으로 설명하고 있음
   • 문화전달이론 : 하나의 문화로 존재하고 전달되어 비행이 쉽게 이루어진다는 논리
   • 아노미이론 : 이런 가치관 혼란 현상이 청소년 비행의 원인이라고 보는 관점
   • 낙인이론 : 일탈자가 된다는 규칙을 정해놓고 이를 위반한 사람에게 도장을 찍듯 낙인을 찍음
   • 사회통제이론 : 비행 행위를 금지하거나 억제하는 규범이 부족하다는 관점
   • 하위문화이론(Cohen) : 하위 집단은 전체 사회 문화와 목표를 달성할 수 있는 기회 박탈
   • 차별접촉이론(Sutherland) : 타인과의 빈번한 접촉에 의해 학습된다고 보는 이론

### 34 청소년 학교폭력 특징

① 단순한 탈선을 넘어 심각한 범죄단계에까지 이름
② 가해자들이 자신의 행동에 대한 심각 정도를 잘 인식하지 못함
③ 단독보다는 집단화
④ 비행청소년뿐만 아니라 보통 청소년에게도 쉽게 발견됨
⑤ 피해에 대해 적극적인 알리지 않는 경우가 많아서 심각해진 이후에 발견

### 35 진로상담 목표

① 자신에 관한 보다 정확한 이해 증진
② 직업 세계에 대한 이해 증진
③ 합리적인 의사결정 능력의 증진
④ 직업에 대한 올바른 가치관 및 태도의 형성
⑤ 진로나 직업에 대한 정보를 탐색할 수 있는 능력과 활용하는 능력의 향상
⑥ 내담자의 직업적 목표를 명확하게 해주며, 이미 결정한 직업적인 선택과 계획을 확인

### 36 진로욕구에 대한 내담자의 상태

① 진로 결정형 : 자신의 선택이 잘된 것이어서 명료화하기를 원하는 내담자
② 진로 미결정형 : 자신의 모습, 직업, 혹은 의사결정을 위한 지식이 부족한 내담자
③ 우유부단형 : 생활에 전반적인 장애를 주는 불안을 동반한 내담자

### 37 직업상담원의 역할

① 상담자
② 처치자
③ 조언자
④ 개발자
⑤ 지원자
⑥ 해석자
⑦ 정보분석가
⑧ 협의자

### 38 홀랜드(Holland)의 성격이론

① 대부분의 사람들의 성격은 여섯 가지 유형, 즉 현실적·탐구적·예술적·사회적·설득적·관습적 유형 중의 하나로 분류, 직업 모형도 6가지 유형으로 분류하여 매칭
② 다섯 가지의 주요개념
  • 일치성(Congruence)
  • 차별성(Differentiation)
  • 정체성(Identity)
  • 일관성(Consistency)
  • 계측성(Calculus)

### 39 Golan의 위기 발달단계

① 위험사건      ② 취약단계      ③ 촉진요인
④ 활성 위기      ⑤ 재통합

### 40 위기상담의 목적

① 위기가 삶의 정상적인 일부임
② 갑작스런 사건과 현재 상황에 대해 다른 조망을 획득
③ 위기와 연관된 감정을 깨닫고 수용
④ 내담자의 대처방식을 관찰하여 잠재적 요인 확인

### 41 신체장애 시 나타나는 심리적 적응단계

① 충격      ② 부정      ③ 우울
④ 독립에 대한 저항      ⑤ 적응

### 42 청소년 상담의 특징

① 청소년상담에는 건강한 발달과 성장을 돕는 예방적, 교육적 측면이 존재
② 청소년은 성장 과정의 연속선상에 있다는 것을 염두하고 발달 단계 특성을 고려
③ 청소년은 환경의 영향을 많이 받는 시기이며 사회변화에 민감하기 때문 재적응을 돕는 것
④ 가족, 교사, 관련기관과의 협력이 필요
⑤ 청소년 상담은 청소년 관련 정책에 영향
⑥ 청소년 상담은 언어적 의사소통 이외에도 다양한 미술치료, 독서치료 등 매체를 통한 다양한 상담 접근이 필요함
⑦ 일대일 개인면접뿐 아니라 소규모 혹은 대규모 집단으로 교육과 훈련을 실시
⑧ 청소년상담은 성인상담과 구별되어야 함

# 시험장 갈 때 준비물

1. <u>신분증</u> ✪ 신분증 미지참시 시험에 응시할 수 없어요. 잊지 말고 꼭 챙기세요.

2. <u>컴퓨터용 사인펜</u> ✪ 시험장에서 배부하지 않으니. 따로 꼭 챙겨 가세요.

3. <u>수험표</u> ✪ 응시번호는 시험 당일 시험지 및 답안지에 기입해야 하므로. 수험표를 챙기는 것이 편해요.

4. 아날로그 시계 또는 스탑워치
   ✪ 벽시계가 대부분 걸려 있지만. 요즘은 시험장에서 고개 드는 것조차 부담스러운 경우가 있어 책상 위에 올려놓고 시간 안배에 신경 쓰세요. 간혹, 디지털 손목시계의 사용을 금지할 수도 있으니. 아날로그 시계를 챙기세요.

5. 미디어정훈 합격마법노트
   ✪ 시험 시작 전 두꺼운 기본서 보다는 막판 요약노트를 가볍게 훑어보세요!